HISTORIA DE LA LITERATURA CUBANA

Instituto de Literatura y Lingüística «José Antonio Portuondo Valdor»
Ministerio de Ciencia, Tecnología y Medio Ambiente

HISTORIA DE LA LITERATURA CUBANA

TOMO II

LA LITERATURA CUBANA ENTRE 1899 Y 1958. LA REPÚBLICA

Autores del tomo:

LIC. JORGE LUIS ARCOS, DRA. AMPARO BARRERO, LIC. AYMÉE BORROTO, DR. SERGIO CHAPLE, DRA. DENIA GARCÍA RONDA, LIC. ALBERTO GARRANDÉS, DRA. AYMÉE GONZÁLEZ BOLAÑOS, LIC. RICARDO HERNÁNDEZ OTERO, LIC. DIANA IZNAGA, DR. VIRGILIO LÓPEZ LEMUS, LIC. RITA MARTÍN, LIC. ILEANA MENDOZA, LIC. NORMA QUINTANA, LIC. BÁRBARA RIVERO, LIC. CIRA ROMERO, LIC. ENRIQUE SAÍNZ, DR. LUIS TOLEDO SANDE Y LIC. ENRIQUE UBIETA

Dirección general: DR. JOSÉ ANTONIO PORTUONDO
Coordinadora general: LIC. CIRA ROMERO
Director del tomo II: LIC. ENRIQUE SAÍNZ

LETRAS CUBANAS

Edición / Rinaldo Acosta
          Ingry González Hernández
          Ana María Muñoz Bachs
Diseño / Alfredo Montoto
Imagen de cubierta / *Interior del Cerro* (óleo, 1943), de René Portocarrero
Corrección / Sonia Carreras y Alicia Díaz
Composición computarizada / Rinaldo Acosta

ISBN 959-10-0869-4

Instituto Cubano del Libro
Editorial Letras Cubanas
Palacio del Segundo Cabo
O´Reilly 4, esquina a Tacón
La Habana, Cuba
E-mail: elc@icl.cult.cu

23/02/11. 03:00 p.m.

Índice general

TOMO II

La literatura cubana entre 1899 y 1958.
La República

2. LA ETAPA 1923-1958

LA LITERATURA EN LA ETAPA DE SITUACIÓN PRERREVOLUCIONARIA PREPARATORIA DE LA LIBERACIÓN DEFINITIVA DE NUESTRA PATRIA (INCORPORACIÓN DE NUESTRA LITERATURA A LOS NUEVOS MEDIOS DE EXPRESIÓN DEL SIGLO XX) / 179

Abreviaturas

Jorge Luis Arcos	*J. L. A.*
Amparo Barrero	*A. B.*
Aymée Borroto	*A. Bo.*
Sergio Chaple	*S. Ch.*
Denia García Ronda	*D. G. R.*
Alberto Garrandés	*A. G.*
Aymée González Bolaños	*A. G. B.*
Ricardo Hernández Otero	*R. H. O.*
Diana Iznaga	*D. I.*
Virgilio López Lemus	*V. L. L.*
Rita Martín	*R. M.*
Ileana Mendoza	*I. M.*
Norma Quintana	*N. Q.*
Bárbara Rivero	*B. R.*
Cira Romero	*C. R.*
Enrique Saínz	*E. S.*
Luis Toledo Sande	*L. T. S.*
Enrique Ubieta	*E. U.*

Nota aclaratoria a la primera edición

El tomo II de la *Historia de la literatura cubana*, como el precedente, responde, tanto conceptual como metodológicamente, al momento en que fue escrito. Se concibió, planeó y elaboró en la década de 1980 y su escritura se extendió hasta 1993, aunque los análisis que contiene tuvieron como cierre informativo el año 1988. Desde la conclusión del proceso de redacción no se volvió sobre ella en lo referente a la actualización de las fuentes y de las valoraciones de autores, obras, instituciones, publicaciones literarias y, en general, de la vida cultural.* El lector no encontrará en estas páginas, pues, enfoques de género u otros modos coetáneos de acercamiento a las obras estudiadas, sencillamente porque en aquellos años fue cuando comenzaron a analizarse en Cuba las obras de nuestra literatura desde estas perspectivas, maneras para entonces aún no bien conocidas por la historiografía literaria y los críticos y estudiosos de la isla.

Si se tiene en cuenta que esta voluminosa obra fue escrita en un lapso relativamente breve y con escasos antecedentes historiográfico-literarios —antecedentes que no se caracterizaban precisamente por sus excepcionales calidades científicas—, se comprenderá que los autores de esta *Historia de la literatura cubana* tuvieron que ir analizando y caracterizando el quehacer literario nacional al mismo tiempo que redactaban las páginas que ahora los lectores tienen en las manos. No era posible, por todo lo apuntado, ver el proceso literario nacional, con todas sus complejidades y a lo largo de toda su historia, con la suficiente decantación, impedida tanto por la escasez de tiempo como por la falta de una rica historiografía precedente.

Los lectores no hallarán tampoco en esta obra una bibliografía actualizada más allá del cierre informativo de 1988, pues no era posible estar modificando continuamente el texto a partir de lo que iba publicándose acerca de obras, autores, movimientos, instituciones culturales, etcétera. Han pasado diez años desde que concluyó la redacción de la obra, lapso que explica el evidente «atraso» en la información y en el empleo de las fuentes, pero era verdaderamente imposible incorporar los aportes de la historiografía de ese decenio, ya que no se trata simplemente de sumarlos a una bibliografía, sino de retomar las obras e instituciones estudiadas y reconsiderarlas a la luz de esas interpretaciones que no pudimos tomar en cuenta, una labor impracticable por cuanto habría obligado a los que la realizaran a trabajar sólo para esa actualización, algo impensable en la diaria dinámica de los nuevos planes de trabajo que se iban conformando en las instituciones participantes en la concepción y escritura del texto. Con todo lo expuesto no pretendemos justificar deficiencias o errores de otra naturaleza que los lectores, especializados o no, encuentren al incursionar en los diferentes capítulos de esta historia de nuestra literatura, sino sólo explicar las carencias que hemos señalado, ostensibles incluso desde una primera aproximación.

---

* Sólo se hizo una excepción en el caso de las fechas de muerte de los autores que fallecieron con posterioridad a la redacción del libro.

HISTORIA DE LA LITERATURA CUBANA

Tomo II

La literatura cubana entre 1899 y 1958.

La República

HISTORIA DE LA LITERATURA CUBANA

Tomo II

La literatura cubana entre 1899 y 1958.

La República

INTRODUCCIÓN
OBJETIVOS Y CARACTERÍSTICAS DEL TOMO.
LA PERIODIZACIÓN ADOPTADA

El tomo II tiene, como los restantes, varios objetivos, entre ellos dar una visión coherente y cronológica de los más representativos autores, de los géneros y de la vida cultural de los años 1899-1958 y caracterizar los rasgos y aportes de esos autores, géneros y vida cultural a la historia literaria cubana. La periodización está estructurada, siguiendo la nomenclatura de Jan O. Fischer, en una época (1899-1958) y dos etapas: 1899-1922 y 1923-1958, cada una de las cuales está subdividida por géneros: poesía, cuento, novela, testimonio, teatro y ensayo; el tratamiento de cada uno en sus diversos autores está precedido por un panorama general de su evolución, y éste, a su vez, por un recuento de los distintos elementos de la vida cultural. Al final de cada etapa hay una caracterización general de la misma. El tomo se abre y se cierra con una visión de conjunto de la época. Si bien ese agrupamiento por géneros es cronológico, no lo es en cambio la perspectiva de análisis, el estudio mismo de la evolución literaria en su conjunto, como hubiese sido preferible, deficiencia que podría explicarse en buena medida por la relativa premura con que fue necesario realizar el trabajo y la cantidad de colaboradores externos que el Instituto se vio precisado a utilizar. La complejidad del proceso literario y la brevedad del tiempo asignado para ejecutar el proyecto, obligaron a la fragmentación por géneros.

La periodización responde en el plano teórico-general, como ya fue dicho, a la nomenclatura del investigador Jan O. Fischer, denominación que el Departamento de Literatura del Instituto adoptó después de analizar otras variantes y propuestas de varios especialistas. En el plano estrictamente cronológico de la evolución literaria nacional, se denominó época al lapso 1899-1958, los años correspondientes a la República (desde sus antecedentes hasta su derrocamiento por la revolución triunfante, es decir: desde el momento en que se produce la primera intervención norteamericana en Cuba (1899), que da paso en 1902 a la instauración de la República burguesa, hasta el triunfo revolucionario del 1º de enero de 1959). Esa época se divide en dos etapas en 1923, el año de la célebre Protesta de los Trece, que da inicio a la literatura cubana contemporánea, cuya primera manifestación es el movimiento de orientación vanguardista, caracterizado por una mayor beligerancia de los escritores y artistas frente a la creciente hegemonía del imperialismo norteamericano en la vida política, social, económica y cultural de Cuba. La primera etapa (1899-1922) es la de predominio del modernismo en poesía, del naturalismo en narrativa y del positivismo en la ensayística, las tres corrientes ideoestéticas fundamentales de esos años; la segunda etapa (1923-1958) es la de predominio de la literatura de orientación vanguardista y de las ideologías de izquierda, años de renovación en los que se aprecia un período de auge de la vanguardia (1923-1935) y otro de asimilación y decantamiento de sus hallazgos y posibilidades (1936-1958).

En este tomo han trabajado diversos especialistas, cada uno con estilos y experiencias disímiles, factores que contribuyen a crear ciertas diferencias inevitables entre los subepígrafes. La redacción de cada uno se encomendó al autor más calificado por sus años de profesionalidad y dedicación especializada. El trabajo se llevó adelante con algunos inconvenientes, el principal, una premura que quería impedir que el resultado demorase demasiado. A pesar de las diferencias de cada subepígrafe (de concepción, de estilo, etcétera), debidas a la diversidad de autores, puede afirmarse que todos satisfacen los requerimientos de una obra como ésta. Cada autor recibió, cuando fue necesario, las observaciones de la Comisión o de un especialista del Instituto. No obstante sus deficiencias, que la crítica se encargará de señalar, este tomo constituye un valioso aporte a la historiografía literaria de los años estudiados y será un punto de partida para más ambiciosos proyectos.

ENRIQUE SAÍNZ

A. La época 1899-1958: visión de conjunto

La intervención norteamericana en la guerra de liberación que Cuba sostuvo contra España durante tres años, desde 1895, era el signo de los nuevos tiempos. Ciertamente, en 1899 se abrió toda una época en la historia de la nación cubana, decenios que se caracterizaron por la dependencia económica, la corrupción político-administrativa de los sucesivos gobiernos, el ejercicio de una democracia inauténtica, la alternancia de progresos parciales sobre bases endebles y etapas de crisis, períodos de un liberalismo que no estaba dispuesto a permitir la quiebra de las estructuras de poder establecidas y períodos dictatoriales y de sojuzgamiento violento sobre las fuerzas de la oposición, un creciente desarrollo ideológico y organizativo de obreros y campesinos y de otros sectores y, en consecuencia, un complejo proceso político-social de enfrentamiento de clases, elementos determinantes del no menos complejo proceso cultural de esos años. Por todo lo apuntado puede afirmarse que una acertada visión de conjunto de la época republicana tiene que partir de la antítesis fundamental generada por la dependencia económica y la política neocolonial de la nueva metrópoli. A través del estudio de las distintas manifestaciones de la cultura humanista a lo largo de la República puede apreciarse la integración de un pensamiento cubano desde búsquedas y posiciones filosóficas diferentes y de disímiles calidades artísticas y riqueza conceptual.

Coetáneamente con el acontecer económico, social y político, en el que se ponen de manifiesto en toda su fuerza las contradicciones inherentes a las nuevas relaciones de dependencia, se va creando la historia espiritual de esos años, expresión de las problemáticas circundantes. El quehacer artístico-intelectual, en cuyo proceso evolutivo se aprecian igualmente los insalvables antagonismos de la neocolonia, pero desde sus oposiciones antitéticas con el acontecer histórico impuesto por el sojuzgamiento económico y las leyes que garantizan la subordinación al capital extranjero, en ese cuerpo de obra que los más significativos artistas e intelectuales a lo largo de estos seis decenios han erigido, se observan tres actitudes fundamentales frente al contexto: la de desentrañamiento de sus esencias a partir de sus signos inmediatos y con obvias pretensiones reivindicadoras de raíz ético-social, la de rescate de los valores propios desde la asimilación creadora del pasado histórico-cultural y la de recreación fantástica o egotista de la realidad a partir de las vivencias propias y de la impronta de corrientes intelectuales de diferentes procedencias. Los distintos estilos, géneros y manifestaciones artísticas, la historia de las ideas y la labor realizada en la fundación y el desenvolvimiento cultural de instituciones y publicaciones periódicas evidencian lo dicho.

Sin la intención de trazar un esquema histórico de la época, tarea imposible en tan generales consideraciones, hay que subrayar las notables diferencias que en todos los órdenes distinguen la etapa 1899-1923 de la que va desde ese último año hasta 1958. Desde su concepción misma como estructura neocolonial, la República engendró un amargo sentimiento de frustración y los elementos antitéticos de esas formas de hegemonía económica y política. Los primeros veinticinco años acumulan, en la inextricable sucesión de hechos mayores y menores generados en la lucha de fuerzas opuestas, un conjunto de problemas y tensiones que traerían un salto cualitativo de suma importancia. Los tratados comerciales, beneficiosos para Estados Unidos y para los miembros de la oligarquía cubana; los desmanes de políticos y autoridades militares; las múltiples injusticias de todo tipo contra obreros y campesinos, desorientados y desorganizados, y los conflictos exteriores que directa o indirectamente repercutían en Cuba, como la Primera Guerra Mundial (1914-1918), por ejemplo, cuya existencia y conclusión fueron determinantes, respectivamente, en el auge artificial de una precaria economía y en el rápido retorno a su situación de preguerra, regreso que significó la más aguda crisis que hasta esos momentos había tenido la República; todos esos factores desempeñaron un papel primordial en ese salto de calidad en la cultura que se inició en 1923 con la célebre Protesta de los Trece, en pleno gobierno de Alfredo Zayas. Ese acto, encabezado por el que la crítica considera el poeta mejor dotado de su generación, Rubén Martínez Villena, no sólo denuncia la crisis moral imperante, sino que constituye, además, un signo inequívoco de que se había iniciado una nueva etapa en la historia política y cultural de la nación. El período al que Marinello denominó «década crítica» (1923-1933), cerrado con el derrocamiento de la dictadura de Machado (1925-1933) en lo político y con la disolución del espíritu renovador de la vanguardia en lo literario, confirma que se ha producido una transformación con respecto a los decenios inmediatamente anteriores. Esa toma de conciencia de los intelectuales no es más que una expresión de la toma de conciencia general que ha tenido lugar como consecuencia de una praxis histórica concreta dentro del régimen neocolonial. El poder establecido se ha visto sometido a su vez a las crisis propias de una economía dependiente, desajustes que lo condujeron a la política de mano dura de Machado y más tarde de Batista en un segundo período (1952-1958).

Esencial rasgo caracterizador de la época es, pues, la ruptura que tiene lugar en el ámbito de la cultura, especialmente en ciertas manifestaciones artísticas (la música, la pintura y sobre todas la literatura), a partir de 1923, durante los años de tránsito (1923-1927), de auge (1927-1930) y de disolución (1930-1935) de la vanguardia, a partir de la cual la poesía, la narrativa y el ensayo —el teatro se transformará más tarde, hacia 1935— se enriquecieron notablemente en los distintos caminos asumidos por sus autores. Como en el resto de Latinoamérica, pero con cierto atraso en lo que concierne al surgimiento vanguardista, se aprecia en Cuba un coherente proceso de continuidad de las formas artísticas. La pintura, por ejemplo, pasa de las posiciones académicas de Armando Menocal (*Embarque de Cristóbal Colón por Bobadilla, Interior, Corredor colonial, La muerte de Maceo*, acaso su cuadro más cubano por el tema), y de Leopoldo Romañach (*El viejo de las naranjas, La promesa, En el huerto*) a las más modernas y renovadoras de los maestros posteriores a 1923: Fidelio Ponce (*Las beatas, Niños, Muchacha*), Víctor Manuel (*Tres mujeres, Gitana tropical*) René Portocarrero (*Interior del Cerro, Paisaje de Viñales*), Amelia Peláez (*Gundinga, La pianista*), Eduardo Abela (*Guajiros, La vaca*), Carlos Enríquez (*El rapto de las mulatas, El combate*), Wifredo Lam (*La jungla, Rumor de la tierra*), Mariano Rodríguez (*Unidad, Gallos*), autores todos, entre otros, de obras no menos destacadas por aportes diversos, de ricas indagaciones en busca de una sustancial cubanía desde la asimilación de las más novedosas corrientes europeas y americanas, como el muralismo de Rivera, Orozco y Siqueiros. La música tiene en Roldán y en García Caturla primero, y más tarde en el Grupo Renovación Musical (integrado por Edgardo Martín, Harold Gramatges, Argeliers León, Serafín Pro, Julián Orbón, Gisela Hernández, Hilario González), similares inquietudes en relación con sus más notables predecesores (Guillermo Tomás y Eduardo Sánchez de Fuentes).

En literatura, la evolución estilística, más estudiada por la historiografía, deja ver la transformación que se opera desde el postmodernismo de Boti y Poveda, quienes en cierta medida rebasan sus propias propuestas renovadoras, hacia la poética vanguardista y más tarde hacia sus más importantes derivados (poesía social, pura y origenista); de la prosa fundada en un ingenuo realismo naturalista a la manera de Castellanos, Carrión, Loveira y Ramos, a las más modernas realizaciones de Torriente Brau, Novás Calvo, Serpa, Pita Rodríguez, Jorge Cardoso y Carpentier. El teatro experimenta, tanto en el texto como en la concepción escénica, un verdadero salto de calidad en la década de 1930, en la evolución que va desde las páginas de Ramos —el único dramaturgo importante de la etapa 1899-1923— hasta los aportes de Piñera, Ferrer, Felipe y las piezas de agitación de Paco Alfonso, expresiones todas que incorporan el teatro cubano a los más significativos logros del género en Hispanoamérica. La ensayística, por su parte, que contaba con nombres relevantes antes de 1923, entre los que se destacan Varona, Sanguily, Ramos, Ortiz, los dos Castellanos, Chacón y Calvo, adquiere una mayor variedad temática y estilística en los textos de Mañach, Marinello, Medardo Vitier, Portuondo, Aguirre, Guerra, Carpentier, Lezama, Cintio Vitier y el propio Ortiz. La agudización de los antagonismos y el notable enriquecimiento de la conciencia política que se produce en los obreros e intelectuales de la década crítica y, en general, a lo largo de las restantes décadas de la República, consecuencias de la profundización de las crisis en un régimen basado en una economía dependiente, son factores determinantes en el considerable número de trabajos que se dedicaron al estudio de Martí desde distintos ángulos y posiciones ideológicas y por algunos de los más eminentes ensayistas y estudiosos de la etapa. Esa vuelta al legado artístico-ideológico del cubano que funde en sí política, literatura y revolución de un modo único por su carga de futuridad, alcanza su verdadero sentido histórico en *La Historia me absolverá* (1953) de Fidel Castro, y en la insurrección armada que se extiende desde el asalto al Cuartel Moncada ese mismo año y culmina con el triunfo de la Revolución el 1° de enero de 1959, fecha que abre una nueva época en la historia de Cuba. Los últimos acontecimientos de la década de 1950 son el punto más alto de los antago-

nismos de la República mediatizada, hechos que fueron posibles, entre otros factores, por las experiencias acumuladas en la lucha contra Machado hasta 1933, con figuras como Mella y Martínez Villena a la cabeza. La vida cultural y política de los decenios 1923-1953 fue creando las condiciones para la praxis histórica de ese decisivo lustro (1953-1958) en el que se definen los destinos del país y se superan las viejas estructuras de poder neocolonial para dar paso a una sociedad nueva. El pensamiento evoluciona desde el predominio del positivismo, que desempeñó un atendible y fructífero trabajo de interpretación de la realidad de su momento, hasta la convivencia de posiciones marxistas, neotomistas y existencialistas, en tensión creadora en la segunda etapa de la época 1899-1958. Las incipientes luchas obreras se fundamentan en criterios anarquistas durante la primera etapa, y más tarde, a partir de 1923, en un cuerpo de ideas avanzadas que descansaban en una interpretación marxista-leninista de la Historia.

Otro rasgo definidor de la época es el radical antagonismo que se establece entre la cultura humanística y el poder político-económico establecido. Se trata de una antítesis medular que se remonta a los orígenes mismos de la historia de Cuba y que aparece en el conocido fragmento de la carta de Miguel Velázquez, de 1544, en el que se refiere a la condición de los criollos sometidos a la dominación colonial. Prácticamente todo el quehacer literario del siglo XIX —y numerosos textos anteriores, desde *Espejo de paciencia* (1604-1608)— se va integrando en busca de la identidad propia y en la conformación de una conciencia histórica, los fundamentos en los que descansan las guerras por la independencia (1868-1878 y 1895-1898). La República, frustrada por las nuevas relaciones de dominación, generó una cultura con similares pretensiones liberadoras, antitética del poder, surgida como expresión de un conflicto con sus circunstancias. Las inquietudes renovadoras de Boti y Poveda no postulan sólo, en sus demandas, el restablecimiento de una tradición que tuvo en Casal a su último gran representante, preocupación altamente significativa en sí misma por la enorme importancia que reviste el rescate de la tradición, sino que además se erigen en un cuerpo de obra que reivindica los valores del espíritu y los preserva de lo contingente y de la hostilidad del medio. Años más tarde los poetas del Grupo Orígenes, en muchos de sus poemas y ensayos capitales y con la publicación de la revista que dio nombre y núcleo a sus integrantes, *Orígenes* (1944-1956), sustanciaron, cada uno a su modo, lo que Cintio Vitier denomina, refiriéndose a la labor de Lezama, «una poética compensatoria del imposible histórico y una interpretación de la historia misma desde la perspectiva de la imagen, concebida como puente de la posibilidad que une las dos orillas: la de lo real y la de lo inexistente».[1]

Las tres actitudes fundamentales de los escritores e intelectuales de la República frente a la realidad histórica imperante coexisten, a lo largo de toda la época, con similar jerarquía estética y riqueza conceptual, sustentadas en última instancia por el esencial antagonismo entre cultura y poder económico. En la primera etapa la música y la pintura, de una tradición menos rica en el siglo XIX, no desempeñaron una función antagónica de la envergadura que alcanzó la labor de los intelectuales y escritores. La actitud de desentrañamiento del acontecer a partir de sus signos inmediatos, de profundas raíces éticas, está representada por Varona («El imperialismo a la luz de la sociología», 1905); Sanguily (en sus discursos contra el Tratado de Reciprocidad Comercial y los monopolios); Ramos (*Manual del perfecto fulanista*, 1916, sus dramas y novelas); Castellanos, Carrión, Loveira, Luis Felipe Rodríguez, Serpa, Torriente Brau, Pita Rodríguez en sus cuentos y novelas; Roig de Leuchsenring, Roa, Tallet, Martínez Villena, Villar Buceta, Marinello, Guillén, Pedroso, Navarro Luna, Jorge Cardoso en fundamentales ensayos, poemas y narraciones. Son páginas en que la realidad es sometida al análisis o denunciada desde criterios positivistas, desde un realismo crítico mejor o peor asimilado o desde una concepción marxista del mundo, en cada caso con distintos grados de beligerancia, profundidad conceptual y calidad estética, en todos como un cuestionamiento ético. La actitud de rescate de los valores propios a partir de la asimilación

creadora del pasado histórico-cultural nutre las obras de Boti, Poveda, Acosta y en general los representantes del postmodernismo de la primera etapa; Guerra, Medardo Vitier, Ortiz, Chacón y Calvo, los exégetas y biógrafos de Martí, Ferrer, Felipe, los integrantes principales del Grupo Orígenes, Carpentier, obras de diverso alcance artístico y rigor académico que tienen en común entre sí el empeño de configurar una imagen espiritual de la nación con un sentido cubano, latinoamericanista y universal que dio frutos igualmente perdurables que los de la primera modalidad. Finalmente, la actitud de recreación fantástica o idealizada de la realidad con una concepción del realismo diferente de las anteriores, en algunos de sus representantes con propuestas desestructuradoras de los fundamentos del mundo real (Piñera, Labrador Ruiz, Arístides Fernández) y en otros con una percepción esencialmente intimista, egoísta, del suceder (G. Jesús Castellanos, Brull, Ballagas, Florit, Loynaz, Feijóo).

Rasgo de época es asimismo la preocupación por la modernidad, una inquietud frustrada precisamente por las estructuras sociales impuestas por las relaciones de dominación económica. La República a la usanza neocolonial impidió que el país se desarrollase de acuerdo con las posibilidades reales de la ciencia y la técnica por esos años, pues sólo eran factibles las soluciones que beneficiaban al capital extranjero y a la oligarquía nacional. El capitalismo moderno encontraba en Cuba los obstáculos de carácter dependiente propios de la economía insular. En el plano cultural se hace ostensible esa conciencia de la necesidad insatisfecha en los reclamos de Poveda para la poesía, en los que subyace una problemática de mayor alcance: la incapacidad del entorno mediato e inmediato para asumir su propia época. La vanguardia es la más alta expresión, en Cuba, de ese conflicto, el más radical intento por romper las rígidas estructuras en todos los órdenes, por lo que en sus postulados no se hacen distinciones fundamentales entre vida cultural y crisis política. La pintura, la música, la literatura, el pensamiento, se reintegran a una tradición en la que se fusionan lo cubano, lo hispanoamericano y lo universal, si bien en momentos en que la renovación había dado, hacía tiempo, sus mejores frutos en los más importantes centros culturales de Europa y de América. Esa integración de lo cubano en lo universal, un logro que el siglo XIX alcanzó con las obras de Heredia (el primer poeta romántico de la lengua) y de Martí (el primer modernista) se realiza partiendo de lo que podría denominarse una rica conciencia de la americanidad, uno de los centros generadores de los postulados de Boti y de Poveda, de las tesis de los propugnadores de la renovación vanguardista y del pensamiento y el quehacer artístico de los más prominentes poetas, narradores, ensayistas, pintores y músicos de los años sucesivos hasta 1958. Ahí están los ejemplos mayores de Carpentier, Guillén y Lezama, a los que podría añadirse el de los más relevantes pintores de las décadas del 30, 40 y 50.

El pensamiento revela similares preocupaciones en su evolución desde comienzos de la época, el momento de mayor auge del positivismo en las ciencias sociales cubanas. La creciente presencia de las ideas marxistas a partir del ahondamiento de la crisis política, social y económica de la neocolonia, después de 1923, y la integración de otras tendencias y escuelas filosóficas en la cosmovisión de intelectuales y artistas herederos de la vanguardia, demuestran la importancia que tuvo la apertura hacia lo universal. Se imponía la necesidad de trascender lo nacional para romper sus cerradas estructuras. La poesía de Guillén, la cuentística de Jorge Cardoso, la novelística de Carpentier y la poesía y la ensayística de los más importantes origenistas (Lezama, Vitier, García Marruz, Diego...) son los más altos testimonios, en el campo de la literatura, de esas inquietudes de universalidad. Otros autores (Hernández Catá, Brull, Florit, Ballagas, Loynaz, Piñera) se adentran en lo universal por otros caminos. Las luchas políticas en favor de la liberación nacional entrañaban la necesidad del rescate de la propia realización y, por ello, de un sentido histórico que no había podido alcanzar su plenitud en una dimensión auténticamente contemporánea. La importancia del marxismo, el neotomismo y el existencialismo —las más significativas corrientes del pensamiento contemporáneo en Cuba durante la República— radica, en primer lugar, en lo que podría denominarse su integralidad universalista, un presupuesto cognoscitivo actuante en las más maduras expresiones de la literatura cubana de la época 1899-1958. La búsqueda de la identidad propia implicaba la búsqueda de lo cubano universal y, en lo político-económico, de una nación para sí, preocupación esencial de la Revolución que se inicia el 26 de julio de 1953. Ese último lustro de vida republicana fue el de la crisis irreversible de la economía dependiente y las estructuras neocoloniales. Los decenios precedentes desde 1899 fueron de acumulación y salto cualitativo en la lucha antagónica entre el poder establecido —representado por instituciones, publicaciones y artistas e intelectuales al servicio de sus intereses— y las diversas manifestaciones del pensamiento y el arte y sus numerosas instituciones, grupos y medios de difusión empeñados en encontrar el auténtico ser histórico de la patria. La vuelta a Martí proclamada en *La Historia me absolverá* venía a subrayar la profunda unidad, manifiesta o no, que existía entre cultura y acción política en la historia republicana.

Años convulsos, ricos en experiencias múltiples, las décadas republicanas heredan la tradición propia, asimilan e incorporan valiosos aportes del acontecer social, intelectual y artístico de América y de Europa y crean los antecedentes de una nueva época de la nación cubana. Coetáneamente con las luchas sociales en sus diversas formas, con las crisis estructurales del capitalismo subdesarrollado —mucho más grave en sus consecuencias que las que ocurrían en la metrópoli—, con la violencia generada por las clases en pugna, elementos integradores de la identidad nacional, la vida cultural va conformando, en sus distintas expresiones y raigalmente imbricada con los hechos político-sociales, una conciencia histórica de sentido trascendente. La cultura fue no sólo una fuerza compensatoria contra la frustración y la injusticia, sino además un elemento liberador en tanto permitía una más profunda intelección de la realidad. El trabajo creador del arte, la literatura, las ideas y las numerosas instituciones, revistas, páginas especializadas de periódicos, grupos, fundados en disímiles y a veces antitéticas concepciones del mundo, crean un rico panorama de época con realizaciones perdurables y transitorias, esfuerzos de difusión y defensa de los bienes espirituales, polémicas y discrepancias por la heterogeneidad de ideas actuantes, búsquedas formales y conceptuales, todo un quehacer que es hoy fructífera tradición y experiencia fecunda.   [*E. S*]

Notas

[1]   Cintio Vitier: *Ese sol del mundo moral. Para una historia de la eticidad cubana.* Siglo XXI Editores, México, D.F., 1975, pp. 155-156.

1. LA ETAPA 1899-1923

La literatura en la etapa del advenimiento
de la frustración republicana (desarrollo
del modernismo, postmodernismo
y naturalismo como corrientes literarias
básicas hasta la aparición
de las vanguardias artísticas y literarias)

1.1 Vida cultural, prensa periódica y problemáticas de la etapa

Cuando horas después de haberse izado en el Morro la bandera cubana, el 20 de mayo de 1902, el general norteamericano Leonardo Wood abordaba el crucero Brooklyn, dejaba detrás un país con una soberanía mutilada por la Enmienda Platt y con la economía prácticamente en manos de industriales yanquis y de comerciantes peninsulares, quienes impedirían a todo trance el desarrollo de una fuerte burguesía nacional.

Ya por entonces Enrique Fontanills, el cronista de la alta sociedad, despedía el año 1902 en *El Fígaro* con un sonoro Happy New Year, mientras reseñaba una «concurrencia *very selected, a five o'clock tea* celebrado en el *cottage* del Vedado propiedad de Mrs. Menéndez», pues ya los cubanos «de abolengo» no eran llamados señor o señora, sino Mr. o Mrs. o Missis, intentando así una seudotransculturación tan falsa como ridícula.

Frustrado había quedado el programa de acción que se habían forjado varias generaciones de cubanos encabezados por José Martí, muerto tempranamente, al igual que Maceo, en pleno campo de batalla. El sacrificio y el genio del primero y la gallarda valentía del segundo, quedaban sepultados en un marasmo de politiquería y desfachatez civil, pesados lastres del período seudorrepublicano. Se inauguraba una república mediatizada que Fernando Ortiz definió como una «cacocracia», por la sucesión de gobiernos corrompidos, reinados de la corrupción, la «botella» y el más absoluto entreguismo a los intereses extranjeros.

Si el poeta Bonifacio Byrne había lamentado que nuestra bandera tuviera que compartir el sitial de honor con una extranjera, y el también poeta Enrique Hernández Miyares clamaba porque «nunca formen una sola la bandera cubana y la norteamericana», el trovador Manuel Corona se dolía así en su canción *Pobre Cuba*:

> *¡Pobre Cuba, patriotas cubanos, pobre*
> *nación!*
> *Los guerreros que sucumbieron su tiempo*
> *perdieron.*
> *De Maceo y Martí de recuerdo queda*
> *el nombre*
> *pues todo lo ha destruido la ambición*
> *de algunos*
> *hombres sin compasión.*
> *[...]*
> *Si los mártires vivieran, vivieran*
> *arrepentidos*
> *y avergonzados, al ver que la tiranía*
> *y la explotación es lo que impera*
> *hoy día en esta pobre nación.*

El período de casi treinta meses de ocupación militar yanqui facilitó el fortalecimiento del capital norteamericano en la isla, y en rápido proceso de sucias transacciones pasaron al nuevo amo las mejores tierras del país, a la vez que se adquirían o se ordenaban construir, con avanzada tecnología, numerosos centrales azucareros. Otros servicios esenciales, como el ferroviario y el eléctrico, pasaron también al control extranjero. Fue

[13]

en estos meses de ocupación, y como un despojo más, que trató de arrebatársele al sabio cubano Carlos J. Finlay (1833-1915), en favor del norteamericano Walter Reed, su descubrimiento acerca de cuál era el agente transmisor de la fiebre amarilla, lo cual no vino a reconocerse mundialmente hasta 1935, a pesar de la tenaz persistencia yanqui, aún vigente en Estados Unidos, de que el citado Reed fue quien determinó que el mosquito Aedes Aegypti era el inoculador de la enfermedad.

Fue también en este año y meses de ocupación que Enrique José Varona, como Secretario de Instrucción Pública del gabinete de Leonardo Wood, elaboró las directrices del primer plan educacional cubano, con el cual intentó contrarrestar las inevitables consecuencias de varios siglos de coloniaje español y contribuir por una vía mediata a librarnos de la tutela norteamericana. Fundamentado en la enseñanza laica, el plan se basaba en el desarrollo de materias científicas y técnicas, con el interés de propiciar un acelerado desarrollo del país dentro del capitalismo. Carente de apoyo, como era de esperar, porque, además, daba a los programas de estudio un contenido esencialmente patriótico y subordinaba la escuela privada a la inspección estatal, sus ideas de reforma tuvieron escasos modos de concretarse, razón por la cual en estos primeros decenios seudorrepublicanos el tono general de la educación fue de retraso y rutina.

Si, políticamente, las fuerzas rectoras se dividían, aunque fuera en apariencia, en liberales y conservadoras, los obreros, encabezados por el proletariado tabaquero, se encontraban divididos ideológicamente entre los reformistas y los anarquistas españoles y cubanos, mientras que el marxismo, defendido por Carlos Baliño, aunque no tardaría en hacerse notar, apenas contaba con arraigo popular. El intento de Diego Vicente Tejera de fundar, en febrero de 1899, un Partido Socialista Cubano, a pesar de que nunca llegó a enraizar entre los obreros, se inscribe como la primera manifestación de los trabajadores cubanos de tener un partido independiente. Éste y otros partidos y ligas obreras organizadas durante y después del cese de la ocupación —Partido Popular, Partido Popular Obrero, Liga General de Trabajadores Cubanos— oscilaban entre el reformismo, el socialismo utópico y el anarco-sindicalismo, no así el Partido Obrero Socialista de la Isla de Cuba, fundado en 1904 con la activa participación de Carlos Baliño, que propugnaba la toma del poder político por el proletariado.

Los gobiernos de «generales y doctores» de Tomás Estrada Palma (1902-1906), José Miguel Gómez (1909-1912), Mario García Menocal (1913-1921) y Alfredo Zayas (1921-1925), lastrado el primero por haber propiciado la segunda ocupación yanqui (1906-1909), no significaron más que el ascenso al poder, indistintamente, de liberales y conservadores, en esencia lo mismo. Estrada Palma enfrentó la Guerrita de Agosto; Gómez, la Insurrección de los Independientes de Color; Menocal, el levantamiento liberal conocido por La Chambelona, y Zayas, el Movimiento de Veteranos y Patriotas. Entre tanto, a la permanente intranquilidad popular que éstos y otros acontecimientos provocaban, y que en muchas ocasiones fueron reflejados caricaturescamente en *La Política Cómica* (1905-1931) a través del personaje de Liborio, creado por Ricardo de la Torriente, se suma otro suceso significativo: la «danza de los millones» o el período de las «vacas gordas», debido al alto precio que alcanzó el azúcar en el mercado internacional con motivo de la Primera Guerra Mundial (1914-1918), y que tuvo su repercusión en el marco cultural de los ricos —ahora más ricos— cubanos, pues permitió que se pudieran deleitar con artistas altamente cotizados, como la bailarina rusa Ana Pavlova, que debutó en el teatro Payret en marzo de 1915 y repitió sus visitas en 1917 y 1918; el cantante italiano Titta Ruffo, que estrenó el nuevo edificio del Teatro Nacional, antiguo Tacón, en abril de 1915, cobrando tres mil dólares por función; la insigne Sara Bernhardt, que actuó en el Payret en febrero de 1918, escenario que visitó poco después la diva italiana Luisa Tetrazzinni. Ya entrando en el período de las llamadas «vacas flacas», sobrevenido tras el cese de la guerra mundial al bajar el precio del azúcar, el famoso Enrico Caruso hacía retumbar, en 1920, la bóveda del Teatro Nacional, y el tenor Titto Schippa deleitaba a los asociados a Pro-Arte Musical, institución fundada en 1918 por una personalidad de la burguesía habanera, María Teresa Montes de Giberga, y por la cual desfilaron los más destacados valores universales de la música durante más de cuarenta años. Baste señalar que actuaron en La Habana, invitados por esta institución, artistas de la talla de Arturo Rubinstein (pianista, 1919 y 1921); Sergio Rachmaninoff (pianista, 1922) y Pablo Casals (violoncelista, 1922). Algunos años antes, en 1917, el Teatro Nacional sirvió de marco para que el pianista polaco Ignacio Paderewsky hiciera gala de su virtuosismo, y allí actuó, en igual año, la venezolana Teresa Carreño, también consumada pianista, en este su segundo viaje a La Habana, plaza donde había hecho su debut en 1901.

Otra artista cotizada, como la bailarina Isadora Duncan, pasaría por La Habana en 1916, sólo que, en vez de, a bailar, venía a descansar por varias semanas, vacaciones que debió interrumpir a los tres días por el ruido de los autos y la bulla callejera.

En plenas «vacas gordas» había triunfado, en 1917, la Revolución de Octubre en Rusia, acontecimiento que tuvo cierto eco en la prensa cubana de aquellos años, y también alguna repercusión entre los obreros, aunque todavía éstos estaban en el tanteo sindical y en vagas alusiones al concepto «socialista». No obstante, ello contribuyó a acelerar el proceso de concientización y radicalización del proletariado.

Frente a la corriente reaccionaria proimperialista, existía una corriente de carácter nacionalista de matices reformistas y un incipiente proletariado, que se sentían herederos del programa martiano. Con una visión bastante acertada de la realidad cubana, tuvieron un permanente temor de que Estados Unidos interviniera en Cuba, y ello impidió en gran medida que se vertebraran ideológica y organizadamente las aspiraciones de los cubanos. Como se afirma en el Informe Central al Primer Congreso del Partido Comunista de Cuba, nuestra nación

era demasiado débil para enfrentar por sí sola semejante poderío. Este riesgo de perder totalmente la independencia, tenía que

ejercer un efecto paralizante en la acción de los revolucionarios. Y aunque las facciones políticas más de una vez acudieron a las armas para dirimir sus querellas y concitaron la intervención yanqui, esta situación explica la falta de continuidad del proceso revolucionario en las primeras décadas de este siglo.[1]

Desde el punto de vista cultural —a pesar de algunos destellos ya aludidos, provenientes del exterior y que sólo repercutían en la clase dominante— la etapa de 1899 a 1923 está signada por diversas problemáticas cuyo eje de convergencia coincide con el sentimiento de fracaso prevaleciente al que no es ajena, además, la influencia negativa causada por la penetración imperialista. El ambiente no era propicio ni para la creación, ni para la investigación, no obstante loables empeños y el haber contado con científicos, escritores, educadores y artistas que, con la clara conciencia de la frustración, tuvieran también el deseo de cambios fundamentales.

Estudiosos de la literatura y de la cultura cubanas han coincidido en afirmar que en esta etapa de crisis de la cultura nacional es precisamente en la literatura donde se expresan con más vigor y fuerza los valores nacionales. La novelística de Jesús Castellanos, Carlos Loveira, Miguel de Carrión y José Antonio Ramos; la poesía de Poveda, Boti y Acosta; la ensayística de autores de generaciones anteriores —Varona, Sanguily, Juan Gualberto Gómez— y de las nuevas promociones —Fernando Ortiz, Ramos, Roig de Leuchsenring y Ramiro Guerra— son portadoras de ideas renovadoras, sobre todo en lo que concierne a narrativa y poesía, en tanto que la oratoria, tan vigorosa y pujante durante los últimos años del siglo XIX —baste recordar a José Martí—, sufre un proceso de honda decadencia y marcada verborrea hueca de significado. También el periodismo, de larga tradición en nuestra historia literaria, alcanza en estos años de tránsito un despliegue que no guarda relación directa con la brillantez alcanzada hasta entonces, sino que está muy vinculado a hechos que, aunque también de carácter político, difieren esencialmente de los propósitos que animaron a

José Martí y a otros patriotas. Tanto en discursos como en trabajos periodísticos —con las excepciones de Sanguily, Varona y Juan Gualberto Gómez, que observaron críticamente el surgimiento de la República— lo que prevalece es el mensaje florido y retórico, carente de significados esenciales, en medio de un ávido quehacer político por escalar posiciones de poder.

Hay cierta coincidencia de crítica en denominar años de transición a los que transcurren entre 1899 y 1910, fecha a partir de la cual se hizo patente una nueva promoción de intelectuales con conceptos más avanzados y que impondrían, además, un nuevo modo de decir, sobre todo en poesía. El advenimiento de la República, ha dicho certeramente Cintio Vitier, «sorprende a nuestra poesía dispersa y desorientada».[2] Sin ninguna personalidad literaria que sirviera de guía —ya habían muerto Martí y Casal—, desaparecidos también Juana Borrero y Carlos Pío Uhrbach, sólo algunas figuras como Bonifacio Byrne y Federico Uhrbach son dignas de consideración, aunque provenían de las últimas promociones finiseculares, mientras que otros líricos menores más jóvenes, como Francisco Javier Pichardo y René López, sólo muestran discretas composiciones de calidad. Fueron diez años de producción poética «indefinida e ingenua como la propia República»,[3] en la que se mezclaron elementos románticos, modernistas y decadentes. Prueba de ello es la publicación, en 1904, de la antología *Arpas cubanas*, de la cual opinó Boti que permanece «como testimonio irrecusable de nuestra penuria poética».[4]

Hacia 1910, quizás un poco antes, va a producirse un movimiento de renovación poética, no en la capital, sino en la antigua provincia de Oriente, y también en Matanzas y en Las Villas, lugares donde la actividad cultural era más intensa y se reflejaba sobre todo en varias publicaciones periódicas. Serían Boti y Poveda los gestores de este movimiento, que quedó plasmado en *Arabescos mentales* (1913), del primero, y *Versos precursores* (1917), del segundo. A ellos puede añadirse *Ala* (1915), de Agustín Acosta, con una más marcada influencia modernista. Fueron Boti y Poveda los verdaderos iniciadores y promotores del postmodernismo en Cuba,

cauce escogido por varios autores para expresar su decepción ante una República frustrada. Aunque aparentemente iban en pos de la forma de la belleza y abogaban por el elitismo, fueron rebeldes conscientes del momento histórico. Poveda, el teórico del movimiento, dejó plasmados en manifiestos y diversos trabajos aparecidos en la prensa de la época, sus postulados estéticos. En ambos poetas prevaleció un ideal de renovación, aunque fue Poveda el que luchó por darles una coherencia a las inquietudes que los movían. Sin dudas, él preparó el terreno y fue cultivador, además, de un nuevo modo poético que, a pesar de sus detractores, se impondría decisivamente hasta la aparición de la vanguardia.[5]

En cuanto a la narrativa, lo preponderante en los primeros años seudorrepublicanos fue la pervivencia de los procedimientos realistas propios de la narrativa española finisecular, y en alguna medida se hizo presente también la influencia francesa. Vale destacar en esos años la publicación, en 1905, de «El ciervo encantado», cuento alegórico de Esteban Borrero Echeverría, con el que se inicia en nuestra narrativa la línea de denuncia frente a la penetración norteamericana.

Por otra parte, resulta significativo que la gesta independentista recién terminada no motivara a los novelistas de las primeras décadas del siglo, pero aunque este tema fue abordado por autores importantes como Jesús Castellanos, Emilio Bacardí y Luis Rodríguez Embil, prevaleció el tema de la frustración de los anhelos revolucionarios ante una república mediatizada. Autores como el propio Castellanos, Miguel de Carrión y Carlos Loveira, estos dos últimos fuertemente influidos por la escuela naturalista, se encargaron de brindar un notable panorama crítico de la sociedad cubana que les fue contemporánea, en la cual pervivían aún fuertes raíces coloniales, y denunciaron corrupciones sociales, politiquería y, sobre todo Loveira, aunque muy veladamente, el dominio extranjero bajo el cual se vivía. En las novelas de Castellanos, que superan un tanto la influencia naturalista, está presente como constante la incapacidad de los intelectuales para integrarse a un mundo que los desprecia; en tanto que Carrión tratará de bucear en los mecanismos de la psicología femenina, y Loveira, de prosa poco cuidada, denuncia, a veces con cinismo, diversos avatares del acontecer nacional más cercano.

En la amargura de Castellanos y el pesimismo de Loveira y Carrión se centra lo más importante de la narrativa de estos años, a la que deben incorporarse los nombres de José Antonio Ramos y Alfonso Hernández Catá, aunque la incidencia de la obra cuentística y novelística de este último se inserta poco en las problemáticas nacionales que sustentaron las producciones de los primeros.

La pauta del teatro cubano de la etapa de 1899 a 1923 está marcada por un escenario, el Teatro Alhambra, que se mantendrá en actividad hasta el desplome de su edificio, en 1935. La recién concluida guerra, además de una pobre tradición en el género, había impedido el desarrollo de un auténtico teatro nacional, que, no obstante, en estos años luchó, aunque infructuosamente, por imponerse a través de instituciones culturales, como la Sociedad de Fomento del Teatro, creada en 1910, y la Sociedad Pro-Teatro Cubano, inaugurada en 1915. En ellas trataría de abrirse paso el autor del género teatral más importante del período, José Antonio Ramos, que expresó en sus obras la frustración de la República, posición contrastante, en cierto sentido, con la manifestada por el modelo alhambresco, que, en definitiva, fue la que se impuso. Las piezas llevadas a escena por el Alhambra, en la mayoría de los casos carentes de rigor artístico, eran, sin embargo, reflejo caricaturizado de la vida nacional. Además, fueron marco propicio para que floreciera la música con figuras de la calidad de Jorge Anckermann, cuyas composiciones sirvieron de importante ambientación a las obras de Federico Villoch —el más prolífico de nuestros escritores teatrales—, Gustavo y Francisco Robreño, Félix Soloni, Gustavo Sánchez Galarraga y otros.

Hubo también género alhambresco en los escenarios del Molino Rojo, Polyteama, Payret, Martí, y temporadas cortas en el Nacional, que sirvieron para la presentación de numerosas compañías extranjeras que visitaban la isla.

Aparte de la explosión de grandes estrellas que actuaron en Cuba con motivo de la «danza de los millones», la isla era constantemente visitada por compañías de teatro y ópera españolas e italianas —las de Josefina Bori, Lambardi, María Guerrero, Teresa Mariani, Esperanza Iris, Italia Vitaliani, María Barrientos, Mimí Aguglia, entre otras muchas—, además de solistas, parejas de baile, etcétera. Mientras, el verdadero teatro cubano, aquel que pugnaba por darse a conocer, permanecía muerto ante la indiferencia de empresarios y de un público cuyo gusto había sido dirigido hacia otros intereses.

Si lo comparamos con la etapa anterior, el ensayo sufre cierta decadencia entre 1899 y 1923. Aún sostenido en los comienzos del siglo por figuras ya maduras como Sanguily y Varona, los que surgen dejarán en sus obras el sabor amargo de la frustración, bajo una pertinaz influencia del positivismo y del hedonismo de Rodó. Se cultivaron ensayos de corte filosófico, de preocupaciones estéticas, históricos, de indagación en nuestras raíces nacionales, de crítica a nuestros males republicanos. En todos ellos se destacan figuras como Regino Boti, José Manuel Poveda, Francisco José Castellanos, Bernardo G. Barros, José A. Ramos, José María Chacón y Calvo, Fernando Lles, Medardo Vitier, Dulce María Borrero, Laura Mestre, Carolina Poncet y Max Henríquez Ureña. Fernando Ortiz, con sus preocupaciones por ir a las entrañas de nuestros orígenes, y Ramiro Guerra, destacado en historia, son dos figuras que desbordan el género y el momento histórico, pues la producción de ambos cubre toda la primera mitad del siglo XX.

Otro género que se cultiva con interés es el testimonio, dispuesto ahora a dar fe de la recién terminada contienda bélica a través de sus propios protagonistas, en tanto que la biografía, en este primer cuarto de siglo, continúa las pautas trazadas por los biógrafos del pasado siglo. Se destacan tres autores que, si bien no se ciñen a lo estrictamente biográfico, aportan datos de interés para valorar las figuras que tratan: José Antonio Rodríguez García (1864-1934), autor de *Vida de Cervantes y juicio del Quijote* (1905), *De la Avellaneda* (1914) y *Enrique Collazo. Su vida y su obra* (1923); Medardo Vitier, autor de

Martí (1911) y de obras posteriores a la etapa; y José María Chacón y Calvo, que escribió los folletos *José María Heredia* (1915) y *Vida universitaria*, del propio año, con los que se configuraba ya como el más importante estudioso de la obra de nuestro gran romántico.

Otra manifestación de cierta importancia de estos años fue la relacionada con la biografía, muy influida por métodos y sistemas norteamericanos. Figuras como Carlos M. Trelles (1866-1951), autor de importantes investigaciones en este campo, Domingo Figarola-Caneda (1852-1926), José Augusto Escoto (1864-1935) y Arturo R. Carricarte (1880-1948), entre otros, contribuyeron eficazmente a ordenar y sistematizar informaciones sobre la historia literaria, política y científica de Cuba, que aún hoy son fuente obligada de consulta.

La labor de traducción cobró cierto auge a partir del movimiento de renovación lírica encabezado por Boti y Poveda, pues se acentuó un notable interés por la literatura francesa finisecular y también por la italiana. Boti no perseveró mucho en este empeño, pero Poveda, tanto en verso como en prosa, realizó una vasta labor de traducción. Baudelaire, Lorrain, D'Annunzio, se encuentran entre los autores vertidos al español por Poveda, en tanto que Laura Mestre tradujo del griego la *Ilíada* y la *Odisea*, Francisco José Castellanos se ocuparía de traducir los ensayos de Robert Luis Stevenson, y Félix Soloni se enfrascaría en llevar al español numerosas obras escritas en inglés.

La etapa de 1899 a 1923 fue bastante rica, al menos cuantitativamente, en lo que se refiere a la elaboración de antologías y compilaciones. Además de *Arpas cubanas*, ya citada, apareció un año antes, en 1903, la titulada *Trozos selectos en prosa y verso de autores cubanos*, preparada por Nicolás Heredia y revisada por Enrique José Varona, la cual sirvió como obra de texto en las escuelas primarias; *Parnaso cubano* (1906), que, debida a Adrián del Valle, recoge textos desde Heredia hasta Agustín Acosta; *Florilegio de escritoras cubanas* (1910), reunido por Antonio González Curquejo; *Las letras cubanas* (1917), selección de poesía y prosa, y *Los mejores sonetos cubanos* (1918), ambas preparadas por Carlos

Valdés Codina, y *Las cien mejores poesías cubanas* (1922), de José María Chacón y Calvo, aún considerada hoy como una de las mejores antologías cubanas del género. En 1914, al calor de las festividades por el centenario de Gertrudis Gómez de Avellaneda, se publicaron, en seis tomos, sus obras completas; y en 1918, ya cercana su muerte y lamentablemente olvidada, el Ateneo de La Habana rindió un solemne homenaje a Luisa Pérez de Zambrana, en el que pronunciaron sendas conferencias Enrique José Varona y José María Chacón y Calvo.

Frente a la oficialidad de las instituciones culturales respaldadas por el gobierno, como la Academia Nacional de Artes y Letras y la Academia de la Historia, creadas ambas en 1910, se constituyó, con autoridad, el Ateneo de La Habana (1902), de larga y fecunda vida, y además, la ya citada Sociedad de Fomento del Teatro, la Sociedad de Estudios Literarios (1912), el Ateneo de Santiago de Cuba (1914), la Sociedad del Folklore Cubano (1923) y el Club Cubano de Bellas Artes, del propio año. La fundación, en 1901, de la Biblioteca Nacional, que entonces se ubicó en el Castillo de la Fuerza y al poco tiempo pasó a la antigua Maestranza de Artillería, fue un paso importante en los dominios de la cultura, aunque siempre careció durante la seudorrepública de un sostenido apoyo oficial. Pero el esfuerzo más destacado del momento lo constituyó la Sociedad de Conferencias (1910-1915), creada por dos inquietos intelectuales: Jesús Castellanos y Max Henríquez Ureña, dominicano de origen, pero fuertemente arraigado en la literatura cubana. Desvinculada de todo nexo oficial, ellos concibieron una institución de verdadera cultura; sin tener siquiera un local propio, sus conferencistas utilizaban diversos salones, preferentemente el que ocupa el Ateneo de La Habana, para ofrecer sus actividades, que en su generalidad versaron sobre temas culturales e históricos combinados con obras musicales. Con este empeño, sus patrocinadores intentaron que la intelectualidad cubana fuera útil y que abandonara la indiferencia que había mostrado hasta entonces ante diversos problemas planteados en el desarrollo de la vida republicana. Por su tribuna desfilaron, además de sus gestores,

Enrique José Varona, Evelio Rodríguez Lendián, Fernando Ortiz, Miguel de Carrión, Juan Gualberto Gómez, entre otros. En Santiago de Cuba, Matanzas y Santa Clara se organizaron sociedades similares, pero con carácter independiente de la capitalina.

La larga tradición periodística existente en Cuba, tanto en periódicos como en revistas, se manifestó ampliamente en la etapa de 1899 a 1923. En cuanto a los periódicos, algunos provenían de la época colonial, como el reaccionario *Diario de la Marina*, al cual secundaron en los comienzos del siglo *La Unión Española*, *El Comercio* y *El Avisador Comercial*, todos fundados con capital hispánico, en tanto surgía, en 1899, *The Havana Post*, que fue órgano de la colonia norteamericana asentada en la isla. En 1901 comenzó *El Mundo*, primer periódico de empresa de tipo moderno e iniciador de la impresión mecánica en Cuba. En 1904 comenzó a publicar un importante suplemento literario, *El Mundo Ilustrado*, en el que colaboraron conocidos escritores del momento. Dos periódicos que venían de la etapa colonial, *La Discusión* y *El Nuevo País* (antes *El País*) siguieron publicándose; a ellos se unieron *Cuba* (1907), *El Triunfo* (1907) *La Prensa* (1909), *La Noche* (1912), *Heraldo de Cuba* (1913), *El País* (1922) y *El Heraldo* (1923). En las provincias aparecieron o continuaron publicándose algunos periódicos generalmente de vida corta y salida irregular, entre los que vale destacar *El Cubano Libre*, fundado en la manigua por Maceo, y *La Independencia*, ambos de Santiago de Cuba.

Aunque las revistas propiamente literarias escaseaban —sólo merecen tomarse en consideración *El Fígaro* y *Cuba y América* (ambas surgidas durante los últimos decenios coloniales), *Letras* (1905-1914; 1918-?) y *Azul y Rojo* (1902-1905), reclama una atención especial *Cuba Contemporánea* (1913-1927), que se distinguió por el sostenido esfuerzo de revisar con seriedad importantes aspectos de la realidad cubana, aunque debido al peso de las ideas dominantes, y en virtud también de la formación de sus editores, estuvieron impedidos de interpretar coherente y certeramente los diversos asuntos estudiados. Deben mencionarse también la *Revista Bimestre*

Cubana, ahora en su segunda etapa (1910-1959), editada por la Sociedad Económica de Amigos del País y dirigida por Fernando Ortiz y Ramiro Guerra; la *Revista de la Biblioteca Nacional* en su primera etapa (1909-1912) y la *Revista de la Facultad de Artes y Letras* (1905-1930). La segunda década del siglo se vio invadida por un nuevo tipo de revista que ya se apropia de los más modernos adelantos técnicos de la época en lo que a tipografía se refiere, adoptando más bien el carácter de magazine. Entre ellas se destacan *Bohemia*, iniciada en 1910 y fuertemente arraigada en nuestro pueblo; *Gráfico* (1913-?), *Social* en su primera etapa (1916-1933), *Chic* (1917-1927, en su primera etapa) y *Carteles* (1919-1960). *Social* ha sido estimada como la revista cubana de más alarde formal entre las publicadas en Cuba. Hija de las circunstancias de entonces, *Social*, que salió a la luz, como ha dicho Marinello, «para aventurar vanidades, fue vehículo de inquietudes intelectuales y, en más de un momento, abrió sus puertas a pensadores y artistas de espíritu libre y de ánimo progresista».[6]

En el interior del país, fundamentalmente en la antigua provincia de Oriente, donde se gestó el movimiento renovador en poesía, hubo algunas revistas importantes como *El Pensil* (1907-1908; 1909-1910) y *Oriente Literario* (1910-1913), de Santiago de Cuba; *Orto* (1912-1957), de Manzanillo; *El Estudiante* (1910-191?), de Santa Clara, y otra, de igual título, en Matanzas, de 1904 a 1916. Vale destacar la página literaria de *El Cubano Libre*, de Santiago de Cuba, donde vieron la luz los manifiestos modernistas redactados por José Manuel Poveda.

Tanto en las redacciones de estas publicaciones de provincias como en las de La Habana, además de en otros lugares, solían reunirse los escritores en peñas o tertulias literarias, algunas de las cuales tuvieron no poca trascendencia en la historia literaria de Cuba. De esta etapa son las tertulias del café-restaurante El Casino y el Parque Central, ambas de 1900, en las que se reunían, entre otros, Max Henríquez Ureña y Jesús Castellanos, quienes a partir de 1910 animaron veladas en diferentes casas, las que eran amenizadas musicalmente por Gustavo Sánchez Galarraga. De estas reuniones surgió la idea de crear la Sociedad de Conferencias. De 1908 data el Areópago Bohemio de Matanzas, que alcanzó vida hasta 1915. Allí se reunían Bonifacio Byrne, que era la figura central, Agustín Acosta, Medardo Vitier, Hilarión Cabrisas. Se agrupaban en la redacción de *El Estudiante* para discutir, con ideas renovadoras, diversos temas literarios. Otra tertulia de provincia fue la conocida como Palo Hueco (1911-1913), que se efectuaba en la residencia que el dominicano Sócrates Nolasco tenía en Santiago de Cuba. Allí intercambiaban ideas José Manuel Poveda, Enrique Gay Calbó, Rafael Argilagos y otros.

Entre 1920 y 1921 fue muy concurrida la tertulia del Teatro Martí, cuya figura central era Rubén Martínez Villena. Posteriormente se trasladó al hotel Lafayette y dio lugar, poco después, en 1923, a la formación del Grupo Minorista, núcleo integrado por jóvenes intelectuales de izquierda de nueva promoción que tendría una honda significación política, social y cultural a partir de los hechos que dieron lugar a la Protesta de los Trece (marzo de 1923), la cual constituyó una reacción revolucionaria a los desafueros del gobierno de Alfredo Zayas.

Otro grupo muy cohesionado y de larga vida fue el Grupo Literario de Manzanillo (1921-1957), de fuerte consistencia en torno a la revista *Orto*, que se convirtió en vocero del grupo. Se reunían en el Parque Céspedes o en la propia redacción de la revista, donde conversaban del último libro publicado, leían poemas o invitaban a personalidades cubanas y extranjeras a dar conferencias.

Los mayores esfuerzos realizados en el campo de la literatura, como en otras manifestaciones artísticas, para tratar de superar la crisis y la frustración intelectual existentes, deben verse como iniciativas individuales o de grupos no adscritos a la línea oficialista, que sólo se interesaba en promover lo que, en determinado momento, le podía proporcionar fachada de hombres cultos, alguna ganancia política o, incluso, económica.

Ni la música ni la pintura estuvieron al margen del sentimiento de profunda crisis espiritual y emocional por el que atravesaba la isla. En música, hay dos figuras que dominaban la etapa:

Guillermo Tomás (1868-1933) y Eduardo Sánchez de Fuentes (1874-1944). El primero hizo numerosos esfuerzos para tratar de dar a conocer autores desconocidos al público cubano. Sus programas de concierto, brindados con la Banda Municipal (1903) y por una inestable Orquesta Sinfónica (1908), divulgaron la obra wagneriana y a músicos como Haydn, Scarlatti, Gluck, Paisiello, Cimarosa. Estrenó, en primera audición en Cuba, obras de César Frank y Debussy. Sin dudas, Tomás se sintió conmovido hasta el entusiasmo por los músicos más contemporáneos, al punto de estrenar, tres años después que en París, varios fragmentos de la obra *Peleas y Melisenda*, de Debussy. Deslumbrado por Wagner, compuso una *Sakuntala*, basada en el drama sánscrito de Kalidasa, del que adaptó el texto y compuso la música. Cultivó también los *lieder*. Aunque también compuso sus tres *Danzas íntimas*, para banda, y *Esbozos de mi tierra*, para piano y orquesta, inspirados en temas cubanos, su música, a juicio de Francisco López Segrera, «no puede calificarse, en modo alguno, como continuadora y representante del nacionalismo musical»,[7] inaugurado por Manuel Saumell e Ignacio Cervantes durante diversos momentos del siglo XIX. No obstante, su labor como difusor de la música europea debe estimarse altamente.

Según Alejo Carpentier, Eduardo Sánchez de Fuentes fue «el músico más representativo»[8] de esta etapa de transición. Autor de varias óperas, una de ellas, *Yumurí*, inspirada en un tema nacional, su obra constituye un verdadero alarde de voluntad creadora, aunque de ella lo que ha permanecido con el paso de los años son sus habaneras y canciones. Su famosa habanera *Tú*, de 1900, es pieza antológica en el repertorio musical cubano.

Tanto Guillermo Tomás como Eduardo Sánchez de Fuentes son, desde el punto de vista estético, «[más] el resultado de una prolongación del siglo anterior, después de la frustración de la independencia y la instauración de la república, que el inicio de un nuevo estado de cosas, de nuevas concepciones y de la sensibilidad musical ya vigente en Europa a partir del impresionismo».[9]

En tanto, la etapa fue rica y fértil en lo referente a nuestra música popular y trovadoresca, con figuras como Pepe Sánchez (1856-1920); Sindo Garay (1866-1968); Moisés Simons (1890-1945), autor del son-pregón *El manisero*; Manuel Corona (1880-1950); Alberto Villalón (1882-1955); Rosendo Ruiz (1885-1983); Rafael Gómez, *Teofilito* (1888-1971). Todos ellos devienen exponentes del cancionero criollo, y muchos de los textos de sus obras fueron amparados musicalmente por figuras como Jorge Anckermann (1877-1941), Gonzalo Roig (1890-1970), Luis Casas Romero (1882-1950), Eliseo Grenet (1893-1950), figuras claves en el proceso de la música cubana y que durante estos años realizaron una intensa actividad musical. Algunos de ellos, como Villalón y Garay, introdujeron en La Habana el bolero, que había asimilado la forma de la canción. Su cuna había sido Santiago de Cuba en los finales del siglo XIX.

La música guajira o campesina sufrió por estos años una fuerte reintegración de elementos hispánicos. Se cantaba a un campo idílico y feliz, pero añorado. La décima cantada y también las tonadas vueltabajeras, propias para acompañarse con el laúd, el tres, la bandurria o el requinto, fueron bastante divulgadas, aunque no surgió por estos años ningún cantor de verdadero arraigo popular. Mientras, el danzón, ya hacia 1920, agotaba sus posibilidades musicales, en tanto que las *jazz band*, con la «danza de los millones», van desplazando otros tipos de conjuntos musicales.

No obstante esta verdadera explosión de legítima música popular, servida por notables intérpretes —orquestas, conjuntos, septetos, tríos y solistas, algunos de los cuales rebasaron las fronteras nacionales—, uno de los músicos claves de la etapa, el ya citado Sánchez de Fuentes, expresaba su pesar por el «lamentable desplazamiento que en todo plano espiritual hemos sufrido y estamos sufriendo, frente al poder absorbente de nuestros vecinos de Norte América; exclusión acrecentada en el plano artístico por la dejadez de la actual generación. Nuestra música propia se nos va, como se nos han ido ya muchas de nuestras viejas costumbres y creencias y hasta gran parte de nuestra tierra».[10]

En lo que a danza popular se refiere, lo más característico del período es la discriminación de lo nacional en favor de la penetración de bailes norteamericanos en el país. Ya a mediados de la etapa las habaneras, los rigodones y los llamados valses tropicales, entre otros, eran desplazados por el *two steps*, el *charleston* y el *jazz*, aunque el son en sus diversas modalidades —changüí, sucu sucu y el son habanero— era bailado por el pueblo, que también participaba en las tradicionales comparsas, suprimidas y admitidas indistintamente por los gobiernos de turno.

La pintura no mostró en esta etapa cambios sustanciales en el modo de manifestarse, por lo que puede hablarse de un proceso de continuidad entre los finales del siglo XIX y las primeras décadas del XX. En relación con estos años iniciales del siglo, Francisco López Segrera afirma que fue la pintura la manifestación más disociada de nuestra realidad insular, «la más alejada de nuestra realidad, la más atrasada y la menos cubana».[11] Dos pintores de corte academicista dominan estos años: Armando Menocal (1861-1942) y Leopoldo Romañach (1862-1951). Al primero, como ha expresado Marinello con otras palabras, se le fue helando la sensibilidad a base de convencionalismos, en tanto que Romañach albergaba una pasión más humanista, además de haber sido el puente de acceso, más por el aliento que por la técnica, al impresionismo, sin contar su ejemplar labor docente, en la que contribuyó a formar pintores de generaciones venideras, como Abela, Víctor Manuel y Amelia Peláez, entre otros. Menocal fue el primero en incorporar la temática de la guerra a la pintura, pero sus cuadros en este sentido resultan idealizados y carentes de riqueza interior. Son más bien exposiciones plasmadas con un carácter alegórico y expresadas con un lenguaje clásico académico y de corte grecolatino. Sus retratos adquieren, sin embargo, mayor expresividad, al insuflarles a los personajes lo psicológico. Menocal no traicionó a su clase y a sus intereses, por lo que su pintura muestra una de las caras de la sociedad de su época: la de la clase dominante.

Romañach es un representante de las características de la escuela, tanto en temas como en técnica. Lo mejor de su obra son las marinas. No fue pintor de los opresores, sino de las gentes desdichadas: el pobre, el viejo, el enfermo, razón por la cual, además de por su maestría académica, su obra quedará por su nobleza.

Otros pintores de la etapa fueron José Joaquín Tejada (1867-1943); Esteban Valderrama (1891-1964), que se dedicó sobre todo a realizar retratos de políticos de la época; Esteban Domenech (1892-1962) y Domingo Ramos (1894-1956), entre varios más o menos significativos. Ellos, como Menocal y Romañach, se mantuvieron al margen de la pintura contemporánea y contribuyeron a mantener el predominio del academicismo hasta 1925, fecha a partir de la cual la plástica cubana se incorpora rápidamente a los planteamientos del arte contemporáneo.

A lo expresado debe agregarse que los pintores cubanos debían competir con los extranjeros que visitaban la isla, pues éstos eran más requeridos por la clase rica para solicitarles obras, en tanto que, por la misma razón, había carencia de mercado interno donde vender las obras. Además, la poca existencia de lugares para exponer, situación algo paliada entre 1916 y 1925 con la apertura anual de los Salones de Bellas Artes, impedía un verdadero desarrollo de la plástica nacional. La creación en 1915 de la Asociación de Pintores y Escultores propició que, a través de la iniciativa popular, se tratara de defender el derecho de los pintores cubanos frente a los artistas extranjeros. De esta etapa ha expresado Marcelo Pogolotti, pintor de promoción posterior:

De todas las artes, las más preteridas eran las plásticas. Aquí el panorama era sencillamente desolador. No se vislumbraba la menor originalidad, ni asomo de intento de buscar una modalidad adecuada a lo cubano. Campeaba el lodoso academicismo español y el desvaído neoacademicismo italiano. Los pintores no pensaban sino en vivir de una cátedra de San Alejandro con el menor esfuerzo posible; enraizados en la más estéril rutina, atrincherados detrás de la Academia, combatían toda innova-

ción, temerosos de que lo nuevo habría de costarles, tarde o temprano, su jugoso usufructo.[12]

Frente a este estado lamentable de la pintura, la caricatura, sin embargo, estuvo más actualizada. Sin contar a Liborio, de Ricardo de la Torriente (1869-1934), caricatura que fue testigo de la primera etapa de la república mediatizada y reflejo —pasivo— de los vaivenes de la política, surgieron otros caricaturistas —Conrado Massaguer, Rafael Blanco, Jaime Valls, Armando Maribona, Sirio, Salcines— que evidencian en sus obras, aparecidas muchas de ellas en las más importantes publicaciones periódicas de la etapa, como El Fígaro y Social, una concepción más artística y moderna de la caricatura, expresada a través de una línea elegante, permeada de valores estéticos. Huyeron de la armonía convencional y fueron más a la justeza y a la precisión de valores.

Prueba de la coherencia, en su diversidad, de esta manifestación de la plástica, son los sucesivos Salones de Humoristas, iniciados en 1921, así como también, en medio de tanta abulia ante lo artístico, las exposiciones personales de Massaguer y de Blanco, quienes incursionaron también en el dibujo comercial.

Paralela a casi dos decenios de pintura académica se desarrolló, con soluciones más contemporáneas y audaces, la ilustración, lo cual se revela eficazmente en El Fígaro y después en Social, revista donde está la continuación de las búsquedas plásticas iniciadas en la primera. Así, en El Fígaro, la línea art nouveau predomina en portadas e ilustraciones interiores, con la presencia de elementos florales y flores de largos tallos en viñetas de delicada presencia. Asimismo, bajo esta influencia se adornaron las litografías de las cajas de tabacos y de fósforos. De esta forma, la ilustración se proyectó de un modo diferente a la pintura, proceso de mayor hondura que cristalizaría a fines de la década del 20. Ya en 1914, Massaguer y Salcines experimentaban los primeros síntomas de recepción del futurismo, y en el tercer Salón de Bellas Artes (1923) hubo pintura de este cariz del norteamericano Curtis Muffat, que provocó la inquietud de una crítica todavía lastrada por la influencia positivista de Hipólito Taine.

Como en la ilustración, el *art nouveau* también repercutió en la arquitectura de estos años, y fue germen de las nuevas tendencias que conformarán el lenguaje arquitectónico contemporáneo.

Bajo el signo del eclecticismo y con el predominio del uso de estructuras de acero, difundidas en Cuba por empresas norteamericanas, aparece un grupo de profesionales formados en el extranjero que son capaces de responder a las exigencias estatales y privadas. Se construyen bajo estas características edificios como el Palacio Presidencial —inaugurado en 1920, y cuya decoración interior, fundamentalmente a base de murales, se debió, entre otros, a Armando Menocal—, el hospital Calixto García y algunos edificios en la Colina Universitaria. Ya el Cerro había sido desplazado como barrio de la aristocracia habanera para dar paso a El Vedado, que creció vertiginosamente con la construcción, al calor de la «danza de los millones», de grandes mansiones, las que eran amuebladas con el llamado Luis XIV cubano, con sus típicas perillas, con muebles de influencia floral en virtud del *art nouveau* y, ya hacia 1920, con el estilo Luis XVI a base de rejillas, adornos de pasta y esmaltes en gris Trianón, modalidades que serían suplantadas por el Renacimiento español. La burguesía construye a partir de patrones importados, aunque arquitectos formados en Cuba, tras haberse creado la carrera al calor de las reformas instauradas por Enrique José Varona, recuperan elementos coloniales como arcadas, rejas y galerías.

Con el *art nouveau* se abrieron en La Habana floridos balcones y ornamentadas rejas, aunque fue este un estilo que no logró alcanzar homogeneidad entre las construcciones de la época, pues el neobarroquismo también se prodiga en abundancia. No obstante, Mario Rotllant, arquitecto cubano que fue el pionero de las construcciones de *art nouveau* en el país, instaló la fabricación en serie de elementos decorativos para colocar en las construcciones, los cuales revelaban su conocimiento del estilo y su gusto y habilidad en el diseño. A pesar de que el *art nouveau*

no generó en la isla un verdadero movimiento o escuela, le imprimió a la arquitectura un aire de renovación y abrió las vías para modernizar la ciudad.

Hacia 1920 comienza a desarrollarse el *art decó*, de carácter mucho más moderno, y que alcanzó su punto culminante en la década del 30. Inspirado en el *art nouveau*, sintió la influencia del cubismo, del arte del indio norteamericano y el Bauhaus.

Frente a esta variedad arquitectónica, no siempre de buen gusto, pero que sí fue muestra de la acumulación de riqueza que habían alcanzado los acaudalados, se yergue la cifra elocuente de un censo efectuado en 1904, que recoge la existencia en La Habana de 2 839 solares o casas de vecindad, con 33 230 habitaciones en las que se alojaban cerca de 86 000 personas. Además, casi una tercera parte de la población capitalina vivía en casas insalubres, en tanto que otra parte residía en mercados populares y plazas públicas.

La aparición en Cuba, en 1922, de la radio, constituye una de las primicias más importantes de esta etapa. Fue la llamada Cuban Telephone Company la que estableció la primera emisora oficial de radio, la PWX, que fue inaugurada el 10 de octubre con un discurso del presidente Zayas, en inglés primero y en español después.[13] El presidente habló desde su despacho ante un «flamante micrófono», que se unía, mediante una línea telefónica, a los equipos transmisores situados en la calle Águila, sede de la Cuban Telephone. El programa se inició a las 4:00 pm. con el Himno Nacional, seguido del citado discurso; hubo después un solo de violín, canciones cubanas, entre ellas *Presentimiento*, de Eduardo Sánchez de Fuentes, cantada por Rita Montaner, y por último un danzón y una criolla, ambos de Luis Casas Romero, quien, por cierto, desde antes del 10 de octubre de 1922 emitía desde su casa a través de un modesto equipo de radiotelefonía, como entonces se le llamaba, una programación que llegó a estar hasta seis horas en el aire, de modo que si la radio en Cuba se reconoce oficialmente inaugurada en la fecha citada, ya desde varias semanas antes, Luis Casas Romero y su hijo transmitían al éter. La 2 LC, inaugurada oficialmente en 1923, fue la primera emisora que transmitió un noticiero informativo, y era la única además que anunciaba la hora, el estado del tiempo y los deportes. Ya en este último año existían en la capital más de diez emisoras y, para la isla, había un total de veinticuatro. En marzo de 1923 se fundó la primera sociedad cubana de radio, que trató de agrupar a los aficionados con el objeto de conseguir el mejor desarrollo y la propagación del medio.

Si la radio fue una novedad en 1922, el cine, por el contrario, ya se conocía desde enero de 1897, cuando el representante de la casa francesa Lumière, Gabriel Veyre, instaló el «Cinematógrafo Lumière», en un local anexo al Teatro Tacón. Allí se exhibían vistas en movimiento en tandas de media hora cada día. Del mismo año, pero del mes de diciembre, data la primera filmación realizada en Cuba, que duró un minuto y recogió una maniobra del cuerpo de bomberos. Otra empresa de cine creada en 1897 fue el Vetascopio de Edison, en la Acera del Louvre, mientras que el teatro Irijoa, más tarde llamado Martí, fue el primer lugar «de categoría» que ofreció cine en La Habana. Otros teatros habaneros, como el Alhambra, al terminar sus tandas, exhibían películas.

Fue Enrique Díaz Quesada el iniciador de la cinematografía cubana con la producción, en 1906, del corto titulado *El parque de Palatino*, producido por la empresa de este parque de diversiones para su publicidad en Estados Unidos. A él se deben también otros cortos como *Un duelo a orillas del Almendares* (1907), *Un turista en La Habana* (1908, año en que realiza el primer cortometraje con argumento), *Criminal por obcecación* (1910) y otros más. En 1913 estrenó Díaz Quesada, bajo su dirección y fotografía, y con argumento de Federico Villoch, el primer largometraje silente filmado en Cuba: *Manuel García o El rey de los campos de Cuba*. Producida por Santos y Artigas, la película tuvo como actores a Gerardo Artecona, Evangelina Adanis y Concepción Pou, entre otros. Su rodaje duró seis meses. Con posterioridad a esta fecha, se filmaba un promedio de tres a cuatro películas por año.

Paulatinamente, el mercado norteamericano fue absorbiendo la distribución de películas en la isla, que en sus comienzos se había mantenido en manos francesas o italianas, y comenzó a exhibir sus propias producciones. Así, se empezaron a ver cintas de Mary Pickford, Norma Talmadge y Alice Terry, que visitaron por esa época La Habana. También eran muy gustadas las de Rodolfo Valentino. Algunas actrices y actores extranjeros venían a Cuba a filmar escenas de películas.

Con el transcurso de los años, la cinematografía ganó popularidad y surgieron numerosas salas de cine, varias al aire libre. Esto propició que el público se alejara en cierta medida del teatro, a pesar del arraigo que este género tenía.

La etapa de 1899 a 1923 fue, sin dudas, de frustración en lo esencial histórico, lo cual se trasladó a las diferentes manifestaciones artísticas por medio de visiones disímiles cualitativamente diferentes. Quizás en la literatura este sentimiento se hizo más patente, pues tanto los renovados brotes postmodernistas de figuras como Boti y Poveda, como la visión naturalista que presentaron narradores como Carrión y Loveira, representan con características diferentes los sentimientos que prevalecían. La pintura siguió los rumbos que había tenido a finales del siglo XIX, en tanto que en la ilustración, y también en la caricatura, hubo notas de modernidad. La música, que contó con los esfuerzos de dos importantes figuras, Tomás y Sánchez de Fuentes, no superó la nota ajena, no obstante ser años de indudable enriquecimiento del cancionero popular, devenido hoy tradicional. En danza, a pesar de que el danzón y otras composiciones bailables cubanas tuvieron indudable arraigo, la penetración norteamericana quebró una rica tradición en este sentido. Mientras, el esfuerzo por desarrollar la radio, así como también el surgimiento de un cine que inicialmente estuvo en manos criollas, deben verse como dos de los esfuerzos más loables de la etapa.

Los años comprendidos entre 1899 y 1923 no mostraron en el orden literario figuras capitales; tampoco las hubo en la plástica ni hasta cierto punto en la música. En contraste con ello, en las ciencias se destacaron hombres de la talla de Carlos J. Finlay, y el deporte gozó del privilegio de contar con dos figuras de alcance mundial: el ajedrecista José Raúl Capablanca y el esgrimista Ramón Font. Sin embargo, son hechos que no por relevantes dejan de constituir eslabones aislados en momentos de un acontecer plagado de indefiniciones.

Fue, no obstante, una etapa gestora, preparatoria y necesaria en todos los órdenes de la vida nacional, donde se avizoraban las acciones conjuntas de las masas obreras, de la intelectualidad y del estudiantado. Ya en 1923, con la formación del Grupo Minorista, en medio del desarrollo de lo que Juan Marinello denominará década crítica, de 1920 a 1930, los creadores se sentían penetrados «por la angustia de nuevos rumbos», como expresara el propio Marinello, en tanto que ya asomaba «una conciencia capaz de regir acciones inmediatas», también palabras del autor de *Juventud y vejez*. En la intelectualidad de los años finales de la década del XX se sentía la necesidad del cambio, el cual, sin embargo, sólo podría ser emprendida con la voluntad y la acción revolucionaria de las masas. No obstante, en lo nuevo que se gestaba había mucho también de los protagonistas de las décadas anteriores, quienes, hijos de su tiempo, pudieron llegar hasta determinado estadío que a otros les correspondía sobrepasar.   [*C. R.*]

NOTAS
(CAPÍTULO 1.1)

[1] *Informe del Comité Central del Partido Comunista de Cuba al Primer Congreso.* Departamento de Orientación Revolucionaria del Comité Central del Partido Comunista de Cuba. La Habana, 1975, p. 15.

[2] Cintio Vitier: «Introducción», en su *Cincuenta años de poesía cubana (1902-1952)*. Ordenación, antología y notas por Cintio Vitier, Ministerio de Educación, Dirección de Cultura, La Habana, 1952, p. 15.

[3] Cintio Vitier: ob. cit., p. 1.

[4] Regino E. Boti: «Notas acerca de José Manuel Poveda, su tiempo, su vida y su obra», en su *Crítica literaria*. Selección, prólogo y notas de Emilio de Armas. Ediciones Unión, La Habana, 1985, p. 132.

[5] Como dato de interés, valga señalar que en 1914 un escritor mediocre, Félix Callejas, más conocido por Billiken, publicó el poema «Paisaje crepuscular», parodia de uno futurista, hecho que confirma que la literatura cubana de esos años no permaneció ajena a este movimiento. Ya en 1909 el escritor Emilio Bobadilla, desde París, se había referido a dicha tendencia en un artículo aparecido el 11 de abril del citado año en *El Fígaro*, el cual resulta el primero que en Cuba abordó la nueva modalidad artística. Allí tildaba al manifiesto promovido por Marinetti de «programa absurdo y anárquico». En números de la propia revista correspondientes a 1913 y 1914, debidos por lo general a escritores latinoamericanos residentes en París, se vuelve a tratar del futurismo, que casi siempre es censurado y ridiculizado en sus postulados.

[6] Juan Marinello: «Emilio Roig de Leuchsenring antimperialista», en su *Obras. Cuba: Cultura*. Selección de Ana Suárez. Prólogo de José Antonio Portuondo. Editorial Letras Cubanas, La Habana, 1989, p. 546.

[7] Francisco López Segrera: *Cuba: cultura y sociedad*. Editorial Letras Cubanas, La Habana, 1989, p. 125.

[8] Alejo Carpentier: *La música en Cuba*. Fondo de Cultura Económica, México D.F., 1946, p. 211.

[9] José Ardévol: *Introducción a Cuba: la música*. Instituto Cubano del Libro, La Habana, 1969, p. 18.

[10] Eduardo Sánchez de Fuentes: *Consideraciones sobre la música cubana*. Imprenta Molina, La Habana, 1936, p. 11.

[11] Francisco López Segrera: ob. cit., p. 126.

[12] Marcelo Pogolotti: *Del barro y las voces*. Ediciones Unión, La Habana, 1968, p. 49.

[13] Esta emisora se mantuvo trasmitiendo solamente los miércoles y los sábados —hasta 1925—, en el horario de 8:30 p.m. a 10:00 p.m. A partir de 1925 comenzó a radiar los sorteos de la Lotería Nacional.

1.2 LA LÍRICA

1.2.1 Panorama de su desarrollo

El estudio de la poesía cubana de la etapa 1899-1923 revela la existencia de dos corrientes estéticas fundamentales: el romanticismo epigonal que predomina hasta 1912 y el modernismo que cultivan las principales figuras de la lírica de esos años y cuyo primer ejemplo es *Arabescos mentales*, de Regino Boti, aparecido en 1913. La crítica ha insistido una y otra vez en la incuestionable verdad de que la muerte temprana de Casal (1893) y de Martí (1895), dos poderosos iniciadores del modernismo —Martí incluso su precursor con *Ismaelillo* (1882)—, con el posterior deceso de los dos más capaces seguidores del primero: Juana Borrero (1896) y Carlos Pío Uhrbach (1897), determinaron en buena medida los caminos que habrían de seguir en los años sucesivos la sensibilidad y el estilo de la lírica cubana. A esos acontecimientos de importancia literaria hay que añadir otro de carácter histórico: la frustración de los ideales independentistas por la presencia interventora de las tropas de Estados Unidos en Cuba en 1899, después de derrotado el ejército español un año antes a mano de las fuerzas norteamericanas en una guerra que en breve pudo haber ganado la tropa mambí. La intromisión extranjera traería como consecuencia una República dependiente (1902-1958) que no satisfaría los más caros anhelos de libertad, justicia y desarrollo económico-social. El romanticismo, algunos de cuyos rasgos definidores perduraron en sus epígonos, reapareció en los poetas cubanos del período 1899-1912 como la corriente estética predominante, entre otras razones porque en sus postulados más significativos hay diversos elementos conceptuales que expresan el conflicto esencial de los autores que por entonces publicaron sus libros.

Junto a temas y maneras románticos se observan la impronta del parnasianismo y se destacan influencias modernistas, prácticamente imposibles de pasar por alto cuando las obras de Rubén Darío y sus seguidores revolucionaban la sensibilidad en la poesía del idioma. La falta de perspectiva para comprender el fenómeno modernista en todo su alcance, tanto ideológico como artístico, impidió asimismo que los líricos cubanos, conocedores además de los aportes de Casal a los nuevos modos poéticos, se adscribieran a esa corriente que tantas posibilidades de expresión ofrecía, sobre todo en su modo interior, en que el autor de *Nieve* (1893) había dejado textos de gran importancia. Acaso el más elocuente testimonio de esa incomprensión de la trascendencia del movimiento encabezado por Darío sean las reflexiones de Esteban Borrero Echeverría en la presentación de *Fugitivas* (1901), de Francisco Díaz Silveira (1871-1925), donde hace estas afirmaciones: «Diéronse aquí entonces por no sé qué aberración de gusto, los jóvenes poetas, a la imitación de una poesía para mí dos veces exótica, rara en el fondo y extraña en la forma, que llaman por allí poesía decadente o modernista», y más adelante, para ahondar en sus consideraciones: «huyendo [...] del medio real en que vivían se crearon uno artificial, en el cual buscaban la inspiración, que Cuba exuberante de vejetación [sic], inundada siempre de luz; y, en lo moral llena de tétricas sombras no les brindaba a lo que parece».[1] En ese prólogo es considerado el modernismo como un fenómeno exótico, ajeno a la realidad nacional en su doble sentido paisajístico e histórico, una interpretación que si bien no es del todo desacertada pierde de vista, por razones perfectamente explicables, el verdadero sustrato del formidable movimiento hispanoamericano. Borrero Echeverría siente muy hondo, en fecha tan temprana, la frustración esencial del país que no pudo alcanzar una auténtica victoria redentora y al que poco después se le impondría una República insuficiente. En sus palabras hay, de hecho, una propuesta de mantener una tradición de autoctonía que tuvo en Heredia al primer gran representante. A la luz de esos criterios, el modernismo es un estilo «decadente», incapaz, por ello, de acoger los sentimientos y la historia de un modo de ser propio, de una nacionalidad, según Borrero Echeverría una necesidad insoslayable en momentos de crisis y de frustración. Conocidas o no esas observaciones por los poetas que en lo sucesivo publicarían sus libros, la tónica predominante de sus versos estaba en consonancia con esas ideas.

En 1904 aparece una antología que años más tarde fue severamente censurada por Boti: *Arpas cubanas*, compilación del *Conde Kostia* (seudónimo de Aniceto Valdivia), en la que aparecen textos de Dulce María Borrero, Esteban Borrero Echeverría, Bonifacio Byrne, René López y Federico Uhrbach. En esas selecciones, según Boti, no se encuentra «ni un asomo» de Darío, Silva, Lugones, Santos Chocano, Herrera y Reissig y Guillermo Valencia, así como tampoco «del espíritu moderno de que ellos eran a su vez portavoz»; poco antes señalaba: «Salvo lo de René López y alguna que otra composición aislada, lo demás puede arrojarse al cesto sin ningún remordimiento de conciencia. Esa antología es una acusación de nuestro misoneísmo poético».[2] De los poetas representados en esa compilación de 1904 dirían Félix Lizaso y José Antonio Fernández de Castro lo siguiente: «En

ocasiones, adoptaron los metros o aun los temas nuevos o en boga, pero su inspiración continuaba siendo ya puramente clásica, ya la de los últimos románticos españoles. [...] Algunos oscilaron entre las distintas tendencias, como Bobadilla y Byrne, que en diferentes composiciones ensayan las formas nuevas.»[3] Un año más tarde, 1905, emite Pedro Henríquez Ureña estas opiniones acerca del estado de la poesía cubana de aquellos días: «Si la gran inactividad literaria de este momento no es presagio de una extinción total de las aficiones poéticas, como insinúan los escépticos, es de creerse que la poesía cubana se halla en un período de transición y que las generaciones próximas traerán un caudal de ideas y formas nuevas»,[4] un vaticinio que tenía en cuenta, sin dudas, la obra de Casal y de Martí y, en el ámbito general de Hispanoamérica, la de los modernistas que citaba Boti, aunque habría que preguntarse por qué el crítico califica de «nuevas» esas ideas y formas si ya tenían un decenio de importantes creaciones. Desde el punto de vista del modernismo, las suyas eran las propuestas nuevas, en tanto las viejas y en desuso eran las románticas. Así, por antítesis, las palabras del dominicano insisten en que los líricos cubanos se volvieron a la estética del romanticismo para poder expresar una concepción del mundo que no era la de los años en que estaban escribiendo. La falta de talento creador y la cercanía afectiva y temporal de un pasado glorioso y lleno de ideales, además de los factores expuestos con anterioridad en estas mismas páginas, determinaron la adopción de un cuerpo artístico-conceptual que estaba en consonancia con las necesidades e inquietudes espirituales y de comunicación de los poetas que caracterizan este período de 1899 a 1912. Los personajes heroicos y el tema de la libertad, por ejemplo, y en no menor medida la exaltación del pasado como un arquetipo atemporal en que el individuo alcanzó una dicha y plenitud perdidas y añoradas en el presente, son rasgos propios de la literatura romántica que satisfacen los reclamos de una sensibilidad lacerada por el vacío de una experiencia histórica frustrante. De ahí la persistencia en esos poetas de los tres temas fundamentales: la patria, el amor y la situación social del individuo. Acaso la más nítida definición de ese período de la lírica cubana esté en este sucinto análisis de Cintio Vitier:

Por los mismos afanes que la hicieron posible —emigración revolucionaria, guerra del 95, ocupación norteamericana—, la República sorprende a nuestra poesía dispersa y desorientada. Muertos Casal y Martí, poderosos anticipadores del modernismo, que hubieran sido los maestros fecundos; desaparecidos también dos jóvenes que encarnaban la más viva promesa, Juana Borrero y Carlos Pío Uhrbach, se abre en 1902 un período poético confuso, dominado por la ferviente actividad de *El Fígaro* y otras revistas literarias (*Cuba y América*, *Azul y Rojo*, *Letras*), y por el prestigio de algunas figuras que procedían de la última generación formada en la Colonia. Entre éstas, destácanse sin duda Bonifacio Byrne, que adquirió extraordinaria notoriedad por el acierto emocional de su canto a la bandera, y Federico Uhrbach, discípulo de Casal, que dará su mejor acento en *Resurrección* (1916): poetas ambos muy estimables, pero desprovistos de la fuerza necesaria para convertirse en centros guiadores e impulsar nuestra poesía hacia un futuro más vasto.

Transcurren así diez años de producción indefinida e ingenua como la propia República, con rasgos románticos, modernistas y decadentes mezclados a un gusto por las «meditaciones» campoamorescas o por la versificación rotunda y declamatoria. Poesía de certamen, de Ateneo y Academia, polémicas estériles como la recogida por José Manuel Carbonell en el prólogo a su canto *La visión del águila* (1907), caracterizan la atmósfera general de estos años. Algunos líricos menores —el malogrado René López, el muy valioso Francisco J. Pichardo— significan sólo discretas excepciones de calidad. Lo negativo, inerte y provinciano de esta situación, que desde luego en ciertas zonas habrá de prolongarse más allá de su apogeo, casi hasta nuestros días, va a ser súbitamente modificado por la aparición sucesiva de tres libros escritos en el interior de la isla. Son ellos *Arabescos mentales* (1913) de Regino E. Boti, *Ala* (1915) de Agustín Acosta y *Versos precursores* (1917) de José Manuel Poveda.[5]

El tema patriótico, en cierta medida antítesis del tema del amor imposible, tiene su antecedente inmediato en un libro de Byrne: *Efigies* (1897), un conjunto de sonetos a figuras de la Guerra de Independencia (1895-1898) cuyas imágenes llegan a los lectores en versos cuidadosamente trabajados. Más tarde, en 1901, aparece *Fugitivas*, de Díaz Silveira, soldado en los campos de batalla, entre cuyos poemas se cuentan «Himno de guerra», «La bandera», «Después del silencio», «Nueva campaña». Para René López la patria es una realidad distante, soñada a través de sus símbolos («La patria»), frustrada en sus esperanzas («¡Libertad!»). Dulce María Borrero, en su libro *Horas de mi vida* (1912), también siente muy cerca el conflicto histórico («Tu bandera», «Tierra propia», «Desde la cumbre», «Sin nombre», «La canción de las palmas»). Se trata en todos los casos de un intento de reivindicación del pasado mediante la exaltación de sus glorias y la utilización de un estilo que mucho tiene que ver con la influencia del parnasianismo. Aunque idealizadas las hazañas y la memoria de los héroes, en esa línea temática está la antítesis de las evocaciones brumosas e indefinidas del pasado en los poemas que tienen como tema los amores imposibles, pero se identifican con ellos en que cantan a una plenitud definitivamente perdida e inalcanzable. Otra diferencia significativa entre ambas modalidades está en la ausencia del yo participante, que en la línea amorosa constituye el centro de la dinámica creadora. El texto de exaltación de los valores patrios establece una distancia imprescindible entre sujeto y objeto. En estas estrofas de «La canción de las palmas», de la sección «Lauros sangrientos» del libro *Horas de mi vida*, se entremezclan rasgos de la herencia modernista con la evocación del heroísmo patrio:

Esmeraldas rumorosas,
porciones del patrio suelo
que os levantáis orgullosas
para besar amorosas
el gran zafiro del cielo!
    Vosotras las que mirasteis
caer el postrer soldado
que, piadosas, lo arrullasteis,
y en pie, soberbias, quedasteis
sobre el campo ensangrentado;
[...]
    Que en el viento confundido
llegó a vosotras un día
del primer cubano herido
el lamento dolorido
que repetís todavía!

La vertiente amoroso-intimista caracteriza a prácticamente todos los poetas del período. Además de los mencionados como representantes de la vertiente patriótica, merecen citarse ahora a Mercedes Matamoros (*Sonetos*, 1902, cercana al modernismo en «El último amor de Safo»); Enrique Hernández Miyares (*Poesías*, 1915; su soneto «La más fermosa» suscitó una polémica en torno a su paternidad recogida en libros y en modo alguno ajena a los contenidos políticos que pueden leerse en el texto); Manuel Serafín Pichardo (*Cuba a la República*, 1902; *Canto a Villaclara*, 1907); Federico Uhrbach (*Oro*, 1907, en colaboración con su hermano Carlos Pío; *Amor de ensueño y de romanticismo*, 1908; *Resurrección*, 1916), Francisco y Fernando Lles (*Crepúsculos*, 1909; *Sol de invierno*, 1911; *Limoneros en flor. Poemas del amor y de la vida*, 1912, todos escritos entre los dos): Hilarión Cabrisas (*Esperanza*, 1911; en la década de 1930 publicó otros cuatro libros que, por razones cronológicas, no se mencionan en esta relación); Max Henríquez Ureña (*Ánforas*, 1914), algunos con maneras peculiares de abordar sus inquietudes en el poema, influidos en mayor o menor medida por el intimismo romántico de fines del XIX y por la obra de poetas españoles de esa misma centuria, así como por hallazgos del parnasianismo y por las voces más relevantes de la sensibilidad modernista. Dos nombres podrían añadirse a los mencionados: Emilio Bobadilla

(conocido por su seudónimo de *Fray Candil*; después de haber publicado tres libros en la década de 1880, dio a conocer *Vórtice*, 1903, y más tarde *Rojeces de Marte* y *Sonetos de la guerra*, 1920) y José Manuel Carbonell (*La visión del águila*, 1907, y una buena parte de su producción poética en 1922 y 1923), autores de escasísimo relieve. Esta vertiente de la lírica de ese primer período de la etapa 1899-1923 tiene en Byrne, Francisco Javier Pichardo y René López a sus mejores exponentes. A esos años pertenecen, del primero, *Lira y espada* (1901), *Poemas* (1903) y *En medio del camino* (1914), el de 1901 con poemas patrióticos (entre ellos su célebre «Mi bandera») e intimistas; de Pichardo, *Voces nómadas* (1908), y de René López poesías dispersas que recientemente fueron recogidas en libro con el título de uno de sus más notables ejemplos, *Barcos que pasan* (1986); un fragmento a continuación se transcribe para que pueda apreciarse su calidad y, en general, el conjunto de elementos de esa vertiente:

¡Oh barcos que pasáis en la alta noche
por la azul epidermis de los mares,
con vuestras rojas luces que palpitan
al ósculo levísimo del aire,
rubís ensangrentados sobre el lomo
de gigantescos monstruos de azabache!,
¿adónde vais por la extensión sombría,
guerreros de la noche, infatigables
paladines que sueñan la tormenta,
como aquellos cantores medievales,
la lanza en ristre, la mirada torva,
morir cantando en sin igual combate?
¿Adónde vais, ¡oh barcos misteriosos!,
por la azul epidermis de los mares?

La vertiente de preocupación social, atenta a la situación del individuo en su contexto, tiene menos cultivadores, de los cuales el más destacado es Francisco Javier Pichardo, un poeta de finas calidades y aciertos formales que lo sitúan entre los que muestran un gusto más acabado. Esta variante se diferencia de la que surge como resultado del espíritu vanguardista en la efectividad que subyace en la percepción de la realidad. Hay en las páginas de esta modalidad un lamento desgarrado o conmovido que no se encuentra en las posteriores manifestaciones de la tendencia de preocupación social. Una simple comparación de «El trapiche» de Pichardo y «Salutación fraterna al taller mecánico», de Regino Pedroso, deja ver sin lugar a dudas esa diferencia. Esa emotividad, de distinto grado en cada una de las vertientes de esta etapa, les da un trasfondo común que a su vez las distingue de las propuestas renovadoras que poco después formularían Poveda y Boti. Desde el punto de vista temático se integra esta vertiente al intimismo que tanto floreció entonces, y expresa la crisis existencial imperante como consecuencia de la frustración que trajo la República dependiente. La problemática del hombre se pone de manifiesto en ocasiones en cierta forma que adquiere el hastío, un cansancio que denota indiferencia o resignación, actitudes radicalmente distintas de las que tendrían los exaltados y amargos poemas de los renovadores de la década siguiente. La aprehensión del paisaje (Dulce María Borrero, Francisco Javier Pichardo, Mercedes Matamoros) se reviste de una tristeza lánguida que el rigor del trabajo artístico no puede ocultar en su objetividad. Esa misma voz de lamento está presente en un poema de preocupación social de Agustín Acosta, *La zafra* (1926), escrito también bajo la decisiva influencia del romanticismo epigonal. Tanto en «El trapiche» como en «La canción del labriego», del propio Pichardo, las ricas posibilidades temáticas están sometidas a los cánones del romanticismo decadente. Véase el segundo:

Señor: soy el labriego que los terrenos ara;
con el sudor que brota de mi caldeada frente
las tierras fecundizo, sazono mi simiente
y ablando de las piedras la sequedad avara.

   Mi mano el negro surco con avidez prepara;
contra la helada lucho con ánimo valiente;
y los retoños nuevos para cuidar, paciente
velo todas las noches hasta que el cielo aclara.

   Yo sé querer la tierra; de mis callosas manos
las rústicas caricias hacen dorar los granos.
Yo crujo en las encinas, yo tiemblo en el
      arbusto,
   y aguardo en la cosecha mi única alegría,

yo sé querer la tierra. Señor: vos, que sois justo,
decidme si la tierra no debe de ser mía.

El segundo período (1913-1923) es el de predominio del postmodernismo por la labor innovadora que llevaron adelante Boti y fundamentalmente Poveda, una problemática sobre la que se volverá con mayor detenimiento más adelante, en las páginas dedicadas al estudio de las obras de estos poetas. Las posibilidades expresivas que abrieron los poemas de Martí y de Casal no fueron lo suficientemente aprovechadas, como ya fue dicho, por los que conformaron el panorama de la lírica cubana en los años subsiguientes. Poveda, un temperamento peculiar y una fuerte personalidad con auténtica vocación artística, rasgos determinantes también en la definición de su amigo Regino Boti, sintió como nadie la urgente necesidad de transformar la poesía de su momento retomando la gran tradición modernista de Casal, una labor a la que consagró varios años. Esas inquietudes, que empiezan a manifestarse en 1909 y se desarrollan en importantes trabajos dados a conocer en la prensa o en forma de conferencias, revelan hasta dónde se hacía necesario un cambio radical en la poesía cubana. En 1913 apareció *Arabescos mentales*, de Boti, el libro que abre la renovación y trae sustanciales transformaciones a la lírica; más tarde se publica *Ala* (1915), de Agustín Acosta, y en 1917 *Versos precursores*, de Poveda. Cada uno con su sello muy personal, determinado por factores disímiles, contribuyen al enriquecimiento de la nueva concepción de la poesía, un renacimiento después de un largo período de ruptura con la más inmediata y fructífera tradición cubana e hispanoamericana.

El libro de Acosta hizo aportes menos sustanciales a la nueva estética, inmerso como estaba aún en la corriente del romanticismo epigonal, una de las influencias decisivas en su quehacer. Entre los postulados fundamentales propugnados por Poveda y Boti están el de la forma artística y el de la búsqueda de la grandeza en lo que concierne a la relación del poeta con sus temas, consustanciales ambos con la exaltación del yo que los caracterizó. Esos dos libros trascendieron sus propios presupuestos estéticos, en el caso de Boti perceptible en *La torre del silencio* (1926), escrito entre 1912 y 1919, y *El mar y la montaña* (1921), escrito de 1919 a 1920, en los que se adentra hacia zonas cercanas a la vanguardia, una línea que ya había iniciado en el poemario de 1913, en sus textos más perdurables. Acosta, desinteresado en formulaciones de orden teórico, y atento, a diferencia de sus dos colegas mayores, a los dictados de su formación literaria, en el que se entrecruzan, como en todos los poetas de su momento, romanticismo y modernismo, acoge por igual una y otra concepciones de la poesía, por lo que su importancia como innovador es de menos alcance; en *Hermanita* (1923) se torna un representante del intimismo romántico de contenido amoroso, una de las vertientes de *Ala*.

Otros poetas significativos de este segundo período (de la etapa 1899-1923) son Mariano Brull, autor de *La casa del silencio* (1916), un magnífico libro de refinada factura en el que se encuentran los gérmenes de la tendencia purista representada por él como su figura principal en todos sus libros sucesivos, desde 1928; Federico de Ibarzábal, con varios libros: *Huerto lírico* (1913), *El balcón de Julieta* (1916) y *Una ciudad del trópico* (1819) (mucho después publicó su último poemario, en 1946: *Nombre del tiempo*); Ghiraldo Jiménez con *La selva interior* (1920); María Luisa Milanés (sus textos fueron recogidos en el número de la revista *Orto* correspondiente a mayo de 1920, como un homenaje a la poetisa al año siguiente de su muerte); Emilia Bernal, autora de *Alma errante* (1916), *¡Como los pájaros!* (1922) y *Poesías inéditas* (1922), con seis libros más hasta 1938; Gustavo Galarraga (*La fuente matinal*, 1915; *Lámpara votiva*, 1916; *La barca sonora*, 1917; *El jardín de Margarita*, 1917; *Copos de sueño*, 1918; *Motivos sentimentales*, 1919; *Excelsior*, 1919; *Glosas del camino*, 1920; *Momentos líricos*, 1920; *Recogimiento*, 1920; *Cromos callejeros, 1920; Cancionero de la vida, 1920; Música triste, 1920; Flores de agua*, 1921; *Cancionero de la vida*, 1922; *El remanso de las lágrimas*, 1922, y *Oblación*, 1922) y Enrique José Varona (*Poemitas en prosa*, de 1918 a 1921, publicado ese último año). Se alternan y se fusionan en esos poemarios, como

en los tres anteriores mencionados, los temas y conceptos del romanticismo y del modernismo, al igual que en los poetas que en esos años aún no habían publicado libros y empiezan su carrera literaria: Nicolás Guillén, José Zacarías Tallet, Rubén Martínez Villena, Regino Pedroso, María Villar Buceta, a los que se suma Manuel Navarro Luna con *Ritmos dolientes* (1919) y *Corazón adentro* (1920). Aunque mucho de lo que se escribió en ese decenio no ostenta una calidad superior en relación con el período precedente, en líneas generales se aprecia un salto cualitativo. Exceptuados Boti, Poveda y Brull, los restantes poetas, de una obra menos honda, dan cuerpo, sin embargo, a un conjunto de realizaciones más ricas y perdurables que las que lograron los representantes tardíos del romanticismo. El amor, la patria, la ciudad, la soledad del hombre, la evocación de paisajes exóticos, la percepción de la realidad inmediata en forma de paisaje contemplado o como entorno del diario vivir, temas y tópicos del modernismo que estos creadores representan, se muestran en textos de distintas tonalidades y virtudes artísticas. Ibarzábal, por ejemplo, en su libro de 1919, cultiva el tema del barrio, ya presente en Poveda con fuerza singular y que más tarde reaparecerá en Tallet, durante la etapa que se inicia en 1923, el momento prevanguardista. En los libros de mayor peso conceptual está la presencia de un modernismo de más complejas implicaciones, como sucede con *Versos precursores*. En otros, como en *La ruta de Bagdad*, de Pedroso, escrito entre 1918 y 1923, hay una influencia mayor del modernismo exteriorista. Brull, en cambio, igualmente formado en Darío, González Martínez y otros representantes del formidable movimiento hispanoamericano, alcanza una dimensión espiritual poco común, en buena medida deudora de un romanticismo bien asimilado.

El tema patriótico y de preocupación social no es característico de este período. En Acosta y en Martínez Villena, sus más importantes cultivadores por la significación de sus obras y el número de textos dentro de esa vertiente, aunque escaso en cada uno, se diferencian por el estilo, grandilocuente y retórico en el primero —excepto en el dedicado a la bandera— y sobrio y mesurado en el segundo, extremos que pueden explicarse por la filiación estética de sus autores, un romanticismo libremente elaborado en Acosta y sometido a la influencia parnasiana en Martínez Villena. En la medida en que esa problemática aparece como centro de la poesía se produce un alejamiento de los postulados ideoestéticos del modernismo. Boti y Poveda, paradigmas del modernismo cubano de esos años, excluyeron de sus respectivos libros esas inquietudes de exaltación del pasado o de referencias al presente, con la salvedad del poema de Poveda a la bandera, de cuya comparación con el similar de Acosta saldría fundamentada la tesis de que ese tema por sí mismo es ajeno a la concepción modernista de la poesía, que penetraba en la realidad desde una perspectiva diferente. El repudio a sus circunstancias es consustancial con la lírica modernista, como ya señaló Ricardo Gullón en su libro *Direcciones del modernismo* (1963), pero se trata de una actitud generalmente implícita, que cuando emerge en un texto a través de alusiones a símbolos, hechos o figuras de la patria, lo hace sin los convencionalismos propios de una poética que los innovadores se habían propuesto superar. Con la lectura de «El trapo heroico», de Poveda, se corrobora que el tratamiento de esos temas se nutre, en el modernismo, de amargura y de escepticismo, no de la ingenua alegría que tiene en Acosta.

En el decenio 1913-1923 conviven las nuevas ideas con las viejas estructuras conceptuales y formales, incluso en un mismo poeta, como ya fue dicho. Para ejemplificar esa coexistencia puede acudirse a dos figuras de relieve menor, pero con textos de incuestionable calidad: Emilia Bernal y Federico de Ibarzábal. Véase el juicio que sobre la primera formularon los autores de *La poesía moderna en Cuba (1882-1925)* (1926):

Su labor primera, recogida en *Alma errante* (1916), presenta todas las características de su espíritu poético en ese momento de su producción: inspiración romántica, finura y levedad en la expresión, aun en los temas más propios al desbordamiento de sentimentalismos trillados.[6]

En lo sucesivo la autora se va acercando a la sensibilidad predominante en la década de 1920, incluso a la jitanjáfora («La sombra»), como pusieron de relieve sus comentaristas. En esos momentos deja ver su ascendente espiritual, las lecturas formativas que constituyeron su expresión cuando el modernismo había dado nuevas posibilidades a la lírica nacional con la aparición de *Arabescos mentales* en 1913. Sus antólogos han reconocido en «Cigarra azul» una página representativa de su gusto romántico inicial, pero puede tomarse también como ejemplo «Palabras de elegía», acaso de más hondas resonancias y mayor fidelidad a la atmósfera del estadío inicial de su formación. Véase el texto:

Siento que es el sufrir mi patrimonio,
que mi risa es el lloro y que mi canto
es el acento que el dolor me brinda.
Aquí vengo a cantar, como si fuera
a una selva de robles, cuyas ramas
sacuda de mi espíritu el sonido.
Tengo mi voz, un flagelar de amores
en cada corazón, para que vibren
al mismo tiempo que mi pena canta,
y si es de roble, lágrimas los robles
derramen, ¡ay!, porque mi hermano
        ha muerto;
porque yo quiero que la pena mía
tenga un eco brutal que la comprenda;
porque yo quiero hacer con ese llanto
ofrenda de cariño al desgraciado
que no tuvo en los labios ningún beso
al dejar de vivir, al que no tuvo
manos piadosas que cerraran trémulas
el cristal esmeralda de sus ojos.
[...]
¡Al pobre hermano que murió tan lejos!

Lejanía, ausencia, muerte, sufrimiento, identidad hombre-naturaleza, amor fraterno, participación afectiva, una ontología del dolor para definir la esencia del yo, son los rasgos más sobresalientes de este poema en el plano conceptual, trabajado con un encomiable sentido de la musicalidad y un acendrado cuidado formal. En Brull y en Acosta, más próximos en sus respectivos libros al modernismo, se encuentran acentos similares, pero con diferente tono, una manera más cercana a la austeridad, al estilo de la innovación. Véase ahora el texto de Ibarzábal, quien se inició también bajo el signo del romanticismo (*Huerto lírico*, 1913) y en breve evolucionó hacia posiciones más modernas, especialmente en *Una ciudad del trópico* (1919), con poemas que, dentro de la línea de acercamiento a la realidad inmediata, en particular el barrio, continúan un tema significativo del quehacer de Poveda («Refugio», «Retiro», «El retorno», «Sol de los humildes») y se abre hacia preocupaciones de la poesía cubana de la década siguiente. En *El balcón de Julieta* (1916) hay también magníficas muestras de esa mirada a lo inmediato, como este soneto (III) de «Lienzos marinos»:

> *Esta gris alameda, abandonada y sola,*
> *tiene la gracia antigua y el sabor colonial;*
> *una reminiscencia de la vida española,*
> *junto a los edificios de corte conventual.*
> *¡Alameda de Paula! Blando rumor de ola,*
> *brisas entre los álamos, dulzura espiritual,*
> *sordo ruido de carros que, en la calleja, viola*
> *el solemne silencio de la tarde glacial.*
> *Junto al muelle desierto, pacífico y mojado,*
> *la Alameda de Paula duerme en un sosegado*
> *sueño su vieja vida de perpetua inacción.*
> *Como esas viejecitas que tuvieron amores,*
> *y que hilan sus recuerdos desde los corredores,*
> *sin un deslumbramiento, sin una sensación.*

Esos poemas de Ibarzábal, con un tema propio del postmodernismo, obligan a reflexionar acerca de si la poesía que se escribe en Cuba desde 1913 y durante diez años ha de ser denominada modernista o postmodernista, una cuestión que la crítica no ha precisado aún. Si se toma en cuenta la opinión de Poveda en sus diversos trabajos en favor de la renovación, no quedará otra alternativa que convenir en que sus poemas y los de Boti tienen que ser considerados modernistas. Ahí está, por ejemplo, el «Manifiesto de los modernistas», una denominación que no deja lugar a confusiones. Vistas las cosas en un sentido estrictamente histórico, es innegable que ambos poetas se propusieron continuar una tradición modernista que había quedado trunca tras la muerte de Martí y de Casal. Sus libros de 1913 y 1917 y los trabajos en prosa de Poveda querían hacer lo que no se había hecho diez años antes. No podían pensar, pues, que sus aportes a la lírica cubana pudieran llamarse postmodernistas, porque sencillamente aún no se había escrito la poesía modernista, tarea que se realizaba al fin en sus poemarios. Habría que entrar a considerar, sin embargo, si para esa fecha, un tanto tardía para suscribir postulados estéticos que ya comenzaban a declinar (recuérdese que el último gran libro de Darío, *Cantos de vida y esperanza*, es de 1905, y que el gran poeta falleció en 1916, un año antes de la aparición de *Versos precursores*), era posible llamar modernistas a las innovaciones que se introducían en la poesía cubana por libros que rebasaron el movimiento y se abren en cierta medida hacia el futuro o superan sus propios afanes de sostener una tradición. No sería del todo desacertado llamar postmodernismo a esa labor teniendo en cuenta el hecho puramente cronológico de haber llegado después del modernismo, una verdad incuestionable si se recuerda que en el período de 1899 a 1912 hay elementos modernistas en algunos poetas cubanos. Esos rasgos eran muy pobres e insuficientes para enriquecer la sensibilidad en la medida en que era necesario y en proporción con las potencialidades abiertas por los dos grandes predecesores y por los maestros del resto de Hispanoamérica. Puede argumentarse, no obstante, que la pobreza cuantitativa y cualitativa no descarta la presencia del hecho y que, por ello, Boti y Poveda vienen a traer en verdad un engrandecimiento posterior que hay que llamar postmodernismo.

Si a la razón cronológica (la tardía aparición del cuerpo de ideas y poemas que renovó la lírica nacional en la dirección del modernismo) y al argumento de que antes de que los poetas orientales[7] promovieran los cambios había expresiones de la sensibilidad que tenían en Darío y otros creadores hispanoamericanos importantes a sus modelos, se suma el sobrepasamiento de algunos textos del período 1913-1923 (Boti, Ibarzábal, entre otros) hacia los hallazgos y búsquedas de la vanguardia, tendrá que reconocerse que es más apropiada la denominación de postmodernismo para designar los aportes ideoestéticos de las principales figuras de la poesía cubana desde la aparición de *Arabescos mentales* en 1913 hasta el año 1923 e incluso durante los años sucesivos de la década del 20. La trascendencia que adquiere el modernismo en Poveda, el más hondo y desgarrado poeta de ese período, más cerca de Baudelaire que de cualquier otro predecesor o contemporáneo, es un signo que habla en favor de la tesis que acaba de esbozarse. Las circunstancias históricas concretas en las que escriben estos renovadores determinan que su mirada posea sustanciales matices diferenciadores con relación al modernismo que floreció en América entre 1896 y 1905, años de esplendor que tuvieron sus antecedentes desde 1882 con *Ismaelillo*, de Martí, y sus consecuentes en los años posteriores a la última fecha, a partir de la cual comienza a declinar el movimiento. En 1913, como ya fue apuntado, está en franca desaparición. Para entonces ya han empezado a manifestarse algunos de los elementos de la vanguardia. Por todo lo expuesto, en especial por la aproximación de algunos poetas a realidades cotidianas, una actitud que caracteriza al postmodernismo, y en no menor medida por el hecho de desarrollarse después de la etapa de esplendor del movimiento, puede denominarse postmodernista a este período de la poesía cubana que va de 1913 a 1923.

Es necesario subrayar, a la hora de hacer un recuento sucinto de la poesía cubana de esta etapa (1899-1923), el significado que tiene para estos creadores la frustración histórica en la que viven inmersos. En el primer período se aprecian la búsqueda del pasado y el dolor por la vida presente, un ayer de plenitudes perdidas que la poesía intenta preservar como una memoria redentora en los textos que cantan al heroísmo, a los héroes y a los símbolos patrios, o en los que recuerdan amores imposibles, otra expresión de esa dicha pretérita; en las páginas de preocupación social se siente, de un modo más explícito, el conflicto existencial del hombre desamparado en su propia circunstancia. La patria se percibe distante, ausente, inaccesible, un futuro que se perfilaba en los ideales independentistas y que no se hizo realidad entonces, en los años sucesivos a la instauración de la República en 1902. En el centro de la renovación de Poveda y de Boti está la frustración histórica como fuerza dinamizante de primer orden. A propósito de estos renovadores ha dicho Cintio Vitier:

> Si leemos cuidadosamente sus textos programáticos (llenos de un orgullo que es para ellos materia de fe, axioma inicial de la actitud artística) y a esa luz releemos los libros de Boti y de Poveda, comprendemos que lo que ellos se proponían era realmente un *rescate de la Nación a través de la poesía*, un traslado de la finalidad histórica perdida, al mundo de la creación verbal autónoma.[8]

Ahí está, en esencia, el sentido trascendente del trabajo de esos poetas, de la apertura de la poesía en busca de una tradición y hacia una plenitud mayor. Otros líricos, de rango menor, hicieron su aporte a la historia de la poesía desde esos nuevos presupuestos. La relación dialéctica entre romanticismo y modernismo define esta etapa: en su primer período (1899-1912) predominan los rasgos ideoestéticos de los románticos menores, asimilados con algunas lecciones de los parnasianos y de Darío; en el decenio subsiguiente (1913-1923), el segundo período, predomina el modernismo (en Cuba postmodernismo) con peculiaridades e influencias románticas. La poesía cubana llega entonces a los umbrales de la modernidad después de haberse situado a la altura de lo que se hacía en el ámbito del idioma desde finales del siglo XIX. Tradición y originalidad se conjugan para superar el pasado inmediato y enriquecer las posibilidades de aprehensión de la realidad. La palabra adquiere autonomía y dignidad, condiciones indispensables para acceder a una más profunda intelección del hombre en sus relaciones con la cultura y con la historia. Las tendencias posteriores de la lírica cubana (social, pura, intimista, origenista) tienen sus antecedentes en los más significativos ejemplos de esta etapa y en el pensamiento poético generado al calor de las inquietudes de esos años. En la etapa se percibe una filosofía de la vida, quintaesencia de una escritura que en algunos alcanzó calidades superiores y en otros se quedó sólo en una indagación insuficiente. El romanticismo epigonal era incapaz de satisfacer los requerimientos de los primeros años de república, pero pudo reflejar la crisis del momento, aunque no en toda su hondura, precisamente a través de sus rasgos estilísticos más sobresalientes. El modernismo, aunque tardío, significó una ganancia en su rigor artístico, evidente en sus mejores logros. [*E.S.*]

1.2.2 La renovación modernista. Boti y Poveda. Acosta. El postmodernismo

A finales de 1909, en una carta dirigida a Boti con fecha 28 de noviembre, Poveda alude a su deseo de que algunos escritores de Oriente se hagan sentir en la capital, e incluso, con pretensiones de universalidad, en todo el mundo, propósito que implica una profunda insatisfacción y al mismo tiempo una clara conciencia de las capacidades propias para transformar ese ambiente de incapaces que en ocasiones lo sumergía en el hastío y en la desesperación, y en otras, lo encolerizaba. Lo que en esos momentos era sólo un comentario un tanto fugaz en carta a un amigo, comienza a convertirse en actitud resuelta poco después en un artículo publicado en *Orto* el 3 de marzo de 1912: «Palabras a los efusivos», un texto beligerante en el que emerge con fuerza la recia personalidad del poeta que se sabe capaz de hacer un arte propio y superar con él su contexto asfixiante, de «románticos anacrónicos».[9] Más claro y preciso es un trabajo del 25 de agosto de ese año, una «Crónica crítica» dada a conocer en *El Cubano Libre* con el nombre de «Otras palabras», en la que dice sin rodeos: «Es preciso un renacimiento del arte en nuestro país, y el renacimiento vendrá.» Y más adelante, refiriéndose a los ideales estéticos de los jóvenes que traerán la renovación, dice que son «los de la Escuela de América»,[10] es decir, el modernismo. Fue incansable defensor y propagador de la renovación en conferencias y artículos, directa e indirectamente, una labor que culmina en su primera etapa con la aparición del «Manifiesto de los modernistas» en *El Cubano*

Libre el 30 de marzo de 1913, importantísimo documento para la historia de la literatura cubana de la etapa 1899-1923. Veamos las afirmaciones fundamentales de Poveda, sucinta exposición en la que se resumen todas las inquietudes y anhelos del grupo encabezado por su más notorio poeta:

> Atravesamos un momento trascendental en nuestra vida literaria. Después de un largo estancamiento artístico, de una absoluta esterilidad nacional, nuevos impulsos han surgido del seno de la juventud, nueva labor comienza a realizar la generación presente. Siguiendo las grandes rutas señaladas por los maestros contemporáneos, rutas por las cuales la América Latina marcha desde hace varios lustros, Cuba empieza a laborar seriamente hacia un poderoso renacimiento. Han sido proscritos todos los viejos modelos, ha sido exaltado el Yo, proclamado el culto de la Forma, dogmatizados el sensualismo y el cerebralismo, sobre el símbolo de Dionysos. Y esa labor de los modernistas, que liberta a Cuba de las últimas trabas coloniales, tiene la hostilidad pública. Incapaz nuestro ambiente de comprender las enormes conquistas realizadas por el siglo XIX, ahogadas prematuramente las voces de Martí y Casal, que pregonaron entre nosotros esas conquistas, la juventud lucha sola, bien cierta de su victoria, pero no menos segura de que está completamente aislada.[11]

En sucesivos trabajos abordó esa misma problemática con similar fervor («Llamamiento a la juventud», 3 de junio de 1913; «El movimiento literario», 10 de junio de 1913; «Regino E. Boti y la lírica actual», diciembre de 1913, por citar sólo algunos, pues en prácticamente todos los que tratan cuestiones relacionadas con la literatura cubana pasada o del momento hay referencias más o menos abundantes al tema de la renovación como una necesidad insoslayable o a sus frutos artísticos concretos), hasta su decisión de escribir «Mi conferencia contra el modernismo», fechada el 1º de marzo de 1915 en *Heraldo de*

Cuba, páginas que pueden considerarse la conclusión de los llamamientos y las teorizaciones en torno al tema de la nueva poesía, una postura que, a juicio de Poveda, por lo que deja ver su tono enfático, tiene tanta significación como la de promover el salto cualitativo que con tanta pasión defendió. En el manifiesto hay que destacar los diferentes elementos: 1) el «largo estancamiento artístico, de una absoluta esterilidad nacional», que precedió e hizo necesaria y urgente la renovación; 2) «las grandes rutas señaladas por los maestros contemporáneos», el camino de la literatura de América Latina por el que los poetas cubanos han de transitar en busca de su más genuina expresión; 3) la negación de los modelos estéticos precedentes en tanto representan viejos modos o estilos, y la consecuente proclamación de los nuevos valores: exaltación del Yo, cultivo de la Forma, jerarquización del sensualismo y del cerebralismo; 4) la identificación del modernismo y sus postulados estéticos con la independencia de Cuba de las que el propio crítico llama «las últimas trabas coloniales»;[12] 5) la pertenencia, por derecho propio, de la literatura cubana al movimiento modernista en los antecedentes extraordinarios de Martí y Casal, los que de hecho son considerados en esa afirmación como los iniciadores de una tradición a la que es preciso volverse para retomarla en sus posibilidades creadoras.

Ahí está, en esencia, todo lo que Poveda y Boti se propusieron durante esos años; el centro medular de *Arabescos mentales*, una y otra vez exaltado por el mayor y más acerbo crítico y teorizante de entonces, antes y después de su publicación, surge asimismo de ese párrafo. Hay que subrayar en esas líneas la búsqueda de la tradición de finales del XIX para lograr la continuidad histórica, un propósito que tiene trascendencia, no sólo en el plano cultural, sino incluso en el político, pues entraña la conciencia de la unidad latinoamericana y, con ella, del afianzamiento de una literatura propia, no mimética, una preocupación muy relacionada con la defensa del Yo frente al espíritu gregario e imitador que caracterizaba a los poetas cubanos entonces. Los modernistas aspiraban a que la poesía se pensase a sí misma y llegara a constituirse en su propio objeto. Esa exaltación de la Forma es un postulado eminentemente antirromántico, heredado del parnasianismo y de gran significación para definir el movimiento renovador de la sensibilidad. Los poetas que publican sus libros bajo la influencia de un romanticismo epigonal y conforman ese «largo estancamiento artístico» contra el que se levantan los dos más preclaros poetas cubanos del momento, cultivan un sentimiento de nostalgia y lejanía, de tristezas por amores imposibles, que son inconciliables con el trabajo formal en el verdadero sentido que tiene el culto modernista a la forma. Poveda y Boti quieren superar todo vestigio de sentimentalismo y de participación afectiva en lejanas experiencias que más tarde reaparecen en los poemas. El Yo proclamado en los artículos ha de poseer un aliento mayor, a la altura del diálogo que el hombre, el poeta, tiene que establecer con la naturaleza y consigo mismo. En esa dirección, el modernismo tiene fructíferos elementos de contacto con el romanticismo maduro de los grandes poetas franceses y alemanes, un rasgo que será muy visible en *Arabescos mentales*, especialmente en algunas de sus secciones. El comentario que Poveda dedica a *Versos ingenuos* (1912), de Bartolomé Cornet, español radicado en Cuba, es explícito en lo que concierne a su rechazo a los temas de amores frustrados.[13]

Es necesario, para aclarar mejor aún los aportes de la renovación modernista en la literatura cubana, insistir en los vínculos del movimiento que alentaba Poveda con lo que se hacía y se había hecho en Hispanoamérica, en especial con Darío. Era necesario que la poesía en Cuba se incorporara el caudal del idioma con realizaciones a la altura del momento, pero sin aclarar —Poveda dice: «rutas por las cuales la América Latina marcha desde hace varios lustros»,[14] sin referencias a libros o etapas dentro del lapso que comprende el modernismo— si es una u otra dirección, aunque ha dicho que se trata de volver a Casal. Puede llegarse a la conclusión de que Poveda se refiere, por esa alusión al gran poeta habanero, a un modernismo más preocupado por la forma y por alcanzar un esplendor en las complicaciones de la composición y del trabajo artístico, tesis que viene sustentada también por otras afirmaciones del «Manifiesto [...]». Sin embargo, *Versos precursores* está más cerca de la otra línea, la de interiorización, más atenta a conflictos espirituales que a los deleites de la música del verso, representada —la de mayor riqueza interior— por el Darío de *Cantos de vida y esperanza* (1905). El libro de Boti, el primero de envergadura escrito en Cuba desde *Bustos y rimas* (1893), de Casal, se inscribe, en su modo de más fecundas y perdurables consecuencias, en la vertiente de *Prosas profanas* (1896), de gusto y regodeo en la palabra. Es probable que Poveda no tuviera presentes esas distinciones a la hora de proclamar la urgencia de los cambios en la lírica cubana, pero es importante elucidar sus propósitos, aunque sea a través de las claridades que emergen de sus llamamientos, pues resultará más fácil entonces acceder a la comprensión de sus propósitos. La referencia a Casal no tiene necesariamente que ser tomada en el sentido apuntado, pero no hay dudas de que su nombre no es esgrimido sólo por su condición de gran poeta modernista cubano, así sin más, pues tan estimable era Martí —representante del modernismo más grave y hondo— y no fue tomado como paradigma, al menos no con la jerarquía que se le da a Casal en la labor de renovación, el único a quien menciona Boti en su recuento de esta problemática en su trabajo «Notas acerca de José Manuel Poveda, su tiempo, su vida y su obra» (1928). Poveda consideraba, como ya fue dicho, que los esfuerzos renovadores no tenían razón de ser a la altura de 1915, una vez publicado *Arabescos mentales* en 1913 y escrito lo fundamental de *Versos precursores* (los textos que constituyen su «núcleo central» fueron elaborados, según Alberto Rocasolano, el más autorizado conocedor de Poveda, entre 1914 y 1915). Era insensato continuar defendiendo en Cuba el retorno a las posiciones modernistas en 1915, cuando ya él y Boti habían dado lo mejor de sí y no había nada que esperar —según su intransigente opinión— de los demás poetas, incluido Acosta, cuya obra no era del todo ortodoxa, como se verá en su oportunidad. Pero, además, Poveda había entrado en una fase de escepticismo que culminaría en 1918, en el trabajo «Sobre la poesía nacional», publicado en *El Fígaro* el 6

de octubre. Este es el juicio con el que cierra la obra renovadora emprendida por él años antes con tanto fervor y fuego:

> Tres libros —*Ala, Arabescos mentales* y *Versos precursores*— señalan la nueva época. Ninguno de los tres es definitivo. En el segundo hay los inicios de un nuevo verso que ignora sus secretos y que marcha un poco como a tientas, pero que asciende indudablemente hacia alturas no holladas todavía. En el tercero hay el anuncio de una nueva faena que puede ser personal y creadora, puesto que el autor demuestra haber ascendido hasta sí mismo, después de haber recorrido todos los secretos caminos de la modernidad. En general, esa poesía de los tres libros citados es abigarrada y de ensayo, y demuestra que hay facultades, pero no prueba que haya personalidad.[15]

El primer libro de Regino Boti, *Arabescos mentales* (1913), posee una singular importancia histórica porque supera la profunda crisis de la poesía cubana de los años precedentes. Se fue conformando a medida que se publicaban los poemarios de filiación romántica que no habían podido sustentar la continuidad con el modernismo iniciado por Martí y Casal. Su texto más antiguo, «Cadencias visionarias», está fechado el 15 de septiembre de 1904; desde entonces aparecen varios cada año. No obstante las afirmaciones de Poveda, escritas en momentos de pesimismo por alguien que estaba demasiado comprometido con su tiempo, hay que reconocer en esta obra un salto de calidad de incuestionable trascendencia. Boti procede a exponer su poética en un sustancioso y extenso trabajo introductor: «Yoísmo. Estética y autocrítica de *Arabescos mentales*», un ensayo capital en sus días por más de una razón. A lo largo de sus páginas son perceptibles nueve divisiones temáticas, en este orden: 1) Conceptos generales en torno a la poética de *Arabescos mentales*, 2) papel e importancia de la formación literaria, 3) creación y originalidad, 4) encuentro del yo creador y poética de *Arabescos mentales*, 5) ideas filosóficas, 6) problemas formales, 7) formalismo e innovación, 8) metrolibrismo y 9) temas fundamentales. En esa declaración de principios hay una perspectiva que el poeta erige como una lección para el trabajo con la poesía, necesitada de cambios radicales. A medida que se desarrollan las ideas resumidas en esos núcleos temáticos, se va integrando un pensamiento coherente en el que se conjugan elementos antitéticos, una actitud ecléctica de gran ascendiente en la cultura cubana. Las conclusiones de Boti se van conformando desde su concepto de tradición, en la que ha de sustentarse todo trabajo creador con la palabra poética, un precepto esencial en los textos de Poveda para superar el vacío de los continuadores del romanticismo epigonal, ya superado por el modernismo de Casal. Para Boti es necesario crear desde la experiencia que el transcurso del tiempo va depurando hasta dar cuerpo a un conjunto de obras que constituyen «La poesía [...] una e inmutable».[16]

De ahí surge la primera antítesis: el poeta se nutre de la tradición y crea desde su propia originalidad, es decir, escuchando su ritmo interior, que no es más que su capacidad de percibir en la naturaleza lo que él denomina «el ritmo del Gran Todo». Aquí están sus propias palabras para la definición del talento individual. Dice Boti: «Entiendo que originalidad es personalidad. Si yo tengo un carácter, un ritmo interior (armónico con el ritmo del Gran Todo), en mis creaciones debe estar viva mi personalidad, por encima de todas las lecturas de poetas, críticos, sociólogos y filósofos.»[17] Esa exaltación de la individualidad creadora no es más que la exaltación del Yo, una y otra vez proclamadas por Poveda. Siguiendo la consecución lógica de su pensamiento, afirma Boti que el sentido real de esa originalidad descansa fundamentalmente en la forma, el modo que tiene cada poeta de expresar su ego (su ritmo interior) después de haber percibido los estímulos de la realidad (los ritmos del Gran Todo). Por ese camino se llega a la segunda antítesis, la conciliación, en una poesía equilibrada, de dos elementos opuestos: el frío análisis de la realidad y la incorporación al texto de los más auténticos impulsos que surjan del diálogo del poeta con su tema. Boti encuentra la solución en el trabajo artístico, la única manera de deslin-

dar las imprecisas y caóticas impresiones de la percepción, fuerza interior que necesita desplegarse en la página, del verdadero suceder, un orden cósmico que el poeta quiere aprehender en la palabra. En la génesis del poema, que tiene lugar en una individualidad capaz de percibir, desde la tradición, los estímulos de una totalidad cuyo ritmo armoniza el ritmo interior del poeta, hay un impulso que necesariamente ha de transformarse, sin perder su espontaneidad, en una poesía equilibrada mediante el cultivo de la forma. En estas afirmaciones de Boti se observa la distinción: «Por ese lado soy un verdadero impulsionista: mis versos son jirones de mi yo que he ido poniendo en la ruta de mi vida», y antes: «Porque, con excepciones, la poesía que se escribe bajo el fuego de una pasión arrolladora, resulta infantil, incorrecta y ripiosa. Ese género poético ha muerto ya.» Y aclara: «Por falsa, he huido de cierta poesía cerebral, de ciertas baratijas retóricas (no importa que parezcan nacidas del alma), de muchos poetas (es impropio el nominativo) que se sientan a su mesa a escribir con la frialdad matemática con que un ingeniero calcula la resistencia de una cuerda.»[18] Es necesario someter los impulsos (sin los cuales no hay poesía verdadera) a un severo trabajo formal para que el poema se integre a su condición de obra de arte, una posición ecléctica de Boti que se hará visible en las dos líneas de *Arabescos mentales*. El culto del Yo, del individualismo de la personalidad creadora, se traduce en el caso de Boti en un necesario autoconocimiento que no es más, a los efectos de su concepción de la poesía, que un trabajo interior de similares pretensiones que las del trabajo artístico. No se trata de la búsqueda de la torre de marfil, una actitud del poeta frente a su medio, sino de algo mucho más profundo: la necesidad del creador de lograr la conciencia de sí, de definirse, autorreconocerse en su doble carácter histórico (la tradición) e individual (el yo perceptivo). La decisión misma de escribir un texto como «Yoísmo [...]», programático en su esencia, es el primer gesto de una voluntad renovadora.

La estructura de *Arabescos mentales* es simple. Está dividido en cinco partes: «Blasones», «Ritmos panteístas», «Alma y paisaje», «Himnario erótico» y «Lirismos otoñales», precedidas de un poema-prólogo titulado «Es el peristilo». Del entrecruzamiento de elementos diversos se integra este libro renovador. Tuvo lugar en sus páginas una batalla entre el poeta objetivo y el poeta desbordado, entre el hombre que contempla con mirada imperturbable y el hombre hondamente conmovido, del mismo modo que se percibe la conjunción de modernismo y romanticismo, visión deleitable ante el paisaje y estremecimiento ante las fuerzas naturales. Los poemas de mayor extensión y de exultante canto a la naturaleza y al amor, reunidos en las secciones «Ritmos panteístas» e «Himnario erótico», diluyen el tono melancólico y sombrío que con tanta fuerza se siente en otros momentos del libro. Esa dualidad es expresión del eclecticismo del autor, de la síntesis dialéctica de tradición y originalidad, un rasgo definidor del modernismo de Darío, en quien se fusionan, con fecundante creatividad, la tradición hispánica del cultivo de la forma y los hallazgos de la poesía francesa coetánea e inmediatamente anterior (Baudelaire, Verlaine) con su talento y su voz propia. La sección «Blasones» está integrada por poemas diversos, desde los puramente ocasionales hasta los que han madurado largamente. Como ejemplos de cada variante pueden citarse «Cabeza de plata» y «Los robles caen», respectivamente. El primero, hecho de pura improvisación, es anecdótico y en consecuencia intrascendente, pero está trabajado con la experiencia que ya tenía Boti en ese momento, según la fecha 26 de mayo de 1912. El segundo ha surgido de la meditación y de un grave sentimiento de la muerte. Entre ambos hay otros de muy distinto origen y de diferentes temas: las confesiones artísticas («Profesión de fe», «Mi arte», «Mi verso», «Lira nueva», «Cadencias visionarias» y «Anacronismo estético»); el erotismo («Marmórea», «La santa voluptuosidad», «Timón a la memoria de Afrodisia»); la filosofía de la vida («Miserere», «Aleluya», «Frente a la turba», «El criminal», «De rodillas», «El abyecto», «La piedra», «La protesta», «De condición de hienas», «Marginal», «El puente», «Identidades», «Ante la Ciudad Teológica», «Ansias siniestras», «Los viejitos»); el panteísmo («Átomo. En la armonía infinita», «Quietud genésica», «Panteísmo», «Movimiento continuo», «Modos de expresión», «Germinal»). Algunos de los textos de «Blasones» son ejemplares en su objetivismo, en ese intento por aprehender la realidad sin otra pretensión que la de su estar ahí, desentendido el poeta de toda participación afectiva. Entre esas páginas están «Funerales de Hernando de Soto», «Las flautistas», «Khrysis», «Dos ocasos», «Ante el altar de piedra», «Silens», «Umbra», «Misterio». Puede afirmarse que, en líneas generales, la calidad de la sección es muy desigual, pues oscila entre pobres realizaciones y excesos o defectos conceptuales, como sucede en «Los viejitos», y magníficas imágenes trabajadas con sobriedad suma, como en «Funerales de Hernando de Soto», dentro de la línea mesurada que da a este libro su verdadera trascendencia y significación en la evolución del autor y, en general, en la poesía cubana. Véanse los aciertos de este último:

Bajo el lábaro umbrío de una noche silente
que empenachan con luces las estrellas brillantes,
el Misisipí remeda un gran duelo inclemente
al arrastrar sus aguas mudas y agonizantes.

De los anchos bateles un navegar se siente;
brota indecisa hilera de hachones humeantes,
y avanza por la linfa como un montón viviente
aquel sepelio extraño sin cruces ni cantantes.

Hace alto el cortejo. Se embisten las gabarras;
al coruscar las teas los rostros se iluminan
y fulgen las corazas que el séquito alto lleva.

Cien lanzas cabecean. Echa el cocle sus garras.
Y entre las olas turbias que a trechos se fulminan
el féretro se hunde y la oración se eleva.

«Ritmos panteístas» tiene la ambiciosa pretensión, en sus escasos y extensos poemas (menos uno: «Oración», de siete versos), de cantar a la grandeza del mundo natural con el aliento que para Boti merece un tema como ése. Se entremezclan en esas estrofas múltiples lecturas e impresiones: Lucrecio y Fray Luis de León, colores y teorizaciones cientificistas, todo en función de la alabanza de los cuatro elementos para enriquecer el diálogo del poeta con el mundo natural, páginas que quieren poner de manifiesto el panteísmo que se postula en la poética de «Yoísmo [...]» como una necesidad de los nuevos tiempos. Poesía desbordada, libre, con una concepción formal en concordancia con la cosmicidad que intenta aprehender. En realidad se trata de un doble propósito: por un lado descubrir los alcances del diálogo hombre-naturaleza en tanto experiencia intelectual totalizadora y, por otro, revelar las posibilidades fruitivas de ese diálogo. Teoría del conocimiento y hedonismo sensorial fusionados en una visión única de la realidad exterior, una manifestación de la relación dialéctica que ha de tener lugar, según postula el poeta en «Yoísmo [...]», entre el Gran Todo y la individualidad creadora, que él definió como la capacidad para percibir los estímulos de la Totalidad. En todos los textos de esta sección («Lux in tenebris», «En la agonía solar», «Hermana agua», «Hermano viento», «Madre tierra», «Oración», «Heliosística») hay una ingenua voluntad pagana que se confunde con las inquietudes cientificistas del siglo XIX, mal asimiladas por Boti y utilizadas para sustentar su tesis egoísta del Yo creador, libre el individuo de toda concepción teologizante que lo diferencia sustancialmente del Cosmos. Esta sección evidencia además, en su contraste con los poemas de mesurado parnasianismo, la diversidad de corrientes y estilos que conforman *Arabescos mentales*.

Preocupaciones teóricas aparte, esas páginas voraces y grandilocuentes no tienen la carga de futuridad de las que integran la línea de contención formal y conceptual. En esos poemas retoma Boti una tradición que no pudo superar o enriquecer con su talento; era ése, en cierto sentido, un modo anacrónico que no podía, obviamente, abrirse hacia nuevas dimensiones de la creación poética. Otro tanto sucede con la sección «Himnario erótico», de similares propósitos renovadores en su postulación de un diálogo diferente con el viejo tema del amor, exacerbado en los libros epigonales y mediocres del romanticismo estéril de los años 1899-1912. El erotismo de Boti quiere ser un paradigma en su contexto, en especial porque se propone ser trasunto de experiencias auténticas y despojadas de

toda evocación, canto a la plenitud de la mujer concreta en oposición a la mujer ausente. Esa alabanza a las fuerzas vitales, menos grandilocuente que en «Ritmos panteístas», se expresa en páginas de corte parnasiano, en sonetos y estrofas de acendradas maneras, como en «Nieve en campo de luz», «Ante el tálamo», «La ansiedad de mis pupilas», «Connubio y visión en la alcoba», «Erosión nacarina», «Recuerdo sentimental»; igualmente trabajados con esmero son los poemas de mayor extensión: «Adoración», «La fiesta galante de mi choza», «Flor de virginidad», «Tus lunares», «Cielo carnal», «Transfiguración», «Lábaro negro», «Ante el ara de tus formas», «Pompones de carne», «La imprevista», todos concebidos y escritos para romper con los convencionalismos de la poesía amorosa decadente, hecha sólo de nostalgia y fundada en una eticidad que para Boti, renovador desde posiciones panteístas y desprejuiciadas, no tenía ya la consistencia que reclamaba la sensibilidad que se proponía rescatar con *Arabescos mentales*.

La sección «Alma y paisaje» es la más sobria y refinada del libro, la que posee una mayor homogeneidad. Algunos de sus poemas están entre los mejores de toda la obra de su autor. De ellos, por ejemplo: «En la bahía», «Sobre el mar», «En la sirte», «Lucha de monstruos», «En el olvido». En esas páginas han desaparecido los excesos de otros momentos. El espectáculo de la naturaleza es asimilado ahora en su dimensión más inmediata, como una realidad que está ahí y que el poeta no hace más que recoger en su diversidad de matices. Objetivismo sensual y autosuficiente, sin afanes totalizadores como los que subyacen en «Ritmos panteístas». El parnasianismo está matizado por una sensualidad visual, táctil y auditiva de suma importancia porque introduce el elemento participante en la percepción del paisaje. Una serie de motivos reiterados integran la unidad esencial de la sección: el mar, la soledad del poeta, la barca, la noche, la actitud contemplativa, cohesionan el estilo de esos poemas con la sensación del sereno discurrir del mundo natural. De esos motivos, la soledad es el de mayor carga de significados por su presencia latente u ostensible en prácticamente todos los textos. Esa experiencia tiene el doble sentido de la intimidad y de la contemplación, genera evocaciones y nostalgias que se entretejen con el acontecer, y al mismo tiempo establece una distancia entre el poeta y el paisaje que permite objetivar los hechos. En esas páginas no se alcanza la alegría de la plenitud total, sino un contenido regocijo sin exultaciones. Hay anticipaciones, en esta sección, del nihilismo de la última etapa de Boti. El tono reflexivo, la sensación de quietud inalterable, cierta nostalgia, la conceptualización de la naturaleza como una gratificadora posibilidad de superación de las angustias cotidianas y metafísicas del hombre y el delicado trabajo artístico de «Alma y paisaje» dejan ver un sentimiento temático común a otros poemas de *Arabescos mentales* de similares características. La presencia de la idea de la muerte, en Boti despojada de todo sentimiento trágico, puede ser interpretada como otra expresión de la voluntad de adentramiento en la realidad, de jerarquía homóloga a la que tiene el canto a los elementos naturales y al erotismo. El retorno a la grandeza que proclama este libro se manifiesta asimismo en esos dibujos del entorno, que hacen suficientes en sí al objeto contemplado y sugieren la necesidad de una comunión trascendente de lector y paisaje. Por sus temas y, en general, por la concepción de la poesía de esta sección, se la considera un antecedente de *El mar y la montaña*, el mejor libro de Boti. Como ejemplo de las virtudes hasta aquí apuntadas véase «Sobre el mar», paradigmático en la sobriedad con que ha sido trabajado y representante de la nueva poesía de esos momentos:

Perla, ópalo y gris: la madrugada
—dijérase sibila triunfadora—
anuncia el rojo de la vieja aurora
con una urente brisa fatigada.

Traman feble batista opalizada
el mar y el cielo. La ilusión traidora
del horizonte la esfumó la hora
con la luz de su red eterizada.

Sobre la inmóvil linfa avanza el bote;
surge por barlovento rudo islote
que cual negra amenaza se distingue.

Y es en su torso la unidad del faro
—cíclope a quien devora el desamparo—
un rubí que se enciende y que se extingue.

La última sección, «Lirismos otoñales», se caracteriza por el predominio del tono melancólico, de la nostalgia, del amor, y de una tristeza que contrasta con la alegría o exultación de otros momentos. Predomina aquí la exteriorización del conflicto íntimo, un conflicto velado, que sólo aparece por alusión, de una manera implícita, en la atmósfera general y en las enumeraciones. El yo del artista posee contornos más precisos en estos poemas. Los estados de ánimo irrumpen inmediatamente en el texto y se confunden con las sensaciones que despierta el contacto con la naturaleza, sobre todo en «Mística», «Amigas bien amadas», «Camino de la ausencia», «Retorno al pasado», «La piedad de las olas», «Aroma de tu amor extinto», «Claroscuro», «En el balcón», «Palpitaciones desconocidas», «Ave de paso», «Resurrexit», «Quietismo». Reaparecen la nostalgia, la soledad y el amor imposible como temas propios del modernismo y para establecer los contrastes necesarios con el tratamiento que esas problemáticas tuvieron entre los poetas del romanticismo decadente. No es posible confundir en estas páginas las impresiones exterioristas, de colorido y sonoridades gratas a los sentidos, con la superficialidad de las frías descripciones o de los retratos dibujados desde la distancia. En «Blasones» y en «Alma y paisaje» se observa una realidad cerrada en la que el poeta quiere fusionarse mientras la contempla o a la que simplemente mira en su ser sin otras implicaciones. La influencia del romanticismo —una presencia que se hace ostensible también en «Ritmos panteístas» y, en menor medida, en «Himnario erótico»— se observa en el resurgimiento del yo lírico anhelante de participación, una voluntad que se conjuga con el esplendor modernista de «Malhechora del bien», «Ojos morunos», «Grácil», «El marco», «Selene». La frustración histórica nutre esta sección y todo el libro. La experiencia de la soledad que reaparece ahora tiene el carácter de búsqueda de la evasión y en consecuencia del anhelo integrador del yo en la totalidad, un propósito que no es ajeno al panteísmo. La contraposición entre el vacío interior y la riqueza vital de los elementos naturales, otro de los rasgos de la sección, viene a sustentar la tesis de que Boti encuentra en la comunión con la naturaleza la compensación de la crisis existencial que tiene sus raíces en la crisis de la República. Tres poemas: «Quietismo», «Mística» y «Resurrexit», dejan ver la desazón dentro del canto de un paisaje sosegado y sereno. Véase «Mística» para que se aprecie la madurez artística de Boti ya en noviembre de 1904:

Amo el silencio del día
en el instante en que la luz se esfuma;
la cósmica pereza de la bruma
y el dolor de una hostil melancolía.

Amo la soledad de la abadía;
la efímera existencia de la espuma;
el pesar que da muerte, el mal que abruma,
y el postrer beso de una boca fría.

Amo la muda paz del camposanto;
la cruz sin nombre, sin blandón ni llanto,
do la yedra es un símbolo, una idea.

Amo la muerte, como la hostia, pura;
y el rodar a la humilde sepultura
al doble de la esquila de mi aldea.

Un rápido recuento de los aportes de *Arabescos mentales* al renacimiento lírico de los primeros años de República y, en general, a la historia de la poesía cubana, hace imprescindible destacar el que quizás sea el de mayor significación: el retorno a la grandeza, una preocupación que se evidencia en las meditaciones de Boti acerca de la tradición, en su panteísmo, en su sentido del paisaje, en su propuesta de una concepción desprejuiciada del amor y en sus ideas a propósito del trabajo artístico. Es imprescindible, según el poeta, sentir de otro modo la pujanza y el esplendor de la naturaleza, percibirla en su propio ser e identificarse con ella en la experiencia suprema de la soledad hasta un sentimiento *tanático* que en nada difiere, en última instancia, del hedonismo del diálogo pleno con la realidad cósmica. El trabajo con la palabra tiene una categoría de primer orden en esta concepción del fenómeno poético. El poema ha de expresar el afuera y el adentro —uno de los rasgos sobresalientes de los mejores momentos del libro—, el suceder real y su repercusión en el creador, el objeto y la individualidad. No obstante las deficiencias y cierto sabor de época que emanan de algunos de estos textos, los lectores reciben lo que podría denominarse un estado de plenitud que realmente logró sacar a la poesía de esos años del estancamiento y el atraso en que se encontraba. La dualidad de formas cerradas y abiertas, representada en el plano formal por los poemas de estructura tradicional y los de versos disímiles y libres de convencionalismos, y en el plano conceptual, por diferentes modos de aprehender el paisaje, indica la labor conciliadora y de síntesis de *Arabescos mentales*, la obra de un poeta que se propuso crear un arte nuevo desde el pasado, rescatar la tradición para mantener la línea de continuidad con el propio ser histórico.

Antes de 1923 escribe Boti otros dos libros: *La torre del silencio*, entre 1912 y 1919 —publicado en 1926— y *El mar y la montaña*, de 1919 y 1920, aparecido en 1921. El primero está precedido por unas palabras «Al lector» en las que se insiste en «mi concepto del arte y mi ética literaria».[19] Reaparece el viejo dilema de la poesía intelectualista y la poesía hecha de emociones. Es ésta una obra más depurada, sin los excesos grandilocuentes del tomo de 1913, evidente demostración de que su autor ha ido encontrando su propio camino en la sobriedad y la mesura. En sus páginas abunda la poesía de la contemplación. Las secciones «Vestíbulo» y «Pudridero» se mantienen, con pocas excepciones, dentro de la línea meditativa y escudriñadora, de pretensiones filosóficas de una supuesta experiencia vital que más bien parece experiencia libresca. En las tres secciones restantes: «El balcón del torrero», «Danza macabra» y «Rosales de atropos», predomina el poema exteriorista, del paisaje percibido en su simple presencia. Aciertos indudables se encuentran en «Ritmo de la tarde», «Ruta nueva», y sobre todo en «Paz hogarina», dentro de los mejores ejemplos del libro junto a otros de la primera sección: «La idea», «El pensador», «Francisco de Asís». En relación con *Arabescos mentales*, Roberto Fernández Retamar ha visto tres diferencias en estas páginas: concentración de «los logros metafóricos de *Arabescos* [...]», intento de «una poesía de riesgosa sencillez como la había hecho Martí y, alguna vez, Darío» y la «vuelta hacia cierta intimidad familiar».[20] No fue, ciertamente, una transición hacia *El mar y la montaña*, como podría pensarse cuando se tiene en cuenta el sostenido trabajo dentro de las formas ceñidas que ya se había iniciado en el libro de la renovación y que dará perdurabilidad al poemario publicado en 1921. El propio Boti declara en la presentación, obligado en cierta medida por su tardía aparición en 1926, un momento en el que ya habían comenzado a manifestarse otras maneras de escribir y se estaba en camino de la vanguardia, que no se trataba de «ninguna de las modalidades estéticas imperantes. No es el fruto de un poeta de vanguardia. No representa un salto en el vacío, sino un replanteo. [...] Es el eco lejano de una voz que no es de este momento, pero que no es inactual».[21] Muchos de sus textos, entre ellos los coloristas, muy abundantes, y aquellos que surgen del diálogo del poeta con el entorno, como «El cayo» y «Desde la playa», vienen a ser una reiteración antes que un tránsito, pues continúan un trabajo anterior que dará la tónica de *El mar y la montaña*.

El mejor libro de Boti introduce a sus lectores en el reino de la libertad, lejos de la rigidez e inmutabilidad de las obligaciones de la vida social, en un diálogo siempre renovado con la naturaleza, con los objetos y sitios del diario vivir. Es una poesía de aleccionadora sencillez, de trazos simples y léxico tradicional, mucho más accesible que todo lo que había escrito hasta entonces. No podían ser otras las características formales de una poesía que expresa la madurez a la que ha llegado el poeta después de años de trabajo intelectual. El fervor entusiasta de otros momentos se ha transformado, en *El mar y la montaña*, en un sereno mirar, una poesía breve y concisa, instantánea, hecha de rápidas impresiones. Por haber alcanzado la cima de la expresión dentro de la línea mejor de su propio autor, este libro cierra las posibilidades para un futuro enriquecimiento de la obra de Boti. La calidad intrínseca de estos poemas los incorpora plenamente a la gran tradición de la lírica cubana, anhelo mayor que el primer libro no pudo realizar con el mismo rigor y en un sentido exclusivamente artístico, pues sus hallazgos poseen relevancia en su contexto, en un sentido histórico, sin negar por ello sus valores esenciales. En sus tres secciones: «El mar», «Intermedio (en la aldea)», «La montaña», hay piezas magistrales en la dirección de la sobriedad, como «Crepúsculos», «Soledad», «Elegía», «Ángeles», «El bote», (de «El mar»), «Hermandad», «Luz», «Ansias», «La barbería» (de «Intermedio»), «Escapatoria», «Lluvia montañesa», «El café», «La iglesia rural», «La noria» (de «La montaña»). El soneto ha desaparecido casi por completo para dar paso a una poesía más libre, ajena a toda restricción, una pretensión que se deja ver también en los temas y en las descripciones. El poeta renovador de tres o cuatro lustros atrás evolucionó a partir de la propia experiencia histórica y literaria, con el consecuente abandono de todo aquello que constituía lo menos perdurable y decisivo de su cosmovisión. Ahora escribe una poesía de reducciones geométricas, de líneas y rasgos escuetos, dibujada, síntesis del espacio, objetivismo plástico y sin retóricas. En esos versos palpita el hombre angustiado y sin esperanzas de la República mediatizada, hecho de hastío y desazón. En «El café», uno de los mejores ejemplos del libro, no se traza un retrato de la realidad exterior, sino del drama interior. En esos versos están las diferencias esenciales que los años trajeron a Boti:

> Me come la fiebre. En el bohío
> brinca la charla. Pero un aire
> de agua me espeluzna, y al desgaire
> me arropo en la capa.
> Sorbo el pozuelo de café.
> Y el devaneo de mi carne rapa
> la escoria carnal. Ensueño, sueño
> con los ojos abiertos y sin fe.

José Manuel Poveda, el otro gran renovador de la poesía cubana de la etapa 1899-1923, poseyó rasgos de personalidad que lo diferencian notablemente de Boti. El espíritu polémico y vigoroso del poeta santiaguero escribe magníficos ensayos sobre diversos temas para defender sus ideas y exponer sus criterios en torno a la creación artística, la necesidad de la renovación, el trabajo de los talentosos y los mediocres, para despertar las conciencias y defender la poesía. Aunque movido por similares inquietudes que Boti, la labor que Poveda dio a conocer en esos años demuestra su mayor beligerancia y su mayor indisposición para el silencio. Boti, de temperamento diferente, aunque de semejantes concepciones acerca de la poesía y la pobreza espiritual del medio, como atestigua el epistolario que ambos sostuvieron, se retrajo de participaciones públicas y fue haciendo su obra de manera apenas perceptible hasta la aparición de su primer libro. En la tarea de transformar la sensibilidad imperante y rescatar la tradición modernista que había ido languideciendo poco a poco después de la muerte de Casal y de Martí, los textos de Poveda fueron determinantes por la claridad de sus postulados, el rigor y la penetración de sus planteamientos y el poder de convicción que venía implícito en la calidad de su prosa. La frustración histórica y la inopia intelectual de sus años creadores fueron determinantes en la conformación de su conducta y de su pensamiento, en la permanente inadaptación a su circunstancia, una peculiaridad que constantemente ponía de manifiesto en sus páginas y en su imagen exterior. Esos factores condicionantes orientaron también sus lecturas y la disposición para aprehender las corrientes estéticas y, en general, la concepción del mundo que lo caracteriza. Después de una intensa vida espiritual —tan rica como la de Boti, pero expresada de otra manera—, de transitar por los caminos de la cultura y de la política, fallece poco antes de cumplir los treinta y ocho años.

La obra poética de Poveda se nutre de su propia vida y en cierto sentido se explica por ella; hay que acercarse a la búsqueda de su intelección desde la formación de sus ideas y el conocimiento de la prosa, de manera que se vea como un todo indivisible y coherente. Vista la totalidad de su *corpus* lírico en su desarrollo cronológico y en sus modalidades (verso y prosa) puede decirse, según los hallazgos de Alberto Rocasolano, que se inicia en 1905 y se cierra en 1923. Los poemas en verso tienen su prehistoria de 1905 a 1910; después hay una etapa, independiente de *Versos precursores*, que va de 1911 a 1922, y en otro cuerpo el núcleo que conforma el libro, iniciado en 1912; las prosas líricas fueron agrupadas por el mismo investigador en una etapa prehistórica (1905-1908), una etapa de plenitud (1909-1914) y el conjunto de los *Poemetos de Alma Rubens* (1912-1923). Aparte quedan las traducciones de versos y de prosa poética, todas del francés, con versiones de Jean Lorrain, Henri de Régnier, Paul Fort, Augusto de Armas, Maurice Rollinat entre las primeras, y de Émile Verhaeren, Paul Verlaine, Edmond y Jules Goncourt, Edmond Heraucourt, Lorrain y Régnier, entre las segundas.

En el pequeño conjunto de textos en verso que conforman la prehistoria del poeta —diez poemas— se encuentra ya el Poveda posterior, en especial en la resonancia oscura que deja en los lectores la percepción del paisaje o el tratamiento de la fábula. Hasta en algunos de los títulos se aprecia la voz, la manera del poeta ya maduro e inconfundible: «La sonata vieja», «Songe d'amour après le bal», «La hermana campana», «El ocaso del cóndor». En el léxico y en la cadencia de los versos está el creador esencial, por entonces alrededor de sus veinte años de edad. Desde esos inicios se hace evidente que su autor, más allá de influencias literarias —que mucho dicen de la actitud espiritual de quien las recibe— y de posturas llamativas, está hondamente desgarrado por su experiencia histórica, aún apenas padecida en tan temprana fecha. El poema que mejor revela la unidad esencial de esa prehistoria con la totalidad de su obra poética es «El ocaso del cóndor», que perfectamente pudo ser escrito mucho después e incluso hacia el final de la vida del escritor, con la pesadumbre del escepticismo y hastiado de una existencia sufrida y desilusionada, actitud que ya se encuentra con fuerza en páginas suyas de 1918 a lo largo de sus diferentes etapas. Léase este texto como testimonio de un comienzo ya en plenitud:

I

Sobre la ruda cumbre, bajo del vasto cielo
una mañana llena del aliento de Palas,

miré mi cuerpo fuerte con un secreto anhelo
y vi que tenía garras, y vi que tenía alas.

Y vi que yo era un cóndor, enteramente dueño
del abismo, la cima, la noche y el misterio;
de cuanto, hasta ese día, mi espíritu pequeño
no vio bajo la Bóveda y sobre el Hemisferio.

Y fijando la roja pupila en lo Infinito,
extendiendo las alas sobre el vórtice hirviente,
hincando con la garra de acero en el granito,
me lancé en el espacio con un vuelo potente.

II

Yo no podría deciros todo cuanto he sufrido,
cuál ha sido mi esfuerzo, cómo ha sido mi vida…
sólo sé que estoy débil y que estoy muy cansado,
y que siento nostalgia de la dicha perdida.

Sólo sé que, aún de pie sobre la árida cumbre,
del ocaso rojizo al fulgor vacilante,
tiemblo, gimo y suspiro bajo mi pesadumbre
con la garra partida, con el ala sangrante.

Las poesías de 1911 a 1922, muy pocas de ellas posteriores a 1917, poseen tanta calidad como las que Poveda decide incluir en *Versos precursores*. Son en total veintinueve textos que contribuyen sustancialmente a definir los aportes de su autor al panorama de la lírica cubana de esa etapa. Los tonos sombríos, las experiencias amorosas envueltas en brumas y rememoraciones de inusuales atmósferas, imágenes tocadas por cierta nota de melancolía y contempladas como a distancia, la vibración de una conciencia tanática ante los más diversos estímulos de la realidad, la exaltación del yo frente a las circunstancias agobiantes, la búsqueda de una embriaguez sensorial, conforman la atmósfera de estas páginas. Los estados de ánimo se confunden con el entorno y despiertan impresiones inusuales en la poesía romántica epigonal que por entonces se escribía. En ocasiones se siente la gravedad del peso de una existencia, como en «Plegaria a la resignación», con estos versos raigalmente auténticos:

A través de la noche no he tenido un consuelo,
no ha tenido una tregua mi pálido desvelo,
ninguna nueva estrella ha brillado en mi cielo.

Y estoy enfermo y triste, y me debato y lloro
sin más amor que el mísero pretérito que añoro,
sin más ansia que el hondo silencio que
te imploro.

testimonios de un conflicto ontológico en el que se evidencia la soledad del yo anhelante, un rasgo definidor de la poética de Poveda.

Como en prácticamente todos los poemas significativos, el texto se va integrando desde la más cerrada individualidad y con un entorno que no acaba de hacerse consistente y de perfiles nítidos, o mediante evocaciones de personajes que se van diluyendo o simbolizan un ayer sin retorno. En «La tarde unánime» se aprecia el sentimiento de lejanía y disolvencia acaso como en ningún otro ejemplo de este conjunto. Pero sorprende que incluso en las imágenes de mayor realismo y hasta cierto tono familiar, como en «Humo triste», se imponga esa experiencia del ser que se pierde en la nada. El amor, un tema que en ocasiones cultivó Poveda con su peculiar cosmovisión, tiene también los tintes sombríos de su insuperable tanatismo; en «La última amada», después de la entrega a un erotismo que no se encuentra en ningún otro poeta de esos años, el desolado amante retorna a «un letargo vivo y denso tal como un mar sin fondo, / que habrá de ser de todos el más largo, / de todos el más hondo», la muerte de la que no pudo redimirlo la intensa pasión vivida en el diálogo carnal.

Semejante fusión amor-muerte se encuentra en «Canción funeral», un texto de magnífica calidad por su refinamiento y la música con que se deslizan las estrofas. Pero es «Desagravio a Phocas» el poema en que Poveda se muestra, en su estilo directo y como de conversación cotidiana, en toda la desnudez de su enajenada y abrumadora condición de hijo de su circunstancia. Véanse estas estrofas que testimonian la desgarrada experiencia histórica del poeta, la causa esencial y última de su desasosiego, su temperamento y su sensibilidad, el sustrato del que surgiría toda su obra:

Bien es cierto que el medio no da otra
cosa. Nada
tenemos que no sea burla y mediocridad;

vivimos una torpe vida incivilizada
de cines, de cronistas, de envidia y vanidad.

Neofobia y anquilosis mental. Grafomanía.
Política y comercio. Tierra de explotación.
Dicterios agrios contra toda nueva teoría
y epítetos honrosos a Mariano Alarcón.

En mitad de esta feria mercantil y grasienta,
vuestros sueños extraños son exótico artículo;
si cruzara el mercado la Astarté macilenta
de los ojos febriles, se pondría en ridículo.

La rigurosa autocrítica impidió a Poveda publicar en libro otros poemas, en tomo aparte o sumados a su único poemario: *Versos precursores* (1917). A pesar de la incuestionable calidad de los textos anteriores, incluidos los de su prehistoria creadora, decidió desentenderse de ellos en el momento de seleccionar el conjunto que daría a las prensas como expresión de su voluntad ordenadora. En las cinco secciones («Joyel parnasiano», «Evocaciones», «Advocaciones», «Las visiones y los símbolos» y «Cantos neodionisíacos») se reiteran los temas y los rasgos estilísticos que siempre caracterizaron a esta obra, concebida en primer lugar como testimonio de una experiencia individual, como un manifiesto renovador. Y no se trata de que Poveda se sintiera ajeno por entonces a las preocupaciones de transformar y enriquecer la lírica cubana, afanes que años antes constituyeron el centro de su vida literaria. Ocurre que éste libro rebasa sus inquietudes en ese sentido, aunque las contiene y las pone de manifiesto, y viene a entregar a sus lectores una cosmovisión propia, hecha de influencias y hallazgos modernistas y al mismo tiempo de otras problemáticas que trascienden los límites del movimiento. Mucho tiene que ver con ese sobrepasamiento el cultivo del yo, de fuerte personalidad en Boti y en Poveda. Aunque el modernismo tiene una vertiente de poesía interior —ahí está el caso del propio Casal, en cuya obra hay una importante zona de interiorización y de conflictos espirituales, decisivos en la integración del pensamiento poético del autor de *Versos precursores*—, aunque en su estadío final ha evolucionado hacia una conceptualización de más ricas y hondas consecuencias, Poveda conforma sus poemas desde sus angustias personales y bajo otras influencias también determinantes, en especial la de Baudelaire, en quien están los antecedentes incluso de actitudes vitales del poeta santiaguero. A propósito de lo dicho el autor aclara, en el importante prefacio que antecede a los poemas, que «estos *Versos precursores* debieron quedar como expresiones supremas del canto moderno: el poeta capaz de dictar el verso futuro debía comenzar por la prueba de que posee todo el secreto del verso actual; la conciencia coetánea verá que no tiene nada que enseñar ni que revelar al Poeta».[22] Ahí están planteadas dos cuestiones capitales: las pretensiones de modernidad y, con ellas, las de aprehensión de «la conciencia coetánea», ambas una insoslayable contribución a la historia de la poesía cubana al incorporarla al pensamiento literario hispanoamericano. Poveda, hijo atormentado de su circunstancia insular, la República frustrada, tenía una peculiar conciencia de su tiempo, integrada por muy diversos factores subjetivos y objetivos.

En el prefacio aludido, menos complejo y extenso que «Yoísmo […]» de Boti, pero enjundioso y esclarecedor como fue siempre el poeta en sus ensayos y prosas periodísticas, se ofrecen las explicaciones imprescindibles para comprender las propuestas del libro y sus aspiraciones. Además de la que fue comentada, se encuentran largas observaciones acerca de la forma artística, con la sustantiva aclaración de que la importancia no radica en el dominio frío y desespiritualizado de la métrica, sino en la realización del canto. Dice Poveda en oportunas frases: «Pero no hay que partir del pie rítmico sino del verso; no hay que buscar el número sino el canto»,[23] afirmaciones hechas para escritores, pero factibles de ser interpretadas para una más profunda intelección del pensamiento del que las escribe. Los cuidados formales de estos poemas y las páginas del prefacio dedicadas a esclarecer detalles de su significación, subrayan la tesis de que tanto Poveda como Boti aportaron a la poesía cubana de esa etapa, además de un nuevo sentido de la realidad, el valor trascendente del trabajo artístico y de la concepción del poema como objeto de sí mismo. Al final de sus consideraciones preliminares se hallan dos conclusiones que es necesario recordar por sus alcances ideoestéticos. En la primera expone el autor con encomiable convicción: «Empero, una edad que afirma busca la belleza más allá de lo bueno y lo verdadero, y entonces el gran artista es el poeta, que expresa cosas que no están en los demás espíritus»,[24] y en la segunda: «Y es por la Patria, únicamente por ella, por lo que estos poetas ansían que Cuba no sea la última en comprender la magnitud de la faena que realizan sus creadores. [...] Y si algo les inquieta, no es lo que a ellos pueda faltarles, sino lo que pueda no llegarle, no aprovecharle o no bastarle a la Patria.»[25]

Esas palabras significan, por lo pronto, que la pretensión renovadora de Poveda está fundada en preceptos estéticos que no descansan en consideraciones éticas ni en inquietudes filosóficas convencionales, reafirmación de su pertenencia a las más heterodoxas corrientes literarias de los años precedentes en lo que aquéllas tienen de búsqueda de una nueva relación del hombre consigo mismo. Estos poemas anuncian una obra por venir, cierran una etapa y abren la siguiente, anuncian a los lectores los tiempos que se avecinan para la poesía: «las presentes páginas no forman parte de la obra creadora, sino que la preceden, la anuncian: no muestran el yo, sino el camino hacia el yo: no son Mañana sino Ayer. Por eso se titulan Versos precursores.»[26] Las transformaciones que demandaba la lírica nacional en los años anteriores a la publicación de Arabescos mentales implicaban una ruptura de los estrechos cánones ideológicos en los que se movían los poetas, la superación de falsas relaciones del individuo con su propia historia personal y la asimilación auténtica de un arte que expresara una visión diferente del hombre hacia su identidad, hecha de pasado y de presente. El romanticismo epigonal era incapaz de esos cambios; el modernismo y, en general, la literatura decadente que se inicia con Baudelaire traen en sí las posibilidades de esa tan necesaria apertura. Poveda, que ha madurado y se ha decidido a recoger sus poemas cuando ya el modernismo había dado sus frutos mejores y Boti publicado su libro, considera que su poesía es la voz de ayer, pero necesaria todavía en el doble sentido del enriqueci-miento de la sensibilidad desde una nueva moral y un nuevo espíritu creador (el yo, conformado por la realidad histórica concreta y por sus afinidades con un modo diferente de sentir y ver la realidad) y del beneficio de la Patria, urgida de cobrar conciencia de sí desde la cultura, una posición que identifica a Poveda con los mayores representantes de otros géneros de la literatura cubana de la segunda década de vida republicana, propugnadores de una política de renovación de la vida del país a partir del trabajo de la cultura.

Atentos ahora a los poemas de Versos precursores se aprecia, en lo formal, aspecto que tanto preocupaba al autor, un rigor meticuloso y un cultivo constante de estructuras modernistas. Véase lo que dice Rocasolano, a propósito de esto, en su libro sobre Poveda, páginas imprescindibles para comprender esta problemática en muchos de sus detalles esenciales. Dice el investigador: «podemos afirmar que la mayor parte de la obra poética en verso de José Manuel Poveda, está contenida en moldes característicos del modernismo y del postmodernismo».[27] Hay, entonces, una voluntad renovadora, enriquecida por innovaciones incluso en el soneto, y al mismo tiempo una defensa, como en Boti, del equilibrio entre los desbordamientos del impulso creador y la mesura y contención de la lucidez y la objetividad. El yo creador ha de ser para Poveda, de acuerdo con esa práctica, una síntesis de pasión y razón, de caos y orden. Ahí se encuentra un antecedente del posterior trabajo de los poetas de la tendencia purista, hijos de una concepción del fenómeno poético que tiene un momento importante en esas actitudes formalistas de fines del XIX y, en Cuba, en la etapa de florecimiento de Boti y Poveda. Rocasolano apunta: «De heredero conservador del simbolismo he calificado a Poveda. Sólo en una oportunidad, que sepamos, ensaya el verso libre [...] Él, como Baudelaire, va casi siempre de la consonancia perfecta al poema en prosa, pero sin atreverse a incursionar a fondo —fuera de la mencionada ocasión— en el verso libre.»[28] Ésa es en síntesis la lección que puede extraerse del aspecto formal en la obra de Poveda, pues los detalles concretos, tratados con detenimiento por Rocasolano en su libro, no harían más que revelar el uso específico de esos conceptos fundamentales. El ejercicio de la palabra en su dimensión formal revela a un hombre seriamente preocupado por la dignidad de su arte y para quien fondo y forma se fusionan de manera inseparable, uno sustancia de la otra. Romanticismo y clasicismo, tradición y originalidad, asimilación innovadora que preludia, en cierto sentido, a la poesía futura.

El tratamiento que da Poveda a los principales temas de *Versos precursores* —en seis líneas los agrupa Rocasolano: Amor, Destino, Muerte, Bien-Mal, Orgullo y Vida—[29] revela importantes rasgos de su visión del mundo y de su personalidad: exaltación del yo, tanatismo, preferencia por los ambientes nocturnos y sombríos, la angustia como signo definidor de múltiples experiencias vitales, una peculiar percepción y sentido de la naturaleza, identificación con los postulados de un neopaganismo que superara las antítesis de orden ético y liberara al hombre de convencionalismos y opresiones, la intransigencia de un esteticismo que rebasa los límites de la literatura y conforma una actitud ante la vida. Ese modo muy suyo de percibir la realidad y de asumir los temas de su poesía, todos de estirpe secular en las más diversas culturas, da una auténtica consistencia a su obra lírica, testimonio, por esos mismos dones, de toda una manera de sentir y de ser. Desde los textos más desgarrados («Tú marchas a mi lado», «Julián del Casal») hasta los de más entrañable cotidianidad («El taburete», cercano, en más de un sentido, a poemas de Eliseo Diego, y «Sol de los humildes», entre otros) está el dolorido y angustiado poeta inmerso en una extraña atmósfera en la que sitios, paisajes, hombres, recuerdos, en fin, los diversos elementos de la realidad, adquieren paradójicamente una nitidez que conforma precisas imágenes y, con ellas, una identidad histórica esencial. Los poemas de amor, en los que Poveda hubiese podido cantar a las fuerzas vitales, como hizo Boti en páginas más pretensiosas que perdurables, están elaborados como experiencias trágicas a las que no son ajenas la impronta romántica de tono melancólico y tristes evocaciones, como sucede en «Nocturno sentimental», probablemente basado en hechos reales vividos por el poeta. El clima romántico es muy ostensible, pero radicalmente distinto del que había censurado poco antes (4 de agosto de 1912) en su comentario a *Versos ingenuos*, de Bartolomé Cornet. Obsérvese cómo se entremezclan los estados de ánimo mediante el contraste de la imagen de la amada con la pesadumbre temperamental del amante. Comienza con una rápida presentación de la mujer, con rasgos ambivalentes: amor y muerte:

Blanca y leve, como un leve y blanco ensueño,
se inclinó sobre mi rostro, cautelosa y tiernamente.

Más adelante, la súbita irrupción de una música que va transformando lentamente la percepción del poeta hasta colmarla de revelaciones y secretos capaces de conducirlo al encuentro con la experiencia erótica. El impecable trabajo artístico es decisivo en la integración del cuerpo poemático, de una delicada complejidad muy dentro del estilo de Poveda, y en general de cierto romanticismo preciosista. El texto es harto elocuente:

Silenciosa, fue hacia el piano,
e insinuando sobre el clave taciturno
la caricia de su mano,
dio las voces doloridas del Nocturno.

De repente,
la imprevista sinfonía puso un trémolo
        en la sombra;
lentamente
desplegó el plumaje oscuro sobre el rojo de
        la alfombra
y en mi espíritu hosco y grave,—
—negra fronda de ansia y duelo—
como un ave
pasó el vuelo.
[...]
Voz ignota,
qué secreto revelaste!
Silencioso, fui hacia ella, y al besarla con
        mis besos exaltados
vi morir entre sus manos el nocturno
        que expiraba,
vi fulgir bajo mis ojos sus dos ojos asombrados,

vi rodar mi llanto sobre de su trémula faz pálida!
¡Supe entonces que la amaba!
¡Supe entonces que aún tenía don de lágrimas!

El tema del amor en cualquiera de sus variantes es quizás en el que Poveda sea menos innovador, entre otras razones, por la cercanía del propio modernismo y en definitiva la universalidad de la problemática; sin embargo, hay en esos textos («El secreto», «Serenata», «De profundis», «Reliquia», «Madrigal regio») un drama ante el cual el hombre se siente indefenso, como un destino ya conocido y del que se sabe que no es posible escapar, percibido por los lectores en las descripciones, los colores, los contrastes, rasgos de un estilo finisecular que Poveda hizo suyo de un modo inconfundible. Un poema clave que explica a los demás y dibuja con fidelidad y hondura el psiquismo de su autor es «Tú marchas a mi lado», expresión acaso de toda su vida en sus relaciones con la cultura, con la historia y consigo mismo. Ahí está la conciencia del destino individual, la razón de su egolatría, la causa de su pesadumbre y, en última instancia, el sentido de su vida. E incluso el estilo entrega algunos de sus elementos esenciales. Prácticamente todos los ejemplos del libro en los que aparecen ambientes sombríos, hastío, pesadumbre, frustraciones, soledad, muerte, están contenidos en aquél, en la cosmovisión que lo nutre. Véanse los poemas dedicados al barrio («Refugio», «Retiro», «El retorno», «Luna de arrabal», «Sol de los humildes»), un tema frecuente en el postmodernismo en una dimensión que llega a ser definitoria, y se verá, cuando se le compara con «Tú marchas a mi lado», la comunidad de alusiones y símbolos. La sección denominada «Cantos neo-dionisíacos», donde se agrupan textos a la noche que quieren subvertir el aparente equilibrio de la realidad para mostrar el oscuro rostro de las fuerzas naturales («El grito abuelo», «La danza glebal»), muestra hasta qué punto está Poveda penetrado por el espíritu decadente de esos mismos afanes de exultación. La elección de los temas clásicos («La pipitaña», «Tamboril para Bromio», «Evohé», «Casandra», «Clytemnestra», «La danza glebal»), tan del gusto parnasiano, revela el dionisismo de la sensibilidad povediana, sus afinidades con los dones de la penumbra, como en «Laudo de lumbres», ruptura con el espíritu apolíneo:

Gusto mal de las violentas claridades
uniformemente hoscas
que incendian páramos y ciudades
con sus largas lenguas toscas.
[…]
Tengo nocturna el alma. Siento
amor por las penumbras que lo prestigian todo,
montaña, fronda, mar y lodo,
con turbio tinte macilento.

El tema del destino, presente, en distintas variantes, en «Versos precursores», «La pipitaña», «Poema de los violines», «El taburete», «Canción de cuna», «Palabras en la noche», «Esfinge», «La senda sola» y «Tú marchas a mi lado», así como en otros poemas no recogidos en el libro, tiene implicaciones esenciales para definir el sentido total de la obra de Poveda, en primer lugar por la carga trágica que lo caracteriza. En las consideraciones en torno a esa problemática está perfilada la ontología povediana. La evolución espiritual del poeta, que tiene su culminación en las más intransigentes posiciones esteticistas y en la egolatría, lo conduce a un definitivo escepticismo que mucho tiene que ver, desde siempre, con su concepción del mundo, como se puede apreciar en numerosos textos. Así la conciencia de la muerte, una preocupación medular en el poeta, se entreteje desde los inicios de su trayectoria literaria con sus experiencias amorosas, con su condición de ente histórico («El trapo heroico», un soneto magnífico y de suma importancia para comprender el sustrato ideológico de la lírica de Poveda, mucho más rápidamente discernible en sus combativas prosas), con la reiterada exaltación del yo y, de modo consustancial sobre todo en la etapa de ocaso de su vida, con el amargo escepticismo sin esperanzas. El diálogo de Poveda con la realidad cotidiana («Palais Royal», «Retiro», «El taburete», «El retorno», «Sol de los humildes») está matizado por un sentimiento de desolación y de vacío existencial que puede ser interpretado como un destino, al igual que su percepción de la cultura y del paisaje, de su circunstancia histórica y de su propio yo. En la ontología de Poveda, el ego batallador no hace más que cumplir un sino cuyo fin es la muerte.

En la evolución de su pensamiento es posible discernir, según Rocasolano, una primera etapa premodernista y de defensa de la americanidad (1899-1908), una segunda de transición hacia posiciones modernistas beligerantes (1909-1911), la del esteticismo y exaltación del yo dentro de propósitos renovadores de filiación modernista —años (1912-1918), de gran creatividad, en los que adquieren consistencia artística los rasgos más sobresalientes de su estética y de su personalidad—, la de declinación (1919-1923) de su obra estrictamente literaria y entrega a la de textos políticos, un gesto que parece marcado por el escepticismo a pesar de la dirección que tomó su escritura, y finalmente la de 1923-1926, de desentendimiento de todo quehacer dentro de la literatura y dedicación a la vida familiar y profesional.[30] En ese sucinto panorama y en el análisis de sus poemas se pone de manifiesto una verdad incuestionable: la cosmovisión de Poveda está signada por un pesimismo fatalista, actuante incluso en los años de esplendor poético y de incansable combatividad, altamente fecundos para la cultura cubana. El ejemplo más elocuente de la filosofía de la vida de este singular maestro de la palabra es «Tú marchas a mi lado», escrito en el período de mayor riqueza conceptual y formal (fue publicado por primera vez el 16 de abril de 1916) de su trayectoria lírica; en sus versos encontrarán los lectores las angustias, conceptos, actitudes, su batalla entre el bien y el mal, su frustración histórica, su temperamento y la plenitud de su poesía, un mundo desconcertante para el propio poeta, ante el cual asumió primero su combativa conducta que ganó en intensidad con los años, y más tarde una gradual resignación que lo condujo a un nihilismo irreversible, como si toda su vida no fuese más que el cumplimiento de un destino. Léase el texto íntegro:

Muerde en mi nervio ahora no sé qué
        angustia rara;

soplo oscuro y rebelde que me azota la cara:
cosa extraña y sin brillos que con dedos
        sombríos
ha quebrado mis fuertes caramillos bravíos.
Hasta ahora he querido muchas cosas, y ahora
siento como que suena cierta sórdida hora;
se mustia toda planta sobre el surco provecto
precozmente; perece todo fruto de afecto
y las voces que guiaron noblemente mi vida,
enmudecen al borde de mi senda perdida.
Belleza, hogar, bandera, todo el culto exaltado
ante mis turbios ojos actuales se ha borrado;
jamás yo me he sentido tan solo; nunca me
he sentido más pobre de entusiasmo y de fe.
Sin duda es que se ha roto mi vida en mí
        y arrastro
mi propia vida rota sobre el lóbrego rastro
que han dejado las almas cuyo sino fatal
condena a eterno viaje por las vías del mal.
Tú marchas a mi lado, segura y vigilante.
Te alzas tranquila frente a mi orgullo
        insultante
bien despectiva porque no ignoras que soy tuyo
aunque a veces, airado, de tu contacto huyo,
e impasible, con una serenidad siniestra
trabajas mi agonía como tu obra maestra,
segura de que al cabo, bajo un designio cierto
me lanzaré a tu boca cual a un sepulcro
        abierto.
Al bien y a la virtud pidiera salvación.
De mis culpas pasadas puedo hacer expiación.
Librarme puedo al fin de la pasión fatal
que me puso en viaje por las vías del mal;
quién sabe pueda el curso de mis pasos torcer;
acaso no sea tarde para retroceder.
Pero al pensar que debo abandonarte, cuando
me resuelvo a apartarme del camino nefando,
un grito sube, un grito sube del alma, un grito
sube de mí hacia ti, medroso e infinito.
Te llamo como un niño, con la voz de reproche
de un niño al que dejaran solo en la negra noche.
Y por qué, para qué, la cobarde llamada?
Para qué me hago cómplice de tu obra
        malvada?
Por qué, si quiero huirte, grito luego aturdido,
medroso de perderte, a ti que me has perdido,
medroso como un niño, con la voz de pavura
de un niño al que dejaran solo en la noche

oscura?
Tú marchas a mi lado, vigilante y segura.

Su prosa lírica no incluida en *Poemetos de Alma Rubens*, aunque difiere de la poesía en verso en que «el paisaje, la naturaleza en sí, tiene una más intensa participación»,[31] está regida, en el fondo, por similares estados de sensibilidad que conforman un trasfondo esencial a las diversas manifestaciones literarias y vitales del poeta; entre otras razones de esa similitud está la impronta de Baudelaire, fundamental en los poemas en prosa, e importante, además, en buena medida, en la integración de *Versos precursores*. En la prosa poética también rebasa Poveda, como sucede en su único libro publicado en la etapa, los límites del modernismo exteriorista y ornamentado, y se adentra en conflictos de significativa densidad conceptual que hacen trascender esas páginas, mucho más que la atmósfera decadente en la que se inscriben, a las más altas esferas de la vida del espíritu, rango al que llega Poveda además por el admirable trabajo artístico al que somete los impulsos de sus emociones. A propósito de los *Poemetos de Alma Rubens* (1912-1923) hay que decir que corresponde a una etapa de madurez (trece, de un total de veintitrés, son de 1917, en tanto que de los treinta y tres no incluidos bajo el nombre de la poetisa, por lo menos veintidós son anteriores a 1912, el año que inicia la plenitud del autor)[32] y que pretenden conmover el pobre ambiente literario de la provincia con imágenes tremendistas y una visión de las fuerzas elementales de la naturaleza realmente inusual, todo ello con la firma de una mujer en la que el poeta se desdobla para hacer creer que se trata de una sensibilidad femenina la que interpreta la realidad. Ese canto de exaltación al erotismo desprejuiciado forma parte de la labor renovadora a la que con tanto empeño se había entregado Poveda; ahora se sentía más libre detrás de la superchería, y tenía entonces ocasión de volcar sobre sus lectores preocupaciones y problemáticas que no aparecen, al menos con esa fuerza y con tal jerarquía dentro de la estructura conceptual del texto, en sus versos. Véase «Ensueño» para que se aprecien esas inquietudes y las calidades formales con que están expresadas:

> Me mostraría desnuda sólo en medio de dobles tinieblas en plena tormenta, como una diosa que no quiere ser vista a la luz del sol, ni de la luna, ni de las antorchas de los hombres.
> Me mostraría desnuda en medio de las noches sin límites, oscuras y rugientes, flageladas de relámpagos.
> *Para brillar un solo instante, ante los ojos atónitos de la tierra, blanca y fúlgida, bañada en una luz que no sería la del sol, ni la de la luna, ni la de las antorchas de los hombres.*
> *Y parecerá como el alma de la sierra, que desprendiera un instante de sus hombros el ropón de la noche, mostrara un instante su desnudez, y volviera, a arroparse en la noche para continuar en secreto su camino.*

La obra poética de Agustín Acosta (1886-1979) durante esta etapa consta de dos libros: *Ala* (1915) y *Hermanita* (1923). El primero, considerado por la crítica como uno de los renovadores de la sensibilidad de esos años en la dirección del modernismo cubano finisecular junto a los ya estudiados de Boti y Poveda, no alcanza la significación histórica ni las calidades intrínsecas de *Arabescos mentales* y de *Versos precursores*. El propio Poveda, en el artículo publicado en *El Fígaro* el 6 de octubre de 1918, «Sobre la poesía nacional», cuestionaba, bien que de manera implícita, sus aportes al enriquecimiento del espíritu moderno. El juicio que emiten Félix Lizaso y José Antonio Fernández de Castro en su antología de 1926 afirma que las poesías de *Ala* «están caracterizadas por una eclosión de riqueza verbal, sabiamente manejada, merced a sus cualidades artísticas positivas»,[33] uno de los rasgos que permiten integrar estas entregas iniciales de Acosta a las exigencias de la innovación. Un cuarto de siglo más tarde, Cintio Vitier, en su importante *Cincuenta años de poesía cubana (1902-1952)* (1952), con la perspectiva del tiempo, hace una valoración más ajustada a la realidad y que arroja más luz acerca del sitio que ocupa ese libro en su momento en relación con su filiación estética, un criterio al que se volverá en estas páginas. En 1988, en su trabajo «Agustín Acosta: nuestro. Proteo», Alberto Rocasolano apunta algo decisivo para comprender en qué consiste la diferencia de *Ala* con respecto a sus contemporáneos de 1913 y 1917: «*Ala*, por el contrario, no se caracteriza por las preocupaciones de esteticismo y perfección que definen a Boti y Poveda», y más adelante: «tiende a la dispersión a causa de una diversidad de intereses —en el orden formal, temático y expresivo— difícilmente ajustables a la teoría de un ideal estético preciso.»[34] Ciertamente, Acosta carece del rigor de sus dos coetáneos mayores y asume de un modo diferente la tradición —en especial la obra de Darío, la que ejerce una más honda influencia en su poesía— y su propio diálogo con la realidad. Se percibe además en los poemas que Acosta publica en 1915 cierto tono sentimental que los acerca a los que escribían poco antes los poetas cubanos de filiación romántica epigonal. Puede hablarse en ese sentido de una desorientación del gusto, regido aún por los conflictos conceptuales de una cosmovisión que el modernismo había superado desde el último decenio del siglo XIX en la obra de Casal, e incluso desde antes (1882) en la de Martí y en la de su maestro Darío (1888). Vitier hace señalamientos fundamentales para una justa valoración crítica de la significación de *Ala* en su contexto, observaciones que no se limitan al esclarecimiento de esa problemática, sino que atañen a la trascendencia del libro dentro de la trayectoria general de su autor. Dice Vitier:

> Su primer libro, *Ala* (1915) [...] contiene ya los rumbos principales de toda su producción: 1) el modernismo artificioso y decadente de «Absintio» (con influencia obvia de Rubén Darío y Federico Uhrbach), que proseguirá en composiciones como la serie de *Los últimos instantes*; 2) la sencillez sentimental y «filosófica», con suave dejo irónico, de numerosos sonetos, que informará su segundo libro, *Hermanita* (1923), y que dará sus mejores frutos en la colección titulada *Los camellos distantes* (1936); el fervor patriótico del estruendoso canto a Martí, «20 de mayo» y «Sursum

corda», línea que, aliviada de su lastre retórico, en beneficio de la soltura que ya anuncia la popular décima a la bandera, desembocará en el momento de preocupación cubana de *La zafra* (1926). Estas dos últimas orientaciones (sencillez lírica, en la que le ha señalado el influjo de Francis Jammes, y la preocupación cubana) constituyen los puntos diferenciales de mayor importancia de *Ala* con relación a los libros correspondientes de Poveda y Boti, puntos en los que se va a cifrar la verdadera singularidad, o al menos la más valiosa, de Agustín Acosta.[35]

Como puede verse, *Ala* entremezcla diversas corrientes e inquietudes, como si el autor no hubiese encontrado entonces su camino ni estuviese definida con nitidez una determinada necesidad estética; en esa fusión de elementos puede considerarse que subyace un poeta que se define precisamente por la variabilidad de sus estados de ánimo, por esa múltiple disposición para percibir la realidad desde ángulos distintos. Acosta estaba consciente, aunque no tanto como para trabajar sólo en esa dirección, de que era necesario renovar la lírica cubana para retomar la tradición que tuvo en Casal el último gran exponente en Cuba, una labor que incorporaría la poesía nacional a la corriente predominante entonces en Hispanoamérica, representada por la figura que más significativa influencia había dejado en su propio quehacer. El rango menor que parece haber tenido para Acosta la teoría en torno al cultivo de la forma artística permite comprender por qué el poeta acoge zonas de la tradición inmediata sin someterlas a las restricciones de un cuidadoso acendramiento. Tanto en Boti como en Poveda se hallan semejanzas con el romanticismo, como ya fue señalado, pero nunca en el tono de las que se encuentran en los poetas menores contra los cuales ambos levantan sus respetivos libros. Acosta deja entrar en su poesía todo aquello que considera auténtico y expresión de un estado de espíritu, ya sea un amor perdido, la imagen de la patria, el preciosismo y la extraña atmósfera de la sensibilidad decadente, pero dejando correr las emociones tal

y como llegan, sólo con las escasas restricciones
impuestas por cada una de esas tradiciones a sus
propias voces y modos. En las páginas de pretensiones filosóficas, escritas en un estilo grandilocuente, hay incuestionables puntos de contacto con las similares de Boti, pero tienen en
Acosta una función diferente, centrada en buena medida en lo que podría denominarse una
epicidad idealizada, antítesis de la búsqueda de
un realismo, inusual entonces, en Boti. Los ejemplos de *Ala* ilustrarán esas diferencias.

A través de las siete secciones del libro («Ala»,
«Los caminos», «Alba de epinicio», «Martí»,
«Poema floral», «Poema de amor y de fe», y «El
minuto amargo», las cinco primeras integradas
por un solo poema de igual título, el tercero de
los cuales está dividido en seis cantos de diferente concepción y estructura formal) se observa un desbordado canto de efusividad, más mesurado en la última sección, hecha toda de
sonetos, y en la sexta parte de «Alba de epinicio»,
también un soneto: «Homenaje a Francia». En
algunos casos el poeta trabaja con símbolos,
como en «Los caminos», en «Poema floral», en
«Poema de amor y de fe», tres ejemplos extensos y sobrecargados de un lenguaje grandilocuente de ascendencia romántica que nada tiene que
ver con los intentos y logros de Boti y de Poveda.
En esas páginas, como en casi todo el libro de
Acosta, hay una insuficiente pretensión de hondura espiritual que se expresa mediante la exaltación de valores tradicionales y la constante
presencia del yo estremecido o asombrado, un
concepto de la poesía incapaz de contribuir a
conformar una nueva sensibilidad. La adjetivación es harto elocuente, de un gusto hacía mucho tiempo superado por el propio Darío en
Cantos de vida y esperanza (1905) y por Boti en
Arabescos mentales dos años antes de la aparición de *Ala*. Esos poemas dicen muy claramente
que su autor no tenía el mismo sentido de la tradición ni del trabajo artístico que los dos grandes renovadores cubanos de esos momentos. Su
visión de la naturaleza, vista desde la perspectiva de símbolos y valores abstractos, carece de la
objetividad que alcanza en Boti, aun en aquellos
poemas en los que se propone mostrar la fuerza
de los elementos naturales, recogidos en «Rit-

mos panteístas». En ciertos pasajes, el primero
de «Los caminos» (la estrofa inicial) y el segundo de «Poema floral» (la segunda intervención
del ruiseñor), en los que puede hallarse la impronta modernista, se ve la indiscriminada fusión de corrientes y estilos que impide que este
poemario se inscriba en el panorama de la lírica
cubana de entonces con rango similar a los respectivos de Boti y Poveda. Los fragmentos son
los siguientes:

Es una encrucijada lóbrega de caminos...
Dijérase la áspera rosa de los destinos
humanos, que se abriera en medio de la vida...
En cada senda hay boca desconocida
que dice unas fatales palabras misteriosas...
Esas palabras tienen la clave de las cosas.
Todos saben que existe la misteriosa clave,
pero lo que ella encierra... eso nadie lo sabe...!

                                   («Los caminos»)

Del cielo y del jardín purísimas doncellas,
os escucha en silencio el alma de las cosas;
y reprueba la inquina Madre Naturaleza
desde el solio invisible de su augusta belleza...
Estrellas, rosas de la altura;
rosas, estrellas del jardín:
amor es una fuente pura,
de una blancura de jazmín...
Fuente sonora que desgrana
perlas de luz en lo infinito;
agua de la Samaritana
que llena un cántaro bendito...
Por el amor goza la vida
el encanto de la ilusión,
y si nos hiere hay en su herida
una inefable bendición...!

Un tono similar, pero con las variantes propias de cada caso, se lee en textos con temas históricos («Martí», «Canto a Santiago de Cuba»,
«Exequias del Maine», «20 de mayo», «Sursum
corda») y en otros de contenido religioso («Canto bíblico») o de actualidad («En lo alto...»). El
canto a Martí revela el grado de idealización al
que somete Acosta el acontecer de la historia,
fuerzas abstractas que acaban por convertirse en
símbolos inasibles, como sucede con la imagen

que de Bolívar conforma Regino Pedroso en su poema de 1945. En general puede afirmarse que en los textos grandilocuentes, sustentados en una axiología cristiana tradicional, en los que el poeta aborda diferentes temas (el sentido de la vida, el bien y el mal, la presencia de la patria, la conciencia de la muerte, un hecho contemporáneo), hay una voluntad trascendentalista e idealizante, desentendida de la búsqueda de una aprehensión de la realidad desde una perspectiva realista. La sección «Alba de epinicio», integrada por seis poemas o cantos (sin título el primero; «A la gloria de Francia» el segundo, en décimas; «La visión de la guerra» el tercero; «Parábola del amor y de la paz» el cuarto; «A los tiranos de la tierra» el quinto, y «Homenaje a Francia» el sexto, un soneto), está basada en los acontecimientos de la Primera Guerra Mundial, un tema que Acosta trata con estilo altisonante y al mismo tiempo con sobrias maneras, como en los cantos segundo y sexto, ambos modos identificados en la adjetivación y en la concepción de la historia y del hombre (visible en el canto cuarto, «Parábola del amor y de la paz», de un raigal sustrato bíblico).

La otra vertiente del libro, discernible fundamentalmente en el plano formal por la sobriedad y mesura del estilo, virtudes que mucho se echan de menos en casi todos los poemas citados hasta aquí, aborda también temas diversos, tratados bajo la decisiva influencia del trascendentalismo idealista y de ciertos elementos simbolistas, pero en los que se hace más visible y actuante la impronta del modernismo. Aunque el léxico es en esencia el mismo de la vertiente grandilocuente, de versos amplios y textos extensos, se percibe la diferencia en esa moderación que permite aprehender la realidad en sus matices y expresiones sensoriales. Con esas páginas, el lector se adentra en el acontecer desde una perspectiva de más ricas posibilidades de intelección, aunque en algunos casos se diluyen las impresiones en una búsqueda que asocia los rasgos concretos y los abstractos en imágenes únicas. Entre los ejemplos de captación más directa del suceder pueden citarse «En el malecón» y «De carnaval». El amor sustenta las reflexiones de «Cantar, siempre cantar...»,

un caso en el que se fusionan símbolos tradicionales y una ética hecha de puras convenciones al uso. En otra dirección, dentro del tema amoroso, fue escrito «Vaguedad», un canto al recuerdo de la amada en una atmósfera de tristeza que está muy cerca del romanticismo decadente. En «Nuestro querido amigo el mar» se logra cierta armonía verbal que tiene mucho de la lección modernista, pero entremezclada con reminiscencias del gusto romántico. En tres poemas sucesivos: «Una música lejana», «Citerea» y «Remanso», hay un preciosismo refinado que deja ver ganancias más perdurables, como en estas estrofas del primero:

Toda azul de tu música de ti, de tu exquisita
   mano nevada de camelia...!
Toda azul del ensueño que esparce tu infinita
      música triste, Delia...!
[...]
Entonces torna el rayo de luna. El limonero
vuélveme a dar la gloria de su hechizo nupcial.
Yo he viajado en el ala de un ensueño lisonjero,
movido por tu lírico encanto musical...!

La nota preciosista vuelve en «Sinfonía en verde», en «Visión hispana», en «Absintio», visiones de un encomiable objetivismo que contrastan de manera notoria con la conceptualización de otros momentos («Yo soy así...»). La décima «A la bandera cubana», en la línea de poesía patriótica que caracterizó a los poetas de la década 1900-1910 y que cuenta en este propio libro de Acosta con los ejemplos ya citados, probablemente concebida al calor de «Mi bandera», de Byrne, se inscribe también en la vertiente de mesura y sobriedad formal, casi puro divertimento. La última sección, que agrupa sesenta y siete sonetos (en realidad setenta y uno, pues dos constan de dos partes y uno de tres), tiene algunas páginas de indudable afinidad con las del Boti mejor de *Arabescos mentales*. Hay maestría en el manejo de esta forma estrófica, trabajada con musicalidad, sin duda una destreza que Acosta adquirió como expresión de una voluntad artística. En los ejemplos mejor facturados, entre los que están «Crepúsculo», «Torno a la luz», «Bohemia», «Especular», «Schubert», «Sonrisa», «Ojos de luna», «Rosa blanca», «Duda», «Siembra», «Paisaje», «Hastío», «Sobre la catedral», «Tú y el mar», supera en buena medida los desaciertos de las páginas anteriores, si bien en ellos no acaba de desentenderse de la influencia romántica, actuante en su concepto del amor y en esa filosofía de la vida que lastra todo el libro. Aunque sin pretensiones renovadoras, una problemática frente a la cual no parece haberse sentido conmovido, al menos en la dimensión en que se sintieron Boti y Poveda, esos sonetos contribuyeron sin dudas a enriquecer la poesía anterior a 1923, sobre todo por la percepción que proponen, una intención frustrada, sin embargo, en el eclecticismo de una afectividad que no logró desaparecer en la búsqueda de la precisión con la que se entremezclan. Véase este poema, «Torno a la luz», de lo mejor que escribió Acosta por esos años, parangonable con las más acabadas poesías de los otros dos libros renovadores en lo que a calidad artística se refiere. Escúchese sobre todo la delicada sonoridad de los catorce versos, un indiscutible logro:

> Torno a la luz secreta de tus ojos sagrados,
> de tu mirada buena, de tu llanto de ayer...
> Surges, entre mis viejos amores olvidados,
> sólo por tu inefable ternura de mujer.
>
> Cómo se ha marchitado mi corazón que un día
> se dio fragante y puro a tu imposible amor...!
> Si lo viera tu alma lo reconocería
> sólo porque tú vives en él hecha dolor.
>
> Cuándo dejé de verte? Cuándo, mi vida, cuándo?
> No oyes en estos versos algo que está llorando?
> —Un temblor que solloza, un dolor sin enojos—.
> Me verás en tu viejo recuerdo todavía?
> Yo soy aquel que un día vio la gloria en tus ojos
> Y no ha podido nunca olvidar ese día...!

Esa tristeza entre nostálgica y resignada retorna en otro soneto del libro, como en otros muchos momentos, pero en este caso con una mayor relación aún con el poemario siguiente, una continuidad ya señalada por Vitier. En efecto, «Cómo se te han hundido los ojos» es un antecedente explícito de *Hermanita*, publicado en 1923,

un conjunto de textos de filiación romántica con similares características que las apuntadas en esos precedentes. Al aparecer esa segunda obra de Acosta, en un comentario dado a conocer en *Chic* en julio de 1923 decía Rubén Martínez Villena:

> Y he aquí *Hermanita*, el nuevo libro, amable y amoroso. Para muchos, para mí entre ellos, acaso es reprochable este libro, al menos en su oportunidad. La vuelta ahora al viejo tópico sentimental, casi desechado, sorprende, o debe sorprender, a los que esperábamos algo más.[36]

Junto a elogios que revelan los orígenes literarios del crítico, esa sensata observación hace evidente el atraso estilístico de su autor en una fecha como la de aparición del tomo, ya concluido el modernismo y realizada la labor renovadora de la lírica cubana. Temas, estilo, imágenes, atmósfera, todo se mueve en torno a una concepción del amor de la que Acosta no pudo desentenderse nunca, entre otras causas porque se mantuvo siempre atento a su formación intelectual y artística de los inicios. El poeta se sumerge en su propio pasado y de él extrae los poemas, escritos como evocaciones que sólo la palabra puede sustentar. La amada, el único centro temático del libro, reaparece recreada de diversas maneras, pero siempre como un delicado cuerpo inconsistente, no por ello menos real en la afectividad del creador. La primera estrofa de «Hermanita» permite comprender la totalidad de los rasgos esenciales de este segundo momento en la evolución de Acosta, abandonadas transitoriamente las posibilidades modernistas, más tarde retomadas en *Últimos instantes* (1941), regreso con el que se pone de manifiesto la importancia que el poeta daba a sus impulsos iniciales. Esta estrofa del mencionado soneto se concentra en la más cerrada intimidad y crea desde una perspectiva absolutamente subjetiva, como habían hecho René López y, en general, todos aquellos que en el decenio 1900-1910 cultivaron el romanticismo epigonal:

> Silencio! Frente al mar ella medita.
> Presume que está sola, y no está sola:

mi pensamiento, que acudió a la cita,
la envuelve en ilusión como una ola.

A modo de conclusión puede afirmarse que el movimiento renovador llevado a cabo por los tres poetas postmodernistas del período 1913-1923: Boti, Poveda y Acosta, cada uno en grado diferente, tuvo un gran significado para la cultura cubana y en particular para la poesía. Sus obras y el espíritu polémico que las acompañaba en los dos poetas orientales enriquecieron las posibilidades expresivas y el cuerpo de ideas de esos años con una serie de postulados esenciales que daban continuidad a la tradición de la poesía cubana y la incorporaban a la corriente literaria predominante entonces en Hispanoamérica. La búsqueda de la grandeza —en sus múltiples manifestaciones— y el rigor artístico son, en síntesis, los aportes de *Arabescos mentales*, *Ala* y *Versos precursores*, así como de los trabajos de Boti y Poveda, fuentes imprescindibles para un conocimiento a fondo de la cosmovisión de ambos creadores. En sus textos poéticos fundamentales rebasaron los dos el ámbito del postmodernismo y se proyectaron hacia el futuro. La obra de Poveda, la más importante desde la aparición de los libros de Casal hasta la llegada de las primeras manifestaciones prevanguardistas, trasciende sus propios empeños renovadores con una poesía de hondo desgarramiento, consecuencia, al igual que en Boti y en Acosta, de la profunda crisis histórica en la que vivió inmerso. En los tres libros de Boti pertenecientes a este período se aprecia un gradual acercamiento a formas depuradas y sobrias que sitúan la expresión en los umbrales de la vanguardia. A diferencia de Poveda, el autor de *El mar y la montaña*, su mejor poemario, trae a la lírica cubana con *Arabescos mentales*, publicado en 1913, una nueva forma de percibir el acontecer. Acosta, por su parte, menos creador en la dirección del modernismo y de una estrecha dependencia con el romanticismo epigonal de finales del siglo XIX, dejó una obra sin gran relevancia en su momento y que no logró ir más allá de su circunstancia, prácticamente cerrada al futuro. Superada la crisis de la poesía cubana posterior a la muerte de Casal y de Martí por la obra de estos tres renovadores, la sensibilidad se abre a perspectivas de más vasto y profundo alcance. [*E.S.*]

1.2.3 Otros poetas. Byrne. F. Uhrbach. F. J. Pichardo. D. M. Borrero. R. López

En nuestra poesía, la transición del siglo XIX al XX coincide con un período confuso.[37] Aunque en estos años es abundante el número de poetas, los resultados cualitativos ofrecidos por la mayoría de ellos son exiguos; esto hace difícil definir las características literarias del momento, en el cual se perciben rasgos románticos, unidos a la huella de los modernistas hispanoamericanos y de los decadentes franceses. Se trata de un período transicional que, además, contiene algunos de los elementos propios de una poesía de preocupación social, pues aunque en estos años no surgen grandes voces, sí se van llenando algunos vacíos, sobre todo los de contenidos patrios.

Tal es el caso de Bonifacio Byrne (1861-1936). Con *Excéntricas* (1893) y *Efigies* (1897), Byrne muestra las dos vertientes fundamentales de su obra. En este poeta es evidente un esfuerzo por aprehender algunas constantes esenciales de la naturaleza humana —tal vez hacia donde mejor se orientaba su vocación—, pero esas armonías cambian el curso con *Efigies*, donde la nota patriótica preside cada composición, ya que Byrne considera fundamental para el creador ser intérprete fiel de lo que sucede en el campo de batalla.

El poeta de la guerra —como lo denominara Nicolás Heredia—[38] insiste con *Lira y espada* (1901) en los temas de su segundo poemario y prolonga así una línea expresiva de notable interés histórico; no obstante, el cuaderno presenta sus versos más seguros cuando, en medio de la evocación anecdótica, Byrne logra atrapar los instantes fugaces del hombre o de las cosas. De esta manera capta una de las realidades epocales en «El sueño del esclavo»:

¡Ora durmiendo está! ¡Tened cuidado
los que cruzáis de prisa por su lado!

¡Ninguna voz en su presencia vibre!
Dejad que el triste de dormir acabe,
y no le despertéis, porque ¡quién sabe si ese
*   esclavo*
si ese esclavo infeliz, sueña que es libre!...

El poeta supo mantenerse equidistante de las escuelas literarias cerradas, y en virtud de esta condición singular alcanzó en algunos momentos —pese a lo irregular de su obra— a calar en la intimidad humana, lo que hace de él la figura más importante de la etapa que se extiende entre la muerte de Julián del Casal y el surgimiento de Regino Boti.

Literariamente, el mejor Byrne se halla en sonetos como «¿Cuál sería...», pero un estudio de los alcances logrados en sus poemas que ofrecen tratamiento de motivaciones e ideas metafísicas, no consigue situar su obra a la altura de la más prestigiosa lírica nacional. Sin embargo, mientras el verso delicado del matancero queda casi en el olvido, resuena aún entre los cubanos el poema «Mi bandera», en el cual, pese a los desniveles de calidad que median entre sus estrofas, hay versos acertadísimos. A partir de la cuarta, el tono nostálgico, triste y errabundo de quien llega buscando su bandera y reclama para ésta el lugar merecido, cambia hasta convertirse en himno:

Aunque lánguida y triste tremola,
mi ambición es que el sol con su lumbre,
la ilumine a ella sola —¡a ella sola!—,
¡en el llano, en el mar y en la cumbre!

En medio del camino (1914) regresa a las primeras inquietudes del poeta. Recrea las cosas, los lugares; cuestiona acerca de algunas constantes humanas como la muerte y el dolor, y se interesa por el concepto de reencarnación («La alcoba»), que, por supuesto, lo acerca al terreno religioso, con una poesía de raíces filosóficas. Este libro se encuentra, justamente, en el intento de conciliar dos fuerzas: por una parte, el poeta insiste en recordar los asuntos de *Lira y espada*, al tiempo que se encamina hacia una búsqueda formal desde la cual penetra en la interioridad del hombre. En realidad, Byrne no puede ser con-tado entre las figuras del postmodernismo cubano, en la medida en que sus logros, antes que equipararse a los alcanzados por Boti y Poveda, los anuncian con la calidad de un legítimo precursor.[39] En este poemario se plasman situaciones inherentes a la vida en Cuba a inicios del siglo; la manera crítica en que se proyecta indica su clara visión política y una actitud cabalmente ciudadana, cuestionadora de la sociedad en que vivía. Su obra posterior, no recogida en libro, presenta asimismo las características mencionadas con anterioridad. El servicio del poeta honesto continúa —aún en la década del treinta— en la acción del ciudadano que alienta a la juventud en la conquista de sus derechos nacionales.

Como Byrne, Federico Uhrbach (1873-1932) se da a conocer, en las postrimerías del pasado siglo, junto a su hermano Carlos Pío. Así aparece en *Gemelas* (1894) —libro que publicaron en común—, «Flores de hielo», conjunto de poemas donde resaltan textos de indudable filiación modernista. De su maestro, Julián del Casal, tomó el sentido de lo vago y penumbroso en el verso, pero sus grises son menos intensos. El tono melancólico y la desesperanza de sus primeros poemas permanecen en *Oro* (1907) con marcada continuidad, al tiempo que dicho poemario se destaca por un fino trabajo sobre el lenguaje, lo cual ha hecho considerar a algunos estudiosos que la aparición de *Oro* constituye para los poetas de la época un modelo de belleza.[40]

En *Resurrección* (1917), los textos de Federico Uhrbach alcanzan a precisar, con mayor voluntad estilística, las motivaciones de su ser íntimo y reflexivo. Luego de aquel libro, algunos poemas suyos vieron la luz en revistas nacionales, especialmente *El Fígaro*. Uhrbach manifiesta su interés por cuestiones de índole espiritual, estados del alma e ideas trascendentes. El poema «Predestinación» cierra el volumen, y a través de él se expresan los ideales y las frustraciones del creador:

Transfigurar la arcilla, querer eternamente
regar en el camino los sueños de la mente
y difundir en lluvia de estrellas mi dolor...
Ésa, de mi sendero, la amarga suerte ha sido;

soñar, en mi desierta derrota hacia el olvido,
dar vida a la quimera que llevo en mi interior.

Por su parte, Francisco Javier Pichardo (1873-1941) publica en 1908 *Voces nómadas*. Su producción poética posterior, según el criterio de algunos estudiosos, se considera escasa.

Voces nómadas se halla integrado por ochenta y tres composiciones realizadas en diferentes formas estróficas que, si bien no representan una ruptura o una conquista en nuestra poesía, merecen considerarse por la factura de algunos sonetos, que sobresalen de lo alcanzado por muchos de sus contemporáneos al lograr, en distintos momentos, una realización casi parnasiana, como es el caso de «Tristón» y «Dánae» —poemas que representan una de las vertientes fundamentales desde la cual se expresó el autor: la mitológica. Por lo general, los versos de Francisco Javier Pichardo —en los que se percibe la huella de José Asunción Silva— se distinguen por el buen gusto y la naturalidad de sus inspiraciones, mas en ellos sobreviven rasgos formales modernistas ya superados en el contexto hispanoamericano.

La otra vertiente expresiva de este poeta es la que contiene fuertes meditaciones de índole social. Por sus textos «La carreta», «La canción del labriego», «Selva cubana», «El trapiche», «El precepto», «Leyenda» y «El estanciero», se le considera como un antecedente inmediato de la poesía de temática campesina y social del siglo XX, modalidades en que su voz se revela como una de las más depuradas y dignas con que haya contado nuestra poesía. Años después aparecerían en ella estos elementos de desentrañamiento social:

Y la marcha de nuevo
por el camino empieza:
se oye en la inmensa soledad del llano
el rechinar ingrato de las ruedas,
contra el gastado pértigo los bueyes
cansados se recuestan,
y sigue el carretero por los montes
solo con su tristeza.

En 1911 publicó, en *Letras*, «La torre triste»; allí retoma el motivo del ingenio. Aún en 1918,

con «Un prólogo», el poeta intenta un canto que rompa con los moldes ya en desuso; sin embargo, no logra alcanzar la magnitud de una estética renovadora. En septiembre de 1919 aparece, en la *Revista Cubana*, su último poema: «Sobre el campo». Su producción poética interesa de este modo por el testimonio sincero de sus recuerdos y por su canto a los seres y cosas humildes, a la pobreza de un paisaje que logró captar en la espera de su redención.

En 1908, Dulce María Borrero (1883-1945), autora de un solo libro como Francisco Javier Pichardo, había sido premiada en los Juegos Florales Infantiles del Ateneo de La Habana. Conocida por los poemas que ven la luz en varios periódicos y revistas, entre los que figuran *Cuba y América*, *El Fígaro*, *Social*, *La Mujer Moderna*, *Cuba Contemporánea* y los *Anales de la Academia Nacional*, publica en 1912 su único libro: *Horas de mi vida*, a instancias del poeta y narrador dominicano Fabio Fiallo y del intelectual cubano Luis Rodríguez Embil, quienes hicieron posible la edición de este poemario en Berlín.

Horas de mi vida se divide en ocho partes: «Gotas de llanto», «Reminiscencias», «Lauros sangrientos», «Flores de amor y de melancolía», «Albas lejanas», «La siembra de la muerte», «Amor» y «Horas crepusculares». El tema rector del cuaderno es, sin dudas, el amor. La relación amor-dolor constituye la línea central en la obra de la poetisa, quien habla del hallazgo del amante y de su pérdida, asociándola no sólo con la separación, sino también con la muerte. Aunque su verso es claro y de fina concepción, no se distingue fácilmente una exacta filiación literaria, pues, tras una aparente frialdad, surge la emoción desbordada de la mujer, que a veces permite descubrir hilos que la emparientan, en alguna medida, con el romanticismo español, y en otras oportunidades alcanza evidentes signos modernistas.[41]

El verso de Dulce María Borrero se mueve con gracia y seguridad en el universo del amor a ratos imposible, y de un ideal raro que la estremece con una suave amargura desde la cual defiende el impulso erótico ante la condenación religiosa.

En otros momentos su palabra intenta descubrir el goce que recuerda:

> *Y sueño cosas tan dulces,*
> *y tantos placeres sueño,*
> *que me olvido de tu alma*
> *para soñar con tus besos!*
>
> («Bésame»)

La nota de meditación con acento casi filosófico es característica de esta poesía, que trata de aprehender el universo femenino a través de su propia intimidad, en la cual es fundamental, además del regocijo amoroso, el impulso lírico, asumido como fuerza principal de la comunicación del creador, logrando de este modo una voz de íntimas resonancias, comunicativa a la vez que plena de autenticidad en sus poemas sugerentes, personales y, como remate de todo ello, esencialmente femeninos.

Horas de mi vida, para completarse en biografía, ofrece también el enlace amoroso que su autora realiza con su país. Algunos elementos de simbolismo patrio resultan relevantes en sus poemas: la bandera, las palmas, la tierra, el sentido de independencia y la figura de José Martí. La poetisa, uno de los últimos representantes de la familia Borrero, canta:

> *Triste retorno a la ciudad dormida,*
> *y como todos al olvido vuelvo!*
> *Te dejo sola y moribunda arriba*
> *bajo la compasión de los luceros!*

La culminación de estos cantos, desolados por la frustrante situación nacional, se halla en «Sin nombre», poema dedicado a José Martí, donde la utilización de la cuarteta tiene la evidente intención de recordar los *Versos sencillos* que aquel resumió en el más puro, al pedir para su tumba un ramo de flores y una bandera.

Luego de *Horas de mi vida*, Dulce María Borrero preparaba un nuevo título: «Acuarelas», del cual sólo se conserva el fragmento del prólogo de un poema: «La piedad de la duquesa». Dicha composición supone una ruptura con su poesía anterior, pero todo indica que fue un lapso muy breve dentro de su creación, ya que en sus últimos textos —«Espíritu inmortal», «Misterio», «Romance del adiós callado»— reaparece el acento interior y enigmático de su primer y único poemario.

Situado en una línea de interioridad semejante, René López (1881-1909) se refugia en su propio silencio de soledad e intemperie, y en la aventura de aparente sarcasmo. Bajo la influencia de Mallarmé, Heredia el francés y Byron, crea su propia atmósfera poética, en que el mar tiene una presencia real y una resonancia romántica. Su personalidad literaria entronca con la de Julián del Casal en la preferencia por los ambientes crepusculares, sombríos y aun opresivos. Sus condiciones líricas —indudablemente auténticas— no logran desarrollarse plenamente a causa de la temprana muerte.

El verso del autor de «Barcos que pasan» —su poema más conocido y título del libro póstumo del poeta— es flexible, delicado; trata de establecer precisiones, a la vez que alcanza un alto nivel de sugerencias. La melancolía, la tristeza, la soledad, la ausencia de afectos, son partes inseparables de su visión del mundo. Ansias de recogimiento y evasión repletan sus motivaciones, y sólo hallan consuelo en la evocación de la infancia, que surge vinculada con la idea de la muerte («Canción pueril»).

René López dio a conocer su poesía a través de distintas publicaciones como *Cuba Libre*, *Cuba y América*, *La Discusión*, *Letras*, *El Fígaro*, *Azul y Rojo*, entre otras. Sus versos aparecen también en las antologías *Arpas cubanas* y *La poesía moderna en Cuba*. En «Barcos que pasan» muestra algunos de sus anhelos por desentrañar el enigma de otras regiones y el propio pesar del creador:

> *¿Lleváis en vuestros senos a la novia,*
> *la blanca novia del rendido amante,*
> *que sentado en la playa, tristemente,*
> *en las azules noches tropicales,*
> *con sus grandes pupilas verdinegras*
> *mirando al horizonte, palpitante,*
> *espera ver marcarse entre las sombras*
> *la proa gigantesca de la nave;*
> *y a la amarilla luz del Sol que asoma*
> *ver su cuerpo, una mano saludarlo*

con el blanco pañuelo entre los dedos,
como un ensueño serpenteando al aire?
¿Adónde vais, ¡oh barcos misteriosos!,
por la azul epidermis de los mares?

La extrañeza expresada en el texto alude a la fugacidad y a la muerte. Sus cantos amorosos están teñidos de decepciones y amarguras. Vivió el poeta en el sin sentido de una época que atrapó en sus visiones de drogadicto, en una obra esencialmente agónica que con la muerte del creador se sella de modo brusco, y sugiere una imagen mayor e inusitada en la que alternan, confundiéndose, los planos arte-vida.

Este período resulta importante para la poesía cubana, pues en él se anuncian diferentes motivos ideoestéticos que hallarían su cauce más natural años después. Tal es el caso del poema «La carreta», de Francisco Javier Pichardo, en el que la preocupación por el ambiente campesino anticipa parcialmente lo que sería *La zafra*, de Agustín Acosta, y señala, al mismo tiempo, los ecos más hondos de una poesía de índole social como la de Navarro Luna.

La dispersión temática y estilística es uno de los aspectos que se perciben con mayor relieve en esos años; los esfuerzos de los creadores por aprehender un lenguaje nuevo son notables, pero en la mayoría de los casos no se alcanza este propósito. Así, la ganancia de esta etapa transicional, en los mejores, se halla en un verso contenido y delicado que no responde con exactitud a moldes y escuelas literarias y que llega a plasmar distintas esencias nacionales.   [*R.M.*]

NOTAS
(CAPÍTULO 1.2)

[1] Esteban Borrero Echeverría: «Prólogo», en Francisco Díaz Silveira: *Fugitivas*. Imprenta El Comercio, La Habana, 1901, pp. 9-10.

[2] Regino E. Boti: «Notas acerca de José Manuel Poveda, su tiempo, su vida y su obra» (1928), en *Crítica literaria*. Selección, prólogo y notas de Emilio de Armas. Ediciones Unión, La Habana, 1985, pp. 132-133. Otras antologías se hicieron en la etapa: *Parnaso cubano* (1906), de Adrián del Valle; *Florilegio de escritoras cubanas* (1910), de Antonio González Curquejo; *Las letras cubanas* (1917, poesía y prosa) y *Los mejores sonetos cubanos* (1918) de Carlos Valdés Codina; *Las cien mejores poesías cubanas* (1922), de José María Chacón y Calvo.

[3] Félix Lizaso y José Antonio Fernández de Castro: *La poesía moderna en Cuba (1882-1925)*. Antología crítica, ordenada y publicada por los autores. Librería y Casa Editorial Hernando (S.A.), Madrid, 1926, p. 114.

[4] Pedro Henríquez Ureña: «El modernismo en la poesía cubana» (1905), en *Ensayos*. Selección y prólogo [de] José Rodríguez Feo. Casa de las Américas, La Habana, 1973, p. 12.

[5] Cintio Vitier: *Cincuenta años de poesía cubana (1902-1952)*. Ordenación, antología y notas por el Ministerio de Educación, La Habana, 1952, p. 1.

[6] Félix Lizaso y José Antonio Fernández de Castro: ob. cit., p. 194.

[7] Aunque de escasa calidad, olvidados por las antologías, de la provincia oriental publicaron libros en la etapa Fernando Torralva (1885-1913): *Del bello tiempo* (s.a.); Miguel A. Macau (1886-1971): *Flores del trópico* (1912), *Lírica saturnal* (1912), *Paz perdida* (1916) y *Ritmos de ideal. Paz perdida* (1920); Luis Vázquez de Cuberos (1889-1924): *La pampa y otras poesías* (1922); Miguel Galliano Cancio (1890-196?): *Del rosal de mis sueños* (1913) y *Ruiseñores del alma* (1918), entre otros de ésa y de las restantes provincias de entonces a quienes el tiempo diluyó inmediatamente. Otro poeta apenas recordado es Guillermo de Montagú (1881-1952): *A Cuba* (1902), *A la Patria* (1908), *Iris* (1910), además de libros de décadas posteriores.

[8] Cintio Vitier: *Lo cubano en la poesía* (1958). Instituto del Libro, La Habana, 1970, p. 343.

[9] José Manuel Poveda: «Palabras a los efusivos» (1912), en su *Prosa*. Tomo II. Compilación, prólo-

go y notas [de] Alberto Rocasolano. Editorial Letras Cubanas, La Habana, 1980, p. 9.

10 José Manuel Poveda: «Otras palabras» (1912), en ob. cit., p. 76.

11 José Manuel Poveda: «El manifiesto de los modernistas» (1913), en ob. cit., p. 89.

12 Ibíd., p. 89.

13 José Manuel Poveda: «Crónica crítica» (1912), en ob. cit., pp. 64-65. Aunque Poveda se declara ajeno a las problemáticas de ese libro, en su poesía hay textos amorosos que muestran similares inquietudes. En realidad, sólo el motivo inicial es común a Poveda y a Cornet; no se trata, pues, de rechazo al tema, sino a su tratamiento de la forma en que lo hace el español, seguramente hijo espiritual, por lo que puede concluirse del comentario, del romanticismo epigonal y vacío.

14 José Manuel Poveda: «El manifiesto de los modernistas», en ob. cit., p. 89.

15 José Manuel Poveda: «Sobre la poesía nacional», en ob. cit., p. 38.

16 Regino E. Boti: «Yoísmo. Estética y autocrítica de Arabescos mentales» (1913), en su Poesía. «Al lector», por Imeldo Álvarez García. Editorial Arte y Literatura, La Habana, 1977, p. 11.

17 Ibíd., p. 14.

18 Ibíd., p. 16.

19 Regino E. Boti: Poesía, ob. cit., p. 257.

20 Roberto Fernández Retamar: «En los ochenta años de Regino E. Boti» (1958), en Para el perfil definitivo del hombre. Editorial Letras Cubanas, La Habana, 1981, p. 60.

21 Regino E. Boti: Poesía, ob. cit., p. 257.

22 José Manuel Poveda: Versos precursores. Joyel parnasiano. Evocaciones. Advocaciones. Las visiones y los símbolos. Cantos neodionisíacos. Imp. El Arte, Manzanillo, 1917 (Prefacio).

23 José Manuel Poveda: Obra poética. Edición crítica. Selección, prólogo y notas de Alberto Rocasolano. Editorial Letras Cubanas, La Habana, 1988, p. 193.

24 Ibíd., p. 196.

25 Ibíd.

26 Ibíd., p. 185. El subrayado es del autor.

27 Alberto Rocasolano: El último de los raros. Estudios acerca de José Manuel Poveda. Editorial Letras Cubanas, La Habana, 1982, p. 110.

28 Ibíd., pp. 97-98

29 Ibíd., p. 122

30 Ibíd., pp. 217-221.

31 Ibíd., p. 91

32 Ibíd., p. 90

33 Félix Lizaso y José Antonio Fernández de Castro: ob. cit., p. 219.

34 Alberto Rocasolano: «Agustín Acosta: nuestro Proteo», en Agustín Acosta: Poemas escogidos. Selección, prólogo y notas de Alberto Rocasolano. Editorial Letras Cubanas, La Habana, 1988, pp. 8-9.

35 Cintio Vitier: «Agustín Acosta», en su Cincuenta años de poesía cubana (1902-1952), ob. cit., p. 81

36 Rubén Martínez Villena: «Hermanita de Agustín Acosta» (1923), en su Poesía y prosa. Tomo I. «Una semilla en un surco de fuego», por Raúl Roa. Editorial Letras Cubanas, La Habana, 1978, p. 247.

37 Cintio Vitier: «Introducción», en su Cincuenta años de poesía cubana (1902-1952), ed. cit., p. 1

38 Nicolás Heredia: «Prólogo a Lira y espada», en Bonifacio Byrne: Poesía y prosa. Selección, apuntes histórico-biográficos y notas de Saúl Vento. Selección y prólogo de Arturo Arango. Editorial Letras Cubanas, La Habana, 1988.

39 Arturo Arango: «Bonifacio Byrne: la poesía necesaria», en Bonifacio Byrne: Poesía y prosa, ob. cit. p. 16

40 Félix Lizaso y José Antonio Fernández de Castro: La poesía moderna en Cuba (1882-1925), ob. cit., p. 87.

41 Yolanda Ricardo: Nueva visión de Dulce María Borrero. Editorial Letras Cubanas, La Habana, 1983, pp. 146-240.

1.3 El ensayo y la crítica

1.3.1 Su evolución en la etapa

Es conocido el sentimiento social de inconformidad que imperaba en las primeras décadas republicanas ante una realidad nacional desvirtuada, incompleta, ajena al proyecto independentista. Esta inconformidad estaba matizada en la mayoría de los intelectuales surgidos en aquellos años por un activismo que revelaba una persistente, aunque a ratos insegura e incluso escéptica fe —palabras contrapuestas, pero extrañamente enlazadas— en la capacidad o, mejor, en la posibilidad transformadora de la cultura, entendida ésta no de manera genérica, como una totalidad por encima del individuo, sino como suma de voluntades, como la nueva realidad que sería construida de manera individual y colectiva por los mejor dotados. De ahí que, como ha señalado José Antonio Portuondo, sea ésta una promoción de francotiradores.[1]

Dos actitudes son representativas de esta etapa: la reflexión crítica sobre la realidad —social, cultural, literaria— y la búsqueda histórica de los fundamentos culturales de la nacionalidad. El ensayo literario será, consecuentemente, uno de los géneros más frecuentados por escritores, historiadores, pedagogos, etcétera, puesto que sus amplios límites permiten la convivencia de la descripción y la voluntad reconstructora, del análisis y la inventiva, reflejo de una realidad, pero también creación de sus estados posibles o imaginarios.

Sin embargo, el ensayismo no es en estos años un juego libre de ideas en prosa literaria, como el género en su acepción clásica reclama —este mayor ajuste de intenciones ocurrirá con la irrupción del movimiento vanguardista, aunque tiene ya un importante antecedente en la prosa íntima y concisa de Francisco José Castellanos (1882-1920)—, sino un esfuerzo de análisis sistemático acorralado por la circunstancia nacional, tanto que sus cultivadores, más que ensayistas, pueden ser denominados analistas de esa circunstancia, condición que invade la prosa de ficción y establece el sentido reformista de la narrativa en estas décadas primeras. No puede por tanto entenderse cabalmente la obra literaria de autores como José Antonio Ramos (1885-1946), Jesús Castellanos (1879-1912) Carlos Loveira (1881-1928) y Miguel de Carrión (1875-1929), si no se considera como parte esencial de la misma el espíritu crítico, analizador y explicativo acerca del entorno social, presente en numerosos artículos y ensayos y en su misma producción narrativa. Era por demás natural encontrar en la obra de escritores que vivían en una sociedad semialfabeta y desdeñosa de la actividad espiritual, la omnipresente pregunta sobre el sentido y el alcance de la labor intelectual, reflexión que situaba esa obra en el centro mismo de su ser y que, aunque revistiera su tono de un elitismo esencialmente *defensivo*, la incorporaba al ineludible debate público.

Aun en aquellos autores en los que predominaba el afán exclusivista ajeno a contingencias

[63]

colectivas, la irremisible necesidad de comunicación —que en ocasiones se convertía en necesidad de liderazgo social— imponía un estilo o, más bien, un tono de confrontación crítica, de enfrentamiento, que anulaba e invertía la intimidad deseada. Esto es lo que ocurre con los más importantes representantes del postmodernismo literario, Regino E. Boti (1878-1958) y José Manuel Poveda (1888-1926), en especial este último, quien no sólo se esforzó por explicar sus convicciones artísticas, sino que trató de imponer una manera de asumir el hecho poético que lo trascendiera; su egolatría no era, paradójicamente, un fin en sí misma, sino un instrumento de acción en la realidad nacional. Debe señalarse que tanto los narradores cercanos al naturalismo como los poetas anteriormente mencionados, vinculados al postmodernismo o modernismo tardío, compartían influencias de diversas corrientes espirituales consideradas tradicionalmente como opuestas; es evidente en ellos la coexistencia de concepciones «materialistas» de origen positivista y de cierto espiritualismo que pugnaba por imponerse, apoyado en el sustrato ideoestético de las nuevas tendencias, en el que podía identificarse una peculiar interpretación del nietzscheanismo.

Es posible, desde luego, establecer varios criterios diferenciadores en la producción ensayística y crítica de las dos décadas iniciales del siglo XX; el primero de éstos respondería de manera natural a una división generacional. Coinciden en estos años tres grupos fundamentales, cuya diversidad interna es evidente: 1) el grupo de los maestros finiseculares, exponentes de una formación intelectual esencialmente decimonónica, que en distintos grados se mantiene activo en la nueva etapa; 2) el grupo que integrará lo que, según José Antonio Portuondo,[2] constituye la Decimotercera Generación Literaria Cubana o la primera promoción de la Primera Generación Republicana,[3] conformada por autores nacidos, aproximadamente, entre 1875 y 1890, la cual establece el tono y el sentido histórico de la importante revista *Cuba Contemporánea* (1913-1927), y 3) el grupo de los más jóvenes, nacidos en la década final del siglo anterior, que anuncia ya el advenimiento de una segunda promoción republicana.

Esta división en grupos generacionales es inexacta, pero impide, al extender los límites de pertenencia, que las excepciones de la regla sean tan numerosas como los ejemplos que la ilustran. En realidad, trata de establecer como punto de referencia, no la fecha de nacimiento, sino el lugar ocupado por cada autor en el contexto histórico de su actividad. Así, por ejemplo, encontramos en el grupo de los veteranos a Enrique Piñeyro (1839-1911), a su discípulo Manuel Sanguily (1848-1925) y a José de Armas y Cárdenas (1866-1919), conocido por su seudónimo literario *Justo de Lara*, autores todos diferentes, nacidos en fechas distintas el primero y el último en casi treinta años; pero el hecho histórico de que estos intelectuales no integran ya el centro formador de las nuevas tendencias facilita su incorporación condicional al grupo referido. En él se incluye también a Enrique José Varona (1849-1933), Emilio Bobadilla (1862-1921), conocido como *Fray Candil*, y a otros críticos, lingüistas, bibliógrafos y oradores como Aniceto Valdivia (*Conde Kostia*) (1857-1927), Juan Miguel Dihigo y Mestre (1866-1952), Domingo Figarola-Caneda (1852-1926) y Rafael Montoro (1852-1933), entre otros.

Es preciso señalar, sin embargo, que la obra de algunos de estos representantes de generaciones anteriores alcanza especial relieve y volumen en los primeros años del nuevo siglo y que en ocasiones esa obra —es el caso excepcional de Varona y, en medida menor, de Sanguily— se convierte en inspiradora de tendencias más radicales. Ello es posible porque estos dos intelectuales asumen las posiciones más revolucionarias del independentismo y evolucionan a la par de la sociedad cubana. Junto a ellos se encuentran en este período, respaldados por una necesaria indulgencia histórica y por la conciliadora tesis de que todos los cubanos, de una manera u otra, lo que siempre habían deseado era el bien de la Patria, a los independentistas de ocasión, a los autonomistas —esa tendencia que no es sólo política, sino también o sobre todo espiritual y que tiene en el terreno propiamente literario una tradición normativa y moralista de raíz delmontina, como advierte Cintio Vitier—[4] y a los anexionistas, abiertos o solapados.

Esta diversidad de origen hará más compleja la definición de intenciones e intereses escondidos en las palabras siempre «patrióticas» de sus autores, y constituye realmente el punto de partida y de inserción de éstos en el debate cultural de la República. Dos tendencias político-culturales se desprenden de esa diversidad primaria de posiciones ideológicas: aquella que intentará la adopción de costumbres y modos de vida de claro contenido burgués —en la que coincidirán, desde perspectivas opuestas, independentistas y anexionistas, de vieja y nueva estirpe, aunque en cada una de esas líneas habrá matices internos diferenciadores—, y aquella otra que luchará por mantener una supuesta unidad racial de origen hispánico, tras la que se ocultan tradiciones y hábitos que magnifican el atraso social. De tal manera, las similitudes entre el antinorteamericanismo de los autonomistas, nostálgicos del pasado —como, por ejemplo, el que hallamos en Mariano Aramburo y Machado (1870-1942)— y el antimperialismo de los independentistas más radicales, son en realidad aparentes. En algunos nuevos autores el ideal positivista finisecular del progreso convive junto a «los refinamientos estéticos del arte modernista, en combinaciones a veces insospechables», tal como afirma Raimundo Lazo.[5] Período de transición, nuevos y viejos coinciden brevemente en una tarea histórica de imperiosa inmediatez: había llegado, tarde y desvirtuada, la hora cubana de aplicación del programa positivista. Fugaz espejismo que oscilará tercamente en las primeras dos décadas republicanas entre la comprensión no declarada de impotencia y el optimismo militante, entre la aceptación teórica del fatalismo geográfico y el de sus consecuencias prácticas.

Es indudable, sin embargo, que la denominada Primera Generación Republicana conforma el centro impulsor y caracterizador de las nuevas preocupaciones intelectuales. Estos autores, nacidos fundamentalmente en la década de los ochenta del siglo anterior, alcanzan verdadera significación colectiva a partir de 1910 —vivida ya la traumática experiencia de la segunda intervención norteamericana, que mostró a la seudoburguesía criolla, según Ambrosio Fornet, que «en un país dominado por el capital extranjero la política es la única industria verdaderamente nacional»—,[6] año en que surge la Sociedad de Conferencias, proyecto concebido e impulsado por Jesús Castellanos y por el dominicano Max Henríquez Ureña (1885-1968).

El carácter transicional de la tarea histórica que esta nueva generación asumía como propia, establece, no obstante, el vínculo especial que la mantiene unida al espíritu del programa decimonónico de independencia: más que una imposible o suicida ruptura con el pasado, lo que se proponen sus miembros es el restablecimiento de las líneas esenciales de desarrollo de la nacionalidad cubana: en 1910, bajo la dirección de Fernando Ortiz (1881-1969) y Ramiro Guerra (1880-1970), reaparece la *Revista Bimestre Cubana*, después de setenta y seis años de interrupción —los editores insisten en que es la misma publicación que vivió entre 1831 y 1834. Conducida por Carlos de Velasco (1884-1923) primero y Mario Guiral Moreno (1882-1964) después, la revista *Cuba Contemporánea* se considerará, a partir de su creación en 1913, continuadora de las *Revista de Cuba* (1877-1884), dirigida por José Antonio Cortina, y *Revista Cubana* (1885-1894), de Enrique José Varona. Por otra parte, José Manuel Poveda y Regino Boti intentarán el rescate de una tradición literaria interrumpida de manera abrupta por la guerra, en artículos cercanos al tono ensayístico y al estudio literario, respectivamente. La actitud iconoclasta de estos poetas precursores no es ante el pasado, sino ante la mediocridad literaria del presente que vivían. Si Boti reclama la revisión fecunda de nuestra historia literaria —la Avellaneda, Martí, Casal— es porque comprende que la renovación poética a la que aspira debe partir del reconocimiento de una tradición nacional.

La revista *Cuba Contemporánea* —sin dudas la más representativa de este período— no acude al pasado de forma arbitraria; se trata de la defensa de un proyecto concreto de nacionalidad. No es casual que sean recordados con preferencia algunos de los primeros forjadores de la conciencia nacional, sobre todo José Antonio

Saco y José de la Luz y Caballero, y los primeros independentistas: Ignacio Agramonte y
Carlos Manuel de Céspedes. Desde luego, la
aspiración trunca de contribuir racionalmente
a la constitución de un Estado burgués clásico,
nacionalista, se sustenta en una falsa representatividad ideológica, inalcanzable por la ausencia o debilidad de los representados potenciales; los redactores y colaboradores de la revista
manifiestan una vaga comprensión de este hecho, como puede verse en estas palabras de Ruy
de Lugo-Viña (1888-1937) —recogidas por
Mario Guiral Moreno— sobre el alcance social
de esta publicación y de sus ilustres antecesores *Revista de Cuba* y *Revista Cubana*: «entre
los que escribían entonces y los que entonces
las leían existía una compenetración absoluta
de pensamiento [...], así como esta de ahora
no pasa de ser un exponente intelectual de gran
valimiento, pero sin una efectiva ascendencia
espiritual».[7] Como consecuencia directa, la
prudencia y la moderación atenúan el ímpetu
transformador de sus textos más significativos.
Aunque en la revista colaboran personalidades
disímiles, puede observarse en ella un tono pre-
tenciosamente cientificista en el estudio de los
problemas sociales, apoyado en datos estadís-
ticos y citas de autores europeos y norteamericanos. Carlos de Velasco y José Sixto de Sola
(1888-1916), dos de sus más importantes iniciadores, son exponentes característicos de las
inquietudes y contradicciones de la revista en
su primera etapa.

Los libros *Aspectos nacionales* (1915) y *Pen-
sando en Cuba* (1917), de Velasco y Sola, respectivamente, compuestos por trabajos aparecidos previamente en las páginas de la publicación,
reflejan esas tendencias: rigor en la argumentación, mediatizado sin embargo por la adopción
de criterios seudocientíficos, y una timidez
expositiva crónica, defensa de los valores nacionales y desprecio por lo popular, rechazo a la
injerencia norteamericana y aceptación implícita de un tutelaje «espiritual». Claro que en la revista colaboran activamente autores de trascendencia mayor, entre los que conviene citar a Max
Henríquez Ureña, Emilio Roig de Leuchsenring
(1889-1964) y Manuel Sanguily —tres nombres

de inquietudes diversas unidos en la intransigencia antimperialista—, Fernando Ortiz, José María Chacón y Calvo (1892-1969) y Carolina
Poncet y de Cárdenas (1879-1969), interesados
en las raíces populares de nuestra cultura. Por
otra parte, la proyección de la revista se hará más
radical en la década del veinte, en la que se accederá a una comprensión más profunda del legado martiano y se reforzará el sentimiento antimperialista; en sus páginas la problemática nacional
se expresa en un amplio espectro de temas: la
literatura, la etnografía, la sociología, la política, la pedagogía, el deporte, la religión, entre
otras.

Precisamente, es posible sustentar un segundo criterio diferenciador, no generacional, en los
grupos de intereses temáticos que parten de dos
líneas centrales, una crítica y otra histórica, y que
tienen como objetivo común la revisión y el rescate o conservación de los fundamentos culturales de la nacionalidad. Estas líneas temáticas
constituyen en ocasiones géneros independientes, pero suelen conservar su ambiguo carácter
de ensayos —cultural, político, histórico—, una
manera dispersa de tantear y reflexionar sobre
la realidad nacional. La historia es asediada por
los escritores cubanos desde diferentes perspectivas, entre las que sobresalen el testimonio y la
biografía de los grandes, medianos y pequeños
hombres del pasado, lejano y reciente, vertiente
que transitan mayormente los autores finiseculares partícipes de la contienda recién finalizada; se destacan de manera particular tres volúmenes de *Cuba. Crónicas de la guerra* (1909),
testimonio de José Miró Argenter (1852-1925),
reeditado en 1942, 1943, 1945, 1970. Los más
jóvenes no pueden prescindir tampoco de la historia, como se ha señalado, pero acuden a ella
desde y *para* un presente polémico, contradictorio, que deben explicar(se) y supuestamente
orientar. Son también tratados con asiduidad
temas literarios (o histórico-literarios), pedagógicos, sociopolíticos y filosóficos, si bien todas
las temáticas incluyen una reflexión primaria
sobre el ser nacional, es decir, sobre las relaciones del hombre latinoamericano (cubano) con
su cultura y su historia, lo que permite a su
vez una lectura filosófica más amplia, no

especializada, pero ineludible, de esas temáticas diversas.

Casi todos los autores sienten en estos años la necesidad de reseñar, interpretar, comentar o simplemente elogiar determinadas zonas de las vidas de otros hombres, en ocasiones de sus propios compañeros ya desaparecidos; Manuel García Garófalo Mesa (1887-1946) entrega, por ejemplo, las biografías de villaclareños ilustres y de esa manera se integra al movimiento intelectual de rescate de la historia nacional desde su localidad; Miguel Ángel Carbonell y Rivero (1894-1967) intenta por el contrario insertar nuestra historia en el contexto regional desde su primer libro, *Hombres de nuestra América* (1915), donde no logra aún una visión genuinamente latinoamericanista debido sobre todo al enfoque ahistórico y al tono grandilocuente de su prosa, ajena a intenciones verdaderamente analíticas. En su colección de artículos y comentarios críticos, *Evocando al maestro* (1919), consigue sin embargo una prosa más efectiva —menos ampulosa y más lúcida, aun cuando su acercamiento a la obra del Apóstol es epidérmico. La figura de José Martí es relativamente poco y mal abordada en las primeras décadas del siglo, aunque pueda considerarse a los hermanos Carbonell y Rivero como martianos devotos. Néstor Carbonell (1883-1966) publica sus conferencias *Martí: su vida y su obra* I (1911) —sucinta biografía que se acoge a los datos y hechos aceptados entonces— y II (1913), acercamiento a su obra poética, que se propone señalar sus distintos momentos y presentar algunos ejemplos —no siempre escogidos con rigor— de su producción. El propio autor se encarga de subrayar su intención divulgativa al escribir: «Esto no es un juicio acerca de la personalidad poética de Martí. Yo no he hecho análisis de su labor rimada ni he lanzado sobre ella, ni lanzaré, conclusiones condenatorias o absolutorias. Esto es apenas si un montón de palabras de ternura y agradecimiento [...]».[8] Entre los biógrafos del período se destaca el narrador Ramón Meza (1861-1911), autor de varios estudios de esa índole, uno de ellos dedicado a Julián del Casal, de 1910, y Emeterio S. Santovenia (1888-1968), cuyos intereses oscilaban entonces entre el dato

biográfico y el histórico, preferentemente de localidades o acontecimientos pinareños.

Pero el abordaje de la historia cubana (latinoamericana) conduce de alguna manera a las relaciones con el vecino del Norte, sobre todo si se considera que, amparadas en la Enmienda Platt —condición impuesta a la seudoindependencia nacional—, se producen en estos primeros años dos intervenciones militares norteamericanas en el país. Enrique José Varona es probablemente el primer cubano en utilizar el término antimperialismo;[9] en su importante estudio «El imperialismo a la luz de la sociología» (1905) intenta explicar ese fenómeno sin distinguir su novedad cualitativa, que lo diferencia esencialmente de otras formas históricas de dominación, aunque no desconoce la importancia que en las nuevas condiciones adquiere el factor económico. Como Juan Gualberto Gómez (1854-1933) y Manuel Sanguily —que rechaza cualquier vinculación de la doctrina socialdarwinista de la lucha por la existencia con el expansionismo territorial de ciertos países sobre otros más débiles—, Varona no acepta, y denuncia, a su modo reflexivo, la injerencia norteamericana en los asuntos nacionales. Pero la intervención militar de 1906, que se extiende hasta enero de 1909, deja en un sector importante de la burguesía cubana —proyecto de sí misma— la comprensión de su impotencia histórica; por eso muchos intelectuales honestos acogen como única alternativa la fórmula que sintetiza el periodista Manuel Márquez Sterling (1872-1934) en la conocida sentencia: frente a la injerencia extranjera, la virtud doméstica. Para aquellos cubanos negados a someterse, como señala Julio Le Riverend, esa tesis, aunque conservadora en relación con el programa de 1895, fue también, en tanto «apela a la conducta ejemplar del pasado y compara la República frustrada con los ideales que la concibieron pura y la prefiguraron libre, [...] una adición positiva al pensamiento cubano».[10]

No obstante, algunos autores mantienen en estos años una explícita y lúcida postura antimperialista; tal es el caso de Enrique Collazo (1848-1921), que en sucesivos libros como *Cuba independiente* (1900), *Los americanos en Cuba*, en dos volúmenes (1905 y 1906), *La Revolución de Agosto de 1906* (1907) y *Cuba intervenida* (1910), entre otros, denuncia el carácter interesado y colonialista de la pretendida ayuda norteamericana. Sigue esta línea de pensamiento y ahonda en su perspectiva un autor poco conocido, Julio César Gandarilla (1888-1923), en un libro inusual, que sorprende por la fiereza de su estilo acusatorio y la agudeza histórica de sus argumentos, titulado *Contra el yanqui. Obra de protesta contra la Enmienda Platt y contra la absorción y el maquiavelismo norteamericano* (1913); entre sus virtudes numerosas se encuentra la consideración de que el mal esencial se hallaba en la dominación económica y, sobre todo, la incorporación al debate del concepto de *pueblo*. Su obra «formula, por vez primera —dice Le Riverend—[11] la profunda antinomia pueblo-imperialismo que constituye el esquema teórico elemental de todo análisis de la historia republicana neocolonial». Víctima en su tiempo del silencio o la crítica severa e injusta de los intereses dañados, Gandarilla es reeditado en 1960 y 1973, muchos años después de su muerte, cuando sus ideas se transformaban en acciones revolucionarias.

En la década del veinte, como se ha apuntado, crece el sentimiento antimperialista; podemos mencionar, entre otros ensayistas notables de entonces, a Emilio Roig de Leuchsenring, autor de *La ocupación de República Dominicana por los Estados Unidos y el derecho de las pequeñas naciones de América* (discurso, 28 de enero de 1919); *La Doctrina de Monroe y el Pacto de la Liga de las Naciones* (1920, reeditado en Cuba y en México en 1921) y *La ingerencia norteamericana en los asuntos internos de Cuba: 1913-1921* (1922), y a los ya mencionados hermanos Carbonell, en específico a José Manuel (1880-1968), que en 1922 edita su discurso *Frente a la América imperialista la América de Bolívar*, y a Miguel Ángel Carbonell, autor de *El peligro del águila* (1922).

Una temática nueva se impone en las primeras décadas del siglo, muy vinculada a contingencias políticas o sociales: la separación del estado y la iglesia, como parte del programa de reformas burguesas, afecta las más elementales concepciones acerca de la moral, la educación y el papel de la mujer, entre otras. A este hecho se unen los acalorados debates públicos que desata la aprobación en 1918 de la Ley del Divorcio. Es interesante constatar la manera en que se insertan en esta discusión los viejos autonomistas, ahora defensores de una tendencia sociopolítica que se autodenomina panhispanismo y que reclama la conservación de tradiciones y costumbres españolas, en realidad rémoras de un orden socioeconómico que exige ser superado. Se destaca en esta línea conservadora el abogado y crítico literario Mariano Aramburo y Machado. Su obra literaria no permite el análisis estrictamente literario; sus reiterados ataques al modernismo (a Darío en específico) y al positivismo, entendido sobre todo como corriente espiritual —que a pesar de sus diferencias conceptuales son asumidas por el crítico como manifestaciones de una época, cuyo sentido corrosivo conducía a la degradación de las costumbres—, no pueden comprenderse sólo como efecto de sus criterios artísticos. En los libros *Impresiones y juicios* (1901) y *Literatura crítica* (1909), Aramburo insiste en aquello que realmente constituye el centro de sus preocupaciones: el desmoronamiento de los ideales religiosos, filosóficos, políticos, morales y artísticos tradicionales. Es preciso anotar que su conferencia *Personalidad literaria de doña Gertrudis Gómez de Avellaneda* (1897), editada como estudio independiente en Madrid, revela a un crítico informado, riguroso en el análisis histórico-literario, pero no preparado para las contiendas estéticas de la modernidad literaria. No es casual que después de 1909 este autor no vuelva a ejercer con sistematicidad la crítica y no publique ningún otro cuaderno de esta índole. Desde una perspectiva similar escribe Eliseo Giberga (1854-1916), aunque su posición es menos explícita y, acaso, más sutil; en los discursos reunidos en *El centenario de Cádiz y la intimidad iberoamericana* (1913) y en su estudio *El panamericanismo y el pan-hispanismo* (1916) su propuesta es ambigua. Defiende la integración política americana —porque considera el modelo norteamericano menos peligroso que el modelo clásico francés, racionalista y ateo—, y también, como necesario complemento, la unidad espiritual con España. Su oposición a la ley del divorcio no le permite en cambio esos malabarismos conceptuales; en su largo y minucioso discurso *El problema del divorcio* (1911), expone su lógica retrógrada: la aprobación de esa ley traería consigo la destrucción de la propiedad individual, la religión y la familia.

La revista *Cuba Contemporánea* abogó a favor del divorcio como recurso legal y mantuvo una posición anticlerical y, en ocasiones, francamente atea. Carlos de Velasco redactó en 1914 una exhortación al Congreso para que aprobase la Ley, documento firmado, entre otros intelectuales, por Dulce María Borrero (1883-1945) —autora de *El matrimonio en Cuba* (1914), interesante estudio feminista—, Evelio Rodríguez Lendián (1860-1939), José Sixto de Sola, José Manuel Carbonell, Julio Villoldo (1881-1953), José Antonio Ramos, Bernardo G. Barros (1890-1922) y Francisco González del Valle (1881-1942). Precisamente este último es uno de los más consecuentes exponentes del pensamiento liberal, crítico implacable de la religión, autor de los estudios *Moral religiosa y moral laica* (1914) —con una carta prólogo de adhesión de Enrique José Varona—, *El divorcio y los hijos* (1915), *José de la Luz y los católicos españoles* (1919) y *Los derechos de los hijos ilegítimos* (1920). En ellos explica el origen histórico de la idea de lo sobrenatural desde un materialismo consciente, quizás un poco simple y en algunos aspectos biologista, pero indudablemente avanzado para su época; sostiene el carácter social de la moral —y su consecuente relatividad histórica— y revela la esencia represiva de la moral religiosa. Conviene destacar que González del Valle acude a la figura de José de la Luz y Caballero para impedir que se apropien de su nombre los defensores del pasado; a estos les opone su pensamiento racionalista y antidogmático. Estos trabajos exhiben una prosa funcional, apasionada, capaz de hacernos partícipes de la polémica. Otros escritores se suman al tratamiento del tema desde ángulos diversos: Julia Martínez (1860-?) publica en 1912 su conferencia *El feminismo*; Arturo Montori (1878-1932) insiste en *La enseñanza religiosa y la moral cristiana* (1914) y *El feminismo contemporáneo* (1922), y

no por gusto se interesa en la obra literaria de Miguel de Carrión (1919) y Carlos Loveira (1922). Estos novelistas publican, el primero, *Las honradas* (novela, 1917) y *Las impuras* (novela, 1919), y el segundo, *Los inmorales* (novela, 1919) y *Generales y doctores* (novela, 1920) obras todas que complementan desde la ficción literaria el examen de la vida social cubana.

Los más jóvenes no eluden el tema, aunque se evidencia en sus textos la intención erudita, propia de los que comienzan: Luis A. Baralt (1892-1969) publica en la *Revista Bimestre Cubana* su tesis para la obtención del doctorado en Letras y Filosofía, titulada «Relaciones entre la moral y la religión» (1915); Salvador Salazar (1892-1950) escribe su conferencia *La felicidad como fundamento de la moral* (1918) y Mariblanca Sabás Alomá (1901-?), de actuación destacada en el movimiento feminista e intelectual posterior, da a conocer *La rémora. Estudio conceptuoso y analítico de la Religión en sus distintas fases, creadas por los que viven a costa del fanatismo* (1921), con prólogo de Regino E. Boti. En realidad, son muchos los que de una manera directa o indirecta participan en el debate. ¿Pueden acaso considerarse ajenos al mismo, estudios de carácter más especializado como *El sentimiento religioso en la literatura española* (1918), de Antonio Iraizoz (1890-?), o los anteriores, *Influencia de la literatura en las costumbres* (1909) y *La revolución religiosa del siglo XVI* (1909), de Miguel Ángel Macau García (1886-1971) y Rodolfo Rodríguez de Armas y Estenoz (1874-1930), respectivamente? ¿Pueden acaso comprenderse los ensayos filosóficos, aparentemente desasidos de lo inmediato, de Fernando Lles (1883-1949), sin ese marco referencial que conforma el modernismo literario, pero que hunde sus raíces en el tránsito de la humanidad a un nuevo siglo y de un país a su independencia mediatizada? Todos los caminos parecen conducir, en las primeras décadas cubanas del siglo, al debate sobre la moral, la nueva, la vieja, o simplemente sobre la ausencia de moral o su deliberado enmascaramiento. Si también acuden a la cita Nietzsche, Rodó, Guyau, Bergson, no es, desde luego, una casualidad histórica.

La batalla entre lo nuevo y lo viejo en la sociedad tiene un escenario propicio en las aulas; de allí salen los nuevos cubanos. Es extensa también la lista de autores que abordan problemas pedagógicos en los inicios de la República, y la encabeza, sin dudas, Enrique José Varona. Entre los de obra más numerosa se encuentran Alfredo M. Aguayo (1866-1948), cuyos intereses se centran en cuestiones generales (teóricas) organizativas, y Ramiro Guerra, más preocupado en el establecimiento de una pedagogía nacional, autor de *La Patria en la escuela* (1913), *José Antonio Saco y la educación nacional* (1915) y *Fines de la educación nacional* (1917), por sólo citar tres ejemplos.

Muchos escritores cubanos se vinculan a la enseñanza literaria y contribuyen con diversos estudios a la comprensión y valoración sucesiva de autores, tendencias y períodos históricos de nuestra vida literaria. Aunque José María Chacón Calvo y Carolina Poncet y de Cárdenas —«primera figura femenina de consideración que aparece en la historia de nuestro ensayismo y de nuestras investigaciones folklóricas», según Mirta Aguirre—[12] se entregan al análisis comparativo de los romances españoles y cubanos, para así fijar las características nacionales de la literatura popular, Regino E. Boti indica en sus artículos y estudios dispersos los nexos históricos del modernismo con la literatura cubana, y Max Henríquez Ureña intenta derribar la vieja preceptiva en su conferencia *El ocaso del dogmatismo literario* (1919), no existe en cambio una rápida recuperación y superación de las tradiciones literarias decimonónicas. La presencia, todavía preponderante, de los intelectuales de la pasada centuria, determina el sentido (y en cierta medida la inercia) de la producción literaria cubana en, al menos, los primeros diez años de República. Los más altos exponentes del grupo finisecular aportan, sin embargo, comentarios ensayísticos de indudable riqueza: Enrique Piñeyro publica en París su erudito estudio *El romanticismo en España* (1904), un ameno y vindicativo acercamiento crítico-biográfico a Juan Clemente Zenea (1901), y otros trabajos, la mayor parte de los cuales se integran a *Hombres y glorias de América* (1903) y *Biografías*

americanas (1906); Enrique José Varona reúne en sus libros *Desde mi Belvedere* (1907) y *Violetas y ortigas* (1916), artículos reflexivos sobre la relación del arte y la realidad social, la capacidad cognoscitiva de la literatura y su influencia en la sociedad, entre otros aspectos; el hispanófilo José de Armas y Cárdenas (*Justo de Lara*) se detiene con lucidez en la valoración múltiple de la obra cervantina y nos ofrece profundos comentarios de literatura universal en libros como *Ensayos críticos de literatura inglesa y española* (Madrid, 1910) e *Historia y literatura* (1915).

En otra vertiente de intenciones menores es necesario ubicar la obra crítica de Emilio Bobadilla, *Fray Candil*. Discípulo del español Leopoldo Alas, *Clarín*, sus saetas críticas carecían verdaderamente de una plataforma ideoestética firme, y en ellas se manifiesta sobre todo un espíritu ecléctico y contradictorio, irascible y superficial, aunque informado y, sin dudas, sagaz. Los títulos de sus libros muestran ese impulso frívolo y casi patológico: *A través de mis nervios (crítica y sátira)* (Barcelona, 1903); *Sintiéndome vivir (Salidas de tono)* (Madrid, 1906); *Muecas. Crítica y sátira* (París, 1908) son algunos de ellos. Es preciso resaltar no obstante que Bobadilla se convierte en un eficiente divulgador de las últimas corrientes artísticas en Europa. Otro crítico que goza de autoridad en estos años es Aniceto Valdivia, *Conde Kostia*; su obra, dispersa en periódicos y revistas, fue sólo en una mínima parte compilada por Arturo Alfonso Roselló bajo el título de *Mi linterna mágica* (1957). Los artículos reunidos —ninguno supera las tres páginas— no alcanzan la calidad de reseñas críticas; son apenas amables comentarios hechos para un lector poco exigente, acostumbrado a un periodismo de galanteo culto y coleccionista de frases.

Detrás de esas figuras se mueven dos corrientes menos visibles en la crítica y el ensayo literarios, responsables sin embargo del salto posterior a una nueva perspectiva histórica. Por una parte, los poetas que se adscriben al postmodernismo reflexionan en voz alta —en ocasiones a gritos— acerca de aspectos poco tratados o soslayados de la literatura cubana y universal (sobre todo francesa) y los nuevos caminos a seguir.

Boti introduce el término —sugerido por Poveda— de *metrolibrismo* para el estudio de la poesía contemporánea y encuentra sus antecedentes en la Avellaneda. Por otra parte, los narradores de intenciones naturalistas tratan también de establecer en numerosos artículos, hoy dispersos y casi desconocidos, los fundamentos estéticos de su perspectiva literaria. Todos desprecian profundamente la crítica preceptiva. Cabe destacar aquí las dos fructíferas estancias de Pedro Henríquez Ureña (1884-1946) en Cuba: de 1904 a 1906, período en el que edita su primer libro, *Ensayos críticos* (La Habana, 1905), en uno de cuyos trabajos lamenta «la extraña y casi total desaparición del estilo modernista en la poesía cubana», y de 1914 a 1916, ocasión en la que logra consolidar su magisterio en un grupo de jóvenes escritores, entre los que se destacan Chacón y Calvo, Félix Lizaso (1891-1967), Francisco José Castellanos y Luis A. Baralt. Es característico del grupo generacional más joven del período—que algunos autores clasifican como segunda promoción—, como ya se ha expresado, el análisis erudito, casi pedante, de temas «clásicos», quizás por el hecho de que muchos de esos trabajos fueron escritos para exámenes universitarios; es el caso, por ejemplo, de Aurelio Boza Masvidal (1900-1959) y sus conferencias sobre el Renacimiento en Italia (1919), Dante en la literatura castellana (1920), el Estoicismo (1922) o Tirso de Molina (1920).

Otra línea temática emparentada, como es natural, con las anteriores, es la sociopolítica. Ya se ha señalado que la lucha por la cultura nacional tiene un carácter político inevitable en nuestras circunstancias. De alguna manera los panhispanistas y los panamericanistas, admiradores estos últimos del modelo norteamericano de desarrollo, emiten criterios políticos en defensa de una identidad cultural determinada. Pero en estas décadas florece el ensayo propiamente sociopolítico: dos de las más importantes obras del período son, no por casualidad, *Cuba y su evolución colonial* (1907), de Francisco Figueras (1853?-?) —acucioso estudio de la trayectoria política del país hasta su redacción misma— y *Manual del perfecto fulanista* (1916), de José Antonio Ramos (1885-1946), que ofrece una visión satírica del *fulanismo* político y la alternativa desorientada de su transformación en un gobierno de los mejores, es decir, los intelectuales. Y no es casual tampoco que Varona titulara en 1904 uno de sus artículos «Manual del perfecto sofista» o que Manuel Villaverde (1884-1962) pusiera a su libro, en 1913, el nombre de *La política en Cuba; manual del perfecto hombre público.*

En esta misma línea se ubican *Entreactos* (1913), el libro de ensayos anterior de Ramos, así como *La reconquista de América. Reflexiones sobre el panhispanismo* (1911), *Entre cubanos…, (psicología tropical)* (1913, reeditada en 1987) y *La crisis política cubana. Sus causas y remedios* (1914), de Fernando Ortiz.[13] Es preciso distinguir en estos ensayos un propósito político-práctico (aunque los consejos son dichos en realidad a otros intelectuales, pues no existe un diálogo real entre éstos y los políticos profesionales) y un propósito cognoscitivo, digamos reconstructivo, del rostro nacional, en la observación de sus manifestaciones políticas. En ocasiones aparecen textos de esta índole en libros y textos sobre literatura en obras supuestamente sociopolíticas; es lo que ocurre con la edición póstuma de los ensayos de quien fuera una de las figuras más activas de la primera generación republicana, Jesús Castellanos, agrupados bajo el título de *Los optimistas. Lecturas y opiniones. Crítica de arte* (1914). En realidad, estos intelectuales se consideran destinados a preservar (orientar) la pureza de un programa de nacionalidad decimonónico; son, como ya se ha apuntado, representantes de una ideología sin representados; de ahí el carácter *utópico* de sus propuestas —carácter literario— y la confusión de géneros: ensayos novelados o viceversa, análisis de una obra literaria en un artículo y análisis de una situación social en otro. Todo es literatura, pero la contaminación es tal que también nada es literatura, al menos en un sentido estricto de irrealidad. Por eso, además, se sienten superiores: ¿quiénes sino ellos pueden interpretar esa confusión?

En una proyección igualmente política, se publican en estos años algunos textos socialistas, influidos también por corrientes anarcosindicalistas.

Se destacan los libros de Adrián del Valle (1872-1945), *Socialismo libertario* (1902); de Carlos Loveira, *De los 26 a los 35. Lecciones de la experiencia en la lucha obrera: 1908-1917* (Washington, 1917) y *El socialismo en Yucatán. Estudio informativo y someramente crítico, a base de observación directa de los hechos* (1923); de Diego Vicente Tejera (1848-1903), cuya obra está marcada por el espíritu de justicia social, sin una firme concepción teórica que la sustente; y de Carlos Baliño (1848-1926), fundador del Partido Comunista de Cuba en 1925, junto al joven Julio Antonio Mella, y autor de *Verdades socialistas* (1905, reeditado con prólogo de Blas Roca en 1941). Cabe destacar además la obra de María Villar Buceta (1899-1977), *Vida y muerte de Rosa Luxemburgo* (1920).

Es posible, finalmente, adoptar un tercer criterio diferenciador en la prosa reflexiva cubana entre 1898 y 1923, que no es ni generacional ni temático.

En estas páginas se ha abordado el ensayo a partir de una premisa cómoda, pero inexacta, que consiste en la indefinición del propio género. Los llamados ensayistas son en estas décadas, sobre todo, analistas de la circunstancia nacional. Existen, sin embargo, diferentes tipos de análisis y conviene ahora señalarlos; una definición más estrecha del género puede conducir a su diferenciación. Raimundo Lazo le atribuye al ensayo, además de ciertas notas estilísticas, «una actitud interpretativa eminentemente personal del escritor»; Jorge Eliécer Ruiz considera que es «La pura sustancia de un pensamiento que se enuncia y que teme contaminarse cuando se compara con otros, o simplemente cuando se extiende en explicaciones»; José Luis Gómez-Martínez es más explícito cuando afirma: «El ensayo es prosa de ideas expresadas artísticamente y bajo la lente subjetiva de las creencias del autor [...] El diálogo con nosotros de igual a igual, y su deseo no es tanto el de convencer como el de hacernos reaccionar.» Precisamente *Ensayos y diálogos* (1926, reeditado en 1961) se titula la compilación póstuma del ensayista más puro de esta promoción literaria: Francisco José Castellanos. Y son en efecto soliloquios de un autor que no pretende convencernos, sino ad-

vertirnos, y que prefiere enunciar sus ideas simplemente, sin explicaciones. Uno de los tipos de análisis propio de la literatura es, por tanto, *el ensayo*. Pero debemos acudir a otras formas limítrofes que lo complementan como *el estudio* y la *crónica periodística*.

Uno de los grupos ensayísticos más fecundos del período lo constituye El Areópago Bohemio de la ciudad de Matanzas, en el que participan Fernando Lles, Emilio Gaspar Rodríguez (1889-1939), Medardo Vitier (1886-1960) y Miguel Ángel Macau García, entre otros. En ellos se halla el ensayo de tendencia filosófica y clara influencia rodoniana. El primero publica *La higuera de Timón. Consejos al pequeño Antonio* (Matanzas, 1921), su conferencia *La metafísica en el arte* (1922) y *La sombra de Heráclito* (1923); Fernando Lles se propone desnudar la falsa moral de su tiempo en un lenguaje sentencioso y deliberadamente culto, que se manifiesta en aforismos de ascendencia nietzscheana. En una dirección cercana se encuentra Emilio Gaspar Rodríguez, quien en *El retablo de maese Pedro* (1916), *Los conquistadores (Héroes y sofistas)* (1917), *Puntos sutiles del Quijote. Acervo histórico-sociológico de algunos pasajes* (1922) y *Hércules en Yolcos* (1923), analiza la sociedad contemporánea (cubana) desde la visión reformadora de Rodó y una simbología modernista que parte de la reinterpretación de Don Quijote y Sancho, influidos también por Ortega y Gasset y Unamuno. Medardo Vitier, en un estilo más directo, pero elegante y sugestivo, publica en este período *La ruta del sembrador; motivos de literatura y filosofía* (Matanzas, 1921), colección de ensayos cercanos al estudio, en los que se destaca la variedad de intereses y un temprano conocimiento de la obra literaria y la trascendencia humana de José Martí. Muy joven inicia su producción literaria Alberto Lamar Schweyer (1902-1942), autor de *Los contemporáneos (Ensayos sobre literatura cubana del siglo)* (1921), *Las rutas paralelas (Crítica y filosofía)*, con prólogo de Enrique José Varona (1922), y *La palabra de Zarathustra. (Federico Nietzsche y su influencia en el espíritu latino)*, con prólogo de Max Henríquez Ureña (1923), libros en los que se advierte su identificación con el filósofo alemán, especialmente en su tono escéptico y elitista.

Es conveniente señalar las diferencias que entraña el elitismo pretendidamente nietzscheano de hombres como José Manuel Poveda —recurso desesperado contra el poder de la sin-razón— y Lamar Schweyer, quien años después sería expulsado del Minorismo y se vinculará al régimen de Gerardo Machado (1925-1933), a quien dedica su libro *Biología de la democracia (Ensayo de sociología americana)* (1927), profundamente reaccionario. Otros escritores como José Antonio Ramos y Jesús Castellanos se acercan al género ensayístico, mientras Chacón y Calvo escribe, durante su fructífera estancia en España, *Hermanito menor* (San José de Costa Rica, 1919) y *Ensayos sentimentales* (1922), obras de ejercitación estilística, ensayos descriptivos donde se pretende exponer sobre todo recuerdos plásticos. En la frontera misma entre el ensayo y el estudio se encuentran algunas obras de Fernando Ortiz; cabe señalar en esta primera etapa de su extensa producción intelectual *Hampa afrocubana. Los negros esclavos. Estudio sociológico y de derecho público* (1916).

Abundan en estas décadas primeras los estudios de la realidad cubana, de pretensiones abiertamente científicas. Estos acercamientos encuentran acogida en *Revista Bimestre Cubana* y *Cuba Contemporánea* y apuntan hacia todos los costados posibles del ser nacional, tanto en su dimensión histórica como actual. El más importante estudioso de la cultura es ya desde entonces Fernando Ortiz, etnógrafo, sociólogo, historiador, lingüista, criminólogo. La lingüística tiene en Juan Miguel Dihigo y Mestre a un investigador sistemático, quien publica más de veinte títulos entre 1902 y 1922, algunos como *La Biblia desde el punto de vista lingüístico* (1913) y *El habla popular al través de la literatura cubana. Estudio sobre su transformación* (1915), de incidencia en la literatura. José Antonio Rodríguez García (1864-1934), autor de numerosos textos lingüísticos, es también un destacado bibliógrafo y estudioso de la literatura cubana, prolífero y riguroso, aunque de prosa dura, trabajosa. Alfredo Zayas (1861-1934), de mal recuerdo

como político, publica en esa misma línea su libro *Lexicografía antillana* (1914).

La mirada de los historiadores al pasado es complementada por la paciente labor de los bibliógrafos Domingo Figarola-Caneda (1852-1926) —autor también de un diccionario cubano de seudónimos (1922)—, Carlos M. Trelles (1866-1951) y Joaquín Llaverías (1875-1956), autor de la *Historia de los archivos de Cuba* (1912, reeditada en 1949). Los estudios literarios son abordados desde la crítica histórica por Regino E. Boti, entre otros, y desde la perspectiva folklórica por Chacón y Calvo y Carolina Poncet y de Cárdenas. Esta investigadora, seguidora de la escuela histórico-comparativa de Menéndez y Pelayo y de Menéndez Pidal, recoge de éstos la incitación explícita al estudio de los romances americanos y el rigor conceptual y expositivo que los caracteriza. Su obra más conocida, *El romance en Cuba* (1913), fue incluida en una edición de sus estudios titulada *Investigaciones y apuntes literarios* (selección y prólogo de Mirta Aguirre, 1985).

Un género adquiere especial resonancia en la prensa cubana: la crónica periodística. Surgido en la premura de la información diaria y dirigido a un público heterogéneo de cultura diversa, se caracteriza por cierta frivolidad, paradójicamente una de sus virtudes, al modelar un estilo conciso, elegante, sugerente. En la crónica se refugian los juicios crítico-literarios de *Conde Kostia*, quien se excusa una y otra vez ante el lector por no haber leído bien el libro que precisamente comenta. Pero es Bernardo G. Barros (1890-1922), crítico informado y sensible de las artes plásticas —pionero de los estudios teóricos e históricos del humorismo gráfico en Cuba— y periodista especializado en temas de arte y literatura, el mejor exponente de un género abierto a la sensibilidad moderna. Él mismo define el carácter de la crónica periodística en su artículo «Al margen de los libros nuevos: la labor de nuestros intelectuales» (1916): «Ágil, risueña, intensa en ocasiones, vibrante siempre, cautivadora y frívola en su aspecto [...] necesitará de las palabras más sintéticas y de los adjetivos más dueños del color exacto. Ritmo e idea, pero todo fugaz, todo al vuelo [...]»[14] A estos elementos hay que añadir cierto espíritu didáctico, al menos en su propia producción. En algunas crónicas —por ejemplo, en las que dedica a Leopoldo Romañach (1918) o antes a Eugenio Brieux (1915) o al mexicano Urbina (1915)—, Barros acude a la entrevista; ésta tiene en el texto un carácter ancilar, es un medio caracterizador de la personalidad del artista abordado, que le permite además la introducción de elementos biográficos, expuestos en anécdotas bien hilvanadas, y la exposición final de algunos juicios críticos y consideraciones generales. Su estilo tiene, indudablemente, el sello tardío del impresionismo crítico, pero también la intuición precursora del periodismo moderno y, como señala Luis Pedroso,[15] constituye un antecedente directo de la obra periodística de Alejo Carpentier. Otros cronistas destacados son Arturo R. de Carricarte (1880-1948), interesado también en temas martianos y pedagógicos; Marco Antonio Dolz (1884-1940), autor de varios libros de crónicas; José de la Luz León (1892-?), Armando Leyva (1888-1942); Mario Muñoz Bustamante (1881-1921) y Ruy de Lugo-Viña (1888-1937). En un estilo cercano a la crónica están los cuadernos de viajes, impresiones del visitante ocasional; muchas veces son los mismos quienes escriben unos y otros libros, casi siempre compilaciones de trabajos aparecidos en la prensa periódica.

Éstos son los ensayistas, estudiosos, periodistas y críticos que caracterizan la prosa reflexiva en Cuba entre 1899 y 1923 —período que puede considerarse de tránsito en la historia nacional—, preocupados por reconstruir los fundamentos equívocos de la República; intelectuales que se desgarran entre la impotencia y una terca esperanza en el milagro de la cultura. A ella se lanzan por asalto como conquistadores y todo parece interesarles: la historia, la literatura, el arte, la pedagogía, la etnografía, el folklore, la política, la moral, la religión. Asalto en el que participan hombres de una u otra generación en una lucha de posiciones que no coincide necesariamente con las edades de sus protagonistas y que los define en el límite histórico de dos siglos y de dos niveles cualitativamente distintos de dependencia política y económica. No

es posible entender los años de la llamada década crítica (1923-1933) sin el conocimiento de este trágico momento de incertidumbre, todavía muy poco estudiado. A diferencia de cierto elitismo posterior, el de estos hombres significa la plena asunción de una *responsabilidad* histórica; ellos intentan realmente asumir el papel director de la sociedad en sus propios mecanismos como periodistas y escritores —y también como funcionarios políticos—, porque en general creen en los mecanismos institucionales, pero fracasan en el empeño. Cuando en 1923 un grupo de intelectuales cubanos realiza la conocida Protesta de los Trece, comenzaban a germinar los frutos de un doloroso aprendizaje.   [*E.U.*]

1.3.2 Los poetas ensayistas. Boti y Poveda

La obra crítica y ensayística de Regino E. Boti y José Manuel Poveda ocupa un lugar relevante en la actividad renovadora del postmodernismo poético —son ellos sus representantes más lúcidos— y se halla unida en aspiraciones e ideales comunes. Pero la personalidad crítico-ensayística de estos poetas difiere sustancialmente. Si, como se ha señalado, no existe en Boti una voluntad de estilo que realce su prosa, determinada por su carácter funcional, en Poveda ésta se propone y alcanza un vuelo artístico propio, de sugerencias ideológicas diversas y contradictorias. Boti exhibe mayor serenidad y rigor en sus estudios literarios; Poveda es más apasionado, pero más abarcador, no obstante su rechazo a la exaltación romántica de los sentimientos: su ensayística es más vasta, incluso con respecto a su obra poética; en ciertos momentos, «el caudal de su prosa parece ahogar su producción en verso».[16]

El apasionamiento que señalamos en la prosa de José Manuel Poveda —ansiosa de incidir en la realidad inmediata— le lleva en ocasiones a estériles polémicas localistas y le alienta una necesidad de liderazgo local que, sin embargo, no consigue. Esa necesidad complejiza su poética, aparentemente recluida y desdeñosa de cualquier realización colectiva, e insinúa preocupaciones más amplias en el poeta. Por ello colabora asiduamente en periódicos y revistas de escaso relieve —los primeros textos impresos de Poveda son artículos reflexivos—; en su adolescencia edita diversas publicaciones y ocupa la jefatura de redacción de otras. Su obra crítica y ensayística, que nunca recogió en libro —a pesar de los múltiples proyectos que hizo al respecto—[17] queda por tanto dispersa desde los primeros años, y los comentaristas de su poesía no repararán debidamente en ella; esto proporcionará una limitada comprensión de su personalidad literaria. En 1948, Rafael Esténger edita una muestra pequeña de sus artículos bajo el nombre de *Proemios de cenáculo*, pero no es hasta 1975 cuando aparece *Órbita* de José Manuel Poveda —importante selección de su obra literaria en verso y prosa, reunida por Alberto Rocasolano— y sobre todo, hasta 1980 y 1981, años en que Rocasolano culmina su paciente y acuciosa investigación con la edición de los dos tomos de su *Prosa*, cuando podrá valorarse íntegramente su figura.

Regino E. Boti, menos interesado en una influencia local, colabora generalmente en revistas literarias de mayor trascendencia y, en ocasiones, edita sus estudios en folletos independientes; esta circunstancia, unida a su más larga vida, permiten acaso un mejor conocimiento de sus preocupaciones teóricas. El interés que muestra siempre por las cuestiones métricas y el rigor crítico y expositivo que lo caracteriza contribuyen a que sea un autor escuchado en los años en que irrumpe el vanguardismo. No obstante, es en 1985 cuando aparece en forma de libro una selección de sus más importantes trabajos en prosa, reunidos por Emilio de Armas. Aún carecemos de una edición que agrupe la totalidad de su labor crítica, dispersa en las publicaciones originales.

La amistad y el continuo intercambio epistolar que establecen Boti y Poveda entre los años 1907 y 1914 permiten que sus opiniones se nutran de la mutua confrontación; en esa correspondencia puede seguirse la trayectoria de sus concepciones estéticas, la incidencia inevitable en su creación de la realidad social en que ambos viven y el proceso de gestación de diferentes proyectos literarios. La primera alusión a la necesidad de crear un núcleo organizado de ideas afines con propósitos renovadores, la encontramos precisamente en una carta de Poveda dirigida a Boti el 28 de noviembre de 1909.

En 1913, con motivo de la celebración de unos Juegos Florales en Santiago de Cuba, que ayudarían al financiamiento de una estatua de Heredia en esa ciudad, pero que, organizados por periodistas y representantes de ideas poéticas ya caducas, no expresaban las necesidades y los anhelos de la nueva hornada literaria, se entabla una batalla periodística entre Poveda y sus organizadores que contribuye, finalmente, a definir las posiciones respectivas. En un artículo que publicaría Poveda el 30 de marzo de ese año, se anuncia la próxima aparición de un manifiesto y se exponen los principales postulados que animan un supuesto movimiento, pues aunque lo integran de alguna manera escritores como Agustín Acosta, Luis Felipe Rodríguez y Armando Leyva, entre otros, las opiniones vertidas en su nombre son en realidad las de Poveda y Boti. Este artículo, por su carácter programático, ha sido considerado, no obstante, el primer manifiesto de la nueva orientación. En sus páginas, Poveda enumera los aspectos siguientes: 1) proscripción de los viejos modelos —es decir, aquellos con los que entra en contradicción el modernismo finisecular y que, por razones muy específicas, mantienen su vigencia en Cuba—, 2) exaltación del yo, 3) culto de la forma, 4) sensualismo y cerebralismo. El 3 de junio de 1913 se publica un manifiesto titulado «Llamamiento a la juventud» que firman, además de los ya mencionados, otros escritores menores de la región. Este documento, redactado por Poveda, no expone postulados estéticos precisos; más bien insta a superar el estancamiento en que se hallaba la literatura nacional, aunque en sus páginas se declara el apego a los credos modernistas y, en especial, a la figura de Julián del Casal. A pesar de la importancia de estos documentos, no hallaremos en ellos toda la diversidad de orientaciones, inquietudes y aspiraciones de los postmodernistas cubanos. Sólo Boti y Poveda muestran una relativa unidad de criterios.

Entre las características esenciales y comunes a ambos poetas es posible señalar dos: la conciencia histórica —respecto a las fuentes, los instrumentos formales y también al lugar ocupado en el contexto de la poesía cubana— de su labor renovadora, y la profunda eticidad de un comportamiento literario que deviene riguroso, casi obsesivo, sentido (auto)crítico. Por demás, Boti y Poveda no son iniciadores del modernismo, sino continuadores de una tradición interrumpida; se han trazado, programáticamente, su rescate. Este hecho ocurre en la segunda década del siglo XX en un país cuya literatura finisecular aportó al modernismo, precisamente, a dos de sus más importantes iniciadores, José Martí y Julián del Casal. Tal situación permite que los propios protagonistas de la renovación tengan una clara comprensión de sus objetivos, pero también de sus límites, y que la asuman, además, como una labor de trascendencia ética. Esto explica que no sean iconoclastas —como sí son, generalmente, los fundadores de escuelas artísticas—; por el contrario, deben establecer la justa significación literaria de sus antecesores finiseculares, retomar el sentido lógico de la historia: la lucha no será propiamente contra otras escuelas, sino contra la *mediocridad* literaria de los primeros años de seudorrepública. Esa es en realidad la tarea del héroe, del Superhombre povediano. El culto al yo que propugnan ambos es una manera peculiar de iconoclasia contra una «escuela» carente de postulados, es decir, contra la ausencia de verdaderas escuelas. Por demás, esto explica también la rápida evolución de sus concepciones estéticas, evolución que conduce a Boti en las postrimerías de la década del veinte a los predios vanguardistas y que le hace decir a Poveda en 1921:

No somos [...] los maestros de una literatura decadente que nos enloqueció a nosotros mismos, de la cual no fuimos los creadores. Somos apenas los precursores de otra literatura fuerte, sana, y pura, clara y rica, cuya obra creadora es todavía completamente desconocida.[18]

Por las razones apuntadas, hay en Boti y Poveda una aguda percepción *historicista* —quizás sea más exacto decir *evolucionista*, por su vínculo con el positivismo, una de las influencias que acoge el espíritu ecléctico de estos autores—; esa intención la encontramos en los estudios métricos de Boti y en sus trabajos sobre la poesía vanguardista (en estos últimos se hace más persistente y explícita) y, con similares características, en algunos artículos de Poveda. La evolución de la poesía (de las formas poéticas) es entendida como evolución de la sensibilidad humana, un proceso cuya descripción revela presencias diversas y, desde luego, cierto tono darwiniano, pero cuyo sustento descansa, sobre todo, en la necesidad de expresar de manera teórica los urgentes reclamos formales e ideotemáticos de la poesía cubana. En el breve ensayo «La música en el verso» (1914), de Poveda —coincidente en más de un aspecto con los estudios de Boti sobre el vanguardismo, muy posteriores— se expone desde esta perspectiva el proceso histórico de evolución (surgimiento y desarrollo) de la poesía.

Pero el historicismo de ambos críticos no se reduce a especulaciones cientificistas. Como poetas, asumen su deuda con el pasado; Boti no siente reparos en declarar que en su libro *Arabescos mentales* (1913) «han colaborado todos los que escribieron antes que yo».[19] El acercamiento a los hechos históricos está condicionado, no obstante, por la tarea renovadora que se proponen. Enrique Saínz, en el más completo estudio de la obra de Boti publicado en Cuba hasta el momento, repara en la funcionalidad inmediata de sus indagaciones: el pasado no interesa como tal, sino como *movimiento* hacia el presente.

Es interesante observar, en específico, la relación que establecen Boti y Poveda con la historia literaria *nacional*. Los más importantes estudios críticos de Boti tratan a autores cubanos (la Avellaneda, Martí, Casal, Marinello, Guillén, entre otros); en cuanto a los poetas del siglo XIX, Boti se propone demostrar sus nexos con el modernismo, en especial con Darío y el metrolibrismo —término aportado por Poveda a una preocupación fundamental de Boti—; en este sentido, su mayor interés es resaltar la raíz nacional y americana del movimiento modernista, frente al criterio que absolutiza sus vínculos con la tradición francesa. Por demás, es Boti, como señala la crítica, el primer poeta en acoger el magisterio de Martí en su propia obra. Poveda mantuvo relaciones diferentes con la literatura nacional. En sus inicios le preocupa el hallazgo de una autoctonía, preocupación que luego relega y, aunque enarbola junto a Boti la bandera casaliana, su mirada crítica emigra generalmente a las fuentes primigenias del parnaso y el simbolismo. Boti, en un testimonio excepcional sobre su amigo, dice, rememorando los primeros encuentros: «Poveda se mostró sorprendido de que yo estudiara autores cubanos [...] Ante su asombro yo le decía que ellos representaban el valor estético de su hora [...] Poveda rectificó luego su criterio [...]»[20] En ocasiones, los juicios que suscribía el propio Poveda eran extremos, como este de 1914: «carecemos absolutamente de personalidad nacional y de historia literaria».[21]

Sin embargo, la labor crítica de Poveda, íntimamente vinculada a la de Boti, complementa su intención al reinjertar en el contexto nacional el impulso renovador de la tradición francesa y universal (Verlaine, Mallarmé, Lorrain, Baudelaire, etcétera, incluso mediante textos «franceses» de una autora apócrifa, Alma Rubens, y también Poe, Kipling, Chejov, Wilde, D'Annunzio). La tradición poética francesa finisecular —que oscila entre el simbolismo y el parnasianismo— y el pensamiento irracionalista alemán (en específico Nietzsche y Schopenhauer) son las fuentes más directas del salto a la modernidad en Poveda, aunque no las únicas. En sus textos crítico-divulgativos sobre estos autores, en una serie que inserta *La Independencia*, periódico santiaguero, de 1909 a 1911 —etapa transicional que lo conduce definitivamente hacia el postmodernismo, según la periodización propuesta por Alberto Rocasolano—, Poveda destaca los aspectos más cercanos a su pensamiento estético, pero siempre desde una perspectiva crítica que pretende ser superadora. Como hará Boti unos años después, rechaza el esteticismo artificial, «cerebral», de la poesía mallarmeana y aclara, también, los límites de su acercamiento a Verlaine; dicho con palabras de Boti correspondientes a 1913, «he preferido [...] una poesía ni gélida, ni volcánica, justa en el equi-

librio de lo anímico y lo material, expresión de un parnasianismo mío».[22]

Contribuye a esclarecer la posición que asume Poveda con respecto a la literatura nacional su crítica —expresada, por ejemplo, en los artículos «El nacionalismo» (1914), «El drama nacionalista» (1915) y «Algunas palabras complementarias sobre el "teatro cubano"» (1919)— a la supuesta búsqueda de lo cubano que, como tendencia más publicitaria que real, enarbolan algunos poetas opuestos a la renovación postmodernista. Hay varias razones. La primera, la manera superficial en que es concebido «lo cubano»; el propio Poveda publicará agudos artículos sobre aspectos del carácter nacional que no estarán exentos de cierta comprensión lastrada de lo autóctono. Para Poveda —tal como entonces se entendía la cubanidad artística—, una obra de arte nacional es aquella que muestre las costumbres y los usos del país, obra que se opone entonces, irreconciliablemente, a las que representen conflictos comunes a todos los hombres. De tal manera, para Poveda, «todo arte local, típico, peculiar de una sede geográfica, es un arte inferior».[23] La segunda razón, el sentido cosmopolita —no necesariamente extranjerizante— que inspira a los modernistas americanos y que en nuestro postmodernismo es también una reacción contra la abulia provinciana (provinciana, no sólo por el carácter periférico que implica una realidad neocolonial y subdesarrollada, sino también por el lugar de residencia y actividad de los principales núcleos postmodernistas en Cuba, alejados de la capital).

Hay que señalar no obstante que Poveda intenta rescatar lo cubano dotándolo precisamente de universalidad, a pesar de lo cual —y en abierto combate contra las «miserias» de la realidad nacional— escribe artículos costumbristas de aguda penetración. Su cosmopolitismo no es por tanto olvido de lo nacional; es una manera histórica da entenderlo: «[...] nosotros —dice en 1915—, venimos laborando en realidad por la formación, la integración de la personalidad cubana, y aún de la hispano-americana [...]».[24] La tercera razón es la importancia —quizás desmesurada, pero adecuada a exigencias epocales— que tanto Poveda como Boti le conceden a la *individualidad* creadora, es decir, a lo personal, irrepetible, de un autor. No obstante, Poveda no es enemigo del costumbrismo en tanto que vía legítima para criticar los vicios y conducir al espectador o lector a su combate. Concibe el teatro vernáculo —entendido como «género alhambresco»— como el «teatro chico» («inferior», en oposición al «teatro grande» o «teatro universal», pero considera que es ésta la única manera posible de hacer teatro cubano y defiende su existencia, incluso como medio eficaz de influencia en las masas. Hay que tener en cuenta que Poveda escribe estas últimas reflexiones en 1919, en la etapa más crítica de su vida, en momentos en que su pretendido elitismo comenzaba a mostrar síntomas de cansancio.

La trayectoria de Boti es, en este sentido, más sostenida. Sus primeros trabajos críticos importantes pretenden, como ya hemos dicho, establecer una continuidad interna en la historia de la poesía nacional. Sus indagaciones serán esencialmente métricas, pues «lo más personal que el artista pone en su obra —dice— es la forma».[25] Ese esfuerzo por desentrañar los mecanismos formales de la creación —esfuerzo que revela su preocupación por eludir la espontaneidad expresiva del ambiguo espíritu neorromántico, imperante entonces— coadyuva además a rescatar el valor intrínseco (no subordinado) del hecho poético. Es, desde luego, una conquista asimilada de la tradición francesa finisecular (aunque en el caso de Boti no de manera directa), que en Poveda adquiere un matiz paradójico al transformar el hecho poético —o el hecho artístico, en un sentido más amplio—, con sus propios valores, en una pretendida fuerza de renovación humana, cuyo espíritu retomará la poesía cubana posterior. Podemos hallar en Boti afirmaciones aisladas que menosprecien también la historia literaria nacional, pero éstas no son representativas de sus verdaderas convicciones, sino muestras de un vocabulario de época; ante la obra pujante de Guillén, declara su adhesión y es uno de los primeros críticos en sostener su cubanía, aunque estos son trabajos que corresponden a su período «vanguardista». Anotemos sólo que, como hombre de transición que fue —y de lo cual, como Poveda, tuvo conciencia—,

sus estudios sobre la poesía vanguardista retoman muchas de las preocupaciones centrales de su etapa postmodernista; su defensa del metrolibrismo desde una perspectiva historicista (que en esta etapa abarca también el aspecto propiamente temático), su preocupación por un ritmo interior en la poesía —que Poveda había exigido también en su artículo «La música en el verso» (1914), ya citado—, e incluso el respeto a sus primeros ídolos, aunque desde una posición crítica que se hace más severa.

Si asumimos que la identificación de Boti con la obra inicial de Guillén es entusiasta, ello nos conduce a una arista de su pensamiento, compartida de algún modo con Poveda: su posición ante el problema «negro» en Cuba. Tanto Boti como Poveda son no sólo escritores jóvenes que viven lejos de la capital, sino también mulatos que sienten de manera personal la discriminación racial existente en esos años. Esto podría llevarnos en dos direcciones confluyentes: lo negro como *hecho cultural*, es decir, como factor insoslayable de la cultura nacional (esta relación la apreciamos en los juicios de Boti acerca de la obra de Guillén), y lo negro como *hecho político*, presente en el empeño reivindicador de una figura histórica como Antonio Maceo, que anima a Poveda. En sus artículos «El juicio del gran lugarteniente acerca de los autonomistas» (1914) y «Martí y Maceo en la "Mejorana"» (1915), Poveda expone su profunda admiración por el héroe independentista —y de alguna manera traslada a Maceo los rasgos del héroe, que tan afines le son en este período— e impugna la consideración, equivocada y mal intencionada, de que su importancia histórica es sólo militar: «no son el brazo y el cerebro, como suele decirse, Martí y Maceo son ambos las dos conciencias más altas de la patria...»[26] Aun cuando parece imperar en sus valoraciones la división misma que pretende superar, el enfoque de Poveda revela siempre la irreductibilidad de la trascendencia de Maceo en la historia nacional. Pero hay más: para Poveda, Maceo es un símbolo (héroe-símbolo) de la unidad de los distintos elementos nacionales. Dice en 1914, en el período catalogado como de más agudo esteticismo:

Él veía en torno suyo sangre y castas: no las concebía en su alma; ser sometido a clasificaciones le ofendía porque no se las explicaba: no podía aceptar una patria así, sino de acuerdo con sus sentimientos; patria dotada de un solo corazón. Y sabía que únicamente la revolución purificaría, libertaría, fundaría el alma colectiva...[27]

En un artículo anterior, «Grito de juventud», 1911, Poveda había expuesto ya —sin alusiones directas, como hace también respecto a Maceo— la desesperada situación del intelectual negro en Cuba, pero su rebeldía era desde una perspectiva individual y egolátrica.

Precisamente, uno de los rasgos más sobresalientes de la personalidad de Poveda es la *dualidad*. Su sensibilidad poética se vincula a concepciones elitistas y egolátricas, sustentadas en actitudes poéticas finiseculares, pero sus preocupaciones cívicas desbordan ese ensimismamiento. ¿Cuál es la influencia de Nietzsche en el pensamiento de Poveda y de Boti? Aunque este último reconoce la presencia del pensador alemán en su obra y —sobre todo— en su actitud literaria, esa influencia no alcanza la misma intensidad que en Poveda. «En la palabra de Poveda —dice Boti— hay la entonación mesiánica, profética, de la palabra de Zaratustra.»[28] No puede, sin embargo, establecerse una relación directa de significados en terminologías similares, empleadas en el contexto de la obra de uno u otro autor. Para entender esa terminología según la asume Poveda, hay que entender su *funcionalidad*, es decir, la necesidad interna de su uso en una realidad determinada. Las primeras décadas del siglo XX en Cuba acentuaron el sentimiento de frustración en el pueblo; la ausencia de verdaderos líderes populares —muertos en combate Martí y Maceo— y la carencia de intenciones políticas más allá del enriquecimiento personal; el entreguismo económico, y en consecuencia político, al imperialismo norteamericano, se conjugan en la vida cultural con el olvido de las más elementales exigencias de una población en gran parte analfabeta o semianalfabeta, la ausencia —después de la muerte de Casal, además de la de Martí, cuya obra era apenas conocida— de

verdaderos conductores artísticos, y la primacía de una poesía superficial, apegada al estilo de las crónicas sociales. Boti y Poveda viven en la más oriental de las provincias cubanas, alejados del presuntuoso y desorientado centro cultural capitalino, no poseen recursos económicos —en especial Poveda— y son intelectuales mulatos.

En Poveda la terminología nietzscheana esconde una desesperada necesidad de defensa y, a la vez, de acción: «¡es posible y es preciso dominar!» —grita en 1909.[29] En otras ocasiones es más explícito: «Juzgamos necesario efectuar labores muy personales para libertar al país de la anonimia anárquica en que agoniza.»[30] Pero en general, ofrece pocas explicaciones, detesta la hipocresía de la moral burguesa y ataca sus fundamentos religiosos, con rigor lógico implacable. La modernidad exige la superación definitiva de «los sistemas bipartitos, los dioses buenos y malos; los cuerpos enemigos de las almas, los hombres en pugna consigo».[31] Sabe que el hombre «bueno», en una sociedad mediocremente organizada, es el mediocre. Declara su alianza con la fuerza, el orgullo, la soberbia. Pero en 1914 su pluma le hace decir a Nietzsche: «Cuando yo dije: "acabemos con los buenos", "matemos la compasión", nadie ha visto que yo quisiera otra bondad, otra compasión, sino que era un demonio, y un bandido.»[32] Su mirada se detiene a veces, como de soslayo, en la realidad nacional; pero entonces se evidencia que no ha hecho antes otra cosa que observarla. Enumera los males esenciales del país: 1) ausencia de ideales, 2) ausencia de una verdadera prensa, es decir, de una propaganda cívica que propicie el surgimiento de nuevos ideales y, en consecuencia, 3) ausencia de ilusos, de hombres capaces de luchar tenazmente por sus ideas.

El Superhombre de Poveda es el hombre que él anhela ser, pero también es el ideal que debe construir en la conciencia de los demás hombres: ateo, fuerte, viril, humano, sensual, de pensamientos altos, sin temores. No obstante, en el artículo citado de 1909, Poveda reconoce las limitaciones de ese ideal abstracto que ha devenido, además, «un símbolo de la potencialidad imperialista del alma alemana».[33] Recordemos, de pasada, la aversión que manifiesta

Poveda ante cualquier acto injerencista de los Estados Unidos en Cuba. En realidad, la contradicción más aguda del espíritu povediano es que su egolatría no es un fin en sí misma, sino un instrumento de acción en la realidad nacional. Su prosa, muy cuidada, emplea una ironía mordaz. La rebeldía solitaria de Poveda se vincula, por otra parte, al más auténtico espíritu romántico. No es extraño que sus escritos y su personalidad desencadenaran —a través del resquicio de su egolatría— una reacción desaprobatoria que intentaba opacar o disminuir sus méritos.

Hemos dicho que el postmodernismo es un movimiento de tránsito, pero no sólo o no exactamente entre el modernismo —desarticulado en Cuba con la muerte de Casal y de sus más notables discípulos, Juana Borrero y Carlos Pío Uhrbach— y el vanguardismo, sino entre el romanticismo, que sólo genera ya vagas imitaciones rimadas de Bécquer y Campoamor, el modernismo y la vanguardia. Sabido es que el modernismo no es ajeno a cierto aliento romántico; en su renovación encontramos también ese sustrato. Es quizás Boti quien mejor lo expresa cuando dice, parodiando a Darío: «ser hombre es ser, en el fondo, romántico», y agrega: «la iconoclasia no se experimentó contra el tono romántico, sino contra la escuela literaria de ese nombre».[34] Y acepta, entre sus ídolos iniciales, a Espronceda y a Bécquer. Califica al primero de «inolvidable maestro», y dice del segundo que sus *Rimas* contienen «todo el raudal fonético de un embrionario metrolibrismo».[35] Tanto Boti como Poveda son críticos de las concepciones teístas, en especial del cristianismo, pero en aquél esa crítica deviene de un panteísmo esencialmente poético que, aun cuando intenta hacerse teórico, encuentra su exacta medida en la creación artística. La crítica de Boti al concepto poético de «alma» (muy usado por el romanticismo) desde posiciones panteístas, señala una diferencia de su poética con esa escuela. Por otra parte, el rechazo a una poesía «cerebral», como la califica Boti, artificiosa y enferma, lo acerca a la Naturaleza como fuente sana de una poesía que exige nuevos aires. Esa concepción panteísta de la Naturaleza lo lleva, por demás, a cierto materialismo tímido y espontáneo (sensualista), que suele asirse, como ya dijimos, a un historicismo darwiniano. Pero aunque las lecturas de Boti parecen ser numerosas y diversas y en ocasiones demuestra inquietudes amplias, sus preocupaciones filosóficas revelan más intuición que verdadera formación.

La obra crítica y ensayística de Boti y Poveda no es sólo un alto exponente de estos géneros en la historia literaria nacional —por la agudeza crítica y el rigor analítico que manifiesta y por la creadora asunción del discurso expositivo en uno y otro autores—, sino también un importante documento histórico que revela las inquietudes, las fuentes y los propósitos estéticos del movimiento de renovación postmodernista que ambos escritores representan, en las primeras décadas del siglo XX.   [E.U.]

1.3.3 La obra ensayística de Varona, Sanguily, *Justo de Lara* y Piñeyro

Entre las grandes figuras finiseculares de la cultura nacional que se integran al posterior decursar de las ideas en el nuevo siglo, Enrique José Varona (1849-1933) es quizás el más abarcador: poeta, crítico literario y ensayista, es conocido también como filósofo, estadista y pedagogo. En realidad, toda su obra expresa un momento relevante de la historia cubana, como ideólogo del independentismo y como defensor incorruptible de un programa nacional irrealizado, y a la postre irrealizable, de filiación burguesa. No puede estudiarse una de sus facetas con total olvido de las restantes: la plataforma común es la realidad cubana. Su formación y sus mayores reflexiones filosóficas y literarias —de no menor incidencia política que sus trabajos posteriores— corresponden al período decimonónico; en las primeras décadas republicanas, su ensayística —en plena madurez de recursos— se hace más sintética y de cierto modo coyuntural, respondiendo acaso a las variaciones constantes del panorama social y político del país. No obstante, la evolución de su pensamiento no admite una brusca escisión en la frontera de los dos siglos; su aporte a las letras cubanas en los primeros años del siglo XX es aún significativo, y algunos de sus más importantes libros del período contienen artículos escritos en el anterior, continuidad no ajena a una manifiesta evolución que lo sitúa en la avanzada de su clase y que al final de su vida lo convierte en inspirador moral e intelectual de una promoción de cubanos no vinculados a su programa reformista. Como se ha dicho, Varona es uno de los puentes fundamentales entre ambos siglos, es decir, entre las ideas de una burguesía nacionalista y necesariamente antinjerencista y las ideas del proletariado y de las clases populares en las que, paradójicamente, no supo ver la fuerza impulsora de los acontecimientos sociales.

Sus concepciones literarias y artísticas están sustentadas en criterios y preocupaciones filosóficas. En sus escritos predomina la terminología positivista, sobre todo en la traspolación de categorías y conceptos de la biología a la sociología (socialdarwinismo) y en su comprensión «positiva» (y antimetafísica) de las ciencias, pero en ellos laten genuinas inquietudes teóricas de incidencia nacional: la relación del arte con la realidad (y, específicamente, con la realidad social), la capacidad cognoscitiva de la literatura y su influencia en la sociedad. En estos años se acentúan en su obra el escepticismo en relación con la posibilidad de una aprehensión verdaderamente científica de la obra literaria y su rechazo a ciertas novedades seudocientíficas de Max Nordau o del propio Lombroso, a quienes ridiculiza en artículos como «Poe y Baudelaire» (1895), «Genio y miseria» (1896) y «El caso Nietzsche» (1904). Estos trabajos fueron incluidos por el autor en los libros más representativos de su quehacer literario en el período: *Desde mi Belvedere* (1907) y *Violetas y ortigas* (1916). Pero su escepticismo lo conduce a interesantes reflexiones sobre la Historia como ciencia. En este sentido, Varona manifiesta sus simpatías mayores por Sorel, quien creía necesario estudiar no sólo la evolución de un fenómeno histórico, sino también sus antecedentes y sus condiciones internas y externas. Por eso en su artículo «Diez de octubre» (1899) afirma con respecto al inicio de nuestra gesta emancipadora: «Si se considerase la de Céspedes como

un hecho aislado, parecería obra de la temeridad, vecina de la demencia.»[36] No obstante, desconfía de las interpretaciones contemporáneas del pasado, pues dice una vez más en 1904: «bajo la misma etiqueta mentirosa, mis pensamientos son del todo diversos de los de los hombres de ayer»;[37] sus dudas incluyen la mixtificación de hechos o de personajes históricos que adquieren en la tradición popular o en el arte un carácter simbólico —por ejemplo, en «A Vercingetorix» (1903)— y acaban por asociarse a sus meditaciones en torno a las posibilidades cognoscitivas del arte y específicamente de la literatura. En su profundo y esclarecedor trabajo «Lo convencional en el arte» (1899), Varona llega incluso a decir: «¿Cuál es ya, pues, el Cyrano verdadero: el de Rostand o el de Pierre Brun? Lo que llamamos restauración de una época o de un personaje histórico no es, al fin y al cabo, sino una obra de nuestra fantasía.»[38] En estas páginas, el autor expone con mayor detenimiento su punto de vista sobre la relación entre el arte y la realidad; esta última actúa como signo convencional, porque el artista, dice, «no trata de reproducir fotográficamente la realidad, sino de despertar las emociones que produce lo real por medio de signos».[39] A pesar de ello, en diferentes artículos Varona insiste en la autenticidad o riqueza que puede alcanzar el reflejo de la realidad en el arte.

Hay un tema en la ensayística de Varona muy asociado a sus convicciones sociales y específicamente a su proyecto de desarrollo económico del país basado en la diversificación productiva y en el auge de la pequeña propiedad individual —en oposición a la monoproducción y al alarmante predominio en el país de monopolios extranjeros—: la contraposición moderna del individuo y la sociedad. Sus estancias en Nueva York le arrancan quizás las primeras alusiones al tema en artículos como «Otra, otra infortunada» (1894) o «Reflexiones en un elevado» (1895), pero esas meditaciones se extienden después a hechos y situaciones muy diversos, entre los que adquiere especial relieve la confrontación del artista con la sociedad, sea ésta representada por una institución o por un grupo de críticos mediocres, en artículos como «Ironía de la suerte»

(1899) y «A John Ruskin, inmortal» (1902). Pero no se queda en la superficie Varona; él sabe que la disolución del individuo en las grandes ciudades es sólo la parte más visible y externa de un proceso de consecuencias mayores: en las sociedades con un alto desarrollo tecnológico el pequeño productor es absorbido por los consorcios. En su artículo «D'Annunzio y la crisis actual» (1899) afirma rotundamente: «En nuestros días, todo tiende a *socializarse*, si se me permite la expresión [...] Quizás el aspecto más trágico de la historia de la humanidad sea este que ahora nos presenta al individuo consciente de su inmersión en el agregado [...].»[40] Cuando apenas ha comenzado su infructuosa lucha en el seno de la república mediatizada por orientar el curso de la vida nacional a favor del desarrollo de la pequeña y media burguesía, intuye su impotencia, es decir, la impotencia de su programa. Por eso, y aun cuando para él el socialismo no es sino una manera distinta de predominio de lo colectivo sobre lo individual, en los años finales de su vida declara apesadumbrado: «Hay que reorganizar la sociedad, pero, ¿cómo? El derecho que hemos amasado y manoseado no nos da respuesta adecuada.»[41] En el artículo citado sobre D'Annunzio, Varona plantea claramente los fundamentos de la inadaptación del artista moderno: educado en los valores tradicionales del individualismo debe enfrentar (y expresar) una sociedad que anula al individuo; como resultado, dice, el artista «se vuelve de súbito por un camino disimulado al arte por el arte».[42]

Otra de las preocupaciones permanentes de Varona en sus breves apuntes ensayísticos de estos años es el tiempo, el tiempo como *reiteración*, con lo que introduce un elemento contradictorio en su propio escepticismo histórico. En 1895 había dicho a propósito de José Silverio Jorrín: «Suelo ver en personas que conozco algo como la reproducción de personajes históricos. Esto por descontado, no es más que juego de mi fantasía [...].»[43] Sobre este principio construye sus reflexiones «Enero» (1903), «Ferdinand Fabre» (1903) e «Iconografía» (1903), entre otras. De alguna manera los males del país también se reproducen: la colonia se reitera en la

república. Varona insiste en el papel social que desempeñan los periodistas y los críticos de arte como difusores de ideas. Este tema aparece ya en su artículo «Rarezas» (1895), pero será tratado nuevamente en «Con motivo del Congreso de Berna» (1902) y, de manera indirecta, en «Sermón laico» (1905). El mismo Varona cumple a cabalidad como periodista la función que le exige a sus colegas. Durante los años siguientes al fin de la guerra y hasta la tercera década de nuestro siglo, ejerció con valentía el periodismo político alertando, señalando, proponiendo. Dejó varios libros de artículos sobre la realidad cubana, uno de ellos *Mirando en torno* (1910), compuesto en su totalidad por textos escritos durante la segunda intervención militar, entre los que podrían mencionarse «A Plutarco» y «Manual del perfecto sofista», ambos de (1904), en los que combina, con fina ironía, temas literarios y reflexiones políticas. Como periodista, uno de sus propósitos fue el comentario integrador de los más disímiles acontecimientos internacionales al ámbito cubano, siempre vistos y analizados en provecho de nuestras circunstancias. Sus artículos periodísticos conservaron generalmente un tono ensayístico. Como crítico literario no comprendió la trascendencia del modernismo y específicamente de Casal. En su comentario sobre Enrique Piñeyro (1904), Varona se detiene en anécdotas que revelan su formación esencialmente romántica. No obstante, comparte con los modernistas la admiración por sus maestros franceses. Entre sus últimos trabajos críticos se destacan sus discursos «Sobre la Avellaneda» (1914) y «La más insigne elegíaca de nuestra lírica» (1918), dedicado a Luisa Pérez de Zambrana.

Durante años publicó en la prensa aforismos y notas de carácter filosófico que luego reunió en el volumen *Con el eslabón* (1918), último aporte suyo a esa disciplina. Fue quizás, como se ha señalado, el primer cubano en emplear el término «antimperialismo» y el más sistemático estudioso de la esencia del imperialismo contemporáneo, aun cuando no comprendió su especificidad histórica. En su importante trabajo «El imperialismo a la luz de la sociología» (1905) —meritorio intento por abordar de forma científica ese fenómeno socioeconómico—, Varona diluye su esencia en consideraciones históricas a partir de una definición inexacta: dominación política como consecuencia de la expansión territorial. A pesar de ello, como señala el investigador Pedro Pablo Rodríguez,[44] su estudio posee el valor para la época de apreciar la importancia de la penetración económica como parte de la dominación imperialista. Su mérito es aún mayor si se considera que en esos años se inicia precisamente en Cuba la era histórica del neocolonialismo. Profundo observador, le dice mucho tiempo después a Jorge Mañach en su conocida costa (1930), que el imperialismo norteamericano ha llegado a su cúspide y a ésta se suele llegar, pero en ella no es dable permanecer.[45]

En plena lucha antimachadista unió su voz y su prestigio a la rebeldía estudiantil. Sus declaraciones «Exhortación a la juventud universitaria», «Existe un problema universitario», «Jamás Cuba fue servil», y su desesperado y viril recuento «Balance», todos escritos en 1927, así como la ya mencionada «Carta a Jorge Mañach» y su enérgica protesta ante el asesinato de Rafael Trejo (1930), entre otros documentos, nos muestran a un anciano venerable, lúcido e incalculable. Su vida refleja el itinerario ideológico de la burguesía cubana cuyo programa nacionalista fracasa en los albores de la seudorrepública; pero su mérito personal radica en la profunda comprensión que manifiesta en sus últimos escritos de ese hecho, en un pesimismo que, no obstante, se abría a nuevas esperanzas.

Otra de las figuras finiseculares que acompaña a Varona en su bregar republicano es el mambí Manuel Sanguily (1848-1925). Hombre apasionado, pero recto en sus juicios y en su conducta, ensayista, orador, crítico literario, estadista, coronel del ejército libertador, había dicho en 1904: «no basta haber cumplido el deber en el pasado, cuando son más premiosos y quizás más graves los deberes que el presente nos impone».[46] Menos prolífico que Varona, a quien admiraba profundamente, su obra es desigual, polémica, incitadora. Formado bajo la tutela directa de Enrique Piñeyro y el recuerdo agradecido de José de la Luz y Caballero, en cuyo colegio El Salvador transcurrieron los primeros años de su ado-

lescencia, y bajo la influencia indirecta de Taine y Guyau, así como de su permanencia insurrecta en los campos de Cuba durante ocho años, su espíritu ávido e inquieto se desborda en una prosa raigalmente comprometida con la independencia primero y el mantenimiento de la nacionalidad después, enfrentada a la penetración norteamericana. Si consideramos que Sanguily fue un intelectual de acción que no aceptó nunca las consecuencias sociales, con respecto a Cuba, de los criterios darwinistas, que asimiló el espiritualismo de las obras de Guyau y de Renán y que, además, señaló él mismo, con claridad asombrosa, que no era posible considerar el pensamiento de Varona teniendo como referencia a Spencer,[47] podría dudarse —por las mismas razones por las que él dudó en el caso de su admirado amigo— de su estricta filiación positivista. Su obra no puede tampoco fraccionarse en el límite de los dos siglos, a no ser por la presencia de circunstancias y conflictos nuevos y, en consecuencia, por la preponderancia en ese período de artículos y discursos políticos. Solamente en el diario *La Discusión*, Sanguily publicó en 1899 más de cien trabajos.[48] Con menos frecuencia, pero mayor sistematicidad, colaboró durante muchos años en la revista habanera *El Fígaro*. Es preciso admitir que su temperamento exaltado lo condujo en ocasiones a posiciones extremas. Ello se evidencia sobre todo en sus artículos decimonónicos sobre Plácido en los que se impone una visión deformada de la personalidad del poeta mulato; una parte de la crítica ha visto en esos textos la supervivencia de prejuicios raciales en el ensayista. Sanguily ha devenido no sólo sujeto, sino también objeto de una larga polémica histórica en torno a la figura de *Plácido* que se mantiene en nuestros días. Aunque nunca rectificó sus criterios al respecto, en 1907 reconoce la dureza innecesaria con que fueron expuestos.[49] De cualquier manera, su evolución constante lo conduce a una radicalización de su pensamiento sociopolítico.

En una interesante conferencia que pronuncia el 24 de septiembre de 1899 sobre Antonio Maceo, Sanguily destaca la necesidad que tienen los pueblos de recordar a sus mártires, es decir, su historia, pero quizás lo más relevante de este texto es la insistencia de su autor en la esencial cubanía de Maceo, dada en la confluencia simbólica de los componentes étnicos más señalados de la nacionalidad cubana, y lo que es aún más significativo, la ubicación clasista e ideológica que hace —acaso no del todo conscientemente— del libertador cubano: «Por sus venas, la sangre del blanco avasallado —de los pecheros ahorcados por Morillo, asesinados por Antoñanzas, alanceados por Boves— y la sangre del africano —de esclavos que fueron acaso príncipes y reyes arrebatados a sus lejanos señoríos para ser convertidos en bestias apaleadas— se mezclaron en cascadas bramadoras [...].»[50]

En febrero de 1900 evoca nuevamente —ya lo había hecho antes en una obra fundamental de su bibliografía— a José de la Luz y Caballero; en esta ocasión se detiene en las virtudes morales y espirituales de su maestro, en su condición de genuino educador, formador de almas, y señala el vínculo estrecho de su vida con la historia nacional. En otra parte de su conferencia, Sanguily explica la compleja situación que atravesaba el país en los años en que vivió Luz —a quien califica, además, de «sincero abolicionista»—; en aquel entonces, dice, había en Cuba «dos razas superpuestas, el colono oprimiendo al esclavo y a su vez oprimido por el forastero».[51] No son casuales estas observaciones de Sanguily cuando la reorganización clasista de la sociedad —una vez terminada la guerra— propiciaba la desintegración de las fuerzas sociales, y era mayor el peligro de una absorción por nuestros vecinos del norte. Por eso, en su discurso de homenaje a José Martí, el 12 de agosto de 1901, nos habla de quien «creyó a los suyos tan capaces como las razas presuntuosas e insolentes, de civilidad y de progreso, como lo fueron de sacrificio y de abnegación».[52] En el Senado se opone resueltamente al Tratado de Reciprocidad con los Estados Unidos en brillantes alegatos que fueron, sin embargo, desoídos. El 20 de mayo de 1904 define en un antológico discurso nuestra identidad: somos americanos, dice, pero «por el nuevo y grande ideal que no proviene de la Roma de los Césares ni de la Roma de los Papas [...]; somos americanos, pero también españoles, y no debemos perder las virtu-

des de ese pueblo; en fin, somos y queremos ser cubanos».[53]

En sus artículos para *El Fígaro*, Sanguily aborda problemas específicamente literarios. Sobresalen, entre otros, sus comentarios sobre *Conde Kostia* (1903) y Ferdinand Brunetière (1906). En ellos emite interesantes consideraciones sobre el oficio del crítico. El primero de estos autores prescinde «del dato cierto y comprobado, de la regla o del principio» y no persigue otra cosa que fusilar o consagrar —«o es una apoteosis o es un salivazo»— según sea su humor o su antojo. Por lo tanto, su obra prescinde «de todo lo que constituye la dificultad al mismo tiempo que el mérito y la esencia de la crítica».[54] El segundo, continuador de Taine, procura asentar el juicio literario en principios científicos que superen el impresionismo, lo cual es un necesario, legítimo y, sin embargo, «hasta el presente vano e inútil empeño».[55] No obstante, Sanguily, aunque estima altamente la labor del controvertido francés, considera que había en él «desde los comienzos de su carrera un reaccionario».[56] Con respecto al tratamiento de la historia, comparte el escepticismo de Varona, quizás menos decididamente que aquél —recuérdese que uno de los proyectos fundamentales de su vida que no llegó a realizar era la redacción de una historia de la guerra de los diez años— y comprende e incluso estimula —es el caso de un prólogo a las páginas de Álvaro de la Iglesia sobre Pepe Antonio (1904)— el tratamiento literario de personajes o hechos históricos, siempre que no desvirtúen su esencia, pues éstos llegan más rápidamente al corazón y a la inteligencia del pueblo. Esa pasión por *la historia* de Cuba (pasión por Cuba) se revela en muchos de sus trabajos posteriores, entre los que pueden mencionarse como ejemplos «El comandante Ubieta» (1904) y su discurso «Ante la estatua del general Calixto García» (1916). Entre 1918 y 1919, Sanguily editó en dos volúmenes sus *Discursos y conferencias*, y ese último año apareció en Madrid, con prólogo de Alfonso Hernández Catá, otra compilación similar —a partir de los mismos materiales— titulada *Literatura universal*. En realidad, en ambas ediciones la mayor parte de los textos fueron escritos antes del nuevo siglo. Su hijo publicó, después de su muerte en 1925, nueve tomos de sus *Obras*.

Nacido el mismo día que Sanguily, pero dieciocho años después, José de Armas y Cárdenas (1866-1919), *Justo de Lara*, tal como firmaba sus escritos literarios y era conocido, fue un crítico prolífico y sosegado. De formación esencialmente finisecular y asombrosa precocidad, sus más importantes libros aparecieron, sin embargo, en las dos décadas iniciales del siglo XX. Cervantista destacado, su mirada crítica se detuvo también, con singular penetración, en los grandes temas literarios; acaso la variedad de esos intereses y la dispersión periodística de sus breves acercamientos, le impidieron un ahondamiento mayor, limitado además por su natural conservadurismo y un sedimento moralista no ajeno en su obra a una perspectiva de la vida y la historia francamente pesimista. No dejan sin embargo de sorprendernos sus originales y agudas observaciones, algunas de las cuales alcanzan una actualidad inusual: su crítica de los fundamentos tradicionales de la historia, descreída pero inquietante, en «La verdad histórica» (1891); su defensa precursora del melodrama como género folletinesco y teatral y la predicción de su éxito en la entonces incipiente industria cinematográfica, además de un somero análisis de sus causas sociales en «El melodrama y Pixerecourt» (1913); la crítica de la apología nietzscheana de la fuerza en su «Nietzsche y Sepúlveda» (mayo 1913); la importancia que le concede en varios de sus trabajos al factor económico en la historia, por ejemplo en «La Economía Política y la Historia» (1891) y «Antoine de Brunel y su viaje a España en 1655» (?), aunque la comprensión de esa incidencia no supere cierto nivel histórico vulgarizador, e incluso el reconocimiento de la trascendencia científica de Marx, a quien califica de genio en su artículo «La muerte de Lasalle» (1913), trabajos todos que lo convierten en un autor contradictorio y rico en detalles. Su «Martí» (1908) conserva el encanto y el valor de un testimonio sincero, aunque se adivina en sus páginas la incomprensión de su tarea histórica.

No es difícil hallar en los escritos de *Justo de Lara* referencias o afirmaciones de ascendencia positivista, sobre todo en la aceptación de la teoría del medio y la herencia, discernible en párrafos como éste de su artículo «Influencia del pesimismo en el siglo XIX» (1891): «[En la India] la injusticia y la miseria tienen su asiento, como lógica consecuencia de una Naturaleza exuberante que impone con su grandeza el fanatismo y la superstición en el alma del hombre.»[57]

No obstante, un catolicismo raigal —que no es, en su caso, intransigente— y en general, una perspectiva conservadora, defensora de los valores tradicionales, pues según dice, «la civilización ha traído con sus bienes incalculables, enormes sufrimientos para el espíritu»,[58] lo alejan de ese movimiento en sus preocupaciones fundamentales. Admirador y de cierto modo discípulo confeso de don Marcelino Menéndez y Pelayo —véase su artículo «Hablando con Menéndez y Pelayo» (1908)—, sin obviar su ineludible cubanidad, *Justo de Lara* se inserta, por sus intereses y búsquedas, en la tradición literaria española; bajo el influjo de la *Historia de los heterodoxos* de aquél escribe, como había hecho antes Piñeyro con intenciones distintas en su «Blanco White» (1910), un erudito estudio biográfico sobre Servet (1911). Pero la diferencia entre ambos trabajos no puede ser mayor. Piñeyro, identificado con la sinceridad de los sentimientos liberales de su estudiado, no duda de sus disensiones e incluso muestra cierta simpatía por su apasionada búsqueda de la verdad; *Justo de Lara*, en cambio, se propone rehabilitar a Servet, demostrar la ausencia de contradicciones esenciales entre las concepciones de éste y el catolicismo. En otro plano, esas diferencias pueden apreciarse en las referencias al protestantismo, indicadoras de divergencias cosmovisivas más profundas.

Justo de Lara está convencido de que «la fe hondamente arraigada, no la gazmoñería, ni el clericalismo insolente, liberta a los hombres y a las sociedades de muchos estragos de la pasión y de los vicios».[59] En realidad, su desconfianza en la capacidad de acción de las masas —en especial, del pueblo cubano— como sujeto no anárquico de la historia y, en consecuencia, su temor no explícito ante cualquier desajuste incontrolado del orden, le llevan a decir, a propósito de la Revolución Francesa, en un artículo de 1891:

«pero se equivocaron en sus procedimientos».[60] En los escritos de *Justo de Lara* se halla un severo enjuiciamiento de autores como Diderot, Mirabeau y Rousseau; «no se pueden leer sin asco —dice en «Diderot» (15 de octubre de 1913)— las nauseabundas descripciones, las obscenidades sin fin, las complacencias en el libertinaje»[61] de los dos primeros. Este principio —«el arte es indiferente a la moral, pero no a la limpieza. Lo sucio y lo asqueroso, ¿puede jamás ser bello?»—[62] alcanza a poetas y artistas como Góngora y el Greco, a quienes considera inferiores y extravagantes, pero establece un criterio evaluativo atendible, al decir de Cintio Vitier.[63]

En este sentido, su crítica de las artes plásticas se sustenta en la convicción de que las únicas y verdaderas fuentes de la pintura son la Naturaleza y la vida, tal como afirma en «Velázquez» (?) y en «La pintura española y el Greco» (1910). Este prurito moralizador lo lleva a ocuparse también en sus estudios del comportamiento público de los autores abordados, como ocurre en «La Rochefoucauld» (?), «Talleyrand» (?), «Amores de Chateaubriand» (1913) y «Samuel Pepys» (1903), entre otros, empeñándose incluso en demostrar que Edgar Allan Poe no fue un bohemio, sino al contrario, «un hombre de alma generosa, un buen amigo, casi un modelo de virtudes privadas».[64]

En sus acercamientos literarios *Justo de Lara* evidencia, no obstante las limitaciones señaladas, una intuición crítica no común en estos años; cabe destacar, del artículo que le dedicara a Whitman, estas palabras: «lo que importa no es emanciparse o no de una tradición poética o artística, adoptar o no una forma nueva o vieja. Lo que importa es tener razón, y sea cualquiera el método, o sin ninguno, crear obras bellas, obras que hagan vibrar las puertas de la simpatía y el entusiasmo»,[65] afirmación que supera el predominante estilo normativo de la crítica de sus contemporáneos. Y es que, para este autor, el arte genuino puede quebrar sus medios expresivos; precisamente lo que distingue a los grandes escritores como Cervantes, Dante o Shakespeare es que trascienden la lengua en que escriben, mientras que, por ejemplo, «para apreciar completamente a Calderón hay que ser español o conocer el castellano como idioma propio».[66] Por otra parte, censura la improvisación y considera necesario el cultivo cuidadoso del talento, en su semblanza sobre Laurence Sterne (nov., 1913). El interés de *Justo de Lara* por la caracterización de la personalidad del escritor estudiado se sustenta también en el convencimiento de la fuerza del medio en la conformación del carácter del hombre, y la incidencia de éste en su obra; en el artículo «Cervantes» (1908) se pregunta de manera directa si otras circunstancias menos adversas no habrían limitado el alcance literario de la obra del gran español. De la misma forma, en la valoración de Montaigne (1913) asocia el estilo caprichoso y «narcisista» de sus ensayos con el supuesto egoísmo de su carácter. Pero la literatura no es sólo expresión de las circunstancias biográficas de los literatos, los libros «son documentos inapreciables para juzgar de la sociedad y la época en que se produjeron»,[67] tal como afirma en un libro cuyo título señala los derroteros seguidos: *Cervantes y el Quijote. El hombre, el libro y la época* (La Habana, 1905). Además de este volumen, *Justo de Lara* publica *El Quijote de Avellaneda y sus críticos* (La Habana, 1884) y *Cervantes y el Duque de Cessa. Nuevas observaciones sobre el Quijote de Avellaneda y su autor* (La Habana, 19109), trabajos ambos en los que intenta esclarecer la identidad del agresor y los motivos que le indujeron a realizar la falsa continuación de la obra cervantina. En otros trabajos más breves aborda también nuestro ensayista al primer escritor de la lengua. Sus numerosos artículos críticos fueron compilados y publicados sucesivamente por el autor en los libros *Ensayos críticos de literatura inglesa y española* (Madrid, 1910), *Estudios y retratos* (Madrid, 1911) e *Historia y Literatura* (1915).

Justo de Lara pasó parte de su infancia en los Estados Unidos, país al que regresó en numerosas ocasiones. Escribió en los periódicos estadounidenses *The New York Herald* y *The Sun*; como corresponsal de este último arribó a Cuba con las tropas norteamericanas en 1898. En sus artículos recordará esta interferencia en nuestros asuntos como una ayuda desinteresada y no desaprobará las intervenciones posteriores.

Vivió en Madrid entre 1909 y 1919. «La hispano-filia, en suma —ha escrito con acierto Cintio Vitier[68]—, se revelaba en él como una forma de colonialismo cultural, como una falta de fe en los valores autóctonos que a su vez lo llevaba a la aceptación del traspaso imperialista del poder español al norteamericano.»

Enrique Piñeyro (1839-1911) fue emigrado voluntario en París desde 1882 hasta su muerte; todavía en los primeros años del nuevo siglo se escucha con respeto el juicio orientador del maestro de la crítica finisecular. Uno tras otro aparecen en bellas ediciones parisinas sus nuevos títulos, algunos conformados por trabajos de épocas anteriores, pero todos concebidos en ese último período de actividad literaria: *Vida y escritos de Juan Clemente Zenea* (1901), *Hombres y glorias de América* (1903), *El romanticismo en España* (1904?), *Biografías americanas* (1906) y *Bosquejos, retratos, recuerdos* (obra póstuma, 1912). Crítico profesional, disfrutó la amistad de eminentes personalidades europeas de las letras y fue testigo del entierro multitudinario de Víctor Hugo en 1885, del que nos hace partícipes en sentida semblanza; en ella, Piñeyro confiesa: «yo he sido toda mi vida ferviente admirador del gran poeta, desde los albores de mi juventud sabía de memoria páginas y páginas de sus obras en verso».[69]

Esta afiliación romántica —no asumida sin embargo a plenitud— perdura en sus trabajos finales, que continúan la línea biográfica y acentúan además sus preocupaciones históricas. Independentista desde los primeros momentos de la gesta del 68, fue secretario de la Legación Cubana en los Estados Unidos; la cercanía de hombres como José Morales Lemus y el marqués de Aldama, anexionistas convencidos, quienes intentaron de manera oficial conseguir la intervención norteamericana en la Isla, su admiración por las instituciones y, en general, la cultura anglosajona, unida a cierta aversión a lo español, más ecuánime y lúcida que la de Nicolás Heredia, pero igualmente intransigente —en lo que se diferencia a su vez de *Justo de Lara*— no le permiten distinguir en sus escritos el enorme abismo que separaba el anexionismo del verdadero independentismo, y en ocasiones iguala

ambas actitudes en la supuesta común inspiración patriótica y anticolonial. Así sucede por ejemplo en la biografía de Morales Lemus aparecida en su libro de 1906 y en otras referencias a los proyectos de anexión en trabajos como «El conflicto entre la esclavitud y la libertad en los Estados Unidos de 1850 a 1861 (Bosquejo histórico)», de 1903. Como historiador de ese país, Piñeyro reproduce en sus escritos un esquema propio de la historiografía norteamericana, el cual podría definirse como de «mitologización equilibradora»: se trata, supuestamente, de escribir la historia de una gran nación, hecha por grandes individualidades, equivocadas en ocasiones o incluso poseedores de muy evidentes defectos, pero honestas y virtuosas en general. El principio abstracto de la democracia exige también que sean considerados en igualdad virtudes y defectos, con independencia de la esencialidad de unos y otros (así, por ejemplo, se erigen estatuas de esclavistas confesos, junto a las de abolicionistas, de hombres públicos de las más encontradas e irreconciliables ideas). Como en el fondo de los hechos Piñeyro no halla otra cosa que arraigadas concepciones, no existen a la postre verdaderos «malos», sino personalidades disímiles y consecuentes. Hay que decir no obstante que fue Piñeyro siempre independentista, y que se entregó con disciplina y esmero a las tareas que le encomendó la legación cubana en Nueva York, entre otras la dirección del periódico *La Revolución* de 1869 a 1870, y una misión diplomática en Perú y Chile, que rememorará después en un artículo de 1902.

Además de los trabajos citados, Piñeyro escribirá semblanzas de políticos norteamericanos como Abraham Lincoln y Daniel Webster, pero también abordará con profusión y pasión la vida de los hispanoamericanos Simón Bolívar, José de San Martín, Andrés Bello, José Joaquín de Olmedo, José Francisco de Heredia, padre del poeta cubano, José de la Luz y Caballero —del que siempre se consideró discípulo— y Gabriel de la Concepción Valdés (*Plácido*). En su libro de 1901, ya citado, intentará asimismo una noble y cálida, pero no siempre acertada, defensa de Zenea —de quien fuera amigo y contertulio en el exilio neoyorkino—, sobre todo por la carencia entonces de informaciones no mediatizadas y, en consecuencia, por el esfuerzo de comprensión humana que lo recorre. Entre los próceres suramericanos, Piñeyro siente quizás una especial simpatía por San Martín, aunque sus comentarios tienen generalmente como punto de referencia la edición de libros de o sobre sus estudiados.

En esos años escribe también apuntes —centrados en recuerdos— de Gertrudis Gómez de Avellaneda: «una de las imágenes que más fuertemente impresas conservo en la memoria, es el rostro moreno, con ojos negros fulgurantes y labios apretados por la cólera» de la insigne poetisa en la ceremonia de su coronación habanera,[70] del poeta francés, primo hermano del cubano, nacido como éste en Santiago de Cuba, José María de Heredia, de quien nos narra las andanzas comunes vividas en La Habana, entre 1858 y 1859; «el contenido bullicioso —recuerda— de José María, aficionadísimo entonces al baile, ponía de buen humor a todos, y nos reíamos hasta desfallecer de su español chapurreado»,[71] para establecer luego un fino paralelo entre ambos poetas, unidos por el origen, la vocación y el nombre y, sin embargo, diferentes en todo lo demás. En el mismo estilo satisfecho escribe «Un rasgo de Guzmán Blanco en París» (1907). Estos cuadros muestran en toda su fuerza expresiva la condición de crítico-historiador *artista* que ha señalado Cintio Vitier[72] como característica esencial de su obra.

En su función de crítico literario, sin embargo, el libro fundamental del período es sin dudas *El romanticismo en España*, ameno y erudito bosquejo de sus principales representantes —con la omisión inexplicable de Gustavo Adolfo Bécquer—, traducido al inglés (Liverpool, 1934), esfuerzo continuador, por su información minuciosa, el conocimiento de los detalles y el tono magistral y descriptivo, de sus estudios literarios anteriores, abarcadores como éste de todo el siglo XIX. Deben mencionarse finalmente sus aciertos críticos sobre la obra poética de Zenea y la defensa del cubano Heredia en polémica abierta con Menéndez y Pelayo, con quien contiende también a propósito de su lacónica valoración de la *Historia de la literatura española* de Ticknor. En realidad, a pesar de la justa valoración de sus méritos literarios y académicos, Piñeyro no disculpó nunca los excesos de conservadurismo político y resentimiento que revelan los escritos del erudito español.

Tanto Enrique José Varona y Manuel Sanguily como José de Armas y Enrique Piñeyro son espíritus decimonónicos, pero mientras estos últimos se mueven en la órbita cultural europea y norteamericana, cada uno a su modo, los dos primeros serán, en las primeras décadas del nuevo siglo, protagonistas de primer orden en la vida nacional; *Justo de Lara* y Piñeyro son, no obstante, los mejores críticos literarios finiseculares, el primero más hondo y sutil, el segundo fundador, en su elegante suficiencia, de una tradición cultural que es ya asumida como profesión. Los cuatro dieron, sin dudas, expresión de lo más alto de la cultura cubana decimonónica en los albores del siglo XX.   [E.U.]

1.3.4 Otros ensayistas. J. Castellanos. J. A. Ramos. M. Henríquez Ureña. F. Lles. J. M. Chacón y Calvo. F. J. Castellanos, B. G. Barros

La energía creadora y la capacidad organizativa parecen ser atributos caracterizadores de la personalidad de Jesús Castellanos (1879-1912). Narrador y ensayista, de breve aunque significativa obra, la ausencia de verdaderos guías colectivos convierte a este hombre —que para José Antonio Ramos era simplemente «el primero entre los primeros»—, en «un jefe, un abanderado».[73] Fundador en 1910, junto a Max Henríquez Ureña, de la Sociedad de Conferencias —evidencia del arribo de una nueva generación de intelectuales— y de la Sociedad de Fomento del Teatro, primer director de la Academia Nacional de Artes y Letras, proyectaba también la creación de una revista que recogiera las inquietudes sociales y artísticas del momento. Cuando en 1914 —dos años después de su muerte prematura— se conmemora el primer aniversario de *Cuba Contemporánea* (1913-1927), Bernardo G. Barros escribe: «Han realizado un proyecto de

Jesús Castellanos [...] fundar una revista libre, abierta a todas las orientaciones y que fuese tribuna para todo noble esfuerzo y toda hermosa idea.»[74] En este inquieto creador se encuentran manifiestas las preocupaciones esenciales de su tiempo; su nombre aparece frecuentemente en la argumentación de otros autores y en la dedicatoria de libros.

Sus textos crítico-ensayísticos fueron reunidos en uno de los tres volúmenes póstumos de su obra bajo un título elocuente. *Los optimistas. Lecturas y opiniones. Crítica de arte* (1914).

Y es que Castellanos no alcanzó a sentir la frustración colectiva de sus coétaneos, aunque no se conformara con la realidad nacional; por eso hacía suya la frase de José Enrique Rodó: reformarse es vivir. «¡Curioso optimismo —decía—, que no es contento con lo actual, sino designio de perfeccionarlo!»[75] Este libro recoge artículos y conferencias de temas literarios y sociales; literatura y sociedad se conjugan en el esfuerzo analizador de una promoción intelectual que asume su elitismo como un compromiso histórico. En su conferencia «Rodó y su "Proteo"» (1910), Castellanos establece la índole de ese compromiso: «hay que sentir la obligación política que implica la fortuna del talento».[76] Pero lo político es entendido en sus ensayos como hecho cultural: es preciso difundir los conocimientos, «democratizar» la cultura. Los intelectuales deben orientar el desarrollo social desde las páginas de los libros y los periódicos, participar activamente en la remodelación, si no construcción, del espíritu nacional. Quizás a la manera de Rodó, quien no fue «un frío analista del bien y sus orígenes, [...] sino [...] un amable asesor de nuestras dudas prácticas, un verdadero "profesor de energía"», según lo define Castellanos.[77] En sus escritos se halla la huella del positivismo finisecular matizado de un espiritualismo contradictor, y la ingenua, pero honesta convicción, de que participaba de los grandes cambios sociales del progreso humano, cuyo centro director parecía ser Norteamérica. Sin embargo, comprende que, como otros grandes sistemas filosóficos, el positivismo «vino a tener su confesión de impotencia para explicar el origen de las cosas en las conclusiones de sus

dos grandes apóstoles ingleses»;[78] en cambio, dice, nos deja un método que es su mayor conquista. Al transformarse en método, el positivismo de Castellanos, como el de la mayor parte de los intelectuales cubanos, se convierte en un estilo de pensamiento abierto a todas las tendencias espirituales de la Modernidad. En una de las páginas más interesantes de su comentario sobre el uruguayo José Enrique Rodó, Castellanos distingue la manera en que se asume el *culto al yo* en su obra y en las de D'Annunzio, Barrès y Nietzsche. Para Rodó, sin embargo, «el culto al yo [...] es exclusivamente el de la sociedad entera por medio de su elemento individual, pero sin sacrificio de la una ni el otro, siempre tomando la palabra hombre por su concepto más hermoso, que es el fenómeno de su vida en relación»,[79] afirmación que nos permite entender mejor la paradójica esencia del elitismo participativo de esta promoción de intelectuales.

Los ensayos de Jesús Castellanos (cuando no son conferencias éstos revelan, por su tono descriptivo y fugaz, el contagio sano con el periodismo literario) muestran una inusual madurez de estilo y de pensamiento; no se encuentran por lo general en su prosa los excesos verbales propios de algunos coétaneos. Sus textos se abren a la polémica y trasladan el optimismo de su autor a los escritores tratados: Rudyard Kipling, poeta del imperialismo inglés, Mark Twain, humorista de una sociedad en pleno auge. Y es que para Castellanos, «el arte no ha sido pesimista más que por excepción».[80]

Su entusiasmo ante la vida se rebela ante la impasibilidad programática de los parnasianos, aunque esos poetas no logran en realidad ser impasibles y sólo consiguen cierto impersonalismo. «La impersonalidad de los parnasianos —apunta— no es, en suma, más que una trasmutación del yo.»[81] Las nuevas tendencias artísticas, nos advierte, vuelven la mirada al artista, a su mundo interior, si bien ha sido ya superado —ahí tenemos como ejemplo superior a Flaubert— ese «lacrimoso sentimentalismo descarado de las narraciones románticas».[82]

La intención divulgativa (didáctica, en el buen sentido) de la prosa reflexiva de Castellanos, es similar a la que caracteriza en las provincias

orientales a José Manuel Poveda; no son exactamente las mismas fuentes ni los mismos propósitos renovadores, pero ambos sienten la necesidad de injertar el mundo en la vida literaria
nacional. Jesús Castellanos, en cambio, abre su
espectro de intereses a zonas literarias muy diversas, tanto europeas o norteamericanas como
latinoamericanas; se detiene, siempre fugazmente, en autores tan disímiles como Julio Verne o
Pedro Henríquez Ureña, entre otros, pero a diferencia de Poveda, carece de un programa que
establezca un orden jerárquico y nexos internos
en sus estudios. Las artes plásticas son también
abordadas por Castellanos —quien se desempeñó en el periódico *La Discusión* como caricaturista—, y sus esporádicos acercamientos a la
obra de Romañach o Massaguer guardan relación con la obra crítica de su amigo Bernardo G.
Barros. Sus mejores páginas las hallamos sin
embargo en sus conferencias, de intenciones
mayores.

En sus valoraciones aflora acaso cierta perspectiva colonial que determina su admiración por
la sociedad norteamericana; pero no debemos
confundirnos. Su culto positivista al progreso
se sustenta en un proyecto de renovación burguesa que encuentra en la gran nación vecina su
máxima realización; la alternativa de permanecer unidos espiritualmente a una España semi-
feudal era para él inadmisible. Cierto también
que Castellanos evidencia en su artículo «Los dos
peligros de América» (1911) una ingenuidad
política poco común, capaz de atribuir intenciones filantrópicas a los actos de más elocuente
rapacidad histórica. Por otra parte, como muchos de sus contemporáneos, cree irrealizable la
unión de los pueblos hispanoamericanos, para
lo que se interponen, dice, obstáculos sociales,
históricos y geográficos. Ante el posible «empuje de la ola del Norte», no veía, contradictoriamente, otra solución que la aceptación de la
doctrina panamericanista.[83]

Perteneciente a la misma promoción republicana y uno de sus más activos representantes,
José Antonio Ramos (1885-1946), conocido
como dramaturgo y narrador, es también un
notable ensayista, *analista* de la circunstancia
nacional, cualidad que aparece también en su

obra de ficción. Inconforme con la realidad del
país, intentó modificarla mediante el análisis
minucioso de sus males y la proposición de vías
superadoras de corte reformista. Su evolución,
marcada por la honestidad, lo lleva a posiciones
más comprometidas y, al final de su vida, a un
acercamiento espontáneo a la ideología del marxismo, pero en sus ideas se descubre un sedimento positivista que se diluye después en concepciones pragmáticas. Ramos escribe en estos
años dos libros que lo consagran como ensayista: *Entreactos* (1913) y *Manual del perfecto
fulanista* (1916). En el primero recoge artículos
aparecidos anteriormente en la prensa. El título
alude a un supuesto «paréntesis» en la faena
meramente literaria del autor, aunque esto no
debe ser entendido de manera absoluta, pues en
esos trabajos expresa preocupaciones que son
comunes a toda su obra. Una de esas preocupaciones es la cercanía de los Estados Unidos, cuya
cultura, sin embargo, también admira. Permeado
de un fatalismo geográfico de raíces social-
darwinistas, acepta la inevitabilidad del instinto
expansionista y sólo propone a cambio la ilusoria fórmula de la «virtud doméstica». No obstante, sabe que ese «instinto» puede destruir la
nacionalidad cubana, y su primera proposición
es inesperada, pero lúcida: es preciso conocer a
nuestro vecino poderoso, asimilar sus virtudes.
Por eso polemiza con el venezolano Rufino
Blanco Fombona, quien imbuido del mito
rodoniano niega toda significación cultural a los
norteamericanos. Sabe también Ramos, y lo
expone, que el separatismo de muchos cubanos está inspirado en el modelo histórico de
aquel país, aunque advierte enseguida: «es cierto que Martí apuntó varias veces algunos de los
más graves peligros de la gran democracia y ahí
están sus profundos estudios sobre política
americana [...] oponiendo una excepción a mi
afirmación».[84] Algunos años después, en 1916,
Ramos insistirá, como Ortiz, en el germen
desintegrador que crecía en el interior de la
misma nación, porque «son muchos los que entre nosotros sueñan con extranjerizarse, educan
a sus hijos en colegios extranjeros, y todo lo propio lo ven como empequeñecido y ridiculizado
[...]». No obstante, «el desprecio yanqui nos

devuelve a esos jóvenes descarriados [...] [y] nos obliga a sentirnos cubanos y a vivir junto a ellos en constante recelo».[85] Algunos historiadores han querido presentarnos un Ramos ajeno a la amenaza imperialista e incluso un Ramos pronorteamericano, en el sentido antipatriótico que esa palabra asume en el contexto político latinoamericano. Ello es falso. Si bien dedica muchos años de su vida al estudio de la literatura de esa nación, y su importante *Panorama de la literatura norteamericana* (1935) —en el que se revela la influencia de las concepciones histórico-literarias de Verno L. Parrington, como ha señalado la crítica— trasciende el análisis estrictamente literario y constituye en realidad un estudio paralelo crítico de las culturas estadounidense y latinoamericana, su interés real es evitar, por la asimilación superadora y la corrección de errores históricos, la absorción temida.

Por otra parte, a diferencia de otros contemporáneos, en su análisis y defensa de la nacionalidad cubana, Ramos exhibe un decidido antirracismo: «dije que no me preocupaba el porvenir de la raza blanca en Cuba —escribe en 1913—, y como aclaración me atrevo a preguntar: ¿pueden interesarme los futuros habitantes de mi patria, simplemente como blancos? No [...] Me interesan como cubanos».[86] En su libro *Entreactos* analiza otros problemas de la realidad nacional de manera crítica; su visión tiene ya un mayor sustento económico: «como no lo haría [...] —dice de sí— el más práctico marxista».[87] En realidad, como ha señalado el crítico José Antonio Portuondo, «este "activo y práctico" economismo de Ramos es consecuencia de su aceptación del criterio materialista [...] pero es hijo también de su desconocimiento del sentido dialéctico de la historia»,[88] que le lleva, indefectiblemente, a una posición reformista. En 1914 redacta junto a Miguel de Marcos el manifiesto de la Asociación Cívica Cubana, que constituye un intento unificador de voluntades para la solución de los graves problemas políticos del país. Ese año publica también su artículo «La senaduría colectiva», en el que, al margen de la propuesta específica de carácter reformista, coincide con Varona en la necesidad de limitar el exceso de políticos profesionales a favor de un mayor desarrollo de las llamadas fuerzas vivas. Un destacado papel le asigna Ramos a la intelectualidad en la conducción política de la nación.

El ensayo más importante de Ramos es, sin embargo, *Manual del perfecto fulanista* (1916). Esta obra y la de Fernando Ortiz, *Los negros esclavos*, escrita en el mismo año, «constituyen —según ha dicho Portuondo— los esfuerzos más serios de aquel tiempo por plantearse de un modo científico los problemas fundamentales —político y étnico— del país».[89] Este libro es un insustituible documento de la época, por cuanto traza con dureza aleccionadora los rasgos característicos de la corrupción política entonces imperante; Ramos suprime en él las fronteras entre la ironía, el análisis serio y la burla más agresiva. El lector, desconcertado, deberá buscar y encontrar asidero en la realidad nacional y en una molesta introspección que le revele sus propias inconsecuencias y pequeñeces morales. Por su estilo duro, su parodia del choteo descomprometido y su incontestable lógica en el análisis, Ramos logra la presentación de ciertos rasgos de la falsa cubanidad. No obstante, las reformas que propone revelan, a su vez, el nivel de incomprensión que tiene aún de la naturaleza de esos hechos. El «fulanismo» como realidad política debe ser transformado en un gobierno de los mejores, es decir, de los intelectuales. La trayectoria de la visión que tiene Ramos de los obreros cubanos es elocuente: desde su desenfoque juvenil de *Almas rebeldes* (1906), en el que éstos aparecen más cercanos a los modelos clásicos del obrero europeo, hasta sus simpatías finales y su ingreso solidario al partido marxista cubano en la década del cuarenta. Hombre de teatro, novelista, todos sus escritos revelan una militante inconformidad y una vocación analizadora que no descansa. Su obra de estos años se enmarca en un período de su vida que es de madurez y de crisis, tanto en lo político como en lo artístico, y que se extiende —según la periodización que hiciera Francisco Rodríguez Alemán—[90] hasta el año 1930; a partir de esa fecha, como hemos dicho, Ramos radicalizará su visión política de la realidad.

La presencia en Cuba de los hermanos Henríquez Ureña, de origen dominicano, constituye un estímulo permanente para el desarrollo de la vida literaria en la recién instaurada seudorrepública. Pedro Henríquez Ureña (1884-1946) visita por vez primera el país en 1904 y permanece en él hasta 1906; en ese tiempo colabora en diferentes revistas y periódicos nacionales y publica su libro *Ensayos críticos* (1905). Diez años después de su arribo regresa a Cuba (1914) y ejerce su sabia influencia en algunos jóvenes intelectuales como José María Chacón y Calvo y Francisco J. Castellanos, entre otros. Sin embargo, es Max Henríquez Ureña (1885-1968) quien alcanza mayor relieve en la cultura nacional debido sobre todo a su larga residencia en el país —específicamente en Santiago de Cuba— y a su activa participación en diversos proyectos culturales, como la Sociedad de Conferencias —de la que fuera fundador en 1910 junto a Jesús Castellanos—, la revista *Cuba Contemporánea* y el Ateneo de Santiago de Cuba (1914), entre otros; por otra parte, su obra crítico-ensayística aborda diversos aspectos de la literatura cubana. En un discurso de graduación, pronunciado en la Escuela Normal de Oriente, de la que era director, Max Henríquez Ureña dice:

> Bien sabéis que no nací en Cuba, pero que el ideal cubano está mezclado a las más dulces memorias de mi infancia [...] Es por eso por lo que [...] he sabido pensar en cubano, y tengo más derecho al dictado de cubano que algunos que por azar o por equivocación vieron la luz en este suelo. ¿Pero es que olvidamos acaso la voz de Martí que nos dice que esto es aquello y va con aquello?[91]

Sus *Discursos y conferencias* no literarios, en la etapa estudiada, fueron recogidos con el subtítulo: *Primera serie: prédicas de idealismo y de esperanza* (1923). En ellos comprobamos su plena inserción en la realidad nacional y la amplitud de sus intereses, no ajenos a la realidad política. En su oratoria muestra un decidido antimperialismo, y su prédica se dirige una y otra vez contra «la labor del anexionismo vergonzante

qué, por desgracia, existe en Cuba».[92] Su discurso «Alma juventud» (8 de julio de 1922) es un ejemplo de su enérgica posición: por una parte rechaza el mito de la ayuda norteamericana a la independencia de Cuba —y señala el interés estratégico que para los Estados Unidos tiene el control del país—, y por la otra, pide a la juventud que rompa con el practicismo y la cordura de sus padres. «¡El romanticismo —dice— es también acción, entusiasmo, audacia, sacrificio, locura!»[93] Sorprende la pasión con que se expresa desde la tribuna política; en esas arengas su estilo se hace rápido y comunicativo, capaz de expresar la emoción del instante y de arrancar prolongados aplausos. Cuando defiende en 1918 el derecho de Bélgica y las pequeñas naciones europeas a la independencia —proclamado en el fragor de la Primera Guerra Mundial por el presidente Wilson—, sus oyentes saben que alude también a la intervención militar norteamericana en República Dominicana.

En su discurso «Patria» (24 de febrero de 1920) define ese concepto como un proceso colectivo de reafirmación permanente en el que se conjugan la tradición y los ideales del porvenir (pasado-presente-futuro), pues «existe una patria ideal, una patria acaso inasequible; pero es por el ideal —dice—, es por lo inasequible por lo que luchan y sucumben los hombres de razón y de conciencia».[94] ¿Cuál es ese ideal en las primeras décadas cubanas del siglo? También como Ramos o Castellanos, Henríquez Ureña sostiene que la gesta independentista en la América española se inspiró en la Revolución Francesa, pero su ideal republicano parte de realidades muy concretas: por eso pide una patria sin prejuicios y aristocracias, sin oscurantismos y concupiscencias, pero también sin *carboneras* y sin *apéndice constitucional*.[95] En sus palabras evoca las figuras de Carlos Manuel de Céspedes, de Mariana Grajales, de José Martí.

No obstante, los más significativos textos de Max Henríquez Ureña son de carácter artístico-literario. En 1906 pronuncia su conferencia *Wistler y Rodin*, publicada ese mismo año en La Habana, y en 1915 reúne en un cuaderno sus charlas *Tres poetas de la música: Schuman, Chopin, Grieg*. Colabora en los periódicos *La*

Lucha y *La Discusión*, en aquél con artículos de crítica teatral. Pero el primer volumen importante de asunto literario aparece en 1918: *Rodó y Rubén Darío*. En él su autor presenta dos estudios independientes sobre estas figuras cimeras de la prosa y la poesía modernistas; su escritura en este caso es pausada, descriptiva. Se interesa por todo: del paisaje urbano al paisaje marino —ese mundo exterior que rodea al pensador uruguayo y se filtra subrepticiamente en su obra—, del aspecto físico al aspecto moral, caracterización de su personalidad humana. Por eso divide su conferencia sobre Rodó (1918) en diez secciones: es un largo recorrido, matizado por observaciones críticas de carácter impresionista o contradictoriamente de ascendencia positivista, que incluye la visita al propio estudiado, el medio, su culto a la forma y el análisis de sus ideas. En ellas destaca la concepción rodoniana de «magna patria» que enarbola la unidad espiritual hispanoamericana. Su conferencia sobre Darío (1916) no soslaya el estudio del Modernismo como movimiento literario, sus fuentes y sus precursores —Gutiérrez Nájera, Martí, Casal y Darío—, aunque advierte desde los primeros párrafos que éste no fue nunca una escuela, sino «un grupo de tendencias, unas de orden espiritual, otras de orden formal».[96] En la apertura del curso académico 1918-1919, pronuncia el discurso conocido como *El ocaso del dogmatismo literario* (1918), en el que arremete con ímpetu certero contra la vieja retórica y revisa de manera crítica los tratados al uso y las diversas concepciones de sus contemporáneos. Este texto exhibe un rigor expositivo y un dominio de la materia comparable al que muestran los estudios métricos de Regino E. Boti. En los años finales del período estudiado —primeros de la década del veinte—, Max Henríquez Ureña inicia la preparación de una *Historia de la literatura cubana*, y presenta uno de sus capítulos —el dedicado a José María Heredia— en la revista *Cuba Contemporánea* (1924).

Escritor de específicas intenciones filosóficas y de acento rodoniano, perteneciente al círculo de ensayistas matanceros —en el que se destacan además los nombres de Emilio Gaspar Rodríguez y Medardo Vitier—, Fernando Lles y Berdayes (1883-1949) es autor de dos importantes libros del período; *La higuera de Timón. Consejos al pequeño Antonio* (Matanzas, 1921) y *La sombra de Heráclito* (1923). Una lectura de esos ensayos ajena al contexto histórico en que fueron escritos —contexto literario y social— nos conduciría al terreno de la especulación filosófica, y en él podríamos indicar al menos una influencia decisiva: el escepticismo aforístico y sentencioso de su prosa, el elitismo desvergonzado —o más exactamente, presuntuoso— de su perspectiva, es sin dudas de ascendencia nietzscheana. Pero la comparación nos sitúa en una encrucijada histórica: es necesario determinar la dirección de ese ímpetu destructivo.

No sería exagerado afirmar que en las dos primeras décadas del nuevo siglo se resuelven ante todo las grandes disyuntivas morales de una nación que arriba a la independencia política sin verdadera posibilidad de redención; momento de colisión histórica entre el ideal independentista y los intereses impuestos por un nuevo poder extranjero. La sumisión y la impotencia conducen a la degradación de los ideales; la intervención norteamericana de 1906 mostrará a la seudoburguesía cubana que en la política se hallaba el camino más fácil y seguro para el enriquecimiento individual. Por otra parte, el intento formal de legalizar el camino democrático burgués en el país abre también un debate sobre las concepciones morales tradicionales de contenido religioso: la separación de la Iglesia y el Estado, la aprobación en 1918 de la Ley del Divorcio y las campañas a favor de la educación laica son los hechos coyunturales que propician la reflexión sobre la doble moral (o falsa moral) y la necesidad de sustitución o renovación de los ideales sociales. Los representantes más destacados de la primera promoción republicana son partidarios —en ocasiones ingenuos— del progreso. Jesús Castellanos había declarado de manera explícita: «Al cabo, como advierte Anatole France, ¿qué es generalmente la inmoralidad actual sino la fórmula de la moralidad futura?»[97] Fernando Lles participa en ese diálogo nacional, pero sus «consejos» son en realidad para «el pequeño Antonio» una intelectualidad cuya silueta aristocrática resalta aún más en el sombrío panorama cultural republicano de esos años.

Resulta posiblemente más fructífero el señalamiento de las preocupaciones nacionales que sustentan el discurso reflexivo de Lles, que el análisis abstracto de su exposión teórica. No se trata de establecer en cada línea paralelos sociales empobrecedores del significado, sino de señalar de manera general zonas de concordancia vital. Porque Lles conoce y desprecia la falsedad de una moral manipulada por intereses diversos: «la moral en nuestro mundo —escribe— no es otra cosa que un concepto relativo a la estabilidad y conveniencia de cada especie»,[98] y esa convicción le abre el camino hacia un elitismo pesimista (en ocasiones nihilista), fundado en el «asco de vivir a dentelladas, bajo el disfraz ridículo de la filosofía optimista de los hombres»,[99] esencialmente opuesto al elitismo optimista de Jesús Castellanos. La esclavitud, los privilegios de castas y la servidumbre obligatoria —piensa Lles— han sido sustituidos por otras formas más pérfidas, ingeniosas e hipócritas de dominación. La hipocresía es, precisamente, el núcleo funcional de la moral contemporánea. «Examina —le dice a su imaginario interlocutor—[100] el contrato social subsistente bajo todos sus aspectos y verás cómo no hay ni pequeño ni grande egoísmo o necesidad que no se disfrace con el nombre de algo trascendente, religioso, metafísico, subjetivo, digno para ti de hondas e indocumentadas veneraciones.»

La Ley establece, consecuentemente, la norma de conducta de las masas, pero es preciso disculpar a ciertos espíritus de excepción, «sin moral y sin ley, sin sanciones íntimas, porque viven en un *devenir* perpetuo, almas en transición hacia quién sabe qué definitiva solución ética».[101] Su conferencia titulada «La caridad en sus aspectos del Pasado y del Presente. Los insolidarios, los pródigos, los artistas y los convencionales» (1913), es un antecedente del libro *La higuera de Timón*, publicado ocho años después. En aquélla se encuentran párrafos enteros que fueron trasladados sin cambios a su conocido ensayo, así como reflexiones que, en otras o similares palabras, expresan las mismas preocupaciones; en la fundamentación de su elitismo, por ejemplo, se pregunta: «¿qué imperativo intelectual, qué ley de igualdades colectivas puede pedir el sacrificio de los mejores, en aras de los beneficios de los más débiles? ¿Hasta dónde debe restringir su fuerza y su inteligencia el mejor preparado para no esclavizar al que no lo esté?»[102] Es preciso consignar, no obstante, que los nexos de su discurso con la realidad social de su tiempo no disminuyen o impiden la universalidad de sus preocupaciones; esa realidad, obviamente, trasciende el ámbito nacional; ese tiempo no es sólo el de su comarca. En 1923 aparece el segundo libro importante de Lles, *La sombra de Heráclito*, que incluye a su vez otra conferencia titulada «La metafísica en el arte» (1922), publicada también de forma independiente. Existe en estos textos un criterio historicista, aunque deliberadamente abstracto, en el análisis libre, ensayístico, del surgimiento del lenguaje. Si en su primer libro encontramos una prosa altiva, laberíntica y, en ocasiones, cargada de adjetivos —por ejemplo, «el tranquilo y plácido curso de sus días» o «la inefable e inconfundible serenidad»—, en éste alcanza una sencillez expositiva capaz de confundir al lector acostumbrado a la burda literalidad; en breves párrafos se intenta definir o respaldar una sentencia, y cada frase es parte de un todo, del que sin embargo no depende.

Por su conducta intelectual y, en parte, por sus preocupaciones, Fernando Lles se acerca como ensayista a Francisco José Castellanos; sin embargo, una diferencia esencial lo ubica en un camino opuesto: Lles aborda el ensayo desde la perspectiva modernista y, más específicamente, rodoniana, mientras que este otro Castellanos la asume, precursoramente, desde la perspectiva de la vanguardia. No se trata sólo de una diferencia de estilo, sino, por el contrario, de fundamentales divergencias cosmovisivas.

Francisco José Castellanos (1892-1920) fue un ensayista menos conocido, conversador íntimo y solitario en aquellos años tumultuosos, que devino por su temprana muerte personaje casi literario en el recuerdo de sus amigos más devotos. Sus ensayos, breves y dispersos, oscuros e incisivos, fueron recogidos en edición póstuma de 1926 con el título preciso de *Ensayos y diálo-*

gos, y reeditados en 1961. Su obra, escrita en la segunda década de nuestro siglo, anticipaba preocupaciones estéticas que sólo serían comprendidas y asimiladas a partir de la renovación vanguardista, por lo que la publicación tardía de ese tomo —inconcluso o concluso quizás a su manera— seis años después de su muerte, no fue un hecho histórico casual o arbitrario. Sus amigos de entonces, José María Chacón y Calvo entre otros, reconocían en él a un hombre culto, un artista de la palabra cálida y misteriosa, como son las palabras de la literatura, recogido siempre en el silencio comunicativo. En la dedicatoria del libro *Ensayos sentimentales* le dice Chacón y Calvo como homenaje postrero: «tú eres el amigo del silencio y el amigo del canto [...]. Era una música del alma, que tú nunca quisiste escribir. La regalabas a tus amigos, la regalabas en el silencio de la noche [...]»[103] Pero a sus tertulias privadas acudían sobre todo los más jóvenes, algunos de los que conformarían después la promoción literaria que despuntara en 1923, específicamente Luis A. Baralt, Mariano Brull y Félix Lizaso. Él, a su vez, había recogido de sus contactos con una figura de tránsito en el país —pero vinculada por hondas motivaciones al mismo—, Pedro Henríquez Ureña, el estímulo intelectual y la orientación primera, y de sus lecturas múltiples —especialmente de Robert Louis Stevenson, de quien tradujo sus *Ensayos*, publicados en edición mexicana de 1917, y de algunos otros autores norteamericanos—, el tono escéptico y conciso. En un detenido estudio general de su obra, el investigador Enrique Saínz destaca sin embargo la naturaleza móvil y externa de su escepticismo, que no alcanza a constituirse en actitud ante la vida;[104] así por ejemplo en su ensayo «De la montaña» (29 de noviembre de 1917) —dedicado a José María Chacón y Calvo— dice Castellanos: «lo perfecto cae siempre del otro lado del punto dónde paran nuestros pasos, y la virtud consiste en mantener el esfuerzo, para llegar a él, no obstante su inaccesibilidad definitiva»;[105] por eso, el fracaso es parte del éxito o es sólo una idea egoísta, desconocedora de la totalidad, como parece decirnos en «El mar» (21 de enero de 1915), alegoría sobre la existencia del hombre: «¿Stevenson no habla siempre frente al mar?» —argumenta.[106] Son estos textos leves esbozos de alguna idea, una reflexión sin contornos definidos, como la que titula «El otro» (agosto de 1914) —no por casualidad reproducida en la *Revista de Avance* en 1927, junto a «La sonrisa vacía» (abril de 1915), quizás las dos piezas más conocidas del autor—, en la que expone con su habitual imprecisión varias interrogantes contemporáneas (¿o son una sola?) referentes a la unidad de la diversidad humana: en uno mismo existe el otro; tesis que en la oposición conceptual de los términos «construcción-destrucción», débilmente desarrollada en «La sonrisa vacía», adquiere cierta innegable resonancia nacional, aun cuando la conclusión parezca un consejo individual para el hipotético lector: «cuando hayáis demolido, y hundido, y echado abajo, lo que se alce de los escombros será vosotros mismos».[107]

Ahora sabemos que tras esas reflexiones especulativas sobre la realidad del ser, se hallaba oculto, pero impositivo, el ser nacional, y que hay dolores colectivos en su visión generalizadora de la vida. Pero continuemos esta revisión incompleta de sus ideas para luego señalar sus motivaciones íntimas: el otro en nosotros, el fracaso en el triunfo, la sonrisa en la ignorancia, el sueño en la vigilia, la pertenencia irremediable de lo individual a la colectividad concreta, «el vínculo secreto que te liga, y a todos nos une, sosiego de nuestra culpa, disculpa de nuestra apatía»,[108] como dice en «El vínculo secreto» (febrero de 1915), son señales que apuntan a una realidad tangible y desesperanzadora que sólo podemos reconstruir en una factura unificadora y de cierto modo desleal. Podrían citarse algunas frases aparentemente inconexas, como por ejemplo, «lo único de que gusta saber el hombre vulgar es de que el éxito lo espera»[109] o «existe entre nosotros un arraigado mal; un infinito y riente desengaño de lo que somos»,[110] o ese grito de impotencia que nos golpea el rostro: «¡Oh la insufrible angustia de sentir que os reís sin saber cómo, ni por qué, ni con quién, simplemente porque todas las caras sonríen a vuestro lado!»,[111] o aquellas palabras sin consuelo ni falsas promesas: «La vida es hoy. Somos directos; la explicación de las acciones encaja en el sensorio, y la notable falta de acción, o de vigor en ella, en la escasez de ideología.»[112] Pero la vaguedad con que se sugiere el evidente vínculo con la circunstancia nacional es consecuencia, como advierte Enrique Saínz, del *ahistoricismo* que caracteriza una obra que presenta los hechos de la realidad como valores absolutos y desconoce su evolución.[113] Otros temas universales (y nacionales) aparecen en sus ensayos, casi siempre como contradicciones superadas por la inteligencia —único camino posible—, como la dualidad de nuestro ser en el tiempo, lo externo y lo esencial en el hombre, etcétera, en obras como «Ayer» (13 de julio de 1916), «Sobre la amistad» (fragmentos de una carta a Luis A. Baralt del 25 de febrero de 1915, incluido en su libro *Ensayos y diálogos*) o «Una opinión sobre Damián Paredes» (10 de noviembre de 1916), escrito en forma de diálogo entre el lector y el Espectro —este último es el propio Damián Paredes, personaje de Luis Felipe Rodríguez, con lo que acentúa su cubanidad—; pero cuando se señala la idea central de algunos de estos textos, no ignoramos la polisemia que los caracteriza y las posibles diferentes interpretaciones que admiten.

Por otra parte, aun aceptadas estas ideas y no otras como centrales, el lector se encuentra ante un pensamiento disperso, en ocasiones incluso incoherente, que no transita de manera inequívoca por un camino de análisis demostrativo y que permite en consecuencia la convivencia anárquica, aunque enriquecedora, de otras ideas no menos importantes. Precisamente la crítica coincide en señalar en su caso al ensayista puro, desconocedor consciente de toda regla expositiva que no nazca de una voluntad de estilo que es también voluntad de expresión, conversación privada ajena al rigor del discurso público. Por eso, si bien sus palabras son resultado de una larga meditación y maduración de conceptos, su exposición sosegada y discontinua sugiere en cambio una esquiva y exquisita espontaneidad. En realidad «el concepto es un estilo de vida, y a su vez el estilo es toda una concepción del mundo», como ha señalado la crítica,[114] un estilo sin dudas elitista, que le otorga un lugar preponderante a la cultura en el proceso de transformación social y de búsqueda de valores trascendentales y que vincula su prosa a dos orientaciones intelectuales posteriores de signo diferente: por una parte, a una línea que representa, al menos momentáneamente, Jorge Mañach, quien en su artículo titulado «Francisco José Castellanos: precursor» (1927), llega incluso a sostener: «Era, de por sí, apolítico; pero fue, además, el primero de los antipolíticos entre nosotros»[115] lo que, según apunta Saínz con sagacidad, «más nos habla de su autor que del libro enjuiciado»[116] El escapismo implícito en la obra inconclusa de Castellanos no es, según nuestro criterio, verdadero apoliticismo: al ensayista sí le conmueve e interesa la realidad circundante y quiere a su modo incidir en ella. Esta faceta se vierte en una acción cultural de sentido ético que apunta hacia la otra orientación, más fecunda, que alcanza su expresión máxima en el grupo Orígenes.

Los ensayos de Castellanos se transforman ocasionalmente en diálogos: de cierto modo todos sus textos son diálogos, pero algunos se asemejan más a las confesiones o a los consejos de un amigo muy sabio, mientras que otros tienen personajes propios, y el lector es entonces espectador de un extemporáneo duelo de sutilezas verbales que intenta apresar una definición nunca conclusa. En algunos párrafos de profunda sencillez aparece el tono oriental de Rabindranath Tagore. Pero aunque en todos laten preocupaciones filosóficas, el alcance de las mismas es limitado, dado el carácter abstracto de su discurso expositivo y su casi inexistente vínculo con la tradición del pensamiento nacional. No obstante, «El Balcón de los Diálogos», sección de su libro que recoge los textos que con ese nombre aparecieron en el diario *La Nación*, es un esfuerzo de comunicación y edificación intelectual apreciable. Contra el criterio generalizado de quienes lo conocieron, hay que afirmar con Saínz[117] que su libro, inconcluso y fragmentario, expresa una madurez intelectual que no permite —aún cuando sepamos de sus proyectos truncos— que se le considere un autor frustrado. Su obra es muy breve, pero ocupa una posición singular en el contexto de la literatura de su tiempo; su didactismo es personal, íntimo, en ocasiones demasiado absoluto y sólo en apariencia desasido de la realidad social.

En una vertiente distante de la que representan los autores analizados, un investigador literario, autor de numerosos estudios sobre el romancero y otras manifestaciones de la literatura nacional y española, José María Chacón y Calvo (1892-1969), inicia su extensa bibliografía con la conferencia *Los orígenes de la poesía en Cuba* (1913). Su formación y quizás también su sensibilidad natural orientan desde entonces su búsqueda hacia las raíces hispánicas de nuestra cultura. En realidad, para definir las características nacionales de la literatura cubana era preciso establecer los rasgos comunes a la tradición originaria y sus diferencias. No hay que olvidar tampoco la influencia que ejercen en el joven crítico los españoles Marcelino Menéndez y Pelayo y Ramón Menéndez Pidal, quienes desarrollan el método histórico-comparativo y se interesan por los romances españoles en América. Precisamente, en el trabajo ya citado, Chacón y Calvo sostiene que:

> el método con que habrá de escribirse la Historia de la Literatura Cubana, no podrá ser otro que el comparativo. Ha pasado la época en que se consideraba la obra como fruto exclusivo de la fantasía individual; hoy todo se ve como en una íntima y estrecha cadena en que los factores sociales modifican las tendencias primeras del artista.[118]

Como es de suponer, para Chacón y Calvo esa comparación histórica deberá realizarse con la literatura española. Pero el estudio de los romances peninsulares en Cuba introduce en su obra una preocupación de carácter más general: la relación de lo individual y lo nacional (lo popular) en la obra literaria e incluso en la propia labor crítica. Es difícil discernir esos elementos conformadores de la originalidad en los inicios de una literatura que surge en las entrañas de otra más desarrollada; en ocasiones, incluso, lo nacional no es más que la manifestación de una fuerte individualidad literaria. Otras veces, por el contrario, la aspiración consciente a una diferenciación nacional en el acto creativo incorpora a la obra elementos generalmente externos, ilegítimos. Chacón y Calvo se detiene en la pro-

ducción de nuestros primeros poetas y señala en ellos la ausencia de espontaneidad y un retoricismo artificioso y culterano, pero no sabe en cambio cómo definir la cubanidad de la insigne poetisa Gertrudis Gómez de Avellaneda. No es en su virtud literaria, dice en 1914, ni cubana, ni española, sino individual, eterna.[119]

En su conferencia sobre Heredia (1915), a quien sí considera un genuino poeta nacional, Chacón y Calvo precisa su percepción del método investigativo elegido y ofrece nuevos elementos en los que se comprueba su evolución como crítico y ensayista: «no es [...] el método en la crítica, cuando se tiene entera conciencia del mismo, sino el resultado de un criterio artístico, de un principio, como dije antes, de estética individual».[120] El método histórico tiene para él un fin *reconstructivo*, no sólo de los antecedentes y de la propia obra, sino de los diversos factores biográficos o psicológicos que en ella intervienen.

Una nueva perspectiva sobre la relación de lo individual y lo popular en la literatura puede observarse en su conferencia «Cervantes y el romancero» (1916). El autor demuestra en su estudio la presencia anónima de la literatura popular en la obra más importante de Cervantes; en realidad, el gran escritor había asimilado en su niñez esa rica tradición, que aparece en sus escritos como elementos internos, conformadores de su propia cosmovisión. «Aquí es donde el genio individual de Cervantes —escribe Chacón y Calvo—[121] y la anónima individualidad de la poesía del pueblo se identifican y se confunden de tal suerte, que no acierta uno a decir cuáles son sus límites respectivos.»

Durante su primera residencia en España como funcionario diplomático, sobreviene una crisis expresiva en el joven escritor, resultado de una lenta pero efectiva evolución de su proyección crítica. La lucha, antes sólo insinuada, entre la erudición rigurosa y detallista del investigador y la erudición creadora y reflexiva del ensayista, empieza a decidirse a favor de la segunda, cuyo triunfo podrá apreciarse de manera especial en dos libros inmediatos: *Hermanito menor* (San José, Costa Rica, 1919) y *Ensayos sentimentales* (1922). En estas obras se observa la influencia de Azorín y la complacencia del autor en la descripción melancólica del paisaje español y el recuerdo de su lejana tierra. En 1921 le había escrito en carta a su amigo Elías Entralgo: «Espero muy poco de la crítica en su forma usual. Como arte de interpretación me parece que es, al fin, una de las formas de la creación literaria.»[122]

Otra muy diferente es la personalidad literaria de Bernardo G. Barros, autor fallecido también muy joven, crítico informado y sensible de las artes plásticas —pionero de los estudios teóricos e históricos del humorismo gráfico en Cuba— y periodista especializado en temas de arte y literatura. Su obra de mayor trascendencia es sin dudas *La caricatura contemporánea*, en dos volúmenes, publicada en Madrid en 1918. Pero su tribuna más propicia y constante fue la labor periodística realizada en las páginas de los diarios y revistas habaneros, en especial *Heraldo de Cuba* —del que fue redactor entre 1914 y 1917 y *El Fígaro*, en la que llegó a ocupar la jefatura de redacción. Sus artículos de crítica son generalmente crónicas periodísticas donde, junto al juicio atinado y caracterizador, se halla la anécdota, la entrevista o el comentario impresionista. Él mismo define el carácter de la crónica como género del periodismo contemporáneo en su artículo «Al margen de los libros nuevos: la labor de nuestros intelectuales» (16 de mayo de 1916):

> Ágil, risueña, intensa en ocasiones, vibrante siempre, cautivadora y frívola en su aspecto: así debemos preferir a la crónica. Relato o comentario, necesitará de las palabras más sintéticas y de los adjetivos más dueños del color exacto. Ritmo e idea, pero todo fugaz, todo al vuelo [...].[123]

Si a esta definición que establece el perfil propio agregamos su preocupación manifiesta —expresada en el mismo artículo citado, entre otros— por un *nacionalismo literario* que tiene implicaciones sociales, tendremos una visión más exacta del carácter didáctico de su labor creadora. Pudiera acaso establecerse un parentesco con Jesús Castellanos, amigo entrañable, narrador, ensayista, con quien, según el investigador Luis

Pedroso, es posible establecer un paralelo en su actividad crítico-artística.[124] En ambos se observa, desde sus inicios, el interés por el humorismo plástico y la proyección social de una vocación crítica; precisamente ese interés se contrapone en Barros a una formación autodidacta que, aunque bastante especializada, arrastra un inconsciente y limitador academicismo que le impide aceptar, por ejemplo, los aportes del movimiento futurista en la pintura y lo mantiene atado a un realismo académico —no muy riguroso por cierto— que reconoce como últimas novedades el impresionismo y el puntismo. En realidad, la modernidad es asumida por el crítico Barros desde la perspectiva de la *línea*. La caricatura moderna, objeto de su análisis, alcanza su mayor eficacia artística en la economía de los rasgos y en un realismo de esencias; así por ejemplo, en el artículo «Nuestros humoristas: Rafael Blanco» (23 de julio de 1911), Barros se detiene en lo que considera las virtudes del joven artista: «No vio lo bello sino lo humano. No buscó lo pequeño, lo que otros detallan con esmero. Su imaginación abarcó la síntesis.»[125] Ya entonces habla de lo que denomina *el impresionismo de la línea*, y defiende de manera implícita un subjetivismo artístico, necesario para la captación de la inefable «vida interior» del modelo; por esta vía llega Barros a los principios que sustentan su ya mencionada *La caricatura contemporánea*: subjetivismo, sencillez, capacidad de observación, aptitud psicológica, imaginación, elementos todos conformadores de la originalidad artística. De alguna manera su búsqueda de autenticidad en el humorismo plástico (en la obra de arte) coincide con la renovación que en el terreno propiamente de la pintura se produce desde finales del siglo anterior en el viejo continente: «lo grotesco en la vida no es lo deforme»[126] dice el autor, y también: «creer en la jocosidad de una nariz deforme es incurrir en un grave delito de incomprensión estética».[127] Pero su asimilación del arte moderno, débil, como ya dijimos, en la pintura —más apegado aquí a criterios tradicionales—, visible en la valoración del humorismo pictórico, alcanza un punto de inevitable intersección y de apertura máxima, sin retroceso, en la valoración del cartel, ese intruso sin tradición aparente que explota sin concesiones la expresividad sintética de la línea y el color y que, además, capta la atención inmediata de las masas, y por su intención comercial y su carácter fácil, espectacular, atrae a la ignorante plutocracia cubana. Y es que Barros, como la mayor parte de sus contemporáneos, cree en el papel director de la intelectualidad en la sociedad, para él «los elementos cultos [...] son la minoría dirigente en todos los países» y la tragedia nacional radica en que éstos han permanecido en Cuba relegados y silenciados; no obstante, «poetas, pensadores y artistas, son los que han de dar a la patria el molde definitivo y necesario».[128] Precisamente en ese accionar social, la caricatura desenmascaradora, el látigo de la risa rectificadora y el cartel, son instrumentos de comunicación masiva de más abarcadora utilidad que el salón de pintura.

Si se revisa la obra crítica de Barros una leve duda surge. Sus más importantes crónicas no se proponen una conversación erudita y especializada con un lector conocedor de arte. Sus trabajos, no exentos de observaciones agudas, intentan más bien la comunicación inmediata con el lector medio. ¿Cómo clasificar estos textos? Quizás no importe mucho tal clasificación. Retómese cualquiera de ellos, por ejemplo, el que dedica a Leopoldo Romañach (1918); Barros acude en este caso —también en algunos comentarios de relevantes figuras de la literatura, como en los de Eugenio Brieux (1915), o del mexicano Urbina (1915)— a la entrevista; pero la entrevista tiene para él un carácter ancilar en el propio texto, es un medio caracterizador de la personalidad del estudiado, eficaz y complementario, que posibilita además la presentación de elementos biográficos, expuestos en anécdotas de innegable fuerza narrativa —y aquí debe recordarse que Barros es autor de las novelas *La senda nueva* (1913) y *La red*, esta última inconclusa—; pero no se detiene y avanza entonces hacia la crítica de arte propiamente, un poco diluida en apreciaciones ensayísticas; así, por ejemplo, a la exposición libre del sentido de la vida de Romañach, el crítico antepone algunas consideraciones sobre el sentido de la vida en general. Tiene indudablemente su estilo el sello tardío del impresionismo crítico, pero también la intuición precursora del periodismo moderno, y, como señala Luis Pedroso, sus crónicas tienen un descendiente ilustre en la obra periodística de Alejo Carpentier (1984).[129] Consecuente con su propio estilo, Barros comenta a menudo libros de crónicas y de viajes como los de Gómez Carrillo (1914 y 1915), Marco Antonio Dolz (1915) o Arturo Ambrogi (1915), escritor salvadoreño que visitó China y Japón, ocasión que aprovecha además para hablar de la percepción oriental de la línea, una de las fuentes que destaca en el humorismo moderno.

Sus artículos sobre literatura son variados y numerosos —téngase en cuenta que fue el sostenedor de las secciones «Al margen de los libros nuevos», de *El Fígaro*, y «La vida literaria», de *Heraldo de Cuba*—, pero todos son o comentarios muy breves y descriptivos o verdaderas crónicas periodísticas que presentan por lo general más a los autores que a sus obras; así merecen su atención, aparte de los ya mencionados, D'Annunzio (1915) —sobre el que polemiza, en la entrega de *El Fígaro* que sigue a su primer comentario, con Arturo R. de Carricarte, pero sobre aspectos secundarios de mera erudición—, Rodó (1914) y Gertrudis Gómez de Avellaneda (1914) en su centenario, entre otros.

Tiene Barros una concepción ancilar de la literatura en su empeño de fortificar la nacionalidad cubana, por ello sus escritos aluden lo mismo al nacionalismo literario de D'Annunzio que al rescate y mantenimiento de tradiciones culturales amenazadas por la irrupción de agentes extraños (norteamericanos), lo que no le impide la presentación de artistas y escritores extranjeros. En su libro *La caricatura contemporánea* dedica un extenso capítulo al análisis de la historia del género en Cuba.   [E. U.]

1.3.5 La obra inicial de Ortiz

Ciertas circunstancias biográficas mantienen alejado de su tierra natal a Fernando Ortiz (1881-1969), fundador de los estudios científicos multidisciplinarios de la sociedad cubana, hasta el inicio mismo de la mutilada República, si exceptuamos sus primeros y confusos años universitarios en la Habana, entre 1895 y 1899. Su abrupta llegada al país como estudiante en el fragor de la guerra de independencia, convierte su estancia en un duro aprendizaje de la realidad nacional, insuficiente aún —pero decisivo— para una sensibilidad dispuesta por la evocación materna al amor patrio. La infancia y la adolescencia de Ortiz habían transcurrido en Menorca (Islas Baleares), y antes de abandonar la pequeña isla mediterránea había ya publicado un breve texto sobre costumbres en dialecto menorquín. En 1899 continúa, por indicación del padre, sus estudios de derecho en Barcelona y Madrid, donde obtiene el doctorado. Allí pronuncia en 1901 las conferencias que luego recogería en su folleto *Para la agonografía española. Estudio monográfico de las fiestas menorquinas* (Habana, 1908). Este trabajo, como el anterior, vinculado a sus primeras vivencias, le permite a Ortiz una comprensión descentralizada de la cultura española y de su diversidad de fuentes. Por eso algunos años después, en su libro *La reconquista de América* (París, 1910?), subtitulado «Reflexiones sobre el panhispanismo», Ortiz puede rechazar la idea de una unidad racial en la nación ibérica y proponer —no sin contradicciones propias de este primer período en que aún no ha conformado una noción superadora del concepto de raza— la sustitución del vocablo por uno más exacto: «en el ambiente social no hay razas —dice—, hay civilizaciones».[130]

Con su maestro Manuel Sales y Ferré frecuenta diferentes centros de interés sociológico y convive en ellos con militares, presidiarios, enfermos, clérigos, etcétera. «De aquel maestro español —ha escrito Julio Le Riverend—... aprendió, más que conceptos, una virtud cardinal: el entusiasmo por conocer la vida social de individuos o de grupos, en su dimensión de comportamiento real.»[131] En Madrid, Ortiz ofrece también una charla sobre «la mala vida en La Habana» como comentario a un libro de igual título referido a la capital española, pero según él mismo confiesa en su artículo «Brujos o santeros» (1939), sus conocimientos se limitaban entonces a lo publicado por Trujillo Monagas en su obra *Los criminales de Cuba* y a lo visto en el madrileño Museo de Ultramar, donde se exhibían instrumentos y vestimentas de una secta ñáñiga. Lo cierto es que Ortiz regresa en 1902 a Cuba con la idea de ampliar su información sobre el poco estudiado mundo de los negros en el país, en parte influido por el positivismo criminológico italiano, «por cuya doctrina —dirá en 1926— quebramos nuestras primeras lanzas aun antes de salir de las aulas universitarias»,[132] pero también motivado, sin dudas, por un genuino interés científico que cada vez estará más imbricado a sus sentimientos patrios. La convicción de que el país padecía una desintegración creciente de sus fuerzas sociales, finalizada la gesta independentista, y la casi total ausencia de acercamientos al problema del negro en Cuba, más allá de los decimonónicos enfoques económico y costumbrista, aportan a sus búsquedas una esencial motivación nacional.

Su primera obra importante de tema afrocubano, *Los negros brujos*, cuyo texto original fue elogiosamente comentado en una carta que sirvió de prólogo a la primera edición de 1906 en Madrid por el padre de la criminología positivista, César Lombroso, todavía pretende constituirse en «apuntes para un estudio de etnología criminal». Pero paradójicamente, el método positivista y el estudio de la existencia concreta de comunidades nacionales le salvan de algunos errores teóricos propios del positivismo, si bien se aprecia aún en su enfoque un sedimento biologista que compromete ciertas conclusiones; su pretendida objetividad científica y escrupuloso apego a los datos comprobables de la investigación permiten un distanciamiento previo a un análisis «sin apasionamientos ni prejuicios, minucioso y documentado»,[133] aunque imponen la asunción de determinados «descubrimientos» seudocientíficos de marcado carácter eurocéntrico. Esta contradicción, visible de manera especial en el libro antes mencionado, es solucionada en sus momentos álgidos por Ortiz a favor de los datos obtenidos de la realidad social estudiada. No obstante, su comprensión de los aspectos que determinan el comportamiento social de los negros en Cuba, se encuentra aún lastrada por su aceptación —no siempre, por cierto, consecuente— de los llamados factores patológicos o antropológicos de la criminalidad. Pero la sustitución del concepto de «raza superior» por el de «raza de superior civilización» en el análisis de los procesos sociales, impide que Ortiz se extravíe en consideraciones racistas y posibilita un enfoque de mayor perspectiva a su primer acercamiento: no juzga la moralidad de los negros africanos recién llegados a tierras americanas según las normas europeas, sino que los estudia en el sistema de valores de sus pueblos de origen, e incluso encuentra que, a pesar de los distintos grados de «civilización», las psiquis del blanco y del negro en ciertas capas sociales «[tienen] unas mismas exigencias intelectuales, emotivas, etc.»[134] Advierte, asimismo, que todas las religiones poseen un sustrato común, y demuestra la esencial similitud entre el culto católico y el fetichista, sin desconocer sus diferencias. Y es que Ortiz intuye, desde sus primeros trabajos sobre costumbres y fiestas menorquinas, la diversidad de lo humano, y asume su defensa consecuente en la búsqueda y reafirmación, no de las diferencias, sino de la identidad, actitud que le abre el camino a la superación del determinismo biológico. Es en este terreno que su obra, a pesar del empirismo señalado por algunos de sus estudiosos, tiene desde sus inicios una trascendencia filosófica que él no ignora. En su interesante estudio *La filosofía penal de los espiritistas; estudio de filosofía jurídica* (Habana, 1915), considerado por la crítica como uno de los pocos ejemplos de su obra en los que puede apreciarse un verdadero enfoque filosófico[135] —criterio del que discrepamos por parecernos estrecho—, quizás de manera más explícita, pero no distinta, formula una pregunta esencial para comprender su obra toda: «¿el bien y el mal podrían ser los mismos para todos los hombres?»[136] Pero su defensa de la identidad de lo diverso no es un empeño abstracto; poco a poco comprende que la cultura cubana recibe el aporte decisivo de las fuentes más disímiles y que, incluso, el llamado africano procede de zonas culturales muy diferentes, por eso la integración en Cuba de esos componentes verifica una comunidad esencial: «en las nuevas condiciones histórico-geográficas cada cultura pudo

revelar —dicen los investigadores G. Pita y E. Ichikawa— lo que como cultura de un pueblo o nación específica tenía de cultura humana, es decir, su capacidad de asimilación de contenidos culturales nuevos».[137]

El libro *Los negros brujos*, no exento de limitaciones conceptuales y de un persistente aunque evasivo biologismo, traza las coordenadas principales de su itinerario posterior. No debe olvidarse que, en los años de su redacción, Ortiz trabajó como funcionario consular en distintas ciudades europeas, y en Italia, precisamente, cursó estudios de Criminología, hizo amistad con Lombroso y con Enrique Ferri y colaboró en la revista del primero, *Archivio di Antropologia Criminale, Psichiatria e Medicina Legale*.

Es significativa, no obstante, la ausencia de los capítulos segundo y tercero de la primera parte del libro, en la reedición madrileña de 1916 —donde, por cierto, se exponían algunos de los aspectos que más habían entusiasmado a Lombroso—, si bien estos capítulos constituyen el punto de partida de su obra del mismo año, *Los negros esclavos. Estudio Sociológico y de Derecho Público*, aparecida en La Habana, continuación de las indagaciones que proyectará sobre el hampa afrocubana. Sin embargo, *Los negros esclavos* —que paradójicamente reproduce con ligeros añadidos finales el primer capítulo de *Los negros brujos* (respetado también en la segunda edición de éste)— no se subordina a consideraciones previas; como afirma Julio Le Riverend, en él «aumenta el peso de los componentes historizantes, concretos, claro está, por exigencia positivista, pero de grandes resultados teóricos, porque le permiten dar unidad de objeto a su obra: en este libro, su derivación hacia lo estrictamente social comienza a definirse».[138] Ortiz abandona en sus páginas las afirmaciones teoricistas y se sumerge en la descripción de los hechos históricos —desde la aventura de la trata hasta la vida en los ingenios—, que conforman el entorno vital de las culturas africanas en suelo cubano. Esto posibilita una comprensión mayor de sus características, y sustenta cualquier subsiguiente acercamiento a un proceso social determinado por la violencia de la esclavitud y la ruptura repentina de nexos culturales.

En otros trabajos, Ortiz insiste en la universalidad de algunas manifestaciones consideradas como típicas de la cultura afrocubana; así, por ejemplo, en el artículo «Supervivencias africanas» (1908), expone su convicción de que el ñañiguismo es «un fenómeno que responde a un estrato determinado de la evolución de los pueblos, cualquiera que sea su raza y su religión».[139] En 1911 ofrece una conferencia sobre los negros curros, tema de un estudio que pretendía escribir y que dejó inconcluso; en ésta se señala el doble origen andaluz y africano de este sector social, cuyas costumbres y atributos sorprenden por su vigencia en la cultura popular cubana. Hoy sabemos, gracias a la labor de investigación y ordenamiento de sus manuscritos realizada por Diana Iznaga, que durante muchos años —a partir de 1909— Ortiz trabajó de manera esporádica en su malogrado libro, finalmente editado en 1986.[140]

Las preocupaciones científicas de Ortiz, centradas desde sus inicios en el estudio de los componentes esenciales de la nacionalidad cubana, no se limitaron al análisis minucioso y revelador de las fuentes africanas; con menos insistencia, pero igual rigor, Ortiz aborda algunos temas de arqueología y, en general, de historia de Cuba. De lo primero tenemos una muestra ejemplar en su obra *Historia de la arqueología indocubana* (Habana, 1922), en la que resume los datos de mayor trascendencia acumulados por esta disciplina en el área caribeña y, a la vez, contribuye a precisar algunos criterios polémicos sobre el origen y características de los primitivos habitantes del país, precisiones no siempre vigentes hoy, desde luego, pero significativas en su momento. Su interés por la historia —complemento indispensable para el entendimiento de realidades sociales— ya lo vimos expresado en *Los negros esclavos*, y aparecerá de diferentes maneras más o menos directas en su obra. Resultado de su curiosidad científica y su gestión diplomática en Europa es el breve recuento histórico titulado *Las simpatías de Italia por los mambises cubanos, documento para la historia de la independencia de Cuba* (Marsella, 1905), que luego en la Habana, reeditaría con la supresión y adición de algunos elementos, bajo el título de *Los mambises italianos (Apuntes para la historia cubana)* (1909 y 1917). En 1911 rescatará también y dará a conocer el manuscrito de una historia de Santiago de Cuba escrita por José María Callejas en la primera mitad del siglo XIX. Ese mismo año entregará el prólogo que le fuera solicitado por la Biblioteca de Obras Famosas —colección editorial londinense— para su volumen XXIX, dedicado a los escritores cubanos. Este texto apareció el 1 de octubre de 1911 en la revista habanera *Cuba y América* con el título de «La literatura cubana; resumen de su evolución», y constituye un trabajo de excepción en este período, que muestra su amplitud de intereses y participa preocupaciones literarias presentes en su obra posterior. Entendido el término literatura en sentido amplio, Ortiz resume su evolución histórica en las más diversas vertientes: poesía, narrativa, filosofía, estudios historiográficos y científicos, etcétera. Es un bosquejo erudito y minucioso en el que sólo se encuentran comentarios al paso, no carentes por cierto de interés; resultan acaso significativas sus valoraciones de poetas tradicionalmente polémicos como *Plácido* y Zenea —a quienes elogia por sus virtudes literarias—, y también, el insuficiente reconocimiento de otros como Martí (poco conocido aún como poeta y orador). En general, creemos que este trabajo evidencia el profundo conocimiento que tenía entonces su autor del proceso histórico de constitución de la nacionalidad cubana, aun cuando se le escaparan aspectos importantes del mismo insuficientemente tratados por la crítica literaria cubana.

Por otra parte, Ortiz dedicará algunos esfuerzos intelectuales a dos aspectos de la cultura nacional no siempre relacionados de manera estricta con sus estudios afrocubanos, pero surgidos sin dudas en el proceso de búsquedas que éstos exigían y vinculados a sus fundamentales inquietudes sociológicas: el registro erudito de las tradiciones populares y de numerosos vocablos de origen «negro-africano» o criollo, conformadores de cubanismos.

Ya en su artículo «Folklore cubano» (1910), Ortiz se lamentará de la carencia en el país de documentación al respecto y propondrá la formación de un museo del folklore nacional, objetivo que no logra en esos años. En cuanto a la vertiente lingüística, su obra fundamental del período es el *Catauro de cubanismos*, publicado originalmente en forma seriada por la *Revista Bimestre Cubana* en 1921, pues el *Glosario de afronegrismos*, aun cuando Ortiz lo anuncia en las palabras preliminares del *Catauro* —y un año después, en su artículo «Los afronegrismos de nuestro lenguaje», asegura tener ya «unas 500 papeletas de voces negras o mulatas»—[141] éste aparece publicado en 1924. Según el lingüista Sergio Valdés Bernal, «el *Catauro* enriqueció la visión que se tenía del español hablado en Cuba, pues, además de recoger creaciones populares [...], así como una mayor cantidad de nuevas acepciones, incorporaba voces afrocubanas que habían sido obviadas por los léxicos o diccionarios que le precedieron». Lo que en apariencia es para Ortiz una ocupación secundaria revela su importancia en la magnitud de sus aportes, precedidos necesariamente por la consulta de «una vasta bibliografía».[142]

En los inicios mismos de su intensa vida científica, Ortiz comprende que su actividad intelectual deberá responder a una actitud cívica que se encuentra sustentada en apremiantes necesidades nacionales. No existe en el hombre erudito conflicto alguno entre la universalidad de los conocimientos adquiridos en Europa y su labor científica en una comunidad nacional. En 1911 sostiene con sorprendente claridad: «los únicos pensadores cubanos cuya fama pasó el Mar Caribe, afirmaron preferentemente su personalidad no sobre obras cosmopolitas, sino sobre trabajos genuinamente cubanos [...] ¿*Cecilia Valdés* no es hija de la tierra?, ¿Don Pepe fue algo más que un maestro cubano, pero muy cubano?».[143] No debe entonces extrañar que aparezcan en su amplia obra preocupaciones sociales o culturales de trascendencia política. Hay por ejemplo dos libros de Ortiz muy cercanos en el tiempo y en sus motivaciones íntimas: el ya mencionado *La reconquista de América* (París, 1910?) y *Entre cubanos (Psicología tropical)* (París, 1913). Ambos constituyen recopilaciones de artículos de carácter polémico y sentido nacional, en su mayoría publicados con anterioridad. El primero centra su atención en una concepción ideoló-

gica que entonces llegaba con cierto empuje propagandístico a Cuba: el panhispanismo. El otro presenta una temática en apariencia más variada, pero ajustada a similares preocupaciones; ambos cuadernos parten de una misma mirada a la nación cubana, diferenciable sólo en los aspectos tratados. Lo expresado en uno u otro libro se complementa y explicita recíprocamente. Pero si algo los caracteriza y diferencia a su vez de otra recopilación de artículos y conferencias como la que en 1923 preparara y prologara Rubén Martínez Villena bajo el título de *En la tribuna* (Habana, 2 vol.), es que lo político aparece en aquéllos, preferentemente, en inquietudes y argumentos culturales, mientras que en ésta tienen un peso importante los textos surgidos de su actividad parlamentaria.

En esta primera etapa de su vida, Ortiz traslada de manera directa algunas limitaciones de sus estudios iniciales a la realidad política; si sólo existen razas que son superiores en virtud de una superior civilidad, el problema de Cuba debe solucionarse por la consiguiente elevación de su cultura: «siendo cultos —dice— seríamos fuertes».[144] Esta posición, compartida por otros intelectuales cubanos de la época, es expresada con fuerza y gallardía en su folleto —«resumen de un libro que ya no se escribirá», como dice en su primera página— *La crisis política cubana; sus causas y remedios* (Habana, 1919). Entre sus causas sociológicas, Ortiz enumera problemas morales, psicológicos, de impreparación histórica y de desintegración nacional, así como una «incultura general de las clases dirigidas»,[145] y una «cultura deficiente en las clases directoras».[146] Extraviada entre esas razones aparece también, perfilando caminos futuros, el «predominio económico de los elementos extranjeros».[147]

Pero el aspecto cultural es decisivo para Ortiz, y así lo manifiesta en textos como «Universidad popular» (1908), para sólo citar un ejemplo del volumen *Entre cubanos...*, o como el discurso del 9 de enero de 1917 que recoge el segundo tomo de *En la tribuna*, enfáticamente titulado «En la cultura está nuestra libertad». Por eso, si de latinismos se trata, Ortiz —que sí rechaza la supuesta unidad racial hispánica— propone en cambio «asimilarnos grandes dosis de cultura francesa o italiana, que buena falta nos hacen».[148] Su comprensión liberal burguesa de la política aun no ha entrado en crisis, como ocurre años después, provocada ésta por su aleccionadora experiencia parlamentaria. Por otra parte, Ortiz acepta en estos escritos el darwinismo social al explicar las relaciones entre los estados; según el principio biológico de la lucha por la existencia, no considera que tengamos un enemigo histórico, porque los enemigos de un pueblo son todos los demás pueblos: «esto —dice— es una necesidad de la vida».[149] Desde luego que ese fatalismo que caracterizó en esta etapa a muchos intelectuales no era pasivo, ni siquiera conformista, y esa inconformidad les abrió el camino de la superación. De cualquier manera, el esfuerzo de éstos por popularizar la cultura y establecer en el país un ritmo de crecimiento socio-económico más intenso era positivo; la primera exigencia en ese camino era extirpar definitivamente la estructura colonial española de nuestra vida social. Por eso no germinó el esfuerzo de los ibéricos por reconquistar espiritualmente a Cuba. Ortiz había vivido en España entre 1899 y 1901, es decir, en el momento preciso en que ésta perdía sus últimas colonias de ultramar: reconocía por tanto el debate intelectual que ese trauma social provocara en la Península; no deja, por tanto, de señalar la esencial semejanza entre las necesidades de uno y otro país: «nos hace falta, como a vosotros —le dice a Unamuno en carta pública—, resucitar a Don Quijote, a nuestro ideal, que anda a tajos y mandobles con la farándula».[150]

No puede dejarse de mencionar en este breve recuento de las obras fundamentales de Ortiz entre los años 1898 y 1923 —período de formación y crecimiento intelectual— su labor como abogado y criminólogo. Su extensa obra adquiere con los años el relieve universal de toda genuina búsqueda nacional. Su prosa correcta y amena deja circular libremente un pensamiento que nos describe y analiza con rigor apasionado, y por eso también, como dijera Marinello, nos descubre.

[E. U.]

NOTAS
(CAPÍTULO 1.3)

[1] José Antonio Portuondo: «José Antonio Ramos y la primera generación republicana de escritores», en *Revista Bimestre Cubana*. La Habana, Vol. LXII, segundo semestre de 1948, p. 60.

[2] José Antonio Portuondo: *La historia y las generaciones*. Editorial Letras Cubanas, La Habana, 1981, p. 107.

[3] José Antonio Portuondo: «El contenido político y social de las obras de José Antonio Ramos», en *Revista de la Biblioteca Nacional José Martí*, La Habana, Año 60, núm. 1, enero-abril 1969, p. 7.

[4] Cintio Vitier: «La crítica literaria y estética en el siglo XIX cubano», en *Crítica cubana*. Editorial Letras Cubanas, La Habana, 1988, pp. 52-53.

[5] Raimundo Lazo: «Crisis y transferencias del ensayo en la literatura cubana del siglo XX», en *Páginas críticas*. Selección y prólogo de Carlos Espinosa. Editorial Letras Cubanas, La Habana, 1983, p. 300.

[6] Ambrosio Fornet: *En blanco y negro*. Instituto del Libro, La Habana, 1967, p. 22.

[7] Mario Guiral Moreno: *Cuba Contemporánea. Su origen, su existencia y su significación*. Molina y Cía., La Habana, 1940, p. 28.

[8] Néstor Carbonell: *Martí: su vida y su obra. El poeta. II*. Seoane y Fernández, La Habana, 1913.

[9] Así lo señala Pedro Pablo Rodríguez en su estudio «La ideología económica de Enrique José Varona». Ver en *Letras. Cultura en Cuba 6*. Prefacio y compilación de Ana Cairo Ballester. Editorial Pueblo y Educación, La Habana, 1989, pp. 67-99.

[10] Julio Le Riverend: «Prólogo», en Julio César Gandarilla: *Contra el yanqui. Obra de protesta contra la Enmienda Platt y contra la absorción y el maquiavelismo norteamericanos*. Editorial de Ciencias Sociales, La Habana, 1974, p. 3.

[11] Ibíd., p. 6.

12 Mirta Aguirre: «Preámbulo», en Carolina Poncet: *Investigaciones y apuntes literarios*. Editorial Letras Cubanas, La Habana, 1985, p. 5.

13 Recientemente los editores de la revista *Albur* (órgano de los estudiantes del ISA/año III, núm. IX, mayo 1990) publicaron un libro inconcluso de Ortiz titulado «El pueblo cubano», escrito al parecer, según datos consignados por la revista, entre 1907 y 1913. La edición consta sólo de cincuenta ejemplares. El original manuscrito se encuentra en el archivo de Ortiz de la Biblioteca del Instituto de Literatura y Lingüística.

14 Bernardo G. Barros: «Al margen de los libros nuevos: la labor de nuestros intelectuales», *Heraldo de Cuba*, La Habana, mayo, 1916.

15 Luis Alberto Pedroso: *Contribución al estudio del proceso de la crítica de artes plásticas en Cuba a través de Bernardo G. Barros y Guy Pérez Cisneros*. Universidad de La Habana, 82 p.

16 Alberto Rocasolano: «Poveda como teorizante y periodista», en *El último de los raros. Estudios acerca de José Manuel Poveda*. Editorial Letras Cubanas, La Habana, 1982, p. 308.

17 Ibíd.

18 José Manuel Poveda: «Los versos de Ghiraldo Jiménez» (1921) en *Prosa*. Tomo II. Selección, prólogo y notas de Alberto Rocasolano. Editorial Letras Cubanas, La Habana, 1984, p. 45.

19 Regino E. Boti: «Yoísmo. Estética y autocrítica de Arabescos mentales», en *Arabescos mentales*. R. Tobella impresor, Barcelona, 1913, p. 60.

20 Regino E. Boti: «Notas acerca de José Manuel Poveda, su tiempo, su vida y su obra», en *Crítica literaria*. Selección, prólogo y notas de Emilio de Armas, Ediciones Unión, La Habana, 1985, p. 139.

21 José Manuel Poveda: «El nacionalismo» (1914), en ob. cit., p. 16.

22 Regino E. Boti: «Yoísmo, estética y autocrítica...», en ob. cit., p. 14.

23 José Manuel Poveda: «El nacionalismo», en ob. cit., p. 15

24 José Manuel Poveda: «El drama nacionalista» (1915), en ob. cit., p. 23.

25 Regino E. Boti: «Yoísmo...», en ob. cit., p. 32

26 José Manuel Poveda: «Martí y Maceo en "La Mejorana"» (1914), en *Prosa*. Tomo I. Selección, prólogo y notas de Alberto Rocasolano. Editorial Letras Cubanas, La Habana, 1980, p. 165.

27 José Manuel Poveda: «El juicio del gran lugarteniente acerca de los autonomistas» (1914), en ob. cit., tomo I, p. 159.

28 Regino E. Boti: «Notas acerca de José Manuel Poveda, su tiempo, su vida y su obra», en ob. cit., p. 140.

29 José Manuel Poveda: «Nietzsche» (1909), en ob. cit, tomo II, p. 152.

30 José Manuel Poveda: «Los dos tonos de un nuevo motivo de forjadores» (1915), en ob. cit., tomo I, p. 171.

31 José Manuel Poveda: «El alma obscura del juez bueno» (1915), en ob. cit., tomo I, p. 126.

32 José Manuel Poveda: «Federico Nietzsche ha dicho su opinión sobre el Kaiser», en ob. cit., tomo I, p. 144.

33 José Manuel Poveda: «Nietzsche» (1909), en ob. cit., t. I, p. 153.

34 Regino E. Boti: «Yoísmo...», en ob. cit., p. 16.

35 Ibíd., p. 53.

36 Enrique José Varona: «Diez de octubre» (1899), en su *Desde mi belvedere*. Cultural S.A., La Habana, 1938, p. 95.

37 Enrique José Varona: «Fin de otoño» (1904), en ob. cit., p. 203.

38 Enrique José Varona: «Lo convencional en el arte» (1899) en *Violetas y ortigas*. Editorial América, Madrid, 1938, pp. 79-82.

39 Enrique José Varona: ibíd, p. 81.

40 Enrique José Varona: «D'Annunzio y la crisis actual» (1899), en *Desde mi belvedere*, ob. cit., p. 87.

41 Enrique José Varona: «Balance» (1927), en su *Artículos*. Selección y prólogo de Aureliano Sánchez Arango. Ministerio de Educación, La Habana, 1951, pp. 300-301.

42 Enrique José Varona: «D'Annunzio y la crisis actual», *Desde mi belvedere*, ob. cit., p. 87.

43 Enrique José Varona: «José Silverio Jorrín», en *Violetas y ortigas*, ob. cit., p. 34.

44 Pedro Pablo Rodríguez: «La ideología económica de Enrique José Varona», en ob. cit.

45 Enrique José Varona: «Carta a Jorge Mañach», en *Artículos*, ob. cit., pp. 306-309.

46 Manuel Sanguily: «Discurso pronunciado en el mitin celebrado en el Teatro Nacional la noche del 20

de mayo de 1904, bajo la presidencia del mayor general Máximo Gómez, para conmemorar el segundo aniversario del establecimiento de la República
de Cuba», en su *Discursos y conferencias*. Imprenta
y Papelería La Rambla, Bouza y Cía., La Habana,
1919, p. 417.

47 Manuel Sanguily: «El libro de Varona (instantánea)»
en *El Fígaro*, La Habana, 23 (4): 14-15, 13 de enero,
1907.

48 Manuel Sanguily: *Frente a la dominación yanqui*.
Compilación y presentación de Rafael Cepeda. Editorial Letras Cubanas, La Habana, 1986.

49 Manuel Sanguily: «Alrededor de Heredia» (1907),
en *Obras. Juicios literarios*. Molina y Cía., Impresores, La Habana, 1930, p. 429.

50 Manuel Sanguily: «Antonio Maceo» (1899), en *La
múltiple voz de Manuel Sanguily*. Selección e introducción de Rafael Cepeda. Editorial de Ciencias
Sociales, La Habana, 1988, p. 216.

51 Manuel Sanguily: «José de la Luz y Caballero»
(1900), en ob. cit., pp. 225-226.

52 Manuel Sanguily: «Discurso pronunciado el 12 de
agosto del año 1901 en el teatro Nacional, con motivo de la función verificada en memoria del egregio
cubano José Martí y como ofrenda a su anciana madre», en *Discursos y conferencias*, p. 280.

53 Manuel Sanguily: «Discurso pronunciado en el mitin celebrado en el teatro Nacional la noche del 20
de mayo de 1904 [...]», en ob. cit., p. 429.

54 Manuel Sanguily: «Sobre el Conde Kostia y su conferencia» (1903), en *Obras. Juicios literarios*, p. 375.

55 Manuel Sanguily: «Ferdinand Brunetière» (1906), en
su *Literatura universal. Páginas de crítica*. Editorial
América, Madrid, s/a. pp. 46-47.

56 Ibíd.

57 José de Armas y Cárdenas: «Influencia del pesimismo en el siglo XIX» (1891), en *Estudios y retratos*.
Librería General de Victoriano Suárez, Madrid, 1911,
p. 145.

58 Ibíd., p. 149

59 José de Armas y Cárdenas: «Vevillot», en su *Historia y literatura*. Jesús Montero Editor, 1915, p. 268.

60 José de Armas y Cárdenas: «La Economía Política y
la Historia» (1891), en su *Estudios y retratos*. Ob.
cit., p. 117.

61 José de Armas y Cárdenas: «Diderot» (1913), en su
Historia y literatura. Ob. cit., p. 126.

62 Ibíd.

63 Cintio Vitier: «La crítica literaria y estética en el siglo XIX cubano», ob. cit., p. 212.

64 José de Armas y Cárdenas: «Edgar A. Poe» (1912),
en su *Historia y literatura*. Ob. cit., p. 228.

65 José de Armas y Cárdenas: «Whitman» (1915), en
ob. cit., p. 240.

66 José de Armas y Cárdenas: «Calderón en Inglate-
rra» (1904), en su *Ensayos críticos de literatura inglesa y española*. Librería General de Victoriano
Suárez, Madrid, 1910, p. 151.

67 José de Armas y Cárdenas: *Cervantes y el Quijote.
El hombre, el libro y la época*. Publicaciones del Ministerio de Educación, La Habana, 1905, p. 52.

68 Cintio Vitier: «La crítica literaria y estética en el siglo XIX cubano», ob. cit., p. 215.

69 Enrique Piñeyro: «Víctor Hugo y la crítica española
reciente» (1911), en su *Bosquejos, retratos, recuerdos*. Consejo Nacional de Cultura, La Habana, 1964,
p. 47.

70 Enrique Piñeyro: «Sobre Gertrudis Gómez de
Avellaneda. I. —Su coronación en la Habana» (1906)
en ob. cit., p. 219.

71 Enrique Piñeyro: «José María de Heredia. I Les
Trophées», en ob. cit., p. 92.

72 Cintio Vitier: ob. cit., p. 86.

73 José Antonio Ramos: «De cosas grises...», en su
Entreactos. Ricardo Veloso Editor, La Habana, 1913,
p. 91.

74 Bernardo G. Barros: «*Cuba Contemporánea*», en *Heraldo de Cuba*. La Habana, 29 de marzo de 1914,
p. 3.

75 Jesús Castellanos: «La alborada del optimismo»
(1912), en *Los optimistas. Lecturas y opiniones. Crítica de arte*. Talleres Tipográficos del Avisador Comercial, La Habana, 1914, p. 83.

76 Jesús Castellanos: «Rodó y su "Proteo"» (1910), en
ob. cit., p. 91.

77 Ibíd., p. 96.

78 Ibíd., pp. 97-98.

79 Ibíd., p. 120.

80 Jesús Castellanos: «La alborada del optimismo», en
ob. cit., p. 79.

81 Jesús Castellanos: «Heredia y el parnasianismo» (1905), en ob. cit., pp. 184-185.

82 Jesús Castellanos: «Flaubert», en ob. cit., p. 210.

83 Jesús Castellanos: «Los dos peligros de América (a propósito de dos nuevos libros)» (1911), en ob. cit., p. 227.

84 José Antonio Ramos: «Al lector, no cubano», en ob. cit., p. 33.

85 José Antonio Ramos: *Manual del perfecto fulanista. Apuntes para el estudio de nuestra dinámica político-social.* Jesús Montero Editor, La Habana, 1916, pp. 121-122.

86 José Antonio Ramos: «La extinción del negro», en *Entreactos*, ob. cit., p. 144.

87 José Antonio Ramos: «Nuestro nacionalismo», en ob. cit., p. 124.

88 José Antonio Portuondo: «El contenido político y social de las obras de José Antonio Ramos» (1946), en *Revista de la Biblioteca Nacional José Martí*, La Habana, Año 60, núm. 1, enero-abril, 1969, p. 42.

89 Ibíd., p. 32.

90 Francisco Rodríguez Alemán: *Contenido y significación en la literatura cubana de las novelas de José Antonio Ramos.* Universidad Central de Las Villas.

91 Max Henríquez Ureña: «Optimismo, idealismo, patriotismo» (1920), en *Discursos y conferencias. Primera serie: Prédicas de idealismo y esperanza.* Imprenta El Siglo XX, La Habana, 1923, p. 21.

92 Ibíd., p. 16.

93 Max Henríquez Ureña: «Alma juventud» (1922), en ob. cit., p. 37.

94 Max Henríquez Ureña: «Patria» (1920), en ob. cit., p. 63.

95 Ibíd., p. 65.

96 Max Henríquez Ureña: *Rodó y Rubén Darío* (1916). Sociedad Editorial Cuba Contemporánea, La Habana, 1918, p. 80.

97 Jesús Castellanos: «Rodó y su "Proteo"», en ob. cit., pp. 92-93.

98 Fernando Lles: *La higuera de Timón. Consejos al pequeño Antonio.* «A modo de prólogo», por Medardo Vitier. Imp. Casos y Mercado, 1921, p. 12.

99 Ibíd., p. 14.

100 Ibíd., p. 35.

101 Ibíd., p. 49.

102 Fernando Lles: «La caridad en sus aspectos del Pasado y del Presente. Los insolidarios, los pródigos, los artistas y los convencionales», en Filomeno Rodríguez, Justo G. Betancourt y Fernando Lles: *Conferencias*, s/e, Matanzas, 1913, p. 45.

103 José María Chacón y Calvo: «A Francisco José Castellanos, en la clara y eterna noche» (dedicatoria de su libro *Ensayos sentimentales*) en F. J. Castellanos. *Ensayos y diálogos.* Publicación de la Comisión Nacional Cubana de la UNESCO, 1961, p. 11.

104 Enrique Saínz: «Meditación en torno a Francisco José Castellanos», en su *Ensayos críticos.* Ediciones Unión, La Habana, 1989, p. 80.

105 Francisco José Castellanos: «De la montaña» (1917), en ob. cit., p. 31.

106 Francisco José Castellanos: «El mar» (1915), en ob. cit., p. 49.

107 Francisco José Castellanos: «La sonrisa vacía», en ob. cit. p. 57.

108 Francisco José Castellanos: «El vínculo secreto» (1915), en ob. cit., p. 49.

109 Francisco José Castellanos: «De la montaña» (1917), en ob. cit., p. 34.

110 Francisco José Castellanos: «La sonrisa vacía» (1915), en ob. cit., p. 53.

111 Ibíd., p. 56.

112 Francisco José Castellanos: «Santa Clara» (191?), en ob. cit., p. 70.

113 Enrique Saínz: ob. cit., p. 81.

114 Ibíd., p. 85.

115 Jorge Mañach: «Francisco José Castellanos: precursor», en *Revista de Avance*, La Habana, Año I, núm. 9, agosto 15, 1927. p. 216.

116 Enrique Saínz: ob. cit., p. 85.

117 Ibíd., p. 78.

118 José María Chacón y Calvo: *Los orígenes de la poesía en Cuba.* Imprenta El Siglo XX, La Habana, 1913, p. 84.

119 José María Chacón y Calvo: *Gertrudis Gómez de Avellaneda. Las influencias castellanas: examen negativo.* Imprenta El Siglo XX, La Habana, 1914, pp. 26-27.

[120] José María Chacón y Calvo: *José María Heredia*. Imprenta El Siglo XX, La Habana, p. 8.

[121] José María Chacón y Calvo: *Cervantes y el romancero*. Imp. El Siglo XX, La Habana, 1916, p. 14.

[122] José María Chacón y Calvo: Carta a Elías Entralgo de 1921.

[123] Bernardo G. Barros: «Al margen de los libros nuevos: la labor de nuestros intelectuales», en *Heraldo de Cuba*, La Habana, 16 de mayo de 1916.

[124] Luis Alberto Pedroso: *Contribución al estudio del proceso de la crítica de artes plásticas en Cuba a través de Bernardo G. Barros y Guy Pérez Cisneros*. Universidad de La Habana, 1984, p. 82.

[125] Bernardo G. Barros: «Nuestros humoristas: Rafael Blanco», en *El Fígaro*, La Habana, julio 1911, pp. 455-456.

[126] Bernardo G. Barros: *La caricatura contemporánea*. Editorial América, Madrid, 1918, p. 289.

[127] Bernardo G. Barros: Ibíd., pp. 237-238.

[128] Bernardo G. Barros: «El Salón Nacional de Bellas Artes», en *El Fígaro*. La Habana, núm. 10, 1916, p. 300.

[129] Luis Alberto Pedroso: ob. cit.

[130] Fernando Ortiz. «Civilizaciones; no razas», en su *La reconquista de América. Reflexiones sobre el panhispanismo*. Librería Paul Ollendorff, París, 1910, pp. 17-23, cita en p. 19.

[131] Julio Le Riverend: «Ortiz y sus contrapunteos», en *Islas*, Santa Clara, núm. 70, sept-dic., 1981, pp. 7-35, cita en p.11.

[132] Fernando Ortiz: «Proyecto de código criminal cubano», en *Revista Bimestre Cubana*, v. XXI, núm. 5, sept.-oct., 1926, cita en p. 682.

[133] Fernando Ortiz: «Las supervivencias africanas en Cuba», en su *Entre cubanos... (Psicología tropical)*, París, Librería Paul Ollendorff, 1913, pp. 147-154, cita en p. 148.

[134] Fernando Ortiz: «Hampa Afro-Cubana». *Los negros brujos: apuntes para un estudio de etnología criminal, con una carta-prólogo de César Lombroso*. Madrid, Editorial América, 1917, cita en p. 32.

[135] Pablo Guadarrama: «La huella del positivismo en la obra de Fernando Ortiz», en *Islas*, Santa Clara, núm. 70, sept.-dic., 1981, pp. 37-70, cita en p. 43.

[136] Fernando Ortiz: *La filosofía penal de los espiritistas: estudio de filosofía jurídica*. Editorial Víctor Hugo, Buenos Aires, 1950, cita en p. 25.

[137] Gustavo Pita y Emilio Ichikawa: «Estudio introductorio sobre el pensamiento filosófico burgués en la primera mitad del siglo XX en Cuba» (inédito); cita en p. 36.

[138] Julio Le Riverend: «Ortiz y sus contrapunteos». Ob. cit., p. 20.

[139] Fernando Ortiz: «Supervivencias africanas». *Entre cubanos...*, ed. cit., p. 119.

[140] Fernando Ortiz: *Los negros curros*, texto establecido con prólogo y notas de Diana Iznaga. La Habana, Editorial de Ciencias Sociales, 1986.

[141] Fernando Ortiz: «Los afronegrismos de nuestro lenguaje», en *Revista Bimestre Cubana*, v. XVIII, núm. 6, 1922, pp. 321-327, cita en p. 334.

[142] Sergio Valdés Bernal: «El lingüista Don Fernando Ortiz», en *Universidad de La Habana*, 216, enero-abril, 1982, pp. 158-170, cita en p. 161.

[143] Fernando Ortiz. «Alma Cubana» (1911), en su *Entre cubanos...*, ob. cit., pp. 133-138, cita en p. 137.

[144] Fernando Ortiz. «Nicaragua intervenida», en su *Entre cubanos...*, ob. cit., p. 128-132, cita en p. 132.

[145] Fernando Ortiz: *La crisis política cubana; sus causas y remedios*. Imp. y Papelería La Universal, Habana, 1919, cita en p. 6.

[146] Ibíd.

[147] Ibíd.

[148] Fernando Ortiz: «Latinismos», en su *La reconquista de América*, pp. 30-35; cita en p. 33.

[149] Fernando Ortiz: «La solidaridad humana», en su *Entre cubanos...*, ob. cit., pp. 199-220, cita en p. 214.

[150] Fernando Ortiz: «Carta abierta al ilustre señor Don Miguel de Unamuno, rector de la Universidad de Salamanca», en su *Entre cubanos...*, ob. cit., pp.1-11, cita en p. 2.

1.4 El cuento

1.4.1 Panorama de su evolución

Durante el siglo XIX el cuento en Cuba, a diferencia de otros países latinoamericanos, no alcanzó un auge realmente notable, aunque hubo contribuciones de significación como los aportados por José Martí en *La Edad de Oro* y varias piezas de Esteban Borrero Echeverría. Si bien una búsqueda acuciosa en las publicaciones periódicas podría aportarnos algunas ganancias al respecto, éstas serían, probablemente, en el orden cuantitativo. No obstante, lo producido permite afirmar que el cuento se encontraba en un proceso formador, genético, imbricado con otros géneros literarios, situación que no experimentó cambios sustanciales a partir del período que abordamos. Puede afirmarse que en esos años el género aún atravesaba entre nosotros un proceso de definición y de aprendizaje, y sus fronteras se entrelazan demasiado con las de la novela, género que sí había alcanzado mayor desarrollo. Al gusto por la narrativa de sabor romántico, aunque no exenta de rasgos realistas —elemento caracterizador de todo nuestro proceso literario— se une ahora la influencia naturalista, ya por entonces decadente en Europa, pero que en Cuba mantuvo su vigencia casi hasta los años 30. A ello debe agregarse el influjo que en algunos de nuestros cuentistas provocó la corriente modernista, aunque ésta no significó una presencia demasiado decisiva o trascendente.

Sin embargo, no obstante el estado que presentaba nuestra cuentística entre los años 1899 y 1923, comenzaron a surgir algunos escritores que matizaron sus obras con rasgos más auténticos y lograron imbricar sus piezas de mayor aliento con algunas de nuestras problemáticas esenciales, a pesar de que lo hicieron aún con bastante insuficiencia desde el punto de vista artístico. A los nombres que alcanzan mayor significación en esos años —Esteban Borrero Echeverría, Jesús Castellanos, Alfonso Hernández Catá— se unieron los de Miguel de Carrión, Carlos Loveira, Miguel Ángel de la Torre y Luis Rodríguez Embil, entre otros, quiénes representaron, en su conjunto, lo mejor de la cuentística nacional del momento, unos con mayor trascendencia que otros, pero todos permeados de una firme voluntad en la que se expresan logros parciales, futuras simientes del posterior auge del género.

Resulta significativa la verdadera eclosión, al menos cuantitativa, experimentada por el género durante los años que nos ocupan. Si bien resultan pocas las obras salvables por sus valores intrínsecos, asombra, en comparación, la cantidad de libros publicados: más de cincuenta, sin contar autores que, como Loveira y Miguel de la Torre, no llegaron a recoger sus respectivas producciones en libros. La explicación de este fenómeno habría que encontrarla, tal vez, en un afán de búsquedas, aproximaciones y tanteos, en tanto que las piezas producidas pueden verse, en muchos casos, como puros ejercicios.

Por una coincidencia puramente casual, el mismo año en que se inició en Cuba la primera intervención militar norteamericana, 1899, apareció entre nosotros el primer libro de cuentos conformado y publicado como tal, *Lectura de Pascuas*, de Esteban Borrero Echeverría. No obstante, las tres piezas que lo integraban —«Una novelita», «Machito, pichón» y «Cuestión de monedas»— habían sido escritas en las décadas del 80 y del 90, y vieron la luz en publicaciones periódicas habaneras y de Cayo Hueso entre 1888 y 1898. De hecho, constituían cuentos que, obviamente, formaban parte, por sus características, de la narrativa finisecular, además de que no revelaban particularidades que los distinguieran de lo que se había hecho en el género hasta entonces. Sin embargo, a Borrero Echeverría le cupo el mérito indiscutible de publicar en 1905, no sólo su mejor cuento, especie de alegoría —*El ciervo encantado*—, sino de inaugurar con él un tema que habrían de desarrollar con mayor amplitud los novelistas de la llamada primera generación republicana: la frustración motivada por la injerencia norteamericana en los asuntos internos de Cuba.

Una cuentística de rasgos más auténticos se inició en 1906 con la publicación del volumen de Jesús Castellanos titulado *De tierra adentro*, título que delata el propósito vernacular que lo inspiraba. Pero a pesar de su intento por acercarse al campesino cubano, Castellanos no logró en sus cuentos, ni por el lenguaje ni por el ambiente que describe, ni siquiera por los asuntos tratados, expresar una atmósfera realmente convincente. No obstante, tuvo el mérito indiscutible de haber continuado en la literatura cubana, a pesar de sus limitaciones, la línea temática del tratamiento de lo campesino, que en esos años tuvo continuadores en figuras de menor relieve, pero que con posterioridad encontraría, aún bajo la influencia de Castellanos, cauces artísticos más plenos. En otras obras de Castellanos, como *La conjura* (1909), insertada en un volumen que incluye la novela homónima y otras narraciones, el autor comenzó el tratamiento de asuntos más cosmopolitas, en los que se advierte un positivo progreso estilístico.

Continuando la directriz universalista emprendida por Castellanos en su obra *La conjura*, siempre bajo la influencia del gran modelo que para los autores de la época significó la figura de Guy de Maupassant, la cuentística de Alfonso Hernández Catá representó el otro pilar fuerte del género. Conocedor de sus técnicas y hábil en su manejo, la figura de Catá, aún hoy carente de una justa revalorización, resultó una de las más significativas del momento. A pesar de haber desarrollado su producción lejos de Cuba, fundamentalmente en España, no se desentendió por completo de la problemática nacional, y así lo dejó plasmado en diferentes obras. Catá llevó a sus cuentos, con una adecuada tensión dramática, temas tan universales como el amor, el odio, los celos y otras variantes de las pasiones humanas. Pero además de tratarlos con una ajustada intensidad y progresión, los adaptó a las características del género, realización que, lamentablemente, supieron cumplir muy pocos de sus contemporáneos.

Si bien Jesús Castellanos y Alfonso Hernández Catá representaron para la cuentística de la etapa los nombres fundamentales, y pueden considerarse como iniciadores o continuadores de dos de las principales vertientes temáticas del cuento en Cuba, hacia 1910 comenzó a definirse una promoción de jóvenes cuentistas que se sintió también impelida por apetencias de carácter más universal, manifestada además en una actitud más trascendente ante la vida, muy influidos por el arielismo hispanoamericano que llegaba de la prosa refinada del uruguayo José Enrique Rodó. Estuvieron marcados por un afán cosmopolita que les venía dado a través de lecturas, quizás poco asimiladas, provenientes de Anatole France, Eça de Queiroz, el ya citado Maupassant y Emilio Zola. Este deseo ecumenista que experimentaron les hizo rechazar el tratamiento de temas históricos, que sí fue característico de la novela. Contemplaron con indignación la realidad más cercana, pero también con una buena dosis de desorientación. Otros, perturbados ante el caos reinante, no se volvieron ni hacia el pasado ni contra el presente —según observación de Ambrosio Fornet—[1] sino que tornaron sus miradas hacia sí mismos y se regodearon en sus propias obsesiones y pesadillas.

Autores como Miguel Ángel de la Torre, Armando Leyva, José Manuel Poveda, con sus escasas pero interesantes narraciones, Luis Rodríguez Embil, Jesús J. López, Heliodoro García Rojas y el propio Jesús Castellanos, entre otros muchos, comprendieron que solamente eran artistas de origen pequeñoburgués y que no representaban ni a un pueblo ni a una clase. Aislados, sin un destino social determinado, la mayoría de ellos sucumbió al adocenamiento y al mercantilismo del ambiente. No obstante, se consideraron seres excepcionales, de una extraña heroicidad, «víctimas de una monstruosa "conjura" de la que se defenderán sin grandeza ni esperanza, porque, productos insatisfechos de su medio, a pesar de sí mismos comparten con éste su mediocridad».[2]

Quizás estos argumentos expuestos por Fornet contribuyan a comprender, en un plano temático, las características de los cuentistas de esta etapa. No fue peculiar en ellos, aunque hubo excepciones notables, expresar la frustración y el pesimismo que experimentaban los cubanos ante los acontecimientos nacionales. Resulta significativo, además, que en muchos casos estos escritores se valieron de otras manifestaciones —ensayo, oratoria, periodismo— para dejar plasmadas sus inquietudes ciudadanas, reservando para el cuento temas de índole más personal, en cuyo tratamiento fueron bastante desafortunados.

En la mayoría de los cuentistas de estos años prevaleció el asunto amoroso en sus más variadas manifestaciones: sentimientos frustrados, adulterio, erotismo a veces descarnado, disputas pasionales, todos sustentados en la truculencia y hasta en lo inverosímil, con la excepción ya apuntada de Hernández Catá, el único cuentista de la etapa que le impuso al género, y en particular al tema amoroso, rasgos literarios de mayor valor y permanencia. Europa fue el ambiente más apropiado para insertar estos conflictos, que en su generalidad tienen como personajes protagónicos a mujeres rubias y blancas, a cuyos pies caen rendidos los galanes. Cuba apenas apareció en estas páginas, ni en sus paisajes —el campo, el mar—, ni en sus problemas sociales, y aunque, por ejemplo, se escriben cuentos realmente antológicos como «La agonía de "La Garza"», de Jesús Castellanos, donde el con-

flicto social tiene un peso determinado, enmarcado en una atmósfera de ambiente marino, esto no resulta más que una excepción en medio de la mediocridad reinante.

De «carácter incoloro y artísticamente pedestre [...] escasa originalidad y raquitismo»,[3] calificó el crítico Manuel Pedro González el cuento cubano en estos años. A ello se puede añadir, además, que permaneció ajeno en sus intereses al fenómeno de la absorción imperialista que sufrió el país, salvo la clarinada que impone Borrero Echeverría con *El ciervo encantado*, que, lamentablemente, apenas tuvo seguidores en su momento. Asimismo, las gestas emancipadoras fueron poco tratadas, aunque el tema tuvo acogida en figuras como Miguel de Carrión, Carlos Loveira, Luis Rodríguez Embil, Mariano Corona, Álvaro de la Iglesia y otros. Muy escasos fueron también los cuentos psicológicos y los de carácter costumbrista, y los que pudieran señalarse no rebasan el marco de la más absoluta superficialidad.

Tramas ingenuas y débiles, poco desarrollo del conflicto dramático, diálogos pobres, lenguaje alambicado, de un casticismo totalmente ajeno a nuestro modo de decir, repeticiones innecesarias de adjetivos pertenecientes a un mismo universo semántico, falso lirismo que se complica con peripecias épicas, desenlaces furiosos y trepidantes, son algunos de los rasgos que priman. Cuando se trata de imitar el lenguaje de los escasos campesinos cubanos que aparecen —téngase en consideración que se trata de una cuentística urbana por excelencia—, se recurre a la deformación artificial de las palabras, en un afán exteriorista e insustancial de reflejar este sector de nuestra sociedad. A ello se une la profusa utilización de galicismos y anglicismos, estos últimos consecuencia de la fuerte penetración norteamericana en nuestro país, a la vez que ambos significaban la implantación de un modo de vida falso y de otros elementos culturales que van apuntando al nacimiento de la neocolonia.

La llamada literatura fantástica, con algunos antecedentes en el siglo XIX,[4] constituyó una modalidad utilizada por algunos cuentistas adscritos a la corriente modernista. Aunque en realidad no son muchos los cuentos que surgen con este corte, el reducido nexo con la realidad tras el quebrantamiento de los valores nacionales debido a las circunstancias imperantes, contribuyó a que esta manifestación recibiera cierto tratamiento. Así, está presente en narraciones como «La tragedia de los hermanos siameses», de José Manuel Poveda; «El antecesor», de Miguel Ángel de la Torre; «Un flirt extraño», de Armando Leyva, y también en «El puente» de Jesús Castellanos. Un volumen entero apareció dedicado a este tipo de literatura: *Cuentos del signo. La silueta negra* (1916), de Amado Méndez Gispert, en el que se mezclan elementos fantasmagóricos con la más absurda cabalística.

A las influencias ya señaladas de autores europeos de reconocimiento, habría que agregar otras no menos actuantes, aunque de inferior calidad literaria. Se trata de la repercusión que en los cuentistas menores de la etapa tuvieron las obras de los españoles Felipe Trigo, Pedro Mata y José Ma. Carretero (seud. *El Caballero Audaz*), quienes contribuyeron con su mala literatura a impregnar el género del peor gusto. Esta pésima narrativa posromántica española y también alguna francesa, en la que se manejaron temas que literariamente bien tratados hubieran podido resultar fecundantes, permeó buena parte de la cuentística de la etapa, la que adquirió un tono declamatorio, rico en efusiones sentimentales, más cercano a Felipe Trigo que a Anatole France, a Pedro Mata que a Emilia Pardo Bazán o a Blasco Ibáñez.

El ya citado influjo modernista fue experimentado por aquellos escritores mejor dotados para el ejercicio de la palabra como arte, mientras que la presencia naturalista, de mayor alcance en la novela, se diluyó en muchos casos a través de las manifestaciones románticas y realistas para dar lugar a expresiones literarias muy débiles que se distinguieron precisamente por un eclecticismo poco coherente que, lejos de resultar terreno fértil, contribuyó a empobrecer el género.

Escaso de antecedentes y de verdadera tradición en nuestra literatura, el cuento en Cuba, del período que corre entre 1899 y 1923, si bien sufrió un conjunto de deficiencias artísticas cuyas causas han tratado de ser sumariamente analizadas, sirvió, sin embargo, para ir dejando asentados algunos elementos de valor que con posterioridad fueron retomados y enriquecidos. Estos y otros hicieron del género, a partir de los finales de la década del 20, uno de los más sólidos de la literatura nacional.   [*C.R.*]

1.4.2 La obra cuentística de Borrero Echeverría, J. Castellanos y A. Hernández Catá

Aunque Esteban Borrero Echeverría (1829-1906) vivió fundamentalmente durante la segunda mitad del siglo XIX, su obra se proyecta hacia el futuro inmediato y entronca con algunas preocupaciones esenciales de la llamada primera generación de narradores de la República. Cabe pues, desde esa perspectiva, estudiar su cuentística junto a la de aquellos escritores nacidos más tarde —alrededor de 1880—, no obstante ser Borrero deudor en cierto grado de una sensibilidad que se expresaba, sobre todo, en el joven modernismo y en formas del romanticismo todavía funcionales.

En las últimas décadas de la centuria, la prosa que los estudiosos de nuestra literatura denominan realista se había robustecido, y el costumbrismo, que había alcanzado una notable independencia en términos genéricos, empezaba a integrarse coherentemente a aquella, ejemplos de lo cual son dos grandes novelas dispares por las concepciones artísticas que encarnaban: *Cecilia Valdés*, (1882), de Cirilo Villaverde (1812-1894) y *Mi tío el empleado* (1887), de Ramón Meza (1861-1911). Por otra parte, el modelo de la leyenda romántica —no superado del todo— pervivía en su proyección hacia lo simbólico, característica que vendría a fecundar obras posteriores de aliento postmodernista en las cuales se ofrecía una imagen idílica de la realidad social cubana.

En la conjugación dialéctica de aquella sensibilidad y las transformaciones ocurridas en la prosa, acabadas de esbozar, se halla la problemática artística del desarrollo de nuestra narrativa a partir de la década del ochenta del siglo XIX. Esa problemática, en cuya solución intervienen incluso autores y obras del primer decenio de la República, tiene un carácter transicional al que no es ajena la cuentística de Borrero Echeverría, hombre con diversas inquietudes culturales que contribuyeron a acentuar su capacidad de avizorar el espíritu del nuevo siglo en relación con el medio social cubano.

Los más altos exponentes de la narrativa cubana finisecular encuentran en la producción cuentística de Borrero un breve momento de asimilación y decantación, como deja ver Manuel Cofiño.[5] En ella aparece un tono reflexivo y escéptico, la evocación alegórica, cierta ampulosidad lexical y notables ejercicios de satirización en torno a la conducta del ser humano. En estos elementos se anunciaban ya algunos perfiles de lo que sería nuestra prosa de ficción en la primera década de la República. Pero lo que más se destaca en sus cuentos y, asimismo, en buena parte de su correspondencia, de sus artículos periodísticos —colaboraciones suyas aparecieron en *El Oriente*, *El Triunfo*, *La Habana Elegante* y *El Fígaro*— y de los ensayos que escribió al final de su existencia es esa frustración que fue congruente con su carácter y con el curso de su vida personal, y que en fin de cuentas halló su última justificación en la quiebra del ideal independentista. Es por ello que Borrero ocupa un lugar en el grupo de escritores protagonistas del «salto en el vacío» a que se refirió José Antonio Ramos (1885-1946) cuando intentaba caracterizar a su generación.

«Calófilo», la primera narración importante de Borrero Echeverría, fue publicada en 1879, en las páginas de la *Revista de Cuba*, pero posee elementos que la identifican con algunos relatos escritos a principios del siglo. Borrero incluso se anticipa con este cuento a la creación de personajes que empezaron a aparecer en la narrativa cubana en la década del treinta. Calófilo es un hombre enajenado y algunos críticos advierten en el cuento signos preludiadores de la prosa existencialista. Este juicio resulta indiscutible. Las inquietudes que el autor expone en el relato poseen un carácter universal y habían surgido del examen —desde una perspectiva ontológica— de circunstancias histórico-sociales concretas. Borrero se estaba refiriendo, en última instancia, al fracaso de la guerra del 68 y a la prolongación del dominio español. Pero, al mismo tiempo, Calófilo encarnaba la hiperestesia de su creador, su intimidad, su desconfianza en los hombres, su amargura en los últimos años de una lucha que no condujo a la independencia y que lo convirtió, por su extensa participación en ella, en un sospechoso objeto de vigilancia y a punto de caer en la miseria.

«Calófilo» entraña los ideales humanistas de Borrero en una sociedad que, sin ser todavía la de los «generales y doctores», era capaz de frustrar y enajenar al individuo. Los enjuiciamientos que el autor puso en boca de su personaje son de índole ética, como lo serían los de Miguel de Carrión (1875-1929), Carlos Loveira (1881-1928), Jesús Castellanos (1879-1912), Raimundo Cabrera (1852-1923) y José Antonio Ramos (1885-1946), entre otros. De modo que, veinte años antes de instaurarse la República, Borrero Echeverría pudo arrojar luz de forma excepcional sobre el problema de la opresión ética, la pérdida de la esperanza en el futuro y la frustración en general.

Es curioso cómo el autor se vincula mediante su personaje con una literatura psicologista que florecería más tarde, en medio de las efusiones de un naturalismo trasnochado y de los restos del llamado «decadentismo finisecular». Borrero es, pues, en este sentido, un precursor en Cuba. Pero conviene apuntar que esos aciertos se originaron en sus profundos estudios de psicología, rama de la medicina cuyos aportes a la literatura de la época ya se dejaban observar.

A la luz de su producción cuentística posterior, «Calófilo» resulta la utopía universal más íntima de Borrero, que se mostraba deseoso de la perfección del género humano, pero que sabía muy bien cuáles eran las limitaciones de la sociedad en que vivía y cuál su papel específico dentro de ella. Las preocupaciones más legítimas del personaje —las carencias éticas del individuo y del desarrollo social—, es decir, aquellas que por su plausibilidad devienen concepciones integradoras de un credo primordial en Borrero, se encuentran en el trasfondo de ideas de «Aventura de las hormigas» —texto inconcluso cuya publicación por entregas en la *Revista Cubana* cubrió el lapso 1888-1891—,

Lectura de Pascuas (1899) y *El ciervo encantado* (1905).

Críticos contemporáneos de Borrero —Julián del Casal y Manuel de la Cruz, entre otros—, así como su coetáneo Enrique José Varona, advirtieron en su obra literaria la proyección de un intelecto que alabaron por su capacidad de llevar a la prosa —en unión también ensalzada— inquietudes filosóficas, artísticas y científicas. Hoy día muchos textos de Borrero parecen excesivamente declamatorios por el uso no restringido y arbitrario de términos científicos y de digresiones, pero debe reconocerse que en su momento era lógico que llamasen la atención. Así ocurrió con «Aventura de las hormigas», que Casal estimó superior a *L'Inmortel*, de Alphonse Daudet (1840-1897). De la Cruz, por su parte, opinaba que Borrero era una figura independiente y solitaria en nuestras letras, un estilista a su juicio moderno y en quien se prolongaba una tradición de la sátira cuyos más altos exponentes —Cervantes, Quevedo, Swift y Voltaire— lo ennoblecían. «Aventura de las hormigas» es, ciertamente, una obra única en la narrativa cubana de fines del siglo. Pudo ser escrita en virtud del conocimiento que tenía Borrero del desarrollo de otras literaturas y de las ciencias naturales —no hay que olvidar sus estudios de antropología y filosofía— pero no se trata de un texto con miras sólo universales. Aunque la sátira se dirige al género humano, en ella aparece una Cuba postrada de la cual se adivinan particularidades sociales que son el objeto de la crítica de Borrero. Una hormiga naturalista, luego de explorar el mundo exterior con el macroscópio y descubrir al hombre, informa a toda su especie de las virtudes y defectos del ser humano, juicios de los que se desprende un debate que sirve de eje a la narración. Borrero ataca la estupidez de los hombres —«[...] animales dados a las disputas y grandes oscurecedores de verdades triviales [...]»—,[6] los excesos de su racionalidad y sus numerosas crueldades. Pero lo más significativo de «Aventura de las hormigas» reside en el hecho de que el autor fue capaz de conjugar armónicamente en el relato elementos formales de la sensibilidad modernista y estructuras narrativas de lo mejor de la prosa cubana finisecular, no obstante los defectos que se han apuntado. En esta obra, como en las suyas posteriores, existe la consciencia de una eticidad primordial ligada a la idea del mejoramiento humano, a aspiraciones que en Borrero constituyeron un idealismo promotor de la acción.

A juicio de Ambrosio Fornet,[7] Sergio Chaple[8] y otros críticos, *Lectura de Pascuas* (1899) es el primer libro de cuentos aparecido en Cuba. Son evidentes los desniveles de calidad en las tres piezas que integran el cuaderno, rasgo que advirtió Manuel Cofiño. Algunos comentaristas se han referido al tono exaltado de estos cuentos —«Una novelita», «Machito, pichón» y «Cuestión de monedas»— y, en particular, al interés que sentía Borrero por la naturaleza y sus contrastes con la sociedad, un interés que se expresa en las numerosas alusiones a aquélla, y que se convierte en una identificación cuya índole hace pensar en el panteísmo.

Esa identificación está realzada por un estilo en el que se funden elementos románticos y modernistas. Pero lo que en verdad sobresale en *Lectura de Pascuas* y constituye su esencia es el sesgo simbólico del libro como totalidad, no obstante las diferencias de asunto que existen entre los cuentos. Borrero continuó manifestando en ellos las ansias humanistas que ya se vieron, pero de un modo más vigoroso. Estos anhelos devienen utopía: el cuaderno de 1899 sugiere la búsqueda de lo elevado del hombre y muestra a un Borrero que comprueba con tristeza la pérdida de los nobles ideales de aquél. A la maldad y la impureza, el autor contrapone la inocencia, el desinterés y el conocimiento hondo de lo humano, todo ello en un sentido universal. Sin embargo, esta lucha esconde una decepción que es el resultado del choque de un ideal contra una realidad que no se aviene con él por sus fines y por su organización.

La quiebra moral evocada en *Lectura de Pascuas* con una languidez en la que existen, unidos, el escepticismo y la desesperanza —los contemporáneos de Borrero destacaron en él sus constantes reflexiones sobre la muerte— encuentra su realización artística plena en un relato alegórico que por su asunto resulta excepcional en el año de su publicación: *El ciervo encantado* (1905). Ya aquí el Borrero agónico de los textos anteriores se transforma en un irónico denostador ganado por la amargura. La acción transcurre en una época indeterminada, en una isla mítica —Nauja— en cuya descripción se esbozan rasgos de nuestro paisaje. Los habitantes de Nauja son cazadores y persiguen infructuosamente un ciervo fabuloso que, poco a poco, va encarnando la isla de la libertad. Después de hacer estas precisiones, Borrero desarrolla la historia de la búsqueda y posterior captura del ciervo, además de lo que ocurre con el animal.

Sin abandonar la tarea de relatar los sucesos específicamente ligados a la acción, Borrero consigue trazar una alegoría de nuestro devenir político-social y económico, desde el momento en que empieza a despuntar la conciencia nacional hasta la conversión del país en neocolonia. De un modo eficaz, el autor narra cómo los buscadores de *El ciervo encantado* se debaten en una lucha de ideas y procedimientos para apoderarse de él, o lo que es lo mismo: de la emancipación. Así vemos en el relato las posiciones reformistas, las anexionistas y las independentistas, todas sugeridas con acierto. En el desenlace de *El ciervo encantado*, Borrero alcanza a bosquejar los inicios de la República, ya afianzada la dominación de los Estados Unidos —los vecinos, habitantes de un país del nordeste que ya tenía su ciervo—, iniciada la expoliación del territorio nacional y subvertidos nuestros ideales. El autor pudo escribir entonces en uno de los párrafos finales, refiriéndose a los pobladores de Nauja: «Ninguno tenía, al parecer, conciencia del rebajamiento en que habían caído: habían perdido con la razón la memoria.»⁹

Con *El ciervo encantado*, Borrero Echeverría saldaba una deuda que, para casi todos los integrantes de la primera generación de escritores de la República, constituía un imperativo de primer orden: dejar constancia de su inconformidad con el medio social y de su desaliento frente a los nuevos valores que empezaban a regir el destino del país. El creador de Calófilo asistía al quebrantamiento de una tradición de heroísmo de la cual él había formado parte. Como dijo a Nicolás Heredia en carta del 25 de marzo de

1900, la conciencia política de la patria se hallaba dispersa.

Pero esa ausencia de razón y de memoria que observó Borrero en los sometidos habitantes de Nauja no significó lo mismo para Jesús Castellanos (1879-1912), en la narrativa del cual existe, por ejemplo, una incorrecta e injusta valoración de la última guerra de independencia, desacierto que junto a otros más graves —explícitos en sus conferencias y en sus numerosos artículos periodísticos— convirtieron al cuentista de *De tierra adentro* (1906) y *La conjura* (1909) en un hombre contradictorio.

Castellanos fue tan inquieto espiritualmente como Borrero, pero mientras en éste había un humanismo de sesgo utópico proveniente de una hipersensibilidad que tendía a idealizar al ser humano, como observaron sus contemporáneos, y a esperar de él más de lo que la época admitía, en aquél hubo una conciencia más plena de que los tiempos eran otros y de que Cuba entraba en una nueva fase de su historia. Cuando se afirma esto no se quiere restar perspicacia a los juicios de Borrero sobre nuestra realidad, pero conviene precisar que el autor de *Lectura de Pascuas* dependió mucho de la mentalidad romántica de los mejores hombres del siglo XIX, deseosos de vivir en la República independiente. Castellanos no esperó, como Borrero, tanto de los hombres. Fue más realista al enjuiciar el nuevo status socio-político y económico. Prueba de ello es que, desde su perspectiva de intelectual pequeñoburgués, vio las carencias y males de la condición neocolonial, pero también los que él consideró sus aciertos.

Conviene no olvidar lo que se acaba de decir porque Castellanos perteneció al grupo de «narradores agonizantes» —denominación que emplea Luis Toledo Sande—¹⁰ desde esa perspectiva clasista a que aludíamos. Se trata, ciertamente, de una agonía muy distinta de la de Borrero, toda vez que la de aquél se originaba en el hecho de ver que los intelectuales —la capa social a que Castellanos concedió más importancia en la sociedad— desembocaban en la frustración y el nihilismo dentro de la recién instaurada República. Así vio el autor la problemática del desarrollo histórico nacional en aquel momento, en el examen de la cual se origina la marcada dimensión ensayística de su obra literaria.

Pero antes de entrar a analizar la cuentística de Castellanos, es preciso acercarse al proceso de su pensamiento social y al menos bosquejar sus aspectos principales. Como muchos escritores cubanos de la primera y segunda décadas del siglo, el autor de *La conjura* no comprendió lo que en realidad sucedía en el país. Al criticar la ética del sistema, dichos escritores no estaban enjuiciando el trasfondo socioeconómico de nuestra condición de neocolonia, sino las instituciones públicas, ésas cuyos valores se oponían al individuo y, más específicamente, al intelectual. Al no poder rebasar las fronteras de su propio punto de vista acerca de la realidad —su mejoramiento inmediato y su devenir ulterior—, Castellanos llega a confusiones como la que referíamos en torno al papel social de los intelectuales. Pero va más lejos el autor en sus reflexiones: ensalzó las «ganancias» de la penetración norteamericana en Cuba en su afán por divulgar una especie de programa de avances en términos amplios inspirado en el modelo que podían proporcionar a Cuba los Estados Unidos con su progreso. Aquí se advierte ya la mentalidad colonizada de Castellanos, presente en sus cuentos de una forma que no deja lugar a dudas. Pero aunque de todo esto se derivan imputaciones graves al autor de *De tierra adentro*, no es posible olvidar el ansia que lo movió a expresarse así, ese anhelo transformador *a toda costa* con el cual se oponía un grupo de inteligencias rectoras de la sociedad a la quiebra moral, política y económica de la República.

Hay, pues, un idealismo de corte nietzscheano al que podría aludirse cuando nos referimos al «proyecto social» de Castellanos, pero también encarnan en él, como puede inferirse, ideas positivas que Toledo Sande califica de comteanas.[11] La cadena de sus confusiones en torno a la realidad nacional condujo al escritor a formas de expresión naturalistas, reforzadas en él por su enorme afición a la literatura francesa finisecular. Pero las referencias al medio histórico centradas en sus aspectos externos fueron un rasgo común a todos los narradores cubanos de principios de siglo, así como el cultivo de una literatura con elementos naturalistas, eficaz para manifestar inquietudes de índole ético-social. De modo que, aparte esos errores en la concepción del mundo en que vivió —errores que hacen de él un hombre tristemente excepcional comparado con Carrión, Cabrera, Loveira, Ramos y Luis Felipe Rodríguez, por ejemplo—, las preocupaciones de Castellanos resultan congruentes con las de los miembros más importantes de la primera generación de escritores de la República.

De tierra adentro y *La conjura* conforman el núcleo de la cuentística de Jesús Castellanos. Son libros relevantes para el desarrollo del género en Cuba por la variedad de sus contextos e inquietudes y por sus proposiciones artísticas. José Antonio Portuondo ha señalado la riqueza de asuntos y personajes ostensibles en los cuentos del autor, así como la amplitud del espectro de problemáticas tratadas en ellos. Ambrosio Fornet observa lo mismo y enfatiza una idea que debe presidir cualquier acercamiento al libro de 1906: «Al escoger deliberadamente como escenario [...] el campo cubano, Castellanos se convirtió en el precursor de la cuentística nacional.»[12] Más adelante advierte en *De tierra adentro* un acierto y una carencia: una aprehensión de los conflictos humanos no subordinada a los atractivos del paisaje y un discurso narrativo donde la cubanía es precaria, circunstancia esta que se resume en el «españolismo literario» de Castellanos, objeto de comentarios por parte de otros críticos.

Sin embargo, la lectura del «Proemio» a *De tierra adentro* revela que esas características del libro estaban fundadas en criterios sobre la creación bien definidos. Castellanos fue consciente de que el volumen era «[...] modesto, de simple color artístico [...]»[13] y que con las narraciones contenidas en él había procurado captar la belleza de una realidad sucesivamente olvidada en nuestra literatura. Pero de esa realidad sólo le interesa al autor el comportamiento de quienes la pueblan en relación con el entorno físico. Dice sobre la narrativa campesina que es un «[...] género de sinceridad y de salud [...]».[14] Más adelante expresa:

[...] la naturaleza libre es cosa tan bella que aun en los pueblos pobres, es rica. Hay bajo cada pico mal tejido de bohío, un choque constante de sentimientos que infatigable crea dramas y poemas. Aquí, como en ultramares, la pasión corre en un hilo subterráneo bajo todas las apariencias, y son las mismas codicias, las mismas rabias, los mismos heroísmos de ocasión. ¿Por qué decir que no hay asuntos para hacer novelas?[15]

Se trata, pues, como se puede inferir, de una visión superficial del campo cubano, resultado de la cual son esa placidez y esa recreación de pasiones individuales que se observa en los cuentos de 1906. Por la forma de tratar los asuntos, Castellanos es afín a un naturalismo que le condujo en su libro a la presentación de un cuadro idílico del entorno rural. Es preciso no olvidar, por otra parte, que ello es una consecuencia lógica de los limitados propósitos del autor.

Al advertir de entrada en el «Proemio» los casi inevitables peligros de la atracción ejercida por el paisaje, Castellanos disculpa en su prosa la sobreabundancia de giros romántico-modernistas, pero no logra convencer acerca de la pertinencia en ella de un pronunciado tono sentimental que es congruente con el sesgo idílico-legendario de muchos cuentos de la colección. Ambos —el tono y el sesgo aludidos— son, sin embargo, inherentes a su perspectiva de conocimiento de la realidad campesina. No sin razón Toledo Sande emplea, a propósito de lo que acabamos de decir, el término «bucolismo evasivo».[16]

Aunque en la mayor parte de los relatos de *De tierra adentro* se sugiere una oposición entre el campo y la ciudad, ello no debe mover a pensar que en Castellanos existió una contradicción con respecto a su ansia de desarrollo material y espiritual de la sociedad por medio de la labor pública de los intelectuales, a cuyo alrededor se forjaba la famosa «conjura». Lo que Castellanos vio en el mundo campesino fue un camino por el cual evadir problemáticas típicamente citadinas que le interesaron sobremanera, más aún que aquellas que fue incapaz de descubrir en el segmento de realidad donde se centra el libro de

1906. Esta incapacidad acentuó la abundancia de anécdotas pueriles cuyos personajes —muchas veces trazados de modo unilateral— contrastarían posteriormente con los de Luis Felipe Rodríguez, por ejemplo, en los cuales se sostendría un sombrío realismo de intención documental.

Pero es justo señalar que Castellanos fue el escritor en cuyos relatos se muestra, por primera vez en nuestra cuentística, el mundo interior —ciertamente parcializado por intereses artísticos que se han visto ya— del campesino. Esa ganancia se pierde en grado notable en las narraciones de Luis Felipe Rodríguez y resurge más rica en autores del momento posterior. Con *De tierra adentro*, Castellanos revela la eticidad natural de un «labriego» habitante de «aldea» a quien todavía no se da el nombre de guajiro; el autor se detiene en lo que cree son aspectos propios de la vida rural: la violencia, la superstición, el inevitable adulterio de seres pertenecientes a un contexto «salvaje», la venganza, el amor conquistado por medio de lances brutales cargados de un erotismo que la naturaleza determina. Castellanos habla de los «dichosos bohíos», de las «hermosas bestias» y de las «mozas» (las guajiras). También alude a la «sana paz aldeana». Otros iban a ser los términos que utilizaría Luis Felipe Rodríguez.

Rasgos esenciales del primer libro de cuentos de Castellanos son, pues, la visión idílica e irreal por demás de la realidad rural, la acentuación desmesurada del universo interior de los personajes —un universo que no llega a sustentarse en conflictos verdaderamente propios de esa realidad— y la utilización de un léxico que subvierte, incluso, los fenómenos más externos del mundo campesino. Pueden mencionarse, además, el reflejo de una pobreza que sólo significa humildad e inocencia y la exaltación colorista del paisaje.

La capacidad de observación y descripción de atmósferas que se aprecia en *De tierra adentro* —una capacidad que proviene en Castellanos también de sus reconocidas aptitudes como dibujante— se aplica en un siguiente libro sobre todo a la captación del medio provinciano. Si en el cuaderno de 1906 se expresaba una visión ideal del campo, en *La conjura* los tintes son realistas en la medida en que Castellanos logró adentrarse con acierto en un ambiente cercano al de la ciudad y a menudo identificado con el de ella. En esto se funda la aparición de una prosa matizada de denuestos con un marcado carácter ensayístico. El autor se mueve con mayor libertad y, como sugiere la crítica, es evidente que conoció de veras el medio a que se aludía. De ahí que *La conjura* sea un libro de historias verosímiles en relación con el grueso de las que aparecieron en 1906.

El elemento más interesante en *La conjura* es la crítica lanzada por Castellanos contra la falsa religiosidad, las costumbres, la hipocresía de la clase media y su quiebra moral. Ese elemento viene a reforzarse con la presencia en los cuentos de la progresiva «norteamericanización» experimentada por el autor, si bien su crítica no es sólo el resultado de la admiración que sentía por el modelo de vida norteamericano, sino también de convicciones personales que se trasuntan especialmente en sus conferencias y artículos periodísticos y que hicieron de Castellanos un hombre opuesto a mojigaterías y normas estrechas de convivencia. En los relatos de 1909 —poseedores algunos de estructuras narrativas destacables, como sostiene Toledo Sande—[17] se describe el desenvolvimiento de personajes que establecen relaciones de contraste entre ellos mismos y con el medio social. Castellanos no oculta su simpatía por aquellos que se identifican con una ética desprejuiciada —hay ejemplos de ella en «Una heroína», «Naranjos en flor» y «Corazones son triunfos»—, como tampoco esconde su perplejidad y el desprecio que siente por quienes, refugiados en convencionalismos, dejan transcurrir una existencia plena de anhelos insatisfechos.

Si, como afirmó Max Henríquez Ureña (1914) sobre *De tierra adentro*, «[...] la observación directa de la realidad se hallaba adulterada por la manera y el procedimiento de autores exóticos [...]»,[18] en los cuentos de *La conjura*, Castellanos alcanza a poner en práctica un conjunto de ideas suyas en torno a la ficcionalización de problemáticas de la realidad nacional, praxis que se conforma en un estilo y en formas narrativas eficaces en relación con el propósito del autor y de la influencia verificable en algunas zonas de la cuentística cubana posterior.

Otros relatos importantes de Castellanos —escritos entre 1910 y 1912— son «La bandera», «Pasado y presente», «La agonía de "La Garza"» y «El puente». Los dos primeros —junto a su noveleta *La manigua sentimental* (1910)— constituyen una visión desacertada de la guerra del 95. Ya para el momento en que se redactaron, el autor había olvidado la índole aleccionadora de un pretérito heroico y afirmaba en el párrafo final de «Pasado y presente»: «[...] en la República burguesa continuó viviendo, acaso con mejor sentido que nunca, la verdadera libertad».[19] En «El puente» puede apreciarse a un Castellanos abatido por aquellos dilemas que para él fueron de primer orden y en el examen de los cuales aparece un sentimiento de frustración —más ostensible en *La conjura*, su noveleta de 1909, y en *Los argonautas*, novela inconclusa publicada en 1961— íntimamente ligado a la tónica general de la narrativa cubana de los primeros veinte años del siglo. «La agonía de "La Garza"», el mejor cuento de Castellanos según sus críticos y antólogos, es una pieza de excepción por el acabado de su estilo y por la gran coherencia de su estructura interna. En él tiene lugar una confrontación evidente entre la vida de los desposeídos —en este caso los carboneros— y la de los ricos que viajan en lujosos trasatlánticos. Se trata de una historia cuya acción transcurre a bordo de un pequeño y maltrecho barco despedazado por un temporal. Puede percibirse que Castellanos logra trascender lo anecdótico y adentrarse en un aspecto de la tragedia verdadera del medio social en que le tocó vivir.

De no haber muerto tan prematuramente, tal vez Castellanos habría impulsado el desarrollo del cuento cubano hasta límites que caen, desde luego, en lo conjetural. La línea que inauguró el autor con *De tierra adentro* fructificaría un buen número de años después, como aquella que se insinuaba con fuerza en *La conjura* y en la cual Castellanos presentó, por primera vez dentro del género, un cuadro con tintes realistas de la vida provinciana y citadina desde la perspectiva de la clase media burguesa.

Las problemáticas nacionales que obsedieron a Esteban Borrero Echeverría y a Jesús Castellanos en grados diferentes y que fueron en ellos objeto de preocupaciones y acercamientos disímiles, no ocupan un lugar de relevancia en la obra cuentística de Alfonso Hernández Catá (1885-1940), la cual conforma por su vastedad, las inquietudes encerradas en ella y los asuntos que recreó este autor, una sólida directriz cosmopolita que tuvo expresión en formas naturalistas harto vinculadas al espíritu del decadentismo francés y al positivismo. Es cierto que en los libros de Catá existen algunos cuentos sin duda exponentes de dilemas del desenvolvimiento social de la República, pero la tendencia general de sus relatos es hacia un psicologismo diverso en sus exploraciones de lo humano universal y que fragua en lo cosmopolita: los escenarios de Hernández Catá son básicamente europeos.

Analizados desde el punto de vista evolutivo, los cuentos del autor dejan ver lo que podría denominarse su rasgo definidor por excelencia: un creciente interés por temas y asuntos cubanos. Pero esto no significa que los propósitos del autor en torno a la conducta del hombre —expresados, como quedó dicho, en un naturalismo que se orientó hacia el psicologismo en el examen de las pasiones, búsquedas y conflictos más generales del ser humano— no fueran los predominantes.

La zona de la cuentística de Hernández Catá que ha sido juzgada cosmopolita resulta reiterativa, y ya sus últimas muestras, por ejemplo, evidencian un agotamiento de asuntos, de recursos narrativos y de personajes. Los mejores textos de su primer libro —*Cuentos pasionales* (1907)— ilustran un contrapunto entre el orden real y el orden ideal de las cosas, discrepancia que encarnan seres muy singulares por el tipo de conducta que los identifica. Como el propio Catá sugiere pensar, luego de leídas las páginas introductorias de ese volumen, para él los hombres y su universo de ideas están en el lugar de dios, la naturaleza, en el del paraíso y el alma humana —sus contradicciones— en el del infierno. En el trasfondo queda la realidad social concreta. Pero todo esto va matizándose y concentrándose en *Los siete pecados* (1920), *Estrellas*

errantes (1921), *La voluntad de Dios* (1921), *Una mala mujer* (1922), *El corazón* (1923) *Libro de amor* (1924), *Piedras preciosas* (1924), *Manicomio* (1931) y *Cuatro libras de felicidad* (1933). De esta larga lista se excluyen libros que no son propiamente de cuentos, como *Zoología pintoresca* (1919) y *La casa de fieras* (1922), además de otros —*Mitología de Martí* (1929) y *Un cementerio en las Antillas* (1933)— que serán comentados aparte por sus características.

Hernández Catá eludió las motivaciones de índole histórica y social; había preferido centrar su atención en las intimidades de la existencia cotidiana para extraer de sus episodios muestras de un acontecer ilustrador del espíritu humano, propósito este último a cuya realización contribuyeron, en alguna medida, las vivencias que le aportó el desempeño de una larga carrera diplomática, iniciada en 1909 e interrumpida poco antes de morir. No pretendió, salvo en algunos momentos de su cuentística, plasmar dilemas de la historia de Cuba y menos aún rasgos de la identidad nacional; tampoco se sintió atraído por formas del nativismo ni del costumbrismo en la medida en que ellas eran todavía funcionales dentro del corpus cuentístico cubano del momento aludido. En algunos relatos, por ejemplo, hay un asedio del erotismo desde la perspectiva del francés Joris Karl Huysmans, principalmente la aportada por sus novelas *Al revés* y *Allá lejos*. Hernández Catá se detiene en detalles truculentos de la vida de individuos temperamentales e hipersensibles, y se muestra interesado en captar «sucesos» del espíritu: añoranzas súbitas, desencuentros, amores a primera vista, fatales raptos de bondad y de maldad. Muchas historias vienen a ser genuinas indagaciones —no exentas de logros formales— en torno a la superstición, la locura, la pobreza ética y la marginación social.

Los sentimientos y problemas aludidos reaparecen en *Los siete pecados*, libro de título revelador. Se trata de una veintena de cuentos escritos en un tono por lo general melodramático. Hernández Catá escudriña las causas del adulterio, el crimen, el suicidio, la codicia, la obsesión por la muerte, la traición y el miedo. El sesgo confesional, la concepción fatalista de la existencia, el regodeo en lo morboso y ciertas dosis de cientificismo son elementos caracterizadores del volumen.

Los críticos han estado de acuerdo en señalar que *Estrellas errantes*, *La voluntad de Dios*, *Una mala mujer* y *El corazón* demuestran la variedad de intereses del autor en torno a las proyecciones de lo humano, toda vez que asuntos como la existencia díscola y a veces trágica del artista, los dilemas de la convivencia familiar, las tensiones de la vida en el mar y la lucha por alcanzar la felicidad sin prejuicio de lo que piensen los demás —tópicos estos apenas insinuados en los cuentos precedentes—, son objeto de exploraciones acertadas en las obras que se acabaron de mencionar. En el tratamiento de dichos asuntos no se observan efusiones falsas ni gratuidades que habrían hecho menguar la eficacia de textos de estilo sobrio y recia estructura. Entre otros, cabe destacar relatos de cierta extensión como «La patria azul» y «El corazón». Esta última es una historia sentimental cuyas partes integradoras el autor ensambla atinadamente. Los largos relatos de *Libro de amor* que no alcanzan a constituirse sin embargo en noveletas, confirman lo dicho sobre la fuerte tendencia cosmopolita de las narraciones de Hernández Catá: los conflictos se desarrollan dentro del plano de la intimidad del ser humano y se sustentan en enfrentamientos de tipo psicológico; las referencias al ambiente y a la realidad histórico-social son muy escasas. Se trata del hombre frente a la muerte, a las extrañezas del discurrir cotidiano, a sus propias apetencias instintivas y a los reclamos de su raciocinio. El mejor relato de *Libro de amor* es «El sembrador de sal», parcialmente ambientado en La Habana de los años veinte, y en cuyo trasfondo se observa la intención de describir, mediante un discurso lleno de sutilezas expresivas, la sordidez del universo pequeñoburgués.

Lo esencial de *Piedras preciosas*, está dado por su exotismo alucinante, excepción hecha de un texto magistral —«Los chinos»—, que mereció figurar no sólo en antologías posteriores de la obra de Hernández Catá, sino también en otras que recogen lo mejor de nuestra cuentística. En *Manicomio* es ostensible, sobre todo, un tono

ensayístico que es congruente con la intención del autor —adentrarse en las implicaciones sociales de la locura—, pero que arruina la eficacia artística de muchos cuentos. *Cuatro libras de felicidad* ofrece una visión sombría de La Habana durante la década del veinte y regresa a los temas y asuntos desarrollados en escenarios europeos en los libros que el autor publicó entre 1907 y 1924.

Zoología pintoresca y *La casa de fieras* resultan atendibles sólo por su excepcionalidad —son bestiarios de marcado tono fabular— y porque añaden, a las inquisiciones de otros libros, una crítica distanciada —de carácter abstracto en cierta medida— a la precaria eticidad que Hernández Catá observó en los hombres. Como señala Salvador Bueno,[20] se aprecian influencias de Rudyard Kipling y Horacio Quiroga.

Otros libros del autor —*Mitología de Martí* y *Un cementerio en las Antillas*— poseen una reveladora intención testimonial con respecto a la realidad histórica cubana, propósito que se evidencia también en cuentos anteriores publicados: «Los chinos» (el drama socioeconómico de los braceros asiáticos en Cuba), «La galletica» (las vicisitudes de una joven española que vive en el seno de una familia habanera cuya caracterización muestra el orgullo de Hernández Catá por la hospitalidad cubana), «La bandera» (la tragedia de la intervención norteamericana en Cuba y el escamoteo de la victoria de los mambises) y «Cuatro libras de felicidad» (la sordidez del ambiente marginal habanero). *Mitología de Martí* —ficciones originadas en la evocación de la vida y la obra martianas— no es, según quedó dicho, un libro de cuentos, pero algunos textos que allí aparecieron lo son sin duda, como el también varias veces antologado «Don Cayetano el informal», en cuyas páginas Hernández Catá traza un acertado dibujo del protagonista, hombre recto y de confiabilidad indiscutible que no se dejó engañar por promesas que envolvían el afán de lucro de ciertos empresarios norteamericados en la figura de José Martí y su labor por la independencia y la unión de los cubanos.

Resulta curioso y al mismo tiempo alentador que los cuentos «cubanos» de Hernández Catá posean un nivel de calidad plausible con respecto a los altibajos que en igual sentido se encuentran en sus relatos «cosmopolitas». Esto es precisamente lo que ocurre en aquellos que conforman *Un cementerio en las Antillas*, libro demasiado dependiente del acontecer histórico nacional, en específico los crímenes de la dictadura de Gerardo Machado y los sucesos revolucionarios que contribuyeron a derrocar su gobierno, que para entonces ya no respondía a los intereses norteamericanos.

Un cementerio en las Antillas es la obra que reafirma en Hernández Catá su condición de escritor cubano, a despecho de ciertos juicios de la crítica en desacuerdo con aquélla. En el ensayo homónimo que preside los cuentos, el autor revela su visión de la República, coincidente con la de muchos intelectuales del momento: «[…] un país con todos sus ideales en quiebra, prostituido y engañado desde hacía mucho tiempo por conductores políticos que habían sembrado en los surcos abiertos por los padres de la independencia las peores simientes».[21] Más adelante expresa que su libro está «[…] dedicado a los jóvenes cubanos como un testimonio de la presente ignominia y una esperanza casi rabiosa del futuro».[22] Los asuntos tratados en el largo ensayo introductorio son la penetración norteamericana, la desmoralización de la sociedad, el robo y el saqueo, la dependencia económica, la justa labor revolucionaria de los jóvenes y la Enmienda Platt, entre otros.

De los cuentos reunidos en *Un cementerio en las Antillas* se destacan dos muy logrados artísticamente: «Estudiantina», en el cual el autor muestra la continuidad histórica de la tradición de lucha desde 1868 hasta la década del treinta, y «El pagaré», cuyo argumento le sirve para adentrarse en el ambiente rural cubano y las condiciones de explotación que regían en él. En términos generales, este cuaderno exhibe una prosa ágil de la que desaparecen el tono ensayístico y las efusiones neorrománticas y psicologistas de relatos anteriores. Pero la crítica social es demasiado explícita, y los intentos de Hernández Catá por caracterizar el mundo interior de Machado —uno de los personajes— resultan infructuosos.

En el momento de su muerte, el autor ya era famoso en Hispanoamérica y Europa. La devoción que muchos intelectuales cubanos sintieron por su obra hallaría una prueba en la creación del concurso de cuentos que ostentó su nombre, certamen de los más importantes para el desarrollo de la narrativa nacional durante las últimas décadas de la neocolonia.

Como se ha podido observar, Esteban Borrero Echeverría, Jesús Castellanos y Alfonso Hernández Catá expresaron, en sus respectivas obras cuentísticas, visiones y concepciones disímiles en torno a la realidad social cubana en el lapso que va desde fines del siglo anterior hasta los años treinta de la presente centuria. Pero las diferencias no son tan notables que logren borrar el rasgo fundamental que une a los tres autores: una sincera preocupación por el proceso histórico nacional inmediato y su futuro.   [A. G.]

1.4.3 Otros cuentistas

El escaso desarrollo alcanzado por el cuento en el período que estudiamos, verificable en su aspecto cualitativo, no impidió, sin embargo, que una nómina bastante creciente de autores enriqueciera el género al menos cuantitativamente. A nombres ya reconocidos, o que con posterioridad alcanzarían prestigio en nuestras letras a través de otros géneros, como Emilio Bobadilla, Álvaro de la Iglesia, Miguel de Carrión, Adrián del Valle y Miguel de Marcos, se unen los de Luis Rodríguez Embil, Carlos Loveira, Miguel Ángel de la Torre, Armando Leyva y José Manuel Poveda, quienes representan, junto con los mejores exponentes, lo más sobresaliente de la cuentística de esos años, sin que esto signifique que sus aportes fueran de mayor trascendencia. Figura también un número bastante amplio de autores prácticamente desconocidos,[23] algunos hasta con más de un libro publicado, y cuyas obras, de escaso valor literario, recorren una amplia gama temática en la que concurren elementos románticos, realistas, naturalistas y hasta fantásticos.

Emilio Bobadilla (1862-1921), quien desde 1887 pasó a residir de modo permanente en Madrid y en otras ciudades europeas, ya se había asegurado un nombre en el ambiente literario español, fundamentalmente a través de la crítica y del ensayo de corte satírico, cuando, en 1900, publicó el volumen de cuentos *Novelas en germen*, editado en la capital española. Muy permeados por la corriente naturalista y filosóficamente influidos por los planteamientos de Nietzsche, los seis relatos que constituyen el libro demuestran un dominio del género desde el punto de vista técnico. Sólo en el titulado «La negra» aparece una leve alusión a Cuba, pues el autor prefirió para la totalidad de su obra narrativa utilizar ambientes europeos, españoles o franceses.[24] Esta particularidad que, por supuesto, no perjudica su obra, le permite a *Fray Candil* —seudónimo que Bobadilla utilizó con mayor frecuencia— alcanzar en sus cuentos una atmósfera universalista, acentuada a su vez por el carácter de los temas tratados (amores tortuosos, disquisiciones literario-filosóficas entre escritores, estudio del comportamiento individual del hombre), que se enriquecen en virtud de un profesionalismo logrado al calor de lecturas bien asimiladas. Como otros narradores cubanos de su época, pero en él con mayor fuerza debido a su casi permanente estancia en España, el lenguaje, cargado de un casticismo que en su caso es explicable, lo aleja, más que los temas tratados, de nuestra literatura, al punto de que es una de las razones por la cual su obra es estudiada como parte de la literatura española. Mas ese hecho no impide que se le considere un escritor cubano cuya polifacética obra, en particular su narrativa, merece un detenido análisis.

Un español radicado en Cuba desde 1874, Álvaro de la Iglesia (1859-1940), había dado a conocer varias novelas desde finales del siglo XIX, la mayoría de temas históricos, y en 1901 publicó un volumen titulado *Cuentos*, que sólo presenta el interés de algunas anécdotas, literariamente plasmadas con endeblez. Se destacan por el atractivo del asunto que abordan y por la manera justa y respetuosa con que tratan la guerra del 95 los titulados «Los dos emisarios» y «El pequeño patriota», en los que exalta el valor del soldado cubano y la noble actitud de los militares españoles ante una situación extrema. De 1911, 1915 y 1917 datan los tres volúmenes de sus *Tradiciones cubanas*, colección de relatos de corte romántico basados en costumbres y sucesos nacionales, seguramente inspiradas en las *Tradiciones peruanas* de Ricardo Palma.

Miguel de Carrión (1875-1929), quien obtendría mayor renombre como novelista, se inició en el cuento con el volumen titulado *La última voluntad* (1903). Constituido por cinco piezas —la que da nombre al libro y las denominadas «El doctor Risco», «En familia», «De la guerra» e «Inocencia»—, fechadas todas entre abril y septiembre de 1902, muestran ya las preocupaciones del autor al tratar de penetrar en las relaciones del hombre con su medio, en las que encuentra frustraciones, dolor, recompensa o alegría. Carrión evidencia su enorme capacidad de observación, y en alguno —«En familia»— nos avanza su concepto de la mujer honrada, que luego desarrollaría en sus novelas. En otro —«El doctor Risco»— pone al descubierto el modo de vida de ciertos sectores de la sociedad republicana, mientras que «Inocencia» tiene un marcado sabor autobiográfico. De 1924 es su relato *Nochebuena*, editado en forma independiente, en el cual, a pesar de su factura folletinesca, logra caracterizar con relieve el quebrantamiento moral de un burgués llevado a una situación familiar límite. Con un tratamiento del tema quizás demasiado cercano a Maupassant, el relato es, a la vez, muestra de la realidad republicana en los primeros años de su instauración.

Al analizar la totalidad de su obra cuentística, que fue recogida en 1975 en un volumen titulado *La última voluntad y otros relatos*, se pueden apreciar en ella dos etapas: la que reúne los cuentos publicados entre 1902 y 1904, más apegados estructural y temáticamente a la novela, y la que se inicia en 1912 con el titulado «Un pedazo de alma», de corte romántico. En esta segunda etapa, Carrión escribirá cuentos sólo de manera muy esporádica, sin influencia ya de lo novelesco en el tratamiento de los temas, además de observarse un mayor dominio técnico del género. Tocado por las ideas cientificistas —algunos de sus cuentos de la época lo muestran como seguidor de las ideas propuestas por Comte, Schopenhauer y Nietzsche en relación con el comportamiento social e individual del hombre—, Carrión ve el material literario como un documento humano que le permite acercarse a determinado fenómeno social, lo cual fue típico de la corriente naturalista de su principal impulsor, Emilio Zola, con quien el cubano se sintió muy identificado. No obstante, en su obra cuentística se entrelazan elementos románticos y realistas, como sucede con la mayoría de los narradores de estos años. Además, todas sus obras cortas están lastradas por un lenguaje demasiado apegado a los moldes españoles, lo cual contribuye a distanciarlas del lector contemporáneo. En su esporádico cultivo del cuento, el futuro autor de *Las honradas* y *Las impuras*, a pesar de que logra relatos de cierto interés, se aparta con frecuencia de los dominios del género y deja ver en estas piezas al novelista que había en él.

La cuentística del barcelonés Adrián del Valle (1872-1945), radicado en Cuba desde 1895, se reúne en el volumen titulado *Cuentos inverosímiles* (1903). De 1894 datan sus *Narraciones rápidas*, breves viñetas de sabor costumbrista. Sus *Cuentos inverosímiles* se caracterizan por un acendrado pesimismo, al cual el ser humano se ve conducido por circunstancias adversas. Piezas como «El músico polaco», «Gloria maldita» y «Sacrificio», presentan al hombre en conflicto consigo mismo. Personajes retorcidos, enfermos moral y síquicamente, víctimas fatales de la fuerza de la naturaleza y, por consiguiente, muy necesitados de amor, son los que están presentes en sus piezas. Dejó dispersos en varias publicaciones periódicas de esta etapa algunos cuentos de carácter vernáculo.

Miguel de Marcos (1894-1954) se inició en el género con un tomo titulado *Lujuria. Cuentos nefandos*, sin dudas el volumen que señala con mayor fuerza en nuestra literatura la presencia de un naturalismo aberrado y grosero, trasmitido a través de personajes tarados por el sexo y enfermos por el consumo de drogas, verdaderos desequilibrados mentales. Con posterioridad dio a conocer el libro titulado *Fábula de la vida apacible. Cuentos pantuflares* (1943).«Pantuflar»: así denominó el autor su estilo: suelto, rápido, vivaz, sin retoques formales. Influidos por el quehacer periodístico del autor, estos cuentos devienen a veces estampas costumbristas de época,

cargadas de un humor muy a lo cubano, y expresadas a través de un lenguaje de particulares connotaciones, en el que abundan los neologismos de tono jocoso. Son piezas siempre brevísimas en las que aparecen muchos personajes contemporáneos del autor y ofrecen un panorama de la vida cubana en la seudorrepública, fundamentalmente de la capital, que permite obtener un conocimiento más cabal de esos años.

Luis Rodríguez Embil (1879-1959) recogió en dos volúmenes sus cuentos: *Gil Luna, artista* (1908) y *La mentira vital* (1920). Textos de estilo fino y discreto, portadores de una profunda resonancia lírica, son reveladores de preocupaciones filosóficas expresadas en un tono de íntima subjetividad, no carentes de inquietudes de carácter ético. En los titulados «La escapada», de corte autobiográfico, «Pecado» y «Córdoba triste», encontramos una adecuada estructuración, un aceptable dominio del diálogo y un lenguaje preciso, cualidades que los distinguen de una buena parte de los cuentos producidos en la etapa.

La escasa obra cuentística de Carlos Loveira (1881-1928) —se conocen sólo siete piezas— se encuentra diseminada en revistas de la década del 20 como *Cuba Contemporánea, Smart, Social* y *El Fígaro*. Por ende, se desarrolla paralelamente a su producción novelística, y forman, juntas, una unidad coherente y armónica en cuanto a los temas que abordan, a la crítica a la moral burguesa, a la situación de la mujer en una sociedad que coarta sus derechos, todo ello expresado a través de estructuras narrativas que no siempre resultan sólidas, además de acusar descuidos formales cuya explicación habría de ser buscada en hechos de carácter extraliterario y sobre los cuales se abundará al estudiar a Loveira como novelista. En sus cuentos, marcados muchos de ellos por matices costumbristas, prevalece la voluntad del autor por develar el trasfondo social de sus personajes, y algunos se distinguen más por lo que sugieren que por lo que expresan. Pero aun con sus deficiencias y limitaciones, Loveira es de los pocos cuentistas de la etapa que intenta llevar a su obra una preocupación por los problemas sociales del país. De los siete conocidos sobresalen particularmente tres:

«Viejos cuadros criollos: el circo», «De los días heroicos» y «La propina del ministro». En cada uno de ellos, a través de variados asuntos, Loveira penetra con su acostumbrada agudeza en diversos ángulos de la vida nacional, poniendo al descubierto facetas del ser humano como individualidad y como parte de un conglomerado social. Y lo logra a través de un tono irónico matizado por los ya aludidos elementos costumbristas, hilarantes y hasta grotescos.

Quizás el temperamento más fuerte y el más prometedor de los cuentistas de la época fue Miguel Ángel de la Torre (1884-1930), fallecido muy joven, y cuya obra no fue recopilada hasta 1966. A la par de una producción periodística intensa —cultivó sobre todo la crónica, a través de la cual fustigó duramente la estulticia de la vida republicana—, fue dando a conocer sus cuentos en diferentes publicaciones habaneras y de Cienfuegos, su ciudad natal, aunque en realidad los localizados apenas llegan a ocho. En 1914 apareció su «novelita» —el calificativo es suyo— *La gloria de la familia*, que fue la única obra que publicó en forma de libro. Es, en realidad, un cuento largo en el que plasma la frustración y caída de un ídolo familiar, muy docto y preponderante, pero que sólo logra subsistir económicamente, junto con su familia, gracias a las habilidades de un hermano, pelotero profesional.

La breve obra cuentística creada por De la Torre permite reconocer en él a un narrador que poseía, a diferencia de otros escritores de su promoción, un dominio más acertado de la técnica del género, lo cual se manifiesta en la forma en que maneja las estructuras y en la precisión de la palabra, a pesar de emplear un lenguaje de profusa adjetivación. Sorprenden las imágenes que utiliza por su originalidad; a la vez, las descripciones resultan de un vigor notable. Buen observador, aborda en sus cuentos diferentes temáticas —un episodio de la guerra del 95, los amores desgraciados de un joven, la ingenuidad de un adolescente ante la dureza de un sacerdote, la amistad rota por la avaricia—, pero lo significativo en él es el modo francamente moderno, sobre todo si lo comparamos con sus contemporáneos, con que se enfrenta al material de sus cuentos. En «Mongo», uno de los más

logrados, explota con un mínimo de recursos el tema de la discriminación racial, y lo hace utilizando con suma habilidad elementos del humor negro. Fue, además, muy diestro en el manejo de los finales, no por inesperados menos creíbles.

Armando Leyva (1888-1942), junto con José Manuel Poveda, fue uno de los escritores cubanos que llevaron a la prosa —expresada en forma de cuentos, de crónicas literarias y de viajes, o de impresiones— el renacer modernista que tuvo lugar en Cuba a partir de 1910, y que ha dado en denominarse postmodernismo. En el caso de Leyva, las obras suyas que en realidad contienen cuentos son *Alma perdida* (1915) y *Las horas silenciosas* (1920), aunque en ambas incluye crónicas; pero deben señalarse también sus libros *Del ensueño y de la vida* (1910), *Seroja* (1911), *Pequeños poemas* (1922), *La provincia, las aldeas* (1922) y *Estampas del regreso* (1923), en las que prevalecen elementos de ficción.

En la producción de Leyva resaltan, en primer término, una preocupación esteticista y un cuidado formal severo; a la vez, el tono intimista y melancólico con que plasma sus narraciones evidencia la huella de elementos románticos. Varias de sus piezas, por las características apuntadas, carecen de esencialidad temática y, en general, son ricas en adjetivaciones que contribuyen a crear un ambiente lírico. Llama la atención que en muchas de ellas el espacio geográfico escogido sea el de Gibara, ciudad natal del autor. En algunos cuentos de *Alma perdida* y *Las horas silenciosas* se introduce el mundo de lo fantástico, donde las huellas de Poe y Quiroga no son difíciles de encontrar. Rasgos de locura, alucinaciones, relaciones entre vivos y muertos, aparecen en piezas como «La última bañista», «Un flirt extraño», «Un muerto», entre otras. La crítica ha coincidido en afirmar que es en esta vertiente de lo fantástico donde Leyva se realiza mejor como cuentista.

Si nos atenemos a las características fundamentales del género, no pueden considerarse en realidad cuentos los que escribió José Manuel Poveda, sino más bien relatos donde predomina un alto tono lírico que se expresa mediante la utilización de un lenguaje poético enriquecido por elementos de valor sugerente. En realidad no fueron muchos los que escribió Poveda,[25] pero en la mayoría de ellos está presente un marcado carácter autobiográfico, además de destacarse por la profundidad de las observaciones psicológicas que realiza. Otra nota que los distingue es la presencia de la mujer como elemento de dicotomía en un proceso recíproco de aceptación y rechazo. En «Cantos glebales», Poveda singulariza a la masa desposeída de orientación, pero capaz de tener anhelos.

De todos los relatos conocidos del autor de *Versos precursores*, el más divulgado ha sido «La tragedia de los hermanos siameses», incluido en antologías dedicadas a recopilar cuentos de carácter fantástico. Acusa peculiaridades que lo acercan a la fábula y, por consiguiente, deviene un texto que encierra una moraleja, aunque ácida y cruel, nada menospreciable.

El balance que deja la obra de los cuentistas de menor significación nos permite expresar que el esfuerzo realizado por estos autores para penetrar en un género carente de tradición en Cuba debe estimarse en el sentido de que contribuyeron a sentar las bases de su desarrollo posterior, cuando, a partir de la década del 30, el cuento cristaliza definitivamente en nuestra literatura.

[C.R.]

NOTAS
(CAPÍTULO 1.4)

[1] Véase al respecto, de Ambrosio Fornet: *En blanco y negro*. Instituto del Libro, La Habana, 1967, capítulo I.

[2] Ibíd., p. 29.

[3] Manuel Pedro González: «En torno a nuestro cuento», en *Social*. La Habana, 17 (1): 67, enero 1932.

[4] Puede consultarse al respecto el trabajo de Ambrosio Fornet: «Literatura fantástica. Los precursores», en *Bohemia*. La Habana, 58 (39): 28-29, sept. 30, 1966.

[5] Manuel Cofiño: «Prólogo», en Esteban Borrero Echeverría: *Narraciones*. Editorial Arte y Literatura, La Habana, 1979, pp. 3-11.

[6] Esteban Borrero Echeverría: *Narraciones*, ob. cit., p. 52.

[7] Cf. Ambrosio Fornet: *En blanco y negro*. Ob. cit..

[8] Cf. Sergio Chaple: «El cuento en Cuba», en *Anuario L/L*, núm. 5, La Habana, 1974, pp. 91-100.

[9] Esteban Borrero Echeverría: *Narraciones*, ob. cit., p. 140.

[10] Luis Toledo Sande: *Tres narradores agonizantes*. Editorial Letras Cubanas, La Habana, 1980.

[11] Luis Toledo Sande: «Prólogo» en Jesús Castellanos: *La conjura y otras narraciones*. Selección y notas de Luis Toledo Sande. Editorial Arte y Literatura, La Habana, 1978, pp. 7-46.

[12] Ambrosio Fornet: ob. cit., p. 25.

[13] Jesús Castellanos: *De tierra adentro*. Imp. Cuba y América, La Habana, 1906, p. 1.

[14] Ibíd., p. 3.

[15] Ibíd., p. 4.

[16] Luis Toledo Sande: «Prólogo», en Jesús Castellanos: *La conjura y otras narraciones*. Ob. cit.

[17] Ibíd.

[18] Max Henríquez Ureña: «Jesús Castellanos: Su vida y su obra», en Jesús Castellanos: *Los optimistas. Lecturas y opiniones. Crítica de arte*. Talleres Tipográficos del Avisador Comercial. La Habana, 1914, pp. 11-56, p. 47.

[19] Jesús Castellanos: *La conjura y otras narraciones*, ob. cit., p. 334.

[20] Salvador Bueno: «Alfonso Hernández Catá a los cien años (1885-1985)», en *Revista de Literatura Cubana*, La Habana, 3 (5): 156-160, jul. 1985.

[21] Alfonso Hernández Catá: *Un cementerio en las Antillas*, s/e, Madrid, 1933, p. 13.

[22] Ibíd., p. 16.

[23] Entre esos autores se encuentran Evaristo Martínez Alonso, Mario Giral Ordáñez, Justo F. Barés, Guillermo Domínguez Roldán, José Bonachea, Carlos C. Gárate, Heliodoro García Rojas, Flaviano González Sánchez y otros.

[24] Debe consignarse que la primera parte de su novela *A fuego lento* (1903) se desarrolla en una ficticia república latinoamericana.

[25] De José Manuel Poveda puede consultarse las secciones «Relatos» y «La vida interior» de su *Prosas*. Tomo II. Selección, prólogo y notas de Alberto Rocasolano. Editorial Letras Cubanas, La Habana, 1984; recogen un total de once piezas que reúnen, en mayor o menor medida, características que las aproximan al cuento.

1.5. LA NOVELA

1.5.1 La novelística en la etapa: tendencias y estilos

Cuando a comienzos del siglo XX la informada y actualizada crítica francesa estaba ya prácticamente despidiendo al naturalismo en Europa como corriente estética prevaleciente, en América Latina permanecía como elemento propicio para ofrecer una peculiar cosmovisión crítica de la realidad, que se manifestaba sobre todo a través de la violencia, predominante en una determinada sensibilidad generacional, y que expresaba en buena medida la lucha de los explotados contra las oligarquías terratenientes y el imperialismo. A la vez, exponía al mundo burgués las lacras sobre las cuales se asentaba su poderío y su cómodo bienestar, y se regodeaba en presentar la cruda realidad social, sin escatimar buceos en el aspecto del sexo. Si bien como aspecto de voluntad estética la novela latinoamericana de esos años no muestra, en líneas generales, obras de merecido rango artístico, no es menos cierto que, en esencia, documentó a los potenciales lectores de realidades que, o bien ignoraba, o bien fingía desconocer.

En Cuba, cuya narrativa, desde sus orígenes, está marcada por rasgos esencialmente realistas, la influencia naturalista se comienza a constatar hacia finales del siglo XIX a partir de la figura de Martín Morúa Delgado y de sus novelas *Sofía* (1891) y *La familia Unzúazu* (1901), aunque perfiles mucho más acusados de esta tendencia aparecen en novelas de inferior calidad, como *Memorias de Ricardo* (1893), de Manuel María Miranda, que ofrece un panorama cruel y desgarbado de la capital de la isla.

Si bien el siglo termina con un balance bastante significativo —el crítico Roberto Friol relaciona como «obligadas especificaciones» las novelas tituladas *Antonello* (1839), *Cecilia Valdés* (1892, edición definitiva), *Amistad funesta* (1885), *Mi tío el empleado* (1887) y *Leonela* (1893), y añade, «a su cuenta y riesgo», de Francisco Calcagno, la titulada *En busca del eslabón* (1888)—[1] resulta obvio que existía un retraso general del desarrollo evolutivo del género en relación con la literatura universal.

Pervive aún en estos primeros lustros republicanos la influencia romántica, presente aun para las figuras mayores de esta etapa, aunque se dejará sentir con mayor fuerza en los novelistas de folletín, abundantes en el período; pero la nota predominante en este cuarto de siglo seudorrepubliano se resume en la presencia naturalista entre los escritores, que no escapan tampoco a la influencia del realismo español decimonónico, a pesar de que los autores peninsulares se sentían en cierto modo apegados a temas de carácter individual.

Las cinco figuras que dominaban el período —Carrión, Loveira, Castellanos, Ramos, y en medida mucho menor Hernández Catá— se preocuparon por reflejar, a través del naturalismo, nuestros más acentuados males republicanos, y adoptaron, cada uno en la medida de sus posibilidades artísticas y de captación en sí del fenómeno, una actitud crítica ante la desintegración del espíritu nacional, prácticamente

atomizado a partir de la frustrada guerra hispa-
no-cubana-norteamericana. Su actitud está
lastrada, sin embargo, por un tono pesimista que
los convirtió en unos solitarios rebeldes, aunque este pesimismo, «al oponerse al optimismo
oficial, cumplió una función crítica»;[2] la filiación
al naturalismo de estos autores significó un constante afán por condenar el orden existente. Aunque esto, en sí mismo, no era suficiente para
combatir tantos males heredados y creados durante la seudorrepública, «la novela era la expresión cultural que acercaba más a la sociedad al
espejo de sus defectos y vicios».[3]

El carácter hasta cierto punto testimonial de
la novelística cubana de estos años propició que
fuera, simultáneamente, una novelística de intención, y que expresara, además, una comunidad de ideas y estilos que en su peculiar diferenciación e individualización artística era muestra,
sin embargo, de una homogeneidad que se manifestaba al plantear los principales problemas
históricos, políticos y sociales que conmovieron
al país en esos años. Si bien escritores como
Carrión o Loveira no lograron, en última instancia, desentrañar en su esencia la armazón sobre la que se asentaba la corrupción imperante,
sí tuvieron sensibilidad para adentrarse en los
complejos procesos psicológicos (Carrión) y éticos (Loveira) consustanciales a los personajes y
a las situaciones que abordan en sus respectivas
obras. Ello fue logrado, a veces hasta con maestría, porque emocionalmente y en todos los sentidos fueron hijos de su propia época; aunque
no se proyectaron hacia el futuro sino sólo de
manera indirecta, desenmascararon la sombría
sociedad que les correspondió vivir, y en tal sentido desempeñaron un papel histórico que les
posibilita ser analizados hoy como hombres de
signo positivo, comprometidos con su tiempo.

Si, como agudamente apunta Friol en su citado artículo, «nuestra novela, en sus orígenes, le
debe tanto al teatro y a la lírica como a la propia
novela»,[4] la novelística de los primeros veinticinco años de este siglo experimenta, conceptualmente, una gran identificación con el discurso ensayístico. Ello se explica en buena medida
por el afán de los narradores de darse y de dar a
su vez una explicación acerca del estado de cosas imperantes, y aunque los dramaturgos y los
poetas también abordaron el fenómeno que se
vivía, como lo hizo igualmente el periodismo, la
ensayística fue la que más permeó el género que
abordamos. Es por ello que en esta etapa la
novelística acusa un marcado carácter de tesis,
típico además del naturalismo, pues los escritores se sienten compulsados a través de sus personajes a ofrecer determinada información —que
adquiere un notable tono ensayístico— sobre la
problemática nacional. Es entonces cuando el
discurso literario cubano de esos años va a tener
una intencionalidad y trascendencia filosófica
que evidencia, en primer término, una influencia nietzscheana que en la obra de los narradores se vincula a posiciones positivistas y liberales. Esta influencia del filósofo alemán se
manifiesta, más que como escuela filosófica,
como concordancia con la vida espiritual de
aquellos años, por lo que su repercusión en el
proceso cultural del país no puede ser analizada
de un modo ahistórico, sino que expresa una
identificación que sólo debe verse en el contexto de un conjunto de matices y características
muy peculiares.

Sin embargo, nuestros narradores, en sus incesantes búsquedas y modos de brindar una respuesta a sus preocupaciones, no fueron ni tan
positivistas ni tan nietzscheanos. Si bien es cierto que se identifican con estas corrientes filosóficas, no pretenden filosofar, sino que subordinan este elemento al factor estético, sobre todo
en la poesía, aunque en ningún momento pasan
por alto el carácter eminentemente cognoscitivo
que les quieren imponer a sus obras, como forma de explicar su creación y lo que les rodeaba.

A pesar de los propósitos que la animaban, la
novela de estos años no dejó de ofrecer una visión maniquea, epidérmica, de la realidad nacional, y presentó conflictos en que los conceptos
del bien y del mal, la justicia y la injusticia, se
enfrentaban a través de personajes que encarna-
ron inflexiblemente esas nociones, por lo que se
convirtieron a veces en verdaderas abstracciones, carentes de vitalidad y de fuerza humana, y
cuando las poseen es para llevarlas a extremos
poco creíbles. A la vez, esta novelística que tuvo
un carácter expositor, no logró por ello que los

conflictos planteados fueran adecuadamente interiorizados y, por ende, no sirvió para modelar conciencias, al punto de que en muchas oportunidades las relaciones sociales que muestra no aparecen guiadas por las leyes históricas, sino por el signo de la fatalidad.

De esta forma, Loveira, Ramos y Carrión observaron el panorama en el plano de la clase media urbana, y Jesús Castellanos se apoyó en la vida intelectual del país, en tanto que Emilio Bobadilla dio a veces visiones esperpénticas (*A fuego lento*) de la realidad latinoamericana. Otros sectores de la población —negros, la clase obrera— se representaron a través de conflictos originados por la propia condición inferior en que vivían, de ahí que muchas novelas —la mayoría de ellas de escaso vuelo artístico— presentaran problemáticas como las del suicidio (*Mersé*, de Félix Soloni), la drogadicción (*La raza triste*, de Jesús Masdeu), la discriminación racial (*La mulata Soledad*, de Adrián del Valle), y que muchos de estos personajes se vieran atrapados por la enfermedad, preferentemente la tuberculosis, por la opresión de los usureros o por cifrar en el juego su única posibilidad de salvación, aunque en todas ellas el factor discriminatorio desde el punto de vista racial es la sustentación común.

Estos conflictos, que se unen a los que se pudieran llamar los grandes temas de la etapa —lacras de la politiquería, fraude, peculado, dependencia semicolonial del imperialismo—, tuvieron su representación estética mediante el naturalismo, como se ha apuntado anteriormente, pero también hay mucho en estas novelas, tanto en las más reconocidas como en las menos significativas, del costumbrismo, expresado sobre todo al trasladar a la literatura la vida del típico solar habanero (*El tormento de vivir*, de Arturo Montori, es sólo un ejemplo). Encontramos también planteados, sin que se dejen de tratar los temas más sobresalientes de la etapa, conflictos de carácter psicológico (*Las honradas*, de Miguel de Carrión), de intención sociológica (*Las impuras*, del mismo autor), que reciben un tratamiento naturalista, en tanto que figuras como Castellanos o Hernández Catá se sintieron ganados por el modernismo, que comportaba cierto preciosismo en la prosa y una ex-

quisitez formal de realización artística, tan ajena a escritores como Loveira.

Muchas figuras menores cultivaron el folletín, donde se acentuaba, además, la nota pintoresca o los dramas truculentos, como sucede en autores —algunos de una sola obra— como Francisco Puig de la Puente (1839-1917), Tomás Jústiz del Valle (1871-1959), Guillermo de Montagú (1881-1949), Manuel Villaverde (1884-1962), Ramón Ruilópez, Octavio de la Suarée, Waldo A. Ínsua, Fermina de Cárdenas, Jaime Mayol Martínez y Miguel Ángel de la Campa, entre otros muchos nombres de escaso mérito en nuestro quehacer literario.

Por otra parte, un buen número de novelas (*Vía Crucis*, de Emilio Bacardí, *La insurrección* de Luis Rodríguez Embil, *La manigua sentimental*, de Jesús Castellanos) se adentraron con peculiares características en el tema de la guerra —bien la del 68 o la recién concluida del 95—, de la que ofrecieron visiones a veces veraces, pero otras permeadas por los propios criterios pesimistas de sus autores.

O sea, entre 1899 y 1923 confluyen novelas de corte histórico, de carácter psicológico, sociológico, costumbrista; estas últimas encuentran su representación artística por medio, en primer término, del naturalismo, aunque quedan aún reminiscencias de corte romántico y cierto influjo modernista, mucho más verificable en la cuentística de la etapa. Frente a esta diversidad de tendencias y estilos prevalece un denominador común: el realismo, rasgo peculiar de nuestra novelística desde sus orígenes. En oportunidades, no poco frecuentes por cierto, coincide en algunas de las novelas de la etapa, de manera simultánea, esta aludida diversidad, por lo que no resulta fácil deslindar a veces el carácter específico o propio de muchas de estas obras. Hay autores que se deciden por clasificar esta novelística en histórica, costumbrista, satírica, política, psicológica, de rasgos modernistas con tendencia a la llamada universalización de los temas, como se plasma en la obra de Hernández Catá. Otros críticos[5] prefieren hacer divisiones de carácter histórico y señalan, por ejemplo, que, entre 1898 y 1912 —fin de la dominación española y término del gobierno de José M. Gómez, respectivamente—, prevaleció entre los escritores más activos el cultivo de una novelística basada en temas histórico-patrióticos, además del predominio entre algunos narradores de la ideología anarquista, que se reflejó en su producción artística, sin olvidar tampoco novelas truculentas o de un trasnochado romanticismo, e incluso algunas basadas en temas religiosos; en tanto, entre 1913 y 1923 tuvo enorme fuerza la crítica a los convencionalismos sociales y morales que lastraban el desarrollo del individuo, para lo cual el naturalismo fue la vía más expedita de realización; como también lo fue en ese mismo lapso para criticar la corrupción política y administrativa.

Dentro de este panorama de tendencias y estilos diversos se proyecta de manera independiente la figura de Juan Manuel Planas, autor de la que se había tenido hasta ahora como nuestra primera novela de carácter científico,[6] *La corriente del golfo* (1920), a la que siguieron otras de este mismo corte y de carácter histórico.

Es de suponer que tanta pluralidad de concepciones artísticas tuviera como trasfondo numerosas influencias literarias: Guy de Maupassant, Emilio Zola, Eça de Queiroz, Emilia Pardo Bazán, Vicente Blasco Ibáñez. De todos ellos, parece ser Zola el que más ascendencia tuvo, aunque fue también acentuada la presencia, sobre todo, de escritores españoles de poco mérito literario, como Felipe Trigo, Pedro Mata y *El Caballero Audaz* (seudónimo de José María Carretero), que se deja entrever cuando nuestros autores menos significativos se dedican a escudriñar, sin talento artístico, en lo sexual y lo escatológico.

Ya se advertía anteriormente que la tan comentada influencia de Nietzsche se dejaba sentir más en el espíritu que en la letra, lo que también sucedió con otros filósofos como Spencer, Max Nordau, Bergson. Algunos narradores se hicieron eco de las ideas de Proudhon, Malatesta, Kropotkine (estos dos últimos tan citados por Loveira), Bakunin y Malato. Otros fueron pragmatistas, como Ramos, quien un poco más tarde abrazó el socialismo científico; o darwinistas sociales, evolucionistas y hasta intuicionistas. Este abanico de posiciones filosóficas

—varias de ellas podían coincidir a la vez en un mismo autor— nos demuestra las constantes búsquedas que realizaron nuestros novelistas por encontrar una sustentación a sus formulaciones, pero evidencia sobre todo que este afán estaba enmarcado, no en un deseo voluntario de aferrarse a determinada postura, sino de buscar dentro de esa misma variedad los acomodos necesarios a las distintas posiciones que se asumían y defendían a veces con apasionada violencia. Esta actitud era además consecuencia, en parte, de una falta de sistematicidad y rigor en muchos de estos escritores, algunos de los cuales, como Loveira, fueron autodidactas.

La crítica ha sido unánime en consignar que con los novelistas de estos primeros lustros se puede reconstruir buena parte de la fisonomía del país en aquellos años, y le otorgan a obras como las de Loveira el carácter de verdadero tratado de sociología cubana. Es cierto que las novelas de esta etapa contienen un material abundante, y en oportunidades hasta crudo, de la realidad cubana de esos años; en la mayoría de ellas se intentaba plantear preocupaciones de alcance nacional, pero a pesar de ello, buena parte de las novelas arrastra el lastre del dilettantismo, lo cual pondría en tela de juicio el sentido que de la profesionalidad artística tenían estos escritores. Resulta obvio que ninguno de ellos pudo desenvolverse económicamente con las posibles ganancias que dejaran sus obras —en no pocos casos se quedaban endeudados después de publicar un libro— pero en ello no estriba la profesionalidad o no de un autor, sino que se trata de asumir el arte, en este caso la literatura, con un verdadero sentido crítico y desde posiciones no convencionales, independientes. En esta dirección los salva su voluntad de enfrentar, con los medios que tenían a su alcance, los conflictos de la sociedad de su tiempo y convertirse en jueces severos de una realidad que repudiaban, pero que no supieron violentar más que con su palabra. Resulta significativo, por otra parte, que casi ninguno de ellos —Loveira y Carrión resultan una excepción— fueron hombres de una participación activa en la agitada vida política nacional, lo cual les permitió mantenerse al margen de los inevitables compromisos, aunque ello no significa, por supuesto, un desentendimiento de los acuciantes problemas nacionales. Fueron, en esencia, hombres de ideas y no de acción, que se refugiaron, además de en la novela, en el periodismo, para dar a conocer sus opiniones. No pocos de ellos se dejaron conquistar también por el ensayo —Ramos, Loveira, Castellanos— o bien lo cultivaron, como ya se ha expresado, dentro de la propia novela para poder emitir sus criterios, en un desesperado diálogo con la conciencia.

Una preocupación esencial de los principales novelistas de la etapa es indagar en las posiciones morales de sus personajes y no en afirmarlas, de ahí que éstos intentan llevar a cabo la búsqueda de sus esencias en medio de un colapso político y social que era muestra de la desintegración de los valores esenciales del hombre. A través de este caos, no siempre bien construido y expresado artísticamente, se encuentra, por encima del placer de escribir, una profunda operación de conocimiento, un arte que trata de explicar una concepción del mundo y de la misma literatura más por la intencionalidad que por los resultados obtenidos. Además, estos novelistas no se permitieron el placer de autocomplacerse, y si bien es cierto que crearon con desmedido entusiasmo, no traspasaron el nivel de intentar superar los síntomas de agotamiento y de dispersión social existentes. Si muchos de los personajes arquetípicos que se presentan elevan el amor entre los sexos a la condición de valor supremo —personajes de Carrión, de Loveira, de Ramos, de Hernández Catá—, se exalta la búsqueda por la mujer de sí misma y de su lugar en la sociedad, con el consiguiente rechazo, tanto de la imagen de lo femenino impuesta por el patriarcado, como de todo intento feminista de hacer asumir a la mujer, como propia, la imagen tradicional de lo masculino.

El rechazo de estos novelistas a una pretendida neutralidad del arte susceptible de ser considerado únicamente en función de una estética tenida por objetiva, hizo plausible el carácter auténtico de sus obras, y permitió que la política fuera en ellos una explicación más de su conocimiento del tiempo histórico vivido. Por otra parte, a diferencia del resto de las literaturas la-

tinoamericanas coetáneas, que tuvieron un marcado carácter telurista, no se establece en la novelística cubana de este período una relación de identidad entre el hombre y la naturaleza, pues nuestra novelística de esos años es esencialmente urbana, aunque se cultivaron algunas novelas de ambiente rural. En estas obras, clasificadas por la crítica como de corte realista criollista, se ofrece una visión idílica del campo y del campesino cubanos, carente de identidad y verosimilitud. No obstante, y aun tomando en consideración las reconocidas diferencias regionales, el ritmo de la novelística cubana de estos años marcha bastante parejo en relación con el desarrollo y la problematización que plantea la novelística latinoamericana, aunque no encara los grandes enfrentamientos regionalismo vs. universalismo, rasgo peculiar de esta narrativa. Sí existen contactos estilísticos entre la literatura cubana y latinoamericana de la etapa, como también los hay de enfoque y de geografía humana, por lo cual puede hablarse de una voluntad de comunión histórica que permite que las novelas sean expresión profunda de la sociedad americana, de nuestra unidad de destino.

En cuanto a las técnicas narrativas, se ha expresado que nuestra novelística adoleció, entre 1899 y 1923, de ser rudimentaria, casi preflaubertiana, pues, entre otras consideraciones, el autor se hace copartícipe y opina en medio de los personajes, por lo que ignora la noción de objetividad en la ficción y atropella los puntos de vista. De este modo, el autor no pretende mostrar sino demostrar, y esto lo conduce a caracterizar superficialmente a los personajes y a presentarlos de modo arquetípico, de una sola pieza, como los tipos de extorsionadores y vividores del presupuesto que aparecen en las novelas de Ramos y Loveira.

Por otra parte, es significativo que en el espíritu de estas novelas se advierta un más hondo sentido realista, una más exacta ponderación de la vida y una mayor reflexión de la realidad, además de revelar dos propósitos: exponer los errores de una sociedad corrompida y derivar de ellos presupuestos morales. El carácter propugnador de postulados éticos de la novelística de la etapa, en un afán por desentrañar los males de la falsa república y mostrar las desviaciones de los ideales de los fundadores de la patria, constituye una opción que propicia un comprometimiento de nuestros escritores con la realidad nacional, a pesar del sentido pesimista —con un trasfondo de apasionado optimismo hacia el futuro— que impregna sus obras.

Puede afirmarse que la novelística cubana del primer cuarto de siglo XX careció, en líneas generales, de fantasía creadora —salvo aquella escasa producción adherida a los cánones modernistas—, y evidenció por ende, un escaso movimiento de la imaginación. Mas ello no es censurable en modo alguno, pues fiel a nuestra tradición realista, y a pesar de los moldes extranjeros con que se conciben estas obras, muestran el compromiso de los escritores con el tiempo en que vivieron y evidencian que ellos asumieron la creación en el sentido de avanzar siempre hacia posturas progresistas. Es posible que se les pueda acusar de cierto mimetismo, de ser insuficientes al abordar los candentes problemas que tratan, de que los autores no tuvieron demasiado sentido artístico al manejar los temas, pero lo cierto es que, analizada desde una perspectiva actual, se evidencia que no fue en modo alguno conservadora y se asentó en la tradición popular más genuina.

Se sabía que no podía esperarse nada de los «generales y doctores» de la ya fracasada república, pero los narradores de esta llamada primera generación republicana devinieron jueces severos de su tiempo, y a pesar de su pesimismo y de sentirse frustrados en lo esencial humano, sus obras permanecen como ejemplos positivos de la necesidad de encarar con optimismo un futuro que aún no se advertía promisorio, pero que muy pronto comenzaría a experimentar saltos cualitativos al iniciarse un cuestionamiento dialéctico de los fundamentos del sistema.   [C.R.]

1.5.2 La obra novelística de J. Castellanos y A. Hernández Catá

El crítico, pintor y también novelista Marcelo Pogolotti señaló que «Jesús Castellanos ejemplifica al intelectual consciente en los umbrales del siglo».[7] Sin dudas constituye ésta una apreciación muy aguda. Fue Castellanos el escritor de su promoción a quien más le afectaron el desinterés y la abulia reinantes en el momento en que le correspondió desenvolverse en tanto creador. Como el conflicto lo experimentó en carne propia, su obra novelística está marcada, como muchos de sus cuentos, por el afán de tratar de indagar en la esencia del problema, pero analizándolo siempre desde la posición y la perspectiva del intelectual, en quien cifró sus esperanzas para salvar los destinos de la humanidad y en particular los de su patria.

Típico representante de una élite intelectual de la que fue, sin dudas, una de sus expresiones más altas, Castellanos, como muchos de sus contemporáneos, pero quizás con mayor fueza y sentido de la responsabilidad que ninguno de ellos, se sintió impelido a reanudar la tradición literaria truncada por la muerte de Martí y Casal, y a la vez que se consideró deudor de su maestro Manuel de la Cruz y también de Cirilo Villaverde y de Nicolás Heredia, se dejó ganar por las tendencias psicologistas francesas —volvió su inquieta mirada a París para beber en Maupassant, Daudet, Zola y Flaubert—, mientras que con un sentido más pragmático del cotidiano vivir, defendió el sistema económico norteamericano a contrapelo de las fuertes tensiones que crearon en su momento la admisión de la Enmienda Platt y la cada vez más fuerte penetración yanqui en Cuba.

Quizás el escritor cubano de la llamada primera generación republicana que más requiera de nuevas y enriquecedoras relecturas sea Jesús Castellanos. Analizar su obra novelística, integrada por *La conjura* (1909), *La manigua sentimental* (1910) y *Los argonautas* —esta última inconclusa y no publicados hasta 1916 los dos únicos capítulos que al parecer escribió—, implica, en primer término, efectuar un deslinde en el sentido de si las obras mencionadas, sobre todo las concluidas, pueden o no considerarse novelas en la significación ortodoxa del término, o si más bien se inscriben en lo que más modernamente llamamos noveleta. De *nouvelles* o novelas cortas calificó Max Henríquez Ureña, amigo y cercano colaborador de Castellanos, a

La conjura y *La manigua sentimental*, mientras que para *Los argonautas*, de la que pudo haber conocido más de los dos capítulos publicados póstumamente, reserva la clasificación de novela.

En realidad, las dos obras concluidas resisten mejor la clasificación que les otorga Henríquez Ureña, no sólo porque sean breves, sino por otras razones que pueden resultar más atendibles, tales como el modo de abordar y resolver la trama planteada, la presentación y solución del núcleo dramático y los procedimientos que utiliza para complejizar la anécdota, entre otras.

La crítica ha coincidido en afirmar que *La conjura* resulta la mejor obra escrita por Castellanos. El volumen, integrado por la pieza que le da título y también por las tituladas «Una heroína», «Cabeza de familia», «Naranjos en flor», «Idilio triste» y «Corazones son triunfos», constituye, según criterio de Henríquez Ureña, un «manojo de novelas cortas»,[8] aunque en realidad pueden considerarse como tales «La conjura» y «Una heroína», si bien esta última no ha sido estudiada bajo tal denominación.

La conjura gira en torno a un asunto que, sin dudas, debió haber afectado considerablemente a Jesús Castellanos en tanto hombre de letras: el conflicto de un intelectual —Augusto Román— en una sociedad en la que prevalecen intereses opuestos al desarrollo de las capacidades de los hombres como seres mentalmente activos. A partir del citado personaje, a través del cual se va estructurando toda la trama de la obra, el autor muestra lo que, para Henríquez Ureña, constituye el personaje central de la obra: el medio social, al cual el crítico le confiere una importancia tal que, opinó, «valía la pena haber alargado la novela el doble, con tal de darnos una pintura intensa y fuerte del medio».[9] Ese entorno social que subyace, pero que no es mostrado abiertamente al lector, y frente al cual el protagonista se articula de un modo insuficiente, muestra el intento fallido del escritor de «engrampar el protagonista con la sociedad»,[10] que permanece representada por leves pinceladas del mundo exterior, tales como los rejuegos políticos y la falsa moral. Sin embargo, el procedimiento psicológico para presentar a Augusto Román, personaje que no llega a ser una repre-

sentación fuerte o convincente, y mucho menos un héroe, resulta adecuado, en el sentido en que el autor lo va mostrando como un hombre incapaz de aceptar su realidad social, pero imposibilitado también de rebelarse.

Si Jesús Castellanos pretendió con el personaje de Augusto Román ofrecer un ser superior, dotado de amplias facultades intelectuales, su intento no estuvo en correspondencia con lo alcanzando, pues Román se convierte en el símbolo del intelectual derrotado por el medio e incapacitado para desplegar energías. Esa incapacidad tiene su origen tanto en la mediocridad del ambiente como en su propia frustración personal. El final del personaje es cruel, pues mientras a lo largo de la obra el autor trató de elevarlo espiritualmente, de hacerlo aparecer incólume ante la podrida sociedad que lo rodeaba, ya en las últimas páginas, vencido y aniquilado, pero virgen ante el rastacuerismo prevaleciente, cae y claudica:

> El antiguo Augusto Román, macilento y alucinado, había muerto, poco importaba que en vez de huir de la ciudad se hubiese desvanecido aquella misma noche. En su lugar abría los brazos potentes un nuevo Augusto Román, ávido de placeres sensuales y poco preocupado de averiguar el desenvolvimiento de la manera...[11]

La «muerte» de Augusto Román cerraba casi descarnadamente el ciclo de un hombre, de un intelectual, que sucumbió al medio y, por tanto, no pudo convertirse en un mito, sino que tuvo que seguir las huellas de su tiempo a pesar de estar consciente de la esterilidad del ámbito en que le correspondió desenvolverse. Augusto Román no pudo alzarse como un héroe porque fue un producto en consonancia con la índole de su entorno social. El personaje fue uno más en la corriente de los fracasados.

Por otra parte, en *La conjura*, a diferencia de *De tierra adentro*, se observa un mejor dominio de nuestro lenguaje, que resulta más auténtico y nacional a partir de construcciones fraseológicas de estricta cubanía; mientras que en la descripción de ambientes se advierte el dibujante que Castellanos fue. Asimismo, *La conjura* se distingue por la importancia que el autor concede a los colores en función de apoyar su narración, muestra del arte pictórico que cultivó. Significativas resultan también las sensaciones auditivas, olfativas y gustativas que el autor logra trasmitir a los lectores, elementos que evidencian la fina sensibilidad y la delicadeza del escritor. Aunque a menudo excesiva, su adjetivación no deja de tener interés, fundamentalmente por la precisión con que utiliza cada adjetivo, lo cual lo diferencia de otros narradores contemporáneos suyos, ganados más por lo que decían que por el modo en que lo expresaban.

Según refiere Max Henríquez Ureña, a *La conjura* «debía suceder, en orden de publicación, una novela cuyo plan maduraba Castellanos: "Los argonautas"»,[12] obra que «había de tener una significación eminentemente nacional».[13] Otro escritor de la época, Bernardo G. Barros, testimoniaba que la obra «tendría como fin estudiar nustro medio social [y] el argumento iba a ser desenvuelto [...] sin grandes complicaciones de procesos».[14] Para Henríquez Ureña estaba llamada «a tener extensa resonancia, no sólo por su significación literaria, sino también por su significación social, por la trascendencia necesaria que tendría como análisis de un importante problema nacional».[15]

Entre Augusto Román y Camilo Jordán, que a todas luces se prefigura como el personaje protagónico de *Los argonautas*, podrían trazarse dos líneas paralelas que quizás se unirían en algún momento si Castellanos hubiera concluido la novela, pues en ella el autor trata nuevamente el tema del intelectual en su relación con el medio, sólo que en esta oportunidad le confiere al hombre de letras una importancia que va más allá de lo planteado en *La conjura*, al preconizar «la necesidad de un gobierno de tiranos literarios que impusiesen a la humanidad un tributo periódico de sangre de imbéciles como medida de ayudar a una selección del actual tipo humano»,[16] solución de corte nietzscheano que, al parecer, fue grata al autor, según se infiere de la lectura de muchos de sus artículos periodísticos.

Por los rasgos que se observan en *Los argonautas*, esta novela pretendía convertirse en una especie de resumen de los asuntos tratados por Castellanos en su narrativa. Además, entre Castellanos y Jordán puede establecerse una serie de rasgos comunes[17] que hacen de este personaje una especie de *alter ego* del autor.

El escepticismo naturalista que dominó a Castellanos le impidió concebir personajes literarios con perfiles heroicos. A pesar de las esperanzas que en algunos momentos sostienen Castellanos y su especie de doble, Jordán, el título de *Los argonautas* quizás se deba a los criterios expresados por Rosales, cercano amigo del protagonista:

> Amigo Jordán, pobre Camilo, viajero triste, la única forma para este caso de abandono a las propias fuerzas, es abrir batalla sin piedad contra el mundo y su bolsa, con las mismas armas que de él se han sufrido, correr con fanatismo de argonauta y con codicia de cada minuto, en pos del vellocino de oro que todas las épocas incensaron.[18]

¿Qué destinó le había deparado Jesús Castellanos a Camilo Jordán? ¿Acaso el mismo que a Augusto Román? Siempre quedará la incógnita, mas la forma de asumir el autor el escepticismo típico de su generación permite suponer que sus aspiraciones se habrían frustrado irremisiblemente.

La manigua sentimental (1910) es una obra de Castellanos que, o bien ha sido poco valorada, o ha sido juzgada de forma contradictoria, hasta el punto «de convertirse en un texto que aún espera por otras relecturas que traten de unificar criterios disímiles —si pueden hacerlo— a la vez que hurguen en sus valores más perdurables».[19]

Mientras que para algunos críticos, *La manigua sentimental* constituye un bello texto evocativo de la guerra de independencia cubana, otras opiniones surgidas a partir del triunfo revolucionario han invertido decididamente los valores que se le habían hallado a la novela. Así, se ha afirmado que ofrece una visión carente del heroísmo que caracterizó a la lucha emancipadora, pues «enjuició la guerra después de haberse ausentado de la Isla mientras se llevaba a cabo, y desde la frustración republicana»,[20] criterio que es asumido también por otros autores como Dolores Nieves, para quien *La manigua sentimental* «constituye la novela de la derrota del héroe, del fracaso del individuo».[21]

Frente a estas opiniones, Salvador Arias se ha propuesto una nueva mirada sobre la novela, que analiza el punto de vista en cuanto al personaje que narra —Juan Agüero y Estrada—, quien «no se juzga nada rigurosamente y siempre busca la justificación engañosa, dejando al lector que saque sus propias conclusiones de unos hechos que él interpreta a su manera».[22] Pero la idea más fecundante y novedosa que aporta Arias es la de estimar a *La manigua sentimental* como una novela que ofrece «la evolución del pícaro durante nuestras guerras independentistas», valoración que estimula nuevos y productivos acercamientos a esta novela. Para demostrarlo, el crítico se sitúa en el momento en que el autor escribió la novela, cuando «la realidad contemporánea era entonces paso propicio para estimular los tonos heroicos».[23]

Juan Agüero y Estrada —prosapia de ilustres apellidos camagüeyanos, ¿acaso una sátira más del autor?— se describe a sí mismo como «un pacífico tristón a quien sus apellidos trajeron a la guerra para ver menudos detalles poéticos, para hacer poco daño al enemigo»,[24] con lo cual se está autonegando toda posibilidad de realizar actos heroicos, a la vez que su relato se centra en narrar los sucesos de la retaguardia, aunque muestra a través de descripciones crudamente naturalistas algunos hechos relacionados con la guerra, como La Habana durante la reconcentración. Agüero y Estrada permanece en la superficie de los acontecimientos, mientras que la visión que aporta del ambiente bélico que le correspondió vivir es catastrófica, pero siempre marcada por una sutil ironía, como si el personaje se burlara de todo lo que dice y piensa.

Aunque, como en *La conjura*, la adjetivación resulta excesiva, *La manigua sentimental* alcanza logros a veces sorprendentes en lo que se refiere a descripciones, dados sobre todo a través de pinceladas de indudables efectos plásticos. Por otra parte, si en *La conjura* advertimos la utilización de un lenguaje más nuestro, en *La manigua sentimental* se emplean formas expresivas mucho más populares, que la acercan al lector contemporáneo: «hoy tiembla la valla», «son un burujón», etcétera.

Sin dudas, *La manigua sentimental* evidencia un ascenso en la evolución de este autor, ascenso que se vio interrumpido debido a su inesperada muerte, cuando apenas rebasaba los treinta años. Quizás como ningún otro escritor de su tiempo, Jesús Castellanos estaba preparado para ser el ideólogo de la intelectualidad cubana de aquellos años. Escritor de una época estéril a pesar de los esfuerzos realizados por un pequeño grupo de interesados, hombre de ideas y de inquietudes, artista por sobre toda otra consideración, sus novelas guardan el aliento de quien hizo de la literatura y, en general, de las artes, una profesión de fe. Su obra narrativa, en particular las novelas cortas, evidencian un adecuado manejo del género, y son expresión de una voluntad de estilo que fue ganando atributos en un corto período de tiempo. Gracias a ello su producción novelística, relativamente breve, debe estimarse como un esfuerzo significativo en los primeros años de la seudorrepública, cuando aún carecíamos de algunas definiciones funcionales en relación con la obra artística. El aporte de Jesús Castellanos en este sentido fue enriquecedor, y sus esfuerzos se vieron compensados y respaldados con un quehacer consciente, que sirvió para tratar de enaltecer un oficio que sólo encontraría su verdadera dignificación casi cincuenta años más tarde.

Indisoluble amistad unió a Jesús Castellanos y a Alfonso Hernández Catá, no obstante haber vivido éste la mayor parte de su vida lejos de Cuba, a la que sirvió en diferentes cargos diplomáticos en Europa y América Latina. Incluso los libros que publicó Catá hasta el repentino fallecimiento de Castellanos fueron reseñados por el autor de *La conjura* en diferentes publicaciones periódicas habaneras. Catá quiso ocupar la vacante dejada por el fallecimiento de Castellanos en la Academia Nacional de Artes y Letras, pero la corporación prefirió otorgársela a quien

es hoy un total desconocido en las letras cubanas: Francisco Domínguez Roldán.

La lejanía impuesta por su trabajo no impidió
que Hernández Catá fuera amigo de Max
Henríquez Ureña, de Carlos Loveira, de José
Antonio Ramos, cuyas respectivas obras estimó
y valoró en su momento. Pero también confra-
ternizó con aquellos que a partir de la década
del 20 iniciaron un movimiento de renovación
en las letras cubanas: Rubén Martínez Villena,
Nicolás Guillén, Emilio Ballagas, Juan Marinello,
Emilio Roig de Leuchsenring, con la mayoría de
los cuales cruzó una amplia correspondencia.

Lo anterior sirve para demostrar, en alguna
medida, que Alfonso Hernández Catá se sintió
siempre vinculado al proceso cultural de Cuba,
a pesar de que muchos lo han querido inscribir
en la órbita de la literatura peninsular por la naturaleza y el carácter de muchas de sus obras,
que se imbrican en ese marco geográfico debido
a su larga permanencia en tierra española. Por
otra parte, es cierto que su formación intelectual completamente autodidacta, estuvo conformada en buena medida por lecturas de autores
españoles, aunque también se siente en sus novelas la presencia de escritores franceses e ingleses. Por Maupassant sintió una pasión siempre
confesada, en tanto que le otorgó la categoría de
maestro a Benito Pérez Galdós, quien tuvo frases elogiosas para nuestro autor.

La crítica ha mostrado unanimidad cuando
reconoce en Catá sus magníficas dotes como
cuentista y especialmente como autor de novelas cortas o noveletas, mientras que su labor
novelística ha sido considerada de una relevancia menor, no obstante haber escrito seis obras
dentro de ese género.

Alfonso Hernández Catá fue un apasionado
defensor de la novela corta, sobre la cual dio sus
criterios en varias oportunidades y a la que le
confería, sobre todo, dos valores: vitalidad y eficiencia, logrados a través de la sobriedad, elemento fundamental para nuestro autor, impelido siempre a mostrar lo sustantivo de manera
profunda.

Como Castellanos, Catá fue en esencia un
intelectual de honda conciencia artística y, además, un escritor que se consagró a sus ideales

estéticos tratando siempre de ofrecer una obra
de alta calidad literaria, marcado, como estaba,
por el impulso de la creación, la que correspondió con una obra que a pesar de su vastedad mantiene siempre un digno nivel de realización.
Signado por dos grandes preocupaciones, la cultura y el arte, Catá fue un hombre cuya literatura se inscribe plenamente en el terreno de lo
humano universal, pero está afincada en lo nuestro, hecho que revela en su universalidad, tratada muchas veces con un sentido de alejamiento
de lo natal.

La voluntad artística que se advierte en las
novelas de Alfonso Hernández Catá, desde
Pelayo González (1909), de corte ensayístico,
hasta *El ángel de Sodoma* (1928), donde aborda
sin subterfugios y falsos escamoteos morales el
tema del homosexualismo masculino, se devela
sobre todo por el rigor con que observa y convierte en literatura los hechos narrados, lo cual
evidencia que en su método de trabajo rehuía, o,
al menos, desconfiaba de la improvisación, en
un afán lúcido y sensible por trasladar al arte lo
que veía, sin rozar siquiera el camino del
costumbrismo, tan ajeno a su obra.

La producción novelística de Catá responde
plenamente a una actitud literaria suya a la que
siempre fue fiel: evadir lo casual, lo episódico,
lo efímero, y ofrecer la ancha medida de lo humano, a lo cual le imprime toda su emoción,
como ocurre en la noveleta «Los muertos», recogida en *Los frutos ácidos* (1915), modelo de
ejemplar composición literaria. Allí el autor
muestra el tránsito inexorable de la vida a la
muerte como expresión de una libertad interior
ganada por un grupo de leprosos apartados para
siempre de la sociedad.

Generalmente sus novelas largas, no así sus
noveletas, carecen de intriga, de lo cual resulta
muestra significativa *La juventud de Aurelio
Zaldívar* (1911), técnicamente ligada con *Pelayo
González* por el corte ensayístico que ambas
poseen. En *La juventud...* se cuenta la degradación de un héroe, pero la obra resulta tan inconsistente como los propios personajes, que
carecen de autonomía. No obstante, en esta novela y en las restantes de Catá se siente una fuerza interior generada por una actitud consciente

del autor dirigida a resaltar en sus héroes, aun en los más solitarios, las ansias de vivir.

La obra novelística de Catá aborda motivos universales y eternos, en que vibra la tragedia del hombre en tanto ser humano. No encontramos en ella motivos de carácter histórico, en tanto sus preocupaciones éticas no están relacionadas con el hombre como ser social, sino con éste y sus angustias íntimas, un tipo de individuo recónditamente inocente, pero cargado de culpas que no acierta a ubicar. En tal sentido resulta paradigmático el personaje protagónico de *El ángel de Sodoma*, José María Vélez-Gomara, cuya imagen esencial se proyecta a través de sí mismo en un fondo de común humanidad que no puede traspasar ni siquiera cuando se halla inmerso en las más cotidianas circunstancias:

Este afán de Hernández Catá por bucear en las pasiones humanas lo llevó a presentar en sus creaciones casos verdaderamente patológicos que muchas veces lindaban con lo enfermizo, aunque el autor fue muy cuidadoso en su plasmación, hecho en el que se evidencia, además, el rigor estético de sus obras. A tal punto le interesaron a Catá los casos patológicos, que el psiquiatra español Antonio Vallejo Nágera dedicó un capítulo de su libro *Literatura y psiquiatría* (1950) a estudiar varios trabajos del autor desde el punto de vista psiquiátrico, y lo consideró «como el literato moderno que más cuidadosamente ha especulado sobre sus casos dentro de la realidad clínica».[25]

La crítica ha considerado siempre como la mejor novela de este autor la titulada *La muerte nueva* (1922), donde examina bajo las constantes antes mencionadas la pasión amorosa del protagonista hacia tres mujeres psicológicamente diferentes. Ramiro, el personaje principal, muerto en espíritu, ansía conquistar el derecho a decir que ha vivido, aunque sea a fuerza de luchas oscuras, de inquietudes angustiosas, de agonías desoladoras. Es un sensitivo y un sentimental, y aunque Catá lo somete aparentemente a la fuerza razonadora que entraña conseguir sus objetivos, en él se revela la pasión, que sobrepasa cualquier objetivo para adquirir el sentido de lo trágico. Las criaturas de Hernández Catá son hijas de la vida, y la mayoría de ellas escala el

sendero de la muerte con un sentido de lo agónico que trasciende cualquier visión religiosa del fenómeno, como sucede con los personajes de *La voluntad de Dios* (1921), que reúne tres noveletas —«La patria azul», «Fraternidad» y «El aborto»—, en las cuales se pintan con los más sombríos tintes el choque de las pasiones, la destrucción, el aniquilamiento de semejantes por semejantes, el triunfo de los costados bestiales que perviven en el hombre civilizado.

En este sentido de lo trágico en la vida no había lugar para el elemento cómico, de cuya presencia ocasional se vale el autor para llevar a sus personajes, bien a los extremos de la angustia infinita, bien a una ironía que les impone su importancia sobrecogedora. No obstante, el de Hernández Catá no es un arte deshumanizado, sino la humanización misma de una tragedia en la que el hombre se impone como fuerza capaz de odiar y de amar.

Al desentrañar la vida interior de sus personajes, preocupación central del autor, pudiera pensarse que Catá descuidó la atmósfera en la que se desenvolvía, el ambiente en que se manifestaron sus penas, sufrimientos y pequeñas y dolorosas alegrías. Pero no fue así. A pesar de que no puede considerársele como un novelista que se haya preocupado por describir el medio en que se desarrollaban acciones y personajes, sí tuvo la habilidad de concretar sus locaciones y de describirlas tanto en lo que tenían de material como de espiritual, dándoles siempre el mismo toque melancólico de sus personajes y no desarraigándolas de esa nota humanamente trágica con que concibió su obra. Hernández Catá fue, además, un agudo observador que intentó impregnarnos del ambiente que describía a través de finas evocaciones líricas no carentes de fantasía.

Coincidimos con Salvador Bueno cuando señala que las novelas de Catá parecían haber perdido sustancia y, específicamente el autor, su dominio de los recursos expresivos, que de manera tan eficaz manejó en sus cuentos. Las novelas, si bien conservan un tratamiento adecuado del diálogo, tan preciso y natural en las piezas breves, pierden el vigor y la serenidad narrativa de éstas, a lo que debe agregarse que merman en aliento y en efectos de contraste, a la vez que perpetúan las mutaciones humanas frente a un universo presidido por la búsqueda de un principio activo. No obstante, creó mundos interiores de gran riqueza y sometidos a la inevitable limitación de la realidad cotidiana, a la vez que poseyó un no despreciable conocimiento de los comportamientos humanos y se centró en la incomunicación con que tropiezan las relaciones humanas. Sus personajes ven la realidad a través de sí mismos, la comprenden o tratan de comprenderla, y reaccionan a través del odio, de sentimientos inexplicables o gratuitos, pero siempre empapados de dolor y de nostalgia. Despierten compasión, odio o cariño, provienen siempre de reflexiones del autor sobre los grandes temas universales.

Uno de los aspectos que más se le ha criticado a Hernández Catá es su ya aludido desasimiento de nuestros temas, lo cual le fue censurado, sobre todo, por algunos estudiosos cubanos de la literatura. Sin embargo, tal objeción no es del todo justa. Ya veíamos anteriormente bajo qué conceptos ideoestéticos se desenvolvió su obra narrativa, en particular la novelística, donde, por cierto, en más de una oportunidad aparecen descripciones de Santiago de Cuba o de la capital, aunque ello no prueba, por supuesto, la cubanidad que los críticos le reclamaban. No obstante, hay piezas de Catá, particularmente cuentos, donde sí subyace e incluso late un afán por plasmar lo cubano, anhelo que resuelve el autor con doloroso entusiasmo. En él este interés se acentuó a partir de los acontecimientos políticos de la década del 20, interés que evidenció también con una actitud pública honesta, manifestada a través de artículos periodísticos y de su personal actuación ante la prórroga de poderes dispuesta por Gerardo Machado.

Es cierto que lo cubano falta también en su obra novelística, pero, como ha apuntado Salvador Bueno, «fluye como una veta continua a lo largo de su producción narrativa, en forma más o menos evidente».[26] Se le tildó de hispanizante por la simple razón de que nunca le interesó plasmar rasgos nacionales o autóctonos, o porque no se sintió atado ni al nativismo ni al costumbrismo. En este sentido, su obra es una superación del pintoresquismo, y demuestra que estaba por encima de lo puramente geográfico en aras de cumplir un deseo de universalidad que siempre mantuvo a lo largo de su vasta producción.

Las novelas cortas de Alfonso Hernández Catá precisan de una atención especial, pues en ellas condensó de una manera mucho más convincente sus dotes de escritor. Noveletas como *La piel* (1913) y *Los muertos* revelan la potencialidad y la destreza del artista para expresarse en muchas menos páginas que en una novela, y muestran además el rigor para llevar a esas páginas lo verdaderamente esencial, desprovisto, además, del retoricismo que caracterizó a sus novelas. En esta labor de esencias, Hernández Catá volvió a insistir en sus temas preferidos: el adulterio, la supremacía de los valores espirituales por sobre los materiales, la reivindicación de los caídos, las interpretaciones psicologistas de determinado fenómeno del hombre, las frustraciones y arrepentimientos. Una pieza como «El nieto de Hamlet», aparecida en el volumen titulado *Fuegos fatuos* (s.f.) bajo el título de «La madrastra», resulta una obra desconcertante por cuanto el autor, sin apartarse del camino de su producción anterior, se preocupó por la cautivadora transparencia e inmediatez del tiempo como la trampa más peligrosa con la que podía jugar un escritor. En *La piel* recrea de una forma directa la problemática racial en un país tropical al que alude con el nombre de Taití, pero injertando en dicha problemática el aspecto político en su expresión más degradante como fenómeno consustancial a esas repúblicas latinoamericanas que aún no han logrado encontrar su camino en el concierto de las naciones con autonomías propias.

Quizás su noveleta más reveladora sea *Los muertos*, triste historia de un hospital de leprosos cuya segregación del resto de la sociedad los conduce a crear sus propios mundos a través de reconstrucciones muy personales, pero asidas siempre a la realidad que los rodea. Noveleta desgarradora, dura y cruel, incita a la búsqueda de lo personal a través de recursos vividos y soñados, además de convidar a la reflexión en favor de los desposeídos y cruelmente apartados de la sociedad.

Piezas incluidas en *Novela erótica* (1909), como la de homónimo nombre, o «Los ojos zarcos», de *Fuegos fatuos*, recrean un mundo estimado por el autor para sus temas literarios: el del erotismo y el de las pasiones amorosas llevadas hasta sus últimas consecuencias, aun a costa de la propia muerte.

Resulta singular que, en sus noveletas, Hernández Catá no utilice la naturaleza como vehículo de sus emociones, sino que éstas se centran en el hombre para mostrar su propia visión de las cosas, visión que por momentos llega a ser apocalíptica y hasta de un raro encanto.

A pesar de algunos reparos, el carácter de la escritura de Alfonso Hernández Catá pervive con el transcurrir de los años. Su rigor y su pasión por la literatura y el modo de asumirla lo hacen menos distante, más cercano a nosotros por la experiencia que nos aporta como artista y como hombre de su tiempo.

La obra novelística de Jesús Castellanos y de Alfonso Hernández Catá transitó en muchos sentidos por caminos opuestos. Sin embargo, las une el entendimiento mutuo que hubo en cuanto al modo de encarar el hecho literario. Si bien Castellanos se fue por el sendero vernacular y Hernández Catá por el de lo universal, es común a ambos un tratamiento artístico similar al que exigía el tema novelado y una unidad de esencias ante la concepción de la literatura como arte. Queda a favor de Jesús Castellanos y de Alfonso Hernández Catá habernos legado una obra novelística disímil y aun controvertida, en el caso del segundo, pero rica en sugerencias que permiten aproximar la narrativa cubana de esos años a la corriente revitalizadora que experimentaba la literatura latinoamericana, por entonces inmersa en su afán —no siempre logrado— de encontrar fórmulas más novedosas, tanto desde el punto de vista formal como temático. [C. R.]

1.5.3 La obra novelística de M. de Carrión y de C. Loveira

La obra novelística de Miguel de Carrión se inició en 1903 con la publicación de *El milagro*, a la que siguieron *Las honradas* (1917) y *Las impu-*

ras (1919). Dejó inconclusas «El principio de autoridad», de la que aparecieron varios capítulos en distintos números de la revista *Azul y Rojo* correspondientes al año 1903, y *La esfinge*, publicada en 1961, y cuyos manuscritos están fechados en 1919. En preparación quedaron las tituladas «Julián Curiel», «El amor legal», «Brother» y «Amor y muerte», cuyos fragmentos no han llegado hasta nosotros.

Hombre de dispersas inquietudes intelectuales y profesiones diversas, su obra novelística ofreció una homogeneidad que la caracterizó de la del resto de sus contemporáneos, con la excepción de Loveira, pues en ella se trazaron varias directrices cardinales que la distinguen: su preocupación en torno al sexo y su repercusión en la conducta del ser humano, su sostenido anticlericalismo, su decidido interés por los conflictos psicológicos y su afán de penetrar en el mundo íntimo de la mujer.

Según confesión del propio Carrión, *El milagro* fue concebida primero como un largo poema, lo que en buena medida explica el ambiente de acendrados tonos líricos en el que transcurre la acción. Escrita mientras el autor residía en Georgia, Estados Unidos (1897-1903) como emigrante político, no se trasluce en ella el signo de frustración nacional que caracterizó la literatura del período que abordamos. Sin embargo, se mostraron algunos de los rasgos definidores de su posterior obra novelística, como el ya aludido espíritu anticlerical, frente al cual se alzó un precario misticismo encarnado en Juan, personaje protagónico, seminarista que tras no pocas contradicciones entre el cumplimiento de los sacros deberes y el amor carnal, sucumbió a este último, con lo cual el autor pretendió demostrar la fuerza del sexo y su influencia en la conducta humana.

Sin dudas, *El milagro* constituyó en la literatura cubana un primer ensayo de novela psicológica, aunque lamentablemente poco logrado debido a la carencia de fuertes caracteres, a los desajustes dramáticos de la acción y al intento fallido de mostrar la evolución de la psiquis del protagonista. Sin embargo, el personaje de Bienvenido Arista, sin dudas el portavoz de las ideas del autor, simbolizó de una manera convincente los ideales cientificistas prevalecientes en la literatura europea a partir de la segunda mitad del siglo XIX, trasladados por el autor a otros contextos; mientras que Jacinta, la enamorada de Juan, concebida bajo los cánones del realismo español decimonónico, resultó un esbozo interesante de carácter femenino que el autor perfiló más en los personajes de igual sexo de sus obras posteriores.

En contra de lo que pretendió demostrar en *El milagro*, su novela inconclusa «El principio de autoridad» arremetió contra la hipocresía cristiana del protagonista de la obra, quien se encumbró en una falsa religiosidad, para tratar de imponer una denominación que, por prepotente, se desmorona ante una moralidad que no practica.

Tras catorce años de silencio en lo que a producción novelística se refiere, durante los cuales escribió algunos cuentos y produjo una vasta obra periodística, Carrión presentó su novela más gustada y comentada: *Las honradas*. Escrita entre noviembre de 1916 y marzo de 1917, fue publicada a finales de este último año. Su aparición produjo cierta sacudida en la sociedad cubana de esos años, al punto que se recomendó por algunos críticos menores de la época que se la considerara lectura prohibida para las mujeres solteras, aunque tal prescripción no impidió que fuera editada entre 1919 y 1920.

Reconocida por la crítica como su obra literaria más lograda, sobre todo por la profundidad con que penetró en la psicología femenina de Victoria, *Las honradas* se desenvuelve a partir de los infortunios de esta mujer, atada legalmente a un hombre que no despertaba en ella ningún tipo de atracción sexual y, en general, de amor conyugal, los que sí experimentó —sobre todo en lo que a sexo se refiere— con el amante, hombre engreído, poseído de sí mismo, y que al final la rechazó. La experiencia sufrida por Victoria la hace retornar al marido legítimo —al que nunca abandonó a pesar de su «caída», y quien jamás se enteró del desliz de su esposa—, con una sensación de madurez que el autor pretendió atribuir al desarrollo pleno de las relaciones íntimas; pero a la vez se encargó de insistir en que la mayor desgracia de la mujer se centraba en la unión sexual, pues en este terreno la consideraba inferior al hombre.

El carácter psicologista de *Las honradas*, a pesar de que limitó las posibilidades del autor de ofrecer amplias referencias al mundo exterior, le brindó, sin embargo, la ocasión de proyectar un rico universo individual femenino al centralizarse en el personaje de Victoria, nombre, por cierto, muy significativo. Sin embargo, Carrión no se propuso efectuar un estudio simbólico de la mujer cubana; sólo intentó demostrar cuál era, a su juicio, su lado más indeciso e irresoluto, que no era aquel que representaba la vanguardia femenina del momento. Lo que ofreció Carrión constituyó la imagen de una pequeñoburguesa encerrada en sus propios conflictos sentimentales en medio de una sociedad hostil a cualquier «debilidad» femenina. Victoria, en su papel de mujer «caída», cuando trató de reivindicar los verdaderos sentimientos amorosos no se estaba convirtiendo en una defensora de los derechos femeninos —ésa no era tampoco la preocupación de Carrión—; a través de ella el autor intentó criticar, con una buena dosis de escepticismo, los valores de la moral al uso.

A pesar de que Carrión se sumergió en el mundo emocional de su protagonista, no pudo sustraerse de ofrecer algunos indicios de la penetración imperialista en Cuba, y aunque no afirmemos que denunció la situación existente en el país, en este sentido algunos personajes, como el esposo de Victoria, formularon vagas referencias a los extranjeros que se enriquecían, mientras que otros, como José Trebijo, cuñado de Victoria, estaba vinculado a aquellos que prosperaban por medios ilícitos o gravitaban en torno a la politiquería de la época.

A pesar de estas referencias de las cuales Carrión no pudo desasirse como hombre de su tiempo que fue, el propósito que lo movió a escribir *Las honradas* estuvo estrechamente vinculado al deseo de brindar un amplio panorama de la evolución de un personaje femenino y mostrar, con aceptables introspecciones, los vericuetos emocionales de una mujer que sólo por medio del adulterio conoció la felicidad con su marido legal, aunque sea una dicha más aparente que real.

Si bien la novela tiene un lenguaje poco trabajado, diálogos forzados y cierto abuso en las descripciones, *Las honradas*, como obra de tesis de carácter ético, a la vez que constituyó un llamado a la reivindicación de los derechos morales (no sociales) de la mujer, plasmó los prejuicios de la sociedad cubana en los primeros años de la seudorrepública. Expresó además las limitaciones pequeñoburguesas propias de un autor que siempre defendió los intereses de su clase. Carrión denunció el sistema arbitrario de los falsos conceptos morales, las normas de educación y de conducta vigentes y cómo la hipocresía se enfrentaba a la ley natural del amor. Hasta aquí llegó en su papel de portavoz de la llamada clase media, pero con su crítica contribuyó a comprender la sociedad cubana de los comienzos republicanos.

Las impuras fue escrita entre septiembre de 1917 y marzo de 1918, y apareció en 1919. A pesar de haber sido su novela más maltratada por la crítica, resultó, sin embargo, la obra donde alcanzó sus mejores momentos en lo que se refiere a la descripción de ambientes sociales, en los cuales discurren personajes no exentos de ciertos rasgos románticos, desgarrados entre las convenciones sociales y sus convicciones personales en conflicto. Es, además, su obra más divulgada y sobre la cual se han hecho varias versiones para teatro y televisión.

Si el personaje protagónico de *Las honradas* representó la resignación, Teresa, la protagonista de *Las impuras*, simbolizó el sometimiento, como ha señalado el crítico Luis Toledo Sande.[27] Más que en *Las honradas*, está presente en *Las impuras* la falsedad de la moral burguesa. Frente a Victoria, que obtuvo su felicidad sólo después de ser adúltera, se alza Teresa, un personaje virtualmente aplastado por dos fuerzas poderosas: la de su hermano José Ignacio Trebijo, tan bien delineado en *Las honradas*, y la de su amante.

Como arquetipo de la clase media, Teresa representó la moral de dicha clase, y a pesar de estar regida por sentimientos de nobleza y rectitud moral, resultó una «impura» que terminó vencida por la sociedad. No obstante su entrega física, ya al final de la novela, a un viejo rico —que sólo quedó insinuada en la narración—, su firmeza ante el hombre que amaba y que, sin embargo, la abandonó, permaneció inalterable.

Considerada por muchos críticos como una continuación de *Las honradas*, ya que en ésta aparecieron algunos personajes y situaciones que en *Las impuras* alcanzaron mayor definición, logró, a pesar de ello, una unidad independiente, aunque la homogeneidad esencial de la obra se resintió por la inclusión de demasiados personajes y de breves subtramas. En este sentido es digno de atención el personaje de Rigoletto, especie de bufón, que aunque partícipe, se convierte en vocero de la corrupción que asolaba las altas esferas de la sociedad cubana, a la vez que, junto con otros personajes, resultó una muestra de las fluctuaciones de los destinos individuales.

Los personajes protagónicos de *Las honradas* y *Las impuras* fueron concebidos para demostrarnos aspectos diferentes de la moral, y el autor los condujo por situaciones distintas, donde cada uno actuó según sus propias concepciones, carácter y actitudes para enfrentar la vida; en Victoria estuvo presente cierta gazmoñería, mientras que en Teresa advertimos una rebeldía ciertamente mal encauzada, tratada a veces por medio de rasgos románticos e idealistas en los que no deja de manifestarse el sometimiento al macho posesivo.

La esfinge,[28] aunque inconclusa, quedó casi terminada. Si, como expresara Toledo Sande en su aludido trabajo, Victoria representó la resignación y Teresa el acato a la voluntad del hombre en el sentido de dominio, Amada Jacob encarnó la muerte, no porque éste sea el fin del personaje, sino porque a lo largo de la trama, que tiene como único escenario un vetusto caserón del entonces ya declinante barrio del Cerro, este personaje vivió un transcurrir falso, violada «legalmente» por su marido, pero amando y deseando, casi con desgarramiento, a un primo.

A diferencia de Victoria y de Teresa, Amada Jacob resumió los valores esenciales del siglo XIX, que se frustraron al entrar en contacto con otra realidad. Si el amor logró, quizás no muy auténticamente, reaparecer en Victoria después de su «caída»; si Teresa, a pesar de que se entrega a otro hombre para salvar el bienestar de sus pequeños hijos, mantuvo su fidelidad íntima al ser que ama, aunque éste no la mereciera, Amada prefiguró la frustración amorosa total, en medio de una atmósfera asfixiante.

Sin haber sido nunca un estilista del idioma, Miguel de Carrión dejó páginas memorables en nuestra historia literaria, sobre todo por ser un excelente creador de personajes capaces de expresar con vehemencia las pasiones humanas. Además, llevó a sus obras algunas realidades sociales que le fueron contemporáneas, y si bien esto último no lo hizo con la óptica de un revolucionario, sino desde la perspectiva que le ofreció la propia clase que defendía, su crítica alcanzó a veces tonos progresistas, aunque siempre en defensa del orden pequeñoburgués. Excepto *El milagro*, el resto de su obra literaria fue escrita bajo la influencia del escepticismo y de la frustración nacionales por lo que no llegó a desentrañar las verdaderas causas de la problemática femenina de su momento, razón por la cual su crítica no rebasó los reparos formulados a la defectuosa educación que recibía la mujer.

Muy permeado por Emilio Zola, de quien recibió las influencias naturalistas cuando ya esta corriente no tenía eco en Europa, Carrión se sintió muy atraído también por la novela de carácter psicológico. Filosóficamente se sintió deudor de Nietzsche, a quien quedó vinculado por el modo determinista con que abordó los problemas de su tiempo y por la sustentación de un individualismo sin cauces en el terreno moral.

Las tesis fundamentales propuestas en su obra novelística, centradas en que el amor es la fuerza esencial que promueve los valores espirituales del hombre y en que la unión de dos seres debe efectuarse a partir de las afinidades que brindan la mutua comprensión y el deseo, le confieren a su obra una preminencia que se desenvuelve a través de la antinomia entre el bien y el mal. Por medio de esa óptica intentó él ofrecer una disección ética de la sociedad cubana; pero al proponer soluciones individuales a esta problemática, además de brindar su visión personal del fenómeno, no alcanzó a vislumbrar el carácter de emancipación social que tenía.

La obra literaria de Miguel de Carrión, frente a la disyuntiva que representaba la moral de la represión y la de la libertad sexual, se debatió

atacando la primera y apoyando la segunda, pero sin llegar a poder formular verdaderos criterios acerca de cómo conducirla socialmente. A pesar de ello, sus obras constituyen un aporte significativo en los primeros años de la seudorrepública, sobre todo porque contribuyeron a la formación de una narrativa auténticamente nacional.

Como Carrión, Carlos Loveira fue otro novelista de esta generación que se preocupó por llevar a su literatura los años que le correspondió vivir. Su obra, integrada por *Los inmorales* (1919), *Generales y doctores* (1920), *Los ciegos* (1922), *La última lección* (1924) y *Juan Criollo* (1927),[29] constituyó un conjunto armónico regido por similares propósitos de carácter ético, aunque en cada una abordó diferentes aspectos de esta problemática.

Hombre de activa participación en las luchas obreras y sindicales de tendencias reformistas en varios países centro y sudamericanos, en Estados Unidos y en Cuba,[30] que se reflejaron de manera decisiva en su obra novelística, Loveira fue quizás el autor menos formado intelectualmente de todos los narradores que constituyeron la llamada generación republicana. El transcurrir agitado de su vida le pudo proporcionar solamente lecturas dispersas y rápidas de materiales literarios, pero ello no impidió que, a nuestro juicio, el autor de *Juan Criollo* haya sido el novelista de su época que mejor aprisionara y expresara en sus obras buena parte del universo que lo rodeó. Como el resto de sus contemporáneos, Loveira asumió en sus novelas una actitud crítica al denunciar y manifestar su inconformidad ante la situación existente; de ahí que sus creaciones tengan el valor de acusar el orden imperante, a pesar de que no supo —o no quiso— calar profundamente en la verdadera raíz de nuestros males.

Las cinco novelas de Loveira mantienen una coherencia estilística y temática, y poseen, a la vez, una individualidad artística que las distingue de las publicadas por sus compañeros de promoción. Ello está dado porque persiguió siempre demostrar una tesis que, incuestionablemente, estuvo imbricada con algún aspecto de la moral en su relación con el hombre y con la sociedad, a la vez que atacó con singular acidez los convencionalismos que ataban a los hombres y les impedían desarrollarse plenamente.

En *Los inmorales*, escrita al calor de las discusiones que se sostenían en relación con la Ley del Divorcio, firmada en 1918, Loveira no se circunscribió a atacar la moral convencional y a defender el derecho de hombres y mujeres a amarse libremente, sino que arremetió además, ya fuera del marco de la pareja, contra la «moralidad» que se necesitaba para triunfar, para ocupar cargos públicos, para ser un hombre importante. Mientras, *Generales y doctores*, novela de crítica social, señaló las principales lacras del período colonial para abordar, finalmente, la sociedad de la recién fundada república, asentada en generales sin batallas y en doctores con títulos falsos. En *Los ciegos*, quizás la novela de Loveira que acusó mayores rasgos autobiográficos, característica de toda su obra narrativa, el autor desarrolló el tema de la moral de clase, sus antagonismos y contradicciones, los privilegios sociales y la amargura de los desposeídos. *La última lección* le sirvió para plantear los derechos de la mujer a rebelarse contra un medio social que la frustraba y oprimía; en *Juan Criollo* nos ofreció un análisis de las condiciones políticas y sociales de su país desde el fin de la Guerra de los Diez Años hasta los inicios republicanos, con el propósito de integrar un cuadro, lamentablemente no perfilado, de ese período, del cual logró mostrar lo suficiente como para evidenciar los rasgos más sobresalientes de aquella sociedad, de la que intentó trasladar a su obra, sobre todo, la frustración reinante.

O sea, en Loveira se mostró de manera coherente el recurso del escritor de desarrollar determinada tesis a través de un tema basado en una trama armada de dos componentes: un ambiente bien conocido por el escritor y la proyección e incrustación en ese ambiente de determinados elementos autobiográficos. Esta estrategia le permitió, a través de recursos naturalistas, calar en algunas de las problemáticas de su tiempo y presentarnos por medio de personajes y situaciones su particular modo de encarar aspectos de la sociedad en la que le correspondió desenvolverse como hombre y como artista.

Todas las obras del autor de *Los ciegos* constituyen, sin excepción, novelas de ambiente, en las que, como buen observador que fue, va dejándonos conocer una parte de la sociedad en que vivió. A veces, como en algunas partes de *Juan Criollo*, el autor se adentró en aspectos de la vida campesina, pero en la totalidad de los casos, incluso hasta en esta última, fueron novelas eminentemente urbanas, en las cuales reflejó los principales rasgos de los estratos medios de la sociedad, aunque solía penetrar con ácida pluma en los medios aristocráticos. Así sucedió, por ejemplo, en *Los ciegos*, donde arremetió contra los lazos de amor ficticios que unían a un matrimonio rico.

Un rasgo esencial que caracterizó las novelas de Loveira fue su anticlericalismo raigal. No perdió oportunidad en ninguna de ellas de censurar a las beatas de sacristía, a los propios sacerdotes —el cura Zorrínez, de *Los ciegos*, resultó significativo en este sentido, además de llevar un apellido de claras connotaciones alusivas a su modo de proceder.

En cuanto a la denuncia del capitalismo y del falso proteccionismo imperialista, Loveira fue mucho más cauteloso. Es cierto que en algunas de sus novelas aludió a veces, pero muy levemente, a la penetración norteamericana en la isla; y a pesar de que tuvo reservas, por ejemplo, con la intervención norteamericana tras el fin de la guerra del 95, lo expresó de un modo suave y hasta con resignación. Hasta ahí llegó su crítica, si puede llamarse tal; son alusiones, brochazos o pinceladas que no le permitieron calar en la verdadera causa del fenómeno. Sin embargo, su pluma fue incisiva cuando trató nuestros males republicanos, la politiquería, la turbia y confusa atmósfera llena de corrupción con que nació la república mediatizada.

Un aspecto poco estudiado en la novelística de Loveira fue su interés por salvar la culpa de la mujer caída, víctima del machismo brutal. La casi totalidad de los personajes femeninos del autor de *Juan Criollo*, fueran protagónicos o no, permanecieron casi siempre en coyunturas morales difíciles en relación con la ética al uso: Elena Blanco, protagonista de *Los inmorales*, estaba casada legalmente con un hombre al que dejó de amar cuando estableció vínculos amorosos con el ferroviario Jacinto Estébanez, por lo cual recibió la sanción más violenta de toda la sociedad; Adolfina Calderería, en *Los ciegos*, fue censurada por amar a Alfonso Valdés, un obrero subalterno de su padre; Isabel Machado, en *La última lección*, representó, para muchos, una vulgar prostituta amparada en los rejuegos propios de una «moral» academia de bailes de La Habana seudorrepublicana. Mientras, en *Juan Criollo* fueron varios los personajes femeninos colocados en situaciones límites por conflictos de carácter ético: la guajirita que Juan Cabrera violó en el campo; la indita que abandonó en Mérida. Pero la voluntad de Loveira por reivindicar a la mujer se manifestó más acentuadamente cuando eran personajes que provenían de hogares pobres o medios, no así de otros con mayores posibilidades económicas. De este modo, juzgó duramente a algunos como Benigna Pedroso, de *Los ciegos*, que se obstinó en llevar una vida religiosa en contra de la voluntad de su esposo, quien, en cambio, llevaba una «segunda» vida matrimonial con Clara Herrera, a la que Loveira estimó como personaje en su condición de mujer honrada y virtuosa. Desde esta posición, Loveira defendió su criterio de que hombres y mujeres tenían el pleno derecho a amarse libremente, fuera de «las mentiras convencionales de la civilización», título, por cierto, de un libro del filósofo Max Nordau que Loveira solía citar en sus novelas, y de cuyas inquietudes en torno a la moral se hizo partidario. Loveira fue un decidido luchador del amor pleno, fuera de los prejuicios sociales, por eso es que sus protagonistas trataron siempre de realizarse en el terreno amoroso y tuvieron la fuerza suficiente para enfrentarse a una sociedad «moral» que los atacaba. En cuanto al machismo, Loveira aludió en más de una oportunidad a la «superhombría» de algunos de sus personajes, a los cuales, de un modo u otro, trató de ridiculizar.

Loveira, como observador de nuestra vida republicana, fue, quizás por los propios problemas que vio en su sociedad, un aficionado a las descripciones fuertes, a veces hasta crudas, en las que el naturalismo dejó sus huellas. El sexo fue también otra de sus preocupaciones, y lo reflejó fuerte y abruptamente en el comportamiento de los personajes y en sus diferentes actitudes ante la vida.

Como otros narradores de su promoción, Loveira no dejó de plasmar en sus novelas el pesimismo y la frustración que padecieron, provenientes de conflictos históricos, sociales, políticos y económicos que conmovieron al país al concluir la guerra del 95 y producirse la intervención norteamericana. Sin embargo, a diferencia de otros contemporáneos, y quizás por una forma muy personal de ver la vida, en muchas oportunidades su pesimismo se deslizó a través del llamado choteo cubano. A ello contribuyó, de manera externa, la utilización de ciertos recursos lingüísticos que lo identificaron, en su momento, como uno de los escritores cubanos que intentó captar con su lenguaje la representación del habla nuestra. Pero Loveira no fue un estilista de la lengua. Por el contrario, sus obras, llevadas a imprenta «el mismo día en que ponía fin a las cuartillas hechas a lápiz, a pluma, a máquina de diversas marcas, sobre una silla, en el tranvía, en el trasatlántico»,[31] adolecen de deficiencias en el manejo del idioma y cierta falta de naturalidad en los diálogos, entre otras imperfecciones.

No obstante estas dificultades, la obra novelística de Carlos Loveira trató de adentrarse, valiéndose del método naturalista, en algunos de los conflictos de su tiempo, siempre hasta donde sus posibilidades ideológicas y su oficio de escritor se lo permitieron. Pero a pesar de las limitaciones que tuvo en ambos sentidos, fue un hombre de su época, y a ésta le dio el fruto de sus mejores esfuerzos artísticos.

Las respectivas obras novelísticas de Miguel de Carrión y de Carlos Loveira guardan entre sí variados puntos de contacto y de divergencia. A modo de resumen podemos expresar que mientras Carrión fue un novelista de personajes, Loveira lo fue de ambiente; si Carrión se destacó por su creación de personajes femeninos, las mejores realizaciones de Loveira en este sentido estuvieron en los masculinos. Carrión fue un artista formado culturalmente y recibió una sistemática educación académica, en tanto que Loveira apenas llegó a concluir la enseñanza elemental, por lo que se forjó al calor de estudios autodidactas. A ambos los unió el carácter urbano por excelencia de sus obras, un acentuado anticlericalismo y una profunda preocupación acerca de la realización sexual de los seres humanos, en Carrión planteada de una manera más fina y en Loveira de forma más descarnada. Los aunó, además, el escepticismo con que analizaron la realidad que les correspondió vivir y la no profundización en las raíces de nuestros males republicanos. No obstante, no fueron artistas ajenos a su tiempo, y sus obras poseen un conjunto de cualidades donde se conjugan diversas facetas de la vida seudorrepublicana.   [C. R.]

1.5.4 Otros novelistas de la etapa

El resto de la producción novelística aparecida entre los años 1899 y 1923[32] muestra un saldo favorable si se valora cuantitativamente, pero adoleció de variadas y numerosas insuficiencias de orden cualitativo. Hubo proyectos literarios interesantes y esfuerzos alentadores que se concretaron en novelas de discreta calidad, pero imperfectas en su nivel de realización artística.

Las guerras por la independencia nacional, vistas por hombres que vivieron la transición de la colonia a la república, como Emilio Bacardí (1844-1922) y Raimundo Cabrera (1852-1923), fueron tema atendido también por escritores que se ubican plenamente en la llamada primera generación republicana, como Luis Rodríguez Embil. Bacardí, autor de obras históricas importantes, como sus *Crónicas de Santiago de Cuba* (1908-1913), publicó dos novelas con este carácter: *Vía Crucis* (primera parte, *Páginas de ayer*, 1910, y segunda parte, *Magdalena*, 1914), y *Doña Guiomar. Tiempos de la conquista* (1536-1548), editada en dos volúmenes, aparecidos en 1916 y 1917. Póstumamente vio la luz otra titulada *Filigrana* (Madrid, 1972), cuyo subtítulo —Novela histórica (1810-1820)— la ubica en el período en que se desarrolla.[33] En *Vía Crucis*, el autor trató sucesos relacionados con la Guerra de los Diez Años vistos a través del desmoronamiento de la familia Delamour como consecuencia de la guerra (primera parte); además, cuenta el trági-

co fin de Magdalena (segunda parte), la única superviviente. Narrada con un realismo crudo e intenso a partir de una supuesta objetividad del autor ante los hechos, *Vía Crucis* adquiere valores notables por la fuerza de sus descripciones al presentarnos algunas contingencias de la guerra, las que por momentos alcanzan rasgos casi naturalistas. Se aprecian escenas que sirven de marco para el desarrollo de determinados sucesos revolucionarios, como las del carnaval santiaguero, donde el autor logró atmósferas muy auténticas. Sin embargo, como objeto artístico no alcanzó, en líneas generales, una verdadera calidad, además de que el lenguaje acusa una verbosidad que lo lastra. En *Doña Guiomar...*, Bacardí se remontó a la etapa de la conquista española en Santiago de Cuba. Los protagonistas, muchos de ellos extraídos de la propia historia, como doña Guiomar, se desenvolvieron en el entorno histórico señalado en medio de las peripecias de un conglomerado humano heterogéneo —aventureros, maleantes, el obispo, el gobernador— que se movía por la envidia, las bajas pasiones y la maledicencia. A pesar de algunas inexactitudes e incongruencias históricas, la obra reúne un conjunto de valores parciales que la hacen digna de atención, tales como la ambientación, el modelado de los personajes y la no menos interesante visión histórica que nos mostró. Como en *Vía Crucis*, el lenguaje es ampuloso, y en las descripciones, aunque muy auténticas y creíbles, abusó de un pintoresquismo que le resta merecimiento a la novela. No obstante, como visión de lo que fue Santiago de Cuba durante la conquista, la novela resulta atractiva. En *Filigrana*, Bacardí se sumergió en un tema bastante abordado por la narrativa decimonónica: los amores entre un blanco rico y una negra. Presenta el interés, sin embargo, de ofrecer esta relación desde ángulos positivos, a pesar de que se expresa de manera bastante denigrante de los negros. Como en las anteriores, la acción tiene lugar en Santiago de Cuba, lugar de nacimiento del autor.

La obra novelística de Emilio Bacardí, en tanto que historiador, constituye el producto de una elaboración ardua. Sin dudas debió tener un inicial conocimiento de la época, la sociedad, los personajes e incluso las relaciones culturales, lo cual exigió de él un esfuerzo previo de documentación digno de ser tenido en cuenta, aunque los resultados no son de gran merecimiento.

Raimundo Cabrera (1852-1923) brindó la visión de la guerra del 95 en *Episodios de la Guerra. Mi vida en la manigua (Relato del Coronel Ricardo Buenamar)*, publicado en 1898, pero aparecido primero por entregas en la revista *Cuba y América* que el propio Cabrera dirigió en Nueva York. Como quedó expresado en el título, se trataba de un relato, no exento de toques románticos, narrado en primera persona, en que el autor fue relacionando personajes y sucesos reales y de ficción a través de una atmósfera de cierto aliento poético. Más ambicioso fue su proyecto literario materializado en la trilogía formada por *Sombras que pasan* (1916), referida a la guerra del 68; *Ideales* (1918), que se inicia en 1885 y concluye poco después de iniciada la guerra del 95, y *Sombras eternas* (1919), que cubre los primeros años republicanos. Son casi cincuenta años de nuestra historia que recogen el tránsito de la colonia a la república, período del que Cabrera fue testigo y al cual juzgó con dolorosa amargura.

Con la mirada puesta en el presente para valorarlo tan negativamente como al pasado, Cabrera indagó en la sociedad cubana en busca de una respuesta a sus inquietudes ciudadanas, y en ese gigantesco mural insertó escenas y episodios cuya calidad literaria se resiente por un desarrollo folletinesco y sociologizante y por el endeble trazado de la mayoría de los personajes, a pesar de que las tres novelas constituyeron, precisamente, obras de personajes.

En cuanto al manejo de la prosa, bien podrían insertarse estas novelas, por el modo de narrar, en nuestra narrativa finisecular de menos alcance, pues adolecen de falta de fuerza, de una voz auténtica y de rasgos propios y singulares.

Como balance final de las novelas de Raimundo Cabrera quedan un acendrado pesimismo y una visión desalentadora, a la que el autor arribó mediante la evolución de sus propios personajes en el transcurrir del tiempo. Las ideas que le preocupaban fueron expuestas de un modo concatenado, de manera que a través de un argumento único tuvo la voluntad de abordar coherentemente el pasado mediato e inmediato, aunque los resultados estéticos no guarden relación con los propósitos que se forjó.

También en la guerra del 95 se basó Luis Rodríguez Embil al escribir su única novela, *La insurrección* (1911). Está dividida en tres partes: «La conspiración», «La guerra» y «La paz». El resultado artístico es pobre, tanto por el endeble manejo de la trama y por la vulnerabilidad del argumento como por el lenguaje utilizado. Aunque presentó algunos cuadros de la guerra, y en particular de la reconcentración, con cierta fuerza descriptiva, en líneas generales se desenvolvió en un marco donde tuvo más cabida un melancólico idilio sentimental del cual la contienda fue el trasfondo histórico y en el que se insertaron personajes de débil facturación.

Otras novelas que abordaron temas de carácter histórico fueron *Últimos días de España en Cuba* (1901), relato novelado de Waldo Ínsua; *Calixto García* (1909), de Fermina de Cárdenas, y *La acera del Louvre* (1925), de Gustavo Robreño (1873-1975).

La corriente naturalista se hizo patente en tres novelas de Emilio Bobadilla: *A fuego lento* (1903), *En la noche dormida* (1913) y *En pos de la paz* (1917). Aunque fueron duramente censuradas por la crítica sobre todo por el carácter descarnado de muchas escenas, *A fuego lento*, fundamentalmente en la primera parte, que se desarrolla en un país ficticio de América Latina, presenta cierto interés en lo que concierne al modo de abordar, fustigar y ridiculizar los medios sociales más elevados. Bobadilla insistió en presentar por medio de descripciones bien logradas la imagen de un pueblo supuesto, Ganga, donde conviven negros, indios y mestizos, que son objeto de una mordaz sátira y de una sarcástica burla, logradas a través de la creación de personajes tragicómicos notablemente caricaturizados, provenientes la mayoría de ellos de las llamadas «clases vivas» de la sociedad. Amparado en una pretendida objetividad científica, propia del naturalismo, el autor contrapuso el mundo americano al mundo europeo en dos cuadros equidistantes, y se esforzó en darle al segundo un valor superior en virtud de la fuerza que le concedió a la civilización. Sus otras dos novelas tienen cierto carácter autobiográfico y se desarrollaron indistintamente en Bayona y en Biarritz, lugares donde Bobadilla fungió como cónsul de Cuba. En ambas aparecen personajes hastiados de la vida, verdaderos misántropos o desequilibrados sexuales.

Aunque basadas en argumentos diferentes, las cuatro novelas que publicó Adrián del Valle —*Los diablos amarillos* (1913), *Juan sin pan* (1926), *La mulata Soledad* (1929) y *Náufragos* (192?)— tuvieron como eje común el tratamiento de problemas relacionados con la injusticia social a la que se ven sometidos los desposeídos, bien por su condición de clase explotada o por problemas raciales, a la vez que se censuran los convencionalismos propios de la sociedad burguesa. La ideología anarquista del autor quedó manifestada en estas obras, y fue bajo esta óptica que trató de explicar y de criticar los valores sociales de la época. Desde el punto de vista artístico resultaron obras mediocres.

Con *El tormento de vivir. Tristes amores de una niña ingenua* (1923), el pedagogo Arturo Montori (1878-1932) se acercó al mundo del proletariado en los primeros años de la seudorrepública. A partir de la descripción de un típico solar habanero, el autor trazó con acierto las duras condiciones de vida de los obreros, todavía no convertidos en una clase en sí, pero capaces ya de organizar huelgas de gran alcance, como la que aparece narrada en la novela. A pesar de que el personaje protagónico, Gerardo, de origen obrero, se perdió en la politiquería de la época —con lo cual el autor trató de expresar el desaliento generacional que caracterizó a este período de nuestra historia—, el resto de los personajes, en particular Alfonso, emerge con una fuerza de acción combativa capaz de poner en tela de juicio la corrupción de los políticos y de señalar con bastante certeza dónde estaban los males de la república recién fundada. Quizás demasiado cargada de elementos sociologizantes, *El tormento de vivir* ofreció la excelente ambientación de una Habana aún reconocible en las calles y paseos descritos.

Un dirigente obrero anarquista, Antonio Penichet (1885-1959), fue el autor de las novelas *La vida de un pernicioso* (1919) y *Alma rebelde* (1921). Ambas, de deficientes estructuras narrativas, se desarrollaron a través de elementos propios del folletín. No obstante sus numerosas fallas técnicas, y teniendo en consideración que las propias ideas del autor le impedían analizar con claridad donde radicaban los problemas del país, sus novelas son exponentes de la progresiva toma de conciencia del proletariado cubano. Penichet, además, tuvo el mérito indiscutible, como apunta Jorge Ibarra, de ser «el único novelista de temas proletarios que le cantó a la Revolución de Octubre y reconoció la gran enseñanza que implicaba para los trabajadores cubanos».[34]

Al periodista Jesús Masdeu (1887-1957) se debió uno de los proyectos literarios más interesantes y mejor logrados de estos años, su novela *La raza triste* (1924), a la que siguieron, con alcance menos significativo, *La gallega* (1927) y *Ambición* (1931). En la primera, al abordar el tema de la discriminación racial y erigirse en defensor de la población negra, Masdeu se propuso describir la situación de ésta a partir de la instauración de la república hasta el alzamiento de los Independientes de Color, hecho ocurrido en 1912, y al que, de manera tangencial, está unida la novela. Tomando como escenario la ciudad de Bayamo, lugar de nacimiento del autor, éste representó con trazos realistas la transformación que sufrió la sociedad rica, de estirpe libertadora, en relación con el negro, representado en la novela por Miguel Valdés, quien experimentó en carne propia los desmanes más crueles a partir de su inicial aceptación en el seno de esa sociedad, que lo fue odiando en la misma medida en que logró alcanzar determinada posición social, de la que fue despojado a costa hasta de su propia vida a través de un proceso de degradación en la escala de los valores humanos. Sin embargo, la novela se frustró por la manera en que el autor abordó el amor entre Valdés y una joven blanca de la aristocracia bayamesa —llega a poseerla sobre una tumba, en medio de una atmósfera del romanticismo más trasnochado—, así como por el análisis superficial que realizó de la cuestión racial, a la que desvinculó de las problemáticas sociales y políticas del momento, en las cuales, sin dudas, se enraizaba.

En *La gallega* se sumergió en un mundo poco explotado por la novelística de la época: la triste suerte de una inmigrante española que vino a Cuba en busca de fortuna, mientras que en *Ambición*, escrita «para exponer vicios fundamentales de la sociedad cubana», según señaló el propio autor en una nota introductoria —para asombro de todos está dedicada al general Gerardo Machado, «que los ha combatido [los vicios] en sus raíces profundas»—, denunció la corrupción imperante, y aunque el protagonista, Braulio Cañizo, en su papel de nuevo rico, conoció del estado de cosas existente e incluso llegó a afirmar que era necesario cambiar el orden prevaleciente, su afán de poder y de dinero no lo detuvo ante ninguna circunstancia.

Félix Soloni (1900-1968), prolífico escritor de folletines para la prensa periódica, publicó dos novelas, aparecidas ambas bajo el subtítulo «Novela criolla». Nos mostró en la primera, *Mersé*, con algunos aciertos parciales en lo que a descripciones concierne, sobre todo las referidas al solar habanero, el tema de la discriminación racial que sufrió el negro, en particular las mujeres. Tratando de seguir una conducta trazada por la clase dominante, la mulata Mersé experimentó un profundo sentimiento de extrañeza aun ante los de su propia raza, producto de la identificación que tenía con el modo de vida de los blancos. De ahí que el suicidio, al final de la obra, fue la única solución que encontró a sus problemas. En *Virulilla*, el autor, de un modo bastante idílico debido a la solución que dio al conflicto, trató el mundo de las obreras y la suerte de una de ellas, que logró casarse, aunque en acto puramente formal, con el dueño de la fábrica donde trabajaba. En ambas novelas están presentes los rasgos propios del folletín, por lo que adolecen de las limitaciones inherentes a este tipo de literatura.

Un científico: geógrafo, ingeniero electricista, agrimensor, fundador de las sociedades Geográfica y Oceanográfica de Cuba, Juan Manuel Planas (1877-1963), representó en este panorama una vertiente que por entonces no era cultivada en Cuba: lo que hoy denominamos ciencia ficción. Ella está presente en su novela *La corriente del golfo* (1920), a la que siguieron, ya con otros matices, pero sin prescindir en ocasiones de elementos propios de este tipo de literatura, las tituladas *La cruz de Lieja* (1923), *Flor de manigua* (1926) y *El sargazo de oro* (1938). No puede afirmarse que *La corriente del golfo* sea la primera novela de ciencia ficción aparecida en Cuba,[4] pero por la forma de imbricar lo histórico, lo científico y algunos elementos de ciencia ficción, sí resultó una manera de novelar hasta entonces no practicada en nuestra literatura. La obra, que se desarrolló en 1895, presentó el interés de la acción, que fue donde fluyeron los elementos de la ciencia ficción: desviar la corriente del golfo por medio de la creación de una muralla de piedras en el estrecho de la Florida, con el propósito de que a Europa, y en particular a España, entonces en guerra con Cuba, sólo llegaran las aguas frías. Ello implicaría que ocurrieran fuertes modificaciones climáticas, fundamentalmente un frío intenso en la península ibérica. Tras el proyecto, que el autor depositó en manos de una llamada «Gulf and East Coast Works Co.», se perfilaban los propósitos reales de este consorcio: la absorción de Cuba por parte de los Estados Unidos, pues, además, el plan contemplaba la construcción, por encima de la muralla de piedra que se levantaría, de un ferrocarril que uniera a Cuba con los Estados Unidos. Esta idea, al parecer grata al autor, sembró la duda en el personaje Antonio Maceo, incluido en la trama de la obra, quien manifestó su desconfianza ante el proyecto.

En *La cruz de Lieja*, Planas situó la acción en esa ciudad belga, donde precisamente el autor realizó estudios superiores durante la Primera Guerra Mundial. Se valió del parecido físico de dos personajes para crear una trama de intriga y tensión. En *Flor de manigua* trasladó el escenario a su Cienfuegos natal, y nos presentó una anécdota ingenua —los amores de un joven rico con una habitante de un desolado cayo— en medio de escenas truculentas, pero donde no dejan de estar presentes los conocimientos científicos del autor, como igualmente sucede en *El sargazo de oro*, que se refiere a la búsqueda de un vegetal marino localizado en la cayería al norte de Cuba y que, procesado, proporcionaría oro.

Otros novelistas del período, algunos de los cuales escribieron novelas truculentas, eróticas, sentimentaloides y pintoresquistas, marcadas a veces por una religiosidad feroz, fueron Tomás Jústiz del Valle (1871-1959), Jaime Mayol (1871- ?), Manuel Lozano Casado (1874-1939), Rafael A. Cisneros (1880-?), Guillermo de Montagú (1881-1949), Jesús J. López (1889-1948) y muchos más cuyas obras no aportaron nada al desarrollo del género.

La novelística menor de los años que corrieron entre 1899 y 1923, sin dudas de poco alcance y efectividad artística, no debe obviarse en el sentido de que una buena parte de ella intentó reflejar su propia contemporaneidad, y como tal resulta hoy de interés para ayudar a formarnos la imagen de un ambiente desconocido. A pesar de sus innumerables deficiencias, éstas no logran desvirtuar el intenso relieve sociológico que muestran, impregnado de un fuerte sabor local donde convergen la decisión de estos narradores de develar buena parte de la realidad cubana y un deseo de abrirse como escritores a un mundo que, en virtud de sus propias contradicciones, les era hostil.

[C. R.]

Notas
(Capítulo 1.5)

[1] Roberto Friol: «La novela cubana en el siglo XIX», en *Letras. Cultura en Cuba 6.* Prefacio y compilación de Ana Cairo Ballester. Editorial Pueblo y Educación, La Habana, 1989, pp. 463-486.

[2] Jorge Ibarra: *Un análisis psicosocial del cubano: 1899-1925.* Editorial de Ciencias Sociales, La Habana, 1985, p. 57.

[3] Ibíd., p. 54.

[4] Roberto Friol: ob. cit., p. 466.

[5] Francisco Rodríguez Alemán: «La narrativa cubana del siglo XX hasta el año 1929», en *Islas.* La Habana, Universidad Central de Las Villas (57): 27-49, mayo-agosto, 1977.

[6] Roberto Friol nos dice que la primera novela de este tipo fue editada por el propio Calcagno en 1875: *Historia de un muerto y noticias del otro mundo,* en tanto que *En busca del eslabón* sería la segunda. («Prólogo» a Francisco Calcagno: *En busca del eslabón. Historia de monos* (1888), Editorial Letras Cubanas, La Habana, 1983, pp. 7-23). Mientras, Francisco Rodríguez Alemán refiere que en 1916 se publicó *El fin del mundo. Novela fantástica escrita por un doctor en vacaciones,* de autor anónimo, con igual carácter científico (véase nota 5).

[7] Marcelo Pogolotti: *La República de Cuba al través de sus escritores.* Editorial Lex, La Habana, 1958, p. 24.

[8] Max Henríquez Ureña: «Jesús Castellanos: su vida y su obra», en Jesús Castellanos: *Los optimistas. Lecturas y opiniones. Crítica de arte.* Talleres Tipográficos del Avisador Comercial, La Habana, 1914, p. 53.

[9] Ibíd., p. 57.

[10] Luis Toledo Sande: «Conjura y agonía en Jesús Castellanos», en Jesús Castellanos: *La conjura y otras narraciones.* Editorial Arte y Literatura, La Habana, 1978, p. 21.

[11] Jesús Castellanos: *La conjura* (1909), en *La conjura y otras narraciones,* ob. cit., p. 194.

[12] Max Henríquez Ureña: ob. cit., p. 58.

[13] Ibíd.

[14] Bernardo G. Barros: «Jesús Castellanos», en *Cuba Contemporánea.* La Habana, tomo 8, año 3, núm. 4, agosto, 1915.

[15] Max Henríquez Ureña: ob. cit., p. 59.

[16] Jesús Castellanos: *Los argonautas* (1916), en su *La conjura y otras narraciones,* ob. cit., p. 363.

[17] Luis Toledo Sande: ob. cit.

[18] Jesús Castellanos: *Los argonautas,* en ob. cit., p. 387.

[19] Salvador Arias: «Para una relectura de *La manigua sentimental*», en *Letras. Cultura en Cuba 5.* Compi-

lación y prefacio de Ana Cairo. Editorial Pueblo y Educación, La Habana, 1988, p. 320.

[20] Luis Toledo Sande: ob. cit., p. 27.

[21] Dolores Nieves: «El intelectual y el héroe en las novelas de Jesús Castellanos», en *Bohemia*, La Habana, año 72, núm. 8, febrero 29 de 1980, p. 12.

[22] Salvador Arias: ob. cit., p. 323.

[23] Ibíd., p. 328.

[24] Jesús Castellanos: *La manigua sentimental* (1910), en *La conjura y otras narraciones*. Ob. cit., p. 308.

[25] Antonio Vallejo Nágera: *Literatura y psiquiatría*. Editorial Labor, Barcelona, 1950, p. 120.

[26] Salvador Bueno: «Prólogo», en Alfonso Hernández Catá: *Cuentos y noveletas*. Editorial Letras Cubanas, La Habana, 1983, pp. 22-23.

[27] Luis Toledo Sande: *Tres narradores agonizantes. Tanteos acerca de la obra de Miguel de Carrión, Jesús Castellanos y Carlos Loveira*. Editorial Letras Cubanas, La Habana, 1980, pp. 13-57.

[28] La versión cinematográfica de esta novela, bajo el título de *Amada*, fue realizada por el Instituto Cubano del Arte e Industria Cinematográficos.

[29] Dejó inconclusas las novelas tituladas *Uno de tantos* y *Los emigrados*. Incursionó en el teatro con una sola pieza, *El mundo anda revuelto*, cuyo texto no ha llegado hasta nosotros, pero se conoce que fue estrenada en el Teatro Principal de la Comedia el 6 de marzo de 1928.

[30] Para profundizar en este importante aspecto de la vida del autor puede consultarse su obra autobiográfica *De los 26 a los 35. Lecciones de la experiencia en la lucha obrera (1908-1917)*. The Law Reporter Printing Company, Washington, 1917.

[31] Armando Leyva: «Nuestras entrevistas», en *El País*, La Habana, 6 (37): 3, febrero 6, 1928.

[32] Se incluyen algunas novelas publicadas con posterioridad a 1923 debido a que por sus particularidades temáticas, expresivas y estructurales, se ubican mejor en la etapa que estudiamos.

[33] El original de la segunda parte de *Filigrana*, titulado «El doctor Beaulian», fue donado al Instituto de Literatura y Lingüística por el profesor Ricardo Repilado. Se prepara una edición que incluirá ambas partes.

[34] Jorge Ibarra: *Un análisis psicosocial del cubano: 1898-1925*. Ob. cit., p. 89.

[35] Como tuvo oportunidad de verse en epígrafes anteriores, Francisco Calcagno, en 1875, publicó *Historia de un muerto y noticias del otro mundo*, de corte científico, a la que le siguió, en 1888, *En busca del eslabón*. En 1916 está fechada la novela, anónima, *El fin del mundo. Novela fantástica escrita por un doctor en vacaciones*.

1.6 EL TESTIMONIO. EL TEMA DE LAS GUERRAS DE INDEPENDENCIA

La última guerra contra el poder colonial español, así como la intervención en la misma del ejército norteamericano y la frustración del proceso de liberación nacional que dicha intromisión significó, dieron origen a una literatura de tipo testimonial que se insertaba en una tradición iniciada a raíz de 1868 y que fuera cultivada desde entonces casi ininterrumpidamente. Réflejo de la culminación de dicho proceso que abarcó buena parte de la segunda mitad del siglo XIX, tanto el tema cuanto los autores pertenecen plenamente a dicha época, aunque la presencia yanqui en el país introdujo una nueva problemática —que sería típica de la naciente centuria—, y provocó una actitud, si no absolutamente nueva, sí generalizada ahora en este tipo de obras: la frustración, la amargura o el escepticismo. Escritas por lo general durante las primeras décadas de la República neocolonial, dicha actitud se vio reforzada por la realidad político-social y económica que caracterizó a ese período histórico.

Por lo demás, estos testimonios presentan las mismas características que sus antecesores sobre la Guerra de los Diez Años: escritos por combatientes por lo general sin oficio literario, sus máximos valores no son de carácter estético, sino histórico y político, pues están diseñados para cumplir la reconocida función ancilar, de servicio, del género. Por ello, las obras de mayor significación en esta época fueron aquellos trabajos dedicados a exaltar los valores patrios, los grandes guerreros de la contienda finisecular, y a denunciar la intromisión yanqui en el proceso liberador cubano. En un solo caso, el de las *Memorias del general Manuel Piedra Martel*, el testimonio aparece en 1943, fuera de los límites cronológicos de la etapa, aunque lo incluimos ya que, tanto por el tema cuanto por el autor y la técnica de realización, se integra plenamente a esta producción, sobre todo si se tiene en cuenta que ya por entonces el género había sufrido cambios sustanciales en su temática y factura, a los que permaneció ajeno el combatiente de la guerra del 95.

El primero en publicar durante la etapa fue el general Enrique Collazo (1848-1921), quien, sin ser escritor de oficio, armado solamente con el arsenal de sus recuerdos y experiencias de mambí, reasumió la tarea, iniciada en 1893,[1] de despertar consecuencias, analizar reveses y denunciar enemigos. Apenas terminada la guerra, dio a las prensas tres obras sobre el tema que nos ocupa: *Cuba independiente* (1900), *Los americanos en Cuba* (1905) y *Cuba heroica* (1912). Al aparecer la primera, el país se hallaba sometido a la intervención norteamericana, que dividía las fuerzas revolucionarias, en tanto estaba pendiente la definición del status futuro del país, el cual, según la docilidad que demostrara a las maniobras yanquis, podría correr la suerte de Puerto Rico o convertirse —como al cabo ocurrió— en una necolonia del naciente imperialismo.

En aquellos momentos, escribió Collazo en el prólogo de su libro: «Parece ilógico e improcedente publicar en la época actual y durante el

régimen establecido en Cuba por la Intervención Americana, un trabajo con el título que
encabeza este [...], Cuba independiente parece
hoy un sarcasmo.»[2] No obstante, el autor señalaba a continuación que precisamente consideraba que era esa la mejor época para hablar al
pueblo de sus momentos de gloria, de sus héroes caídos en la épica jornada y de los que sobrevivieron para librar las luchas del porvenir.
Para ello, se trazó como objetivos abordar la preparación de la Guerra Necesaria y el tiempo durante el cual, gracias a ella, Cuba vivió como nación libre e independiente, en armas, dueña de
la mayor parte del territorio insular. Igualmente, formulaba una acusación, que prometía sus-
tanciar en el texto, contra los culpables de su
desaparición: el gobierno norteamericano y los
hombres en que el pueblo depositó su confianza, otorgándoles su representación. «La intervención americana no existiría hoy —concluía—
si ambos factores no hubieran concurrido al engaño.»[3]

En esta obra, Collazo no cumplió cabalmente los objetivos que se trazara. En relación con
el primer aspecto que se propuso abordar —la
existencia de la República de Cuba en Armas—,
detuvo su relato en el momento de llegar a tierra cubana el mayor general Calixto García; en
cuanto al segundo, su acusación la desarrolló y
probó documentalmente en *Los americanos en
Cuba*. No obstante tratarse de un trabajo inconcluso, el autor se apresuró a darlo a la imprenta,
probablemente por causas políticas; el libro es
indispensable en la historia de nuestras letras,
tanto por razones de carácter literario —su importancia en la línea de desarrollo del testimonio en nuestro país— como ideológico.

A lo largo del volumen, entremezcló Collazo
sus vivencias personales con los recuerdos de
otros protagonistas, transmitidos por vía oral o
escrita, así como con documentos —cartas, manifiestos, partes de guerra—, para demostrar su
tesis de carácter político. Por tanto, encontramos aquí los elementos característicos de toda
la obra de este autor —una tesis que se propone
demostrar, su testimonio directo y otros indirectos, lo que le confiere el carácter de un testimonio colectivo, todo ello avalado con la repro-

ducción de abundante documentación—, pero
manejados ya con soltura y dominio de la técnica, aunque estilísticamente no aporte nada al enriquecimiento de nuestra prosa literaria. Por otra
parte, la importancia ideológica del libro rebasa
el marco de su función de rescate de las glorias
mambisas, ya que constituye una de las primeras exposiciones del papel que desempeñó la clase
obrera en la Guerra Necesaria, así como el vaticinio del que desempeñaría en las luchas futuras, que el veterano combatiente previó conducirían a la absoluta independencia nacional.

Terminada un tanto abruptamente, como con
prisa, *Cuba independiente* tiene su continuación
temporal y lógica en *Los americanos en Cuba*,
obra magna en la cual atacó Collazo, tanto al
gobierno de Tomás Estrada Palma, como a los
nuevos amos imperialistas del país.[4] Es éste un
libro de denuncia, ya que su autor, que fue oficial de enlace entre Calixto García y el Estado
Mayor norteamericano, dispuso de abundantes
elementos, tanto documentales como nacidos de
su observación directa, para probar sus afirmaciones. Si desde el punto de vista de la técnica
testimonial resulta minucioso hasta la exageración, desde el ángulo de la calidad estética de la
prosa adolece de serias deficiencias, ya que
Collazo, sobre todo en los capítulos finales, parece haber sido acometido por una urgente necesidad de terminar y, en su prisa, olvidó a veces
hasta las más elementales convenciones de la
puntuación. En el orden ideológico, su mérito
mayor radica en que demuestra en él la tesis, que
fuera el primero en sustentar, de que sin la ayuda eficaz de las tropas cubanas, los norteamericanos no hubieran podido vencer a España en
Cuba, al menos, no de la forma rápida y total en
que lo hicieron, y también su denuncia de la entrega del ejército cubano a los generales yanquis,
sin exigir a cambio ninguna garantía de la independencia de la isla, cuando, de haberlo hecho,
se hubieran podido obtener algunas ventajas
políticas para el país.

Cuba heroica, la obra más emotiva y apasionada de Enrique Collazo, dedicada a los veteranos del Ejército Libertador, fue escrita con un
objetivo conscientemente didáctico, pues el autor se propuso relatar los hechos pasados, evo-

car los sacrificios de los mártires y los héroes, «para que la juventud —señaló— los tome como ejemplo y aprenda en ellos a sacrificar vida y hacienda, para obtener y conservar la libertad y la independencia de la patria».[5] En su factura utilizó el autor, como siempre hizo, su riquísima experiencia personal y testimonios publicados por otros participantes para suplir las lagunas de su conocimiento directo de los hechos. Desde el punto de vista del estilo, presenta idénticas características que sus trabajos anteriores, aunque en la parte final introdujo algunas variantes.

Si al abordar la Guerra de los Diez Años acudió el autor en muchas oportunidades a las páginas de su primera obra, *Desde Yara hasta el Zanjón*, sin aportar nada nuevo en relación con la misma, algo semejante puede decirse de su tratamiento de la Guerra Necesaria respecto a su libro anterior *Cuba independiente*, del que tomó casi textualmente capítulos enteros, a los que añadió una relación de la campaña de Occidente librada por Antonio Maceo, la que basó, de manera casi exclusiva, en las *Crónicas de la guerra* (1909) de José Miró Argenter; cuando destaca la figura del general Máximo Gómez, quien le sirve de hilo conductor, nos adentra en la parte más original del volumen, en la cual sus recuerdos, entretejidos alrededor de la figura del dominicano, pierden el orden cronológico que siguieran hasta ese momento, y nos llevan de un relato a otro, de una a otra contienda, como si el narrador careciera de plan y solamente se dejase llevar por sus emociones.

A lo largo de estas narraciones, en las que abundan las anécdotas, utilizó Collazo de manera esporádica el diálogo, lo cual, a pesar de no constituir una constante, representa una novedad dentro de su estilo estrictamente expositivo, que se aligera y gana en amenidad. En una de ellas abordó el desembarco de la expedición que a bordo del «Perrit» llegó a costas cubanas el 11 de mayo de 1869 y de la que formaba parte el propio autor, así como el joven médico Sebastián Amábile, quien cayera mortalmente herido durante el primer combate. De igual forma, bajo el título de «Muertos olvidados», narró entre otras la caída del combatiente camagüeyano Fidel Céspedes. Ambas historias habían sido relatadas en 1890 por Manuel de la Cruz en sus *Episodios de la revolución cubana*.[6] El estricto paralelismo que existe entre los cuatro relatos incita a la comparación entre la vívida narración de este último, su prosa colorista, romántica en las descripciones del paisaje y naturalista en la caída de Amábile, con la seca y austera de Collazo; el tono heroico del primero, con el levemente irónico del segundo, quien sale perdedor en la confrontación de ambos textos, a pesar de haber tenido sobre Manuel de la Cruz la ventaja de haber conocido por vía directa los hechos que contaba.

La frustración que significó la república neocolonial puso algunas notas amargas, profundamente sentidas, en la prosa de un escritor que siempre fue sobrio, expositivo, conciso, desapasionado; notas que determinaron que, por primera vez en el conjunto de la producción de su autor, esta obra esté dirigida tanto al corazón como a la razón del lector.

Enrique Collazo fue más historiador que literato. Hizo testimonio porque fue actor en las dos guerras libradas contra el colonialismo español y durante la intervención norteamericana en la segunda, pero las suyas son obras de tesis, en las cuales el testimonio está en función de su demostración, no contado como una memoria o una crónica, donde se trata de recoger todos los acontecimientos vividos, sino que éstos son sometidos a una estricta selección, para escoger aquellos que inciden en la consecución del objetivo que se propuso el autor, para lo cual se vale, asimismo, de documentos y testimonios ajenos que avalen su punto de vista.

El camagüeyano Bernabé Boza (1858-1908), quien con el grado de general de brigada se desempeñó como jefe de la escolta de Máximo Gómez primero y, más tarde, de su Estado Mayor, publicaba en 1906 *Mi diario de la guerra*, trabajo donde abarcaba los dos primeros años de la lucha. Después de su muerte, la obra fue reimpresa en 1924, y a la edición original se le incorporó una recopilación de escritos y documentos inéditos, realizada por el hijo del autor, así como los apuntes del período que media entre 1897 y la intervención norteamericana.

La obra, verdadero diario de operaciones, es el producto del trabajo de un soldado que vertió en sus apuntes sus impresiones cotidianas, pero, debido a las funciones que desempeñó junto a Máximo Gómez, sus vivencias fueron, sobre todo las de los dos primeros años de la guerra, movidas y apasionantes, pues constituyen el relato de la invasión y de los extraordinarios combates que sostuvo el General en Jefe para que Maceo pudiera llegar con su columna hasta Pinar del Río. Con posterioridad, dado el carácter de las operaciones que realizó el Generalísimo, las anotaciones se tornan algo monótonas. Por otra parte, los dos primeros años de la contienda fueron incluidos en el volumen que publicó el autor, por lo que es de suponer que algunos de los sabrosos comentarios que acompañan las anotaciones daten del período en que preparaba la edición. Sin embargo, el libro que abarca los dos últimos años de la guerra y que fue publicado luego de su muerte, presenta los apuntes textuales del diario original, sin las reflexiones y ocurrentes conclusiones que enriquecen la primera parte.

A pesar de no ser escritor de oficio, Boza aportó al género el reflejo fiel del carácter típico del pueblo cubano de entonces, tan semejante al actual: siempre con la sonrisa en los labios, con un chiste burbujeante o un chascarrillo ingenioso, presto a comentar cualquier situación, y dichos en un lenguaje tan contemporáneo que todavía utilizamos algunos de los fraseologismos que conformaban el habla popular cubana del período finisecular.

Al publicar su diario, Boza se propuso, según señalará en la introducción, ofrecer datos verídicos, conocidos de primera mano, para que sirvieran de fuente a los futuros historiadores de las guerras por la independencia nacional. Pero, como dijimos, el autor desbordó este objetivo y, además de los ya señalados, la obra posee otros méritos extradocumentales, como el vigoroso retrato que a lo largo de sus páginas va trazando del general en jefe Máximo Gómez.

Por otra parte, la ideología profundamente democrática, teñida de hondas preocupaciones sociales, que predominaba en amplios sectores del Ejército Libertador durante esta etapa de la lucha, se pone de manifiesto muchas veces en la obra. De igual forma, a veces dio muestras el autor de una certera intuición política, como cuando enjuicia críticamente la conducta de los jefes del Partido Autonomista. Sin embargo, hasta donde llegan sus apuntes, creyó Boza que los Estados Unidos intervenían en el conflicto con el carácter de aliados sinceros del pueblo revolucionario de Cuba. Y aunque no la deseó, una vez producida la intromisión, consideró que era necesario luchar al lado de aquellos aliados, pues carecía aún de elementos objetivos para dudar de la sinceridad de la «ayuda» norteamericana.

Mi diario de la guerra, editado dos veces durante la República neocolonial, es una lectura que, en lugar de amargura y decepción, despierta orgullo y confianza en la ilimitada capacidad de lucha y sacrificio del pueblo cubano, ya que refleja el estado de ánimo del Ejército Libertador cuando todavía confiaba en la victoria de sus armas, mientras que, desde el punto de vista literario, contiene —como ya señalamos— innegables aciertos.

En 1909 veían la luz en La Habana los tres volúmenes de las *Crónicas de la guerra* del catalán José Miró Argenter (1852-1925) —quien con el grado de general de brigada, desempeñó el cargo de Jefe del Estado Mayor de Antonio Maceo—, obra cuyo primer tomo había sido publicado por *El Cubano Libre* de Santiago de Cuba entre 1899 y 1900.

El tema esencial de estas crónicas lo constituye la narración de la casi legendaria aventura que se inició en los Mangos de Baraguá y culminó en Punta Brava. Miró Argenter, quien participó en todos los combates que a lo largo de ésta libró Antonio Maceo, es un magnífico relator de aquellas hazañas, en cuyas descripciones siempre pone de relieve el valor, la caballerosidad y el talento militar del lugarteniente del Ejército Libertador.

Según el autor, la mayor parte de sus crónicas fueron escritas en el propio teatro de los acontecimientos, y su mérito básico radica en la exactitud, aunque posteriormente retocara algunos apuntes, los ampliara con notas y documentos y les agregara una parte preliminar, donde abordaba los preparativos de la invasión, las causas del estallido revolucionario y sus momentos iniciales en Oriente. Como en el caso de Boza, el objetivo fundamental de Miró al escribir la obra fue dar a conocer los hechos más importantes de la guerra en su calidad de testigo presencial, para que los verdaderos historiadores tuvieran una «fuente legítima de donde sacar datos»,[7] lo que evidencia que no se consideró un historiador en el estricto sentido del término, sino un testigo que describía literariamente aquello que había presenciado o protagonizado, es decir, un testimoniante. También estaba consciente de otra de las características de este género de relatos, que, acertadamente, extendió a la historia, cuando aclaraba que su narración sería «veraz, pero no imparcial», y argumentaba: «¿Quién a título de fiscal severo y concienzudo, condena su propia causa?, ¿Quién [...] prescinde en absoluto de sus simpatías personales, de sus opiniones políticas, de sus sentimientos de patria y religión [...] que lo conducen, sin darse cuenta de la operación mental, a conclusiones erróneas?»[8]

Esta parcialidad se evidencia en múltiples instancias a lo largo de la obra, como cuando el autor considera que los sucesos más importantes de la guerra fueron los protagonizados por Antonio Maceo, y olvida que simultáneamente tenían lugar otros hechos de armas fundamentales. Se manifiesta, igualmente, en el tratamiento que dio a la figura de José Martí, cuya significación se le escapó, así como la importancia de su labor organizativa para el estallido y buen desenvolvimiento de la contienda. Al soldado que fuera el autor, le fue más fácil, sin embargo, captar la personalidad de Máximo Gómez, de quien dejó una semblanza bastante ajustada al modelo. No obstante, la figura que sobresale entre todas las que desfilan por las páginas de estas crónicas es la de Antonio Maceo, la cual emerge a lo largo de los libros dedicados a la épica campaña de Occidente, para culminar, en el último capítulo, con la biografía del héroe y el relato de varias anécdotas que destacan diversos rasgos de su magnética personalidad.

Por otra parte, Miró, en coincidencia con el criterio de Boza, emitió agudas y amargas opiniones sobre el oportunismo de los dirigentes del Partido Autonomista, en tanto que, en relación con la composición clasista del Ejército Libertador, al igual que Collazo, captó su esencia con claridad, aunque mientras este último resaltó la presencia de los trabajadores, el catalán subrayó la campesina. Rindió asimismo tributo a la combatividad y firmeza revolucionarias de la mujer cubana, de la cual afirmó que era génesis del separatismo, pues sólo engendraba hijos para que pudieran continuar la obra emancipadora.

No se destaca Miró por los valores estéticos de su prosa, a pesar de que, en ocasiones, logra describir con gran fuerza algunos combates y campos de batalla. A pesar de esos aciertos, faltó a su estilo la chispa del comentario jocoso o del dicho popular que torna animada la lectura de obras como el *Diario* de Bernabé Boza. En resumen, el máximo valor de las *Crónicas de la guerra* estriba en que constituyen una excelente fuente para historiar las campañas de Antonio Maceo durante la Guerra Necesaria, lo que, por otra parte, fue el objetivo que se trazara el autor.

Las memorias del general Manuel Piedra Martel (1868-1954), escritas cuando su autor contaba setenta y cuatro años de edad, y editadas en 1943 bajo el título de *Mis primeros treinta años*, se inician con el relato de su infancia y adolescencia, para culminar en 1899, con la entrada de Máximo Gómez en la ciudad de La Habana. La primera parte, trabajada mediante el empleo del lenguaje popular en diálogos y descripciones de escenas callejeras, logra una frescura que permite sea leída como si fuera una novela de costumbres, cualidad que se pierde cuando el autor entra en la relación detallada, con datos de índole militar, de las distintas batallas en las que tomara parte, aunque siempre trató de matizarla con anécdotas, muchas veces jocosas, para estimular el interés del lector. Salvo incidentales frases retóricas y de mal gusto, el estilo de Piedra es fluido, y el libro, con los desniveles apuntados, alcanza calidad literaria.

A lo largo de la contienda, el autor tuvo la oportunidad de conocer a algunos de los jefes militares más destacados de la revolución, de quienes ofrece verdaderos retratos, tanto desde el punto de vista físico como de sus características psicológicas, lo que denota capacidad de observación y dominio de los medios expresivos. Y aunque el del generalísimo Máximo Gómez es excelente, para Piedra, como para Miró, el héroe por antonomasia fue Antonio Maceo, quien constituyó a sus ojos la «encarnación de la epopeya», y cuyo retrato es el más acabado de esa ilustre galería. Desde el 7 de junio de 1895, el autor quedó agregado al Estado Mayor del Hombre de Baraguá; acompañó al contingente invasor desde Oriente a Pinar del Río y, a lo largo de aquella brillante y difícil campaña, fue acopiando anécdotas del Lugarteniente General, pequeños detalles que, recreados, lo hacen vivir ante los ojos del lector.

Desde el punto de vista ideológico, la injerencia norteamericana, la posterior y rápida victoria yanqui y la actitud de conquistadores asumida por sus soldados, provocan dolorosas reflexiones que expresan la amarga frustración del guerrero, compartida por todo el pueblo de Cuba, al ver a los norteamericanos dueños del país y a sus propios combatientes convertidos en una partida de hombres miserables, mal vestidos, peor calzados, y en buena medida hambrientos. Resulta significativa, sin embargo, como índice de la evolución hacia la derecha del pensamiento político-social del autor a lo largo de las primeras cuatro décadas de la República Neocolonial, su apreciación encomiástica de la llamada «Política del Buen Vecino», puesta en práctica hacia la década de 1930 por el presidente norteamericano Franklin D. Roosevelt, así como el juicio favorable que emitió sobre el papel desempeñado durante la Tregua Fecunda por el Partido Autonomista.

Otro aspecto que merece mención en la obra del general Piedra Martel, es su desprecio por las masas urbanas, en especial de La Habana, las cuales, según él, «carecían de sentimiento cívico»,[9] por lo cual el 24 de febrero no halló eco en aquella muchedumbre de desocupados y mal ocupados compuesta por proxenetas, prostitutas, carteristas, rateros, asesinos, «ñáñigos» —en el sentido peyorativo del término—, quienes conformaron la «turba» habanera que el 1 de enero de 1899, al descender de edificios públicos y fortalezas la bandera española para ser sustituida por la norteamericana, aplaudió gozosa, mientras muchos combatientes lloraban.

Por lo demás, la obra del general Piedra Martel se inserta en la tradición del testimonio sobre la guerra por la independencia nacional, tanto por el tema como por la forma literaria que continúa la línea de relatos cultivada por Máximo Gómez, donde se mezcla lo estrictamente histórico con lo autobiográfico y anecdótico, mediante el empleo de un lenguaje sencillo, sin rebuscamientos formales, coloquial muchas veces, y que merece ser leída por su extraordinario valor testimonial, su amenidad y, sobre todo, como fuente inapreciable para conocer la épica campaña de Antonio Maceo en Pinar del Río. [*D. I.*]

NOTAS
(CAPÍTULO 1.6)

[1]   La primera obra testimonial de este autor fue *Desde Yara hasta el Zanjón*, publicada en La Habana en esa fecha.

[2]   Enrique Collazo: *Cuba independiente*. Editorial Oriente, Santiago de Cuba, 1981, p. 11.

[3]   Ibíd., pp. 11-12.

[4]   Julio Le Riverend, en su prólogo a la última edición de la obra, resalta que el libro tuvo que ser editado en «pobre imprenta» y «desmedrada forma», precisamente por tratarse de un volumen donde se atacaba a los nuevos colonialistas y a su aliado en el poder. Julio Le Riverend: «Prólogo», en Enrique Collazo: *Los americanos en Cuba*. Instituto Cubano del Libro, La Habana, 1972, p. VIII.

[5]   Enrique Collazo: *Cuba heroica*. Editorial Oriente, Santiago de Cuba, 1980, p. 5.

6 Manuel de la Cruz: *Episodios de la revolución cubana*. Prólogo de Alejandro Expósito. Editorial Letras Cubanas, La Habana, 1981, pp. 31-40/57-60.

7 José Miró Argenter: *Cuba: Crónicas de la guerra*. Editorial de Ciencias Sociales, La Habana, 1970, p. 12.

8 Ibíd., pp. 12-13.

9 Manuel Piedra Martel: *Mis primeros treinta años: memorias, infancia y adolescencia. La guerra de Independencia*. Editorial Letras Cubanas, 1979, p. 80.

1.7 EL TEATRO

1.7.1 Visión general de su desarrollo

Ajena a todo indicio de cambio importante en el aspecto formal, la vida teatral cubana entre los años 1899 y 1923 ha sido considerada por los críticos un momento de retroceso si se la compara con el desarrollo que había alcanzado esta manifestación artística en el siglo precedente. En efecto, el teatro de estos años contó con una técnica de representación ya manida; además, su realización como actividad artística se vio limitada por la existencia de un público que, si bien participó en algunos espectáculos con asiduidad, no representó un apoyo verdadero al interés que mostraron autores, empresarios y actores por llevar a cabo una actividad teatral realmente sólida.

En cuanto al contenido de las obras, los dramaturgos y libretistas siguen los caminos que se derivan de la actitud de nuestros intelectuales en relación con la problemática nacional; el desaliento, la incomprensión o el enfrentamiento a la realidad posibilitan la apertura hacia posiciones bien delineadas: la evasión, que traerá consigo una producción artística alejada de los problemas nacionales; el interés por el tema histórico en el cual se rememoran, en la mayor parte de los casos, los acontecimientos y el patriotismo de las guerras de independencia; y la exposición o denuncia de los problemas sociopolíticos.

En La Habana, la vida de los escenarios era bastante prolífica si se la analiza desde un punto de vista cuantitativo: la existencia de un buen número de teatros —entre los más conocidos el Nacional, Payret, Irijoa, Albisu, Lara, Molino Rojo, Cuba, los dos Polyteamas y el Alhambra— y la divulgación de los espectáculos a través de las secciones culturales de diferentes publicaciones periódicas, o mediante revistas creadas al efecto, ya fuera para reflejar el acontecer teatral de una manera superficial y desenfadada —*Teatro Habanero* (1908-?) y *Teatro Alegre* (1910-1916; 1924)— o para apoyar el intento por consolidar un teatro nacional «serio», como es el caso de *Teatro Cubano* (1919-1920).

Paralelamente a la participación de las compañías españolas, italianas, norteamericanas o francesas que contribuían a que prevaleciera en nuestros escenarios un teatro de carácter eminentemente comercial, a las presentaciones esporádicas en la capital de agrupaciones de artistas cubanos —la de la actriz Luisa Martínez Casado fue la de mayor calidad— y a la presencia de un teatro lírico que iba fortaleciéndose cada vez más gracias a las meritorias composiciones de músicos de la calidad de Hubert de Blanck, Eduardo Sánchez de Fuentes o Ignacio Cervantes, hasta convertirse años después en el mejor de América Latina, puede observarse que el interés por crear un teatro nacional derivó en dos vertientes del quehacer dramático que, heredadas del siglo anterior, lastraron con su dicotomía a casi toda la actividad dramática seudorrepublicana: el teatro «popular» y el teatro «culto». La primera, siguiendo las pautas del género bufo, cultivó una línea donde predominaban la recreación de ambientes, personajes y situaciones de actualidad, siempre sobre la base de la comicidad y los contenidos superficiales; este tipo de teatro se ha dado a conocer también como género alhambresco, teatro de variedades, vernáculo, criollo o bufo. En oposición a éste, el llamado teatro culto se propuso crear una actividad de mayor nivel, que reflejara los problemas fundamentales del país y a su vez difundiera el quehacer dramático universal. Esta línea, denominada asimismo seria o cultista, trató de fomentar una escena nacional, y sus autores desarrollaron casi siempre un teatro de ideas, donde el reflejo de la problemática social y política ocupó un lugar importante, aunque no fue respaldado por una comunicación eficaz con el público ni por su estabilidad en las representaciones.

Sobre la situación existente en el teatro de estos años, ha afirmado Rine Leal:

> Cuando la república estrena su himno y su bandera, el teatro cubano apenas si se entera. Claro que hubo entusiasmo nacionalista, pero pronto todo se desvaneció en medio de una creación típicamente burguesa y técnicamente endeble. Es ahora cuando la crisis se hace perenne, y termina por eliminar la expresión dramática. Sólo un autor, Ramos, escapa a esta triste situación.
>
> El Alhambra, con su imagen «plattista» de la sociedad, subsiste largos años como la única muestra de un teatro «popular».[1]

Al analizar estas dos vías del quehacer dramático, se observa un desbalance que lleva a afirmar que el teatro popular tuvo mucho más éxito y aprobación por parte del público, a pesar de que no fuera la más deseada expresión de un teatro genuinamente nacional.

La vertiente popular, aunque fue montada en escenarios como el Regina, Polyteama, Payret, Nacional y Molino Rojo, tuvo su verdadera expresión, su centro por excelencia, en la sala de Consulado y Virtudes: el teatro Alhambra, fundado en 1890, que reabre sus puertas con el si-

glo para mantener una actividad estable y fértil hasta que el derrumbe de su techado marcó el fin de un género que, aunque ya decaía en la década del 20, pudo cultivarse durante treinta y cinco años seguidos con el aplauso del público.

Aun teniendo en cuenta la abundantísima cantidad de obras que se escribieron para el Alhambra, es imposible afirmar que este tipo de teatro haya aportado elementos de valor para la dramaturgia cubana desde el punto de vista literario. Fueron, sin embargo, recursos que permitieron su desarrollo triunfal la música, que ha llegado a considerarse vital para el éxito de las piezas y que muchas veces estuvo a cargo de Manuel Mauri, Rafael Palau, Raimundo Valenzuela y sobre todo el maestro Jorge Anckermann, el más importante compositor; la presentación de tipos populares —el negrito, el gallego, la mulata— y la creación de ambientes y sucesos del momento, que aunque la mayor parte de las veces constituían un reflejo ficticio de la realidad, eran una buena atracción para un público que iba a reír, a disfrutar de un espectáculo que lo hacía pensar muy poco o nada.

Mención aparte merecen los actores, quienes con su estilo desenfadado o alejado de la expresión declamatoria del teatro «serio», lograron una gestualidad mucho más natural e identificada con nuestra idiosincrasia, la cual llevaron a escena con indudable gracia y maestría; durante algo más de tres décadas se vio desfilar por el escenario del Alhambra a comediantes de la talla de Regino y Pirolo López, Sergio Acebal, Arquímides Pous —quien trabajó allí ocasionalmente, pues tenía su propia compañía—, Víctor Reyes, Blanco Becerra, Luz Gil, Amalia Sorg —la Chelito criolla—, Pepe del Campo y tantos otros cuyas líneas de actuación aún se recuerdan. Incluso la labor de escenógrafos como Miguel Arias, Pepe Gomiz y Nono Noriega contribuyó a la favorable admisión de este tipo de producción teatral, gracias al amplio despliegue de imaginación y recursos, lo cual propició que la escenografía fuera, en gran medida, elemento determinante en el éxito del espectáculo.

El teatro popular fue llevado a escena en varias formas: sainete, revista musical, opereta, parodia; de ellas, la más utilizada fue el sainete, donde se trataron todos los temas y asuntos cubanos posibles de ser llevados a las tablas. Estos sainetes, formados por varios cuadros separados entre sí por la música, y con un cuadro final que terminaba siempre en una rumba bailada y cantada por todos los actores participantes en el espectáculo, pueden clasificarse según el ambiente que desarrollan; así se hace referencia, por ejemplo, al sainete costumbrista, en el cual la situación cotidiana y los tipos populares (el borracho, el bodeguero, el policía, la joven chispeante y desenvuelta) son los personajes representados; al sainete de solar, donde se llevaban a escena problemas muy superficiales del «bajo mundo» y en el que la identificación con determinado barrio atraía la aceptación por parte del público, y finalmente al sainete político, en el cual el espectador esperaba encontrar la censura a alguna que otra posición gubernamental y el apoyo en esa noche a cualquier partido político en boga.

La importancia de este tipo de espectáculo para el teatro nacional es un tema polémico aún en nuestros días: mientras estudiosos como Eduardo Robreño le reconocen una cubanía extraordinaria y afirman que «el género alhambresco tuvo su etapa brillante y con paso firme y seguro entró a ocupar un lugar destacadísimo en la historia del teatro cubano»,[2] otros investigadores, como el profesor Álvaro López, manifiestan que el teatro de variedades fue una forma usual de diversión durante algún tiempo, y que su imbricación en nuestra cultura, más que favorecerla, contribuyó a su deformación, propiciando la «mixtificación de los valores nacionales y relajación de las virtudes morales»[3] del cubano.

Atentos a criterios extremos anteriormente expuestos, puede considerarse que quizás una cabal apreciación de los aportes de este teatro a nuestra cultura esté en el justo medio, de forma que sus verdaderos valores no sean soslayados, ni tampoco se resalten elementos que en realidad no fueron artísticamente positivos.

Los sainetes reflejaron en su momento los hechos del pasado y del presente nacional y extranjero con la misma rapidez de una nota periodística, y en la mayor parte de los casos, la comicidad y el uso de elementos sicalípticos o musicales endulzó la reprobación a situaciones de orden político o social, de forma que no se viera afectado el propósito evidentemente mercantil de este tipo de producción teatral. No obstante, es válido señalar que, según afirma Eduardo Robreño,[4] en muchas ocasiones a mitad de función los autores y empresarios del Alhambra fueron llamados al orden por las autoridades policiales por llevar al escenario diálogos «demasiado fuertes», que atentaban contra el gobierno.

De la variedad temática dentro del texto literario en el teatro popular no es posible hablar en términos generales, pues con el derrumbe del teatro Alhambra se perdieron muchísimos libretos, y prácticamente sólo han llegado hasta nosotros las obras que recoge Eduardo Robreño en su antología *Teatro Alhambra*. A partir de estos libretos y de alguna que otra obra publicada en aquella época o aún inédita podemos afirmar que, abordando todo asunto posible, fueron presentados temas muy disímiles, siempre tratados con superficialidad, a manera de pincelada efectista. En este tipo de teatro, lo importante era una puesta en escena ágil y ventajosa para autores, actores y empresarios. Sin embargo, pese a la debilidad de los contenidos, es de señalar que algunas de estas obras del teatro popular, por su gracia e ingenio, han logrado rebasar los límites del tiempo, y hoy día, con ligeros cambios, pueden disfrutarse aún; tal es el caso, por ejemplo, de *Tin-tan te comiste un pan* o *El velorio de Pachencho* (1901), de Francisco y Gustavo Robreño, que se conoce ahora bajo el título de *Pachencho vivo o muerto*.

Es notable la cantidad de autores que escribieron para el Alhambra: Joaquín y Carlos Robreño, Olallo Díaz, Guillermo Anckermann, Manolo Saladrigas, Laureano del Monte, Benjamín Sánchez Maldonado, Antonio (Calvo) López, Pepín Rodríguez y muchos más que aseguraban la extraordinaria cifra de casi veintitrés espectáculos cada semana; de ellos, sobresale por su labor como empresario y libretista Federico Villoch (1868-1954), reconocido como «el Lope de Vega de la calle Consulado». Estimulado por la fama de los bufos, escribió en 1896 su primera obra teatral, *La mulata María*, que gozó de aceptación popular; su producción se hizo cada vez más intensa: entre zarzuelas, sainetes, revistas de actualidad y otras modalidades llegó a estrenar casi cuatrocientos títulos en el Alhambra. Ayudaban indudablemente al éxito su talento indiscutible y la espontaneidad y gracia con que manejaba los sucesos de actualidad para conformar sus textos. Cierto es que en varias obras de Villoch estaban presentes el amor a la patria y la crítica a procedimientos gubernamentales que agudizaban los problemas de nuestro país, pero tales elementos fueron tratados de una forma tan ligera y poco comprometida, que no impidieron que Villoch se mantuviera «a flote» frente a los avatares políticos y a favor de los gobernantes de turno.

Un ejemplo de cómo este autor utilizaba en sus obras la crítica a los sucesos sociopolíticos puede encontrarse en *La isla de las cotorras* (1923), una de sus piezas más difundidas. En ella, a través de canciones, el negrito Tango y el gallego Muñeira se cuestionan lo relacionado con la presencia de Mr. Enoch Crowder como embajador en Cuba y la falsa compra-venta del convento de Santa Clara. Están presentes, sin lugar a dudas, elementos de actualidad que eran objeto de repulsa por parte de todos los hombres de pensamiento progresista de aquellos años, pero la forma en que se insertan en el contexto de la obra y la comicidad que emana de la actuación de los personajes resta eficiencia a la crítica como un hecho serio y positivo; es válido señalar, en este sentido, que *La isla de las cotorras*, fue estrenada el 28 de febrero, y sólo veinte días después, sustentada en la denuncia de esos mismos sucesos, ocurre la Protesta de los Trece.

Otros títulos de Villoch demuestran que se detuvo a captar muy diversos asuntos. *La casita criolla* (1912), *La carretera central* (1921), *La danza de los millones*, *La república griega* (1917), *Delirio de automóvil*, *El rico hacendado*, etcétera. En una ocasión, intentó incursionar en el teatro culto con el drama *El proceso Dreyfus*, que llevó a las tablas Luisa Martínez Casado en 1900, pero el espectáculo resultó un fracaso.

También sin dudas prolífera fue la producción de los hermanos Francisco (1871-1921) y Gus-

tavo Robreño (1873-1957), miembros de una familia consagrada al teatro. Estuvieron entre los principales autores del Alhambra, y crearon más de un centenar de piezas, de las cuales algunas han llegado manuscritas a nuestros días y otras han sido publicadas en época reciente: *La madre de los tomates* (1899), *Dos boers improvisados* (1900), *Napoleón* (1908), *Cristóbal Colón, gallego* (1923), entre otras. Poseían particular ingenio para escribir libretos humorísticos, y el uso del doble sentido no socavó la gracia natural de sus obras, en las que frecuentemente se observa cierta ironía política a favor del progreso de Cuba. Gustavo Robreño fue, además, un actor que gozó ampliamente del favor del público que colmaba el Alhambra.

Un caso extraordinario entre los autores del teatro popular lo constituye Mario Sorondo (¿-?). Las obras que escribió, tanto para el Alhambra como para el Molino Rojo, suman aproximadamente trescientas; en su mayoría abordaron temas intrascendentes, con abundantes matices pornográficos. Sin embargo, a la hora de escribir sobre el panorama político, su posición es particularmente honesta y digna, como puede verse en *La comida de las panteras* (1922), pieza que demuestra mucha audacia e indudable cubanía. En ella se reflejan, de manera inusitada, los elementos de la politiquería al uso: demagogia, hipocresía, engaño al pueblo, enriquecimiento ilícito, despilfarro de los bienes del país, entreguismo, todo ello expuesto con absoluta franqueza en diálogos donde el humor es también un arma para ejercer la crítica más profunda.

En oposición a este teatro ligero que consideraban inmoral, anticubano y de baja calidad, un buen número de escritores cultivó una línea heredada del siglo anterior, intentando sentar las bases de una escena nacional a través de obras que llevaran al público una visión «seria» de la realidad, donde se mostrara un interés manifiesto por los contenidos a exponer y un propósito didáctico en relación con el espectador. Fue ésta la vertiente del teatro culto, que si bien no logró sus objetivos inmediatos, sirvió de pauta para el trabajo de años posteriores.

Para lograr esos fines fueron creadas en La Habana, en los años 1910 y 1915 respectivamente, la Sociedad de Fomento del Teatro y la Sociedad Pro Teatro Cubano. La primera de ellas, fundada por Bernardo G. Barros, José Antonio Ramos, Max Henríquez Ureña, Luis Baralt y Peoli, y con la colaboración de Luisa Martínez Casado y otros intelectuales, tuvo vida efímera. Sus organizadores se proponían desarrollar el arte dramático en Cuba sobre la base de poner en escena las mejores obras universales y además dar a conocer dramaturgos cubanos del siglo XIX, como José Martí y Gertrudis Gómez de Avellaneda, algunas de cuyas piezas fueron vistas antes del eclipse de esta Sociedad, muy poco tiempo después. Los motivos por los que no pudo llevar su cometido a feliz término, son analizados por el investigador José Juan Arrom de la siguiente forma:

Empero, ni la frívola clase alta habanera, ni el pueblo desorientado, ni el gobierno imprevisor dieron calor a la idea, y este noble esfuerzo por formar un teatro nacional de elevadas aspiraciones culminó en lamentable fracaso.[5]

Fue la Sociedad Pro Teatro Cubano, conocida también como Sociedad Teatro Cubano, la que se encargó más tarde de continuar la tarea iniciada por la Sociedad de Fomento del Teatro. Promovida por Salvador Salazar y con la colaboración de Gustavo Sánchez Galarraga, Enrique Gay Calbó, Sergio Cuevas Zequeira, Luis de Soto y José Antonio Ramos, entre otros, esta agrupación trabajó a favor de la difusión de obras cubanas y se propuso incrementar el número de escritores de literatura dramática que con su actividad se opusieran al llamado teatro popular. La Sociedad Pro Teatro Cubano contó con la revista bimestral *Teatro Cubano*, que fungió como vocero al publicar las obras de los autores nacionales: *Aristodemo*, de Joaquín Lorenzo Luaces; *Por primo*, de Julián Sanz; *María*, *El ogro* y *Con todos y para todos*, de Ramón Sánchez Varona; *El héroe*, *El grillete* y *El recluta del amor*, de Gustavo Sánchez Galarraga; *Con el escudo*, de N. Vidal Pita; *La aurora de la Demajagua*, de Gerardo L. Betancourt y *La torpe realidad*, de Salvador Salazar, son algunos de los textos difundidos por la publicación. La institución logró asimismo tener en la Sociedad de Propietarios del Vedado un escenario donde exponer sus creaciones, y dio a conocer por primera vez al público las obras de Sánchez Varona, *Tembladera*, de José Antonio Ramos, y *El recluta del amor*, de Gustavo Sánchez Galarraga, esta última con la excelente música del maestro Ernesto Lecuona.

Pese a que esta vez el esfuerzo fue mayor, la Sociedad Pro Teatro Cubano tampoco llevó a vías de éxito sus proyectos. El hecho de utilizar moldes formales ya gastados por el tiempo y de tratar de eludir la chabacanería del teatro popular con obras de un corte grandilocuente, hicieron que su actividad no fuera aceptada por el público y, en consecuencia, que en 1920 la Sociedad dejara de existir.

Además de las agrupaciones mencionadas, hubo otros intentos por propiciar el auge de un teatro culto de raigambre nacional: el propio Salvador Salazar, después de su fallida Sociedad, continúa el trabajo de difusión de un teatro cubano, esta vez con el apoyo de la revista *Alma Cubana* (1923); se crearon diferentes concursos sobre teatro cubano que organizaron tanto la Academia Nacional de Artes y Letras a partir de 1910, como la Comisión Nacional Cubana de Propaganda por la Guerra y Auxilio de sus Víctimas en 1919.

El teatro cubano contó con una apreciable cantidad de cultivadores, que si bien no pasaron de una producción mediocre en su gran mayoría, demostraron una extraordinaria fe en la escena como vehículo para el avance cultural de la nación, y la utilizaron como escudo frente a la invasión del Alhambra y sus seguidores. Fue el más fecundo, sin dudas, Gustavo Sánchez Galarraga, quien tiene a su haber veintisiete piezas recogidas en nueve tomos. Engrosan la lista, además, autores como Ramón Sánchez Varona, Emilio Blanchet, Salvador Salazar, Juan José Remos, N. Vidal Pita, León Ichaso, Julián Sanz, y con una visión más descarnada de la realidad, Jaime Mayol y Francisco Domenech, quienes ejercieron a través del teatro la crítica a problemas sociales de importancia sin tomar una posición de vanguardia, pero con tal sinceridad que conforman, junto con José Antonio Ramos, «una tríada que ofrece el más serio repertorio de su momento».[6] Domenech, y en menor medida Mayol, se ocuparon de abordar las relaciones obrero-patrón, la situación social de la mujer, la falsedad del dogmatismo religioso, las relaciones amorosas por interés económico y la hipocresía moral de la alta burguesía, pero la concepción formal de sus obras fue realmente endeble, marcada en gran medida por la influencia del teatro español decadente. La labor de estos autores debe ser considerada, más que por sus escasos valores artísticos, por el hecho de que ambos constituyen, como afirma Rine Leal, «un ejemplo de tenacidad y fe en la escena, así como su intención de lograr una expresión que reflejase los problemas fundamentales de su momento y se alejase de las fórmulas populacheras del Alhambra».[7]

Junto con el sentimiento nacionalista que comienza a revivir en los cubanos más honestos después de los primeros momentos de incertidumbre, y junto con la idea de defender lo autóctono frente a una realidad que mostraba la frustración de los intereses independentistas y la penetración del «vecino del Norte» en todas las esferas de la vida cubana, comienzan a florecer en el teatro republicano temáticas que, aunque no se desarrollaron en toda la magnitud necesaria para el momento histórico en que se vivía, son importantes como índice de la preocupación de los dramaturgos ante la realidad nacional, la temática sociopolítica y la de tendencia histórica.

La línea más importante dentro de la temática histórica fue la vinculada a las guerras de independencia. Como continuadores del llamado teatro mambí, diferentes autores en estos años abordaron varios aspectos relacionados con el proceso independentista de fines del siglo pasado, como una forma de evocar momentos de heroísmo con la exaltación de valores y figuras notables que ayudaron a crear una expresión de patriotismo nacionalista, significativa vuelta al pasado en los años en que se observaba precisamente la falta real de ese sentimiento por parte de los gobiernos entreguistas y de los cubanos que brindaban su apoyo a la penetración extranjera.

Entre los primeros que escribieron en estos años obras de teatro con tales intenciones, podemos citar a Félix R. Zahonet, capitán del Ejército Libertador, quien desde 1899 cantó con versos imperfectos a la responsabilidad del individuo ante la Patria y por encima del amor o de cualquier sentimiento personal, en su drama titulado *Patria o Tumba*, aparecido en 1900. Unos años más tarde, en 1913, se publica una obra dedicada «A la memoria del Mayor General Antonio Maceo y Grajales»: *La protesta de Baraguá*, de Miguel A. Navarrete. La importancia de esta pieza radica en que presenta de forma modesta y verosímil los sucesos del 14 de marzo de 1878.

Sin embargo, no puede afirmarse que siempre que hubo interés por trasladar a la escena sucesos de las guerras de independencia, se trabajó con el mismo afán de verosimilitud que se observa en *La protesta de Baraguá* o en *Carlos Manuel de Céspedes* (1900), de Francisco Javier Balmaseda. En el propio 1913, Francisco Domenech (1882-1966) lleva a las tablas *Gesta de sangre*, un «drama histórico en tres jornadas», publicado en Madrid dos años más tarde y en el que se pretende ofrecer una versión de los últimos días de Carlos Manuel de Céspedes. Pero con la inclusión en esta historia de una joven enloquecida y alejada de la civilización a la que el protagonista, Manuel de Réspide (obsérvese lo parecido del nombre al del Padre de la Patria), trata de llevar a la vida normal, palidece notablemente el propósito histórico del drama, en el que se insertan ideas que dejan una impresión pesimista en torno a la guerra, entre ellas el convencimiento de que este Manuel de Réspide es un ser supremo, endiosado en su bondad, que paga con la tragedia de su vida las consecuencias de la traición y la envidia entre los cubanos.

Pero, quizás, entre todos los dramas de tendencia histórica, el más representativo sea, en cuanto a propósitos de exaltación patriótica, *Con todos y para todos* (1918), de Ramón Sánchez Varona (1888-1962). La obra está dedicada a José Martí y se ubica en un centro de reconcentración, en la Cuba de 1898. A lo histórico se une la vida de los personajes, lo cual permite la creación de un contexto donde las referencias a los verdaderos objetivos de la voladura del Maine, la visión de hermandad hacia los españoles dignos y la exaltación del orgullo que representan el sacrificio y hasta el sufrimiento personal, se entrelazan con la denuncia al mal cubano (al espía que incluso con el vestuario muestra su posición ambivalente), con la crítica a la desinformación de la prensa con relación a los sucesos de la guerra y con el conflicto individual entre hombres de diferentes bandos políticos que rivalizan por el amor hacia una misma mujer. En cuanto a ambientes y lenguaje, es necesario señalar como un mérito del autor el hecho de lograr captar la forma sencilla y hasta deformada del habla de la gente humilde, algunos elementos que refieren la presencia de la cultura afrocubana, o el sano humor que se advierte en algunos parlamentos.

El interés por retornar a un pasado más lejano para recordar momentos de heroísmo individual o la exaltación de los pilares de la nacionalidad cubana, fue desarrollado por Gustavo Sánchez Galarraga en sus dramas *El último areíto* o *El filibustero*, ambos de 1923. Calificada como «areíto siboney en tres jornadas», la primera se desarrolla en Cuba alrededor del año 1500. Es una historia de amor entre una indígena y un colonizador, y pretende relacionarse con el trágico fin de los indios en Cuba, pero la realidad es notablemente tergiversada, de forma que lo que elimina a nuestros primeros pobladores es un problema sentimental (simbolizado en Anahí, la heroína), y no la masacre que realmente se llevó a cabo.

El filibustero, por su parte, intenta ser un capítulo de la vida del Olonés, pero Sánchez Galarraga fantasea nuevamente con el dato histórico y lo adapta a sus intereses dramáticos. La obra, aunque aporta elementos positivos relacionados con las ideas de libertad frente a la injusticia del amo despótico y presenta una aceptable visión de la Cuba de 1667, sobre todo en el ambiente, adolece de romanticismo cursi, de endeblez en la construcción de personajes y de ampulosidad en el lenguaje, defectos presentes también en *El último areíto*, y que le restan valor al conjunto.

Los autores del teatro culto se preocuparon también por llevar a escena obras vinculadas a sucesos históricos contemporáneos; un ejemplo de ello es que en 1919 la Sociedad Teatro Cubano, en el concurso de la Comisión Nacional de Propaganda por la Guerra y Auxilio de sus Víctimas, premia, entre otros, el drama *El héroe*, del propio Sánchez Galarraga.[8] Ha concluido por entonces la Primera Guerra Mundial, y en la obra galardonada se juzgan las posiciones de los individuos dentro de la sociedad cubana en relación con ese hecho histórico. En medio de la búsqueda de una posibilidad de heroísmo tanto en la guerra como en la paz, el autor hace hincapié en denunciar a todos aquellos cobardes que se escudan en cualquier pretexto para no ir al frente de batalla, así como a los que se aprovechan del contexto bélico para tener un nuevo tema que tratar en su «vida de sociedad», sin interiorizar realmente el hecho ni la necesidad de una toma de partido.

El propósito de aprehender la realidad en sus obras, a fin de lograr un mejoramiento en la vida nacional de la Cuba seudorrepublicana, hizo que muchos de los escritores de esta etapa se volcasen hacia la temática sociopolítica para criticar o simplemente mostrar los errores y problemas de la época. Nuestros dramaturgos, aunque en su mayoría no mantuvieron la posición de crítica que hace pensar en la narrativa de Carrión o de Loveira, se preocuparon también por enseñar al público cubano una vía por la cual se pudiera hacer posible el desenvolvimiento de una nación más decorosa y honesta. Sin embargo, al abordar los problemas, casi la totalidad de las obras teatrales de esta etapa evaden los conflictos de mayor envergadura y reflejan sólo aquellos que tienen que ver con el proceder específico del individuo en la sociedad.

Como conclusión general puede decirse que los autores que escribieron sobre esta temática utilizaron con mayor frecuencia los problemas morales, los aspectos relacionados con el matrimonio y la crítica a las costumbres burguesas, sostén principal para el teatro de tesis que intentaron fomentar. La mayor parte de estas piezas tiene una finalidad didáctica, y el futuro honroso y la práctica del deber ciudadano están entrevistos sobre la base de un comportamiento ético pequeñoburgués, aunque muchas de ellas no están exentas de planteamientos políticos de cierta envergadura.

La mujer, sin lugar en la sociedad, sus ataduras ancestrales y su afán por ser considerada de una vez un ser humano capaz de pensar y de actuar por sí misma, así como la variedad de perspectivas en torno al amor desde el ámbito social, son muchas veces puntos de partida para aludir a los diferentes conflictos. En este sentido pueden señalarse obras como *Las piedras de Judea* (1915), de Ramón Sánchez Varona, y *El sacrificio* (1919), de Erasmo Regüeiferos,[9] la primera, una disyuntiva entre el matrimonio por amor y el de conveniencia económica, a la que se suma la posibilidad del adulterio como vía para que la mujer logre su felicidad; la segunda, el cuestionamiento de la necesidad de la Ley del divorcio —aprobada dos años antes— y su consecuencia en la vida familiar.

Entre los escritores que fomentaron la vertiente de teatro culto, es José Antonio Ramos —tratado en las páginas subsiguientes— el más fiel exponente de todo ese sentimiento de decadencia, de insatisfacción y de lucha por buscar un término honroso a los problemas de su país, preocupación inherente a los intelectuales de su generación.   [*A. Bo.*]

1.7.2 La obra de Ramos

Perteneciente como creador a esa primera generación republicana que se agrupó alrededor de la revista *Cuba Contemporánea*, José Antonio Ramos y Aguirre (1885-1946) aportó a nuestra historia teatral un grupo de obras destacables en el marco de las dos primeras décadas del presente siglo. Espíritu sensible y nada ajeno a las circunstancias históricas de su momento, Ramos ha sido calificado con todo acierto como el «más fiel testigo de su generación».[10] Tal aseveración resume la esencia —válida para cada uno de los géneros literarios cultivados por dicho autor— que distinguió ética y estéticamente su obra, en tanto conjunto expositor de un amplio contenido político y social.

Ramos se formó fundamentalmente de manera autodidacta. Transfirió a sus obras teatrales su ideología —nutrida inicialmente de los presupuestos positivistas, pragmáticos, reformistas,

más tarde cercana al materialismo y defensora luego del socialismo—, que lo situó siempre, desde muy joven, en posición analítica, crítica, frente a la realidad cubana. Influido por el positivismo de Comte, admirador de Nietzsche y seguidor de los modelos teatrales ibsenianos,[11] Ramos nos legó un auténtico teatro de ideas, de tesis, destinado a inducir la reflexión más que la emoción entre sus receptores y tendente, por tanto, a un discurso por momentos excesivamente directo, didáctico, y a una estructura dramática adecuada a similares propósitos.[12] Reconocedor él mismo, no sólo de visibles influencias en su teatro, sino hasta de sus posibles limitaciones, Ramos señaló en sus prólogos la poca idoneidad de sus piezas para la representación, y recomendó más la lectura que la puesta en escena de las mismas, con lo cual estableció la premisa de que el suyo era un teatro «para leer». A pesar de la reconocida imprecisión y el relativismo que en nuestros días se confiere a este término —y a que de hecho algunas de las piezas de dicho autor han subido a los escenarios—, puede ajustarse tal denominación a ciertas obras de José Antonio Ramos, por la extensión y el carácter filosófico de sus monólogos, sobre todo en las piezas iniciales, aunque se aprecia también en el resto de las obras la imposibilidad de este autor para sustraerse de su tono e intención ensayísticos, parte de lo cual reconoció al afirmar en sus «Memorias»:

> [...] por ligereza, por superficialidad —¡por lo que sea!— las muchedumbres demandan algo corto, rápido, intenso [...] algo que sacuda y no deje escapar la atención [...] y sin lanzarme por el ridículo campo de las acusaciones [...] en defensa de mi incontinencia y mi prolijidad, siempre quedaría en mí el pensador, el lector de librotes enormes, para escribir estudios presuntuosos en las revistas sesudas [...].[13]

La primera de las obras teatrales de José Antonio Ramos es *Almas rebeldes*,[14] de 1906, drama en cuatro actos que el autor precedió de un autoprólogo. En la obra, fuertemente acusadora de la situación del país, Ramos destaca el conflicto de un abogado, asesor de la Compañía Nacional del Tabaco —Eugenio Ferrand—, quien apoya la huelga obrera en favor de mejoras en las condiciones de trabajo de las despalilladoras y se enfrenta, anteponiendo sus ideales, su causa y la comodidad de su situación económica, al sucio mundo de la politiquería y a los falsos valores de la sociedad, para terminar decepcionado del orden de cosas que le impide llevar a cabo sus mejores propósitos. Priman en la esencia del drama las ideas del autor, quien exalta al anarquismo, la pureza de espíritu y la instrucción como vías de solucionar males sociales, a la vez que cifra sus mayores esperanzas de mejoramiento en el terreno virgen de prejuicios que le ofrece la juventud —simbolizada en Mario, hijo de Eugenio—, objetivo central de sus intenciones reformistas y elemento sugerido como posible solución al conflicto de la obra.

Además de los extensos parlamentos de los personajes y el sencillo trazado maniqueo de los mismos, está presente en la pieza un débil dibujo de la clase obrera, cuyo verdadero papel no reconoce el dramaturgo, quien ofrece una imagen de ésta como multitud embrutecida, incapaz de razonamientos profundos y sólo actuante por impulsos. Intento de teatro, muestrario del pensamiento del autor, *Almas rebeldes* es iniciadora de una primera etapa en la creación de José Antonio Ramos, la cual se reconoce, sin embargo, como definitoria para su labor dramatúrgica posterior, por cuanto el autor volvió sobre similares temas y personajes en sus siguientes obras.

Continuadora cronológicamente de *Almas rebeldes* resulta *Una bala perdida*, de 1907. Este drama en tres actos devela la lucha entre bandos políticos —liberales y conservadores—, y enaltece, en la figura de su protagonista, el Señor Gómez Viso, la imagen del político honesto, fiel a sus principios altruistas, que sucumbe víctima de las patrañas traicioneras de los politiqueros de su propio partido, en quienes Ramos reflejó descarnadamente la realidad que lo circundaba. Los personajes, mejor trazados que los de la pieza anterior, hablan de «¡tiempos de corrupción e inmoralidades!» Está presente además, en el protagonista, un interesante despliegue de los presupuestos de José Antonio Ramos, al dibujarlo como ente comprometido, sensibilizado con la necesidad de un cambio de situación social y política. En este sentido comienza a cobrar mayor dimensión dentro de su teatro el personaje del político —ya presente en *Almas rebeldes*—, eje alrededor del cual desarrolló gran parte de su dramaturgia, y fiel exponente del pensamiento del autor en ese terreno. Hay también un mayor interés de Ramos por las figuras femeninas, mostradas ya no solamente como elemento pasivo, sumiso y ajeno a las circunstancias, sino como factor activo, dispuesto a secundar las acciones masculinas, a contrapelo de los convencionalismos de época.

Ramos insiste, al reflejar su ideario en el teatro, en la tesis acerca de la necesidad de instrucción de la juventud, y llama la atención, por otra parte, sobre un grupo de medidas componentes del programa reformista[15] que plasma en la obra, entre las que enfatiza la difusión de la instrucción pública, la jornada de ocho horas, la construcción de casas para los obreros, las reformas en las leyes electorales, civiles y penales, entre otras. Pero, para que *Una bala perdida* estuviese situada consecuentemente a la altura del momento que denunciaba, Ramos concibió una violenta peripecia para su personaje central, y el conflicto dramático, demostrativo de un clima de desconfianza, escepticismo y decepción frente a los procedimientos de la política, culmina con la prevalencia de la injusticia. Nuevamente Ramos colocó lejana en el tiempo la posibilidad de solución, y la pieza se cierra eludiendo cualquier signo de optimismo. Elementos caracterizadores de *Una bala perdida* resultan además el uso simbólico de nombres como Villavil y Mezquimburgo para designar los lugares en que se desarrolla la acción, en un intento de desubicar un poco la pieza dentro del ya acotado momento actual reflejado al inicio. Está presente también la intención de estudiar el universo familiar y su sistema de relaciones como parte de la escala de valores de la sociedad descrita, factor que resultará casi inseparable del teatro de Ramos, además de constituir desde entonces una de las constantes de la dramaturgia cubana. Existe en dicha obra, por otra parte, la misma amplitud en la distribución de los parlamentos, que se tornan —al igual que en *Almas rebeldes*— verdaderas disertaciones, con las cuales el dramaturgo atentó contra la concreción y el tiempo de sus piezas, enunciadoras de una línea de conflicto retomada más tarde por Ramos con mano más experimentada.

Demostrativo del tratamiento del tema familiar en el teatro de este autor fue, asimismo, *La hidra* (1908), drama en tres actos que forma parte también de sus *Ensayos de adolescencia*. El dramaturgo recogió aquí los conflictos morales dentro de una familia burguesa, exponente a través de sus miembros de una corrupción degradante, deshumanizadora. Ramos atrapó en su drama, como si éste fuera un compendio de los asuntos de actualidad que lo preocuparon, la atmósfera llena de vicios en que se ahoga la familia de don Fernando González, objetivo en este caso de una observación entre naturalista y realista de la sociedad.

La hidra presenta, en primer lugar, el conflicto emanado de Gustavo, clásico arquetipo del degenerado, que representa, según el autor, a «la juventud viciosa de Hispanoamérica». Este antihéroe es el promotor del desarrollo de la acción en la obra y uno de los principales impulsores de la intriga —recurso clave en *La hidra*—, presente tanto en la línea de conflicto principal —Gustavo-Joaquín-Isabel— como en las varias situaciones secundarias de conflicto que componen el andamiaje de la pieza. Ramos pretendió abarcar, dentro de su trabajo caracterológico, la relación causal que hacía víctima a la mujer de los designios del hombre, y que representó aquí en tres vertientes: a través de la esposa sufrida, la joven ultrajada y la mujer rebelde y apasionada, pero a quien maniatan los prejuicios y las convenciones. Ello resulta eficaz indicador del interés de Ramos por lo inherente al cosmos femenino en el entorno por él denunciado con aspereza.

Se resiente *La hidra*, sin embargo, por caracterizaciones maniqueas ingenuas y poco convincentes, por una por momentos demasiado extensa intriga, así como por el intento naturalista de atrapar el lenguaje callejero de toda vulgaridad. Vale *La hidra*, sobre todo, como antecedente poco pulido, digamos, de la que sería luego la obra más representativa del teatro de este autor.

Con *Nanda* (1908), denominada por Ramos como «alta comedia», en tres actos, el autor se dedicó nuevamente al retrato sociológico de la mujer. Colocó esta vez a su protagonista en medio de un conflicto familiar, en el cual su matrimonio, que comparte con alguien de diferente clase social a la suya, amenazaba escindirse tras los quebrantos de una mal llevada economía, hecho de importante repercusión para el orgullo y las falsas apariencias demandadas por el status social. El dramaturgo partió de esta causa, perceptible en primera instancia, para ir luego al desenmascaramiento de los verdaderos móviles y los reales sentimientos de la pareja, elemento este último a través del cual se dedicó a satirizar el referente social a su alcance. Hizo hincapié en la crítica a los compromisos formales impuestos hipócritamente por la «clase», y nos descubrió en este matrimonio a un hombre fracasado y una mujer aparencialmente calculadora, entre los que se levanta, durante toda la obra, la oposición amor/orgullo.

Notable peso tiene en *Nanda* la intriga, el enredo, que como recurso dramático, acentúa aquí la causalidad de los acontecimientos y sostiene, mediante la expectativa, el interés sobre lo que ocurre. En el caso de esta obra —porque se reitera en diferente medida en otras de Ramos—, dicho recurso gira alrededor de la falsificación de una firma, circunstancia oculta capaz de determinar el rumbo del conflicto. Otra buena parte del peso de la obra recae en el uso de la ironía, las sutilezas —propias de la alta comedia— que emplea Ramos al enfrentar a Nanda con Ricardo, en el intento de situar en cierta posición revanchista a la mujer, caracterizada como impetuosa y rebelde en esta ocasión, y siempre tratada de reivindicar por Ramos. En *Nanda* se transparenta, en este sentido, la interrelación entre su obra y su pensamiento, si tenemos en cuenta su afirmación de que las mujeres, «la mayor parte de las veces, aman a un hombre y lo enredan, como la araña su tela: por necesidad de su naturaleza [...]. ¿No será un día posible liberarse de todo esto, de este aspecto del amor, educando a las mujeres de otra manera? [...]».[16]

Expresiones de su preocupación por el tema de la mujer fueron, posteriormente, *Liberta* y *Cuando el amor muere*, ambas publicadas en 1911.[17] La primera, concebida como «novela escénica» en cuatro jornadas, es portadora de un conflicto moral inherente también al mundo femenino, cuya acción traslada el autor a España. Mercedes, la protagonista, defiende los derechos de la mujer frente al índice acusador de su padre —y de la sociedad—, luego de haber sido deshonrada, engañada y abandonada por su novio. Las cuatro jornadas establecen igual número de etapas en la vida de esta joven, muy bien definidas, además, que van marcando una secuencia evolutiva de su moral hasta su conversión en una lujosa cortesana.

El dramaturgo planteó, como causa fundamental de la injusta moral social contra la mujer, la conciencia egoísta de los hombres, culpable por una parte de los deslices, y dura censora, por la otra, de las situaciones que ella misma ha propiciado. Ramos recogió en *Liberta* un ejemplo atípico de enfrentamiento a esa contradicción insoluble de la sociedad de su momento, y que sin embargo mezcla muchas de sus reflexiones personales acerca del ideal pragmático y del amor libre. No en vano consideraba:

> Es mi manía: el amor libre hasta los treinta años. Después: El matrimonio indisoluble. Los hijos prohibidos o evitados científicamente en el primer período. Y en el segundo, exigidos. ¿No sale una joven hoy y si pesca un catarro [...] la arropan y mandan a llamar al médico?, pues sí, la chica que cayera en la imprudencia de dejarse fecundar, podría llamar también al médico...[18]

Para representar en todos sus matices la personalidad y condición moral cambiante de Mercedes, el autor exigió, en sus acotaciones a la caracterización, que la actriz destinada a ese papel fuese «histrionista moderna, de talento artístico refinado y un espíritu libérrimo y fuerte, capaz de comprender sus rebeldías sin titubeos de conciencia». Demandaba, asimismo, toda la naturalidad posible y no aires de heroína u oradora de mitin feminista. En sus precisas indicaciones muestra su conocimiento de la psicología femenina y su interés particular en el trabajo caracterológico del personaje central. *Liberta*, con su calculada progresión y su planificada disposición del material dramático, tiene mucho de la *piece bien faite* igualmente trabajada por Ibsen y otros autores de influencia sobre Ramos. Posee, de dicha técnica, además, un final constitutivo de «la oportunidad del autor para introducir fórmulas brillantes o profundas reflexiones»,[19] entre otros elementos. Es, como afirmó Jacinto Benavente en su carta prólogo a *Liberta*, «obra generosa, de rebeldía y de protesta».[20]

Cuando el amor muere recibió de Ramos el calificativo de «comedia mundana» y consta de un solo acto, en que el dramaturgo desarrolló parte de sus reflexiones sobre el tema amoroso y se introdujo con bastante acierto en la siquis de la pareja. El surgimiento de la indiferencia en el hombre y la posibilidad del adulterio en la mujer por tal causa, son los móviles en el conflicto de esta pieza, que convida a la meditación sobre las circunstancias que rodean la vida en matrimonio. Pero el autor particularizó más en lo que atañe a la mujer e intentó, al igual que lo hiciera en *Liberta*, representar la doble influencia de los personajes en los hechos y viceversa, al modo naturalista de Zola o de Ibsen. Posee esta comedia, por otra parte, un sugerente final abierto y un agradable manejo del símbolo, que muestran la madurez creativa ganada por el dramaturgo.

En *Satanás* (1913),[21] drama en un prólogo y dos actos, José Antonio Ramos volvió totalmente los ojos a España. En las notas «al lector» que encabezan la edición de la obra, el autor, no obstante, daba fe de su cubanía a pesar de su crítica al teatro de la isla.[22] Pero también se confesaba atado a España, tanto como para sufrir sus problemas, y su opinión sobre el teatro peninsular no difiere de la del cubano, lo cual ejemplifica con la enumeración de los signos de decadencia apreciables en aquel.[23] Y como al oscurantismo, al fanatismo religioso propio del pueblo español, opuso en su pieza Ramos el espíritu liberal, moderno, práctico, dedicó finalmente el drama, en la nota introductoria, a la «Patria Ideal de sus mejores hijos», haciendo referencia al lector español.

La lucha de Esteban y Lisette —recién llegados de Francia— contra las recias costumbres tradicionalistas de la familia del primero, representa, como quedó apuntado, el eje central de *Satanás*, un agudo ataque contra lo incivilizado de la sociedad española que describe. A Esteban, erigido —en forma antonomástica como título— en diabólico símbolo de la ruptura con dichos moldes, el dramaturgo opone el personaje de Nicolás, cuyo apasionado romanticismo es causante del trágico rumbo de los acontecimientos y del precipitadamente violento final del drama. Pero por su importancia, este personaje de Nicolás debió tener una construcción más sólida y su historia amorosa con Lisette un sustento mayor, de manera que ello no irrumpiera tan forzosamente hacia la mitad de la pieza. Prevalecen, como rasgos destacables, las ideas de Ramos por sobre el resto de los componentes del drama.

Calibán Rex, drama político en el cual el autor refundió su anterior *Una bala perdida*, fue estrenado en La Habana en 1914 por la compañía de Miguel Muñoz y publicado ese mismo año en la revista *Cuba Contemporánea*. Ramos ganó esta vez en concisión, claridad expositiva e intención de criticar los manejos de la política en Cuba. Mantuvo la misma caracterización de los personajes de *Una bala perdida*, pero éstos se enriquecen, como todo en la obra, con el replanteo hecho de la misma, aunque Ramos reitera el tratamiento de los problemas éticos en los políticos y la denuncia de los males sociales. En el entorno en que se ubica la acción esta vez —ya definido en La Habana y en una república corrupta—, no pudo concebir el dramaturgo indicios de optimismo todavía para los propósitos de su protagonista, de ahí que se frustren las ilusiones de éste al frente de su partido. El programa reivindicador para la Patria que proponía Gómez Viso debía estrellarse contra la sociedad moral que denunció implacablemente Ramos. Dicho autor hizo patente en *Calibán Rex* su posición crítica hacia el injerencismo norteamericano y recogió, asimismo, en un intento por valorizar nuestra identidad, algunas pinceladas costumbristas, apreciables, por ejemplo, en la reproducción de «cubanismos» en el lenguaje de algunos personajes.

En 1915 aparecieron publicadas dos piezas teatrales de José Antonio Ramos: *El traidor* y *El hombre fuerte*. La primera, recogida también en *Cuba Contemporánea*, es una versión teatral, en un acto, del poema homónimo martiano,[24] en el cual el espectro de un padre mambí, muerto a manos de los españoles, se levanta de su tumba para abofetear al hijo, que viste el uniforme peninsular. Ramos aprovechó, al subrayar los rasgos de valentía y reciedumbre de este capitán insurrecto ante la traición de su propio hijo, para exaltar la figura patriótica del mambí, así como para dejar expresa su idea de que, por encima de la guerra, los valores humanos son capaces de borrar diferencias e inspirar el respeto de unos contendientes hacia los otros, de ahí que haga incluso exponer a sus personajes que no se odiaron los pueblos cubano y español, sino que la coyuntura bélica hizo de ellos enemigos circunstanciales.

El hombre fuerte, por su parte, ha sido considerada por la crítica como una de las obras menos sólidas de la dramaturgia de Ramos. Ello obedece un tanto a la mezcla, no del todo coherente, del elemento melodramático con el didactismo propio de su teatro de tesis, en un producto en el que repite el objetivo moralizante de casi todas sus piezas. El dramaturgo retomó en ella conocidas dicotomías de su ideario, presente en casi todo su teatro, como la de la juventud instruida frente a la licenciosa, la del líder político intachable frente al crápula politiquero ostentoso de su poder, así como la del amor puro frente al motivado por intereses económicos. Hay en *El hombre fuerte*, además, una desafortunada incursión —a manera de calco— en ciertas formas del habla popular, y una persistencia de los parlamentos extensos, por momentos convertidos en verdaderas disertaciones de carácter filosófico.

Sin embargo, un año más tarde, Ramos daba a conocer la pieza teatral más representativa de este primer período de su creación.[25] *Tembladera*, drama en tres actos, resultó premiada por la

Academia Nacional de Artes y Letras en el Concurso Literario de 1916-1917, y tiene su antecedente directo en *La hidra*. En ésta Ramos se define como auténtico pintor de la atmósfera seudorrepublicana, al cohesionar, en logrado empaste, el tema familiar con la circunstancia histórica propia del momento, en un drama que muestra lo mejor de la conciencia nacional en lucha, contra la penetración imperialista norteamericana, en este caso a propósito de la propiedad de la tierra y de la industria azucarera. Este contenido político de la obra es indicativo, además, del objetivo punto de vista del autor —aún en un estadio medio de su evolución ideológica— con respecto a los intereses norteamericanos en la isla.[26]

Tembladera expone nuevamente el abanico de conflictos de la familia Gonzálvez, pero con un mayor grado de concreción a la hora de enjuiciar el sistema de valores burgueses del que cada personaje es representante. La profundidad ganada debe mucho a la inclusión de un nuevo dilema para el empleado Joaquín Artigas, quien pretende, por encima de todo, defender el ingenio de dicha familia de una significativamente urdida venta a un comprador yanqui. Ramos enriqueció la caracterización de su Joaquín en *Tembladera* con los rasgos de una rebeldía y fuerte voluntad que no poseía en la obra predecesora, a lo que se sumó su papel activo y contrapuesto a la ineptitud y la desidia de los Gonzálvez, simbolizadoras en la obra de la actitud de la sociedad cubana del momento. Don Fernando y Gustavo son caracterizados como entes pusilánimes y arrastrados por toda suerte de inmoralidades, respectivamente, y presentados como causa y efecto de un similar proceso de degeneración ética. Gustavo, en *Tembladera*, es de nuevo perseguido por la justicia, ahora por asesinato, al mismo tiempo que resulta el mayor dilapidador de la fortuna familiar y el padre del hijo esperado por Isabel, hija a su vez de Joaquín. Pero, además, deviene promotor de la venta del ingenio, nombrado con toda intención simbólica como *Tembladera*. Los personajes femeninos, en conjunto, contribuyen en buena medida a la carga melodramática de la obra, aunque se encuentran casi todos a medio desarrollar. No

hay mucho relieve destacable ni siquiera en el caso de Isolina, de cuya anunciada riqueza interior atisbamos una pequeña parte, pues en definitiva Ramos ratifica en ella la condición de víctima de la hipocresía moral, de componente desfavorecido en el engranaje de la sociedad, por encima de algún intento de rebeldía. Se aprecia en ella un despecho que por momentos eclipsa los demás rasgos de su caracterización.

Por otra parte, el dramaturgo enfatizó nuevamente el uso de la intriga. Con ello no logra sólo aumentar la expectativa, sino entrelazar varias líneas de conflicto —sentimentales, familiares— que constituyen de por sí pequeños dramas, pero que se entretejen bajo el mismo superobjetivo simbólico-aleccionador de la pieza. Como firme exponente del teatro de tesis cultivado por Ramos, *Tembladera* delimita, además, lo que —en correspondencia con sus inclinaciones cientificistas derivadas del positivismo— significa provechosa asimilación del espíritu práctico y la modernidad de la sociedad norteamericana, y lo que podía indicar una superposición indecorosa de aquellos valores a los nuestros. Reflexiona críticamente el dramaturgo sobre nuestras inhabilidades políticas y económicas y llega a cuestionar la aptitud hispanoamericana,[27] pero su teatro se tornó —por encima del melodramatismo y de soluciones nada novedosas— una gran parábola acerca del rescate de nuestros valores nacionales frente al expansionismo del imperio, que dominaba con tintes sombríos el ambiente presentado en esta pieza.

La profundidad ideológica y la actualidad que encerraba *Tembladera*,[28] elevaron la estatura de José Antonio Ramos en el ámbito dramático cubano y lo situaron en una línea de «ascendente rebeldía»[29] en medio de su convulso entorno seudorrepublicano. A pesar de las trampas que le tendió al dramaturgo su innegable don de ensayista, y a que quizás no fue su principal preocupación dar un acabado estético a sus creaciones, estas obras dramáticas cuentan con el valor de recrear ese ambiente —enrarecido por vicios, lacras sociales, deshonestidad política, incultura económica e injerencismo yanqui—, que el autor nos entregó a través del prisma pesimista propiciado por el contexto histórico e inherente a la mayoría de los creadores de su generación, aunque, en el caso de Ramos, a dicho punto de vista se adicionó un criterio de hones-ta denuncia, así como un marcado interés por la indagación sobre nuestra nacionalidad y su defensa de ésta.

[I. M.]

NOTAS
(CAPÍTULO 1.7)

[1] Rine Leal: *Breve historia del teatro cubano*. Editorial Letras Cubanas (Colección Panorama), La Habana, 1980, p. 101.

[2] Eduardo Robreño: «Prólogo» a *Teatro Alhambra. Antología*. Editorial Letras Cubanas, La Habana, 1979, p. 18.

[3] Álvaro López: «Los teatros de variedades en La Habana durante los primeros años de la república neocolonial», en *Teatro Alhambra*, ob. cit., p. 660.

[4] Entrevista personal (1986).

[5] Juan José Arrom: *Historia de la literatura dramática cubana*. Yale University Press, New Haven, 1944, p. 75.

[6] Rine Leal: *Dos dramaturgos de la neocolonia (Francisco Domenech y Jaime Mayol)*. Editorial Pueblo y Educación, La Habana, 1987, p. 6.

[7] Ibíd., p. 3.

[8] También fue premiada en el certamen *María*, de R. Sánchez Varona.

[9] Erasmo Regüeiferos Boudet fue Secretario de Justicia durante el gobierno de Alfredo Zayas y firmó el documento aprobatorio de la fraudulenta compraventa del convento de Santa Clara, hecho que propició la famosa Protesta de los Trece. A raíz de este suceso, Rubén Martínez Villena escribe *Mensaje lírico civil*, donde enjuicia la actitud de Regüeiferos con una mezcla de sátira y denuncia y señala que *El sacrificio* es su «delito máximo».

[10] José Antonio Portuondo: «El contenido político y social de las obras de José Antonio Ramos» (1946), en *Revista de la Biblioteca Nacional José Martí*. Año 60, núm. 1, enero-abril 1969, pp. 5-58.

[11] Son definitorias en el pensamiento de Ramos, entre otras, las líneas utilitaristas, liberales, defensoras de los derechos de la mujer, emanadas de las ideas de Comte. Se aprecia igualmente el rechazo del cristia-nismo y la democracia, así como el ideal del super-hombre, enunciados por Nietzsche, además de la tendencia a la crítica de los males sociales, al tratamiento de lo relativo a la moral instaurado por Ibsen en sus dramas modernos, realistas y simbólicos. Se considera incluso a *Los puntales de la sociedad* y *El enemigo del pueblo*, ambas de Ibsen, como fuentes inspiradoras de *Almas rebeldes* y *Una bala perdida*.

[12] Sobre esta característica del teatro de tesis afirma Patrice Pavis:

> Este género no es bien recibido en la actualidad, pues se lo asimila (a menudo demasiado rápidamente) a una lección de marxismo o catecismo [...]. Es verdad que bien a menudo la importancia de la tesis evocada conduce fastidiosamente a descuidar la forma dramática [...] y un discurso excesivamente directo que fácilmente se hace fastidioso [...].

Ver Patrice Pavis: *Diccionario del teatro. Dramaturgia. Estética. Semiología*. Ediciones Revolucionarias, La Habana, 1988, pp. 491-492.

[13] José Antonio Ramos: «Memorias de José A. Ramos». (Inédito). Archivo Biblioteca del ILL, año 1919, p. 48.

[14] Un fragmento de sus «Memorias». Año 1918, p. 35 en forma de diario, recoge juicios de Ramos acerca de estos *Ensayos de adolescencia*: «Desde el año 1900 comencé yo a escribir unas memorias como éstas [...] Después escribí mis primeros ensayos dramáticos, aquellos... ¿cómo decirlo? esquemas o argumentos de películas [...] ¡Y las emociones que cada uno de aquellos argumentos me significaban! Al fin escribí una *obra completa*. Tan completa que en el tercer acto de una de ellas, «Almas rebeldes», el actor tenía que decir un discurso que duraba como hora y media [...]».

[15] En su «Diario. Año 1919», p. 58. Ramos plasmó con toda sinceridad sus ideales de solución del problema político en nuestro país. A la altura de 1919 refería

la necesidad de: «Un partido, un grupo con fuerza bastante para hacerse oír en el país, aunque no la tenga, ni la desee, para gobernarlo, un partido integrado por gente de trabajo ajena a la burocracia y que no haya peligro de que aspire a su inserción en los Presupuestos Nacionales por medio de la influencia política adquirida: y que desde estos sólidos puntos de vista se proponga un programa adecuado y luche con un idearium noble y levantado, introduciendo en nuestra política los elementos de idealidad y de universalidad de que ahora carece en absoluto [...]. Eso quisiera yo hacer en Cuba.»

[16] José Antonio Ramos: «Memorias». (Año 1919), pp. 52-53.

[17] También son suyas en esta etapa *A La Habana me voy*, obra satírico lírico bufa, con música de los maestros Mauri y Sánchez de Fuentes, estrenada en el Teatro Payret por la Compañía de Regino López, y *El poeta se venga*, boceto de comedia en un acto, las cuales han desaparecido.

[18] José Antonio Ramos: «Memorias» (Año 1919), p. 53.

[19] Patrice Pavis: ob. cit., tomo II, pp. 365-366. Para este autor, la técnica de la *piece bien faite* es poco imaginativa y presenta un desarrollo continuo, riguroso y progresivo de los movimientos de la acción, y, por otra parte, «la exposición prepara discretamente la obra y su conclusión; cada acto comprende una ascensión de la acción [...]», que termina con una escena que él denomina «lugar por excelencia de la ideología».

[20] Jacinto Benavente: «Carta-prólogo», en José Antonio Ramos: *Liberta. Novela escénica en cuatro jornadas*. Imprenta y Librería Médica Casa Vidal, Madrid, 1911, s/p.

[21] Estrenado por José Tavallí en el Teatro Novedades de Barcelona y en La Habana por la Compañía de Miguel Muñoz.

[22] Ramos planteaba que en ese momento el teatro en Cuba era solamente un «reflejo parcial y descaradamente mercantil del arte». José Antonio Ramos: *Satanás. Drama en un prólogo y dos actos.* Imprenta Helénica, Madrid, 1913, p. 6.

[23] Afirmaba, entre otras cosas: «¡La patria del Romancero, de Calderón, de Lope, de Cervantes, defendiéndose de la influencia de los Ibsen, los Hauptmann, los Jurel, y afectando la gracia blanda y sonreída, la frivolidad, la ligereza, como características nacionales!» (José Antonio Ramos: ob. cit., p. 9.)

[24] El autor incluyó íntegramente este poema en la edición de 1941, delante de la obra. El drama es, en su conjunto, una interesante recreación de cada verso de la trágica composición de Martí, estructurada, al decir de Nicolás Dorr, en «pequeñas escenas que le imprimen una movilidad casi fílmica». (Nicolás Dorr: «Reflexión y denuncia en José A. Ramos», en *Tablas*, La Habana, núm. 4, 1985, p. 23.)

[25] La siguiente pieza conocida de Ramos tendrá fecha de 1933, lo cual indica obviamente una etapa avanzada dentro de la evolución ideológica y estilística en el creador, y diferencia ambos momentos de su quehacer dramático. Nicolás Dorr incluye *Tembladera* en un segundo período de la creación ramosiana, que denomina «período de la originalidad» —y que distingue de un primer período «ibseniano»— a pesar de la distancia entre dicha obra de 1916 y las siguientes, que se sitúan entre 1933 y 1944. Dorr atiende, sobre todo, a rasgos ideológicos afines en las mismas, así como a elementos estilísticos que las acercan. (Nicolás Dorr: ob. cit., pp. 18-27).

[26] Como señala José Antonio Portuondo: «la actitud de Ramos ante el problema de las relaciones cubano-yanquis fue siempre eminentemente realista», a pesar de reconocer la confusión de ideas políticas que lo llevó a identificar anarquistas con socialistas y al desconocimiento del relieve alcanzado en su momento por algunos dirigentes obreros cubanos. La moderada actitud de Ramos es calificada por Portuondo como «simple ignorancia de la mecánica del proceso histórico», pero insiste, en otro momento de su estudio, en que «no se escapaba a él la dolorosa realidad del imperialismo». José Antonio Portuondo: «El contenido político y social en las obras de José Antonio Ramos», en ob. cit., pp. 5-58.

[27] A propósito de tales criterios —expresados más de una vez en sus obras— comenta Portuondo que «no ignoraba la culpa norteamericana, pero hacía hincapié en la nuestra porque nos hablaba a nosotros, para incitarnos a remediarlo y, a esforzarnos por conservar nuestro ya menguado patrimonio». (Ibíd.)

[28] A resaltar esa sostenida actualidad dedicó Rine Leal su artículo «*Tembladera* 43 años después» (*Nueva Revista Cubana*, La Habana, 1 (2): 169-170, julio-septiembre, 1959), donde afirma: «La imagen que en 1969 arroja *Tembladera* es prácticamente similar a la que ofreció en 1917 en su estreno». *Tembladera* volvió a ser llevada a las tablas en 1977 por el Grupo Rita Montaner.

[29] Esta característica de la trayectoria de Ramos es destacada por Francisco Garzón Céspedes en su estudio «José A. Ramos: una línea ascendente de rebel-

día», en *Teatro. José A. Ramos*. Editorial Arte y Literatura, La Habana, 1976. Interesantes estudios al respecto resultan también: José Juan Arrom: «El teatro de José A. Ramos» (1946), en *Revista de Literatura Cubana* 3 (5): 34-41, julio, 1985, y Ángel Augier: «José A. Ramos: un escritor combatiente» en su *De la sangre en la letra*. UNEAC, La Habana, 1977, pp. 219-222.

1.8 Caracterización general de la etapa

Las trágicas circunstancias históricas, políticas y sociales en las que se desenvolvió Cuba durante esta etapa contribuyen, en buena medida, a caracterizar uno de los momentos de mayor incertidumbre en nuestra historia nacional, lo cual, obviamente, tendrá su repercusión directa en el acontecer literario. Una realidad ajena al proyecto independentista concebido por José Martí, tenía, por fuerza, que reflejarse en el ambiente intelectual, y ello se reveló, ante todo, mediante una inconformidad que trató de encontrar en la cultura el único asidero para posibles transformaciones. El despojo de la soberanía nacional significó para los intelectuales cubanos una búsqueda histórica necesaria para encontrar los rasgos de una nacionalidad en peligro de extinción, en tanto que trataron de interpretar *su* realidad ejerciendo una crítica que asumió variadas posiciones: satírico-burlesca, reflexiva, participativa, mas sólo en contadas ocasiones fue crítica cómplice en favor del status prevaleciente.

Sin dudas fue el ensayo, por el propio carácter que asumió esta etapa, uno de los géneros más cultivados, aunque sufrió cierta decadencia si se le compara con la etapa anterior. En él prevalece un afán por analizar la problemática cubana a partir de conceptualizaciones permeadas de un «materialismo» de raíces positivistas, y también del espiritualismo, en tanto este sistema filosófico fue apoyo de las llamadas «buenas causas», o sea, el fortalecimiento de los valores morales, políticos y sociales de la llamada tradi-

ción. En cierto modo, estas ideas están presentes también en la narrativa de la época, que con rasgos reformistas intenta violentar los valores establecidos en un entorno social rígido al cual atacan autores como Carrión, Loveira y Ramos, pero aún sin poderse desentender de esa aludida tradición, a la que tratan de escapársele por caminos que, sin embargo, la vuelven a conducir a ella, aunque bajo rasgos más ilusionistas que reales. Narradores cercanos al naturalismo se esforzaron por establecer, presionados por las circunstancias nacionales, un nexo que les permitiera interpretar una realidad ante la cual se sentían impotentes, pero a la que, al menos tuvieron la valentía de enfrentarse, como también hicieron, desde otras posiciones estéticas, Boti y Poveda, verdaderos renovadores de nuestra lírica, quienes se sintieron parte de una aristocracia intelectual de raíz nietzscheana, pero no alejada de esfuerzos por rendir servicio a una patria casi inexistente.

Los intelectuales de esta etapa, agrupados promocionalmente bajo el rubro de Primera Generación Republicana, constituyen el núcleo cuyos rasgos definen un conjunto de preocupaciones ideoestéticas que buscan un asidero en la reintegración de las ya por entonces difusas líneas de una nacionalidad en vías de absorción. Por ello, se apegan a la ejecutoria literaria de figuras como Martí, Casal y la Avellaneda, en tanto que reinician publicaciones que estuvieron muy comprometidas con el modelaje de la formación de nuestra nacionaliad, como la *Revista Bimestre*

Cubana, y fundan otras, como *Cuba Contemporánea*, catalizadora de buena parte de las preocupaciones de estos hombres afanados en un rescate de hacedores de proyectos que iban a la búsqueda de una autenticidad y de una revalorización, como la constitución de la Sociedad de Conferencias, ingente esfuerzo de Jesús Castellanos y Max Henríquez Ureña que alcanzó relieve nacional.

Entre tanto, la historia, bajo diferentes ópticas —testimonio, biografía, ensayo—, trató de reflejar la grandeza y heroicidad de una gesta, y muchos autores, en sus planteamientos y reflexiones, denunciaron desde posiciones antimperialistas las particularidades de un momento esencialmente desgarrador. No obstante estos esfuerzos, la figura capital de José Martí fue poco o mal estudiada.

La coyuntura cronológica de estos años permite que los intelectuales del pasado siglo permanezcan aún activos, lo cual, en cierto sentido, marcará con algunos elementos de quietismo una vida cultural que, al menos en el primer decenio republicano, fue circunstancialmente pobre. Traspasado éste, los escritores inician nuevas búsquedas, afanados por encontrar en la cultura el «milagro» que los resarciera de tanta desesperanza. Por ello todo les interesa y preocupa: el arte y, en general, todas las manifestaciones de la cultura, desde la pedagogía hasta el folklore, y también la política. Pero sobre todo los atrae el tema de la moral como rasgo de la conducta humana y perfil espiritual del hombre. Estudiar sus reacciones emocionales, su comportamiento ante determinadas disyuntivas, las relaciones entre sí, todo esto es objeto de atención. Los conceptos de la vieja y de la nueva moral, o la falta de ella, o su encubrimiento, son objeto de apasionado debate en este momento de incertidumbre tan poco estudiado de nuestro acontecer nacional.

Período de constante intranquilidad popular, la etapa de 1899 a 1923 conoció también la tristemente célebre «danza de los millones» o período de las «vacas gordas», que tuvo su repercusión favorable en la vida artística del país, pues permitió la presencia en Cuba de las principales figuras del arte universal, mientras que en géneros como el teatral, sin ningún apoyo del go-

bierno, se impedía el desarrollo de un auténtico teatro cubano, no obstante algunos esfuerzos aislados. Fue el modelo alhambresco el que logró imponerse en estos años, con piezas, en gran número, de escaso rigor artístico.

Otras manifestaciones culturales de esta etapa, como la pintura y la música, no alcanzaron tampoco un particular esplendor. En pintura no hubo cambios sustanciales en relación con lo que se venía haciendo en el siglo XIX. Predomina el corte academicista en las dos figuras centrales del momento: Armando Menocal y Leopoldo Romañach, a los que se unen otros pintores menores para proyectar un arte convencional y estático. A ello se enlaza la carencia de apoyo oficial a toda una serie de esfuerzos individuales, así como también la preferencia que los ricos sentían por los pintores extranjeros. La caricatura sí alcanzó cierto auge, y sus muestras evidencian una proyección artística más moderna y rica en valores estéticos. Igualmente sucede con la ilustración, que presenta soluciones audaces, sobre todo en la línea del *art nouveau*.

En música, la figura de Guillermo Tomás es digna de atención teniendo en cuenta los esfuerzos que hizo por dar a conocer al público cubano autores europeos desconocidos en nuestro ámbito cultural. Otro músico importante es Eduardo Sánchez de Fuentes, autor de famosas habaneras y canciones y de varias óperas. Al mismo tiempo, la música popular y trovadoresca floreció en la etapa con exponentes ya clásicos de nuestro cancionero tradicional. No obstante, las habaneras y valses tropicales se vieron desplazados no pocas veces debido a la fuerte influencia de la música norteamericana, que entronizó el *two steps* y el *fox-trot*, al menos entre la clase adinerada, aunque el son, en sus diversas modalidades, prevaleció en el ámbito popular.

Un momento importante de los años comprendidos entre 1899 y 1923 fue la aparición, en 1922, de la radio, cuya primera emisora salió al éter en ocasión del 10 de Octubre. Esta novedad había sido precedida por el cine, ya conocido desde 1897, pero fue en esta etapa, particularmente a partir de 1906, cuando se inició la cinematografía popular con cortos, mientras que en 1913 se filmó el primer largometraje silente.

Los artistas e intelectuales que conformaron la promoción que culturalmente definió la etapa de 1899 a 1923 fueron hombres de una época transicional que trataron de asumir una responsabilidad histórica con la mirada puesta en la cultura como una única vía para la salvación del país. Intentaron conquistar el papel rector en la sociedad a partir de mecanismos en tanto intelectuales que fueron, y en ese empeño fracasaron a pesar de los buenos propósitos que los inspiraban. En este aprendizaje se entusiasmaron por buscar soluciones a la situación del país, pero la coyuntura histórica del momento no favoreció la germinación de nuevos frutos, los cuales no comenzarían a palparse hasta el año 1923, a partir de la Protesta de los Trece, fuente inspiradora de nuevas y revolucionarias búsquedas artísticas y políticas.

[C. R.]

2. LA ETAPA 1923-1958

La literatura en la etapa de situación
prerrevolucionaria preparatoria
de la liberación definitiva de nuestra
patria (incorporación de nuestra
literatura a los nuevos medios
de expresión del siglo XX)

2. LA ETAPA 1923-1958

La literatura en la etapa de situación
prerrevolucionaria preparatoria
de la liberación definitiva de nuestra
patria (incorporación de nuestra
literatura a los nuevos medios
de expresión del siglo XX).

2.1 CONTEXTO POLÍTICO, SOCIAL Y ECONÓMICO. RASGOS DE LA VIDA CULTURAL: TEMAS Y ACTITUDES

La etapa 1923-1958 se inició en un momento de crisis. La práctica histórica de los veinte años (1902-1922) que la antecedieron había ido preparando las condiciones para el salto cualitativo que se produciría en la etapa siguiente, a partir de 1923. La conciencia de clase entre los distintos sectores del proletariado se ahondó, y los intelectuales adquirieron una mayor lucidez ante las necesidades históricas, experiencias decisivas en la transformación del panorama de la vida republicana observable desde 1923, en especial en la denominada «década crítica» (1923-1933).

El gobierno de Alfredo Zayas (1921-1925) heredó los trastornos ocasionados por la crisis económica de la primera posguerra, problemática que trajo como consecuencia la consolidación del capital extranjero. En lo sucesivo irían cambiando las condiciones sociopolíticas del país y se haría necesaria una modificación sustancial en las estructuras de poder, lo que llevaría, entre otras causas, a que un hombre como Gerardo Machado ocupara la presidencia de la República de 1925 a 1933. La situación nacional se hizo cada vez más difícil a lo largo de esos años, un lapso de constante ahondamiento de la dependencia que impidió la libre acción de sectores nacionalistas de la burguesía industrial en lo que hubiese sido un programa de desarrollo para la Isla. Las promesas iniciales de Machado, atentas a cuestiones relativamente significativas, pero dentro de lo admisible en ese contexto neocolonial, se desvanecieron y se transformaron en su antítesis. Reelecto en 1928, poco antes de tomar posesión en 1929 recibió al apoyo explícito de algunos de los representantes del capital y del gobierno de Estados Unidos en Cuba, prueba inequívoca de que veían en su gestión presidencial la defensa de sus intereses hegemónicos.

El sinnúmero de acontecimientos, mayores y menores, que integraron la vida cubana de 1923 a 1935 en el plano político-económico, engendró consecuentemente toda una riquísima gama de acciones de envergadura disímil, elaboradas asimismo desde posiciones y propuestas teóricas distintas, pero sustentadas en algunas búsquedas esenciales que ofrecen la tónica general de este período. A partir de 1936 se incorporaron nuevos elementos a las relaciones de la cultura con su contexto, en los que es posible discernir igualmente, sin embargo, una fructífera relación antagónica. En la evolución literaria, artística e intelectual hubo un notable proceso de enriquecimiento y universalización, con obras a la altura de lo mejor de ese momento, no sólo en el ámbito hispánico, sino incluso del resto de Europa y de Estados Unidos. En la década de 1950, después del golpe de estado de Fulgencio Batista en 1952, con el que se deshizo la imagen de una República de apariencia estable y equilibrada, pero en realidad conformada por los antagonismos propios de su estructura dependiente y neocolonial, se incrementó la lucha de clases, se sumergió de nuevo al país en la represión y la violencia armada y se tornó más aguda y decisiva la batalla de las ideas, todo ello expresión de una crisis esencial de las relaciones económicas en las que se sustentaba la superestructura. La historia de esos años, similar en muchos aspectos a la del período 1923-1935, deja ver a las claras la necesidad de ruptura y transformación, la necesidad de un salto cualitativo.   [*E. S. y R. H. O.*]

2.1.1 El período 1923-1935: contexto político, social y económico

Como ya fue dicho, la crisis económica (1920-1921), los desmanes, el latrocinio y el creciente entreguismo al imperialismo norteamericano fueron creando una conciencia de clase entre obreros y campesinos —un proletariado joven y falto de experiencia y de cultura política en los dos decenios anteriores a 1923— y conformando un pensamiento de oposición entre los más honestos intelectuales y artistas. Todo ello sentó las premisas para acciones como la Protesta de los Trece —primer gesto de rebeldía de un grupo de jóvenes escritores, artistas e intelectuales— y la fundación de la Agrupación Comunista de La Habana, ocurridas el mismo día (18 de marzo de 1923) y en momentos en que la reforma universitaria y la organización del Primer Congreso Nacional de Estudiantes (a celebrarse en octubre) aglutinaban a la más joven promoción. Más adelante, estas coincidencias no serían ya casuales, y sectores del proletariado, la pequeña burguesía y el estudiantado emprenderían diversas acciones conjuntas que aportarían una fisonomía peculiar a las luchas del período contra la injerencia yanqui y el entreguismo de los gobernantes y la burguesía autóctona a sus intereses y designios.

Lo más perdurable de esos años alcanzó su dimensión histórica en las grandes antítesis del momento: vanguardismo-academicismo en el arte y la literatura; independencia-dependencia en lo político, social y económico; marxismo-positivismo, entre otras tendencias, en el campo de las ideas. Toda la dinámica del acontecer se sustentaba en esos opuestos y quedó manifestada en las búsquedas estéticas, en la creación de grupos y manifiestos, en las acciones de los grandes líderes populares y estudiantiles contra la dictadura, en la labor del periodismo cultural

y político, en las medidas represivas del Estado, en los temas esenciales que ocupaban la atención de intelectuales y luchadores sociales, entre ellos la naturaleza de la vanguardia, la relación entre literatura y política, la función del intelectual en la sociedad, la reactualización del ideario y la acción martianos, la situación y las luchas del proletariado urbano y rural, la intervención yanqui en Nicaragua y el enfrentamiento de Sandino, la revolución mexicana y sus héroes, las dictaduras en Perú, Venezuela y otros países del área latinoamericana, las dificultades y logros de la construcción socialista en la Unión Soviética, las acciones de los nacionalistas chinos, la vuelta a lo nacional y latinoamericano, la nueva literatura soviética, el arte y la literatura del momento en Cuba y en los grandes centros culturales de América y Europa.

La riqueza del período radica tanto en los valores intrínsecos de las obras en éste creadas, cuanto en las ideas que se pusieron de manifiesto, con las que la cultura cubana entró en la problemática contemporánea. Desde 1923, el año inicial de la etapa y del período de ésta del cual nos ocupamos ahora, se hizo historia con febril actividad: huelgas estudiantiles y obreras, creación de organizaciones de nuevo cuño (Agrupación Comunista de La Habana, Falange de Acción Cubana, Hermandad Ferroviaria, Conferencia de Estudiantes de Cuba, Universidad Popular José Martí, Liga Anticlerical de Cuba), congresos (Primer Congreso Nacional de Mujeres, también el primero nacional de Estudiantes Revolucionarios, el Congreso Local de la Federación Obrera de La Habana), estrechamiento de las relaciones Cuba-Estados Unidos, detenciones policíacas, publicación de artículos combativos contra los poderes establecidos, actividad del Movimiento de Veteranos y Patriotas.

El mismo año de la toma de posesión de la presidencia de la nación por Machado (1925) se fundó el Partido Comunista de Cuba, acuerdo del Primer Congreso de Agrupaciones Comunistas; se conformó, con explícitos propósitos, la Liga Antimperialista de Cuba (integrada, entre otros, por Rubén Martínez Villena, Juan Marinello, José Zacarías Tallet, Emilio Roig de Leuchsenring y Julio Antonio Mella, quien presidió la reunión constitutiva); se realizó el Tercer Congreso Nacional Obrero en Camagüey, en el que se fundó la Confederación Nacional Obrera de Cuba (CNOC); fue asesinado el líder obrero Enrique Varona en Camagüey; Mella fue encarcelado, con algunos compañeros de lucha, bajo la acusación de prácticas terroristas; se ejecutaron las primeras medidas gubernamentales contra la prensa de oposición con la clausura de *El Heraldo*. Meses antes de la toma de posesión del nuevo presidente había sido secuestrada la revista *Venezuela Libre* (1921-1925), de exiliados políticos en lucha contra el dictador Juan Vicente Gómez, a quienes se les prohibió más tarde continuar editándola, labor asumida entonces por miembros del Grupo Minorista (cinco números en su segunda época), pero otorgándole un alcance ideológico-político que en la práctica la convirtió en órgano de la sección cubana de la Liga Antimperialista de las Américas. Además, se celebró en Cienfuegos el Segundo Congreso Nacional Obrero, y Mella publicó varios trabajos de encendida beligerancia, entre ellos *Cuba: un pueblo que jamás ha sido libre.*

Otro año especialmente cargado de hechos significativos fue 1927; cuando se produjo un fuerte resurgir del sentimiento antimperialista, evidenciado, por ejemplo, en el movimiento de solidaridad con Nicaragua ante la nueva invasión de su territorio por el ejército yanqui; se iniciaron las combativas jornadas del estudiantado universitario contra la reforma constitucional, la que coadyuvaría a la reelección de Machado, jornadas de las que emergerá el Directorio Estudiantil Universitario (DEU), organización que además retomó las banderas de la lucha por la reforma de la universidad que había iniciado, en 1923, Mella, para entonces exiliado en México, donde desarrollaría una intensa actividad político-revolucionaria de proyección continental antes de caer asesinado por agentes al servicio de Machado en 1929, sin haber cumplido aún los veintiséis años; se desarrolló una creciente actividad del movimiento obrero; fueron desenmascaradas las actitudes pequeño-burguesas del APRA, primero por Mella en el Congreso Antimperialista de Bruselas y luego por Martínez Villena en el seno de la Universidad Popular

José Martí; se desencadenó el «proceso» en que fueron encausadas como «comunistas» numerosas personalidades intelectuales de Cuba y del extranjero, así como dirigentes obreros y hasta fallecidos; se arreciaron las campañas gubernamentales contra la prensa opositora, lo que incluyó el secuestro de ediciones íntegras del periódico *Unión Nacionalista*, que finalmente tuvo que dejar de publicarse. Éste fue el año, además, en que Martínez Villena ingresó en las filas del Partido Comunista de Cuba, a cuyo trabajo se consagró hasta su temprana muerte en 1934, abandonada ya la literatura desde mucho antes, en gesto que subrayaba la integración del escritor y el luchador político, tan característica de este convulso período.

En lo adelante, la situación del país se fue haciendo cada vez más tensa. Una detenida cronología hasta 1930 revela la gravedad y rapidez de los acontecimientos promovidos por las fuerzas que detentaban el poder y por los líderes y organizaciones obreros, estudiantiles y, en general, de la oposición política, así como por los intelectuales que proclamaban un arte, una literatura y un pensamiento nuevos y, al mismo tiempo, participaban activamente en la lucha contra Machado. La represión se recrudeció para acallar las acusaciones y contener la rebeldía, se preparó una expedición armada cuyo fracaso dejó ver que la disposición contra los desafueros e injusticias era de hecho ilimitada, se escribió para esclarecer las circunstancias latinoamericanas del momento y combatir al gobierno en el campo de la reflexión política. Nuevas organizaciones surgieron en esos años, entre otras la Junta Cubana Pro Independencia de Puerto Rico, la Asociación Nacional de Emigrados Revolucionarios Cubanos (ANERC) y la Alianza Nacional Feminista (ambas en 1928, la primera fundada por Mella en México). Destacados opositores al régimen (Claudio Brouzón, Noske Yalob y Bartolomé Sagaró) fueron ejecutados por las fuerzas represivas. Poco después del asesinato de Mella comenzó el segundo mandato de Machado, una aún más sangrienta tiranía que fuera derrocada en 1933 por un formidable movimiento de masas. La crisis económica en Estados Unidos (1929) agravó la situación de Cuba.

En la primera mitad de 1930 continuó manifestándose la rebeldía estudiantil, se llevó a cabo con éxito la primera huelga general contra el machadato, organizada por el PCC y la CNOC y con una participación de alrededor de doscientos mil obreros, bajo la dirección de Martínez Villena, contra quien se dio orden de muerte por el tirano, hecho que lo obligó al exilio, y se creó la Unión Laborista de Mujeres como una fuerza más para combatir al régimen. La manifestación de estudiantes universitarios contra la dictadura el 30 de septiembre de 1930 —en la que cae muerto el estudiante Rafael Trejo, son heridos el periodista y escritor Pablo de la Torriente Brau y el obrero Isidro Figueroa y es acusado y detenido como instigador de los hechos Marinello, ya renombrado intelectual y profesor universitario— marca el inicio de un conjunto de acciones oposicionistas y de medidas gubernamentales que llevaron al país al clímax represivo e insurreccional. Hasta el derrumbe de la tiranía en 1933 se cometen atrocidades de todo tipo para contener la creciente ola de protesta popular. A mediados de diciembre, ante el arrecio de la lucha estudiantil guiada por el revitalizado Directorio Estudiantil Universitario (DEU), se clausura la universidad por tiempo indefinido, se organiza, como sección de Socorro Rojo Internacional, Defensa Obrera Internacional (DOI), para prestar ayuda a los perseguidos y encarcelados. Al iniciarse 1931, se clausuran todas las Escuelas Normales y se crea, como escisión del DEU, el Ala Izquierda Estudiantil (AIE), importante agrupación que desempeñaría múltiples tareas contra Machado y en la que descollarían combatientes como Raúl Roa y Torriente Brau. Las medidas del gobierno no tienen límites: asesinatos, suspensión de garantías, actos de violencia callejera y en las cárceles contra manifestantes y presos políticos, detenciones.

Las fuerzas opositoras, encabezadas por el Partido Comunista, el Directorio Estudiantil Universitario, el Ala Izquierda Estudiantil y el ABC —organización terrorista de derecha creada en 1931 y que tuvo entre sus miembros a Jorge Mañach y Francisco Ichaso—, e integradas además por otros grupos de significativas acciones, responden con atentados, huelgas y alzamientos armados. Tres de estos últimos se producen en agosto de 1931: la expedición de Río Verde, el levantamiento de La Gallinita, en Oriente, con Antonio Guiteras al frente, y el desembarco en el puerto de Gibara, en breve tiempo deshechos por la violencia. En abril de 1933, Guiteras dirige un ataque contra el cuartel de San Luis, también en Oriente, zona en la que permanece sobre las armas hasta el derrocamiento de Machado. Además, se lanzan manifiestos y ataques al régimen y se exponen las ideas en las que se sustenta el combate. Ejemplos destacables de esto último son «Reacción versus Revolución» (1931), de Roa —dirigido a Mañach y en el que aborda en tono polémico el tema de la función de los intelectuales y ensalza el marxismo-leninismo—, y *El ABC al pueblo de Cuba* (1931), de Mañach, dos textos que demuestran asimismo las escisiones ideológicas que venían operándose por entonces entre los intelectuales, a cuyo conocimiento contribuye de manera sustancial el artículo de Martínez Villena «¿Qué significa la transformación del ABC y cuál es el propósito de esta maniobra?», dado a conocer en la revista *Mundo Obrero*, de Nueva York, en abril de 1933, prácticamente cuando se iniciaba la fase final del enfrentamiento a la dictadura.

En tales circunstancias, el gobierno norteamericano decide tomar cartas en el asunto y envía a Sumner Welles a Cuba con funciones de embajador y claras instrucciones. Este intento mediador no es aceptado por el PCC, el AIE, el DEU, la Agrupación Revolucionaria de Cuba (dirigida por Guiteras) y algunos miembros del ABC (elementos que desde entonces integran el ABC Radical). En los primeros días de agosto de 1933, una huelga iniciada por algunos sectores del proletariado con fines fundamentalmente económicos adquiere con celeridad carácter de huelga general política contra la tiranía y provoca el colapso del régimen, que desde el día 8 no cuenta ya ni siquiera con el apoyo yanqui. Ese día el mediador Welles había solicitado la renuncia a Machado, quien finalmente huyó hacia Nassau el 12. Al día siguiente toma posesión el nuevo presidente, Carlos Miguel de Céspedes, designado por Welles.

Ni un mes duraría en el poder el mandatario escogido, depuesto por una sublevación de sargentos y soldados que se sumaba a otros actos de inconformidad con la situación impuesta y que catapultaba a Fulgencio Batista al vórtice de la vida política nacional. Rápidamente fue organizada la Pentarquía, gobierno colegiado en ejercicio durante pocos días y del que formaron parte, entre otros menos conocidos, Sergio Carbó y Ramón Grau San Martín. Este último, designado a los pocos días presidente del llamado Gobierno Provisional Revolucionario, no jura la Enmienda Platt, lo que le impide ser reconocido por el gobierno norteamericano y provoca el arribo a puertos cubanos de barcos de guerra yanquis. El fervor de renovación y de justicia social y la influencia de las ideas marxistas-leninistas y de la historia soviética se conjugan en la organización de soviets obreros en varias zonas rurales del país. En ese ambiente de efervescencia política se emiten proclamas y decretos, hay violencia armada (combates en el Hotel Nacional para desalojar a oficiales machadistas, enfrentamientos para derrotar la sublevación contrarrevolucionaria del ABC, represión contra participantes en el entierro de las cenizas de Mella, donde cae asesinado el pionero Paquito González y Martínez Villena habla por última vez en acto público), protestas y asambleas estudiantiles y obreras (Primer Congreso Regional Obrero de La Habana, 1933; Asamblea General de Estudiantes Universitarios contra Grau y Cuarto Congreso Nacional Obrero de Unidad Sindical en La Habana, organizado por Martínez Villena, quien muere de tuberculosis en los días de enero de 1934, en que se celebraba), expresiones de una aguda crisis nacional de hondas raíces y perdurables consecuencias. Guiteras, cercano colaborador oficial de la presidencia, dispone, entre otras revolucionarias medidas, la intervención de la Compañía Cubana de Electricidad, monopolio yanqui, por desoír las peticiones obreras. Al día siguiente, 15 de enero de 1934, Batista, con el grado de coronel al que había sido ascendido durante la Pentarquía, derroca el gobierno de Grau mediante un golpe de estado e instaura en la presidencia a Carlos Mendieta.

Bajo el mandato de Mendieta —en realidad, como ha reconocido la historiografía nacional, gobierno Caffery-Batista-Mendieta— se fundó el Partido Revolucionario Cubano-Auténtico (PRC-A), de prolongada ejecutoria en la posterior historia del país, y el Partido Comunista celebró, en la clandestinidad, su segundo congreso. La figura de Guiteras se mantiene activa como representante de posiciones radicales, si bien dentro de una línea que divergía de la lucha de masas representada por el Partido Comunista. El ABC continúa también, con su habitual beligerancia, en la escena política. Las medidas adoptadas por el poder gubernamental son represivas en la misma magnitud en que éste siente en peligro su estabilidad, amenazada por la violencia en las calles. No obstante el apoyo que recibía de Estados Unidos y el que le brindaba Batista con el ejército, Mendieta renuncia en diciembre de 1935 en un clima francamente subversivo durante todo el año: huelga general y declaración del «estado de guerra» nacional en marzo; combate en el Morrillo, en el que mueren Guiteras y el venezolano Carlos Aponte en mayo; fundación de la Organización Revolucionaria Cubana Antimperialista (ORCA) por Torriente Brau, Roa y otros revolucionarios; celebración del sexto pleno del Comité Central del PCC con el acuerdo de luchar por un frente único antimperialista, antirreaccionario y antimachadista; fundación de la Hermandad de los Jóvenes Cubanos por la Liga Juvenil Comunista y el PCC. Al finalizar el año se cierra un período extraordinariamente fructífero de la historia de Cuba, de cuantiosas experiencias formadoras para empeños posteriores en el enfrentamiento a los desgobiernos nacionales y a las bases económico-políticas en que se sustentaban, tanto internas como externas, pero siempre en primerísimo lugar la dependencia del imperialismo yanqui.

[E. S. y R. H. O.]

2.1.2 Grupos y publicaciones vanguardistas. Otras publicaciones entre 1923 y 1935

Durante este período, en el que florecieron algunas de las más recias personalidades políticas

de la historia contemporánea de Cuba (Martínez Villena, Mella, Torriente Brau, Guiteras) y
fructificaron las más avanzadas ideas del momento en decisivas acciones, la literatura y el arte
experimentaron significativas transformaciones
conceptuales y conocieron un extraordinario
desarrollo a través de la creación misma y de
numerosas gestiones e iniciativas de intelectuales y artistas a todo lo largo del país. Movidos
por inquietudes renovadoras, las que en el plano
político condujeron a la conformación de asociaciones, partidos e instituciones de influencia
diversa, los grupos literarios se integran por esos
años como una fuerza viva en la dinámica general de los acontecimientos.

El primero y más importante es el Grupo
Minorista (1923-1928), surgido de manera espontánea en reuniones informales en el Café
Martí durante la etapa precedente, y cuyos
miembros fueron gestando ideas nuevas en torno a los problemas de actualidad, enriquecidas
al calor de la experiencia histórica concreta. Aunque no dispuso de un órgano de difusión propio, dio a conocer sus propuestas y actividades a
través de la revista *Social*,[1] cuyo jefe de redacción, Emilio Roig de Leuchsenring, fue minorista desde los inicios mismos de las tertulias del
Martí en 1920. Desde su etapa de gestación
(1920-1923), sus jóvenes participantes se caracterizaron por el espíritu polémico y la disposición para el diálogo inteligente, una práctica
constante en sus encuentros, celebrados en la
revista *El Fígaro* a partir de 1921. En sus trabajos periodísticos, en los que reseñan hechos de
importancia cultural o exponen sus criterios y
posiciones ideoestéticas a través de algunos de
los periódicos y revistas en los que ocupaban
cargos los miembros, se aprecian virtudes que
pueden ser consideradas como definitorias en la
determinación de sus más relevantes aportes a
la sensibilidad renovada. En primer término se
destaca la necesidad de ruptura en relación con
los modos y maneras precedentes. La Protesta
de los Trece, inicial acción cohesionadora del
Grupo a raíz de un fraudulento negocio del gobierno de turno, lo precisa con nitidez: se trata,
ciertamente, de un gesto que nada tiene que ver
con los valores y opiniones literarias o artísti-

cas, pero sí mucho con la ética ciudadana. Constituía, pues, una nueva actitud que rompía con
la conducta típica de los intelectuales de los dos
decenios anteriores de la República; pero, además, la Protesta, encabezada por Martínez Villena, quien devendría líder del Grupo, surge como
manifestación integrada a un cuerpo coherente
de ideas, entre las que están las de orden estético, más tarde expuestas en su integralidad en la
«Declaración» del Grupo en 1927. Sus más
talentosos representantes escribieron por aquellos días páginas de gran significación dentro del
proceso formativo de la literatura cubana contemporánea. Los poemas prevanguardistas de
Martínez Villena y de Tallet y los ensayos y artículos sobre artes plásticas y música de Carpentier estarían entre los más destacados ejemplos
de ese quehacer de la sensibilidad moderna.

Los minoristas prepararon el camino y des-
pertaron conciencias, una labor inapreciable que
culminaría en el lapso 1927-1930 con el auge del
movimiento vanguardista, llevado a cabo, en lo
fundamental, por *Revista de Avance* y el *Suplemento Literario del Diario de la Marina*, al ace-
lerarse la disolución del Grupo a comienzos de
1927 por diversas causas. La fundamental hay
que buscarla en las disensiones que habían comenzado a aparecer entre sus miembros y que
tenían un trasfondo eminentemente político-
ideológico, como se hizo evidente poco después
en las actitudes de Alberto Lamar Schweyer y
de Mañach, de corte fascistoide muy acusado en
el primero, autor de *Biología de la democracia
(Ensayo de sociología americana)* (1927), obra
«positivista por el método y fascista por los objetivos políticos de apuntalamiento del sátrapa»,
como lo ha calificado Ana Cairo.[2] Por otra parte, y como sustrato de esas disparidades de criterios, las circunstancias históricas eran entonces bien distintas de las que predominaban en el
momento en que se cohesionó el Grupo y aun
en los meses que sucedieron a la toma de posesión de Machado. En efecto, al recrudecerse la
represión en 1927 se hace necesario asumir otras
soluciones por parte de aquellos que habían venido clamando por un nuevo estado de cosas,
pero no todos estuvieron dispuestos a ello. El
llamado proceso comunista que llevó a la cárcel

a algunos, entre ellos Martín Casanovas, Carpentier y José Antonio Fernández de Castro, fue una prueba inequívoca de la nueva política de fuerza y violencia que estaba decidido a implantar el gobierno para aquietar los ánimos cuando se acercaba la Conferencia Panamericana de La Habana (a celebrarse en 1928). Mientras, Martínez Villena, que había fundado en abril *América Libre. Revista Revolucionaria Americana* —esfuerzo encaminado a «luchar en la América por la liberación de su pueblo y en contra del imperialismo capitalista de Wall Street»—, aunaba voluntades después de dar nuevas muestras de su ascendente radicalización político-ideológica (ingreso al Partido Comunista, encendida polémica con Mañach y desentendimiento de la creación ficcional propia para entregarse de lleno a la lucha por la liberación nacional), otros minoristas pugnaban porque la literatura y el arte se descontaminasen y se marginaran de la candente actualidad político-social del país. Era evidente que los tiempos del minorismo tocaban a su fin, como avizoró, antes que nadie, Regino Boti desde la lejana Guantánamo, en su artículo «La muerte del minorismo», donde da por disuelto al Grupo con la aparición de *1927 (Revista de Avance)* y la renovación del *Suplemento Literario del Diario de la Marina* al entrar a dirigirlo Fernández de Castro. La propia salida de *América Libre*, no mencionada por Boti, era otro signo inequívoco de la diáspora definitiva del Grupo en esos primeros meses de 1927. A ello vinieron a sumarse la publicación del libro de Lamar Schweyer y sus comentarios en torno a la inexistencia del Grupo, que son los que provocan la «Declaración» o «Manifiesto» de mayo de 1927, signo innegable de vida, aunque de hecho constituyó asimismo un síntoma de muerte.

En los diez puntos de la «Declaración» —donde se torna explícito el cuerpo de ideas que siempre los movió a actuar— se identifican, sin jerarquizaciones ni prioridades, los reclamos político-sociales y estéticos de los nuevos tiempos. Es, incuestionablemente, el programa del movimiento vanguardista cubano, inquietud innovadora que da la tónica general del período 1923-1935. Y no se trata de un documento con

pretensiones de teorización, un tanto infructíferas a la altura de 1927, después de todo lo que se había venido haciendo desde cuatro años antes, sino de un recuento de lo realizado, aunque pueda argumentarse que no toda la labor de los minoristas alcanza a inscribirse con justicia en los puntos expuestos. De este modo resume Martínez Villena los objetivos del trabajo del Grupo en la «Declaración» por él redactada:

Por la revisión de los valores falsos y gastados.

Por el arte vernáculo y, en general, por el arte nuevo en sus diversas manifestaciones.

Por la introducción y vulgarización en Cuba de las últimas doctrinas, teóricas y prácticas, artísticas y científicas. Por la reforma de la enseñanza pública y contra los corrompidos sistemas de oposición a las cátedras. Por la autonomía universitaria.

Por la independencia económica de Cuba y contra el imperialismo yanqui.

Contra las dictaduras políticas universales, en el mundo, en la América, en Cuba.

Contra los desafueros de la pseudodemocracia, contra la farsa del sufragio y por la participación efectiva del pueblo en el gobierno.

En pro del mejoramiento del agricultor, del colono y del obrero de Cuba.

Por la cordialidad y la unión latinoamericana.[3]

Las inquietudes renovadoras del período vanguardista (1923-1935), sintetizadas en estos reclamos acabados de transcribir, se nutren de relevantes acontecimientos de la cultura y la historia contemporáneas y de problemas específicos de la economía y la sociedad cubanas de esos años, entre ellos las renovaciones de la vanguardia artística y literaria de Europa y América (c. 1905-1922), las ideas político-sociales y las experiencias de la Revolución de Octubre (1917), el creciente dominio imperialista en tierras americanas desde la primera intervención en la guerra hispano-cubana (1898), el carácter neocolonial y dependiente de la República a lo largo de los dos decenios precedentes (1902-1922), las crisis reiteradas que en lo económico caracterizaron la práctica del capitalismo en Cuba y en los constantes fracasos de los débiles intentos liberadores puestos en práctica o elaborados en el plano teórico contra la situación imperante y, finalmente, la problemática concreta de Cuba en ese período, con todos los males propios de una nación supeditada. Era impostergable un replanteo de la perspectiva de análisis de la realidad para solucionar los males del país. Resultaba imposible, a la luz de los fenómenos históricos y de los hallazgos de la ciencia, el arte y la literatura del más reciente pasado, proceder a un conocimiento fragmentado de los cuestionamientos del acontecer. Se imponía, pues, una visión totalizadora y unitaria que estuviera en concordancia con el suceder real, único e integral en sí mismo. Consecuentemente, arte, literatura y política eran inseparables tanto en el plano teórico-especulativo cuanto en el de la praxis. La literatura y el arte nuevos querían subvertir el orden establecido e integrarse a la activa lucha política que para ellos inició la Protesta de los Trece. En una u otra medida, las más importantes instituciones, revistas, páginas y suplementos literarios de la prensa diaria, grupos artístico-literarios y organizaciones políticas, obras poéticas, narrativas, ensayísticas, musicales y pictóricas y, en general, otras manifestaciones de la vida cultural del período, se orientan hacia la búsqueda de una expresión nueva y el rescate de la nacionalidad, dos inquietudes que sintetizan, *grosso modo*, los planteamientos del movimiento vanguardista en Cuba.

Por esos años hubo en provincias un atendible esfuerzo de renovación cultural por la gestión de grupos —muchos orientados en la misma dirección que el Minorista— y publicaciones. En Oriente continuó trabajando el Grupo Literario de Manzanillo, nucleado en torno a la revista *Orto* (1912-1957), que dio a conocer los textos de sus miembros conjuntamente con la imprenta El Arte y la editorial Biblioteca Martí, de las que era propietario Juan Francisco Sariol. El Grupo animó la vida intelectual de la ciudad

y contribuyó al conocimiento de los últimos libros publicados, objeto de análisis y discusiones en sus encuentros. Se dedicaron sus miembros, asimismo, a impartir conferencias y a leer las creaciones propias, influidas por las novedades del momento. Otros autores cubanos y algunos extranjeros intercambiaron opiniones y criterios con sus colegas de Manzanillo. En este período realizó *Orto* una importante tarea como difusora de los nuevos postulados, en especial con la publicación de poemas, dentro de esa dirección, de Nicolás Guillén y Manuel Navarro Luna. Miembro prominente del Grupo y asiduo colaborador de la revista fue también Luis Felipe Rodríguez.

En Santiago de Cuba radicaron importantes baluartes de la vanguardia. Una breve e interesante labor desarrolló en 1926 el casi desconocido Grupo Per Se, expresamente vinculado con los afanes minoristas y antecedente del más conocido Grupo H que se conformaría en la propia ciudad en 1928. Al decir de uno de sus integrantes, Per Se surgió como «necesidad del ambiente» y con el propósito de «librar una agitada campaña por el arte local».[4] Se expresó a través de la página semanal que le facilitó *La Independencia*, periódico de la propia ciudad, gracias a la cual las actividades e inquietudes de sus integrantes —el más conocido de ellos Luis Aguiar Poveda, autor de las «Palabras al cenáculo», que junto a la «Exposición del Grupo Per Se», definen y dejan ver los objetivos que los animaban—[5] llegaron a ser conocidas y tuvieron un espacio para el diálogo, aunque éste no llegara a tener nunca la dimensión de sus mayores homólogos. En algunos de los catorce puntos de la mencionada «Exposición...» se hace evidente la afinidad con el Grupo Minorista, cuyos reclamos e intenciones aún no se habían dado a conocer de manera explícita como cuerpo de ideas. Como sus predecesores habaneros, los integrantes de Per Se se preocupan no sólo por la renovación en el campo de la cultura, sino, además, y entremezclados con ella, por la transformación social, aunque en su conjunto los enunciados programáticos de la «Exposición...» permiten dudar de la labor que en esa dirección hubiesen podido realizar de haber desplegado una acción más duradera y abarcadora. En los meses (mayo-julio de 1926) en que salieron a la luz pública en *La Independencia*, sus miembros dieron a conocer sus cuentos, poemas, artículos, discursos, conferencias, comentarios acerca del quehacer de la agrupación, una obra que continuaba esfuerzos anteriores y sirvió de estímulo al Grupo H, integrado a mediados de 1928.

El Grupo H lo formaron, entre otros, Ramón Breá (1905-1941) —su figura principal—, Amador Montes de Oca (1906-1933), Lino Horruitiner (1902-1972), Luis Aguiar Poveda (1899-?), Carlos González Palacios (1902-?), Francisco Palacios Estrada (¿-?) y Alberto Santa Cruz Pacheco. Con su gestión intentaron los miembros del grupo remover los viejos preceptos literarios y promover el conocimiento de escritores nacionales y extranjeros, para lo cual Eduardo Abril Amores les facilitó una página semanal en el *Diario de Cuba*, del cual era director, y recibieron la ayuda de *Revista de Oriente* (1928-1932?), de la propia ciudad. La ingenua rebeldía y la heterogeneidad caracterizaron los textos aparecidos en esa página literaria, en la que colaboró además Abril Amores con valoraciones sobre cultura cubana. Los integrantes del Grupo —algunos miembros del anterior Per Se— llevaron adelante sus propósitos sin una gran formación académica, como sucedía incluso con algunos de los participantes en núcleos capitalinos, pero su actitud en favor de las ideas de vanguardia hay que tenerla en cuenta por lo que significó en esos instantes para la vida intelectual de la ciudad y para la propagación de una conciencia antimperialista en el país, animada durante poco más de tres meses (junio-septiembre de 1928) por los textos que publicaron en su página del *Diario de Cuba*, en la que aparecieron también colaboraciones de otros escritores como Héctor Poveda, Mariblanca Sabas Alomá, Ciana Valdés Roig y Leonardo Griñán Peralta. Constituido de manera un tanto espontánea, no tenía el Grupo «nada de programático y de exclusivo», como ha señalado Mary Low,[6] esposa de Breá, un poeta de escasa significación en la vida literaria nacional y temperamento violento y heterodoxo, más tarde vinculado a círculos surrealistas de Praga y París, de posiciones políticas de extrema izquierda cercanas al trotskismo, combativo como su compañero de ideales estéticos Amador Montes de Oca, quien se alzó en armas contra Machado, radicó en Santo Domingo huyendo de la represión que sobrevino al alzamiento y, de nuevo en Cuba, volvió a enfrentarse a la tiranía, frente a la que se levantó otra vez en armas en el plan de Guiteras, acción que le costó la vida en 1933.

Otro importante grupo vanguardista en provincias fue el que se nucleó en Camagüey en torno a *Antenas. Revista del Tiempo Nuevo* (1928-1929?), pero gestado desde 1926 en las labores que Emilio Ballagas comenzó a realizar con otros escritores en favor de la cultura en la ciudad. Los jóvenes intelectuales celebraban reuniones sabatinas en el Ateneo de la Juventud, aún activo en 1929, para intercambiar puntos de vista y promover ideas novedosas; intentaron crear el Grupo Minorista con resultados desconocidos; trabajaron por organizar la filial camagüeyana de la Institución Hispanocubana de Cultura, empeño finalmente logrado en marzo de 1928; desde fines de 1926 o inicios de 1927 promovieron las transformadoras tendencias ideoestéticas de entonces en una sección semanal, titulada «Libros», en el periódico local *La Región*, labor ésta que puede considerarse la más importante de todas por la rápida difusión de los valores nuevos que permitía. El propio Ballagas, refiriéndose a ese trabajo, afirma que en él «se perfiló nuestra ideología» y que con él se proponían «incorporarnos a esas falanges que laboran por lograr más amplios horizontes y luchar porque nuestra patria chica marche a la vanguardia de este movimiento cultural».[7]

No se caracterizó *Antenas* por un vanguardismo excesivo y estridente, para el cual no estaban preparados los lectores, ni por el número de ilustraciones y elementos gráficos, más bien escasos. Sus directores fueron Felipe Pichardo Moya —relacionado con el Grupo Minorista, de cuya «Declaración» de 1927 fue uno de los firmantes—, Manuel H. Hernández, conocido por su seudónimo *Hernán d'Aquino*, Manuel P. Hidalgo y Félix Ráfols Ráfols. Entre sus redactores se encontraban Ballagas, Enrique Halvares y César Luis de León (nombre literario de

Eugenio Sánchez Pérez). Su nómina de colaboración incluyó firmas reconocidas y nuevas, tanto de la ciudad como del resto del país. La sobriedad que caracteriza esta gestión editorial de los vanguardistas camagüeyanos no los aleja de las pretensiones renovadoras, como puede apreciarse en las más importantes páginas en las que se expresó la nueva sensibilidad. Notoriamente influida por *Revista de Avance*, llevó adelante una meritoria labor difusora de las renovadoras propuestas ideoestéticas de la vanguardia, muy atenta al ámbito cultural hispánico, con interés por desentenderse de sus circunstancias inmediatas en lo que tenían de más externo. Se limitó a lo artístico-literario, lo que la privó de entregar, en lo fundamental de sus páginas, una más rica visión de su momento.

La impronta minorista alcanzó aun otras ciudades del país, donde se conformaron núcleos explícita e implícitamente seguidores de sus ideas y modos de actuar, con mayor o menor trascendencia, pero indicadores todos de la influencia que hasta finales de este período ejerció la agrupación habanera. En Matanzas y Remedios actuaron dos de ellos, ambos con publicaciones propias de efímera vida en 1927. El matancero se preocupó, en lo concerniente a la literatura, por «estudiar las tendencias más fuertes de la producción mundial y a más volver la mirada al pequeño predio de nuestra literatura nacional para conocer sus buenos momentos y vínculos con nuestro pasado político», según exponen en el manifiesto aparecido en su órgano —la *Revista del Grupo Minorista de Matanzas*, primer y único número conocido, de junio de dicho año— y que firmaban, entre otros, Medardo Vitier y Fernando Lles. El núcleo de Remedios, en la provincia de Las Villas, tuvo su órgano de difusión en el periódico *Los Minoristas*, en cuyo primer número (octubre 7) se insertó la declaración de principios «Por qué somos minoristas», firmada por su director, el relevante músico Alejandro García Caturla, y en la cual, entre otras cuestiones, se planteaba lo siguiente: «Nuestra divisa, o una de ellas, la libertad de pensar. Cada cual puede pensar como le plazca, tanto en el orden político, como en el religioso y filosófi-

co. Que también nosotros pensamos libremente. Venimos a estar al lado, aunque sea sólo para darles consuelo, de los que tienen necesidad de Justicia, de los que aclaman la Verdad, de los tantos huérfanos de la protección social.» En la misma Remedios dirigieron más adelante los hermanos García Caturla (Alejandro y Othón) la revista *Atalaya* (1933), de orientación vanguardista más volcada hacia lo artístico-literario y con colaboraciones de todo el país. En Cienfuegos, el Grupo Ariel (1931-?), que contó entre sus fundadores e integrantes a Carlos Rafael Rodríguez, Raúl Aparicio y Juan David y publicó por breve lapso la revista *Segur* (1934), fue un esfuerzo en beneficio de la vida cultural de la ciudad. Sus fundamentos quedaron claramente expuestos en la carta de Carlos Rafael Rodríguez al director del periódico local *La Correspondencia* (publicada el 20 de enero de 1933): «Ariel lo formamos un conjunto de jóvenes que quiere recogerse en sí y hacer sentir su acción. Minoría numérica en grado sumo. Pero no aspira tanto a ser porción considerable, como rozar laxas voluntades e incorporarlas a la faena fuerte —y noble— de salvar a Cuba.» En la ciudad de Artemisa (provincia de Pinar del Río entonces) trabajó el Grupo Proa (1933-1937), con Fernando G. Campoamor como guía, y que tuvo en la editorial de igual nombre y en la revista *Proa. Mensuario de Avance* (1935-1936?) —en la que colaboraron algunos de los más prestigiosos intelectuales cubanos—, dos medios idóneos para comunicar sus criterios y búsquedas innovadoras, entre las que se destacan las de carácter político, como expresan en su declaración de principios: «El momento histórico nos enseña la única ruta salvadora: el papel conductor que presiona sobre la intelectualidad, levantando el gesto y la acción protestante, contra la estulticia de la obra republicana; proclamando la unión interpopular americana, frente al imperialismo y los gobiernos serviles.» De La Habana debe recordarse aún el Grupo Maiakovski (1932), activo gracias al esfuerzo de Pablo Le Riverend, Francisco Pita Rodríguez y Felipe Orlando —editores de su órgano de difusión: *Hélice. Hoja de Arte Nuevo* (dos números en el propio año)—, y que se expresó también a través de las páginas que le cedía la revista obrera *El Tranviario* (en su segunda época desde 1927).

La disolución del Grupo Minorista en 1927 por las causas apuntadas no significó el cese de la labor vanguardista por parte de sus miembros, que venían ya reagrupándose en torno a tres publicaciones: *América Libre, Revista de Avance* y el *Suplemento Literario del Diario de la Marina*, de aparición casi simultánea (la segunda, en realidad, renovación, pues salía desde 1922), y al frente de las cuales figuraban prominentes representantes del Grupo. *América Libre* (cuatro números entre abril y junio) fue expresión de las posiciones cada vez más radicales de su director, Rubén Martínez Villena, un rasgo que se hace visible en el espacio que cedió a los análisis y comentarios sobre problemas políticos, económicos y sociales de actualidad, entre ellos fragmentos de su ensayo «Cuba, factoría yanqui», considerado el primer examen marxista de la economía cubana en la república neocolonial. Acompañaron a Martínez Villena, José Antonio Fernández de Castro y los más jóvenes Raúl Roa, Sarah Pascual, Félix Pita Rodríguez y Gerardo del Valle, los dos últimos con poemas. Se nutrieron sus páginas, además, con textos de Mella, Diego Rivera y Mariátegui. El *Suplemento Literario del Diario de la Marina* apareció en una sección del reaccionario, y casi centenario entonces, periódico habanero, y estuvo animado por José Antonio Fernández de Castro, quien obtuvo la colaboración de representativos escritores de Cuba —algunos miembros del Grupo Minorista o vinculados a su quehacer—, entre ellos Martín Casanovas, Alejo Carpentier, Raúl Roa, Enrique de la Osa, Andrés Núñez Olano, Rafael Suárez Solís, Manuel Navarro Luna, Luis Felipe Rodríguez, José Antonio Fonçueva, firmas ya establecidas o noveles que se daban la mano con personalidades relevantes del ámbito hispanoamericano (Pedro Henríquez Ureña, Asturias, Gómez Carrillo, Borges, Sanín Cano, Cardoza y Aragón, Mariátegui) y español, así como con textos de escritores de las más variadas latitudes, que lo convirtieron en un poderoso exponente de las novedosas corrientes literarias de aquellos años, tanto a través de poemas, cuentos y fragmentos de obras literarias de mayor extensión, como mediante los trabajos de crítica, preferentemente sobre creaciones del momento. La ilustración en el *Suplemento...*, durante esta etapa en que marcó pautas en la vida cultural cubana (de marzo de 1927 a 1930), alcanzó también altos ribetes de funcionalidad artística y gráfica, como complemento de lo expresado en sus textos. Tiene la importancia, asimismo, de haber dado a conocer en sus páginas el poema «Salutación fraterna al taller mecánico», de Regino Pedroso, primera muestra de poesía proletaria en nuestro país. Más tarde se incluyó en esa sección, pero sin que se le pueda considerar parte del *Suplemento...*, la página «Ideales de una raza» —a cargo de Gustavo E. Urrutia, su redactor principal—, de innegables valores en la lucha del negro por el reconocimiento de sus derechos, y donde se publicaron por primera vez los *Motivos de son* de Nicolás Guillén. Ambos empeños, prohijados por el diario más anticubano de aquellos años, cumplieron un importante cometido en las condiciones en que surgieron, desarrollaron su existencia y contribuyeron con sus aportes a la renovación político-social y artístico-literaria del momento vanguardista, sobre todo si se atiende al mayor radio de acción que su inserción en un diario de amplia circulación en Cuba y en el extranjero les permitía.

La *Revista de Avance* (1927-1930), de extraordinaria envergadura para la historia cultural contemporánea de Cuba por más de una razón, se ocupó en sus páginas de literatura, artes plásticas y música, de cuestiones políticas e históricas, y acogió la obra de algunos de los pintores fundamentales que entonces iniciaban su quehacer desde la nueva perspectiva de la vanguardia. Editada por Martín Casanovas, Francisco Ichaso, Jorge Mañach, Juan Marinello, José Z. Tallet (desde el segundo número en sustitución de Carpentier) y Félix Lisazo (desde el onceno, en lugar de Casanovas, expulsado de Cuba a raíz del «proceso comunista») tuvo como asiduos colaboradores a las más prestigiosas firmas cubanas de aquellos años y a algunas jóvenes promesas de la literatura nacional —entre estas últimas Ballagas, Florit, Roa, Novás Calvo, Pita Rodríguez—, así como a escritores extranjeros del renombre de Mariátegui, Alfonso Reyes, Asturias, Azuela, Cardoza y Aragón, Vallejo. La obra de sus editores se completa con exposiciones (Exposición de Arte Nuevo), conciertos, y la publicación de libros bajo su sello editorial, entre ellos *El renuevo y otros cuentos*, de Carlos Montenegro, los poemarios *Kodak-ensueño y Trópico (1928-1929)*, de Regino Boti y Eugenio Florit respectivamente, y el ensayo de Jorge Mañach *Indagación del choteo*. Puede afirmarse que, en líneas generales, sus cincuenta números difundieron mucho de lo más valioso que se hacía entonces en Cuba, América y Europa en materia artístico-literaria, tarea decisiva en la conformación de una sensibilidad nueva y, en esa medida, culminación de la labor iniciada con la Protesta de los Trece en lo que ésta tuvo de proyección específicamente estética. Pero, además, su militancia política (alza su voz contra la intervención yanqui en Nicaragua y defiende las ansias independentistas de Puerto Rico, somete a crítica a la Sexta Conferencia Panamericana, acusa a la tiranía de Juan Vicente Gómez, por ejemplo) le imprime un auténtico sentido de contemporaneidad que la hace trascender su momento y sus circunstancias concretas. El afán renovador, evidente asimismo en el espacio que dedicó a las artes plásticas (junto a los tres pintores mayores: Víctor Manuel, Carlos Enríquez y Eduardo Abela, difundió la obra de muchos más de innegable significación), la hizo receptiva incluso al pasado nacional y a su figura más relevante: José Martí, a cuyo conocimiento contribuyó en tanto baluarte de un pensamiento plenamente actual en los difíciles años de la dictadura machadista. Sus relaciones con la cultura española coetánea vienen a subrayar sus inquietudes por lograr una verdadera apertura hacia lo más valioso de la literatura renovada, experiencia en la que desempeña un papel primordial la llamada Generación del 27 en España. Marinello ha hecho alusión a las debilidades y contradicciones de *Revista de Avance*, referidas éstas a la presencia de lo político en sus páginas, a pesar de que su propósito primordial era «el de actualizar nuestra creación artística, lo mismo en la poesía que en la narrativa, tanto en lo musical como en lo plástico»,[8] y en no menor medida a

las sustanciales diferencias ideológicas que escindían en dos sectores a sus integrantes. Las debilidades parecen estar representadas, según Marinello, en «los desenfoques y las desmesuras inevitables»[9] de las valoraciones. Sin embargo, los editores abordan los temas políticos como consustanciales de sus intenciones renovadoras, como se observa en mayor o menor medida a todo lo largo del período vanguardista, cuyas propuestas de innovación en lo estético eran sólo un aspecto de los imprescindibles cambios en busca de la sensibilidad contemporánea.

Comparada con *Cuba Contemporánea* (1913-1927), también atenta a los problemas esenciales del país, pero desde una perspectiva diferente, el más importante órgano de la vanguardia cubana trae un nuevo sentido de la cultura que pretende crear la conciencia de que es necesario rebasar los estrechos límites de la propia circunstancia para adentrarse en un ámbito universal, reclamo que en esos momentos es el de la integración al espíritu contemporáneo, pero siempre partiendo de los conflictos inmediatos, concretos, específicos de la vida nacional. De ahí entonces el carácter totalizador de los afanes de la vanguardia y particularmente de *Revista de Avance*, ese intento de ruptura en todos los órdenes, no siempre eficaz y a veces teñido de conceptos tradicionales, pero de importantes consecuencias en la historia de la cultura cubana, calificada por Cintio Vitier en estos términos: «Polémica, agresiva, irónica [...] se propuso barrer con los gustos provincianos, las pompas académicas y las actitudes trasnochadas, alertando a la vez la sensibilidad cívica y la estética, esta última a favor de una "proa" vanguardista que sincréticamente proyectaba hacia el horizonte los ismos europeos e hispanoamericanos de posguerra.»[10] Como en otras revistas y páginas literarias de la prensa diaria del período, en la que mejor representa acaso los nuevos tiempos se sustancian trascendentales aportes para la conformación de la contemporaneidad en Cuba. En el último número, los editores protestan por la represión desatada contra los manifestantes del 30 de septiembre de ese año 1930 y declaran que, en vista de los rumores acerca de la suspensión de las garantías constitucionales y de la implantación de la censura previa, la revista, «para no someterse a esa medida, suspenderá su publicación hasta que el pensamiento pueda emitirse libremente». Los diferentes caminos transitados después por los editores no permitieron un renacimiento de esta obra.

Además de todas las ya mencionadas, contribuyeron a la conformación del bullente momento vanguardista otras revistas como *El Estudiante* y *atuei* [sic], caracterizadas por su beligerancia política. La primera tuvo dos etapas. Inicialmente como vocero del Club Estudiantil Progresista de Cuba (fines de 1925-fines de 1926); después (1927), como iniciativa personal de José Antonio Foncueva, su director en ambas ocasiones. Los temas y preocupaciones que constituyen el centro de la publicación son de denuncia y análisis de la situación política imperante: la actualidad mexicana, conflictos estudiantiles en varios países de América Latina, la lucha de los nacionalistas chinos, la obra de Gandhi en la India, la reforma universitaria, todos en perfecta concordancia con la definición que le dio Foncueva en la segunda etapa, cuando la caracterizó mediante su subtítulo como una «revista americana por la revolución integral». *atuei* (1927-1928), dirigida durante sus seis números por Enrique Delahoza (transformación de «De la Osa», su verdadero apellido) y Francisco Masiques (bajo el seudónimo Nicolás Gamolín), se proyectó como órgano del Sindicato de Trabajadores Intelectuales y Artistas de Cuba, del que no llegó a ser al fin representante al frustrarse la constitución del mismo, que se fraguaba en los días inmediatamente anteriores al «proceso comunista», una de cuyas pruebas era precisamente el «manifiesto número 1» del sindicato, en puridad un manifiesto vanguardista hasta no ha mucho prácticamente ignorado por los estudiosos del período, y entre cuyos puntos programáticos se cuentan los siguientes:

1 como en el régimen social actual la obra de arte es una mercancía sujeta a las fluctuaciones de la oferta i la demanda i al grasiento gusto del burgués que la adquiere i financia, tarea fundamental nuestra es —para liberarla— luchar por la abolición de aquella sumando nuestros esfuerzos a los del proletariado militante

2 negamos toda manifestación estética que no sea medularmente nueva en su forma i contenido

4 exaltamos la velocidad el maquinismo lo dinámico i eléctrico aportado por el industrialismo a nuestra realidad cuidando siempre de su significación fundamental como instrumentos importados por el imperialismo —para la explotación de las masas indígenas

5 reivindicamos las corrientes estéticas de vanguardia poniéndolas al servicio de los productores de sus aspiraciones pasiones anhelos i luchas contra los opresores nacionales i extranjeros

6 emplearemos acción directa sabotage boicot huelgas contra los academizantes españolizados yankistas etcétera —pequeños-burgueses de todos plumajes— catalogándolos por orden alfabético en los museos de antigüedades o estrangulándolos en nuestros canales porveniristas

i sólo reclamemos de los que marchan por nuestras mismas rutas 2 cosas

1 unidad en el pensamiento revolucionario
2 unidad en la acción revolucionaria[11]

Los editores de *atuei*, un grupo de jóvenes intelectuales que se consideraban también minoristas, eran exponentes de las posiciones ideológicas del APRA (Alianza Popular Revolucionaria Americana), cuya figura rectora era el peruano Víctor Raúl Haya de la Torre, una línea de pensamiento a la que Mella y Martínez Villena habían comenzado por entonces a criticar a causa de la que estimaban su filiación pequeño-burguesa. En sus páginas, la revista se muestra altamente polémica y antimperialista, intransigente defensora de la vanguardia, en teoría y en la praxis creativa de sus colaboraciones, como deja ver el uso constante de las minúsculas, hasta en los títulos, los temas que ocupan sus páginas, los asuntos de sus poemas y cuentos, sus ilustraciones y recursos gráficos, la agresividad de su lenguaje. Junto a sus editores colaboraron en sus páginas Pita Rodríguez, Foncueva, Del Valle, Pedroso, Casanovas, Montenegro, Sabas Alomá, Diego Rivera, Mariátegui, Haya de la Torre, José Vasconcelos, entre otros. Se ocupó de problemas obreros, de cuestiones relacionadas con la reforma universitaria y de literatura soviética. Su aprismo, diferente en algunos puntos del que promulgaba su creador en Perú en 1926, tiene muy en cuenta significativas problemáticas de la realidad nacional y se levanta como una fuerza más contra el gobierno dictatorial de Machado, incluso en los meses posteriores al «proceso comunista», una actitud que obligó a los editores a realizar su tarea en la clandestinidad y que llevó a Delahoza a la cárcel y posteriormente al exilio.

Otros ecos del minorismo se manifestaron en Santiago de Cuba a través de la gestión editorial de uno de los miembros del Grupo —participante incluso en la Protesta de los Trece— que se radicó en la ciudad en 1927: Primitivo Cordero Leyva (1898-194?), quien dio vida a *Revista de Oriente* (1928-1932) y a *Aventura en Mal Tiempo* (1932-1933?). Orientó la primera hacia los problemas relativos a la literatura cubana, convertida en el centro de sus búsquedas y propuestas, tanto creativas como de orden valorativo, para lo cual contó con una nutrida nómina de colaboradores de todo el país, de la que formaron parte los miembros del Grupo H. A través de la sección «Motivos e idearios» expresó Cordero Leyva sus preocupaciones ideoestéticas de fuerte raigambre nacional, evidentes ya desde los propios títulos de los trabajos: «Arte y nacionalismo», «Cubanidad artística y literaria», «La descubanización en el Arte y la Literatura», «La mejor orientación de una revista literaria en Cuba». En consonancia con su momento histórico, sin embargo, y partícipe del espíritu de combate y solidaridad que caracterizó a la vanguardia, *Revista de Oriente* habló también de la construcción del socialismo en la Unión Soviética, de la lucha de Sandino contra la ocupación militar yanqui en su país, de los nacionalistas chinos, de la vigencia de las ideas de Martí, elementos comunes en todas las publicaciones

coetáneas de similar orientación. *Aventura en Mal Tiempo. Papel Proteico* (dos escasos números con formato de tabloide) se nutrió de colaboraciones nacionales y extranjeras y dio a conocer fragmentos de *Écue-Yamba-Ó*, de Carpentier.

Diversidad mayor que algunas de las precedentes de menor relevancia alcanzó *Revista de La Habana* (1930), dirigida por Gustavo Gutiérrez y de amplio repertorio y una calidad destacada, ganancia que se debe no sólo a los trabajos publicados (de los mejores prosistas y poetas cubanos del período), sino además a las ilustraciones (dibujos y grabados de Víctor Manuel, Mario Karreño, Jaime Valls). Sus artículos sobre movimientos literarios, historia de la literatura, historia de América Latina y de Cuba, filosofía, música, pintura, y la Unión Soviética, así como sus comentarios acerca de radio, cine y educación, constituyen un meritorio trabajo en favor de la cultura nacional, que la vinculan con *Revista de Avance*. Aun habría que mencionar empeños como los de *Aurora*, órgano de la unión de Dependientes de Cafés y de larga trayectoria que en esta etapa acogió colaboraciones de matiz vanguardista de conocidos escritores cubanos, y en cuyos trabajos políticos reflejó, al decir de José Antonio Portuondo, «la inquietud ideológica de esa etapa, anarcosindicalista, reformista y más tarde claramente marxista»;[12] *El Tranviario* que como ya se dijo, abrió un espacio a las inquietudes del Grupo Maiakovski, al mismo tiempo que realizaba sus funciones en la defensa de los intereses obreros que representaba; *Atabex* (1931, al parecer cinco números), semejante a *atuei* por el tono general que la caracterizaba y definida por los términos «Kubanidad, vanguardia, polémica» representados en su portada y por los temas a los que se dedicó: arte, doctrina, bajo la dirección de Andrés Núñez Parra, padrastro de Foncueva, de quien se dieron a conocer algunos textos inéditos.

Decisiva fue, como ha podido apreciarse, la labor desempeñada por las publicaciones periódicas de 1923 a 1935 en la sustentación y la tarea de difundir las ideas renovadoras que permiten calificar aquellos años como los del predominio de la vanguardia, un concepto en el que se fusionan las nuevas propuestas artístico-literarias y los reclamos y acciones para transformar las estructuras sociales, políticas y económicas de la nación, dirección ésta en la que realizó una obra de suma importancia el periodismo noticioso, como se evidencia en las respuestas represivas del gobierno, cuyos ataques a la prensa oposicionista se iniciaron casi desde su instalación en el poder, pues exactamente tres meses después fue asesinado en plena calle el periodista Armando André, director del periódico *El Día*, desde cuyas páginas se hacían duras críticas al régimen, que continuaron posteriormente, y a las que se sumaron campañas de apoyo a Mella durante su detención y posterior huelga de hambre como protesta y luchas estudiantiles en el Instituto de Segunda Enseñanza capitalino lidereadas por Leonardo Fernández Sánchez. En lo adelante, habría secuestro de ediciones, clausura de periódicos, asesinatos, procesos judiciales, detenciones, implantación de censura previa en varias ocasiones, a lo que no escapaban las publicaciones de orientación artístico-literaria, fundamentalmente las de más acusada vocación renovadora, a las que habría que sumar otras, algunas de incuestionable importancia por la seriedad y el rigor de su trabajo, con el que dieron un sustantivo aporte a la cultura nacional. Tal es el caso, por ejemplo, de *Archipiélago* (Santiago de Cuba, 1928-1930), órgano de la Institución Hispanocubana de Cultura de Oriente; *Gaceta de Bellas Artes* (1923-1928?), publicación del Club Cubano de Bellas Artes; *Martí* (1929-1960), *Ninfas* (Santa Clara, 1929-?) y *Mañana* (1930-?), dedicadas a los niños; *Ideas* (1929-?); *Índice* (1933-?) *Fraternidad y Amor* (1923-1925); *Cuba. Revista de Difusión Cultural* (Santiago de Cuba, 1930-1932?) y su antecesora *El Chofer de Cuba* (1927-1930), y de las que venían de la etapa precedente y continuaron en estos primeros años de la nueva prestando su concurso al desenvolvimiento de la cultura en el país, como *Anales de la Academia Nacional de Artes y Letras, Anales de la Academia de la Historia de Cuba, El Fígaro, Revista Bimestre Cubana, Revista Martiniana, Revista de la Facultad de Letras y Ciencias, Cuba Contemporánea* y *Social*, en ocasiones reorientando su perfil en concordancia con los nuevos

tiempos, o al menos prestándoles oído atento y abriendo espacio en sus páginas a las firmas de los escritores que emergían al panorama nacional.

[*E. S. y R. H. O.*]

2.1.3 Instituciones. Concursos. Ediciones (1923-1935)

A pesar de que algunas de las instituciones surgidas en el período desempeñaron un determinado papel en la defensa y propagación de los postulados de la vanguardia, puede afirmarse que, en líneas generales, no se constituyeron en representantes de las nuevas ideas ni pueden ser consideradas expresiones caracterizadoras de su momento, algo sí bastante manifiesto en la Sociedad de Folklore Cubano, fundada en enero de 1923 con Fernando Ortiz como presidente y Roig de Leuchsenring como secretario, entre otros miembros de la directiva, algunos de ellos integrantes del Grupo Minorista. Además de continuar el esfuerzo realizado por algunos hombres ilustres del siglo XIX, con lo que se logra dar cuerpo a una tradición de defensa de la cultura, la Sociedad trabajó por «la recopilación y estudio de los cuentos, las consejas, las leyendas conservadas por la tradición oral de nuestro pueblo; los romances, las décimas, los cantares, los boleros y otras manifestaciones típicas de nuestra poesía y nuestra música populares», así como por diversas expresiones de «la filología popular» y el ingenio, el saber empírico, las supersticiones, costumbres y disímiles prácticas de la vida del pueblo, toda una labor encaminada a desentrañar elementos de la sensibilidad de sectores de la población que eran mantenidos al margen por la clase dominante y por la cultura oficial. Su órgano de difusión, *Archivos de Folklore Cubano* (1924-1930), también bajo la dirección de Ortiz y en el que colaboraron algunos de los más relevantes intelectuales cubanos de entonces, contribuyó de un modo sustancial a la difusión de valiosos factores de integración de la vida social y cultural del país. Cuando se disolvió en 1931, la Sociedad, de la que fueron miembros muchos de los más conspicuos hombres de letras e historiadores del momento, había realizado una rica tarea de reivindicación de una zona esencial del patrimonio espiritual de Cuba y de algunos países de América, tarea con la que al mismo tiempo se llegaba a una más profunda intelección de la contemporaneidad y, con ella, de los conflictos inmediatos por los que entonces atravesaba la nacionalidad, postergada por la creciente penetración norteamericana. La Sociedad y su órgano difusor se erigen como representantes tempranos en este período del interés por el negro y su cultura, temas tratados poco después por la poesía, la narrativa, la pintura y la música.

Conjuntamente realizaron una limitada labor otras instituciones a todo lo largo de la Isla, algunas fundadas en la época colonial —con escasa o intrascendente vida en este lapso— y otras activas desde la etapa anterior y promotoras del amor por la historia de la cultura cubana, y en esa medida factores condicionantes y de estimulación en la labor que realizaron otras instituciones con propósitos más en consonancia con los nuevos tiempos. En 1923 se fundó el Club Cubano de Bellas Artes, fusionado en 1930 con la Asociación de Pintores y Escultores para crear el Círculo de Bellas Artes (en activo hasta 1968). Significativo papel desempeñó la Asociación con las exposiciones de pintura de algunos de los representantes del arte nuevo en Cuba, como Víctor Manuel y Carlos Enríquez. Desde 1922 (y hasta 1959) desarrolló sus labores el Ateneo de Cienfuegos, dentro de las direcciones de sus homónimos conocidos de otras ciudades del país. Después de la fundación en 1925 de dos instituciones de menor relevancia (la Academia Universitaria de Literatura y la Comisión Nacional Cubana de Cooperación Intelectual), surgieron a la vida pública en 1926 la Academia Cubana de la Lengua, correspondiente de la Española, y la Institución Hispanocubana de Cultura, que se caracterizan en la parte correspondiente del período 1936-1958.

De mayor peso en la difusión del arte nuevo fue la actividad del Lyceum (1928), unido en 1939 a la Sociedad Tennis de Señoritas, por lo que adoptó entonces el nombre de Lyceum y Lawn Tennis Club hasta que cesaron sus actividades hacia 1960. En efecto, esta organización femenina acogió en sus salones muestras del arte renovador, influida como estaba por las ideas del Grupo Minorista. Hasta 1935 aparecen otras instituciones: Alianza Nacional Feminista (1928-?), Asociación Cubana de Poetas (1928-?, con Gonzalo Mazas como secretario), Círculo de Amigos de la Cultura Francesa (1928-1965), Teatro Cubano de Selección (1930-?, dirigida por Paco Alfonso), Universidad del Aire (1932-1933 en su primera etapa, siempre dirigida y animada por Jorge Mañach, singular esfuerzo en beneficio de la difusión del saber, no sólo a través de las emisiones radiales, sino además mediante la publicación de los *Cuadernos* que recogían los textos de las conferencias y los debates que se suscitaban en los programas), Asociación de Escritores y Artistas Americanos (c. 1934-1960), Dirección de Cultura (1934-1961, de gran relieve en los años subsiguientes), Asociación Amigos de la Cultura Cubana de Matanzas (1935-?), sobre algunas de las cuales se harán consideraciones al tratar el período posterior por su mayor incidencia en el mismo. Como cierre, hacia finales del período fue creada la Unión de Artistas y Escritores Revolucionarios (UAER) —integrada a la Unión Internacional de Escritores y Artistas Revolucionarios—, «para fomentar un arte raigalmente humano que no quedara descontento al dolor y la ansiedad que pueblan hoy el mundo. Pero para que un arte semejante pueda frutecer el escritor, el artista ha de realizar su tarea en una sociedad donde le sea posible traducir realmente las razones de alegría y/o de angustia que el mundo circundante le va trasmitiendo. [...] La UAER estima que donde los hombres se ven impedidos de convertir en letras o en pintura la ira de multitudes oprimidas, el arte queda cercado por valladar que indudablemente tiene que ser derrumbado», posición de principios que se encuentra en su segundo manifiesto (publicado en *La Palabra*, el 3 de marzo de 1935). Un mes antes, había aparecido en el mismo diario el primero, todo un ensayo de gran extensión y claridad política en favor de la cultura, firmado, al igual que el segundo, por muchos de los más importantes escritores y artistas del momento en Cuba. La

UAER puede estimarse antecedente directo de la Unión de Escritores y Artistas de Cuba, surgida en 1938.

Las escasas bibliotecas activas en el período (la de la Sociedad Económica de Amigos del País, la más antigua de Cuba con carácter público, la Gener y Del Monte en Matanzas, la Elvira Cape de Santiago de Cuba, la Biblioteca Nacional y la Biblioteca Municipal de La Habana) continuaron desempeñando sus tareas tradicionales, en ocasiones completadas con actos que contribuían a una mayor difusión de la cultura, pero siempre dentro de los esquemas convencionales, y atenidas a las penurias económicas de aquellos años y a la falta de apoyo oficial para ampliar sus fondos y servicios públicos.

Durante este período, la Universidad de La Habana —única con que contaba todavía el país— se vio sacudida por una fuerte crisis y constantes luchas de los estudiantes por la renovación del claustro, de los programas y de sus concepciones. A fines de 1922 se había iniciado la lucha por la reforma, que lideró durante algún tiempo Mella, organizador principal del Congreso de Estudiantes y de la Federación de Estudiantes Universitarios, ambos con perspectivas muy radicales, un antimperialismo explícito y estrechas relaciones con el proletariado, para lo cual se creó, como acuerdo del Congreso, la Universidad Popular José Martí (1923-1927). Al asumir la presidencia Machado y lograr la salida de Mella del país, pareció ganar la batalla en contra de los estudiantes, pero éstos, a raíz de sus intentos prorroguistas en 1927, retomaron sus banderas reformadoras, y la lucha adquirió matices cada vez más agudos que culminaron con los sucesos del 30 de septiembre y la posterior clausura de la Universidad, reabierta tras la caída de la dictadura y convertida entonces en foco revolucionario de proyección nacional. Las conferencias —muy frecuentes en el período— y las clases de la docencia superior en los centros oficiales de enseñanza, aquellos en los que estaba representada la tradición, se mantuvieron, en líneas generales, como expresiones de los rígidos conceptos academicistas, no obstante lo cual contribuyeron en alguna medida al conocimiento sistemático de las disciplinas tratadas. Como antítesis se promovió un trabajo innovador que llevaron adelante las instituciones creadas al calor de las ideas vanguardistas y de renovación, entre ellas la Universidad Popular José Martí y la Universidad del Aire, ejemplos de la ruptura con el tradicionalismo de la docencia universitaria convencional y de la difusión cultural al margen de la cátedra, en el primer caso mediante una enseñanza altamente politizada, y en el segundo, a través de conferencias en torno a las más modernas propuestas ideoestéticas y aprovechando los avances de la ciencia y la técnica representados por la radio. No puede establecerse, sin embargo, una división tajante entre la cátedra universitaria y los cursos organizados por Mañach en 1932 para la Universidad del Aire, pues en éstos fue frecuente la participación de los profesores del alto centro docente nacional.

Al enriquecimiento del panorama cultural del período contribuyeron de manera apreciable los concursos y las editoriales, elementos de la vida literaria que en esos años de crisis lograron cierto auge. Entre los primeros se encuentran el de poesía, convocado por el *Diario de la Marina* y que ganó Enrique Serpa; los Juegos Florales Antillanos realizados en Santiago de Cuba y en los que salió triunfador Max Henríquez Ureña con «El intercambio de influencias literarias entre España y América durante los últimos 50 años (1875-1925)»; el de la Secretaría de Instrucción Pública y Bellas Artes por las Bodas de Plata de la República (1927), entre cuyos competidores fue Andrés de Piedra-Bueno el ganador con su poema «Lápida heroica»; el concurso dramático al que convocó en 1928 la actriz argentina Camila Quiroga con el respaldo de la propia Secretaría de Instrucción Pública, y en el que resultó vencedor Marcelo Salinas por su obra *Alma guajira* y en segundo lugar Jorge Mañach por *Tiempo muerto*; el concurso de la Sociedad Económica de Amigos del País (1928-1929) con premio para Francisco J. Ponte Domínguez por un trabajo sobre José Antonio Saco; el de cuentos cubanos abierto por *Revista de la Habana* (1930), en el que fue premiado «La guardarraya», de Luis Felipe Rodríguez; otros de cuento del periódico

Excelsior (1928) y el Lyceum (1930), a través de los cuales se dio a conocer Aurora Villar Buceta; el concurso literario del Círculo de Bellas Artes; el que inició la tienda El Encanto a partir de 1934 (hasta 1957) para premiar el mejor artículo o crónica periodística que se presentara, y el concurso nacional que la Dirección de Cultura de la Secretaría de Educación inició en 1935 (y hasta la década de 1950).

Las ediciones del libros, si bien no muy numerosas ni por la cantidad de títulos ni por la de ejemplares, mantuvieron en alto la vida intelectual del país. Durante este período aparecieron las obras representativas de los distintos géneros y corrientes literarias, los textos de los miembros de los distintos grupos ya mencionados, como los que dio a conocer la Editorial El Arte (de Manzanillo), o los de *Revista de Avance*. Tres importantes ediciones fueron, por esos años, el *Libro de Cuba* (1925) y las antologías *La poesía moderna en Cuba (1882-1925)* (1926), de Félix Lizaso y José Antonio Fernández de Castro, que vincularon en su quehacer a colegas del Grupo Minorista, algunos presentes en la sección «Los nuevos» del libro, y *Evolución de la cultura cubana. 1608-1927* (1928) en dieciocho volúmenes, ingente esfuerzo intelectual de José Manuel Carbonell; discursos de ingreso y recepción, y la diversa labor divulgativa de las distintas academias y otras instituciones existentes, activas en sus gestiones oficiales; las obras de los clásicos cubanos (Del Monte, Martí), tarea que se llevó a cabo mediante varias editoriales e imprentas, como Imprenta y Papelería de Rambla y Bouza, Imprenta y Librería El Universo, Editorial Guáimaro, Editorial Cultural —creada en 1928 por la fusión de Librería Cervantes y La Moderna Poesía—, Imprenta Molina, Imprenta El Siglo XX e Imprenta P. Fernández. Un apreciable esfuerzo por difundir la cultura lo constituyó la Colección Cubana de Libros y Documentos Inéditos o Raros, dirigida por Fernando Ortiz. En provincias la gestión editorial fue menor, pero alcanzó, no obstante, a promover los valores locales, en especial en las capitales y en aquellas poblaciones en las que se editaban revistas y periódicos mencionados a lo largo de estas páginas; en poblados de más escasos recursos económicos hubo pequeñas imprentas en las que sus escritores hicieron públicos los textos de su creación.

La tradición bibliográfica cubana, que tenía en Carlos M. Trelles a su más conspicuo representante en la época, se vio prácticamente paralizada. Habría que esperar al momento posterior a 1935 para ver recomenzada la labor que se había impuesto Trelles de dotar a Cuba de una bibliografía nacional, empeño que había completado hasta 1916.[13]   [*E. S. y R. H. O.*]

2.1.4 La pintura y otras manifestaciones de la plástica. La arquitectura (1923-1935)

Los pintores sintieron con gran fuerza la urgencia de la renovación. Durante las dos décadas anteriores se había ido creando un arte regido en lo esencial por el academicismo y representado por maestros de rica experiencia y formación —Menocal, Romáñach, Tejada, Rodríguez Morey— que, junto a otros no menos atendibles como Hernández Giro, Pastor Argudín y Esteban Domenech, continuaron su quehacer en este nuevo período. Otros dos artistas nacidos a finales del siglo XIX que, comenzada su carrera antes de 1923, y habiendo podido incorporarse a los nuevos reclamos de la modernidad, prefirieron mantenerse en sus maneras anteriores, fueron Esteban Valderrama y Domingo Ramos; en cierto sentido puede decirse lo mismo de Armando Maribona (1893-1964), continuador de una concepción de la pintura que no rebasa las soluciones, en lo esencial, de los años primeros de este siglo en Cuba.

Un grupo de jóvenes inquietos decidió tomar otros rumbos e inició un proceso de búsquedas que darían extraordinarios frutos ya desde los años 20. Algunos, con una etapa previa de aprendizaje en Europa, habían tenido la oportunidad de conocer directamente qué se estaba haciendo en importantes centros de la pintura; otros, formados de manera totalmente autodidacta o en los centros de enseñanza del país, percibieron de inmediato la modernidad y llegaron a representar el espíritu del arte contemporáneo.

En todos estaba presente una necesidad de primer orden: el hallazgo de la cubanía, lo que quería decir el hallazgo de *su* paisaje, *sus* tipos humanos, *su* luz, *su* propio ser. Como en la poesía de vanguardia, la pintura necesitaba romper las sujeciones de la academia en nombre de un arte que fuese él mismo, no una realización al servicio de los temas o de las tradiciones, por importantes que hubiesen sido en el pasado. Así, el retrato fue trabajado por estos jóvenes desde una nueva perspectiva, con un sentido mucho más libre hasta en la elección de los personajes.

Víctor Manuel (1897-1964), llegado de Europa en 1924 con muchas ideas y propósitos y con sustanciosos conocimientos de sus visitas a museos y exposiciones —aprendizaje que pudo contrastar con lo visto de adolescente en la academia San Alejandro—, expuso ese año en una muestra habanera con la que se abría, en cierto sentido, un modo diferente de pintar, del que fueron partícipes ya por entonces otros creadores de talla en Cuba. A propósito de los cuadros que trajo de Europa apuntó Marcelo Pogolotti lo siguiente: «Salvo en los retratos, ha descartado por completo la pintura del natural, expresándose libremente, de suerte que se irá afirmando a sí mismo con creciente rotundidad en tanto que su mundividencia se define cada vez más, consolidándose los medios y valores pictóricos privativos.»[14] Era imprescindible que el artista tuviera una nítida conciencia de sí, implícita en su circunstancia, que estaba a su vez hecha de diversos elementos. El afuera debía ser sometido a la percepción subjetiva, a la individualidad del creador para ser expresado desde su adentro, no como un hecho del mundo real sin más. De este período datan algunos de los cuadros más importantes de Víctor Manuel: *Naturaleza muerta con jarrón* (ca. 1927), *Naturaleza muerta* (1929), *La gitana tropical* (1929, pintada en París, a donde se trasladó ese año). Participó con otros creadores en la exposición de «arte nuevo» que tuvo lugar en la Asociación de Pintores y Escultores en 1927, patrocinada por *Revista de Avance*. Su quehacer fue determinante en la integración de una pintura de vanguardia que incorporaba importantes lecciones de los maestros de la nueva sensibilidad, pero en busca de una realidad esencialmente cubana. Los excesos de algunas corrientes europeas no dejaron huellas en la obra de este renovador, caracterizada por una serenidad que nada tiene que ver con estridencias ni delirios. En los trabajos de estos años —y en los posteriores— hay una percepción del paisaje y del rostro que ningún pintor había tenido antes en Cuba, tratados con una voluntad de perspectiva y de colorido muy cubanos en su apacible estar, un rasgo que la crítica ha calificado de clasicismo al referirse a sus cuadros. Es decir: asimilados por Víctor Manuel técnicas y conceptos del arte nuevo de Europa y de México —presentes, aquéllas, en el tratamiento que da a los rostros y en especial a los ojos—, se propone crear desde la búsqueda de su cultura y su contexto y al margen de los dogmas y tradiciones de la academia, una labor que Graziella Pogolotti resume de este modo:

> Abrir los ojos hacia lo cubano, limpiar la tela, construir el cuadro alrededor de nuevos principios de composición, renunciar a una centenaria concepción de los valores plásticos, equivalía a instalar de un solo golpe el siglo XX en la pintura cubana, a asimilar las conquistas del postimpresionismo utilizándolas en función de una realidad diferente.[15]

Muy relevantes fueron los aportes de Eduardo Abela (1891-1965), formado en San Alejandro, al desarrollo de la pintura y el dibujo a partir de 1923. Tras su regreso de España, donde permaneció entre 1921 y 1924 y pintó «gitanerías», en 1925 realizó su serie *Las azoteas de La Habana* y comenzó a colaborar en *La Semana*. Resumen de la vida criolla, en broma y en serio (publicada en La Habana de 1925 a 1931 y de 1933 a 1935), de la que fue cofundador, con dibujos que conforman un personaje llamado El Eterno Descontento, un fisgón. En 1926 dio a conocer en la misma revista su famoso personaje El Bobo, en sus inicios expresión de la picaresca, y más tarde, hasta su desaparición en 1934, una de las más justamente célebres caricaturas cubanas de humor político, aparecido además en *Información* y en *Diario de la Marina*, y símbolo de la oposición al régimen machadista y a sus secuelas en todos los órdenes del vivir nacional. Sus ilustraciones en *Revista de Avance*, algunas de trazos gruesos, de temática campesina y negra, revelan a un maestro de la nueva estética, preocupado por crear un arte que siga el camino de la innovación y que recoja expresiones de la vida del pueblo, de sus costumbres y angustias. Durante su estancia en París (1927-1929) hizo dibujos de otro carácter: desnudos de mujer, muchachas de ambiente urbano, apuntes para su cuadro *El alacrán* (1927). Por su factura, los dibujos de Abela, incluida su labor como humorista, revelan a un artista de sus días, que ha sabido asimilar técnicas y procedimientos de los maestros para conformar un mundo propio; en algunos ejemplos puede apreciarse la influencia de los grandes mexicanos de entonces, cuyo tratamiento de la figura asume Abela como un utilísimo aprendizaje para el manejo de los volúmenes. Por sus temas, dos son las vertientes de estos dibujos del período 1923-1935: la cubana, presente en los argumentos y tipos y en el tratamiento de las líneas, así como en la causticidad acusatoria de El Bobo, y la universal, manifiesta en sus dibujos de contenido social, con los que alcanzó a rebasar los límites nacionales. Por su obra pictórica, desde su llegada de España puede considerársele también representante del nuevo espíritu de ruptura entonces imperante en los medios intelectuales y artístico-literarios. Intensa fue su actividad en París en los dos años de residencia. Además de ponerse al día en lo más reciente y de exponer en varias galerías, realizó apuntes y concluyó cuadros como *El gallo místico* (1927), *Comparsa* y *Antillas* (ambos de 1928), llenos de «criollismo en profundidad» y alejados de «los anhelos del realismo». En esos ejemplos —y en otros como *Los caballos del pueblo* (1928) y *El adiós* (1936)— cualesquiera que sean sus temáticas e intenciones, la pintura es en primer lugar ella misma, rescatada de las funciones ancilares de etapas anteriores; es el suyo un arte que comienza por su propia defensa, por la exaltación de sus propios rasgos definidores frente a todo mercantilismo o tergiversación de su identidad. En *El alacrán, La rumba, El velorio de Papá Montero, El gavilán, Ca-*

mino de Reyes, hechos en París, se conjugan técnicas de avanzada con contenidos de cubanía esencial. El artista se sitúa ante la realidad desde una perspectiva que le permite captar cualidades y elementos que las concepciones academicistas y rígidas, de un insustancial realismo, no le permiten percibir.

Similares criterios sostienen las obras de Amelia Peláez (1897-1968), Carlos Enríquez (1901-1957), Fidelio Ponce (1895-1949), Arístides Fernández (1904-1968), Marcelo Pogolotti (1902-1988), Antonio Gattorno (1904-1968). En las creaciones de Amelia Peláez de esos años de ruptura —de las que son ejemplos *Paisaje* (1924), *Mujer* (1928), *La liebre* (1929) y *Gundinga* (1931), así como las frutas y figuraciones macizas, de 1933— hay un realismo que no pretende plasmar los detalles·y pormenores, sino aprehender su objeto en una dimensión más honda, actitud que antecede al abstraccionismo hacia el que evolucionó más tarde. En Carlos Enríquez se aprecia, en cambio, un arte diferente, de una mayor combatividad en sus ilustraciones para *Revista de Avance* y para el libro *El terror en Cuba* (1933), editado por el Comité de Jóvenes Revolucionarios Cubanos, así como en los cuadros de entonces: *Autorretrato* (1925), *Totem* (1930), *Virgen del Cobre* y *Crimen en el aire con guardias civiles* (ambos de 1933), *Los carboneros* (ca. 1933), *Rey de los campos de Cuba* (1934), a los que hay que sumar los que escandalizaron a una parte del público asistente a su exposición de 1930 en la Asociación de Reporters, poco después trasladada a la antesala del bufete de Roig de Leuchsenring. De fuerte tendencia política, en pintura se inscribió en la renovación no sólo por el empleo de los colores y las técnicas modernas, sino además por sus temas: problemas del campesino, la violencia, las tradiciones cubanas, desarrollados después de 1935 en cuadros capitales de la historia plástica en Cuba.

Si bien de una actitud vital que lo acerca a Enríquez, el caso de Ponce es radicalmente distinto en su obra. Alumno irregular de San Alejandro, pronto sintió la necesidad de romper los cánones académicos hasta que llegó a ser, según su propio testimonio, «el primero en combatir la academia [...] con mis obras echadas de dentro afuera y trazadas con las líneas de mi espíritu trataba de romper, de aniquilar toda fórmula académica carcomida por la carcoma de la mediocridad», una rebeldía que se manifestaba «en mis propuestas, en mis telas, hasta rechazar obstinadamente el modelo académico y reemplazarlo por el modelo interior».[16] Sus cuadros anteriores a 1936 —*Mujeres, Tuberculosis, La familia está de duelo, Las lavanderas* (todos en 1934), *San Ignacio de Loyola* (ca. 1934) y *Beatas* (1935)— dejan ver ya su personalísimo tratamiento de la figura humana, alargada y de contornos un tanto imprecisos, y su también exclusiva voluntad colorista con tendencia marcada hacia los colores claros, en especial el blanco, un estilo en el que los rostros permanecen en una buscada atmósfera de indefinición. Hay un extraño patetismo en esos personajes desconocidos, trágicos en un sentido diferente del que poseen los de Enríquez. Las escenas de Ponce, despojadas de paisajes, son un alto ejemplo de universalidad que parte de la observación del entorno y de un concepto contemporáneo del arte, de la asimilación del arte nuevo.

Arístides Fernández, por su parte, trabaja con una más rica gama de colores y una mayor nitidez en las figuras en sus diversos temas: el retrato de su madre, la huelga de obreros, el grupo familiar, cuadros tocados por la sensibilidad de su momento, un rasgo que se evidencia a primera vista en el empleo del color incluso en *Retrato de mi madre*, de dibujo y posición que en alguna medida recuerdan la retratística convencional. Esa contemporaneidad se observa también en *Autorretrato, Parque* y *Día de lluvia*. Como en sus cuentos, la pintura de este innovador se mueve en ocasiones bajo la influencia del expresionismo, conjugado con el contenido social de sus obras.

Pogolotti y Gattorno acogen y traducen asimismo las ideas renovadoras en cuadros de tema social y tipos y paisajes populares, el primero en la serie *Nuestro Tiempo* (1931) y *Paisaje Cubano* (1933), y el segundo en *Mujeres junto al río* (1926), *Camino de Jerusalén*, de evidente filiación riverista en los personajes, y sus guajiros, entre otras creaciones.

A esos nombres podrían añadirse los de aquellos que no alcanzaron a realizar una obra de tanta trascendencia y los que iniciaban entonces su trayectoria con apenas unas muestras de menor relieve en estos años, como Wifredo Lam, Mario Karreño, Luis Martínez Pedro, Felipe Orlando, Juan David, influidos de un modo u otro por las corrientes nuevas. La vanguardia artística está sustancialmente relacionada con la vida política del país en aquellos años de rebeldía y de acción revolucionaria. Los mejores representantes de la pintura tienen un modo diferente de mirar la realidad, percibida con un colorido, un trazado y una perspectiva que dan otro sentido a los temas y asuntos, también escogidos en busca de la cubanía por cuya definición trabajaban escritores, intelectuales y artistas de distintas filiaciones estéticas y filosóficas. Con las obras pictóricas de estos años se abrió esa rama de la cultura nacional hacia un desarrollo de valores universales que tiene su raíz en la problemática política, social y económica del país.

Otras manifestaciones de la plástica como el grabado, la ilustración, la escultura y la fotografía, continuaron en este período la trayectoria de su evolución, abriéndose también, en líneas generales, a las nuevas perspectivas que las vanguardias posibilitaban. Enrique Caravia (1905-?) fue un importante grabador que por entonces ya tenía una interesante obra antecedente del posterior desarrollo de esta modalidad. La ilustración, que proliferó siempre en numerosas publicaciones periódicas y en libros, y en apreciable cuantía también en carteles —y que Luz Merino ha considerado como una de las vías del arte moderno en Cuba actuante desde la etapa anterior—,[17] tuvo una significación relevante en los trabajos de Abela y Enríquez ya citados y en los de caricaturistas y dibujantes como Arroyito, Hernández Cárdenas (*Hercar*), José Hurtado de Mendoza —autor de la serie de caricaturas *Cuentos siboneyes* y de decoraciones escénicas (para las puestas de *Fuenteovejuna* y de los ballets *La rebambaramba* y *El misterio de Anaquillé*, de Amadeo Roldán)—, Salcines, Massaguer, J. M. Acosta, A. López Méndez, Valls, a los que se suman nombres de pintores: Gattorno, Víctor Manuel, Loy, Romero Arciaga, Domingo

Ravenet. La maestría de algunos, notablemente enriquecida por sus búsquedas dentro de la nueva estética, contrasta con cierta rigidez en los trazos y la falta de «gracia» de otros; en líneas generales, la ilustración se integró a la labor renovadora, tanto por las soluciones artísticas cuanto por sus temas, hechos de tipos populares al servicio de las más avanzadas ideas políticas del momento. Escultores con oficio fueron en aquellos años Esteban Betancourt, autor de bustos de figuras cubanas (Gertrudis Gómez de Avellaneda, Martí, Céspedes), de *Aurora* y *Estudio de reposo;* José Gómez Sicre, creador también de un busto de Martí de gran fama, de *Cabeza de mujer, Bohemia* y *La loca del Vaticano;* Teodoro Ramos Blanco, que hacia 1930 daba sus pasos iniciales y se desempeñaba como profesor de dibujo. La fotografía, que experimentó cambios hacia la modernización técnica y conceptual, estuvo consustancialmente ligada, como el dibujo y la caricatura, a las publicaciones periódicas, pero fue además cultivada en estudios particulares. Tuvo, pues, dos vertientes fundamentales: la periodística y la artística, en ambas con algunos aportes de interés, determinados en buena medida por los aires de la vanguardia. Entre los muchos nombres de fotógrafos que de 1923 a 1935 dejaron realizaciones valiosas están los de Joaquín Blez (*Esperanza,* ca. 1923; *Rostro,* 1925), Manuel Tárano (imágenes de la guerrita de Gibara, en la provincia de Oriente, en la que se enfrentaron Emilio Laurent y sus hombres con las tropas de Machado, en agosto de 1931), Rafael Pegudo (*Soldado con fusil,* 1933), Villa, Colominas, Handel, todos ellos estudiados por María Eugenia Haya en su investigación «Sobre la fotografía cubana».[18]

La arquitectura, grandemente condicionada por los valores utilitarios y por las decisiones de la burguesía que detentaba el poder económico, no logró por estos años un desarrollo de las más modernas concepciones constructivas. Si bien esa conjunción de factores no fue determinante ni la única causa en el retraso de la modernización, alcanzada finalmente en la década de 1940, tuvo una enorme influencia en tan complejo proceso. Resulta interesante constatar, sin embargo, que las últimas ideas eran conocidas en el país a través de las revistas cubanas *Colegio de Arquitectos, Arquitectura* y *Arquitectura y Artes Decorativas,* a través de las clases de arquitectura en la Universidad de La Habana y, en general, mediante la difusión de las propuestas artísticas renovadoras que los más avanzados intelectuales divulgaban, como Alejo Carpentier, a quien se debió el artículo «Reflexiones sobre la arquitectura moderna» (publicado en *Social,* octubre de 1932), donde se detenía en la obra de Le Corbusier. Significativa labor realizó en ese sentido Joaquín Weiss, uno de los grandes maestros del arte de las edificaciones en Cuba. Sorprende asimismo la existencia de una importante literatura especializada que interpreta, valora y propone soluciones en estudios monográficos publicados en libros, entre ellos *La Habana actual* (1925), de Pedro Martínez Inclán; *La casa cubana ideal* (1934), de Leonardo Morales; *El rascacielos. Su génesis, evolución y significación en la arquitectura contemporánea* (1934), ejemplos de un trabajo teórico-práctico que enriquece el conocimiento de la propia disciplina y al mismo tiempo el de su momento histórico. Ese cuerpo de formulaciones conceptuales, elaboradas a partir de diversas influencias, pone de manifiesto las tendencias supraestructurales y los basamentos socioeconómicos que integran la problemática de la arquitectura en esos años de tránsito hacia la modernidad.

La penetración norteamericana, visible en gran escala en la construcción del Capitolio Nacional (1929) a imitación del de Washington, había comenzado a imponerse en detrimento de las posibilidades de la arquitectura tradicional cubana. Pero no se trataba sólo de la presencia de estilos y maneras provenientes de Estados Unidos, país con el que la dependiente burguesía nacional tenía las mayores relaciones en la economía y en el terreno de la política, sino, además, de la presencia de lo que podría denominarse el espíritu de época, determinante en muchas esferas de la vida, incluso las modas del vestir. Roberto Segre ha señalado la influencia que dejó en la arquitectura cubana la Exposición de Artes Decorativas de París (1925), a partir de la cual «el tradicional repertorio clásico reiterado en el paisaje de La Habana, comienza a depurarse y geometrizarse».[19] Otro dato interesante es la construcción de lujosas viviendas en El Vedado entre 1925 y 1930, siguiendo esquemas eclécticos que incluían soluciones dentro del estilo neocolonial, un elemento significativo que, según el propio Segre, «inicia el proceso de superación de la hegemonía indiscutida del sistema Beaux-Arts».[20]

Dentro de los planes de Machado —como ocurrió en otras importantes ciudades latinoamericanas en estos años— se encontraba el de transformar la ciudad de La Habana en un centro de esparcimiento y bienestar para el capital norteamericano, proyecto en el que trabajó el arquitecto francés Forestier entre 1926 y 1930 y que trajo incuestionables beneficios en el orden de la urbanística en dos sentidos esenciales: la revitalización de las soluciones eclécticas relacionándolas con el barroco y el neoclasicismo y la protección indirecta de la Habana Vieja al desplazar el centro económico-administrativo de la ciudad hacia otras zonas. El Art-Decó fue a su vez asimilado como expresión de un sobrio decorado en la búsqueda de un estilo de más mesuradas maneras y que estuviese dentro de las corrientes del momento, una dirección en la que trabajaron Maruri, Weiss, Rodríguez Castells y la firma Mira y Rosich, la que tuvo a su cargo la realización del edificio de apartamentos López Serrano (calles 13 y L, Vedado); en esa misma línea Decó se levantaron el edificio de la firma Bacardí (Monserrate, Habana Vieja) y los hospitales Infantil (F entre 27 y 29) y de Maternidad (Línea y G), ambos en el Vedado, muestras de una voluntad de modernización y de universalidad que fructificaría algunos años más tarde. Entre otras importantes muestras de la arquitectura de este período merecen citarse el Colegio de Belén (iniciado en 1923), la Escalinata de la Universidad de La Habana (1927) y el teatro Auditorium (1928, después de 1959 rebautizado como Amadeo Roldán).

De todo lo expuesto puede llegarse a la conclusión de que en este período, caracterizado en lo económico por el subdesarrollo y la dependencia, males que trajeron consigo el incremento de una espontánea urbanización marginal —su muestra más elocuente fue el surgimiento de los llamados barrios de indigentes, el más famoso de ellos en La Habana, Las Yaguas, aparecido en 1926—, se fusionan dos elementos estilísticos fundamentales: el neoclásico, de ascendencia colonial hispana, y el sustentado en las búsquedas de un arte moderno, que se entremezclará entonces con diversas tendencias; por otro lado, la penetración norteamericana desempeña un importante papel en el desarrollo de la arquitectura, no sólo a través de la copia directa de modelos constructivos (el ya mencionado edificio López Serrano es el más expresivo ejemplo de esta tendencia en su imitación a escala reducida del Empire State neoyorquino), sino además mediante la política urbanística planeada, que prácticamente nada tenía que ver con la solución de los problemas de vivienda de las masas (la demagogia y el cinismo de un gobierno como el de Machado quedó al desnudo, en este sentido, con su proyecto de crear un modelo de «ciudad industrial», en cuyo seno se levantaría también un reparto obrero: Lutgardita, ambos en la zona de Rancho Boyeros —periferia de la capital—, en terrenos de su propiedad).[21] El Presidio Modelo de Isla de Pinos y la Carretera Central (1929), otras dos obras del gobierno de Machado, se ponen al servicio de esos mismos intereses, en el caso de la carretera para insuflar además ciertos aires de modernidad al país, aunque no pueda negarse la utilidad que para la economía en general tuvo la inversión. La Habana creció, sin embargo, y dio los primeros pasos hacia la modernización, un proceso que en la arquitectura no se manifestó al mismo ritmo que en otras artes, como ya fue señalado. El Vedado ganó en importancia y comenzó a cambiar el perfil urbano con sus grandes casas, más tarde relegadas en los planes constructivos por los enormes edificios de apartamentos.

La burguesía fue desplazándose, ya desde este período, hacia zonas más alejadas, como Miramar y otros repartos más exclusivos aún. En el panorama de la vida cubana del período vanguardista, la arquitectura se destaca por su contribución al proceso de búsqueda de un espíritu moderno que debe partir de la problemática concreta y llegar al hallazgo de la universalidad, si

bien sus aportes en ese sentido no sean tan relevantes en esos años.   [E. S. y R. H. O.]

2.1.5 La música. La radio. El cine (1923-1935)

En la música se produjo también un formidable
movimiento renovador que tuvo sus inicios hacia 1925, según Edgardo Martín con el estreno
de *Obertura sobre temas cubanos*, de Amadeo
Roldán (1900-1939). La situación económica y
social de Cuba había determinado un replantea-
miento a fondo de la cultura, a la que se hacía
necesario darle otro sentido, comprenderla desde una perspectiva diferente. Había que ir en
busca de nuevas maneras y estilos y de una nítida definición de la nacionalidad, tarea ingente
que obligaba a poner al día la música y a hacer
de ella, desde ese concepto de la modernidad,
un modo de expresión de lo cubano. Roldán y
Alejandro García Caturla (1906-1940) se entregan a la creación desde esa perspectiva, junto con
otros que sin desmayo luchan para lograr el imprescindible ambiente renovador. Roldán contribuyó notablemente a la cultura musical de su
momento a través de un quehacer múltiple: en
calidad de secretario de la Sociedad de Solidaridad Musical de La Habana, como promotor de
conciertos de música nueva (iniciativa en que
trabajó con Carpentier y que se hizo realidad en
1926 y 1927 en La Habana); inspirador de la primera audición de la *Novena Sinfonía* de Beethoven con la Sociedad Coral de La Habana,
como conferenciante e instrumentista; fundador
de la Escuela Normal de Música de La Habana
(1931) junto a César Pérez Sentenat, en su condición de director de la Orquesta Filarmónica
de La Habana (1932-1939); director del Conservatorio Municipal de La Habana y, sobre todo,
por su rica obra de creador, de la que pueden
citarse, además de la *Obertura* —según Carpentier en 1946 «el acontecimiento más importante de la historia musical cubana en lo que lleva de corrido el siglo XX, por su proyección e
implicaciones»—,[22] *Fiestas galantes* (1925), sobre poemas de Verlaine y dentro de la estética
impresionista; el primer acto de la ópera *Deirdre*
(ca. 1924), escrita con «una cierta brutalidad de

acento, una cierta violencia primitiva, que rompía con la blandura del impresionismo»;[23] *Trece
pequeños poemas* («Oriental», «Pregón» y «Fiesta
negra») (1926); *La rebambaramba* (1928), ballet con el tema de la «vida populachera» en La
Habana de 1830; *Danza negra* (1928), *El milagro de Anaquillé* (1929), auto coreográfico de un
solo cuadro con elementos guajiros (décima y
zapateo) y temas rituales de ceremonias de
ñáñigos; *Rítmica* (seis partes, 1929-1930), *Tres
toques* (de marcha, de rito, de danza, 1931), de
carácter sinfónico; *Curujey* (1931) y *Motivos de
son* (1932), sobre textos de Guillén.

El caso de García Caturla es similar por su
apasionado servicio a la música y la diversidad
de su gestión en ese sentido. Radicado en Remedios, su ciudad natal, donde ejercía la profesión de juez (por la que perdió la vida a manos
de un reo que habría de recibir sentencia en breve), contribuyó de manera notable a enriquecer
allí la cultura con la fundación de una sociedad
de conciertos y la dirección de su orquesta en
Caibarién, la animación de actividades de música, la elaboración de textos de carácter ensayístico y la creación de su enorme obra, hecha con
un talento que fue considerado «una fuerza de
la naturaleza». De su inicio de boleros y
danzones pasó García Caturla a *Tres danzas cubanas* («Danza del tambor», «Motivos de danza» y «Danza lucumí» (1927), la primera de sus
composiciones nuevas, del mismo año de *Preludio para orquesta de cuerdas*, «intelectualmente
tímida, en la que el autor parece tantear un mundo fuera de lo folklórico y logra trabajar [...] al
servicio de una materia sonora de gran interés
armónico, que deja entrever algo de inconformidad con las rutinas académicas».[24] En las *Danzas* se observa, según la crítica, una fuerza llena
de primitivismo que buscaba la ruptura con todo
lo precedente, como era de esperar en el primer
texto renovador de un músico apasionado que
quiere crear un arte radicalmente distinto. Las
obras sucesivas más importantes son las siguientes: *Yamba-O* (1928), con el texto del poema
«Liturgia», de Carpentier; *Bembé* (1929), *Son*
(1930), *Primera suite cubana* (1931), *El caballo
blanco* (1931), *La rumba* (1931), basada en la
poesía del mismo nombre de Tallet; *Manita en*

el suelo (1934), ópera de cámara con texto de Carpentier hecho de personajes de la mitología popular criolla. García Caturla compuso además para el cine: *Recuerdos del Sheik* (1923), poema sinfónico para la película homónima protagonizada por Rodolfo Valentino y *Kaleidoscopio* (1923), para ser ejecutada por la orquesta del teatro Campoamor. Su vasta obra, integrada por piezas de diferente factura, manifestaba el propósito, en lo que tuvo de renovadora, de «hallar una síntesis de todos los géneros musicales de la isla, dentro de una expresión propia», como ha señalado Carpentier.[25]

Ambos creadores, convencidos de las necesidades políticas y culturales de su tiempo y de la significación de las más avanzadas corrientes estéticas, en especial las musicales, en la tarea de transformar la cosmovisión de sus contemporáneos, se dieron por entero a la labor de edificar un nuevo universo sonoro que fusionara los hallazgos de la música de talla universal con los elementos típicos de la sonoridad cubana, una empresa que en la pintura fue realizada con un innovador empleo de los colores, la composición, el dibujo y el tratamiento de temas y tipos populares, y en la literatura mediante la ruptura de la esbeltez modernista desde un estilo que inicia en la lírica cubana el conversacionalismo y, en general, dándole al poeta entera libertad en la escritura. Así, en esas tres manifestaciones de la sensibilidad renovada se hallan integrados los aportes de la tradición vernácula y del más elaborado arte de avanzada, una simbiosis que da por resultado lo que la historiografía ha dado en llamar, refiriéndose a Cuba, la vanguardia.

Durante esos años de 1923 a 1935 desempeñaron un valioso trabajo las instituciones, publicaciones especializadas y algunas personalidades de la música. Entre las primeras, además de las ya citadas, están la Sociedad Pro Arte Musical, fundada en 1918, de donde surgieron más tarde el teatro Auditorium y una importante escuela de ballet (1931), organizada y bajo la dirección de Nicolás Yavorski, a la que ingresarían Alicia Martínez del Hoyo (después Alicia Alonso) en 1931, y Alberto y Fernando Alonso, y que permitió a la joven Alicia bailar en 1935 su primer ballet completo (*Coppelia*) como figura principal; el *Cuarteto de La Habana* (1927), creado por Roldán; el Conservatorio Provincial de Oriente (1927), dirigido por Dulce María Serret; La Orquesta de Cámara de La Habana, de 1934, debida a José Ardévol. Las más significativas revistas fueron *Pro Arte Musical* (1924-1958), de la institución homóloga y con rica labor de difusión y *Musicalia* (1928-1932 en su primera época), bajo la dirección de María Muñoz de Quevedo. Entre las personalidades se cuentan la propia Muñoz, su esposo Antonio Quevedo (españoles) y Carpentier, autor de artículos ensayísticos y de una tarea de animación que contribuyó de manera sustancial a la implantación de las ideas de vanguardia en Cuba. Por esos años se dieron a conocer compositores virtuosos, orquestas (la sinfónica de Nueva York en 1925), trabajos de exégesis, todo un movimiento de envergadura que en las décadas subsiguientes se enriquecería y en aquellos momentos removió los cimientos de la creación, la docencia y la sensibilidad del público, inmerso en una atmósfera de transformaciones en busca de una identidad más plena.

En lo que concierne a la música popular, ese período vio florecer a figuras de primer orden en la canción (cantantes y compositores), la ejecución y el trabajo orquestal. Entre las numerosas orquestas merecen destacarse, por su larga trayectoria y popularidad sostenida, las siguientes: Orquesta Hermanos Avilés (1892), desde los años veinte en el estilo *jazz band*; Hermanos Castro (1929-1960); la de Neno González (1926), charanga francesa; el Septeto Nacional (1927) de Ignacio Piñeiro. Los nombres de Lecuona, Gonzalo Roig, Eusebio Delfín, Sindo Garay, Aniceto Díaz, Rita Montaner, María Teresa Vera, el Trío Matamoros, Jorge Anckermann, Echániz, Eliseo Grenet, Rodrigo Prats, Moisés Simons, Ignacio Piñeiro, Rosendo Ruiz, Nilo Menéndez, entre otros, colmaron aquellos años con innumerables conciertos y creaciones en teatros de Cuba y, los más famosos, del extranjero. La canción alcanzó una extraordinaria altura con piezas como *La guinda* (1924), de Eusebio Delfín; *Una rosa de Francia* (1927), de Prats; *Lágrimas negras* (1928), de Miguel Matamoros; *Flor de Yumurí* (1929), de Anckermann;

Aquellos ojos verdes (1930), de Nilo Menéndez; *Sitiera mía* (1932), de Rafael López; *El amor de mi bohío* (1935), de Julio Brito, entre otras del rico acervo de la música popular cubana. La zarzuela se hace uno de los más altos representantes de la música en Cuba con algunos títulos de gran calidad, en los que sobresale el rigor profesional de sus autores: *Niña Rita* (1927), de Grenet-Lecuona, que incluía el después famoso tango-conga *Mama Inés; María La O*, de Lecuona; y *Cecilia Valdés* (1932), de Roig, paradigma del género, por sólo citar las más conocidas. En 1931 comienza una larga temporada en el Martí una compañía de zarzuelas, entre las tantas iniciativas que en el campo de la escena lírica se realizan entonces. Hacia 1925 nace el danzonete, y su primer ejemplo relevante fue *Rompiendo la rutina* (1929), de Aniceto Díaz. Se inician por esa fecha como intérpretes Paulina Álvarez, Dominica Verges, Abelardo Barroso, Barbarito Diez y Joseíto Fernández, cantantes además de boleros, el último mundialmente famoso por *La Guantanamera*, creada en 1928 y estrenada por radio en 1935. Es notable la influencia del tango en la concepción de la línea melódica y en las letras de las canciones cubanas. La llamada guajira abolerada dio sus primeros pasos con *Alma guajira* (ca. 1929), de Piñeiro. El bolero, por su parte, recibe dos influencias que lo harán más moderno: el impresionismo francés (Debussy) y el sexteto de son, que había dado cierta suavidad al son montuno oriental y pudo, al fusionarse con el bolero, hacerle perder rigidez en su estructura. De esa unión salió el bolero-son, entre cuyos primeros ejemplos se cita *Lágrimas negras*, de Matamoros. A propósito de los autores de zarzuela, sainetes y revistas musicales, así como de otros creadores de entonces se ha señalado que se dieron «a la tarea de recuperar viejos ritmos y de cultivar música de trova y aires populares, pero eminentemente estilizados, para culminar en la realización de una canción lírica [...] con un profundo sentido de la simbiosis cultural cubana, suma de las mejores manifestaciones musicales de Europa y África»,[26] un proceso similar al que realizan los mayores exponentes de la música culta, Roldán y García Caturla.

La cubanía está altamente representada por las danzas de Lecuona, inspiradas en las posibilidades sonoras nacionales y expresiones, por esa razón, de la síntesis de los diversos ritmos del país. Eduardo Sánchez de Fuentes, en cambio, defiende un criterio nativista del que surge una corriente artificial y refutada de manera incuestionable por las investigaciones etnológicas. La presencia afrocubana era, de hecho, incontrastable en la literatura, en la música y en la integración de ambas que hicieron creadores como Lecuona, Grenet, Roldán y García Caturla. Surgen además, dentro del pregón popular, piezas que dan nueva vida al género: *Frutas del Caney*, de Félix B. Caignet; *El dulcerito*, de Rosendo Ruiz (padre); *El panquelero*, de Abelardo Barroso y *El manisero*, de Moisés Simons, acaso la más difundida en el extranjero desde entonces. Fructificaron asimismo otras variantes de honda raíz de pueblo: la canción de cuna, la conga, la rumba, trabajadas con cierta estilización en la que se mezclaban sus ingredientes básicos (el habla deformada de sectores de la población negra, ritmos de origen africano) con melodías y sonoridades de la tradición culta. La rumba, entremezclada con otras estructuras musicales, sufrió deformaciones en la ejecución de diferentes grupos y orquestas que intentaban aprovechar sus posibilidades rítmicas para crear formas bailables. Su pureza originaria se mantuvo, sin embargo, en las habituales fiestas de solares y entre aquellos que la habían recibido por herencia cultural de sus antepasados.

Una problemática que no debe pasarse por alto es la de las letras de las composiciones, muchas de ellas centradas en el amor. Resalta en primer lugar el refinamiento de algunas, tocadas por una delicadeza del mejor gusto, si bien no alcanzan, extraídas de la melodía, una esencial riqueza poética. Fue frecuente la utilización de poemas de autores conocidos, en los que el compositor se sentía expresado o encontraba ocasión para crear la música que quería escribir. En esa fusión, cualquiera que hubiese sido el origen de las letras (escrita para la música o a la inversa), el texto literario perdía su independencia y sonaba extraordinariamente pobre en tanto creación literaria, como sucede, por ejemplo, con *La cleptómana*, texto de Agustín Acosta. La belleza de las canciones lograba opacar en ocasiones la intrascendencia de los temas tratados. Algunos autores dejaron ver preocupaciones de orden social en sus piezas: *Junto a un cañaveral* (1931), de Rosendo Ruiz (padre); *Lamento cubano* (1933), de Grenet; *Al vaivén de mi carreta* (ca. 1933), de Antonio Fernández (*Ñico Saquito*). A esos nombres se suma Bienvenido Julián Gutiérrez, autor de numerosas guarachas de contenido socioeconómico.

Además de las frecuentes actividades bailables, las presentaciones de orquestas y cantantes en teatros y peñas y la venta de grabaciones —de gran importancia en la comercialización de la música cubana, rápidamente expandida por diversas latitudes—, la radio y el cine desempeñaron un papel trascendente en la difusión de la melodía, ritmos, géneros y letras, si bien la cinematografía no incorporó el sonido en Cuba hasta 1929, por lo que antes limitó su significación para la música a la que se escribía o ejecutaba en las salas de proyección para acompañar las imágenes, como las obras citadas de García Caturla. La radio había comenzado a transmitir en Cuba en las postrimerías de la etapa precedente. A fines de 1923 —año en que inicia su salida la publicación *Radio Gráfico*—, el número de emisoras ascendió a veintiuno y llegó a sesenta y uno en 1930, no sólo en La Habana (en la que había un total de cuarenta y tres), sino además en ciudades de provincia (Pinar del Río, dos; Matanzas, cuatro; Las Villas, seis; Camagüey, cuatro, y Oriente, dos), a las que hay que añadir las que entraban desde territorio de Estados Unidos, vehículo idóneo para difundir su música. De los programas recreativos se pasó con relativa rapidez a otros de carácter mixto, en los que se incluían noticias. Este nuevo adelanto de la ciencia y la técnica, de rápido crecimiento, repercutió asimismo en la vida económica con los anuncios, y fue conformando otra línea de expresión cultural que aprovechaba las posibilidades de la literatura y del teatro, las que iría fusionando con la música para crear un arte con especificidades propias. Después de una fructífera investigación, Oscar Luis López registra los siguientes trabajos de literatura radial hasta 1935: narraciones

infantiles de Félix B. Caignet en la CMKC de Santiago de Cuba alrededor de 1930, comedias de Franco M. D'Oliva (ca. 1931), la comedia *En las costas de Bretaña* (1930), radiada por la CMK en La Habana, a propósito de la cual señaló en su momento el crítico Alberto Giró que «el Radio ha creado un arte verdaderamente nuevo»,[27] pues las audiciones de textos que no habían sido escritos para ese medio permitían apreciar una ausencia que no se percibía con la obra que comentaba. Y añadía entonces de manera explícita: «Y es que las comedias para el radio han de ser expresamente escritas para el Radio, y esto ha quedado bien demostrado al escuchar *En las costas de Bretaña*».[28] Se trataba en realidad de tanteos que no hallaban aún muchos autores disponibles, como se lee en el artículo de C.A. de Silva publicado en la revista *Radio Club* (marzo de 1930), donde se hacían estas observaciones: «Escasas son las obras que se han escrito en el extranjero y no sabemos si en Cuba hay alguna, para ser trasmitida por radio. Los autores de fama se niegan a dedicar su producción al radio.»[29] Se fueron creando poco a poco los llamados cuadros de comedias, cuyos gérmenes estaban en esas puestas incipientes. Como todo hallazgo tecnológico, la radio no sólo satisfizo las ambiciones de propietarios y comerciantes ni benefició sólo a los interesados en importar e imponer modas y modos de la cultura extranjera, pues se convirtió de manera vertiginosa en un medio idóneo para difundir valores de la música y de las letras cubanas y fue generando conjuntamente otra manifestación artística como resultado de la fusión de elementos diversos; incluso como portador de estilos y obras extranjeras realizó además la labor de difusor de corrientes estéticas que se conocieron con rapidez gracias a las emisoras. Junto a las casas editoriales norteamericanas que se dedicaban a la venta de música cubana (en 1931 había en La Habana una agencia de la Southern Music Co.), la radio colaboró en el conocimiento del acervo cultural de la nación fuera de los límites del país, si bien de manera muy escasa en estos años, como era de esperar de una manifestación en su fase inicial de desarrollo.

La presencia del cine en Cuba durante el período vanguardista tuvo implicaciones de diversa índole. Fue en primer lugar, una de sus manifestaciones artísticas y, por ello, un factor indispensable para su caracterización. Además, contribuyó a la creación y sostenimiento de cuerpos de actores y especialistas de las artes escénicas, en una relación dialéctica con el teatro; fue conformando su propia literatura y constituyéndose en un hecho económico. Por otra parte, el cine era toda una nueva manera de ver la realidad, una manera diferente de percibirla que tenía muchas afinidades con las propuestas renovadoras de la vanguardia, de ahí que influyera especialmente en algunos narradores cubanos de esos años, en sus intentos de aprehender los acontecimientos en su verdadera dinámica y en tanto imágenes vívidas. Aunque de escasos recursos técnicos entonces, las escenas captadas por las cámaras alcanzaban una extraordinaria expresividad al ser proyectadas, un anhelo cuya materialización se habían propuesto la literatura, las artes plásticas, la música, la fotografía y el teatro. El cine conjugaba prácticamente todas esas posibilidades en la pantalla y entregaba un arte de superior riqueza potencial. Considerado desde el ángulo cuantitativo y sin olvidar la duración y los escasos recursos empleados en los filmes de entonces, hay que reconocer que no fueron pocos los que se logró hacer entre 1923 y 1935, a pesar de los altos costos, la inexperiencia de los realizadores, las múltiples dificultades de todo tipo que se presentaban en las filmaciones y el carácter relativamente incipiente de la cinematografía en Cuba. Según las investigaciones, alrededor de veinte películas fueron realizadas en ese lapso por laboratorios cubanos y norteamericanos, entre otras *Al aire libre* (1924), comedia dirigida por Ramón Peón —el más importante director después de la muerte de Enrique Díaz Quesada en 1923—; el noticiero *Actualidades habaneras* (1924), de breve existencia y buena factura, antecedente de otros esfuerzos posteriores similares (el realizado por Juan Valdés González, de salida irregular, y el producido por la Secretaría de Obras Públicas, de cuantiosa labor y muy pobre difusión); *La chica del gato* (1926), comedia de gran éxito dirigida por

Richard Harlan, de la Pan American Pictures Corporation, que entre 1926 y 1927 filmó cinco películas cortas; *Alma guajira*, dirigida por Mario Orts Ramos y basada en la pieza homónima de Marcelo Salinas; *La Virgen de la Caridad* (1930), dirigida por Peón, a la que Georges Sadoul consideró «película silente de mucha calidad que puede calificarse de neorrealista [...] Excelente por la actuación de los artistas, la dirección, el montaje y el decorado natural»;[30] *Gustavo el calavera* (1930), bajo la dirección de Jaime Gallardo, sobre una novela de Paul de Kock; *Maracas y bongó*, el primer corto de música, sonoro, por supuesto, dirigido por Max Tosquella.

Súmese a esa relación los cortos. Es recordable el que ordenó el presidente Machado, realizado por la empresa estadounidense Phono-Filme —la que trajo a Cuba las primeras muestras de cine sonoro en 1925 a cargo de Lee Du Forest y de su ayudante, el pintor cubano Enrique Cruzet, técnico en electrónica que se había radicado en Estados Unidos—, a un costo de $50 000, con vistas del Malecón, la guardia presidencial, Luisa María Morales interpretando *Noche Azul* de Lecuona, entre otras escenas, exhibido con magnífica acogida en salas norteamericanas. (Machado, por cierto, fue el primer presidente cubano que supo ver la importancia del cine como elemento de propaganda de su gestión al frente del país y en consecuencia creó un Departamento de Cine adscrito a la Secretaría de Obras Públicas, encargado de filmar las obras ejecutadas durante su mandato.) Merecen ser citadas, también, las tomas que hizo Manuel Andreu de los efectos del ciclón de 1926, compradas por Paramount News; las del mismo acontecimiento realizadas por Abelardo Domingo y vistas en el Noticiero Fox; los cortos que a razón de uno por semana hicieron los miembros del laboratorio de filmación de Ricardo García, español que se hacía llamar Víctor Hugo; *El baile de las naciones* (1929), *La última jornada del Titán de Bronce* y *Conozca Cuba*, tres reportajes (los que no tienen fecha, producidos al parecer ese mismo año de 1929); *El frutero* (ca. 1930), sonoro, con música de Lecuona. Los noticieros y los anuncios, breves documentales y películas de intenciones artísticas, apertura y funcionamiento de laboratorios, relativamente numerosos, gestiones de compra-venta del instrumental adecuado y de las producciones, muestran todo un movimiento al que no fue ajena la problemática política del país: Richard Harlan se fue de Cuba, con la Pan American Pictures, porque el clima político-social del momento, reflejado en la represión desatada en 1927, tornaba incierto el destino de sus inversiones; hacia 1930, cuando se inició la ofensiva en gran escala contra la dictadura, cesó por un tiempo la producción de películas.

De ese movimiento salió también la crítica de cine, iniciada de modo sistemático por José Manuel Valdés Rodríguez en las proyecciones que hacía en su casa con algunos amigos (Roa, Marinello, Ortiz, Agramonte) para ver y comentar importantes filmes que llegaban a Cuba y no eran del todo acogidos por los empresarios porque no veían en ellos las ganancias ambicionadas. En 1930 dictó la que se considera como primera conferencia sobre cine escuchada en Cuba, un trabajo en el que se destacan las disimilitudes entre las cinematografías norteamericana y soviética —sobre lo cual habían aparecido en 1928 esclarecedoras crónicas de Alejo Carpentier en publicaciones habaneras—, y se trata la cuestión del montaje. Más tarde, después de un viaje a la Unión Soviética, publicó en *Ahora* y *La Palabra* algunos textos suyos de corte crítico-ensayístico sobre cine, continuando una labor al parecer iniciada en 1930 en la *Revista de La Habana*. Aunque en sus comienzos, el arte cinematográfico de los años 1923-1935 enriqueció enormemente la vida cultural y abrió grandes posibilidades en la perspectiva de análisis de la realidad. En esa labor fue muy importante también el cine extranjero que se veía entonces en Cuba, en especial las grandes películas que han hecho historia, realizadas por artistas hoy considerados clásicos. Por sólo citar un ejemplo altamente significativo, conviene recordar que en 1927 se estrenaba en el Teatro Nacional, con gran despliegue en la prensa y enorme éxito de público, *El acorazado Potiemkin*, de S.M. Eisenstein, prohibido a los pocos días por la censura oficial.

[*E. S. y R. H. O.*]

2.1.6 Panorama económico y político-social (1936-1958)

Al concluir el año 1935, cerrado en sus direcciones fundamentales el período vanguardista, se han convertido en historia, con una enorme proyección de futuro, una serie de acontecimientos que lo definieron en lo político, lo social y lo económico. Muchas habían sido las lecciones aprendidas desde la Protesta de los Trece hasta la muerte de Guiteras. Además, las crisis económicas, los continuados fracasos del régimen de Machado por doblegar a los rebeldes y contener la insurrección —la que dio finalmente al traste con la dictadura—, y ese triunfo de los sectores progresistas que lograron hacer huir al tirano, fueron factores determinantes en los caminos que el imperialismo introdujo en sus relaciones con el país después de 1935. Antes de entrar en los nuevos tiempos era necesario crear los mecanismos que caracterizarían el buen funcionamiento y la estabilidad de los planes: era imprescindible tener un hombre fuerte —Batista fue pronto la figura escogida— que trabajara en un segundo plano (el primero lo tendría un presidente de aspecto demócrata) para que las fuerzas populares no pudieran esgrimir argumentos, y era además vital quitar del camino a los enemigos más fuertes (asesinato de Guiteras en El Morrillo y fuerte represión a raíz del movimiento huelguístico de 1935). Todo estaba dispuesto entonces para una política diferente. Como parte de la estrategia se había procedido a suprimir la Enmienda Platt en 1934, cuando ya eran suficientes los medios económicos de dominación, estables y mayores que nunca en esa fecha; al quedar anulado tan humillante símbolo de la presencia del imperialismo en Cuba, contra el que tanto se había batallado durante décadas, se daba una imagen de «buena voluntad» por parte de Washington, otra forma de ir preparando el terreno con gestos que propiciaran la paz, pues la inestabilidad creaba desconfianza entre los inversionistas en activo y los posibles en un futuro no lejano. Hasta 1940 se sucedieron varios presidentes que dieron continuidad al lapso de provisionalidad iniciado en 1933 con la caída de Machado. Durante ese segundo lustro de la década de 1930, los elementos antitéticos de la vida política, sus diferentes sectores, se encaminaron hacia el asentamiento de la precaria república sobre bases constitucionales, condición indispensable para el ejercicio de una democracia que al menos estuviese más cerca del modelo ideal que la desastrosa política machadista. Aun el Partido Comunista, que en 1934 y 1935 había mantenido una actitud beligerante siguiendo los acuerdos de su congreso de la primera fecha, a finales de 1936 asume la defensa, desde lo que ha dado en llamarse «frente popular» (un frente amplio que incluía a sus militantes, a revolucionarios e incluso a reformistas), de la Asamblea Constituyente por la que clamaron asimismo los partidos de la oposición. Batista, por su parte, interesado en aparecer confiable ante sus enemigos, elaboró y dio a conocer en 1937 su Plan Trienal, un conjunto de reformas relacionadas con la economía, en especial agraria, encaminadas a solidificar las bases de su gestión gubernamental presente y futura, pues se postularía para las próximas elecciones y saldría presidente en 1940. Poco después sustituyó el Plan Trienal por un grupo de decretos en beneficio de la enseñanza, del sector azucarero, de la vida sindical y la autonomía universitaria.

Distintos acontecimientos, entre ellos las posiciones adoptadas por las fuerzas políticas de oposición, crearon las condiciones propicias para que la Constituyente se hiciese realidad. El Partido Revolucionario Cubano (PRC), fundado en 1934 y en sus inicios caracterizado por su programa de acción armada para enfrentar el poder gubernamental y por las ideas reformistas que en lo social y económico proponían sus ideólogos para Cuba —un reformismo que pretendía conciliar las ambiciones legítimas del capital con las demandas, para el PRC también legítimas, de los obreros, una visión de los problemas que no se sustentaba en un análisis acertado, pero que difería de fórmulas obsoletas, al menos como formulación teórica—, antes de 1940 se escinde en dos facciones (auténtica y realista, la primera representada por Grau y con Eduardo R. Chibás como otro de sus más lúcidos intelectuales, y la segunda por aquellos que se unieron a Batista, quien los atrajo como alianza importante) y fi-

nalmente, después del predominio de la línea de Grau, se fortalece con el retorno de aquellos que se habían ido al exilio y propugnaban la violencia y que a fines de los 30 regresan para apoyar también la Constituyente. En 1940 se aprobó finalmente la nueva Constitución de la República, y poco más tarde, en julio de ese año, se celebraron las elecciones para la presidencia, en las que salió vencedor Fulgencio Batista por la coalición socialista popular frente a Grau, el candidato de la alianza del PRC con el ABC y el PDR (Partido Demócrata Republicano).

En los programas elaborados por las más importantes agrupaciones políticas de ese lustro se aprecia claramente la tendencia a buscar la estabilidad mediante fórmulas de convivencia y armonización de criterios a través de un reformismo conciliador. Por un lado las experiencias de la lucha antimachadista se constituyeron en importantes lecciones para el imperialismo y para los sectores nacionales que detentaban o aspiraban a detentar el poder en la isla, y en no menor medida, pero en otro sentido, para las fuerzas progresistas, que consideraron que era posible alcanzar la victoria más adelante con el potencial de las masas, enriquecidas en la confrontación contra la dictadura; por otro lado, la coyuntura internacional (la Guerra Civil Española, 1936-1939, y la Segunda Guerra Mundial, iniciada en 1939) influyó decisivamente en la conformación de un pensamiento relativamente uniforme y coincidente en la defensa de la proclamación de una nueva Carta Magna y del reinicio de un proceso democrático que trajera estabilidad a la vida política del país. Las diferencias de criterios radicaban en lo económico: el PRC, sus aliados y Batista veían en esa estabilidad el mejor camino para la economía capitalista; el Partido Comunista, en cambio, aspiraba a transformaciones radicales en la relación capital-trabajo y vio en las potencialidades de las masas la posibilidad para ese cambio, dentro de la concepción de elecciones democráticas que en ese momento ofrecía la realidad, poderosamente influida por los intereses norteamericanos, de los cuales la nación dependía en todos los órdenes. Esos años de transición dieron, en síntesis , los elementos que caracterizarían la vida política de Cuba hasta 1952, cuando Batista dio el golpe de estado que lo elevó al poder.

Las promesas, los decretos y los programas de políticos y partidos tuvieron su oportunidad histórica en los tres períodos presidenciales de 1940 a 1952. Si bien se trataba de soluciones reformistas que no llegaban al centro de las problemáticas, hubiesen facilitado, de haberse puesto en funcionamiento, un proceso de estabilización de resultados importantes y significativos en un plazo mayor o menor. Razones de índole económica impidieron que la gestión de Batista (1940-1944), quien, por otra parte, estaba al servicio de los intereses norteamericanos desde 1934, pudiera definirse en favor del desarrollo de una burguesía productora nacional, lo que de hecho constituía un elemento imprescindible para la futura independencia del país y para romper las deformadas estructuras neocolonialistas. Eran muchos los intereses en juego como para que fructificara una industria no azucarera que diera inicio a la sustitución de importaciones, las que fueron creciendo hasta $177 436 000 en 1943 desde $103 860 000 en 1940. La Segunda Guerra Mundial trajo como consecuencia el alza del precio del azúcar y una mayor demanda en los poderosos mercados capitalistas, por lo que hizo más profunda la dependencia del gran comprador estadounidense (las exportaciones aumentaron de $127 288 000 a $351 538 000 entre 1940 y 1943), y la política económica del monocultivo, beneficiosa para los industriales cubanos del azúcar, se fortaleció en detrimento de una industrialización diversificada. Como consecuencia se produjo un alza de los precios con la consiguiente disminución de los niveles de vida de la población, una crisis que no encontró alivio en los ingresos por concepto de exportaciones. En tales circunstancias, la figura de Grau, de incuestionable prestigio por su gestión de gobierno junto a Guiteras después del derrocamiento de Machado y por las propuestas que elaboró para el programa del PRC-A (Partido Revolucionario Cubano-Auténtico), tenía grandes posibilidades de ganar las elecciones presidenciales, como en efecto ocurrió en 1944.

Una vez en el poder los auténticos, los acontecimientos demostraron el alto grado de demagogia de sus afirmaciones, imposibles de cumplir por razones muy similares a las del lapso precedente, si bien con matices diferenciales que trajeron los nuevos lineamientos de la política norteamericana al finalizar la Guerra Mundial en 1945. Grau encontró un país sujeto a las fluctuaciones de la economía extranjera en su condición dependiente y de subdesarrollo, herencia de las estructuras republicanas que desde 1902, al instaurarse el primer gobierno cubano, fueron impuestas por el imperialismo. A pesar de los intentos por combatir la especulación que se deriva de la carestía de la vida, problema surgido en el cuatrienio anterior, los reclamos de los poderosos comerciantes nacionales, beneficiados con los precios de los productos, frustraron esos empeños. El robo en las esferas de gobierno, una vieja práctica del poder, se acrecentó notablemente. Además, la política desplegada por Grau contra los sindicatos, ricos en experiencia desde el machadato y hacia los años 40 fortalecidos por la activa labor del Partido Socialista Popular (PSP) y la Conferencia de Trabajadores de Cuba (CTC), se encaminó a lograr su resquebrajamiento por las más diversas formas ilegales, incluso el asesinato, por cuya acción fue ultimado a balazos el líder azucarero Jesús Menéndez en 1948. La violencia de las pandillas, la corrupción administrativa y la política de sometimiento a los designios de Washington, la que tuvo en el anticomunismo una de sus más acabadas expresiones, eran la tónica general del grausato, fiel a las disposiciones trazadas por Estados Unidos, que después de concluida la guerra en 1945 desató su política internacional de guerra fría una vez que cesaron las causas que habían dado lugar a la alianza bélica con la Unión Soviética.

Para acceder a la presidencia en las elecciones de 1948, Carlos Prío había elaborado un nuevo programa de acción para el PRC-A en el que apoyaba las demandas de quienes querían promover un desarrollo industrial no azucarero. Entre los puntos de ese programa estaban los de «Creación de la banca nacional [...]», «Industrialización del país [...]», «Reforma agraria, con todas las consecuencias legales que implica, con la debida protección económica y la organización jurídica adecuada para que sea permanente y útil», «Protección y fomento de la industria de exportación [...]», «Mantenimiento de la política de no empréstitos extranjeros»,[31] promesas imposibles de cumplir en un país de terratenientes y de enormes sumas de dinero invertidas en la industria azucarera, un sector de gran influencia en las más altas decisiones concernientes a la economía nacional; por otra parte, se habían perdido años para la creación progresiva de las bases de un proceso de industrialización no azucarera, empeño ilusorio si no se transformaban las estructuras que obstruían su puesta en práctica. La gestión de esos años, de la que resultó la creación del Banco Nacional, el de Fomento Agrícola e Industrial, los tribunales de Garantías Constitucionales y Sociales y de Cuentas y una regulación del presupuesto general del país, fracasó asimismo en la aplicación del plan de «nuevos rumbos» anunciado por el presidente contra la corrupción administrativa. En lo económico se ahondó la dependencia y se hizo más fuerte el monocultivo, en lo político-social se acrecentó la represión (fue asesinado el líder obrero Aracelio Iglesias) y se combatió al PSP en sus militantes y cuadros de la CTC y en su órgano de difusión, el periódico *Noticias de Hoy*, clausurado en 1950. Con las maneras externas de la democracia (comicios libres para elegir presidente de la nación, legalidad de las fuerzas opositoras, derecho a constituir partidos políticos y organizaciones sindicales), se procedió por la violencia a imponer los controles para mantener el orden deseado por los inversionistas y propietarios cubanos y extranjeros, mientras se pedía un cuantioso crédito al Chase National Bank, se aumentaron los precios de la electricidad, el teléfono, el pasaje de los ómnibus en la ciudad, y se acataron los dictados que para la industria emitieron los poderosos de Norteamérica.

Desde posiciones éticas y filosóficas de ascendencia en la cultura cubana y en el pensamiento marxista-leninista, los militantes del partido ortodoxo fundado por Eduardo Chibás —en 1947, como grupo escindido del PRC-A y denominado Partido del Pueblo Cubano (Ortodoxo)— y los del Socialista Popular constituyeron la más sólida respuesta a tales desafueros y desmanes. Chibás, si bien imbuido por el anticomunismo propio de su formación intelectual y de su origen clasista, en sus acusaciones radiales y en sus programas de trabajo contra la corrupción, el crimen y el entreguismo de Prío, deja ver grandes similitudes con la interpretación marxista de la historia, en primer lugar en su conciencia del papel que desempeñaba el imperialismo norteamericano en la situación imperante en Cuba hacia finales de la década de 1940. De gran arrastre popular, la ortodoxia hubiese sido una alternativa con muchas posibilidades de triunfo en las próximas elecciones de 1952 si su máximo líder no hubiese terminado sus días por mano propia ante la deshonra de no poder responder con pruebas a las acusaciones de sus enemigos. El PSP llevaba adelante una constante lucha en los sindicatos, y a través de algunas publicaciones en las que se sometía a consideración el decursar de los acontecimientos, un trabajo sustentado en las experiencias de la política cubana desde la dictadura machadista, lapso en el que se acrecentaron los viejos males republicanos. Un sector del Partido del Pueblo Cubano-Ortodoxo, formado por elementos jóvenes, militantes o no, pero identificados con su programa, llegó a constituir una notable fuerza en su momento, poco antes del golpe de estado de marzo de 1952. Claridad de visión podría ser la frase que mejor definiera los planteamientos y análisis del grupo de ideólogos que conformaban la Juventud Ortodoxa, aunque se trataba en verdad de conclusiones que partían de una perspectiva reformista. Con acertadas consideraciones caracterizó Carlos Rafael Rodríguez las ideas centrales del folleto *El pensamiento ideológico y político de la juventud cubana* (1948), redactado por la Comisión Organizadora de esta sección dentro del Partido Ortodoxo:

El propio documento «ortodoxo» nos revela que en los grupos juveniles más despiertos del país, aun en las zonas de la pequeña burguesía, están bullendo ideas, algunas todavía confusas o poco definidas, que significan una superación de los criterios políticos que prevalecieron entre los grupos estudiantiles mayoritarios que en los años treinta movilizaron a las juventudes no proletarias. Las ideas que este grupo ortodoxo expresa ahora, no son una mera repetición de viejos conceptos políticos ya caducados [...].

El estudio juvenil se caracteriza, además, por el acusado esfuerzo de rastrear en el origen material de los hechos históricos. No hay dudas de que la metodología marxista ha influido —aunque sea una influencia todavía sin cristalizar cabalmente— en los autores del folleto, quienes, por otra parte, reconocen sin subterfugios la certeza del enjuiciamiento marxista sobre la realidad social del capitalismo.[32]

No obstante sus limitaciones, provenientes de su actitud frente al problema del Estado y la toma del poder como condiciones *sine qua non* para lograr la aplicación de su programa de trabajo, esas ideas revelan hasta dónde había llegado la reflexión política en esos momentos, incluso en sectores que por su procedencia de clase y filiación filosófica no podían tocar el fondo real de las cuestiones analizadas. La experiencia concreta bajo los regímenes de Batista, Grau y Prío, y una honesta voluntad de servicio, fueron suficientes para alcanzar a definir los conflictos de Cuba en tan claros y lúcidos términos. Cuando se produce el golpe de estado, la experiencia factual, la lucha cotidiana en sindicatos, centros de trabajo y estudiantiles, y el importante trabajo ideológico que de diversas maneras y sobre todo con el ejemplo habían realizado los dirigentes y militantes de los partidos ortodoxo y socialista popular, creaban las condiciones imprescindibles para enfrentar la nueva tiranía.

La toma del poder de manera violenta por Batista el 10 de marzo de 1952 vino a poner de manifiesto muchas verdades, la primera, la profunda crisis ética que había generado la política de dependencia económica en la práctica de la democracia, lo que en realidad se convirtió en ocasión propicia para el robo de los fondos estatales, la constante violación de los derechos civiles y la demostración del servilismo por parte de los gobernantes. La nación se encontraba

ante problemas que no tenían más solución que la proveniente de un proceso revolucionario radical, como se demostraría unos años más tarde, después del triunfo de la insurrección popular y guerrillera encabezada por Fidel Castro, un joven cuyos años formativos habían transcurrido bajo la influencia de las ideas y la acción ciudadana de Chibás. No sospechaba Batista que su acción militar abría el último capítulo de la historia de latrocinios y miserias de la República, pues hacia 1952 era prácticamente imposible soñar con transformaciones sociales tan radicales y profundas como política nacional.

En su segundo período se activaron las contradicciones internas y se crearon poderosos grupos de oposición; los Partidos Auténtico y Ortodoxo entraron en su última etapa con un considerable grado de deterioro poco después del 10 de marzo, el primero desmoralizado por la conducta de sus máximos dirigentes ante la usurpación de poder de que había sido objeto la organización, y el segundo escindido en dos facciones, una de las cuales se uniría al movimiento revolucionario adoptado por el 26 de Julio, y la otra engrosaría las filas de la dictadura. La confusión, interesada o sincera, envolvió a muchos militantes de otros partidos de entonces (Liberal, Republicano, Demócrata). El Partido Socialista Popular, en un artículo publicado en su órgano, el periódico *Hoy*, el 11 de marzo de 1952, denunció la acción encabezada por Batista en términos inequívocos. Elaboró además un conjunto de propuestas para los problemas nacionales, entre los que se situaba como indispensable el cese del batistato. Comparada con la denuncia que hicieron otros partidos, la del PSP destaca por su conocimiento meridiano del proceso histórico iniciado por Batista, cuyas raíces más profundas estaban en los intereses imperialistas en Cuba. La FEU emitió también una declaración contra el golpe de estado que la historiografía ha valorado como inoperante, un rasgo que no puede considerarse al margen de las desorientaciones y ambigüedades que caracterizaron a la organización universitaria hasta la aparición de José Antonio Echeverría en 1954. Conjuntamente, algo más de dos meses después del 10 de marzo se organizó en la Escuela de

Ciencias de la Universidad de La Habana un grupo —denominado Movimiento Nacional Revolucionario (MNR)— que desde entonces había comprendido que la única fórmula para enfrentar la nueva situación era la lucha armada; una vez fracasados los planes del MNR y encarcelado su máximo dirigente, Rafael García Bárcena, algunos de sus miembros (Armando Hart, Faustino Pérez, Lester Rodríguez, Vilma Espín y Frank País) se sumaron al Movimiento 26 de Julio por los días en que comenzaba a organizarse tras el asalto al Moncada en 1953. Al tomar la dirección de la FEU el rumbo que le imprimió Echeverría, se convirtió en una de las más importantes fuerzas de la creciente oposición al estado dictatorial que implantó Batista desde la toma del poder.

Pasados algunos meses, las primeras respuestas de condena se fueron depurando y perfilando hasta concentrarse en dos grandes núcleos constituidos por la Federación de Estudiantes Universitarios y el Movimiento 26 de Julio y por el que integraban los militantes del PSP, de gran experiencia en el trabajo sindical y con certera visión de los problemas esenciales del país desde sus inicios en la lucha el año en que tomó posesión Machado. Sus métodos, sin embargo, no eran suficientes para derrocar a la tiranía de Batista, sostenida por una brutal represión y, en sus comienzos, favorecida por la incapacidad para operar de sus opositores. Las diatribas, declaraciones, programas y exhortaciones de los meses subsiguientes al 10 de marzo de 1952, creaban un clima de repudio contra los militares en el poder, pero carecían de lo que podría denominarse la eficiencia factual, aquella que es capaz de derrocar a un régimen que se ha impuesto por las armas. Por otra parte, una acción bélica no se prepara en unas pocas semanas, y requiere extraordinarios cuidados para alcanzar el éxito. La empresa de García Bárcena fracasó por la delación, el asalto al Moncada no tuvo el éxito esperado por la intervención de la casualidad y, en cierta medida, por errores tácticos, reconocidos por su propio gestor y máximo líder, Fidel Castro. No era posible derrotar a la tiranía si no se llevaba adelante un acertado plan bélico en distintos frentes, como sucedió con los pla-

nes elaborados por el M-26-7 desde los años en que sus dirigentes estaban en prisión cumpliendo condena por el ataque a la fortaleza de Santiago de Cuba. La labor del PSP entre 1952 y 1958 fue altamente valiosa, pero insuficiente para satisfacer el objetivo supremo de derrocar al poderoso aparato represivo en que se apoyaba el batistato. La incorporación de uno de sus mayores dirigentes, Carlos Rafael Rodríguez, a la lucha en la Sierra Maestra en 1958, así como la caída de muchos de sus miembros en acciones citadinas contra la policía, demuestran que en esos momentos el PSP había comprendido que el único camino liberador en las circunstancias concretas de Cuba era el de la guerra de guerrillas.

Factores diversos determinaron que se iniciara el proceso revolucionario encabezado por el asalto al Cuartel Moncada. En primer lugar, se había ido haciendo cada vez más profunda la división entre la oligarquía del dinero y los integrantes de la pequeña burguesía y el proletariado urbano y rural; además, importante fue también la ausencia de un proceso de industrialización no azucarera que permitiese una progresiva independencia (que pudo tener un considerable volumen hacia 1953) de las importaciones norteamericanas, y fuese a la vez un modo de adquisición de riquezas y de elevación de los niveles generales de vida de la población; gran significado tuvieron asimismo la caída de los precios del azúcar al concluir la guerra contra Corea, con la consiguiente crisis en los sectores obreros y agrícolas de esa rama industrial; el enorme volumen de las inversiones de capital norteamericano en Cuba, que agudizaba las dificultades de la precaria economía interna; el carácter neocolonial de esas relaciones comerciales; el escaso interés que para los diferentes grupos inversionistas extranjeros tenían otras materias primas cubanas; la acumulación de contradicciones fundamentales que a lo largo de los años, desde los mismos inicios de la República, sustentaron la vida política del país; la práctica constante del latrocinio, la represión y el fraude por parte de los gobiernos; el alto grado de conciencia política alcanzado por las masas y la experiencia en la organización y ejecución de la lucha armada desde la década de 1920, elementos que influyeron decisivamente, no sólo en el surgimiento de la rebelión armada, sino además en la estrategia seguida en la lucha hasta el triunfo del 1 de enero de 1959.

Dejando de lado los innumerables pormenores de la historia insurreccional abierta el 26 de Julio, expuestos en reiteradas ocasiones por monografías, testimonios, artículos periodísticos y de investigación, hay que subrayar algunas de sus peculiaridades, de extraordinaria significación en el éxito de la empresa. La primera se halla en sus estrechos vínculos con la tradición, en la conciencia que tienen sus dirigentes de la importancia del pasado nacional de luchas y rebeldías, un acervo de reflexiones y hechos que ha ido creando experiencias y un pensamiento político, social y económico de profundas raíces éticas, cuyo más alto exponente es José Martí, fundamento intelectual del asalto al Moncada y, en general, del cuerpo de ideas de la etapa insurreccional y de la posterior revolución en el poder; otra de las peculiaridades es la síntesis de factores diversos que se logra a partir de 1953 para enfrentar la tiranía, tanto de índole social (la unión de estudiantes, obreros, campesinos, sectores de la burguesía media, profesionales) cuanto de carácter ideológico (el pensamiento cubano progresista, el más avanzado pensamiento burgués y los teóricos del marxismo-leninismo); otro de sus rasgos definidores es la temprana conformación de un nítido programa de trabajo de contenido social y para la estrategia de la lucha concreta, el primero plasmado en *La historia me absolverá*, el alegato de autodefensa que Fidel Castro pronuncia en el juicio que se le celebrara por el ataque al Moncada, un texto capital de la historia de Cuba por la objetividad irrefutable de sus análisis en torno a los grandes problemas nacionales y por sus propuestas reivindicadoras. Es preciso señalar además la concentración de las acciones en un mando único, cerrada unidad que no había logrado ningún otro empeño liberador en Cuba, excepto el que dirigió Martí para dar inicio a la guerra de 1895 contra España, una lección fundamental que Fidel Castro aprendió muy temprano y puso en práctica desde siempre en su condición de dirigente máximo de las fuerzas opositoras al régimen de Batista. La capacidad integradora que tuvieron los más altos representantes del movimiento 26 de julio permitió que después del desembarco del yate *Granma* el 2 de diciembre de 1956 —momento en que comienza en el territorio nacional la insurrección a través de la guerra de guerrillas, secundada por los grupos de acción y sabotaje en zonas urbanas, así como por el trabajo de los sindicatos, la propaganda antigubernamental llevada adelante por los periódicos, las revistas, la radio y la televisión en los períodos en que no había censura—, fuese creciendo la capacidad defensiva de la rebelión y, en consecuencia, disminuyendo la posibilidad de sobrevivencia de la dictadura, desde el principio dispuesta a reprimir de la forma que fuese, sin miramientos de ninguna especie, una política que se incrementó de manera notable en el lapso 1957-1958, pero que actuó desde siempre contra estudiantes, obreros, campesinos y, en fin, contra los opositores y aun los simples sospechosos, hasta la tortura, una práctica cotidiana que se desarrollaba paralelamente a la censura, el procesamiento judicial, la persecución, el allanamiento y la confrontación armada.

Los grandes problemas económicos de la República se agudizaron en los años 1952-1958, a pesar del saldo favorable de las exportaciones ($807 682 000) en relación con las importaciones ($772 855 000) en 1957, del incremento de ciertas industrias en el país con participación de capital cubano y de la creación de instituciones relacionadas con el desarrollo económico (Financiera Nacional de Cuba, 1953; Banco Cubano de Comercio Exterior, 1954; Banco de Desarrollo Económico y Social, 1955). La crisis de decenios era insalvable, no obstante las apariencias que podían crear las empresas norteamericanas que crecieron o se radicaron en Cuba entonces y el bienestar de algunos sectores de la burguesía (visible en el crecimiento de La Habana con altos edificios, apartamentos, autos nuevos, centros nocturnos y otras manifestaciones de un engañoso florecimiento de altos niveles de vida). López Segrera ha señalado, a propósito de los conflictos económicos de la República, lo siguiente:

Las causas de la crisis que afecta a la economía cubana en el período que analizamos —y especialmente en los años 50—, en lo concerniente a su sector externo son las siguientes: la crisis de los precios azucareros entre 1948 y 1958, a excepción de los años 1950 y 1957, en que las guerras de Corea y el Cercano Oriente significaron un alza; y, además, el carácter dependiente del débil proceso de industrialización que, en vez de sustituir importaciones convirtió al sector con mayores tendencias dinámicas dentro de la economía —el manufacturero— en absolutamente dependiente para su funcionamiento de bienes de equipos y materias primas procedentes del exterior. Los síntomas principales de esta crisis fueron los siguientes: el aumento de la deuda exterior; el creciente deterioro de los términos de intercambio; y la disminución del fondo de divisas.[33]

Con esos argumentos se puede arribar a la conclusión de que desde 1934, con la política del New Deal (Nuevo Trato) iniciada bajo el gobierno de F. D. Roosevelt, se puso en marcha un proyecto que impedía la consolidación de una burguesía nacional fuerte y productiva al margen de la industria azucarera; se trabajó en la dirección de incrementar los salarios en ciertos sectores y de bloquear las posibilidades de oposición de los sindicatos mediante una dirigencia que velara por los intereses patronales y garantizara la tranquilidad en las relaciones obrero-empresa; se fundaron empresas mixtas (capital cubano y norteamericano) en diversas ramas con predominio foráneo; se llevó adelante una política constitucionalista que concedía libertades democráticas mientras se apoyaba la represión, el robo de los funcionarios del estado (en sus diversos niveles) y el pandillismo; se justificó y subvencionó la tiranía de Batista en sus dos etapas, con la suma de violaciones de los más elementales derechos humanos. Desde la caída de Machado hasta la derrota de la dictadura batistiana se fue incrementando la penetración imperialista en el país a través de empresas nuevas y de la profundización del ya prolongado domi-

nio, durante varias décadas, en la rama azucarera, factores que agudizaron e hicieron intolerables los conflictos nacionales, con la consiguiente maduración de las circunstancias históricas para emprender una lucha que en verdad liberase a la nación.

En ese contexto de subdesarrollo, alzas y bajas en la riqueza nacional, conflictos laborales, democracia representativa, represión y creciente dominio imperialista, la cultura fructificó en obras, instituciones, revistas y páginas y suplementos literarios, grupos y puestas en escena de piezas teatrales, ballets, óperas y dramas líricos, así como en corrientes de pensamiento, movimientos pictóricos, edificaciones, esculturas, fotografías, ediciones de libros, conferencias y clases de docencia superior, ferias del libro, conciertos, exhibiciones y creaciones de filmes, misiones culturales que recorrían el país hasta sitios apartados para llevar a sus pobladores diversas manifestaciones artísticas, todo un cuantioso quehacer promovido por la iniciativa de intelectuales y creadores y, en ocasiones, por el Estado, no obstante el desinterés demostrado a lo largo de los decenios por los gobernantes y la inculta burguesía nacional por los problemas de la cultura, verdad que algunas excepciones no pueden desmentir. Como en toda la historia de Cuba hasta 1935, en el período que comienza a partir de entonces, la literatura, el pensamiento y las artes se erigen en busca de la propia identidad y, en consecuencia, como antítesis del poder establecido y de la penetración extranjera, elementos que dinamizan el devenir espiritual y estimulan la creatividad. Las búsquedas y propósitos del período precedente se transforman desde 1936 en hallazgos estilísticos y conceptuales que revelan el alto grado de madurez espiritual alcanzado en esos decenios, plenitud que en el plano político-social se refleja en la lucha llevada a cabo contra Batista durante algo más de un lustro y en el desarrollo de la prosa reflexiva que se aprecia entre ensayistas de distintas filiaciones, en especial marxistas, y entre los dirigentes del movimiento obrero y revolucionario, cuyo mayor exponente es *La historia me absolverá*, resumen de una rica historia iniciada a comienzos del siglo XIX. La herencia vanguardista se sintetiza en la modernidad y la universalidad que alcanzan el arte, la literatura y, en general, el pensamiento, a partir de la fecha que se ha dado como la de disolución del movimiento de avanzada. Ciertamente, en la primera mitad de la década de 1930 se producen una serie de acontecimientos que anuncian el final del período renovador: cese de la dictadura, inicio de una nueva política de relaciones Cuba-Estados Unidos, disolución de la tendencia negrista y de otras propuestas experimentales y desestructuradoras de los estilos precedentes, abandono en los creadores de los signos externos de la vanguardia y del carácter urgente y provisorio de algunas manifestaciones de esos años. La fusión de corrientes estilísticas hispanoamericanas y europeas de la modernidad con los temas y los aportes de la tradición nacional, uno de los rasgos que definen el arte y la literatura de vanguardia en Cuba, inició el camino hacia la universalidad que más tarde habría de caracterizar a los mayores creadores de los años 40 y 50. Pero hay que subrayar el hecho importantísimo de que esa progresiva o inmediata descontextualización se realiza desde la propia circunstancia del creador, ya fuese asumida en su inmediatez o en su historicidad secular. Modernidad y universalidad que dan al hombre su verdadera y plena dimensión más allá de provincianismos de toda índole y lo hacen un extraordinario portador de los valores de su más inmediato ámbito espiritual, sustancia trascendida en obras que están a la altura de lo mejor de su tiempo. La pintura y la literatura en sus diferentes géneros, las dos manifestaciones en que de forma más cabal se realiza ese fenómeno de fusión de cubanía y universalidad después de 1935, son los más acabados ejemplos de la lección vanguardista en Cuba.

[*E. S. y R. H. O.*]

2.1.7 Grupos y publicaciones (1936-1958)

Los grupos literarios del período —mucho menos abundantes que en el lapso precedente— realizaron una obra de animación cultural que, si bien no puede pasarse por alto, tampoco permite afirmar que tuviese una especial trascendencia, sin negar por ello los valores propios y los aportes de cada uno al enriquecimiento general de la cultura. El primero de obligada mención es el Grupo Literario de Manzanillo, en funciones desde 1921, siempre animado por Juan Francisco Sariol y otros intelectuales de la antigua provincia oriental y cuyo quehacer en este período continuó por los mismos cauces trazados desde su creación: conferencias, recitales, conversatorios, de miembros del Grupo o de invitados cubanos o extranjeros, actividades todas que se sumaban a los medios de difusión de que disponían: la revista *Orto*, la imprenta El Arte y la Biblioteca Martí, todas de la propiedad de Sariol. El Grupo Literario de Manzanillo se mantuvo unido y activo hasta 1957, cuando desapareció por las dificultades económicas que impidieron igualmente ese mismo año que *Orto* siguiera saliendo, por la muerte y ausencia de algunos de sus integrantes y por la tensa y compleja situación política, social y económica del país. Durante los dos primeros años del período prosiguió su labor el Grupo Proa de Artemisa, con Fernando G. Campoamor como fundador y animador, y que contó con la revista *Proa* y una editorial de igual nombre. A partir de 1935 se había constituido en Matanzas el Grupo Índice para promover la apreciación del arte y la literatura, idea propuesta por Américo Alvarado y que tuvo la dirección de Domingo Russinyol y la activa participación de Bonifacio Byrne, Fernando Lles, Andrés de Piedra-Bueno y Medardo Vitier. Fueron múltiples las actividades realizadas por el grupo a lo largo de su vida, al parecer breve: conferencias, conciertos, exposiciones (varias en el Círculo de Bellas Artes de La Habana), recitales, la organización de una orquesta, una escuela de declamación y un cuadro de comedias, y la publicación de *Anales del Grupo Índice*, iniciado en 1936, con los textos de las conferencias y de los poemas leídos en recitales, tanto de sus miembros como de invitados.

En los años 40 aparecieron el Grupo Gente Nueva de la Institución Hispanocubana de Cultura, el Grupo Acento y el Grupo Orígenes, el de mayor trascendencia en el período. El primero, integrado por miembros de la institución en la que surgía, «jóvenes socios deseosos de hacer oír su palabra e impartir su entusiasmo en los varios terrenos de la cultura»,[34] se hizo sentir sobre todo por los ciclos de conferencias que ofreció desde su fundación en 1943, de variadas temáticas, e impartidas por figuras de relevancia entonces o más tarde, entre las que sobresalen José Antonio Portuondo, Manuel Moreno Fraginals, Salvador Bueno, Ángel Augier, Carlos Rafael Rodríguez, Juan Pérez de la Riva y el dominicano Juan Bosch.

El más importante de este período, el Grupo Orígenes, comenzó a integrarse en la década de 1930 en torno a la gran figura de José Lezama Lima, editor de una serie de revistas y autor de un texto fundamental de la poesía cubana y en la estética del conjunto de poetas que se agrupan a su alrededor: *Muerte de Narciso* (1937), seguido de un libro capital en la poética origenista: *Enemigo rumor* (1941). Realizada esa obra de antecedentes, el grupo quedó constituido como tal en 1944, con la aparición de la revista *Orígenes*, y puede considerarse disuelto en 1956, con el cese de su publicación, a pesar de que sus integrantes continuaron escribiendo, pintando y haciendo música. Además de la revista de innegable talla (y sobre la que se volverá más adelante), el trabajo del grupo dejó libros relevantes y un valiosísimo cuerpo de reflexiones en torno a la poesía y a la cultura en general, expresiones de una poética común que tuvo, sin embargo, una heterogénea manifestación individual. En 1948 apareció una antología preparada por Cintio Vitier, *Diez poetas cubanos* (Lezama, el propio Vitier, Fina García Marruz, Eliseo Diego, Octavio Smith, Ángel Gaztelu, Gastón Baquero, Lorenzo García Vega, Virgilio Piñera y Justo Rodríguez Santos), en la que se definía el quehacer del grupo hasta ese momento y se precisaban los rasgos de su poética: «Y en efecto [dice Vitier], a las bellas variaciones en torno a la elegía, la rosa, la estatua (típicas de la generación anterior, y persistentes aún en otros países hispanoamericanos), sucede entre nosotros un salto, que diríamos en ocasiones sombrío de voracidad, hacia más dramáticas variaciones en torno a la fábula, el destino, la sustancia»,[35] palabras en las que se percibe una ruptura estética con la poesía precedente y coetánea que se hacía en

Cuba y en prácticamente todo el ámbito del idioma, una actitud que está en la base de la formación del grupo, surgido como una voluntad de reinicio, de recomenzar por un camino diferente la búsqueda del necesario diálogo con la realidad; se trataba, pues, de una dimensión ontológica que tenía su más evidente expresión en una escritura distinta, mediante la cual se quería rescatar la esencia del «país frustrado en lo esencial político», como diría Lezama en el número 21 de *Orígenes* (1949). Aunque alejado de la lucha visible que por entonces se desarrollaba bajo los gobiernos de Grau, Prío y más tarde Batista, e igualmente distante de toda búsqueda de controversias literarias o ideológicas —que no rehuyó, sin embargo, cuando se le plantearon—, lo que hace que se le califique de apolítico, el grupo trabajó en la integración de una identidad desde la cultura, labor a la que entregan su esfuerzo los pintores René Portocarrero y Mariano Rodríguez y el músico Julián Orbón, y de la que acaban por separarse Baquero, Rodríguez Santos y Piñera, con el decursar del tiempo representantes de otras inquietudes y presupuestos filosóficos y estéticos. Con los origenistas, la cultura cubana alcanzó en esos años trascendencia universal, no sólo por la obra de sus más destacados integrantes, sino además por su apertura creadora hacia una concepción sin fronteras de la herencia espiritual del hombre.

El Grupo Acento, de Bayamo, antigua provincia de Oriente, surgió a fines de 1946 con el definido interés de superar la pobreza espiritual y artística de esa zona del país, para lograr lo cual editó la revista *Acento*, de la que sólo se han localizado los dos primeros números, ambos de 1947, y el «boletín relámpago» titulado *El Machete*, que salió con el ejemplar de invierno de la revista (primer número), y en cuyas entregas subsiguientes se publicaron poemas de los miembros del Grupo (Alberto Baeza Flores, Humberto Moya Diez, Francisco Morales Maceo, Carlos Catasús Bertot, René Capote Riera, Benigno Pacheco Bonet y Víctor Montero Mendoza) y de Lezama Lima, Cintio Vitier y Fina García Marruz. Manifestaron asimismo sus miembros interés por imprimir libros, «obras inéditas, de sensibilidad y arte», una labor con la que pensaban «contribuir a la sensibilidad general y a la difusión de obras producidas en las Antillas, y de interés para el resto de los países de nuestra América»,[36] propósito del que se ignoran los alcances y duración, limitados a la también indeterminada fecha de disolución del grupo.

Un año antes del último número de *Orígenes*, en 1955, varios escritores que entonces comenzaban deciden integrarse en un grupo al que darían el nombre de Renuevo, pronto difundido en una página dominical del *Diario de la Marina* titulada «La promesa de los jóvenes», dispuesta para su divulgación por gestiones de Mañach con el propósito de «hallarle hueco de comprensión y estímulo a los jóvenes que se le acercaban deseosos de conquistar un horizonte propicio para la siembra de ensueños e inquietudes»;[37] como la publicación que fue portavoz de sus ideas y preocupaciones, *Renuevo. Cuadernos literarios*, cuyo primer ejemplar está fechado en junio de 1956, el grupo «no obedecerá [dicen los editores en la declaración de principios que denominan "En el umbral", dada a conocer en el número 1] a ningún fin iconoclasta, a la imposición de ninguna pauta sectaria en materia de interpretación artística e ideológica»;[38] de formación diversa y obra incipiente, los integrantes del grupo (Ángel N. Pou, José Guerra Flores, Carlos Dobal, Blanca Mercedes Mesa) no se adscriben a una corriente estética o ideológica ni aspiran tampoco a una ruptura con su herencia cultural, como se aprecia en la polémica que se desarrolló desde finales de agosto hasta fines de octubre de 1958 en las páginas del diario *Excelsior*. En Camagüey fundó Rolando Escardó dos grupos literarios: Los Nuevos (entre cuyas tareas estuvo publicar una selección de poesías de Martí en 1953, el año del Centenario de su nacimiento), y Yarabey (1958), ambos de alcances y duración limitados. Estos tres esfuerzos, de escasa trascendencia a pesar del empeño de sus promotores y de la divulgación que alcanzó *Renuevo*, dejan ver sin embargo una voluntad de expresión y de transformaciones y, sobre todo, un plausible interés por el enriquecimiento intelectual en circunstancias críticas en lo político, social y económico, los años del batistato, deter-

minantes en buena medida de la ineficiencia de estos proyectos. Contribuyeron todos estos grupos, en dimensiones diversas, al sostenimiento de los valores espirituales en decenios de desmoralización e indiferencia entre los representantes del poder establecido; desempeñaron asimismo un importante papel en la preservación de los elementos fundamentales de la identidad nacional frente a la penetración norteamericana que desvirtuaba las más profundas esencias nacionales.

A partir de 1936 sí creció considerablemente el número de revistas. A las que ya venían editándose desde hacía algún tiempo, como *Orto*, que se mantuvo esencialmente inalterable en su importante labor de animación cultural más allá de sus fronteras provinciales, se sumaron entonces *Índice* en su segundo momento (1936-?) como «Mensuario de artes, ciencias, literatura y política»; *Grafos*, desde 1933 hasta el segundo lustro de la década de 1940, también mensual, concebida para la alta sociedad habanera, con recursos de lujo, y la valiosa sección «Antología poética del siglo XIX», a cargo de Cintio Vitier y Gastón Baquero; *Polémica* (1936-1937, después de otra salida en 1934), mensual, medio de difusión oficial del Comité Pro-Confederación de Estudiantes. Menos relevancia tuvo *Claxon. Revista de Difusión Cultural* (1934-?), mensual, de la Federación Nacional de Chauffeurs de Cuba. Con el nombre de *Síntesis* vieron la luz dos publicaciones diferentes: una de Güines (provincia Habana), de 1934 a 1938, y la otra de Ciego de Ávila (Camagüey), desde 1941 hasta fecha desconocida, ambas nutridas esencialmente con trabajos de escritores locales. Como vocero de la Asociación Adelante y para «luchar contra la injusticia social» se editó *Adelante* (1935-1939). En Sancti Spíritus apareció *Horizontes* (1935-?), que llegó a ser órgano de la Biblioteca Pública Municipal y contó con destacadas firmas literarias. Entre 1937 y 1939 fue publicada *Cúspide* en el Central Merceditas, antigua provincia de La Habana, con una buena cantidad de páginas mensuales dedicadas a poemas y cuentos y un espacio consagrado a la mujer. Relieve menor tuvieron *Ariel* (Guanabacoa, Habana, 1936-Id.?), *Nueva Escuela. La revista para el maestro de ahora*

(1936-?), *Isla. Al servicio de los intereses cubanos* (1936-?), *Revista Bibliográfica Cubana* (1936-1939).

De mayor trascendencia fue *Mediodía* (1936-1939), una de las más importantes publicaciones del período, con formato de tabloide, y entre cuyos propósitos estaba el de mantener «un tono de excelencia literaria. Pulcritud sin narcisismo, acercamiento al mayor número de lectores», dispuesta para «estar a contribución de la vida y participar en las contiendas históricas de nuestro tiempo», una actitud consecuente con el pensamiento de los miembros de su comité editor, formado por algunos de los más notorios escritores de izquierda: Guillén, Marinello, Carlos Rafael Rodríguez, José Antonio Portuondo, entre otros, acusados al salir el número 3 de «pornografía y propaganda subversiva». Acogió textos de Fernando Ortiz, Ballagas, Roa, Navarro Luna, Pedroso, Mirta Aguirre, Tallet, Carpentier, Ramos, Serpa, Pita Rodríguez y del comité editor. Fue la primera de una serie de publicaciones homólogas y «determinante —al decir de Ángel Augier, colaborador y miembro de la dirección— en la difícil tarea de orientar al pueblo en aquellas dramáticas circunstancias», momentos de reorganización de la clase obrera tras la caída de Machado. *Baraguá* y *Páginas* —ésta en su segunda época— se inician y cesan en 1937 y 1938, hermanadas en criterios y propuestas. La primera, dirigida por José Antonio Portuondo y surgida «como órgano de opinión enteramente libre, sin más limitaciones que las de estar al servicio exclusivo de los intereses de las mayorías nacionales, en un momento de máxima confusión de ideas y valores que no es vivido por primera vez —ni acaso será la última— por el pueblo de Cuba», dio a conocer trabajos de Roa, José Antonio Fernández de Castro, Pedroso, Tallet, Piñera, Baquero, Juan Ramón Jiménez y Ramón J. Sender, entre otros menos conocidos. *Páginas*, por su parte, con Augier, Mirta Aguirre, Julio Le Riverend y otros intelectuales de menor relieve, se planteó «convertirse, modestamente, en unas cuantas páginas de firme orientación, donde se recoja la tradición histórica y cultural de Cuba, desde un ángulo visual contemporáneo, sin falseamientos

sectarios, sin capillitas de *élites*». Ambas revistas trabajaron, pues, por la liberación nacional, y contribuyeron al enriquecimiento de la vida cultural del país.

Con diferentes y a la vez similares propuestas, y como expresiones también del pensamiento marxista cubano, se editaron *El Comunista* (1939-1941), *Fundamentos* (1941-1953) y *Dialéctica* (1942-?). Con el lema «estudiar y luchar» fue publicada la primera por el Partido Comunista con estas expresas intenciones: «Todos los problemas fundamentales, que afectan la vida de nuestro pueblo, serán analizados aquí a la luz del marxismo-leninismo, en forma accesible y popular.» Esa tarea fue continuada con la siguiente, *Fundamentos*, de semejante tónica, y asimismo encaminada a dar respuesta a las necesidades educativas de las grandes masas nacionales. *Dialéctica*, autorreconocida como «Revista continental de teoría y estudios marxistas», fue concebida con mayor rigor —encaminada a «exponer las más interesantes indagaciones científicas realizadas a la luz del marxismo y [a] ser órgano de combate contra los adversarios de la cultura y el decoro de la humanidad»— y tenía una función igualmente divulgadora, pero más bien dirigida a las capas intelectuales de Cuba y de América Latina; de ahí el carácter polémico que quiso imprimir a sus trabajos. Las tres estuvieron siempre dirigidas por reconocidos militantes del Partido Comunista, entre ellos Blas Roca y Carlos Rafael Rodríguez, los que contaron con la asidua colaboración de varios de los más connotados intelectuales de esa militancia partidista. Como rasgo definidor de las tres merece destacarse la obra que realizó *Fundamentos* en la orientación política de las masas, a la cual consagró sus análisis de las verdaderas causas de la Segunda Guerra Mundial, de la política de «guerra fría» llevada a cabo por Estados Unidos al finalizar la contienda en 1945 y de la situación cubana de entonces, interpretaciones que se oponían a las versiones oficiales de esos hechos, y que conformaron un panorama más rico en la vida cultural de la nación.

Creada «con ánimo polémico y creyendo en la eficacia saludable de ciertas controversias» y con «el afán de servir a la cultura en esta parte del mapa con un limpio espíritu solidario hacia los pueblos con los que estamos hermanados en el Caribe», *Gaceta del Caribe* desempeñó una atendible y estimable labor en su fugaz existencia de menos de un año, de marzo a diciembre de 1944, meses en los que llegó a publicar diez números. Editada por un grupo de prestigiosos intelectuales —Guillén, Portuondo, Augier, Mirta Aguirre y, desde el número 2, Pita Rodríguez—, animó la vida cultural del momento con trabajos acerca de literatura, historia, música, artes plásticas, teatro y libros, firmados por muchos de los más relevantes creadores cubanos. Se destaca, como las restantes revistas de filiación marxista, por la perspectiva desde la que abordó los problemas de la cultura y por sus aportes al conocimiento de la historia, la literatura y el arte nacionales. El carácter beligerante de estas páginas no excluía la diversidad temática y la apertura hacia cuestiones y tópicos universales, como se aclara al exponer los principios rectores de la publicación: «El narcisismo intelectual, pues [dicen los editores], no cabrá en *Gaceta del Caribe*. Pero cabrá, en cambio, todo lo demás, porque el mensuario aspira a tener una anchura en la que pueda entrar todo, salvo lo que no debe entrar.» Esa amplitud de criterios y la calidad de los textos que dio a conocer fueron factores decisivos en la importancia de su esfuerzo cultural. Dentro de esta línea de pensamiento hay que nombrar también *La Última Hora* (1950-1953), con mayor énfasis en la divulgación de las luchas obreras y textos de gran calidad, bajo la dirección, desde 1952, de Mirta Aguirre, y *Cuadernos de Arte y Ciencia* (1954-1956?), destinados a ser «tan sólo un vehículo de la comunicación cultural», con esta aclaración: «No se trata de una empresa polémica, mucho menos de una empresa política. Sus páginas serán expositivas. Se limitarán a reproducir una selección [...] de aquellos artículos, ensayos e informaciones artísticas y científicas soviéticas, que puedan considerarse representativas de la vida cultural de aquel país»,[39] donde radica su importancia, pues se trataba de materiales que no tenían otra vía de acceso a la población y que se constituían por sí mismos en medios eficaces de propaganda de las más avanzadas ideas de

aquellos años. Otra publicación de «los intelectuales y artistas que tienen al marxismo como ideología», fue *Mensaje. Cuadernos marxistas* (1956-1958), de presentación rústica y con escasos medios, como la anterior, pero que llegó a constituir, si bien su relevancia tampoco fue grande, un testimonio de la beligerante presencia que en esos momentos tuvieron las ideas marxistas en Cuba. Dignas del recuerdo son además *Orientación Social* (1936-1942), *Futuro Social* (1937-?) y *Liberación Social. Por la cultura de los trabajadores* (1943-?), órganos oficiales, respectivamente, de la Unión de Dependientes del Ramo del Tabaco, del sindicato de empleados gastronómicos de La Habana, del sindicato general de trabajadores de almacenes de La Habana y del sindicato de víveres y ferretería de Santiago de Cuba, las tres avaladas por prestigiosas firmas. *Cuba y la URSS*, por su parte, se desempeñó siempre (1945-1952) como órgano del Instituto de Intercambio Cultural Cubano-Soviético y con el claro afán de contrarrestar la desinformación y las campañas anticomunistas del Estado y de la prensa reaccionaria, para lo cual colaboraron autores cubanos y soviéticos, bajo la dirección de un consejo al que pertenecían Luis Gómez Wangüemert y Ángel Augier.

Entre 1937 y 1957 aparecen varias revistas de diferentes editores y calidades, todas valiosas por sus aportes a la cultura cubana, y caracterizadas, en sus más generales lineamientos y propósitos, por su desentendimiento de la problemática política, social y económica y por la atención primordial que prestaron a la literatura desde distintas posiciones estéticas y filosóficas. Afines o discrepantes en lo que concierne al concepto que sus animadores poseyeron del arte y de la obra literaria, tenían en común la creatividad de sus páginas y la búsqueda de un lenguaje esencialmente artístico, no intelectivo ni de sentido didáctico o divulgativo. La poesía —género predominante en casi todas—, la narrativa y el ensayo colmaban el espacio editorial junto a las ilustraciones de los más relevantes pintores cubanos del momento. Escasos fueron los estudios académicos que dieron a conocer y las alusiones a la realidad social del país. La primera fue *Verbum* (1937), órgano de la Asociación de Estudiantes de Derecho de la Universidad de La Habana, con José Lezama Lima y Guy Pérez Cisneros entre sus editores, y el interés de «ir despertando la alegría de las posibilidades de esa expresión, ir con silencio y continuidad necesarias reuniendo los sumandos afirmativos para esa articulación que ya nos va siendo imprescindible, que ya es hora de ir rindiendo», como expresan en la «Inicial». Poco después apareció *Espuela de Plata* (1939-1941), con un amplio grupo de animadores integrado por músicos, artistas plásticos y escritores, entre estos últimos los dos antes mencionados y Virgilio Piñera, todos colaboradores de sus páginas. Entre 1942 y 1943 apareció *Poeta*, totalmente dedicada a la poesía en sus dos números, dirigida por Piñera y avalada igualmente por significativas firmas cubanas y extranjeras. Del propio año 1942 son *Clavileño* y *Nadie Parecía*, activas hasta 1943 y 1944, ambas concebidas con similares objetivos, la segunda subtitulada «Cuaderno de lo bello con Dios» y dirigida por Lezama y Ángel Gaztelu, en tanto que la primera contaba en su cuerpo de editores con Cintio Vitier, Eliseo Diego, Gastón Baquero, Emilio Ballagas y Fina García Marruz. Finalmente sale a la luz *Fray Junípero. Cuadernos de la vida espiritual* (1943), de sólo dos ejemplares al cuidado de Ballagas, «revista de amor, más dedicada a la vida contemplativa que a la activa», donde se recogen las preferencias de su editor.

En sus cuarenta números de doce años de experiencia, *Orígenes* (1944-1956) fue una de las mejores revistas literarias cubanas. Dirigida por Lezama Lima y, hasta el número 34, por José Rodríguez Feo, tuvo en Mariano Rodríguez, Alfredo Lozano (quienes aparecen como coeditores con los dos anteriores), Eliseo Diego, Fina García Marruz, Ángel Gaztelu, Julián Orbón, Cintio Vitier y Octavio Smith, eficaces colaboradores. En sus páginas pudo este grupo —conocido como Grupo Orígenes— cohesionarse y dar cuerpo a un proyecto intelectual que había comenzado a manifestarse, de manera un tanto incoherente aún, en *Verbum*. En circunstancias adversas y para muchos desesperanzadas, regido el país por los intereses económicos norteamericanos a través de gobiernos deshonestos y corruptos, *Orígenes* era, en última instancia, expresión del repudio de sus editores a ese contexto y al mismo tiempo la expresión de una voluntad de rescate de los valores de la propia identidad desde la cultura, dos actitudes que se complementan y se explican mutuamente. Algunos especialistas han insistido en calificar a esta revista de apolítica y esteticista, definiciones que en rigor no caracterizan el quehacer de sus páginas, uno de cuyos propósitos más altos era, en realidad, replantear el problema de la identidad nacional desde otra perspectiva. En una de las «Señales» escribía Lezama: «un país frustrado en lo esencial político puede alcanzar virtudes y expresiones por otros cotos de mayor realeza»,[40] afirmación que descansa en el reconocimiento de las adversas circunstancias históricas por las que atravesaba entonces la nación. No se toma el camino de la denuncia social que asumieron las publicaciones marxistas y los escritores de izquierda, sino el de la tradición integradora que revele y rescate las esencias cubanas por un lado y conforme, por otro, un sentido unitario entre los términos *vida* y *cultura*. En el homenaje que rinde *Orígenes* a Martí en su centenario (1953), puede apreciarse también, como en otras alusiones al suceder histórico nacional (en los ejemplares de otoño de 1947, el número 21, de 1949, y el 35, de 1954), la preocupación de los editores y en especial de Lezama por el destino de la nación, recogida en estas líneas: «Sorprende en su primera secularidad [dice Lezama de Martí] la viviente fertilidad de su fuerza como impulsión histórica, capaz de saltar las insuficiencias toscas de lo inmediato, para avizorarnos las cúpulas de los nuevos actos nacientes».[41] Junto a los editores, colaboraron en sus páginas notables escritores extranjeros del momento y jóvenes creadores cubanos, que por aquellos años comenzaban su obra.

Con un carácter polémico y en cierto sentido heterodoxo en tanto revista literaria, fundada, dirigida y subvencionada por José Rodríguez Feo —quien se había separado de *Orígenes* (también subvencionada por él) a consecuencia de una discrepancia con Lezama—, surgió *Ciclón* (1955-1957 y 1959), que tuvo siempre un estilo propio y un tono igualmente suyo, desde estas afirmaciones del primer ejemplar: «borramos a *Orígenes* de un golpe. A *Orígenes* que como todo el mundo sabe tras diez años de eficaces servicios a la cultura en Cuba, es actualmente sólo peso muerto». También dio a conocer textos de ilustres y consagrados autores de España y de Hispanoamérica, así como de cubanos en los inicios de su carrera literaria. Entre sus más significativos valores está el de su apertura hacia zonas de la sensibilidad, menos cultivadas en líneas generales, por las restantes publicaciones del país, como Kafka y Sade; contribuyó además a crear un ambiente más cosmopolita y moderno dentro de la cultura nacional. En el ejemplar único de 1959 se exponen las razones por las que había cesado en 1957: «porque en los momentos en que se acrecentaba la lucha contra la tiranía de Batista y moría en las calles de La Habana y en los montes de Oriente nuestra juventud más valerosa, nos pareció una falta de pudor ofrecer a nuestros lectores "simple literatura"».

Es *Nuestro Tiempo* (1954-1959), órgano de la Sociedad Cultural homónima que desde 1951 había iniciado su importantísima labor bajo la orientación de la Comisión de Trabajo Intelectual del Partido Socialista Popular, la más beligerante de las publicaciones culturales de Cuba en este período. Fue dirigida y administrada por dos importantes músicos: Harold Gramatges y Juan Blanco. Se caracterizó por su rico sentido crítico, polémico y su constante preocupación por el rescate de la cultura, no sólo contra la penetración norteamericana, sino además contra el mal gusto y el arte falso y vacío; contribuyó a la difusión de reconocidos y de nuevos valores, así como de relevantes acontecimientos culturales de otros países. Mantuvo al día a sus lectores al comentar libros de autores cubanos del momento. A partir de mayo de 1955 publicó poemas y cuentos junto a textos de análisis y valoración, los que realmente dieron la tónica de la revista, representativa del pensamiento reflexivo y de la prosa crítica. Enfrentó las desacertadas medidas del gobierno de Batista contra la vida cultural y denunció sus pretensiones propagandísticas en ese sentido. El cine, el teatro, la pintura, la literatura, vistos en tanto expresiones del ser social y en sus vínculos con el suceder histórico con-

creto, fueron interpretados en las aproximaciones a sus diversos problemas por autores especializados que traían ideas y propuestas nuevas y lúcidas. Ganó de manera significativa la cultura nacional con la labor desarrollada por esta dinámica revista, moderna en sus planteamientos y en su concepción.

Menos relevantes fueron otras editadas en La Habana y en provincias durante el período, si bien algunas desempeñaron apreciables funciones divulgativas y de animación cultural. Merecen citarse *Porvenir* (1936-?), órgano oficial de los sindicatos de obreros licoreros, neveros y refresqueros de La Habana y sindicato de obreros galleteros, de dulces y conservas de La Habana; *Facetas de Actualidad Española* (1937-1940?), defensora de la República en la guerra civil española y sustentada por importantes autores cubanos; *Revista de Cuba* (Santiago de Cuba, 1938), «Mensuario de cultura cívica», creado con específicos propósitos de trabajar «en pro de la restauración de la nacionalidad que se nos escapa de las manos flácidas, ahítas de pedir limosna» y de «la verdadera independencia económica que nos falta»; *Anuario Bibliográfico Cubano* (1938-1959), «vehículo de conocimiento del libro cubano, dentro y fuera del país»; *Revista de los Estudiantes de Filosofía* (1939), de sólo dos números; *Libros Cubanos. Boletín de Bibliografía Cubana* (1940-?), dispuesto a «regar a todos los rumbos el fruto del pensamiento y el sentimiento del hombre de Cuba [...], extender el alcance del considerable aporte cubano a la cultural universal, particularmente entre los pueblos hermanos de las Américas»; el semanario *Tiempo* (1941-?), surgido del periódico *Tiempo Nuevo* (1940-1941); *Revista de La Habana* (1942-1947), consagrada a estudiar «con calma y serenidad, así como con tiempo suficiente, cuantos problemas internos o externos debamos considerar en la presente hora»; *Biblos. Una publicación al servicio del libro* (1942-?), especialmente cubano, intento de rescate que mueve asimismo a *Feria del Libro* (1943), interesada además en la «superación de la producción editorial cubana»; *Archipiélago. Una voz de Tierra Adentro para el Continente* (Caibarién, Las Villas, 1943-?), dedicada con preferencia a la poesía;

Nuevas Letras (1944-?), de la Editorial y Librería Páginas; *Cooperación* (Guanabacoa, Habana, 1945-?), primero «Periódico de interés general» y más tarde «Mensuario y vocero de la cultura» y «Periódico mensual de información y literatura», con un suplemento que comenzó a salir en mayo de 1947, *Señal*, ambas representantes de posiciones de izquierda y volcadas en lo fundamental hacia la literatura de ficción; *Inventario* (1948-?), dedicada a «luchar a puño limpio por las mejores cosas en el arte y la literatura», con el subtítulo de «Revista polémica del arte» (desde el número 25); *Cuadernos de la Universidad del Aire*, en su segunda etapa de 1949 a 1952, donde se recogían conferencias radiadas que abordaban diversos problemas y cuestiones relacionadas con la cultura cubana y universal, loable empeño que dejó sustanciales aportes a la vida cultural del período; *Viernes. La Revista popular del Sábado* (1950-?), de filiación progresista según sus propias declaraciones; *Estudios* (1950-?), representante de tendencias anarquistas; *Laberinto* (1951), de un grupo de jóvenes; *Noticias de Arte* (1952-?), con la finalidad de ser «el eco de nuestro medio artístico»; *Portada* (Banes, Oriente, 1953-?), «Semanario independiente de información y cultura»; *Memoria de Alfonso Hernández Catá* (1953-?), consagrada a la difusión de su vida y obra; *Revista Bibliográfica-Librería Martí* (1954-1960?), cuya finalidad era, como en sus homólogas, difundir el libro de Cuba y de Hispanoamérica; *Signo* (Cienfuegos, las Villas, 1954-1956), «Revista de arte»; *Presencia* (1957-1959?), un esfuerzo que se llevó adelante para «destacar nuestros valores [...] sin reparar en tendencias». Si bien se trata, como ya fue dicho, de revistas menores, puede apreciarse en ellas un estimable trabajo de animación y difusión cultural, sobre todo para las provincias, más aisladas y con menos recursos, pues a través de esas páginas se dieron a conocer autores locales y se creó un baluarte en defensa del saber.

Numerosas fueron asimismo las revistas publicadas por centros e instituciones culturales en activo durante el período, algunas de extraordinaria valía por el rigor de sus textos y sus aportes al conocimiento. Ante todo han de mencionarse aquellas que venían saliendo desde antes de 1936, como el *Boletín del Archivo Nacional*, la *Revista Bimestre Cubana*, siempre bajo la dirección de Fernando Ortiz, los *Anales de la Academia Nacional de Artes y Letras* y los *Anales de la Academia de la Historia*, todas las cuales cubren prácticamente el período hasta 1958. *Universidad de La Habana*, de continuada trayectoria desde su fundación en 1934 —con la excepción de los años finales de la dictadura de Batista, impedida de salir por el cierre de la Universidad—, fue vehículo de diversas disciplinas humanísticas y científicas con un alto nivel intelectual. *El Periodismo en Cuba. Libro Conmemorativo del Día del Periodista* (1938-1957), anuario del Retiro de Periodistas, publicaba una síntesis del quehacer del género durante el año precedente. En 1935 comenzó a salir una importantísima revista editada por la Dirección de Cultura de la Secretaría de Educación: *Revista Cubana*, en funciones hasta 1957, bajo la tutela directiva de José María Chacón y Calvo, quien ocupaba también, al iniciarse la publicación, la máxima responsabilidad en la dependencia que la auspiciaba; sus propósitos fueron expuestos en estos términos: «Aspiramos solamente a recoger [...] la tradición de cubanidad, que no cierra sino abre múltiples perspectivas sobre la universal cultura», inquietudes que mantuvo siempre, incluso en su etapa final, entonces bajo la jurisdicción del Instituto Nacional de Cultura del Ministerio de Educación. En 1936 —y hasta fecha indeterminada— apareció *Alma Latina*, difusora de la Sociedad Italo-Cubana de Cultura.

El Lyceum, institución femenina fundada en 1928 con fines culturales y sociales, inició ese propio año 1936 la publicación de *Lyceum*, en su segunda etapa (1946-1961), también muy activa en el afán de «reflejar en sus páginas la obra que realiza la mujer en los diversos sectores de la vida y la cultura». De la Institución Hispanocubana de Cultura fue *Ultra. Cultura Contemporánea* (1936-1947), bajo el cuidado rector de Fernando Ortiz, con una múltiple gama de intereses, un rasgo de las mejores publicaciones del período. Otro esfuerzo relevante fue *Estudios Afrocubanos* (1937-1940 y 1945-1946), de la Sociedad de Estudios Afrocubanos, dirigida en su primera etapa por Roig de Leuchsenring y en la segunda por Ortiz, animada en todo momento por divulgar los aportes de las culturas negra y española como «elementos integrantes de la nación cubana», interés que amplió su radio de acción a otros países de Hispanoamérica y con el que se reivindicaba la verdadera naturaleza espiritual y étnica de las naciones más allá de intereses de todo tipo y contra los intentos desvirtuadores de esas esencias. Importante fue también, por su sostenida dedicación al estudio de la vida y la obra de José Martí, en textos firmados por renombradas figuras cubanas y extranjeras, *Archivo José Martí* (1940-1952), desde el segundo número al cuidado de Félix Lizaso y supeditada a la Dirección de Cultura del Ministerio de Educación. De menos trascendencia pueden recordarse *Revista de Arqueología* (1938-1942; 1946-1952; 1957; 1960-1961), de la Comisión Nacional de esa disciplina y posteriormente de la Junta Nacional de Arqueología y Etnología; *América* (1939-1958), de la Asociación de Escritores y Artistas Americanos; *El Federado Escolar* (1943-?), «Boletín Mensual de la Federación Nacional del Retiro Escolar»; *Boletín Oficial de la Asociación de Antiguos Alumnos del Seminario Martiano* (1947-?), denominado *Patria* desde el 15 de febrero de 1947; *Premio Varona* (1945-?), anuario del Ministerio de Defensa Nacional; *Revista Cubana de Filosofía* (1946-1958?), perteneciente a la Dirección Nacional de Cultura del Ministerio de Educación, caracterizada por su tono académico y su perspectiva de análisis, sustentada en las corrientes idealistas contemporáneas; *Informaciones Culturales* (1947-?), boletín del Negociado de Relaciones Culturales, Bibliotecas, Museos, Archivos y Monumentos de la propia Dirección de Cultura; *Germinal* (1947-?), auspiciada por el Círculo de Amigos de la Cultura y, desde el número 66, órgano oficial de la Sociedad de Grabadores de Cuba, con valiosa información sobre la vida cultural cubana de entonces; *El Periodista* (1948; 1950-?), del Colegio Provincial de Periodistas de La Habana. Las diferencias de calidad en ese conjunto no impiden considerarlas a todas de una importancia sólo relativa

dentro de las que publicaban las instituciones, sobre todo si se tiene en cuenta la limitación de su labor por los intereses concretos que les dieron origen. Lo mismo puede decirse, saltando en el orden cronológico, del *Boletín de la Asociación Cubana de Bibliotecarios* (1949-1959?); *Vida Universitaria* (1950-1957), «Órgano de la Comisión de Extensión Universitaria de la Universidad de La Habana»; el *Boletín de la Comisión Nacional Cubana de la UNESCO* (1952-1958); el órgano oficial de la Asociación Nacional de Profesionales de Biblioteca, *Cuba Bibliotecológica* (1953-1955), más tarde (1956-1960?) vocero del Colegio Nacional de Bibliotecarios Universitarios; el boletín denominado *Isla* (1955-1959?), de la Organización Nacional de Bibliotecas Ambulantes y Populares (ONBAP); *Noverim* (1955-?), de la Universidad Católica de Villanueva. De calidad superior fueron *Mensuario de Arte, Literatura, Historia y Crítica* (1949-1951), de la tantas veces mencionada Dirección de Cultura, dirigida por Raúl Roa con el propósito de «traducir las palpitaciones de la vida literaria y artística de Cuba y del extranjero»; la *Revista de la Biblioteca Nacional* en su segunda época (1949-1958), que satisfizo las exigencias de un trabajo de indagación en torno a «aspectos ignorados de nuestra cultura»; el *Boletín de la Academia Cubana de la Lengua* (1952-1961), que pretendió entroncarse con la tradición nacional del siglo XIX; *Alma Mater* en su segunda época (1952-1958), «Órgano oficial de la FEU» (Federación de Estudiantes Universitarios) en momentos de legalidad y de clandestinaje; *Carta Semanal*, con dos etapas (1950-1951 y 1953 hasta la conclusión del período), durante las cuales estuvo clausurado por el gobierno el periódico *Noticias de Hoy*, del Partido Socialista Popular. Se destacó en ese contexto la *Revista del Instituto Nacional de Cultura* (1955-1956) por su atractivo formato y las firmas de sus colaboradores, si bien no puede considerársele una publicación de gran categoría intelectual por la brevedad de los textos que dio a conocer, en los que no se podía entrar en análisis profundos.

Valioso fue asimismo el aporte de los diarios y revistas no especializadas. De entre la gran cantidad de los primeros se destacan por su continuada trayectoria desde años anteriores *Diario de la Marina*, con importantes secciones dedicadas a la difusión de temas musicales, plásticos, literarios, tratados por autorizadas firmas; *El Mundo*, igualmente atento a libros y otros tópicos de la vida cultural del país en esos años; *Información* (1931-?), también con secciones fijas para el saber humanístico, y *Noticias de Hoy*, fundado en 1938 como órgano del Partido Unión Revolucionaria Comunista y clausurado en 1953, después del asalto al cuartel Moncada, en ese momento publicado como vocero del Partido Socialista Popular (denominación, como la primera, del Partido de los comunistas cubanos), en cuyas páginas se trataron diferentes cuestiones culturales y políticas con una óptica distinta de la imperante en la mayoría de la prensa de entonces, una labor que lo distingue de manera especial. A ellos se suman *El Crisol* (1934-?) *Prensa Libre* (1941-?), *Alerta* (1935-1959), *Línea*, de salida irregular entre 1931 y 1937, órgano del Ala Izquierda Estudiantil, organización de izquierda. Otros diarios como *Mañana*, *Excelsior* y los provinciales se ocuparon de la difusión de los valores espirituales. Durante la tiranía aparecieron, sumidos en la clandestinidad, *Son los Mismos* (mayo-julio 1952), *El Acusador* (junio-agosto 1952), *El Aldabonazo* (1956) —editados por combatientes del Movimiento 26 de Julio, entre ellos su máximo dirigente, Fidel Castro, al frente del segundo—; *Sierra Maestra* (en cada una de las provincias de entonces); *Vanguardia Obrera* (de carácter orientador para la clase a la que estaba dirigido, editado en Oriente); *El Cubano Libre* (en la Sierra Maestra, Oriente, creado por orientación de Ernesto Che Guevara, su colaborador con el seudónimo Franco Tirador), *Occidente* (en Pinar del Río), *Revolución* (1957-1959), ambos también del Movimiento 26 de Julio, *El Campesino* (del Comité Nacional del Partido Socialista Popular), *Boletín Oficial del Ejército Rebelde* (en las montañas orientales), *Surco* (vocero del Segundo Frente «Frank País», dirigido por Raúl Castro), *El Morrillo, Patria, Milicianos* (los tres al servicio de la lucha armada) y *13 de Marzo*, vocero del Directorio Revolucionario. Entre las revistas no especializadas se destacan *Ellas, Vanidades, Car-*

teles y *Bohemia*. Estas dos últimas, las más significativas y antiguas, se hicieron relevantes por su contribución al desarrollo del cuento mediante la publicación de autores nacionales y extranjeros, así como por la difusión de notables artículos de corte ensayístico de renombrados autores del período, como Alejo Carpentier y Jorge Mañach. Virtud nada desdeñable es la de sus artículos de contenido político, en especial los de *Bohemia*, en muchos casos de extraordinaria combatividad. La labor de los diarios y revistas no especializadas ha de valorarse, pues, tanto en su condición estrictamente intelectual cuanto en su carácter político-ideológico, campos en los que se dieron a conocer textos verdaderamente paradigmáticos en el periodismo cubano y latinoamericano.   [*E. S. y R. H. O.*]

2.1.8 Instituciones culturales (1936-1958)

Como en momentos anteriores, durante este período las instituciones rindieron una apreciable labor en la difusión cultural mediante las múltiples iniciativas y actividades que respaldaron y llevaron adelante, en un proceso de cada vez mayor complejización y diversificación de su quehacer hacia las más variadas manifestaciones del arte y la cultura, algunas de las cuales reafirmaron su ya ganado sitial en el acontecer nacional, mientras otras dieron pasos firmes hacia el logro de realizaciones mayores o comenzaron una trayectoria que en la época posterior alcanzaría frutos más plenos. Entre las instituciones de más antigua creación que durante todo este período se mantuvieron activas, merecen recordarse la Asociación Económica de Amigos del País, que en 1945 dejó inaugurada la que sería su sede definitiva y cuyos aportes fundamentales en estos años se centraron en el fomento de la educación mediante el sostenimiento de algunas escuelas, en conferencias acerca de la historia del quehacer intelectual cubano precedente, en los servicios de su biblioteca pública (a la que se le incorporó desde 1951 un departamento para jóvenes) y en la ininterrumpida publicación de la prestigiosa *Revista Bimestre Cubana*; las bibliotecas Gener y del Monte y Elvira Cape, de Matanzas y Santiago de Cuba, respectivamente; el Archivo Nacional, casi hasta fines del período bajo la conducción de Joaquín Llaverías, desde 1944 en un edificio expresamente construido para sus fines y con publicaciones de interés a partir de sus fondos; la Biblioteca Nacional, que desde 1949 recomenzó la publicación de su revista y en 1958 pudo instalarse también en una nueva edificación ajustada a las características de sus importantes funciones de preservación del patrimonio literario nacional y de servicio público; la Academia Nacional de Artes y Letras y la Academia de la Historia de Cuba, que en sus respectivos *Anales* dieron a conocer documentos históricos y textos de sus miembros.

También surgidas en el lapso anterior y con actividad durante todo o gran parte de éste, pero con fecha de creación más cercana y por lo tanto con mayores contribuciones en él, merecen destaque la Biblioteca Municipal de La Habana —desde 1933 bajo la dirección del reconocido bibliógrafo Fermín Peraza—, que auspició y asesoró la apertura de dos dependencias en barriadas de la ciudad, brindó conferencias y exposiciones de libros y editó diversas colecciones, entre ellas la dedicada a índices de revistas cubanas; la Academia Cubana de la Lengua, reconocida por la Española desde 1926 y oficialmente por el gobierno cubano en 1951, consagrada a la preservación, estudio y difusión del idioma castellano, así como a la información a la de España de las variantes que en el habla y en la escritura iba adquiriendo en Cuba, labor que realizó en buena medida a través de las páginas de su *Boletín* (en circulación desde 1952), nutrido con los discursos de ingreso o de sesiones habituales de la entidad, presidida por José María Chacón y Calvo a partir de 1951; la Institución Hispanocubana de Cultura (1926-1948), con Fernando Ortiz como presidente perpetuo, diversas secciones filiales en ciudades del interior del país y los propósitos de «constituir una institución que se sienta libre de políticas, sectarismos, escuelas y propagandas unilaterales; que esté sólo al servicio de la ciencia y del arte, en sus puras manifestaciones; que rechace por igual las presiones tendenciosas contra la independencia de la verdadera cultura, y las intrusiones de los simula-

dores», un gran esfuerzo que dejó apreciable huella en la vida cultural del país mediante becas, conferencias, conciertos, exhibiciones cinematográficas, cursos, exposiciones, el recibimiento de intelectuales españoles que salieron hacia América a causa de la Guerra Civil iniciada en 1936 y la publicación de *Ultra* (1936-1947), donde se daban a conocer traducciones de libros y artículos; el Lyceum (c. 1928-1960), agrupación de mujeres —denominada Lyceum y Lawn Tennis Club desde su fusión con Tennis de Señoritas—, que realizó numerosas actividades, como exposiciones, lecturas comentadas, conferencias, cursos sobre literatura, música, canto e idiomas, convocó concursos literarios y artísticos, puso en funcionamiento una importante biblioteca pública (a partir de 1942) que tuvo en fondo la colección Max Henríquez Ureña y publicó la revista *Lyceum* (1936-1961), de rigor y calidad, todo ello con la participación de relevantes figuras de la intelectualidad femenina como Camila Henríquez Ureña, Vicentina Antuña y Mirta Aguirre; la Sociedad Colombista Panamericana, fundada en 1933 como organización continental con el fin de «afirmar los valores materiales y espirituales de América», lo que intentó llevar a cabo a través de varias instituciones y ediciones de memorias, informes y trabajos sobre temas culturales, sociales y económicos americanos, ingente labor en la que participaron, en calidad de miembros cubanos de la institución, José Luciano Franco y Joaquín Llaverías, entre otros; la Asociación de Escritores y Artistas Americanos (1934-c.1960), en sus comienzos adscrita al Instituto de Previsión y Reformas Sociales y desde 1936 organismo autónomo internacional con subvención del Estado, la cual organizó conferencias, congresos y asambleas y realizó otras labores de difusión, entre ellas la publicación de *América* (1939-1958), siempre dirigida por Pastor del Río y de tan escaso relieve como la institución de la que surgió, no representativa en realidad de los escritores y artistas americanos, sino al servicio de los gobiernos y sus medios oficiales de difusión; la Asociación Amigos de la Cultura Cubana de Matanzas, fundada en 1935 y a cuyas gestiones se debió la creación de dos bibliotecas públicas y un premio para los bachilleres del Instituto de Segunda Enseñanza de la ciudad, así como la programación de conciertos, funciones de teatro y ballet, conferencias y actividades martianas.

Entre las instituciones que continuaron su quehacer en este período, la de labor más sostenida, diversificada y proyectada hacia la sociedad en su conjunto fue, sin dudas, la Universidad de La Habana, de tan decisiva participación en la vida política e intelectual del país durante el período anterior, pero que en éste dio un sustantivo aporte al creciente auge de las disciplinas humanísticas y la creación artístico-literaria, tanto a través de entidades institucionales propias como mediante organizaciones estudiantiles o de otro carácter nacidas de su seno. En el terreno musical, las más apreciables contribuciones estuvieron a cargo de la Sociedad Musical Universitaria, creada en 1934 con el interés de contribuir al mantenimiento y rescate de los valores propios y, en general, universales de esa manifestación artística; de la Coral Universitaria (surgida en 1942 y oficializada en 1945), que se destacó por la seriedad y el sentido profesional de sus programas (actos de fin de curso, recitales) y que hasta 1947 fue conducida por María Muñoz de Quevedo; del Comité Universitario Musical, en funciones desde 1945 bajo los auspicios de la FEU y con la misión concreta de estimular los conocimientos y la sensibilidad de los alumnos a través de conciertos y recitales y mediante la orientación de aquéllos con especial interés y vocación por esta forma del arte; de la Banda Universitaria, surgida en 1950 para presentarse en actos de carácter académico y en eventos deportivos, agrupación de damas encargada de la divulgación de los grandes maestros universales y de valiosos creadores del país. Se ofrecieron, asimismo, ciclos de conciertos con comentarios críticos (de especial recordación fueron las semanas sinfónicas universitarias de 1952 y 1954, con conciertos, conferencias y proyecciones cinematográficas), presentación de directores, intérpretes y agrupaciones de gran renombre. A partir de la creación de la Escuela de Verano en el curso 1940-1941, la música tuvo un espacio altamente representativo en el recinto docente con la entrada en su mundo de los ritmos y sonoridades del folklore nacional, manifestación marginada por su índole popular y entonces abierta como importante expresión del espíritu cubano, a cuya comprensión estaba dirigido este esfuerzo divulgador en el que colaboraron los musicólogos Argeliers León y José Ardévol, continuadores de una labor iniciada por Ortiz.

Igualmente fructífero fue el quehacer de la Universidad en lo concerniente a las artes plásticas, en especial gracias a las numerosas exposiciones colectivas e individuales acogidas a partir de 1940, año en que se presentaron tres de gran envergadura: «Escuelas europeas», «El arte en Cuba, su evolución en la obra de algunos artistas» y «300 años de arte en Cuba», de extraordinaria significación esta última por su carácter panorámico, que subrayaba la trascendencia de los que entonces renovaban la sensibilidad en la pintura nacional, así como por la variedad genérica de lo exhibido. Otras muestras importantes de la década del 40 fueron las individuales de René Portocarrero (1944), Carlos Enríquez y Fidelio Ponce (ambas en 1947), y la colectiva (1949), de un representativo grupo de artistas cubanos (Abela, Enríquez, Víctor Manuel, Arche, Cabrera Moreno, Gattorno, entre otros) en el Salón de los Mártires de la FEU. En la década siguiente, son recordables las de Víctor Manuel (1950), Julio Girona (1954), Wifredo Lam y Raúl Milián (las dos en 1955) así como las colectivas de 1955 —una con manifestaciones de arte concreto y ejemplos de Martínez Pedro y Sandú Darié, y la otra, «Plástica cubana», con relevantes figuras y visitas dirigidas por Rosario Novoa y Graziella Pogolotti— y 1956, «Pintura contemporánea», todas beneficiosas para la formación estética del público, principalmente el alumnado, y para los creadores, que encontraban en la Universidad un espacio que no hallaban en las instituciones oficiales, vinculadas a dependencias gubernamentales. Tan significativa labor de promoción y divulgación abarcó también el arte popular —del que se montó una muestra (1941) en el Salón de la Asociación de Alumnos del edificio «Felipe Poey»—, la escultura y la arquitectura —representadas conjuntamente con la pintura en la Facultad de Arquitectura (1952)—, así como la fotografía, con varias exposiciones durante todo el período. Muy apreciable resultó asimismo el papel desempeñado por el museo anexo a la Cátedra de Historia del Arte y Filosofía de la Historia del Arte, activo desde finales de la década de 1930, con una sala de Arte Colonial Cubano, un gran auxiliar para la docencia con magníficas reproducciones de pintura universal, mosaicos y vidrieras, esculturas cubanas originales. A todo ello se suman las piezas aborígenes adquiridas para el Museo Antropológico «Montané» y las numerosas conferencias sobre cuestiones relacionadas con las artes plásticas.

En otra esfera del arte que en este período inició su despegue en el país, el ballet, la Universidad realizó también una valiosa obra desde que en 1948 la FEU exhortó al estado y a la población para que brindaran apoyo a la primera agrupación profesional cubana que ese propio año acababa de constituirse y realizaba una gira por el continente, con la ya famosa Alicia Alonso, su promotora, al frente. Grandes funciones populares en el Stadium Universitario, auspiciadas por la Dirección de Cultura de la FEU con el fin de recaudar fondos y difundir el quehacer de esta incipiente manifestación artística, alcanzaron una inusitada masividad. Por gestiones de la propia FEU a través de artículos en la prensa y puestas teatrales cuyos fondos se destinarían al Ballet, se logró en 1950 que le fuera otorgada una discreta subvención estatal a la compañía, a la que la Universidad abrió en otras numerosas ocasiones sus puertas: en 1954, como una de las actividades del I Festival de Arte de la FEU, promovido como antítesis de la II Bienal Hispanoamericana auspiciada por el gobierno de Batista; en 1955, en el II Festival de Arte; en 1956, en una función de desagravio en el Stadium Universitario porque el gobierno le había suprimido el subsidio al ballet ante la negativa de su directora a institucionalizarlo.

Considerables esfuerzos desplegó también la Universidad de La Habana en lo que respecta al teatro y al cine. En cuanto al primero, en 1940 se organizó Teatro Universitario —consustancialmente ligado con el Seminario de Artes Dra-

máticas, junto al cual quedó constituido en 1941 y oficializado en 1943—, que se convirtió en una experiencia que pudo ser tenida en gran estima y que Mirta Aguirre definiera en estos términos en el tercer aniversario de su fundación: «El Teatro Universitario no es ni quiso ser teatro puro. Aspira a ser —y va en camino de serlo— teatro grande y riguroso tránsito de un espíritu no partidista pero sí anchamente humano y social.»[42] Durante varios años (hasta 1956) estas dos instituciones —que se estudian con detenimiento en otra parte de este volumen— montaron numerosas obras clásicas, una experiencia que rebasó los límites académicos universitarios y que tuvo una doble repercusión: en el público asistente —en contacto con obras que no se hallaban en otros repertorios— y en los profesores y alumnos de artes dramáticas, cuyos programas de estudio en el Seminario se incrementaron con asignaturas y métodos que hacían más profesional y riguroso el trabajo. Pero la vida teatral en la Universidad no se puso de manifiesto sólo en lo que ha quedado dicho: se integraron grupos de aficionados que también llevaron piezas a escena, representadas por alumnos, y se ofrecieron funciones del Teatro de Marionetas, auspiciadas por la Comisión de Arte y Cultura de la FEU. En lo que concierne al cine, el inicio de una labor sostenida puede ubicarse en 1942, año en que José Manuel Valdés Rodríguez comenzó a impartir regularmente el curso «El cine: industria y arte de nuestro tiempo» en la Escuela de Verano. En 1943 se creó la Filmoteca Universitaria como centro de preservación que entonces no tenía similar en Cuba, y en 1948 se fundó la Cinemateca Universitaria y empezó a utilizarse el anfiteatro «Enrique José Varona» para la proyección de películas. Tiempo después quedó constituido, como una dependencia de la Comisión de Extensión Universitaria, el Departamento de Cinematografía, que intentó el cumplimiento de sus propósitos impartiendo conocimientos teóricos, conferencias, exhibiciones de obras de la cinematografía artística mundial y la adquisición de filmes. Más adelante este Departamento tuvo una sección de «Cines de arte» que logró preservar y conservar más de ciento cincuenta películas en 16 y 35 mm, cubanas y extranjeras, de ficción, documentales de arte y de ciencia, noticiarios, desde 1910, en algunos casos exponentes únicos de los orígenes del cine en el país.

Muy significativa fue la tarea llevada adelante por la Comisión de Extensión Universitaria, creada en 1950 e integrada por el rector como presidente, el Director del Departamento de Información, Publicaciones e Intercambio Cultural, el Secretario General de la Universidad y trece profesores designados por las facultades. La Comisión, que contaba con diferentes subcomisiones que atendían, entre otros, los frentes de publicaciones —*Universidad de La Habana* y *Vida Universitaria*—, investigaciones científicas, seminarios y conferencias, teatro, música, cine y artes plásticas, ofreció inestimables aportes al desarrollo de la cultura cubana, no sólo por su interés en la difusión del saber, sino además por lo que esa labor entrañaba en un sentido ideológico, de preservación de los verdaderos y auténticos legados espirituales de la humanidad, relativamente relegados por la alta burguesía nacional, atenta al modelo cultural norteamericano en su cada vez mayor dependencia económica y política de los adelantos tecnológicos de Estados Unidos. No debe olvidarse, en este sucinto recuento, la creación del Seminario Martiano en 1941, la Asociación de Antiguos Alumnos del mismo en 1944, la Cátedra Martiana en 1950 y la Fragua Martiana en 1952, con finalidades propias y al mismo tiempo semejantes, entre ellas la difusión de la vida y obra del más notable cubano mediante conferencias, publicaciones, programas radiales, grupos martianos de adultos y de escolares, movimiento que puede estimarse antecedente de la enorme difusión que ha tenido el importante legado espiritual martiano con posterioridad a 1959.

De menores alcances en su proyección social —salvo en el lapso en que estuvo a su frente Raúl Roa—, pero también con una sólida y continuada actividad durante todo el período, la Dirección de Cultura (1934-1961) de la Secretaría de Educación —desde 1940 Ministerio de Educación— es índice revelador de los afanes estatales por el desarrollo de la cultura en el país, a través de un proceso de institucionalización que

no siempre rindió los frutos esperados, lastrado como estaba por la estrechez de los presupuestos, algunas concepciones elitistas sobre la cultura y el arte, la sujeción de sus directrices a los vaivenes de la política y sus funestas consecuencias en todos los órdenes de la vida nacional. A través de sus dos secciones (Cultura General y Bellas Artes), de los grupos de trabajo ascriptos (la Junta Nacional de Arqueología, en funciones desde 1935; el Instituto de Altos Estudios, de corta vida, por falta de recursos, entre 1938 y 1939; el Instituto de Artes Plásticas, desde 1939), del Seminario de Investigaciones Históricas, el Estudio Libre para Pintores y Escultores y las Misiones Culturales —iniciativas estudiadas en otra parte del volumen y más adelante, respectivamente, al considerárseles de modo independiente por la trascendencia que alcanzaron en su momento—, concursos (el más importante de ellos aquel que desde 1937 otorgaba anualmente el Premio Nacional de Literatura), publicaciones (como *Revista Cubana*, *Revista de Arqueología*, *Revista Cubana de Filosofía* y la serie Cuadernos de Cultura dedicada a autores del país, amén de otros libros cubanos en varias colecciones y obras que se constituyeron en hitos de la historia literaria nacional, como *Cincuenta años de poesía cubana (1902-1952)* (1952) y *Antología del cuento en Cuba (1902-1952)* (1953), realizaciones de Cintio Vitier y Salvador Bueno, respectivamente), programas radiales, ferias del libro (desde 1937 en la capital y más tarde también en ciudades del interior) al aire libre, en las que se promovía el conocimiento de obras y autores mediante la venta y diversas actividades divulgativas acompañadas de conciertos de música, conferencias, recitales, puestas en escena teatrales, etcétera, la obra total de la Dirección de Cultura tuvo un alcance y una envergadura sin paralelo en ninguna de las restantes instituciones que en este período (1936-1958) contribuyeron a conformar la vida nacional.

Las Misiones Culturales, sin dudas la gestión que más recursos humanos y económicos requirió de cuantas llevó adelante en toda su existencia la Dirección de Cultura, debieron su existencia y trascendencia a la iniciativa de Raúl Roa mientras estuvo al frente de esta entidad en el lapso 1948-1952. Fueron, además, las actividades de la misma con mayor radio de acción por su carácter itinerante y la cuantía del público al que llegaban, siempre de manera directa en su condición de espectadores y oyentes. Su valiosísima labor comenzó en 1950 con un recorrido que comprendió las seis provincias en que entonces se dividía el país, con actividades en cerca de cuarenta poblaciones, entre ellas incluso algunos bateyes de centrales azucareros, y una afluencia total de más de ciento cincuenta mil asistentes, según las estadísticas conocidas. Con esquemas similares en los itinerarios se fueron realizando las sucesivas misiones, considerablemente más ricas que la inicial, como puede apreciarse en la segunda, desarrollada entre el 20 de octubre de 1950 y el 11 de mayo de 1951, con la asistencia de alrededor de cien mil personas y actividades como las siguientes: exposiciones de pintura universal (incluida Cuba), de geografía (con fotos ampliadas de paisajes cubanos) y de arte musical, acompañadas de conferencias; representaciones teatrales y de ballet, conciertos. No obstante las insuficiencias que pudieran señalarse en un examen minucioso de cada una de esas actividades (calidad de los intérpretes y de las reproducciones u originales de las muestras de artes plásticas o fotográficas, profesionalismo en las puestas en escena y en los diseños escenográficos y de vestuario, rigor didáctico en la selección del repertorio teatral y de música, en las conferencias y en las exhibiciones de artes visuales), las Misiones llevaron a zonas del país apartadas de su centro cultural más importante algunas muestras de la cultura universal y de creadores cubanos de reconocido prestigio, en ocasiones mediante intérpretes de gran valía, como el Ballet de Alicia Alonso; pero además contribuyeron a enriquecer la vida espiritual en los centros geográficos de más desarrollo cultural y artístico, como por ejemplo, la capital, donde esta obra tuvo asimismo importancia singular, junto a otras tantas expresiones de similares valores, promovidas por instituciones expresamente concebidas para esos fines. La gestión de Raúl Roa al frente de la Dirección de Cultura —trunca debido al golpe de estado de Batista en marzo de 1952— dio los mayores frutos, no obstante la extensa obra que llevó adelante en los años anteriores, con Chacón y Calvo al frente.

Junto a las hasta ahora citadas, realizaron también contribuciones de peso al proceso cultural del período otras numerosas instituciones surgidas a partir de 1936. A mediados de este año se creó la Sociedad de Estudios Afrocubanos —que puede estimarse continuadora de la Sociedad del Folklore Cubano, disuelta en 1931, ambas encabezadas por Ortiz—, entre cuyos fines se encontraban los siguientes, expuestos en sus estatutos: «estudiar con criterio objetivo los fenómenos (demográficos, económicos, jurídicos, religiosos, literarios, artísticos, lingüísticos y sociales en general) producidos en Cuba por la convivencia de razas distintas, particularmente de la llamada negra de origen africano y la llamada blanca o caucásica, con el fin de lograr la inteligencia de los hechos reales, sus causas y consecuencias, y la mayor compenetración igualitaria de los diversos elementos integrantes de la nación cubana hacia la realización de sus comunes destinos históricos». Para materializar estos propósitos promovió conciertos, conferencias, investigaciones, cursos y publicaciones (entre ellas la revista *Estudios Afrocubanos*), tarea en la que contó con la participación de su amplia membresía, nutrida por algunos eminentes representantes de la tendencia negrista de la literatura cubana.

Una corta pero intensa vida tuvo la Unión de Escritores y Artistas de Cuba (UEAC), constituida en 1938 (y aún en activo a comienzos de la década siguiente) con la colaboración de numerosos intelectuales y creadores ideoestéticos para trabajar por la cultura y contra algunas reaccionarias posiciones políticas del momento, según se aprecia en las consignas que acompañaban a su nombre: «Contra el fascismo. En defensa de la cultura.» La UEAC significó la concreción de un antiguo ideal de sus más persistentes promotores, salvadas ya algunas diferencias ideológicas que habían impedido que cuajase su más inmediato antecedente, la Unión de Artistas y Escritores Revolucionarios, de efímera existencia en 1935, cuando publicó sus dos manifiestos programáticos. Entre los propósitos de la nueva agrupación, en consonancia con las circunstancias en que desenvolvería su quehacer, y fundados en lo nacional, pero con proyecciones americanistas y universalistas a un tiempo, se contaba: «Actuar como organismo propulsor de cultura, preocupado por los intereses de la colectividad y la superación económica, moral e intelectual de las masas populares y la producción de una obra de profundo y amplio sentido humano, sin perjuicio de cuidar la disciplina responsable que debe presidir toda labor de investigación y creación.»[43] La primera actividad pública de la nueva entidad —cuyo Comité Nacional encabezaba Juan Marinello y del que formaban parte también, entre otros, Nicolás Guillén, Mariblanca Sabas Alomá, Fernando G. Campoamor, Mirta Aguirre y Elías Entralgo— fue un homenaje a Pablo de la Torriente Brau —al cumplirse el segundo aniversario de su caída en suelo español— donde intervinieron, junto a algunos intelectuales cubanos, Gabriela Mistral, Alfonso Castelao y Fernando de los Ríos. La UEAC contó con una Sección de Literatura y desarrolló otras actividades, entre las que cabe destacar un Salón de Artes Plásticas (1939) con creaciones de Víctor Manuel, Arche, Mariano Rodríguez, Ravenet, Juan David, Teodoro Ramos Blanco y otros. Además, anunció la salida de su órgano, que llevaría el título de *Unión*, la cual no llegó a efectuarse al irse extinguiendo paulatinamente la agrupación, de la que se tienen referencias hasta 1940 por lo menos.

En 1938 inició también su quehacer la Oficina del Historiador de la Ciudad de La Habana, al frente de la cual estuvo siempre Emilio Roig de Leuchsenring, nombrado Historiador de la Ciudad en 1935, de gran capacidad de trabajo y animador incansable. Como indica su nombre, esta institución se especializaba en cuestiones relativas a la historia, específicamente la preservación y difusión de las Actas Capitulares del Ayuntamiento de La Habana y, en un sentido general, la organización de actividades conmemorativas y la divulgación de figuras y hechos del acontecer patrio, para lo cual ofreció ciclos de conferencias, cursos y otros encuentros similares, publicó los Cuadernos de Historia

Habanera y la Colección Histórica Cubana y Americana, contó con varias secciones —entre ellas el Museo de la Ciudad de La Habana, en activo desde 1942—, y trabajó en la preparación de los Congresos Nacionales de Historia, celebrados desde 1942, conjuntamente con la Sociedad Cubana de Estudios Históricos e Internacionales (1940-1964), fundada con los propósitos de salvaguardar y difundir el patrimonio histórico de Cuba y América, también presidida por Roig de Leuchsenring, a quien acompañaron relevantes personalidades del ámbito nacional, unidos en el empeño común de «desarrollar el conocimiento y estimular el estudio de la historia de Cuba, en particular, y de la del resto de América, en general, así como las de aquéllas y ésta en relación con los pueblos del Viejo Mundo vinculados a los países americanos, política, económica o socialmente». Para el logro de sus fines, de fuerte tinte antimperialista y entre los que se encontraba también «impedir la desaparición, ocultación o traslado al extranjero de los archivos y documentos de valor histórico, de propiedad o posesión oficial o particular», la Sociedad realizó conferencias, debates, actos conmemorativos, congresos, publicaciones —algunas de ellas importantes libros de sus miembros como *Martí antimperialista* (1953) y *Cuba no debe su independencia a los Estados Unidos* (1950), de Roig de Leuchsenring, y *Antonio Maceo. Apuntes para una historia de su vida* (1950-1957, 3 tomos) de José Luciano Franco.

Tres importantes instituciones docentes de nivel superior surgieron en este período: la Universidad de Oriente, la Universidad Central de Las Villas y la Universidad Católica de Santo Tomás de Villanueva. La primera, abierta en 1947 en Santiago de Cuba, fue creciendo y solidificando su claustro, que en los inicios trabajó gratuitamente, una de las tantas vicisitudes por las que atravesó antes de 1959: asaltos y clausuras durante la etapa de lucha insurreccional contra Batista —en la que tuvo activa participación—, carencia de recursos económicos, dificultades que no consiguieron detener su labor creadora y de servicios a la comunidad, en la que se destaca su biblioteca «Francisco Martínez Anaya», donde además de tareas estrictamente bibliotecológicas (con las que se enriqueció la vida espiritual de la ciudad) se ofrecieron conferencias, seminarios y otras actividades de difusión de la cultura, en las que prestaban su colaboración los miembros del claustro, entre ellos figuras extranjeras del relieve de Juan Chabás, Juan Ferraté y Francisco Prat Puig. Un año después que la anterior quedó oficialmente constituida la Universidad Central de Las Villas, en Santa Clara, en funciones docentes desde 1952, bajo la protección de la FOA (Foreign Operation Administration) y la ICA (International Cooperation Administration), organizaciones que representaban la política de penetración imperialista y que pretendían frustrar los intereses del centro en la dirección de crear «una nueva, popular y científica estructuración universitaria, verdadera fuente de cultura, de educación i de investigación de acuerdo con nuestras necesidades, i orientada pedagógicamente hacia las ideas más modernas i de total cubanización [...] Esa es en pocas palabras la concepción de esta *nueva* Universidad *nueva*, que por su condición de tal tendrá la excepcional ventaja de ser más apta al progreso, porque en ella las ideologías no encontrarán la resistencia de las ideas caducas, amarradas al «ayer con las fuertes cadenas del tradicionalismo», empeños y preocupaciones que los años de tiranía y represión tornaron aún más difíciles e insalvables, a pesar de que no pudieron impedir la apertura de su biblioteca en 1950 —desde 1959 en su nuevo edificio y denominada «Chiqui Gómez Lubián»—, la publicación de importantes libros de relevantes autores cubanos contemporáneos y de la revista *Islas* (a partir de 1958). De algún relieve fue también el quehacer de la Universidad Santo Tomás de Villanueva, de orientación católica, fundada como universidad privada en 1946 por los padres agustinos de Villanova (Pennsylvania), pero a la que no se otorgó carta de constitución hasta 1953, ya en los momentos en que la tiranía batistiana pugnaba fuertemente por acentuar el debilitamiento de las universidades de La Habana, Oriente y Las Villas iniciado por los gobiernos auténticos a través de las leyes de universidades oficiales (1949) y de universidades

privadas (1950). Como continuación de esa política se aceleró la creación de universidades privadas, tanto en la capital como en ciudades del interior del país (al cierre del período se había otorgado permiso para constituir cerca de una decena de estos centros privados, la gran mayoría de los cuales no llegó a funcionar), se dictaron nuevas leyes y reglamentos, se disminuyó el aporte estatal a las tres universidades principales —que se enfrentaban abiertamente a la política del dictador— y se utilizaron la difamación y las campañas publicitarias para desacreditarlas.

Las tres universidades principales, junto a las escuelas normales para maestros, desempeñaron una sustantiva labor de primera importancia en tanto fundamento de todo saber sólidamente estructurado, imprescindible como elemento vital de una tradición. Aunque en los claustros abundaba la mediocridad y permanecían alejados de las aulas universitarias intelectuales de valía, y a pesar de las muchas deficiencias de todo tipo que impidieron que llegasen a realizar las universidades cubanas lo que otras del continente alcanzaron en ese mismo período, puede afirmarse que las aulas fueron un centro vital para la cultura cubana. La presencia en Cuba de extranjeros que de diversas maneras dejaron una huella apreciable en el movimiento artístico-literario, se puso de manifiesto tanto en el campo de la creación como en el de la erudición y el saber académico. Muchos de ellos arribaron a nuestro país huyendo de la ola fascista que asoló Europa desde mediados de la década de 1930 hasta mediados de la siguiente (Guerra Civil Española y Segunda Guerra Mundial). Junto a nombres como los de Manuel Altolaguirre, María Zambrano, Juan Chabás, Herminio Almendros, Luis Amado Blanco, por sólo citar a algunos españoles que se asentaron en Cuba —a veces de modo definitivo— y se incorporaron a su vida cultural, a la que aportaron iniciativas y realizaciones de diversos matices y calidades, hay que mencionar también a otros cuyas estadías fueron más breves —pero no por ello menos fructíferas para el proceso cultural cubano de entonces y posterior— y que en ocasiones viajaron invitados por instituciones para dictar ciclos de conferencias y realizar otras actividades,

como Juan Ramón Jiménez, Ramón Menéndez
Pidal y Karl Vossler.

Entre otras instituciones del período cabe recordar la labor de la Sociedad de Artes y Letras
(1943-1956), con María Teresa Aranda como
primera presidenta, de reducida influencia en
las actividades que realizó; la Academia Municipal de Artes Dramáticas (1947-c.1960), integrada al Conservatorio Municipal de Música,
dirigida por Martínez Aparicio hasta 1953 y
desde entonces hasta su desaparición por Mario
Rodríguez Alemán, quien se preocupó por
ahondar en el trabajo práctico de los alumnos
y, en consecuencia, por la apertura de un local
con esos fines, lo que al cabo se logró en el teatro experimental El Corral; la Asociación Cubana de Bibliotecarios (1948-1959), conformada por iniciativa de María Teresa Freyre de
Andrade, entre cuyos múltiples proyectos és-
taban los de mejorar los servicios de bibliotecas, contribuir a la difusión del libro y unir a
los profesionales del ramo en el país, para cuya
consecución contó con varias secciones, así
como con el *Boletín de la Asociación Cubana
de Bibliotecarios* y la Escuela de Bibliotecarios
(que comenzó a funcionar en 1950), entre otros
proyectos bajo sus auspicios; la Asociación
Nacional de Profesionales de Biblioteca, que
inició sus labores en 1952 y tuvo como medio
de difusión el boletín *Cuba Bibliotecológica*
(1953-1955; 1956-1960?), organizó las primeras Jornadas Bibliotecológicas Cubanas y creó
un premio, todo lo cual se mantuvo en activo
hasta que en 1955 la Asociación desapareció, a
solicitud de muchos de sus integrantes, al fun-
darse el Colegio Nacional de Bibliotecarios
Universitarios ese propio año.

Desde los mismos inicios del período el partido de los comunistas cubanos, bajo diferentes
denominaciones hasta alcanzar la definitiva de
Partido Socialista Popular (PSP), se trazó un programa cultural que no tuvo paralelo en las instituciones homólogas y que recogía las necesidades del país en el campo de la vida espiritual,
estrechamente interrelacionadas con las insoslayables demandas económicas, políticas y sociales. Ya en 1937, gracias a su iniciativa y a la de
la Liga Juvenil Comunista, se creó la Hermandad de Jóvenes Cubanos, con amplia membresía
en todo el país y sustentada sobre principios de
igualdad y unión por encima de diferencias ideológicas, con objetivos políticos, deportivos, culturales, que llevaba a vías de realización a través
de campañas, actos de variado cariz, publicaciones —como el mensuario *Juventud*—, programas radiales, celebración de congresos, etcétera. Más adelante, el PSP constituyó su Comisión
para el Trabajo Intelectual, integrada por Carlos
Rafael Rodríguez, Juan Marinello y Mirta
Aguirre, junto a otros miembros del propio Partido, y encargada de orientar a los escritores y
artistas directamente vinculados con la organización, de formar un frente amplio donde tu-
viesen cabida diversos sectores de la intelectualidad en la lucha común contra la guerra fría
y por la preservación de la paz, así como alentar
y dirigir el quehacer de instituciones progresistas que promovieran la literatura y el arte de los
creadores cubanos. Expresiones elocuentes de
estas preocupaciones fueron las publicaciones
periódicas que sostuvieron al Partido, los libros
y folletos que promovieron, las emisiones radiales a través de 1010 Radio Popular, de primera
importancia en su momento, la producción cinematográfica (Cuba Sono Film) y la creación
escénica (Teatro Popular). A ello hay que añadir
el trabajo intelectual y creativo que realizaban
los propios militantes, dado a conocer en diarios y revistas, libros y folletos, conferencias,
discursos, exposiciones, conciertos, puestas en
escena, todo desde posiciones de compromiso
social y político con el contexto nacional y con
un sentido integrador a la luz de las necesidades
reales del país. Pero las propuestas del Partido
Socialista Popular no se limitaban a lo que ha
quedado esbozado, pues defendió y sustentó,
dentro del conjunto de sus tesis por la transformación de la sociedad, un gran número de reclamos imprescindibles para un verdadero desarrollo de las potencialidades espirituales y para un
sensible y fructífero mejoramiento de la vida
artístico-literaria. Un análisis concienzudo de
esta labor en pro de la cultura nacional del PSP
deberá atender a las características específicas del
momento en que cada iniciativa tomaba cuerpo
y se intentaba llevar a vías de hecho, pues las

condiciones en que desarrollaba su quehacer eran harto difíciles.

La realización mayor de esa política del PSP fue la Sociedad Cultural Nuestro Tiempo, fundada en 1951 y orientada desde 1953 por la Comisión para el Trabajo Intelectual a través de Mirta Aguirre. En el manifiesto que dieron a conocer sus fundadores están expresadas las aspiraciones que los movían y alentaban: «El afán creador implícito en el hombre, al tomar en nuestro medio la suficiente fuerza de presencia, ha motivado que concentremos nuestros esfuerzos para hacer realidad lo que como nueva generación cubana creemos deber histórico: la preservación de los valores logrados y la divulgación de aquellos que apuntan su importancia vital. Nuestra estética es la de un arte americano, libre de prejuicios políticos o religiosos, enaltecido por encima de concesiones, que sea síntesis de lo que estimamos vigente y permanente en América. No nos interesan ni la oscuridad muerta ni la endeblez académica, sino una estética tan infinita como el hombre mismo. Surgimos para traer el pueblo al arte, acercándolo a las inquietudes estéticas y culturales de nuestro tiempo, precisamente ahora en que intuyendo estas realidades, demanda un vehículo que le permita palparlas y asimilarlas para su más rápida formación y madurez cultural.»[44] En sus constantes actividades, fruto del esfuerzo intelectual y económico de sus miembros y de otras instituciones afines —aportes incomparablemente superiores al de la escasa subvención que se logró más tarde, después de la solicitud expresa de la directiva—, se desarrollaron diversas manifestaciones artísticas (música, pintura, escultura, cine, teatro para adultos y para niños, literatura, ballet), en las continuas presentaciones que hacían; se sostuvo una decisiva batalla contra la cultura oficial, al servicio de insustanciales expresiones del arte y la literatura o de los intereses de penetración ideológica del imperialismo; se asumió la cultura desde una perspectiva contemporánea —de ahí el nombre de la institución—, con una dinámica que rompía los esquemas academicistas e inertes; se asumió el quehacer de escritores y artistas en su dimensión social, posición ineludible a la altura de los

años 50, cuando la lucha de clases se recrudecía hasta la violencia armada. A través de las secciones que la integraban (Música, Artes Plásticas, Biblioteca, Teatro, Cine-Debate) y de la revista *Nuestro Tiempo* (1954-1960), una de las más significativas de la República, fueron tomando cuerpo esos logros capitales para el desarrollo intelectual e ideológico en tan conflictivo momento de la historia de Cuba. Bajo la dirección del compositor Harold Gramatges, la inteligente asesoría de Mirta Aguirre y la colaboración de su relevante membresía, la Sociedad Cultural Nuestro Tiempo llevó adelante una formidable obra de reivindicación y de creación que tuvo, entre otros méritos, el de mantener la continuidad del riquísimo pasado (inmediato y remoto) y el futuro, integrada como estaba la agrupación a las preocupaciones de los sectores más progresistas en la compleja lucha que entonces se libraba en lo social, lo político y lo económico, reflejada en la vida cultural. Fue la suya, sin dudas, una obra beligerante en antítesis con la política del Instituto Nacional de Cultura, expresión del batistato, y a la vez propugnadora de un modo de hacer que tuvo quizás su más alta manifestación en la experiencia cinematográfica, que dio los primeros frutos del nuevo cine cubano, posterior a 1959, cuyo más cercano antecedente se halla en el documental *El Mégano*, realizado por jóvenes cineastas de la Sociedad. Junto al Departamento de Cultura del Partido Socialista Popular constituyó la Sociedad Cultural Nuestro Tiempo el más sólido baluarte del arte y la literatura revolucionarios en los últimos años de este período.

Durante el batistato y bajo el nombre de Instituto Nacional de Cultura, presidido por Guillermo de Zéndegui, la Dirección de Cultura se desentendió de la tesis de la neutralidad de la cultura, en la que había descansado su política difusora y, transformada en institución autónoma, prácticamente otra agrupación promotora, organizó diversas actividades desde una aparente neutralidad y se convirtió en vocera y defensora de la política cultural del régimen en momentos de crisis y de profunda dependencia económica, años en los que la represión y la lucha insurreccional ponían de manifiesto la hondura a la que habían llegado las contradicciones de la República, sometida a una dictadura sangrienta. En tales circunstancias fue decreciendo la actividad intelectual y artística, en algunos casos por la censura, en otros por el desaliento, en otros por la supresión de recursos, como sucedió con el Ballet Nacional, al que el Instituto, por disposición de Zéndegui, le retiró la subversión escasa, pero útil, que se le había asignado durante el gobierno de Prío. En el segundo lustro de la década de 1950, el Instituto Nacional de Cultura ejerció, pues, las funciones de órgano oficial, al servicio de los intereses del régimen y antítesis de las instituciones, creadores, publicaciones y realizaciones progresistas en el campo de la vida espiritual, cuyos más altos ejemplos se encuentran, entre las instituciones, en la Universidad de La Habana, la Sociedad Cultural Nuestro Tiempo y otras agrupaciones similares de mayor o menor alcance en sus gestiones y trascendencia real, entre las cuales cabe recordar aún algunas que, de significación e inquietudes diferentes, tuvieron una vida más o menos activa en este período, como el Comité Intercultural Iberoamericano, el Instituto Cubano-Costarricense de Cultura, la Sociedad Cubana de Derecho Internacional, la Fundación Luz y Caballero, la Asociación de Autores y Escritores de Matanzas, la Asociación Cubana de Prensa (de la que fue tesorero Carlos Rafael Rodríguez), la Asociación Nacional de Reporteros, la Asociación Cubana por la Libertad de la Cultura (a cuyas filas perteneció Raúl Roa), la Asociación de Periodistas y Escritores de Artemisa (Pinar del Río), el Instituto de Altos Estudios de Cuba, la Alianza Cubana por un Mundo Libre, el Colegio Nacional de Doctores en Ciencias y en Filosofía y Letras (con Fernando Portuondo como presidente), Amigos de la Biblioteca Nacional, la Sociedad Franco-Americana de Cuba, la Federación de Escuelas de Cuba, la Agrupación de Redactores Teatrales y Cinematográficos de Cuba (ARTYC, de relevante quehacer), la Organización Nacional de Bibliotecas Ambulantes y Populares (ONBAP), dedicada, entre otras tareas, a la difusión de la obra de escritores cubanos mediante la publicación de libros de bajo costo.

Las instituciones del período constituyen, en resumen, un conjunto heterogéneo, cada uno de cuyos integrantes se proponía satisfacer necesidades y contribuir a la solución de problemas de carácter cultural con el esfuerzo de sus miembros y dirigentes, en muchos casos figuras de gran valía y que representaban las distintas tendencias de la intelectualidad cubana de esos años. En ellas, cualesquiera que hayan sido sus posiciones ideoestéticas y sus aportes a la vida espiritual de la nación, pueden apreciarse al menos tres rasgos esenciales del período: la cuantía de las necesidades insatisfechas, la búsqueda de la contemporaneidad y la integración de una cultura propia en el contexto de lo universal, elementos que se interrelacionan y se fecundan mutuamente y que aparecen asimismo en el centro de los grupos, las publicaciones periódicas, las labores de promoción de artistas y escritores, los concursos y eventos, conferencias y puestas en escena, jornadas de cine y, en fin, en cuanta manifestación tuvo el caudaloso quehacer intelectual y creador desde 1936 a todo lo largo del país.

[E. S. y R. H. O.]

2.1.9 Eventos, ediciones y concursos (1936-1958)

Los eventos, concursos y ediciones de libros fueron expresiones de esas tres inquietudes esenciales en tanto recogían el trabajo de instituciones y grupos y los postulados de tendencias y concepciones ideoestéticas. Conjuntamente con la defensa del acervo cultural cubano desde la sensibilidad contemporánea y como parte del espíritu universal, se conformó una visión latinoamericanista que llegó a hacerse muy evidente en la proyección dada a eventos y ediciones. Así, el Primer Congreso de Arte Cubano efectuado en Santiago de Cuba en enero de 1939 bajo los auspicios de instituciones y emisoras radiales; el Primer Congreso Nacional de Educación de enero de 1940 en la propia capital oriental; el Primer Congreso Nacional de Periodistas que tuvo lugar en La Habana en 1941 y que contó con la labor organizadora de José Manuel Valdés Rodríguez, Alfredo Núñez Pascual y Lisandro

Otero Masdeu, reeditado con posterioridad en varias ocasiones; la Segunda Conferencia Americana de Comisiones Nacionales de Cooperación Intelectual, realizada en La Habana en noviembre de 1941 y seguida de la Plática de La Habana en torno al tema «América ante la crisis mundial», auspiciada por la Comisión Cubana de Cooperación Intelectual y organizada por Mariano Brull, con Alfonso Reyes en la presidencia, en la que se leyeron textos antifascistas; los congresos nacionales de historia que entre 1942 y 1960 se pudieron celebrar en distintos lugares del territorio nacional gracias a la Sociedad de Estudios Históricos e Internacionales, dirigida y animada por Roig de Leuchsenring, con los plausibles propósitos de «promover el mayor auge de los estudios históricos, y alentar su cultivo, así como difundir el conocimiento de la historia más allá del círculo de los especialistas, hasta el corazón mismo del pueblo»;[45] el Primer Congreso Interamericano de Archiveros, Bibliotecarios y Conservadores de Museos del Caribe (1942), bajo los auspicios de la Sociedad Colombista Panamericana, a cargo también del Primer Congreso Histórico Municipal Interamericano (1942) y el II Congreso de Prensa (1943); el Cuarto Congreso del Instituto Internacional de Literatura Iberoamericana, en abril de 1949, también en La Habana, en el que participaron como delegados por Cuba Fernando Ortiz, José María Chacón y Calvo, Raúl Roa y José Antonio Portuondo; la Tercera Reunión Continental del Instituto Interamericano de Historia Municipal e Institucional, que funcionó en Cárdenas (Matanzas), en mayo de 1950, con la asistencia de países de América Central, Suramérica y las Antillas; el polémico Congreso de Escritores Martianos, febrero de 1953, en La Habana, de acertadas y confusas valoraciones de cubanos y extranjeros en torno a la vida y la obra de Martí, ocasión propicia para la controversia de ideas y el enfrentamiento ideológico; la Segunda (1954) y Tercera (1956) Exposición Bienal de Arte, en La Habana, sustentada por el Gobierno español, y el Primer Festival Universitario de Arte Cubano Contemporáneo (1954), una de las combativas respuestas de los creadores cubanos a la bienal de ese año.

Las ediciones de libros, por su parte, contribuyeron de manera notable a la formación de una conciencia latinoamericana y al enriquecimiento de la cultura nacional. Las instituciones y los grupos tuvieron, como ya fue dicho, un interés primordial por la publicación de obras fundamentales del acervo del país y de aquellos textos que iluminaban aspectos poco tratados de la problemática cubana o de Hispanoamérica, tanto del pasado como del presente, y por divulgar el quehacer de sus miembros. Las universidades de La Habana y Las Villas, la Oficina del Historiador de la Ciudad, las academias Nacional de Artes y Letras y de la Historia de Cuba, la Institución Hispanocubana de Cultura, el Archivo Nacional, la Biblioteca Municipal de La Habana, la Dirección de Cultura del Ministerio de Educación, el Grupo Literario de Manzanillo y el Grupo Orígenes, hicieron un valiosísimo aporte a la vida cultural de este período con las ediciones de clásicos y contemporáneos y de numerosas investigaciones en torno a diversos temas históricos, artísticos, literarios, económicos, político-sociales, todo un cuerpo de obra que permitió ir asentando una tradición en el sentido de la mejor indagación académica, al mismo tiempo que evidenciaba algunos de los aspectos que a lo largo del tiempo habían venido conformando la nacionalidad. Con el trabajo de esas instituciones, tomadas como ejemplos de la importancia que alcanzaron por esos años las ediciones de libros, la historiografía cubana se situó a la altura de lo que se estaba haciendo por esas décadas en América Latina para rescatar los valores espirituales de cada país y por la incorporación del patrimonio continental a la herencia de la humanidad.

El pensamiento y la historia latinoamericanos sustentaron las tareas editoriales de algunas instituciones ya mencionadas. Las ediciones Lex y Trópico se consagraron también a la difusión de autores de Hispanoamérica y de Cuba, entre cuyos títulos más significativos se encuentran las obras completas de Martí (Editorial Trópico en 74 tomos, 1936-1953; Editorial Lex en 2 tomos, 1946, y en 4 tomos en 1948 y 1953). Además de esas dos casas, de la Editorial El Arte, de Manzanillo, que daba a conocer la labor de miembros del grupo literario que en esa ciudad animaba Juan Francisco Sariol, y de Ediciones Orígenes, ya citadas, desarrollaron una fecunda actividad independiente la imprenta P. Fernández, las Ediciones Sociales, la editorial Arrow Press, la impresora Ayón, la imprenta Úcar, García y Cía, la Editorial Cuba, las Ediciones del Partido Socialista Popular, la imprenta La Verónica (del poeta y animador cultural Manuel Altolaguirre, exiliado en Cuba a raíz de la Guerra Civil Española), la editorial Alfa, la editorial Manigua, fundada en Santiago de Cuba por José Antonio Portuondo, y la Editorial Páginas, creada en 1938 y animada por los propósitos de «acercar la cultura al pueblo, elevar el nivel de las masas populares en su educación intelectual y moral, familiarizar al hombre con la lectura útil que le ayude a resolver sus problemas más graves»,[46] con tres grandes secciones —Biblioteca de Clásicos Cubanos, Biblioteca Cubana Contemporánea y Colección Universal de Cultura Moderna.

En una conferencia dictada en Matanzas en 1935 —«La imprenta y el Estado en Cuba»—, el bibliógrafo Fermín Peraza había afirmado que si se organizaba y se ponía en funcionamiento una Imprenta Nacional —en esos momentos sólo existía una impresora estatal, la del Ejército—, podrían llegar a producirse libros cubanos a bajo costo.[47] (Los intentos de crear una Imprenta Nacional, antiguo reclamo desde el período precedente, habían fracasado en 1927, como recogió entonces la prensa con profusión.) En los años sucesivos, el negocio del libro, en especial el destinado a la educación, llegó a constituir una importante fuente de ingresos. Cultural S.A. y P. Fernández, dedicadas a libros de texto, alcanzaron fabulosas tiradas del rango de los treinta mil y los cuarenta mil ejemplares por título en las asignaturas de Matemática, Español y Lectura, distribuidos en Cuba y en sus sucursales en México, Costa Rica, El Salvador, Venezuela, Perú, Colombia, República Dominicana y Ecuador. Las tiradas para la enseñanza media estaban entre los diez y los quince mil ejemplares. Editaron además obras de Derecho, Medicina y otras especialidades de la enseñanza superior. Cultural introdujo el *offset* en los ini-

cios de la década de 1950 para impresión en colores, un adelanto que permitió hacer un trabajo de incuestionable calidad. La Editorial y Librería Selecta imprimía libros de textos para el bachillerato. En determinados momentos, los autores recibían el 15% del precio del ejemplar vendido, pero la llegada del *offset* rebajó ese ingreso al 7-10%. La impresora Omega adquirió también el *offset*, con el que publicaba *Selecciones del Reader's Digest* —versión al español de *The Reader's Digest*— en tiradas de 1 300 000 al mes, *Time* con 80 000 ejemplares a la semana e *International Medical Symposium* con 90 000 mensuales. Según las estadísticas que ofrecía el *Anuario Bibliográfico Cubano* dirigido por Fermín Peraza, en los comienzos de este período, entre 1937 y 1940, las cifras de títulos editados por disciplinas mostraban una preferencia por los libros de Literatura, Historia de Cuba y Derecho (con 188, 127 y 125 títulos respectivamente), mientras que de 1947 a 1950 —cuando se editaron 2 085 libros y folletos— las preferencias editoriales se inclinaron hacia el Derecho (150) y la literatura (146, 72 de ellos de poesía).

En 1958 había alrededor de setenta imprentas en el país. De mayor o menor envergadura e importancia, de 1936 a 1958 realizaron una labor difusora, además de las ya mencionadas, las imprentas o casas editoriales que a continuación se relacionan: Seoane, Fernández y Cía; Maza, Caso y Cía.; Imprenta de Luxe; Editorial Atalaya; Goldarás y Cía. (imprenta de la Universidad); Molina y Cía; Cárdenas y Cía.; La Propagandista; Artes Gráficas, S.A.; Carasa y Cía.; El Siglo XX; Editorial Cenit; Editorial Hermes; Editorial Minerva; Jesús Montero; Tipografía Vega; Imprenta del Archivo Nacional de Cuba; Compañía Editora de Libros y Folletos; El Sol; Arroyo Hnos. y Tipografía San Germán (Santiago de Cuba); R. Bustamante (Cienfuegos); La Libertad (Camagüey); Gutenberg (Ciego de Ávila); El Gallo de Morón (Morón); Venus (Sancti Spíritus); Sed (Santa Clara); Hermanos Legrá (Holguín); Ricardo (Guantánamo); Minerva (Bayamo); La Comercial (Pinar del Río); Estrada y Pedro P. Soles (ambas de Matanzas). Como se ve, no sólo la capital poseía los medios de impresión, extendidos también por algunas ciudades y pueblos de las provincias, si bien en La Habana estaban las editoriales e imprentas de mayor tirada y de más peso en la vida cultural de la nación.

Aunque en la década de 1950 creció notablemente el número de libros y folletos en comparación con los decenios precedentes, el alto precio de las publicaciones, los escasos derechos de autor y la desatención oficial en lo que concernía a la política editorial, hicieron que el libro cubano viviera en perenne crisis, como dejaron ver algunas instituciones y grupos culturales en sus proyectos y propósitos. Los datos de los precios de los libros y de las liquidaciones anuales a los autores son reveladores de lo que ocurría en ambos aspectos en determinados momentos de este período. La propuesta de Peraza en su conferencia de Matanzas no fue atendida debidamente hasta el período siguiente, al tomar el poder la Revolución en 1959. Esa situación se alivió en alguna medida, sin embargo, por el empeño de editoriales e instituciones que no tenían afanes lucrativos, como ya fue señalado, lo que permitió el acceso del gran público a la cultura —un gran público del que había que descontar al millón de analfabetos con que contaba el país en la segunda mitad de los años 50— mediante precios módicos en algunos libros importantes. Puede mencionarse como uno de los más altos ejemplos en ese sentido la labor de la imprenta La Verónica, de Altolaguirre, instalada en 1939 y a la que se debió la difusión de títulos como *Versos libres* (1939), de Martí; *Momento español* (1939), de Marinello; un tomo con dos obras de teatro de Pushkin, también de 1939, en versión del propio Altolaguirre y del hispanista soviético O. Savich, la primera edición cubana de tan importante autor ruso, y *Sóngoro cosongo* (1942), de Guillén, todos muy baratos.

Puede afirmarse que, en la generalidad de los casos, eran muy pocas las ediciones de autores cubanos, en su mayoría importadas del extranjero, sobre todo de México y Argentina, vendidas en las numerosas librerías de La Habana y en las pocas existentes en provincias. Los escritores, investigadores y hombres de ideas, sufragando de sus propios bolsillos los gastos de edición o asumidos éstos por las instituciones encargadas de la publicación de sus trabajos, dejaron durante este período un extraordinario volumen de obra impresa dentro de disímiles tendencias ideoestéticas y como expresión de la rica y compleja vida cultural de esos años.

De gran importancia pueden calificarse asimismo, en la promoción autoral, los concursos que desde el segundo lustro de la década de 1930 caracterizaron a muchas de las instituciones, revistas y diarios. Entre las numerosas convocatorias merecen citarse la que anualmente abría la tienda El Encanto entre 1934 y 1957, con el nombre de «Justo de Lara» para el artículo periodístico de mejor calidad que se presentara, y entre cuyos premiados se contaron Pablo de la Torriente Brau y Mirta Aguirre, esta última con un trabajo de contenido antifascista que promovió una sonada polémica en la prensa de entonces; la de la Dirección de Cultura de la Secretaría de Educación promovida desde 1935 hasta los años 50, con siete premios, dos de ellos dedicados en sus inicios a trabajos que estudiaran las vidas y obras de Varona y de Ignacio Agramonte, abierta a diferentes géneros y a textos inéditos y publicados; el que otorgó el Club de Leones de La Habana de 1941 a 1957, «Eduardo Varela Zequeira», periodístico, a los más relevantes reportajes aparecidos entre enero y diciembre; el concurso de cuentos «Hernández Catá», instituido en 1942 en las modalidades nacional e internacional por Antonio Barreras, verdadero impulsor del género por el prestigio que alcanzó, la calidad de los jurados y de los premiados, entre los que se cuentan Félix Pita Rodríguez y Onelio Jorge Cardoso, dos de los mejores narradores cubanos contemporáneos; el denominado «Ruy de Lugo Viña», del Municipio de La Habana, abierto de 1943 a 1957 para trabajos periodísticos acerca de un tema libre, de «carácter municipal o destinado a promover los lazos que unen a las ciudades de América»; el de la Comisión Nacional de Propaganda y Defensa del Tabaco Habano, cada año de 1943 a 1952, a las mejores muestras de artículos sobre el tabaco dados a conocer en la radio o en periódicos y revistas; el «Enrique José Varona», del Ministerio de Defensa, entregado cada mes entre 1944 y 1958 a los más apreciables textos periodísticos aparecidos también en la radio o en publicaciones periódicas, con temas de significación nacional; el premio «Juan Gualberto Gómez», periodístico y de gran prestigio, para todo el país, otorgado a varios géneros que incluían, además de los tradicionales, las ilustraciones, informaciones gráficas, caricaturas y reportajes cinematográficos; los distintos premios teatrales (Talía, ADAD, entre otros) y los del Lyceum Lawn Tennis Club, la Asociación Cubana de Bibliotecarios, las revistas *Iris* (de San Antonio de los Baños), *Carteles* y *Bohemia*, estos últimos dedicados al cuento. Entre las numerosas tareas e iniciativas de la Dirección de Cultura del Ministerio de Educación estuvo la convocatoria a distintos concursos en varias expresiones de la vida cultural, el más relevante de los cuales fue el que otorgó los premios nacionales de literatura, entregados una vez al año desde 1937 al que se considerara el mejor libro en cada género. De alcances más limitados fueron otros reconocimientos de instituciones, tanto estatales como independientes, pues se entregaban sólo a sus miembros o a trabajos que se ajustasen a ciertas bases, concebidas para estimular investigaciones o resultados en determinados temas o ramas del saber. Merece destacarse el carácter heterogéneo de los premios, en algunos casos concedidos a obras que abordaron problemáticas de escaso tratamiento por parte de los intelectuales cubanos, como sucedió con *La idea de la matemática universal en la obra de Descartes*, de Herminio Almendros, pedagogo español exiliado en Cuba desde 1939, galardonado en 1950 por la Sociedad Franco-Americana de Cuba con motivo del tricentenario del pensador francés. En provincias también proliferaron los premios y concursos, casi siempre locales, gracias a las instituciones, tan significativas, junto a los grupos, en el desarrollo de la vida espiritual de la nación. Aunque algunas de las obras literarias premiadas en el período son objetables si se valoran a la luz de sus coetáneas mayores, a las que los jurados no pudieron o no quisieron reconocer, los concursos animaron notablemente el quehacer artístico-literario posterior a 1935 y contribuyeron, en alguna medida, al enriquecimiento de la cultura nacional. [*E. S. y R. H. O.*]

2.1.10 La pintura y otras manifestaciones de la plástica. La arquitectura (1936-1958)

Pasados los años de fervorosa renovación antiacadémica, la pintura cubana inicia un rápido proceso de interiorización que alcanza su plenitud en la década de 1940. Sin negar, en efecto, que ése sea un rasgo definidor del movimiento pictórico posterior a 1935, es importante tener presente su coexistencia, durante ese decenio, con otras características que son también esenciales y que enriquecen extraordinariamente el aporte de la plástica a la vida cultural del período. Los mayores renovadores de 1925 a 1935 (Víctor Manuel, Abela, Pogolotti, Gattorno, Ponce, Carlos Enríquez) habían traído no sólo otras ideas del paisaje, una nueva mirada a la realidad, sino además una diferente manera de pintar. Puede afirmarse que, en líneas generales, en este período Víctor Manuel se mantiene semejante a sí mismo, así como Carlos Enríquez y Ponce, persistentes en sus maneras y estilos anteriores, por lo que no puede considerárseles representativos de ese proceso de afuera hacia adentro que se produce a partir de los finales de la década de 1930. Abela, en cambio, sí experimenta cambios sustanciales en su obra, en progresiva evolución hacia el ensueño y la recreación onírica, pasando por el intimismo. Pogolotti y Gattorno, dentro del estilo que mostraron en los 20, continúan en este período con una temática cercana al intimismo, pero sin que ello signifique una total identificación con los postulados que caracterizan a la tendencia: recogimiento hacia los interiores, presencia de naturalezas muertas, ventanas, ornamentos hogareños, rejas, vitrales, repliegue que ha sido definido como afán «de conservación de ciertos valores nacionales que se quieren permanentes, como modo de supervivencia espiritual frente al agobiante panorama nacional»,[48] una actitud homóloga, en cierto sentido, a la que define a la poesía intimista y, al mismo tiempo, profundamente identificada con algunos de los postulados esenciales de los poetas origenistas, con quienes varios de los más importantes pintores de esos años tuvieron una fecunda comunicación creadora.

Tiene lugar entonces, a partir de las lecciones de técnica y de las transformaciones operadas por los maestros del período vanguardista, un extraordinario enriquecimiento de la pintura cubana en los años 40 en las obras de los innovadores y en las de quienes, herederos de esas enseñanzas, dieron pasos adultos en la vida artística alrededor de 1936, entre ellos Wifredo Lam, Amelia Peláez, René Portocarrero, Mariano Rodríguez, Cundo Bermúdez, Luis Martínez Pedro, Raúl Milián, Felipe Orlando, Roberto Diago, Carmelo González, Sandú Darié, Julio Girona, autores de diferentes calidades y trascendencia, con exposiciones en numerosas y reconocidas galerías de Estados Unidos, Europa, América Latina y Cuba. Como en sus coetáneos poetas, narradores, ensayistas y dramaturgos que durante ese decenio conformaron una obra de talla continental desde la renovación vanguardista y a partir de la asimilación de lo cubano, estos artistas de la plástica fusionan estilos y hallazgos de técnicas diferentes y actuales con la búsqueda de los elementos esenciales que en un plano conceptual han venido integrando la identidad propia, el ser histórico nacional, hecho de tradiciones y de inmediatez, de creencias y de cotidianidad, de paisajes y de interiores. Lam, radicado en París desde 1936, se familiariza con el surrealismo y trabaja cerca de grandes maestros (Picasso, Braque, Klee), pero, como Carpentier, edifica en imágenes el fabuloso y riquísimo universo de la naturaleza americana y de las leyendas y personajes de la cultura africana: máscaras, sensualidad, sobreabundancia de un barroco muy peculiar (*La silla* y *La jungla*, ambos de 1943), figuras de una mitología que trasciende el ámbito de sus propias raíces negras y se integra a la cultura contemporánea, como en *Mujer* (1945), *Rumor de la tierra* (1950), *Figura* (1951), *Mujer* (1954), *Óleo* (1958).

Amelia Peláez, Mariano Rodríguez y René Portocarrero representan, cada uno con su peculiar estilo, ese interés definidor por los interiores, menor en el segundo, cuyos gallos (aparecidos como tema alrededor de 1940) adquieren categoría de símbolos de lo cubano en una dimensión más desasida de lo inmediato íntimo. Así como Mariano se adentra en la intimidad (*Guajiros*, 1943; *Naturaleza muerta*, 1946) y a la vez trabaja con un elemento simbólico de la naturaleza cubana y hace figuras macizas y de diversas lecturas que nada tienen que ver con el ensimismamiento, Portocarrero no se limita sólo a los interiores (*La cena*, 1942; *Interior del Cerro*, 1943) y pinta *Paisaje de Viñales* (1944) y *Figura para una mitología imaginaria* (1945), muy cerca de las preocupaciones de Lam, y va de ese modo integrando una de las más ricas obras de lo que podría denominarse el neobarroco cubano. Amelia Peláez, cuya obra anterior a 1936 no tuvo la significación renovadora que alcanzó la de Abela o la de Víctor Manuel, comienza a dar sus más perdurables aportes a la cultura nacional después de su llegada de Europa, donde permaneció desde 1927 hasta 1934; nutrida de cubismo, sus creaciones de la década de 1940 están trabajadas, sin embargo, con un sentido del color y de la forma que denota una extraordinaria capacidad de percepción de ciertos estados de la luz y de los interiores, evidente sobre todo en *La pianista* (1944), uno de los muchos ejemplos de su rico quehacer, en el que se destacan naturalezas muertas, figuras de mujeres, distintos motivos ornamentales, integrado todo ello en un barroco muy suyo, de gran cubanía.

Entre los restantes pintores que realizan casi todo su trabajo a partir de 1936 se encuentran tendencias, estilos y modos disímiles, con variadas influencias y la impronta renovadora de los mayores, pero sin perder su propia personalidad, con la que se enriquece la labor de esos años. Creadores como Jorge Arche, Mirta Cerra, Mario Carreño y Ernesto González Puig tienen notables aciertos y muy atendibles aportes, a partir de la asimilación de técnicas y concepciones de sus contemporáneos cubanos y de otras latitudes. A los artistas hasta aquí mencionados se suman en la década de 1950 los miembros del llamado Grupo de los Once, cuya primera exposición colectiva se realizó en abril de 1953, en La Habana: René Ávila, Francisco Antigua, José I. Bermúdez, Agustín Cárdenas, Hugo Consuegra, Fayad Jamís, José Antonio, Guido Llinás, Antonio Vidal, Tomás Oliva y Viredo, pintores y escultores que se proponen «impulsar y revitalizar» ambas manifestaciones, vistas por

cada uno como necesitadas de cambios y transformaciones. Sus afanes de ruptura tenían pretensiones estéticas y políticas a un tiempo, con
las que retomaban la actitud beligerante de los
inicios del arte moderno en el país, ahora en una
etapa de crisis, como entonces. Con su negativa
a participar en la Bienal de 1954, en la de 1956 y
en el Salón Nacional de 1957, convocado por la
Dirección de Cultura en plena dictadura de Batista, así como con la búsqueda de nuevas formas, se erigieron en genuinos representantes de
las agudas contradicciones que dieron la tónica
de su momento histórico; trabajaron por encontrar una cubanía que estimaban necesaria y ausente de sus predecesores, y al mismo tiempo
clamaron por la libertad del artista, un modo muy
suyo de defender la libertad política y económica. En torno a sus dos grandes preocupaciones:
la búsqueda de lo cubano y la libertad del creador, postulan la necesidad de un arte nuevo y
niegan, de hecho, el de sus predecesores inmediatos, con la excepción mayor de Lam. En su
defensa del abstraccionismo (el libre juego de
percepciones de la realidad) continuaban la línea de interiorización del decenio anterior, hicieron más profunda su ruptura con el acontecer
y asumieron un arte que sus autores consideraban libre de todo compromiso y a la vez
expresión suficiente de sí mismo. Se trataba de
una corriente en cuyos fundamentos están
sólo las circunstancias históricas concretas, sino
además la influencia de importantes artistas extranjeros, exponentes del informalismo. El panorama cultural de la nación se enriqueció asimismo con el trabajo de otros creadores, como
Loló Soldevilla, Julio Matilla, Adigio Benítez,
Antonia Eiriz, Daniel Serra Badué, Pedro de
Oraá, Salvador Corratgé, Manuel Vidal, Umberto Peña, Lesbia Vent Dumois, Ángel Acosta
León, entre otros de quehacer igualmente estimable.

Se destacan además en este panorama las labores de significativos escultores, como Floren-
cio Gelabert, Juan José Sicre, Rita Longa,
Alfredo Lozano, Roberto Estopiñán, Teodoro
Ramos Blanco, Francisco Antigua, Agustín Cárdenas, Tomás Oliva, autores de piezas de distintos volúmenes, desde los monumentales hasta

los de pequeño formato, representantes de tendencias académicas y no figurativas. Mención
obligada ha de hacerse también del mural y de la
cerámica, en los que se destacaron Carlos
Enríquez con su fresco *La invasión* (1937), en
la Escuela «José Miguel Gómez»; Mariano
Rodríguez con *El dolor humano* (1953), en el
edificio del Retiro Odontológico, en La Habana; Portocarrero por el realizado en la iglesia de
Bauta, en la provincia de La Habana; Abela con
La colonización, en la Escuela Normal de Santa
Clara; Arche con *El ciclón* (en el mismo centro); Amelia Peláez y Ernesto González Puig por
su participación en ese alto centro docente, junto a otros de la talla de Mariano y de Portocarrero. En las paredes del edificio Esso hicieron pintura mural Wifredo Lam, los dos que
acaban de mencionarse, Jorge Rigol, Enrique
Moret y Carmelo González. Puede considerarse a Antonio Gattorno de los primeros que en
este período se ocuparon de esta manifestación
pictórica con su *La leyenda de Adonaya*, en la
casa de Gustavo Gutiérrez. Menos conocidos en
esa disciplina fueron Mauricio Collado, Antonio Martínez Andrés y Leovigildo González. La
cerámica alcanzó relieves de universalidad en
manos de los grandes maestros (Amelia Peláez
y René Portocarrero).

El grabado y la ilustración tuvieron también
una gran calidad, realizados con profesionalismo
por Jorge Rigol y Carmelo González y por los
mejores pintores en las portadas y páginas interiores de la revista *Orígenes*, en los poemarios
Enemigo rumor, de Lezama Lima, y *La belleza
que el cielo no amortaja*, de Justo Rodríguez Santos, ambos de Mariano Rodríguez, y en la edición de *Fata Morgana*, de Breton, a cargo de Lam.
En la caricatura despuntaba, allá por 1927, Juan
David, artista de un singular talento que quedaría demostrado a lo largo de este período 1936-
1958. El mayor conocedor de su obra, José Antonio Évora, ha visto tres fases en su trayectoria
durante esta etapa (la cuarta pertenece a la siguiente época, desde 1959): una inicial de tanteo y búsqueda y fuerte influencia del salvadoreño Toño Salazar, la segunda, conformada por
las lecciones de R. Blanco y con amplia producción en la sátira política (a través de colabora-

ciones diarias en el periódico *Información*), y la tercera, que deja ver un «trazo muy limpio, como culminación de una época tempestuosa y agitada que lo llevó a la búsqueda constante»[49] (en frecuentes colaboraciones en la revista *Bohemia*). El humor político encuentra en René de la Nuez un realizador relevante con los ilustres antecedentes de Hernández Cárdenas (*Hercar*) y de Abela, un maestro dentro del género. Ciertamente, su personaje El Loquito, muy popular desde que lo dio a conocer en *Zig-Zag* en febrero de 1957, era un continuador de El Bobo, de Abela; se trataba de un «ingenuo» ciudadano que ridiculizaba al gobernante, denunciaba los males de su gobierno y aludía con frecuencia a la lucha que contra él se libraba en la Sierra Maestra. Sobresalientes en el dibujo humorístico fueron además Prohías, Arroyito, Zardarriaga, Vergara, Silvio, cuyos personajes llenaron espacios importantes de la prensa diaria y semanal con diferentes temas y problemáticas, desde conflictos político-sociales hasta la condición humana.

Centros de docencia, instituciones culturales, trabajos de crítica y divulgación, enriquecen sustancialmente la vida de las artes plásticas en Cuba. Entre los primeros, el Estudio Libre de Pintura y Escultura, fundado en 1937, hizo un valioso aporte en los escasos meses que pudo permanecer activo, siempre atendido por algunos de los más destacados pintores nacionales y dispuesto para estimular al alumno sin restricciones invalidantes ni criterios preconcebidos, un esfuerzo que intentaba hacer llegar los conocimientos imprescindibles a los estudiantes, quienes debían ir conformando en sí «una visión plástica de todas las cosas»; esa iniciativa se inscribe en la actitud de rebelión frente a la academia que había iniciado el arte moderno en Cuba y que era preciso mantener incluso contra otros convencionalismos si se quería realmente hacer una contribución sustancial en la búsqueda de un arte cubano y propiciar el desarrollo de la personalidad creadora. En el «Memorando» que los organizadores enviaron a José María Chacón y Calvo, director de Cultura de la Secretaría de Educación, se definen las características de la institución y se plantean cuestiones referentes a su funcionamiento:

La Escuela Libre de Artes Plásticas [así la denomina el documento], dado su carácter de ensayo experimental vendrá a ser a manera de un gran taller, en donde los artistas más jóvenes, o menos experimentados, trabajarán en compañía de un grupo de orientadores, de los cuales recibirán solamente aquellos consejos o enseñanzas que tiendan a exaltar su personalidad, prestándole conocimientos que habrán de acelerar el alcance del grado de madurez necesaria para la realización de una obra capaz de dar perfil propio al arte cubano. En este taller los artistas habrán de encontrar un ambiente de efectiva libertad, en lo que concierne a la labor artística.[50]

Dos años antes, en 1935, se había fundado en Santiago de Cuba la Escuela Provincial de Artes Plásticas «José Joaquín Tejada», cuyo primer curso se inició en septiembre con las asignaturas de modelado, naturaleza muerta, colorido y dibujo geométrico; hasta 1945 mantuvo su carácter de escuela de nivel medio y ofrecía becas a sus mejores expedientes para proseguir ampliando sus conocimientos en San Alejandro, en La Habana, reconocida como academia de nivel superior. A partir de la fecha en que adquirió oficialmente la condición que le daba paridad con su homóloga de la capital, con dos niveles y cursos diurnos y nocturnos, continuó desenvolviendo sus labores mediante clases de numerosas asignaturas, catorce en 1956, impartidas por profesionales de gran prestigio. Además de las labores docentes, presentó exposiciones circulantes, recitales, conferencias, proyecciones de documentales artísticos en diferentes municipios; entre sus más importantes aportes a la cultura nacional y particularmente a la cultura de la antigua provincia de Oriente, están la Galería Oriente y su revista *Galería*, a la primera de las cuales se debió, en colaboración con la Universidad de Oriente, la exhibición de la Exposición Plástica Cubana Contemporánea, entonces de gran significado político porque constituyó una respuesta a la muestra de la Bienal Hispanoamericana de Arte, en La Habana, auspiciada por los gobiernos de Franco y de Batista. Durante estos

años continuó su trabajo la academia San Alejandro, representante de un conservadurismo
que fue duramente combatido en la década de
1920 por los inquietos renovadores de la vanguardia; no obstante, esta vieja institución continuó siendo un relevante centro difusor de conocimientos básicos y experiencias primarias
para los que se iniciaban en la pintura y la escultura, aunque muchos de los más significativos
creadores de esos decenios republicanos hicieron su obra totalmente desentendidos de esas
enseñanzas. De menor rango fueron la Academia Villate, de la Sociedad Económica de Amigos del País, y las que funcionaron en capitales
de provincias, en cuyas aulas aprendieron o ejercieron el magisterio algunos de los más valiosos
exponentes de la plástica cubana del período.

Desempeñaron una función vital en el período las numerosas exposiciones personales y colectivas, tanto en Cuba como en las más renombradas capitales del mundo artístico de América
Latina, Europa y Estados Unidos. Desde 1935
fue establecido el Salón Nacional, convocado por
la Dirección de Cultura del Ministerio de Educación, un evento de suma importancia desde su
primera muestra. Varias instituciones de La Habana y de provincias —Lyceum Lawn Tennis
Club, Sociedad Cultural Nuestro Tiempo, Universidad de La Habana, Universidad de Oriente, Museo Nacional de Bellas Artes, diversas
galerías y locales dispuestos para la ocasión—
promovían la obra de diferentes pintores y escultores de variadas edades y tendencias estilísticas, así como otras manifestaciones de la
plástica que por entonces eran cultivadas. Entre
las muestras más importantes merecen citarse,
además, la Primera Exposición de Arte Moderno (1937), la denominada 300 Años de Arte en
Cuba (1940), bajo los auspicios de la Universidad de La Habana, las bienales de los años 50, y
la que se montó en el Lyceum el 28 de enero de
1954 como antibienal, trasladada después a Santiago de Cuba, Camagüey y finalmente a la Universidad capitalina como parte del Festival Universitario de Arte Cubano; a esto se suman los
salones nacionales de humoristas, alrededor de
diez durante estos años, desde 1936, en varios
de los cuales fue galardonado el caricaturista

David. Los premios también constituyeron un
estímulo para los artistas, en especial el más renombrado, el Nacional.

La crítica y la investigación en torno a las artes plásticas alcanzaron cierto desarrollo en
Cuba. La prensa diaria recogía, en notas y reseñas o en crónicas, las opiniones de los especialistas acerca de exposiciones y eventos relacionados con la pintura, la escultura o cualquier otra
manifestación creadora. Folletos y libros acerca
de artistas cubanos e historia del arte, así como
artículos en revistas de Cuba y del extranjero,
conformaron un ambiente espiritual y una tradición de cultura, notoriamente creciente en este
período en comparación con la primera etapa del
proceso evolutivo de la República (1899-1922).
Naturalmente surgida del quehacer de artistas e
instituciones, la crítica no llegó a alcanzar, sin
embargo, en sus especificidades, la calidad y trascendencia de las expresiones artísticas que enjuició y valoró. Una simple revisión de la bibliografía conocida revela de inmediato dos
deficiencias: la brevedad de los trabajos y su relativa escasez; en su inmensa mayoría son ensayos o artículos, algunos folletos y poquísimos
libros. Entre esos últimos hay que mencionar
los de Marcelo Pogolotti (*La pintura de dos siglos. El siglo de oro español y el gran siglo francés*,
1944, y *Puntos en el espacio*, 1955); Anita Arroyo (*Las artes industriales en Cuba*, 1943); Loló
de la Torriente (*Estudio de las artes plásticas en
Cuba*, 1954); Raúl Aparicio (*Diez pintores del
mundo*, 1945, en colaboración con Felipe Orlando); Gladys Lauderman (*Factores estilísticos de
la escultura cubana contemporánea*, 1951), Esteban Valderrama (*La pintura y la escultura en
Cuba*, 1952) y Enrique Caravia (*Leopoldo Romañach. 1862-1951*, 1952). De menor extensión, se
destacan asimismo los textos de José Gómez Sicre (*Carreño*, 1943, y *Pintura cubana de hoy*,
1944); José Lezama Lima (*Arístides Fernández*,
1950); Jorge Mañach (*El paisaje y la pintura en
Cuba*, 1957), Virgilio Piñera (*La pintura de Portocarrero*, 1942); los dedicados a Wifredo Lam
por Fernando Ortiz y José A. Baragaño, ambos
de 1958, entre otros. Ensayistas y conocedores
extranjeros también se ocuparon de los creadores cubanos (Lam, Carreño, Felipe Orlando).

Otra labor digna de recordar fue la presencia de la Historia del Arte como asignatura en la docencia superior, así como la Filosofía de la Historia del Arte, que comenzaron a impartirse en la Facultad de Filosofía y Letras de la Universidad de La Habana en 1934 y 1938 respectivamente, gracias a las gestiones y el magisterio directo de Luis de Soto y de su ayudante Rosario Novoa; ambas cátedras fueron paulatinamente enriquecidas con materiales docentes, entre ellos la biblioteca especializada de su creador y animador, conferencias, cursos libres, proyecciones de cine, debates, actividades todas complementarias de las clases del currículum establecido. Del propio De Soto se publicaron entonces *Ars* (1938), *Filosofía de la Historia del Arte* (2 vols., 1943-1947), *Los estilos artísticos* (1944), *La escultura cubana contemporánea, a través de cinco de sus cultivadores más representativos* (1945), *Esquema para una indagación estilística de la pintura moderna cubana* (1945) y *Los factores políticos y sociales en la pintura actual* (1948). Más tarde se abrieron esas cátedras en las universidades de Oriente y Central de Las Villas, desde las que se ejerció igualmente una fructífera labor cultural.

La arquitectura, dependiente como ninguna otra de las manifestaciones artísticas de dos factores esenciales: la formación académica y técnica y el capital privado o de las instituciones, experimenta una evolución diferente, propia, durante este período. La historiografía especializada ha observado la inexistencia de «una participación activa de los arquitectos en la cultura cubana en la década del 30, en la renovación artística gestadora de la "modernidad", contrapuesta al academicismo y al eclecticismo».[51] Hacia mediados de ese decenio precisamente va cobrando cuerpo un conjunto de ideas en torno a la arquitectura cubana desde una perspectiva diferente. En los años 40 se inicia el proceso de una incorporación estable de los más significativos enunciados del llamado movimiento moderno. La estabilización creciente del país, aun dentro de una democracia dependiente y precaria, unida al incremento de la economía como consecuencia del alza del precio del azúcar durante la Segunda Guerra Mundial, entre otros

factores de carácter estético-constructivo, influyen en el predominio de las más novedosas ideas. La impronta del pensamiento arquitectónico contemporáneo a través de la obra y las enseñanzas de valiosos realizadores que en distintos momentos estuvieron de visita en La Habana, contribuyó de manera notable a transformar las viejas concepciones. José Luis Sert, emigrado de España en 1939, reúne ese mismo año —el de su paso por Cuba con rumbo a Estados Unidos— a varios arquitectos (Miguel Gastón, Nicolás Arroyo, Eugenio Batista, Manuel Tapia Ruano, Gabriel Menéndez, Beatriz Masó, Carlos Alzugaray, Emilio de Junco, Eduardo Montelieu), que en 1941 integrarían el grupo ATEC (Agrupación Técnica de Estudios Contemporáneos), en representación del cual asistirían a congresos en Europa, donde se familiarizarían con las novedosas corrientes. Richard Neutra en 1945, en sus conferencias en la Facultad de Arquitectura; el mexicano Carlos Obregón Santacilia, en 1948; Gropius, en 1949, durante su estancia en La Habana; el diálogo con otros reconocidos maestros en los inicios de los años 50 y con las ideas que se recogen en las publicaciones especializadas, así como la loable actitud renovadora de profesores de la Universidad de La Habana (Joaquín Weiss y Pedro Martínez Inclán) desde la década de 1940, hacen factibles las transformaciones que se observan en los estilos y técnicas constructivas antes de 1959. Se trata en realidad de un lento proceso de asimilación de las modernas maneras y de superación de los viejos esquemas, con manifestaciones transicionales en los estilos Art-Decó, Monumental Moderno, Neocolonial y Protonacionalista Cubano. Esas cuatro maneras (representadas, respectivamente, por el edificio Bacardí, en Monserrate y Progreso, por el arquitecto E. Rodríguez Castells; el edificio de la biblioteca de la Sociedad Económica de Amigos del País, en Salvador Allende entre Soledad y Castillejo, de Govantes y Cabarrocas; la casa de Eutimio Falla Bonet, en 1ra entre 28 y 30, Miramar, de Eugenio Batista —todas en La Habana— y el hospital de Topes de Collantes, en Las Villas, de Moenk y Varela) conviven como aperturas hacia el Movimiento Moderno, que en los finales de los 40 y comienzos de los 50 se muestra como un hecho cierto.

Ejemplos de modernidad aparecen ya en el Centro Médico Quirúrgico (29 y C, Vedado), que en 1945 recibió medalla de oro del Colegio de Arquitectos, y en el bloque de Radiocentro (L y 23, Vedado), de Max Borges el primero y de Junco, Gastón y Domínguez el segundo, a propósito del cual la crítica ha señalado «la necesidad de una renovación figurativa, acorde a la eficiencia y modernidad que exigen las estructuras funcionales del capitalismo avanzado que se introduce en América Latina».[52] Merece citarse, además, dentro de esta modalidad, la casa estudio de 5ª y 86 en Miramar, de Nicolás Arroyo y Gabriel Menéndez. Múltiples influencias convergen en el Movimiento Moderno y se expresan, en una u otra medida, en algunos de los edificios que en los años 50 conciben los arquitectos cubanos: el Tribunal de Cuentas, actual Palacio de la Revolución, de Aquiles Capablanca; el retiro Odontológico (actualmente Edificio «Julio Antonio Mella»), en L entre 21 y 23, premiado con medalla de oro en 1956, de Antonio Quintana; la Compañía Cubana de Electricidad (actualmente Ministerio de la Industria Básica), en Carlos III (hoy Salvador Allende) entre Oquendo y Soledad, de Jorge Luis Echarte; el Cabaret Tropicana, en 45 y 72, Marianao, medalla de oro del Colegio de Arquitectos en 1953, de Max Borges; el Focsa, en 17 y M, Vedado, construido entre 1954 y 1956 por Ernesto Gómez Sampera, Martín Domínguez y Bartolomé Bastard, una de las más notables edificaciones de esos momentos en América Latina dentro de su tipo, ejemplo de las soluciones de habitat propias de la burguesía cubana de entonces, de su sector menos acaudalado. Los edificios de apartamentos dejan ver la búsqueda de elementos tradicionales cubanos, una necesidad estilística que se hace evidente asimismo en las viviendas individuales. Esa inquietud está presente en la casa Noval (17 A entre 174 y 190, Cubanacán), de Mario Romañach, en los inicios de los años 50. La presencia de los estilos más difundidos se conjuga en esa década con las preocupaciones por hallar maneras propias, de lo que resultó una arquitectura ecléctica que tendía a encontrar soluciones funcionales y al mismo tiempo modernas.

El crecimiento que experimentó el país, en especial La Habana, en las edificaciones estatales y privadas, con las que se fue modificando notoriamente el paisaje urbano de los 20 y los 30, no trajo como consecuencia un incremento de la vivienda popular, apenas atendida con la construcción del Barrio Obrero de Luyanó, de 1944, con un total de 1500 familias beneficiadas. Los edificios de apartamentos de las empresas privadas o de propietarios de un capital medio, eran inaccesibles a las grandes masas obreras. En los campos predominaba el bohío, y en los poblados de provincia, la casa de pobre factura y precios de alquiler bajos. A partir de esa situación, que no era más que una de las manifestaciones de la crisis general en la que se sumió el país después del golpe de estado de Batista en 1952, y animados por las búsquedas de una arquitectura que rompiera con los esquemas constructivos imperantes, insuficientes para solucionar los problemas de la colectividad, un grupo de arquitectos (Ricardo Porro, Juan Tosca, Hugo Dacosta, Andrés Garrudo, Fernando Salinas, Raúl González Romero, Mario Girona) se constituyen, con otros artistas e intelectuales, en representantes de una nueva sensibilidad ideoestética, de una nueva manera de asumir la profesión, identificada, a partir de esas problemáticas, con la lucha ideológica y, al mismo tiempo, asumida como una forma de la conciencia social. Se desentienden entonces de los criterios en los que se sustenta la tesis de la neutralidad de la cultura, y se incorporan a la lucha que en diversos frentes se libraba en aquellos momentos contra la tiranía, a la que se enfrentaba el futuro arquitecto José Antonio Echeverría.

[E. S. y R. H. O.]

2.1.11 La música (1936-1958)

Como la pintura y la literatura, la música cubana alcanzó una extraordinaria calidad en el período 1936-1958, tanto en la línea denominada culta como en la popular. En ese auge fueron decisivas la docencia y las labores sostenidas de numerosas instituciones. En primer lugar hay que señalar la búsqueda, durante esos años, de una universalidad que pasó en sus momentos iniciales por una etapa de cosmopolitismo, hasta que finalmente alcanzó una significación trascendente desde la incorporación de una cubanía esencial. Ese proceso transformador hacia posiciones cosmopolitas tuvo su origen en la necesidad de superar el folklorismo exteriorista, inquietud similar a la que se observa en la evolución de la poesía y del cuento cubanos en las obras de Guillén y de Onelio Jorge Cardoso, por ejemplo, si bien en ellos esa superación del estilo y los temas vernáculos se convirtió de inmediato en creaciones de dimensiones universales, no en expresiones del cosmopolitismo. Hacia la segunda mitad de la década de 1930, el panorama de la música culta en Cuba —en la que se aprecia un afán superador— carecía de una serie de elementos vitales y determinantes para el desarrollo de un arte sonoro de gran riqueza, como expresa Edgardo Martín en estas afirmaciones:

> Al medio musical cubano le faltaban entonces muchos factores, adolecía de peligrosos retrasos, desconocía casi totalmente su pasado histórico, carecía —como todo el medio cultural cubano— de una escala de valores regida por la jerarquización que se produce normalmente en toda cultura desarrollada; tenía un marcado retraso con relación a las corrientes europeas vigentes y con respecto a lo que sucedía en Norteamérica, además de ignorar casi totalmente la música del resto del Continente; sufría del general estancamiento académico que habían traído al país numerosos profesores españoles que, si por una parte habían sido los gestores de casi todo el movimiento musical cubano, por otra se aprovecharon muy bien de las necesidades del medio y lo explotaron ampliamente, sobre todo a través de esos negocios-vende-títulos que eran los llamados «conservatorios», por ellos fundados (siguiendo el «plan del Conservatorio de Madrid») —en cuyo gran negocio no estuvieron solos, sino

acompañados por maestros procedentes de otros países europeos—; y lo que era peor, ni siquiera se apreciaba entonces, en toda su magnitud, el extraordinario trabajo que en diferentes direcciones acababan de realizar Amadeo Roldán y Alejandro García Caturla. Esto quedaba para unos pocos enterados.[53]

No obstante, una plausible labor venían realizando al mismo tiempo, como apunta el propio Martín, grupos, instituciones y profesores de La Habana y de ciudades de provincias: las orquestas Filarmónica y de Cámara, el Cuarteto de La Habana, la coral capitalina, Somavilla en Matanzas, Urtiaga en Cienfuegos, Luis Aguirre y Félix Ráfols en Camagüey, los hermanos Dulce María y Antonio Serret en Santiago de Cuba, Diego Bonilla en La Habana, desde su cargo de director del Conservatorio Municipal, escuela ejemplar por su rigor, su seriedad y las múltiples actividades que llevó adelante. Las obras de Roldán y Caturla contribuyeron también, a pesar de su escasa repercusión, a crear las bases para que se diese un salto cualitativo y se enriqueciera, con relativa rapidez, el panorama de la música culta. En ese ambiente, en el que se entremezclaban las carencias y los intentos superadores, surgió el Grupo de Renovación Musical, integrado por José Ardévol —español radicado en Cuba, desde 1934 director de la Orquesta de Cámara de La Habana, conferencista y animoso promotor cultural, profesor del mencionado Conservatorio Municipal, en cuyas aulas, y al calor de sus clases, se cohesionaron los demás integrantes del Grupo—, Hilario González, Harold Gramatges, Julián Orbón, Juan Antonio Cámara, Serafín Pro, Virginia Fleites, Gisela Hernández, Enrique Aparicio Bellver, Argeliers León, Dolores Torres y Edgardo Martín. Una de las principales batallas de esos creadores fue la de poner al día la música en Cuba, a la que Ardévol había traído las más modernas expresiones cuando introdujo el atonalismo y comulgó con los postulados de la politonía, la poliarmonía, la polirritmia, el modalismo y el neoclasicismo. En su propia obra, el maestro se movía dentro de lo que ha dado en llamarse «un universalismo abstracto»; en sus clases y conferencias mostraba su inconformidad con el nacionalismo. Poco a poco, sin embargo, fue incorporándose al Grupo una cubanía que de hecho resultaba insoslayable, interpretada por cada uno de manera diferente, de acuerdo con las posiciones estéticas asumidas en su formación académica. Durante sus años de actividad (1942-1948), el Grupo desplegó un animado quehacer en la composición, en la docencia directa, en la difusión a través de sus fecundos vínculos con instituciones (Lyceum, Sociedad de Conciertos, Sociedad de Música de Cámara, Instituto Musical de Investigaciones Folklóricas), en la animación del ambiente cultural cubano desde las estrechas relaciones con intelectuales y creadores de otras disciplinas, en sus aportes a la revista *Conservatorio* (portadora de novedades, publicada por el Conservatorio Municipal) y más tarde en la edición de la revista *La Música*, en el diálogo profesional que sostuvieron con músicos de América Latina, una actitud semejante a la de escritores como Guillén, Carpentier y tantos otros que hallaban en esa proyección un modo natural de existir. En apretada síntesis resume Edgardo Martín la labor de la agrupación en estos cinco párrafos:

1. Había revalorado lo cubano musical y abierto las puertas a una cubanía amplia, materializada en diversos caminos creadores.

2. Había fundado la necesidad de la creación de esencia cubana en base a técnicas sólidas y completas.

3. Había combatido todo nacionalismo rapsodista, colorista, provinciano, anecdótico.

4. Había formulado el principio de una música nacional universal, fundamentada en el empleo propio de las grandes formas, instrumentales, vocales y mixtas.

5. Dejaba realizada una obra cubana y creadas las condiciones para el desarrollo ulterior y dialéctico de unos cuantos buenos compositores nacionales, integrantes de las generaciones siguientes.[54]

Los miembros del Grupo desplegaron una constante y fecunda labor formativa y divulgadora, paralela a su obra de creación, a través de orquestas, coros, centros docentes, conferencias, todo lo cual dio a su vida profesional una significación múltiple. Ardévol escribió desde posiciones neoclasicistas muchas de sus creaciones, convencido como estaba de la necesidad de una técnica rigurosa que no dejara margen a las efervescencias ni a los ímpetus irrefrenables. Ese antirromanticismo, que no desconoció los aportes de los más relevantes músicos europeos contemporáneos ni las técnicas de su momento, contribuyó de manera sustancial en la formación de los demás integrantes del Grupo, quienes después tomaron los caminos que estimaron propios. Ese magisterio impidió, entre otros problemas, que los artistas se limitaran al empleo de recursos primarios que hubiesen sido suficientes para lograr una música de calidad que rebasara los estrechos límites del folklorismo. Argeliers León con *Suite cubana* (1946) y *Sonatas para la virgen del Cobre* (1947); Harold Gramatges con *Sinfonía en Mi* (1945), *Sonata para cuerdas* (1947), *Sinfonietta* (1955) y otras muchas composiciones de distinto formato; Hilario González con su música orquestal y para agrupaciones de cámara; Edgardo Martín con sus sinfonías (1947 y 1948), *Danzón* (1954) y otras muchas obras; cada uno, en fin, de los que se planteó la creación musical como la búsqueda de la universalidad desde la cubanía, tuvo en las enseñanzas de Ardévol lecciones de primer orden, sin concesiones al facilismo. Labor similar desarrollaron por esos años los mayores escritores y artistas plásticos del país, movidos por un similar sentido de la modernidad. Al mismo tiempo elaboraban su obra otros músicos propugnadores del espíritu contemporáneo (Evelio Tieles, Natalio Galán, Nilo Rodríguez, Electo Silva, Federico Smith) y del nacionalismo (Carlos Borbolla, Pablo Ruiz Castellanos, Rodrigo Prats, José Urfé, Enrique González Mántici, Félix Guerrero), los primeros, herederos del Grupo Renovación Musical, y los segundos, desentendidos de sus enseñanzas. A esos esfuerzos se suman los que llevaron adelante otros tres creadores: Juan Blanco, Carlos Fariñas y Leo Brouwer, los de más apreciable fruto entre aquellos que se iniciaron en la década de 1950.

La música culta encontró en el trabajo de las orquestas y las agrupaciones de cámara, en directores y ejecutantes, en el extraordinario empeño de algunas instituciones, un auge sin precedentes, con formidables audiciones de la gran música en diferentes etapas históricas. Las orquestas Sinfónica (1922-ca.1944) y Filarmónica (1924-1958) desplegaron una intensa y valiosísima ejecutoria, la primera con escasos recursos y gracias sobre todo al interés de sus miembros y directores, entre los que estuvo, en calidad de invitado, Pablo Casals; la segunda, en cambio, sustentada económicamente por el Patronato Pro-Música Sinfónica —un conjunto de adinerados habaneros—, dio conciertos bajo la dirección de Erich Kleiber —su director titular—, Bruno Walter, Igor Stravinsky, Herbet Von Karajan, Thomas Beecham, Carlos Chávez, Frieder Weissman, con algunos de los más grandes intérpretes de entonces: Yehudi Menuhin, Claudio Arrau, Jacha Heifetz, Andrés Segovia; contaba además con un coro filarmónico, lo que permitió interpretar composiciones en las que ese elemento formaba parte de la estructura; y fungió como orquesta acompañante en puestas en escena de óperas y ballets. Tan valioso servicio a la cultura —en el que hay que destacar los conciertos populares, ideados por Kleiber, para aquellos que no podían pagar el precio de las funciones habituales, con la misma programación—, se llevó adelante con la desatención de los autores cubanos, apenas incluidos, un error de la dirección del Patronato que perjudicó al desenvolvimiento y difusión de los talentos nacionales. Por iniciativa de González Mántici y bajo su dirección fue creada una orquesta de gran formato para dar conciertos por la radio, previamente grabados, con obras de músicos y ejecutantes solistas que no eran contratados por la Filarmónica, toda una labor paralela que se caracterizó por su apertura desprejuiciada a tendencias, estilos y sonoridades diversas.

La fundación del Trío Renacimiento en 1937, de la Sociedad de Conciertos en 1939 y de la Sociedad de Música de Cámara en 1945, fue determinante para la vida musical del país por la gran cantidad de presentaciones públicas que hicieron con singulares obras de pequeño formato; crearon magníficas posibilidades de audición de los músicos cubanos e hicieron extensiva su actividad a conferencias y charlas. La Sociedad de Conciertos trajo en ocasiones a reconocidos intérpretes extranjeros, en tanto que la Sociedad de Música de Cámara ofreció sus importantes servicios, además, en provincias. En La Habana funcionaron asimismo el Cuarteto Clásico, la Sociedad Popular de Conciertos, el Instituto Nacional de Música (fundado en 1950), la Sociedad Guitarrística, mientras que en otras ciudades trabajaron la Sociedad Pro-Artes y Ciencias (Cienfuegos), la Sociedad de Arte Musical (Santa Clara), la Sociedad de Conciertos (Camagüey), la Sociedad Filarmónica (Holguín, Santiago de Cuba y Guantánamo) y la Sociedad Pro-Arte (Manzanillo y Santiago de Cuba), siempre subvencionadas por sus miembros y sólo en contados momentos con fondos estatales. La más importante y significativa de las instituciones dedicadas a la música en ese período fue la Sociedad Pro Arte Musical, radicada en La Habana y en activo desde 1918. Si bien dejó fuera de repertorio las obras de los cubanos, trajo a los más grandes intérpretes del mundo y a las más justamente renombradas orquestas y agrupaciones de cámara. Contribuyó también, de manera sustancial, al auge que alcanzó el ballet en las figuras de Alicia, Alberto y Fernando Alonso, no sólo mediante la creación y sostenimiento de la escuela de la que salieron esos tres grandes representantes de la danza, sino, además, a través del apoyo que brindó a la creación de ballets de autores nacionales. Por La Habana pasaron los más prestigiosos cantantes de ópera de los años 40 y 50, traídos por Pro Arte, con lo que esa manifestación artística se incorporó al conjunto de las audiciones del más acabado arte musical de esos decenios, si bien no fueron muy frecuentes en los programas algunas de las más modernas líneas del mundo sonoro contemporáneo; en la ópera, por otra parte, predominó la italiana con las puestas de sus grandes clásicos.

El origen de la ópera como manifestación artística nacional se ubica precisamente en esas décadas, en especial la de 1940, cuando surgió un grupo de trabajo dirigido por Gonzalo Roig con la participación de cantantes del país, un esfuerzo que no perduró, pero que quedó como antecedente y estimuló las potencialidades en ese sentido. Surgieron y se desarrollaron entonces numerosos ejecutantes en distintos instrumentos y en el canto, entre los cuales se destacan José Echániz y Jorge Bolet (pianistas), Virgilio Diago (violinista), Isaac Nicola (guitarrista), Manuel Duchesne Morillas (flautista), Juan Jorge Junco (clarinetista), Alberto Roldán (violonchelista), Iris Burguet (soprano), Marta Pérez (mezzosoprano), Francisco Naya (tenor) y Juan Pulido (barítono). Los coros realizaron un atendible trabajo, en especial la Coral de La Habana —fundada y dirigida por María Muñoz—, el Coro del Conservatorio Municipal (dirigido por Serafín Pro, uno de los pioneros de esa manifestación artística en Cuba), el coro infantil del propio Conservatorio, el Grupo Madrigal, el Coro de las Juventudes Católicas, el coro de Madrigalistas, el Coro Nacional Cubano, la Coral Universitaria de La Habana, la Coral de la Universidad Católica de Villanueva, el Orfeón Vasco. La primera de esas agrupaciones, además de su tarea de intérprete, sustentada en obras clásicas, en ejemplos del folklore nacional y extranjero y en canciones del repertorio cubano, organizó coros en centros educacionales (Casa de Beneficencia, Centro Tecnológico de Ceiba del Agua, colegios privados). Además de los mencionados, se fundaron coros en iglesias, en la radio y en la televisión, medios que hicieron una notable labor difusora de ésta y otras manifestaciones de la vida cultural anterior a 1959.

Numerosas instituciones que no se dedicaban exclusivamente a la música, como el Lyceum, las universidades, la Sociedad Económica de Amigos del País, La Academia Nacional de Artes y Letras, colaboraron también en su difusión a través de diversas actividades: conciertos, conferencias, cursos, entre estos últimos los de verano en las universidades de La Habana y de Oriente y en la Escuela de Música de este alto centro docente de Santiago de Cuba. A ellas se sumaron, en esos empeños, la Casa Cultural de Católicas, el Instituto Cultural Cubano-Soviético, la Sociedad de Relaciones Culturales, la Sociedad Infantil de Bellas Artes, la Institución Hispanocubana de Cultura, el Ateneo de La Habana, el Instituto Cultural Cubano-Norteamericano, la Agrupación de Amigos de la Cultura Francesa, todas de la capital, así como sus homólogas de las provincias. La más destacada, con un merecido prestigio, fue la Sociedad Cultural Nuestro Tiempo, de gran importancia en la década de 1950. Un valiosísimo aporte a la música lo hicieron además dos emisoras radiales: Mil Diez y CMBF, ésta dedicada por entero a la denominada música culta, activa desde 1948 y desde entonces altamente estimable como uno de los más valiosos órganos de difusión de esta manifestación cultural. Algunas de esas instituciones —a las que hay que añadir la Universidad Masónica de La Habana— y las que se consagraban exclusivamente a la docencia musical en La Habana y en provincias (práctica que se incorporó a las escuelas privadas y públicas en 1938 y a los centros de segunda enseñanza en 1939, en ambos con resultados de escasa significación por la precariedad de los recursos destinados a esos fines, en especial los profesores), coadyuvaron a la creación de un ambiente y a la formación de una sensibilidad en los alumnos, al mismo tiempo que conformaban una sólida cultura especializada que sería la base indispensable para la crítica y la investigación musicológica, expresadas en las revistas (*Conservatorio* 1943-1951, órgano del Conservatorio Municipal de La Habana; *Musicalia*, 1928-1942, con una interrupción en los años 30; *Pro Arte Musical*, 1924-1958, la más importante por su duración y la calidad de sus textos), las conferencias (ofrecidas por ilustres personalidades cubanas y extranjeras), los artículos para comentar conciertos y otras actividades, aparecidos en la prensa diaria y en revistas culturales de múltiples intereses, escritor por profesionales altamente calificados, y finalmente los libros: *Óperas cubanas y sus autores* (1943), de Edwin Tolón y Jorge González; *La música en Cuba* (1946), de Alejo Carpentier; *Introducción a la crítica musical* (1941) y *La crítica musical en Cuba* (1941), ambos de Orlando Martínez, director durante muchos años de la emisora CMBF. Mención aparte merecen las obras de Fernando Ortiz: *La africanía de la música folklórica de Cuba* (1950), *Los bailes y el teatro de los negros en el folklore de Cuba* (1951), *Los instrumentos de la música afrocubana* (1952-1955, 5 vols.), concebidos con fines etnológicos, pero integrados a toda una etapa de la cultura cubana como expresiones de un ambiente intelectual en el que la música tuvo un sitio destacado.

No obstante los esfuerzos realizados y la incuestionable calidad de autores, orquestas y solistas, la música culta se encontraba, en los años 50, en una situación crítica como consecuencia de causas diversas. Se trataba, en esencia, de una crisis de público que resultaba de la errónea política de ciertas instituciones, como el Patronato Pro-Música Sinfónica, entre cuyos dislates estuvo el de prohibir a los miembros de la Orquesta Sinfónica que pertenecieran además a otra similar, aunque se les autorizaba a integrar las de menor rango académico (las de cabarets, radio, televisión), razón suficiente para que un grupo de intelectuales (Pita, Guillén, Lezama, Cintio Vitier, Diego, Pedroso, Mañach, Augier) elevara una protesta pública; se proponía asimismo esa institución llevar adelante el proyecto de pago disminuido a sus músicos (la mitad del sueldo en los meses de verano) y de sustituirlos por extranjeros, amigos o recomendados, no obstante poseer recursos financieros, entre ellos los provenientes de una subvención estatal que en 1950 fue de $75 000. En otro orden de cosas, las obras cubanas quedaban fuera del interés del Patronato, lo que fue creando un doble perjuicio: el desconocimiento por parte del público de los talentos del país y la falta de confrontación de esos artistas con la capacidad crítica y valorativa de los oyentes. Además, la Orquesta Filarmónica se mantenía dentro de los gustos y estilos menos contemporáneos en momentos en que esa agrupación era la única de su tipo en Cuba. En el editorial y la encuesta que *Nuestro Tiempo* publicó en noviembre de 1954, el primero firmado por Harold Gramatges y la segunda realizada a Paul Csonka, Juan Fernández Ledón y Aurelio de la Vega, se refleja esa problemática del relegamiento de los autores cubanos, en especial los jóve-

nes. En el trabajo «Problemas de nuestra música», de Juan Blanco, aparecido en abril del propio año en la misma publicación, se aborda esa crisis como ausencia de una sensibilidad contemporánea.[55]

En la línea popular, la música alcanzó un auge extraordinario en este período. Numerosas orquestas, agrupaciones vocales y obras de gran calidad, bailes populares, conjuntos de pequeño formato, solistas y creaciones nuevas, florecen en esos años con fuerza singular. Las más altas expresiones de la vieja trova de los decenios anteriores siguieron cantándose como un género en plena vigencia. Se mantuvo viva esa tradición con frecuentes presentaciones públicas, grabaciones, audiciones radiales y televisivas, reuniones familiares, múltiples formas que denotan la aceptación popular del género. Dúos tan conocidos como el de María Teresa Vera y Lorenzo Hierrezuelo (fundado en 1937) y el de las Hermanas Martí (fundado en 1939, el año de su presentación en la Corte Suprema del Arte, programa de la radio en el que competían los principiantes ante un jurado que los descalificaba o los aprobaba), hicieron de la trova tradicional una de las más valiosas manifestaciones de la música popular en las décadas de 1940 y 1950. Del pasado cercano pervivieron maneras y estilos a través de las singularísimas voces de Rita Montaner, *Bola de Nieve* (Ignacio Villa), Esther Borja, María Cervantes, Ignacio Piñeiro y su septeto, el trío Matamoros, artistas que en el período anterior ya habían alcanzado nombradía o habían dado los primeros pasos en su carrera, y que a partir de 1936 continúan su labor y acrecientan su fama. Otras formas anteriores, como el danzón y el danzonete, se hicieron inseparables de las funciones de bailes organizadas por los centros recreativos y sociales que a todo lo largo del país realizaban fiestas para sus asociados, una práctica constante que se extendió durante los años de vida republicana. Figuras como Barbarito Diez y Paulina Álvarez, convertidos en símbolos de una y otra modalidad respectivamente por sus magníficas dotes interpretativas, llenaron este período con incontables presentaciones públicas en distintos medios de Cuba y el extranjero, sobre todo el primero, uno de los grandes cantantes cubanos de música popular.

Las expresiones de la africanía (rumbas en sus diferentes variantes: yambú, guaguancó, columbia) y de las sonoridades campesinas (el punto guajiro) siguieron sus propias tradiciones de la época colonial, circunscritas ahora a las costumbres y hábitos de los sectores a los que representaban, si bien en determinados momentos se constituían en espectáculos teatrales y televisivos. En el caso de las tonadas campestres, la radio realizó una importante labor divulgativa con frecuentes programas fijos, transmitidos para los habitantes de las zonas rurales. En ambas modalidades fue enorme el número de cultivadores anónimos, genuinamente populares, surgidos de sus respectivos ambientes con absoluta espontaneidad. Se destacan además algunos profesionales, como Chano Pozo, uno de los grandes percusionistas cubanos, maestro que dejó una singularísima huella como solista y compositor de la tumbadora, en la que introdujo sonoridades que fueron asimiladas por el jazz, género en el que influyó de manera notable con la labor que desempeñó integrado a grupos durante la última etapa de su vida. Otros maestros de la percusión afrocubana fueron Jesús Pérez, Oscar Sotolongo, Silvano Chueg (conocido por *Chori*) y Arístides Soto (*Tata Güines*). Obdulio Morales se destacó en la dirección de coros folklóricos afrocubanos en los años 40. En 1956 se creó en Matanzas el Grupo Los Muñequitos, intérprete de rumbas urbanas que aún pervive. En el punto cubano ganaron celebridad el dúo Celina y Reutilio, activo desde mediados de la década de 1940; Chanito Isidrón, cantante de décimas que revivió esa modalidad ya casi olvidada hacia 1930, gran improvisador; Carmelina Barberis, Justo Vega, Inocente Iznaga (*El Jilguero*), Eduardo Saborit, Ramón Veloz. Particular relieve tuvo la guajira-son *Guantanamera*, de Joseíto Fernández, drama cantado en décimas en el que se aludía a una historia dolorosa que hubiese sido vivida por una muchacha, dentro de la línea trágico-amorosa, interpretada en la voz del propio autor por la radio y la televisión. Otras formas del período anterior o de un pasado más lejano que se revitalizaron en estos decenios fueron la guaracha, el bolero y el son, todos enriquecidos con formidables y numerosos intérpretes y compositores.

Entre 1940 y 1950 aparecen tres géneros de enorme significación: el mambo, el filin y el cha-cha-chá. El primero tiene su antecedente en 1938, con el danzón *Mambo*, de Orestes López, así como en los trabajos de Arsenio Rodríguez, Dámaso Pérez Prado, Bebo Valdés, entre otros creadores. De todos ellos fue Pérez Prado el que, utilizando los diferentes elementos aportados por sus colegas, creó el nuevo ritmo, de enorme éxito de venta y gran arraigo popular, sobre todo con piezas como *Mambo No. 5*, *Caballo negro*, *Mambo en sax*, *Mambo batiri*, *Rabo y oreja*, *Patricia* (utilizado por Fellini en *La dolce vita*). El filin, por su parte, logró también una enorme aceptación popular como expresión de la mejor cancionística cubana, de la que es heredera en su refinada concepción melódica y literaria; como indica su nombre (del inglés *feeling*, sentimiento), el centro de su creación estaba en su carga de afectividad, puesta de manifiesto en la melodía suave y en las letras amorosas. Según la opinión de Rosendo Ruiz Quevedo, el filin puede considerarse «una etapa en la evolución y desarrollo del cancionero cubano», al cual hizo un aporte sustancial de carácter expresivo,[56] tanto en lo creativo como en lo interpretativo, una nueva manera que tiene, entre otras, la influencia del impresionismo debussista que le llega a través de la música norteamericana, tan oída entonces en Cuba. En sus años de plenitud —aproximadamente el decenio 1948-1958, poco después de su surgimiento en el primer lustro de los años 40— alcanzó una fundamental importancia en la vida cultural, popularizado por emisoras radiales, películas, discos, centros nocturnos (clubes, cabarets), teatros con presentaciones de relevantes intérpretes y la televisión. Algunas canciones del filin, como *Contigo en la distancia*, de César Portillo de la Luz, y *La gloria eres tú*, de José Antonio Méndez, dos de los creadores de este nuevo estilo, ambas verdaderos clásicos de la modalidad y en general de la cancionística nacional, han trascendido el ámbito del país y se han inscrito exitosamente en el contexto iberoamericano. El cha-cha-chá, género de canto y baile, surge a finales de los 40 o comienzos de los

50 como una creación de Enrique Jorrín, violinista que se inició como miembro de la orquesta del Instituto Nacional de Música, dirigida por González Mántici. Va tomando cuerpo independiente como una variante del danzón, al que se le introducen elementos como pequeños coros que interpretaban los propios ejecutantes de la música. Entre los éxitos mayores de esta manera se encuentran *La engañadora* (1951), considerado el primero; *El alardoso, El túnel, Osiris.*

Numerosas fueron las orquestas del período. A las ya existentes antes de 1936 (Avilés, Romeu, la de Félix González, la de Neno González, Hermanos Castro) se suman las de creación posterior, entre ellas la Orquesta Arcaño, charanga francesa fundada en 1937; Casino de la Playa (1937-años 50), del tipo *jazzband*, muy conocida y con más de seiscientos discos grabados, cinco cortos para la televisión norteamericana y participación en películas cubanas; Orquesta Ideal (1938-años 50), charanga francesa; orquesta Riverside, *jazz band* fundada en 1938, con Adolfo Guzmán como director en su última etapa; Orquesta Cosmopolita, acompañante en teatro y radio, surgida en 1938; Orquesta Aragón, de Cienfuegos, 1939, charanga francesa de enorme éxito después de su radicación en la capital, donde fue ampliamente difundida por la radio y la televisión y en bailables y discos, difusora del cha-cha-chá; Melodías del 40, charanga francesa de extraordinaria popularidad; Orquesta América, oída desde 1942 y una de las cultivadoras del nuevo ritmo de Jorrín; Maravillas de Florida, de ese pueblo de la provincia de Camagüey, intérprete de distintos géneros y también de gran calidad por sus instrumentistas y cantantes. Creciente y bien ganado fue el renombre que alcanzó la Banda Gigante de Benny Moré —conocido popularmente como el Bárbaro del Ritmo—, fundada por él en La Habana en 1953 dentro de la modalidad *jazz band*, de sustancial cubanía por el trabajo que realizaba la percusión y por la presencia como cantante de su fundador y director, uno de los grandes de la música nacional, dotado de un singular talento que desplegó en la composición, el canto, el baile y la dirección orquestal, apenas conocedor de la partitura, todo un fenómeno de capacidad natural,

acaso el más justamente renombrado de todos los intérpretes de entonces, fama que se expresó en grabaciones, presentaciones públicas en bailables y en teatros, dúos (el más importante quizás el que hizo con Pedro Vargas) y en su peculiar sonoridad con la orquesta. Otros cantantes célebres de entonces fueron Miguelito Cuní, Carlos Embale, Roberto Espí, Roberto *Faz*, Antonio Fernández, *Ñico Saquito*, Rosita Fornés, Tito Gómez, Fernándo Álvarez, Olga Guillot, Celia Cruz, Abelardo Barroso, Manuel Licea, *Puntillita*, Celeste Mendoza, Miguelito Valdés, Vicente Valdés, cada uno con su estilo propio, que le ganó una bien merecida celebridad en el pueblo, tanto en sus presentaciones en vivo como en sus grabaciones, muy numerosas. No puede olvidarse la labor desplegada por dúos, tríos y cuartetos en el período, entre los primeros el de Tejedor y Luis Oviedo, entre los segundos el de los Hermanos Miguel, Taicuba, Ensueño, y entre los terceros el Cuarteto Luna, el Selecto, el de Orlando de La Rosa, el Llopis-Dulzaides y el Cuarteto D'Aida.

Ese rico panorama de la música cubana —algunos de cuyos creadores llegan a adquirir relieve universal, como son los casos de Ernesto Lecuona y de Eliseo Grenet, que recorrieron una buena parte de Latinoamérica y de Europa con composiciones que durante años disfrutaron de la preferencia de diversos públicos— logró un hondo arraigo popular que no pudo ser desplazado por la música norteamericana que tan frecuentemente era escuchada en la radio y el cine, si bien esos estilos del Norte comenzaron a ganar adeptos y simpatizadores en la década del 50 a través del *rock and roll* y de otras manifestaciones por entonces muy escuchadas y bailadas, sobre todo en sectores de la burguesía nacional que estaban vinculados a la vida económica y comercial con Estados Unidos, así como entre ciertos sectores profesionales.[*E. S.* y *R. H. O.*]

2.1.12 El ballet (1936-1958)

La creación de la escuela de ballet de la Sociedad Pro Arte Musical en las postrimerías del período precedente (1931), había marcado el comienzo del desarrollo de esta manifestación artística en Cuba. Una etapa inicial de su historia podría extenderse hasta 1948 —año en que se fundó la primera agrupación profesional cubana (el Ballet Alicia Alonso)—, pero distinguiendo dos momentos bien definidos en la misma: el lapso 1931-1937, en que las figuras que le darán realce a la manifestación se encuentran en su fase de aprendizaje elemental en los marcos de la escuela de Pro Arte y mostrando sus rápidos avances ante el público, como bailarines aficionados, en funciones del Ballet de la propia institución; y otro entre 1938 y 1948, cuando estas mismas personalidades prosiguen su formación en el extranjero, a la vez que desarrollan su quehacer como profesionales, labor en la que alcanzan renombre rápidamente y que les permite codearse con profesores, bailarines y coreógrafos de estilos diversos, conocer y asimilar experiencias decisivas para sus realizaciones mayores futuras, pero que simultáneamente van entregando al público cubano en sus frecuentes viajes al país, donde por años se mantendrán vinculados a las actividades de Pro Arte.

La escuela de ballet de Pro Arte —cuyo primer director fue el bailarín ruso Nicolás Yavorski, a quien sustituyó en 1939 George Milenoff— cumplió, por tanto, un cometido mucho más significativo para la historia de la cultura cubana —y del ballet mundial— que el que se habían trazado sus promotores: en su seno recibieron las primeras enseñanzas en el arte danzario y mostraron sus potencialidades técnicas y artísticas los tres fundadores del ballet cubano: Alicia Martínez del Hoyo —más tarde la mundialmente famosa Alicia Alonso, que se integró a sus clases en el mismo 1931— y los hermanos Alberto y Fernando Alonso —incorporados en 1933 y 1936. De la fase formativa de los tres bajo la tutela de Yavorski merecen recordación los siguientes hechos: ya en la primera presentación pública de los alumnos en el teatro Auditorium de la propia Sociedad (el 29 de diciembre de 1931), Alicia debutaba en *El gran vals de la Bella Durmiente*; al año siguiente, en la versión coreográfica de Yavorski de *La bella durmiente* ejecutaba ella *El pájaro azul*, su primer solo, donde ya se observó que bailaba con otro sentido;

en 1933, Alberto interpretó el papel principal de *El Danubio azul*; a partir de 1934 Laura Rayneri —madre de Alberto y Fernando— se hizo cargo (hasta 1948) de la presidencia de Pro Arte y dio preferencia a la actividad balletística por encima de otras manifestaciones que también centraban el interés de la Sociedad; en 1935, al estrenarse *Coppelia*, los papeles protagónicos fueron asumidos por Alicia y Alberto, quien ese mismo año, contratado por la Compañía de los Ballets Rusos de Montecarlo, marchó al extranjero, ya como profesional, camino seguido dos años después por Alicia y Fernando, quienes en 1936 bailarían juntos por primera vez en *Claro de luna*, con música de Beethoven. Como digno colofón de su aprendizaje y muestra de que ya la escuela y sus funciones le resultaban un marco muy estrecho, en 1937, antes de partir a Estados Unidos, Alicia centraliza, junto a Emil Laurens, *El lago de los cisnes* (coreografía de Yavorski, en tres actos, y con acompañamiento de la Orquesta Filarmónica de La Habana conducida por Amadeo Roldán).

La labor de Alberto Alonso hasta 1948 comprendió varias facetas: con el Ballet Ruso de Montecarlo realizó una sobresaliente actividad como bailarín de carácter en giras por varios continentes. Al regresar a Cuba en 1941 se le encargó la dirección de la escuela en que se había iniciado, para la cual hizo entonces presentaciones como bailarín, impartió clases y comenzó su labor coreográfica con *Preludios* (1942), al que seguirían *Forma* (1943, con música de José Ardévol, sobre un texto de José Lezama Lima, y donde mostró sus primeras búsquedas de una expresión nacional en el ballet), *Concerto* (1943), *Sombras* (1946) y *Antes del alba* (1947), entre otros títulos.

Por su parte, Alicia y Fernando, desde 1938 en Estados Unidos, donde continuaron perfeccionando su arte con renombrados profesores, desarrollaron una acelerada carrera que los llevó, de actuaciones iniciales en comedias musicales y en la American Ballet Caravan, a incorporarse en 1940 al recién fundado (ese mismo año) Ballet Theatre de New York (más tarde American Ballet Theatre), con el cual permanecieron por largos años, él hasta 1948, ella hasta los momentos inmediatamente posteriores al triunfo revolucionario de enero de 1959. Con esta compañía —en la que también trabajó Alberto entre 1944 y 1945— Alicia se convirtió en protagonista suprema de las grandes obras del repertorio romántico y clásico (su debut en *Giselle*, en 1943, sustituyendo a Alicia Markova, se considera un hito en la historia del ballet), así como en intérprete principal en los estrenos mundiales de significativas creaciones de importantes coreógrafos contemporáneos (Michel Fokine, George Balanchine, Leonide Massine, Bronislava Nijinska, Anthony Tudor, Jerome Robbins y Agnes de Mille, entre otros), algunas creadas especialmente para ella como *Fall River Legend, Theme and Variations, Undertown*. Calificada por especialistas como la primera gran bailarina clásica surgida en Estados Unidos (para algunos, incluso, la única), Alicia realizó innumerables giras al exterior con el American Ballet Theatre, del que se convirtió en la principal carta de triunfo. Hasta 1948, además, en sus frecuentes visitas a su país natal, Alicia y Fernando realizaban presentaciones con el Ballet de la Sociedad Pro Arte Musical, tanto en obras con coreografía o música de autores cubanos —*Dioné* (1940) y *Forma*, por ejemplo—, como en coreografía de la propia Alicia, la primera de ellas *La condesita* (1942). Culminación de esta primera etapa en el desarrollo del ballet cubano puede considerarse el estreno de *Antes del alba* (1947) —coreografía de Alberto Alonso, guión del español Francisco Martínez Allende, música de Hilario Ortega y escenografía y vestuario de Carlos Enríquez—, «tragedia de una mujer en una ciudadela o solar habanero» que, ante las vicisitudes de una vida sin horizontes, termina su existencia dándose candela, mientras los ensayos de una comparsa de carnaval que había reavivado sus recuerdos continúan, pero en un esperanzador tono de cambio. *Antes del alba* se ha estimado el «primer intento de nuestra danza teatral de poner en el escenario conflictos sociales con una óptica clasista desde el punto de vista de los explotados».[57] La música de Ortega estaba basada en ritmos populares como la guaracha, el bolero, la conga y la columbia (danza del complejo de la rumba generalmente eje-

cutada por hombres con la cual terminaba su vida Chela, el personaje protagónico, y que Alicia aprendió para la ocasión); los diseños escenográficos y de vestuario de Enríquez resultaron notablemente expresivos y funcionales; la actuación de la Alonso fue magistral. Sin embargo, el ballet fue negativamente recepcionado por los críticos (exceptuado el del periódico *Hoy*), mal visto por algunos asociados de Pro Arte, que trataron de impedir su estreno y que sus hijas participaran en la puesta. Incluso parece haber sido determinante para que Laura Rayneri perdiera la presidencia de la Sociedad al año siguiente. Su coreógrafo la considera como «el primer punto de rompimiento de la historia del ballet en Cuba en muchos aspectos»,[58] entre ellos un giro grande en su quehacer hacia lo cubano, la comprensión —también de Alicia y de Fernando— de que para acometer una actividad profesional de ballet en el país había que hacerlo fuera de los marcos de Pro Arte. Para la crítica contemporánea, *Antes del alba* significó «el verdadero inicio del ballet cubano que nacía de la irrupción de la problemática nacional en este arte, desmintiendo opiniones sobre la imposibilidad de la danza para reflejar tales contenidos», así como que fue «la concreción primera de las proposiciones cubanas de movimiento corporal, de nuestra gestualidad, en el ballet».[59]

De 1948 a 1956 el ballet en Cuba alcanzó un notable desarrollo, con la creación de academias en La Habana y en algunas ciudades del interior y de varias agrupaciones profesionales, así como con el surgimiento de nuevos profesores, bailarines y coreógrafos y otros especialistas vinculados a la manifestación. En primer lugar debe mencionarse, por supuesto, el Ballet Alicia Alonso —a partir de 1955 Ballet de Cuba—, fundado en octubre de 1948 por los tres pioneros de este arte en Cuba, y que tras varias presentaciones en la capital inició ese mismo año una gira que lo llevó por trece países de América Latina, en todos los cuales fue cálidamente acogido. La historia de la compañía por esos años recoge hechos altamente significativos de la trascendencia para la cultura nacional que alcanzó la labor emprendida por los Alonso con su fundación. Junto a las temporadas, con artistas invitados, se trabajó en la formación de nuevos intérpretes en la Academia de Ballet Alicia Alonso (más tarde Alberto tuvo la suya propia); se ofrecieron giras, por todo el país, en las que se incluían funciones a precios populares, a veces en espacios abiertos —son especialmente recordadas las organizadas conjuntamente con la Federación de Estudiantes Universitarios, en el Stadium Universitario—; se dio impulso a la creación de coreografías cubanas, actividades todas que contribuyeron a la formación de un público y que demostraban la orientación progresista y nacionalista de sus principales promotores. Durante estos años, Alicia amplió sus perspectivas artísticas con la creación de coreografías como las siguientes: *Ensayo Sinfónico* (1949), *Lydia* (1950), *El pillete* (1952), *Narciso y Eco* (1955). Además inició su labor como coreógrafa de obras del repertorio universal, como la de *Giselle* (1948). En la Academia se perfilaba la búsqueda de los rasgos que definían el modo de bailar distinto de Alicia y se proyectaba la enseñanza a partir de ellos, como forma de ir creando una unidad estilística que con los años conformaría la llamada «escuela cubana de ballet», reconocida como tal en la época posterior a 1959.

Esta labor del Ballet Alicia Alonso-Ballet de Cuba se vio afectada con la suspensión en 1956 de la pequeña subvención estatal que recibía la compañía desde la etapa anterior al golpe de estado de Batista. El ejecutor de la medida fue Guillermo de Zéndegui, presidente del Instituto Nacional de Cultura, que intentaba que las entidades culturales y artísticas subsidiadas por el Estado se institucionalizaran para convertirlas en representantes oficiales del régimen, a lo que la mayoría se opuso. Tan nefasta medida provocó una rápida y solidaria respuesta de amplios sectores de la población y de numerosas instituciones de diversa índole. La de la propia Alicia no dejó lugar a dudas sobre las verdaderas intenciones del régimen, y puede estimarse expresión de una firmeza ideológica y de una valentía política de que daría muestras también con su estancia en la Unión Soviética entre 1957 y 1958, que la convirtió en la primera bailarina del Hemisferio Occidental invitada a actuar allí y en la primera figura del continente americano que bailó como artista invitada con los elencos de los teatros Bolshoi de Moscú y Kirov de Leningrado, en años en que continuaba como figura principal del American Ballet Theatre y actuaba, a la vez, como primera figura del Ballet Ruso de Montecarlo. Además de la oposición de instituciones y de artistas de la radio, la televisión y el teatro, se creó una Comisión de Defensa del Ballet, presidida por el periodista Eduardo Héctor Alonso, quien hizo pública la falacia de los argumentos oficiales. La FEU ofreció homenaje de desagravio a Alicia y al Ballet de Cuba, y éste realizó una amplia y exitosa gira por el interior del país. Finalmente, Alicia decidió que mientras perdurasen las condiciones entonces imperantes en Cuba ella no bailaría más en el país, con lo cual la compañía recesó en sus labores, pero quedó abierta la Academia. Al marcharse, Alicia promovió la presentación de algunas jóvenes promesas en Estados Unidos. Así, entre 1957 y 1958 Mirta Pla, Loipa Araújo, Josefina Méndez y Aurora Bosch —quienes habían debutado profesionalmente en el lapso 1953-1956 con el Ballet Alicia Alonso-Ballet de Cuba y que serían conocidas más tarde como «las cuatro joyas del ballet cubano»— actuaron con el Ballet del Teatro Griego de Los Ángeles y con el Ballet Celeste de San Francisco.

La actividad balletística a partir de 1948, como quedó dicho, alcanzó notable auge. A fines de esa década, Anna Leontieva inauguró su academia, y en la siguiente trabajó como coreógrafa y fundó el Ballet de Cámara (1956). Alberto Alonso —que entre 1950 y 1953 tuvo su propia compañía— inició en los años cincuenta una nueva etapa en su labor coreográfica, orientada ahora hacia la búsqueda en las fuentes del folklore y las tradiciones populares cubanas con exitosas obras para teatro, cabarets, televisión y otros conjuntos de danza (*Romeo y Julieta*, 1956, para el Ballet de Cuba, es la más importante, aunque no son desdeñables otras que le sirvieron de ensayo para creaciones fundamentales de su quehacer posteriores a 1959, en algunas de las cuales tuvo como intérprete idónea a Sonia Calero). En el propio Ballet de Cuba se destacó como coreógrafo en formación Ramiro Guerra (*Toque*, 1952, con música de Argeliers León; *Habana*

1830, 1952, con música de Lecuona; *Ensueño*, 1955), quien llegó a formar después una pequeña agrupación de danza moderna, hacia la que se orientaría su labor fundamental y en la que alcanzaría amplio desarrollo en la época posterior. Otro coreógrafo que trabajó con éxito para el ballet de Cuba fue el puertorriqueño José Parés, autor, en esta etapa, de piezas como *Un concierto en blanco y negro* (1952) y *Delirium* (1953), por años en el repertorio de la compañía, incluso después de 1959. La labor del Ballet de Cuba como centro formador de personalidades del ballet cubano y de otros países de América Latina es incuestionable. En sus filas se contaron artistas de Uruguay, México, Argentina, Puerto Rico, Venezuela. Además, participaron en calidad de invitados figuras del relieve de L. Fokin y M. Skeaping (de ésta se estrenó en 1954 la versión completa, en cuatro actos, de *El lago de los cisnes*, obra conocida en el continente americano, hasta entonces, sólo de modo fragmentario), A. Eglevski, N. Kaye, J. Kriza, I. Youskevitch, B. Fallis, por sólo citar algunas.

A pesar de los conflictos y de las dificultades económicas, contra las que se levantaron las más progresistas instituciones y muchos de los intelectuales cubanos de prestigio, el Ballet de Cuba llevó adelante dos tareas, ambas de extraordinaria significación para la cultura nacional: la creación de un arte de valor universal con las figuras de sus más notables bailarines, quienes con un trabajo constante y riguroso dieron enorme prestigio a la cultura del país, y la conformación y mantenimiento de una academia, labor que descansó en el infatigable quehacer de sus maestros, ya fuesen bailarines en ejercicio o profesores dedicados por entero a la enseñanza. Numerosas fueron las presentaciones en Cuba y en el extranjero, tanto en zonas apartadas con las Misiones Culturales a las que ya se ha hecho referencia en otra parte de este panorama cultural, cuanto en prestigiosos escenarios de América. Como en la música, la crítica especializada era muy escasa en los años 40 y 50, por lo que puede afirmarse que se fue imponiendo en el gusto del público por el puro y simple ejercicio de un baile de alta calidad. La vida cultural de esos decenios se enriqueció con el aporte de los cuerpos de baile, los coreógrafos, maestros y alumnos, conjunto que se integró asimilando las mejores lecciones del ballet clásico y contemporáneo y las búsquedas y preocupaciones de la propia sensibilidad y de la identidad cultural nacional. La historia de la cultura cubana en el lapso 1936-1958 tuvo en el quehacer de Alicia, Fernando y Alberto Alonso, tres sólidos pilares que lograron cimentar una tradición balletística en el país a partir prácticamente de cero, gracias a su talento y dedicación. En la figura de Alicia, además, tuvo la cultura nacional a una de sus más relevantes personalidades a nivel internacional en el período.   [*E. S.* y *R. H. O.*]

2.1.13 El cine (1936-1958)

Aunque el cine tampoco logró en este período las calidades alcanzadas en otras manifestaciones artístico-culturales, se convirtió en una de las de mayor arraigo popular. Muestra de ello está en el sostenido incremento de las instalaciones dedicadas a su difusión en gran parte del territorio nacional, las que ubicaban a Cuba entre los países con mayor cantidad (absoluta o relativa) de capacidades en el continente e incluso fuera de él.[60] En lo que respecta a la producción, el volumen de filmes realizados (cerca de 300 entre 1930 y 1958, de los cuales las dos terceras partes, aproximadamente, eran documentales) y el movimiento productor, publicitario y artístico (empresas, instituciones, técnicos, actores, libretistas, directores, publicaciones) que fue generando con el decursar del tiempo, permite afirmar, además, que el cine constituyó una importante manifestación de la cultura cubana del período, si bien muchas de las obras ni merezcan el calificativo de *cubanas* sino solamente el de *hechas en Cuba*. En esa distinción hay un esclarecedor elemento: el comercialismo, esa búsqueda de ingresos que sufraguen los generalmente altos gastos de producción y dejen, también, las tan deseadas ganancias. La necesidad de encontrar un justo equilibrio entre arte e industria para la formación de una cinematografía auténticamente nacional fue tema de discusión y análisis permanente por críticos y comentaristas del período. Para uno de los más avisados, Mirta Aguirre, una obra de arte que supiera utilizar sabiamente la riqueza de las tradiciones y del paisaje, de la historia nacional y de los conflictos sociales, cargados como estaban de dramas de honda raíz humana, sería al mismo tiempo un producto de gran aceptación popular, que aportaría los beneficios comerciales esperados.[61]

En una visión retrospectiva sobre el cine hecho en Cuba durante este lapso, Héctor García Mesa insistió en su carácter comercialista y en su pobreza ideoestética, aunque aludía también a algunas honrosas excepciones.[62]

Ciertamente, las películas de ficción que durante esas décadas se filmaron en Cuba carecieron de un riguroso trabajo de guión, de una fotografía de estatura profesional, de temas de relieve social o de un tratamiento de sus posibilidades en ese u otro sentido, de una labor actoral de peso. No obstante, algunas realizaciones lograron sobrepasar esa baja calidad promedio y se constituyeron en exponentes de cierta significación en la memoria cultural del país, como ha apuntado algún crítico contemporáneo. En los primeros años del período se apreció un notable ascenso en la producción, con filmes de gran éxito popular y económico, como *La serpiente roja* (1937), primer largometraje sonoro filmado en Cuba, dirigido por Ernesto Caparrós y con la actuación de Aníbal de Mar en el personaje del detective chino Chan-Li-Po, creado por Félix B. Caignet para la radio; *Ahora seremos felices* (comedia musical de 1938 bajo la dirección artística del propio Caparrós), *Sucedió en La Habana* y *El romance del palmar* (ambas de 1938), dirigidas por Ramón Peón y con Rita Montaner entre sus protagonistas; *Mi tía de América* (1939), precursoramente típica comedia de enredos conducida por Jaime Salvador, a quien se debieron ese mismo año otros títulos menos importantes, con conocidos actores cómicos como Alberto Garrido, Federico Piñero y Alicia Rico: *Estampas habaneras, La última melodía* y *Cancionero cubano.*

Diversas fueron las gestiones realizadas a partir de este momento, tanto en la filmación de películas (de ficción, noticiosas, musicales) como en la creación de empresas y estudios y en la formación de un ambiente, tarea en la que fueron decisivas las labores docentes y críticas de José Manuel Valdés Rodríguez a través de la Escuela de Verano de la Universidad de La Habana, donde desde 1942 (y hasta 1961) ofreció regularmente el curso «El cine: industria y arte de nuestro tiempo», así como a través de sus trabajos en publicaciones periódicas. Contribuyentes en menor medida a esa labor promocional fueron las páginas de comentarios del periódico *Hoy*, del Partido Socialista Popular, en las que colaboraba asiduamente Mirta Aguirre con valiosas reflexiones en torno a las puestas en pantalla de filmes cubanos y extranjeros, en muchos casos con un enfoque sociopolítico, de carácter antimperialista, bien preciso en sus intenciones formadoras de un gusto por el arte cinematográfico y por la apreciación de los valores reales de los filmes exhibidos. En los años cincuenta, la labor en esta dirección fue llevada adelante, fundamentalmente, a través de la Sociedad Cultural Nuestro Tiempo, institución orientada por el Partido Socialista Popular, y en la que desempeñó un papel principal la propia Mirta Aguirre.

De estas dos décadas son memorables *Siete muertes a plazo fijo* (1950), con diálogos a cargo de Antonio Ortega y Anita Arroyo, y *Casta de roble* (1954?), ambas bajo la dirección de Manuel Alonso y sobre las cuales dejaron interesantes valoraciones Mirta Aguirre y el entonces cineasta en formación Tomás Gutiérrez Alea en las páginas de *Hoy* y *Nuestro Tiempo*, respectivamente.[63] Una opinión más cercana ha considerado a *Casta de roble* como «émula del paisajismo rural a lo Emilio Fernández, pero sin mesura en su comentario social», a la vez que ha destacado *La única* (1952?), con Rita Montaner, «entre las mejores comedias realizadas en Cuba, junto a *Las doce sillas* y *La muerte de un burócrata* [de Gutiérrez Alea y posteriores a 1959], por la manera que trabaja el choteo».[64]

Conjuntamente con los largometrajes de ficción se cultivaron otras modalidades: documentales, noticieros, dibujos animados, cortos. Entre los primeros son de destacar los realizados por la Cuba Sono Film, fundada en 1938 como empresa privada, por el primer Partido Comunista de Cuba, entonces en la legalidad, y en activo hasta 1948, siempre bajo la dirección del médico Luis Álvarez Tabío y con la colaboración de intelectuales comunistas y progresistas. Entre estos filmes pueden citarse *Talleres para Hoy, Por un Cerro mejor, El desalojo de Hato del Estero* (todos con texto de Nicolás Guillén, los dos últimos musicalizados por Alejo Carpentier), *Manzanillo, un pueblo Alcalde* y *Azúcar amargo* (con textos de Ángel Augier y Luis Felipe Rodríguez, musicalizados ambos por Carpentier y asesorado personalmente el primero por el líder azucarero Jesús Menéndez; con la filmación de sus funerales en 1948 dejó de existir la institución), *La lucha del pueblo cubano contra el nazismo* y *Un héroe del pueblo español* (textos de José Antonio Portuondo y Mirta Aguirre respectivamente), cuyos títulos son claramente explícitos de sus contenidos e intenciones. La mayor parte de estos filmes tuvieron como fotógrafo a José Tabío (La Cuba Sono Film —que no podía exhibir sus creaciones en salas comerciales, pero que logró difundirlas en centros obreros, actos públicos, bateyes de centrales, etcétera—, produjo también en sus primeros momentos pequeños cortos para el Noticiero Gráfico Sono Film, que reflejaban los más importantes acontecimientos, y más tarde cortometrajes de ficción, entre ellos *El desahucio* —basado en un cuento de Vicente Martínez, texto de Juan Marinello, musicalizado por Carpentier y protagonizado por obreros del transporte público— y *Un desalojo campesino*, donde trabajó como actor el teatrista Paco Alfonso, quien recibió apoyo de la institución «con efectos de sonido y cinematográficos» para la puesta en escena de la pieza *Retaguardia* por el grupo Teatro Popular que dirigía).[65]

Similar línea de denuncia estaba presente en *Jocuma o el Cabo de San Antonio* (c. 1955, dirigido por José Antonio Sariol, nunca exhibido antes de 1959 por la negativa de los empresarios) y *El Mégano* (1954), realizado por Julio García Espinosa bajo la impronta del neorrealismo italiano y al calor de las inquietudes y proyectos que se gestaban en el seno de la Sociedad Cultural Nuestro Tiempo. Importante manifestación de la cultura comprometida, al ser-

vicio de las transformaciones sociales de que estaba urgido el país, el filme denunciaba los males republicanos y en particular del batistato a través de escenas de hambre y miseria de los carboneros de la Ciénaga de Zapata, lo que motivó su secuestro y la detención de sus autores. García Espinosa, al igual que otros jóvenes que se propusieron hacer un cine cubano con pretensiones sociales en la década de 1950 —algunos tras un lapso de aprendizaje en la Escuela Experimental de Cine de Roma—, abogó desde temprano en su carrera por la realización de un cine de hondas raíces nacionales, interesado en primer lugar en mostrar los conflictos del hombre del momento y en entregar a los espectadores los hechos de la realidad que comprometían hasta el fondo a los personajes, preocupaciones que lo acercaban a otros artistas de la pintura, la literatura y la música en la búsqueda de un arte universal desde la asimilación de la problemática y la tradición cultural del país. Reflexionando en torno al filme, García Espinosa ha dejado apreciaciones de insoslayable consideración en los acercamientos a éste y al contexto en que se gestó su realización.[66] Es evidente que el documental reunía cualidades estéticas e ideológicas suficientes para que se le considere el más importante antecedente de lo que después haría el cine cubano, a partir de 1959, dentro del género. Por su factura y carácter revolucionario, este trabajo de García Espinosa en la dirección, Jorge Haydú en la fotografía y Juan Blanco en la música —cuya virtud destacó Edgardo Martín en equilibrado artículo—[67] ha de ser estimado un aporte fundamental del cine a la vida cultural de este período, en el que tantas obras significativas enriquecieron el acervo intelectual y artístico de la nación.

También desde comienzos del período los noticieros fueron ocupando un sitio destacado en las salas de exhibición, algunos de manera regular, otros de forma esporádica, todos intentando dejar constancia del acontecer político, social, cultural, del país, en muchos casos atentos a intereses de índole comercial o de propaganda politiquera de los gobernantes de turno. Un hito importante de esta trayectoria de los noticieros fue el surgimiento en 1950 del

Cineperiódico, que reflejó en sus primeras emisiones trascendentes acontecimientos políticos ocurridos poco antes en Puerto Rico, entre ellos la detención de Pedro Albizu Campos, reportaje al que seguirían más adelante los que recogían los funerales de Eduardo Chibás y la insurrección en la Sierra Maestra contra la dictadura de Batista, rica tarea informativa que se extendió a sucesos de otros países gracias al servicio de intercambio de noticias que logró por primera vez en Cuba y que fue complementado con la creación de «Memorias de una vieja cámara», valiosa iniciativa a partir de los archivos fílmicos del Ministerio de Obras Públicas. En la década de 1950 tuvo también relativa repercusión el Noticiario Noti-Cuba, dirigido por Eduardo Hernández Toledo, *Guayo*, que mostró imágenes de la invasión a Guatemala por Castillo Armas.

Menor relevancia tuvieron los cortos, que no ofrecieron frutos de gran calidad en el período, pero que también contribuyeron, sin embargo, al enriquecimiento del quehacer cinematográfico en el país, a través de diversos contenidos y estilos y posibilitaron que jóvenes cineastas realizaran un aprendizaje práctico que más tarde les permitió, transformadas las condiciones del medio en la época siguiente, pasar a empeños de mayor envergadura y superiores logros artísticos. Igualmente pocos, pero atendibles por su condición de antecedentes, fueron los dibujos animados producidos en el período. De 1937 es el más antiguo esfuerzo conocido: *Napoleón, el fracaso de los sinsabores*, realizado por Manuel Alonso con la colaboración de los dibujantes Ñico Luhrsen y Lucio Carranza, pero que resultó un fracaso económico, entre otras causas por la presencia en los cines de los animados norteamericanos, en particular los de Walt Disney. Otro esfuerzo de interés fue el llevado a cabo por los dibujantes Roseñada y Silvio con la creación del personaje Masabí, también de escasa permanencia porque sus promotores no pudieron sostenerse en su empresa. Incluso en ciudades muy alejadas del centro cultural más importante del país, como Guantánamo y Santiago de Cuba, hubo intentos por desarrollar esta vertiente. También, ya en la década de 1950, se realiza-

ron breves cortos animados para la publicidad en la televisión.

Durante todo este período, la producción cinematográfica generó un constante movimiento de instituciones, capitales y empresas de variada significación y relativa importancia, algunas de ellas de carácter gremial (como la Agrupación de Técnicos Cinematográficos, surgida en 1942 y activa hasta 1960, extendida en 1945 a los auxiliares y más tarde a los de televisión); otras de tipo promocional o divulgativo, como el *Anuario Cinematográfico y Radial Cubano* (1940-1960), editado íntegramente por Pedro Pablo Chávez, con la colaboración del infatigable Ramón Peón en su primer volumen. De índole cultural, merecen mayor destaque la fundación de la Cinemateca Universitaria en 1948 y la utilización, a partir de ese año, del anfiteatro Enrique José Varona del alto centro docente capitalino, para la proyección de películas; la creación, al año siguiente, del Departamento de Cinematografía adscrito a la Comisión de Extensión Universitaria, con fines docentes y culturales, y de donde surgió la Sección de Cine de Arte del mencionado Departamento de Cinematografía; la constitución en 1948 de la Cinemateca de Cuba como Cine Club, más tarde (1950) Cinemateca, de escasos recursos económicos, pero con apoyo de otras instituciones culturales, lo que no fue obstáculo para que cesara en sus actividades desde finales de 1952 hasta 1955, cuando recomenzó su quehacer con una nueva directiva, de la que formaban parte, entre otros, Roberto Branly, Guillermo Cabrera Infante, Néstor Almendros y Rodolfo Santovenia. No pocas entidades, de un carácter eminentemente comercial, intentaron contribuir a la conformación de una industria fílmica nacional, como la Productora Fílmica Cubana (PROFICUBA), que hacia 1950 se planteó la solución de los problemas de la postfilmación —hasta ese momento efectuada íntegramente en Estados Unidos—, y se propuso otorgar facilidades a productores independientes. Asimismo, el Estado mostró alguna preocupación e interés por superar la situación del cine en el país a través de instituciones como el Patronato para el Fomento de la Industria Cinematográfica creado bajo el gobierno de Prío, y la Comisión Ejecutiva para la Industria Cinematográfica, iniciativa de Batista que tenía como finalidad prestar ayuda financiera a productoras independientes, pero que fracasó por escasez de recursos y dio paso al Instituto Nacional para el Fomento de la Industria Cinematográfica Cubana (1955). Ninguna de estas instituciones privadas o estatales pudo cumplir su cometido en las circunstancias en que debieron desarrollar su actividad, frenadas por la fuerte competencia de las casas productoras y distribuidoras norteamericanas.

Otra entidad vinculada con el cine durante la etapa y con una sostenida labor en la línea de sus intereses específicos, fue la Comisión de Cine de la Juventud Católica Cubana, fundada en 1936 y devenida después Centro Católico de Orientación Cinematográfica, que publicó la revista *Cine Guía* (1953-1961).

No obstante tantas dificultades, en estos decenios se crearon las bases del desarrollo posterior de esta expresión artística, fundamentalmente en lo que respecta a la formación de un personal especializado que permitió emprender nuevos caminos a partir de 1959. La labor de la crítica fue muy importante en la conformación de un público conocedor y de buen gusto, si bien esas cualidades no abundaban mucho entonces, pues era grande la influencia de películas de pobre factura o las de tramas melodramáticas o mal elaboradas. José Manuel Valdés Rodríguez y Mirta Aguirre hicieron una obra fundamental para la cultura del período, una labor altamente valiosa para el público y para los realizadores. A través de sus crónicas y comentarios se puede apreciar la riqueza y diversidad del cine que se veía en Cuba entonces. Por las pantallas pasaba, es cierto, mucha película norteamericana, pero también lo más notorio del cine francés, del neorrealismo italiano, los clásicos de aquí y de allá, buenas y malas muestras de México y Argentina, todo un conjunto de diferentes estilos y propuestas, disímiles facturas artísticas y calidades en la actuación, seguidas de valoraciones del mejor o del peor gusto o de comentarios y presentaciones reveladores. Ahí están los antecedentes de la crítica cinematográfica que más tarde habría de proliferar en las publicaciones

periódicas de los años 60 y que en aquellos momentos ejerció su inestimable función de deslindar la obra de arte de la creación comercial y de deplorable elaboración. Entre los críticos más jóvenes se destacó Guillermo Cabrera Infante, coetáneo de quienes se proponían hacer un cine mejor en la década de 1950, como Julio García Espinosa, Tomás Gutiérrez Alea y José Massip.   [*E. S. y R. H. O.*]

2.1.14 La radio y la televisión (1936-1958)

Como el cine, la radio y la televisión necesitaban de grandes capitales para desenvolverse. Dependían, como aquél, de avances tecnológicos y de numerosos colaboradores y especialistas. En las tres etapas que la crítica observa en la evolución de la radio en Cuba desde que se inauguró la primera emisora en el país en 1922 —la artesanal, hasta 1935 aproximadamente; la comercial, hasta los inicios de la década de 1950, y la monopolista, hasta 1958—[68] se hace evidente la significación que en su historia tuvieron los factores tecnológicos y económicos. Desde temprano en este período (1936-1958) se estableció la competencia sobre la base del monto de las inversiones. De un lado las emisoras pequeñas y del otro las grandes y poderosas; dentro de éstas, la pugna entre las dos mayores: RHC Cadena Azul, de Amado Trinidad, y CMQ, de Miguel Gabriel, enemigas inconciliables desde los inicios de la década de 1940 y en perenne batalla por la supremacía. Los menos adinerados se limitaban a pasar música y comerciales, mientras las dos mayores y otras que habían logrado cierta cuantía en la audiencia llenaban sus dieciocho horas diarias con una variada programación de novelas, musicales, humorismo, competencias y anuncios innumerables que se repetían hasta el cansancio. Entre los métodos y prácticas que se impusieron como norma de trabajo estuvo la creación de figuras mediante una desmesurada propaganda que de inmediato las convertía en exclusivas de una determinada emisora, a partir de entonces más oída que las restantes en esa hora porque trasmitía sus canciones o su dramatizado, que podía ser una de esas novelas al

uso, llenas de lágrimas sin cuento y con acontecimientos de un melodramatismo que no pocas
veces llegaba a la cursilería. La propaganda comenzó además a dar fama a figuras cubanas a la
sombra de nombres extranjeros de todos conocidos por la propia labor radial o por las pantallas cinematográficas. Para ganar un público se
descendía a problemáticas internas de los artistas y se daban a conocer pormenores de su vida
privada y de sus relaciones amorosas —melodramáticos o simplemente curiosos y llamati-
vos—, siempre temas de interés para una considerable cantidad de oyentes. En el auge de estas
tendencias desempeñaron un importante papel
las revistas específicamente dedicadas al medio
y secciones de revistas y diarios de diversa orientación.

El afán de ganar dinero (por parte de empresas que con molesta frecuencia hacían escuchar
sus anuncios dentro de un mismo programa o
entre uno y otro, comerciales que incluían concursos en los que el oyente-consumidor podía
obtener una casa, todo un sistema para aumentar las ventas al precio de una pequeña vivienda
que una familia con increíble suerte podía lograr después de pasar años comprando un producto), el interés de aumentar el número de
oyentes para llegar a tener una jugosa cantidad
de anuncios —aun cuando fueron factores fundamentales en el desarrollo de la radio durante
el período—, hacían que las posibilidades esté-
tico-educativas de la programación quedasen
subordinadas al gusto y al nivel de grandes sectores de amas de casa o de familias enteras de
baja instrucción o pobre sensibilidad artística.
Ante las objeciones de un representante de la
Iglesia acerca de la programación de la radio, en
la que veía un «contenido derrotista, inmoral y
de muy poca consideración espiritual»,[69] contes-
taba Amado Trinidad con argumentos claros e
inequívocos, en estos términos:

> Si un órgano de publicidad como es el ra-
> dio en todo el mundo tiene algunos pun-
> tos no del todo sensibles a los espíritus ele-
> vados, también debemos considerar que el
> «público grueso» sintoniza esas audiciones
> y que no solamente con música de Schubert

se mantiene un programa que cuesta cien-
tos de pesos diarios y cuya firma patro-
cinadora invierte en él una cantidad con fines más comerciales que artísticos.

> Tratando de conjugar lo primero con lo se-
> gundo, *Los tres Villalobos* y *Tarzán* han au-
> mentado el rating en las audiciones de
> mediodía. Crece la popularidad de los pro-
> ductos Crusellas y Sabatés. Esas empresas
> podrán leer las declaraciones de Monseñor
> Arteaga, pero ante la evidencia de su ma-
> yor venta, tienen que proseguir dentro de
> ese marco, que tal vez no sea del todo edi-
> ficante, pero atrae a un tipo de oyente y
> vende un tipo de producto.[70]

Ahí están expuestas las verdaderas razones de
tantas novelonas y episodios vacuos (algunos,
sin embargo, de enorme aceptación incluso entre profesionales), de tantas dramatizaciones
espeluznantes basadas en hechos reales (decepciones amorosas, crímenes pasionales, adulte-
rios, pequeños y grandes conflictos íntimos en
los que la imagen de la mujer es poco edificante,
como sucedía en las novelas y en general en toda
la programación, a través de la cual se iba creando y sustentando un esquema típico de una sociedad machista y subdesarrollada). El sensacio-
nalismo en las noticias tenía esos mismos
propósitos de atraer a un público que se horro-
rizaba mientras quedaba absorto escuchando los
detalles de una pelea callejera o del frío asesinato por las más diversas causas. La repercusión
de esos hechos no era grave sólo por sus consecuencias indirectas (en esencia su contribución
al mantenimiento de una sensibilidad deformada e incapaz de acceder a manifestaciones artísticas de rango), sino incluso por la influencia que
podrían ejercer en determinados oyentes. Frente al poder del dinero, la Comisión de Ética Radial trabajaba en vano, pues sus disposiciones
eran continuamente desoídas por las emisoras.
Interesados sólo en vender, los propietarios hallaban maneras para burlarlas. Mucho dinero
había de por medio, invertido en fabulosos salarios, en equipos y en contratos de exclusividad.
Otras muchas consecuencias trajeron a la radio

el mercantilismo y la búsqueda de un público masivo, como la creciente pérdida de la calidad en beneficio de la cantidad, acaso la más importante para la vida cultural. En el trabajo de los artistas se observaron también diversos problemas, causados por un régimen de pago erróneo en su misma concepción, pues estipulaba más ingresos para quienes realizaran mayor número de actuaciones, una justa retribución que, sin embargo, conspiraba contra el rigor profesional y que hubiese podido descansar mejor en normas cualitativas.

Pero los problemas de calidad no estaban sólo en las tarifas y pagos, sino en la esencia misma del quehacer radial, en la concepción de las dramatizaciones que llegaban al oyente. El primer serial de gran éxito, *La serpiente roja* (1937) —con el personaje de Chan-Li-Po, detective chino que rápidamente se hizo popular en todo el país y que se llevó al cine ese mismo año—, era sin lugar a dudas subliteratura, como lo fueron prácticamente casi todos los que se radiaron en lo sucesivo, el más célebre de ellos *El derecho de nacer* (1948), a partir de entonces seguido —en producciones radiales, televisivas y hasta cinematográficas— con devoción y fervor por millones de cubanos, latinoamericanos y hasta por japoneses. Los personajes de su autor, Félix B. Caignet, y las situaciones por las que atravesaban, habían sido extraídos, como en las restantes radionovelas o seriales, de las posibilidades de la realidad, pero con un melodramatismo que no por simple era menos dañino. Aunque se respetase el texto de obras adaptadas (*El abismo*, de Charles Dickens; *Cambio de almas*, de Teófilo Gautier; *Impaciencia del corazón*, de Stefan Zweig; *Resurrección*, de León Tolstoi), la necesidad del «gusto» que la propia radio había impuesto determinaba cambios que convertían obras justamente célebres en baratos folletines. La subversión de valores repercutía incluso en la ética: la conducta y los conflictos de la mujer, personajes sufridos y humillados por hombres sin escrúpulos, invitaban a permanecer dentro de las normas de «pureza» aprobadas por la sociedad y que a la postre redimían al personaje de la vileza de su enamorado. En esas normas había todo un código, una axiología deformante. Las

radionovelas tuvieron, pues, una extraordinaria importancia por su influencia en la conducta de los oyentes —en especial las mujeres—, hasta el extremo de determinar cambios sustanciales en la vida cotidiana (como cuando *El derecho de nacer* decidió a muchísimas embarazadas a renunciar al aborto); crearon, asimismo, el hábito de escuchar la radio entre numerosas capas de la población, costumbre que se enraizó en niños y adolescentes con seriales de aventuras como los ya mencionados *Los tres Villalobos* y *Tarzán*, y entre creyentes, gracias a programas de alto contenido religioso.

La radio cumplió, sin embargo, valiosas funciones: difundió la música cubana y universal, mantuvo informada a una gran parte de la población de los acontecimientos ocurridos a diario, si bien desde la perspectiva de los intereses ideológicos de los representantes del poder en Cuba (salvo excepciones honrosas) y logró llevar adelante muy estimables tareas de animación cultural mediante programas de calidad, realizados por destacadas figuras de las letras nacionales como Félix Pita Rodríguez, Alejo Carpentier, Dora Alonso, por sólo mencionar algunas. La transmisión diaria de la música cubana a través de un alto número de emisoras pequeñas y grandes y al mismo tiempo de la popular latinoamericana, estadounidense y europea, así como de la llamada culta a través de diversas emisoras y en especial de CMBF, dedicada por entero a este tipo de obras, pero de alcance limitado en aquellos años, es un aporte capital de la radio a la cultura durante el período.

Dentro del quehacer noticioso, presente en casi todas las emisoras, se destacó Radio Reloj (en activo desde 1947), propiedad de Goar Mestre, el nuevo potentado de CMQ y enemigo inconciliable de Amado Trinidad, a quien finalmente derrotaría en una batalla por la preponderancia, derrota en la que intervinieron, además de las astucias, inteligencia y riquezas de su rival, otros muchos factores, entre ellos la estafa continuada a que fue sometido por algunos de sus colaboradores y hombres de confianza. Importantísima fue, dentro de la línea informativa, la denuncia constante que la oposición hacía a los gobiernos y sus más altos representantes, en especial la que mantuvo en alto Eduardo R. Chibás en sus discursos radiales contra la corrupción administrativa y la que más adelante sostuvo la radio clandestina contra la tiranía de Batista en las ciudades y en las montañas, como la de Radio Rebelde, fundada en la Sierra Maestra por Ernesto Che Guevara para difundir las verdades que el régimen pretendía mantener en silencio. Como las publicaciones impresas clandestinas, las emisoras permitían conocer el estado de la lucha en los diferentes frentes de batalla, datos que deformaban las fuentes gubernamentales como parte de su propaganda de descrédito de los rebeldes. El periodismo radial con el tema de la lucha política interna llegó a convertirse, en algunas voces muy escuchadas, como la de José Pardo Llada, en diatribas verdaderamente escandalosas que nada tenían que ver con el análisis y la reflexión. La COCO y Radio Rebelde se constituyeron en expresiones representativas del quehacer reivindicador de la verdad, sin descontar otras emisoras que también ofrecían noticieros ajustados al acontecer real, siempre que la censura lo permitía, con rigor y seriedad.

En el terreno de la cultura, al mismo tiempo que se difundían los novelones de mal gusto y cursilería, con guiones y actores a veces deplorables, escenas melodramáticas y sufrimientos innumerables, se hacían valiosos aportes al saber con programas como Hora Cubana de Cultura Popular, que comenzó a radiarse semanalmente a principios de 1936 con el propósito de «difundir ampliamente la cultura en los medios todos de nuestro pueblo, especialmente en el campo dormido y en las pequeñas ciudades del interior que, en doloroso contraste con la capital fastuosa, vegetaban miserablemente sumidos muchas veces en la más espantosa incultura»[71] y dirigido, entre otros, por José Antonio Portuondo, Celso Enríquez, Mario García del Cueto y Rafael Soto Paz. A mediados de 1937, al cesar la Hora Cubana y bajo los auspicios de la Hermandad de los Jóvenes del Pueblo [Cubano?], inició sus salidas a través de la misma emisora CMCY el Instituto Popular del Aire, entre cuyos colaboradores se contaron Juan Marinello, Carlos Rafael Rodríguez, Fernando Ortiz, Nicolás Guillén, Salvador García Agüero, Luis Felipe Rodríguez, Emilio Roig de Leuchsenring, Vicentina Antuña, Elías Entralgo, Ángel Augier, Camila Henríquez Ureña, Jorge Rigol, Regino Pedroso y Emilio Ballagas, y que se caracterizó porque no incluía anuncios comerciales y se sostenía sólo de las contribuciones de los oyentes, con cuyos ingresos se costeaban los gastos de transmisión y se imprimían y distribuían folletos con los materiales radiados. Otros programas que desempeñaron una atendible labor cultural fueron La Corte Suprema del Arte, de CMQ, iniciado a fines de 1937 con la animación de José Antonio Alonso y, en provincias, de Germán Pinelli, con el interés de descubrir estrellas jóvenes, de donde surgieron, entre otros, Rosita Fornés, Obdulia Breijo, Ramón Veloz, Xiomara Fernández, Armando Bianchi, Raquel Revuelta, Mercedes Valdés, Alba Marina, los dúos Hermanas Martí y Hermanas Romay, Miguel Ángel Ortiz, Elena Burke, Marta Justiniani, un espacio que a lo largo de sus varios años en el aire logró enorme popularidad y que más tarde se desarrolló, bajo otra denominación, en la televisión, y la Escuela de Ciencia Popular y Buen Humor (1938-1939), del mismo tipo que La Bolsa del Saber (1940-?), este último con una frecuencia de dos veces a la semana, en sus inicios radiado por CMQ y más tarde por RHC Cadena Azul, con la colaboración de José Zacarías Tallet como asesor cultural, Pablo Medina, Juan Luis Martín y Andrés Núñez Olano, un esfuerzo del que salió el libro *Enciclopedia popular en miniatura* (1942), de Tallet y Luis Aragón.

La Universidad del Aire, a la que ya se hizo alusión en el período precedente, radiada por CMQ, constituyó un sustancial aporte a la vida cultural de entonces con las conferencias sobre los más diversos temas de la historia, la literatura, el arte, la ciencia, organizados por ciclos, toda una academia por la que pasaron muchos de los más conspicuos intelectuales cubanos de esos años, cátedra no sólo del saber tradicional en torno a los hechos pasados, sino también a la actualidad del país, un tema que no fue ajeno a estos programas y que motivó el asalto brutal por parte de las fuerzas represivas del recién iniciado gobierno dictatorial de Batista, cuando en una conferencia (el 4 de mayo de 1952) el historiador Elías Entralgo se refirió críticamente a «los políticos profesionales» y al «desequilibrio, a través de nuestro proceso republicano, entre autoridad y libertad».[72] La programación musical de CMBF, como ya se dijo, enriqueció de manera notable la cultura del pueblo con la puesta en ondas de las grandes creaciones de los distintos estilos y géneros, con valiosos comentarios crítico-informativos, una labor inestimable mantenida con rigor y calidad desde su fundación en 1948.

En gran estima hay que tener asimismo el trabajo que llevó adelante Mil Diez, conocida como La Emisora del Pueblo, comprada en $100 000 a Radio Lavín mediante una recaudación popular que duró dos meses a partir del llamamiento lanzado por el Partido Unión Revolucionaria Comunista —nombre entonces del Partido Comunista de Cuba—, un propietario del todo diferente y que se proponía fines distintos a los que animaban a casi todas las plantas de transmisión del período. Su lema era: «¡Todo lo bueno al servicio de lo mejor: el pueblo! El primer esfuerzo para realizar algo distinto que oriente, eduque y distraiga», en tanto que sus propósitos se sintetizaban en los siguientes puntos: 1. ser instrumento al servicio de la defensa del pueblo, sin distingo de opiniones ideológicas; 2. orientar a nuestro pueblo en este momento; 3. elevar el nivel cultural del pueblo, y 4. distraer a sus oyentes, presentándoles los espectáculos más gustados, pero con contenido nuevo y diferente.[73]

La programación de Mil Diez fue, según la crítica especializada, de extraordinaria calidad. La música contó con la actuación de orquestas, solistas cubanos y extranjeros y serias indagaciones en las fuentes en busca de partituras del acervo nacional, una rica labor de profunda seriedad que dio magníficos frutos, entre ellos un pequeño programa de piano, diario y variado, con compositores de los siglos XVIII y XIX, a cargo de Oscar Calle, quien realizaba las interpretaciones y redactaba las notas de comentarios, un trabajo hecho con buen gusto y rigor. Valioso fue asimismo el trabajo de la emisora en el tea-

tro, expresión en la que presentó los programas *Los forjadores de la victoria*, escrito por Félix Pita Rodríguez, un dramatizado de «episodios de la lucha contra el fascismo», en el aire tres veces a la semana; *Entrevistas extraordinarias*, «que se centraban en temas e ideas políticas» con personajes singulares: la muerte, la nada, el hombre de las cavernas, con «variedades de tipos históricos, identificados con la situación existente en el mundo en esos momentos», a cargo de Honorio Muñoz; *Sandokan*, en el que «se idealizaba, al estilo de Salgari, cierta forma de lucha anticolonialista», diariamente en el aire, escrito por el poeta Guillermo Villarronda; *El Fantasma*, la conocida aventura, vista «con un sentido nuevo» por Juan Herbello; *Desfile de titanes*, a cargo también de Félix Pita Rodríguez, «biografías de las figuras más destacadas en la lucha por el progreso humano», dominical; narraciones dramatizadas de cuentos para niños en la voz de Violeta Casals; *Ronda infantil*, dominical, escritos los dos primeros por Honorio Muñoz y los restantes por Blas Roca, bajo la dirección de Telma Norton, maestra y actriz con conocimientos de música. De esa labor de dramatización de la emisora salieron enriquecidos en su experiencia como actores algunos de los que después serían profesionales reconocidos como Raquel Revuelta, Ricardo Dantés, Ángel Toraño, Reinaldo Miravalles, así como Asseneh Rodríguez y Leonel Valdés, ambos entonces niños. Para Mil Diez escribieron además Onelio Jorge Cardoso, Paco Alfonso, Marcos Behmaras, Marcelino Arozarena, Mirta Aguirre, Luis Felipe Rodríguez, entre otros autores menos conocidos. En su nómina de programas hay que mencionar, junto a los ya citados, *El alma de las cosas, El gran teatro del mundo, La novela de Mil Diez, Episodios Nacionales, Yayo Sandoval, La isla de las tormentas, Noticiero en letra y música*.

En lo noticioso, Mil Diez cultivó maneras similares a las que caracterizaron al periódico *Hoy*: nada de crónicas de crímenes pasionales ni asesinatos comunes, sólo hechos relevantes y significativos del extranjero y de Cuba, expuestos con veracidad y desde una perspectiva clasista, expresión de la ideología marxista-leninista en la que se sustentaba toda la labor de la emisora.

Contó con doce ediciones de noticias cada día y con importantes informaciones intercaladas en los programas, datos de sumo interés, en especial para la clase obrera. Nunca entró en acuerdos con los anunciantes en favor de sus intereses capitalistas sino en beneficio de la clase obrera, como el que estipulaba que en los contratos aquéllos admitieran las noticias que ponían al descubierto las luchas contra los empresarios. Los más connotados dirigentes obreros (Jesús Menéndez, Aracelio Iglesias, José María Pérez, Lázaro Peña) se escucharon a través de sus ondas. Salvador García Agüero transmitía todos los domingos un programa informativo-valorativo recordado como uno de los mejores, en su línea, de la radio en Cuba. En todas las direcciones en que trabajó Mil Diez hubo rigor y seriedad. Músicos e intérpretes de calidad, actores y locutores, escritores y comentaristas del acontecer, dirigentes administrativos y programadores, todos laboraban con singular eficiencia, de modo tal que lograron aportes sustantivos para la radio en Cuba. Al clausurar de modo violento la policía los locales de este baluarte de la cultura nacional, hecho que ocurrió en abril de 1948 —recién transmitido el discurso pronunciado por Jesús Menéndez el 6 de enero de ese año para la clase obrera (palabras que probablemente fueron determinantes en la decisión de asesinarlo el 22 del propio mes)—, Mil Diez había superado dificultades de muy diversa índole y dado un ejemplo de las posibilidades que la radio poseía para el enriquecimiento de la nación, aun en un medio hostil desde tantos puntos de vista.

La radio fue, con sus beneficios y sus inconvenientes, un formidable medio de cultura, en primer lugar por su masividad. Movió todo un cuerpo de especialistas diversos y creó un modo de hacer muy peculiar, distinto de lo que se hizo en otras manifestaciones de la vida espiritual. Si se tienen en cuenta la cantidad de emisoras —ochenta en 1939 y noventa y seis en 1948, de ellas cuarenta y cinco y cuarenta y tres en La Habana respectivamente— y de aparatos en las casas —que rebasaban la cifra de millón y medio en 1953, aumento considerable con relación a 1943, cuando se habían registrado algo más de

cien mil—, podrá apreciarse la relevante influencia que ejerció en la conformación de conciencias. Generó instituciones (Asociación Cubana de Periodistas del Aire, más tarde denominada Prensa Aérea de Cuba, Colegio de Locutores, Unión de Operadores, Asociación de la Prensa Radial Impresa, Sindicato de Trabajadores de la Radio, entre otras muchas), publicaciones periódicas (*A Través del Micrófono, Ecos de RHC Cadena Azul, Glorificación de la CMQ, Micrófono, Radio Club, Radio Guía, Radio Magazine, Radiomanía, Souvenir RHC Cadena Azul*) y folletos y libros (*Boletín Circuito CMQ S.A., Boletín Mensual de Radio, Ellas y Ellos al Micrófono*, 1943, de Germinal Barral, y *Radioperiodismo*, 1952, de José Proveyer, por ejemplo). Entre los mas valiosos creadores del medio es obligado mencionar a Félix B. Caignet, autor de *Chan-Li-Po, Aladino y la lámpara maravillosa, El precio de una vida, El ladrón de Bagdad, Peor que las víboras, El derecho de nacer, Ángeles de la calle, Pobre juventud, La madre de todos*, una amplia producción que va desde los finales de los años 30 hasta 1958, representativa en buena medida de las dramatizaciones que entonces llenaban el espacio radial en Cuba, con sus pocas virtudes y sus muchos defectos: melodramatismo, cursilería, diálogos pobres y situaciones que rayaban en lo absurdo, sobreactuaciones, extensión innecesaria de las tramas, verdaderos ejemplos, en fin, del peor gusto y de las posibilidades deformantes de la sensibilidad y los valores éticos con que contaban los ideólogos y representantes del poder económico en el país. Mucho de positivo hubo, en cambio, en el trabajo de algunas emisoras y en algunos espacios de las más mercantilizadas, una labor que fue decisiva en el desarrollo de la cultura nacional.

La televisión, inaugurada en Cuba el 24 de octubre de 1950, día en que salió al aire la primera emisión televisiva después de distintas pruebas desde 1946, se desarrolló rápidamente en el lapso de los últimos ocho años de este período. En torno a tan nuevo adelanto de la ciencia y la técnica se enfrascaron los empresarios como antes lo habían hecho con la radio, ávidos por la supremacía. Gaspar Pumarejo —el iniciador—, Goar Mestre y Amadeo Barletta —negociante italiano— comenzaron la disputa. Poco después hubo cuatro canales funcionando, transmitiendo sobre todo noticias, deportes, programas de entretenimiento y algunas telenovelas, todo a partir de patrones calcados de la radio y la televisión estadounidenses, con cuyos productos se llenaba buena parte de la programación. Los canales 2 (de Barletta, subarrendado a Pumarejo), y 4, 6 y 7 (de Mestre) abrieron nuevos caminos a la cultura y a la vida económica e ideológica, al mismo tiempo que fueron relegando a la radio a pesar de la diferencia numérica de los receptores: algunos miles frente a más de un millón. Padeció e hizo padecer a los televidentes de muchos de los males de su influyente predecesor, sustentada como estaba también por un comercialismo devastador. De ello se percataron rápidamente aquellos que se proponían un auténtico trabajo enriquecedor para el pueblo, como el autor del artículo «Lo inaceptable en la "industria" de la televisión» —aparecido en *Nuestro Tiempo* (noviembre de 1954)—, bajo el seudónimo *Alter-Ego*, ya entonces un severo crítico de la labor que venía realizando este prodigioso complejo de la electrónica. Dice de manera explícita en sus reflexiones:

> Lo que sí es *inaceptable* para todo aquel que tenga el más mínimo vestigio de buen gusto o la más leve sensibilidad artística, es que se den como «inevitables» de la industria, las programaciones que envían por sus canales a los hogares cubanos las empresas de televisión actualmente en funciones. Y no es porque en Cuba no haya buen «talento artístico». Que lo hay, y del mejor. No es porque carezcamos de recursos y posibilidades técnicas. También las hay, y al día. Tenemos todo lo necesario para que nuestra televisión esté a la altura de las circunstancias. Lo que sucede es que se «disimula» o se «ignora deliberadamente» que esta nueva forma artística de expresión debe servir para educar a nuestro pueblo, ayudándolo a pensar con dignidad y belleza, desechando las expresiones cosmopolitas que deforman nuestro arte nacional, no estimulando la sensibilidad y la frivolidad que

anidan en la mente de los débiles y los pobres de espíritu, que son los menos.

[...]

> Es necesario evitar que esta nueva expresión artística, cuya penetración es mayor que la del cine, más real que el teatro, más potente que el libro y que se introduce sin pedir permiso en todos los hogares, llevando su mensaje a la vez al niño y al viejo, al hombre y a la mujer, creando al analfabeto y al profesional nuevos hábitos y modificando costumbres, muera sacrificada por los peores intereses económicos de la industria y deje de ser difusora de una «venenosa alquimia ideológica» que pretende adormecer la verdadera sensibilidad de nuestro pueblo.[74]

Se trata de los mismos reparos que merecía la radio y que llevaron a Unión Revolucionaria Comunista a hacer el llamado al pueblo para comprar Mil Diez, deseosos de contrarrestar las acciones con las que casi todas las emisoras de los años 40 deformaban a los oyentes del país. En los primeros intentos por hacer telenovelas (*Senderos de amor*, 1952, por CMQ, con Armando Bianchi y Adela Escartín, a la que siguen *Ésta es tu vida, Conflictos humanos* y otras, precedidas todas por *Tensión en el Canal 6*, 1950, por el canal de los hermanos Mestre, y por un programa de teatro que salió, a través de Unión Radio TV, en julio de 1951) se apreciaba la influencia de la radio en el estilo general de la presentación y en particular en el trabajo de los actores secundarios. Era evidente que la puesta ante las cámaras estaba en esos años iniciales en una fase de experimentación, tratando de encontrar su propio lenguaje, fuertemente influido por el largo quehacer de la radio y del teatro, dos presencias inevitables entonces. El adulterio, la seducción y el divorcio estaban en el centro de los libretos y de los dramas y conflictos de los personajes, problemáticas de las que no era tan sencillo desentenderse porque constituían elementos que los productores estimaban imprescindibles para el éxito del público. El espíritu mercantil, como en la radio, dictaba las normas, reglas que ya habían sido puestas a prueba, con rotundo éxito, durante más de una década en los dramones tan escuchados por numerosísimos oyentes. El melodramatismo se acentuaba ahora con lágrimas visibles, gestos de angustia, maquillajes y vestuario adecuados para transmitir el dolor y el sufrimiento, elementos que el espectador tenía delante de sus ojos y lo hacían tener una mayor participación afectiva en el suceder que proponían y mostraban los autores y actores. Con *Historia de tres hermanas* (1956) comienza en Cuba el ascenso de la telenovela, siempre sujeta a los dictados de los patrocinadores y a ciertos esquemas conceptuales y estilísticos de los que nunca llegó a desprenderse la televisión en este período inicial de su desarrollo en Cuba. Antes que la radio, el cine —tan cercano en muchos aspectos a la televisión— había trazado un camino y demostrado cuáles eran los temas preferidos por el gran público, por las inmensas mayorías. Se trataba de algo que estaba más allá de las peculiaridades propias del medio de expresión y que tenía que ser determinante en la conformación del estilo. Todo debía subordinarse a los reclamos del «gusto de las masas».

La música y los espacios noticiosos tuvieron una singular significación en el nuevo medio de difusión masiva, aun durante las etapas de censura del gobierno de Batista, como la que se implantó en los comienzos de 1957, aplicable asimismo para las telenovelas. Programas dramatizados (teatro, cuentos, novelas, seriales con diversos temas y realizaciones, con guiones originales o adaptados de obras más o menos célebres), de participación, de comentarios político-económicos de actualidad, reportajes de diferentes facturas y calidades, conferencias con temas culturales y religiosos, propaganda de los productos que subvencionaban la puesta en pantalla y de aquellos que sólo pagaban el momento publicitario, proyecciones cinematográficas, obras para niños con actores infantiles y adultos, espectáculos musicales con cuerpos de baile, presentaciones de ballet y danza moderna, debates políticos, noticias de Cuba y del extranjero, transmisiones directas de eventos deporti-

vos, todo un conjunto de realizaciones que requería de innumerables especialistas (escenógrafos, maquillistas, escritores, directores, luminotécnicos, productores, actores, camarógrafos, asesores, adaptadores) y conocimientos artísticos que muy temprano habían ganado su especificidad. Como en la radio y el cine, la tecnología era decisiva en la televisión y, en no menor medida, las derivaciones que traía en la labor creadora de sus participantes. La penetración norteamericana se hacía evidente no sólo en los medios técnicos que importaban los empresarios, sino además y en primer lugar en la concepción general del trabajo televisivo y en las realizaciones culturales concretas que, provenientes de Estados Unidos, se transmitían con profusión. Lugar destacado ocupaban los lineamientos ideológicos en los que se sustentaba la política económica del país entonces, de la cual era la televisión fiel reflejo y portavoz.

No obstante todo lo anterior, prevalecieron los elementos creadores de la cultura nacional, de la que este nuevo medio llegaría a ser una manifestación relevante. Si no llegó a alcanzar antes de 1959 todas las posibilidades que tenía para la educación estética e ideológica del pueblo, para satisfacer de manera cabal y enriquecedora esas necesidades fundamentales, logró en cambio contribuir en alguna medida en tan alta empresa y sentar las bases para la obra posterior, sustentada en otra concepción del mundo y signada por inquietudes y búsquedas que en este período tuvieron precedentes entre las mejores manifestaciones de la vida espiritual.

[*E. S.* y *R. H. O.*]

2.1.15 Consideraciones finales (1923-1958)

A lo largo de este panorama de la vida cultural en Cuba entre 1923 y 1958 se aprecian, haciendo una reconsideración general que se detenga nada más que en los rasgos caracterizadores más relevantes, dos períodos, divididos hacia 1935, el año de disolución de las actividades y postulados vanguardistas en lo artístico-literario y de superación de la aguda crisis que en lo político, lo social y lo económico había puesto en movimiento a toda la nación, la fecha en que asimismo se inicia una nueva fase del desarrollo ideoestético en la historia del país. El primer período ha de ser visto como de insurgencia, de oposición, cualitativamente superior con respecto a la etapa precedente (1899-1922). A partir de la Protesta de los Trece, el acontecimiento que la historiografía ha tomado como el de apertura hacia la contemporaneidad, se suceden vertiginosamente hechos de diversa índole y significación, todos ellos expresiones más o menos explícitas de las más agudas contradicciones y antagonismos, un salto que el suceder republicano venía gestando desde hacía algo más de dos decenios. La cultura adquiere entonces su verdadera dimensión social al calor de la agitación vanguardista, correlato de la acción frontal que obreros, estudiantes y demás sectores progresistas libraban contra el régimen de Gerardo Machado. No es fortuito que con escasos meses de diferencia se produzcan la toma de posesión de Machado y la fundación del Partido Comunista de Cuba, representantes respectivamente del poder hegemónico del capitalismo yanqui y de las más avanzadas ideas político-sociales. Los escritores, intelectuales y artistas llevan adelante una obra de ruptura de los cánones imperantes y que pretende subvertir el orden establecido, revolucionar las relaciones masa-poder, individuo-sociedad, vida cultural-vida política, ingente tarea que tiene como centro la defensa de la propia identidad y que reivindica el ser histórico en una dimensión cubana y latinoamericana. El período siguiente puede definirse como el de la búsqueda de la universalidad desde la cubanía,

actitud primordial que en los años 40 y 50 heredan de la extraordinaria batalla que se libró a lo largo de la llamada década crítica. En lo político, social y económico, entra y se desenvuelve el país en un ambiente de relativo sosiego fundado en el constitucionalismo, modo de gobierno que en una nación dependiente como Cuba no es nunca real ni de una estable seguridad. Continúan, pues, las luchas obreras, los crímenes, el latrocinio, las pugnas y los antagonismos de clases, en tanto que el arte y la literatura, las instituciones, las publicaciones periódicas y, en fin, todas las manifestaciones de la sensibilidad y del quehacer espiritual, van creando un extraordinario acervo que sitúa a la nación a la altura de Latinoamérica y, en algunos casos, en un rango de universalidad que sólo se había alcanzado en los mejores momentos del siglo XIX. Las estructuras neocoloniales, que habían conocido su primera gran crisis hacia 1930, vuelven a resquebrajarse después del golpe de estado de Fulgencio Batista en 1952, gobierno de fuerza que iría en creciente depauperación, a medida que se hacían más hondas las contradicciones que lo condujeron al poder. A partir de esa fecha y hasta el triunfo de la Revolución en enero de 1959, la cultura padeció la represión interna y la penetración norteamericana, batalló contra la situación imperante y defendió la integridad nacional, factores todos que fueron preparando las condiciones para el salto cualitativo que tendría lugar un poco más tarde y que abriría una nueva época en la historia de Cuba, la cultura y la literatura incluidas.

[*E. S. y R. H. O.*]

NOTAS
(CAPÍTULO 2.1)

[1] Del grueso de las publicaciones mencionadas en lo adelante en este panorama, así como de algunas de las instituciones literarias o culturales con actividad de relieve, existe ficha biográfica en el *Diccionario de la literatura cubana*, de donde, salvo indicación contraria, han sido tomadas las citas entrecomilladas referidas a las mismas. Se obvia, por ello, la reitera-

ción de la fuente, al igual que el lugar de publicación cuando éste sea La Habana. Por otra parte, muchas de estas revistas poseen sus correspondientes fichas analíticas.

[2] Ana Cairo: «La década genésica del intelectual Carpentier (1923-1933)», en *Imán*. La Habana, núm. 2, 1984-1985, p. 375.

[3] Vid. Ana Cairo: *El grupo minorista y su tiempo*, pp. 67-68.

[4] Ángel Pubillones: «Marginales. El Grupo Per Se», en *La Independencia*. Santiago de Cuba, abr. 8, 1926, p. 1.

[5] Ambos documentos en *La Independencia*. Santiago de Cuba, may. 6, 1926, p. 10.

[6] Cit. en «El Grupo H», en *Santiago*. Santiago de Cuba, núm. 8, sept. 1972, p. 13. El texto de Mary Low en *Orígenes*. La Habana, año 13, núm. 40, 1956, pp. 69-75.

[7] Emilio Ballagas: «Palabras de Mañach», en *Antenas*. Camagüey, año 1, núm. 3, dic. 1, 1928, p. 44.

[8] Juan Marinello: «Sobre el vanguardismo en Cuba y en la América Latina», en sus *Obras. Cuba: cultura*. Compilación, selección, notas [de] Ana Suárez Díaz. Prólogo [de] José Antonio Portuondo. Editorial Letras Cubanas, La Habana, 1989, p. 146.

[9] Ibíd., p. 147.

[10] Cintio Vitier: «Introducción a la obra de José Lezama Lima», en su *Crítica cubana*. Editorial Letras Cubanas, La Habana, 1988, p. 418. Valoraciones más críticas sobre la publicación han emitido el propio Vitier (*Lo cubano en la poesía*, pp. 371-372), José Lezama Lima (*Imagen y posibilidad*. Editorial Letras Cubanas, La Habana, 1981, pp. 184-190) y Raúl Roa (*El fuego de la semilla en el surco*. Editorial Letras Cubanas, La Habana, 1982, pp. 193-198), entre otros.

[11] El texto completo del manifiesto puede leerse en el trabajo de Ana Cairo «La década genésica del intelectual Carpentier (1923-1933)». Ob. cit., pp. 376-377. Además, con una nota introductoria, en el de Ricardo L. Hernández Otero «De la vanguardia en Cuba: un manifiesto», en *Letras Cubanas*, La Habana, año 1, núm. I, jul.-sept., 1986, pp. 182-187.

[12] Vid. *Escritos de José Antonio Foncueva*. Compilación, introducción, notas y bibliografía de Ricardo Luis Hernández Otero. Editorial Letras Cubanas, La Habana, 1985, p. 13.

[13] La correspondiente al lapso 1917-1936, durante largo tiempo considerados «los años huecos de la bibliografía cubana», no sería realidad hasta fines de la década de 1970, elaborada por un colectivo de la Biblioteca Nacional José Martí y publicada en varios volúmenes, aunque para los años 1917-1922 se contó desde 1955-1957 con los valiosos datos compilados por León Primelles en los dos tomos de su *Cronología cubana* (1915-1918 y 1919-1922). A partir de 1938, gracias al esfuerzo personal de Fermín Peraza, se recogió anualmente la producción bibliográfica nacional a través del *Anuario Bibliográfico Cubano* (1938-1952) y de *Bibliografía cubana* (1952-1958).

[14] Marcelo Pogolotti: *Víctor Manuel*. Ministerio de Educación. Dirección General de Cultura, La Habana, 1959, p. 12.

[15] Graziella Pogolotti: «El largo magisterio de Víctor Manuel», en su *Oficio de leer*. Editorial Letras Cubanas, Ciudad de La Habana, 1983, pp. 18-22. La cita en la p. 19.

[16] Cit. por Juan Sánchez en su *Fidelio Ponce*. Editorial Letras Cubanas, La Habana, 1985, p. 36.

[17] Vid. Luz Merino Acosta: *La pintura y la ilustración: dos vías del arte moderno en Cuba*. Ministerio de Educación Superior. Universidad de La Habana. Facultad de Artes y Letras, La Habana, 1990.

[18] Publicada en *Revolución y Cultura*. La Habana, núm. 93, may, 1980, pp. 41-60.

[19] Roberto Segre: *Arquitectura y urbanismo de la revolución cubana*, p. 14.

[20] Ibíd, p. 9.

[21] Vid. Pilar Fernández Prieto: «La vivienda obrera durante el machadato: el reparto Lutgardita», en *Arte Cuba República. Selección de Lecturas. Primera parte*. Introducción y compilación de Luz Merino Acosta y [...] Universidad de La Habana. Facultad de Artes y Letras, La Habana, 1987, pp. 121-142.

[22] Alejo Carpentier: *La música en Cuba*, p. 281.

[23] Ibíd., p. 279.

[24] Edgardo Martín: *Panorama histórico de la música en Cuba*, pp. 126-127.

[25] Alejo Carpentier: ob. cit., p. 299.

[26] Rosendo Ruiz Quevedo, Vicente González Rubiera y Abelardo Estrada: «Los años treinta: núcleo central de la trova intermedia», en *Unión*. La Habana, núm. 4, 1980, p. 102.

[27] Cit. por Oscar Luis López en su libro *La radio en Cuba*, p. 99.

[28] Ibíd.

[29] Ibíd.

[30] Cit. por Arturo Agramonte en su *Cronología del cine cubano*, p. 50.

[31] Cit. por Germán Sánchez en su ensayo «El Moncada: crisis del sistema neocolonial: inicio de la revolución latinoamericana», en *Casa de las Américas*, La Habana, año 14, núm. 74, jul.-ago., 1973, p. 63.

[32] Carlos Rafael Rodríguez: «El pensamiento de la Juventud Ortodoxa», en su *Letra con filo*. T. 1. Ed. de Ciencias Sociales, La Habana, 1963, pp. 61-62.

[33] Francisco López Segrera: *Cuba: capitalismo dependiente y subdesarrollo (1510-1959)*. Casa de las Américas, La Habana, 1972, pp. 303-304.

[34] Vid. *Anuario Cultural Cubano 1943*. Ministerio de Estado. Dirección General de Relaciones Culturales, La Habana, 1944, p. 374.

[35] Cintio Vitier: *Diez poetas cubanos*. Cit. en *Diccionario de la literatura cubana*, tomo 1, p. 395.

[36] *Diccionario de la literatura cubana*, tomo 1, pp. 391-392.

[37] «En el umbral», en *Renuevo. Cuadernos literarios*. La Habana, año 1, núm. 1, jun., 1956, p. 1.

[38] Ibíd., p. 1.

[39] «Presentación», en *Cuadernos de Arte y Ciencia*. La Habana, año 1, núm. 1, 1954, p. 2.

[40] José Lezama Lima: «Señales. La otra desintegración», en su *Imagen y posibilidad*. Selección, prólogo y notas de Ciro Bianchi Ross. Editorial Letras Cubanas, La Habana, 1981, p. 196.

[41] José Lezama Lima: «Secularidad de José Martí», en su *Imagen y posibilidad*. Ob. cit., p. 198.

[42] Cit. por Carlos E. Sotolongo Peña en su trabajo «La Universidad de La Habana como centro cultural», en *Memoria. Apuntes para una historia de la extensión universitaria*, p. 17.

[43] Mariblanca Sabas Alomá: «Unión de Escritores y Artistas de Cuba», en *Pueblo*. La Habana, sept. 24, 1938, p. 12.

[44] Cit. por Harold Gramatges en su conferencia «La Sociedad Cultural Nuestro Tiempo», en *Revista Nuestro Tiempo* [...], p. 389.

[45] *Diccionario de la literatura cubana*, tomo 1, p. 228.

[46] *Pueblo*. La Habana, may. 14, 1938, p. 13.

[47] Vid. José G. Ricardo: *La imprenta en Cuba*, pp. 184-185.

[48] Adelaida de Juan: «Mariano: historia y color», en su *Pintura cubana: temas y variaciones*, p. 84.

[49] José Antonio Évora: *David*. Editorial Letras Cubanas, La Habana, 1986, p. 72.

[50] Documentos en el archivo personal del pintor Romero Arciaga.

[51] Roberto Segre: *Arquitectura y urbanismo de la revolución cubana*, p. 9.

[52] Ibíd., p. 17.

[53] Edgardo Martín: *Panorama histórico de la música en Cuba*, pp. 129-130.

[54] Ibíd., p. 134.

[55] Los tres textos pueden leerse en *Revista Nuestro Tiempo* [...], pp. 17-19, 20-24 y 14-16, respectivamente.

[56] Testimonio incluido en el libro de Félix Contreras *Porque tienen filin*. Editorial Oriente, Santiago de Cuba, 1989, pp. 33 y 36.

[57] Dino Carreras: «Antes del Alba», en *Revolución y Cultura*. La Habana, núm. 12, dic., 1987, p. 56.

[58] Ibíd.

[59] Ibíd.

[60] Véanse al respecto las estadísticas presentadas regularmente en el *Anuario Cinematográfico y Radial Cubano*. La Habana, 1940-1960.

[61] Mirta Aguirre: «Cinematografía cubana», en su *Crónica de cine*. Selección de Olivia Miranda y Marcia Castillo. T. 2. Editorial Letras Cubanas, La Habana, 1989, pp. 78-81.

[62] Héctor García Mesa: «El cine negado de América Latina» (I), en *Cine Cubano*. La Habana, núm. 104, 1983, pp. 89-96. De interés sobre el cine cubano hasta 1958 resulta, en el número 86-87-88 de la propia revista (pp. 37-45), el trabajo de José Antonio González «Apuntes para la historia de un cine sin historia».

[63] La de Mirta Aguirre puede leerse en su *Crónica de cine*. Ob. cit., pp. 97-100. La de Gutiérrez Alea, en *Revista Nuestro Tiempo* [...], pp. 31-32.

[64] Alejandro Ríos: «El cine extraviado», en *La Gaceta de Cuba*. La Habana, ago., 1990, p. 7.

[65] Vid. Miriam Sacerio: «¿Qué fue la Cuba Sono Film?», en *Bohemia*. La Habana, año 76, núm. 26, jun. 29, 1984, pp. 14-19.

[66] Vid. Julio García Espinosa: «El Mégano», en revista *Nuestro Tiempo* [...], pp. 358-361.

67 Vid. Edgardo Martín: «La música en El Mégano», en revista *Nuestro Tiempo* [...], pp. 141-142.

68 La periodización es de Oscar Luis López en su libro *La radio en Cuba* [...], ob. cit.

69 Cit. por Reynaldo González en su libro *Llorar es un placer*, pp. 142-143.

70 Ibíd., p. 143.

71 Oscar Luis López: *La radio en Cuba* [...], p. 152.

72 Ibíd., p. 338.

73 Vid. «Radio Estación Popular Mil Diez», en *Radio Guía*. La Habana, año 9, núm. 106, abr., 1943, p. 33.

74 Vid. revista *Nuestro tiempo* [...], pp. 36-38.

2.2 LA LÍRICA

2.2.1 Panorama de su desarrollo

Transcurridos los años de auge del postmodernismo en la poesía cubana, se produjeron acontecimientos de orden político que venían a reflejar la toma de conciencia entre los intelectuales y artistas en torno a la necesidad de transformaciones de diversa índole. Consecuentemente, comenzaron a aparecer las primeras manifestaciones de una ruptura con la sensibilidad postmodernista para dar paso, a finales de la década (1927-1930), a un movimiento renovador que habría de traer nuevos postulados y una sensibilidad, un diálogo diferente del creador con sus circunstancias mediatas e inmediatas. Entre 1923 y 1927, la lírica cubana muestra dos vertientes fundamentales, como puede apreciarse en la antología *La poesía moderna en Cuba (1882-1925)* (1926), preparada por Félix Lizaso y José Antonio Fernández de Castro, modalidades que hacen ostensible el carácter de tránsito de esos años precisamente por la coexistencia de inquietudes divergentes en su percepción de la realidad y, de manera especial, en el sustrato teórico-conceptual en el que se sustentan. Es necesario tener en cuenta, además, que los poetas que durante esa etapa de antecedentes de la Vanguardia muestran logros más tarde asumidos de un modo pleno por el movimiento vanguardista en tanto actitud frente al hecho artístico, conjugan en su obra elementos de la estética modernista y de la sensibilidad renovada.

En el grupo de «los nuevos» —denominación utilizada en la antología de 1926 para los de más reciente creación y más novedosas preocupaciones literarias, aquellos que se inician en esa propia década del 20— perduran modos e inquietudes modernistas o se asumen maneras y estilos que no traían implícitas pretensiones transformadoras para la poesía, como sucede con Ramón Rubiera (1894-1973), Eduardo Avilés Ramírez (1895-?), Enrique Serpa (1900-1968), Rafael Esténger (1899-?), Andrés Núñez Olano (1900-1968) y Enrique Loynaz (1904-1966). En todos los mencionados predomina la imagen abstracta de fuerte carga simbólica y una visión del hombre signada por el pesimismo y la desolación, elementos que en la etapa anterior, 1899-1923, reaparecían con significativa frecuencia tanto en los libros de Boti, de Acosta y de Poveda, como en los de las figuras menores. En el único libro publicado por Rubiera, *Los astros ilusorios* (1925), por ejemplo, se hace muy evidente la impronta de Boti en un poema como «Ideología del árbol seco». Los textos de Serpa (*La miel de las horas*, 1925, y *Vitrina*, 1923-1925, 1940), por su estilo y sus preocupaciones recuerdan las maneras de cierto neorromanticismo de principios de siglo, con su fatalismo nihilista y sus afanes de inquirir en la realidad con pretensiones éticas, como sucede en «Únicamente el eco», por ejemplo, o en «Después...»

Se trata de una actitud conservadora frente al hecho poético en creadores formados en la sensibilidad modernista y que no tuvieron el necesario impulso renovador de los coetáneos de obra más perdurable. Como etapa de transición, estos años que preceden al auge de las transformaciones vanguardistas (1927-1930) no logran conformar una imagen plena y creadora en ninguna de las tendencias que constituyeron los extremos de la evolución, pues el modernismo ya había dado sus frutos mejores en Boti y Poveda como fuerza enriquecedora de una tradición que había quedado trunca, y la vanguardia no había alcanzado a integrarse plenamente como elemento desestructurador de la poética del modernismo, si bien en sus años de mayor esplendor no fueron sus obras de gran significación artística. El cultivo de una poesía pretendidamente ahistórica que expresa los conflictos del Hombre como verdades universales y mediante los más relevantes recursos de un modernismo matizado de romanticismo, se hace más ostensible aún por su convivencia con búsquedas que rompen los esquemas al uso y abren nuevas sendas en las relaciones del poeta con la realidad. En los más conservadores se hallan, no obstante, rasgos que los integran a las más fecundas creaciones de sus coetáneos de la vertiente prevanguardista, como sucede en este verso de «Después...», de Serpa: *El alma de este cuerpo hondamente aburrido*, muy cerca del mejor Tallet. Asimismo, en los de ideas avanzadas es posible encontrar la pervivencia de maneras modernistas, como ocurre en Martínez Villena y en el propio Tallet, en sus inicios estrechamente vinculados a la estética rubendariana.

La tónica general y definitoria del grupo de «los nuevos» en lo que tienen de propugnadores de otro diálogo del poeta con la tradición —y por ende con sus circunstancias— es el desenfado en el tratamiento de los conflictos existenciales, en los más representativos (Tallet, Martínez Villena, Villar Buceta) matizado por una decisiva dosis de ironía entremezclada a una lúcida conciencia de lo cotidiano, actitud que contrasta con el insustancial trascendentalismo de algunos coetáneos y, en general, del intimismo romántico. Esa postura crítica ante la realidad se sustenta, como en el caso del modernismo, en el desajuste del poeta con el medio social, pero Boti y Poveda asumieron ese desajuste con las

posibilidades creadoras de un movimiento que en la poesía cubana no había entregado aún sus mejores frutos al morir Casal (1893) y Martí (1895), en tanto que Tallet y Martínez Villena ya saben agotadas esas potencialidades y se ven precisados a romper sus estructuras en busca de soluciones más adecuadas con su momento histórico, los años en que aparecen los primeros actos de una insurgencia revolucionaria, poco después de la gran crisis financiera con que se cierra la etapa precedente.

A partir de 1923 y con la Protesta de los Trece como acto de rebeldía inicial, los intelectuales tendrán una participación creciente en la vida política del país. La agudización de la crisis política, social y económica entre 1923 y 1933 —lapso en el que se instaura la primera tiranía de la República, al servicio del imperialismo— influye de manera radical en el surgimiento de esa línea irónica dentro de la lírica nacional, profundamente marcada en esos tres poetas por el hastío y cansancio ante ciertas fórmulas gastadas. En la etapa estudiada pueden apreciarse además otras tendencias importantes que más tarde habrían de tener realización plena: la preocupación purista y la poesía de inquietud social. Dentro de un intimismo de formas esbeltas que lo conducirían posteriormente a la poesía pura en uno de sus textos («Flecha, metal») se destaca Juan Marinello (*Liberación*, 1927). La primera comienza a manifestarse en Mariano Brull, su más alto representante en los años sucesivos por la persistencia y calidad de sus textos dentro de los cánones del purismo. En 1926 aparece en Bruselas su breve cuaderno *Quelques poèmes*, traducción al francés de algunos poemas de su siguiente libro, de 1928. Si bien no fueron importantes en Cuba esas muestras de la nueva sensibilidad porque no dejaron su huella en el ambiente literario nacional, confirman que en esta etapa transicional ya estaba abierto ese cauce renovador. No obstante el hecho de que la tendencia purista es una de las derivaciones de la vanguardia, en esos instantes tiene fundamentalmente un carácter de transición por sus vínculos con el modernismo, perceptibles con entera claridad en la evolución creadora del propio Brull, autor de un libro dentro del estilo precedente (*La casa del silencio*, 1916), y en el que ya se hallan los postulados y las preocupaciones del purismo, y en la trayectoria de Regino Boti, alto exponente en Cuba del postmodernismo desde la primera década del siglo y más tarde autor de poemas de filiación vanguardista. Al mismo tiempo, otros poetas de menos significación y de obra escasa, como Rubiera y Núñez Olano, preocupados por la perfección formal y el rigor de la palabra, bordearon el purismo en textos que denotan múltiples influencias, y revelan, en ese entremezclamiento, la indefinición propia de una etapa que intenta romper con el pasado y no ha encontrado aún sus caminos expresivos. Un ejemplo de lo dicho se encuentra en el soneto «El recuerdo inefable», de Núñez Olano.

La poesía de inquietud social, de gran importancia posterior, está representada entre 1923 y 1927 por Felipe Pichardo Moya y Agustín Acosta, el primero con «El poema de los cañaverales», y el segundo con *La zafra*, ambos de 1926, antecedentes del auge que más tarde tendría el diálogo del creador con sus circunstancias inmediatas. El realismo de esas páginas contrasta vivamente con la lejanía de las experiencias que se reiteran en los libros de esta etapa más vivamente marcados por el decadente romanticismo o el ya agotado modernismo. Sin embargo, sus autores surgen de un contexto y al calor de influencias modernistas, en especial Acosta, en quien puede hallarse la persistente huella de la sensibilidad romántica en su expresión menos atendible y perdurable, como sucede en *Hermanita* (1923), y su origen en el ámbito de influencias de Darío, uno de los maestros de *Ala* (1915). De forma mucho más evidente que en Pichardo Moya (*La ciudad de los espejos*, 1925), en Acosta se perciben los rasgos transicionales de esos años un tanto indefinidos, pues crea una significativa ruptura consigo mismo en el lapso que transcurre entre *Hermanita* y *La zafra*, obra matizada a su vez por elementos pertenecientes al pasado formativo del poeta y de los que se nutre *Ala*, y enriquecida por un sentido infrecuente de lo inmediato. Esa diferencia en la percepción del entorno se haría evidente si se comparase cualquiera de los textos representativos

del modernismo en su libro de 1915 con este precedente de la inquietud social, donde la realidad aparece asumida en su más nítida dimensión sensorial, característica procedente del pasado inmediato y que se enriquece en la evolución hacia la vanguardia. El colorismo y la precisión del paisaje en Boti es uno de los antecedentes del posterior desarrollo de la línea purista.

Pueden observarse, entonces, en la poesía de inquietud social que se manifiesta entre 1923 y 1927, hallazgos de orden conceptual de enorme significación, realismo de lo inmediato que se corresponde con la aprehensión de lo cotidiano en Tallet, Martínez Villena y Villar Buceta, pero además hay en esos antecedentes otro aporte conceptual de mayores alcances: la vuelta hacia los temas de participación o interacción del hombre con su contexto en un sentido diferente al de la tendencia que la crítica ha calificado como ironía sentimental, si bien no posee aún la fuerza renovadora que en lo formal y en lo político tendrá con Regino Pedroso, Manuel Navarro Luna y Nicolás Guillén.

Los años prevanguardistas o de transición se caracterizan, de acuerdo con las reflexiones esbozadas, por la confluencia de corrientes y tendencias en el cuerpo general de obras que se escriben entonces y en un mismo poeta, fusión de actitudes que se identifican con la tradición más inmediata de la lírica cubana y que al mismo tiempo intentan romper los cánones establecidos para abrir nuevas maneras de sentir y expresar la realidad. Aparecen entonces el desenfado y la ironía como elementos definidores del diálogo, se inicia una búsqueda de ricas consecuencias futuras en el develamiento del acontecer inmediato (cotidianidad y poesía social), comienza a integrarse la línea de desentendimiento de todo acontecer (poesía pura), se continúa el camino de la sencillez expresiva del mejor Boti, y persisten los tonos románticos de los creadores menos relevantes de la primera década (contra los que se levantan la renovación de Boti y de Poveda), conviven las posiciones nihilistas y escépticas con posiciones lúdicras y de ausencia de sentimientos de un formalismo que proviene directamente del modernismo. Todo ello precede a la etapa de auge del vanguardismo (1927-

1930) como preparación y experiencia creadora dentro de las circunstancias nacionales.

La historiografía literaria no ha definido aún con precisión los límites cronológicos y el significado del movimiento vanguardista en la poesía cubana. Pueden señalarse, no obstante, algunos rasgos caracterizadores que permiten conformar una imagen coherente de tan importante momento del proceso evolutivo de la lírica nacional. En primer lugar hay que poner de manifiesto que el vanguardismo fue una actividad de rebeldía dentro de los límites del quehacer literario, el correlato artístico de la actitud beligerante que en la conducta ciudadana mantuvieron los que de un modo u otro se levantaron contra el estado de cosas imperantes a lo largo de toda la década, en especial desde 1923. La expresión de ese espíritu de insurgencia la encuentra el investigador en los dos propósitos divergentes y esenciales de la vanguardia: el desentendimiento del creador de todo acontecer social y la creación de un fermento adecuado para una participación comprometida contra la adversa situación dominante. En el plano estrictamente artístico, la poesía vanguardista se levanta como reacción frente a la sensibilidad modernista y contra la reiterada presencia de un romanticismo que no había desaparecido del todo, como se observa en alguno de los poetas de la propia década del 20. En ese afán iconoclasta subyace la necesidad de erigir nuevos postulados desde nuevas circunstancias, búsqueda de otros cauces para la integración de una poética que fuese capaz de aprehender una realidad diferente.

En el plano formal, los poetas emprenden una renovación que definió al movimiento, pero no rebasó las más externas manifestaciones ni alcanzó perdurables logros de carácter intrínseco. Las inquietudes desestabilizadoras se realizaron mediante la adopción de una libertad que llegó a la escritura visual, el verso dispuesto en la hoja en consonancia con el significado del léxico, como en el poema «Azotea», de Manuel Navarro Luna, el único de estos creadores de la renovación que dio un libro entero al movimiento: *Surco* (1928), si bien es discutible su inscripción en la vanguardia. Se puso en práctica además la estrofa carente de molde, de rima y de medida, y se soslayó el uso tradicional de las mayúsculas, pretensiones todas insustanciales, pero efectivas en el intento de proponer la libertad de creación. En un sentido más profundo, aunque insuficiente para dejar obras perdurables, los poetas cubanos identificados con la vanguardia recurrieron a la prosopopeya para distorsionar los cánones estéticos precedentes, recurso que Boti censuró en su momento. En el empleo tan frecuente del tropo de la personificación, al que prácticamente se reduce la experiencia metafórica del vanguardismo cubano, y precisamente en ese desinterés por los restantes recursos del lenguaje figurado, podría descansar la tesis de la pobreza factual de la poesía cubana de vanguardia, pero al mismo tiempo esa reiteración vendría a explicar el significado esencial del movimiento y, con él, su fugaz existencia, sin duda fundada asimismo en razones de índole político-social. En la prosopopeya se encuentra plenamente cumplida la pretensión de ruptura de la imagen idealizada de la realidad que caracteriza el modernismo, envuelto en una atmósfera de solemnidad que hacia la década del 20 resultaba falsa e intolerable.

Cierto sentido del humor está presente en esa personificación, rasgo que define en alguna medida a la vanguardia, primero como juego irónico y más tarde, en los años de auge, como burla a las maneras gastadas del estilo rubendariano. La simplicidad e inmediatez de ese recurso bastaba para la intención de crear una apertura hacia otra realidad, si bien dejaba al poeta en el umbral de su experiencia por cuanto no se adentraba en una más plena y compleja integración de esa realidad renovada. Otra posibilidad tiene el vanguardismo cubano en la obra de Félix Pita Rodríguez, el más cercano a las fecundas lecciones del surrealismo francés por la incoherencia y el caos que rigen sus más representativos poemas de esta etapa. En ellos tiene la lírica de entonces un ejemplo más hondo de las potencialidades de la palabra en su búsqueda de un suceder inusitado y anticonvencional.

El sentimentalismo romanticoide generó en los poetas de la vanguardia la reacción opuesta y por ende la exaltación del mundo de los objetos, entre ellos, y en primer lugar, la máquina. Esa nueva peculiaridad de la poesía, calificada por la crítica como desentimentización o ausencia de sentimientos en la mirada al entorno, estaba estrechamente relacionada con el surgimiento y consolidación de la tendencia social por lo que ésta tiene de aprehensión de un acontecer ajeno a la afectividad del que contempla, sustrato común con la tendencia purista. Esa necesidad de ruptura con los rezagos del romanticismo y, en general, con toda actitud de participación emotiva frente a la realidad, dio lugar también a un nuevo concepto del paisaje, de tanta importancia en la poesía precedente, tanto la de filiación romántica como la que se nutrió en el simbolismo y en el modernismo. El paisaje aparece ahora como un objeto que se puede descomponer y que el poeta percibe sin el menor asomo de emoción, como sucede en un texto de Enriqueta Terradas titulado «El campo», muy cercano a los poemas mejores de *El mar y la montaña*, de Boti, escuetos en su precisión de trazos y colores, otra prueba de la línea de continuidad entre modernismo y vanguardia.

Las consideraciones expuestas permiten intentar una definición de la poesía vanguardista cubana que pueda al menos satisfacer ciertas exigencias imprescindibles. Sus límites cronológicos hay que situarlos entre 1927 y 1930, los años durante los cuales se publicó *Revista de Avance*, el órgano que le dio cabida y difundió algunas de sus obras y de sus textos teóricos; pero, además, razones de orden político-social cerraron el movimiento en 1930, año en que se inicia en toda su fuerza la lucha contra la dictadura de Machado, pues lo que había en la vanguardia de insurgente encontró más plena realización en la acción directa contra la crisis imperante e hizo innecesario todo otro esfuerzo subversivo. La brevedad viene asimismo justificada por el hecho de que ningún poeta de esos momentos halló cauce idóneo en la manera vanguardista, asumida sólo como acto potenciador para transformar la sensibilidad y crear una nueva poesía, objetivos que fueron cumplidos en las líneas derivadas del movimiento y en los escasos ejemplos ortodoxos que fusionan la experimentación formal y las novedades teóricas. De

esos límites cronológicos quedan excluidos los poemas representativos de la poesía pura, así como de las tendencias negra y social, pues no integran en un cuerpo único los postulados conceptuales y la desarticulación de los esquemas formales tradicionales. Esas tres líneas derivadas conviven, sin embargo, con la presencia de estos nuevos modos, y asimilan de la vanguardia, en el plano teórico, los presupuestos de sus respectivas poéticas. El vanguardismo tuvo en Cuba un carácter transitorio, tal y como sucedió con los poemas que lo ejemplifican en el conjunto de la obra de sus autores. Abrió para la poesía cauces nuevos y enriqueció la mirada al descubrir otras maneras de adentrarse en la realidad y al replantearse el diálogo del hombre con las circunstancias. A partir de esa experiencia, la lírica cubana entró en un período extraordinariamente fecundo en el que se escribieron obras de rango universal cuyas raíces hay que buscarlas en ese momento de auge de la libertad creadora. En un sentido o en otro, los más perdurables aportes de las tres décadas sucesivas tienen la impronta de la vanguardia o asumen criterios que ya habían sido sustentados por el movimiento. Fue una lección de carácter general que se transformó en otra cosa, en obras distintas que no deben confundirse con prolongaciones de la vanguardia en los años sucesivos.

Si bien es cierto que el movimiento vanguardista propiamente dicho no constituyó un momento de gran creatividad en lo que respecta a los valores literarios intrínsecos de las obras que dejó, es asimismo innegable que alcanzó a transformar la poesía cubana por la apertura hacia nuevos modos de expresión: la diversidad de tendencias y estilos que fructificó desde los propios años de auge de la renovación hasta finales de la década de 1950. En el panorama de la lírica cubana a partir de esa experiencia transformadora se pueden discernir cinco líneas perfectamente delimitadas en sus pretensiones y búsquedas y en el cuerpo más o menos consciente de presupuestos teóricos, aunque no todas igualmente sustentadas y de logros de similar trascendencia: la poesía pura, la negrista, la social, la del Grupo Orígenes y la neorromántica. Algunos poetas integran un peculiar modo, muy suyo, que se caracteriza por la heterogeneidad de influencias, asimilación de diversas corrientes que da como resultado otra manera, de contornos menos discernibles que en las restantes modalidades, también conformadas por distintas escuelas, pero a su vez con una mayor nitidez en lo concerniente a su filiación estética en tanto representantes de una poética de claros rasgos definidores. La etapa se cierra con un grupo de creadores que se inician en los años 50.

La línea purista es la representante de las pretensiones de desentendimiento del acontecer que caracterizan, entre otras, a la vanguardia. Surge en Cuba en los precisos momentos de auge de la renovación como un estilo independiente y ya plenamente realizado, pero al mismo tiempo como una consecuencia de los postulados propuestos por los propugnadores de la libertad de creación. A mediados de la década del 20, el más alto y típico representante de esta tendencia dentro de la lírica nacional, Mariano Brull, había escrito importantes textos en esta línea, publicados en Bruselas en 1926 (uno de los cuales fue recogido en la antología *La poesía moderna en Cuba*, del propio año), aparecidos luego en el libro con el que inicia la modalidad, *Poemas en menguante* (1928). Con un ascendiente directo en la obra de Valéry y con el antecedente de las lecciones de Góngora —homenajeado por importantes poetas españoles en el segundo lustro de la década de 1920 y de una obra que puede interpretarse como una sustitución del sentido de la realidad por el sentido del hallazgo verbal, como se verá en el Florit purista—, de Darío y de Boti, la modalidad pura pretende el rebasamiento de toda contingencia o acto del acontecer en el poema, hecho entonces de un cuerpo verbal armónico que no se propone significar desde la intelección de la realidad, sino desde una percepción sensorial que ha sido transformada, en el texto, en una música de las palabras, eco de la famosa frase de Walter Pater. No obstante ese anhelo de desentendimiento, en los poetas de la tendencia se observa un reiterado cultivo de temas que expresan un concepto trascendente de la realidad, a la que se quiere llegar a través de la poesía. Ahí se evidencia el sustrato neoplatónico de esta línea, fundamento filosófico que Brull

llevó hasta sus últimas consecuencias dentro de la historia de la poesía cubana en algunos de los textos claves que escribió (especialmente los que reunió en el cuaderno *Solo de rosa*, de 1941), y que dan la tónica de la tendencia y sus posibilidades expresivas. Siguiendo los cauces de esta poética se llega a dos conclusiones fundamentales: 1ª. la realidad sensorial, inmediata, es trasunto de otra realidad, verdadera, de esencias; 2ª. la poesía debe desentenderse de todo acontecer en sí mismo para elaborar un organismo verbal que al menos sea capaz de acercar al hombre a esa verdad que subyace en las cosas y los hechos, aproximación que sólo es posible desde la propia realidad sensorial que se pretende superar, pero mediante los sentidos, nunca a través de la razón. Como Mallarmé, los puristas podían decir que la poesía está hecha de palabras, no de ideas.

Dos variantes presenta la poesía pura en Cuba: la fruitiva y la intelectiva, ambas surgidas de las posiciones agnósticas que quedaron sintetizadas en los postulados expuestos en líneas anteriores. La primera conforma lo que podría llamarse etapa inicial de la tendencia, la que fructifica entre 1928 y 1935 en las primeras obras de Brull (*Poemas en menguante*, 1928, y *Canto redondo*, 1934), de Ballagas (*Júbilo y fuga*, 1931, y *Blancolvido*, con textos de 1932 a 1935) y de Florit (*Trópico*, 1930, y parte de *Doble acento*, libro con poemas de 1930-1936); la segunda variante, en cierto sentido expresión de la profunda crisis ontológica que significaba la esencial imposibilidad que subyacía en el idealismo extremo de esta concepción del fenómeno poético, está representada por los restantes libros de Brull (*Solo de rosa*, 1941, *Tiempo en pena*, 1950 y *Nada más que...*, 1954), el único que se mantuvo fiel a la línea que él mismo iniciara de un modo coherente y pleno. En sus rasgos más generales, la variante fruitiva o hedonista se caracteriza por el predominio de la percepción sensorial del entorno y el consecuente desplazamiento de todo conflicto o preocupación de orden intelectual. De manera menos ostensible que en la segunda variante, pero no por ello menos profundamente, se percibe en estos poemas la ausencia de participación afectiva en el poeta al contemplar el paisaje. Se trata de una mirada que en ocasiones deja ver profundos conflictos, como sucede con Ballagas, pero están expresados de manera implícita, trasfondo perceptible en un segundo o tercer plano, no en la urdimbre verbal ni en los elementos de la realidad que nos entrega el texto en su léxico o en su estructura. La necesaria precisión de este rasgo puede obtenerse si se compara esa etapa del propio Ballagas con su evolución posterior a 1936. Se trasluce una insatisfacción que más tarde aparecerá en sus poemas claves como el centro generador de la escritura, pero en ese primer instante de su quehacer sólo ocupa, dentro del poema, un sitio de tercer orden, al que se llega después de rebasar el primer nivel de lectura y sin que pueda, aun así, vislumbrarse el conflicto con entera claridad. El regocijo del artista frente al paisaje es exultante o sereno, pero siempre separado por una conciencia más o menos lúcida de la distancia. En ese sentido puede hablarse de un paisaje anhelado y de un paisaje simplemente descrito, en dependencia de la necesidad del poeta en sus relaciones con la realidad. El afuera se le entrega como plenitud deseada para alcanzar la disolución o como objeto precioso para la contemplación. Esas dos actitudes —la primera menos consecuente con el neoplatonismo en el que se sustenta la tendencia— tienen en común el intento de apropiarse del entorno y el empleo de abundantes metáforas, uno de los elementos que definen a la vanguardia y por el cual, junto a la concepción del espectáculo de la naturaleza (concepción a su vez heredada de lo mejor de Boti), la línea purista evidencia su asimilación de los presupuestos renovadores. En Brull el hedonismo es una experiencia que en cierto sentido puede considerarse una modalidad de su extraordinaria inquietud cognoscitiva, más concentrada y medular en la siguiente etapa de su evolución creadora. Se diferencia, pues, de Ballagas y de Florit por su intento de aprehender el cuerpo de las cosas en el poema, la secreta configuración de su ser, intento que Ballagas nunca se propuso y que en Florit asoma en el trazado lineal que se observa en sus dibujos del fenómeno natural, pero que no llega a hacerse sustancia ni gana en densidad a lo largo de la elaboración de sus tex-

tos, si bien en su canto a la estatua reconoce el lector la cercanía con Brull, no obstante los matices diferenciadores, de gran significación en los aportes de este poema a la tendencia. Esos matices, entre ellos una apreciable dosis de afectividad, sitúan ese momento del quehacer de Florit en el tránsito hacia sus posiciones posteriores dentro de la lírica cubana, tocadas por un lirismo desgarrado.

La variante fruitiva se regodea en el tratamiento desintelectualizado de la realidad sensorial, percibida entonces como el reino de las vísperas, un mundo intocado en el que aún no ha aparecido el conflicto ontológico. El poeta no se identifica con el entorno con pretensiones cognoscitivas, sino a partir de una actitud lúdrica, no comprometida, inocente, toda una posición filosófica conscientemente asumida frente a las circunstancias inmediatas y al devenir de la historia, compromisos de los que el artista se desentiende en su búsqueda de la tan anhelada pureza. Se hace ostensible, pues, que el poeta se propone superar lo contingente haciendo suya, hasta las últimas consecuencias, una vieja tradición neoplatónica. En el extremo de esa senda está la jitanjáfora, suma de sonoridades que sólo se identifican con la realidad mediante la onomatopeya, y que convierten al texto en el vínculo de expresión de un lenguaje preconsciente. En el caso de la jitanjáfora no puede hablarse siquiera de un logro formal puro ni del hallazgo de la música de las palabras, uno de los postulados importantes de la línea purista. En el sinsentido se encuentra la disolución del poema y el consecuente fracaso de la poética en que se sustenta, ya apuntando por Valéry en 1920. En su evasión, el poeta ha llegado a la nada.

Si en la variante fruitiva se pretende un diálogo con la realidad de carácter exclusivamente sensorial, en la variante intelectiva se percibe un adentramiento que quiere llegar hasta la esencia del ser inapresable, como se observa en «Preludio» («A la rosa antes de nacer», nos dice el propio Brull), en «A la rosa desconocida» y en «À toi-même», escrito en francés. La tesis de la poesía como forma del conocimiento tiene en esos ejemplos acabados paradigmas por lo que hay en ellos de inquieta indagación frente a la dualidad fenómeno-esencia.

En el centro de esta experiencia intelectual está la concepción de una realidad escindida: el mundo de la apariencia y el mundo de la esencia. En la primera etapa del desarrollo de esta línea cubana, el poeta se identifica con lo aparencial para penetrar en otro acontecer totalmente virginal, para fusionarse con lo inconsciente o para contemplar sucesos que carecen del valor de lo inmediato. En los textos de mayor madurez, pertenecientes a la segunda etapa, se hace asimismo ostensible la crisis de esta obra y, con ella, de los creadores, como se deja ver en los dos versos iniciales del poema en francés de Brull: «Tú que te sumerges en lo eterno / y vuelves con las manos vacías.» El camino emprendido por estos creadores conducía necesariamente al silencio si se asumía de un modo pleno.

El fracaso implícito en esa concepción del hecho poético —el fracaso de la concepción del mundo en la que se sustenta— nada tenía que ver con el trabajo artístico. La búsqueda de la perfección en el plano teórico trajo como consecuencia esa misma búsqueda en el texto literario, elaborado con una lucidez y un rigor que han quedado como ejemplos en la historia del género en Cuba. A propósito de *Poemas en menguante*, la crítica observó que constituía un regreso a la serenidad, pues había aparecido en un momento de ruptura con la tradición inmediata y de un caos expresivo que pretendió desestructurar la sosegada esbeltez de la sensibilidad modernista. Ese aquietamiento de la poesía pura significó en lo formal una obra más depurada y ceñida, del mismo modo que en el terreno conceptual, la lucidez de la que parte el poema para aprehender la realidad se tradujo en el sometimiento del impulso inconsciente propio del surrealismo y en la superación del exteriorismo propio de los temas de la vanguardia. Se integra así la poesía pura de algunos elementos de la etapa de transición del modernismo a la renovación vanguardista, de aportes del propio movimiento liberador (en especial el uso de la metáfora) y de ciertos rasgos definidores de la poesía formalista francesa heredera de una de las líneas derivadas de Baudelaire. La estética purista es

un sustancial aporte a la poesía de su momento y en general a toda su historia en Cuba, pues sus representantes lograron un *corpus* de gran calidad que vino a enriquecer el diálogo del creador con el entorno, lección de buen gusto y de mesura que responde a una sólida concepción del mundo.

La poesía negra, para cuyo conocimiento resulta muy importante la antología *Órbita de la poesía afrocubana* (1928-1937), de Ramón Guirao, es otra de las líneas que se desarrollan al calor de las innovaciones propuestas por la vanguardia. Tenía como antecedente el formidable movimiento creador que despertó en Europa el «descubrimiento» de las culturas negras africanas y que repercutió en la obra de numerosos artistas de calidad. A su vez, los poetas cubanos vieron en el mundo de la cultura negra una realidad propia, inmediata, fundamental en la integración de la etnia y la nacionalidad cubanas. La vanguardia propugnaba, entre otras cosas no menos significativas para cambiar la sensibilidad imperante, la vuelta hacia los valores de la tierra, hacia los rasgos caracterizadores de cada nación. En los aportes del negro encontraron los poetas, además, otra manera de romper con los cánones estéticos del modernismo al introducir temas que hasta esos momentos eran considerados carentes de interés e indignos de ser tratados. Ello explica las similitudes de fondo que se pueden observar entre los textos de Tallet y los de esta nueva línea, que tiene entre sus iniciadores en Cuba al propio autor de *La semilla estéril*. Los personajes y ambientes del poema negrista contrastan con las atmósferas vagas y las expresiones sentimentales del poema modernista o neorromántico contra los que se erige la nueva manera de escribir. En tanto exponente de una necesidad de comunicación auténtica, la línea negra comienza a manifestarse en 1928 con «Bailadora de rumba», de Ramón Guirao, y «La rumba», de Tallet, tal y como sucedió con la tendencia purista, también activa como hecho literario en los momentos en que se publica *Surco*, de Navarro Luna, la más coherente manifestación de vanguardismo en la lírica cubana. Surgió, pues, coetáneamente con la vanguardia como heredera de sus postulados.

Dos vertientes o direcciones presenta también la línea negrista: la fruitiva o exteriorista y la interior o dramática, como ha señalado la crítica. En la primera predomina una grata sensualidad que descansa en el logro de un ritmo fuerte y musical, derivado en ocasiones hacia la sonoridad pura, la jitanjáfora, en este caso con un valor diferente, pues no representa la ausencia de significado por negación, sino por afirmación de valores que sí están en el sonido desnudo. El sinsentido en la línea purista es el resultado de un fracaso esencial; en la línea negra, en cambio, es un hallazgo del significado que el poeta quiere cantar, pues es la suya una pretensión que se satisface en lo meramente descriptivo. Hay que destacar, en la variante exteriorista, la actitud realista con que están trabajados los temas, toda una poética de la reivindicación de la realidad frente a la idealización propugnada por el idealismo raigal de la línea purista y del modernismo. Esa posición del creador desembocará en la variante interiorista que es ya, de hecho, una de las manifestaciones de la poesía social. Pero se trata, en verdad, de un realismo extremadamente externo, incapaz por tanto de penetrar más allá del primer nivel semántico del léxico, suficiente alcance, sin embargo, para los propósitos que movían a los poetas a expresarse. Puede afirmarse en ese sentido que esta variante satisfizo plenamente sus objetivos de rescatar una zona de la realidad que había sido menospreciada y subvalorada por la cultura, y en especial por la poesía, e incorporarla al conjunto de los valores nacionales en lo que tiene de significativo en la conformación de la identidad cubana latinoamericana. Pero no sólo las fieles descripciones y los aciertos rítmicos de esta variante constituyeron un rescate de las tradiciones nacionales, pues a esos elementos hay que añadir el sesgo cómico como uno de los factores atendibles de la modalidad. El humor, presente también en los textos de Tallet y de Martínez Villena, si bien con otro sentido, se integra a estos ejemplos como forma de la conducta social y manifestación de una idiosincrasia. Sin llegar a constituir precisamente cuadros de costumbres, el lector extrae de estas páginas una imagen auténticamente fiel de un mundo tan suyo como el de la más refinada poesía amorosa o paisajística, si bien de una superficialidad que no deja ver claramente el trasfondo del que se nutre, puesto de relieve más tarde por la variante interiorista. Estas instantáneas de la realidad tuvieron la virtud de enriquecer el espectro temático de la poesía cubana de esos años y las posiciones de un realismo que poco después ganaría en profundidad en la obra de Guillén. Es necesario destacar, por último, la reiterada presencia, en los poetas negristas de esta variante fruitiva, de una poética que podría calificarse, como ya señaló la crítica, de naturalista, por su constante búsqueda de la fuerza natural. Las descripciones de los personajes y las asociaciones que se establecen entre ellos y los objetos de la naturaleza, frecuentes hasta la estereotipia —lo que hace pensar que no eran muchas las posibilidades expresivas de la modalidad—, ponen de manifiesto la búsqueda de la exaltación de los temas tratados, recibidos por los lectores en toda la fuerza de su elementalidad y desprovistos de conflictos ontológicos y sentimentales de todo tipo.

La variante interiorista, de más fecundas consecuencias para la historia de la poesía cubana, se adentra en los conflictos del negro para encontrar el centro de sus relaciones con el entorno. Utilizando los recursos sonoros —los sonidos puros— que ya habían aparecido en la modalidad más externa, o desechándolos y haciendo descansar el texto en el léxico tradicional, los más altos ejemplos logran de esta manera rebasar el conjunto de las primeras impresiones que ofrece la realidad y entregan más profundas verdades, menos visibles, pero de mayor importancia. Si realmente se quería descubrir una zona del ser nacional cuya significación tenía, para los poetas cubanos, alcances en verdad trascendentes, era insoslayable esa vuelta hacia adentro en busca de una dinámica de las relaciones en la que se revelaba toda la riqueza del tema abordado. Esa mirada hacia la médula de la problemática no entrañaba sólo la revelación de los conflictos del negro con la sociedad, sino además el develamiento de ciertos rasgos definidores de su cosmovisión. El empleo del humor, en ocasiones transformado en ironía, es un elemento de tránsito de una a otra manera, pues crea un contraste entre lo aparente y lo esencial —en el caso de la línea negrista un contraste entre lo externo y lo interno— que viene a subrayar la existencia de esa otra dimensión del acontecer oculta a la mirada simple. El poeta introduce cierto tono de amargura en sus descripciones o referencias a los personajes y situaciones, y por ese camino logra penetrar en su caracterización. Comparada con la variante exteriorista, ésta, de mayor penetración, podría calificarse como de un realismo más hondo, expresivo de una actitud intelectual de la más rica ascendencia dentro de la cultura cubana.

Utilizando el sentido rítmico y musical, constante en los textos descriptivos, va derivando hacia preocupaciones de contenido social, en las que se disuelve esta línea, prácticamente cerrada ya en 1937. Se observa, sin embargo, un gradual abandono de las sonoridades sin sentido a medida que el poeta se va adentrando por las sendas de un realismo medular. Como en el caso de la tendencia purista, los poemas están trabajados en ambas variantes con un alto sentido artístico, en función de las pretensiones intelectivas que animan al creador. A ese rigor se deben los cambios idiomáticos introducidos por la tendencia, clasificados en tres grupos por la crítica: transformaciones morfológicas, incorporación de términos foráneos y empleo de palabras inexistentes y de gran fuerza expresiva en el plano fónico. La existencia de esta línea poética contribuyó a enriquecer el conocimiento de la realidad nacional, fue un paso previo para los más perdurables logros de la tendencia social desde las propias circunstancias de Cuba, experiencia de una actitud realista que va de lo particular a lo universal.

Más íntimamente relacionada con la vanguardia que las restantes líneas surgidas de sus proposiciones teóricas y de sus pretensiones artísticas, la tendencia social aparece como expresión plena de un modo de hacer en el año 1927, con la publicación de «Salutación fraterna al taller mecánico», de Regino Pedroso. En esa muestra inicial estaban ya los rasgos esenciales de la actitud de rebeldía que le dio origen, pues sus versos traían un tema y un sentido del espacio textual diferentes a cuanto se había hecho hasta

entonces en cualquier dirección. Ese era el inicio de todo un cuerpo de obra de fundamental significación para la cultura cubana, el renacer de las más raigales tradiciones intelectuales del país desde la labor fundadora de Heredia. En el plano conceptual esta tendencia hace suyas las propuestas vanguardistas de revolucionar la imagen del mundo de la sensibilidad precedente, un diálogo ya infecundo entre el hombre y sus circunstancias. La insurgencia política que subyacía en la vanguardia encontró cauce literario en esta nueva manera, despojada desde su nacimiento de los más externos artificios de la renovación, expresiones del afán de ruptura.

En la poesía cubana coexisten tres modalidades de la tendencia social, de acuerdo con el tema predominante: aquella en que se canta al mundo obrero o del campesino, la que exalta a figuras históricas de un pasado más o menos lejano y la que denuncia la injusticia. La primera vertiente, que da inicio a esta línea en 1927, es la más cercana al estilo vanguardista por el tema maquinístico y por la utilización de un verso amplio, cercano en cierto sentido a la prosa y de filiación whitmaniana, sin las preocupaciones estructurales que se aprecian en el modernismo. Puede decirse que, en líneas generales, esta modalidad surge porque los poetas vuelven su mirada a la realidad inmediata, actitud que en esos años finales de la década del 20 se propone establecer un importante contraste con la posición del creador modernista, obsesionado por lo que podría llamarse la pasión por la lejanía y por la otra realidad, una forma absolutamente evasiva, de rechazo al grosero y burdo contexto en que el poeta vivía inmerso sin alternativas concretas. Desde sus inicios, pues, la poesía social significó una toma de conciencia por parte del artista frente a los apremios del acontecer cotidiano, las urgencias del diario vivir, y de inmediato apareció en sus poemas el dramático universo del trabajador. Ese tema adoptaría el modo enfático que lo caracterizó, porque el poeta encontraba en ese tono la más evidente expresión de su voluntad de renovación. En su estilo abierto se quería conjugar la forma con el tema, grandioso por su fuerza intrínseca y por su trascendencia social y espiritual.

La variante que se vuelve hacia el pasado en busca de figuras relevantes, conocida también como modo histórico, es la menos cultivada y la más distante de la vanguardia, pues implica un alejamiento sustancial de las circunstancias inmediatas y es mucho más susceptible que las otras dos variantes, precisamente por esa distancia del presente, de idealizaciones semejantes a las que sustentaban a la poética modernista o al más consecuente y ortodoxo romanticismo. Los ejemplos de esta manera en la poesía cubana de la etapa están asimismo lastrados por un tono enfático y cierto gusto muy dentro de la estética precedente, en cuyos cánones comenzaron su vida literaria Pedroso (*Bolívar. Sinfonía de libertad*, 1945) y Navarro Luna (*Poemas mambises*, 1944), los dos representantes mayores de la variante. Sin embargo, en esas páginas está presente, explícita voluntad de estilo, el verso amplio y libre, sin molduras que conformen un esquema, rasgo formal que está en absoluta consonancia con la imagen que el poeta pretende transmitir de los personajes de la historia. Si se hace un análisis de la adjetivación se verá que conforma un todo orgánico con la estructura abierta de los versos. En ocasiones se resiente la musicalidad alcanzada por la poesía cubana en otra de sus expresiones coetáneas, pues en esta búsqueda del perfil de los héroes, el poeta acoge un léxico que está más en función de los valores éticos que de los valores fónicos. Ahí se halla un elemento de ruptura con la concepción modernista de la poesía, si bien de menor importancia que el rasgo diferenciador más significativo: el aliento vital, como de júbilo, que posee la nueva sensibilidad. En ese sentido, la poesía social está más cerca del romanticismo, poseído en sus mejores momentos por un impulso entusiasta que echó por tierra las ataduras impuestas por el clasicismo. La imagen de Bolívar en el texto de Pedroso, por ejemplo, está conformada desde el personaje histórico, pero sustraída de su historicidad, por lo que llega hasta los lectores como envuelta de irrealidad y distante. Los fundamentos éticos en los que descansa esta variante —y en general toda la tendencia y todo el cuerpo teórico de la renovación vanguardista— y el hecho de que el creador se ve constreñido por la

tradición y el tiempo transcurrido entre su presente y la época del héroe exaltado, deciden la incorporación de recursos expresivos que ya habían sido acuñados por la historia literaria, reelaborados ahora con los nuevos recursos de la vanguardia y con las lecciones de precedentes más inmediatos, como puede ser el caso de Whitman.

La modalidad en la que predomina la reivindicación de la justicia es la que ha dado los frutos de más calidad, como atestigua la extraordinaria obra de Guillén. En esta variante se pasa de lo concreto particular a lo concreto universal en los mejores ejemplos, una rápida asimilación de los aciertos formales de la gran poesía contemporánea —cualquiera que sea su filiación ideológica— y de los precedentes nacionales dentro de la línea social. Esta variante es expresión de la madurez alcanzada por la lírica cubana después de 1936 —estadío visible en la antología *La poesía cubana en 1936* (1937), realizada por Juan Ramón Jiménez y José María Chacón y Calvo—, ya aquietada la efervescencia del espíritu insurgente y de experimentación de los diez años anteriores. De temas actuales, el poeta se propone elevar su protesta frente al orden existente y dejar constancia de la necesidad de cambios que transformen los factores condicionantes de una nueva cosmovisión.

Partiendo de la realidad cotidiana —rasgo común con la primera variante citada y diferencia con la segunda—, sustentado en un profundo sentido ético y asumiendo las lecciones de un arte verdaderamente nuevo, el creador aprehende y hace trascender una concepción inmanentista del mundo, en la que subyace una eticidad actuante de gran significación. El más acabado ejemplo de esta modalidad es la *Elegía a Jesús Menéndez* (1951), paradigma de las posibilidades creadoras y de la labor fecundante de la tradición en que se inscribe. En *España. Poema en cuatro angustias y una esperanza* (1937), ya Guillén había elevado a rango de universalidad esta variante de la poesía social, otro ejemplo acabado de la estatura artística e intelectual que alcanzó en la lírica cubana esta tendencia, y con ella la poesía misma como género, el de más rica tradición en la historia literaria nacional. La decantación de los años depuró y enriqueció la sensibilidad del creador hasta que la reivindicación de la justicia se constituyó en uno de los grandes temas de la literatura cubana y en especial de su poesía.

Antítesis radical del idealismo neoplatónico de la tendencia purista, la poesía social se adentra en el acontecer en busca de lo que podría denominarse el puesto del hombre en la dinámica del suceder histórico, de hondas implicaciones para la cultura. En tanto actitud cognoscitiva, esta línea poética contribuyó de modo sustancial al esclarecimiento de la identidad nacional por la contraposición que establece entre realidad de los hechos y realidad posible, la génesis de una toma de conciencia de enorme carga de futuridad. En sus mejores momentos rompió los estrechos límites del diálogo individual del poeta con el entorno para abrirse hacia una dimensión totalizadora, una interrelación hombre-circunstancia de mayores alcances. La desaparición del paisaje, elemento de tanta significación en la línea purista y en el neorromanticismo, y en otro sentido para la poética origenista, puede ser interpretada como una consecuencia del radical humanismo del que se nutre esta tendencia, humanismo despojado de todo sentido trascendente como el que puede hallarse en la poesía simbolista y a su vez depurado del pretendido realismo naturalista. La fusión hombre-naturaleza del concepto romántico de la poesía aparece ahora sustituida por la fusión hombre-historia, con la que se expresa una más plena conciencia de sí en el individuo contemporáneo, tocado por un sentido más profundo de su ser histórico. Por sus logros artísticos y sus postulados conceptuales, la poesía social aportó una definición del hombre como ser social que constituye un antecedente de lo que comportaría años más tarde el triunfo de la Revolución en los planos político, social y económico. El aporte fundamental de estos libros a la cultura cubana está en la creación de una obra de gran calidad de elaboración y en haber establecido la línea de continuidad entre la tradición histórico-literaria y las radicales transformaciones conquistadas con la praxis política que ellos contaron y exaltaron. La carga de futuridad de esta tendencia, de un realis-

mo de esencias, rebasa los límites del hecho literario.

La línea del grupo Orígenes —recogida en lo fundamental de su producción hasta 1948 en la antología *Diez poetas cubanos 1937-1947* (1948), de Cintio Vitier; surge en la segunda mitad de la década de 1930, al aparecer *Muerte de Narciso* (1937), de José Lezama Lima, la figura central de la tendencia no sólo por el volumen y trascendencia de su obra escrita, sino además por su labor como director y animador de una serie de importantes revistas, editadas sucesivamente entre 1937 y 1956, desde *Verbum* hasta *Orígenes* (1944-1956), la que da nombre al grupo y una de las más relevantes publicaciones literarias cubanas.

Herederos de los más generales postulados de la vanguardia, asumen sin embargo esos elementos renovadores como lecciones de un estado de la sensibilidad antes que por la influencia directa de los representantes del vanguardismo en Cuba. No se puede hablar, en su caso, de una derivación del estado de cosas creado en la lírica nacional entre 1923 y 1930, como sí ocurre con las líneas que han sido examinadas en este panorama. Se observa de inmediato en esta poesía un tono diferente, otra manera de plantearse la concepción misma del fenómeno creador. Pero hay que subrayar que este grupo, sin dejar de serlo, se caracteriza por una extraordinaria heterogeneidad, pues cada uno de sus integrantes posee un estilo bien definido y una poética que, si bien guarda unidad con las restantes del conjunto, tiene un cuerpo de ideas y de rasgos que conforman un peculiar modo de relacionarse con la realidad.

Ya la crítica señaló el sentido trascendentalista de esta obra al ofrecer una denominación para el grupo. Ese término, susceptible de confusiones si no queda suficientemente aclarado, no abarca en este caso las implicaciones que tiene para la tendencia purista, pues su rebasamiento del mundo sensorial no comporta su negación. En el poeta se opera un proceso de intelección de lo real en busca de la integración unitiva, un ser que está más allá de lo inmediato, pero que a su vez permanece en él. La experiencia artística acumulada hasta esos momentos por sus contemporáneos resultaba insuficiente para el empeño de aprehender en su totalidad el suceder, una necesidad de primer orden en esta poética. La poesía social partía de un humanismo inmanentista de profundas raíces éticas, elaborado a partir del concepto del hombre como ente histórico. La estética purista, por su parte, se desentiende de todo acontecer y se detiene ante los objetos o los hechos como entidades necesariamente insuficientes para que el hombre alcance su propia definición. Humanismo actuante y evasión serían los términos que mejor caracterizarían, respectivamente, a esas tendencias. Vistas desde una perspectiva gnoseológica, la primera es expresión de un historicismo radical, en tanto que la segunda se resuelve en un agnosticismo ya insalvable en sus últimas instancias. Sin pretensiones polémicas, la poética del Grupo Orígenes se adentra por otros senderos.

En cierto sentido podría decirse que estos poetas se proponen una ruptura con la tradición inmediata, como hasta esos momentos no había sido planteada por tendencia alguna en la poesía cubana. El problema de la frustración política, que subyace en la actitud de los creadores desde los inicios de la década de 1920 y determina sus posiciones frente al hecho literario, plantea a los miembros del Grupo Orígenes una necesidad de gran alcance desde todo punto de vista: es necesario recomenzar asumiendo toda la cultura precedente para crear otra naturaleza y, con ella, otra posibilidad de realización del hombre. Esta preocupación, que tiene un fundamento gnoseológico, no político, surge en la búsqueda de una respuesta a los cuestionamientos que asedian al escritor en sus relaciones con la realidad. Desde los primeros momentos de la madurez espiritual y rebasada la etapa de las influencias en los años iniciales de su quehacer, Lezama ya tiene muy claros sus propósitos y elaborada su concepción de la poesía, hasta entonces un ejercicio que no quiso dar a conocer porque no era todavía su verdadera voz. *Muerte de Narciso* recoge, en lo esencial, los presupuestos de su teoría, e inaugura una nueva mirada que sería, en líneas generales, el centro de la creación de los integrantes del grupo.

La frustración política, esa conciencia de vacío que experimentaban, de un modo u otro, los distintos sectores de la población desde que fue instaurada la República en 1902, y que se enriqueció con la dictadura de Machado y más tarde con el fracaso de la revolución que intentó derrocarlo, si bien la lucha misma significó una esperanza y vino a colmar, en cierto sentido, ese vacío, esa ausencia de finalidad que tanta importancia había tenido en las obras de Boti y de Poveda dos decenios antes, a la altura de 1937 había encontrado respuesta en la actitud evasiva y ahistoricista de la tendencia purista y en el clamor beligerante y rebelde, de raigal humanismo, de la poesía social. El Grupo Orígenes, después de la aparición del primer poeta representativo de su estética y de la publicación de *Enemigo rumor* (1941), un libro decisivo en la integración de estos poetas, se encamina por la senda de la cultura en busca de lo que el propio Lezama llamó «una Teleología Insular».[1] Es un intento por superar lo que para esta poética era una posibilidad insuficiente, pues las posiciones asumidas hasta esos momentos por la lírica cubana partían de una concepción del acontecer inmediato que se agotaba en sus propios hechos. Para Lezama —y para los restantes miembros del Grupo en lo esencial de sus respectivas obras— era imprescindible rebasar todo dualismo infructífero para alcanzar la unidad de un sentido trascendente, un sentido que rompa los límites de la interpretación causalista de la historia y se integre en una visión totalizadora de un destino individual y colectivo. La oposición poesía pura-poesía social y, en un plano de mayor universalidad, la oposición vida-cultura —contenidas ambas en una dualidad ontológica que no escapa a Lezama y a la que asimismo se opone implícitamente: Ser-no Ser, raíz de un existencialismo que también le era ajeno en tanto propuesta cosmovisiva— queda superada en los postulados para la integración de una imagen única de la cultura como naturaleza creadora, verdadera posibilidad para el Grupo de conformar la identidad del hombre. La relación que se establece en esta poética entre pasado y futuro es evidente a partir de lo que queda expuesto: es necesario volverse hacia los orígenes en busca de esa imagen integradora para alcanzar un sentido de futuro, de realización en el tiempo. El intento de superación de los dualismos trae en su seno un ahistoricismo definidor, causa primordial de la actitud de desentendimiento del acontecer histórico como expresión de la dialéctica del suceder. En estos poetas, ciertamente, no se encuentran los temas de la historia inmediata, causalista, sustancial diferencia con los textos de los creadores de la tendencia social. Esta frase de Lezama sintetiza de manera magistral los rasgos que han sido esbozados en estas páginas: «No nos interesan superficiales mutaciones, sino ir subrayando la toma de posesión del ser.»[2]

La obra de estos creadores deja ver, en lo más externo, una avidez de penetración en lo real que no se observa en sus coetáneos. Y no se trata de una aprehensión a la manera de la poesía pura, obsesionada por develar, en su etapa de plenitud, lo que podría llamarse el cuerpo imperceptible de la realidad, razón última de su esplendor y de su agotamiento como palabra artística. En el Grupo Orígenes hay una preocupación más ambiciosa: apresar el cuerpo real de las cosas y los hechos en toda la dimensión de su ser (a un tiempo imagen y cuerpo resistente). La realidad y el poeta intercambian un diálogo extraordinariamente fructífero no sólo por la calidad intrínseca de los sucesivos poemarios de los miembros del Grupo, sino por las propias inquietudes indagadoras que los animan. El poeta no busca la perfección ni la belleza de las cosas, no se propone conmover a sus lectores ni compulsarlos a la acción o descubrirles su identidad a partir de postulados éticos previamente elaborados por el pensamiento conceptual: su propósito es ir entregando el sentido último del ser, proceso que Vitier explica en términos esclarecedores al referirse a la poesía de Lezama, conceptuación válida para los más importantes miembros del Grupo. Dice Vitier:

> Los pasos de su pensamiento, creo, están claros: de la metáfora mediadora al reconocimiento de la imagen como centro y germen de toda realidad, sin dualismos inertes; de la imagen a la posibilidad como estado naciente

de todo lo que es, engendrando su consecuente método de conocimiento; del método a una nueva visión de la cultura; de esa visión, necesariamente, a la integración de un sistema poético del mundo, fundado en la posibilidad última, que es el imposible encarnado, el gravitante absurdo, la sobreabundancia de sentido del ser [...]. La poesía tiene, sí, una finalidad en sí misma, pero esa finalidad lo abarca todo. La sustancia devoradora es, necesariamente, teleológica. Es así como, aparte de la validez intrínseca de sus creaciones y hallazgos, intenta Lezama conjurar la ausencia de finalidad contra la cual ha venido debatiéndose nuestra poesía republicana.[3]

El lirismo de estos poetas no tiene, pues, relaciones estrechas con ninguno de los que conforman la poesía cubana de la etapa 1923-1958. Para establecer con nitidez esas diferencias bastaría realizar un análisis comparativo de algunos de los textos claves de Lezama, Vitier, Diego o García Marruz con los de similar significación en Brull, Ballagas, Florit, Pedroso, Navarro Luna y Guillén. En primer lugar se impondrían las desemejanzas en la percepción del paisaje, en los puristas la expresión de un estado anterior, virgen, absoluto, atemporal, en tanto que en los origenistas es un espacio pleno de significados en sí mismos, de entidades que el poeta quiere integrar como expresiones de una imagen que se entrega, pero que permanece indescifrada e impenetrable. Se impondría además la desemejanza en la concepción de lo factual, en los poetas de denuncia o de exaltación del acontecer histórico, de gran importancia en la medida en que recoge lo que hay de verdaderamente trascendente en el hombre: su ser social, en el que está implícito, por el carácter paradigmático de esta poesía, su posibilidad de realización; el hecho en sí, para los creadores del Grupo Orígenes, no posee potencialidad si no tiene fuerza de imagen, atributo que Lezama encuentra en los más inesperados sucesos, tanto de la vida histórica como de la cultural, una y la misma en su cosmovisión, roto el dualismo que las separaba y escindía. En Diego, por ejemplo, la imagen engendrada por la tradición de las costumbres es potencialmente redentora, teleológica, en los términos lezámianos de ese concepto.

Con estilo hermético o diáfano (extremos que se fusionan a medida que el lector se compenetra con los poetas), esta poesía quiere hacer suya la fuerza germinadora que conduzca a una finalidad, a un sentido sobreabundante. Se impone entonces un poema capaz de penetrar hasta el centro de los fenómenos y de unir en una sola mirada la prodigiosa riqueza de la realidad, ya se trate de un intento de aprehensión de lo múltiple o de un paisaje limitado en el espacio. La experiencia (conservada por la memoria, un elemento de gran importancia en la tendencia origenista), la asimilación de la cultura como sucesivas imágenes, la lección de la historia, partes de un todo indivisible, alcanzan en estos libros un minucioso recuento, enumeración inaudita que no tiene antecedentes ni continuadores en la poesía cubana. El lenguaje figurado es entonces un método del conocimiento antes que un ornamento o una sustitución de la realidad. El texto se logra por una sucesión de asedios que en muchas ocasiones lindan con la prosa en lo que se refiere a su estructura y a su ritmo. El verso es amplio y no pocas veces descuidado a la luz de la estética purista, pues recurre a un léxico y una sintaxis de cierta aspereza (Lezama, Vitier, Smith), insustituibles si se busca el desciframiento de un paisaje o de un acontecer que el poeta considera enigmático por definición. Otras veces (Diego, García Marruz) el texto presenta perfiles más precisos, al margen de la forma empleada, pues la realidad posee en sí misma una iluminación que le viene de la memoria o de un anhelo íntimo, inquietud que no es del todo ajena a ciertas zonas de la obra de García Marruz. En esos momentos más nítidos hay un diálogo diferente con las cosas y los hechos, una comunión de cercanía que encuentra su más acabada manifestación en el conversacionalismo, otra manera de romper con el lirismo precedente y coetáneo, como lo fue para Lezama y Vitier la rispidez inarmónica. Junto a la plenitud alcanzada por la poesía social se sitúa la que lograron los poetas del Grupo Orígenes, paradigmas ambas de la estatura universal que

tuvieron las letras cubanas entonces. Tanto en el cuerpo teórico como en los textos poemáticos llegaron a realizaciones plenas, a la altura de lo que se hacía en esos momentos en el ámbito de la lengua. Los poetas origenistas dejaron, a pesar de su apoliticismo, una obra que se propuso el rescate de la identidad nacional por los caminos de la cultura, «cotos de mayor realeza»,[4] al decir de Lezama, prueba inequívoca de cubanía que no supo apreciar las posibilidades de la acción. Dejó, además, un concepto de la poesía nuevo en Cuba: la poesía como posibilidad de posesión.

Paralelamente se manifestaba una tendencia neorromántico-intimista, conformada, junto a nombres fundamentales de la historia del género en Cuba, por un grupo de poetas de menor relieve (exceptuados Dulce María Loynaz: *Versos*, 1938, *Juegos de agua*, 1947, *Obra lírica*, 1955; Mirta Aguirre: *Presencia interior*, 1938, y Ángel Augier: *1*, 1932, *Canciones para tu historia*, 1941, creadores ambos inscritos asimismo entre los cultivadores de la tendencia social), de obras tocadas por una actitud egocéntrica muy dentro de la tradición del romanticismo cubano. De evidentes influencias (en especial Neruda), y moviéndose en un ámbito de cerrada intimidad, estos libros vienen a constituirse en un medio de confesión antes que de penetración y develamiento de la realidad. La mirada del poeta no intenta adentrarse en el misterio de las cosas y los hechos (cualquiera que sea su posición filosófica radical), sino que se detiene en una contemplación de segunda importancia para dar paso al diálogo afectivo, determinante en esta corriente. Dos variantes pueden apreciarse en esta línea: la erótica y la de inquietud metafísica, de calidades muy semejantes. En ocasiones se confunden la deleitable percepción del entorno y cierto tono de angustia en un mismo poema, fusión propia de esta concepción de la poesía desde los grandes maestros románticos. El ejemplo mayor de esa interrelación está en Dulce María Loynaz, de un refinado lirismo intimista del mejor gusto, sobrio y de hondas resonancias. Por esa misma senda transita Serafina Núñez (*Mar cautiva*, 1937, *Isla en el sueño*, 1938, *Vigilia y secreto*, 1941, *Paisaje y elegía*, 1958).

La variante erótica, de una mayor calidad, a la que seguramente no es ajena la autenticidad de los sentimientos expresados, logra momentos magníficos, y cuenta con las obras que más han perdurado, entre ellas la de Mirta Aguirre, de un lirismo dentro de la mejor tradición del idioma («Cantares de mal de amores») y al mismo tiempo moderno en sus días («Todo puede venir»). De gran influencia y muy difundido es José Ángel Buesa, autor de numerosos poemarios, algunos editados varias veces, representante de un neorromanticismo insustancial y reiterativo en el que hay que precisar, sin embargo, ciertas páginas que sobresalen del conjunto por su fineza y mesura, como sucede con «Yo vi la noche...» Mención aparte dentro de esta variante merece la obra de Ballagas, uno de los grandes poetas cubanos, de textos capitales (*Elegía sin nombre*, 1936, y *Nocturno y elegía*, 1938), tanto por la riqueza en el manejo del idioma como por el desgarrado sentir que subyace en los versos. Acabado ejemplar tienen los poemas de Guillén dentro de esta variante, todo un maestro de la poesía que incursionó en el tema amoroso con el acierto y el sentido universal de la totalidad de su obra.

La variante metafísica o de angustia ontológica, denominación quizás menos acertada que la más simple de intimista, tiene una calidad menos atendible que la neorromántica en aquellos poetas de importancia menor, entre los que hay que mencionar a Silverio Díaz de la Rionda (*Eros*, 1935, *Con la espada inocente de la luz*, 1951, *Himno a la Virgen*, s.a.); Rafael García Bárcena (Proa, 1927, Sed, 1935, *Responso heroico*, 1943); Guillermo Villarronda (*Mástil*, 1935, *Hontanar*, 1937, *Poemas a Walt Disney*, 1943), ejemplos también del entrecruzamiento de las variantes al que ya se hizo mención. Soledad, desamparo, oculta o manifiesta admiración frente al cosmos siempre enigmático, estados de ánimo que una y otra vez reaparecen en esta modalidad lírica como expresiones de un soterrado agnosticismo o de un nihilismo de raíz existencial. Junto a esos nombres apenas recordados se encuentran hoy, en esa dirección, los de Florit (*Doble acento*, 1937, *Reino*, 1938, *Poema mío*, 1947, *Asonante final y otros poemas*, 1955);

Augier (con los títulos ya mencionados), Alcides Iznaga (*El barrio y el hogar*, 1954, *Hojas evasivas*, 1956) y Aldo Menéndez (*Puerto inmóvil*, 1953, *Ciudad cerrada*, 1955).

Durante estos años, algunos poetas publican importantes libros que no pueden adscribirse plenamente a ninguna de las líneas caracterizadas hasta aquí, si bien a veces resulta difícil establecer las fronteras entre una y otra tendencia o dentro de un autor y hasta en un poema concreto, como sucede con la obra de Florit posterior a 1936 (oscilante entre el intimismo tal y como lo expresó Dulce María Loynaz, por ejemplo, y modos y estilos independientes), con los textos representativos de la variante metafísica (por momentos lindantes con la sensibilidad y el estilo de los poetas puristas) y con las tendencias social y neorromántica, que pueden llegar a integrarse en un creador, como en Mirta Aguirre. Podría cuestionarse asimismo la pertenencia de poetas como Gastón Baquero y Virgilio Piñera al Grupo Orígenes, pues sin negar ciertos rasgos comunes (presentes en última instancia en otros creadores que nadie ha propuesto integrar al modo origenista), muestran rasgos esenciales que los separan, podría decirse que hasta de una manera radical, de la poética del Grupo. En Baquero (*Poemas*, 1942, *Saúl sobre su espada*, 1942) puede apreciarse, en lo fundamental de su obra, un lirismo que tiene mucha relación con el de Ballagas, trabajado con un sentido de la armonía exterior que disiente de las preocupaciones de Lezama o Vitier, por ejemplo; Piñera, por su parte, rompe muy pronto, en lo más representativo de su lírica (integrada por *Las furias*, 1941, *La isla en peso*, 1943, y *Poesía y prosa*, 1944), con la estética de Orígenes. Es la suya una visión de la realidad —sustancia de su poética— que se resuelve en amarga ironía, escepticismo, humor negro, expresiones de un nihilismo lúcido y, en su caso, de gran creatividad. Su poesía está entretejida con temas similares a los que constituyen el centro del neorromanticismo intimista, pero tratados de manera totalmente diferente, con léxico y un sentido de la construcción del texto que nada tienen que ver con los lamentos y la desolación del intimismo tradicional. Ahí está, como ejemplo de su peculiar manera de decir, el sorprendente poema «Vida de Flora», muestra de un intenso expresionismo que viene a conformar, junto a otros títulos del propio autor, una línea sin más cultivadores. Representativo de su fuerte individualidad e igualmente expresión de una sensibilidad inusitada en la lírica cubana de la época es «Seca lamentación», desgarrado en su adjetivación y en su grave desenfado. Sólo Rolando Escardó, años más tarde, y en un tono que revela en primer lugar la impronta de Vallejo (que nada o muy poco tiene que ver con Piñera), escribirá poemas tan cargados de amargura.

Voz independiente es también la de Félix Pita Rodríguez, autor por estos años de un poemario: *Corcel de fuego* (1948). La percepción de la realidad alcanza en este libro calidades de gran poesía, develamientos que sorprenden por las irrupciones inesperadas en el uso de calificativos y asociaciones de sabor surrealista, pero verdaderamente nuevas porque se adentran en una oscura sucesión de hechos que no aparecen en las revelaciones que entregan otros creadores de esta etapa. Ajeno a conflictos sentimentales, a los postulados de la tendencia purista y de las esenciales preocupaciones sociales y a las inquietudes frente a la realidad a la manera origenista, las páginas de Pita Rodríguez hallan consistencia y perduran en el hallazgo de una posibilidad de integración del hombre con un paisaje a veces altamente gratificador y a veces árido y cerrado al diálogo exteriorista. La realidad aparece en sus textos diversa en sus matices y en particularidades que se entregan como sorpresas para los sentidos y para la inteligencia, no como elementos de un cosmos que el poeta quiera revelar a los lectores en su organicidad. El yo lírico tiene un carácter menos comprometido que en el intimismo neorromántico, al que por otra parte le resultaba imposible romper los límites de la percepción sensorial propia de su concepción del mundo.

De una obra vasta y de muy ricos aportes a la historia de la poesía en Cuba, escrita con peculiaridades que la diferencian y aíslan de las creaciones de los mejores representantes del género en aquellos años, Samuel Feijóo —la figura principal del que ha dado en considerarse, sin fun-

damento sólido, grupo de Cienfuegos, conformado además por Aldo Menéndez y Alcides Iznaga— logra una nueva visión del paisaje, centro de sus inquietudes. En los sucesivos libros que iba integrando con sobreabundancia de palabras y de entusiasmo, entre los que sobresalen *Beth-el* (1949), con textos de 1940-1948 y *Faz* (1956), con textos de 1954-1955, hay una familiaridad muy íntima con el paisaje, pero no un entorno cargado de misterio, sino de una plenitud de formas que van apareciendo en medio de otras consideraciones también muy personales acerca de sí mismo y del sentido último de la realidad. Vitier ha visto así la obra de Feijóo en su conjunto, una definición que recoge sus rasgos más sobresalientes y deja ver la singularidad que lo convierte en un caso aparte cuya impronta, al menos en la línea paisajística que tanto lo destaca, no se observa en poetas contemporáneos, sino en una de las modalidades de la poesía cubana posterior a 1959. Dice Vitier:

Considerada en su sentido último, la originalidad de Feijóo radica en una versión del genio de nuestro paisaje, no como escenario de lo vernáculo, ni como unidad de hermosura contemplable, sino en su fusión diaria y fluente con el alma sumergida en él, como activo intercambio de estados exteriores e interiores en un impresionismo totalizador que devuelve sonrisa por brillo, nube por angustia.[5]

En un panorama de la lírica cubana de 1923 a 1958 no puede dejar de mencionarse la aparición de una modalidad como el conversacionalismo, representado en dos textos importantes: *Conversación a mi padre* (1949), de Florit, y *En la Calzada de Jesús del Monte* (1949), de Eliseo Diego, de mayor influencia el segundo en el grupo de poetas que en los años 60 comienzan a hacer una poesía renovadora, algunos de ellos con libros en otras direcciones anteriores a 1959. Los elementos cotidianos alcanzan una grandeza verdaderamente artística en ambos creadores, representantes entonces, en esos ejemplos, de una manera de escribir que había comenzado a manifestarse hacia 1923-1927 entre los que se

proponían romper las estructuras de la sensibilidad y la concepción del mundo modernista. Las
implicaciones de orden teórico que subyacen en
el conversacionalismo de Florit y Diego, de más
rica elaboración que la que alcanzaron en sus
antecesores, revelan una búsqueda de otras posibilidades de asedio a la realidad al margen de la
retórica codificada por las tendencias imperantes.
Esta nueva actitud es una consecuencia de los
postulados vanguardistas, propugnadores de la
libertad temática y formal.

En la década de 1950 comienzan a escribir algunos poetas jóvenes, nacidos alrededor de 1930
y agrupados, según el método generacional, con
otros creadores que ya habían dado sus primeros frutos (Carilda Oliver Labra: *Preludio lírico*, 1943, *Al sur de mi garganta*, 1949; Rafaela
Chacón Nardi: *Viaje al sueño*, 1948), o que darían a conocer sus libros después de 1959. En
los textos iniciales de esos poetas (Roberto
Fernández Retamar: *Elegía como un himno (A
Rubén Martínez Villena)*, 1950, *Patrias*, 1952,
Alabanzas, conversaciones, 1955; José Álvarez
Baragaño: *Cambiar la vida*, 1952, *El amor original*, 1955; Fayad Jamís: *Brújula*, 1949, *Los párpados y el polvo*, 1954; Pablo Armando Fernández: *Salterio y lamentaciones*, 1953, *Nuevos
poemas*, 1955; Roberto Branly: *El cisne*, 1956,
Las claves del alba, 1958), hay numerosas influencias y corrientes que tornan difícil la tarea
de analizar ese momento del desarrollo de la lírica en Cuba, con algunos de cuyos creadores
cierra Cintio Vitier su importante antología *Cincuenta años de poesía cubana (1902-1952)* (1952).
En ellos se continúa la línea del mejor intimismo,
entretejida ahora por los recuerdos familiares,
como ocurre en Pablo Armando Fernández; se
encuentran ecos y resonancias surrealistas y de
raíz existencialista, como en Álvarez Baragaño
y Fayad Jamís, enriquecidos en éste por una extraordinaria modernidad en la factura del texto,
y asimismo en Branly, adscrito en su libro de
1956 a esa forma expresiva de la vanguardia; pero,
además, en la obra de Fernández Retamar puede
apreciarse, en el entrecruzamiento de sus más
fervorosas lecturas de poetas cubanos (Lezama,
Vitier, Florit, Diego, Ballagas), una serena y sosegada experiencia de participación con la reali-

dad, a la que el poema llega con un léxico que
señala paisajes habituales, pero al mismo tiempo cargados de alusiones y posibilidades de extraña sustancia, inusuales en otros poetas. Mención aparte merece Rolando Escardó, unos años
mayor y sin libros publicados antes de 1959, fallecido en 1960 y autor de importantes poemarios
que fueron editados en 1961: *Libro de Rolando*
y *Las ráfagas*, testimonios de un lirismo desgarrado que se adentra en experiencias límites en
el ámbito de lo cotidiano, de una fuerza vivencial
y literaria que lo convierte en el más alto representante entre sus coetáneos de la manera conversacional, muy suya dentro de la tradición que
iniciaron los renovadores de la etapa prevanguardista; su estilo y la autenticidad de su inmanen-
tismo lo hacen asimismo el más importante
antecedente, entre los de su grupo, de los jóvenes poetas que a mediados de 1960 se integran
en *El Caimán Barbudo*.

A esos nombres hay que añadir los poetas que
dieron su vida en la lucha contra la tiranía: Raúl
Gómez García (1928-1953), Agustín «Chiqui»
Gómez-Lubián (1937-1957), Juan Oscar Alvarado (1938-1958), Luis (1938-1957) y Sergio
Saíz (1940-1957), todos de obra incipiente en el
momento de su muerte, cultivadores del intimismo y de la poesía social, tendencia en la que
se destaca «Estamos en combate», de Gómez
García, escrita y leída poco antes del ataque al
Cuartel Moncada como exhortación a la lucha.

De 1923 a 1958, la poesía cubana alcanza verdadera universalidad. Tanto en el plano teórico
como en el de la realización artística se hacen
visibles una maduración y una plenitud que no
alcanzaron desde el primer momento, los años
prevanguardistas, de experimentos y tanteo y de
gran penetración. Pasados los años y asimiladas
las lecciones de ese lapso inicial, cuya función
era precisamente la de romper con las gastadas
fórmulas del postmodernismo para dar paso a
una nueva sensibilidad, los poetas se adentran
en sus propias creaciones por diversos senderos.
Como ya se vio en su oportunidad, las distintas
tendencias y las figuras aisladas están profundamente tocadas por la frustración político-social
de esos años, circunstancias que vienen a determinar, en última instancia, las respectivas poéti-

cas. Junto al intento de evasión de la tendencia purista está la actitud beligerante y de rescate de la dignidad del hombre en la poesía social, la búsqueda de una imagen con sentido de futuro para encontrar la finalidad histórica perdida en la concepción de la poesía del Grupo Orígenes, el diálogo íntimo (a veces erótico, a veces de incertidumbre metafísica) entre el yo lírico y la realidad exterior (asumida en ocasiones en su dimensión real y en ocasiones como evocación o como anhelo), la obra de los que entremezclan de manera peculiar elementos diversos de la vanguardia o de las líneas que han quedado esbozadas, los textos de los que se dan a conocer en la década de 1950 y que por entonces se inscriben en una u otra posibilidad de expresión con voz propia, pero apenas iniciada, el nihilismo desesperanzado y amargo y el conversacionalismo. Fueron años fructíferos y de realizaciones capitales, a la altura de lo que se hacía en la poesía del idioma, lección de importancia espiritual de la que se nutren los creadores de hoy.

[*E. S.*]

2.2.2 Del postmodernismo a la vanguardia. Acosta. La poesía del grupo minorista: Martínez Villena, Tallet, Villar Buceta, Marinello

Los postulados ideoestéticos del modernismo, retomados por Boti y Poveda años después de la muerte de Casal y Martí, dieron sus últimos frutos relevantes en *El mar y la montaña*, cerrado en 1920 y publicado en 1921, en cierto sentido un libro de tránsito hacia la posterior evolución de Boti en consonancia con la vanguardia. La experiencia modernista conformó obras significativas de la lírica cubana en los dos primeros decenios de República, pero trajo en su propio seno, como deja ver el poemario citado, el fermento de la nueva sensibilidad transformadora. Es factible detectar ciertos elementos de la escuela encabezada por Rubén Darío que apuntan ya, en algunas expresiones importantes dentro de la poesía cubana hacia una sustancial renovación de la mirada y de las problemáticas expresivas, un nuevo diálogo frente a la realidad. En los primeros años de la década del 20, agotados los recursos expresivos de los decenios precedentes y, en lo político, agudizadas las crisis consustanciales al carácter neocolonial de la República instaurada en 1902, comienza un rico proceso de múltiples implicaciones para la vida nacional y que se caracterizaría por una postura beligerante de los intelectuales y artistas ante la desmoralización oficial y la corrupción administrativa y por el despertar, entre los creadores, de la necesidad de una nueva conciencia y un arte nuevo.

La poesía experimenta entonces, sustentada en la búsqueda de un estilo diferente que sea capaz de aprehender las problemáticas suscitadas por una cosmovisión sustancialmente distinta, cambios de gran significación, decisivos para la apertura de una más entrañable relación del creador con la realidad. Los poetas que más tarde, a finales de la década, en los años de auge de la vanguardia, representan las posiciones de avanzada, se iniciaron en la estética modernista. Antes de «Salutación fraterna al taller mecánico» (1927), Pedroso es, en opinión de Vitier, «cultivador de un modernismo exotista y parnasiano que tiene su manifestación más característica en la serie de sonetos titulada *La ruta de Bagdad* (1918-1923)», y más tarde exponente, según el mismo crítico, de «un lirismo más preocupado y grave, aunque propenso todavía a la expresión de los estados anímicos mediante parábolas y evocaciones alegóricas»,[6] momento plasmado en *Las canciones de ayer* (1924-1926), de corte postmodernista, es decir: un modernismo tardío. Mariano Brull es asimismo un consumado modernista en su libro de 1916, *La casa del silencio*, si bien dentro de un modernismo intimista de formas más ceñidas que dejan ver preocupaciones posteriores esenciales en la definición de la poesía purista. Similares comienzos tiene Navarro Luna antes de asumir la escritura renovadora de *Surco* (publicado en 1928), pues se mueve dentro del estilo del ambiente postmodernista en sus libros *Ritmos dolientes* (1919), *Corazón adentro* (1920) y *Refugio* (1927), con rasgos provenientes del romanticismo (una influencia presente en muchos poetas del momento en Cuba: Brull, Pedroso, Acosta, para cuya obra de entonces llega a ser determinante, incluso en *Ala*, su texto representativo del postmodernismo), y también hace visibles inquietudes que después serían la más típica representación de su lírica, en especial el tema de las relaciones del hombre con la sociedad en «Socialismo» (1915), «Revolución» (escrito a raíz del triunfo de la Revolución de Octubre), «El incendio», «Los abismos» y «La bandera», los tres últimos denominados «Poemas socialistas» y publicados en *Orto* en 1926. El poemario inicial de Guillén, *Cerebro y corazón* (1922), «participa de las virtudes y los defectos que presentaba la poesía cubana durante los tres primeros lustros del siglo, en los que predominó la influencia todopoderosa de Ruben Darío y sus corifeos», como expresa Ángel Augier.[7] Es evidente, pues, que de los postulados del modernismo surgen las propuestas de renovación de la vanguardia, una transformación que se sustenta en la necesidad de traer nuevos modos de percibir y enriquecer las posibilidades de intelección de hechos y acontecimientos hasta esos años poco atendidos o parcialmente entrevistos por los poetas, absortos en descripciones exterioristas o extasiados en la contemplación de un paisaje o en las vivencias de un drama personal.

Algunos creadores de la década del 20 representan lo que podría llamarse el momento de transición del postmodernismo a la vanguardia, aquellos cuyas obras fueron específicamente eso: expresiones de la transformación, una vez consumada la cual no continuaron escribiendo o asumieron en su escritura otras preocupaciones, como es el caso de Acosta, el único de ese grupo que prosiguió en el cultivo del verso. Uno de los grandes representantes del postmodernismo en la poesía cubana en opinión de algunos críticos, Acosta deja ver en *Ala* (1915) la raigal influencia de Darío y al mismo tiempo los rasgos que habrían de caracterizar a sus libros posteriores, como ya observó Vitier y en cierto sentido apuntó Federico de Onís al considerar ese poemario dentro de lo que él califica como «reacción hacia la sencillez lírica».[8] En el análisis somero se aprecia asimismo la nota romántica, otro de los elementos integradores de la sensibilidad de Acosta, cercano en cierto sentido a

algunas de las manifestaciones de la lírica cubana de comienzos de siglo, tan severamente combatida por Boti y Poveda. Desde ese conjunto de 1915 se revela su autor como un creador heterogéneo que daría, a lo largo de su trayectoria artística, obras disímiles y que disuenan con las líneas predominantes en los distintos momentos, al menos con las líneas que habían logrado los más acabados frutos de una sensibilidad renovada. Esa diversidad de influencias y de posiciones estéticas y filosóficas le permitirá ser uno de los representantes de la transición del postmodernismo hacia la vanguardia con un libro en cierta medida inesperado y hasta inaudito si se toma en consideración la historia personal del poeta y su declarada postura antivanguardista.

Una rápida caracterización del período transicional lo sitúa entre 1923, el año de la Protesta de los Trece, y 1927, el de la aparición de la *Revista de Avance*, el más importante órgano de la vanguardia cubana. En el plano conceptual, esa valoración sucinta se resume en la toma de conciencia de los intelectuales y artistas frente a la realidad social imperante, lo que trae como consecuencia inmediata la búsqueda de nuevos postulados estéticos que sean capaces de expresar la actitud beligerante, comprometida, de los poetas. Comienza entonces a integrarse una obra que intenta romper con los cánones estéticos precedentes, incapaces ya de penetrar en zonas desconocidas de la realidad. La poesía se torna irreverente, iconoclasta, desenfadada, incorpora temas y soluciones formales que desestructuran los viejos esquemas, rígidos y convencionales a la altura de la década del 20. Sin embargo, en tanto transicional, esta poesía conserva ciertos elementos estilísticos de la manera modernista, como se verá en su oportunidad. Acosta encarna, en su propia evolución, esa dualidad del período 1923-1927, pues ese primer año publica un libro que no permite sospechar la próxima aparición de una obra como *La zafra*, editada apenas tres años más tarde, en 1926. Ciertamente, *Hermanita* se adentra en la más absoluta y cerrada intimidad, un canto en el que se fusionan el amor y la muerte en imágenes sombrías, de un tinte pesimista, evidencias de las influencias múltiples (y en especial la romántica) y de la diversidad de posiciones estéticas y conceptuales que fue capaz de asumir esta obra desde sus comienzos. En sus páginas se observa además una sencillez expresiva que lo acerca a la vanguardia en cierto sentido y a su vez lo identifica con algunas zonas de *Ala*. En el propio 1923 publica Martínez Villena un comentario crítico a *Hermanita* en el que expone muy atendibles opiniones, especialmente significativas porque provienen de un poeta de singulares cualidades líricas y que representa como nadie la transición hacia la vanguardia y el escritor comprometido y beligerante. Antes de los elogios, Martínez Villena muestra su sorpresa por estos versos de Acosta en instantes de renovación, ya realizada la Protesta de los Trece y empeñados los más lúcidos creadores en hacer un arte novedoso. Dice el crítico:

> Para muchos, para mí entre ellos, acaso es reprochable este libro, al menos en su oportunidad. La vuelta ahora al viejo tópico sentimental, casi desechado, sorprende, o debe sorprender, a los que esperamos algo más. Ello es cierto. Pero se explica fácilmente este libro, que constituye una hermosa victoria del hombre sobre el artista.[9]

En 1926 aparece *La zafra*, «poema de combate», considerado por Julio Antonio Mella «el primer gran poema político de la última etapa de la República».[10] Es un antecedente de la poesía social que más tarde fructificaría como una de las derivaciones de la vanguardia, pero en Acosta sin los hallazgos formales y la fuerza que alcanzaría en poetas decididamente nuevos. El comentario de Mella penetra hasta el centro justo de los versos de esta obra que se mueve en dos realidades, que trae la experiencia de una historia individual (social y literaria) y se plantea inquietudes y problemas conceptuales, en especial el adentramiento en un acontecer de importancia nacional desde una perspectiva objetivista, desusada en Acosta. Vuelve el comentarista a señalar, como hiciera Martínez Villena en su trabajo, las contradicciones del poeta, típicas del hombre de transición. Dice:

> Las terribles contradicciones de su espíritu están expuestas en el prólogo, donde vacía todo su sentir, toda su angustia ante la realidad social, y la realidad de su individualidad en contraste con el espíritu de la época.[11]

[...]

> En el «poema de combate» falta un canto a los combatientes, a los soldados únicos. Allí no se dice nada de las huelgas que eran «por Cuba y por la clase» que incendiaron los campos de Oriente, Camagüey y Santa Clara, y que fueron el mejor combate contra el imperialismo [...].[12]

En esos señalamientos subyace una posición literaria, tanto en Mella como en Acosta, en el primero similar a la que asumiría Guillén en su obra de plenitud, y especialmente en *Elegía a Jesús Menéndez*, de algún modo heredada de *La zafra*. En Acosta, en cambio, la ausencia de otra postura creadora se explica por la presencia determinante de una concepción de la poesía hondamente arraigada en los postulados generales del modernismo, de hecho cuestionados por él mismo en el tema abordado en estas estrofas de denuncia social. Mella confiesa que no está haciendo crítica literaria, pero en sus apreciaciones llega a cuestiones vitales para una interpretación acertada de la obra. Vitier señala, por su parte, desde otros puntos de vista, rasgos definidores que caracterizan este intento de Acosta en su dimensión artística. Puede hablarse, siguiendo el pensamiento del autor de *Lo cubano en la poesía*, de dos direcciones en la conformación del texto: la modernista y la vanguardista, la primera decisiva en la integración de la mirada del poeta y un peso gravitante del que obviamente no puede despojarse del todo este hombre de transición; la segunda, una necesidad del tema y del ambiente de modernidad que los creadores quieren traer a la lírica del momento. La fusión de ambos elementos: la herencia formativa y las vivencias recogidas en *Ala* y la búsqueda de un metaforismo de vanguardia, hacen de *La zafra* un ejemplo de la evolución del postmodernismo a la desestructuración propia de las posiciones más avanzadas. Pero hay además en este tema cierto desenfado natural, cierta rispidez espontánea que rompe con la esbeltez anterior del propio autor y lo acerca a los hallazgos de Pedroso apenas un año más tarde.

Hay diversidad de tonos a lo largo del preludio, los dieciocho cantos y el postscenio en que se divide el poema, desde el verso libre del canto II («Mediodía en el campo»), retomado en otras partes, hasta la décima del postscenio, en ocasiones verdaderos logros de una sensibilidad contemporánea, y en otros, pasajes muy cerca de un sentido rítmico que deja traslucir la huella de Darío y que se inscribe en un espacio poético anterior, signos de la indefinición que caracterizó ese período de la evolución creadora del autor. El intento de aprehender la realidad se torna en Acosta la causa de su fracaso artístico, si bien constituye su más loable preocupación, pues representa, dentro de su concepción literaria, la ruptura de los cánones formativos, a los que habría de retornar más tarde. De hecho, la mirada a la problemática social del país es de por sí una actitud de vanguardia, pero no logró ciertamente *La zafra* alcanzar la estatura que reclamaba su tema. Sin embargo, algunos cantos, despojados de un retoricismo y de un léxico del que nunca pudo desentenderse del todo el poeta, expresiones en este texto de una errónea idea del realismo, pueden leerse como logros inobjetables del prevanguardismo cubano y del prosaísmo típico de esos años (1923-1927). Compárese el canto VII, «Los ingenios antiguos», con el IX, «Toque del clarín», ejemplo el primero del ascendiente de su propio pasado literario, y el segundo, de modernidad. El poema queda, en la historia de la poesía cubana, como un testimonio de su vertiente social y de la fuerza que en aquellos días tuvo el ambiente de transformaciones políticas en que se inscribe la transición del postmodernismo a la vanguardia, actitud de cambio en la que se entremezclan lo político y lo literario como dos modalidades de un nuevo espíritu revolucionario. Estos fragmentos del canto II, «Mediodía en el campo», ilustran a plenitud lo que hay de más perdurable en el libro:

Huele a caña de azúcar. Sobre el verde
oleaje de los cañaverales
hay un temblor de sol, un rizamiento,
una vibración impalpable
que tuesta el estuche pajizo
de los erectos frutos.
                    El almagre
de la tierra, reseco por la falta
de lluvia, muestra huellas imborrables
de ruedas de carretas, de pezuñas bovinas,
que son pozos de sangre...
El aire quema. Apenas se produce
sombra en la tierra de los árboles
que refrescan las rojas guardarrayas
y frutecen en oro: naranjales;
o en púrpura dulcísima: caimitos
de corazón violeta: episcopales
universos de fragmentaria pulpa.
[...]
Nada queda que hacer al campesino
sino esperar. Revisa los mecates
que han de servir a la carreta
para el tiro de caña. Los arados
duermen, hoscos de tierra, en los lugares
de siempre. Una impaciencia de gallinas
adivina la aurora en los corrales;
la piedra de afilar dice a la mocha
su metálica hambre;
el colgante farol cambia de aceite;
los yugos y frontiles se rehacen;
y mientras el ingenio que, cercano,
alza su dura torre dominante,
hace correr por las colonias
la estratégica orden del ataque,
el campesino sueña con una zafra pródiga,
y hay fuerte olor de caña de azúcar en el aire...

La transición hacia posiciones radicales y de ruptura de los presupuestos modernistas cobra singular fuerza y expresividad en un grupo de poetas que concentran su obra en esos años prevanguardistas, de 1923 a 1927, muchos de ellos recogidos en la importante antología preparada por Félix Lizaso y José Antonio Fernández de Castro, *La poesía moderna en Cuba (1882-1925)* (1926), bajo el acápite «Los nuevos». Se cohesionaron como grupo, junto a prosistas de calidad, en 1923, el año en que protagonizaron la famosa Protesta de los Trece contra la corrupción del gobierno de Alfredo Zayas. En sus reuniones, primero en el hotel Lafayette y más tarde en el Café Martí, se pronunciaban, desde posiciones de izquierda, contra la situación política imperante y los valores ilegítimos. Los textos y las actividades del grupo eran difundidos en diversas publicaciones periódicas —algunos de sus miembros habían colaborado en *Castalia* (1920-1921)—, entre ellas *Chic* (1917-1927) y *Social* (primera época: 1916-1933), en la que se dieron a conocer prácticamente todas sus actividades. De sus integrantes, el de mayores posibilidades creadoras y vida más intensa, consumida en la lucha revolucionaria contra la tiranía de Machado, fue Rubén Martínez Villena (1899-1934), «sin duda uno de los temperamentos más penetrantes de este período», como lo calificara Vitier.[13] Su trayectoria lírica —recogida póstumamente en un volumen: *La pupila insomne* (1936)— ha sido dividida en tres etapas por José Antonio Portuondo: 1917-1922, 1923-1927 y 1928-1934. En la primera son ostensibles dos influencias decisivas, las dos fuentes nutricias en las que se fue integrando la sensibilidad del joven poeta: el modernismo refinado y de un cuidado preciosista, de sabor parnasiano, y el romanticismo de tono menor, despojado de grandilocuencia y de efusiones incontroladas; no obstante, al final de la etapa, hacia 1922, escribió algunas páginas en consonancia con los reclamos de las nuevas preocupaciones que poco después definirían a los más combativos poetas del momento. El conjunto de textos conservados de los años 1917-1922 revela la existencia de varios temas y de una obsesión fundamental: el encuentro del poeta con su propio destino, el hallazgo del sentido de su vida. Esa temprana inquietud cohesiona todo su quehacer lírico a lo largo del tiempo desde su primer texto, «Peñas arriba», de 1917. Pero, además, en esa etapa hay ejemplos de poesía amorosa despojada de todo cuestionamiento filosófico o político: «Declaración» (1918), «Celos eternos» (1918), «El rizo rebelde» (1919), ocasiones en que el trabajo formal abarca realmente todo el espacio creador y se constituye en testimonio de la fuerte presencia romántica y

parnasiana que conforma las lecturas predilectas del joven artista. Esa preocupación se aprecia asimismo en los restantes poemas, pero en ellos ocupan similar jerarquía la nitidez de los contenidos, las angustias centrales de una concepción del mundo que aún no había encontrado respuesta a sus cada vez más apremiantes cuestionamientos. El desencanto y la frustración reaparecen en varias ocasiones como los temas esenciales, antecedentes de poemas posteriores y de las posiciones asumidas por el propio Martínez Villena y otros poetas de entonces en sus intentos de ruptura con la estética precedente, si bien esos eran elementos caracterizadores del mejor modernismo cubano, pero en un sentido distinto. En «Peñas arriba», ejemplo de la impronta romántica en la etapa formativa del joven creador, una de las décimas, entre otras que cantan también la decepción y la tristeza frente a la amarga y frustrante realidad, clama por la posibilidad de realización personal como por una necesidad de primer orden, sin cuya satisfacción la vida carecería de sentido, estrofa cargada de angustia y de una concepción ingenuamente metafísica realmente insustancial en la integración del pensamiento del poeta. Esos versos difieren notoriamente, por el impulso auténtico que rige la búsqueda, de los que dejaron Boti y Poveda en ese mismo tono de hastío y decepción, como es el caso, entre otros, de «La noria», del autor de *Arabescos mentales*. La décima de Martínez Villena dice:

> *Porque mi ser necesita,*
> *para seguir su camino,*
> *algún cambio en el destino*
> *bajo el que llora y se agita.*
> *Una pasión infinita,*
> *algo que acabe mi duelo,*
> *y que cumpliendo mi anhelo*
> *al abatir mi amargura*
> *ime deje el alma tan pura*
> *como un pedazo de cielo...!*

Esa necesidad de cambio para alcanzar la plenitud de la autodefinición, el centro conceptual del texto en su totalidad, surge de una experiencia histórica concreta y apunta hacia la integración de un humanismo revolucionario que habría de conducir al poeta por la senda de la lucha política, radicalizada con el decursar de los años a partir de una concepción marxista del mundo. De 1918 es «Carnaval», en cuyas estrofas finales se encuentran estos versos: *en tanto los pobres se mueren de hambre…,/ en tanto los tristes se mueren de pena…*, de obvio ascendiente romántico, pero al mismo tiempo signos de una conciencia social en plena formación, como vienen a confirmar los poemas de tema patriótico de esta etapa: «El rescate de Sanguily» (1919), «19 de mayo» (1919), «Simbolismo» (1919), «27 de noviembre» (1919), «Ignacio Agramonte» (1920), «Jimaguayú» (1920), «Máximo Gómez» (1920), «24 de febrero» (1922), exaltación de un pasado heroico y, de modo implícito, de la acción que puede llegar a conformar un destino. Las páginas que de alguna manera recogen los conflictos del creador con sus circunstancias vienen a expresar una ontología de carácter inmanentista, una ontología historicista que poco a poco se despoja de la actitud contemplativa y gana en dinamismo y lucidez política, hasta que finalmente se transforma en entrega total a la causa de la verdadera independencia nacional. El preciosismo formal tiene en Martínez Villena —y en general en los restantes miembros del grupo renovador— las intenciones que la crítica ha señalado al modernismo en tanto concepción del hecho artístico: crear la belleza que la realidad político-social ha enturbiado con sus relaciones mercantiles y, en el plano ético, con las injusticias y la práctica consuetudinaria del desprecio del arte. A esas pretensiones responden los esmeros y desvelos del poeta por la musicalidad de sus versos, el cultivo del soneto y los poemas de tema amoroso o de suave melancolía, como «Psiquis» (1919) e «Ironía» (1919), y aquellos de evidente filiación postmodernista, los cuatro sonetos que integran «Sinfonía urbana» («Crescendo matinal», «Andante meridiano», «Allegro vespertino» y «Morendo nocturno», todos de 1921), con ciertas notas de dolor por el desamparo y el sufrimiento del hombre.

Hacia 1922 escribe Martínez Villena tres poemas que están ya más cerca de la vanguardia que del modernismo y que constituyen verdaderos paradigmas de la poética de la transición: «Presagio de la burla final», «Homenaje al monosílabo ilustre» y «Canción del sainete póstumo». Ironía, juego, cierto tono coloquial, desenfado, temas heterodoxos desde el punto de vista de la tradición lírica inmediatamente anterior dentro del ámbito del idioma, son los rasgos que definen estas entregas, naturalmente desplazadas a la segunda etapa en su función de puente en la evolución lírica del autor. Están orgánicamente fusionados estos textos, como una consecuencia lógica, con algunos de los precedentes, en los que asoma el cuestionamiento de sí mismo en sus relaciones con el entorno político-social. «Canción del sainete póstumo» es uno de los representantes cabales de la tendencia prosista que entonces se levantaba frente a la insuficiente esbeltez modernista y los valores insustanciales de una ética convencional y del poder establecido, actitud de rebeldía implícita que tiene como sustrato la necesidad de la autodefinición, el sentido de la vida en la dirección historicista ya apuntada. En 1923 aparecen numerosos poemas importantes de Martínez Villena, representativos unos de esa ironía sentimental y prosaísta que singulariza el texto acabado de citar, y exponentes otros de su acendrado formalismo y su extraordinaria preocupación por el trabajo artístico, entre éstos el magistral «Insuficiencia de la escala y el iris», de ricas implicaciones conceptuales. Ejemplo de la búsqueda del destino histórico es «El gigante» (1923), replanteo de su papel de hombre en su circunstancia, un texto de resonancia martiana.

El comienzo del poema es definidor: *¿Y qué hago yo aquí donde no hay nada / grande que hacer?* En los versos sucesivos se establece un contrapunto entre el Misterio y el yo aparentemente inepto en su pequeñez, entre las fuerzas del Mal y las potencialidades del individuo estimuladas por el reto de las entidades superiores. Se trata, en realidad, de una ruptura radical con dos elementos consustanciales de la tradición histórico-cultural del propio poeta: la actitud contemplativa o egotista, típica del romanticismo, y la inercia característica de la vida política nacional desde la fundación de la República, en especial en los sectores intelectuales, una pasividad coherente con los postulados de la estética modernista. Sin embargo, esa concepción dinámica del hombre en su relación con el acontecer identifica a Martínez Villena con el más ortodoxo romanticismo, el de los inicios del movimiento, cuando es un canto exaltado a la libertad, representado en Cuba por José María Heredia. En el clamor de «El gigante» hay una voluntad de transformación, expresada en el plano formal en un verso libre y espontáneo que no cuida, como en otros casos, los detalles del «buen gusto» con el mismo esmero. La búsqueda de un sentido histórico implica, en este poema, el replanteo de toda una concepción del mundo y, por ende, de la poesía.

De modo paralelo expone el artista la insuficiencia de sus medios expresivos, la incapacidad esencial de la palabra para significar y aprehender la realidad, problemática que necesariamente hay que interpretar a la luz de la ausencia de sentido existencial. Se impone una nueva estética, así como se impone una realidad que el hombre debe crear con su participación y sus acciones. Se funden así vida y poesía y se sustentan los principios de una renovación de la poesía y, en general, de la cultura. «Insuficiencia de la escala y el iris», espléndido soneto que enriquece la mejor tradición de la lírica cubana, es el testimonio inequívoco de la problemática en que se debatía Martínez Villena en tanto representante de un momento transicional, período de búsqueda que entrañaba la necesidad de transformaciones integrales, una nueva ontología que vendría a ser la antítesis de los posteriores postulados del existencialismo de la posguerra y que podría sintetizarse en la concepción del hombre como ser-para-la-acción. Martínez Villena ejemplifica, acaso como nadie, si bien desde su momento, las inquietudes prevanguardistas, en especial el anhelo de cambio. Este soneto es suficientemente explícito en su meridiana limpidez y en la maestría de su factura:

La luz es música en la garganta de la alondra;
mas tu voz ha de hacerse de la misma tiniebla;
el sabio ruiseñor descompone la sombra
y la traduce al iris sonoro de su endecha.

El espectro visible tiene siete colores,
la escala natural tiene siete sonidos:
puedes trenzarlos todos en diversas canciones,
que tu mayor dolor quedará sin ser dicho.

Dominando la escala, dominador del iris,
callarás en tinieblas la canción imposible.
Ha de ser negra y muda. Que a tu verso le falta

para expresar la clave de tu angustia secreta,
una nota, inaudible, de otra octava más alta,
un color, de la oscura región ultravioleta.

A esta segunda etapa en la evolución lírica de Martínez Villena, representada en lo esencial por «El gigante», el soneto que acaba de leerse y muchos de sus textos en prosa, algunos por su poética implícita (particularmente «*Hermanita de Agustín Acosta*», «Enrique Serpa», «Los astros ilusorios», «Semblanza crítica de Regino Pedroso», «Apunte sobre el ritmo poético. Al margen de un folleto de Regino Boti») y otros, porque ponen de manifiesto los ideales transformadores y el sentido actuante, de compromiso social, de la obra de arte, uno de los rasgos definidores del período prevanguardista (ese es el caso específico de los manifiestos y en especial de la «Declaración del Grupo Minorista», documentos claves para conocer los años que Marinello denominó «década crítica»), a esta segunda etapa pertenecen otros poemas de diversa factura: «La pupila insomne», «Exaltación en negro sostenido mayor», «El enigma de la amante horrible», «Paz callada», «El campanario del silencio», «Mensaje lírico civil» (todos de 1923), «Capricho en tono menor» (1924), «La medalla del soneto clásico»(1925), «Defensa del miocardio inocente» (1925), muchos trabajados dentro de concepciones modernistas por el tema y los recursos formales empleados, otros en la línea prosaísta y de denuncia («Mensaje lírico civil» y «Defensa del miocardio inocente»), variantes que vienen a subrayar, en su alternancia y significación intrínseca, el carácter dual de la poética del momento, su valor transicional desde criterios ya insuficientes (el centro conceptual de «Insuficiencia de la escala y el iris») y en busca de más ricas posibilidades de intelección de la realidad, en ese lustro (1923-1927) sólo esbozadas en un cuestionamiento ontológico («El gigante») y en la desestructuración de temas y recursos tradicionales («Mensaje lírico civil»), estadío anterior a la creación vanguardista, especialmente a sus derivaciones puristas, social y negrista.

En la última etapa de su evolución lírica escribió muy poco Martínez Villena, apenas unos cuantos textos: «A Teté Casuso» (1928), «A una cubana» (1929), «Mensaje prenupcial anticatólico» (1930), «Grito» (1933) y quizás «9,965» y «Parodia vanguardista» (ambos sin fecha conocida). Esos son los años (1928-1934) de mayor entrega a la causa revolucionaria, el sentido de su vida a cuya ausencia cantó en varias ocasiones y que lo decidió, finalmente, a abandonar el cultivo de la poesía, de la que en carta a Jorge Mañach dijera, como dura respuesta: «Yo destrozo mis versos, los desprecio, los regalo, los olvido: me interesan tanto como a la mayor parte de nuestros escritores interesa la justicia social.»[14] No se incorporó Martínez Villena a las nuevas corrientes estéticas que a partir de 1927 dieron libros significativos y enriquecieron la historia literaria nacional, pues su vida estaba comprometida con la acción.

Representa, no obstante, el período de transición del postmodernismo a la vanguardia tanto en sus versos como en su conducta política, expresiones de los nuevos ideales o concepciones artísticas que habían sido de hecho proclamadas en la Protesta de los Trece, en 1923.

Amigo entrañable de Martínez Villena y copartícipe en el intento renovador, José Zacarías Tallet (1893-1989) es autor de una obra poética también escasa y significativa, recogida en un libro: La semilla estéril, testimonio esencial de su momento que el autor dio a conocer en volumen de 1951. El crítico Guillermo Rodríguez Rivera considera a Tallet como un representante del prosaísmo, «sin lugar a dudas mucho más audaz y renovador que el típico prosaísmo postmodernista»,[15] y después aclara: «pero una visión profunda [...] de su poesía nos obliga a situarla, con mayor propiedad, dentro del marco del prevanguardismo».[16] En efecto, marcado por la impronta rubendariana y atento a la problemática de su circunstancia histórica concreta (un factor decisivo en la conformación de la poética de este grupo transicional de la poesía cubana), Tallet se mueve dentro de los hallazgos del prosaísmo postmodernista, caracterizado por el «redescubrimiento de la realidad cotidiana, inmanente al poeta: el barrio, la aldea, el pueblo de provincia».[17] La ironía, entre otros elementos, constituye un rasgo tipificador del paso del postmodernismo hacia más avanzadas posiciones, pues trae en sí una nueva mirada a la realidad, el comienzo de una ruptura que más tarde tendrá una mayor profundidad tanto en la estructuración del poema como en el replanteo de las posibilidades de intelección de la cultura y, en general, de los hechos del acontecer. En la obra de Tallet hay un cuestionamiento de los valores éticos y estéticos tradicionales y la búsqueda de otros códigos y de otro diálogo del poeta con su entorno. En primer lugar se destaca el carácter confesional de estos poemas, la vuelta hacia sí mismo, el recuento de la propia vida, una actitud esencialmente crítica por lo que tiene de hastío, burla, desenfado, juego irónico. Pocos son los poemas en los que no aparece una alusión al yo, un ego desacralizado por la historia y visto en medio de su abrumadora cotidianidad, desesperanzado y escéptico. Así mirada la propia individualidad dice «Confesión treinteña», un texto de suma importancia para comprender la concepción del mundo en la que se sustenta este libro y, en general, la época en que se escribió:

> Yo solamente soy un pobre diablo
> que vive su existencia con el perenne afán
> (legítimo y humano, desde luego)
> de mantener
> siempre encendido su farol;
> y cuantas cosas escribo o hablo
> van
> (jugar con fuego)
> encaminadas a obtener
> que se confunda con el sol.

Los poemas de mayor resonancia («Elegía diferente», «Mi coraza», «Poema de la vida cotidiana», «Tristitia caducitatis», «¿Quién sabe?», «La balada del pan», «Arte poética», «El equilibrista», «Proclama», «El poema de la ciudad letárgica», «En el banco de la paciencia», «Yo poeta», «La rumba», «Negro ripiera», «Tarde o temprano», entre otros) proponen un replanteo de las relaciones poeta-acontecer, poesía-historia, una reconsideración que trae implícito el desgarramiento y el agónico diálogo del creador consigo mismo. Son años de decadencia política y espiritual y al mismo tiempo del resurgir de nuevas fuerzas creadoras, puestas de manifiesto en los temas y la manera de decir y en la toma de conciencia de los intelectuales frente a la degradación, el entreguismo y el latrocinio de los gobernantes. En Tallet la poesía expresa, acaso con mayor fuerza y persistencia que en los restantes miembros del grupo minorista, el conflicto radical de su momento histórico. Es la suya una obra auténticamente transicional, de denuncia, en especial por la apertura que significó en la búsqueda y los hallazgos de la inmediatez, un nuevo realismo a partir de cánones estéticos modernistas. *La semilla estéril* es, pues, la más coherente y orgánica propuesta de una poética de la modernidad en los años en que ya habían agotado los recursos expresivos de las décadas precedentes y no había cobrado cuerpo el renacimiento de la lírica cubana desde criterios renovados. En la manera de acercarse a la realidad y en el reflejo artístico que alcanza Tallet hay denuncia y advertencia, develamiento y propuesta. El hastío, la desesperanza y el desencanto se conjugan con una extraordinaria vitalidad y una sedienta fruición, elementos constitutivos del coloquialismo de estas páginas. En el centro de esta poética, en su fuente nutricia, está la asunción de la realidad tal cual es y, por contraste, la propuesta de lo que debería ser, una ética de la esperanza que trasluce como un elemento vitalizador de primera importancia. De hecho, esa mirada a la cotidianidad y al vacío de la existencia implica la exhortación a transformarla y enriquecerla. En el plano formal, Tallet muestra una variedad singular, ya esbozada en sus alcances por Rodríguez Rivera, en la que puede apreciarse asimismo una voluntad renovadora que se integra al plano conceptual para fusionarse en un todo orgánico en tanto poesía nueva.

En ese realismo inmanentista hay además una pretensión totalizadora, como se observa en «Poética», donde se integran, como haría más tarde la vanguardia, pero en Tallet con una carga de ironía fundamental, múltiples fragmentos y zonas de la realidad hasta esos instantes inconcebibles para la sensibilidad modernista ortodoxa.

La enumeración de la segunda mitad del poema integra un cosmos virtualmente ignorado por la poesía y que años más tarde, entre los jóvenes que comienzan a escribir en Cuba a mediados de la década del 60, e incluso en algunos libros aparecidos entre 1959 y 1966 de poetas que ya habían publicado en el decenio anterior, se revitaliza como posibilidad de aprehensión de un universo prácticamente ilimitado, en momentos de efervescencia revolucionaria, un contexto similar al de los años en que se escribe esta página de *La semilla estéril*. La repercusión y trascendencia de la poética de Tallet subrayan su apertura hacia el futuro, la antítesis del pesimismo y el hastío que abruman al poeta y dan la tónica de su quehacer. Véase la denuncia en «Proclama», un ejemplo de libertad expresiva que está a las puertas de la vanguardia y en cierto sentido la representa mejor que las escasas muestras que la crítica reconoce como vanguardistas dentro del pobre panorama del movimiento en Cuba. Estos fragmentos ilustran las virtudes de la poesía de Tallet y recogen, en lo esencial, sus inquietudes y propuestas:

Gente mezquina y triste,
que al par sabéis de las rebeldías vergonzantes
*   e incógnitas*
y de las renunciaciones cobardes y heroicas,
escuchad la voz de uno que habla por vosotras.

Yo soy el poeta de una casta que se extingue,
que lanza sus estertores últimos ahogada por el
*   imperativo de la historia;*
de una casta de hombres pequeños, inconformes
*   y escépticos,*
de los cómodos filósofos de «en la duda, abstente»,
que presienten el alba tras las negruras de
*   la noche,*
pero les falta la fe para velar hasta el confín de

la noche.
(¿No oís el trueno sordo de la impotencia
nuestra?)

Soy uno de los últimos que dicen,
trágicamente, «yo»,
convencido a la vez de que el santo
y seña de mañana tiene que ser «nosotros».
Yo soy el que en su día y en su medio
rompió con fiera alacridad moldes arcaicos;
al que los hierofantes tropicales ultranuevos,
a la sazón, de sibilino, desdeñosamente tildaron,
cuando el anarquismo de las imágenes aún
        no había cruzado el charco,
arribando a las playas criollas
por la vía de los ajenos maestros consagrados.
[...]
Soy de la estirpe de los hombres puentes;
y justifico la obsesión del ayer, que me retiene
        preso,
con la preocupación, pueril y remota,
del pasado mañana, que a nadie le importa;
soy capaz del absurdo de todos los oscuros
        sacrificios,
sin la convicción del profeta, del apóstol o de
        sus discípulos.
Quise en mi tiempo romper unos cuantos
        eslabones,
y me expresé en mi tiempo con palabras
        distintas,
y fui precursor en mi tiempo de lo que era
        diferente y contrario de ayer.
[...]
Yo he cantado las congojas del hombre que no
        puede ser de mañana
y no quiere seguir siendo de ayer:
angustias que a nadie interesan, mas que
        experimentan
cuantos, como yo, no son de mañana ni de ayer,
y que están retratados en mis cantos,
con sus debilidades, sus dudas, sus anhelos
y los frenos que no saben o no se atreven a romper.
[...]

La burla, el desencanto, el juego irónico, el estilo desenfadado y roto, el hallazgo de la cotidianidad como fuente de la poesía —rasgos que de un modo u otro expresan una actitud fren-

te a la cultura y las circunstancias históricas— son de una raigal cubanía en tanto testimonio de su contexto y de toda una manera de ser. En esa búsqueda de la autenticidad que una y otra vez se encuentra en estos poemas, de una sinceridad sin equívocos que llega a la desvirtualización del tradicional yo romántico hasta poner al desnudo un ego sin artificiosos ropajes, en ese realismo que penetra en zonas inexploradas de la cotidianidad y entrega a los lectores un ser en su agónico batallar contra las fuerzas de la historia y del diario vivir, hay que leer necesariamente un intento de rescate de las esencias nacionales. En esa dirección y con similar actitud indagadora escribe Tallet dos poemas negristas: «La rumba» (1928) y «Negro ripiera», antecedentes de una de las líneas derivadas de la vanguardia en Cuba en su modalidad exteriorista. En esas páginas, de absoluta coherencia en Tallet, halla cauce idóneo la poética de la integración a la que se aludió hace poco en estas reflexiones. La captación de tipos y situaciones populares alcanza en estos dos ejemplos una significación social de primera importancia y, al mismo tiempo, una significación artística en tanto experiencia literaria concreta. El *corpus* lírico de Tallet se constituye, por lo que queda dicho, en paradigma de la etapa de transición en que fue creado, pues anticipó, en su prosaísmo fecundo, la conciencia de la modernidad.

La obra poética de María Villar Buceta (1899-1977) es, como las de Martínez Villena y Tallet, representativa de su momento, los años 1916-1925, si bien más tarde continuó escribiendo poesía y prosa hasta su muerte, como Tallet.[18] Su libro *Unanimismo*, publicado en 1927, tiene elementos comunes con sus dos coetáneos, en especial el carácter de tránsito hacia una estética vanguardista, menos evidente en su caso. La soledad y una suave ironía definen estos versos que, surgidos del modernismo, van poniendo de manifiesto la frustración y la amargura, signos del acontecer de la realidad histórica nacional. Cierta religiosidad y el apego a formas y ritmos modernistas ejemplifican su filiación rubendariana, en tanto que el hastío y la reclusión en una intimidad lacerada, pero refugio contra una intemperie hostil, expresan un callado clamor por una plenitud inapresable, búsqueda que habría de llevarla a luchar contra Machado. Sus vínculos con la estética precedente se observan en la primera parte del libro: «Unanimismo», «Poemas de esperanza», «Nostalgia», «Vuelo retrospectivo», «Crepúsculo en otoño», «La ascensión», «La hora de los crepúsculos», «Compensación», entre otros no menos cargados de emotividad y de una percepción del paisaje y de los anhelos espirituales al modo modernista-romántico de la sensibilidad predominante en los decenios 1900-1920. La nota diferenciadora está en «Hermetismo», en «¿...?», en «Sinceridad», en «Fuerza», en «Momento». Vitier ha caracterizado así la poesía de Villar Buceta:

> Dentro de este grupo, [...] representa la actitud más ensimismada y la mayor concentración expresiva, todo ello a través de un fino y escéptico sentido del humor. [...] Poesía, puede añadirse, centrada en el carácter antes que en el sentimiento y dominada por un introspectivo temple estoico —desolación, ironía, resistencia— que en sus últimos poemas alcanza una dimensión más entrañable y trascendente, con vigor y sobriedad ejemplares.[19]

Acaso donde más evidente sea el anhelo de transformación en esta poetisa es en el «Autorretrato» que puso delante de los poemas de *Unanimismo*, muy cercano en su tono y en sus preocupaciones al Martínez Villena de los textos confesionales, similitud que se encuentra también en estos versos de «Fuerza», antitéticos de su famoso *¡En casa todos vamos a morir de silencio!* («Hermetismo») y en el fondo identificados en relación causa-efecto:

> *Yo siento que en mi alma hay algo*
> *de la gran fuerza primitiva.*
> *Ella no está contaminada*
> *por el morbo de las ficticias*
> *civilizaciones actuales,*
> *y anda desnuda... [...]*

El autorretrato dice así, con entera claridad:

Mas... he aquí que un buen día me doy cuenta de que vivo en las tinieblas y quiero salir de ellas, a toda costa. Un megalómano anhelo de «figurar» invade y turba la inacción de mis células cerebrales. En mi espíritu enfermo de oscuridad bulle la obsesión de una aurora que lo reivindique: ya no se resigna a ser un factor negativo en la sociedad. Y el ente-nulidad se convierte en el ente-iniciativa. [...]

Siempre dentro de un lirismo al que no renuncia definitivamente, la poesía de Villar Buceta hace suyo el conflicto esencial de sus días en esa sinceridad con que se mira a sí misma y se sitúa ente los otros, reconocimiento al mismo tiempo de su exclusivo yo, como se ve en «Sinceridad». De nuevo reaparece el batallar de la poesía con las circunstancias frustrantes de un momento de crisis, y retorna en los términos característicos de entonces: el yo que quiere ser nosotros de que hablaba Tallet.

La breve y refinada obra poética de Juan Marinello (1899-1977) abarca los años 1917-1930 y consta de un libro: *Liberación* (1927), y de varios poemas dados a conocer en revistas de la época. Por semejantes razones a las que decidieron a Martínez Villena a dejar la poesía, Marinello no vuelve a escribir poemas hasta después del triunfo de la Revolución en 1959, y entonces lo hace sólo de manera ocasional: su entrega a la lucha política y el cultivo del ensayo —otra expresión de su decidida actitud beligerante contra la injusticia— son los caminos por los que habrá de transitar su obra con posterioridad a 1930. En su evolución lírica se aprecia el paso de las posiciones modernista («Todas las mañanas», 1922) y romántica («Paz», 1917) hacia la renovación de la vanguardia, en su caso dentro de la línea purista («Flecha, metal», 1929). En los textos anteriores a 1927 hay algunos de singular estatura por el manejo de los recursos formales y por la problemática expuesta, como sucede con «Yo soy como esos árboles» (1923), testimonio de un conflicto íntimo entre el hedonismo de corte sensualista y un ascetismo que el poeta denomina *ancestral*. En esa pugna entre las fuerzas opuestas puede verse el reflejo de una problemática ontológica en el contexto de la realidad política del país en ese año, el de la protesta contra el gobierno corrupto de Zayas. De ese momento es también «Final», evidentemente influido por «Canción del sainete póstumo», una página en la que la muerte propia asume de nuevo el drama de la frustración del individuo. Así, en esas primeras muestras, Marinello se revela como heredero y representante de una concepción del mundo en la que el yo intenta redimirse de su circunstancia, de la que se siente hastiado; se vuelve entonces hacia sí mismo en actitud contemplativa para meditar en su propia desdicha.

Liberación tiene en su centro «el enfrentamiento de dos actitudes ante la vida: la participación o la renuncia», afirma Emilio de Armas,[20] un cuestionamiento que sitúa a Marinello en dos realidades históricas y estilísticas en tanto drama íntimo. Más adelante aclara el crítico que este poemario es «una sucesión de textos en dialéctica confrontación» y que está dotado «de una dinámica interna que [...] es la más convincente prueba de su autenticidad literaria y vital».[21] Temas y subtemas se entrelazan y fecundan: ansias y clamor de alturas y cumbres («Ya no sentía la tarde»), el amor como redención («Cuando estas aguas se serenen»), soledad para llegar a la Nada («Anochecer en la montaña»), el sosiego del espíritu en medio de las dubitaciones y la indecisión («Renunciación»), una y otra vez reformulándose de diferentes maneras en distintos textos. La liberación del título no es, como bien aclara Emilio de Armas, de sentido metafísico, sino autodefinidora, una ontología inmanentista de sesgo similar a la que sustenta las obras de Martínez Villena y de Tallet, si bien en Marinello expresada dentro de la tendencia intimista en la que se inscribe el libro. Las vivencias del poeta, por esa fecha todas del orden de la vida espiritual, se encaminan hacia un porvenir indescifrado, pero cierto, el destino que tan afanosamente buscaba en su poesía Martínez Villena y que se siente actuante en la sed de grandeza desinteresada de dos poemas de *Liberación*: «Ya no sentía la tarde» y «Y esta eterna nostalgia». Esa conciencia de la claridad renacida, que venía preparándose en el poeta en su anhelo de alturas

y de Nada («Anochecer en la montaña») y que lo encamina por los senderos de la poesía pura («Flecha, metal»), está recogida en un poema de implicaciones filosóficas y, por ende, políticas: «Yo sé que ha de llegar un día»:

> Yo sé que ha de llegar un día
> claro como ninguno,
> y que la antigua alegría
> vivirá de nuevo a su conjuro.
> Yo sé que ha de llegar un día.
>
> Yo sé que esta tristeza,
> sin causa y sin objeto
> —que es como un don divino—,
> se alejará en secreto,
> igualmente que vino.
>
> Yo sé que en una tarde
> que tendrá una tristeza insuperable,
> se hará el milagro, y al llegar el día,
> renacerá mi claridad interna,
> ¡la claridad tan mía!
>
> Yo sé que será tarde
> para amar y reír.
> Yo sé que el corazón, al deslumbrarse
> con la nueva alegría,
> añorará su antigua tristeza inexpresable.
>
> Yo sé que será tarde,
> mas espero ese día.

Desde lo inexplicable hacia la visión interior es el trayecto que espera recorrer Marinello. Sus últimos años creadores dentro de la poesía de entonces van clarificando las preocupaciones en la dirección de la tendencia purista («Palabras», 1928; «Flecha, metal», 1929; «Paréntesis», 1929; «Del nuevo mar», 1929; «Vuelta», 1930), un diálogo del creador con las palabras, además de las resonancias de su propio pasado. Ahí está la fuerza transicional de esta obra poética, en ese desembarazamiento de la tradición y la apertura a una nueva concepción del fenómeno de la poesía, que dio acabado fruto en Ballagas y en Florit, deudores de este lirismo siempre decantado. No hay en Marinello prosaísmo ni desenfado, pero sí el desasosiego de su momento histórico, resuelto más tarde en la prosa reflexiva y en el combate político activo. Como poeta de transición deja ver la parábola de su quehacer como un intenso testimonio de la búsqueda de sí mismo, en cada etapa con mayor nitidez hasta que finalmente se disuelven en una indagación en la realidad histórica concreta.

En la antología *La poesía moderna en Cuba (1882-1925)* (1926), ya mencionada, en la misma sección «Los nuevos», aparecen otros nombres que pertenecen a estos años de transición: Ramón Rubiera (*Los astros ilusorios*, 1925); Enrique Serpa (*La miel de las horas*, 1925); Rafael Esténger (*Los énfasis antiguos*, 1924); Andrés Núñez Olano (sin libro publicado); Eduardo Avilés Ramírez (sin libro publicado), de orientaciones y propuestas diversas, formados en el modernismo. No puede decirse que sus obras posean la importancia y la significación que tienen los cuatro libros que acaban de analizarse, y ni siquiera puede asegurarse que representen los reclamos de una nueva sensibilidad. Por el momento en que escriben y la búsqueda que emprenden algunos en el plano formal podría considerárseles como un puente entre el modernismo y la poesía purista; tal es el caso de Rubiera y de Núñez Olano, por ejemplo, herederos del parnasianismo y del simbolismo francés. Otros siguen (Serpa el de más fuerza) la línea que fructifica en *Hermanita*, de Acosta, cuyo origen está en el romanticismo finisecular. Con estos poetas que tampoco continuaron escribiendo después, se conforma un panorama de época rico en logros y en planteamientos, aunque muchos de los textos no tengan notables aciertos formales y no hayan trascendido su propia circunstancia literaria. Esos son años fecundos en la medida en que sus representantes mayores fusionaron poesía y compromiso social, acción y creación, en virtud de renovadores conceptos del acontecer. [*E. S.*]

2.2.3 La vanguardia. Navarro Luna, Pita Rodríguez, Boti

El auge del fenómeno artístico conocido como vanguardia —denominación aplicada en un sentido estrecho a los llamados «ismos» europeos y, de manera más abarcadora, a todo cuanto se relacione con la revuelta estética de la cual éstos fueran portavoces— se hace ostensible en la poesía cubana a fines de la tercera década del siglo XX. Para evaluar el significado de tal conmoción entre los poetas cubanos es necesario deslindar tres aspectos o facetas dentro del mismo hecho: su aspecto teórico-conceptual, que implica cuestiones estéticas de fondo; su costado puramente formal, relativo a los procedimientos artísticos, y su aspecto ideológico, en Cuba muy especialmente ligado a lo político.

En lo referente al aspecto teórico-conceptual, la vanguardia vino a propiciar una renovación que ya desde la segunda década del siglo se planteaba como algo trascendental para la evolución ulterior de nuestra lírica. Tal actitud suponía un cambio sustancial en la manera de concebir el diálogo creador-mundo en torno y, asimismo, un cuestionamiento de la actitud observada hasta ese momento ante la tradición; todo ello llevaba al replanteo de las funciones y aun del propio concepto de poesía. En tales inquietudes se hallaba el fermento de las que poco más tarde serían líneas derivadas de la vanguardia —purismo, poesía social, poesía negrista—, en el fondo de las cuales es posible encontrar los postulados cardinales de aquéllas.

Respecto a lo formal —reflejo de las preocupaciones teóricas—, la poesía vanguardista cubana no llegó a las intensas búsquedas propias de ésta en Europa e incluso en algunos países latinoamericanos. Los que en rigor pueden considerarse como textos vanguardistas asimilaron ciertos procedimientos, específicamente aquellos en los cuales se expresaba la «libertad» postulada por sus teóricos. Fue, en resumen, lo más exterior del movimiento lo que alcanzó a incorporar esta poesía en Cuba; prueba de ello es su escasa, casi nula, experimentación en el campo de lo tropológico. Lo dicho anteriormente no resulta extraño si se considera el retraso con que tales ideas llegaron a la Isla: poco podía hacerse en 1927 cuando el ultraísmo argentino y el estridentismo mexicano se hallaban ya en franca retirada por esta misma fecha y el creacionismo de Vicente Huidobro daba de qué hablar en los círculos intelectuales europeos y americanos desde 1916.

La explicación más válida para esta pobre «acometividad» formal de la poesía vanguardista cubana se refiere, no obstante, al tercer aspecto del problema: el político-ideológico. Llegados a Cuba en un momento de intensa crisis social, los postulados de la vanguardia fueron, como ha dicho Roberto Fernández Retamar, la concomitante artística de una imperiosa necesidad de cambio histórico, la expresión estética de un estado de rebeldía política y, en gran medida, una vía de salida a tal inquietud. Luego, las formas asumidas bastaban para dinamitar el ambiente poético nacional, en lo estrictamente estético, y para dar impulso a una nueva poesía libre ya del lastre de una retórica decadente e incorporada, por fin, a la dinámica del acontecer literario universal, mientras, en otro sentido, se hacía eco y partícipe de la efervescencia política del momento.

Las condiciones sociohistóricas que posibilitaron la asunción de los postulados estéticos vanguardistas serían por otra parte determinantes en el carácter provisorio de la vanguardia cubana. El momento, altamente significativo para el posterior desarrollo de la lírica nacional, ha de verse, en verdad, como factor desencadenante de un novedoso y más fértil intercambio futuro entre la poesía y el entorno, hecho que trasciende su propia existencia, como fenómeno cultural, en un lapso determinado. Ello explica por qué, a pesar de su impulso renovador, los creadores cubanos no alcanzaron a producir libros orgánicamente integrados y cuyas páginas fueran representativas de la nueva sensibilidad, con excepción de Regino Boti y Manuel Navarro Luna, autor este último de *Surco* (1928), el único poemario que, a juicio de la crítica,[22] reúne las características para ser considerado como exponente de la vanguardia poética nacional.

Sin embargo, en *Surco* se hace visible una dualidad, resultante del esfuerzo por acomodar a los procedimientos literarios de última hora un universo ideotemático todavía muy apegado a las inquietudes filosóficas propias de la poesía cultivada en las dos primeras décadas del siglo. La muy cercana presencia de los elementos formativos de su labor creadora inicial explica ese tenso contrapunto entre estructura y sustrato conceptual latente en el poemario.[23]

Aunque la división en dos secciones: «Surco sediento» y «Surco encendido», pudiera hacer pensar en un deslinde por parte del autor —temático, estructural, de perspectiva o punto de vista del sujeto poético—, no hay apreciable diferencia entre ellas; la mayoría de los poemas participan del mismo tono solemne, evidencian similar afán de indagación ético-filosófica y llegan incluso a mostrar un interés por introducirse en ámbitos oscuros, desconocidos de la realidad, lo que acusa cierta tendencia especulativo-metafísica, asumida, con toda certeza, en sus lecturas de juventud, en su formación intelectual autodidacta y anárquica. Sirva de ejemplo su poema «El fantasma» (1928):

> ¡Mira como traes la ropa…!
> —«Vengo de los osarios»
> ¡Mira como traes los ojos…!
> —«Vivo entre los gusanos».
> Puso, ligeramente, su cabeza
> en mi hombro. Entró el mar de la noche
> por la ventana abierta
> y empapados de sombra
> quedamos —Si deseas,
> exclamó, puedo marcharme ahora.
> ¿No vienes al llamado,
> respondí, de mi anhelo…?
> —Sí: ¿mas no ves el traje
> con que cubro mi cuerpo…?

Tales preocupaciones se hallan en contradicción con la exultante vitalidad de la vanguardia, que proclamó su gusto por la velocidad, la máquina y las maravillas tecnológicas, y cuyos presupuestos ideoestéticos excluían, en un primer instante,[24] la búsqueda, con pretensiones éticas, en los misterios y complejidades del comportamiento humano. De ese modo, muchos de los textos incluidos en *Surco* pueden parecer incongruentes con el espíritu vanguardista —«El ahogado», «El loco», «La llama», «Esqueletos», «El fantasma», «Gusano», entre otros—, pues en ellos la intención reflexiva del autor supera el propósito de verificar cambios formales y temáticos significativos.[25]

El elemento conceptual de los poemas se asocia a una manera de expresar que se apoya con frecuencia en lo simbólico; ello conduce a un discurso donde abundan las impresiones difusas, abstractas, que difieren del rejuego imaginativo y la capacidad relacionadora vanguardista. El tono solemne, a ratos tremendista —véase «Gusano»—, y el afán reflexivo, contrastan con la tímida incursión en las audacias formales del momento —cierto trabajo con la disposición tipográfica, algunas imágenes no muy audaces, el empleo frecuente de la prosopopeya— que en Navarro carecen del sentido lúdicro y el desenfado afines a la actitud iconoclasta de la vanguardia, de lo cual resulta que *Surco* es un poemario muy cercano aún a la sensibilidad precedente, un producto a medio camino entre la tradición y la novedad literaria, sin que esta última llegue a incorporarse del todo.

La causa de esta escisión habría que buscarla, por una parte, en el carácter transicional del cuaderno y, por otra, en la presencia de una muy definida personalidad creadora. Ya en *Surco* se hacen evidentes el gusto por determinados procedimientos retóricos y la tendencia a utilizar cierto tipo de vocablos y algunos efectos característicos de su estilo, que superan su voluntad de incorporar las nuevas modalidades literarias. Así, la creación de atmósferas sombrías, el uso de palabras cuyo espectro semántico remite a ideas de dolor, oscuridad, muerte, luchas, desgarramiento, misterio; la búsqueda de contrastes por oposición de ideas, a través de elementos dotados de connotación simbólica como sombra-luz, vida-muerte, destrucción-nacimiento, silencio-grito, fiebre-frío; el empleo de figuras patéticas, responsables del tono exaltado tan peculiar en Navarro Luna, y el carácter enfático de la composición, son aspectos que determinan los rasgos más notables del libro desde el punto de vista estilístico, aún por encima de la posible asimilación de los procedimientos vanguardistas.

Pero en el cuaderno de 1928 hay un elemento que lo aproxima mucho más a la nueva concepción de los vínculos entre arte y realidad asumida por los cubanos a raíz de los cambios en las ideas estéticas ocurridos en la tercera década del

siglo. Se trata del trasfondo social presente en la actitud humanista de poemas como «Surco», «El pueblo», «La nube», «La caverna», «El apóstol» y «El grito», cuyos respectivos planteamientos temáticos traslucen conflictos humanos de significación universal. Es preciso anotar, sin embargo, que varios de ellos se encuentran aún muy permeados por el escepticismo heredado por el poeta de sus tempranas lecturas —Novalis, Maeterlink, Kierkegaard, Unamuno—, de modo que sus reflexiones se inclinan a considerar, con un velado sentido aleccionador, el choque del hombre con los rasgos oscuros, destructivos, de su propia naturaleza, y muestran ocasionalmente una concepción pesimista sobre el papel de las masas en la historia, tal y como se aprecia en los poemas «El pueblo» y «El apóstol».

No obstante, el hecho de plantearse como motivo poético los vínculos del individuo y las multitudes —y los de éstos con el suceder histórico—, sus impulsos, angustias y contradicciones, lo coloca en un lugar de avanzada, pues responde a la nueva manera de concebir el diálogo creación artística-sociedad que caracterizó a la renovación estética entre los cubanos, como reflejo de la necesidad apremiante de un cambio sociopolítico en la Isla. Por todo ello resulta atinado considerar que lo novedoso del libro, respecto a su obra anterior, no radica solamente en la incorporación de los recursos expresivos vanguardistas, sino también en la vía que abra a la poesía de sesgo social a partir de los temas desarrollados en él, así como en los signos evidentes de un encuentro con su voz definitiva, aun cuando el lenguaje y los planteamientos reflexivo-filosóficos recuerden todavía su iniciación postmodernista.

El deseo de volcar ideas progresistas en moldes contemporáneos responde a una inquietud epocal, y Navarro Luna le dio forma en un conjunto de poemas; su penúltimo texto: «Estación terminal», uno de los pocos del libro cuyo contenido y rasgos configurativos responde con mayor desenvoltura a la experimentación formal vanguardista —el resto son: «El grito», «Murciélago», «Insomnio», «Glaucoma» y «El regreso»—, posee un matiz social expreso —no ajeno al humor y la ironía— y bien podría considerarse, al menos en lo que respecta al tono sedicente de sus versos, como un antecedente más de «Salutación fraterna al taller mecánico» de Regino Pedroso, texto importante dentro de la poesía social cubana:

«Estación terminal»

Cementerio
>   Estación terminal
En ella
tomamos
el pasaje
>   de primera
>   o de última clase
los nichos son los PULLMAN
>   Tienen salones espléndidos
>   departamentos cómodos
>   literas bajas
>   y literas altas
>   En ellos van
>   los ricos
>   los que pueden
>   los privilegiados
Los otros pasajeros
viajan siempre en los carros de tercera
>   o en el de carga
>   que es la fosa
>   común

Surco es el primer paso en una línea que Navarro Luna no habrá de abandonar en lo sucesivo. No es, enteramente, un libro de madurez, pero en él ya están los rasgos estilísticos esenciales de su obra posterior.

Félix Pita Rodríguez (1909) se vincula muy joven al mundo intelectual cubano; ya en 1927 aparecen poemas suyos en el *Suplemento Literario del Diario de la Marina*, fecha que coincide con el período de eclosión vanguardista; a partir de entonces y con cierta regularidad, continuará colaborando en diversas publicaciones ligadas al citado movimiento: el propio *Suplemento Literario...*, *atuei* y la *Revista de Oriente*, entre otras.

Dada su juventud, no tiene, como Navarro Luna, una obra anterior de inspiración postmodernista; esos primeros textos, especialmente los de 1927 y 1928, responden a un patrón general cuyos caracteres han sido esbozados en el panorama sobre la lírica de la etapa. Sin embargo, en ellos se insinúan algunos de los elementos que en el futuro habrán de singularizar su voz poética: la relativa osadía en la construcción del tropo y el dejo humorístico. A pesar de ello, esos primeros tanteos no tienen, ni en los temas ni en la manera de tratarlos, sustanciales diferencias respecto a la poesía escrita en ese lapso por el resto de los autores vinculados con la vanguardia.

En 1929, Pita Rodríguez viaja a París, y su encuentro con el surrealismo, entonces en pleno auge, se torna decisivo para su formación; el saldo de esta experiencia será una forma de concebir lo literario en la cual vida y reflejo artístico hallan, dentro del ámbito de la imaginación, un punto concurrente donde verificar su diálogo. Muchos de los temas y asuntos incorporados por el autor en esos años aparecerán luego como una constante en su obra; algo similar sucede con sus «modelos» o puntos de referencia literarios —Villon, Blake, Lautréamont, Rimbaud, Hölderling, Nerval, Young— y con algunos personajes históricos y artistas cuyas existencias, particularmente azarosas, devendrían símbolos de determinados anhelos, actitudes y avatares del hombre, y para quienes, debido a las situaciones límite en las cuales vivieron, no existió una frontera precisa entre lo real y lo irreal.

Las colaboraciones enviadas por el autor a las revistas y periódicos cubanos a partir de esta fecha muestran una asimilación personal de todo cuanto conoció por esos años. Dos modos de sentir, contiguos en lo tocante a la manera de configurar el texto, muestra su obra de entonces: de un lado hay un tipo de composición que, tras la red tropológica y la elaborada imaginería, reserva un fondo sentimental; son poemas donde el dolor, el desconcierto y el sentimiento de vacío se intuyen, más que comprenderse, por la connotación de las palabras, como en «Exiliada, en reposo» (1931) y «Viaje» (1931).[26]

En otra cuerda se hallan textos donde es posible detectar una nota humorística que se desplaza entre la ironía y un medio tono sarcástico. Esta peculiaridad en Pita Rodríguez ha sido señalada por Roberto Fernández Retamar al deslindar los rasgos más sobresalientes de la vanguardia poética en Cuba.[27] Aunque en ésta constituyó un componente digno de atención, fue Félix Pita, entre los poetas vanguardistas, quien más asiduamente y con mayor nitidez apeló a este recurso, con notables aciertos estéticos por demás; momentos de verdadera calidad son poemas como «daguerrotipo», donde sustrae el prestigio literario de la nostalgia con un gesto de amargura, y «Falsa oda a Salgari», especie de homenaje a partir de referencias en su mayoría imprecisas pero, por lo mismo, de notable poder sugestivo:

> [...] ¡Ah, tu naufragio!
> *Más tiernos que las algas complicadas,*
> *entre reverencias cortesanas, mil doce*
> > *reyes de Abisinia*
> *perdieron la vida.*
> *Quince años después,*
> *aún la carne de los salmones sabía a pipas*
> *y juegos de barajas,*
> *como la carne de los corsarios.* [...]

A pesar de que existen en su creación dos sensibilidades, en apariencia excluyentes, hay en ella una unidad, dada por la presencia de un criterio específico al estructurar el cuerpo tropológico e imaginal del texto. Se trata de lo que Fernández Retamar ha descrito como «expresión de una pura fluencia emocional, cercana al superrealismo, en el cual no hay el acercamiento de dos realidades, de que da testimonio la metáfora, sino una nueva y arbitraria organización resultado de soltar las amarras a la razón».[28] y que Juan Marinello consideró como representativo del «disparate puro». Verdaderamente, en Pita Rodríguez hay un propósito metaforizador; pero lo asociado en ese acto, más que realidades, son impresiones, evocaciones, sugestiones, referencias de todo tipo, mezcladas, confundidas. La razón sólo suelta sus amarras en apariencia, pues hay una lucidez, un dominio del procedimiento y, en justicia, no existe tal disparate sino la conciencia de una multiplicidad dislocada —lo real que se fragmenta en múltiples sinsentidos— cuyo reflejo es esta poesía. La distorsión de lo percibido, al trasmutarlo en hecho artístico, responde a un «estilo» de intercambio con el entorno netamente vanguardista y trasunta tres de sus bases esenciales: el rechazo sentido por el creador hacia su circunstancia vital; el profundo antagonismo respecto a lo establecido, ordenado y suscrito por la tradición, y la defensa, a todo trance, de la libertad expresiva.

Los textos realizados bajo estos criterios poseen una nota característica: la incoherencia, resultante de renunciar al trazo de una línea argumental con un eje discernible. En cambio, el significado y el valor sugestivo de las palabras permiten captar lo que no evidencia la organización externa del lenguaje; es, pues, una poesía de atmósferas, creadas por lo que los vocablos sugieren más allá del referente.

Por lo insólito de sus imágenes, estos poemas se acercan a las formas expresivas del surrealismo; además acogen algunas inquietudes y tópicos conceptuales heredados de la poesía finisecular francesa, en especial la indagación en la capacidad de la palabra para expresar realidades por sí misma —fundada en sus valores fónicos— y las correspondencias entre los diferentes tipos de percepción sensorial; estas preocupaciones se concentran en los rejuegos sinestésicos de textos como «Falsa oda a Salgari», «Formas solo», «Pecera». Otro aspecto de interés para caracterizar esta parte de su obra es el empleo tropológico de los calificativos, donde alcanza verdaderos logros. Un buen ejemplo de ello son estos fragmentos:

> [...]*Tú misma eres tú misma sólo a veces,*
> *barco molino invierno donde ruedas*
> *sin indagar motivos del bostezo* [...]
> [...]
> *Con el patín de agujas golondrinas*
> *por el sueño fluvial, plata despierta* [...]
>
> («No tiene objeto»)

> [...] *Llama viajera por las aguas presa,*
> *o flor de celuloide nadadora,*
>
> («Pecera»)

A pesar de la citada incoherencia, Félix Pita conserva un ritmo característico en sus versos, cierta cadencia interna que equilibra y serena el caos de las ideas:

> Zodíaco de milagros, los exvotos,
> con plata de timones y motores,
> de eléctricos marinos y pilotos
>
> en jaulas a envidiar por ruiseñores.
> Blanca, la Virgen del Retorno Cierto,
> cristalizada en aserrín de nieve
> conjuga los naufragios con el puerto.
> Arcángel de abanico, sin relieve,
> cierra su sueño de fotografía
>
> con dedos caramelos de colores
> y luz copiada de un calcomanía
> que copiaba la luz de las Azores [...]
>
> («Zodíaco de milagros»)

Esta poesía, dispersa en revistas y periódicos, prefigura lo que será *Corcel de fuego* (1948), único libro de versos publicado por este autor durante la República, el cual resume y culmina su experiencia poética en esta etapa.

A diferencia de Pita Rodríguez, que no integró en libro sus textos vanguardistas, Regino E. Boti, cuya evolución poética fue ya tratada en este volumen, dio a las prensas dos cuadernos de estimable calidad y que, aun cuando tradicionalmente no han sido mencionados como ejemplos representativos de la tendencia, merecen ser tenidos en consideración a la hora de evaluar el saldo inmediato de la nueva estética en la poesía cubana.

Kodak-Ensueño (1929) y *Kindergarten* (1930) rematan una trayectoria iniciada en la segunda década del siglo, y si, como apunta Enrique Saínz en su libro *Trayectoria poética y crítica de Regino Boti*, son el resultado final de un proceso íntimo de singulares matices,[29] evidencian al mismo tiempo, por la forma de percibir el entorno y recrearlo en el hecho artístico y por la especificidad de sus bases ideotemáticas, una asimilación de los nuevos postulados estéticos quizá mucho más coherente con éstos que la observada en Navarro Luna.

Se trata de un trabajo con la materia prima verbal cuya premisa básica es la renuncia a cualquier tipo de participación afectiva en aras de la objetividad, actitud del poeta que responde, en cierto modo, a uno de los más significativos presupuestos vanguardistas: la necesidad de desentimentalizar el arte para lograr un resultado estético perdurable. A partir de esta aproximación objetiva al universo referencial seleccionado, resulta muy convincente y orgánico el empleo de algunas imágenes y rejuegos tropológicos de la vanguardia; por todo ello, ambos cuadernos alcanzan, en sentido general, una notable comunión con los presupuestos formales y conceptuales de ésta.

Aunque, a los efectos de una periodización de su obra, los dos últimos libros de Regino Boti representan una etapa final en su quehacer —al menos en lo que respecta a su obra impresa, pues no volvió a publicar nada desde entonces—, existen sensibles diferencias entre el texto de 1929 y el de 1930, que no radican tanto en la forma como en la actitud espiritual del autor ante sus circunstancias vitales y aun ante la propia creación literaria. En realidad, *Kodak-Ensueño*, cuyas concomitancias estilísticas con *El amor y la montaña* (1921) —forma ceñida, despojamiento retórico, simplificación y limpieza del léxico; en resumen: depuración extrema del lenguaje poético— se han señalado ya más de una vez, es una antesala del segundo libro en lo tocante al mencionado distanciamiento afectivo respecto al entorno —en este caso la naturaleza—, y en el uso de algunos procedimientos formales de ascendencia vanguardista; pero en este último subyace una carga de sentido que lo distingue notoriamente del primero.

Kodak-Ensueño es, como indica su nombre, un conjunto de impresiones fotográficas: un grupo de pinceladas o escenas breves que tienen como protagonistas principales al espacio y, subordinado a aquél, al tiempo. Se trata de captar una porción del entorno en un momento escogido y traducirlo a materia estética de forma concisa, desplegando para ello un juego imaginativo de asociaciones imprevistas que vinculan lo observado con un mundo de referencias aparentemente ajeno; quedan así unidos, en virtud del acto creador, lo factual, el hecho objetivo de la percepción y lo imaginal o ensoñado. Una buena muestra de ello son los poemas «Skating ring» y «En bahía», notable ejemplo, este último, de agudeza metafórica y capacidad de síntesis:

> *Del horizonte al cenit, y entre guiños*
> *de masas nacarinas, índigo, pru-*
> *sia, celeste. Las nubes —imitativas de*
> *todas las formas— son: montañas, fru-*
> *tas y frondas. La luz del mar se la*
> *ha bebido el cielo. Y, para movilizar*
> *el quietismo de la tarde, un guincho—*
> *de rigurosa etiqueta— raya el claro*
> *cristal del espacio —impluvium inverti-*
> *do— haciendo curvas inverosímiles con*
> *los diamantes negros de sus patines*

(«Skating ring»)

> *El acorazado se ha convertido en dos*
> *rojas agujas clavadas en el moño*
> *tenebroso de la noche.*

(«En bahía»)

El poeta se ha apropiado de la absoluta libertad creadora de la vanguardia, pero lejos de desestructurar los elementos formales más externos —alteración de la sintaxis, la tipografía, la puntuación y la ortografía—, opta por una modalidad próxima al poema en prosa o «para ser más exactos» —afirma Saínz en el texto citado—, poemas libres de las restricciones de la vieja retórica, atentos sólo al ritmo interior, esa conjunción de musicalidad —*elemento externo*— y de lo que podríamos llamar la fluencia conceptual o estructura interna del poema —*elemento interno*».[30]

Hay, no obstante, momentos que recuerdan el apego de Boti a la estética sustentada en sus primeros libros, debido, sobre todo, a aquellos efectos de luz y colorido de inequívoca raigambre modernista, presentes en algunos de estos poemas; pueden mencionarse, entre otros, «La primavera», «De paseo», «Crepúsculo», «La mañana», «En la barbería», «Julio», «Carrera vertiginosa», «Nocturno». A ello se suma el comedido, apenas esbozado, lirismo detectable en dichos textos, y el empleo ocasional de vocablos

—sonoros, ampulosos— que remiten a un arsenal léxico agotado en *Arabescos mentales*.

Lo más frecuente es, sin embargo, esa postura contemplativa y distanciada a la cual se ha hecho referencia. El propio poeta parece comprender por momentos estos desvíos del propósito inicial; la respuesta se materializa entonces en fragmentos de agudo y súbito contraste, no exentos de cierta camuflada ironía. Así sucede en textos como «Marina», «Travesura» y «La garza», pero sobre todo en «Primaveral», donde la estructura poemática, de una economía abrumadora —sólo un símil—, pone en acción un brusco juego de oposiciones:

«Primaveral»

> *El framboyán, en la mañana zafírea,*
> *diáfana y urgente, abre al sol su*
> *temblante vorágine de fuego como un*
> *riñón colosal sobre una antena pavonada.*

El dejo sarcástico subyacente en este modo de tratar el paisaje concuerda con el desenfado y la proverbial irreverencia vanguardista ante la tradición, y que en Boti es, a la par, reflejo de un proceso íntimo de pérdida de valores que le hace adoptar una postura cada vez más escéptica ante la realidad, todo ello reflejo de una existencia frustrada y de la incapacidad del poeta para dialogar con el medio social. Esta circunstancia le lleva a negar el concepto de naturaleza como refugio gratificador, tópico central de su mejor libro, con la consiguiente desjerarquización, que resulta de restar solemnidad a los vínculos poeta-paisaje. Esta nueva actitud se revela también en el vocabulario, pues suele emplear palabras de una simplicidad rayana en lo coloquial, frente a otras verdaderamente lujosas. Diríase que el autor busca a propósito el efecto prosaico en un contexto donde ciertos vocablos resultan chocantes:

«Sanitaria»

> *En la mañana, es el arenal del playón*
> *como la nata musgosa de la gran*
> *taza azul —agua aérea— que forma el*
> *combo del cielo volcado sobre el borde*

de las lejanías, entre tanto que un vuelo
de negrales bijiritas finge hambrientos
gusarapos.

Los rasgos anteriormente descritos alcanzan
en el siguiente libro una dimensión capaz de
determinar, de manera absoluta, el tono y el sentido hondo del texto. La conciencia desinte-
gradora toca fondo esta vez y se materializa en
un grupo de poemas cuya médula conceptual se
define a través de la burla y la intrascendencia,
elementos capaces de traducir el sinsentido que
domina la cosmovisión de Regino Boti por esos
años.

La nota introductoria, toda una advertencia
por cuanto insinúa la posible lectura a realizar,
trasluce, sin embargo, tan sólo una parte del problema, y vela las razones profundas que le sirven de sustrato ideológico. Resulta valioso, pues
permite reconocer en él un deseo expreso de ser
identificados por ese nuevo modo de asumir la
creación, y así declara:

> Lo demás rectas y sinuosas, irreverencias y
> ortodoxias, manteo y caricia, todo y nada.
> Un poco de fisga, de buen humor y ganas
> de pasar el rato haciendo chunga de esto,
> de aquello y de lo de más allá. Malignidad
> inocente que apedrea el ídolo en que adora.

Ligereza y tono burlón se expresan, pues, a
través de un juego de ingenio —con los conceptos y las formas— que no rebasa, en una buena
parte de los textos, la trivialidad. Como en
Kodak-Ensueño, la imaginería vanguardista,
estructurada aquí con mayor soltura debido a la
existencia de un precedente, le sirve de vehículo
idóneo para concretar toda una concepción de
la vida, en la cual va incluida también la literatura.
Boti no logra en *Kindergarten* el equilibrio
general, pues hay un notorio desbalance en la
calidad de las piezas integrantes de las siete breves secciones en las cuales dividió el cuaderno.
Así deben distinguirse los poemas donde predominan la simple intención lúdicra y la salida
ingeniosa de aquellos en los cuales el aire desenfadado y zumbón no llega a ocultar motivos mucho más trascendentes. De este modo, en un

poema como «Al gusano», la desacralización a
que es sometido el tema de la muerte —a través
del léxico utilizado y el tratamiento: irreverente, sarcástico— se superpone a la amarga ironía,
verdadero componente conceptual del texto.
Algo muy similar ocurre con otros asuntos y
temas —desarrollados desde la misma actitud
despectiva y burlesca— en los que, a través del
tiempo, el hombre ha proyectado hondas y per-
tinaces inquietudes, como, por ejemplo, su afán
de conocimiento («De tejas arriba»), el deseo de
trascendencia («Súplica»), o el sueño de una humanidad futura, desarrollada tecnológica y espiritualmente («Diálogo muy siglo 22»). El equivalente de este proceso a nivel estilístico es el
nuevo enfoque de la palabra, cada vez más despojada del hálito ennoblecedor que solía envol-
verla en los primeros libros. El poema «Súplica», último del cuaderno, viene a ser, respecto a
vocabulario, una verdadera antítesis de su estética juvenil, y otro tanto podría decirse de «Paisaje en metáforas», donde hace escarnio deliberado del paisaje para echar por tierra conceptos
bien arraigados en la sensibilidad artística tradicional —y en la suya propia— sobre el poder
vindicador de la expresión poética:

> *Si el río es una serpiente de plata,*
> *el camino es un cordón sanitario,*
> *una compotera cetrina la aldea,*
> *y en su ombligo el campanario*
> *una barra de jalea.*

Pese al desenfado asumido por Boti, *Kindergarten* posee un fondo de desesperanza, discernible a partir de la amargura que se transparenta
en sus despropósitos; de ello es una buena prueba la sección final: «Lente opaco», y en esencial
el poema «Sed», donde, a partir de un tópico tradicional: el camino como símbolo de la vida, el
poeta reflexiona sobre un drama personal —reconocimiento de la propia insuficiencia para dar
continuidad a una obra emprendida con fe— y
devela los signos ocultos de un libro que bien
puede considerarse como su testamento literario:

> *Caminito, caminito de mi vida,*
> *hecho en más de la mitad;*

caminito de mi vida,
no te pierdas en la nada,
resérvame un avatar!

El cambio de sensibilidad y perspectiva, ante el acto de creación y el acontecer real, evidenciado en *Kodak-Ensueño* y *Kindergarten*, se halla, sin duda alguna, en estrecho vínculo con el vuelco revolucionario de la vanguardia; Boti incorporó, como tantos otros escritores cubanos, los nuevos conceptos sobre el arte para encaminar una apremiante necesidad de renovación estética, pero si para aquéllos el vanguardismo representó un punto de partida en la búsqueda de modos expresivos diferentes y en algunos casos un medio de afirmación política, para el autor de *Arabescos mentales* fue, más allá del escueto interés literario, el cauce idóneo donde volcar sus conflictos existenciales. Su decisión de no publicar más y el hecho de haber concluido con ambos libros su trayectoria conocida por el público prueba que el poeta, al ser incapaz de ajustar su relación con el entorno, no pudo hallar un asidero para salvar su labor creadora.   [*N. Q.*]

2.2.4 La poesía pura. Brull, Ballagas, Florit

En el contexto del movimiento vanguardista cubano aparecen las primeras manifestaciones de nuestra poesía pura, precedidas en pocos años por la polémica que se desató en Francia a raíz de un discurso del abate Henri Brémond en la Académie Française en 1925 acerca del tema.[31] El texto de Brémond plantea todos los problemas esenciales que luego encontraremos en las obras de los poetas que conforman esta tendencia. Lejos de ser un tema sin importancia, como a primera vista podría parecer, en la definición de la poesía pura convergen trascendentales problemáticas filosóficas y literarias que se sustentan en una rica tradición. De hecho, los postulados estéticos e ideológicos que subyacen en las consideraciones teóricas de Brémond se remontan a una concepción del mundo de vieja estirpe y proponen una reconsideración a fondo del fenómeno literario y, en particular, del fenómeno poético. Un apretado resumen de las ideas expuestas por Brémond permitiría expresar en dos sus múltiples afirmaciones: 1) la poesía es inexplicable y 2) alude a una realidad inaccesible por la vía del conocimiento racional.

A partir de los criterios y de la influencia de Baudelaire, la poesía francesa tomará dos caminos fundamentales, el de los sentimientos y las sensaciones y el de la perfección y la pureza formales,[32] este último de evidente significado para los tres poetas que de manera más acabada representan en Cuba las ideas de la tendencia purista. Las preocupaciones esenciales de los creadores influidos por estos principios radican en el desentendimiento de lo anecdótico y de toda intención didáctica, de los temas y de todo otro elemento que pueda ser considerado propio de la prosa, distinción de gran importancia para comprender la poética de la poesía pura y los textos que la caracterizan.

La aparición de esta tendencia en la poesía cubana data de mediados de la década del 20, momento muy cercano a la etapa de auge de nuestra vanguardia; se da a conocer ya en plenitud y se define como una de las líneas fundamentales que surgen de la renovación, una de sus derivaciones significativas junto a la poesía social y a la poesía negrista, entre 1927 y 1930, los años vanguardistas del desarrollo de la lírica nacional. Aunque surge como parte de las transformaciones que venía experimentando el hecho literario desde 1923 —en Europa y en América Latina desde comienzos del siglo—, la crítica no ha valorado sus creaciones como expresión definitoria de la nueva sensibilidad, sino como un derivado posterior. Se trata de una consecuencia de la vanguardia, no de una de sus manifestaciones específicas, en primer lugar porque en sus más importantes ideas y en sus búsquedas creadoras difiere de modo sustancial del vanguardismo, en especial en lo tocante a la problemática de la forma y en el «regreso a la serenidad» al que se refirió Florit,[33] sin duda afanes integradores de un cosmos que son la antítesis de los intentos vanguardistas.

Mariano Brull (1891-1954), el más importante y consecuente de los poetas que representan esta tendencia en la lírica cubana, se inició bajo la influencia del modernismo con su libro *La casa*

del silencio (1916), de ricas emociones contenidas y aleccionadora calidad formal, rasgos que
estimularon apreciaciones elogiosas de Pedro
Henríquez Ureña.[34] En algunos de los poemas
de este libro se encuentran elementos que anticipan el camino que posteriormente tomaría su
autor y que vienen a demostrar que entre el
modernismo y las posiciones de vanguardia —en
este caso la poesía pura— hay una continuidad
de tanta importancia como la ruptura en la que
tanto se insiste al hablar de la evolución del género. En el poemario de 1916 coexisten los estados de ánimo y los temas típicos del modernismo con las pretensiones y las inquietudes
propias del purismo, en su caso signos de una
sensibilidad que se había ido integrando con la
mejor tradición formalista hispanoamericana, en
especial Rubén Darío.

En 1928 —tres años antes, 1925, apareció su
cuaderno *Quelques poèmes*, en francés, en Bruselas— dio a conocer Brull el que sería, en su
lengua, el primer libro dentro de la línea «pura»:
Poemas en menguante, texto de acabada perfección que muestra la influencia decisiva de teóricos y poetas de la tendencia. A partir de ese
momento, sus libros sucesivos se inscribirán
todos en los cánones estéticos puristas, con las
consecuentes posiciones y actitudes de esta interpretación de la poesía: desasimiento de todo
acontecer histórico, elaboración del poema a
partir de imágenes abstractas, ausencia de participación efectiva en el diálogo del poeta con la
realidad, formas ceñidas y armoniosas para conformar los contenidos y crear una significación
trascendente, cualidades que tienen sus raíces en
el idealismo de ascendencia platónica del que se
nutre el poeta purista. A lo largo de su quehacer
literario, Brull mantuvo su obra poética al margen de todo acto contingente que pudiese com-
prometer la autenticidad de su credo ideoestético.

Dentro de la organicidad esencial de su poesía desde 1928 y a partir precisamente de esa
coherencia interna, se encuentran en este poeta
dos modalidades en la búsqueda del desentrañamiento de la realidad, dos modos de plantearse
el conflicto que el creador considera fundamental: la penetración en la esencia de lo real.

De un lado hallamos la modalidad fruitiva, de
disfrute sensorial, puras alusiones al encuentro
del artista con la realidad; de otro, la modalidad
reflexiva, indagadora, verdaderamente trascendente y que abarca casi todo el *corpus* de su poesía, con excepción de una buena parte de *Poemas en menguante* y de algún que otro texto
posterior. Aquella manera hedonista está presente, por ejemplo, en «Por el cerco de la mañana»:

> Por el cerco de la mañana
> húmedo en el calor de estreno
> a cielo abierto, —rizo y veladura—
> ¡alegría chorreando luz!
> Agualuz de ancho reboso limpio
> agua bruñida en la mano del viento
> —acariciada aquí— rubia de júbilo.
>
> Yo, —sediento de lo que no bebía—
> me secaba en los ojos la gota por venir.

En el extremo de esta modalidad se hallan
«Verdehalago» y la célebre «Jitanjáfora», textos
de puras sonoridades carentes de significado y
que expresan, como ningún otro ejemplo, la tesis de la poesía pura, el verdadero centro definidor de la tendencia: la poesía está en la comunicación de un estado de ánimo indefinible por
naturaleza y que no está necesariamente referido a ningún elemento de la realidad. En ese juego de sonoridades y sinsentidos está presente
el intento de crear un lenguaje preconsciente,
anterior a la relación racional del hombre con
sus circunstancias, búsqueda de sensaciones primarias y ajenas al compromiso histórico. En estas páginas hay un ostensible afán de evasión
de todo cuestionamiento, incluso el que el propio Brull se haría en lo mejor de su obra, el del
hallazgo de una realidad ideal, abstracta, fuera
del tiempo, actitud que conduce a situaciones
límites insuperables, pues resulta de hecho imposible un diálogo fecundo y nutricio con esa
supranaturaleza irreal y por ello siempre inalcanzable.

Los textos en los que el poeta problematiza
la existencia —casi la totalidad de sus libros posteriores: *Canto redondo* (1934), *Solo de rosa*
(1941), *Tiempo en pena* (1950) y *Nada más que...*

(1954) entregan una expresión de mayor densidad, un tono grave y austero y una imagen idealizada del mundo real dentro de un estilo acendrado en el léxico y en la sintaxis. El poeta transita desde el entorno natural, sublimado y abstraído de su corporeidad concreta a partir de un idealismo a ultranza y sin concesiones, hasta la conciencia de sí mismo, el más hondo cuestionamiento del quehacer lírico de Brull. Esa incansable actitud del poeta frente a la realidad, ese intento sostenido por llegar a la esencia de las cosas, evocadas en su ausencia (fiel a la tradición mallarmeana), encuentra su más irreprochable manifestación en *Solo de rosa*, por ejemplo en «Epitafio a la rosa», aparecido originalmente en el poemario de 1934:

> *Rompo una rosa y no te encuentro.*
> *Al viento, así, columnas deshojadas,*
> *palacio de la rosa en ruinas.*
> *Ahora —rosa imposible— empiezas:*
> *por agujas de aire entretejida*
> *al mar de la delicia intacta,*
> *donde todas las rosas*
> *—antes que rosa—*
> *belleza son sin cárcel de belleza.*

Esta tendencia reflexiva de la poesía de Brull llega a sus últimas consecuencias en un importante poema de *Tiempo en pena*, el titulado «À toi-même», escrito en francés (del que tradujo significativas obras de Mallarmé —«Herodías» y «El nenúfar blanco»— y de Valéry —*La joven parca* y «El cementerio marino»—, los dos maestros que mayor resonancia dejaron en su cosmovisión). Resume esta página, quizás como ninguna otra de su obra, la evolución de un pensamiento filosófico incapaz de responder a las preguntas que el artista se había venido formulando prácticamente desde los inicios mismos de su quehacer. La alegría jubilosa de su momento hedonista, representado, por ejemplo, en «Yo me voy a la mar de junio», de *Poemas en menguante*, se transformó definitivamente, como ya se apuntó, en un afán de penetración en la «pureza» de las formas abstractas, pero a su vez ese entusiasmo tiene un trasfondo de angustia, visible sobre todo en la necesidad de otra realidad más allá de la

naturaleza sensible, claro signo de un anhelo insatisfecho que tiene como fuentes el idealismo trascendentalista de raíz neoplatónica y la experiencia concreta en que se encuentra inmerso el poeta. La fruición sensorial a la que aspira Brull es posible sólo en un entorno de esencias, en un mundo en el que la luz, las texturas, los colores y, en general, las impresiones de los sentidos, alcanzan una supuesta plenitud espiritual, libre de las transformaciones del tiempo y de todo acto contingente. Ahí se identifican esas dos maneras, la hedonista y la reflexiva, dos variantes de un cuerpo único de ideas.

La experiencia interior en la que desemboca el artista que ha transitado por estos caminos y ha intentado encontrar una realidad absoluta e ideal —y en la que ha intentado encontrarse a sí mismo—, se podría definir como la conciencia de un vacío, la desesperanza, la lucidez de la frustración, el centro del poema «À toi-même», que por su significación transcribimos íntegro, en la versión de Cintio Vitier:

> *Tú que buceas en lo eterno*
> *y vuelves con las manos vacías,*
> *lleno de un olvido que sólo pesa*
> *en las pestañas cargadas de sueños;*
> *tú que de nada colmas tu vida*
> *para serle más ligero al ángel*
> *que sigue tus pasos con los ojos cerrados*
> *y no ve sino por tus ojos;*
> *¿has encontrado el cuerpo del Ícaro*
> *en la sombra de tus alas perdidas?*
> *¿Qué es lo que te ha vuelto mudo*
> *entre las arenas de la nada,*
> *a ti que buceas en lo eterno*
> *y vuelves con las manos vacías?*

Las alusiones a la realidad trascendida se entretejen en este poema con las situaciones límites a las que arriban la búsqueda y la propia palabra del poeta. Se produce entonces una incomunicación radical entre el artista y su circunstancia en el sentido que quiso darle Brull a su obra, escrita para aprehender la sustancia de una realidad inaccesible por inexistente, posible sólo en el plano de las ideas, nunca en el de la creación artística. El desentendimiento de lo fenoménico no podía rebasar los límites impuestos por la palabra, de una tradición de significados que tiene un peso decisivo en la historia de la poesía. Brull persistió en su empeño con ejemplar rigor, fiel a su posición ideológica y a su concepción del mundo, el único de nuestros líricos que se mantuvo consecuentemente dentro de la estética purista y el mayor de sus representantes en Cuba, reconocimiento que se le debe no sólo por la coherencia interna de sus libros, sino además por la singular calidad formal y la hondura que alcanzó en sus textos, exponentes de un arte depurado y del mejor gusto, de finísimas percepciones y de sonoridades limpias. Esa integridad de la poesía de Brull está sustentada en el temperamento reflexivo que lo caracterizó y que constituye la tónica definidora de su obra, ajena a toda efusión sentimental y a todo tipo de conflicto desgarrador. Pero no es la suya, sin embargo, una poesía fría ni desnuda de emociones; en las preguntas que reaparecen una y otra vez a lo largo de estas páginas y en la misma indagación que está en el centro de estos versos se halla un poeta auténtico, un creador que enseñó a percibir la realidad en un complejo de sensaciones que sólo pueden ser encontradas en los más irrecusables artistas.

Los aportes de Emilio Ballagas (1908-1956) a la poesía pura están en su primer libro, *Júbilo y fuga* (1931), y en cierto sentido en *Cuaderno de poesía negra* (1934), uno de los exponentes fundamentales de la línea negrista. A diferencia de Brull, Ballagas no se adentra en la búsqueda de una verdad esencial, abstracta, sustraída del acontecer y de la corporeidad real de los objetos. En ese sentido se puede afirmar que no es la suya una poesía de corte filosófico ni de tono reflexivo, pero igualmente se sustenta en una concepción idealista del mundo y en una profunda necesidad de alcanzar vivencias que trasciendan lo inmediato, afán de fuga que se evidencia desde el título mismo del poemario inicial. Su lírica se inscribe dentro de la tendencia hedonista que Brull cultivó en *Poemas en menguante*, sin duda un texto de gran influencia en la formación del joven Ballagas. Dentro de esa modalidad fruitiva, de puro goce sensorial, está la mayor parte de los poemas del cuaderno de 1934, la razón de

más peso para que se vea en él una cercanía con el purismo que caracteriza a su autor en la primera etapa de su evolución.

Diríase que antes de 1936, el año de «Elegía sin nombre» (poema que abre la que podría llamarse segunda etapa de Ballagas, marcada en lo esencial por la autorreflexión y la angustia ante su propio destino), su quehacer está cifrado en un diálogo de participación con el entorno, anhelo de puro disfrute que lo conduce hacia una poesía de apoderamiento de la realidad en sus más externas manifestaciones. El exteriorismo de sus poemas «negros» ejemplifica perfectamente esa actitud integradora hacia lo circundante, si bien con un mayor sentido de la percepción de lo real que en *Júbilo y fuga*, donde se halla la necesidad de trascender el paisaje a partir de una previa y entusiasta comunicación del poeta y los dones de la naturaleza. *Cuaderno de poesía negra* surge del exteriorismo de lo concreto, en tanto que los poemas anteriores parten de lo exterior idealizado, pero en ambos casos el artista pone de manifiesto los rasgos fundamentales de su concepto de la poesía por esos años. Pero junto a la ausencia de anécdota y de preocupación por la historia, junto a ese hedonismo puro y libre de la acción de lo contingente —que en la línea negrista descansa en el ritmo de las imágenes visuales y auditivas, sensaciones prístinas, propias de la poesía pura—, se encuentran también algunas notas disonantes: cierto tono de denuncia social (como sucede en «Elegía a María Belén Chacón», por ejemplo), y la presencia de una existencial (como sucede en «La noche. 1», «Las siluetas», «Oasis», entre otros) que dará la tónica de la etapa inmediatamente posterior de la evolución del poeta.

Como en Brull, en Ballagas se percibe también la necesidad de evadirse de su circunstancia, una constante que reaparece una y otra vez. Ahí está la primera actitud del poeta ante la historia, la participación inocente y jubilosa en un estado paradisíaco del mundo natural, libre de compromisos y sin el peso de una conciencia trágica, tal y como se muestra en «Víspera»:

Estarme aquí quieto, germen
de la canción venidera

—íntegro, virgen, futuro.
Estarme dormido —íntimo—
en tierno latir ausente
de honda presencia secreta.

Y éxtasis —alimento—
de ignorarme —ausente, puro—
nonnato de claridades
con la palabra inicial
y el dulce mañana intacto.

La integración en el Todo se entremezcla en estos poemas con un renovado entusiasmo vital, alegría incontenible por la plenitud de un disfrute que en ocasiones se siente como experiencia vivida y en ocasiones como un anhelo insatisfecho, clamor de un sueño irrealizado, como se lee en «Sentidos». La inocencia pura, del hombre-niño no contaminado, es un estado anterior al de la conciencia histórica de la que Ballagas se ha propuesto huir de modo irrenunciable, de ahí el tópico recurrente de la infancia en la disposición para el juego, en el desdoblamiento del poeta en un niño a través de las sensaciones, en el empleo de jitanjáforas («Poema de la ele»), en el uso de los diminutivos. Sin cuestionamientos filosóficos explícitos se plantea Ballagas su diálogo con la realidad para encontrarse a sí mismo, una preocupación que también está presente en Brull, pero desde una perspectiva diferente, como ya fue señalado en su oportunidad. El camino emprendido por Ballagas revela que su obra posterior tendría como centro su propio yo, una vez rebasada la efusividad ingenua de su primera juventud.

El poema «Inicial del sueño» pone de manifiesto, como ninguno otro de *Júbilo y fuga*, los rasgos caracterizadores de la poesía pura en Ballagas:

¡Cuánta nada que hacer! Puro
resbalar sobre esta nieve
que esconde un mundo ignorado:
—palabras, formas, colores...

[...]
Afuera llaman. Me llaman
del mundo real; una mano

oprime el pulso de un timbre:
—suelta bandadas eléctricas
de pajaritos metálicos.

Pero yo sigo desnudo
de ayer, de hoy, de mañana;
puro,
ligero de anécdota,
tullido sobre la dalia
enhiesta, quieta, del ocio.

Sueño de burbujas. Las miro
volar, huir, irisarse.
Busco, me pierdo... quisiera
vagar en aquel color.
Esconderme,
[...]

Me fugo
en aquella línea larga,
inverosímil, sinuosa...
por donde se llega al sueño.

Diferente es el caso de Eugenio Florit (1903-1999) como representante de la poesía pura, autor de poemas indecisos y experimentales en el sentido de su propia expresión (32 poemas breves, de 1927) en los exponentes de la tendencia que ahora nos ocupa. Comparados con los de Brull y de Ballagas, los textos de Florit poseen una mayor objetividad y acusan una extraordinaria lucidez para la aprehensión de la realidad, empresa a la que Brull había renunciado en busca de una penetración más honda y de la que Ballagas se desentiende asimismo para lograr una integración más plena con el entorno. Por otra parte, en las formas cerradas de Florit y, en no menor medida, en el regodeo culterano que asoma en reiteradas ocasiones, se ve la influencia del gongorismo, reivindicado por aquellos años, alrededor de 1927, por importantes poetas españoles, un ascendiente literario que introduce ciertas variantes en la cosmovisión del joven creador. El acendramiento en el léxico y en la sintaxis, cualidad sobresaliente en el poeta «puro», se integra en estas décimas, de un modo armónico, a esa actitud distanciadora frente a los fenómenos del mundo real que señalamos anteriormente. Veamos un ejemplo de todo lo que se acaba de exponer, la primera décima de la sección «Campo»:

> Por el sueño hay tibias voces
> que, persistente llamada,
> fingen sonrisa dorada
> en los minutos veloces.
> Trinos de pechos precoces,
> inquietos al despertar,
> ponen en alto el cantar
> dorado de sus auroras
> en tanto que voladoras   •
> brisas le salen al mar.

En cualquiera de estos poemas breves, puras descripciones desnudas de emoción y de afectividad, lejos de toda contingencia y de la acción del transcurrir del tiempo, la realidad aparece objetiva y a la vez enriquecida por una imaginería culterana que distorsiona los pequeños detalles del suceder, piezas diminutas que ciñen el paisaje y lo reducen a un cuadro preciosista, a diferencia de la apertura temática que se observa en Brull y en Ballagas, cultivadores a su vez de formas abiertas. Sin embargo, hay en este lirismo concentrado una relación con el paisaje cubano que no se ve con tanta diafanidad en los poetas que se acaban de analizar. En Florit merece destacarse, además, la ausencia casi absoluta de un ego participante —aludido sólo en momentos aislados, como en la décima 12 de la sección «Mar»—, rasgo de la poesía pura que la distingue del intimismo (sustancialmente modificado al calor de la experiencia vanguardista) y que subraya la pertinencia del autor de *Trópico* a la tendencia que estamos caracterizando.

El purismo en Florit, momento de tránsito hacia otras formas más complejas de relación entre el poeta y su entorno, tiene una faceta de mayor densidad expresiva en los sonetos y en «Estrofas a una estatua», de su libro *Doble acento* (1937). Los primeros siguen la línea de las décimas, formas perfectamente estructuradas; el poema más extenso se abre a un riqueza de sensaciones que rebasa los límites del puro ejercicio verbal del primer libro para dar paso, en este mismo poemario y en años sucesivos, a otras

preocupaciones y estilos, cuando ya habían sido abandonadas la esbeltez y la precisión de los inicios. Veamos las estrofas más aleccionadoras de este ejemplo:

> Monumento ceñido
> de un tiempo tan lejano de tu muerte.
> Así te estás inmóvil a la orilla
> de este sol que se fuga en mariposas.
>
> Tú, estatua blanca, rosa de alabastro,
> naciste para estar pura en la tierra
> con un dosel de ramas olorosas
> y la pupila ciega bajo el cielo.
> [...]
> Ya tu perfecta geometría sabe
> que es vano el aire y tímido el rocío;
> y cómo viene el mar sobre esa arena
> con el eco de tantos caracoles.
> [...]
> Por la rama caída hasta tus hombros
> bajó el canto de un pájaro a besarte.
> Qué serena ilusión tienes, estatua,
> de eternidad bajo la clara noche.

La evolución de la poesía cubana en el siglo XX tiene en la tendencia purista un momento de gran significación. Surgida en el contexto de la vanguardia y partiendo de una concepción de la poesía como objeto de sí misma, entrega una estimable lección artística que, entre otras virtudes, tiene la de haber enriquecido las posibilidades de una más penetrante percepción de la realidad, no obstante los principios teóricos en los que descansa, de un idealismo a ultranza que no admite concesiones y que lleva en sí, como advirtió Paul Valéry, su propia imposibilidad.[35] Brull, Ballagas y Florit, cada uno con las particularidades inherentes a su temperamento y a su formación intelectual, son los mayores representantes de esta tendencia entre nosotros con obras de aportes perdurables que marcan un hito en la historia del género en Cuba. Las circunstancias históricas, sociales y económicas de las que se desentendieron en su poesía fueron determinantes en esa actitud de indagación más allá de lo fenoménico, en esa búsqueda de la experiencia extrasensorial (Brull) o de un estado paradisíaco por el que no transcurre el tiempo (Ballagas), en Florit puro acto contemplativo y despojado de afectividad y de cuestionamientos. En última instancia, la frustración ante las circunstancias fue un factor decisivo en el proceso integrador de la poética de estos creadores. La calidad de sus obras demuestra por sí sola, al margen de posiciones filosóficas, la significación de estos libros en la historia de la literatura cubana.   [E. S.]

2.2.5 La poesía negra. Guillén

Otra de las tendencias —sin duda la más original y diametralmente opuesta a la de la poesía «pura»— que caracterizó a la lírica cubana durante la etapa 1923-1958 es la llamada «poesía negra». De acuerdo con el ensayista y crítico cubano Roberto Fernández Retamar:

> «Esta poesía sobre la vida de los negros», según el decir de Pedro Henríquez Ureña, que consiste «en ver las cosas desde el punto de vista del negro» (Arrom), ha recibido varias denominaciones: poesía «mulata» para Nicolás Guillén y Fernando Ortiz, «afrocubana» para Guirao y Arrom; «negrista» para José Antonio Portuondo. Preferimos [afirmar] la denominación de poesía «negra» [...] que es como la llaman Marinello y Ballagas en sus dos antologías sobre el tema, Vitier en su antología de poesía republicana, el propio Pedro Henríquez Ureña, cuando añade a la cita mencionada: «poesía negra, como se llama». Este parece ser el nombre finalmente aceptado.[36]

La estudiosa Nancy Morejón, al comentar esta diversidad de denominaciones, subraya que las más extendidas son las de poesía «negra» y poesía «afrocubana», y enfatiza a su vez como muy comprensible la socorrida utilización de este último término, dado lo ostensible del componente africano en nuestra cultura nacional, aunque el subrayado de este elemento, por supuesto, no excluye el reconocimiento del proceso de trans-

culturación evidente en nuestro país, harto conocido, y al que «se suman de manera discreta pero firme, elementos de culturas hindúes, asiáticas y judías»,[37] menos conocidos. Y señala en otra oportunidad:

> Pero que quede esclarecido que tal amalgama de nombres se aplicaba en Cuba a una tendencia que irrumpe con fuerza y sistemáticamente luego de la apertura vanguardista en la Isla, allá por los años finales de la década del 20 del presente siglo, como una de las modalidades de la poesía de preocupación social; esta tendencia hizo que los valores, costumbres y autenticidad de los estratos negros y mulatos, afloraran con fuerza dando fe de vida, a pesar de la discriminación, que sustituyó a la esclavitud abolida en 1886.[38]

Partiendo de estas premisas, y para no caer en el error de interpretarla como una simple moda, eco amplificado del gusto por lo africano en Europa en las primeras décadas del siglo XX,[39] ni como una tendencia exclusivamente cubana, es necesario referirse a la fuerza con que dicha tendencia se desarrolló en nuestro país y la circunstancia de haber sido Nicolás Guillén (1902-1989), nuestro Poeta Nacional, su más alto exponente en la poesía lírica hispanohablante, a pesar de no haberse iniciado aquélla en Cuba ni haber sido Guillén el primero en cultivarla entre nosotros.

En lugar de la influencia europea atribuida a Frobenius, Cendrars, Picasso, et al., pero habiendo requerido de una conformación histórica en cuanto al proceso de integración del negro en nuestra sociedad, fue tal vez ¿la influencia? de ciertos poetas de América la que tuvo que ver más directamente en el surgimiento de este tipo de poesía en Cuba. Destacan especialmente el puertorriqueño Luis Palés Matos (1899-1959) —quien entre 1917 y 1918 había escrito «Danzarina africana» (sonetos), y en 1925 el poema «África», que luego llamó «Pueblo negro»—, y el uruguayo Ildefonso Pereda Valdés (n. 1899), que había dado a conocer poemas negros suyos en nuestra Revista de Avance, en 1927, y aportó a

esta tendencia su libro *La guitarra de los negros*.
Se incluye también entre éstos al célebre poeta
norteamericano Langston Hughes, «de quien la
revista *Social* publicó traducciones en 1928 (realizadas por José Antonio Fernández de Castro),
y cuyo paso por La Habana —en 1927— fue de
gran importancia».[40] Como iniciadores en Cuba
de esta tendencia se acepta unánimemente a Ramón Guirao (1908-1949) con su poema «Bailadora de rumba», que apareciera en el *Suplemento del Diario de la Marina* del 8 de abril de 1928,
y a José Zacarías Tallet (1893-1989), con su composición «La rumba», exponente originalísimo
de dicha modalidad poética —de las dos que escribiera dentro de ésta; la segunda composición
fue «Quintín Barahona», en 1935— y que ha sido
traducida a varios idiomas.[41] En ambos poemas
—«Bailadora de rumba» y «La rumba»— se encuentran presentes, en síntesis, algunos de los
elementos más caracterizadores de este tipo de
poesía. En ellos se aprecia la tradición musical
en una de sus manifestaciones más populares (la
rumba), y la del negro en nuestra sociedad criolla (representado en los personajes de Tomasa y
«Che» Encarnación); la mezcla de baile y
«bembé» como resultado del proceso de
transculturación; su rítmico danzar y hablar di-
charachero; la referencia a determinadas partes
del cuerpo; el intento de descripción del fluir
danzario; los ritmos onomatopéyicos que imi-
tan el retumbar de tambores:

> ¡Zumba, mamá, la rumba y tambó
> Mabimba, mabomba, mabimba, y bombó!

y maracas:

> ¡Chaqui, chaqui, chaqui, charaquí!
> ¡Chaqui, chaqui, chaqui, charaquí!

Algunos con variantes rítmicas:

> ¡Piqui-tiqui-pan, piqui-tiqui-pan!
> ¡Piqui-tiqui-pan, piqui-tiqui-pan!

y otros igualmente repetitivos, propios de
rumberos, bongoseros, guaracheros:

> ¡Cambi'e paso, Cheché, cambi'e paso!
> ¡Cambi'e paso, Cheché, cambi'e paso!

> («La rumba», de Tallet)

Pero, independientemente del grado de conocimiento —lo cual es poco probable dadas las
condiciones de la época— que alguno de estos
poetas pudiera haber tenido de los poemas de
Palés y Pereda, las composiciones así aludidas
como todas aquellas que ilustraban dicho movimiento en Cuba y que la convierten de hecho en
el país de habla hispana en que ésta se desarrolló
con mayor rigor, sólo fueron posibles por la confluencia de determinados factores coexistentes
en nuestro país, que afloraron simultáneamente
en los años que nos ocupan: la presencia del negro (y el mulato) como elemento integrador de
nuestra sociedad, no como elemento ajeno a ella,
una sensibilidad poética proclive a la comprensión del lugar que éste ocupaba en nuestra sociedad, y a la necesidad de rescate de su cultura
—al menos por parte de un sector progresista
de nuestra intelectualidad de la época—, y la dedicación de variados poetas a un mismo quehacer artístico, en un momento determinado de
nuestra historia. Es así como puede comprobarse la existencia de un «corpus poético» en esta
línea temática. A continuación se ofrecerá una
cronología que resume, en sentido general, el desarrollo del negrismo en Cuba, en sus relaciones con otros países de América hispana:

1925. Publicación de poemas negros por Alfonso Camín y Felipe Pichardo Moya.

1926. Publicación de «Pueblo negro», de Luis
Palés Matos.

1927. Publicación en la *Revista de Avance*, de
La Habana, de poemas negros del uruguayo Ildefonso Pereda Valdés.

1930. Emilio Ballagas publica su «Elegía a María Belén Chacón», y Nicolás Guillén, *Motivos de son*.

1931. *Sóngoro-Cosongo*, de Guillén.

1934. *West-Indies Ltd*, del propio Guillén; *Cuaderno de poesía negra*, de Ballagas y *Bongo*, de Ramón Guirao.

1935. Ballagas publica en Madrid una *Antología de la poesía negra hispanoamericana*.

1937 Guillén publica *Cantos para soldados y sones para turistas*, y Palés Matos, su *Tun-Tun de pasa y gritería*.

Si bien se reconoce a Guillén, Ballagas, Guirao y Tallet como las principales figuras del negrismo poético en nuestro país que, de acuerdo con la crítica más especializada, contribuyeron en gran medida a dar renombre a este modo tan peculiar de expresión literaria con la publicación de libros o textos poéticos de validez artística, debe añadirse un número considerable de autores que, aún cuando no publicaron libro alguno, en la mayoría de los casos o no perseveraron en el cultivo de esta tendencia, por la calidad estética de sus obras y la cercanía de su aparición en el entorno de las primeramente citadas, mayores, contribuyeron también a darle realce a la lírica cubana dentro del contexto de la poesía negra hispanohablante. Son ellos, además de Alejo Carpentier y Alfonso Hernández Catá, con sus composiciones «Son» y «Rumba», José Antonio Portuondo («Frulítico»), Marcelino Arozarena (n. 1912) («Caridá» —periódico *El Mundo*, marzo de 1933— y «Canción negra sin color», que dio título, muchos años después —en 1966—, al poemario en el cual recogiera múltiples composiciones de este tipo); Vicente Gómez Kemp (n. 1914) («Son con punta», «Luna negra» y *Acento negro*, publicado en 1934, con prólogo de Juan Marinello); José Rodríguez Méndez (n. 1915) («Poemas del batey»); Teófilo Radillo («Sucumbento») e Ignacio Villa (1911-1960), más conocido por *Bola de Nieve* («Drumi, Mobila»), todos incluidos por Guirao en su *Órbita de la poesía afrocubana*. Retamar añade a Regino Pedroso («Hermano negro»), su único aporte a esta poesía, con énfasis en lo social, no contemplado por Guirao, y es justo incorporar también a otros menos conocidos que en el interior del país se sintieron atraídos por esta modalidad, y dejaron plasmada en libros su admira-

ción hacia ella. Tal es el caso del desaparecido escritor radial Félix B. Caignet (*A golpe de maracas; poesía negra en papel mulato*),[42] y Arturo Clavijo Tisseur (*A golpe de tambor*), en Santiago de Cuba.

Una ojeada de conjunto de los textos poéticos y libros mencionados permite observar algunas regularidades temáticas y estilísticas, de las cuales ofreceremos sus rasgos más prominentes. En primer lugar, y reafirmando la presencia de la música en sus distintas concretizaciones: comparsa, conga, etcétera, ésta es subrayada en no pocos poemas por medio del título, bien un determinado género (canción, son, rumba, pregones), o por la mención directa de los nombres de los instrumentos más populares para producirla: maraca, tambor, bongó, a lo que es factible añadir la referencia a los nombres dados a las mujeres que aparecen en esos poemas, generalmente deformados para imitar un determinado tipo de habla y que, por lo común, producen un efecto cómico —«Mari sabel» (María Isabel), «Caridá» (Caridad), «Fredevinda» (Fredesvinda); la frecuencia en el uso de los nombres compuestos (María Belén; José Encarnación; Ignacio La O)—; de los nombres de lugares donde se produce la acción del poema («María Belén Chacón, María Belén Chacón, María Belén Chacón, / con tus nalgas en vaivén, / de Camagüey a Santiago de Santiago a Camagüey»); las imágenes utilizadas para referirse a la mujer negra, en las que se exalta unas veces su sensualidad y en otras se la compara con instrumentos musicales, con animales, frutas, etcétera.

> *Bailadora de guaguancó,*
> *piel negra*
> *tersura de bongó*
> [...]
> *Las serpientes de sus brazos*
> *van soltando las cuentas*
> *de un collar de jabón*
>
> («Bailadora de rumba», de Guirao)

> *Tú tiene lo'sojo de nigua yorosa,*
> *tú tiene en el cuelpo algo de majá*
> *y tu boca sabrosa,*

es como el caimito:
pulposa y morá...

                («¿Qué será?», de Félix B. Caignet)

Otras veces es el aspecto mágico-religioso del
negro, heredado de sus antepasados africanos,
lo que se pone de relieve, insistiendo siempre
—no importa el tema que se trate— en el ritmo
sincopado que produce la aliteración:

            La potencia rompió
                ¡Yamba ó!
            Retumban las tumbas
            en casa de Acué.
            El juego firmó
                ¡Yamba ó!
            con yeso amarillo
            en la puerta fambá

                («Liturgia», de Alejo Carpentier)

Lujuria de mil canciones desnuda sus
            cascabeles
cuando aparece Cumbele
macumbele,
Iyamba poderoso de los Eguerecuá
—pañuelo en la garganta
navaja en los bolsillos
y en los bolsillos de la garganta melodramático
            y torpe
                        ¡alsá!
(«Cambele macumbele», de Marcelino Arozarena)

    ¿Por qué no viene a la bacha la hija de Yemayá
    la pulposa,
    la sabrosa,
    la rumbera, majadera y chancletera Caridá?

            («Caridá», de Marcelino Arozarena)

Otro rasgo que es frecuente observar es el
tratamiento de la temática infantil, en la cual se
han convertido en clásicos los poemas de Emilio Ballagas («Para dormir a un negrito») y de
Ignacio Villa («Drumi, Mobila»), cargado de ternura, y entre los cuales no hay dudas de que el
de Ballagas acusa mayor riqueza ideotemática y
rítmica, como veremos a continuación en los siguientes fragmentos:

    Dórmiti mi nengre,
    dórmiti ningrito.
    Caimito y merengue,
    merengue y caimito.
    Dórmiti mi nengre,
    mi nengre bonito.
    ¡Diente de merengue,
    bemba de caimito!
    Cuando tu sia glandi
    va a se bosiador...
    Nengre de mi vida,
    nengre de mi amor...

Pero no serán únicamente las temáticas comentadas aquéllas abordadas por la poesía negra en Cuba; muy por el contrario, la circunstancia sociopolítica que vivía nuestra República
para esos años con la dictadura de Gerardo Machado y sus secuelas de toda índole, bien pronto le impregnarían ese sentido dramático, de
denuncia, que la particulariza dentro del contexto del movimiento negrista en que surgió
en América, y en el cual, sin renunciar a las ganancias rítmicas en las que había alcanzado tim-
bres tan elevados, se adentra y profundiza cada
vez más en la realidad, en señal de protesta contra la injusticia y la discriminación de que era
objeto el negro, y en defensa de nuestra identidad cultural, y por ende, nacional. Tal actitud
es fácilmente apreciable en numerosos poemas
entre los que merecen distinguirse, entre muchos, «Hermano negro», de Regino Pedroso;
«Canción negra sin color», de Marcelino
Arozarena; «Elegía de María Belén Chacón»,
de Ballagas; «Poemas del batey», de José
Rodríguez Méndez, y «Lamento veterano» y
«Consejo de viejo», de Félix B. Caignet, del cual
incluimos un fragmento:

        ¡Desengáñate, mi'jo...
        la política ofrese,
        pero ofrese na'má!
        Depué que trunfa el jefe,
        lo que te dan e'fuete
        ¡fuete de mayorá!

Esta actitud desembocará, en algunos exponentes de esta tendencia, en una poesía de con-

tenido abiertamente social, independientemente ya de la pigmentación de la piel, en una poesía de afianzamiento de nuestros más auténticos valores nacionales, y de enfrentamiento contra cualquier tipo de explotación, no importa de quien proceda, pero muy particularmente de los Estados Unidos. Es en esta vertiente en la cual Nicolás Guillén ofrecerá muestras excepcionales, después de haber incursionado brillantemente, mejor que cualquiera, en las líneas temáticas que hemos venido desarrollando, como veremos a continuación.

Síntesis y superación artística de los caracteres expuestos que distinguen este tipo de poesía, Nicolás Guillén —calificado como «poeta de la síntesis» por el profesor martiniqueño Alfred Melon—, constituye, como se señalara, su más alto exponente en la lírica hispanohablante. Bastaron para ello los ocho poemas que publicara el 20 de abril de 1930 en la página dominical «Ideales de una raza», del periódico habanero *Diario de la Marina*, bajo el título *Motivos de son*, posteriormente recogidos en un cuaderno, el primero que editara este poeta camagüeyano.[43] Según testimonio del autor, los títulos originales publicados en dicha página, con el ritmo versal del *son* y en el siguiente orden fueron: «Negro bembón», «Mi chiquita», «Búcate plata», «Sigue», «Ayé me dijeron negro», «Tú no sabe inglé», «Si tú supiera...» y «Mulata», aunque, en ediciones posteriores que se han hecho en Cuba, se han producido distintos ordenamientos y aun modificaciones de títulos y versos.[44] Numerosas han sido las influencias atribuidas a la aparición de este pequeño poemario, y que incluyen los antecedentes españoles citados del teatro y las letrillas de Lope de Vega y Góngora, hasta la poesía, y la presencia misma en La Habana del poeta negro norteamericano Langston Hughes —al que lo unieran fuertes lazos de amistad— y la de Federico García Lorca, quien visitara Cuba en 1930. Ni lo uno ni lo otro deben ser aceptados de manera absoluta. Dadas la ascendencia social del autor de los *Motivos* y su propia mulatez, símbolo de discriminación racial en buena parte de la población en la época, no es dable suponer que Guillén necesitase apoyarse

en su ya considerable cultura literaria para comenzar un proceso de búsqueda de su propia identidad en el marco de una república mediatizada y ultrajada en grado sumo por un gobierno dictatorial. Con esa forma violenta de abordar determinados temas de aquella realidad con un lenguaje nuevo, no menos agresivo, de afirmación de nuestra nacionalidad, Guillén dio inicio también a un proceso de descolonización cultural sin precedentes en nuestra historia literaria, y provocó, de hecho, una brusca ruptura de la tradición poética imperante, modernista y postmodernista, para colocarse de golpe en el centro de la vanguardia cubana y americana, en el más amplio sentido del término, que venía produciéndose desde hacía algunos años en Europa y América. Pero dejemos que sea el propio poeta quien nos ofrezca su testimonio al respecto:

> La influencia más señalada en los *Motivos* (al menos para mí) es la del Sexteto Habanero y el trío Matamoros. Recuerde que luego fueron personajes de mis poemas la Mujer de Antonio y Papá Montero. Hay quien menciona a Langston Hughes, a la Mateodora y hasta un tomito de guarachas cubanas, cuya primera edición es del ochentitantos. El problema no es recibir una influencia; lo importante es transformarla en sustancia propia, en elemento personal, en manera característica de creación.[45]

Obsérvese, al punto, la incidencia directa con la música que bailaba el pueblo, en particular con el *son*, procedente de las zonas orientales del país, y otras formas de expresión musical que tardaron años en ser aceptadas por la burguesía cubana para su interpretación en los lujosos salones, pero ante los cuales se rindieron finalmente en virtud de sus cualidades rítmicas («aquí el que más fino sea / responde si llamo yo...», diría más adelante Guillén en «La canción del bongó»). Estas mismas circunstancias de carácter sociológico y la fuerte carga sonera de que estaban investidos los *motivos*, que habían adoptado la estructura de esa pieza musical,[34] bien pronto encontraron eco en prestigiosos artistas de la época, quienes se encargaron de asimilarlos a sus respectivos medios expresivos y de popularizarlos, con lo cual contribuyeron asimismo a su fijación por el pueblo —de donde habían salido— como un modo nacional de expresión, en defensa de sus intereses más legítimos. Entre las personalidades más connotadas en esta difícil tarea merece destacarse a Rita Montaner, *Bola de Nieve*, los hermanos Eliseo y Neno Grenet y González Allué, pero muy especialmente Amadeo Roldán y Alejandro García Caturla, quienes los incorporaron a la llamada «música culta» de entonces, reconociendo públicamente con ello su jerarquía estética.[47]

Por la significación de este cuaderno dentro del movimiento negrista y la poesía lírica en lengua española en general, procederemos a continuación a comentar con más detenimiento sus rasgos más prominentes en algunas de sus composiciones. En «Negro bembón», poema inaugural y uno de los más popularizados, procede Guillén a implantar un nuevo canon de belleza dentro de los valores estéticos existentes, a modo de protesta contra los modelos impuestos por los colonialistas europeos y contra aquellos negros que intentaban negar su condición de tales; en la forma brusca, no exenta de cierta comicidad por su original manejo de la lengua, en que intentaba imitar el habla de los barrios pobres habaneros, da inicio nuestro autor a un proceso de toma de conciencia acerca del papel del negro en la cultura nacional, lo cual habría de continuar, con sus diferentes maneras de decir, hasta *Sóngoro-Cosongo*, su segundo poemario editado sólo un año después, en 1931. En el poema que nos ocupa, el autor nos presenta un diálogo con un interlocutor implícito (que no responde), y en el que valiéndose de cuatro estrofas polimétricas, se puede apreciar entre sus elementos lingüísticos y composicionales la presencia de un ritmo trocaico-dáctilo, que acelera la movilidad del poema y del cual ofreceremos una muestra.

Te) queja todavía   t t t
negro bembón   d t

sin) pega y con harina   t t t
negro bembón   d t

Contribuye a acentuar su sentido rítmico la también reiterada presencia del pentasílabo agudo a modo de estribillo, «negro bembón», con que increpa a su interlocutor, y a través del cual, unido a los otros elementos contextuales del mismo, deja traslucir la situación de desempleo («sin pega...») prevaleciente en la época. En el plano fonético, se advierte la omisión del sonido fricativo sordo *s*, propio de la segunda persona («pone» por «pones»; «tiene» por «tienes», «ere» por «eres», etcétera), y de la consonante líquida *l* («dri» por «dril»), al final de palabra, así como de otras consonantes implosivas («caridá» por «caridad»); apócopes («to» por «todo»), entre otros cambios morfológicos. Obsérvese asimismo el tono coloquial que caracteriza al poema y lo acerca a la poesía contemporánea en Cuba, mucho más que cualquier otro elemento de entonces.

«Mi chiquita» difiere del anterior y los restantes poemas en que es el único que está escrito enteramente en tercera persona, y alude además a un interlocutor alejado del contexto del poema en sí.

«Búcate plata», el tercer poema, se presta y de hecho ha sido objeto de diferentes interpretaciones. En esencia, se trata nuevamente de las relaciones amorosas de dos seres entre los cuales, a causa de la ausencia de dinero del hombre —de ahí la repetición de la frase imperativa que da título a la composición—, se interpone el hambre («Estoy a arró con galleta»; «hay que comé»; «amó con hambre»); el desempleo («Yo bien sé cómo etá éte»); la posibilidad de abandono («porque me boy a corré») con sus connotaciones ético-sociales («Depué dirán que soy mala / y no te quedrán tratá»). El poema alude asimismo al contraste de esta situación con una al menos supuesta opulencia del entorno que rodea a la pareja, y que provoca el rechazo de la mujer al amor que se le ofrece:

> *¡qué ba!*
> *con tanto sapato nuevo,*
> *¡qué ba!*

con tanto reló, compadre,
¡qué bá!
con tanto lujo, mi negro,
¡qué ba!

Apréciase en dicho fragmento —a su vez el estribillo del poema—, introducido por el verso anafórico «¡qué ba!», una gradación en los elementos externos que va de lo particular a lo general («sapato», «reló», «lujo»), que deja abierta la imaginación del lector; las terminaciones agudas de sus versos cortos («¡qué ba!»); la frase también anafórica, repetitiva («con tanto») como indicador de derroche material e, insistentemente, el tono afectivo que recorre el texto en su integridad («biejo», «compadre», «mi negro»). En un orden lingüístico, otra vez la omisión de consonantes a final de palabra: «má», «arró», «cané», «corré», «tratá»; adición de *d* («quedrán» por «querrán»), asimilación en contacto regresiva («poque» por «porque»); etcétera. El poema refleja, en síntesis, la crisis económica por la que atravesaba el país y todo el mundo capitalista en 1929.

En «Sigue», de cinco estrofas —tres de dos versos cada una y dos de cuatro en las que predomina el ritmo trocaico—, nuevamente la reiteración de un vocablo —el que da título al poema— en siete oportunidades, es utilizada para enfatizar el ritmo del poema, y refuerza a su vez la idea de continuar ininterrumpidamente un determinado camino. Es de hecho una forma peculiar que tiene nuestro Poeta Nacional de relacionar el ritmo con el contexto al cual se refiere el poema.

«Tú no sabe inglé» revela, por su parte, el conflicto social que suponía no conocer ese idioma en un país penetrado económica y culturalmente por los Estados Unidos; es, como bien se ha advertido, una de las primeras alusiones antimperialistas del Poeta Nacional, mientras que «Mulata» se imbrica en lo temático con el poema inicial, «Negro bembón», al reafirmar el protagonista su condición racial en su preferencia por una mujer negra, que no mulata.

«Si tú supiera», el séptimo poema, constituye posiblemente uno de los momentos de mayor intensidad de cuantos aparecen en *Motivos...*,

por cuanto representa el drama del hombre que, por carencia de dinero, pierde a la mujer que ha estado a su lado proporcionándole placer. Pero es sólo un motivo fugaz: de pronto, a modo de contrapunteo, inicia una frenética tirada de versos en donde aparecen expresiones reiterativas de profundo efecto musical, imitativas de una negra que baila, subrayados por la jitanjáfora «sóngoro-cosongo», que por primera vez aparece en su poesía y con la que forma el conocido estribillo que dará título a su segundo libro mencionado. Varios de los cambios morfológicos presentes en «Negro bembón» se aprecian nuevamente aquí, a los que se añaden «acoddatte» (cambio o asimilación de una consonante por otra) y la onomatopeya «aé»:

Sóngoro cosongo,
songo be;
sóngoro cosongo
de mamey;
sóngoro, la negra
baila bien;
sóngoro de uno
sóngoro de tre.
¡Aé
bengan a be;
aé,
bamo pa be;
bengan, sóngoro-cosongo,
sóngoro-cosongo de mamey.

Cambios morfológicos e introducción de nuevos vocablos carentes de sentido lógico, pero estimados por sus cualidades fónicas (jitanjáforas); reiteraciones; versos cortos con acentuación aguda; rima preferentemente consonante con frecuente alternancia con la asonante y el versolibrismo; cualidad rítmica del más alto quilate y otros tantos recursos explotados al máximo por nuestro Poeta Nacional, constituyen la técnica formal general de este poemario irrepetible en las letras cubanas y de expresión hispánica, en el cual se funden lo aparencial y lo esencial-ideológico y del que no pocos rasgos aparecerán en su obra posterior,[48] siempre en búsqueda de la identidad nacional en diferentes etapas de la historia de nuestro país.

Con las características apuntadas, no es raro que *Motivos de son* fuese recibido por el público de la época de forma disímil, unos atacándolo, otros elogiándolo. Como bien apunta Guillén, «la reacción de la mayoría fue generosa [...] Hubo también burla, y chacota, movida por gente ignorante o cobarde».[49] Tales reacciones, por supuesto, obedecían a las diferentes posiciones de clase de sus autores, entre los cuales los había blancos, negros y mulatos, de variada posición económica. «Les era difícil entender —añade— que yo no venía a crear "una discriminación más", que no se trataba de una poesía "negra" frente a una poesía "blanca", sino de la búsqueda de una poesía *nacional* mediante la expresión artística de todo el proceso social cubano.»[50]

Que Guillén estaba consciente del logro alcanzado y que éste fuese puesto de manifiesto por numerosos intelectuales de prestigio de esos años como eran Emilio Ballagas, Regino Boti, Juan Marinello, Fernando Ortiz, Ángel Augier, entre muchos, es prueba fehaciente del nivel estético e ideológico que había ya logrado. Pero también estaba consciente de algunos peligros que entrañaba el procedimiento lingüístico empleado, de acuerdo con sus nobles propósitos. Es por ello que a sólo un año de publicados sus *Motivos*..., saca a la luz *Sóngoro Cosongo* (en octubre de 1931), en el cual, si bien es cierto que renuncia a la deformación del lenguaje propia de su cuaderno anterior, muy pronto se encarga de revelar el hilo de continuidad existente entre uno y otro poemario, tanto en un rasgo estilístico —escogió, como título de este último, la jitanjáfora que había utilizado en su motivo «Si tu supiera», de su libro anterior—, como en lo temático-ideológico, por cuanto a partir de su contenido se aprecia el mismo afán de descolonización cultural presente en su libro inaugural. Este aserto se advierte de inmediato en el poema «Llegada», con que estrena en esta ocasión su discurso poético.

> ¡Aquí estamos!
> La palabra nos viene húmeda de los bosques,
> y un sol enérgico nos amanece en las venas.
> El puño es fuerte
> y tiene el remo.

> En el ojo profundo duermen palmeras
>   exorbitantes.
> El grito se nos sale como una gota de oro
>   virgen.

> Nuestro pie,
> duro y ancho,
> aplasta el polvo en los caminos abandonados
> y estrechos para nuestras filas.
> Sabemos dónde nacen las aguas,
> y las amamos porque empujaron nuestras
>   canoas bajo los cielos rojos.

> [...]

Obsérvese que Guillén ha adoptado para su discurso la perspectiva del esclavo africano traído siglos atrás a nuestras tierras americanas para su infame explotación, y al no mencionar la nacionalidad de los colonialistas vencedores, de hecho se hermana, por así decirlo, con todos aquellos descendientes de negros esclavos que padecieron las mismas humillaciones a que aquél se vio sometido. Esta singularidad concede al poema un aliento americanista de la más rancia estirpe, preludio de la proyección humana, universal, de su obra.[51]

Otro elemento que acentúa su solidaridad para con los vencidos es, en el mismo poema, el tratamiento que da a su verso, no ya necesariamente corto y agudo, sino en alternancia constante con uno largo, versicular, propio más bien de la poesía negra de expresión francesa, a la manera de las letanías religiosas de los pueblos que las desarrollaron, lo que se traduce en un ritmo lento y cadencioso, en oposición al rápido y repetitivo de sus *Motivos*... La presencia de la naturaleza es en este caso vigorosa, como la del continente negro, y las imágenes adquieren mayor profundidad, dando fe así del rico caudal poético que en lo adelante lo caracterizará. Es, en esencia, el mismo Guillén, y otro distinto, renovado, presto a dar siempre lo mejor de sí y a llevar adelante su empresa del lado de los oprimidos.[52]

Unido a eso, distingue el poemario —que escribió precedido de un combativo prólogo en el que expresa su deseo de escribir «versos mulatos» e insiste en el carácter «mestizo» del «espíritu de Cuba»—, su propósito (alcanzado) de mostrar el carácter de nuestra nacionalidad, basada en la integración de componentes españoles y africanos. En consecuencia, son muchos los temas y tópicos que aborda, de la más variada índole, entre los cuales merecen destacarse el negro propiamente, el imperialismo y la pobreza. El primero de ellos está representado en poemas como «Quirino», «Rumba», «Canto negro» (que evoca poderosamente a sus *Motivos...*), «Mujer nueva» (donde celebra la belleza física de la negra: recuérdese su «Mulata» anterior) y los dos madrigales, entre otros. Pero en ninguna tan alta majestad en el tratamiento del negro, además de «Llegada», como en «Velorio de Papá Montero», «Secuestro de la mujer de Antonio», «Pequeña oda a un negro boxeador cubano», dedicada a Kid Chocolate y publicada por vez primera en 1929, y «La canción del bongó», mencionado, en el que salvo el primer verso escrito en tercera persona —«Esta es la canción del bongó»—, el resto del poema está escrito en primera persona, en magnífica personificación de ese instrumento de percusión musical que acerca aún más el contenido al lector —«Aquí el que más fino sea, / responde, si llamo yo» (estribillo), y en el cual el sincretismo religioso propiciado por la transculturación hace acto de presencia.

> En esta tierra mulata
> de africano y español
> (Santa Bárbara de un lado
> del otro lado, Changó).
> [...]

Además de ello, los términos «mulato», «mestizo» y «criollo» son utilizados por nuestro Poeta Nacional en este poemario y su prólogo para enfatizar la síntesis que representa la población cubana y sus correspondientes manifestaciones culturales.

Como es frecuente en la lírica de Guillén, un mismo poema es susceptible de poseer generalmente más de una connotación. Tal ocurre con «Pequeña oda a un negro boxeador cubano». En él, tanto como el drama del negro dedicado a ese bárbaro oficio entonces, más que deporte en sí, sobresale la nota antimperialista al presentar

a Estados Unidos —personificado en Broadway— como un verdadero monstruo devorador de nuestras riquezas.

> ese mismo Broadway
> es el que estira el hocico con una enorme
>   lengua húmeda,
> para lamer glotonamente
> toda la sangre de nuestro cañaveral.

Este poema introduce, temáticamente hablando, otro en el que nuevamente es relevante la nota antimperialista, a pesar de su brevedad:

> El negro
> junto al cañaveral.
> El yanqui
> sobre el cañaveral.
> La tierra
> bajo el cañaveral
> ¡Sangre
> que se nos va![53]

La pobreza cobra especial significación en dos composiciones también: «Organillo», siete versos solamente en los que un hombre intenta ganarse la vida con este humilde instrumento, y «Pregón», de fuerte efecto musical, evocador también de sus *Motivos...* en sus recursos rítmicos y la denuncia al propio tiempo del precario estado económico del pregonero: («Sangre de mamey sin venas,/ y yo que sin sangre estoy;/ mamey p'al que quiera sangre,/ que me voy»), sin que pierda con eso la gracia característica de esta expresión musical callejera.

No fue éste el último poemario en el cual el autor de los *Motivos...* dejó sentada su preocupación por el negro y la denuncia por la doble explotación de que era objeto; muy al contrario, una vez rebasados los primeros años del movimiento negrista en Cuba y América, y en la medida en que su pensamiento político se iba radicalizando, ésta afloraría una y otra vez en su poesía posterior, evidenciando nuevamente que, en él, no había sido una moda.

Así, en *West-Indies Ltd* (1934), de fuerte acento antimperialista, volveremos a encontrar textos poéticos en los que, de una u otra forma,

profundiza cada vez más en las raíces de esta
problemática, como en «Palabras en el trópico»,
su poema inaugural; en su conocida «Balada de
los dos abuelos»; la «Balada del Güije», que no
debe ser interpretada únicamente en su aspecto
exteriorista, sino como una nueva evocación de
la esclavitud por las imágenes de horror que comporta; «Sensemayá; canto para matar a una cule-
bra», de enorme fuerza telúrica, susceptible de
una interpretación simbólica, alegórica al imperialismo y la necesidad que tienen los pueblos
de liberarse de éste, y en el cual vuelve nuestro
autor a provocar los efectos rítmicos de su primer cuaderno, con su entrada impresionante,
verdadero grupo jitanjafórico:

> *¡Mayombe-bombe-mayombé!*
> *¡Mayombe-bombe-mayombé!*
> *¡Mayombe-bombe-mayombé!*

Por otro lado, composiciones como «Maracas», de igual acento antimperialista mezclado
con una nota un tanto costumbrista que precede a la anterior, y la que da título al poemario;
«West-Indies Ltd», largo texto en el cual Guillén
parece burlarse sarcásticamente de la amarga realidad de la República, de la gran mentira de la
independencia de la República, y que puede haber sido tal vez el momento más difícil que él
atravesara desde el punto de vista ideológico, no
deben ser pasados por alto. Constituye, este último, una muestra ejemplarizante de las capacidades artísticas de Guillén y de su cultura literaria, al combinar armoniosamente variadas
estrofas —entre ellas el romance español— con
el son, genuinamente cubano, y hacer gala del
dominio que poseía del ritmo versal en consonancia con el asunto que aborda.

Suele ser considerado 1937 como el año que
marca el cierre del ciclo de poesía negra en Cuba,
y éste coincide con la publicación en Ciudad
México del poemario del autor que estudiamos,
Cantos para soldados y sones para turistas, con
prólogo de Juan Marinello, y el que rezuma
americanismo por doquier. Está concebido en
dos partes: la primera, una serie de «cantos» contra la dictadura militar y el derramamiento de
sangre que caracterizó frecuentemente a Cuba

durante la seudorrepública, y la segunda la integran un grupo de sátiras sobre un popular personaje creado por Guillén, José Ramón Cantaliso, negro pobre tocador de guitarra a los
turistas, y en las que les revela lo que se verá
aparencialmente. Se trata, en este caso, de un libro inusual de poesía popular en el sentido prístino del término —de pueblo— y popularizado
a su vez por intérpretes musicales de todas la
latitudes. A través de sus versos se advierte la
recuperación política de su autor después de la
crisis derrotista de *West-Indies Ltd*, como corresponde verdaderamente a un revolucionario, y
éstos son al mismo tiempo «un triunfo definitivo del mestizaje antillano», como expresa el propio prologuista. Blancos, indios, negros, mulatos, todos desfilan por sus páginas, reafirmando
la integración étnica de nuestra tierra como símbolo de cubanía y oponiendo invariablemente la
injusticia y la opresión a la justicia y la libertad,
en una poesía abiertamente social.

De 1947 data el cuarto libro de Guillén, publicado en Buenos Aires, Argentina, con el título de *El son entero*, probablemente su libro más
maduro, verdadera apoteosis de cubanía y esplendor expresivo. Poemas como «Ébano real», «Isla
de Turiguanó», «Guitarra», «Palma sola», «Áca-
na», «Caminando», entre muchos, no podrán
faltar jamás en una antología de poesía guilleniana. En el mismo, la presencia negra se manifiesta claramente en «Un son para niños antillanos» y «Son número 6», los cuales, comparados,
permiten verificar la enorme versatilidad del son
como expresión musical poetizable. En el último de estos poemas, el autor no se refiere ya
solamente a la etnia yoruba como predominante en buena parte de la cultura cubana, con la
cual se identifica, sino que se identifica también
con la conga, la mandinga, la carabalí, en abierto
espíritu de solidaridad con todos los africanos
traídos a estas tierras en calidad de esclavos.
Continúa su canto sonero con una serie de versos reafirmadores de la tradición histórica que
condicionara el mestizaje racional y la desigualdad social de entonces en nuestro país:

> *Yoruba soy, soy lucumí,*
> *mandinga, congo, carabalí.*

Atiendan, amigos, mi son, que sigue así:
Estamos juntos desde muy lejos,
jóvenes, viejos,
negros y blancos, todo mezclado;
uno mandando y otro mandado,
todo mezclado,
[...]

No puede obviarse en este breve recuento de la poesía negra en Cuba la mención de un texto como «Tengo», de su poemario homónimo editado en 1964, después del triunfo de la Revolución, que representa la liberación ansiada, en lo racial y lo social, de las ataduras y privaciones impuestas por la República mediatizada, y ha devenido símbolo de ello en nuestro contexto revolucionario.

Un nuevo acercamiento temático a la problemática del negro por parte de Guillén lo encontraremos, algunos años después, en 1972, en el poemario *Diario que a diario* (dedicado a Eliseo Diego), el cual es a su vez una especie de síntesis y culminación de su trayectoria poética e ideológica.[54] En él se enfatiza nuevamente la situación del esclavo durante el colonialismo español mediante un recurso directo y sumamente eficaz: los anuncios publicados en los periódicos de la época, en los que se advertía el inhumano tratamiento de que eran víctimas, tales como los siguientes: «Blanca de cuatro meses de parida, sin un rasguño ni una herida, de buena y abundante leche, regular lavandera; criolla cocinera, sana y sin tacha, fresquísima muchacha: EN 350 PESOS PARA EL VENDEDOR», o este otro: «Se cambia un blanco libre de lacha / por una voluntad de la marca FORD / y un perro…». Pero obsérvese que el hacerlo y colocar a blancos en vez de negros en semejante situación, está condenando cualquier forma de explotación, que compara con la esclavitud misma, con lo que muestra una vez más la universalidad de su obra.

Con esa reaparición del negro en su poesía, nuestro Poeta Nacional demuestra algo que se ha venido repitiendo desde el principio: en Guillén, esta tendencia poética no fue, como en el resto, una «moda» más, sino un modo muy personal de expresión de nuestra identidad cultural. Es por ello que, aun habiendo desaparecido las causas que lo originaron, continuó desarrollándola en proyección ascendente, y continúa siendo objeto de atención por parte de jóvenes formados al calor de la Revolución, como Miguel Barnet («La huida», «Ochosi») y Nancy Morejón («Los ojos de Elleguá»), para no citar más que dos de los nombres más relevantes, por cuanto es ésta una manera de contribuir al fortalecimiento de la cultura cubana, estimulada por ese hecho cultural mismo que es la Revolución.

[*A. B.*]

2.2.6 La poesía social en Pedroso, Navarro Luna y otros poetas

La existencia en Cuba de esa poesía reveladora de preocupaciones sociales no era, a fines de la década del XX, un hecho nuevo: provenía de una tradición iniciada en el siglo XIX, y había tenido brotes ocasionales durante los años que siguieron al fin de la guerra contra el colonialismo español. La poesía social es, entre nosotros, una línea derivada de la vanguardia, y comienza a manifestarse —en tanto inquietud significativa para el desarrollo posterior de nuestra historia literaria— en los mismos años de auge de este movimiento renovador. Constituye asimismo la expresión de la toma de conciencia del escritor ante una realidad a cuya transformación se propone contribuir. Así, los rasgos definidores de esta poesía son, en un sentido muy general: su carácter realista, la preocupación por revelar las relaciones del hombre con la realidad inmediata —o mediata—, y su intención de aprehender el suceder concreto, real, en oposición a su suceder imaginario y a diferencia de las preocupaciones centrales del intimismo inclinadas a expresar, en esencia, los conflictos afectivos del individuo.

Entre los autores que hicieron suya esta forma de entender la creación poética se destaca Regino Pedroso (1896-1983). Formado dentro de los modos expresivos del postmodernismo —*La ruta de Bagdad y otros poemas* (1918-1923) y *Las canciones de ayer* (1924-1926)—,[55] da inicio, sin embargo, a la línea de poesía social, al publicar en 1927 *Salutación fraterna al taller mecánico*,[56] obra que lo convierte en el primer cantor, dentro de la literatura cubana, de la fábrica, el taller y las demandas proletarias. El interés por el universo fabril y la exaltación de la máquina parecen tener en la poesía latinoamericana dos fuentes: de un lado Whitman; de otro, el futurismo. En Pedroso se aprecia, no obstante las posibles influencias, un rasgo especial, pues obrero él mismo, aborda el tema desde su entraña misma para crear un mundo poético donde el más importante será siempre el hombre.

En *Nosotros*, publicado en 1933, culminan y se completan todas las ideas e inquietudes planteadas seis años atrás por el poeta. Comienza a gestarse en 1927[57] y su elaboración coincide con los años de auge de la vanguardia en Cuba. A pesar de ello, no puede decirse que sea éste un libro netamente vanguardista, aun cuando el parentesco se haga evidente en ciertos recursos formales, como la prosopopeya:

> ¡Oh taller, férreo ovario de producción! Jadeas
> como un gran tórax que se cansa!
>   («Salutación fraterna al taller mecánico»)

en imágenes y metáforas cuya filiación es inconfundible:

> Los yunques, los tractores
> que violan a la tierra en cópula mecánica
>   («Mañana»)

Nosotros es el fruto, en el plano ideológico-conceptual, del ambiente de efervescencia política reinante en la isla a partir de la tercera década del siglo XX, y en el plano propiamente artístico, consecuencia del influjo renovador de los postulados formales de la vanguardia. Su importancia, trascendental para la literatura cubana, radica, ante todo, en su carácter de poesía nueva, novedad temática fundamentalmente, pues nadie antes se había adentrado en estos predios con estas intenciones y esta actitud. Este libro ofrecía, a quien quisiera oírlo y sin rodeos, una interpretación revolucionaria de la función social del artista. En el prólogo del libro su autor expresa:

Creemos en la bondad del arte como manifestación suprema de la belleza; pero sólo comprendemos y justificamos su utilidad, su razón de eternidad, cuando tiende a reflejar e interpretar angustias, ensueños, anhelos e inquietudes de grandes conjuntos humanos.[58]

Junto a esta declaración de principios hay otro detalle no menos esencial: esta poesía puede y debe ser considerada nueva porque es el eco de una avanzada concepción del mundo, de la cual es portadora una clase que no sólo ha comprendido su misión política y comenzado a actuar en consecuencia, sino que, además, ahora empieza a desempeñar —en la voz de un obrero poeta— su papel dentro de la cultura nacional.

Es por estas razones que el tratamiento del tema de la fábrica y la máquina cobra matices singulares en esta obra. El propio Pedroso plantea, desde el inicio, las reglas del juego:

> Tema de moda del momento
> para geométrico cubismo
> e impresionismo de metáfora.
> Pero tienes un alma colectiva
> hecha de luchas societarias
> [...]
> Te agitas, sufres, eres
> más que un motivo de palabras
>
>   («Salutación fraterna...»)

No se trata ahora de cantar a la técnica por seguir, sin objeto, una moda, sino de algo muy distinto:

> Cantaremos al hierro porque el mundo es
>   de hierro,
> y somos hijos del hierro.
> Pero estaremos sobre la máquina
>
>   («Mañana»)

Este acercamiento a lo humano establece, justamente, una relación de continuidad entre *Nosotros* y la futura producción de Pedroso.

Otro rasgo significativo en este libro es su antimperialismo. Lo que en otros autores había sido nota discreta o alusión velada, en Regino Pedroso resulta denuncia desembozada. Por primera vez en la república neocolonial un poeta llamaba a las cosas por su nombre:

> Por aquí cruzaron.
> Ahora hacia sus cuarteles de Wall Street:
> el fardo de dólares al hombro,
> y el continente bárbaro.
>
> («Los conquistadores»)

Nosotros es un libro de intención política incuestionable, de ahí que la función propagandística desempeñe en él un papel de primer orden, como se refiere de las palabras de su autor al presentarlo:

> [...] bien ha de estar el sacrificio de la voz pura y el simple juego mental por la expresión nueva, que es, ahora, incendio en las almas y llamado en las conciencias. Mas si así se hace política, entonces habremos de admitir, ya sin reservas, que una política así realizada es también, humanamente, estética.[59]

El mensaje, sin embargo, no siempre fluye en los versos a través de la forma poética adecuada, lo cual le resta, por momentos, eficacia artística. Algo muy diferente ocurre cuando el autor consigue armonizar las inquietudes sociales con un peculiar acento lírico, abierto al dolor y la esperanza del hombre en su condición más universal. En esta línea están «Canción sobre los rieles» y «Nueva canción», dos poemas que por su tono ya se aproximan a los de su siguiente libro: *Los días tumultuosos*, escrito entre 1934 y 1936, pero sólo publicado como parte de su *Antología poética* en 1939.

En *Los días tumultuosos* se observa un ajuste de los recursos expresivos: el poeta va camino de la madurez. Aquí encontramos, junto al verso vigoroso, desigual, y las formas libres empleadas en *Nosotros*, un retorno a las maneras tradicionales, específicamente el romance, en el cual Pedroso muestra dominio y soltura.

Hay asimismo una apertura temática: el autor va tocando ahora las angustias y las ansias del hombre con un sentido muy abarcador. Existen las alusiones a su propia experiencia como creador, está la denuncia contra el fascismo y el homenaje a los héroes de la lucha internacionalista en la Guerra Civil Española —resumidos en la figura de Pablo de la Torriente Brau—, el tema de la discriminación racial —abordado desde una perspectiva clasista al poner en juego la condición de trabajador explotado del hombre de piel negra—, el doloroso universo antillano, la dependencia neocolonial —en los hermosos versos de «Un romance en tierras náufragas»—, la esperanza y el amor.

Lejos de los balbuceos de la vanguardia, Regino Pedroso se va acercando a lo que será característica esencial de su estilo: la expresión de lo social por medio de un lirismo de hondo contenido humanista: lirismo resultante de la adopción por parte del poeta de un «otro yo» o sujeto lírico:

> Mi vida se abrió humana a las cosas,
> y ola de fuego se volvió aquel hilo encantado
>   de agua,
> y con voz de llanto, de oro, de plata, de hierro,
>   de bronce
> su angustia dio al viento,
> y corrió ensanchando, rojo por la tierra, su
>   clamor de llamas
> al mar de los hombres.
>
> («Canción del hilo de agua»)

La circunstancia sociopolítica inmediata, razón de ser de esta poesía, se ha ido depurando. En *Los días tumultuosos* se advierte una gradual sustitución de la referencia política directa por un discurso poético capaz de trasmitir el mensaje a través de recursos literarios de mayor eficacia.

Pedroso escribió también, en el transcurso de estos años, algunos textos —no recogidos en libro en su momento— entre los cuales merecen ser destacados sus «Dos poemas chinos» (1932), en los que revela otra faceta de su personalidad artística: el conocimiento de la sensibilidad y el espíritu asiáticos. Todavía hallamos en ellos expresiones vanguardistas, y aún podría agregarse que el contenido social ha sido tratado con cierto esquematismo; pero, sin lugar a dudas, el poeta ha logrado crear una «atmósfera» convincente. Esta zona de sus inquietudes literarias encontrará años después su mejor expresión en *El ciruelo de Yuan Pei Fu* (1955), mas por el momento son sólo tanteos.

En sentido general puede decirse que entre 1927 y 1936 ya se perciben las vías por las cuales ha de transitar en los años sucesivos la obra de Regino Pedroso. La amable ironía latente en un poema como «Una canción íntima sobre el tumulto» se desplegará, cargada de sentido filosófico y agudeza, en sus «poemas chinos» de 1955. Entretanto, el profundo lirismo de contenido humano ganará en precisión y fuerza expresiva hasta alcanzar en *Más allá canta el mar*... (1939) su momento más significativo.

Si Regino Pedroso fue el cantor del obrero y la fábrica, Manuel Navarro Luna (1894-1966) lo fue, a su vez, del campesino y la tierra. Pocos lograron como él apresar en versos la tragedia del campo cubano.

Se dio a conocer, muy joven, en las revistas *Penachos* y *Orto*, de Manzanillo; como la mayoría de los poetas del período, siguió en sus inicios los caminos postmodernistas. El libro *Surco* (1928) constituye un viraje radical en la concepción de su poesía: con él Navarro Luna se lanza a la aventura vanguardista. El impulso que lo anima no debe verse, sin embargo, asociado únicamente a intereses de orden artístico —vale recordar el proverbial ánimo político de la vanguardia cubana—; estaba muy lejos de su temperamento dejarse arrastrar por un esteticismo ajeno a los problemas del mundo. Navarro Luna es un escritor cuya evolución poética no puede valorarse al margen del desarrollo y maduración de sus ideas políticas. Así, este libro no es sólo el testimonio de una voluntad de renovación expresiva y del logro de una madurez en el lenguaje, sino también la prueba de que a estas alturas su autor ya había alcanzado una definición ideológica; en efecto, sólo un año después de publicado *Surco* ingresará en las filas del Partido Comunista.

En *Surco* hay una actitud social, presente en la inclinación humanista de poemas como «Surco», «El pueblo» y «La nube», pero sobre todo en «Estación terminal». Estas inquietudes no eran nuevas: ya el poeta había mostrado, incluso en su momento postmodernista, preocupaciones cívicas y solidaridad con las frustraciones colectivas. Hacia 1926 publica en *Orto* tres poemas a los cuales denominó «socialistas» —en honor, según todo parece indicar, a la Revolución de Octubre—, en los que se revela una actitud política definida. Destinados a conmover, a llamar en las conciencias, estos versos tienen ya algo del tono exaltado y convulso característico de su obra posterior. La madurez ideológica y artística no tardará en sobrevenir. Así lo demostraron *Surco* y, en mayor medida, *Pulso y onda* (1932).

En el prólogo que Juan Marinello escribió para *Pulso y onda* se define con claridad la intención de sus páginas:

> Julián Bendá dejaría caer sobre estos versos la marca infame de la traición. Porque están teñidos, leales a su esencia, del color político de la hora en que nacen...[60]

Lo político no se nos revela de una forma simplista en estos poemas. Hay aquí un hombre en medio de las vicisitudes de la existencia, soportando como a rafagazos la conciencia de su inactividad frente a los conflictos que agobian al género humano:

> *Yo*
> *que tengo los ojos desbordados de luz*
> *y no puedo mirar ni aun furtivamente,*
> *la sangre que está derramada en torno mío.*
> («Canción del hombre mutilado»)

Hay en *Pulso y onda* una médula de lirismo muy vivo que no se regodea en los dolores personales; por el contrario, se desborda y abraza el dolor común, el que atañe a todos. En el libro se muestra y desgarra un creador adolorido y contradictorio, lanzando continuamente al mundo sus preguntas; pero sobre todo su reto, en gesto de rebeldía:

> *¡Las espaldas heridas de los sueños...!*
> *¡Sementeras de músculos*
> *para las grandes cosechas de venganza...!*

Este afán del poeta por abordar problemáticas muy abarcadoras dio como resultado la amplitud de sus planteamientos temáticos y la novedad de una poesía de sutil aliento social, sustentada en una emoción que, por lo que hay en ella de dolor humano, de estremecimiento íntimo, adquiere matices líricos, pero que por lo enérgico y agresivo de su discurso contiene una fuerte carga épica destinada a actualizar asuntos de siempre y poner ante nuestros ojos una realidad tan universal como cubana.

En *Pulso y onda* se perfilan los rasgos de estilo por los cuales se reconoce la obra de Manuel Navarro Luna: tono enfático, con frecuencia hiperbólico; empleo de vocablos capaces de provocar sensaciones de rechazo y hasta de horror; crudeza de las imágenes; creación de una atmósfera sombría, tensa, febril; discurso poético vehemente, apasionado, iracundo, integrado en un verso de estructura muy libre y ancho aliento, en consonancia con la manera desbordada en que solía dejar correr su emoción.

Respecto a los temas, el libro gira, con alguna excepción, en torno a la idea de la responsabilidad del hombre —el propio poeta— ante situaciones que demandaban una toma de partido junto a los desventurados. Por otra parte, ya comienzan a tomar cuerpo dos ideas o núcleos temáticos que gravitarán en su poesía a partir de ese momento: el campo como símbolo de autenticidad y cubanía, y el hijo como posibilidad de redención. La primera de estas ideas está planteada en «Canción campesina para cantarla en la ciudad». Navarro Luna ha invertido el clásico esquema «civilización contra barbarie» dando un sentido martiano a la visión de la tierra, erigida en símbolo de todo lo limpio y natural frente a lo sucio y postizo representado por la ciudad. Esta antinomia le sirve para deslizar su mensaje político:

El silencio campesino
se baña el rostro en los torrentes de la montaña
rostro curtido,
rostro fuerte,
rostro potente
[...]
Silencio que ignora las blanduras de los

lechos tibios
que no lleva brillantes en los dedos
ni botonadura de oro en la camisa.

A pesar de esto, la visión que nos ofrece del campo tiene todavía cierto aire bucólico. Con otros ojos habrá de mirar en su siguiente libro: *La tierra herida*, de 1936.

En la segunda parte de *Pulso y onda*, «El libro de las elegías», el viejo tema del hijo redentor, en cuya figura se prolongan la vida y las obras del padre, adquiere una connotación singular al convertirlo en depositario de la esperanza sólo si es capaz de escuchar el clamor de la lucha, y sumarse a ella allí donde el padre levantó un muro entre el egoísmo de su amor y su deber para con los hombres, entre la realidad y la acción:

¡Va a decir la palabra que yo no pude
pronunciar cuando

todos estaban callados;
el canto que yo no pude lanzar al mundo
cuando mis hermanos habían enmudecido;
y desatar la cólera que estuvo amarrada en
mi cuerpo sin

haber podido desbordarse

(«Está despierto»)

Desde el punto de vista formal todavía se siente en este libro la resaca vanguardista: empleo frecuente de la prosopopeya, audacias metafóricas al uso, imaginería rayana en lo surrealista; lo más característico en él, en cambio, es su aspereza. Navarro Luna no es poeta de blandura cuando de reflejar la realidad se trata; por eso es crudo, descarnado a veces, y lo que acaso pudiera objetársele desde el punto de vista estilístico resulta a la postre ganancia en el sentido, porque estos versos, cuyo efectismo a menudo sorprende, están transidos de una emoción auténtica que los salva al final de los peligros del énfasis.

Será en *La tierra herida* donde Navarro Luna acabe, definitivamente, de poner su mirada en el campesino cubano, sobre la miseria de su tierra, pero es *Pulso y onda* la obra que desbroza este camino y le sirve de antesala temática y estilística. Con él queda establecida una personalidad literaria y una peculiar manera de abordar los problemas sociales en la poesía cubana.

Junto a la obra, mucho más perfilada y representativa, de Pedroso y Navarro Luna, encontramos en este lapso la contribución de otros poetas a esta línea de poesía «comprometida». Algunos nombres, que en años venideros se harían familiares en los medios literarios cubanos, aparecen esporádicamente al pie de textos de contenido social en diversas publicaciones periódicas.

Uno de estos autores es Ángel I. Augier, que gozaba ya de cierto reconocimiento entre los jóvenes poetas, especialmente después de la publicación de su libro *1*, en 1932. Su acercamiento a la poesía social en estos años es breve, pero muy personal. Poemas aparecidos en revistas, o escritos en el exilio, revelan un carácter literario de variadas facetas. Sin desentenderse por completo de los motivos vanguardistas, sus versos tienen, de un lado, cierto toque sentimental, íntimo, característico de un sector importante de su poesía:

> *Si mis palabras*
> *pudieran andar descalzas*
> *como esos niños indios que van para la escuela*
> *Pies desnudos que saben muchas cosas*
>
> («Si mis palabras»)

y de otro, una intención de síntesis poética, por contraste de imágenes, que resulta novedosa para el momento en que se escriben y les comunica un sabor «actual»:

> *Ansiedad femenina*
> *en los brazos tendidos de los muelles,*
> *sonrisa en sol quebrándose en las olas.*
> *Negras cargando sobre sus cabezas*
> *los bultos pesados de los barcos.*
> *STORES, GROCERIES, ICE-CREAMS, BARS.*
> [...]
> *Consulado cubano*
> *con una banderita desflecada*
>
> («Estampa de viaje»)

En otros textos como «Poema de la guámpara» e «Invierno tropical», los temas de la penetración norteamericana en la vida nacional, y el cañaveral, escenario de la explotación del obrero azucarero, se resuelven, en el plano composicional, en procedimientos que van desde la búsqueda consciente de un ritmo o cadencia interna en el verso —para acentuar su musicalidad— y el empleo de motivos y símbolos alusivos a un universo histórico-social y económico concreto —la guámpara, la caña, el sol, la guardarraya, el mayoral, el látigo—, hasta el uso de *slogans* y anuncios publicitarios, que dan curso a la paradoja y la ironía. El aporte de Augier a la poesía social en estos años consigue sólo aciertos parciales —no obstante sus búsquedas— porque el poeta no puede desprenderse de la referenciación directa de lo socioeconómico y político, lo cual lastra el balance artístico final de sus poemas.

Una parte de la creación poética cubana de contenido social se encuentra directamente vinculada a la poesía negrista, pues ésta se acerca a lo social cuando deja a un lado la visión colorista y sensual del negro para hacer causa común con su condición de hombre doblemente explotado. Sin mencionar a Nicolás Guillén, quien por la importancia de su obra merece consideraciones aparte, encontramos en esta tendencia algunos poetas que, ocasionalmente, se aproximaron a la poesía social, como Marcelino Arozarena —«Canción negra sin color» (1935).

Otro autor que incursionó en este campo desde la poesía negra fue Emilio Ballagas. Tanto «Actitud» como «Elegía de María Belén Chacón», pero sobre todo este último, son poemas que abordan —con sarcasmo el primero y elevada temperatura dramática el segundo— el problema racial.

Ballagas también tiene en su haber algunos «poemas de servicio» —como él mismo los calificó— que traslucen un deseo de compartir inquietudes, temas y formas expresivas con aquellos de sus colegas que habían alcanzado, dentro de la poesía de tema proletario y campesino, un reconocimiento general, en especial Pedroso y Navarro Luna. De este corte son dos poemas suyos apenas conocidos: «Abrid bien los ojos» y «El campesino herido». Años más tarde rendirá un hermoso homenaje a la defensa de la capital española en los versos de «Madrid 1937».

La presencia femenina en la poesía cubana no abunda, pero tiene matices de interés. Mariblanca Sabas Alomá, por ejemplo, se desempeñó, con notable desenvoltura, en el ámbito de las búsquedas formales vanguardistas, y constituye un caso excepcional porque es prácticamente la única mujer que se aventuró en este terreno. La poesía social que escribió se proyectó en esta dirección y sus presupuestos ideotemáticos apuntaron —siempre desde posiciones antimperialistas— hacia los problemas del obrero y el campesino. La pinareña Ciana Valdés Roig, por su parte, produjo una singular poesía feminista que apelaba a un verso de tono menor, íntimo, para denunciar la condición subordinada de la mujer en aquellas circunstancias sociales.

Muy diferente al de sus contemporáneos será el aporte de Mirta Aguirre, quien, muy joven por estos años, se valdrá de formas consagradas por la tradición para expresar sus ideas políticas. Sus «Diez romances de hoy» —publicados en la revista *Carteles* en 1932— muestran una personalidad poética en formación que aún no es dueña total de su instrumento expresivo, pero revelan, tempranamente, conocimiento profundo y dominio de los recursos tradicionales de la lírica española, algo que habrá de distinguir en años venideros buena parte de su obra y le permitirá moverse dentro de las formas clásicas con absoluta soltura y creatividad.

Tanto en estos breves romances como en otras colaboraciones suyas en revistas y periódicos —«Hermano negro», «Indio de América», «Scottsboro»— se prefiguran algunos de los rasgos definidores de su futura poesía sociopolítica: el empleo del contraste —la antítesis— como recurso expresivo, la ironía, la valentía en la denuncia, el sabio manejo de la tensión dramática y su convencido antimperialismo:

> *Playa: salud, optimismo,*
> *carnes tostadas al sol,*
> *trusas de corte cubista*
> *y siluetas «comifló» [...]*
> *Un «yanquee» ronca en la arena*

> *ebrio de luz y de ron.*
> *Los niños casi desnudos*
> *son como un reto al calor*
> *[...]*
> *En la Habana niños sucios*
> *padecen de fiebre y tos*
> *[...]*
> *El médico ordena baños*
> *salados, curas de sol*
> *[...]*
> *Pero un dólar cuesta el baño*
> *en esta playa de Dios! [...]*

Además de los ya mencionados, habría que agregar a la nómina de los escritores que incursionaron en esta línea los nombres de Félix Pita Rodríguez, Gerardo del Valle y Enrique de la Osa, quienes, al igual que Mariblanca Sabas Alomá, incorporaron lo social a partir de la experimentación formal vanguardista y difundieron sus creaciones desde las páginas de revistas como *atuei*, *Antenas*, *Revista de Oriente* y en el *Suplemento Literario del Diario de la Marina*. Félix Pita Rodríguez, que ya se destacaba como narrador, continuará ejerciendo en el futuro —junto a una notable labor dentro de la cuentística— su oficio de poeta, y los demás, en su mayoría, se dedicaron finalmente a la labor periodística, que ya venían desempeñando con anterioridad.

[N. Q.]

2.2.7 La poesía a partir de 1936

2.2.7.1 *Ballagas, Florit, D. M. Loynaz, Feijóo*

La obra poética de Emilio Ballagas, representativa, en sus libros de 1931 y 1934, de las líneas pura y negrista respectivamente, experimenta sustanciales transformaciones a partir de 1936, algunas perceptibles en textos de su primera etapa. Su poemario inmediatamente anterior a esa fecha, *Blancolvido*, contiene páginas escritas entre 1932 y 1935 y dentro de las variantes de la tendencia purista. En el propio 1936 aparece publicado «Elegía sin nombre», un poema especialmente significativo en la evolución creadora de su autor porque, entre otras razones, expresa los cambios que se habían venido operando en su sensibilidad y abre la senda por la que transitaría a partir de esos versos su quehacer durante algunos años. Las preocupaciones y el trabajo artístico que caracterizan a este extenso poema rompen con las pretensiones de su poética anterior, elaborada a partir de presupuestos bien distintos, en especial el concepto de un tiempo ahistórico y primigenio al que el creador quiere acceder para alcanzar una convivencia plena con la naturaleza incontaminada. En «Elegía sin nombre» hay una clara conciencia de conflictos que hasta entonces sólo habían asomado como elementos disociadores de una poesía que se afanaba por lograr armonías en verdad inaccesibles.

Esos conflictos serán determinantes en el desarrollo posterior de la obra de Ballagas, en la conformación de sus distintas modalidades. El poeta, después de haber escrito poemas exterioristas y de una fruición que testimoniaba al mismo tiempo su hedonismo y una velada angustia, se adentra en un diálogo con la realidad en otro sentido y alcance. En estos versos de 1936 se percibe la convivencia del creador con el entorno, concebido ahora en su presencia real, y su entrega a una concepción de la poesía como visión de lo inmediato. El canto a la inocencia se ha tornado ahora canto a la sensualidad en una dimensión carnal, un sensualismo activo en oposición al sensualismo contemplativo de los años precedentes. Ha tenido lugar, pues, la experiencia decisiva de la participación en el acontecer, con el consecuente adentramiento en una problemática de carácter ético de la que hasta entonces había estado libre esta poética. Esa participación compromete profundamente al creador en su intimidad hasta derivar de ahí un egotismo que lo definirá en lo sucesivo. Se trata, en primer lugar, de un conflicto de conciencia que en la cosmovisión de Ballagas tiene una importancia insoslayable. El objetivismo frente a un paisaje con el que no se siente identificado el poeta en el plano afectivo ha desaparecido como actitud para dar paso a un lirismo intimista y a posiciones neorrománticas y de ingenua religiosidad. En los títulos sucesivos: *Sabor eterno* (1939), *Nuestra Señora del Mar* (1943), *Cielo en rehenes* (1951), *Décima por el júbilo martiano en el centenario del Apóstol José Martí* (1953) y los poemas no recogidos en libro, alternan y se fusionan un romanticismo de filiación erótica y de ascendencia vanguardista (filiación que se halla en todos los poetas que se inscriben en esa tendencia por esos años), un intimismo de resonancias juanramonianas y limpidez formal con multiplicidad de temas tradicionales, y un canto candoroso de alabanza a la tradicional Virgen del Cobre, que está más cerca de la devoción popular, sin cuestionamientos, que del trascendentalismo de los místicos o de los existencialistas de raíz cristiana, con quienes Ballagas no tiene la menor relación.

Por su importancia ideoestética, «Elegía sin nombre» merece detenidas consideraciones que pondrán de manifiesto, por un lado, la gestación de los cambios que se operan en la sensibilidad del poeta y, por otro, la interacción de tendencias y de modos expresivos. En esos versos encontrará el lector la presencia de elementos puristas como antecedentes conceptuales y formales de esta nueva manera de dialogar con la realidad, con lo que se pone en evidencia que no se trata sólo de una ruptura, sino además de una continuidad coherente y orgánica de un proceso espiritual de ricas y complejas problemáticas. Puede afirmarse que «Elegía sin nombre» es una poética, por cuanto testimonia y revela los conflictos y experiencias del poeta consigo mismo y con la propia poesía, si bien en términos velados, interrelación implícita que una lectura atenta puede ir descubriendo. El tema de la importante elegía es el amor erótico ausente, la historia del encuentro y de la exaltación que éste trae al poeta, riquísima urdimbre de sensaciones que identifican al ser amado con la plenitud del mundo natural. El carácter elegíaco viene dado por la dolorosa separación que ha sufrido el amante, definitivamente inmerso en sus recuerdos, ahora evocados para rescatar la imagen deseada. La atmósfera general y las impresiones que van relatando los versos se remontan, en ocasiones, al estadio primigenio, paradisíaco, que constituyó el centro de la lírica anterior de Ballagas. Las primeras estrofas reviven el paisaje de la etapa purista, atravesado por un yo incontaminado y que se integra en la totalidad sin disquisiciones, en un puro y simple estar, momentos antes de la vivencia de una angustia que ya nunca más abandonará al caminante:

> *Descalza arena y mar desnudo.*
> *Mar desnudo, impaciente, mirándose en el*
> *cielo.*
> *El cielo continuándose a sí mismo,*
> *persiguiendo su azul sin encontrarlo*
> *nunca definitivo, destilado.*
>
> *Yo andaba por la arena demasiado ligero,*
> *demasiado trémulo para mis soledades,*
> *hijo del esperanto de todas las gargantas,*
> *pródigo de miradas blancas, sin vuelo fijo.*

Pocos versos después, el sujeto lírico cobra presencia, y se inicia un monólogo de recuerdos y sensaciones desde la intimidad, la evocación que configura la imagen distante del ser amado. La individualidad del poeta es el centro en el que convergen los pequeños y grandes acontecimientos. Ese yo sufriente ha cobrado conciencia de su impureza, se sabe sumido en el tiempo y en la soledad, distinto de lo otro, el comienzo de una nueva relación con la poesía. Dice Ballagas, como testimonio inequívoco de su propio drama existencial:

> *Sé que ya la paz no es mía:*
> *[...]*
> *Te he alimentado tanto de mi luz sin estrías*
> *que ya no puedo más con tu belleza dentro,*
> *que hiere mis entrañas y me rasga la carne*
> *como anzuelo que hiere la mejilla por dentro.*
> *Yo te doy a la vida entera del poema:*
> *No me avergüenzo de mi gran fracaso,*
> *que de este limo oscuro de lágrimas sin preces,*
> *naces —dalia de aire— más desnuda que el mar*
> *más abierta que el cielo;*
> *más eterna que este destino que empuja tu*
> *presencia a la mía*
> *mi dolor a tu gozo.*
> *¿Sabes?*
> *me iré mañana, me perderé bogando*
> *en un barco de sombras,*
> *entre moradas olas y cantos marineros,*
> *bajo un silencio cósmico, grave y fosforescente...*

> *[...]*
> *Los pechos de la muerte me alimentan la vida.*

Ahí se entremezclan los elementos fundamentales de intimismo neorromántico que inicia este poema en la obra de Ballagas: el amor imposible, el sufrimiento que se deriva de la ausencia y la separación, la soledad, y finalmente la muerte como experiencias consustanciales, definitorias del amante. Entran en juego ahora la angustia y los sentimientos (el amor, la tristeza, el miedo), el poeta es ahora partícipe doliente, ha rendido su inocencia primera a los deseos de la carne, a un destino que trae implícita la pérdida de la libertad. En términos éticos ha sufrido Ballagas la experiencia de la «caída», ese dejarse arrastrar por oscuras fuerzas eróticas que habrán de conducirlo por la senda de la desesperación, como evidencia el texto. Su concepción del mundo, sustentada en una filosofía de raíz cristiana, se fue moviendo desde posiciones hedonistas que él mismo podría calificar de «inocentes», hasta posiciones que habría que tildar, de acuerdo con esa línea de pensamiento, de «culpables», lentamente fraguadas a lo largo de los años, como se deja ver en algunos momentos de su etapa purista, si bien en los términos de una angustia que no tendría otro fundamento desde una valoración religiosa de su poesía y su trayectoria espiritual. Este poema, «Elegía sin nombre», estructurado en secuencias que van desde la descripción del paisaje natural antes del encuentro de los amantes y la soledad del poeta hasta la soledad posterior a la experiencia del amor, está trabajado como por impulsos que van llegando a la memoria, incontrolables en sus evocaciones, ruptura del estilo anterior, en líneas generales trabajado con un mayor sentido de la musicalidad y con mesura.

Al libro *Sabor eterno* pertenecen otros textos significativos, quizás con alguna excepción tocados todos por imágenes de un yo raigalmente insatisfecho, lúcido en su desesperanza y que se cuestiona las posibilidades de su realización. Otro ejemplo ilustrativo del neorromanticismo de Ballagas por entonces es «Poema impaciente» o «De otro modo», ambos surgidos de la imposibilidad del reencuentro de los amantes.

La soledad encuentra expresión acabada en «Nocturno», de más elaboradas maneras y mayor riqueza que los restantes poemas de igual tema; en «Soneto sin palabras» vuelve el poeta al tópico del amante que espera y sufre la ausencia, esta vez trabajado con el rigor formal que exige su título. Preocupaciones temáticas derivadas de las posiciones asumidas por el individuo (el poeta) frente a la realidad, conforman dos textos del libro: «Elegía tercera» y «Psalmo», páginas que se integran a la totalidad por sus afinidades, ya comentadas, con el neorromanticismo. En ambos se percibe la relación del conflicto ontológico del artista con los conflictos de orden afectivo. Se entremezclan la decepción implícita en el diálogo amoroso con la esperanzada posibilidad de permanencia, de sobrevida, en el hijo. El sentimiento de la existencia adquiere una dimensión trágica en «Psalmo», por cuanto la vida individual ha perdido su significado y su razón de ser; el poeta ha cobrado conciencia del profundo vacío en que se encuentra inmerso el hombre en su desesperanza y su doloroso destino, perdida o infructífera la ilusión de la plenitud amorosa. La esperanza de sobrevida en el vástago no llega a realizarse y se transforma en un eslabón más de la interminable cadena de la procreación, tocada en su esencia por el sufrimiento. Ése es el testimonio de una crisis espiritual que se venía gestando en el poeta desde hacía mucho y que alcanza su clímax como consecuencia de una crisis anterior, la del período de la etapa purista. La concepción del mundo en la que descansaban *Júbilo y fuga*, *Cuaderno de poesía negra* y *Blancolvido* era insuficiente y llevaba en sí su propia frustración, puesta de manifiesto con el decursar de los años precisamente en la experiencia de la «caída», esa entrega a los más auténticos impulsos en busca de una realización en el diálogo amoroso. A su vez, ello condujo al poeta a una decepción más radical, sustentada en primer lugar por la inconsistencia y fugacidad del acto del amor, y en segundo lugar por el trasfondo de filosofía trascendental de ascendencia cristiana hacia la que había derivado el pensamiento de Ballagas en esa época, la segunda mitad de la década de 1930. Estos fragmentos de «Psalmo» son harto elocuentes de la

crisis total en que vivía su autor, consecuencia, en última instancia, de la crisis de valores imperantes en el contexto nacional después del fracaso de la revolución que derrocó a la tiranía machadista:

¿Somos y por qué somos y para qué vivimos?
Cobre, sudor, ceniza, miércoles de morir.
Humor, tierra cansada, suspiro sin estrella,
sin sonrisa descalza, ni trino al entreabrir.
[...]
Un hijo que despierta, que se asoma y que siente
cómo el frío fabrica puñales diminutos...
[...]
El grito se hizo carne, el barro ojos y labios,
columna vertebral, saliva, voz, criatura...
[...]
Buscamos la respuesta verdadera en el hijo:
¡Nuestra sangre que corre, doliente, perseguida
por sobre los caminos nocturnos y extraviados
pisando arena y vidrios y espinas de la ira!

En *Sabor eterno* hay una libertad formal que Ballagas heredó de la vanguardia y que expresa muy bien la apertura hacia una nueva relación con la realidad. Cultiva el verso libre en la mayoría de los textos («Canción sin tiempo» —I y II—, «Nocturno», «Poema impaciente», «De otro modo», «Retrato», «Elegía sin nombre»), y además el heptasílabo («Nocturno y elegía», otro de los poemas capitales del libro y de toda la obra de Ballagas, quizás el más conocido, expresión también de la insatisfacción del autor ante la frustración del amor lejano y perdido, «Canción», con el que se abre el poemario), el eneasílabo («Elegía tercera», «Soneto sin palabra») y el alejandrino («Psalmo», «Nocturno»). Ese desorden en la concepción del texto se corresponde con el caos afectivo y con los intentos de plasmar un conjunto de sentimientos y sensaciones que irrumpen sin orden ni concierto en la conciencia del creador. Diferencia sustancial se aprecia en «Nocturno y elegía», por ejemplo, en cuyas estrofas Ballagas va conformando su propio retrato con una contención mayor, como de recapitulación serena después de sufrir los reveses de la ausencia del ser amado. El tono reflexivo se sobrepone en esa página al desbordado sentimiento de alegría o de tristeza de otros momentos del libro, más intensos y perdurables como testimonios vitales.

Antes de la publicación de su siguiente libro, *Nuestra Señora del mar* (1943), dio a conocer los poemas «Acta de la mariposa» (1941), «El que encuentra una flor» (1942), «Retrato de tu voz» (1942) y «Declara qué cosa sea amor» (1942), todos de calidad por su acabada factura en la complejidad de sus preocupaciones centrales. Los ejercicios anteriores habían ido forjando en Ballagas una capacidad de aprehensión de su propio mundo afectivo, ricamente matizado ahora en «Declara qué cosa sea amor» por un exultante lirismo que de hecho retoma los elementos de siempre, pero entremezclados en busca de una definición que supere a la que fue conformando en él la experiencia inmediata; cierto sentido panteísta, de integración cósmica y al mismo tiempo de disolución de la individualidad, transforma este texto en un testimonio de la religiosidad por la que transitaba el poeta por entonces, respuesta a su angustia a la amarga lección que había dejado en su vida la «caída» en apetencias que consideraba impuras y a las que no podía sustraerse. Se espiritualiza el concepto del amor, liberado de su carácter dependiente de los otros, hasta alcanzar una dimensión totalizadora, en estos términos:

> *Pero el amor ¿cómo diré que sea?*
> *es el sencillo patio de mi casa, en mi niñez;*
> *mi adolescencia pálida;*
> *el naranjo pequeño, el venadito*
> *que atado nos trajeron una tarde*
> *y murió sin sus bosques en los ojos.*
> *[...]*
> *Es renunciar. No estar preso en las cosas.*
> *Desligarse de la trampa mortal de las criaturas.*
> *[...]*
> *Que el Amor eras Tú, yo lo sabía*
> *al venir a la vida ¿y lo he olvidado?*
> *Es entregarse y encontrarse todo,*
> *todo el amor en ti y en ti perderse*
> *para encontrarse un día Contigo en tu Morada.*

La necesidad del desasimiento vuelve a Ballagas, ahora entremezclada con una religiosidad despojada de intelectualismo y de conflictos entre razón y fe. Este poema de 1942 (publicado en 1943) es un signo inequívoco de la búsqueda de la serenidad perdida durante sus años de entrega a una concepción del hombre con un sentido hedonista inmediato. Puede afirmarse que hay un retorno a algunos de los postulados de la poética purista en «Declara qué cosa sea amor», pero integrados con un trascendentalismo cristiano que trae implícita una ética, elemento de suma importancia en la cosmovisión del poeta. Esa eticidad subyace como uno de los fundamentos en la evolución creadora de Ballagas a todo lo largo de su vida, de manera más o menos explícita. El intimismo neorromántico de sabor eterno constituyó una ruptura de principios dentro de los propios cánones de conducta que el poeta se había impuesto frente a la realidad. La exaltación del yo participante viene acompañada de una crisis radical que se fue tornando intolerable y desembocó, finalmente, en lo que podría llamarse la poética de la disolución, un afán de integración panteísta que no compromete al creador y lo exime de asumir una postura, cualquiera que sea, ante el acontecer. Esa crisis lo es en primer lugar de orden histórico-social, consecuencia de la pérdida gradual de valores en el contexto socio-político concreto en el que se desenvuelve el poeta. Los caminos evasivos del puro hedonismo condujeron a Ballagas a un significativo fracaso ontológico, al que no era ajeno un oscuro impulso irracional, instintivo, de apetencia participante. El fracaso y las irrefrenables fuerzas vitales que anhelaban un diálogo más pleno con la realidad, se transformaron en una poesía egotista de sentido inmanente, la única posibilidad de gratificación personal en momentos de frustración histórica y, por ende, de frustración individual.

Dentro de la tendencia social escribió «Abrid bien los ojos», «El campesino herido», «Balada en blanco y negro» y «Madrid, 1937», ejemplos de una inquietud por el acontecer que no llegó a conformar en Ballagas una línea de expresión. Sin embargo, esos textos ponen en evidencia que los conflictos que delatan sus poemas representativos son asimismo de orden ético, no sólo de carácter existencial.

Si bien esas páginas, un tanto ocasionales, están lejos de representar la obra total de su autor, esa su misma condición atípica viene a subrayar la profunda necesidad de su escritura. Hondamente tocado ha de haberse sentido Ballagas por las circunstancias que dieron lugar al tratamiento artístico de esos temas. De los cuatro, el de mayor trascendencia por los hechos en sí y por la realización literaria es el que dedica a la guerra civil española, en el que toma posición por la justicia y el triunfo del pueblo frente a las fuerzas sombrías del fascismo. Como en otros momentos (en «Declara qué cosa sea amor», por ejemplo), en «Madrid, 1937» se percibe un tratamiento del contrapunto y una adjetivación que hacen muy explícita la idea central, trabajada además con reiteraciones y en tono exultante, signos quizás de la influencia de la poesía social de Guillén. La denuncia y la exhortación, el lenguaje alusivo y el lenguaje directo se conjugan en estos casos, como en otros momentos, para alcanzar la comunicación deseada.

En 1943 apareció publicado el cuaderno *Nuestra Señora del mar*; un soneto al inicio, diez décimas y un poema en liras al final, fervoroso e ingenuo canto a la Virgen de la Caridad del Cobre. Se inscriben esas escasas estrofas en la más auténtica tradición popular y al mismo tiempo en la línea del cultivo de la forma que poco antes había comenzado a constituirse en un interés de Ballagas, el retorno a la serenidad aludido líneas antes. La crítica ha observado en ese retorno a posiciones clasicistas una necesidad de orden espiritual, no un ejercicio retórico más o menos logrado, si bien es oportuno dejar sentado que esa preocupación por la forma puede interpretarse también como un juego formalista sin pretensiones de trascender. El populismo inherente al tema y a la elección de la décima como vehículo expresivo denota una postura de renuncia en el poeta, de renuncia al tratamiento de los temas de la poesía intimista en tanto manifestaciones de conflictos angustiosos y en esencia insolubles. Se ha visto en esta nueva manera de Ballagas, por otra parte, el reflejo de la experiencia del sosiego conquistado después de haber vivido inmerso en «su temporada en el infierno de lo oscuro, lo cósmico y lo fosforescente».[61]

Hay además en este cuaderno, velado en ciertos momentos en los que se confunden el canto tradicional anónimo y la súplica personal, cierto clamor evasivo que revela insatisfacciones y anhelos de fuga. Véase en este ejemplo, «Entrada en la canoa», el acabado que logró Ballagas en el cultivo de la espinela, trabajada con un preciosismo de sabor popular que sin duda es su mayor acierto:

> *¿Qué pie pusiste primero*
> *En la barca temblorosa?*
> *¿Qué huella de austera rosa*
> *Marcó con fuego el madero?*
> *¿Tu cuerpo tornó ligero*
> *Lo que el peso ya vencía?*
> *Pues parece que vacía*
> *La ingrávida barca vuela*
> *Dejando impoluta estela*
> *Por donde pasa María.*

Los poemas que Ballagas publicó en los años sucesivos: «Biografía»; «La luna fósil», 1944; «Para una nicaragüense», 1946; «Siesta de la palma», «A la virgen del Cobre», «Stanzas on a lily» —«Estrofas para un lirio», conocido en inglés y en español—, 1947; «Nana de enero», 1948; «El sueño», «Nacimiento», «El hijo», «Del fuego inmaterial. Homenaje a Sor Juana» —en dos versiones—, ¿1951?; «Hellen Keller ante una cabeza de Homero», 1951; «Túmulo para un anciano», 1951; «Versos para una estrella», 1951 y «Bailarinas», 1951) y que no integró en libro, oscilan desde el divertimento intrascendente y de pobre factura hasta el soneto bien elaborado y el tema de más ricos alcances, todos caracterizados por esa impresión de fragilidad que dejan los poemas de Ballagas, bien sea en el léxico o en el desarrollo de las ideas. Entre los más inconsistentes puede citarse «Para una nicaragüense»; entre los mejores, «El hijo» y «Túmulo para un anciano», dos sonetos de similares virtudes a las de sus mejores textos. Insiste el autor en estos ejemplos en trabajar las formas cerradas, propias, dentro de su poética, para exponer una cosmovisión que se ha ido despojando del compromiso con la realidad y acercándose cada vez más a los caminos de la belleza ideal, abstracta. «Siesta de la palma» se identifica, en cierto sentido, con la sensibilidad purista de la primera etapa de Ballagas, un canto armonioso al puro ser sin más implicaciones que su estar en la realidad. En el poema en prosa «La luna fósil», también de los más sobresalientes de este conjunto, el interés primordial del poeta se desplaza hacia la creación de una escritura que se alimenta de sí misma.

La obra de mayor significación y perdurabilidad de Ballagas es *Cielo en rehenes*, Premio Nacional de Poesía en 1951 e inédito hasta la edición póstuma de 1955. Vitier ha calificado este libro como aquel en el que «cuaja su neoclasicismo de raíz católica».[62] En los veintinueve sonetos alcanza ciertamente el autor su más alta estatura creadora, el sosiego fundado en un sentido trascendente de la vida, en una religiosidad espiritualizada, culminación de todo un proceso ideoestético que se inicia con el deslumbramiento ante los dones naturales, se asombrece con el llamado de las fuerzas de un erotismo carnal, retorna al candor y la pureza de los comienzos en poemas de ingenua e inconsistente mirada (religiosidad insuficiente y hedonismo endeble), y llega finalmente a una síntesis y transmutación de elementos desde posiciones éticas y estéticas mucho más elaboradas y edificadas en una tradición secular. La escritura es suficiente en sí misma y a la vez testimonio de un enriquecimiento de las jerarquías de la realidad, propuesta del poeta para su necesaria intelección de su propio ser y para acceder a un conocimiento objetivo, una necesidad que venía implícita en su batalla por restituirse al equilibrio y la tranquilidad perdidas, al mismo tiempo causa y consecuencia de la crisis personal que deja ver en *Sabor eterno*. En cada una de sus tres secciones —«Cielo gozoso», «Cielo sombrío» y «Cielo invocado»— se va dibujando la evolución del autor mediante los temas tratados. Así, por ejemplo, «A un clavel», «Soneto marino» o «Cielo en rehenes» tienen el aire y el sabor de los poemas fruitivos de su primera etapa, grata convivencia de los sentidos con el entorno, libre el individuo de conflictos porque vive en un estado anterior, rasgos de la tendencia purista en Ballagas. Los seis sonetos de la segunda sección cantan

en tono sombrío la angustia de la «caída», experiencia que rompió el equilibrio espiritual, la armonía de la primera juventud, y dio entrada a lo «impuro»; en «El soneto sombrío» e «Invitación a la muerte» se encuentran los más elocuentes y desgarrados testimonios de la desesperanza y la angustia, especialmente en la invocación a la muerte del último texto, la antítesis absoluta del júbilo y la felicidad del poeta exultante y deslumbrado de los cuadernos de 1931 y 1934, y al mismo tiempo la única respuesta que el poeta tenía en esos momentos ante la crisis. La tercera sección entrega a los lectores lo que podría llamarse la experiencia de la conciliación, la síntesis armónica de los contrarios, lograda en páginas de hondura y acabado formal inencontrables en el resto de la obra de Ballagas.

Puede verse el proceso evolutivo en estos fragmentos tomados respectivamente de cada sección. De «A un clavel» estos versos:

> *Levanta en mí tu perfumada llama*
> *y envuélveme en tu círculo de fuego,*
> *Si el aire te acaricia con su juego,*
> *hecho rocío el corazón te ama.*

De «El soneto sombrío», éstos:

> *Un solitario espejo, un dios caído,*
> *una máscara presa en su agonía;*
> *una paloma de melancolía.*
> *(En la pared un lábaro vencido).*
> *¿Quién pone esa tiniebla en mi gemido?*
> *¿Quién con la uña de una lezna fría*
> *sobre mi corazón traza una estría*
> *dejando en carne viva su latido?*

Y, finalmente, «Hora de laudes», de la tercera sección:

> *Del punto claro donde nace el día*
> *y la lechosa estrella palidece*
> *miro caer las rosas que a porfía*
> *el alba pura entre sus dedos mece.*
> *La lengua que bañada en armonía*
> *en el toque de laudes se estremece*
> *convoca la celeste chillería*
> *de alondras. En la torre la luz crece.*

Pero el buen ciervo, anticipado al rojo
clarín que abre amapolas de bravura
(alumbrando el oído antes que el ojo).
Ya está en vela, ceñida la cintura,
luz en la mano, pecho en el cerrojo,
atento a que regrese la Hermosura.

Ese cultivo de la forma, la vuelta a un clasicismo que conjuga el ejercicio verbal y el ejercicio espiritual como dos expresiones de un sentido único de la historia y de la vida del hombre, significa además la asunción por parte de Ballagas de una riquísima tradición cultural hispánica, síntesis ella misma, a su vez, de lo culto y lo popular, fusión en la que se inscriben las décimas a la Virgen del Cobre y las décimas a Martí. Obsérvese que la religiosidad de Ballagas nunca alcanza un alto grado de complejidad intelectual, pues aun en sus momentos de mayor elaboración se imponen la búsqueda y el diálogo con la realidad trascendente en un plano puramente sensorial, fruitivo, sin problemáticas de carácter filosófico o de teoría del conocimiento. La ligereza del canto a la Virgen confirma la tesis de que Ballagas aprehende el cristianismo desde una perspectiva estrictamente religiosa, desde posiciones que pueden desembocar en un ingenuo populismo. Sus inquietudes fundamentales, de orden ético, fueron conformando una poética desentendida del acontecer y que expresaba un intimismo creciente. La búsqueda de la perfección interior y de una belleza formal irreprochable ponen de manifiesto que Ballagas quería sustraerse de su participación en la historia. Su obra se constituyó en el intento de edificación de un mundo íntimo.

En 1953 aparecen publicadas sus *Décimas por el júbilo martiano en el centenario del apóstol José Martí*, con las que Ballagas obtuvo el Premio del Centenario. Son estrofas ocasionales para una celebración, juego de ingenio sin hondura, hechas sólo de gracia verbal. La religiosidad es totalmente externa, pero elemento de referencia que está más cerca de la retórica popular que de un sentido culto de la poesía. La imagen que estas estrofas entregan de Martí está constituida en el aire, de manera artificiosa, en primer lugar por su comparación con Cristo. La historicidad esencial de Martí aparece envuelta en ropajes ideales y llega a los lectores en abstracciones vacías de sentido. ¿Qué significan entonces esas décimas en la obra total de Ballagas a la altura de 1953, un año de tanta importancia histórica y de maduración plena de su sensibilidad, como se aprecia en *Cielo en rehenes*? Puede afirmarse, sin lugar a dudas, que esas estrofas no tienen otra pretensión que exaltar la figura de Martí dentro de una tradición de ascendencia popular y con elementos culteranos; no quería plantearse, pues, una interpretación de carácter historicista ni ahondar en la problemática de la realidad nacional de entonces, incuestionablemente conocida y padecida por Ballagas. Su desasimiento de todo acontecer, voluntad expresa en casi toda su obra y factor inalienable de su poética, preside la concepción de estas veinte estrofas. En el plano formal no logra aciertos mayores ni más ricos que los ya conocidos en sus sonetos, mejor facturados desde más penetrantes inquietudes. Un tema menos comprometido y de menos alcances hubiese permitido quizás que los textos tuvieran un mayor lucimiento. Los poemas finales de Ballagas («Alto diamante», «Revelación» y «El escultor») reafirman su decidida vuelta a la fe con la que se cierra un ciclo poético y vital. El más importante, «Revelación», poema en prosa, es el testimonio de la transformación operada en el poeta y en su concepción de la poesía. En un momento dice: «No siento ya el horror de las palabras ni de los objetos incomprensibles», una declaración con la que pretende haber superado los conflictos esenciales del creador frente a la realidad.

Eugenio Florit (1903-1999), quien habría de transitar por sendas similares a las de Ballagas, se inicia con un cuaderno de escasa importancia: *32 poemas breves* (1927); da a conocer más tarde *Trópico*, en 1930, poemario representativo de la tendencia purista, y en 1937 publica *Doble acento*, presentado por Juan Ramón Jiménez y con textos de 1930 a 1936, un libro que reúne significativas páginas dentro de la estética purista y poemas de aliento y preocupaciones que se acercan a la estética del intimismo. Fernández Retamar ha visto así esa dualidad del libro, expuesta desde el título mismo: «La obra presenta dos vertientes: una de poesía serena, perfecta; otra de poesía jadeante, más estremecida, por donde el poeta quebranta los bordes de la poesía pura.»[63] Por su parte, el propio Florit dice acerca de *Doble acento*: «En mis poemas veréis cosas fijas, claras, de mármol —lo clásico, en fin. Y otras desorbitadas, sin medida, oscuras.»[64] Como en Ballagas, en Florit hay una transformación desde posiciones estilizadas hacia una actitud de participación afectiva de más ricas consecuencias. De la serenidad y fría distancia que se observa en el poeta frente a los paisajes de *Trópico*, ha pasado a un diálogo en el que la emoción está entrañablemente unida al entorno, como sucede, por ejemplo, entre otros textos, en «Agonía del mar en una boca». Diríase que la mirada se ha desplazado de afuera hacia adentro en busca de una intimidad que no se sacia con puras formas.

El siguiente poemario, *Reino* (1938), está elaborado con delicadísimas impresiones y con una nitidez expresiva de suma contención. La realidad circundante es asimilada en estos poemas en lo que tiene de inasible y fugaz, presencia permanente y al mismo tiempo inapresable. Se observa una comunión del creador y la naturaleza que descansa en un sentido temático, de hondas resonancias en Florit. En uno de los poemas puede leerse con claridad esa conjunción de apetencias que está en el centro de este libro, el ansia de integración y al mismo tiempo de aniquilamiento, presente asimismo en algunos textos significativos del Ballagas purista. De la sección «Cuatro canciones», la número 4, representativa del neorromanticismo por el que transita Florit en estas páginas:

> *Cuando sea la tierra mi pan y mi vino,*
> *habré encontrado el sueño para siempre.*
> *Todo un sueño de siglos, de primaveras*
> *   y de inviernos*
> *que pasarán sobre mis huesos fríos.*
>
> *Y así estará mi jugo de poeta*
> *vertiéndose en regatos interiores*
> *para salir al sol en aguas cristalinas.*

En este libro de 1938 el poeta se mueve en un ámbito de realidades cercanas y distantes a un tiempo, sensaciones y anhelos cuya ausencia o presencia no están determinadas en primer término por su percepción directa. Se tiene la sensación, leyendo estos poemas, de que el ser de las cosas logra su plenitud sólo en la distancia. Diríase un retorno, en cierto sentido, a la sensibilidad modernista, o una concepción de la poesía de raíz romántica. La calidad y densidad de las cosas radican en el espíritu, no en su corporeidad. Es una poesía de sensaciones y estados de ánimos, pero sin efusiones ni experiencias hondamente conmovidas. Florit se caracteriza, en estos años posteriores a la disolución de la vanguardia, por una serenidad y un equilibrio de estirpe juanramoniana, quizás la mayor influencia que recibió en esos años. Las formas cerradas se disuelven, con pocas excepciones, en ese aquietamiento de las emociones y en el sosiego ante las insatisfacciones que subyacen en los textos. Predominan las formas abiertas, el poema sin rima, piezas breves para testimoniar la presencia de un instante o de una visión fugaz que viene a despertar la nostalgia o la conciencia de la soledad en el poeta. Alternan los textos de moderada extensión («La única», «Esfinge», «Gloria de amor») con otros de escasos versos (algunos de la sección «Canciones inútiles», las «Cuatro canciones en la noche»), pero en realidad puede decirse que todo el libro se caracteriza por su lirismo concentrado, en ocasiones con sabor de vieja sabiduría popular como en el número 13 de «Canciones inútiles»: *¡Quién tuviera, como el río, / árboles para la sombra / y mar para su destino!* A modo de ejemplos de esta poética de la soledad y del amor imposible, véanse «Gloria de amor» y el número 3 de «Poema de mi voz»:

> *Pasas, amor, mujer, cerca de mí.*
> *Te escucho, miro tu presencia.*
> *Siento el calor, el vaho de tu sangre*
> *ardiendo pura, impura; baja y alta.*
>
> *Se va la tarde junto al mar al hondo*
> *silencio de la noche pensativa.*
>
> *(Cuánta canción de besos*
> *en el adiós para la tarde pálida.*

Abrazo tierno —cielo y tierra
unidos por el talle en los paseos
bajo una gloria espesa de palabras iguales,
de iguales besos y miradas.
    Todo un amor igual
que marcha sin razón, porque sí, porque
está en lo cierto de su gloria efímera,
canta su fe en el árbol; en la arena,
amor, mujer, su eternidad; en la flor seca,
su pequeña tragedia sin palabras.
Y llora por amor, y luego ríe
ese divino juego
de hojas al viento y llanto sobre el mar).

En el siguiente se aprecia con más evidencia aún el carácter insustancial de la realidad, como si el poeta se desentendiese de lo que podría llamarse la gravitación del entorno; se trata, en este caso, de un erotismo puramente espiritual, fusión idealizada en arquetipos:

    Ingrávida, tú, en aire,
    irás, azul, bajo la lumbre
    enardecida del ocaso.

    Etérea irás, al rojo vivo,
    azul, también azul, al mediodía.

    Ligera, en paso azul,
    irás al viento suave
    que agita el despertar de las mañanas.

    Y donde estés,
    mi voz será tu voz estremecida,
    roja y azul, fina y ardiente,
    al pasar mi canción
    fragante, nueva, con mi acento
    ya para siempre en ti, a ti unido,
    a tu presencia fiel, entre tus manos,
    ¡ya mi voz en tu voz sobre la tierra!

El poeta no se propone el asedio ontológico porque no percibe el misterio de la realidad en su dimensión filosófica, sino en su sentido religioso último, como una teleología que se constituye en destino de la persona; pero el poeta tampoco se siente arrastrado por el entusiasmo desbordante de los románticos mayores, sino

entra en una apacible comunión con el paisaje y con sus recuerdos y anhelos. Algunos elementos claves (agua, estrellas, tierra, nube, mar, camino) permiten establecer la simbología de este poemario en su doble significado de altura y lejanía, síntesis de una poética intimista tocada por un leve erotismo y dibujada con suaves colores y sensaciones un tanto indefinidas. En ocasiones se hace evidente la ascendencia de la estética purista en el autor, como sucede en «Retrato», donde al mismo tiempo laten los signos de la pasión; en otros momentos (casi todo el libro) está como velada en el trazo de las líneas que integran los textos. La participación afectiva es la diferencia sustancial con *Trópico*, de líneas precisas, geométricas, expresiones de una actitud contemplativa y desentendida de todo drama existencial. Esa diferencia está presente también en «A la mariposa muerta», «Canción» y «Final», quizás el más elocuente ejemplo de esa dualidad:

    Fija, aquí, la palabra;
    esa que nace ya sin alas;
    esa tímida voz que no se exhala.

    Y fuego, ardor y llama
    quemando la palabra,
    destruyendo ilusión.

                                    Nada más. Basta.

En lo sucesivo escribirá Florit un importante conjunto de textos que en 1947 agruparía en *Poema mío* [1920-1944], a continuación de los que dio a conocer en sus poemarios anteriores. Como característica general de esos nuevos poemas puede señalarse el intimismo neorromántico que también define las páginas de *Reino*. Se suceden los tópicos de siempre: la distancia, las nubes, los colores, la inconsistencia de los elementos de la realidad en los que insiste más el poeta, la emoción tenue frente a un suceder conmovedor, la muerte, la soledad, el amor, el desamparo de la criatura. El paisaje se funde con las emociones del poeta para alimentarse mutuamente, rasgo sustancial de la percepción idealizada del entorno que una y otra vez encuentra el lector en la poesía de Florit. Se sustenta esta zona de su obra (exceptuadas las catorce evocaciones de *Niño de ayer*, de 1940) en la búsqueda de una disolución integradora, idealismo trascendente de estirpe platónica que se fusiona con el cristianismo, una presencia significativa en estos años para el quehacer lírico de este poeta.

Dentro de la esbeltez y la mesura que perfilan los poemas posteriores a *Trópico* hay momentos de más estremecido aliento, como sucede con «Al unicornio», de 1939, de mayor riqueza y complejidad. En sus estrofas se suceden las imágenes, a diferencia de los textos de mayor concentración, en los que la realidad aludida queda encerrada en rápidos y esenciales trazos, como ocurre en *Reino* y más tarde en *Canciones para la soledad* (1940). En «Al unicornio» puede hablarse de un exterior idealizado o puramente imaginado en función de una simbología de signos muy evidentes, lectura que se inscribe en la ya conocida tradición y que se integra perfectamente a la poética de su autor, fundada en la concepción de los dos planos de la realidad, el material y el trascendente. Se percibe en sus versos, además de ese dualismo fundamental, el paralelismo de la fábula como mitificación de la vida del hombre. Véanse estos fragmentos a modo de ilustración de la interpretación esbozada y de los valores formales, de los más altos en esta etapa de la obra de Florit:

[...]

Camino de tu muerte la sonrisa
quédase atrás, vive dentro de un cielo
por sueño y por blancura,
y por el palpitar apresurado.
Lejos de ti, donde el amor no llega;
abandonado a tu destino oscuro;
sin llanto que cantar, sin voz apenas:
alma sólo a la grupa de tu sueño.

Hombres te esperan con el dardo atento,
con mirada cruel, con paso mudo.
Y herido vas, enrojeciendo flores;
gota de amor sobre la yerba triste
que apresura su muerte presentida.
Llegas bajo los árboles herido,
a la caricia de una virgen

en el término fiel de tu carrera.
Miran tus ojos angustiados
la mano, el bello rostro, la sonrisa.
Y cuando la mirada se detiene,
cubre su palidez, ciega los ojos,
para que pase el alma sin ser vista,
como un tenue suspiro de paloma.
[...]

¿Nada?... Sobre la flor, bajo la tarde,
en las colinas del espíritu,
pace feliz el ser sacrificado
libre ya de las fauces que le abrían
vena de rojo ardor en las entrañas.
Libre del tiempo, de arma libertado.
Preso tan sólo con dogal de amores
y eterna sólo al viento
la celestial blancura de su alma.
[...]

De 1940 son *Cuatro poemas* y *Niño de ayer*, dos conjuntos importantes por sus calidades formales, una constante de primer orden en la trayectoria de Florit, y porque representan las dos sendas en las que habrá de continuar manifestándose la sensibilidad del poeta en los años sucesivos, el primero en la línea de una percepción sensorial altamente espiritualizada en la que los objetos y los hechos se tornan inasibles, un suceder que atraviesa, en constante movimiento, las fronteras imperceptibles del sueño y la realidad. De nuevo la inconsistencia de las imágenes, siempre fugaces, en «Retrato interior» y en «Tarde presente»; de nuevo la sensación de ser y no ser en «La niña nueva» y en «Momento de cielo»; de nuevo, en los cuatro, la conciencia de la distancia y de la lejanía, la dualidad cielo-tierra, uno de los centros generadores de la poética de Florit en esta modalidad de búsqueda de la belleza trascendida. En *Niño de ayer* aparece, como una nueva expresión, el diálogo con lo cotidiano íntimo, uno de los aportes significativos y de mayor carga de futuridad de toda la lírica de Florit. La fuerza evocadora de esos poemas viene a subrayar una cualidad que está como velada o subyacente en otros textos: la nostalgia en este cuaderno tiene una dimensión tradicional (recuerdo añorante del pasado), y al mismo tiempo posee una dimensión testimonial, pues se constituye en sustrato de una historia espiritual incipiente, de la etapa en que se forman los arquetipos y se integran las coordenadas del diálogo del individuo con lo que más tarde será su intimidad, su yo absoluto, de tanta importancia en las posiciones de lirismo de corte neorromántico e intimista.

Estas páginas introducen en la poesía de su autor el universo familiar, vivencias de una naturaleza diferente. La relación con el entorno, evocada y recreada, tiene matices importantes, el primero de ellos un diálogo menos elaborado y que se sustenta fundamentalmente en la percepción directa del acontecer natural. Reaparecen, en cambio, los elementos de siempre como sustentación del hecho poético, pero ahora en su estado primigenio, como entorno de una experiencia primigenia, anterior a toda asimilación intelectualizada. Si bien la poesía de Florit se caracteriza, en líneas generales, por la espiritualización de los estados emocionales y la presencia de diversos estímulos del paisaje, en *Niño de ayer* es mucho mayor la interrelación individuo-sensaciones precisamente por su carácter prístino, límpido, incontaminado de simbología y de apetencias de integración. En «El niño en la montaña» se observa, acaso como en ningún otro ejemplo del cuaderno, esa inocente comunión, de pleno disfrute, como en estos fragmentos:

> *Cuando el niño subía a la montaña*
> *donde viven las águilas,*
> *se sentaba en la cumbre*
> *y dejaba pasar sobre sus ojos*
> *el algodón aéreo de las nubes.*
> *Con aire sin color se despeinaba*
> *su cabeza; perfume*
> *de romero florido*
> *adornaba su ropa;*
> *se llenaba su oído*
> *de esquilas, y balidos*
> *de ovejas, y ladridos*
> *del perro del pastor.*
> *[...]*
> *Cuando el niño dejaba la montaña*
> *donde viven las águilas,*
> *toda la primavera de la altura*
> *entrábase con él dentro de casa.*

La intimidad posee asimismo en estos poemas un valor diferente, de mayor certidumbre. En «Un barco sobre el mar», el poema que testimonia la pérdida definitiva de la infancia y con el que se cierra el cuaderno, la enumeración de los objetos de la intimidad ejerce una función semántica reveladora del sentido que tiene en esos textos el mundo afectivo personal; toda su riqueza radica en lo otro, en lo que está afuera, en lo que el niño ha llegado a tener como suyo y ha conformado su universo de relaciones. En los poemas intimistas de *Reino*, por ejemplo, hay una radical soledad, un diálogo anhelado y en esencia irrealizable. Esa enumeración de posesiones, tan cercana a la poética de Eliseo Diego (recuérdese su poema «Tesoros», de *El oscuro esplendor*) es, además de un signo de intimidad, un signo de la importancia de la inmediatez en esta modalidad de la poesía de Florit. Como en los restantes ejemplos desde el cuaderno de 1938, el estilo de *Niño de ayer* está cuidadosamente trabajado; la absoluta libertad formal, presente en buena parte del resto de su obra, con pocas excepciones, se conjuga perfectamente, en este caso, con el fluir narrativo de los versos. La evocación está elaborada a través de breves y concisos cuadros independientes, puro acontecer sin pretensiones ni búsquedas trascendentes, el suceder natural de la convivencia. Es ostensible que en la obra lírica de Florit no hay gritos de angustia ni desgarramientos estremecedores; estos poemas de la ausencia explican, en buena medida, la evolución espiritual del poeta cuando ponen de manifiesto la armonía sosegada en la que se sustenta su experiencia vital. En *Niño de ayer*, la evocación nostálgica no entraña necesariamente un anhelo de retorno al pasado ni una concepción de la infancia como paraíso perdido, aunque esas inquietudes no sean del todo ajenas a la sensibilidad y a la cosmovisión de la obras posteriores.

Mayor plenitud alcanza Florit en el conjunto de poemas que agrupó bajo el título de *Nuevas poesías*, escrito entre 1938 y 1944 y publicado en *Poema mío*. El intimismo neorromántico de otros textos alcanza en éstos una fuerza renovada. Los temas de la soledad («Por unos versos», «El momento callado», «Noche sola», «Momento II», «Para la soledad»); el amor («Canción», «El amor frío», «El recuerdo», «Cancioncilla de otoño», «Momento IV»); la familia («El recuerdo II», «La madre», «El retrato»); el ser insustancial o en fuga («El eco», «Ya, siempre», «Canción» —*Ahora que está despedazado el sueño*— «2», «Fue, es»); la vida trascendente («Las preguntas», «La visita y el viaje», «El alto gris», «...Que estás en los cielos», «El tesoro»), constantes de la obra de Florit, se entremezclan de modo coherente como distintas modalidades de un pensamiento poético que se inscribe en una concepción del mundo de vieja tradición platónica. No obstante que estas páginas de *Nuevas poesías* expresen las más auténticas posiciones neorrománticas e intimistas de *Reino, Cuatro poemas* y *Canciones para la soledad*, hay un sustancial enriquecimiento del trabajo artístico en la dirección de un despliegue verbal que trae ganancias en la percepción de la realidad. Los textos tienen una densidad que no se encuentra en otros libros de esa tendencia. Entre otros ejemplos no menos aleccionadores pueden citarse «Por unos versos», «Canción tuya», «Casi soneto», «2», «Las preguntas», «Canción» —*No es tan bello el ocaso*—, «El recuerdo II», «Las dos niñas», «La madre», «El nuevo San Sebastián», «...Que estás en los cielos». Véase «Las preguntas», trabajado en la forma soneto con las calidades de siempre: música de extraordinaria melodía, imágenes nítidas, léxico depurado, virtudes todas de la más rica tradición del idioma, con la que Florit estuvo identificado siempre por su conocimiento de los clásicos y de los grandes maestros de la lengua en este siglo:

> *¿Qué dardo puro, qué amorosa queja*
> *o viva luz al aire se levanta*
> *que más que fuego entre los ojos, deja*
> *un resplandor de cielo en la garganta?*
>
> *¿Cómo cuando la música se aleja*
> *no se marchita el labio que la canta,*
> *y en un remanso de dolor refleja*
> *son que el eco de ayer aconsonanta?*
>
> *¿Dónde va tu color, mística rosa,*
> *por el atardecer de los senderos*

> *en amarillas hojas convertida?*
>
> *¿Y cuándo, en fin, la mano temblorosa*
> *recogerá los sueños verdaderos*
> *para alegrar la sombra de su vida?*

Después de *Poema mío* escribió Florit otros textos igualmente importantes por sus valores formales, algunos de ellos representantes de un conversacionalismo que tenía su antecedente dentro de la propia obra de su autor, en especial las páginas en que recordaba la vida familiar (*Niño de ayer*, «El recuerdo II», «La madre», «El retrato»). A comienzos de 1956 aparece publicado *Asonante final y otros poemas*, compilación de 1946 a 1955 en la que se incluyen ejemplos de esa nueva tendencia y otros dentro de la línea intimista tradicional. Los representantes del coloquialismo son «Conversación a mi padre» (publicado en 1949), «Asonante final» (publicado en 1950) y, en menor medida, «El poema» y «La compañera» (1955), dedicado a Cintio Vitier. Se trata de un nuevo hallazgo que tiene en Tallet a un precursor relevante dentro de la historia del género en Cuba, y en Eliseo Diego a un representante que por la misma fecha en que Florit escribe concluye *En la Calzada de Jesús del Monte*, alto exponente de un conversacionalismo de mayor carga de futuridad y resonancia años después, hacia mediados de la década de 1960. Los textos de Florit, aunque escritos con el oficio de un maestro y exponentes de una sensibilidad renovada, mucho más cercana a las preocupaciones de los poetas que comienzan a publicar poco después de 1959, no tienen la resonancia que tendrán los de Diego, entre otras causas por la prolongada ausencia de Florit, radicado en Estados Unidos desde la década del 40. Tomado como el mejor logrado ejemplo, en «Conversación a mi padre» se aprecia la fecunda interrelación entre conversacionalismo e intimismo cotidiano, entre la realidad inmanente del ámbito familiar y el estilo, de cierto desenfado, esa antirretórica que asume la realidad con otro lenguaje, despojado de muchas de las convenciones de la tradición que acoge Florit en la mayoría de sus propios poemas. Pero a pesar de las diferencias entre una y otra manera, el coloquialismo

de estas páginas tiene elementos de orden conceptual que cohesionan estos versos con la obra
total del poeta. En primer lugar se observa el
anhelo de sosiego, implícito en la conversación
misma, diálogo de padre e hijo en el calor del
hogar seguro; ese reposo aparece en este fragmento, entrañablemente cercano a «El sitio en
que tan bien se está», de Diego:

> Ya a mis años prefiero
> llegar a casa y colgar el abrigo y el sombrero,
> y beber una taza de té con limón
> o el chocolate junto a la ventana.

Es asimismo ostensible el ingenuo acercamiento a la problemática de la conducta del hombre, totalmente desentendida, en la cosmovisión
de Florit, de la historicidad esencial del individuo. Se hace evidente además la añoranza del
pasado, añoranza que se fusiona con la conciencia de una distancia en el tiempo, tan cercana de
la distancia espacial, la que percibe el poeta al
contemplar un paisaje en su multiplicidad de
estímulos sensoriales. En el plano conceptual
hay, en cambio, una cercanía con la realidad circundante que no abunda en el resto de esta obra,
cercanía muy semejante a la que caracteriza a
Niño de ayer. El léxico posee, en un primer nivel
de lectura, todo su valor denotativo. No se propuso Florit romper consigo mismo ni renovar
la perspectiva del diálogo del poeta con el entorno; se trata, como ya fue dicho, de otra manera de hacer poesía intimista, ahora ganada por
la más desnuda inmediatez. Logra, sin embargo,
un nuevo lenguaje para la poesía cubana en lo
que tiene de inusual y de suyo. No es, por cierto, un lenguaje desestructurador, con un léxico
de pretensiones antipoéticas, sino la asimilación
al texto poético de un universo objetual y afectivo que convive con el creador día a día, diríase
una poetización no sublimada de la realidad, los
hechos y los objetos asumidos en sí mismos. Este
fragmento ilustra lo que queda dicho y permite
a los lectores aprehender los rasgos definidores
de la modalidad coloquialista en Florit:

> Claro que ya lo sabes
> que ya lo sabes todo

> todo lo sabes claro.
> Por eso también sabes
> que tengo ganas de contártelo,
> porque mientras lo cuento lo recuerdo
> y así juntos los dos lo recordamos:
> y yo escribiendo
> y tú en silencio a mi lado.
> [...]
> Y luego hay otras cosas:
> porque hay eso de la bomba atómica,
> que a mí, entre nosotros, no me da frío ni calor
> —hasta el día en que me deje frío para siempre.
> Y eso sería lo de menos.
> Lo de más será que nos quedemos ciegos
>   o deformes
> y no podamos ver un día la luz del sol
> ni tomar en los dedos una rosa
> porque los ojos están caídos en un pozo
>   de nieblas
> y los dedos se nos hayan quedado secos como
>   la estopa.
> Digo que, si lo vamos a ver, casi no me
>   importa.

En toda la obra poética de Florit posterior a
1936 subyace una religiosidad actuante de suma
importancia, sustrato de su visión trascendente
del acontecer. De manera implícita o explícita
encuentran los lectores la idea de Dios, tanto en
el paisaje diluido e informe, en la conciencia de
la lejanía y en la fugacidad de las presencias, como
en la transformación de un espiritualizado concepto del amor carnal en un Amor totalizador y
redentor. Esa religiosidad se encuentra también
en la actitud de desentendimiento de esta poesía
ante el acontecer de la historia y ante todo lo
que no conmueva o dinamice la afectividad del
poeta. Diríase que en Florit el sentido religioso
tiene la dimensión de un destino, razón única y
suprema de su ontología. Y ello no significa que
sea ésta una poesía escrita para encontrar una
Verdad absoluta, sino más bien lo contrario: es
ésta una poesía que parte de la Verdad absoluta,
integrada a la cosmovisión del poeta desde bien
temprano, para llegar a una intelección a fondo
de las complejas relaciones del individuo con el
universo y consigo mismo. En su evolución creadora ha transitado Florit desde la percepción de

lo exterior puro (tendencia purista) hasta lo exterior trascendente (neorromanticismo, intimismo) y lo inmediato recordado (coloquialismo), una obra trabajada con un depurado sentido artístico.

La obra poética de Dulce María Loynaz (1903-1997), representativa de un intimismo similar y al mismo tiempo diferente del de Ballagas y Florit, es un diálogo sosegado con la naturaleza. Sus emociones se entregan como una secreta pasión sin efusividades. En sus libros abundan las reflexiones en torno a la existencia, el anhelo de trasmutación, la idea del dolor y un ansia fruitiva, de comunión con la realidad natural, rasgos que los alejan de toda pretensión de desentrañamiento de la esencia de los fenómenos. Comparados sus poemarios con los textos representativos de una de las modalidades de la poesía pura (la modalidad representada por Mariano Brull), se observa esa diferencia: no busca la poetisa la esencia de la rosa, por ejemplo, sino que la percibe en su plenitud como una verdad que no es necesario cuestionar para que se revele. Dos versos de «Yo no digo...», de su libro *Versos. 1920-1938* (1938), dejan ver con claridad la diferencia:

> *No se nombra*
> *la rosa, pero* está *la rosa fresca.*

Sus dos obras de 1938, *Canto a la mujer estéril* y el libro mencionado en líneas anteriores, están trabajadas desde una búsqueda esencial que podría sintetizarse en el hallazgo de «El nombre exacto de las cosas», ascendiente juanramoniano que se reitera como una fecundante presencia en su lírica. Nada hay en sus páginas que haga pensar en inquietudes renovadoras en el plano estilístico ni en intentos por obtener ganancias inusuales en el uso del idioma. Diríase que Dulce María Loynaz se mantiene a distancia de las propuestas transformadoras de la poesía que por aquellos años revolucionaban la expresión; desde muy joven había alcanzado a conformar su propia visión del mundo, su popia poética, cercana en cierto sentido a los hallazgos de la más reciente poesía de la lengua, pero con una personalidad plenamente integrada en su primera

juventud. El poemario de 1938 —«Canto a la mujer estéril» reapareció en sus páginas— está atravesado por una delicada tristeza, por la conciencia de la muerte como una necesidad y por la idea del amor como una experiencia imposible, reiterada en varios textos: «La canción del amor olvidado», «La balada del amor tardío», «La mujer de humo», «El amor indeciso», «Precio», «Espejismo», «A la del amor más triste», «Canto a la mujer estéril». Esa imposibilidad para el diálogo es causa y a la vez consecuencia de un intimismo de hondas dimensiones, raigal, mirada interior en soledad. Una página ejemplar del amor irrealizado es «A la del amor más triste», uno de los momentos más altos de toda la obra de su autora por su acabado formal y las revelaciones que entrega, testimonios de un conflicto definidor. Para llegar a más fructíferas conclusiones es imprescindible una lectura completa del poema:

> *Tú, que amas un amor fantasma*
> *y que das un nombre a la niebla,*
> *a la ceniza de los sueños...*
> *Tú, que te doblas sobre ti*
> *misma como el sauce se dobla*
> *sobre su sombra reflejada*
> *en el agua... Tú que te cierras*
> *los brazos vacíos sobre el*
> *pecho y murmuras la palabra*
> *que no oye nadie, ven y enséñame*
> *a horadar el silencio,*
> *a encender, a quemar la soledad.*

El primer verso es una invocación con tono de súplica, distanciamiento y al mismo tiempo anhelo de identidad. La segunda persona es otro y al mismo tiempo un yo potencial. Se trata de un *Tú* indefinido y a su vez marcado por una experiencia vivida definitivamente. Esa segunda persona podría ser interpretada como una personificación del yo después de haber transitado por los caminos de la soledad y antes de llegar a su centro, lo que permitiría concluir a los lectores que se encuentran frente a un diálogo de la poetisa consigo misma después de cobrar conciencia de la imposibilidad del amor (*un amor fantasma*) y después de la vivencia del ensimismamiento (*Tú, que te doblas sobre ti / misma como el sauce se dobla / sobre su sombra reflejada / en el agua...*), de la soledad insatisfecha y del clamor no escuchado (*Tú que te cierras / los brazos vacíos sobre el / pecho y murmuras la palabra / que no oye nadie*). Hay, pues, un desdoblamiento que expresa con mayor intensidad la incomunicación y que hace más profunda y única ᴛ soledad. El tono suplicante del comienzo cobra entonces, al final, toda su certidumbre, cuando las tinieblas y el enclaustramiento se tornan intolerables. El ser, vivido con esa intensidad, se consume a sí mismo y busca sus antítesis: la libertad del no ser. Aparece la idea de la fuga, la necesidad de autodestrucción para alcanzar la plenitud, un estado que en la obra poética de Dulce María Loynaz se logra más allá de los límites de la existencia, en la disolución y en la intemporalidad. De los textos de este libro, el que mejor expresa el anhelo de un cambio ontológico es el titulado «Destrucción», altamente revelador por su diafanidad lexical y sintáctica; el verso final es harto elocuente: *¡Y no ser..., y no ser ya para siempre!* La muerte no es un enigma sombrío ni regocijante para la sensibilidad de esta poetisa, no constituye un motivo de angustia, tan frecuente en el pensamiento existencialista en los años 40 o en la obra de Unamuno, por ejemplo, aunque a veces aparece en algún texto con una presencia inquietante, como en «El juego de la muerte», en estos tres versos:

De una vez acabemos este juego
horrible de tu mano deslizándose
—¡todavía!... —suave y fría por mi espalda...

Como en «Destrucción», en «Desprendimiento» vuelve a encontrarse el ansia de disolución, de mutación hacia la inconsciencia, porque no ha sido posible hallar otro camino para la realización propia. La salida del encierro conduce hasta la alegría de la comunión con la naturaleza, como se lee en estos momentos: *Sí, más bien la nube que se va pronto, / se esfuma, se deshace... Y más nada.* («Más bien...») y *¡Quién me volviera a la raíz remota/ sin luz, sin fin, sin término y sin vida!...* («Divagación»). En la poética de Dulce María Loynaz, la actitud autocontemplativa, decididamente intimista, se opone a una concepción de la vida como razón de sí misma, pues la incomunicación propia del ensimismamiento ha llegado a los límites de sus posibilidades. Del mismo modo que es necesario escapar del encierro que el yo se impone en el diálogo con su propia soledad, es imprescindible también encontrar —siguiendo la directriz fundamental de esta línea de pensamiento— un sentido a la vida que ya no podrá ser el de un ego enclaustrado, infructífero en su soledad. Se impone al creador la necesidad de superar su individualismo y adentrarse en un nuevo estado, en un nuevo modo de ser. Desde esa perspectiva deben leerse los poemas «Señor que lo quisiste» y «Divagación».

El siguiente libro, *Juegos de agua* (1947), es tan rico en aciertos como el anterior. Los más altos momentos de este segundo poemario son aquellos en los que se muestra de manera más ostensible la problemática de la muerte, expresada mediante los símbolos tradicionales del río y el mar, como en Manrique. La elaboración artística del libro en su totalidad posee las mismas características del de 1938. Puede decirse que, en líneas generales, se mantiene una continuidad que no es necesariamente una superación de los logros ya alcanzados. Reaparecen ahora los anhelos de disolución como un tema inagotable de esta obra. En uno de los ejemplos más acabados del conjunto, el que tiene por título «Mal pensamiento», hay una densa oscuridad sensorial, palpable, percibida con extraordinaria sobriedad. A través de las sensaciones se va creando una atmósfera de muerte y de aniquilamiento. Dice el texto:

Qué honda serenidad
el agua tiene esta noche...!
Ni siquiera brilla:
                Tersa,
obscura, aterciopelada,
está a mis pies extendida
como un lecho...
                No hay estrellas.
Estoy sola y he sentido
en el rostro la frescura

de los cabellos mojados
de Ofelia...

De una primera observación subjetiva se pasa a la percepción de las cualidades visuales y táctiles y se gana claridad en la comunicación mediante una imagen perceptible. Esa función de los sentidos que se inicia en el tercer verso, con el que se abre además la valoración sensorial del paisaje (*Ni siquiera brilla*), cierra con una ausencia para pasar de nuevo al plano de la subjetividad, esta vez con una carga de significado de importancia mayor. Al final del poema aparece la presencia de la muerte en la imagen de Ofelia, alusión que enriquece la totalidad del texto y le proporciona una densidad conceptual trascendente. Se alternan así la percepción subjetiva y la percepción sensorial, realidad e imaginación, para subrayar la búsqueda de una realidad que habrá de descifrarse en su dimensión tanática, no en un sentido puramente hedonista y mucho menos ornamental, de trasfondo para los movimientos del yo lírico. Podrían citarse otros poemas de este libro entre los mejores de su autora, como «Los estanques», «Arpa» y «El Almendares», uno de los pocos momentos en que la palabra se vuelca hacia afuera para atrapar la realidad y entregarla en su simple ser, otra posibilidad de asimilación que se integra a la alabanza del paisaje cubano que se encuentra en los mayores poetas cubanos del siglo XIX. Estos elogios de Dulce María Loynaz a la naturaleza insular, apertura hacia los dones naturales de una sensibilidad ensimismada, no constituyen la más auténtica expresión de esta poesía, cerrada sobre la vida espiritual. En cierto sentido es también inusitado el poema «Arpa», envuelto en una atmósfera de extraordinaria delicadeza, inmerso en un estado de éxtasis o fascinación sensorial ante la lluvia, que transforma la triste pesadumbre implícita, no aludida directamente, en un deleite absorto, inesperado, como si el vacío que la muerte había ido creando fuese llenado de pronto con una percepción de los sentidos. Subyace en esos versos un ascendente neoplatónico que está en el centro de la poética de Dulce María Loynaz.

En 1953 aparece *Poemas sin nombre*, prosas poéticas en las que hay un tono reflexivo propio de una larga experiencia interior. Muchas son breves e intensas, síntesis muy cargada de vivencias múltiples: la soledad, los años transcurridos, el amor. Son muchas las semejanzas de estilo y de preocupaciones con relación a los dos libros anteriores, persistencia que viene a poner de manifiesto la continuidad de una obra que desde sus inicios estaba ya plenamente hecha. Se reiteran ahora las ganancias de un intimismo depurado y acendrado tratamiento formal, como se aprecia en el poema VII:

Muchas cosas me dieron en el mundo: sólo es mía la pura soledad.

en el poema XVII:

Hay algo muy sutil y muy hondo en volverse a mirar el camino andado...
El camino en donde, sin dejar huella, se dejó la vida entera.

y en el poema XL:

Para que tú no veas las rosas que haces crecer, cubro mi cuerpo de ceniza... de ceniza parezco toda, yerta y gris a la distancia; pero, aún así, cuando pasas cerca, tiemblo de que me delate el jardín, la sofocada fragancia.

Después de la publicación de todos sus textos comentados aquí en un tomo titulado *Obra lírica* (1955), dio a conocer Dulce María Loynaz *Últimos días de una casa* (1958), largo poema que cierra su trayectoria anterior a 1959. El tema fundamental de esta extensa obra es la soledad de una vieja casona que recuerda su bulliciosa historia, los años en que abrigaba a la familia. Múltiples lecturas permiten la utilización de la casa como personaje y esa vuelta a las viejas costumbres de los tiempos ya idos, las reflexiones en torno al destino y la conciencia de la muerte. En el conjunto de la poesía de Dulce María Loynaz, *Últimos días de una casa* continúa la manera intimista, tan suya a lo largo de numerosos ejemplos de los tres libros comentados, pero al mismo tiempo se aprecia cierto tono coloquialista, algo lejano pero actuante, decisivo en la familiaridad de algunos momentos y, en general, en la utilización de un léxico en ocasiones cotidiano; persiste en sus estrofas, sin embargo, el refinamiento de los mejores poemas de la autora, algunos citados en estas páginas. No obstante la posibilidad de lecturas diversas, una se impone como insoslayable: la casa es una transmutación del yo, el paisaje y la compleja urdimbre de los interiores, hechos de objetos y de convivencia, son el paisaje, los objetos y la convivencia que el severo encierro de un intimismo absoluto ha reducido a pura memoria. El transcurrir del tiempo no es, en la poética de Dulce María Loynaz, un destino deplorable, pues alimenta la soledad y el cultivo del ego, tan delicadamente edificado desde adentro durante décadas, como permite apreciar su trayectoria literaria. *Últimos días de una casa* difiere en ese sentido del resto de sus libros, henchido como está de movimiento vital, de conversaciones familiares. El centro generador está, sin embargo, en la soledad:

Ahora, hace ya mucho tiempo
que he perdido también el mar.
[...]
Tal vez el mar no exista ya tampoco.
O lo hayan cambiado de lugar.
O de sustancia. Y todo: el mar, el aire,
los jardines, los pájaros,
se hayan vuelto también de piedra gris,
de cemento sin nombre.
[...]

Nostalgia y soledad son los extremos del acontecer interior. Es significativo que no irrumpa en ningún momento un tono trágico; la queja es mesurada, como una reflexión, no como un grito: ¡Con tanta gente que ha vivido en mí / y que de pronto se me vayan todos! El recuento del pasado trae necesariamente imágenes diversas, unas de muerte y otras de alegría, y se entrega como un estilo, un modo de ser: *es una vida honrada que he vivido, / un estilo que el mundo va perdiendo*. La desolación del vacío interior es un presente asumido como consecuen-

cia de una incomunicación radical, insalvable, de nuevo causa y consecuencia del progresivo aislamiento de un yo enclaustrado que renuncia al diálogo con sus semejantes. Los últimos versos del poema ponen de manifiesto la imposibilidad de integración y la necesidad de la muerte, después de la inquietante experiencia de la dubitación: *He dormido y despiértome al revés, /del otro lado de la pesadilla,/ donde la pesadilla es ya inmutable, / inconmovible realidad*. Poco después, ya para concluir, dice:

¡Ahora es que tengo la verdad de golpe!
¡Son los hombres, los hombres,
los que me hieren con sus armas!
Los hombres de quienes fui madre
sin ley de sangre, esposa sin hartura
de carne, hermana sin hermanos,
hija sin rebeldía.
[...]
Y es hora de morir.

Del quehacer poético de Dulce María Loynaz puede afirmarse que representa, de una manera muy suya, la tendencia intimista, de tantos cultivadores en la historia del género en Cuba. El aislamiento de toda circunstancia social o histórica y de las preocupaciones conceptuales de otras tendencias, se integra coherente con ese intimismo hacia adentro, mucho más acentuado en ella que en otras representantes de esa línea, que escribían y enriquecían la lírica cubana por entonces. En los poemas de esta singular creadora hay una visión de la naturaleza que en ocasiones se torna paradigmática y en ocasiones alcanza una singular densidad objetiva. La idea de Dios, por otra parte, exponente de una religiosidad velada y que no llega a tener un significado esencial en esta cosmovisión, denota un anhelo de participación, de disolución, antes que un concepto de ética trascendente. A diferencia de Ballagas y de Florit, capaces de inquietudes que pueden perturbar la vida interior, Dulce María Loynaz entrega una obra que no tiene lugar para el desgarramiento. Sin embargo, se percibe en sus versos mejores un profundo conflicto ontológico insoluble que desemboca en un drama: la búsqueda del anonadamiento, saturado el yo de sí mismo. En su poética se revela esa pasión silenciosa por la muerte propia, en estos ejemplos:

He ido descortezando tanto mi poesía, que
llegué a
la semilla sin probarle la pulpa.

(Poema CXI, de *Poemas sin nombre*)

En mi verso soy libre: él es mi mar.
Mi mar ancho y desnudo de horizontes…
En mi verso yo ando sobre el mar,
camino sobre olas desdobladas
de otras olas y de otras olas… Ando
en mi verso; respiro, vivo, crezco
en mi verso, y en él tienen mis pies
camino y mi camino rumbo y mis
manos qué sujetar y mi esperanza
qué esperar y mi vida su sentido.

(«En mi verso soy libre», de *Versos*)

El carácter único del imposible erótico en los textos amorosos impide que esta poesía pueda ser considerada representativa de la tendencia neorromántica. Podría entonces interpretarse ese testimonio como una variante de la experiencia de la soledad, un rasgo definidor del intimismo raigal de Dulce María Loynaz. Cintio Vitier ha subrayado en los siguientes términos su visión de esta obra: «Poetisa natural, silenciosa, destinada, esa falta de fermento polémico en su expresión permite que la esencia de *lo femenino* trascienda en ella como una pureza, un temblor, una autenticidad que desarman toda actitud crítica.»[65] Ese «fermento polémico» tiene múltiples implicaciones, tanto de orden estilístico como conceptual, pues no se levanta Dulce María Loynaz desde posiciones renovadoras (ni parece asumirlas como lección para sus inquietudes expresivas) ni se propone adentrarse en la realidad en busca de una intelección que ponga en entredicho la más simple aproximación sensorial; el centro de su problemática es un yo insatisfecho y enclaustrado que no encuentra otra salida que un exterior ilimitado e indeterminado, antítesis de la poesía de la participación, ya se trate de la entrega del poeta al ser amado o a los acontecimientos históricos. Estos poemas son quizás la más acabada manifestación de lirismo intimista de toda la poesía cubana de este siglo.

La obra poética de Samuel Feijóo (1914-1992), fuertemente influido por Florit y a su vez diferente por sus preocupaciones a los tres poetas recién analizados, es cuantiosa y formalmente diversa, y se caracteriza, en líneas generales, por su desbordante lirismo. Entregado a la escritura desde muy joven, su primer conjunto de textos data de 1937-1940: *El pájaro de las soledades*, con el subtítulo de «(Joven convaleciendo)». Desde ese comienzo hasta *Beth-el*, 1940-1948 (1949), conforma *Segura estancia*, 1937-1938; *Jiras guajiras*, 1937-1938; *Gajo joven*, 1939; *Las albas*, 1939; *Los crepúsculos*, 1939; *Apuntes*, 1939-1945; *La pequeña armonía*, 1939-1948; *Tenue otoño*, 1940; *Camarada celeste (Diálogo con Eros)*, 1941; *Noche*, 1940-1948; *Hado de la música*, 1940; *Alba llama*, 1941; *Media imagen*, 1945-1947; *Errante asilo*, 1943-1948 y *Coloquio*, 1945. Visto su quehacer lírico a lo largo de esos doce años fecundos, no resulta aconsejable un acercamiento crítico desde los temas que preocuparon al poeta, pues se corre el riesgo de la confusión por la cuantía de poemas y el entrelazamiento en los más importantes (ciertamente muchos), de temas disímiles y de enorme tradición en la poesía universal desde el romanticismo. El desbordamiento lírico al que se hizo referencia en líneas anteriores trae implícito, en el caso de Feijóo, un prodigioso torrente de alusiones al mundo natural y espiritual que hace que esta obra desborde los límites de influencias, tendencias y escuelas a las que se adscribe o de las que surge. No se conoce, en toda la poesía cubana, un ejemplo similar de sobreabundancia verbal en tan absorta y deslumbrada visión. Acerca de los poemarios anteriores a *Camarada celeste* ha dicho Cintio Vitier: «El tema dominante de los que podemos llamar preludios de la poesía de Samuel, desde *El pájaro de las soledades* hasta *Tenue otoño*, es la relación entre el yo y el paisaje».[66] Junto a ese tema central o primordial se hallan otros, identificados en rápidas presencias, como podría ser, por ejemplo, el de la intimidad que contempla, en «Noche», sentida como un profundo vacío, en modo alguno identificable con el vacío de la pérdida del ser, sino todo lo contrario: expresión de una plenitud irrevelada. Un examen detenido de los rasgos y elementos definidores de esa primera etapa de la poesía de Feijóo obligaría, pues, por su volumen y su riqueza, a dilatadas reflexiones que estas páginas de historia literaria no pueden asimilar.

Una mirada más generalizadora permite llegar a conclusiones esclarecedoras. Es preciso entonces tomar como paradigmático uno de los conjuntos que preceden a *Camarada celeste* y extraer de él una caracterización que delimite los aportes de su etapa a la totalidad del *corpus* creador anterior a 1959. En el primer poema de *El pájaro de las soledades* hay una confesión que puede ser interpretada como el centro de esta prodigiosa apetencia de imágenes que singulariza a Feijóo. La primera estrofa dice:

> *Yo te beso la boca, vida; cielos yo os arranco.*
> *¡Quiero vivir!*
> *(¡Garganta mía, tierra mía!)*

Y la última:

> *Madre, tú en esta noche.*
> *Me acariciabas como un niño.*
> *Ay, madre, no sabía nada.*

De los inicios del poema «Horas», entrecruzamiento de avidez y ternura, impulso vital y sosiego amoroso, sale el poeta para adentrarse en una plenitud exterior que se asocia con su insaciable sed, juego satisfecho entre deseo y realidad en «Recuento», una página atravesada de paisaje real e idealizado, de humanismo y de alegría, de una penetración que se hará más honda en los textos mayores, pero que aquí alcanza ya profundidades y dimensiones de riqueza extraordinaria. Sorprende ver cómo asocia el poeta la grandeza del paisaje, su entorno cotidiano, con la idea del Amor entre los hombres, un humanismo integrador desde tan temprano, «a mis 23 años»[67] como él mismo expresa. Véase esta estrofa final:

> *Oh Amor, Dueño perdido, Oh Sol nocturno,*
> *tembloroso concierto de alegría*

> *serena, rostro de oro, lengua santa,*
> *países venturosos, navidades*
> *del ser en altos sueños demorado,*
> *vuelve ya a los purísimos corales*
> *de la estación del hombre. ¡Salva,*
> *Amor, en mí apretado, el vago soplo*
> *de esa luz que encontrara en las montañas,*
> *en la mañana, junto al fuerte río*
> *donde se posa el pájaro del juego!*

En la estrofa anterior había dicho:

> *La zarza al aire daba sus raíces,*
> *el dolor: un vencido pasajero;*
> *los hombres todos, por amor, hermanos,*
> *ya prestos a la dádiva y el canto.*

En otros momentos del libro, el poeta entra en comunión con el paisaje y lo hace sustancia suya, fundido en su ser último con una pródiga naturaleza que satisface en su generosa magnificencia; pero no se trata sólo de una fusión que identifica al hombre con la naturaleza, al modo en que se halla en Dulce María Loynaz o a la manera de un ingenuo humanismo naturalista que nada tiene que ver con Feijóo: en el creador ha tenido lugar lo que podría llamarse una fusión deleitable, consonancia efectiva que descansa en el deslumbramiento ante la belleza, un sentimiento que no se define enteramente como hedonismo sensualista ni como anhelo de disolución en el Todo, posición asimismo ajena a un poeta que posee tal capacidad de contemplación como para asimilar, desde adentro, tanta presencia exterior. En «Crepúsculo», «Trova», «La amistad», se observa esa unión por la fuerza intrínseca de una realidad que el poeta ha mirado en actitud de éxtasis, una aproximación al entorno que en estos primeros poemas se deja ver como un elemento significativo de esta poética. Léase «Crepúsculo», en cierto sentido cercano a las imágenes típicas de Boti, pero con una carga de afectividad que lo distingue del autor de *El mar y la montaña*. Dice Feijóo en este breve poema:

> *El rosa y la mar, se queman.*
> *Maravilloso minuto,*

al ver lo que ya no es...
Amoroso rosa sangra
en el mar, y canta.
Somos de un solo cuerpo.

En ese cuaderno de los inicios hay además otros temas importantes: el desciframiento del yo («Noche»), la conciencia del espanto («Recuento») y los pobres («Hornos de carbón»), sólo mencionado más como un indicio de su posterior significación que como tópico de reflexión. La indagación en sí mismo no constituyó, en los libros sucesivos, un problema central para Feijóo, a diferencia de lo que ocurrió en Ballagas, por ejemplo. La muerte, que podría constituirse en el centro de las búsquedas de los límites propios y la esencia del individuo hasta derivar, incluso, en una poesía de la angustia o de un estéril nihilismo, fue tratada en Feijóo desde bien temprano en términos de una realidad apacible («Cuando ya no quede...», de 1940) y más tarde como un hecho lejano que puede ser compensado mediante la convivencia con el mundo natural («De morir», de 1952, incluido en *Jiras guajiras*). El tema de la conciencia del espanto, muy relacionado con el de la muerte y con una concepción de la vida que se sostenga en las zonas oscuras y desconocidas de la realidad, se diluye en el canto a los múltiples esplendores de la naturaleza cubana, alabanza siempre renovada sin el menor asomo de agotamiento. Desde el punto de vista formal, los cuadernos que preceden a *Camarada celeste* alternan el verso libre con sonetos y las esbeltas y claras décimas de *Jiras guajiras*, estrofa imprescindible para un poeta como Feijóo, tan apegado al paisaje y de tan hondas raíces campesinas, una cubanía que en estos poemas supera los estrechos límites del criollismo para entregar una poesía de valores universales. Cualquiera de los ejemplos posibles (prácticamente todos) de esos poemarios de 1937 a 1948 revelan una mirada única al campo cubano, no sólo por lo que hay en ellos de la individualidad de su autor, sino además por la dimensión trascendente que le otorgan al entorno, asimilado como una ontología, una cosmovisión para llegar a verdades absolutas que permitan una definición del hom-

bre. En *Apuntes* se aprecia la profunda relación esencial entre ser y naturaleza en Feijóo, textos concentrados y de enorme carga alusiva en asociaciones y oscuras interpenetraciones, como en este caso «Hoja»:

Al perderte, largamente
me pierdo.
Envuelto en leve manto
de tiempo.

Amenazada está la casa.
Un ángel viene y la golpea
con su espada
olorosa a leyenda umbría.

La pierdo, perdido. El ángel
tenebroso hunde
su áspero rayo
en el final aleteo del pensamiento.

En opinión de Cintio Vitier, *Camarada celeste* es «el primer libro importante»[68] de Feijóo; para el crítico, además, «el único antecedente que en nuestra lengua conocemos de *Dios deseado y deseante* (1949), de Juan Ramón Jiménez».[69] Sin dudas, los poemas de ese libro revelan a un poeta en plenitud, en cierto sentido precedido por *Apuntes* en esa mirada de asociaciones que antes sólo se vislumbran como posibilidades. Ahora aparece un erotismo totalizador, candoroso, profusión lírica que trae todas las ganancias de una naturaleza virgen que ha crecido ante el poeta y para los lectores hasta convertirse en fuente inagotable de hedonismo. En estos versos se alimentan mutuamente una lúcida y trascendida visión del paisaje (majestuosas presencias y sensaciones que se trasmutan vertiginosamente en signos de la vida espiritual), la alabanza a la Belleza y al Bien fundidos en una ética inmanente que es, de hecho, una poética de singular dinamismo en la historia del género en Cuba, y finalmente un secreto clamor por entablar ese «diálogo de conocimiento misterioso, de delicia y espanto»[70] con Eros, el dios del Amor, como apunta Vitier al referirse a esa alteridad que asoma como idealización del afuera, del que Feijóo se mantuvo siempre distante, distinción que le permite escapar del intimismo más ortodoxo. *Camarada celeste* entrega, en ese su erotismo implícito o explícito, un cosmos que el poeta, ansioso, quiere poseer, inagotable sediento de plenitud, con crecida avidez que percibe en cada elemento natural una senda para adentrarse hasta la visión única. Puede hablarse, por ello, de una mística de la experiencia sensorial. Ejemplo esclarecedor podría ser «Dialogamos con el viento», de un lirismo de estirpe romántica de extraordinaria intensidad. Se entrecruzan, en la exultante alegría del canto, la avidez de una sabiduría esencial y el regocijo por lo inmediato, el anhelo de ascender y la conciencia de una terrenalidad a la que el hombre (el poeta) sólo puede escapar en el diálogo con las fuerzas creadoras de la naturaleza. El ascendiente espiritual de semejantes inquietudes y preocupaciones habría que ir a buscarlo en Fray Luis de León y San Juan de la Cruz; su parentesco contemporáneo se encuentra, como ya apuntó Vitier, en Juan Ramón Jiménez y en Rilke. Véase el poema:

> *Dialogamos con el viento de la noche,*
> *camarada del cielo.*
> *No podemos esquivar estas alas constantes,*
> *siempre alegres al volar, desesperadas al*
> > *cerrarse*
> > *sobre la tierra siniestra...*
> *El tiempo abre su rosa a cada instante,*
> *¿Y dónde estamos para gozarla antes de su*
> > *caída?*
> *Si pudiera conocer el misterio*
> *de la mano del dios que orla las alas de las*
> > *mariposas...*
> *(¿No tiembla al engendrar los ciegos?)*
> *Por el aire, hacia el fuego de los cielos.*

Beth-el aparece en la poesía cubana como un súbito torrente que no cesa, pletórico de alusiones sensibles y de resonancias luminosas y oscuras, de reflexiones y de búsquedas, de legítima sapiencia y de intuiciones. El tema en el que se inspira es el del relato bíblico de Jacob (Génesis 28: 11-22), centro irradiador o impulso inicial que desde la infancia se había asentado en la memoria del poeta. Se trata, sin embargo, de un punto de partida que el texto rebasa y deja disuelto como fermento último, absorbido por innumerables temas y subtemas que con diversos tonos van colmando el cuerpo poemático. . El propio autor declara: «Por años, al crecer en mi poesía el deseo de mayor luz y sabiduría para una vida cercada por tantas miserias y profundo desambiente, el antiguo tema retornó. El poeta con una piedra por almohada».[71] Intento de aprehender una verdad de sentido ético en primer lugar; en segundo lugar la confesión de un hombre solitario (el poeta) que quiere adentrarse en su desamparo, en la riqueza de la realidad sin fábula, una realidad que no necesita el sostén de la palabra, sino sólo ser cantada tal y como ella se entrega. Vitier afirma que *Beth-el* «retoma en grande»[72] el hilo de *Camarada celeste*. Para una acertada intelección de su significado esencial hay que ir a algunos poemas de *Coloquio*, de 1945: «Sobre una piedra», «Dios de niñez» y «Ser», íntimamente relacionados con problemáticas fundamentales del texto mayor, coetáneo en su escritura del conjunto de 1945. En los tres, el creador se sabe un solitario desterrado que contempla su propio paso por la realidad: en el primero, *y comprendí que sí, que yo era mi propio espejo, mi condenado sencillo al Narciso*; en el segundo, *a la miseria por las calles no hallé alivio [...] Quiero ser como estos hombres / pero retrocedo espantado [...] Acepto este destino de vagabundo*; en el tercero, *por este túnel que he alcanzado veo / caer las hojas, romper las olas, / y muchos rostros de hambrientos y de jóvenes. / La batalla de mi pensamiento / se agiganta. Todo mi ser / combate/ por su fondo y su fundación.* Partiendo de esa conciencia de sí, que implica el destino de los otros, posición humanista que se identifica con la segunda parte de *Faz*, el poeta se encamina en una búsqueda por los senderos infinitos de la naturaleza virgen para edificar, contra una intemperie circunstancial de «tantas miserias y profundo desambiente»,[73] una ética de la belleza, deliciosamente paladeada desde su infancia y ya actuante, si bien sólo a modo de compensadora intuición, en sus entregas poéticas iniciales. Vitier observa con acierto que el poema no está muy condicionado por el tema bíblico en sus posibilidades tradicionales, pues con más fuerza brotan y se asientan otros: «Primer deslumbre [...] el tema del más. [...] Segundo, el tema del adiós [...] Tercer tema, la caída»,[74] los tres signos de una batalla que el poeta (Jacob) ha emprendido para buscar una respuesta a las imágenes que vio en los textos de *Coloquio*. Esos temas (para Feijóo acaso subtemas) se inscriben, con otros, en uno mayor: el hallazgo de una eticidad natural desde la belleza que el poeta ha disfrutado durante toda su vida y propone como posibilidad redentora contra el espanto que lo arredraba en «Dios de niñez». En su trabajo sobre este importantísimo texto, *Beth-el*, dice Virgilio López Lemus: «Así, lo que en *Beth-el* pudiera parecer fuga, ensimismamiento, privacidad del acto creativo, deviene toda una poética ampliamente vinculada con el ser social y su problemática de búsqueda de la justicia. La verdad que Feijóo está buscando en *Beth-el* no se queda en metafísica.»[75] La oscura interrelación de lo exterior (naturaleza) e interior (vida espiritual) en *Apuntes* halla cauce hacia más vastas zonas en este gran poema publicado en 1949, escrito con un lirismo exultante sin paralelo en la poesía cubana. Estos fragmentos dejan ver el riquísimo entreverado y el maravilloso tejido con que se fue conformando este canto inagotable, en el que resuena, como una exhortación de sabor ético, la frase *ser fiel*:

> *Mueve mis ojos un color antiguo*
> *que los teje y respira levemente.*
> *No duermo en esta hora sobre el candor*
>   *del valle.*
> *Envuelto y tierno soy, profundo tiempo.*
> *Un alma madurada por la ausencia*
> *arranca su racimo y come.*
> *Violeta tenuemente alumbrada*
> *sobre pequeño pecho de rumor descansa.*
> *Suben palabras de niño,*
> *soplos de azul por la colina verde.*
> *Iniciantes sonidos*
> *derraman azar fresco por los labios.*
> *Viejas palabras suspendidas*
> *esperan*
> *la noche que siempre llama,*
> *que se junta a la sombra virgen y solitaria.*
> *[...]*

> *Escucho. Oigo una historia*
> *vuelta del claro tiempo.*

> *Por la delicada fuga de la luz al valle,*
> *sobre los cerros leves,*
> *cae un éxtasis poderoso*
> *abierto al ruido de la yerba en flor.*

> *Se desvanece el aire.*
> *Leve ya, tan sereno.*
> *Las palabras hermanas se mecen.*
> *Para la luz florecen las preguntas*
> *y se apagan las hojas en la tarde.*
> *Al comienzo, bajo un árbol tranquilo.*
> *Lejana ave perdida en altas ondas.*
> *Aquellas flores abren en la sombra*
> *ausencia conocida de los labios.*
> *No susurran los árboles. La luna*
> *ya moja las praderas.*
> *Solitario, en el húmedo camino*
> *miro a lo alto lejanos ojos de oro,*
> *y, lento, caigo*
> *sobre la yerba, a oír*
> *mi vida, a sentir qué quiero*
> *para ser cierto y sin memoria oscura.*
> *Sereno, al alentar de las estrellas.*

Hasta 1958, la poética de Feijóo concentra sus mayores aciertos en *Faz*, 1954-1955 (1956); *Himno a la alusión del tiempo*, 1954-1958 y *Violas*, 1956 (1957), a los que habría que añadir otros para conformar, en detalles, toda la trayectoria de su quehacer lírico en la etapa republicana: *La hoja del poeta*, 1942-1957 (1957); *Poemas del bosquezuelo*, 1954; *Haz de la ceniza*, 1958-1959 (recogidos ambos como libro, conjuntamente, en 1960) y *Aves tardías*, 1957-1958. En el primero de los grandes textos posteriores a *Beth-el* se aprecia un cambio de tono, otro aire, como si el júbilo hubiese cedido su lugar a una meditación sosegada que surge de la desesperanza. Así, las partes I y III de *Faz* no se desbordan en cánticos de alabanzas, sino se adentran en zonas oscuras o, para ser más exactos, parece que perciben otras asociaciones posibles del exterior como ámbito del hombre, no obstante la presencia de los pobres en la parte III, como se verá. El cambio es evidente

en el léxico, especialmente en este fragmento
sombrío:

> El Amante ve descender su humilde atavío;
> las columnas de arcilla labrada, la veste
>   musical.
> Los rostros donde se apaciguaron las aguas,
> las melancólicas horas bajo los robles, los
>   suspiros,
> los conmovidos nombres entre lágrimas,
>   con fríos
> movimientos descienden en pausas cruentas.

La diferencia podría estar sustentada en el grado
de abstracción con que se pretende acoger el
acontecer, antes aprehendido como suceder asimilable; ahora, en estos versos de mayor
reflexividad, el hombre se ve a sí mismo rodeado de entidades abstractas que se han alejado de
sus fuentes primigenias. La segunda parte del
poema, en cambio, tiene el frescor de lo cotidiano, estilo de un coloquialismo absolutamente
contemporáneo, con personajes auténticos, encarnados en su doble naturaleza orgánica y social. Vitier ha visto esa parte como «uno de los
momentos más grandes de la poesía cubana de
todos los tiempos».[76] Ese juicio se funda en la
extraordinaria síntesis entre ética (una ética de
signo inmediato, que parte de la historia concreta de miseria moral y material de la República), lírica e historia, elementos todos subyacen-
tes en el texto y en la percepción del crítico.
Sorprende cómo asume Feijóo la presencia de
los pobres en su orbe poético precisamente por
esa espontánea manera de decir sus miserias y
sus grandezas, un tema que de nuevo lo aproxima a Rilke. Véanse estos momentos para que se
compruebe lo que queda dicho acerca de la modernidad y trascendencia conceptuales de esta
segunda parte, tan cercana a las prosas costumbristas del autor, pero con mayor significación
por cuanto constituyen el testimonio del hombre colectivo en un cosmos signado por la soledad del poeta, significan «su martiana toma de
conciencia y de partido»:[77]

> Era de noche. Las mujeres de Ciego de Ávila
> cantaban canciones criollas sentadas en

> sillones, por las aceras.
> Entró al parque sin retreta;
> miraba a las doncellas voltearse sonriendo.
> Desde los pinos de los canteros chillaban unos
>   pájaros prietos mariposa. El perfume
> y el pasear de las doncellas y los rostros
>   extraños y lo desconocido del lugar
> lo mareaban un poco. Vino un negrito que
>   resultó tuberculoso, que le pedía un
>   vaso de leche,
> y se fueron a comer pescado frito, a un kiosco
>   mal iluminado,
> en un rincón del parque. Poco después
> llegó a un hospedaje con la bicicleta y el
>   negrito.
> [...]   (Parte II)

> Todo esto simplemente, sin adornos, usual como
>   un pedazo de pan.
> Entra en los carreteros y macheteros de la caña,
>   vendedores de viandas, negros
>   campesinos,
> toda la gama del paria, por amor y compañía.
>   Comprende que
> en ningún lugar estaría mejor que entre ellos,
>   los amadísimos
> compartiendo el dolor y las palabras que
>   despierta el dolor
> y los semblantes que el dolor otorga.
> La miseria le ha dado un alma melancólica
>   y ardiente;
> ama más, se ha desnudado más, más libre
>   queda, más conocedor de sí y de los otros,
> más profundamente es hombre que gira,
> más alegre, más ágil, más hombre ahondado.
>   (Parte III)

Himno a la alusión del tiempo es una obra de
corte filosófico, bien diferente de los cantos re-
gocijados de Beth-el y, en general, de sus antecesores. A pesar de la propuesta que el autor hace
en su explicación inicial, que se mueve desde la
simbología del ave y el lago hasta la permanencia de la poesía por encima de la destrucción y la
barbarie de los hombres, «siempre abierta y fiel,
al amor humano actuante, justiciero: el único
destino lúcido a donde, libre, siempre pertenece»,[78] declaración que viene a subrayar la eticidad

de su pensamiento poético y de sus visiones, estas páginas carecen de ese lirismo luminoso que pudo expresar ideas semejantes en otros momentos, aunque tampoco está del todo ausente. Este libro dice de otro modo la batalla del hombre contra el Tiempo, en un lenguaje más severo y grave, que evoca memorias o emociones vistas bajo otra luz, más densa y espesa. El mundo natural se abre siempre fragante, aun en medio del recuento de estas estrofas. Finalmente, *Violas* es un conjunto de sonetos y de poemas libres, algunos de un barroquismo que no es ajeno a la efusividad de los paisajes más intensos y pletóricos de libros anteriores. No hay una preocupación intransigente en Feijóo en lo que concierne al cuidado formal, incluso en las formas cerradas, bien hechas, pero no trabajadas para encontrar la perfección. No podía ser así en un poeta que no pretende poner límites a la asimilación de una naturaleza que él quiere aprehender en su prodigalidad, sobreabundancia que no puede separarse de su visión de la poesía. La naturaleza vivida o la naturaleza soñada, dos modos de adentrarse Feijóo en la realidad, son entidades absolutas e irreductibles en esta poesía. La experiencia entregada en *Violas* es como la del hombre que está presto a morir, como si hubiesen cesado ya las posibilidades de realización. En su conjunto, la obra lírica de Feijóo en esta etapa, de una calidad que hace trascender su raigal cubanía a una incuestionable universalidad, es uno de los mayores ejemplos del desarrollo alcanzado por el género en Cuba.   [*E. S.*]

2.2.7.2 *Pedroso, Navarro Luna, Augier, Aguirre, Pita Rodríguez*

En la labor poética de Regino Pedroso se observa una espiral creativa que arranca de *Las canciones de ayer* (1924-1926), pasa por sus dos libros subsiguientes: *Nosotros* (1933) y *Los días tumultuosos* (1934-1936), y culmina en *Más allá canta el mar...* (1939), Premio Nacional de Literatura en el concurso convocado por la Secretaría de Educación en 1938. Los signos de su madurez venían gestándose desde el libro de 1933 y se aprecian con mayor claridad en el conjunto

de poemas escritos entre 1934 y 1936, momento transicional entre aquél y la obra publicada en 1939. A partir de un acercamiento especulativo a la realidad desde una perspectiva individualista se llega, por la vía del interés en el hombre y su destino, a la preocupación colectiva de signo beligerante volcada en *Nosotros*; en este último, tal y como ya se ha señalado, la inmediatez de la referencia lo hace derivar hacia la modalidad política de la poesía social, y debido a ello la intención crítica en él es muy evidente. *Más allá canta el mar...*, en cambio, expone, con un estilo ya decantado, las inquietudes conceptuales latentes en su quehacer desde 1924: el ser humano, su actuación en el curso de la Historia y las múltiples y contradictorias facetas de su naturaleza, pero llevadas a un plano de significación mucho más amplio en tanto supera la angustia existencial de su segundo libro para afirmar los desvelos por el sino de la colectividad que ya habían hallado carta de naturalización en su poesía a partir de sus poemas proletarios.

Pedroso desarrolla en *Más allá canta el mar...* un gran tema único: el hombre en pugna con la vida, y lo va desenvolviendo a través de todo el poemario al presentar las disímiles formas que adopta este enfrentamiento; así el dolor, la angustia, la soledad, la incomprensión entre los hombres, el egoísmo, la injusticia, las sucesivas caídas y resurrecciones, vienen a ser desgloses de esta batalla por la subsistencia —material y espiritual— dada con un sentido histórico explícito. Esta poesía es el más claro exponente de lo que la crítica ha denominado el «lirismo social» de Regino Pedroso:[79] la recreación desde adentro, desde la intimidad conmovida, de una trayectoria colectiva jalonada de dificultades:

> *Canta tú, marinero,*
> *canto mío desnudo,*
> *inmenso, desolado*
> *como un desierto de áridas soledades de*
>   *angustias;*
> *temblor de arcilla humana que de interiores*
>   *llamas*
> *surges atormentado hacia el oleaje amargo* [...]

Para lograr esta armonía de lo íntimo y lo social, el poeta desdoblaba su yo en un contrapunto dinámico entre ser individual y ser colectivo, que se intercambian volcándose continuamente el uno en el otro: el sujeto lírico es a la vez individuo y símbolo de la humanidad:

> Luego más tarde otros llegaron
> Llamas de ansias, voces de incendios.
> Juntos marcharon bajo la noche;
> gritamos juntos nuestros anhelos
> todos un canto,
> una voz todos,
> todos un alma [...]

Los recursos poéticos desplegados en este libro revelan un concepto de la poesía social ajeno a todo esquematismo, prueba de lo cual es el equilibrio que exhibe entre expresión simbólica y voluntad realista. Pedroso se vale de las posibilidades connotativas de la materia verbal para trasmitir un mensaje grávido de contenidos verificables en el entorno social mediato e inmediato, de lo cual resulta un aparente realismo que esgrime el símbolo, con toda su pluralidad sémica, y aprovechándola en beneficio de su intención; obvia la referencia a hechos circunstanciales y desecha lo anecdótico, pero a la par refleja cabalmente un propósito de sondeo en la Historia, muestra disposición para la lucha y la tentativa de abrirse camino hacia la conciencia social del receptor a través de recursos netamente artísticos. Un ejemplo de lo anteriormente dicho es la imagen simbólica que ofrece del mar, como motivo temático asociado a la vida, con una connotación doble de elemento a vencer y vastedad a recorrer, llena de peligros imprevistos.

El lirismo humanista de *Más allá canta el mar...* se encuentra, asimismo, muy cercano al concepto de lo épico al trasuntar un acto que lleva en sí mismo todos los atributos del combate: el hecho de vivir, a través de los siglos, es el gran reto heroico que ha enfrentado el hombre de todas las épocas; tal lo ve el poeta y lo transfiere a su creación:

> ¡Mar de la vida! ¡Mar de la vida!
> Mar que me viste luego,

> más que a ningún mortal, desdichado
>   y desnudo,
> solo, sin fe ni dioses,
> luchando contra el odio de tus muertes
>   salobres,
> preso en sombrío abismo y en ansiedad
>   de vuelo,
> y sin otro poder bajo un cielo de siglos
> que un gran dolor de hombre [...]

La universalidad del tema y los planteamientos de este poemario no impiden la asociación de sus inquietudes con un contexto sociohistórico mucho más concreto. De este engarce entre lo universal y lo regional se encargan textos como «Tierras y hombres van pasando» y «El cíclope», poemas donde, tras el lenguaje simbólico, se vislumbra sin esfuerzo la historia de Latinoamérica o la advertencia antimperialista de raíz martiana:

> Allá, sobre el mar, en ciudades babélicas
> que al mismo cielo retan alzando hasta él
>   sus hombros,
> vive desde los días del Mayflower un cíclope,
> recio como la época, sólo adorando su oro [...]

Pese a que las reflexiones del poeta lo conducen con frecuencia al escepticismo y la desesperanza —en su afán por llegar al fondo de una verdad histórica dolorosa—, el saldo final del poemario es de fuerza ante la adversidad y de afirmación optimista. Es ésta una característica esencial en la poesía de Regino Pedroso que aflora tarde o temprano en el curso de su obra.

Lo específico del estilo de Pedroso descansa, fundamentalmente, en la cualidad sensorial de su poesía; todo cuanto expresa, relativo a los sentimientos humanos, encuentra un punto de apoyo en la realidad sensible, se modela y revela a través de ella. A propósito de esto ha escrito Arqueles Vela: «Su poesía encierra el sentimiento de la vida —la poesía natural— que penetra y asciende al intelecto por el vial de los sentidos; de tal forma que desciende hasta las profundidades de nuestro ser, enraizado con los batimientos más nuevos y más antiguos de la emoción.»[8]

La sensualidad en Pedroso puede ser considerada, de cierto modo, como un legado modernista, y se extiende no sólo al uso del tropo sensorial y al gusto por las imágenes de síntesis plástica —plasticidad fundada en la dinámica de las impresiones y no en lo descriptivo-pictórico—, sino también, y muy especialmente, a la cadencia sonora de sus versos, conseguida mediante la armonía y la forma de distribuir los acentos. La conjunción de estos elementos da como resultado una imagen poética del devenir humano donde lo histórico y lo social se trasmutan en tensión lírica a partir de un enunciado artístico que pone en juego el valor representativo y la naturaleza musical del lenguaje.

Los rasgos anteriormente apuntados se perfilan de manera definitiva en *Más allá canta el mar...*, y se mantendrán en lo sucesivo como signo de un estilo personal. Ellos pueden reconocerse en *Bolívar. Sinfonía de libertad*, extenso poema aparecido en 1945, en el cual se prolonga el tono reflexivo de intención filosófica de su anterior, esta vez tomando como base la conducta histórica de una figura paradigmática: Simón Bolívar.

Pedroso retoma la imagen del hombre en su lucha por la vida, pugna que en el caso de *Bolívar* adquiere proporciones de mito heroico, y afirma, a través de ella, la legitimidad de esa batalla secular. Las grandes ideas permanecen más allá de la muerte física y por encima de todo tipo de dificultades, aun cuando en el curso de esta confrontación diferentes situaciones adversas hagan dudar, momentáneamente, de la validez del esfuerzo. Éste es el eje temático del texto, aunque sólo se hace explícito al final, como moraleja o colofón de una línea de pensamiento.

Acorde con el subtítulo, las tres partes de que consta el poema recrean, con los recursos de la poesía, la atmósfera emotiva de cada movimiento sinfónico; así, la primera sección: «La llama» —síntesis de la acción bélica— es solemne y majestuosa, pero su *tempo* es ágil, como un andante. Las imágenes se suceden con rapidez para remedar el ritmo vertiginoso de la carrera heroica del Libertador; a ello contribuyen la emoción, el movimiento y el empleo predominante de verbos, con alternancia en el uso del gerundio y del copretérito del indicativo, cuyo sentido reiterativo y de acción en su transcurrir imprimen agilidad al *tempo* poemático. Los sustantivos han sido, a su vez, seleccionados dentro de campos de significación muy precisos para lograr la atmósfera de grandiosidad, fuego anímico y vértigo guerrero del poema, lo cual sintetiza a su vez la imagen moral del héroe y su labor histórica. Los diversos elementos del discurso van creando, además, un sistema referencial que remite al mundo americano, a su paisaje físico y su universo cultural:

Con él corría el mundo voraz de la llanura;
hogueras a los vientos seguíanle las nubes;
despedazando estrellas las iras de los cascos
y el inca, y el azteca, desnudos, con sus flechas,
y claras manos negras abriendo claridades;
y honderos de la gloria de piedra iluminada,
y los valles, las selvas, los recios vendavales,
y la luz, las mañanas y las muertes sin muerte;
las albas que flameaban como enormes
        banderas...
¡Y miraban las águilas, suspensas en su vuelo,
en ríos de volcanes correr la Cordillera! [...]

En la segunda sección —«Elegía del héroe»— sobreviene un aquietamiento, porque el objetivo es ahora mostrar el drama del hombre despojado de su aureola mítico-épica, el choque de sus sueños con la realidad; de acuerdo con ello, el tono general es lírico-elegíaco, a la manera de un adagio. La reflexión en torno a los límites que la realidad y la naturaleza fugaz de la vida imponen a las aspiraciones humanas, a su afán de infinitud y trascendencia, es el eje temático del poema, elaborado a partir de una estructura paradojal:

¡Tanto holocausto inútil ante aras vacías...!
¿De estas pesadas rocas saldrán vuelos de
        espumas?
¿De esta angustiada noche surgirá nueva
        aurora?
[...]
Es infinito el cosmos, ilímite el espacio,
mas el delirio humano encuentra fin al vuelo.

¡Después de tanta cumbre, solo!
¡Después de tanto mundo, nadie!
¡Después de tanto cielo, tierra
de agonía y tristeza! [...]

Los verbos en infinitivo dan sostén a esta atmósfera de quietud, de acción potencial refrenada, de impulso trunco; mientras, el empleo de figuras patéticas —la exclamación en primer término y artificios retóricos como la anáfora— apoyan el tono a la vez enfático y luctuoso reclamado por los planteamientos ideotemáticos del texto.

Si en «Elegía del héroe» el *tempo* se hace lento, de acuerdo con un plan de desarrollo sinfónico previamente trazado, en la sección tercera —«Aguas de eternidad»— el discurso parece desbordarse en un allegro impetuoso. La trayectoria del héroe se remata con una moraleja de alto valor ético: el deseo de perfección, los sueños edificadores, las grandes ideas, trascienden al hombre, lo perpetúan y elevan por sobre las miserias físicas y espirituales; así, el ejemplo de *Bolívar* sirve de estímulo a las generaciones que le sucedieron, sus ideas pueden ser enarboladas de nuevo y cada vez que sea necesario.

Acorde con el propósito afirmativo del autor, prevalece aquí una actitud optimista, todo asciende y se ilumina ante la efigie del Libertador: el énfasis tiene ahora matices de entusiasmo, el lenguaje se torna resonante, de nuevo las imágenes y tropos remiten al mundo americano y a la gesta heroica, pero con un sentido de plenitud, de alegría y renovación trasmitido por el valor significativo de los vocablos:

Todo por ti nos llega caudaloso, a raudales
altos amaneceres entre ríos de auroras;
el Plata, el Orinoco,
inmenso el Amazonas,
el grito desbocado de los vientos salvajes,
los vastos horizontes que corren por tus
        pampas,
las fiestas de crepúsculos que danzan en tus
        tardes...
Todo por ti despierta cantando en las mañanas
[...]

Si en *Bolívar*... se prolongan los caracteres estilísticos y las sugerencias temáticas esenciales de su obra anterior, de igual modo en su siguiente libro, *El ciruelo de Yuan Pei Fu* (1955), se observa una continuidad de pensamiento, pero dentro de una línea estética diferente:[81] el poeta adopta el humor como método de recreación de la realidad para acercarse a su contingencia histórica y someterla a examen crítico a partir de supuestas traducciones de ciertos documentos chinos, herencia de un hipotético antepasado.[82]

El ciruelo de Yuan Pei Fu viene precedido de un prólogo, a manera de introducción, cuya funcionalidad y la decisiva ayuda que presta para desentrañar los designios de su autor lo convierten en parte imprescindible del texto. En el mismo, Pedroso da claves con las que el lector habrá de adentrarse en el libro, pues su leve tono sarcástico y algunas ideas muy precisas consignadas en él pueden servir de punto de partida para comprender la propuesta del poeta. El libro oscila constantemente entre la sátira, la ironía y la paradoja; en consecuencia, el autor se valdrá una y otra vez de estos recursos para conformar los poemas del volumen. Entre tanto, la delicuescencia estilística se depone en favor de «la real exposición de un hecho humano»; el poemario, por tanto, no se da a los malabarismos verbales, antes bien, se inscribe dentro de una poesía de tono coloquial —la mayoría de los textos están concebidos a manera de diálogos—, de expresión clara, sin rebuscadas asociaciones metafóricas, pero con un lenguaje cuidado, pulcro, que rehuye los giros prosaicos y las expresiones vulgares.

Como en sus libros anteriores, el poeta se muestra atraído por la contradictoria naturaleza humana, pero si dentro de ellos el motivo de la creación poética era lo doloroso y lo heroico del vivir, *El ciruelo*... muestra, por lo contrario, el lado risible, el costado absurdo del problema, pues ha colocado en el foco de su atención los defectos y no las virtudes del hombre.[83] Para ello se vale de dos personajes: el «Maestro» y su discípulo —protagonistas del libro— y, a través de diálogos suscitados a propósito de situaciones y seres que desfilan por el libro, va lanzando una mirada burlona sobre la hipocresía, la falsa ética, la doble moral y el oportunismo, mostrados de las más diversas formas. La atmósfera exótica, sabiamente modelada, permite un grado de distanciamiento lo suficientemente amplio como para dotarlo de una universalidad que, sin embargo, no impide ver, tras las referencias al mundo chino antiguo, la crítica del escritor a las lacras morales de la clase dominante y a la distorsión de los valores impuestos por ésta a la sociedad cubana; ejemplo de ello son textos como «Enseñanza dialéctica», «El héroe de Tsing Tao», «Vuelos de mandarines», «Retorno de mandarines», «Confusión imprudente», «Mulán es perro callejero», «Liu Yen, gran hereje», «La divina tortuga», «Tres amigos» y «Tres epístolas», entre otros. En rigor, todos los poemas del libro remiten en mayor o menor medida a una realidad concreta, pero sus posibilidades significativas la rebasan con creces debido a la amplitud de los temas propuestos.

Una nota interesante dentro del libro resulta la forma en que su autor reacomodó el pensamiento filosófico milenario de China —la doctrina del Tao y el orden moral de Confucio— para transmitir sus propias ideas y observaciones sobre el comportamiento de ciertos hombres —en todas las épocas, en su época, en su país— y para crear, además, un ambiente y un aire de autenticidad acordes con su carácter de «poemas chinos». Habría que señalar, además, el esfuerzo realizado para reproducir, desde una lengua y una tradición literaria diferentes, el espíritu de la antigua poesía china, sus rasgos más generales: sencillez de expresión, poder de síntesis, sentido plástico, acercamiento emocional a la naturaleza y empleo frecuente de giros simbólicos.

Aunque las consideraciones sobre las cuales se asienta el esquema conceptual de *El ciruelo de Yuan Pei Fu* mantienen un matiz de amargura y escepticismo en una buena parte de los textos, en él hay, como excepciones, poemas elaborados a partir de un tratamiento formal, e ideas diferentes que contribuyen a balancear el conjunto y aportan la nota lírica; tal es el caso de «Una canción pequeña», «El pabellón de los secretos», «Noche de tempestad», «Tres canciones junto al río Pien» y «Un poeta ha partido

hacia las fuentes amarillas» —elegía dedicada a Emilio Ballagas. A través de esos textos se afirman nobles sentimientos como el amor, la amistad, la pasión por la belleza y el deseo de creación artística; en ellos es posible detectar con mayor facilidad que en el resto del libro, dadas sus características, los rasgos de estilo definitorios del poeta: el sentido del ritmo y la musicalidad, la naturaleza sensorial de las imágenes —regusto impresionista heredado del Modernismo—, el lenguaje depurado y las alusiones simbólicas. Desde el punto de vista ideotemático persiste el propósito de exploración en el comportamiento de los hombres, y la esperanza preside también su poema final: «Yuan Pei Fu despide a su discípulo», un verdadero llamado a la serena confianza en la vida y los sueños más puros:

¡Ah discípulo,
por vez postrera alcánzame la pipa.

Deja ahora por último que apure aquella leve
de espuma y luz de ensueños.
Y escúchame, discípulo:
si un alba clara y limpia ve un día tu mirada,
salúdala con júbilo y ama esa hermosa aurora.
Tal vez si hay sueños ciertos...
¡O quizá qué milagro puede hacer la
*   esperanza [...]*

El ciruelo de Yuan Pei Fu es el último libro publicado por Regino Pedroso antes del triunfo de la Revolución; posteriores a 1955 sólo existen algunos textos dispersos que no ofrecen diferencias sustanciales con lo ya mencionado. En 1964 volverá sobre el tema chino en *China, recuerdo*, pero tanto los planteamientos temáticos como la forma serán ahora muy diferentes.[84]

Al igual que Regino Pedroso, Manuel Navarro Luna continúa entre 1936 y 1959 proyectando su quehacer en la poesía social. Dos años después de la publicación de *Pulso y onda* (1934) aparece *La tierra herida* (1936), cuatro cantos enlazados por un tema común: la vida de los hombres del campo cubano, inquietud que de algún modo ya venía manifestándose en su obra poética y, con un tono diferente, en su prosa. Como ejemplo significativo de esta última puede señalarse su libro *Cartas de la ciénaga* (1930),[85] donde emergen rasgos humorísticos infrecuentes en su poesía. La ironía es aquí el medio empleado para denunciar, con un marcado acento antimperialista, la situación económica del campesino; sus consecuencias socioculturales, el problema de la tierra, la enajenación de nuestros recursos naturales y la dependencia respecto al capital norteamericano de nuestro principal renglón económico: la industria azucarera.

En *La tierra herida*, el matiz irónico de las *Cartas...* desaparece para dar paso a un dramatismo que el poeta adopta como vía para dar salida a su angustia, nacida de la confrontación con una contingencia histórica no menos dramática. La miseria y el desamparo del guajiro habitan estas páginas con una crudeza y veracidad próximas a lo documental; sin embargo, los resortes expresivos desplegados por Navarro Luna no pueden ser considerados como un reflejo directo o mecánico de su experiencia. La imaginería, los recursos tropológicos y el valor simbólico conferido a ciertos vocablos, traducen una voluntad de recrear la realidad a la manera intensificadora y oblicua de la poesía, con independencia de que el mensaje político se evidencie dentro del discurso.[86]

La unidad interna —conceptual y estilística— y el desarrollo ascendente del tema permiten considerar a *La tierra herida* como un extenso poema concebido en cuatro etapas; lo preceden, a su vez, tres notas —casi periodísticas— cuyo objetivo es remitir al lector a la realidad generadora del asunto y dejar sentada la autenticidad de los motivos con un lenguaje que anuncia el tono del libro. «Canto de los surcos» describe al hombre y su contexto, desnuda la miseria en su estado más crudo, y para ello se vale de recursos expresionistas: imágenes que parecen retorcerse, los matices semánticos de los sustantivos y la adjetivación, que van conformando un cuadro de tintes sombríos, una atmósfera nauseabunda; el verso irregular y sin cadencias, áspero:

El ojo pegado a la raíz estremecida del llanto;
la garganta doblada sobre la corriente de
*   un estertor partido;*
la boca, endurecida y helada,

cubierta por un vértigo sucio, por un
*   espumarajo de tinieblas*

«Canto de la agonía» muestra un tránsito hacia lo narrativo en contraposición con la estructura descriptiva del poema precedente, pero persisten los rasgos estilísticos ya señalados. La referencia a la participación del campesino en las guerras independentistas y a los sucesos que malograron su lucha —esbozo trágico de la frustración republicana— tiende un puente hacia la indagación histórica que centra el «Canto de las sombras», viaje hacia los orígenes de nuestra identidad donde lo telúrico cobra dimensiones de motivo principal: la tierra se torna protagonista, es la madre del poeta —hijo simbólico de un enlace abrupto— que asume al final el dolor acumulado durante varios siglos de injusticia:

¡Yo soy el hijo de la tierra herida!
¡En mis arterias cantan los verdugos y
*   gimen los esclavos;*
son mis huesos un rechinar de hierros y de
*   blasfemias [...]*

La tierra herida cierra con un texto de alta temperatura épica: «El canto de las azadas», donde estalla la tensión concentrada a lo largo de los cantos que le anteceden; representa el final inevitable, dadas las convicciones políticas de su autor: la exhortación a la lucha y, por tanto, el tono lúgubre, ceden lugar al entusiasmo y la alegría de un futuro visto como certeza, por ser el fruto de la rebeldía encauzada. Como ya lo había hecho en *Pulso y onda*, Navarro Luna coloca en manos del hijo —cifra de la trascendencia— la esperanza del gesto redentor:

Hijo mío:
sé tú de los primeros en echar a guerrear
*   las quemaduras de tu frente,*
en echar a guerrear tu pecho para que la
*   tierra se levante [...]*

Con lo cual logra enlazar ambos libros en una unidad de pensamiento y motivos poéticos, amén de las concomitancias estilísticas: cierta inclinación a lo declamatorio, la recurrencia de lo enfático —repetición de ideas, de construcciones gramaticales y artificios de todo tipo—, que deriva por momentos hacia la redundancia; el gusto por las figuras patéticas, especialmente la exclamación y el apóstrofe; un léxico áspero, chocante, recargado de calificativos; la imaginería y los tropos, tributarios aún de las búsquedas vanguardistas; la cualidad emocional, vehemente, hiperbólica de su impulso creador, que hace de su poesía un punto medio entre lo lírico y lo épico, y, en general, la habilidad para adecuar los elementos de contenido a las formas y recursos verbales capaces de transmitir el mensaje, logrando así una verdadera interacción de significantes y significados.

La crítica señala a *La tierra herida* como el libro en que se decanta de manera definitiva la voz poética de Manuel Navarro Luna; esta madurez está relacionada con el encuentro de un modo expresivo donde lo político aspira a una comunión con el sentir íntimo, en la medida en que los conflictos y las angustias colectivas hieren profundamente la sensibilidad del creador. Juan Marinello alude a estas cuestiones al prologar el libro:

> El poeta ha bajado de una vez a la tierra, a su tierra ensombrecida. Con ello, desde luego, ha entrado en lo político, que es el impulso de superar lo circundante. Su responsabilidad se ha agravado: responsabilidad de poeta, tanto como de hombre. Lo político es lo condicionado, lo oportuno, lo hábil. Lo lírico —se ha dicho mal— es lo abstracto, lo impersonal, lo eterno. Pónganse las cosas en su punto de verdad. La lírica política no puede ser más que la oportunidad, la utilidad exaltada por el impulso sin tiempo del arte [...][87]

Esa difícil armonía entre lo lírico y el sentido de responsabilidad política es la aspiración máxima de varios textos escritos alrededor de 1949 y reunidos bajo el nombre de *Así es*, que no apareció publicado en su momento.

El conjunto agrupa poemas reflexivos en torno a vivencias humanas, que transitan de lo social a lo íntimo, y poemas de amor, sin que sea posible realizar un deslinde entre ambos extremos. En los textos de *Así es* se percibe una interiorización del tono relacionable con la línea temática del libro; se acerca de este modo a una zona de nuestra poesía sobre la cual ha señalado Roberto Fernández Retamar:

> Con posterioridad a la poesía social de procedencia directamente vanguardista o negrista, se produce en Cuba una poesía social que se halla emparentada, no tanto con la poesía pura, como dijo Portuondo, como con la derivación neorromántica que presentó en algunos de sus cultivadores [...] poesía sin estridencia formal, a pesar del evidente influjo del Pablo Neruda anterior a su etapa social, interesada en la comunicación de lo afectivo. En algunos poetas esta orientación produce una curiosa poesía en que lo social arranca de la intimidad espiritual en una actitud de alma que exige la entrega a la colectividad.[88]

Aunque el tono exaltado característico de sus poemarios de 1934 y 1936 ha desaparecido en buena medida, es posible encontrar más de un punto de contacto entre ellos y la obra inédita, no sólo en lo tocante a las preocupaciones humanas, que rebasan siempre lo individual, sino también respecto a la manera de organizar el discurso poético: la preferencia por el verso libre, el predominio de las construcciones nominales; el lenguaje alusivo, a veces simbólico; el énfasis, que en estos textos contribuye a la intensificación lírica; sin embargo, el léxico se ha suavizado considerablemente y el desgarramiento posee ya otros matices:

> *Si crecieran tus ojos,*
> *acaso podrías ver un arco de agonías*
> *alzarse en la eternidad de la rosa;*
> *si crecieran tus manos,*
> *¡con el cántaro de oro que construyen mis*
>   *sueños*
> *tal vez podrías coger el agua de su sombra...!*

El amor puede ser en este conjunto de poemas un motivo para reflexionar sobre las relaciones entre la intimidad y el deber —así lo plasman textos como «Nada»—; o bien el complemento de un estado emocional indefinido y doloroso, como en «Ya es tarde» y «Nocturnos». Aparece además el tema del hijo («Camarada», «Miradme»), no ya como esperanza futura para la lucha revolucionaria, sino como responsabilidad y agonía; la indagación de carácter ético-filosófico en torno al tema de la muerte («No es la muerte»). Justamente por esta vía se establece una continuidad entre *Así es* y un grupo de décimas, fechadas también en 1949, que sólo daría a conocer varios años después del triunfo revolucionario.

En este decimario, que posee una notable unidad compositiva y conceptual, Navarro Luna hace gala de dominio técnico en el uso de la estrofa preferida por el campesinado cubano. El tono intimista de *Así es* se mantiene aquí, pero matizado con cierto dejo de sabiduría popular, de sentencia aleccionadora presidida por un claro propósito moral e ideológico; el mensaje lleva en sí una enseñanza política y una conminación a la vida espiritual plena:

> No tires tu tiempo al río
> ni lo tires a la mar.
> ¡Siembra tu tiempo! Sembrar
> en el calor y en el frío,
> tal debe ser, hijo mío,
> tu divisa verdadera;
> pero siembra de manera
> que con tu brazo profundo
> no coseches, para el mundo,
> más que frutos de bandera.

El hijo es también aquí una presencia permanente, pues desde la primera composición, «Consejos», se hace explícito un propósito didáctico que emana de la experiencia paternal, adquirida en el contacto con la realidad; el hecho de encabezarla con una cita del *Martín Fierro* —«Un padre que da consejos/más que un padre es un amigo»— así lo demuestra.

En las «Décimas», Navarro Luna sigue una línea de pensamiento de raíz ético-filosófica presente en los temas y preocupaciones conceptuales de cierta zona de nuestra poesía, representativa de lo más auténtico del sentimiento popular latinoamericano. Este vínculo con la tradición poética del continente se aprecia no sólo en la mencionada cita o en el hecho de escoger el metro más usado por el pueblo, en nuestro caso la décima, sino también en el tratamiento de tópicos como el de la selección de una muerte digna («Tienes que escoger tu muerte»), el significado de los sueños en la vida del hombre («Soñar es andar») y el valor de la virtud y los principios rectos para la memoria que el hombre deja de sí sobre la tierra («Si es buena la sementera»).

Junto a ellos, hay también lugar para el dolor por la pérdida de un amigo y aun para el amor («Un recuerdo para Hernández Catá», «Vienes del amanecer»).

La delicadeza de este decimario contrasta con el tono frecuente en la producción anterior del poeta, pero ello no indica un rompimiento, sino una apertura hacia otras formas expresivas en las cuales persisten algunos de sus rasgos de estilo más significativos. El sentido de continuidad se observa, por ejemplo, en el lenguaje alusivo y la presencia de símbolos gratos al autor, como surco, estrella, bandera, aurora y sombra, entre otros.

La paternidad volverá a ser el núcleo temático de un libro que preparó hacia fines de la década del cuarenta y principios de la siguiente: *Los poemas del padre*, y del cual sólo han aparecido textos dispersos. Los más conocidos plantean inquietudes de orden ético y sentimental vinculadas a un concepto de la responsabilidad paterna que hermana lo íntimo con el sentido del deber, entendido como militancia y obligación ciudadana.

En 1951 aparece un largo poema elegíaco, *Doña Martina*, que obtuvo una elogiosa acogida por parte de la crítica, motivada por la singularidad de su concepción y la maestría con que el poeta llevó a término sus propósitos.

Se trata de una elegía en décimas, molde poco usual para este tipo de composición,[89] que va esbozando paso a paso la imagen de la madre evocada en el dolor de su pérdida. Para conformar la silueta de *Doña Martina*, Navarro Luna estructuró su poema en seis partes, cada una de las cuales aporta un elemento específico dentro del tema principal. Estas secciones o apartados temáticos apelan a lo descriptivo, la narración y lo reflexivo para caracterizar al ser querido física y moralmente; en ellas expone juicios sobre el significado de la madre en su formación espiritual, y a la vez desarrolla el tema de la muerte según los principios que ya de algún modo estaban presentes en sus «Décimas» de 1949. De este modo, el canto no se limita a un simple desahogo emotivo, sino que da lugar a consideraciones de significado muy general cuyas fronteras trascienden lo anecdótico personal y dan al texto su cuota de universalidad:

> Quien ilumina la vida
> puede iluminar la muerte,
> porque al cabo se convierte
> en luz. La estrella perdida,
> aun lastimada y herida
> da su luz, constante y bella,
> y nada alumbra como ella
> los caminos de la cruz
> porque tan sólo de luz
> está formada la estrella [...]

Doña Martina es un texto donde el dolor íntimo lo absorbe y determina todo; la intensidad de este sentimiento hace que la crítica haya considerado la existencia de rasgos melodramáticos[90] asociados a cierto matiz romántico presente en el poema. Otro aspecto no menos significativo es que en algunos momentos el recuerdo exaltado de las virtudes de la madre y la dificultad para aceptar su muerte lo conducen a meditaciones de carácter metafísico, muy frecuentes en la tradición elegíaca de la lengua:[91]

> ¡Con este dolor tan fuerte
> que con su muerte me queda,
> no, no es posible que pueda
> acostumbrarme a su muerte!
> ¡Yo espero que ella despierte
> en las sombras, algún día! [...]

Sin embargo, esta certeza no se apoya en principios religiosos, como la idea de la existencia de una vida ultraterrena, sino que es un fuerte sentimiento de desesperanza que lo lleva a la «negación lírica de la muerte».[92]

Desde el punto de vista composicional, la elegía presenta una estructura simétrica: veinticuatro décimas de excelente factura divididas en seis partes de cuatro estrofas cada una —señaladas con números romanos—; el carácter íntimo del texto determina, a su vez, la cualidad del léxico que evita la aspereza en favor de un simbolismo de fácil decodificación: luz y sombras referidas a la vida y la muerte, idea reforzada con otros conceptos suplementarios, como eternidad y estrella; o por oposiciones antitéticas como presencia-ausencia, plenitud vital-vacío de la muerte, oscuridad-blancura, finitud-eternidad, etcétera. El lenguaje del texto es diáfano, al igual que las imágenes y los tropos, casi siempre símiles y metáforas fácilmente comprensibles.

La manera de acercarse el autor al tema de la muerte, y las peculiaridades configurativas que otorgan a *Doña Martina* un carácter popular, permiten enlazarla con sus «Décimas» y considerarla como continuidad de una búsqueda expresiva que alcanza en ella un notable nivel de realización formal.

Un sector importante en la obra de Navarro Luna lo constituye su poesía civil, compuesta por textos escritos de manera dispersa a lo largo de casi cuatro décadas —los más antiguos datan de 1926—, algunos con carácter circunstancial, y que fueron en buena medida una forma complementaria de lucha política. Tienen, pues, un exaltado acento patriótico, visible en los temas y en las semblanzas de héroes y sucesos históricos que les sirven de motivación. Estos poemas fueron recogidos y publicados en 1961 bajo el título de *Odas mambisas*; con anterioridad sólo había dado a conocer, como libro, cuatro de estos textos en un cuaderno titulado *Poemas mambises* (1942),[93] exaltación de tres personajes claves en la historia cubana (Antonio Maceo, Masó, Martí) y, en sentido general, de las tradiciones de lucha: lo que él denomina «raíces bravas».

Acorde con su propósito de conmover conciencias y predisponer a la acción cívica, el tono declamatorio es muy acentuado en esta zona de su quehacer poético; a ello contribuyen la marcada tendencia al énfasis y el empleo recurrente de la exclamación y el apóstrofe. Las figuras paradigmáticas de la historia, sus hechos de armas, los gestos de honor y de coraje, los luchadores y mártires contemporáneos al poeta, los símbolos de la patria, son recreados en versos de aliento épico, vehementes, encrespados, irregulares, muy cercanos al estilo y al léxico abrupto de *Pulso y onda* y *La tierra herida*, aunque en ellos el lenguaje convulso de estos poemarios es sustituido por la sencillez y claridad de lo anecdótico con el objeto de lograr la comunicación inmediata del mensaje. No renuncia, por otra parte, a la metáfora, pero las asociaciones resultan evidentes, y tanto éstas como los símbolos utilizados fortalecen la intención política al establecer su enlace con referentes de gran significación nacional: la campana, el clarín, la estrella, la montaña, la bandera, colocados junto a otros elementos simbólicos ya habituales en su obra: surco, tierra, sueño, raíz, alba, músculo, fuego, trueno, viento...

> ¡Patria...!
> ¡Patria...!
> *Tu voz, la que en el viento profundo de la*
> *noche;*
> *la que en el pecho fuerte de las albas,*
> *en los surcos del aire, de la tierra y del sueño*
> *no echa sino raíces de campanas* [...]
>   («Patria»)

Es por este acento vibrante, próximo a la arenga —su sello distintivo—, que se reconoce generalmente a Navarro Luna; sin embargo, aunque el conjunto de su obra poética muestra el predominio en él de esta faceta, sabía pulsar la cuerda íntima, incluso sin abandonar sus convicciones políticas; ello se hace evidente en *Así es*, en «Décimas» y aun en *Doña Martina*.[94] Esta mezcla de lo íntimo y lo social está presente también en Ángel I. Augier, autor de múltiples posibilidades expresivas cuya obra anterior al triunfo revolucionario es relativamente escasa, pues sólo publicó un libro después de 1936: *Canciones para tu historia* (1941), que recoge poemas escritos entre 1936 y 1939; el resto de su producción apareció de forma esporádica

en publicaciones periódicas o no fue dada a conocer hasta 1963, fecha en que se compila y publica su *Breve antología*.[95]

El texto de 1941 reúne veinticuatro poemas en cinco secciones, cuyo conjunto contiene una historia de amor desde su descubrimiento jubiloso hasta la plenitud de su realización. Lo preside un poema introductorio («Canción para tu historia») que devela el carácter y la óptica general del libro: se trata de un canto de amor satisfecho que establece un contrapunto entre el puro yo y un destinatario —la mujer amada—, con lo cual se logra, gracias al continuo cambio de persona gramatical, el paso ininterrumpido de lo confesional a lo apelativo, lo que confiere a todo el poemario cierto aire conversacional, de diálogo íntimo con una presencia silenciosa, tal y como se observa en «Homenaje a la rosa»:

> [...] (*Al llegar al crepúsculo de presencia*
> *de oro,*
> *recuerdas?, todo era luminoso y sonoro*
> *con una mezcla extraña de azúcar y*
> *metales* [...]

Los poemas de la primera sección revelan estados emotivos propios del amor naciente: la ansiedad, la esperanza, el deseo de entrega espiritual y el reclamo erótico, apenas insinuado en una breve pincelada entre gongorina y lorquiana: («Desnudo de mujer y mar»):

> *Tanagra fresca, clara flor de alabastro,*
> *de nieve tibia en agua morbideces;*
> *—caricia de la luz y de las olas,*
> *música resbalada de pinceles.*
> *Viajando en jaca de jardines blancos*
> *carrera azul profunda de los peces.*
> *—Sobre carne y arena desatadas*
> *largo latido en látigos lebreles*

La segunda sección («Una semana de soledad») está dedicada a la ausencia y consta de siete poemas —uno por cada día— en los cuales el sentimiento predominante es la nostalgia, plasmada en todas sus fases: de la melancolía a la desesperación. En la tercera parte se exalta el amor correspondido. La intensidad del sentimiento es tal que desborda el ser del poeta, se expande hacia las cosas y regresa desde ellas hacia la amada. Asoma en el último poema («Refugio de tu grito») el elemento erótico, ahora muy acentuado. El mencionado texto anuncia la tónica de la cuarta sección, en la cual el erotismo será signo de la plenitud amorosa. Un soneto cierra este apartado y expresa, con su forma cerrada y precisa, la condición absoluta y rotunda del amor:

> *Sigo, Amor, con mi júbilo sin bridas*
> *por senderos de mieles tu carrera,*
> *viajando con tu llama y tus heridas*
> *desde el justo contorno de tu esfera* [...]

El poema final del volumen, «Una canción de eternidad», constituye una declaración de principios, lo que para el poeta representa el amor en el sentido más pleno: su extensión del ámbito de la pareja a la colectividad:

> *Transformemos el ansia en músculo y en canto*
> *en defensa de tanta bandera clamorosa:*
> *salvemos esa sangre desbordada,* [...]
> [...]
> *Sólo en su poderosa corriente salvadora*
> *encontrará su cauce nuestra estrella,*
> *mujer de mieles y cristales.*

Desde el punto de vista compositivo, *Canciones para tu historia* se acerca a la poesía neorromántica del Neruda de *Veinte poemas de amor y una canción desesperada*; ello se constata en las imágenes, que configuran cuadros donde el ambiente —los elementos contextuales externos— y el tiempo tienen siempre una importancia de primer orden; y en el uso de un lenguaje tropológico en el cual las asociaciones, de marcado carácter sensorial, establecen una armonía o continuo intercambio entre el objeto del amor y la naturaleza; la frecuente aparición de la prosopopeya dentro de estos recursos revela, por otra parte, la presencia aún latente de la Vanguardia:

> [...] *¡Acudían las olas de manos extendidas*
> *a traerme tu imagen innumerable y única*

> *—como contra una roca abandonada*
> *se estrellaban ansiosas todas contra mi*
> *angustia* [...]
> [...] *Tu voz y tu alegría vienen del infinito*
> *en un viaje solar que desciñe la espuma* [...]

> [...] *Yo no sé qué le ocurre a esta noche*
> *en que las calles andan solas con sus luces*
> *amarillas*
> *y el mundo está desierto como un gran río*
> *vacío* [...]

Es esta una poesía fuertemente reclamada por lo concreto, cada sentimiento tiene su correspondencia con un objetivo o fenómeno de la realidad, debido a lo cual son muy acentuadas en ella las sensaciones de todo tipo: olfativas, sonoras, visuales, táctiles; de ahí el frecuente empleo de sinestesias y de calificativos tropológicos para enlazar realidades espirituales y físicas:

> [...] *Aquí te traigo el agua de mi angustia*
> *para que la perfumes con tu alegría cálida* [...]

Esta misma insistencia en lo sensorial determina la aparición de recursos expresivos como la armonía imitativa, y de elegancias del lenguaje de carácter sonoro como la aliteración, de lo cual es un ejemplo sobresaliente «Soneto de una voz»:

> *Música espesa en flor y caramelo;*
> *cálida gota, palpitante y viva*
> *Líquida mariposa sensitiva*
> *vibrando en el cristal de mi desvelo*
> *Pirámide sonora hacia mi cielo,*
> *en el aire escultura fugitiva.*
> *Rosa en el eco y mi pasión cautiva*
> *acariciándome de terciopelo.*
> *Me extiendo en su rumor de mar y ola,*
> *me perfumo en su gracia de canela*
> *por el silencio en sombra de mi oído.*
> *Su voz redonda resonando sola,*
> *luz temblorosa que en el viento vuela*
> *desde el pueblo sin tiempo del sonido.*

Los caracteres anteriormente apuntados determinan, a su vez, la condición del léxico, que insiste en el uso de vocablos capaces de expresar, por su carga semántica, la gama de emociones inherentes al sentimiento amoroso; para la alegría y el optimismo: luz, flor, armonía, mañana, estrella, música, colores, canto, aire, horizonte; para la pasión: húmedo, sangre, caricia, labios, besos, carne; para el dolor: desierto, temblor, silencio, roca, sombra, llanto, noche, lejanía.

En cuanto a la configuración externa de los textos, no existe un patrón estable, pues pasa con facilidad del versículo extenso a la forma ceñida del soneto. Se conoce, por algunos ejemplos como «Canción de C menor», «Desnudo de mujer y mar», «Soneto para una voz» y «Soneto para un día», que Augier ha bebido en la tradición poética de la lengua; a veces asoma en algún texto la huella de sus inicios postmodernistas; no obstante, en el poemario predomina el verso libre de metro irregular.

El poeta seguirá alternando, en su quehacer a lo largo de estos años, las formas abiertas con las formas cerradas. En 1942 es premiado por su poema «Canto de amor y de guerra», un romance antifascista cuyos rasgos estilísticos concuerdan, en lo esencial, con los de *Canciones para tu historia*, sólo que en él los elementos expresivos están en función del mensaje político.

Entre 1940 y 1958, Augier escribe un grupo de textos cuyo signo más relevante es la variedad. Las múltiples facetas que había mostrado en años anteriores vuelven a hacerse visibles en este período. Encontramos aquí poesía de participación política, como los sonetos de su «Tríptico de salutación», dedicados a tres heroicas ciudades soviéticas: Leningrado, Sebastopol y Stalingrado, donde nuevamente acude a lo concreto para establecer sus asociaciones por medio de un sistema referencial a través del cual resume la imagen de la guerra, el calor de la solidaridad y el aspecto físico de las realidades geográficas reunidas en su amistoso saludo:

Para tus rojas lunas marineras
como pájaro sueltan su recado
nuestras voces de azúcar prisioneras,
y atraviesa tu espíritu blindado
con su rumor de trópico y palmeras;
¡Salud, ciudad de Lenin, Leningrado!

En otros momentos el mensaje social se desliza en el tema luctuoso, como en «Elegía de nieve y fuego a Paul Eluard», «Pequeña elegía» y «Elegía en tu misma sangre»; en esta última evoca a Miguel Hernández en combinaciones de alejandrinos y heptasílabos aconsonantados, a la manera del poeta de Orihuela.

La peculiaridad de estos poemas consiste en que la denuncia viene envuelta en una atmósfera lírica y aun simbólica; un ejemplo de ello es la connotación dada a los vocablos nieve y fuego dentro de la elegía a Paul Eluard o la forma en que el dolor humano se acendra, se interioriza el tono y se hace íntimo para acusar los crímenes del régimen tiránico contra la juventud cubana («Pequeña elegía»):

Su cuerpo no cabía en la mañana
allí donde su sangre y el rocío,
entremezclados en sorpresa y duelo,
conocieron el peso de una muerte
y que es la luz amarga si hay un niño
segado así, como una caña joven,
por levantar su puño contra el crimen [...]

Este rechazo puede llegar a la sensación de vacío metafísico de los «Sonetos desde la nada»:

[...] *Flecha que sigue ciega hacia su día,*
flecha sin rumbo, máquina sin guía,
definitiva rosa clausurada [...]

o la sombra de ironía que late en «París nostalgia». Pero también la protesta se agolpa incontenible y atropellada en enumeraciones, como las de su poema «La luz», donde recuerda el mundo caótico de las *Residencias* nerudianas:

[...] *la luz,*
que golpean de noche con cadáveres lentos,
con huesos, con metales,
con zapatos vacíos y vísceras y dedos [...]

Aunque aquí los elementos enumerados se corresponden con la realidad de las persecuciones, los asesinatos, las torturas, y no son, como en los poemas del chileno, índice de la alienación, sino conciencia militante.

Hay dentro de este pequeño grupo de textos espacio para el puro goce poético, prueba de lo cual son las siete piezas de «Para un elogio del agua», donde la recreación del elemento natural comienza en los sentidos y culmina en la subjetividad, en un vago anhelo de comunión:

[...] *Sustancia hecha de sueño*
que siento y toco y me penetra,
que me envuelve y me huye,
sueño jamás asido [...]
[...]*¡Poder fundirse en su existencia clara!*
en cada gota luminosa, para esplender en
la nube y cantar en el río!

Otro tanto puede decirse de «En tu jardín solar de mar y viento», una trilogía inspirada en el arte de Alicia Alonso, donde los calificativos y la utilización de un recurso como la elipsis van creando una imagen de la bailarina: de lo físico a lo espiritual, y remedan al mismo tiempo lo inasible del movimiento, la fugacidad del gesto, el instante en que se suspende y flota en el acto de la danza:

La figura del aire que de pronto se anima
y levanta su estatua fugitiva.
(Con tu penacho de suspiro y sombra,
palmera giradora) [...]
[...] *Y esa herida que pasa silenciosa*
y se mueve en el fondo de los ojos nocturnos
y al músculo traspasa su reposada angustia
como para librarse de su sangre
en ese movimiento de libélula o sueño [...]

La repetición anafórica y el polisíndeton cumplen en estos poemas dos funciones que se complementan e interpenetran: la tensificación lírica y la creación de una apariencia de continuidad rítmica; así, la misma esencia móvil y cadenciosa del baile queda atrapada en el texto:

Como cuando la lluvia con sus húmedos
        dedos,
como cuando la tarde con su mirada absorta,
como cuando un vestido se sumerge
y queda sólo el nombre de un pájaro asustado
y un recuerdo flotando en el pañuelo,

y la voz se incorpora como para asomarse
y cruza atravesada de relámpagos [...]

A pesar de la variedad de tonos y recursos expresivos que se observan en esta producción dispersa, es posible delimitar algunos rasgos permanentes, tales como el apego a lo concreto sensorial para establecer asociaciones tropológicas y conformar imágenes, la preocupación por el aspecto sonoro del lenguaje, que determina la existencia de cierta musicalidad en sus textos, vinculada tanto a la distribución de los apoyos rítmicos como a la cualidad de los sonidos; el desenfado con que usa esquemas métricos y estróficos tradicionales junto a formas libres puestas en boga a partir de la vanguardia; la persistencia del acento conversacional, dado por el discurso apelativo que alterna armónicamente con la apariencia de confesión íntima en sus textos; el léxico suave y la sobriedad y contención del tono, aun en el mensaje social o en el rapto amoroso. A estos últimos rasgos se remite su modo personal de llevar a la poesía la denuncia política, y por lo cual puede ser incluido dentro de la clasificación de poeta social e interior propuesta por Fernández Retamar para otros autores.

De manera similar ha sido calificada la poesía de *Presencia interior* (1938), libro que incluye piezas representativas del variado quehacer lírico de Mirta Aguirre, quien a principios de la década había exhibido, si bien en realizaciones todavía inmaduras, un temprano y singular dominio de los recursos fijados por la tradición poética de la lengua, y ahora se revelaba dueña de una voz característica, resultado del ascenso a la madurez expresiva.

Lo tradicional y lo contemporáneo alternan, en armónica convivencia, dentro de una obra cuyo rasgo distintivo general es la humana vibración que transita por igual los caminos de la intimidad y los de la más activa labor política, fundidos más de una vez en un solo discurso. Tal conjunción de la vivencia personal con preocupaciones de orden colectivo no es, sin embargo, el único dato a tener en cuenta para caracterizar el conjunto de su poesía, aunque define una zona estimable de ella, no tanto por su número como por la intensidad y calidad de aquellos textos en los cuales se produce la mencionada síntesis. Quedaría, pues, fuera de la clasificación expuesta por Fernández Retamar en su estudio de 1954, un grueso número de poemas de la más diversa índole que descubre las amplias posibilidades expresivas de la autora y que abarca varias direcciones temáticas.

Esta multiplicidad de facetas creativas hace necesarios algunos deslindes metodológicos[96] para facilitar su estudio, dentro de los cuales resulta muy atinado tomar en consideración, por una parte, la importancia que dentro de su ejecutoria artística otorgó Mirta Aguire a la poesía de participación sociopolítica —en cualquiera de sus posibles variantes— y, por otra, la recurrencia de ciertos rasgos estilísticos que la señalan como individualidad dentro del quehacer poético de su tiempo, a saber: el apego a las formas estróficas y métricas tradicionales, cuyo profundo conocimiento le permite emplearlas frecuentemente de manera flexible y creativa; el uso de artificios poéticos que conducen a la intensificación del discurso a fin de acentuar el aspecto idiomático de los textos; la transparencia y sencillez del léxico, sin desmedro de la calidad estética; el equilibrio y sobriedad expresivos, fruto de una intensa sensibilidad refrenada por el sentido de la medida y el buen gusto; el acierto en la selección de los recursos tropológicos de acuerdo al tipo de propuesta conceptual contenida en el poema; el contrapunto entre energía y delicadeza que recorre toda su obra y en no pocas ocasiones constituye el énfasis de la tensión lírica; su asimilación personal del legado de los mejores poetas clásicos y contemporáneos, de ahí la habilidad con que solía moverse ya dentro de los cánones de la más estricta retórica —no siempre respetada, como se ha señalado, en un sentido ortodoxo—, ya dentro de las conquistas y aperturas formales de la Vanguardia y las tendencias posteriores; en resumen, su capacidad para adecuar el contenido a las formas que mejor podían expresar su mensaje, tanto a nivel de la configuración rítmico-sonora como en lo relativo al aspecto léxico-semántico.

Presencia interior —único volumen publicado por Mirta Aguirre antes de 1959— puede ser considerado en cierta medida como un libro intimista, pero la variedad de los textos recogidos en él impone límites a la aplicación de este término. La primera parte incluye poemas que reflejan al menos tres de los «modos» creativos de la autora; se entremezclan aquí las alusiones personales, el chispazo de la intimidad, la caracterización psicológica:

> [...]*Déjame quieta, mi tierra,*
> *tierra de mulatería,*
> *tuya soy cubana prestada:*
> *que soy, mas no eres mía.*
> *Si sangre negra tuviera*
> *otro gallo cantaría* [...]

> [...]*Viento, dile que es inútil*
> *querer atarme los pies.*
> *Que nunca, viento, que nunca*
> *la yerba miré crecer* [...]

> [...]*Sombra, ¿dónde estoy yo misma?*
> *—se asombra tras mí la sombra...—*
> *se me ha perdido mi sombra*
> *mujer sin sombra en la sombra* [...]

con remedos de antiguos romances españoles:

> *Las pulseras de amatistas.*
> *Los alfileres de nardos.*
> *Matrimonio las campanas*
> *de la torre repicando*
> *—¿Por quién tocas, Catedral,*
> *si ves que ya no me caso?*
> *¡La novia sin novio y tú*
> *golpeando a gozo y no a llanto!* [...]

y expansiones líricas que evocan, por el léxico, los elementos simbólicos, el tono e incluso los temas y la línea argumental, el mundo poético del *Romancero gitano* de Lorca:

> [...] *Cuando la luna, luna*
> *cuando la luna.*
> *Con la noche tan negra, ¡qué negra angustia*
> *la de la niña huyendo con su locura!* [...]

o bien la interpretación criolla realizada por Nicolás Guillén de la popular composición castellana; evocación que en este último caso deviene homenaje:

> [...]*Se le fue el verso contigo*
> *y contigo el Son borracho.*
> *José Ramón Cantaliso*
> *se le ha fugado en tus manos*
> *y le has dejado la luna*
> *con rostro de enmascarado* [...]

La estructura del romance —de gran peso en su obra, fundamentalmente en su poesía social— predomina en esta primera sección, aunque no siempre responde a un patrón esquemático; así resulta frecuente la recreación y reordenamiento de la estructura a partir de su espíritu original, tal como ocurre con los poemas 3, 4, 5 y 6 del mencionado texto. Esta peculiaridad surge una y otra vez a lo largo de su obra con relación a otras formas estróficas tradicionales como el soneto, el romancillo, la seguidilla y el cosante, entre otras.

La segunda y tercera partes del poemario responden mejor al concepto de poesía confesional, de exploración íntima, pero aun entre ellas existen sensibles diferencias, pues si en la sección II aparece el tema amoroso («Poema del amor natural») y se encuentran piezas que se dirían concebidas por el solo placer del ejercicio lírico («Soneto agua-mar»), junto a textos como «Encuentro» —especulación en torno a futuras contingencias, sugeridas, presentidas— y «Platero y yo» —doloroso y a la vez sereno buceo en su intimidad—, en la sección III el proceso creativo conduce, por la vía de la introspección, a la anagnórisis o autorreconocimiento del sujeto de la obra:

> [...]*Ya es hora que recorra ese cordaje vivo*
> *de vanas amatistas, verdosas, azuladas*
> *que la piel dulcifican en diluidas sombras.*
> *¿A qué otra parte huyera en este barco ciego*
> *siempre anclado a sí mismo,*
> *en este silencioso viaje bañado en ruido*
> *de diástole y de sístole?* [...]

Podría pensarse que el desarrollo de un discurso egotivo en la producción de los textos convierte a esta parte de *Presencia interior* en un intenso explorar dentro del puro yo («Poema de la verdad profunda», «Este camino», «Sin palabras», «Malgré Tout»), pero lo que singulariza a esta poesía es el hecho de que, paso a paso, y mientras va destilando su individualidad, la autora avanza en busca de un encuentro con el entorno. Queda, pues, el discurso lírico como testimonio de un intercambio entre la evolución del espíritu y la dinámica del devenir social, dado de manera implícita, como sugerencia, dentro de la obra; así se entrega en poemas como «Todo puede venir», «Canción de la vida plena», «Poema último» y «La voz en llamas»; sirva de ilustración un fragmento de este último:

> [...]*Era cuando yo era*
> *sólo un afán marchito de deshojar simientes,*
> *apenas una brisa de estrellas temblorosas,*
> *casi no más que un eco leve,*
> *un borroso recuerdo de mí misma.*
> *—Yo lo sé, yo lo entiendo*
> *y no puedo explicárselo a nadie...*
> *¿Adónde mis oídos cuando la voz aquella?*
> *¿Adónde mis arterias cuando aquel grito*
>   *inmenso*
> *me quemó las pupilas*
> *y obligó a mi silencio a huir despavorido?* [...]
> [...]
> [...]*¡El mundo fue tan simple!*
> *¡Fue, de golpe, tan diáfano!*
> *Y yo, encendida y quieta, oí mi voz distinta,*
> *mi voz que ya no era*
> *mi voz y era la mía,*
> *mi voz, sollozo y canto, grito, risa y saludo,*
> *saliéndole al encuentro a aquella voz gigante*
> *y abrazándose a ella...!*

Para este tipo de composición la autora se vale de formas libres, pues el versículo extenso, la estructura irregular, ofrecen un marco más flexible al desborde sentimental, al curso reflexivo. La tensión tropológica, mucho más visible en estos poemas que en otras zonas de su quehacer, no impide, sin embargo, el establecimiento de un flujo comunicativo debido a la nitidez del lenguaje utilizado. Lo lírico, en resumen, empalma aquí con una intención social soterrada, y la obra resulta tanto más efectiva desde el punto de vista artístico cuanto más sutil es la referencia a la realidad inmediata.

No era éste, sin embargo, el único modo en que la autora podía plasmar su desvelo por el destino colectivo. La poesía de contenido sociopolítico explícito, cultivada desde sus inicios, y su militancia revolucionaria, son aspectos concurrentes de una misma actitud ante el reclamo de su tiempo, dos fases de un único concepto sobre la acción ideológica del artista y el arte. Muchos textos que dio a conocer de manera dispersa en publicaciones periódicas —fundamentalmente en *Hoy* y *La Gaceta del Caribe*— o permanecieron en folletos parcialmente inéditos,[97] remiten de forma directa al referente sociohistórico y muestran una sencillez expresiva respecto al léxico y al lenguaje metafórico, así como al empleo reiterado de ciertos recursos formales y procedimientos retóricos cuya finalidad es facilitar la aprehensión del mensaje; pueden señalarse, entre otros: el desarrollo argumental a partir de la confrontación de dos elementos, generalmente antitéticos, que se presentan a manera de paralelo; el empleo de elegancias del lenguaje como el polisíndeton, la anáfora, la reduplicación —por sólo mencionar los más frecuentes—, figuras poéticas que comunican un aire de solemnidad e insistencia debido a su carácter reiterativo y que por medio de la intensificación del discurso estimulan en el lector reacciones emocionales; el uso del romance y la balada, muy apropiados a los fines de la autora dados su condición popular y carácter narrativo; el desarrollo frecuente del texto en segunda persona, con marcada tendencia apelativo-generalizadora, para viabilizar el llamado a la acción cívica; el empleo de elementos simbólicos y la acumulación de imágenes yuxtapuestas, sobre todo en poemas de estructura libre. Aun podrían mencionarse artificios con los cuales, de un modo u otro, logra apoyar, desde los niveles fónico y sintáctico, el propósito significativo del texto: ya sea el rejuego con los sonidos y los valores rítmicos o el empleo de la armonía imitativa a fin de sugerir ideas o conformar atmósferas.

A pesar de su notoria inclinación hacia las formas estróficas y métricas tradicionales —en su poesía sociopolítica empleó otras composiciones populares además del romance: el roman-

cillo y la seguidilla, por ejemplo—, cuando el contenido lo reclamaba podía adoptar el verso libre, a la manera intensa y conmovida de *Presencia interior*.

La conjugación de estos elementos, sumada al enfrentamiento de fuerzas contradictorias de que da testimonio, y al tono dramático, emotivo, desplegado a menudo por la autora, hacen de su poesía social una peculiar mezcla de epicidad y lirismo; esto se percibe en alto grado en sus textos antifascistas, que ocupan el lugar cimero dentro de esta línea de trabajo por la fuerza emocional y la efectiva calidad estética alcanzada en ellos. Podrían citarse, para ilustrar lo dicho anteriormente, poemas como «Habría que estar muerto», «Donde la lluvia sabe a acero» y «Palabras por los niños de Kerch»:

> [...]*Alguien, en Kerch, mandó que fuera a la escuela,*
> *las madres supieron encontrar pan fresco,*
> *suaves hogazas rubias,*
> *redondeadas manzanas,*
> *un poco de almíbar rezagado, alguna*
> *alegre, dorada, joven, mágica ciruela.*
> *Porque hasta cuando hay guerra y sombra y odio*
> *los niños tienen hambre en la escuela a*
>   *mediodía*
> [...]
> [...]*Después los encontraron.*
> *Amasijo de fango y plomo y muerte.*
> *Y manzanas pudriéndose.*
> *y dulces panes tiernos*
> *empapados en sangre.*
> *Y lápices y libros*
> *empapados en sangre.*
> *Y, en torno, ese universo extraño de cuchillas,*
> *de cuerdas y pedazos,*
> *de motas de algodón y esferas de cristal y cosas,*
> *que habita sin cesar las ropas de los niños,*
> *empapados en su sangre.*
> *¡Y ahora, decid vosotros,*
> *contestadme vosotros si es posible*
> *vacilar un instante!*

La lucha del pueblo español contra la asonada fascista de 1936 es uno de los temas más frecuentes dentro de esta poesía; a la guerra española dedicó Mirta Aguirre no sólo su sensibilidad de creadora, sino también su capacidad movilizativa. Aún permanece inédito un conjunto manuscrito de poemas sobre las páginas de un cuaderno de litografías realizadas por el dibujante y pensador gallego Alfonso Rodríguez Castelao, y de los cuales sólo dos fueron dados a conocer en la prensa periódica en 1937 y 1938: como «Romance de la guerra civil» y «España», respectivamente.[98] Las litografías, reunidas bajo el título de *Galicia mártir*, representan escenas de la guerra, y dan testimonio, en muchos casos, no sólo de los horrores de ésta, sino también del heroísmo del pueblo español. Los ocho poemas que allí aparecen tienen un vínculo muy estrecho con estas escenas, y resultan en buena medida un complemento de aquéllas. La significación histórica de la contienda y sus consecuencias para la humanidad, la angustia del pueblo y su valentía, los niños como víctimas de la guerra, la exaltación de héroes y mártires —Lina Odena, Federico García Lorca—, junto a otros muchos asuntos y subtemas, componen el variado espectro ideotemático de *Galicia mártir*. Esta multiplicidad, a la cual se suma el amplio registro de formas estróficas y métricas empleadas, no conspira contra la coherencia interna del folleto; antes bien, le confiere dinamismo y posibilita el enfoque del hecho histórico desde diferentes perspectivas para captarlo de manera integral.

Aunque la denuncia y la intención política adquieren particular importancia dentro de su trabajo intelectual a lo largo de la década del cuarenta, Mirta Aguirre cultivó paralelamente otros modos poéticos, siempre dentro de una línea personal cuyos rasgos más señalados son la versatilidad y el acierto estético; sin embargo, el grueso de esta producción permaneció inédito hasta la aparición de *Ayer de hoy* (1980), donde reunió, junto a importantes trabajos en prosa, lo mejor de su poesía erótica, algunos textos cercanos al tono de *Presencia interior* —ese modo sugerente de enlazar el yo con la inmediatez social, como en «Soneto de mañana» y «Nada irá así por mí»—, poemas confesionales transidos de austero dolor («Nada», «Soledad», «Soneto», «Quizás», «Cacería») textos de aproximación lírico-subjetiva al entorno, donde se traduce y recrea poéticamente la naturaleza y lo cotidiano a la manera tierna, honda, de Juan Ramón Jiménez; como en «Paz»:

> El cielo entre los dedos,
> sereno y firme,
> como marfil redondo entre los dedos.
> Arena entre los dedos.
> Salada, muda,
> como dispersa sed entre los dedos.
> La vida entre los dedos
> muda, serena,
> como marfil y sed entre los dedos.

Para plasmar tan disímiles contenidos, la autora apela indistintamente al arsenal retórico castellano o a las formas abiertas, y se mueve con pareja destreza en ambas direcciones. Algo similar ocurre con su poesía amorosa, en la cual proliferan las estrofas tradicionales —octavillas agudas, sonetos, quintillas octosílabas, guayadas, villancicos, seguidillas y coplas—, así como antiguas formas de la lírica francesa —sus «Chansons» están dentro de esta línea—, junto a poemas de factura más contemporánea, caracterizados por la libertad formal y una sencillez expresiva que conduce frecuentemente al coloquialismo.

En todos los casos, el tema por excelencia es la reflexión sobre el dolor causado por la pérdida del amor, la ausencia del ser amado o la fugacidad de los lazos amorosos, pero su signo no es en modo alguno la fragilidad; hay en toda la poesía amorosa de Mirta Aguirre una serena firmeza y, a veces, muestras de una sorda resignación; así se muestra en «Elegías»:

> [...]Como un morirse lento, implacable,
>   a pedazos.
> Yo me acostumbro, amor, yo me acostumbro.
> Y acostumbrarse es una cosa oscura,
> es una cosa eterna, sin caminos,
> como un caer caer en el vacío [...]

El dominio de las estructuras clásicas, con preferencia la difícil forma del soneto, se hace evidente en esta parte de su obra, donde a ratos la queja amorosa evoca maneras y tópicos consagrados por los grandes de la poesía hispana, como en este «Recuerdo de Sor Juana»:

Mi voluntad, de voluntad me priva
y de la tuya en sierva me convierte.
Débil abdico, cuando sé ser fuerte
y, pudiendo ser libre, soy cautiva.
Hieren cilicios en la carne viva
y yo acepto, callando, llaga y muerte.
¿Y habrías tú de apiadarte de mi suerte,
si no soy, conmigo, compasiva? [...]

Debe señalarse, por último, que la producción en verso de esta escritora posee, a pesar de su diversidad, una notable coherencia, por una parte debida a la unidad que le otorgan los rasgos estilísticos ya señalados, regularidades conformadoras de un sello personal más allá de posibles asimilaciones e influencias; y debida, por otra parte, a su dimensión esencialmente humanista y popular; una obra, en resumen, atenta al pulso de su tiempo histórico tanto como a las más íntimas vibraciones de la individualidad.

Una dirección diferente va a seguir por estos años Félix Pita Rodríguez, iniciado en la poesía dentro de los replanteos estéticos de la vanguardia, y que a fines de la tercera década del siglo se acercó, a partir de una asimilación muy personal, a la poética surrealista. En 1948 reúne en un volumen, bajo el título de *Corcel de fuego*, poemas dispersos escritos entre 1935 y 1940. No volverá a publicar ningún libro de poesía hasta los años sesenta.

Corcel de fuego marca un hito en la obra poética de Pita Rodríguez, pues con él culmina y llega a su madurez una manera de aprehender la realidad a través de los recursos del lenguaje; lo alcanzado en este libro supera cuanto había hecho hasta ese momento en materia de poesía y constituye un punto de referencia obligado para caracterizar lo que haría en años venideros, fundamentalmente a partir de 1970.[99]

Las huellas que el surrealismo pudo dejar en la sensibilidad de este autor se encuentran aquí reducidas a su espíritu esencial, a lo sustantivo y más susceptible de ser aplicado, dada su generalidad, a disímiles circunstancias y concepciones individuales. Es por ello también lo menos aparente. La pirotecnia, los mecanismos de creación inducidos por el sustrato especulativo-conceptual de la tendencia, y que al regularizarse devinieron normativa, retórica, no son tan importantes aquí como el espíritu que lo anima.[100] El desajuste del autor con los valores —éticos, estéticos— impuestos por la sociedad, la búsqueda de cierta «zona franca» que oficie como mediadora entre una realidad tangible, pero rechazada, y otra deseada, pero oculta; la exploración en el lado oscuro, desconocido, de las cosas y del propio hombre; la sensación de divorcio con lo real: el extrañamiento; la angustia, liberada a través del arte, la imaginación y el sueño, son signos, claves a través de las cuales podría rastrearse en *Corcel de fuego* la presencia de las búsquedas surrealistas, mas siempre asimilados a la experiencia personal —artística, humana— como centro equilibrador.

El libro tiene cuatro secciones que avanzan concentrando la angustia desde la atmósfera de irrealidad, ensueño, soledad e imposibilidad de autorreconocimiento, presente en los primeros once poemas, a la absoluta certeza de la muerte, eje temático de la cuarta sección.

La primera parte del poemario —que da título al volumen— concentra en sí el grueso de los elementos oníricos de la obra; el código simbólico y la cualidad irreal de ciertas imágenes serán las vías empleadas para lograr la sensación de existencia paralela, como en un sueño. Ejemplos muy concretos son el estribillo de la primera composición del libro —«Por el campo dormido»:

Por el campo dormido
un jinete de fuego
cruza como perdido [...]

la antítesis que centra el estribillo y la paradoja implícita en los símiles de «¿Es el ojo engañado?»:

¿Es el ojo engañado,
la pupila extranjera,
quien miente este paisaje
de futuro pasado?
Es como un amigo muerto

a quien nunca conocimos,
que sonriendo regresa.
Como una calle vacía
que nadie, nunca, atraviesa,
llena de una muchedumbre
de enmascaradas parejas. [...]

la evocación de los códigos pictóricos surrealistas de «Mano sola entre la hierba»:

Mano sola entre la hierba,
¿a qué isla le aprendiste
esa apariencia de piedra?
Son cinco lagartos duros
rodeando una araña muerta.
¿Será cierto que es mi mano
esta mano entre la hierba? [...]

El poeta expresa la confusión y ambigüedad
de lo real, a la par que afirma otra instancia oculta, latente, vital en «De acacias y de dondiegos»:

De acacias y de dondiegos,
sangre del aire temprano,
hacer latir un paisaje
—¿dónde?—
¡Corcel de la sombra, bravo!
Dura mano desdibuja
cielos, mujeres y pájaros.
No son los mismos que son,
hay otros que van, profundos,
escondidos, enterrados.
Hay otros que están latiendo
y no se ven en el campo [...]

Paisaje y presencia humana son elementos
complementarios de una misma inquietud presidida por la búsqueda de «lo que está más allá»;
por ello el encuentro con el propio yo, aunque
ansiosamente procurado, deviene inquietante
sensación de oculta compañía, o, en algunos casos, inconformidad: una extraña lucidez que descubre el exilio de sí mismo; como en los poemas
«Alguien con agua construye» y «Vienes, sin luz,
incierta»:

Alguien con agua destruye
—quién sabe dónde será—

un hombre glacial que huye
por donde mi sangre va.
Si tiendo la mano esconde
una mano de azafrán.
Si le llamo me responde
con silencioso ademán [...]

[...] Vienes y ya no eres,
olvidaste el oficio de ser tú
y no te alcanzas,
débil, te sugieres.
Vuelves lejos, en otros
sin la voz ni el aliento
encadenado a la sombra anterior
que te suplanta [...]

«Fuente callada», segunda parte del libro,
agrupa los poemas que acogen elementos
autobiográficos[101] y, por tanto, resultan los más
cercanos al autor real. La ausencia del ser amado, la pérdida de pequeñas e infinitas satisfacciones arrebatadas por la muerte, el dolor de la
soledad, son su núcleo ideotemático.

A diferencia de la primera parte, donde predominan las formas cerradas y la armonía rítmico-sonora —consonancias, asonancias tratadas
con absoluta libertad—, en «Fuente callada» el
verso se dilata en versículos extensos para dar
escape a un tenso, expectante dolor, el tono se
hace íntimo, el discurso apelativo —diálogo con
la ausente— linda con lo conversacional:

[...] ¿De dónde surge ahora, si sabes, el
        paisaje,
que me pone las manos débiles como ramas,
como ramas dobladas en el viento?
No sé si con palabras. Pero sé que está escrito
allí donde te apoyas, allí donde te duermes
        en el viento

Aunque desbordado, el lenguaje es, sin embargo, completamente diáfano; los recursos expresivos remiten, sin grandes complejidades, al
centro del problema, pues todo el universo
referencial gira sobre el mismo eje para conformar, con detalles dispersos y pequeños hechos
evocados, la imagen de la felicidad perdida. Tienen los tres últimos textos de esta sección más

de un punto en común con el neorromanticismo:
el tono sentimental, la utilización de símbolos y
elementos asociados a un escenario natural o a
un ambiente cómplice para la conformación de
imágenes y tropos; la exuberancia verbal y el casi
absoluto predominio del contrapunto entre el
puro yo y el discurso apelativo:

> Ya no sé siquiera cómo cerrar los ojos
> —dulce trigo de luna—
> ya no sé ni siquiera como cerrar los ojos
> para guardarme el mundo dentro de mi
>   destino,
> para hacerme un color tan sólo a la medida
> —suave barco de nieve— [...]
> [...]
> [...] Puedo acaso decirte, sin perderme en
>   la niebla
> lo que tan bien conocen tus manos y las olas,
> lo que sabe tu frente de almendro enternecido
> lo que sólo tu pecho
> —blanca alondra de fuego—,
> lo que sólo tu pecho aprendió entre las
>   nubes [...]

En estos poemas, la libertad asociativa característica de la poesía contemporánea está en función de la experiencia sentimental, el poeta
recurre a esta amplitud de relaciones para transmitir la medida justa de su nostalgia a partir de
la definición múltiple de la amada y su universo
íntimo. En «Baladas y nocturnos» —tercera sección del libro—, en cambio, este precario equilibrio se desquicia, la intimidad ya no se evoca,
se abre paso la atmósfera de irrealidad; a través
de la fabulación en algunos casos («Balada de la
bella durmiente del bosque», «Balada de la bala
del emperador Jones», «Balada del condestable
Stephenson») y, en otros, domina el ambiente
opresivo, desajustado y temeroso de los
nocturnos.

En las baladas se mantiene la estructura narrativa clásica de este tipo de composición, pero
la anécdota se dispersa en múltiples sugerencias
debido al carácter de los elementos tropológicos
y el juego simbólico, que conforman, en última
instancia, un mundo de situaciones absurdas, no
exentas de cierta amarga ironía:

> [...] El condestable Stephenson sintió crecer
>   sus uñas, le dio una forma al aire,
> calculó cuántas millas flota el último ahogado
>   con los ojos abiertos
> y estudiando en un ala plumas posibles
>   ciclos en fórmulas abstractas,
> el condestable Stephenson vio un marino
>   de espuma que cerraba la puerta.
> [...]

Entre tanto, el caos espiritual de los nocturnos halla acomodo en enumeraciones alucinantes
e imágenes que se suceden y se aglomeran esbozando un paisaje interior sombrío:

> [...] Yo puedo comprobar, compruebo apenas,
>   entre las grandes aspas
> a cúmulo de bestias ansiosas sujeto y sometido,
> lo que el desfile tiene de amarillo sobre mis
>   propias manos transformadas
> Un viento, un loco viento las traspasa de hojas,
> por las sábanas vuelven, derrotadas, junto al
>   mainel donde la voz
> engorda enmudeciendo sus perros,
> sus grandes perros de arena dilatados [...]

Queda abierto el camino a la cuarta y última
sección, «Landas innumerables», donde la muerte es dueña absoluta; y no ya la muerte ajena,
sino la propia:

> Por un duro fermento, peregrino absoluto,
> sin nombre ni destino otro que el de morir.
> Morir desesperado, soñando con garganta
>   de agonía
> que es acaso su fuerza solamente
> capacidad de muerte,
> solamente
> arrodillada espera de ceniza [...]

Se accede aquí a la máxima lucidez y al máximo dolor, el sujeto lírico queda sólo ante su fin
último, ha traspasado, como sonámbulo, todos
los estadios de la alienación. Más allá sólo está la
nada:

> [...] Oh tiniebla, soberano rezago del légamo
>   inaudito

que me saca de ti, raíz de su soberbia,
con estas manos torpes, ignoradas, ajenas
se alcanza inexplicable la tenebrosa estrella [...]

Corcel de fuego concentra en sí todo aquello que Félix Pita Rodríguez pudo absorber y procesar del ambiente poético en el cual se formó; de todo ello sobresale, junto a la típica actitud de rebeldía ante lo establecido y de rechazo a una contingencia histórica inmediata sin horizontes, su preocupación por atrapar los vínculos últimos entre la palabra y lo que representa: su exploración en las múltiples posibilidades del lenguaje para definir la realidad; de ahí lo inusitado y a veces arbitrario de sus enlaces tropológicos y su interés en la actividad sensorial humana, las secretas conexiones e interferencias resumidas en un recurso como la sinestesia. Su afinidad con el Surrealismo tiene que ver en buena medida con ello y en un gran por ciento con sus inclinaciones personales y lecturas juveniles que, al parecer, influyeron decisivamente no sólo en su manera de concebir la literatura, sino también en su propia vida.

Pita Rodríguez asume la obsesión de los surrealistas por los misterios de la mente y el lado oculto de lo real, pero sobre todo sus mitos, sus precursores: seres iluminados, alucinados, solitarios, malditos, incomprendidos —Nerval, Carroll, Lautréamont, Blake, Hölderlin, Young, Villon, Nostradamus, Modigliani, Marco Polo, Piranesi, El Greco, Akenatón, Paolo Uccello, Nefertiti, Ashavero—, hombres de todas las épocas y nacionalidades que transgredieron de un modo u otro las leyes de convivencia, las reglas establecidas por la sociedad; visionarios, solitarios, infelices, proscritos. A todos ellos reúne y fija, como en una estampa, en *Las noches*, un grupo de prosas poéticas escritas entre 1935 y 1945, pero publicadas en 1962.

El propio autor ha definido *Las noches* como «un intento —un ejercicio poético apoyado en sugerencias y alusiones— para dar el fugaz esbozo del hombre con la reconstrucción ambiental de la vida y la obra de ese hombre».[102] Según esto, la técnica de las estampas consiste en describir un instante cumbre, intenso, en el transcurso de la vida de un personaje —tema devenido

símbolo de determinada pasión o idea obsesiva. Al igual que en *Corcel de fuego*, el universo ideotemático se concentra en la angustia, la soledad, el extrañamiento del hombre en sus circunstancias, el choque de las aspiraciones humanas con la finitud de la existencia física, la terrible marca que impone a ciertos seres el hecho de ser «distintos».

Acorde con sus temas, el tratamiento formal de *Las noches* obedece al criterio de construcción libre e imaginativa; predominan, pues, la imagen onírica y las relaciones tropológicas que siguen, en apariencia, un sistema desordenado —o mejor, una ausencia de sistema—, pero en realidad responden a un plan organizativo previo, pues se trata de sugerir la imagen de tales personajes a través de aquello que los tipificó. Así, la noche de Lautréamont dirá, por ejemplo:

[...] La primera luz del día asoma ya por la ventana abierta sobre la calle solitaria. Pero Lautréamont no puede verla. Dos hermosos lagartos de montaña salen de sus ojos muy abiertos y desaparecen hundiéndose en el pozo donde yace el cadáver de Dios.

Los personajes de *Las noches* harán su aparición años más tarde en una de las secciones de *Historia tan natural* (1970) —«Pobres amigos»— como prueba de la persistencia de ciertos motivos en su mundo poético.

Dentro de lo escrito por Félix Pita Rodríguez en este período, su «Romance de América la bien guardada» (1943) es un poema de tema antifascista que obtuvo premio en el concurso convocado en el año 1942 por la Dirección de Propaganda de Guerra del Ministerio de Defensa Nacional. Aunque el contenido y los objetivos del texto exigen cierta inmediatez entre el referente histórico y el discurso artístico, éste se encuentra matizado por una voluntad de elaboración que implica el despliegue de imágenes y el empleo de elementos simbólicos; así, «Romance de América...» resulta una pieza de servicio político con una lograda elaboración formal.

Por lo peculiar de sus inquietudes y apetencias intelectuales, la poesía de Félix Pita Rodríguez representa un modo específico de asumir la creación dentro del panorama literario cubano entre 1936 y 1959; se inserta, no obstante, dentro del deseo de renovación y búsqueda generado por la Vanguardia de Cuba a partir de la reinterpretación y acomodo a nuestra personalidad cultural de sus postulados estéticos más universales; es, pues, un caso diferente, pero no desvinculado de su entorno. *Las crónicas. Poesía bajo consigna* (1961) marcarán un vuelvo en su labor, urgida por la necesidad de reflejar, al triunfo revolucionario, la nueva realidad con espíritu nuevo.   [*N. Q.*]

2.2.7.3 *Los poetas del Grupo Orígenes: Lezama Lima, Vitier, García Marruz, Diego y otros*

Los poetas del Grupo Orígenes han sido divididos por la crítica en dos promociones; la primera, integrada por José Lezama Lima (1910-1976), Virgilio Piñera (1912-1979), Gastón Baquero (1918), Ángel Gaztelu (1914-2003) y Justo Rodríguez Santos (1915), y la segunda, por Eliseo Diego (1920-1994), Octavio Smith (1921-1987), Cintio Vitier (1921), Fina García Marruz (1923) y Lorenzo García Vega (1926). Es el primer movimiento literario cubano que hace de la poesía su forma primordial de conocimiento —y más, una concepción del mundo—, lo cual condujo a Ambrosio Fornet a expresar que «todo lo que Orígenes tocó se convirtió en poesía».[103]

La crítica ha dividido a este Grupo en dos promociones, atendiendo no sólo a la objetiva separación cronológica, sino a dos tendencias que, dentro de lo común, pueden apreciarse; dice Vitier, en *Lo cubano en la poesía*, que mientras los poetas de la primera promoción «tienden al tratamiento personal y simbólico y a los temas especulativos o de raíz cultural», los de la segunda parecen «tener en común la mayor intimidad de sus versos, el acercamiento a las realidades cotidianas y la búsqueda de un Centro unitivo en la memoria».[104] Sin embargo, a pesar de estas diferencias, a las que cabría agregar —sobre todo a propósito de la poesía de Gaztelu, Baquero y Rodríguez Santos— la persistencia de tendencias expresivas de otras líneas poéticas, estas dos promociones parecen

encontrar su definitiva integración en la segunda, que es la que acentúa el valor de la denominación de poesía trascendentalista que propuso Fernández Retamar para caracterizar a esta poesía.

El tema de la pobreza, del imposible, de la profecía, la poética de la memoria y la poética de lo cubano, la religiosidad, las relaciones entre la historia y la poesía misma, son los contenidos fundamentales de este Grupo, caracterizado por una intensa eticidad en su proyección creadora.

El primer texto poético importante publicado por José Lezama Lima, *Muerte de Narciso* (1937), provocó inmediatamente un comentario de Ángel Gaztelu, donde ya se señalan algunas cualidades sobre las que la crítica posterior ha insistido: su condición genésica, el desplegar su discurso desde una temporalidad diferente a la asumida por la poesía cubana anterior, es decir, desde un tiempo mítico, fabuloso, atemporal, y, sobre todo, el crítico reparó en la presencia de ese su «Tan maravilloso naturalizado»,[105] idea que remite a «lo maravilloso natural», proyecto creador de Lezama que está implícito, por ejemplo, en su poema de *Enemigo rumor* (1941), «Un puente, un gran puente», y donde lo invisible, o lo incondicionado poético, puede operar sobre la realidad y condicionarla. Esta proyección de la poesía lezamiana alcanza, para Vitier, la categoría de toda una cosmovisión poética, la cual se fundamenta en el carácter mediador, unitivo y trascendente de la imagen; propuesta estética que, según Vitier, permitiría caracterizar a la poética lezamiana en contraposición a lo real maravilloso carpenteriano.[106]

Efectivamente, *Muerte de Narciso* constituyó una radical ruptura —o también podría valorarse como una nueva incorporación creadora— con la tradición poética cubana y aun de la lengua. De ahí que la crítica se haya detenido con prolijidad en los múltiples sentidos que porta este texto fundador donde parece estar en potencia todo el pensamiento poético lezamiano, desarrollado después, tanto en su obra propiamente lírica como en sus ensayos y obra narrativa. Este poema, además, bastaría para refrendar la existencia de la llamada poética trascendentalista.

En primer lugar se ha destacado la presencia de lo mítico o lo fabuloso, como centro ideotemático del poema: «fue como si de súbito [...] nuestra poesía adquiriese en esencia el Renacimiento que no tuvo, su Garcilaso y su Góngora trasmutados en fabulación insular americana»,[107] precisa Vitier, aludiendo de pasada al mito de la insularidad cubana, propuesto, como una suerte de «Teleología insular»,[108] en su famoso *Coloquio con Juan Ramón Jiménez* (1938), donde Lezama deja implícita la búsqueda de un sentido trascendente para nuestra tradición cultural. Es decir, el poema presupone una recuperación de los orígenes míticos de la Isla, al vincular su historia imaginal con la historia de la cultura universal; pero esta propuesta lezamiana no se limitó a una indagación retrospectiva, ya que su lectura creadora de la tradición proyecta el sentido último del poema hacia una futuridad desconocida: «Así el espejo averiguó callado, así Narciso en pleamar fugó sin alas», reza el último verso del texto, donde se sugiere la trascendencia, la proyección porvenirista de la imagen de Narciso —el poeta, el creador, también la criatura inocente, adánica, anterior al mítico pecado original y por lo tanto poseedor de una mirada poética y *unitaria* del universo—; es decir, Lezama pulsa esta imagen hacia esa «futuridad desconocida», destino esencial de la imagen y cifra de su conocimiento poético.

Concurrentemente, la crítica ha reparado en la presencia de otros contenidos inherentes a este pensamiento poético: el descendimiento órfico y la resurrección cristiana, dos de las fuentes esenciales del pensamiento lezamiano, a través de las cuales trata de fundar una poética antiaristotélica, de acendrada ascendencia religiosa. Pero acaso lo que más sorprendió en el poema fue, al decir de Gaztelu, esa «rauda cetrería de metáforas»,[109] las cuales configuraban un mundo poético sólo en apariencia semejante a los orbes líricos vanguardistas, donde también alcanzó la metáfora una función primordial. Asimismo, la crítica destacaba en el texto su enorme opulencia verbal, sus característicos motivos animales y vegetales, su entreverado barroco, así como la utilización de motivos gratos a la poesía pura, pero que dentro del contexto del poema sustentaban una nueva manera de concebir el hecho poético.

Muerte de Narciso —como también sus libros posteriores— reclamaba entonces una nueva *recepción* de la poesía, pues a pesar de su poderosa sensualidad visual, de sus delectaciones culteranas, de su delicada adjetivación afectiva, evocadora de una atmósfera eglógica, no entregaba fácilmente su sentido, porque no podía ser recepcionado según los cánones tradicionales de la exégesis literaria. Como toda poética nueva, esta exigía el acomodo crítico empírico correspondiente. En el propio texto se alude a esa «perfección que muere de rodillas», como si Lezama prefigurara los derroteros por los que transitaría su poesía posterior, cada vez más ajenos a todo regusto en la belleza exterior del poema —o en todo caso creadores de un nuevo criterio de belleza—, cada vez más propensos a sacrificar incluso toda transparencia comunicativa —o a proponer otra forma de comunicación—, en aras de ser fiel a las implacables exigencias de su conocimiento poético sobre la realidad, a la plasmación de una imagen poética del mundo, la cual pretendía encarnar nada menos que una «segunda naturaleza», esto es, una *naturaleza poética*, tan real, tan vital, tan creadora, como la propia realidad, de manera que el poema pugna por convertirse en un «cuerpo poemático» tan válido, tan resistente al paso del tiempo —una vez apresada en este la Poesía, una vez encarnada en este la Imagen— como la realidad del mundo sensible. Pero esta *igualación creadora*, al decir de Vitier,[110] no supone simplemente realizar una duplicación exterior, sino que pretende ante todo establecer una identidad esencial, sólo que a través de las posibilidades sígnicas, simbólicas y anagógicas que porta el lenguaje poético para Lezama. Retomando la frase de Pascal de que, como la verdadera naturaleza se ha perdido, todo puede ser naturaleza, Lezama quiere llenar el vacío dejado por esa carencia ontológica con la imagen, para crear así una *sobrenaturaleza* donde se recuperen la semejanza, la identidad esenciales. De ahí que su poesía detente una poética trascendentalista y se adueñe de una cosmovisión poética del mundo.

Ahora bien, esa realidad poética, esa segunda naturaleza, no será ajena a los entrañables vínculos de la poesía con la realidad. De hecho, la potencia de conocimiento que le confiere Lezama al menester poético supone el conocimiento de la realidad, materia sobre la cual opera y de la cual parte su imagen poética. Ese proceso ha sido recepcionado muy controvertidamente: formalismo, hermetismo, oscuridad, evasionismo, calificaciones todas que indican diferentes tipos de recepción, pero que no agotan por cierto su sentido, y que si ilustran algo es la dificultad que padeció la crítica tradicional para caracterizar adecuadamente a esta poesía.

En este sentido, es conveniente destacar la recepción que realiza Vitier del sentido histórico implícito en *Muerte de Narciso*: «El tiempo, fabulosamente invocado desde la primera línea de aquel poema ("Dánae teje el tiempo dorado por el Nilo"), iba a ser el principal aliado de una palabra que, no obstante su apariencia ahistórica, se sumergía en el devenir profundo que alimenta a la historia».[111] Incluso, aunque refiriéndose a la obra poética lezamiana anterior a 1959, Vitier señala cómo la «infinita posibilidad» —es decir, la que resurgió simbólicamente para Lezama con los sucesos acaecidos alrededor de la revolución antimachadista—, la posibilidad histórica —ante la frustración de la república martiana primero, y de la revolución del '30 después— «Se sumergía [...] en lo invisible, que iba a ser el reino poético (y también histórico) de la exploración y aventura de Lezama durante las tres décadas anteriores al triunfo de la revolución en 1959».[112] Y es en este sentido que se puede hablar de la poesía como compensación histórica, del intento de realizar a través de la poesía lo que no era factible realizar a través de la historia. Esa recepción de Vitier alumbra el sentido que adquiere la actitud poética de Lezama frente al vacío, no sólo ontológico, sino también histórico, ante la pérdida de finalidad histórica republicana, a la vez que indica la índole de las profundas y mediatas relaciones que establece el pensamiento poético de Lezama con su contexto histórico, es decir, la significación y actividad ideológicas que porta y asume respec-

tivamente aquel pensamiento, dentro de un ámbito poético, en el tiempo histórico en que fue concebido.

Su segundo poemario, *Enemigo rumor*, ha sido valorado por la crítica como el portador de una ruptura —y en muchos sentidos de una superación— de la tradición poética anterior e incluso coetánea,[113] a la vez que fue el que consolidó la llamada poética trascendentalista, la cual, al hacerse extensiva a los demás poetas de Orígenes, aunque en cada caso asumiendo características propias, constituyó la norma predominante durante las tres últimas décadas de la República. El libro, aunque prosigue la pauta iniciada por *Muerte de Narciso*, torna más explícita su poética, la cual gira incesantemente alrededor de la propia poesía. Su estilo, en cambio, comienza levemente a incorporar otras facetas expresivas, pues la ductibilidad y la frondosidad del lenguaje empiezan a verse vigiladas y contenidas por la lucidez y los objetivos cognoscitivos del discurso lezamiano, cada vez más traspasado por una intensa mirada metapoética; de ahí que Vitier aluda a «la fronda verbal desunida en un desaliño irritante»,[114] a «esas estrofas recargadas de belleza herida»,[115] y que el propio poeta se refiera en un verso de su poema III de «Invisible rumor» a «la confusa flora de mi desarmonía». Así, lo que importará centralmente a Lezama será la lucha por apresar la «sustancia poética» en el acaso provisorio «cuerpo poemático»: el poema. Su avidez por el conocimiento, por la aprehensión totalizadora de la realidad transfundida en poesía —proceso que significa tratar de aprehender las esencias de la realidad—, no hará concesiones a lo afectivo, lo ornamental, lo efusivo, lo lógico, presencias que pueden aparecer, diríase, como subordinadas —o como por añadidura o como punto de partida necesario— a su superobjetivo poético, esto es, la conformación de un sistema de pensamiento eminentemente poético, con la consiguiente objetivación de la poesía en el poema como una segunda naturaleza.

Reparemos, en el primer texto de «Filosofía del clavel», en el varias veces antologado «Ah, que tú escapes», especialmente en su primera estrofa:

Ah, que tú escapes en el instante
en el que ya habías alcanzado tu
definición mejor.
Ah, mi amiga, que tú no quieras creer
las preguntas de esa estrella recién cortada
que va mojando sus puntas en otra estrella
enemiga.

En una esclarecedora carta a Vitier, Lezama expresa, acaso transparentando el sentido profundo del texto anterior:

¿Huye la poesía de las cosas? ¿Qué es eso de huir? En sentido pascalino, la única manera de caminar y de adelantar. Se convierte a sí misma, la poesía, en una sustancia tan real, y tan devoradora, que la encontramos en todas las presencias [...] Y no es el flotar, no es la poesía en la luz impresionista, sino la realización de un cuerpo que se constituye en enemigo y desde allí nos mira, pero cada paso dentro de esa enemistad provoca estela o comunicación inefable.[116]

Es decir, se entablará una lucha entre el poeta —que quiere apresar la «sustancia poética» en el «cuerpo poemático»— y la poesía, que para Lezama es una esencia trascendente, pero tan real como la realidad del mundo sensible, sólo que lo aprehendido, la imagen, será para el poeta la realidad del mundo invisible, el conocimiento de lo desconocido, de las esencias ocultas de la realidad, porque, además, esa esencia trascendente está separada siempre del poeta por una *distancia* poco menos que irreconocible, porque la poesía para Lezama es un cuerpo, pero un cuerpo invisible, un «invisible rumor» y, en este sentido, también «enemigo», que ejerce sobre el poeta una irresistible atracción. Y en esa lucha —que no es otra que la del conocimiento, que la de la relación entre el sujeto y el objeto— quedará vencido con frecuencia el poeta, porque, como expresa Lezama en el poema «Pez nocturno», acaso «sólo brilla / aquella plata que de pronto huye». Comparemos dos estrofas de su poema «Se te escapa entre alondras». La primera:

Que existen o no existen
si tú fueras el primero
a cazar en la nieve
los insectos sin ojos
que ruedan por la nieve.

Y la segunda:

Y su suerte se ha quedado
bajo los párpados pobres
como un pellizco en la rosa
del aliento de los dedos
y se reconoce y se pierde
en los insectos sin ojos
que ruedan por la nieve.

Para el poeta sólo es apresada la poesía en un instante, en el instante de la visión que huye, que no se deja poseer, porque sólo ha sido vislumbrada «como un pellizco en la rosa», o como expresa en el poema «Madrigal»: «y le he dado un fuerte pellizco al tallo de una rosa». En «Una oscura pradera me convida», texto que constituye un ejemplo de la exploración de lo desconocido, en este caso de la muerte, del no ser, todo acaece en el breve instante de la visión. El poeta siempre se quedará mirando la «pregunta preferida» de lo desconocido, pero tratará a su vez de conformar una pregunta o una respuesta equivalentes. Como ejemplifica Vitier, Lezama, en su poema «Noche insular: jardines invisibles», responde «al desafío de la noche de la isla», haciendo «con palabras un festejo nocturno fabuloso»,[117] y «realiza su encarnación verbal de la noche cubana».[118] Asimismo, en «El arco invisible de Viñales» —y notemos cómo casi todo es enemigo, oscuro, invisible—, Lezama concibe al poema como una respuesta «al desafío del valle».[119] Así, hay un impulso de *igualación creadora* con la realidad.

Esa nueva manera de concebir y realizar la poesía introduce —como ya se ha insistido— el problema de la dificultad de su recepción literaria, su proverbial hermetismo, pero como advierte Fernández Retamar: «No es la suya, desde luego, la oscuridad añadida de quien enturbia un discurso, y que puede ser tildada de defectuosa; sino aquella nacida de horadar una zona no hollada.»[120] Y esa nueva visión de la poesía, para ser consecuente consigo misma, tuvo que irse desenvolviendo en un severo proceso de destilación —o de organización diferente— de todo aquello que no conspira a favor de su poética.

Otra característica que debe tenerse en cuenta para la lectura de la poesía de Lezama es que, como también advierte Fernández Retamar, ella parte «de una realidad hiperbólica, ya alterada»,[121] es decir, la realidad sensible de la que emanan sus vastas progresiones metafóricas es ya una realidad hiperbolizada, *imaginizada*; así, Lezama parte «de una hipérbole, de una violentación de lo real»,[122] o de una realidad ya transfigurada imaginalmente, afectiva o culturalmente. Ya señalaba Virgilio Piñera que «la metáfora en Lezama no se da como elemento trópico»;[123] es decir, como precisa Fernández Retamar, sus poemas «no enmascaran mediante recursos literarios una realidad a la cual, vencidas las resistencias que aquellos recursos nos ofrecieron, descenderemos más o menos fácilmente».[124] Esto es, su poesía no requiere, por ejemplo, aquella recepción que realizará Dámaso Alonso de la poesía gongoriana; no exige ni siquiera un método determinado o exhaustivo de desciframiento, porque ella no busca *disfrazar*, sustituir analógicamente su objeto, sino re-crearlo, esto es, devolverlo hecho imagen. De ahí que Fernández Retamar señale que la «Labor [...] de su imagen no [es] de *elusión* sino de *representación* de la «realidad como un hecho carnal en el idioma».[125]

Lezama, entonces, suele partir de un punto sensible —y ya se ha precisado que es un punto de partida ya *alterado*—, desde el cual desarrolla su inmensa red metafórica para encarnar finalmente una imagen —esa «imagen que no regresa», al decir de Fina García Marruz,[126] para diferenciarla de la «imagen idolátrica», propia del simbolismo o de la poesía pura, o de la imagen mágica, grata al surrealismo— es decir, una imagen que irá siempre más allá de su finalidad, que tratará de no quedar presa, por ejemplo, de la dialéctica de los dos elementos analogados, para librarse de todo causalismo; una imagen entonces «hipertélica», que siempre sobreabunda, excede, preserva su misterio. Pero esa imagen que

se adueñará de una gravedad propia, de cierta suficiencia o autonomía —de ahí su carácter «incondicionado»— y que transfigurará la imagen inicial en otra imagen equivalente y en otro plano mayor de significación —de ahí también su simultaneidad anagógica—, no se apartará del todo de aquella imagen inicial, sino que, cuando regresa a ella —el «cubrefuego» de la imagen— le hinchará, le otorgará como más ser, hiperbolizará su concreta materialidad en un ceremonial que tiene como objeto la liberación, la apertura de la realidad inicial hacia una realidad convertida en imagen. Así, Lezama le opone a «La resistencia de ese cuerpo [que] se escolta / de un silencio opulento como un manto olvidado» —como describe al «cuerpo enemigo» en su poema «Queda de ceniza»—, la resistencia equivalente lograda por la conjunción de la metáfora y la imagen, es decir, de la poesía, en el cuerpo poemático: el poema. Y para ello irá Lezama conformando lo que dio en llamar la creación de un sistema poético del mundo, con su metodología, sus instrumentos, sus categorías imaginales, propias de una lógica o nueva causalidad poéticas.

En sus libros posteriores —*Aventuras sigilosas* (1945), *La fijeza* (1949) y *Dador* (1960)—, la poesía lezamiana no hará sino intensificar las características hasta ahora señaladas —imposibles, por otra parte, de agotar en profundidad en lo sucesivo, por lo que sólo se harán referencias muy generales a algunas de ellas—, sobre todo las que atañen a la configuración de su sistema poético, cuyos contenidos comienzan a manifestarse simultáneamente a su expresión en su obra ensayística e, incluso, en su novela *Paradiso*. Ya había advertido Vitier que en la poesía de Lezama acaece «un descendimiento sobre lo que no es ella misma»,[127] y Fernández Retamar reparaba asimismo en su «brusca referencia a la realidad».[128] Esta acentuada preeminencia de lo *sensorial*, de la imagen sensible, junto a su intención de alcanzar la autonomía de la imagen poética, ocurre junto a la presencia cada vez mayor de textos de proyección metapoética, especulativa, a veces cercanos al ensayo, e incluso de franca extensión narrativa.[129] Esta actitud central del pensamiento poético lezamiano lo aparta de todo formalismo o esteticismo, a la vez que demuestra su superación de la poesía pura. Adviértase cómo en su introducción a *Aventuras sigilosas*, Lezama expone una suerte de historia de los motivos centrales del poemario, para luego realizar en este la poetización de esa historia, es decir, ofrecer la historia hecha imagen. Dice Vitier: «Lo que Lezama ofrece, en suma, es un método de conocimiento de la historia a través de la poesía como reino germinal de la imagen»,[130] y luego de describir «los pasos de su pensamiento»,[131] señala: «Es así cómo [...] intenta Lezama conjurar la ausencia de finalidad contra la cual ha venido debatiéndose nuestra poesía republicana.»[132]

En *La fijeza* pueden aislarse, a manera de ejemplos significativos, los poemas «Venturas criollas» —antecedente poético de su novela *Paradiso* y muestra de su poética de lo cubano—; «Pensamientos en La Habana», importante texto de proyección anticolonialista, el cual anticipa la actitud central de su libro de ensayos *La expresión americana* (1958), y otros de profunda exploración metapoética, como «Rapsodia para el mulo», «Resistencia» y «Danza de la jerigonza», para sólo citar algunos de sus textos más importantes. En *Dador*, como ejemplos de su poética de lo cubano y de su proyección metapoética, pueden también aislarse «El coche musical» y «Recuerdo de lo semejante», respectivamente.

Uno de los poemas más atendidos por la crítica —y más antologado también— es precisamente «Rapsodia para el mulo», contenido en *La fijeza*. Pertenece a los poemas de vasto aliento, y en cierta medida a aquellos —como «Muerte de Narciso», «Noche insular, jardines invisibles»— donde la recreación minuciosa y extensa de una realidad particular, a la vez que ofrece el regusto sensual de sus incesantes progresiones metafóricas, a la vez que es capaz de crear en este sentido una realidad poemática autónoma, plástica y musicalmente suficiente, sirve para afirmar una concepción trascendente de la realidad. La progresión de una imagen sensible —los mulos cayendo lentamente en un abismo— va conformando como una especie de resistencia poética. Muchos años después precisará Leza-

ma en su conferencia «Confluencias»: «La resistencia del mulo siembra en el abismo, como la duración poética siembra resurgiendo en lo estelar.» Es la revelación de la sobrenaturaleza, muy bien descrita por el propio Lezama en dicha conferencia:

Al borde mismo de la muerte las coordenadas del sistema poético bracean con desesperación, agotada la naturaleza subsiste la sobrenaturaleza, rota la imagen telúrica comienzan las incesantes imágenes de lo estelar. Allí, en la más intocable lejanía, donde los pitagóricos les situaron un alma a las estrellas.[133]

De ahí la imagen de la resurrección, la trascendencia alcanzada por el mulo —nuevo Narciso— al llegar al final de su caída:

Paso es el paso, cajas de agua, fajado por Dios
el poderoso mulo duerme temblando.
Con sus ojos sentados y acuosos,
al fin el mulo árboles encaja en todo abismo.

Algo semejante ocurre en su poema «El coche musical», de *Dador*, donde también una descripción sensible conduce finalmente a la revelación de la *Orplid*, de la sobrenaturaleza. Escribe Lezama hacia el final del poema:

La madrugada abrillantaba el tafetán de la
levita de Valenzuela.
La pareja estaba ahora dentro del coche que
regalaba los avisos pitagóricos,
la candela también dentro del coche nadaba
las ondulaciones del sueño,
regidas por el tricornio cortés de la
flauta habanera.

La pareja reinaba en lo sobrenatural
naturalizante,
habían surgido del sueño y permanecían en
la Orplid del reconocimiento.
Colillas, hojas muertas, salivazos, plumones,
son de caudal.
Si en el caudal ponían un dedo, inflado el
vientre de la mojadita.

Después de cuatro estaciones, ya no iban a
la prueba del remolino.
El salón de baile formaba parte de lo
sobrenatural que se deriva.
Bailar es encontrar la unidad que forman
los vivientes y los muertos.
El que más danza, juega al ajedrez con
el rubio Radamante.

Obsérvese en estos fragmentos cómo coexisten las imágenes sensibles, muchas de ellas dispuestas para revelar también una poética de lo cubano, con la irrupción de lo trascendente.

Lezama le confirió a nuestra poesía una apertura dadora de infinitas posibilidades. Repárese en cómo a su vera se desarrollaron otros universos poéticos —Vitier, Diego, García Marruz, Baquero…— que, si bien ostentaban una comunidad esencial —poesía trascendentalista— dentro de aquel movimiento que fue llamado con posterioridad origenista, no se convirtieron en meros epígonos, en poetas derivados, sino que desenvolvieron con dignidad y fecundidad sus creadores y originales orbes poéticos. Lezama le confirió también una reciedumbre, una seriedad a la poesía, a la que amistaba, incluso, con una forma de conducta, con un *ethos* de la creación, que la salvaba de convertirse en mero medio de efusión sentimental, o en mero populismo y prolongación folklórica. Le confirió a su vez una capacidad de conocimiento de la realidad que la apartaba de toda aventura purista o formalista. Y, sobre todo, le confirió una tamaña esperanza, una ingente proyección trascendente y porvenirista, una incesante posibilidad de penetrar en lo desconocido pero, simultáneamente, de radicarse entrañablemente en lo conocido, en la inmediata realidad, es decir, como él muchas veces expresó, una poesía que podía lo mismo aventurarse hacia lo *estelar* como desenvolverse en lo *telúrico*. Es por todo ello que la poesía de Lezama constituye una de las empresas poéticas más ambiciosas, más creadoras, más importantes, ya no sólo de la poesía cubana o latinoamericana, sino también, como ya se reconoce, de la poesía universal.

La poesía de Gastón Baquero (1918), sin tender, como la de Lezama, hacia la expresión metapoética de un *sistema*, estará sustentada por un implícito aunque intenso pensamiento poético. En su ensayo «Los enemigos del poeta» —publicado en la revista *Poeta* en 1942—, Baquero expondrá una concepción de la poesía semejante en algunos aspectos generales a la de Lezama, cuando expresa, por ejemplo, que el apresamiento del ser de la poesía «es punto menos que un salto imposible, un absurdo glorioso».[134] No obstante, la densidad especulativa y, sobre todo, esa forma a veces brusca, antimelódica, de la poesía lezamiana, contrastarán con el fluir melodioso de las formas poéticas de Baquero.

Su poesía, además, no hará tampoco tan evidente su ruptura con la tradición inmediatamente anterior, y continuará desenvolviéndose, en alguna medida, a través de la expresión de temas gratos, por ejemplo, a la poesía pura, como se aprecia en su «Soneto a la rosa», o en la presencia del insistente tema de la muerte, así como a través de la aprehensión de la infancia como paraíso perdido —«es el pasado intacto en que perdura / el cielo de mi infancia destruida», dice en «Sonetos a las palomas de mi madre»—; o en casi simétrica oposición con el territorio vesperal, inocente, de la infancia, propio de cierta poesía pura, su mirada se proyecta también hacia la futuridad desconocida de la muerte, como puede apreciarse en «Sintiendo mi fantasma venidero». Pero se debe insistir en que todas estas recreaciones de la tradición poética estarán permeadas por su comunidad con la proyección general de la poesía trascendentalista; además, es muy acusada en ella su apertura o religación afectiva con la realidad. La poesía de Baquero acentúa asimismo la función cognoscitiva de la poesía y, como también sucede en los demás poetas origenistas, revela un profundo conocimiento e incorporación creadora de la tradición poética española.

En el que puede considerarse como su texto poético más significativo, «Palabras en la arena escritas por un inocente» —donde se revela la contradicción señalada por Vitier entre el sentimiento y la creación, así como el «mito de la inocencia, ligado siempre a la imagen mítica de la isla», o «la metafísica de la irresponsabilidad»,[135] la cual contrasta con el optimismo trascendente lezamiano—, Baquero ofrece una de las confesiones poéticas más sobrecogedoras de nuestra poesía, a la cual sitúa, tanto por la intensidad de su sentimiento como por las amplias fuentes y referencias culturales que integra, en un altísimo grado de universalidad, acaso porque asume allí «uno de los rasgos más tenaces de lo cubano como actitud ante las cosas», juicio donde alude Vitier a la presencia de la *intrascendencia* como misterio…[136]

A todo lo largo del poema, pero explícitamente en su inicio —«mi alma no sabe otra cosa que estar viva. / Va y viene entre los hombres respirando y existiendo»—, está presente un sentimiento de confusión o religación con la realidad, que permite sustentar toda una actitud y concepción de la poesía y, sobre todo, del poeta, cuyos orígenes y prolongación atraviesan toda la cultura poética universal. En este sentido son concurrentes las imágenes del poeta-niño, del poeta-inocente —«inocente de ser un inocente», expresa como ejemplo del mito de la irresponsabilidad sustentado por Vitier—, del poeta-ciego, y, en general, del poeta inmerso en la temporalidad —«Voy de alucinación en alucinación como llevado por los pies del tiempo»—; asimismo es muy reveladora en este sentido la analogía del tiempo con la arena, a la orilla de un mar donde el poeta, el niño, el inocente, escribe y sueña.

Por otro lado, la presencia de una causalidad poética ajena al poema incluso —«Escribo en la arena la palabra horizonte / Y unas mujeres altas vienen a reposar en ella. / Dialogan sonrientes y se esfuman tranquilas. / Yo no puedo seguirlas, el sueño me detiene, ellas van por mis brazos / Buscando el camino tormentoso de mi corazón»—, proviene en última instancia de su concepción trascendente de la poesía, donde aparecen implícitas las ideas del *entusiasmo* poético —«Comprendo y sigo garabateando en la arena, / Como un niño inocente que hace lo que le dictan desde el cielo»—; de lo *incondicionado* poético —es «la vida la que me sueña a mí»—, y del *misterio* o desconocido poéticos, propio de la tradición de la poesía cristiana. En esta dirección es notable la ascendencia religiosa de su pensamiento poético, por donde pueden establecerse las siguientes oposiciones: lo antiliterario —«Yo no sé escribir»— y la asunción del misterio cristiano de la encarnación —«Y asiste al espectáculo de la belleza como al vivo cuerpo de Dios»—; valoración escéptica del sentido de la vida —a través de la idea del hombre-actor, vida-espectáculo—, muy vinculada a otra idea subyacente: la pérdida del paraíso y la concepción de la vida como pecado, y, en contraste, su convicción de encontrar todo sentido —y misterio— en el Dios cristiano: «Y dice las palabras que lee sobre los cielos, las palabras que se le ocurren, a sabiendas de que en Dios tienen sentido.»

Muy importante será la valoración del sueño como medio de conocimiento poético —«Vuelve, vuelve a soñar, inventa las precisas realidades»—, perspectiva esencial en el poema. El sueño poético será entonces la vía para acceder a una temporalidad ubicua —para Baquero, posibilidad de la trascendencia poética—, como la única oposición que se le puede hacer a la muerte a través de la poesía.

Esa lectura profundamente humanista, creadora, de la tradición cultural, puede apreciarse también en otro importante texto suyo: «Saúl sobre la espada», donde Baquero despliega precisamente el tema de la muerte asumido dentro del ámbito de lo trascendente religioso, como manifestará también en otros poemas, conformando lo que puede denominarse como una verdadera *poética de la muerte*, acaso el tema central de toda su poesía. «La muerte es el soldado / perpetuo del Señor», dice Baquero en el recurrente verso de «El caballero, el diablo y la muerte».

Vitier —a quien se parafraseará esencialmente en las siguientes consideraciones sobre la poesía de Baquero—, define «el tema central de su poesía» como «el sueño de las formas»;[137] dice el poeta en «Preludio para una máscara»: «No soy en este instante sino un cuerpo invitado / Al baile que las formas culminan con la muerte»; o, expresa también Vitier, como «El tema de la muerte como vía del sueño de las formas».[138]

Es apreciable su vocación por el misterio de lo *oscuro germinativo*, el paso de lo informe desconocido a la forma lograda provisoriamente en la luz —«que el cuerpo oscuro hacia la luz cabalga», expresa en «Génesis»—, pues aquella forma, enseguida, al cobrar conciencia de su usurpación del espacio habitado por otras formas, se sabrá condenada a restituirse a su estado anterior, pensamiento este de raíz estoica, según Vitier. Mas ese incesante tránsito sólo es alterado por su entrañable rebelión contra la muerte; rebelión que, aunque de estirpe unamuniana, no se resuelve al cabo como resistencia, sino como necesaria reintegración, como plenitud incluso —«Cada muerto es de nuevo / la plenitud del mundo», dice el poeta en «El caballero, el diablo y la muerte»—, pues, para Baquero, no habrá resistencia posible frente a la muerte, ya que aquel tránsito hacia lo oscuro germinativo debe acceder ineluctablemente. De ahí que en su poesía se aprecie una intensa vivencia de lo desconocido y una visión de la muerte como fluencia onírica dentro de la vida, es decir, se asume a la muerte como una *presencia* dentro de la vida.

Será alrededor de estos temas que la poesía de Gastón Baquero configurará sus principales preocupaciones y actitudes trascendentes, las cuales persistirán en su obra posterior a 1959; preocupaciones y actitudes que son a partir de entonces traspasadas por una mirada de matinal hermosura, a través de la cual el poeta parece cumplir con su mayor deseo, es decir, con aquellas «Ascensiones serenas hacia el pecho de un astro», de su poema «Octubre», o con aquella confesión de su «Preludio para una máscara»: «Yo no quiero morirme ni mañana ni nunca. / Sólo quiero volverme el fruto de otra estrella.»

También como ejemplo de esenciales preocupaciones trascendentales, la poesía del sacerdote de origen vasco, Ángel Gaztelu (1914-2003), va a nutrirse de un poderoso universo de imágenes gobernadas siempre por una armonía que no elude nunca —antes bien, se apodera de aquellas imágenes con fruitivo fervor— lo que se puede denominar como la consagración católica de las imágenes, es decir, habrá siempre en su poesía una alabanza de los sentidos, una aprehensión poética de lo particular que, dentro de un expreso conocimiento trascendentalista, enfatiza el vínculo encarnado con la realidad del mundo sensible.

Esa inmediatez ontológica que preside toda su poesía es traspasada, por ejemplo, al decir de Vitier, por «el barroquismo candoroso de sus décimas», en las que cobra un nuevo aliento «la tradición de metáforas sobre flora y fauna cubanas, iniciadas por Zequeira y Rubalcava».[139] El neoclasicismo, sólo aparentemente exterior, de su poesía, así como sus «amplios versículos», rehuyen siempre todo dualismo creador, toda búsqueda angustiosa, por donde su poesía no establece una radical ruptura con nuestra tradición poética, antes bien, refuerza su continuidad a través de una incorporación creadora —lo que Vitier llamó la «romanidad cubanizada de Gaztelu»—[140] de los clásicos latinos y españoles.

Resaltan en su poesía, además de sus recreaciones de nuestro paisaje, sus «Versos patrios a Martí», escritos en el año del centenario de su nacimiento, como ejemplo de un poderoso aliento ético. Otra zona de su obra lírica, la de la plena inspiración católica, halla en «Oración y meditación de la noche» su mejor expresión; es un texto que le hizo decir a Vitier que «por primera vez se escribe en Cuba [...] un poema religioso absoluto, sin impostación ni literatura»,[141] el cual puede acompañar en este sentido a otros, como «San Juan de Patmos ante la puerta latina», de Lezama; «Martirio de San Sebastián», de Eugenio Florit, y «Transfiguración de Jesús en el Monte», de García Marruz. Por último debe destacarse que, como ejemplo de su expresión de una poética de lo cubano, Vitier se detuvo, en *Lo cubano en la poesía*, en un poema antológico al respecto, «Tarde de pueblo».

Como Baquero y Gaztelu, Justo Rodríguez Santos (191?) expresa una indudable transición hacia una nueva visión de la poesía que, aunque volcada hacia el común afán trascendentalista, no logra independizarse del todo de formas poéticas características de la poesía pura y de cierta tendencia neorromántica, a través de las cuales el poeta mantiene una lograda tensión entre las formas cerradas, neoclásicas, propias del purismo, con una evidente apertura afectiva, tensión que es acaso su hallazgo estilístico más genuino. En este sentido, la poesía de Rodríguez Santos casi nada aporta, a no ser la armoniosa perfección de sus antológicos sonetos, a la corriente mayor de nuestra poesía.

Precisamente por eso sorprende tanto que, como liberando una profunda necesidad interior, hasta ese momento acaso soterrada por la serena belleza de sus poemas, escriba su *Galope inacabado. Canto a Martí* —del cual el poeta publicó un fragmento, «Profecía de Dos Ríos»—, para situarse de pronto dentro de las coordenadas de la poética de lo cubano y de la tesis de la profecía lezamianas, ilustrando así su honda imbricación con esa «sed de un nuevo advenimiento histórico»[142] que caracteriza en su esencia a la poesía origenista.

Sus tres libros publicados entonces: *F.G.L. 1899-1936. Elegía por la muerte de Federico García Lorca* (1936), *Luz cautiva* (1938) y *La belleza que el cielo no amortaja* (1951), ilustran la ascendencia de Juan Ramón Jiménez, Rafael Alberti y Federico García Lorca, lo cual viene a confirmar su apego a la fuente de la mejor tradición lírica española, de donde provienen muchas de las mejores ganancias que para nuestra expresión aportó la poesía de Orígenes, a la vez que muestra una actitud cultural que, como ya se ha valorado, también distingue a esta poesía, ávida de realizar una apropiación creadora de la tradición.

Finalmente, dentro de esta primera promoción, es conveniente detenerse con alguna prolijidad en la poesía de Virgilio Piñera (1914-1979). Autor de tres poemarios: *Las Furias* (1941), *La isla en peso* (1943) y *Poesía y prosa* (1944), aunque pertenece a la llamada primera promoción origenista, su obra revela, desde los dos números de su revista *Poeta* (1943) y desde su propia poética posterior, una actitud creadora que lo apartará, cada vez más, de la comunidad crítica y poética que caracterizó a Orígenes. Incluso su imbricación con la primera promoción resultará polémica, pues a despecho de sus temas y actitudes culturales de contenido mitológico, constatables en sus poemas «Las furias» y «La isla en peso», su poesía detentó desde un inicio un sentido hasta cierto punto diferente a lo que se ha denominado como poesía trascendentalista.

La propia crítica a que fue sometida su poesía por los integrantes de la primera y segunda pro-

moción origenista, Gastón Baquero y Cintio Vitier respectivamente, denuncia muy transparentemente esta problemática. Baquero señala a «La isla en peso» como portador de «una de las tendencias extremistas, negativistas, deformadoras intencionadas de nuestra realidad»,[143] al ofrecer una imagen falsa de nuestra naturaleza, si bien reconoce el *impulso* de autenticidad que anima al poeta. Vitier, luego de indicar «la falsa experiencia pseudo-nativista» de «La isla en peso», es más explícito cuando señala que ese texto «va a convertir a Cuba, tan intensa y profundamente individualizada en sus misterios esenciales por generaciones de poetas, en una caótica, telúrica y atroz Antilla cualquiera, para festín de existencialistas», precisando su controvertida identidad con la poesía de Aimé Cesaire, es decir, lo que Baquero denomina como «lo martiniqueño» de su visión de Cuba. Finalmente, el crítico es concluyente: «este testimonio de la isla está falseado».[144]

Efectivamente, Piñera ofrece, por ejemplo, el reverso de la visión de la isla de un Eliseo Diego; alude a «El baile y la isla rodeada de agua por todas partes», pero esa *agua* que trata de precisar nuestra insularidad, dice, «me rodea como un cáncer». No obstante, como contrapartida a las limitaciones —hasta cierto punto conscientes y reveladoras de una *intención*— de esta perspectiva de Piñera, pueden valorarse innegables aciertos, acaso aquellos que iluminan su intención más profunda: su afán por encontrar «el peso», la realidad y, en última instancia entonces, la significación, la trascendencia de lo cubano. Dice el poeta al final de «La isla en peso»:

un pueblo permanece junto a su bestia en la
        hora de partir,
aullando en el mar, devorando frutas,
        sacrificando animales,
siempre más abajo, hasta saber el peso de su
        isla,
el peso de una isla en el amor de un pueblo.

Cuando Piñera alude a «el último ademán de los siboneyes, / y cavo esta tierra para encontrar los ídolos y hacerme una historia», o aprehende así a nuestro pueblo: «Como la luz o la infancia aún no tienes rostro», o trata de apresar «una noche [...] / Sin memoria, sin historia, una noche antillana», está denunciando, por encima de toda intención mitologizante o acaso apoyado en ella, una *carencia*, un *vacío* de plenitud histórica, los cuales recuerdan esa Cuba secreta, «prenatal», ávida de encarnar definitivamente en la historia, a que se refiriera María Zambrano en su importante ensayo sobre la poesía origenista, «La Cuba secreta».[145]

Se comprueba en *Las Furias* y en *Poesía y prosa* que la poesía de Piñera va a orientarse hacia la indagación del *vacío*, de la *intrascendencia* de la realidad. Como ha señalado Vitier, su poética no apunta hacia una trascendencia de lo estético, lo religioso, lo moral, lo afectivo o lo histórico.[146] Frente a la intrascendencia consustancial a la realidad, el poeta parece aislar como única realidad inobjetable, suprema, la de la muerte o la nada, pero con un signo muy diferente a la asunción de la muerte en la poesía de un Gastón Baquero, por ejemplo. Piñera es el poeta de la lucidez ante el vacío. Cierta nota existencialista, cierta visión *kafkiana* les son inherentes a su pensamiento poético, el cual parece como fluctuar entre una ascendencia surrealista —muy *cubanizada*, eso sí— y una suerte de anticipación, digamos, antipoética, semejante a la de un Nicanor Parra.

Pero, no obstante todo esto, un acendrado romanticismo late por debajo de sus visiones grotescas, de sus constataciones del absurdo de la realidad, apreciable en esa su rediviva poesía del sepulcro o la muerte, en esa su «poética del perro» —señalada por Vitier—[147] y en esa reiterada melancolía que preside su mirada poética.

Incluso su propia vocación de intrascendencia ha sido interpretada como una forma negativa, blasfema, atea, de religiosidad, y su vivencia profunda de la nada, de lo absurdo —tal en su poema «Vida de Flora», acaso uno de sus textos poéticos más importantes—, como su honda imbricación con una tradición poética cubana, permiten establecer sus vínculos ideológicos con el movimiento origenista. Asimismo, su radical impugnación de la historia lo hace, como advierte Vitier, «el poeta más *histórico* de su generación»,[148] en cuanto síntoma precisamente de una carencia, de un vacío históricos. De ahí que parezcan tan atendibles los siguientes juicios de Vitier, cuando luego de referirse a «la inmediata realidad del vacío (reverso de nuestra descomposición histórica) que ningún esfuerzo *literario* puede conjurar», añade: «Pero es precisamente en esa impracticabilidad última, en ese imposible típico y distinto de la obra de Piñera, donde reside su sentido y su fuerza.»[149]

La segunda promoción origenista acentúa, como ya se ha indicado, algunos de los aspectos esenciales de la llamada poesía trascendentalista; sobre todo aquellos que revelan la definitiva configuración de una poética de lo cubano, y otros que hacen más explícita la controvertida —pero significativa— relación de estos poemas con la historia. Asimismo, el tema de la pobreza, la concepción de una memoria creadora, el tema del imposible —ontológico o histórico— y una intensa incorporación poética de preocupaciones y actitudes religiosas —concretamente de ascendencia católica—, se hacen más nítidos en esta promoción. Esta, además de aprehender más directamente la inmediata realidad, integra a su órbita creadora, en algunos aspectos importantes, a otros poetas: Samuel Feijóo, Emilio Ballagas, Eugenio Florit, así como establece un significativo puente con la llamada generación de los años cincuenta, sobre todo con poetas como Roberto Fernández Retamar, Fayad Jamís, Cleva Solís, Pablo Armando Fernández, Roberto Friol, Francisco de Oraá y, con posterioridad, con la poesía conversacional predominante en las dos primeras décadas de la Revolución; en este sentido es muy atendible la relación que mantienen algunos poetas origenistas con un poeta como Rolando Escardó.

La poesía de Cintio Vitier aporta a nuestra lírica uno de los más intensos procesos poéticos que ésta ha conocido. Desde su cuaderno inicial, *Poemas* (1938), su obra se configura como una incesante *pregunta*. Como el poeta arquetípico descrito por María Zambrano,[150] Vitier inquiere en su primer texto: «¿Qué es el mundo?», para enseguida afirmar: «La vida / rumorosa me ciega», donde ya aparece una extrañeza que no lo separa de la realidad, antes bien, lo acerca entrañablemente a ella, porque lo que el poeta siente es «lo extraño-natural, la continuidad de la extrañeza»,[151] como expresa en su ensayo *La luz del imposible* (1957), donde Vitier, con la lucidez crítica que lo caracteriza, ahondará en las razones de su poética, apoyándose en el desciframiento de una reflexión martiana: «No se ha de decir lo raro, sino el instante raro de la emoción noble y graciosa»; «instante raro» que para Vitier «equivale a cierta dimensión de lo extraño».[152] Pero esa extrañeza proviene de sentir una oquedad, una insuficiencia en la realidad, y de ahí el origen de su inquirir, de su incesante preguntar, o lo que el poeta nombra como «la extrañeza interrogante».[153] En el ensayo mencionado es muy explícito al respecto cuando expresa:

La oscilación entre lo natural y lo extraño parece que se va a llevar toda nuestra vida, comprendiendo que lo natural es también la naturalidad de lo sobrenatural y lo extraño supone la lejanía de lo inmediato.[154]

Ahora bien, aquella oquedad que siente el poeta en la realidad, constituirá además el secreto y el estímulo de su aliento creador, pues lejos de tratar de llenar esa oquedad, el poeta parece que lucha por hacerla más visible. Cuando Vitier pregunta, no lo hace para obtener una respuesta inmediata y causal, pues lo que aguarda y provoca es la respuesta de lo invisible, de lo desconocido, respuesta que entonces se configura como una pregunta también. Si preguntar es hacerse visible, «hagámonos visibles para lo invisible»,[155] parece decirnos Vitier. Así, en *Sedienta cita* (1943), expresa:

Dónde estuve, qué es esto, qué era tanto,
por qué laúd de sufrir o cal o estiércol frío
se me propaga en piedras las voracidades
del corazón.

En el poema «Lo nupcial», del poemario *De mi provincia* (1945), confiesa: «Toco reinos que me son interrogantes». En *La ráfaga* (1945-1946) dice en una prosa poética: «(mi eterna pregunta): ¿y esto? ¿Y esto que se conmueve? ¿Y yo qué voy a hacer con esto?» Y en *Capricho y homenaje* (1947), insiste en «Fragmentos»: «¿Qué

es preguntar, qué es estar, qué es esto?» Porque el poeta no quiere poseer la realidad, sino ser poseído, devorado por ella: «Lo que nos es impuesto, lo que no podemos rechazar, lo que no depende de nuestra elección —eso es lo más profundo y lo más hermoso»,[156] afirma también. No quiere elegir, sino ser elegido. De ahí que pregunte como para crear un vacío que espera ser llenado por una respuesta desconocida. Pero esa respuesta, cuando sobreviene, no lo hace en última instancia para develar lo desconocido, sino para manifestarse como *desconocido*, como una *presencia* tan real como las cosas mismas. De ahí que en ellas convivan lo inmediato y lo mediato, lo inmanente y lo trascendente, lo conocido y lo desconocido, porque para Vitier las cosas son ellas y a la vez otra cosa; aludirán siempre, desde su inmediata materialidad, a otro plano que las contiene, pero a la vez las trasciende.

Cuando Vitier pregunta: «¿Ya sólo habrá un Objeto Onírico?», en el texto «De Peña Pobre», de *Capricho y homenaje*, o cuando alude a «estos ojos / oníricos», en «Un hombre, un cruel tamaño», de *Extrañeza de estar* (1944), indica la presencia, dentro de las cosas mismas, de ese sueño, ese velo que parece encubrir una realidad más vasta. Por eso el poeta expresa que «toda la poesía me parece el umbral de un advenimiento mayor e inabarcable»,[157] porque las propias cosas son siempre un *símbolo*, un umbral. Por eso se siente ante la realidad «como delante de un ciego / pasan volando las hojas», versos martianos que el poeta sitúa como exergo de su poema «Estancias», del libro *De mi provincia*, donde escribe: «Mientras pasan las hojas granas el aire / a su entreacto central de fantasía, / cae una extraña nevada»; la misma «extraña nevada», el mismo velo, presentes en el poema «Una extraña nevada está cayendo», de Fina García Marruz.

Lo onírico en su poesía no tendrá nada que ver con una manifestación, digamos, surrealista. Es lo onírico que detentan las cosas mismas, su capacidad de trascendencia, su esencial espiritualidad, su exceso simbólico. Por eso, para Vitier las cosas y nosotros existimos como en un estado *clandestino*, *encubierto*, en un perenne umbral, pero umbral velado por una cortina

que nos separa de lo trascendente. Dice el poeta en su poema «Símbolos», de su libro *Sustancia* (1950):

> Cada mañana los símbolos
> están de nuevo mirándome,
> detrás de una ardiente noche
> a la que la luz no puede
> sino darle más belleza.
>
> Son los árboles callados,
> son el rocío y las nubes,
> el mar salvaje, las formas
> de todas las criaturas
> hechas de hombre y de polvo.
>
> [...]
>
> ¡Oscuro mundo! La luz
> sólo puede atravesarlo
> como a cerrada caverna.
> ¿Qué nos pregunta, temblando?

Pero esa convicción de que «Lo más extraño
es la incontrovertible solidez material de las cosas»,[158] conduce al poeta a su vivencia de lo *imposible*, convertida en conceptos en su libro *La
luz del imposible*. Las cosas —«sin perder el brillo hiriente de la inmediatez, los colores de la
alucinación que nos rodea»—[159] portan como
un exceso simbólico, alusivo, que el poeta siente, en su poema «Lo nupcial», como un «callado frenesí», o en su poema «La ráfaga» como
una «ráfaga hiriente». Y este imposible, consustancial a las cosas mismas, será ese misterio
intrínseco que portan y que parece a la vez sus-
tentarlas.
  Dice el poeta en *La luz del imposible*:

> Ciertas nociones negativas tienen otra di-
> mensión de totalidad positiva, de presen-
> cia. Así lo invisible no es sólo aquello no-
> visible, sino que, por su propia sustancia,
> reside en otro plano ajeno a la negación.
> Del mismo modo, cuando digo «imposi-
> ble» no quiero decir «no posible», sino que
> aludo a una cualidad *constitutiva* de las co-
> sas reales.[160]

Pero eso que Vitier ha denominado como «el
imposible como hogar»[161] está directamente vinculado a dos cosas: por un lado a su convicción
religiosa, concretamente católica, de que «la experiencia cabal de la poesía es la experiencia del
destierro, de la perdición y del pecado»[162] como
expresa en *Experiencia de la poesía* (1944), donde también insiste en «la primera y fundamental
experiencia poética de que puedo dar fe: la del
profundo, entrañable destierro de sí mismo, el
sentirse y vivirse desdoblado, escindido [...] el
alma que está en nosotros perdida, el paraíso
velado y roto de la persona»;[163] y por otro, digamos, a su conciencia, la de sentir «un angustioso
[...] de imposibilidad en el discurso»,[164] según
expresa en el prólogo a su libro *Vísperas* (1953).
Sobre esta última es necesario detenerse para
comprender su esencial actitud ante la poesía —y
ante la literatura en general—, así como el propio proceso formal que ésta muestra.
  La poesía de Cintio Vitier anterior a 1959 soporta el ser dividida en tres etapas, atendiendo a
las características generales de su proceso evolutivo. La primera, presidida por el orbe poético
de Juan Ramón Jiménez —*Luz ya sueño*. 1938-
1942 y *Palabras perdidas*. 1941-1942—, de la que
el propio poeta expresa que salió «con un lenguaje bárbaro y ávido»,[165] puede ser efectivamente comprendida a través de los dos testimonios
que recoge Vitier en su *Experiencia de la poesía*
y en *La luz del imposible*, sobre la significación
que tuvo para su poesía el contacto inaugural con
el universo poético del poeta español. Esta primera etapa puede caracterizarse por una fruitiva
relación con la realidad, tipo de relación que no
excluye el contacto doloroso, la pregunta entre
absorta y angustiosa, hecha desde un substrato
ontológico profundo, y donde cada pregunta y
cada intento de constatación poética son asumidos como una búsqueda, un conocimiento que
o se detiene ante la extrañeza de la realidad o se
prolonga a través de un efusivo deseo.
  A partir de *Sedienta cita*. 1943 (1943), hasta
Sustancia. 1950 (1950), su poesía transita por una
segunda etapa, donde el poeta incorpora otras
dos experiencias que le son igualmente decisivas para la conformación de su pensamiento
poético, las de las obras de Lezama Lima y Cé-

sar Vallejo. Aquí accede Vitier a una poesía de mayor acendramiento discursivo, una poesía más detenida y extática, más lúcida, frente a la realidad, y a la vez de mayor espesura verbal. La crítica se ha referido a su profusa adjetivación y al insistente acompañamiento de cada alusión a la inmediata realidad por un adjetivo que suele comportar calificaciones de índole espiritual.[166]

Estas dos acusadas tendencias de su poesía, al configurarse dentro de una forma a menudo muy libre e irregular, donde el poeta elude incluso toda fluidez, y que suele independizarse de toda contención métrica y estrófica, acentúan cierto hermetismo, el cual puede prevenir, además, de una soterrada afectividad y de aquel impulso discursivo ya señalado, los cuales sacrifican a veces toda transparencia comunicativa por la fidelidad a una irrenunciable actitud poética —que es también en el fondo religiosa— frente a la realidad.

Esta zona de su poesía revelará como un exceso de pensamiento que las palabras apenas pueden aprehender. De ahí que refuerce su condición abierta, menesterosa, ávida, por sobre cualquier complacencia formal y por sobre cualquier conformidad intelectiva. Así, pues, desde un inicio, la poesía de Vitier se orienta hacia una poética trascendentalista, ajena a todo formalismo o esteticismo. Es por ello que Vitier afirma que «las palabras han sido y son para mí un umbral, nada más…»[167] y que «la más pura poesía —[…] es para mí, sin importar los elementos que utilice, la que absorbe más profundas impurezas»,[168] por donde se hace explícita su superación de la estética de la poesía pura, tal y como puede comprobarse, por ejemplo, no sólo a través de su propia poesía, sino, en un plano teórico, en su libro *Poética* (1961). Se diría que la poética de Vitier, afín en más de un sentido con la aparente desintegración y violencia de la forma poemática, propias de un César Vallejo o de un Lezama Lima —lo que el poeta ha denominado, a propósito de la poesía de Lezama, como una «naturalidad bárbara»,[169] también del linaje de Unamuno y de los *Versos libres* de Martí—, intenta eludir el énfasis exclusivamente literario, concepto contra el cual reacciona siempre con mucha desconfianza, como puede apreciar-

se en sus juicios de *La luz del imposible* o incluso, explícitamente, en sus poemas «XXXVI» y «XXXVII», de su poemario *Canto llano*. 1953-1955, recogido en *Testimonios*. 1953-1968 (1968). Toda esta problemática queda claramente expresada en la siguiente reflexión de Vitier:

A pesar de haber escrito tanto sobre el estado de extrañeza, no he podido nunca comunicarlo realmente. Quizás porque en su centro se halla el fenómeno del lenguaje. Lo más extraño en ese estado es el lenguaje mismo *con que me doy cuenta de él* —porque nuestros sentidos son *ya* lenguaje, y lo que vemos y sentimos, el mundo, es *ya* una palabra. Pero la extrañeza consiste justamente en ese desgarrón silencioso por el que vemos *lo otro*, la separación del «mundo» y la «palabra mundo». En esa separación *nos* sentimos también separados, *alejados*, no psicológicamente, sino ontológicamente. Esa lejanía es el *dónde*, el *qué es*, de la extrañeza; y en medio de ella, como una neblina inasible, queda flotando el lenguaje.[170]

Se puede afirmar, pues, que no hay acaso poesía cubana que revele por sí misma una mayor conciencia de los *límites de la palabra*. Toda su poesía denuncia una lucha contra su *insuficiencia*. El propio poeta lo expresa así: «La poesía añade a las cosas la distancia; pero es una distancia de la que siempre estamos infinitamente distantes. ¿Cómo, entonces, podemos hacerla?»[171] Pero ese angustioso sentimiento […] de imposibilidad en el discurso»[172] se acentúa, además, por la apertura trascendente de su pensamiento poético, por la condición de *umbral* de la palabra, pues al poeta le interesa, no lo que las palabras pueden configurar, sino sobre todo a lo que pueden aludir, ya sea como carencia presente o posibilidad futura: como memoria y deseo. De ahí que se pueda afirmar, paradójicamente, que la poesía para Vitier no está en el poema. Este es la consecuencia de la poesía o su deseo. Pero esto, que pudiera entenderse como una limitación, no lo es al cabo, porque es el resultado de una tensión y una lucidez extremas frente a la poesía, fruto de una desgarradora insatisfacción también. Es como si desconfiara *a priori* de toda configuración ideal de la poesía en el poema, de todo aquello que pudiera entonces reconocerse como literatura. De ahí que su obra poética revele fundamentalmente *su actitud* hacia la poesía, y muestre, digamos, el *proceso* de su *relación* con ésta, necesariamente siempre posterior al hecho poético en sí mismo. No obstante, debido a esta característica, no hay acaso tampoco poesía cubana que, por elusión, revele más y mejor la propia existencia y necesidad de la poesía. Se puede afirmar que ésta no ha tenido amante más fiel, pero por ello mismo más vulnerable. Su religación con la poesía es tan estrecha que lo que ofrece casi siempre es su *relación*, nunca su solitaria o momentánea posesión o independencia. Así, ese ascetismo de su lucidez poética lo obliga a ser muy fiel a ese *imposible*, a esa *limitación*, a esa *carencia*, a esa *oquedad*, que el poeta siente, no ya en la palabra, sino en la propia realidad. En su poema «XXI» de *Canto llano*. 1953-1955, dice Vitier en su primera estrofa:

> *Algo le falta a la tarde,*
> *no están completos los pinos,*
> *y yo mirando a las nubes*
> *siento lo que no he sentido.*

Así, la poesía de Vitier puede soportar la siguiente comparación con la poesía de Fina García Marruz: si en ésta la palabra encarnada está siempre a la vez cerca y lejos, pero sobre todo lejos, es decir, aludiendo desde las cosas a la lejanía, por donde sus materias poéticas parecen siempre estar como escapando, despegando hacia otro plano trascendente, aunque sin perder nunca su vínculo encarnado con la realidad, en la poesía de Vitier, la palabra encarnada, también alusiva, simbólica, alude casi siempre desde la lejanía a las cosas mismas, por lo cual éstas siempre están entonces como regresando a ellas mismas: pobres, escuetas, desgarradas, esto es, como *extrañadas* de sí mismas.

No puede obviarse en el estudio de su poesía su peculiar valoración de la *memoria*, tópico extensivo, como ya se ha señalado, sobre todo a la segunda promoción origenista. Éste ha sido particularmente asediado por Vitier en su ensayo «*Mnemosyne*» (1945-1947), de su libro *Poética*, donde la memoria es entendida como memoria *creadora*. Dice allí: «La memoria [entonces] actúa como principio germinativo, es decir, mediador»,[173] por el cual la poesía —que «quiere extática penetrar»,[174] nos advierte— pueda acceder a *su* propio conocimiento de la realidad a través de la mediación de esa memoria creadora, que intentará apresar sus esencias. De esta manera la memoria, en la poesía de Vitier, no se reducirá a la mera recuperación por el recuerdo de su tiempo ido, sino sobre todo tratará de *actualizar* el sentido, la significación dinámica, trascendente, de ese tiempo, como se transparenta, por ejemplo, en su poema «Lo nupcial».

En el poema «El espejo», de su libro *Sustancia* (1950), se hace más nítida la condición creadora, *nupcial*, de la memoria:

> *Así como el espejo*
> *no copia al reflejar*
> *(el cuarto solitario*
> *esplende en otro tiempo fabuloso,*
> *el hombre que se asoma no eres tú*
> *sino tu víctima o tu juez)*
> *así el recuerdo entrega lo vivido*
> *como si la sustancia del futuro*
> *en sus ávidos ojos nos mirara,*
> *y allí estuviera unida*
> *el agua con la sed*
> *en un velo de luz inaccesible.*

En *Poética* arguye Vitier sobre esta idea en el tópico «El tiempo de la reminiscencia», del ensayo «La palabra poética» (1953). Con posterioridad el poeta parece acercarse a una validación entrañable del *instante*, como puede apreciarse en su «Poema XLIII» de *Canto llano*. 1953-1955, donde expresa:

> *No recordar ni desear,*
> *sombras, becerros, maravillas:*
> *¡El Hoy, el Hoy que pasa y queda,*
> *agua virgen, palma divina!*

Finalmente, a partir de *Sustancia* (1950) comienza a perfilarse una tercera etapa en su poesía, caracterizada cada vez más por lo que el poeta ha dado en llamar «hacer pasar la voz a lo escrito»,[175] mediante lo cual su poesía ilustra un movimiento hacia una mayor claridad, acompañada de un cierto despojamiento intelectivo, el cual, al anticipar la conversión católica del poeta, propiciará el énfasis de una temática ya recurrente en su obra: el tema de la *pobreza*. Asimismo, esa voz, dentro de lo *escrito*, tratará de eludir al «monstruo literario»,[176] proceso descrito en su ensayo «La palabra poética». Ya en *Sustancia* parece disminuir la «extrañeza interrogante», a la vez que aparecen algunos textos que ilustran verdaderas síntesis de experiencias: «Lo imposible», «Símbolos» y «Espejo». Aquí, además, irrumpe su visión de lo cubano, como se aprecia en el poema «El viento y el rostro». Ya en el poema final de *Capricho y homenaje*. 1946, «Noche intacta (Hojas)», el poeta había escrito que «una angustia de historicidad se apoderaba de nosotros», y se preguntaba: «¿Cómo salvar a un país que no se hunde?»; también había aludido a esos «aciagos danzones de angustiosa patria». Ahora, en «El viento y el rostro», dice Vitier: «Y qué angustiosa patria en las palmas vislumbro». Vislumbres, todos, de un poema primigenio, decisivo, para la problematización de las relaciones entre la poesía y la historia, nuevo tema de su poesía; se alude aquí al texto «Cántico de la mirada. En Puerto Boniato», donde se accede a la revelación dolorosa de la Isla, pero no de una isla mítica, eglógica, sino de una isla contaminada de historicidad y a la vez asumida como vivencia dolorosa, dice Vitier aludiendo al desembarco de Martí en Playitas:

¡Isla, sí, hasta las lágrimas, oculto me
revelas y me nublas
con una dicha grande y angustiosa, con una
voz de huérfano y amante
alumbrando tu abandono en un nocturno
desembarco...!

Esta nueva perspectiva, luego del provisorio descendimiento de su libro *Conjeturas*. 1951, desembocará en otro poema fundamental, «Palabras del hijo pródigo», del libro de igual título, y escrito entre los años 1952 y 1953, donde

ya se hace explícita la conversión católica aludida, la cual propiciará no sólo un apreciable cambio en su poética, sino que influirá en su cada vez más creciente preocupación frente a lo histórico; proceso ya claramente constatable en sus libros *Canto llano*. 1953-1955 y *Escrito y cantado*. 1954-1959, integrados ambos a *Testimonios* (1968).

La oralidad a que se había aludido antes se adueña del tono predominante de los dos poemarios, que pueden ser caracterizados por su optimismo trascendente. No es que desaparezcan preocupaciones o temas fundamentales de su pensamiento, sino que estos son asumidos, digamos, sin la antigua angustia, o desde una incorruptible fe trascendente, como si el poeta hubiera abandonado para siempre aquel «joven palacio de amargura» de su poema «El convaleciente», de su libro *Luz ya sueño*. 1938-1942. El poeta continúa sintiendo la extrañeza constitutiva de las cosas, pero su enunciación ya no es angustiosa; asimismo, su inquirir ya es tácitamente afirmativo; dice en el poema «XX»:

Dime por qué nos fascinan
los paisajes de la tierra,
y qué consuelo encontramos
en su luz perecedera
[...]
Dime por qué, si la muerte
sobre ellos señorea,
con su mirada nos curan
los paisajes de la tierra

Una antigua pero como transfigurada aquiescencia se deja escuchar en su poema «XLII»: «Atenerse sólo a las cosas, / Ya hurañas y ya maternales». En el libro siguiente, *Escrito y cantado*. 1954-1959, se mantienen estas características, aunque mezcladas también con poemas que continúan indagando, si bien desde una mirada superior, en la realidad; así, por ejemplo, «La mano extendida en el umbral», donde reaparece el tema de la pobreza. Aquí, también, regresa uno de sus motivos preferidos: el árbol, pero acaso como ejemplo arquetípico de «la plenitud de la naturaleza» contrapuesta a «las neuralgias de lo extraño».[177] Ello se evidencia en el poema «Un extraño honor», donde el contraste entre el árbol y el hombre parece querer dar respuesta a las preguntas de otro poeta cubano, Juan Clemente Zenea. También, como ejemplo de la apetecida plenitud de la naturaleza, sobresale su poema «El salto del Hanabanilla».

Lo que comienza a configurarse como una poética de lo cubano —reparemos en que este libro se escribe simultáneamente a *Lo cubano en la poesía* (1958)—, aflora en los poemas «La luz del cayo», «La palma en la arena», «La perra y el mar» y «Lejos», donde aquel despojamiento que se había señalado como acusada tendencia de su poesía a partir de *Sustancia*, encarna en los temas explícitos de la *intemperie* y la *lejanía*. Intemperie confundida con el tema de la pobreza, con el valor simbólico de la *aridez*, tal y como aparece desplegada en el importante poema «Palabras a la aridez».

Pero también irrumpe lo *histórico*, o la necesidad de las nupcias entre la poesía y la historia —tema central de *Lo cubano en la poesía*— en el extenso poema en prosa «Agonía», fechado en noviembre de 1958, donde sus palabras se nutren de otro tema esencial a Orígenes : la profecía. Ya había expresado Vitier, en su prólogo a *Vísperas*, que el proceso de su poesía le había servido «para acercarme a realidades que desde luego la anonadan», para inmediatamente indicar: «Esa calidad de vísperas, de detención ante *otra cosa*, de profecía del alma que nos devuelve a la parábola eterna del hijo, después de la angustia y la rebeldía y el existir clandestino, es lo único que me consuela de tanta escritura, y lo único que en realidad ofrezco.»[178] En una fecha muy anterior, 1944, Lezama, al comentar el poemario de Vitier, *Extrañeza de estar*, había desarrollado su tesis de la profecía;[179] ahora Vitier, poseído por la misma fe, se nutre de nuevas visiones: «Y entonces vi a mi patria poseída por el mal», y denuncia sin ambages a «un mundo lleno de ira y de injusticia». Es como si toda la poesía de Vitier se detuviera extática frente a otro umbral, en esta ocasión aquel que la estimulará como «una sed de advenimiento histórico», no ajena, sino entrañablemente vinculada a su redescubrimiento del prójimo, a la luz de su conversión católica, como se muestra en su poema «En los

otros», fechado el 30 de diciembre de 1958, donde parece responder a aquel poema juvenil de su libro *Luz ya sueño*, «Otro».

Finalmente, como una provisoria detención de su poesía, el poeta cruza el umbral y escribe sus sobrecogedores textos «El rostro» y «La fiesta», ya acaecido el triunfo revolucionario. Allí, las *preguntas* de su lección final de *Lo cubano en la poesía*, y las de una zona esencial de toda su obra lírica, parecen recibir aquella apetecida respuesta desconocida, llenándose un vacío, haciéndose posible lo imposible, rasgándose un velo, colmándose una carencia, al contemplar el «rostro de la patria», más allá del poema, del paisaje, de la conciencia y de la memoria —en una encarnación del eterno *pobre* y *mendigo* de su poesía— en el rostro de los campesinos. Lo histórico, digamos, la plenitud de lo histórico, como una «Ráfaga», un «frenesí», traspasan al poeta, que ya puede cantar: «Supimos que la luz vence a la muerte; / y vimos cómo al fondo de la nada / te alzaste, patria de oro, mujer fuerte.»

Muy relacionado, por razones tanto estéticas, filosóficas, religiosas como vitales, con el pensamiento de Vitier, sobresale el de Fina García Marruz. Quien tuvo a sus escasos trece años de edad, «el primer y decisivo deslumbramiento» con la lectura del libro *Canción* de Juan Ramón Jiménez; quien al leer, entonces, «el primer poema, "El adolescente", blanco tenue con sol fino y frescor morado», dice: «me pareció que tenía delante, en acuarela prístina, una luz más bella que la de la misma mañana con soplos fríos de diciembre»;[180] quien a esa edad, en el año 1936, conoció al poeta andaluz cuando su importante estancia en La Habana y recibió «un juicio muy favorable» sobre sus primeras composiciones poéticas; quien en 1938 publica en *Ayuda* (Revista de Solidaridad. Órgano de la Asociación de Auxilio al Niño del Pueblo Español) su estremecido poema «Aviones» y, ese mismo año, en la revista *Cúspide*, su prosa poética «Esquema de un cuento», donde accede a una fundamental revelación estética y vital, al sentir la conversión simultánea del dolor y la alegría en algo *más*, y quien fue capaz de escribir, en la misma fecha, su ensayo «Sobre la rima», aparecido en la revista mexicana *El Hijo Pródigo*, tenía que estar predestinada para las plenitudes y desgarramientos del verbo creador y para encarnar un intenso y peculiar pensamiento poético. Desconcierta esta precocidad, esa manera casi fatal de pertenecer a un linaje poético, a un destino, en la poetisa y ensayista Fina García Marruz.

Su primer cuaderno, *Poemas* (1942), calificado por Fernández Retamar como su «instante juanramoniano»,[181] ofrece una poesía donde acaso lo que más sorprenda sea ese su raro equilibrio entre la vivencia trasmutada en arte y ese mismo arte sentido como una entrañable vivencia. El propio año de su publicación fija el momento de irrupción de la poetisa en el ámbito literario cubano. Desde entonces, y hasta 1943, pertenecerá al consejo de redacción de la revista *Clavileño*, y, aunque no publica en ella, dicha revista constituyó la primera expresión de lo que se conoció posteriormente como la segunda promoción del Grupo Orígenes. Es precisamente a través de la revista *Orígenes* que da a conocer sus primeros ensayos, críticas y poemas significativos. Pero su primer testimonio poético importante, en forma de libro, no se publica hasta 1947, cuando aparece su *Transformación de Jesús en el Monte*. Con posterioridad realiza la primera reunión de casi toda su producción lírica en *Las miradas perdidas. 1944-1950.* (1951), y en lo sucesivo ven la luz otros poemas suyos en las revistas *Orígenes* y *Lyceum*, los cuales no son recogidos en libro hasta 1970, en *Visitaciones*.

Es importante reparar en la significación de su breve poemario *Transfiguración de Jesús en el Monte*, pues supone un hito apreciable dentro de la poesía cubana. En primer lugar este poema —que da título al libro— constituye junto a «Frecso de Abel» y «Elección de Pedro», también suyos, una de las muestras más relevantes de la poesía cubana de contenido católico. Además, este texto expresa lo que puede denominarse como su estética de lo Exterior, la cual había desarrollado en su ensayo «Lo Exterior en la Poesía».[182] Y, en otro sentido concurrente, dicho poema ilustra un pensamiento poético trascendentalista como sólo encuentra pariguales dentro del Grupo Orígenes en el pensamiento poético de Lezama y Vitier. No es casual que tanto Vitier como Fernández Retamar hayan re-

parado en la significación de este texto dentro de la obra de García Marruz.[183]

Pero su peculiaridad también radica en ser la primera muestra poética de la autora que porta una verdadera originalidad, pues marca, ya, la apropiación de un conocimiento poético coherente y singular dentro de la literatura cubana, a la vez que inaugura una de las tres temáticas fundamentales señaladas por la crítica en su lírica, a saber, su poética de lo cubano, su poesía de la memoria y su poesía expresamente católica.

Esas tres temáticas generales, reiteradamente señaladas, conforman el núcleo temático de su poesía hasta la publicación, incluso, de *Visitaciones*, pero se debe insistir en que esa generalización no suple en ningún modo la riqueza de contenidos de su universo poético, el cual alcanza una intensa resonancia estética, ética, filosófica y religiosa, y donde todos esos contenidos aparecen religados entre sí. Diríase que aquellas tres temáticas traducen su postura «confesional» más visible, pero su poesía y, en general, su pensamiento, encuentran su vía más coherente de dilucidación a través de la comprensión de su pensamiento poético implícito y explícito, tanto en su poesía como en su obra crítica y ensayística, característica que comparte con la obra de Lezama y Vitier. Es a partir de la determinación de los contenidos fundamentales de ese pensamiento que puede realizarse un estudio temático y, sobre todo, estilístico, de su poesía —en ese nivel mayor del estilo donde éste se confunde con el pensamiento.

Si Vitier ha distinguido en su *Poética* (1961) entre aquellos poetas que pueden considerarse como «puros líricos» —tal sería el caso, por ejemplo, de Eliseo Diego— y aquellos otros en que la visón del mundo preside siempre a todas sus apropiaciones poéticas —y un ejemplo de estos serían Lezama Lima y el propio Vitier—,[184] la poesía de Fina García Marruz parece situarse en una zona intermedia, en un territorio donde se entreveran la captación intuitiva, imaginal, de la realidad, con su aprehensión a través de un complejo pero coherente pensamiento poético. En realidad, toda su obra, tanto su poesía como sus críticas y ensayos, sin eludir cada una su función particular, poseen un centro común, irradiador, desde donde se explaya siempre su mirada, y que no es otro que el de su pasión por el conocimiento poético. De ahí las relaciones tan transparentes entre sus poéticas implícitas y explícitas y en su obra discursiva. Acaso sea porque su obra y su pensamiento rehuyen siempre todo dualismo creador y cognoscitivo, por lo que resulte imposible confinarlos dentro de una poética solitaria o excluyente, y sus prosas y versos, sea cual sea su inmediata función, se nutren siempre de una cualidad y una calidad poéticas.

Su poética de lo cubano, tal como aparece en *Las miradas perdidas*, estará muy vinculada con su ontología religiosa, de tal forma que su recreación poética se confunde con el tema católico de la pobreza. Un poema representativo al respecto es «El rostro», perteneciente a su sección «Las miradas perdidas», y dedicado al retrato que se conserva de José Martí, en Kingston, Jamaica; dice allí: «Acerca / lo extrañable y lo fiel / como un sincero huérfano»; y concluye: «Su traje me conmueve / como una oscura música / Que no comprendo bien. / Toco palabra pobre». El tema de lo cubano, explícito en otros poemas de este cuaderno: «El anfitrión» o «Los palmares», encontrará después, en los «Sonetos de la pobreza», su correlato especulativo y religioso, donde sobresale el texto «Los pobres, la tierra», y aun en el Cuaderno «Variaciones sobre el tiempo y el mar», con inspiración más libre, en un poema como «El mediodía». No se puede pasar por alto, en «Las miradas perdidas», el poema que le da título a este cuaderno y al libro, donde está presente también la ascendencia martiana, y donde —expresa Fernández Retamar— la poetisa realiza «un homenaje poético a sus "versos sencillos", produciendo los únicos poemas que en nuestra literatura muestran, dentro de una ejemplar calidad, la huella del gran poeta».[185] Dice allí:

> Yo vi la playa violeta
> y la bañista amaranto
> pintar la escena perdida,
> doblar la noche de espanto.
>
> Yo quiero saber por qué

> cuando en canónigo coche
> entró en sueños, hondamente
> se me abre adentro la noche.
>
> Y por qué en el almacén
> como ráfaga en la calma,
> inmemoriales azules
> me tocaron hasta el alma.

Y concluye así el poema:

> No quiero que otro infinito
> me bañe la sombra pura.
> Si me preguntan escojo
> la misma cómoda oscura.

La llamada poética de la memoria, tan cercana pero a la vez tan diferente a la de Eliseo Diego —tanto es así que Vitier reparó en la presencia, en ambos, de lo que dio el crítico en llamar la «imaginación del sentimiento»—,[186] preside en realidad la zona más vasta del libro, sobresaliendo en ella algunos de sus poemas antológicos, como «El bello niño», «Lo oscuro», en general esos «interiores mágicos», donde la poetisa despliega su visión simbólica de la realidad, acaso amparada en aquella convicción de Martí de que «Todo lo real es simbólico». Ella misma ha expresado que «las cosas mientras más reales son más simbólicas, porque toda cosa es, en sí misma, un símbolo»,[187] precisamente en su ensayo sobre José Martí, donde analiza la presencia del «símbolo involuntario»[188] martiano. Así, la poetisa despliega sus paisajes simbólicos, recreados por su memoria creadora —la ya aludida «imaginación del sentimiento»—, para ofrecer ese exceso desconocido que portan las cosas como una promesa guardada en su apariencia, es decir, su *misterio*, su apertura o despegue hacia un orden superior, trascendente, que a la vez que contiene a las cosas, las rebasa. Es por ello que la realidad siempre tendrá para ella un contenido simbólico, pero no con un sentido propiamente tropológico, sino religioso. La importancia que tiene la *extrañeza* en la poesía de Vitier la tendrá el *misterio* en la de García Marruz. Por eso afirmará en su poema «Visitaciones»: «Toda apariencia es una misteriosa / aparición».

Su convicción de la cualidad simbólica de lo real ilumina también la perspectiva presente en su cuaderno «Las oscuras tardes», donde está implícita su mencionada estética de lo Exterior, la cual halla un ejemplo arquetípico en su soneto «Una dulce nevada está cayendo»:

> Una dulce nevada está cayendo
> detrás de cada cosa, cada amante,
> una dulce nevada comprendiendo
> lo que la vida tiene de distante
> [...]
> mientras en lo que miro y lo que toco
> siento que algo muy lejos se va huyendo.

En este poema se halla concentrada toda su estética trascendentalista: su visión de lo exterior, es decir, ese punto de lejanía y cercanía por donde las cosas son siempre ellas y a la vez otra cosa, porque, como afirma en «Lo exterior en la poesía»: «el centro mismo de toda búsqueda poética [es]: descubrir la liturgia de lo real, la realidad pero en su extremo de mayor visibilidad, que es también el de su escape eterno».[189]

Con el mismo sentido de su «Transfiguración de Jesús en el Monte», dice la poetisa en «Canción para la extraña flor»: «He aquí que estás frente a mis ojos, y sin embargo, tan misteriosamente fuera de la vida.» Todos sus temas esenciales pueden encontrarse en este cuaderno: la validación trascendente, fruto de la encarnadura cristiana, de lo particular —«Ama la superficie casta y triste. / Lo profundo es lo que se manifiesta», dice en «Ama la superficie casta y triste»—; su visión de la belleza dolorosa, también de estirpe martiana —«¡Oh lo bello y lo triste!», expresa en «Sonetos a la lluvia»—; la entrega afirmativa al instante como imagen de la eternidad —«Una cara, un rumor, un fiel instante, / ensordecen de pronto lo que miro / y por primera vez entonces vivo / el tiempo que ha quedado ya distante», en «Una cara, un rumor, un fiel instante»—; la entrevisión de la poesía, propia del conocimiento poético o amoroso —«Cuando de pronto el mundo de ese acento distinto, / cobra una intimidad exterior que sorprende, se oculta sin callar, sin hablar se revela», en «Y sin embargo sé que son tinieblas»—; la

cualidad simbólica, misteriosa, aparente y trascendente a la vez de lo real —en «El distinto», y en otro poema del cuaderno «Los misterios»: «La demente en la puerta de la iglesia»—, contenidos todos estos que se despliegan también en los poemas más confesionales de este libro, los que agrupa en el cuaderno «La noche en el corazón», que ilustran el sentido del estilo de su poesía —tema recurrente en la crítica—, y que le hizo decir a María Zambrano:

> Es en Cintio Vitier, Eliseo Diego, Octavio Smith y Fina García Marruz donde de modos cada uno diferente, vemos a la poesía cumplir una función que diríamos de salvar el alma. No parece ninguno de ellos detenerse en la poesía como en su modo de ser, quiero decir que siendo poetas no parecen decididos o detenidos en serlo. Y en Fina García Marruz, yo diría que por «añadidura». Ella es quien testifica de modo más nítido esta actitud, no frente a la poesía, sino frente a la vida.[190]

Toda su poesía pudiera acaso sintetizarse en una frase de un verso suyo: «Lo eterno en lo fugaz»; o en estos otros: «No en lo que permanece siempre huyendo, sino entre lo que, huyendo, permanece»,[191] en los cuales se alude al contenido y a la perspectiva más esenciales de su poesía y de su pensamiento: la encarnación, perspectiva común a la mayoría de los poetas del Grupo Orígenes, pero que en García Marruz se muestra en su forma más nítida. Esa perspectiva central permite comprender incluso el verdadero alcance de la denominación de poesía trascendentalista, sugerida por Fernández Retamar, porque indica el vínculo poderoso que estos poetas, en su mayoría católicos, mantienen con la realidad; es decir, explica la validación del mundo de las apariencias, del mundo de lo particular —«Eterna fuente de poesía», dice García Marruz—,[192] aunque con un sentido trascendente en última instancia. Ya precisaba esto Fernández Retamar a través de un pensamiento de Heidegger. Dice el crítico: «Nos ceñimos al nombre en su prístino sentido, con independencia de los que históricamente haya ido adquiriendo. Trascendente, dice Heidegger, es aquello que realiza el traspaso, aquello que traspasando permanece.»[193]

También a partir de su perspectiva de la encarnación puede comprenderse el sentido de su estilo. Cintio Vitier reparó en que fue esta poetisa la que le confirió a la poesía origenista «el tono confesional que le faltaba»,[194] es decir, fue la que hizo más evidente en su obra la función cognoscitiva de la poesía, al tratar de alejarla de toda reducción meramente literaria, y asumirla incluso como un menester religioso. Es por ello que su estilo —hermanado con su pensamiento— no parece detenerse nunca en sí mismo, e incluso a través de su convicción de la obediencia a una forma, de la asunción de un límite en la apariencia de la realidad —pero no para quedarse en ésta, sino para, a partir de ella, expresar lo trascendente—, es que se comprende, por un lado, la extraña simultaneidad —extraña a primera vista— en una gran zona de su poesía de una intensa plenitud expresiva dentro de formas tradicionales, como el soneto «Dénme el conocimiento de un límite y la más simple frase melódica me puede llevar de la mano a lo insondable»,[195] expresa la poetisa, es decir, como ella misma también ha indicado, «sugerir una totalidad a través de un límite».[196]

Pero la poesía de Fina García Marruz no sólo resultó importante por sí misma o porque a través de ella pueden comprenderse muchos de los contenidos comunes al Grupo Orígenes, sino además porque dotó a la poesía cubana de una intensidad de pensamiento a la vez que de una expresividad poética perdurables, por donde su poesía sugerirá una fuente inagotable de conocimiento poético, y ello siempre logrado a través de la fidelidad a las materias de la más inmediata realidad, como indicando que es el amor a lo perecedero el que posibilita el amor a lo imperecedero.

La otra gran obra poética de la segunda promoción origenista es sin dudas la de Eliseo Diego. Calificado por Lezama Lima como «uno de los más opulentamente sobrios destinos poéticos que hemos tenido»,[197] Eliseo Diego aporta a nuestra poesía una de sus obras más importantes: *En la Calzada de Jesús del Monte* (1949),

cuya calidad ha hecho que sea reconocida como una de las muestras poéticas más espléndidas del idioma. Para Cintio Vitier —acaso su mejor crítico—, es además «el poeta que había salvado el mito de la patria».[198]

Si Lezama Lima había lanzado el mito de la insularidad cubana, convencido de la necesidad de la creación «del mito que nos falta»,[199] y se planteaba igualmente la creación de una «Teleología insular» y que, frente a la desintegración de la conciencia nacional, había que «ir ya entregando las formas superadoras de esa desintegración», convencido de que «un país frustrado en lo esencial político, puede alcanzar virtudes y expresiones por otros cotos de mayor realeza» que arranquen «de las fuentes mismas de la creación», de «la actitud ética que se deriva de lo bello alcanzado», por lo que, insiste, «había que crear la tradición por futuridad, una imagen que busca su encarnación, su realización en el tiempo histórico, en la metáfora que participa»,[200] Eliseo Diego, en el mismo año que Lezama hace estos últimos planteamientos, publica *En la Calzada de Jesús del Monte* (1949), libro donde el poeta realiza una verdadera integración de numerosos contenidos y valores de la *cubanidad*; recupera y fija poéticamente la imagen mítica de la Isla y desenvuelve como un fresco donde accede al conocimiento y develación de las materias, los objetos, las costumbres, los personajes, de un pasado que por obra y gracia de su mirada poética adquiere el rango de una verdadera tradición; tradición que mitifica, intemporaliza, para salvarla para la memoria de la patria e impedir su caducidad. Simultáneamente a esa vuelta a los orígenes, el poeta tratará de fijar en imágenes perdurables lo que Vitier ha dado en llamar «el mito criollo de la República de raíz patriarcal»,[201] ligado entrañablemente al mito de su infancia —como puede apreciarse en el poema «El sitio en que tan bien se está»—, por lo que, a la vez que explaya aquel mito, nos comunica, según palabras de Vitier, «como el testimonio de la caída del alma de la patria».[202] Dice el poeta:

> *Tendría que ver*
> *cómo mi padre lo decía:*
> *la República.*

En el tranvía amarillo
la República era,
decir la suave,
amplia, sagrada
mujer que le dio hijos.

En el café morado:
la República, luego
de cierta pausa, como
quien pone su bastón
de granadillo, su alma,
su ofrendada justicia,
sobre la mesa fría.

Como si fuese una materia,
el alma, la camisa,
las dos manos,
una parte cualquiera
de su vida.

Yo, que no sé
decirlo: la República.

La cualidad compensatoria, salvadora, de la memoria poética para Eliseo Diego hace que Vitier lo nombre «el heredero»,[203] es decir, quien *recibe*, pero también *revela* y *afirma* el sentido oculto de toda una tradición. De esta manera su poesía resolverá el dilema entre lo nacional y lo universal, al ofrecernos una obra que no se detendrá en la mera descripción o en la escueta enunciación de determinados valores culturales, sino que penetrará en su existencia más profunda, para hacerlos vivir de nuevo a través de la poesía. Como expresa Vitier: «Eliseo Diego testifica [...] una realidad que se pierde para la vida y se gana para la poesía.»[204] Dice el poeta: «Si dejo de soñar quién nos abriga entonces, / si dejo de pensar este sueño / con qué lengua dirán / este inventó edades si nadie ya las habrá nunca.» Pero la poesía, a la cual Eliseo Diego concibe como conocimiento, una forma —la única— que posee el hombre para aprehender la vida en su totalidad, es también entonces una de las formas de expresar nuestra realidad nacional, la cual, al no ser limitada por una mirada pintoresquista, folklorista o superficialmente costumbrista —como reconociera en aquellos

años muy oportunamente Alejo Carpentier— ;[205] al no expresar las cosas de la realidad, sino —como le gustaba decir a Mirta Aguirre— la realidad de las cosas, pudo entonces superar los dualismos y las limitaciones en que se debatían o que soportaban las anteriores corrientes poéticas cubanas, y acceder así a la universalidad de sus símbolos.

Ese afán por salvar y recrear determinadas realidades a través de una memoria creadora, va a condicionar en cierto sentido la forma que adquieren sus apropiaciones poéticas, y va a ayudar a conformar, en definitiva, todo un estilo. Ya Fina García Marruz ha destacado el carácter «entrañable»[206] que asume la *forma* en la poesía de Eliseo Diego, para aludir a su condición, no de mero medio o fin, sino a la colaboración activa que realiza para expresar las esencias de la realidad: su intensa plasticidad, el incesante animismo al que somete a los objetos, la certera adjetivación que, más que calificar, sustantiva, al decir de Vitier,[207] unidos a la recurrente hiperbolización de la realidad, hacen que su poesía, amén de poseer un léxico sobriamente culterano, una cierta tendencia parnasiana y, en general, una morosa delectación por las formas, no quede en mero ornamento o regusto sensitivo; antes bien, su proverbial perfección servirá para acoger algo así como el hieratismo de lo pétreo, la resistencia de lo arquitectónico, para constituirse, en fin, en un espacio suficiente. Por eso apunta Vitier que «la significación más trascendente que lo anima [es] la de situarnos —casi diría, amurallarnos— dentro de la memoria y el espacio del mundo».[208] Son construcciones espaciales que quieren desafiar y resistir la erosión implacable del tiempo —así sea con la calidad de las *ruinas*— desde su opulenta arquitectura verbal. Comienza así el primer poema del libro, «El primer discurso»:

En la Calzada más bien enorme de Jesús
*   del Monte*
donde la demasiada luz forma otras paredes
*   con el polvo [...]*

Ese henchimiento, esa animación de las cosas, le confieren a esta poesía como una «misteriosa

distancia interior que hace del tiempo un espacio del espíritu»,[209] advierte Vitier. Porque Eliseo
Diego reveló, para ganancia de nuestra sensibilidad poética, una *nueva materialidad*; es decir,
las materias poéticas, las cosas de la realidad más
inmediata, visible y manifiesta, sin dejar de ser
intensamente ellas mismas, cobran como un exceso de sustancia y de sentido primordiales. Por
eso su poesía, a la vez que es encarnación, conocimiento directo de las cosas, inextricable confusión con el mundo de lo particular, de las realidades más inmediatas, porta asimismo una
consustancial trascendencia, que es a lo que alude Vitier cuando señala que «La hinchazón de la
materia memoriosa rompe los límites de la materia definida»,[210] o Lezama Lima cuando afirma: «evocaba la casa como un arca de la alianza
fluyendo en la eternidad».[211]

Hay, en este sentido, cierta reminiscencia
pitagórica en la poesía de Eliseo Diego. Cuando
Vitier señala el propósito del poeta «de cuajar
un *organismo retórico* cerrado y perdurable»,[212]
y abunda sobre su «trabajo de sosegar y, en el
más profundo sentido, *espaciar* nuestra poesía»,[213] indica cómo las materias de la más inmediata realidad, al pasar al orbe ávido y retórico
de su poesía, son *ordenadas* para conformar un
ámbito resistente al paso del tiempo, al sucedá-
neo de la nada, el olvido, y así salvarlas de su
caducidad, de su disolución en el caos. Es, en
efecto, un afán de perfección y extensión frente
al caos, una suerte de *horror vacui*. Así, las cosas, aisladas por la memoria creadora del poeta y
como rescatadas de un pasado arquetípico, se
sitúan en «esa frontera de caos»,[214] o, frente a
este, como «la forma razonable del frenesí»,[215]
es decir, ese frenesí que parecen detentar las cosas mismas y que es embridado por la medida de
una cadencia, de un ritmo lentamente paladeable,
como tratando de alcanzar la hieratez del número, la armonía de un cosmos frente al caos, en
redivivo linaje pitagórico. De ahí también esa
lentitud en la observación, ese moroso zureo sobre la realidad, como para que las cosas —a través de su imaginación, del sueño, de su memoria creadora— emerjan de los orígenes, del
pasado, como criaturas definitivas, como un
«paisaje dibujándose con lentitud».[216]

Es que este libro, presidido por la sentencia
calderoniana: «que toda la vida es sueño», estará
traspasado por la capacidad cognoscitiva de la
memoria; memoria que no será simplemente
añorante, retrospectiva, sino, como se ha afirmado ya con anterioridad, una memoria creadora, donde recordar es conocer, pero también soñar, y soñar es imaginar, es decir, recrear, o mejor:
imaginizar, captar en imágenes la realidad de las
cosas. «Luego de la primera muerte, señores, las
imágenes», dice Eliseo Diego en un verso de su
«Segundo discurso: aquí un momento», uno de
los poemas centrales del libro. Pero esas imágenes son las imágenes creadoras del sueño:

> *Y ahora es el tiempo de levantarse y de*
> *trazar mi amplio gesto diciendo:*
> *luego de la primera muerte, señores, las*
> *imágenes,*
> *invéntense los jueves,*
> *los unicornios, los ciervos y los asnos*
> *y los frutos de la demencia*
> *y las leyes, en fin,*
> *y el paño universal del sueño*
> *espeso de criaturas, de fábulas, de tedio.*

O como expresa en otro poema primigenio
del libro, «Nombrar las cosas»:

> *Y nombraré las cosas, tan despacio*
> *que cuando pierda el Paraíso de mi calle*
> *y mis olvidos me la vuelvan sueño,*
> *pueda llamarlas de pronto con el alba.*

En ese poema se revela acaso su poética más
transparente: su poética de la memoria creadora, aliada del mito. Es conveniente señalar que la
poética de Eliseo Diego siempre será una poética implícita, pues a diferencia del pensamiento
poético de Lezama, explícito incluso en su propia poesía, el de Eliseo Diego, «ciego de entrañable realidad», como expresa en un verso, estará hasta tal punto confundido con las cosas
mismas, será tan indisoluble esa religación y tan
vasta su extensión dentro del mundo de las apariencias, de las cosas reales y tangibles, que no
es raro que el poeta defienda fervientemente que
«la poesía es una encarnación», esto es, dice: «una

penetración de la realidad, como una suerte de encarnación, en el sentido religioso de la palabra».[217] Y de ahí la preeminencia, ya aludida, de los *sentidos* en su poesía; si bien se debe insistir en su consustancial trascendencia, esa que le hace reparar en la «extraña conciliación de los días de la semana con la eternidad» e intuir una profunda armonía astral, motivo muy reiterado en toda su poesía.

La crítica ha estudiado diversas facetas de esta poesía: Fina García Marruz, la «cortesía»[218] inherente a su perspectiva poética; Vitier, el tema del *imposible* y el de la *pobreza*,[219] este último consustancial a Orígenes , pero que en la poesía de Eliseo Diego adquiere una sostenida presencia, la cual es asumida como una *pobreza espléndida*: «Y más me conmovía atender a estas gentes, a su belleza extrañísima y pobre», dice el poeta en su poema «V»; presencia, tema, que puede apreciarse también en «Segundo discurso: aquí un momento», «Los portales, la noche», «El pobre», «X», entre otros. Asimismo, Vitier[220] ha estudiado el sentido del polvo, la penumbra y la piedra en su poesía, tópicos sintetizados por el propio poeta —obsérvese aquí, además, el tema de la pobreza— en el siguiente texto:

> Y la Calzada de Jesús del Monte estaba hecha, aquel día cuando ascendí, por la contemplación de la miseria, a ver la pobreza de mi lugar naciendo; estaba hecha de tres materias diferentes: la piedra de sus columnas, la penumbra del Paso de Agua Dulce y el polvo que acumulaban sus portales.

Uno de los discernimientos críticos más importantes hechos por la crítica sobre su poesía es la diferenciación apreciada por Vitier[221] entre los estilos de lo criollo y de lo cubano como dos formas de revelarse nuestra cubanía y, especialmente, la presencia de un estilo de lo criollo en Eliseo Diego, concebido también como una resistencia, un estilo frente a la muerte, sintetizado acaso en su poema antológico «La quinta», para Vitier «un poema de memorable plenitud en la penetración de los sabores de lo criollo como interior, penumbra, costumbre, habla, or-

namento y, en una palabra, estilo frente a la muerte».[222]

Su segundo libro de versos, *Por los extraños pueblos* (1958), es una suerte de derivación del anterior, pues de hecho, como ha observado Enrique Saínz, quien es citado por el propio poeta: «todos los libros escritos por mí están como en germen en el primero, *En la Calzada de Jesús del Monte* [...] [lo cual es cierto] tanto para el desenvolvimiento de los temas como para la experimentación de las formas.»[223] No obstante, a pesar de las predominantes comunidades existentes entre ambos, pueden apreciarse algunas diferencias que se harán más ostensibles, de acuerdo a la evolución del poeta, en sus libros posteriores.

Su mejor crítico repara enseguida en una importante diferencia o, mejor, en una intensificación: «No se ha escrito en Cuba ningún libro de versos tan encarnizada y excluyentemente dedicado a la fijación, como él mismo dice, de "los colores y sombras de mi patria".»[224] En general sucede eso: se intensifican contenidos y características ya presentes en su primer libro. Por ejemplo, se apreciará un acercamiento todavía más directo a la realidad. Sus extensos y opulentos discursos ceden el lugar a poemas más breves, y abundan los sonetos, cuartetas, y esas impecables décimas donde el poeta logra una asombrosa perfección.

En este libro, junto a la persistencia del estilo de lo criollo, irrumpe también el de lo cubano en «La cañada» y «Bajo los astros». En general disminuye la adjetivación, aparece cierto regodeo lúdicro, cierta *alegría*; por la poderosa angustia omnipresente en el tono del primer libro parece esconderse aquí tras sus numerosas y plásticas estampas y retratos. Incluso la memoria a veces es simplemente la memoria añorante, el clásico, aunque más inmediato, *ubi sunt*, tal como se muestra en «Las ropas» o en «Se acabaron las fiestas».

Es ésta, no obstante, una poesía ávida, menesterosa de dones, que hace desfilar los objetos como tesoros que esplenden fugazmente dentro de la hurañez y pobreza de la realidad. Porque el poeta parte siempre del sentimiento de su pobreza actual, de su intemperie, de la agobiadora y angustiosa pesadumbre de la temporalidad, para entonces, una vez asumido ese vacío, emprender el viaje —el sueño— de la memoria. Pero este origen, ese pasado que se quiere rescatar, no se devela nunca del todo, porque conserva siempre su lejanía, su consustancial misterio. De ahí que los objetos que el poeta quiere salvar del olvido adquieran, bañados por las aguas del sueño creador de la memoria, cierta textura onírica, cierta demencia, tal vez porque están vistos, como apreciara Vitier, a través de esa «misteriosa distancia interior que hace del tiempo un espacio del espíritu». Además, la realidad develada por el poeta parece a veces ostentar como una extrañeza, un imposible, un misterio intraspasable, como aquellas nubes que se perdían «suaves, dementes, calladas». O cuando en el poema «La riqueza», luego de *enumerar* los numerosos objetos que alberga un almacén, concluye sentenciando: «...la riqueza insaciable / del minucioso mundo que nos ciega». Las cosas pueden mostrar un envés luminoso y un revés oscuro imprevisible. Por eso en su poema «Afuera», cuando describe el advenimiento del crepúsculo, confiesa: «Y consuela de pronto / estar adentro, a salvo / de todo en la costumbre.» Es que tras la apariencia leve, sonriente, matinal, de las realidades descritas, existe como una amenaza latente, una fuerza exterior, muchas veces objetivada en el avance de la noche, o en el aire frío. Así, en el poema «La mesa», dice el poeta en las dos primeras estrofas:

> *La mesa, la inocente*
> *criatura reposada y cándida*
> *extiende su silencio*
> *entre la luz, en oro duerme.*
>
> *Allí la hora*
> *es la madera, la nocturna;*
> *es el color gastado,*
> *la superficie de la mesa cándida.*

Pero de pronto irrumpe lo otro en la última estrofa:

> *Sopla el frío en el árbol,*
> *cambia la luz, el tiempo,*

> *y otra criatura tiembla*
> *con callado pavor entre la sombra.*

Aquí, si la madera de la mesa, que ya pertenece a un ámbito humano, cerrado, está resguardada, la madera del árbol que soporta la intemperie sufre los rigores de la noche y el frío, los cuales se intuye que pueden aludir a pavorosas realidades indecibles.

Si desde *La Calzada de Jesús del Monte* se observa en la poesía de Diego la presencia de lo conversacional, aunque dentro del tono solemne que caracteriza a este libro, en *Por los extraños pueblos* ya puede apreciarse su despliegue más libre, más desenfadado —aunque sin eludir nunca su acento lírico— y más cercano a las realidades inmediatas, por donde su poesía en cierto modo se constituya en antecedente —como también la de García Marruz, Vitier, Florit y Feijóo— de la predominante poesía conversacional cubana de las décadas del sesenta y setenta.

Eliseo Diego, acaso uno de los poetas cubanos mejor dotados para captar eso que Vitier llamó, en su libro *La luz del imposible*, «la vivencia de lo desconocido»,[225] ese misterio que parecen irradiar las cosas mismas desde su aislada y desnuda materialidad, es también el poeta que nos enseñó a ver de nuevo y mejor los objetos menudos, la luz y la sombra, las realidades físicas, las costumbres de las familias cubanas, todo un estilo de vida, los personajes acaso olvidados de los pueblos de la patria... Como dice en su prólogo a este libro, la poesía, para él, «es el acto de atender en toda su pureza», pero atender para «nombrar las cosas», «para dar testimonio». Ya reparó Lezama en «uno de los versos de más misterio y raíz poética que ofrece nuestra poesía»:[226] «Porque quién vio jamás las cosas que yo amo». Puede citarse entonces, para finalizar, un fragmento de su prólogo a *Por los extraños pueblos*, para apreciar la conversión de ese verso en una verdadera poética:

> No es por azar que nacemos en un sitio y no en otro, sino para dar testimonio. A lo que Dios me dio en herencia he atendido tan intensamente como pude; a los colores y sombras de mi patria; a las costumbres

de sus familias; a la manera en que se dicen las cosas; y a las cosas mismas —oscuras a veces y a veces leves. Conmigo se han de acabar estas formas de ver, de escuchar, de sonreír, porque son únicas en cada hombre; y como ninguna de nuestras obras es eterna, o siquiera perfecta, sé que les dejo a lo más un aviso, una invitación a estarse atentos.[227]

Muy relacionado con los orbes líricos de Eliseo Diego y de Fina García Marruz, el único libro publicado por Octavio Smith (1921) antes de 1959, *Del furtivo destierro* (1946), resalta desde su solitario esplendor, dentro de la poesía cubana. Smith es poseedor de una delicada sensibilidad, de un arrasador sentimiento que traspasa a todas sus materias poéticas —tipo de sensibilidad que Vitier[228] ha identificado, dentro de nuestra tradición lírica, con aquel *temblor* que el crítico había detectado en la poesía de Luisa Pérez de Zambrana—; ese sentimiento, sin embargo, es desplegado a través de una mirada que parece envolver a toda la realidad y dotarla de una fascinación, de un aura como de realeza, de un antiguo esplendor perdido y recobrado por la memoria. De ahí esa profusa y característica adjetivación sobre la cual la crítica tanto ha insistido.

Dos de sus poemas, «Del linaje disperso» y «Casa marina», constituyen, a la vez que lo central de su expresión, dos textos antológicos de nuestra poesía. Dentro de la lírica trascendentalista, la obra de Smith encarna la más indiscernible religación entre lo poético y lo religioso. Asimismo, dentro de la poética de la memoria, acentúa el linaje bíblico, de paraíso perdido, de sus apropiaciones poéticas. Y también dentro de la poética de lo cubano, es muy singular su peculiar visión de lo insular: «Inmerso en isla extática y hialina», dice en «Casa marina»; Vitier ha sabido aprehender esa égloga marina como lo más característico de esta poesía junto a «el misterio del temblor insular»[229] —siempre hondamente expresado, nunca explícito— en «Del linaje disperso». Aquella «nostalgia de toda realeza perdida» aflora, confundida con la nostalgia de lo insular, en su «Casa marina»: «Casa marina, reino de sal rielante tuve / y destronado fui mientras dormía». Así, en la poesía de Octavio Smith se pueden apreciar, resueltos desde su independiente originalidad creadora y expresados con una gran intensidad, muchos de los contenidos y actitudes poéticas que caracterizaron señaladamente a la segunda promoción origenista.

En este mismo sentido y dentro de la expresión de una poética de lo cubano resalta la obra lírica de Lorenzo García Vega (1926). Su único libro de poesía, *Suite para la espera* (1948) —donde la crítica ha apreciado su ascendencia surrealista y su deuda con *Trilce*, de César Vallejo—, sostiene un impulso que trata de rehuir toda serenidad formal, acaso para poder apresar, con mayor fidelidad, la memoria de su infancia y, a través de ésta, toda una sensibilidad de *Lo cubano*, aspecto este último que motivó que Vitier reparara en que «Tan intensa como la fijación de Eliseo Diego en lo criollo, es la de Lorenzo García Vega en lo cubano».[230] En este sentido cobra una especial importancia su libro de memorias, *Espirales del cuje* (1952), donde, con una prosa de raíz poética, García Vega logra ofrecer un intenso testimonio y una recreación, caracterizada por un auténtico realismo poético, del «sabor de las conversaciones y el estilo de las familias», tendencia que enriquece las miradas simultáneas de la poesía de Diego, García Marruz y Smith. «No se ha escrito en la República ningún libro tan atestado del sabor de nuestras cosas como este»,[231] sentencia Vitier.   [*J. L. A.*]

2.2.7.4 *Cubanía y universalidad de la obra de Guillén*

Nicolás Guillén hace su entrada en la literatura cubana con un conjunto de textos que tuvo una singular recepción por parte del público y de la crítica: *Motivos de son* (1930).[232] Tras publicar sus primeros poemas en *Camagüey Gráfico* y más tarde en *Orto* y *Castalia*, realizó en 1922 una selección de aquellos textos juveniles para conformar un volumen, bajo el título de *Cerebro y corazón*, que no vería la luz hasta 1965.[233] Este libro, concebido «dentro de los esquemas formales y dentro de la atmósfera subjetiva peculiar del Modernismo», participa, según opinión de Ángel Augier, «de las virtudes y los defectos que presentaba la poesía cubana durante los tres primeros lustros del siglo, en la que predominó la influencia todopoderosa de Rubén Darío y sus corifeos».[234]

Fruto de una sensibilidad asumida en su fase decadente, *Cerebro y corazón* muestra, en cambio, junto a los giros retóricos y a determinadas actitudes emotivas o conceptuales de origen libresco —el escepticismo modernista, cierto tono sentimental apoyado en tópicos gratos al romanticismo— un real dominio de las formas métricas tradicionales —especialmente el soneto—, conocimiento que provenía de su temprana aproximación a los clásicos de la poesía española: Lope de Vega, Quevedo, Góngora, Cervantes, entre otros.

Dos intentos fallidos de estudiar Derecho en la Universidad de La Habana, cuyo saldo fue la decepción mostrada en los sonetos «Al margen de mis libros de estudio», de 1922[235] —composiciones que clausuran en cierto modo su primera fase creativa y anuncian, a su vez, una crisis dentro de sus criterios estéticos— y el fracaso de un proyecto editorial, con la desaparición de la revista *Lis* —fundada en Camagüey junto a su hermano Francisco—, precedieron a un silencio de cinco años durante los cuales, fuera de eventuales trabajos periodísticos, rehuyó totalmente la escritura.

Al instalarse de forma definitiva en La Habana a fines de 1926, le alcanzaron los aires de renovación procedentes de la Vanguardia,[236] vuelco cuya necesidad al parecer ya intuía desde los años de su experiencia universitaria. Fue una transición breve y sin estridencias hacia lo que la crítica especializada considera su obra poética principal.

Los *Motivos de son* aparecieron en la página «Ideales de una raza» del *Suplemento Literario del Diario de la Marina*,[237] donde colaboraba desde 1928 con artículos y poemas. Era, en principio, un conjunto de ocho poemas breves, a manera de pinceladas sobre la vida del sector más humilde y marginado de la población habanera; asumían la estructura estrófica y rítmica de un tipo de música bailable de origen popular, con texto para ser cantado, elaborada a partir de una fusión de elementos heredados de la tradición musical europea con los componentes esenciales de la música africana —ritmo, percusión—, y aprovechaban lo flexible de su forma y la libertad que esta estructura les ofrecía para mostrar, con el modo de expresarse y articular propio del negro pobre, escenas, tipos del solar citadino.

Tal y como su nombre lo indica, constituyen puntos de expansión, situaciones de partida para intuir, detrás de su desarrollo fugaz, un cuadro de vida, más que expreso, sugerido, un contexto para ser imaginado, pero no por esto menos real. Inmersos en el auge de la poesía negrista, los *Motivos...* parecen, a primera vista, un producto más de aquella línea creativa surgida de la Vanguardia, debido ello en parte al sabor folklórico y a los rasgos costumbristas que en buena medida poseen; pero Guillén fue más lejos en la percepción de un fenómeno que, al concretarse en objeto artístico, de motivo o punto de referencia para la literatura se extiende y transforma en expresión de un hecho social.

El mundo del solar, sus penurias, se encuentran implícitos en el cuadro, caricaturesco en apariencia, esbozado por el poeta. El plan es al parecer simple: la construcción de escenas realistas con elementos pintorescos —costumbres peculiares, tipos folklóricos, prosodia deformada—, pero esa simplicidad no es tal. El realismo de *Motivos de son* está más en las circunstancias que se adivinan a partir de esas instantáneas que en las escenas mismas, pues el creador ha seleccionado para conformarlas sólo fragmentos de la realidad, los cuales, al ser percibidos en una lectura superficial, resultan lo más externo y propio de la llamada poesía negrista. Pero al profundizar se descubre un proceso de creación mucho más complejo: los poemas aludirán, en primera instancia, a motivos musicales, serán escenas que potencialmente pueden servir de base a un son —con su carga lúdicra, festiva—, mas en realidad Guillén realiza un proceso inverso, las escenas que suele captar y cantar el son regresan hacia la vida en estos textos; el autor crea una cruda imagen de lo real, sólo que esta otra imagen es elíptica, dada en indicios, y a través de su poder de sugerencia se muestra la otra y verdadera cara del problema.

El tema de los motivos es, en líneas generales, la relación de la pareja, el amor marcado por las vicisitudes domésticas y por un status social, cuya acción determina rasgos psicológicos singulares entre la población negra y mestiza de menores recursos económicos:

> Mira si tú me conose
> que ya no tengo que hablá:
> cuando pongo un ojo así,
> e que no hay na;
> pero si lo pongo así,
> tampoco hay na.
> Empeña la plancha elétrica,
> pa podé sacá mi flú;
> buca un reá,
> buca un réa,
> cómprate un paquete'vela
> poqque a la noche no hay lú [...]
>
> («Hay que tené boluntá»)

Si este modo de tratar la temática negra es ya de por sí un aporte significativo a ese tipo de poesía, a los elementos de contenido se suman, además, recursos formales totalmente inéditos y que a partir de este momento pasarán a formar parte de una voz, un estilo personal, por el cual se identifica al autor de *Motivos de son*. No se trata solamente del hallazgo del son como forma poética representativa de la sensibilidad popular y del carácter mestizo de nuestra cultura, sino de la puesta en juego de una compleja gama de recursos técnicos que complementan, desde el plano configurativo, el sentido de los textos: imitación de la síncopa musical por medio de contratiempos acentuales, reproducción del sonido de los instrumentos de percusión —la tumbadora, el bongó— por la recurrencia en el empleo de fonemas específicos, o ciertas combinaciones de éstos; creación de una textura fónica similar a la de las lenguas africanas, cuyo influjo se hacía sentir en el modo de hablar del negro pobre;[238] y todo ello con los recursos del español, aprovechando, a su vez, los elementos de la tradición lírica castellana.

Nicolás Guillén se propone, pues, expresar lo mestizo de un modo que implique no sólo el lado ideológico o sociológico del planteamiento, sino también las consecuencias de la síntesis racial y cultural en un orden más sutil: el de la lengua y su uso literario; al hacerlo da rango estético a una manifestación artística del pueblo y a la vez tácitamente proclama que esa riqueza, marginada por la cultura oficial, es trasunto de la verdadera naturaleza del cubano, expresión de su ser nacional.

Motivos de son es el primer paso en una obra cuyo hilo conductor, desde el punto de vista conceptual, será el anhelo de integración nacional, expresado cada vez con mayor fuerza y en los más variados registros. En *Sóngoro cosongo* (1931) este principio aparece de manera explícita en el prólogo:

> ...Diré finalmente que estos son unos versos mulatos. Participan de los mismos elementos que entran en la composición étnica de Cuba, donde todos somos un poco níspero [...]
>
> [...] Opino por tanto que una poesía criolla entre nosotros no lo será de un modo cabal con olvido del negro. El negro —a mi juicio aporta esencias muy firmes a nuestro coctel. Y las dos razas que en la Isla salen a flor de agua, distantes en lo que se ve, se tienden un garfio submarino, como esos puentes hondos que unen en secreto dos continentes. Por lo pronto el espíritu de Cuba es mestizo. Y del espíritu hacia la piel nos vendrá el color definitivo.[239]

No se trata, pues, de un simple problema literario; Guillén ha encontrado, ciertamente, una expresión lírica singular, pero a través de ella invita a lanzar una mirada cohesiva sobre la sociedad cubana: bajo su propuesta literaria subyace un proyecto tácito de armonía social que pretende ser anticipada por el acto poético. El primer paso había sido mostrar con la mayor naturalidad posible las circunstancias concretas en que transcurría la vida del negro humilde y reclamar un espacio dentro de la literatura para su mundo espiritual; ahora se trataba de su integración verdadera a la vida nacional, y esto debía ser planteado sin tibieza. *Sóngoro cosongo* continúa y ensancha una línea de pensamiento iniciada en *Motivos de son*; su propio título, tomado del estribillo de uno de los «motivos», indica esta continuidad, dada en lo formal por la importancia que siguen teniendo la música y el ritmo en el cuaderno de 1931.

Los textos de *Sóngoro cosongo* fueron escritos en un lapso de dos años, y algunos son incluso anteriores a *Motivos...*; un buen número de ellos fue publicado con anterioridad a la impresión del volumen[240] en páginas dedicadas a la cuestión racial en la prensa periodística;[241] esto determina la variedad interna del libro, contrastante con la unidad de su predecesor. Resulta paradojal la intención de armonía declarada en el prólogo; la no correspondencia entre este deseo y la desarticulación real de la estructura podría interpretarse como un intento de reproducir, a nivel configurativo, lo inarmónico que resultaba el orden socio-político de la isla; se comprende así el carácter conscientemente teórico, ilusorio, del proyecto, pese a estar sustentado en verdades incuestionables; todos los recursos desplegados en el libro propenden a resaltar ese contraste, que será, en suma, el signo definitorio de sus páginas.

Aun cuando sus temas son, en un sentido general, la raza, la pobreza y la dependencia económica, en *Sóngoro cosongo* es posible detectar zonas de significación o sentido bien definidas, donde éstos se objetivan con diferentes matices. «La canción del bongó» representa una de ellas. El hablante en primera persona asume la voz del instrumento, símbolo del componente negro en la cultura cubana, y por medio de ella expresa, con análoga ironía, la idea expuesta en el prólogo. Constituye, por tanto, un resumen de las aspiraciones del autor:

> *...Ya comerás de mi ajiaco,*
> *ya me darás la razón,*
> *ya me golpearás el cuero,*
> *ya bailarás a mi voz,*
> *ya pasearemos del brazo,*
> *ya estarás donde yo estoy...*

Una actitud distinta encontraremos en un texto como «Llegada», donde la descripción de un suceso hipotético prefigura lo que sería la verdadera incorporación del negro a una vida plena, sin el precedente histórico de la esclavitud. Habrá que asumir esta presencia desde una óptica ajena a los prejuicios, y será preciso también ajustar los cánones a la hora de enjuiciar; estos hombres, cuya llegada simbólica viene a ofrecer la energía, la fortaleza, el impulso de una raza fresca, el «espíritu limpio» que traerá su rasgo «al perfil definitivo de América», reclaman una valoración de signo positivo, no sólo desde el punto de vista ético sino también estético, una suerte de reajuste de la estima atrofiada por patrones discriminatorios. Habrá que tener en cuenta un nuevo tipo de belleza, y el amor va a expresarse, por el puro y elemental instinto, con la inocencia de los orígenes.

Esta visión trae consigo una nueva imagen de la mujer, muy lejana del estereotipo acuñado por la tradición europea; los poemas «Mujer nueva» y «Madrigal» son representativos de este enfoque.

Una tercera zona incluye textos alusivos al ámbito vital del negro; en ellos el problema racial se presenta desde varias perspectivas para mostrar costumbres, actitudes individuales y colectivas, experiencias humanas diversas; son los más próximos a las motivaciones e intereses de la poesía negrista, pero poseen ese modo de calar en lo sociológico que ya había mostrado Guillén en *Motivos de son*. Así, la marginalidad, la violencia, subyacen en el transcurrir aparentemente alegre de la vida en el solar, en medio de las «cumbanchas» —«Rumba», «Chévere», «Velorio de papá Montero»—; la pobreza y el desamparo marcarán un agudo contraste con la suculencia de las frutas anunciadas en el «Pregón» o con la folklórica imagen del organillero en «Organillo».

Están, por último, los poemas donde la intención de denuncia social adquiere un sentido más directo, al adelantar un rasgo que en lo sucesivo no abandonará la obra de Guillén: el antimperialismo, presente en «Pequeña oda a un negro boxeador cubano», pero sobre todo en «Caña», apretada síntesis de la realidad nacional donde con sólo cuatro imágenes en construcción paralela logra resumir todo un drama:

> El negro
> junto al cañaveral.
> El yanqui
> sobre el cañaveral.
> La tierra
> bajo el cañaveral.
> ¡Sangre
> que se nos va!

En lo formal, *Sóngoro cosongo* se encuentra aún por momentos apegado al decir vanguardista en el uso de determinados recursos tropológicos: la prosopopeya, cierto tipo de metáfora:

> ...ese mismo Broadway,
> es el que estira su hocico con una enorme
> lengua húmeda,

> («Pequeña oda a un negro boxeador cubano»)

> ...De tus manos gotean
> las uñas, en un manojo de diez uvas moradas.

> • («Madrigal»)

El verso libre, de gran aliento como en «Llegada» o más ceñido como en «Organillo», alternará con el tipo de composición de muy flexible estructura métrica y estrófica creado por Guillén a partir del esquema del son y que, en algunos de esos poemas, se conformarán como una libre interpretación del tradicional romance castellano, al cual se inserta el clásico estribillo sonero. El metro corto —generalmente octosílabo— y la típica asonancia romancera servirán de marco a la anécdota que, como en los *Motivos*..., evoca momentos, situaciones típicas del solar o del barrio pobre. Salpicados de referencias —léxicas, contextuales— al mundo del negro, estos poemas son una muestra de cómo lo tradicional puede ser retomado a partir de una concepción novedosa del verso y sus atributos sonoros; jugando con los acentos, la segmentación y la rima, el poeta ha creado una atmósfera musical cuya opulencia y engañosa frivolidad se erigen como contrapartida del contenido encerrado en los textos. La tensión creada por el contrapunto interno entre forma y contenido viene a ser la clave del significado total del cuaderno, y en líneas generales, de una parte significativa en la obra del camagüeyano: el forcejeo perenne entre la condición naturalmente armónica del espíritu criollo —simbolizada en su sentido musical— y el desajuste histórico de su vida social. Esta idea va a ser desarrollada desde múltiples perspectivas a partir de *Sóngoro cosongo*; es por ello que dentro de la amplia gama de procedimientos y recursos poéticos desplegados en su obra tienen un lugar especial aquellos que de un modo u otro reflejen las oposiciones, los vínculos contradictorios entre los fenómenos de la realidad: los paralelismos contrastantes, la paradoja, la antítesis, el rejuego de alternativas de carácter negativo, los contrapuntos dramáticos y el enfrentamiento de imágenes y símbolos de connotación antagónica, entre otros.

Consciente de las contradicciones entre la realidad socio-económica y los aspectos de la idiosincrasia criolla citados líneas atrás, el autor se mueve y crea con un afán totalizador, integrador, y su mirada, más allá de una inmediatez desalentadora, está guiada por un impulso de futuridad. De momento sólo es posible llamar la atención sobre el fenómeno con todas las posibilidades brindadas por la palabra, y serán sometidas a cuestionamiento, no sólo las relaciones del individuo con el medio social, o de la espiritualidad con sus circunstancias concretas, sino, más aún, las del hombre y su entorno natural, su paisaje; es un tópico de alguna manera sugerido en textos como «Pregón» y «Caña», y que veremos perfilarse con mayor nitidez a partir de su próximo libro.

Los temas y preocupaciones presentes en el cuaderno de 1931, así como los modos expresivos ya mencionados, van a prolongarse en *West Indies Ltd* (1934). El dilema de la raza sigue siendo elemento clave dentro de la temática general en este cuaderno, pero planteado ahora de modo que se extienda al contexto antillano como escenario de hechos cuya recreación artística está centrada por un sentido histórico. El drama común a Las Antillas, nombradas satíricamente a partir del propio título como empresa de explotación

capitalista, es el de la dependencia neocolonial; a
partir de esta realidad lo puramente racial deja de
tener sentido como problemática aislada; el negro y el mulato son, además, y sobre todo, hombres explotados, y la discriminación forma parte
inalienable de una Historia donde naciones poderosas sentaron las bases de sus riquezas sobre una institución criminal: la esclavitud.

La Historia será, pues, motivo recurrente en
los poemas capitales de *West Indies...* —«Balada
de los dos abuelos», «West Indies Ltd»—, y dentro de ella la trata de negros como germen de la
discriminación, pero también como causa del
mestizaje; y de aquí se llega de nuevo al planteamiento central de la poética guilleniana: el deseo de la armonía, proyectado aquí hacia el ámbito regional, la necesidad de integración en un
espíritu único dejando a un lado el pecado original de la esclavitud.[242] En este sentido, su «Balada de los dos abuelos» es un texto programático,
tal y como lo había sido en *Sóngoro cosongo* «La
canción del bongó». La «Balada...», empero,
depone la ironía para dar un nuevo tono a la expresión; no se trata ya de recordar a todos, con
malicia, el abuelo «nocturno» escondido, sino de,
superada la indignación inicial, hallar el justo
medio donde blancos y negros participen de
manera constructiva en el logro de una vida mejor; Guillén asume, pues, ambos abuelos en un
acto de connotaciones éticas:

> Yo los junto.
>   —¡Federico!
> Facundo! Los dos se abrazan.
> Los dos suspiran. Los dos
> las fuertes cabezas alzan;
> los dos del mismo tamaño,
> bajo las estrellas altas, [...]

Junto a poemas que tocan el tema de la miseria —«Sabás», «Nocturno en los muelles», «Caminando», «Dos niños»— o el de la relación del
hombre con su naturaleza —«Palabras en el trópico»—, se hallan algunos textos situados dentro de una línea que aprovecha las posibilidades
expresivas y temáticas del folklore negro y criollo, y en los cuales se alude al universo mítico
trasplantado a nuestras tierras por la trata negre-

ra. Así «Sensemayá», donde despliega su dominio técnico acerca del poder connotativo de los
sonidos —valor semántico de los rasgos fónicos,
de las aliteraciones y agrupamientos de fonemas—, para reproducir no sólo el entorno sonoro del conjuro —tambores, silbido de la cule-
bra—, sino también la atmósfera mágica que
debe crear el oficiante, voz poética asumida por
el emisor. «Balada del güije», de gran complejidad en su tratamiento del tiempo, posee notas
mágico-realistas, y aun cuando evoca el universo mítico de García Lorca,[243] en su representación de las fuerzas sobrenaturales coaligadas
contra el hombre, su perspectiva es la del folklore
negro, asumida a partir de una experiencia intelectual, de una conciencia artística vinculada al
conocimiento de esa zona de nuestra cultura.

Guillén apela a una variada gama de formas
métricas y estróficas que incluye algunas tan
exigentes como el soneto, composiciones tradicionales como las baladas, en las cuales el libre
juego de la asonancia, de tan antigua raíz castellana, estimula el fluir natural de la musicalidad.

La forma externa se mueve continuamente
entre el verso libre de ascendencia vanguardista,
el son, ya establecido como hallazgo poético
personal, e inusuales combinaciones estróficas
de metros variados y rima libre. Un rasgo característico será el constante cambio de perspectiva y la asunción de diversas voces o sujetos poéticos, que determinan esta multiplicidad de
actitudes al conformar el texto. Por lo general,
el empleo del verso libre se corresponde con un
hablante más reflexivo, que expresa valoraciones sobre su entorno —la naturaleza, los seres
humanos— y su contingencia histórica, con un
mayor peso conceptual y cierto desborde en los
sentimientos, mientras los sones, las formas cerradas —rítmicas—, los metros cortos y el consonante, responden a una voz menos intelectual,
un sujeto —o sujetos— que representa al hombre de pueblo, más atento a los hechos inmediatos, a su circunstancia personal o colectiva.

De cualquier forma, ambos modos expresivos poseerán un movimiento dinámico interno
entre la actitud lírica y la epicidad, un reflejo de
lo real fluctuante entre la subjetividad lírica y la
objetividad épica. El ejemplo más significativo

de este procedimiento es el extenso poema que da título al volumen, en cuyo desarrollo el discurso del hablante, sarcástico, escéptico —actitud lírico-subjetiva— acerca de la historia antillana inmediata —contenido épico— será interrumpido tres veces por la «Charanga de Juan el Barbero», representación simbólica del pueblo cubano —como lo serán más tarde el José Ramón Cantaliso de los «Sones para turistas», el Juan Descalzo de sus coplas satíricas y el Juan Pueblo de la «Elegía cubana»—, cuyos sones completarán la idea del texto central, pero de forma más concreta y con un tipo de ironía diferente, la de nuestras capas populares que desde los tiempos de la esclavitud mezclan el dolor con el canto, el rencor y la broma:

> *Si me muriera ahora mismo,*
> *si me muriera ahora mismo,*
> *si me muriera ahora mismo, mi madre,*
> *¡qué alegre me iba a poner!*

Este contrapunto dramático entre la actitud festiva, aparentemente ligera, del carácter criollo, y la dureza del medio social donde habita, el contraste entre la alegría y el sentido musical del cubano y las difíciles condiciones de su existencia, constituyen, como se ha señalado, otro de los ejes de la poética en Guillén, y reflejan, en última instancia, esa ausencia de armonía denunciada por el escritor a través de numerosos recursos expresivos, entre los cuales predomina el juego de alternativas que no conduce a ninguna salida, pues en todos los casos representa una opción desesperada:

> *Me matan, si no trabajo,*
> *y si trabajo, me matan;*
> *siempre me matan, me matan,*
> *siempre me matan.*

Si *West Indies Ltd* significa la apertura temática hacia una poesía cuyo interés sobrepasa los límites del problema negro para internarse en lo socio-político desde una perspectiva antillana, *Cantos para soldados y sones para turistas* (1937) representa una cristalización de su poesía revolucionaria:

Cantos para soldados y sones para turistas. Un título que de antemano avisaba que el libro valía por toda una definición del drama latinoamericano, no sólo insular. Se trataba del uniforme de caciquismo, de asonadas, de cuartelazos, de látigo, de predominio de la fuerza bruta y desprecio al poder civil que, como Cuba, toda la América de habla española conocía muy bien. Y se trataba del pirata que se quita un instante el cuchillo de entre los dientes para llevarse a los labios el cuello de una botella. Turismo: rostro balneario, jubiloso, vacacional, de pulpo en asueto...[244]

Este cuaderno resume en sí dos fases o códigos creativos interactuantes que dominan en la poesía de Nicolás Guillén: por una parte, un fuerte apego a la tradición poética castellana, y por otra, la búsqueda de soluciones originales para el logro de una expresión netamente cubana, que a su vez contenga, trasfundidas, las esencias de lo español con los aportes del resto de los elementos integrados en nuestro complejo cultural.

Así, los «Cantos para soldados» evocarán una vieja modalidad de canción popular castellana —las medievales cantigas o canciones de soldados— pero, como su nombre lo indica, estos cantos son «para soldados» y, recontextualizados, devienen intento de colocar a la soldadesca, por medio de la persuasión, frente a frente con una realidad contradictoria, la de ser hombres humildes a quienes la necesidad obliga a desempeñar una función represiva sobre sus hermanos de clase.

Y todo ello en formas que van de la sencilla canción popular, pasando por el romance, una interpretación muy personal de la balada, redondillas y silvas de estructura perfecta, hasta formas inclasificables donde juega con su dominio de los procedimientos retóricos para obtener composiciones de factura novedosa. La sencillez e ingenuidad, a veces casi infantil, del lenguaje en los textos, no impiden, en cambio, el despliegue de los recursos tropológicos: metáforas, sustituciones metonímicas, juegos sinestésicos que aún recuerdan a Lorca:

Las espuelas estrelladas
relumbran con fiero brillo,
y van regando en el polvo
sus cinco puntas de ruido [...]

(«Riesgo y ventura de los soldados»)

La paradojal condición del soldado —situaciones en las cuales, puesto a escoger, se decide
por su esencia humilde—, anécdotas, pinceladas
en las que a veces ronda la muerte como probable contingencia de un oficio despiadado, constituyen los componentes temáticos fundamentales de esta primera parte del libro.

A su vez, los sones de la segunda sección
—producto mestizo— serán portadores de una
agresividad e ironía en la denuncia contrastante
con lo amable del tono precedente. Si a los soldados les habla con intención didáctica a nombre de una esencia común:

Tú eres pobre, lo soy yo;
soy de abajo, lo eres tú;
¿de dónde has sacado tú,
soldado, que te odio yo?

(«No sé por qué piensas tú»)

a los turistas yanquis «había de cantarles sones
de José Ramón Cantaliso. Sones, no del solar
bachatero de *Sóngoro cosongo*, sino del solar ham-
briento y rencoroso de Juan Cocinero y Juana la
tuberculosa».[245]

¿Quién los llamó?
Gasten su plata
beban su alcol,
cómprense un güiro;
pero a mí no, [...]

Una característica peculiar de estos sones,
presente asimismo en los «Cantos para soldados», es la participación de varias voces o sujetos poéticos, a manera de personajes, en escenas
donde se incluyen a veces un narrador o un pre-
sentador y un coro; el juego con los modos
apelativos y esta plurivocidad en los textos les
confieren matiz dramático, dado además en la

exposición de conflictos: la inminencia del
desahucio, el contraste entre el disfrute del turista y el sufrimiento de los habitantes del solar,
o bien la situación extrema presentada en «Fusi-
lamiento» de *Cantos para soldados*.

La dramaticidad de la poesía de Guillén se hace
particularmente visible en *España: poema en cuatro angustias y una esperanza* (1937), escrito
como tributo solidario al heroísmo del pueblo
español ante la asonada fascista de 1936.[246] Consta de cinco poemas, y su tema central es la necesidad de ayudar a la nación ibérica en su lucha,
pero esta idea va siendo construida y apoyada
por temáticas complementarias, dentro de las
cuales ocupa un lugar fundamental el ya aludido
tema de la raíz hispana como parte inseparable
de nuestro ser histórico.

La guerra española ofrece al poeta un punto
de apoyo para rescatar la imagen del abuelo blanco y, con su habitual deseo de integración, equi-
librar en lo artístico las fuentes nutricias de su
identidad, suma y símbolo de un ente social
mucho más amplio: Hispanoamérica.

Los poemas de *España...*, no considerados
habitualmente dentro de su producción elegíaca,
son portadores, empero, de un sentido especial
de lo elegíaco en el cual la escisión histórica producida por las secuelas socioeconómicas del
esclavismo y el sistema colonial, causante a su
vez de ese sentimiento de pérdida o alienación
del ser como integridad, pretende ser superada
por el acto solidario, y donde lo épico anda codo
a codo con el matiz subjetivo propio de esta forma poética.

Los cinco textos, que en su conjunto constituyen una totalidad, fueron concebidos como
una estructura compleja en la cual se funden el
devenir histórico y los sucesos actuales. Para
Guillén, la solidaridad con España significaba,
además, el rescate del ancestro hispano; por ello
el desarrollo de su poema debía sintetizar en
imágenes la conquista, la colonización y el momento redentor representado por la lucha
antifascista; así, su «Angustia primera» alude a
la hazaña de los conquistadores, superada por
una visión de clase que reclama de los rudos soldados españoles, «no Cortés ni Pizarro», una verdadera unidad de espíritu con los descendientes

americanos para hacer frente a las fuerzas reaccionarias.

En la «Angustia segunda» se produce el autorreconocimiento del sujeto lírico, hallazgo de la raíz, y esto será confirmado en la «Angustia tercera», donde la necesidad de entrega se materializa en una suerte de pacto fraterno:

> *Las dos sangres de ti que en mí se juntan*
> *vuelven a ti, pues que de ti vinieron,* [...]

La «Angustia cuarta» se dedica a la muerte de Federico García Lorca, y todo concluye con «La voz esperanzada», una apoteosis de solidaridad donde vuelve al punto inicial, poema resumen en el cual se integran los motivos básicos que conforman el texto como unidad.

El sentido dramático del poema viene dado, además de por la presencia del conflicto, por las transiciones que se operan, de uno a otro momento, dentro de la voz poética, cuyos cambios tonales y de perspectiva, así como las fluctuaciones en los modos de apelación, sugieren la dinámica de lo teatral. Pueden distinguirse, a partir de las actitudes del yo lírico ante los componentes temáticos y su desarrollo argumental, un prólogo y una situación de partida —«Angustia primera»—, un momento de anagnórisis y desgarramiento —«Angustia segunda», «Angustia tercera»—, y la solución del conflicto —«La voz esperanzada»—. La «Angustia cuarta» se revela como un espacio de tensión lírica, momento climático que corona la recreación poética del drama español, por constituir la muerte del poeta granadino una suma simbólica de las consecuencias que para España y su espiritualidad acarreó el vandalismo de la guerra.

En *España...* se observa una subjetivización de los hechos históricos consistente en proyectar en la contingencia, en lo factual, un vehemente deseo íntimo, por lo cual el poema se carga de contenido lírico pese a sus presuntas intenciones épicas; en este sentido resulta típico de la poética guilleniana, uno de cuyos caracteres principales es, justamente, ese ir y venir de la epicidad al lirismo, trasunto de la coherencia interna de su mundo poético y de un concepto de la poesía en virtud del cual ésta se entiende

como el resumen y la expresión más acabada, en un ente individual —el creador—, de la sensibilidad, los sentimientos y anhelos de un colectivo humano. Por ello se hallará siempre en sus textos una actitud similar respecto al hablante lírico: ora un yo, que en realidad es un nosotros, ora personajes encarnados en la voz poética, o bien complejas estructuras dialogales evocadoras de la tradición romanceril y aun de la medieval lírica de debates. Cabe decir, por último, que la manera de orquestar el cuerpo poemático, así como la variedad de formas integradas, inducen a considerar a *España...* como un anticipo de la «Elegía a Jesús Menéndez», al menos en lo concerniente a la concepción de un poema polifónico de matices elegíacos con cierta complejidad estructural y un carácter épico-lírico de alto contenido dramático.

Del mismo modo en que *Motivos de son* vino al rescate de la palabra poética del negro y *España...* es un reconocimiento explícito de la herencia española, *El son entero* (1947),[247] suma de toda su obra desde el cuaderno de 1930 hasta el grupo de textos, en parte inéditos, cuyo título preside el volumen, es la más acabada muestra de su labor de remodelamiento y estilización de la popular estructura lírica musical criolla.

En otro sentido, los poemas incluidos en la parte final representan la apertura de sus motivaciones y temas hacia esferas de significación más abarcadoras, con lo cual se enriquece su intercambio con el universo físico y espiritual circundante. Si, como señala la crítica, *El son entero* encierra en sus páginas los matices más disímiles de la emotividad criolla, ello se debe en buena medida a que el poeta ha interiorizado su experiencia vital hasta alcanzar una alta concentración lírica; estadio de la escritura donde le está permitido explorar en su subjetividad —síntesis y reflejo de la subjetividad colectiva—, en lo más íntimo y sutil de sus percepciones, puesto todo en poesía de acendrados valores expresivos.

Volcados en el flexible molde del son se hallan aquí, junto a las problemáticas centrales de sus primeros libros, los grandes temas eternos, desarrollados de manera que los sentimientos, las emociones, la visión del mundo y el sentido

de la existencia expresados en sus versos corresponden a la psicología y modo de sentir propios
del cubano, pero sin dejar de consignar lo que es
patrimonio espiritual del Hombre en cualquier
época o circunstancia; así logra perfilar un diálogo entre el ser nacional y la universalidad, cuya
dinámica explica esa capacidad comunicativa tan
frecuentemente señalada por sus exégetas.

En esta sección última del cuaderno se observan dos órdenes básicos en lo que respecta a la
postura del hablante frente a la realidad. En uno
de ellos se incluyen textos cuya actitud más general apunta hacia la plasmación de inquietudes
sociales; el problema de la raza —asociado como
de costumbre al propósito de armonía— y la
esclavitud —en vínculo con su interpretación de
la Historia— son los temas centrales de un grupo al cual se integran poemas como «Sudor y
látigo», «Son número 6», «Elegía» y «Un son para
niños antillanos». Otro conjunto corresponde a
la ya mencionada apertura de sus preocupaciones hacia el ámbito latinoamericano, habida
cuenta de la paridad esencial de problemas planteada por el común origen histórico y posterior
desenvolvimiento de los pueblos al sur del río
Bravo; textos como «Una canción en el Magdalena», «Barlovento» y «Son venezolano» recogen momentos de sus experiencias durante el
recorrido que hiciera entre 1945 y 1948 por tierras de Sudamérica. Mención aparte merece
«Poema con niños», primero de los dos únicos
ensayos teatrales conocidos por el autor, cuya
parte dialogada, muy sencilla, es, como afirma
Augier, sólo «ilustración para el poema, simple
pretexto para su culminación».

En otro orden se encuentran los poemas propiamente líricos; en ellos dominan los temas del
amor —ensombrecido siempre por la soledad y
la melancolía—, la muerte y la naturaleza, tratada esta última desde una percepción muy peculiar. Pueden mencionarse, dentro de los más significativos, «Agua del recuerdo», «Rosa tú,
melancólica», «Iba yo por un camino», «Palma
sola» y «Ébano real». No falta en ellos la nota
reflexiva, con sabor de llana sabiduría popular,
presente en un texto como «Cuando yo vine a
este mundo», donde la intención de denuncia alterna con el tono filosófico:

> *Con el alma en carne viva,*
> *abajo, sueño y trabajo;*
> *ya estará el de abajo arriba*
> *cuando el de arriba esté abajo* [...]

Si de algún modo pudiera definirse con una
palabra el impulso creador que dio lugar a *El son
entero*, esta sería versatilidad, dentro de una coherencia de pensamiento y un estilo. «Guitarra»,
considerado por los críticos como una verdadera «arte poética», entrega las claves de esta cohesión en lo diverso; se trata de una perspectiva
en virtud de la cual el acento popular y el sentido de autenticidad vienen a colocarse en primer
plano, en un marco de acentuados valores formales; así, el poeta cantará —la guitarra para
Guillén es símbolo de poesía, pero también de
pueblo— a nombre de una multitud que se niega a desvirtuar su esencia:

> *Su clamorosa cintura,*
> *en la que el pueblo suspira,*
> *preñada de son, estira*
> *la carne dura.*
>
> [...]
>
> *y alzó la cabeza fina,*
> *universal y cubana,*
> *sin opio, ni mariguana,*
> *ni cocaína.*

Aquí se plantea nada menos que la defensa de
los valores culturales de la nación contra los es-
tereotipos creados por la propaganda, contra el
desconocimiento y el desprecio de nuestra espiritualidad, y aun contra las deformaciones creadas por la penetración imperialista y la miseria
degradante de un vasto sector popular. Es una
idea que ya había quedado clara en el poema «Maracas», de *West Indies Ltd.*, y ahora encuentra en
el son la forma idónea para plasmarse.

Tras este pórtico sobreviene un orbe de interpretaciones y vivencias, cuyo extenso diapasón admite desde el reconocimiento del mestizaje como médula de la identidad hasta el
develamiento de una intensa vida interior, recreada en versos de concentrado lirismo.

En cuanto a la naturaleza, es bueno señalar que en Guillén ésta nunca será objeto de contemplación o fuente de belleza y deleite sensorial en sí misma; el sentido de su presencia en la poesía se explica sólo en razón de su vínculo con el ser humano. Dos actitudes básicas se observan al respecto. Una, esencialmente lírica, emotiva, no a la manera del romántico, quien proyectaba sus emociones en el paisaje y hacía de éste una prolongación de sí mismo; para el poeta camagüeyano la naturaleza es presencia actuante, interlocutor, realidad en diálogo con el hombre, parte íntima de su memoria, soporte físico del existir, y en esta medida su intercambio con ella se torna entrañable, ejemplo de lo cual es «Ébano real», uno de sus más depurados textos líricos:

> —Quiero una mesa cuadrada
> y el asta de mi bandera;
> quiero mi pesado lecho,
> quiero mi lecho pesado,
> ébano de tu madera,
> ay, de tu negra madera...
> Ahora no puede ser,
> espérate, amigo, espérate,
> espérate a que me muera.

La segunda actitud se vincula al ya tantas veces mencionado deseo de armonía y constituye una de sus notas singulares, debido a que la naturaleza, como elemento portador de valores estéticos y éticos, se presenta en una verdadera relación contradictoria con el engranaje de la sociedad. Apenas esbozado en su libro de 1931 en poemas como «Organillo», «Caña» y «Pregón», donde los elementos de la naturaleza son aludidos como motivos complementarios de la idea rectora, este contrapunto vida social-entorno físico se perfila con mayor nitidez en el poema «West Indies Ltd», del libro homónimo de 1934, y viene a cuajar en «Mi patria es dulce por fuera», de El son entero.

Si el mundo físico le ha servido a ratos como referente para sus construcciones metafóricas, como arsenal simbólico y aun para conformar atmósferas mítico-mágicas —recuérdese su «Balada del güije»—, llegado el momento ha de entrar también en el juego ideológico; a su manera el paisaje cubano denunciará los males que aquejan la vida nacional, y será por contraste:

> Mi patria es dulce por fuera,
> y muy amarga por dentro;
> mi patria es dulce por fuera,
> con su verde primavera,
> con su verde primavera
> y un sol de hiel en el centro.

Es uno de los signos claves de su obra anterior a 1959, presente en ella sistemáticamente desde Motivos de son, la paradójica relación entre lo externo o aparencial, referido a los caracteres visibles de la idiosincrasia criolla, la belleza del medio físico y lo ligero de las formas líricas populares; y lo interno, medular, que remite a las dramáticas circunstancias socio-políticas y a sus consecuencias en la intimidad psíquica del hombre: la alienación, el extrañamiento frente al paisaje y la amargura oculta tras el modo cotidiano de asumir la penuria:

> Bajo tu risa ligera,
> yo que te conozco tanto,
> miro la sangre y el llanto
> bajo tu risa ligera [...]

Como summa poética, El son entero es una muestra de las posibilidades expresivas halladas por Guillén en esta forma lírica popular. La variedad de combinaciones métrico-estróficas, el profuso inventario de rimas, así como otras múltiples técnicas y procedimientos compositivos, se corresponden, a su vez, con una amplia gama de matices en la percepción de la realidad; puede hallarse de este modo un «Son número 6», de concepción formal e inquietudes muy actuales, en el cual los recursos estilísticos confluyen para sostener la idea de integración racial que es su eje temático y, junto a éste, un texto de contenido espiritual o preocupaciones trascendentes como «Iba yo por un camino», capaz de actualizar muy antiguos tópicos como el del temor y el deseo de la muerte, al enfocarlos desde la sencilla perspectiva del hombre común, ajeno a las complejidades de la mística.

Desde otro punto de vista, *El son entero* ejemplifica cómo, no sólo a partir de los temas, sino también de una concepción moderna del lenguaje y los procedimientos técnicos, el autor puede hacer confluir herencia y creatividad. Una estructura paralelística, a la manera de las antiguas canciones galaico-portuguesas y castellanas, puede ser transformada, como en el citado «Iba yo por un camino», en otra manera, mestiza, de expresar el sentimiento por el uso del léxico, los giros sintácticos, los componentes rítmicos, el tipo de estribillo y su disposición dentro del texto; conservará, sin embargo, el encanto de aquellas piezas cuya efectividad e intensidad líricas radicaban, precisamente, en su sencillez. Otras composiciones tradicionales como la balada y el romance serán sometidas a nueva interpretación; así, el impulso narrativo propio de estas formas poéticas se hace sucesión de imágenes o, como en «Rosa tú, melancólica», se va disolviendo en el fluir de las sensaciones, en las impresiones de las cuales paso a paso el lector se hace partícipe.

Si se toma en cuenta que el estribillo, la repetición y los paralelismos son recursos poéticos populares de origen remoto, puede decirse que el son, fruto de la sensibilidad e intuición musical del pueblo cubano, ofrece, en tanto escritura, muchas de las peculiaridades y soluciones técnicas halladas por los juglares, en los orígenes de la poesía hispana, a fin de adecuar el tiempo, la duración del verso, a las melodías, y para lograr una amplia comunicación con sus auditorios; de ahí la extrema libertad métrica, la variedad en la rima y el verso estribillesco como idea más simple y general, apta para ser memorizada y coreada sin esfuerzo. La letra del son es, en cierto modo —si no por la forma, sí por el espíritu—, un equivalente contemporáneo de la copla, al menos en lo que atañe a su condición de receptáculo del sentir colectivo, de las vivencias y deseos de la muchedumbre, su vínculo sentimental con el entorno. A Guillén cabe el mérito de su hallazgo y empleo consciente como forma representativa de la sensibilidad nacional, expresión concreta del carácter mestizo de la cultura cubana; para adoptar su esquema rítmico y su modelo configurativo general y someterlo a un trabajo de acendramiento estilístico, era preciso un conocimiento del legado literario ibérico, dominio de los secretos del ritmo y singular aptitud para reproducir en la palabra los efectos sonoros de los instrumentos típicos, cualidades que el poeta poseía en grado sumo.

Desde un modelo básico, Guillén desplegó su vasta reserva de recursos, dentro de los cuales ocupan un lugar preeminente, además de los ya citados, la economía de palabras, precisión del lenguaje que le permite plasmar la idea en su médula sin circunloquios ociosos; el empleo de tropos, como la metonimia y sus variantes, que por sus características tienden a objetivar el pensamiento poético; el uso exacto de todo tipo de procedimientos intensificadores y figuras retóricas para graduar los efectos subjetivos del discurso; el sostenido carácter contrapuntístico logrado a través de figuras como el oxímoron, la paradoja y la antítesis, o bien por contraposición de imágenes; el manejo de un código lingüístico accesible a grandes sectores de la población y aun de un simbolismo referido a elementos conocidos de la historia, la naturaleza y el acontecer social cubanos.

A partir de 1947, Nicolás Guillén inicia una etapa de intensa actividad pública y continuos viajes, que desembocaron en un prolongado e involuntario exilio entre 1953 y 1959. Durante este período, colaborará de forma asidua con la prensa, en especial la vinculada a la vida política del Partido Comunista, al cual se había integrado en 1937. De este lapso datan los textos epigramáticos que publicó diariamente en el periódico *Hoy* (1949) y luego en el semanario *La última hora* (1952-53), faceta de su obra poco estudiada, cuyo carácter circunstancial no empaña su valor, no sólo como testimonio histórico, sino también como muestra de dominio en una línea de creación cuyos antecedentes en las letras hispanas no son desdeñables. Crónica del acontecer político nacional, esta colección de poemas satíricos es el complemento de su obra mayor y permitió al autor desbordar el sentido del humor que sólo a ratos —y matizado de ironía— aflora en su obra después de *Motivos de son*.

Son sus caracteres más notables el sentido popular, por el lenguaje y el modo de captar las reacciones de la gente humilde ante los sucesos referidos; el uso de la ironía y los juegos de ingenio a partir de referencias concretas, y el dominio de la técnica del verso en las formas tradicionales, lo que posibilita no sólo el empleo de estrofas clásicas como la décima y la copla, sino también de otras combinaciones donde alternan libremente rimas y metros, por lo general de arte menor, como conviene al carácter y tono de estos poemas.

Las vivencias acumuladas durante estos años aparecerán dispersas en los treinta y nueve textos que conforman *La paloma de vuelo popular*, publicado en Buenos Aires en 1958.

Con frecuencia se ha indicado la continuidad ofrecida por este cuaderno respecto a los libros precedentes, dada no únicamente por la persistencia de ciertos temas e inquietudes claves; el propósito sostenido de crear desde la psicología y los intereses del pueblo demuestra la existencia de una propuesta conceptual, de una línea estética e ideológica encarnada en el cuerpo de su obra. La disyuntiva entre poesía y actividad revolucionaria no coloca a Guillén ante una crisis de valores; ambas han de ir parejas, y la primera, al poner en evidencia los problemas concretos —devenidos temas poéticos—, deberá de algún modo indicar el camino a seguir para hallar la solución a las tensiones creadas por el desajuste social. Guillén no es dado a la autorreflexión sobre su discurso artístico, y cuando lo hace, consciente del dilema en que se colocan algunos intelectuales, deja en claro su postura, como en «Arte poética», texto inicial del libro:

> El cañaveral sombrío,
> tiene voraz dentadura,
> y sabe el astro en su altura
> de hambre y frío [...] •

Junto a la preocupación por Cuba —«Un largo lagarto verde»—, la armonía racial —«La muralla»—, el imperialismo como factor paralizante sobre los países caribeños y suramericanos —«Casa de vecindad», «Balada guatemalteca», «El banderón»—, la represión representada por el poder policial —«La policía», «Canción de vísperas», «Doña María»— y el odio racista —«Little Rock»—, entre otros aspectos del

acontecer inmediato que constituyen temas en el libro, se encuentran, aunque en menor medida, el amor y la muerte, también como alternativas temáticas para la expresión de un estado espiritual de signo negativo.

El tono del cuaderno es de tensa expectativa por la situación histórica, salvo algunas excepciones como las «Tres canciones chinas», piezas de atmósfera lírica como «Pequeña balada de Plovdiv», «Ronda», «En el campo» y sus «Tres poemas mínimos», o poemas como «Deportes», «Bares» y los breves apuntes de «Ciudades», en los cuales el solo título anuncia la apretada síntesis en que se ha encerrado un aspecto de la realidad.

Es ésta una actitud extendida, más allá del marco referencial cubano o latinoamericano, a otros puntos de la tierra; es el caso de «Mau Maus» —contra la propaganda tendenciosa de la prensa inglesa a propósito de los movimientos rebeldes en Kenya— y «Little Rock», denuncia de la crueldad racista dentro de los propios Estados Unidos.

A los ya mencionados se suma el tema del exilio, problemática nueva respecto a los contenidos habituales de su poesía. La impresión que dejan textos como «Exilio», «Pero señor» y «Paloma del palomar» es de tristeza mezclada con un sentimiento de impaciencia; tales efectos se logran a nivel formal, a partir de un manejo de recursos que van de la emotividad —y con ella la nostalgia y desarraigo del exiliado—, el empleo del *ritornello* como forma de reflejar la impotencia del hablante frente a los mecanismos que le cierren la posibilidad de hallar un refugio:

> En México me cerraron
> la puerta que da al país,
> pero señor,
> toqué tres veces y nadie
> me vino a abrir.
> Pero señor,
> pero señor, señor mío,
> pero señor [...]

> («Pero señor»)

Así, la monotonía que pudiera resultar de la insistencia en algunos asuntos y temas queda salvada por la pericia del poeta para presentar, mediante una variedad notable de formas y procedimientos técnicos, diferentes aspectos o facetas del problema aludido. No se hallará, pues, el mismo tratamiento en poemas que toquen cuestiones similares; Guillén acude al poder connotativo de los mecanismos expresivos, a la capacidad inherente a la poesía de potenciar y concretar en imágenes las emociones e ideas, jugando con los efectos psicológicos producidos por la rima y los distintos metros, las repeticiones, las figuras patéticas —y en general todo tipo de figuras retóricas—, la oposición de ideas, los distintos modos de apelación, los cambios de tono y perspectiva, los rejuegos lingüísticos, los efectos dramáticos, la creación de tensiones, expectativas y cuestionamientos en el lector por medio de la reticencia, la elipsis, la ironía y la sugerencia, entre otros que pueden citarse.

Un ejemplo de la capacidad creativa de Guillén es el grupo de seis elegías incluidas como sección final de *La paloma de vuelo popular*. Escritas en un lapso de once años (1947-1958), las elegías recogen una variada gama de registros emocionales, que van de la memoria familiar, grávida de nostálgica remembranza, y la angustia por el escamoteo de una parte de la identidad —«Elegía camagüeyana», «El apellido»—, a la indignación por la injusticia racista y los crímenes del poder imperial —«Elegía a Emmet Till», «Elegía a Jesús Menéndez»—, sin dejar a un lado el dolor por la muerte de un amigo o la preocupación por el destino de la patria —«Elegía a Jacques Roumain» y «Elegía cubana».

Frecuentemente se ha hecho notar, incluso por parte del propio autor, el decisivo peso de lo elegíaco en su poesía; desde *Cerebro y corazón* y los poemas transicionales escritos antes de *Motivos...* —podrían citarse como ejemplos «Elegía moderna del motivo cursi» y «Canción filial»— es posible seguir un proceso evolutivo que propende al encuentro de un modo elegíaco personal, los signos más tempranos de este hallazgo pueden encontrarse en «Elegía a un soldado vivo» de *Cantos para soldados y sones para turistas*. Se trata, en primera instancia, de incorporar a la emotividad propia de la elegía, resultado del matiz subjetivo predominante en este tipo de

composición, elementos que tienden a establecer vínculos con un marco referencial externo —índice de la contingencia, del entorno—, opuesto a la subjetividad del hablante y, por tanto, más cercano a lo factual, de lo que resulta un dinamismo dado, en el plano configurativo, por efectos contrapuntísticos de la más diversa índole.

Sin embargo, lo que caracteriza su manera personal de entender y plasmar lo elegíaco es el interés por ampliar los límites de la elegía clásica, llevando lo que en ésta es reflejo de su sentir íntimo y absolutamente individual a un estado de emotividad concurrente, en el cual el sentimiento del individuo lleva implícito y es trasunto de una emoción colectiva. No es, entonces, un volver una y otra vez sobre la conmoción interna producida por una pérdida irreparable para desmenuzarla en sus mínimas incidencias, sino hacer de esa conmoción, en la voz del poeta, una caja de resonancia para que se haga sentir la voz de muchos. Así, lo primero que ha de observarse en la elegía guilleniana es el sentido de carencia social asociado al sentimiento de pérdida personal e íntima, característico de estas composiciones.

Por lo antes expuesto, las «Elegías» reunidas en el libro de 1958 representan el logro de un estilo largamente perseguido, como lo demuestra el hecho de que algunas de ellas fueron escritas en un espacio de tiempo dilatado; en este sentido el ejemplo más notable es «Elegía a Jesús Menéndez», considerada por más de un crítico como la cumbre de su obra lírica.

Guillén comenzó a escribir el texto en 1948 —año del asesinato del líder azucarero cubano—, y sólo vino a concluirlo en 1951. El resultado fue un poema monumental, en el cual se tensan todos los recursos de la palabra para expresar el dolor y la indignación producidas por el suceso, pero también la confianza en que el status sociopolítico propiciador del incidente debía tener una existencia transitoria.

El poema consta de siete secciones, cuyos respectivos contenidos constituyen componentes subtemáticos del tema central, en el cual están implícitas, a su vez, algunas de las problemáticas más relevantes relacionadas con la cuestión nacional y aún con vitales problemas del tiempo actual. Concebido a la manera de progresión ascendente que tiende a confirmar, como resultado previsible, la tendencia positiva del devenir histórico, posee una compleja estructura formal, que implica variedad de formas métricas y estróficas en dos direcciones: una, proveniente de la tradición poética hispana, con un desarrollo creativo de las formas canónicas, y otra relacionada con los aportes del propio Guillén a la poesía de la lengua. A ellas se suma el oportuno empleo de pasajes en prosa, cuya inserción en el cuerpo textual muestra la capacidad del autor para explotar, hasta sus últimas consecuencias, las posibilidades de la palabra poética.

Otro aspecto de la citada complejidad formal consiste en la estructuración del poema a partir de un sistema de contrastes, erigido sobre la oposición de dos paradigmas: la vida, que a su vez remite a los conceptos de justicia, amor y humanidad, asociados a la figura de Menéndez, y la muerte, que remite a los conceptos de injusticia, odio, bestialidad, vinculados al asesino directo y a sus instigadores. A lo largo del poema y como consecuencia de la lección ética que porta, las funciones semánticas convencionales de los conceptos enfrentados se van relativizando; así, el asesinato del líder obrero equivale al aniquilamiento moral de su ejecutor —especie de muerte en vida—, mientras Menéndez trasciende la existencia física por la vitalidad de su ideal revolucionario y sobrevive en la memoria colectiva como impulso para la acción transformadora de los hombres.

La originalidad del modo elegíaco en Guillén descansa en varios factores; en primer término se halla el cambio efectuado en el modo de apelación propio de la elegía tradicional, en la cual el yo se mantiene en un primer plano para entregar la visión subjetiva del hecho que promueve la escritura; con Guillén se le incorpora un juego entre el universo interior y el mundo objetivo, cuyo resultado visible es la proyección de la subjetividad al marco de los problemas sociales, característica apreciable en el poema dedicado a Jacques Roumain y en «Elegía cubana», por sólo citar dos ejemplos del libro. Al respecto ha señalado el poeta y crítico cubano Luis

Álvarez, refiriéndose a la «Elegía a Jesús Menéndez»:

La diferencia de matiz está dada, en última instancia, por la actitud del sujeto creador: ante la muerte de Jesús Menéndez, Guillén siente sumarse a la suya propia la emoción de todo su pueblo. Arrastrado, pues, por ella, el poeta habla desde un segundo plano —punto de vista más que infrecuente en la elegía—, y se disuelve de lleno en una totalidad que él siente superior a sí mismo; al hacerlo, esta elegía se convierte en un poema heroico, en la medida en que el autor funde su voz en una más amplia y poderosa que la suya [...] observación que corrobora lo señalado líneas atrás acerca de su modo elegíaco.[248]

La «Elegía...» ofrece, por otra parte, nuevos elementos para considerar la importancia concedida por Guillén al ritmo como vehículo portador de rasgos de significación dentro del discurso poético. Mirta Aguirre, en su estudio «En torno a la "Elegía a Jesús Menéndez"», llamó la atención sobre este hecho al señalar que en ella hay

[...] una utilización de los acentos, de las pausas, de las agrupaciones silábicas, con un sentido de específica significación lírica que hasta ahora no había logrado domar la poesía

para agregar más adelante:

Lo que presupone [...] una aplicación del hecho objetivo de lo rítmico a EFECTOS subjetivos relacionados con el contenido conceptual del poema.[249]

Hecho que trae de nuevo a colación la cualidad musical de su obra, tan estrechamente relacionada con su concepto de lo cubano y sus criterios sobre los caracteres básicos de la expresión lírica nacional.

Restaría mencionar, como posible vía de análisis, el alto contenido dramático implicado en su concepción como un todo y en elementos específicos del texto, rasgo que amerita un estudio profundo no emprendido hasta ahora.

Debido a la organicidad y coherencia logradas por Guillén al reunir en ella las diferentes direcciones de su quehacer, insertándolas de manera que el discurso fluya sin desequilibrios en el tránsito de unas a otras, la «Elegía a Jesús Menéndez» continúa siendo un reto para la pericia de los críticos y un ejemplo de alta poesía al servicio de una causa social.

Con *La paloma de vuelo popular* se cierra un ciclo en la obra del poeta camagüeyano; su confianza en la llegada de nuevos tiempos, atestiguada una y otra vez a lo largo de este extenso período creador, será confirmada en enero de 1959; una nueva visión de la realidad vendrá a incorporarse a su quehacer con su libro *Tengo* (1964).

[N. Q.]

2.2.7.5 *La generación de los años cincuenta. R. Escardó y J. Álvarez Baragaño*

La más importante entre las primeras alusiones al surgimiento de una nueva generación literaria en el panorama lírico cubano, es de Raimundo Lazo, quien la formuló en 1954, en su discurso de ingreso en la Academia Cubana de la Lengua, publicado bajo el título de *Teoría de las generaciones y su aplicación al estudio de la literatura cubana*, denominándola «oncena generación» del desarrollo evolutivo que él explica; aunque no puede aún caracterizarla, Lazo la subraya como «post Orígenes», y «en cuyo marco se fijará en su día el alcance de nuestra obra y actitud».[250]

En efecto, durante la década de 1940 ya se advertía un brote de publicaciones de poetas muy jóvenes, nacidos todos tras 1924. No era aún ocasión para Lazo de significarlos como un movimiento definido, definible, y también resultaba arriesgado fijar los límites generacionales, que luego se impondrán, por mayoría de la opinión de la crítica, entre 1925 y 1940. Las obras que por los años cuarenta aparecían, no caracterizaban todavía a la nueva generación, sino más bien se adscribían a esta o aquella corrientes líricas epocales, según se verá más adelante, o constituían sólo una efusión juvenil, sentimental. Es-

tas publicaciones poéticas fueron, más que antecedente, anticipo generacional.

La primera figura de esta generación que publica poemario es Carilda Oliver Labra, cuyo *Preludio lírico* (1943), prologado por Fernando Lles, muestra la emotividad de una muchacha de apenas diecinueve años, que hallará una estación de llegada en su camino poético con *Al sur de mi garganta* (1949), al que se le concedió en 1950 el Premio Nacional de Poesía del Ministerio de Educación, y cuya curiosa conjunción entre la corriente neorromántica y elementos vanguardistas, así como su calidad expresiva y alcance poético, lo destacan enseguida en la poesía cubana coetánea. También Rafaela Chacón Nardi ofrece un libro de indiscutible calidad: *Viaje al sueño* (1948), de lirismo íntimo situado entre los influjos de Juan Ramón Jiménez y Mirta Aguirre. Otros poetas que publican obras, si bien aún de incipiente valía, son Heberto (entonces Everto) Padilla, con *Las rosas audaces* (1948); Fayad Jamís, autor de *Brújula* (1949), cuyo propio título caracteriza su lenguaje de búsqueda, y José Sardiñas Lleonard, con *Isla de sangre* (1949); ninguno de estos poemarios logra superar las corrientes epocales predominantes, y podría definir al pequeño núcleo de sus autores entre dos vibraciones centrales: la que dejó tras de sí Juan Ramón Jiménez en su estancia habanera, aproximadamente diez años antes, y el impulso neorromántico, que sería uno de los fuertes influjos, e incluso manera expresiva, de los nuevos poetas en la próxima década.

En esos mismos años publican sus obras primarias creadores nacidos dentro de los límites generacionales que después abandonarán la expresión poética en versos: Mario Rodríguez Alemán (*Suite*, 1947), Tomás Gutiérrez Alea (*Reflejos*, 1949) y Ventura García (*Vendimia de primavera*, 1947; *La sonora inquietud*, 1948), quienes también pueden asociarse a las «vibraciones» aludidas.

Tampoco en los primeros años cincuenta se hallará el alcance de una generación con conciencia de sí, aunque se produce un estimable brote cualitativo entre varios poetas: Roberto Fernández Retamar publica su homenaje a Rubén Martínez Villena denominado *Elegía como un him-*

no, en 1950, y en 1952; obtiene el Premio Nacional de Poesía con *Patrias*, de modo que es el segundo miembro que se destaca ampliamente de la más adelante mejor definible generación. Carilda Oliver Labra da a conocer su *Canto a Martí* (1953); con connotaciones neorrománticas, Nivaria Tejera ya ha publicado *Luz de lágrima* (1950) y enseguida edita *La gruta* (1953) y *Alba en el niño hidropésico* (1954); Pedro de Oraá ofrece *El instante cernido* (1953), con ciertas cercanías al ámbito origenista; asimismo, Pablo Armando Fernández se presenta con rápida madurez y originalidad mediante *Salterio y lamentación* (1953). Entre otros jóvenes poetas, publican sus primeras obras Pura del Prado (*De codo en el arcoiris*, 1952; *Los sábados y Juan*, 1952; *Canto a Martí*, 1953); Gustavo Navarro Lauten (*Las horas diferentes*, 1954); Dora Varona (*Rendija al alma*, 1952); Aleida Cruz Espineta (*Arabescos*, 1952); Miguel Álvarez Puga (*Poesía*, 1953); Rómulo Loredo (*Sueños de azúcar*, 1954) y Ángel N. Pou (*Cantos de sol y salitre*, 1954). No sería fácil hallar un posible denominador común entre todos estos poetas, que más bien están mostrando en sus obras un desnivel cualitativo desunificador; el hecho de que sean jóvenes cercanos en las edades es un factor biológico innegable que, sin embargo, puede quedar atenuado por la diversidad de actitudes (y aptitudes) artístico-creativas que los distinguen a cada uno y no a un conjunto con unidad estilística, formal o temática.

Puede decirse que Carilda Oliver Labra, Rafaela Chacón Nardi y Roberto Fernández Retamar eran en esos años los tres poetas de más visibles dotes de la generación emergente, pero enseguida se les sumaron, con méritos, Nivaria Tejera, Pedro de Oraá y Pablo Armando Fernández. Muy significativamente se deben agregar otros dos nombres que alcanzan valores poéticos de consideración: José Álvarez Baragaño (*Cambiar la vida*, 1952) y Fayad Jamís (*Los párpados y el polvo*, 1954; *Alumbren, seco sábado*, del mismo año), en cuyas obras se muestra un empleo de formas y modos vanguardistas, cuya repercusión surrealista se acentúa en Baragaño, que vienen a enriquecer el variado panorama poético de la Isla.

Sin embargo, a este brote ya no se le puede denominar «tempranero», «precipitado» o de «anticipo»; es con propiedad un surgimiento generacional, y su significación no podía pasar por alto en la lírica que le era coetánea, al grado de que en la antología *Cincuenta años de poesía cubana* (1952), Cintio Vitier incluye a cuatro jóvenes que precisamente son Carilda Oliver Labra, Rafaela Chacón Nardi, Roberto Fernández Retamar y Fayad Jamís, quienes cierran la muestra del medio siglo. Fuera de la compilación de Vitier, ya se observó cómo otro conjunto de poetas va arribando a diversos grados de madurez cualitativa que los distinguen y distinguen a la promoción que representan.

En conjunto, las líneas que estos poetas cultivan son de intimismo evidente, con algunas notas sociales (Fernández Retamar, Loredo y Navarro Lauten), pero en general se han arrimado más al neorromanticismo o al Grupo de Orígenes, en cuyo órgano difusor publican textos Fernández Retamar, Fayad Jamís, Oraá y Pablo Armando Fernández, entre los hasta ahora mencionados. Si por fin hallásemos un elemento expresivo que quizás los pudiera agrupar a todos, sería la «efusión sentimental», suerte de denominador que se manifiesta en el afán de referirse al hogar, a la familia, a la recién pasada infancia; aunque no son temas centrales en ninguno de ellos, al menos casi todos se inclinan de una manera u otra sobre tales temáticas, que les conceden a veces cierto tono elegíaco o semielegíaco.

Es temprano para fijar hitos. No obstante, los nuevos habían de mostrar algo «nuevo», un perfil renovador, una voz propia que, en verdad, podrá identificarse en las individualidades creativas en una fecha ya clave para el alumbramiento generacional: 1955. Es el año de madurez de la búsqueda de «lo cubano» por la poesía que Fernández Retamar desarrolla en *Alabanzas, conversaciones*; los *Nuevos poemas* de Pablo Armando, prologados por Eugenio Florit, acercan los caminos líricos del autor con los del prologuista. *El amor original*, de José Álvarez Baragaño, es una escala superior dentro del lenguaje liberado de trabas expresivas, que le ofrece el surrealismo, y *Se diría noche*, cuyo autor, Isidoro Núñez, muestra otra línea artística dentro de la intimidad, tal vez más próxima a la muy personal que sigue, a la sazón, Dulce María Loynaz. Muestra de este lirismo aún lejano del tono conversacional, pero prefigurándolo, son los textos de Fernández Retamar, «En este atardecer», y de Pablo Armando Fernández, «La visita», visible en estos fragmentos respectivos:

Gracias, en fin, porque estoy vivo
en este atardecer de agosto,
hoy que otros que pudieron verlo
se han amistado con el polvo;

y que han dejado descuidados
(yo los recojo: son de otros),
lentos alcázares al aire,
un derrumbado y tierno tono.

Con menos precisión formal, en la mitad final de su poema, también de breves versos, Pablo Armando Fernández dice:

Estabas cuando yo no era
y en prodigioso vino me tocabas,
en hogaza de pan:
eras agua y espiga.
A tus antojos semilla y fruto fui.
A tu desvelo, mesa y cobija,
y respondí a tu nombre.
Me visitan y dicen: «Murió el año y la hora».
Respondo: «Murieron las palabras».

Con menos calidades, por debajo de la madurez expresiva de estos cuatro libros, en el mismo año se dan a conocer obras de Ángel N. Pou: *Poemas nuevos para un hombre viejo*; Antonio Giraudier: *Una mano en el espacio*; Ana Núñez Machín: *Raíces*, y Dora Varona: *Hasta aquí otra vez*. Esta última poetisa se va despidiendo ya de su integración a la lírica cubana con la edición española de sus versos y tras su matrimonio con Ciro Alegría, para luego incorporarse a la literatura peruana.

La «voz propia» que va alcanzando la generación aún innominada, puede identificarse por cierto acercamiento al tono conversacional, que se advierte incluso en un poeta que no publica

libros en la década: Rolando Escardó, cuya obra va siendo generalmente reconocida entre los grupos autorales; ese tono podrá advertirse aún tímidamente, como ya vimos, en los libros de Fernández Retamar y Pablo Armando Fernández, así como en los de Álvarez Baragaño, cuyos textos de raíz surrealista alcanzan altos momentos líricos junto a sombras u oscuras alusiones que aportan sus imágenes en ocasiones abiertas a la cotidianeidad, como se advierte en este fragmento de «Hechizos 1955»:

Las manos blancas y pobres de la burocracia
que gira como una mosca alrededor de un
*   cadáver*
y la policía con su látigo
envuelto en la razón de la inocencia empapado
*   de miedo*
los pasos que nos conducen por ese vacío
*   solitario*
cubierto de horror
y cruces
de la moderna inutilidad de la vida
las casas de importación y las grandes empresas
*   surtidas de fetos trascendentes*
que miran con desprecio el ruido salvaje de
*   la tierra* [...]

Véase también ese tono en los elementos lexicales, hasta entonces «antipoéticos» que emplea Carilda Oliver Labra en *Al sur de mi garganta*, casi al final de «Canto desbordado»:

Dios esperando en las cucharas;
sí, tú,
suspendido sobre los cancerosos:
mira que soy de leche, de corazón, de polvo,
de pequeñas células terribles.
Mira que puede nacer de mí la yerba.
Mira que estoy cuidando tus palomas.

Sobre estos poetas se hallará en esos años el influjo —luminoso— de la obra del gran peruano César Vallejo, pero asimismo se recordará que en el patio cubano poetas como Florit, Tallet, Guillén, Feijóo, Piñera, Diego y García Marruz, han ofrecido obras líricas de real importancia, que incluyen diversas modalidades del referido tono; no les corresponde a los jóvenes el mimetismo o la mera continuidad sobre una manera de hacer poesía en sí misma muy antigua, sino llevarla a tales extremos expresivos que se han de convertir en señal inequívoca del curso poético que luego siguen. Por ahora, cada uno continúa su propio camino hacia la madurez poética, mostrando aristas diferenciadoras y hasta alguna «rebelión» todavía tímida contra sus modelos epocales. No hay dudas de que ese camino de la madurez ya va siendo amplio, con la presencia de al menos diez poetas que hasta 1955 han logrado alcanzar un primer impulso creativo cualitativamente definible.[251]

Por ello, no es raro que un atento crítico de la perspicacia de Jorge Mañach se interese abiertamente por lo que está ocurriendo en poesía entre los jóvenes; no se le podía escapar al autor de *Historia y estilo* esa fuerte irrupción juvenil, ya con valores ciertos, en el panorama literario cubano, y enseguida aboga por concederle «espacio» al brote generacional, mediante un artículo en el *Diario de la Marina*, donde afirma: «Cultura consagrada es ya un poco cultura paralizada. Hasta a los que están de vuelta les viene bien el brioso ejemplo de los que están de ida: su entusiasmo impaciente y su fervor sin beatería. Además, de nada sirve cerrarles el paso. Tarde o temprano ellos se lo abren.»[252] Ni corto ni perezoso, el director del *Diario*... da su visto bueno, y con el poeta Gastón Baquero, a la sazón integrante de Orígenes y ejecutivo del famoso «decano de la prensa de Cuba», inauguran una página: «La promesa de los jóvenes», que pretendía capitalizar el movimiento en ciernes.

«La promesa de los jóvenes» cumple un año sin lograr siempre que las mejores firmas de los que ya tenían libros publicados (y que han dado pasos más allá de «la promesa») se decidan a incluir sus textos en sus columnas. Pero el anuncio de Lazo, la referencia de otros críticos (Ramos, Chacón, Henríquez Ureña, Portuondo y hasta el propio Retamar), el impulso de Mañach y la aludida sección del *Diario de la Marina*, no podían ser menos que estímulos para que un grupo de jóvenes publicara una pequeña revista: *Renuevo*, y anunciara la fundación de un «Movimiento Juvenil Literario» que, en la capital, llevaría el nombre de la revista, mientras que en Camagüey se le conocía como «Tiempo Nuevo».

Era inminente el agrupamiento generacional, pero los promotores de *Renuevo* no poseían real prestigio aglutinador entre la totalidad de los jóvenes poetas de la hora; antes bien, parte de lo más granado de ellos prefirió mantenerse al margen de tales impulsos «renovistas», que surgían con tres editores asociados: Ángel N. Pou, José Guerra Flores y Carlos Dobal. El primer número de *Renuevo* (junio de 1956) celebra el año de «La promesa de los jóvenes» y, declarándose sus herederos, la sustituyen como vocero de la «oncena generación», como a sí mismos comienzan a llamarse, siguiendo a Lazo. Al mes siguiente, en el número 2, aparece la primera declaración «programática» del grupo; en el número 3, Pou incluye una «Carta a los jóvenes poetas de América», con intenciones de «acoplar» su grupo a la naciente intelectualidad generacionalmente afín del Continente. En el número 5, se publica un decálogo: «Fundamentos del Movimiento Renuevo», y en las salidas sucesivas de la revista, hasta el número del primer aniversario (mayo-junio de 1957), aparecen declaraciones de apoyo, cartas, artículos y otros medios de propaganda, definición, proselitismo y reafirmación del ya organizado movimiento.

En el año y medio en que circula *Renuevo*, los jóvenes poetas publican numerosos libros, no todos relacionados con el autoproclamado movimiento generacional, que luego se distinguirá mejor como sólo formado por un grupo dentro de la generación que los editores Pou y Guerra Flores representan mejor; más adelante, sin obra medianamente distinguible, Dobal desempeñará un papel decisivo desde su posición de derecha en la desintegración de este grupo sin dudas interesante.

Entre los nuevos libros significativos durante los años de *Renuevo*, se recordarán: *Son de otros* (1956), de Rosario Antuña, con importante prólogo de José Antonio Portuondo, que más adelante se comentará; *Vigilia* (1956), de Cleva Solís, saludado enfáticamente por Cintio Vitier como «la revelación del año»; *Una brizna en el oleaje* (1956), de Ángel N. Pou, cincuenta sonetos que oscilan entre lo neoclásico y el énfasis neorromántico; *Frutos dispersos* (1956) y *Soledad y otros temas* (1957), de Manuel Díaz Martínez, autor relacionable con *Renuevo* más bien desde la polémica coetánea, y *El cisne* (1956), libro con el cual Roberto Branly se une a Álvarez Baragaño en sus búsquedas surrealistas. Aparte de estos conjuntos de versos, existe un grupo de textos menos significativos en cuanto a reales aportes de renovación,[253] y un no menor listado de poetas que dan a conocer poemas dispersos, sin publicar libros, pero que ya alcanzan relativo relieve; es el caso singular ya mencionado de Rolando Escardó. Aunque, como se observa, lo que se escribía fuera de *Renuevo* estaba siendo literariamente más trascendente que lo gestado dentro del «movimiento», no hay dudas de que el propio sentido de agrupamiento generacional concede a los «renovistas» espacio especial en la década de 1950, dado el carácter de organización consciente que alcanzan.

No se debe olvidar que 1956 fue el año de llegada a las costas cubanas del *Granma*, comandado por Fidel Castro Ruz. Se inicia la lucha armada, y el auge de la oposición directa contra la dictadura de Fulgencio Batista no puede quedar sin eco entre los jóvenes poetas, incluso ni siquiera en la pretendidamente despolitizada *Renuevo*, que se mantuvo hasta su aniversario muy fiel a los puntos de su Decálogo, que la separaban de la lucha política epocal: dos de sus miembros más destacados, Ángel N. Pou y Juan Oscar Alvarado, proponen silenciar la publicación ante el crecimiento de la represión batistiana. Discrepa Dobal, aferrado al apoliticismo, y él sólo, aunque con Guerra Flores aún en el colofón de ejecutivos, edita dos números más: el 10 y el 11-12, antes de que la revista cierre definitivamente sus páginas. En el interín, Juan Oscar Alvarado se ha sumado a la lucha abierta contra la dictadura, y, asesinado en 1958, figura entre los mártires del proceso insurreccional que, aunque multigeneracional, encabeza la denominada Generación del Centenario.[254]

Al suprimirse *Renuevo*, parecía que la joven generación volvía a la dispersión, aunque ya se observaba mejor cómo se reunían ciertos grupos de afinidades. Si bien *Renuevo* no había sido lo más representativo en cuanto a quilates literarios de la nueva ola de poetas, se notará que fue el primer intento de ofrecer cabeza o núcleo generacional, con aglutinamiento y creación bajo presupuestos comunes (en este caso, más impuestos, «programatizados», que espontáneos). El hecho de contar con un órgano difusor, que aludía constantemente a cierta hegemonía, permitió el desarrollo de un grupo de poetas, cuyo «teorizador» fue sin dudas Ángel N. Pou, quien edita en 1957 su folleto *Presencia de una nueva generación literaria*, mediante el cual ofrece un breve recuento de *Renuevo* (gestación y fundación), lanza un llamamiento a los jóvenes poetas de Cuba para que integren el Movimiento Juvenil Literario y, mencionando a Fernández Retamar sólo de paso, relaciona un número de hasta veintinueve autores, la mayor parte poetas, en tres listados.[255] Este texto de Pou es la primera reseña crítica que pretende abarcar la ejecutoria de la nueva generación, y aunque allí no se encuentra una caracterización formal y contenidista de la «nueva poesía» en su globalidad no atenazada por los grupos, el autor señala cuáles son, según él, los rasgos distintivos de los «renovistas»: «antidogma y anticonformismo [...] suprema razón de libertad [...,] preocupación por las apetencias saludables del pueblo (y) deseos de progreso... sed de moral... necesidad de hermanar ideales con las restantes comunidades de América... pasión de ejemplos valederos de democracia...»; tras ello, Pou reproduce completo el Decálogo del referido movimiento, como otro documento caracterizador.[256]

Como se advierte, esta «caracterización» es tan general que se convierte en inespecífica. Del grupo de *Renuevo* puede decirse, según sus obras, que se inclina mucho más hacia el neorromanticismo que a cualquier otra corriente coetánea de la lírica cubana; a veces las búsquedas van más atrás, hacia el romanticismo, advertible en textos de Pou y Guerra Flores. El lirismo, la intimidad, los temas amatorios y familiares predominan como factor común, así como una evidente preferencia por la métrica y la rima, que a veces conduce hacia un sentido neoclásico de la poesía. De casi todos esos elementos del discurso poético del grupo, es ejemplo algún soneto de Pou, entresacado entre otros varios, y cuya proximidad al orbe neorromántico se deja ver con relativa facilidad en «La casa», de *El agua ausente*, su libro más maduro de la década:

Era una vieja casa abandonada,
oculta entre verdores susurrantes,
hecha para el amor de los amantes
que anhelan todo dar como si nada.

Quise, prófugo en ella, de pasada,
hallar pruebas de carne, delirantes,
y en el hosco negror unos instantes
hubo idílica luz de madrugada.

Se me olvidó lo grave del desvío,
y hasta me pareció no ser tan frío
el frío fantasmal de mi contorno.

Ayer volví a pasar por sus aceras,
y algo vino a chocar con mis ojeras
como si fuera un beso, de retorno.

Este tratamiento formal y de contenidos —independientemente de la discusión acerca de su calidad y efectividad literarias— contrasta bastante con lo que a la sazón realizaban poetas más innovadores, como Fernández Retamar, Jamís, Pablo Armando Fernández, Oraá, Álvarez Baragaño, Escardó, Cleva Solís..., y hasta algunos que se acercan al ámbito «renovista», como Isidoro Núñez o Rosario Antuña.

A la par, críticos y ensayistas de la talla de Mañach, Lazo, Anita Arroyo o Portuondo, se referían de muy diversas maneras a lo que escribían los jóvenes en la época; los tres primeros publicaron opiniones en *Renuevo*, y Portuondo logra el texto crítico más lúcido que se escribe sobre el conjunto de la generación de los años cincuenta en su fase naciente, con su prólogo a la edición de la Editorial Manigua de *Son de otros*, de Rosario Antuña. Cronológicamente, es el primer análisis crítico que presenta una caracterización real, global de la «nueva poesía», en cuyas referencias se pueden contemplar todos los autores éditos en el lapso, entre los nacidos tras 1924. Casi coincidente en el tiempo con el folleto de Pou antes aludido (que eran tres artícu-

los de prensa separadamente publicados), este prólogo de Portuondo subraya mucho mejor las inclinaciones estilísticas, formales, de contenidos y hasta de afinidades o influencias de la generación en ciernes; él señala: «intelectualismo, la inspiración libresca, erudita no pocas veces, la vida refractada amargamente a través de una enrarecida capa de conceptos...»; explica el ambiente «burgués y académico» en que la mayoría de los jóvenes se mueven, y observa que: «En la hora febril, creadora, de la pasión adolescente, sólo han visto junto a ellos la miseria de una tierra entregada al extranjero [...] donde la cultura quiere hacerse faena de bufones o instrumento falaz y controlado para encubrir las podredumbres de la existencia nacional.» Junto al análisis particular del poemario prologado, Portuondo les ofrece a los jóvenes un reto que difiere del que propondrá Mañach en Renuevo.[257]

Pudiera parecer natural que muchos jóvenes se sumen a las corrientes poéticas coetáneas, por el prestigio de ellas y con el afán de publicar en los medios de que disponen, o también que reaccionen, con una vuelta atrás de la mirada, hacia cotos románticos, o que busquen en la libertad que les puede donar la expresividad surrealista, antes de hallar un camino más propio de la innovación que les corresponde. La década de 1950 seguía siendo un estadio de búsquedas para la mayoría de los jóvenes. En el mar de nombres recién estrenados, de alientos y de referencias críticas más serias, la navegación generacional se hacía azarosa en un encrespamiento social que, a veces, motivaba la diáspora, amén de la natural dispersión espacial de las nuevas firmas. Habría que decir que el rumbo más certero, literariamente hablando, se inclinaba hacia los que de una u otra maneras mantenían relaciones con el fecundo Grupo de Orígenes. Pero el famoso concierto de poetas se dispersaba también, la polémica lo corroía y, entre otros factores no propios de explicación en este espacio, se produjo la división definitiva, aparece *Ciclón*, desaparece *Orígenes*, y entre los mismos jóvenes hay inclinaciones de apoyo o rechazo hacia el grupo capitaneado por el gran poeta José Lezama Lima. *Ciclón* es un nuevo «territorio» propicio para algunos que incluso aún no habían publicado libros (César López, Antón Arrufat, Luis Marré...) o para otros ya más conocidos (Pedro de Oraá, Branly, Escardó...). Pero los jóvenes se estaban abriendo camino también en periódicos como *Prensa Libre*, *El Sol*, *El Mundo*, *Diario Libre*, *Hoy* (sobre todo los que se vinculan a la Juventud Socialista), y también, como ya se vio, en el *Diario de la Marina* y otros rotativos. Fuera de las revistas y periódicos mencionados, sus colaboraciones van siendo principalísimas en *Nuestro Tiempo*,[258] órgano de la Sociedad Cultural de igual nombre; en *Islas*, de la ONBAP, promovida por un grupo de poetas mayores en edad, de orientación neorromántica;[259] y, entre otras, en *Orto*,[260] del grupo lírico multigeneracional de Manzanillo. Esas «otras» son revistas que, mucho más ocasionalmente, incluyen poemas de jóvenes; entre las más importantes se recordarán: *Lyceum*, *Germinal*, *Bohemia*, *Vanidades*, *Romances*, *Acento* y hasta *Chic*, u otras de ámbito provinciano o de menos alcance nacional.

Si bien este movimiento de publicaciones en revistas y periódicos se sostiene durante toda la década, se acentúa al final de los años cincuenta, cuando el natural peso de los jóvenes en el movimiento poético cubano, en cuanto a brote cuantitativo e importancia cualitativa, es ya mucho mayor. Curiosamente, ese es el momento de su mayor dispersión, no sólo dentro de la Isla, sino viajando al extranjero.[261] La permanencia en ciudades como Manzanillo, Camagüey, Santa Clara, Matanzas o la propia Habana,[262] motivó agrupamientos de afinidades sin mayores connotaciones que la simpatía y el mutuo estímulo.[263]

Debido a esta dispersión espacial y hasta estilística, Eduardo López Morales subrayó que la suya no era una generación «capitalina» ni «provinciana»;[264] en verdad, la aludida dispersión, condicionada por la época, impedía el rápido autorreconocimiento generacional. A ello se añadirá la variedad de niveles educacionales que los jóvenes ostentaban, y si bien la mayor parte procede de ambientes de la pequeña burguesía, proletarios o campesinos, ninguno pertenece a las «altas clases» industriales o terratenientes. A la variedad de conceptos estéticos que entonces mostraban, se unían también diferencias de grado en el desarrollo de la conciencia y la participación política.

El fin de la década sorprende a los jóvenes en activo: Carilda Oliver Labra publica una antología de sus versos: *Memoria de la fiebre* (1958); Rafaela Chacón Nardi reedita *Viaje al sueño y 36 poemas más* (1957); Pedro de Oraá da a conocer un nuevo cuaderno: *Estación de la hierba...* (1957); Roberto Branly vuelve sobre el surrealismo, con mayor decantación, en *Las claves del alba* (1958); a la par aparecen poemarios de Antonio Giraudier, Thelvia Marín o, iniciándose, Joaquín G. Santana. Escardó y un grupo de amigos sostienen el efímero grupo Yarabey, camagüeyano; de la gestión de este poeta nace la antología de Samuel Feijóo *Poetas de la ciudad de Camagüey* (1958), en la que se reúnen firmas de mayor edad con jóvenes de la nueva generación, como Luis Suardíaz, Severo Sarduy, Raúl Luis, Lucio, el propio Escardó y muchos otros; ello señala a Camagüey como un importante polo generacional.

Aunque Escardó posee una voz singular, es la suya la que mejor caracteriza al grupo, sobre todo con su poema «La familia», en el que algunos críticos encuentran la esencia expresiva coloquialista antes de la Revolución, en un integrante de la Generación del Cincuenta; Escardó es capaz de fusionar su personalísimo simbolismo con lo que se ha dado en llamar «influjo vallejiano», que en él es más un contacto, una afinidad creativa, como se aprecia en «El valle de los gigantes»:

La luz transforma esa pared silenciosa,
el pozo, la caverna,
la luz se cae al pozo de mi alma.
¿Dónde, dónde encontrar
una ventana abierta o una puerta,
dónde el sitio de estarme para siempre?
¿En esta profunda cavidad sin un mapa,
  estoy perdido?
¿Desde cuándo se pierde lo perdido?

Hundido entre estatuas de cristal,
tocando la bóveda del alma;
elictitas de vueltas y arcos espaciales,
esponjas y pilares,

gotas de espanto, rocas.

Exploro el interior. Atisbo, palpo, pregunto:
¿qué estoy haciendo, Dios, qué busco en
      la caverna?

En el propio año 1958 se desarrolló en las páginas de *Excelsior* (entre agosto y octubre) una polémica en torno al desintegrado grupo de Renuevo, cuyas mutuas invectivas trajeron consigo otro acto de dispersión, y clausuraron las posibilidades aglutinadoras que aún podía tener el precario Movimiento Literario Juvenil que, se evidencia entonces mejor que nunca, era solamente un grupo no decisivo en la definitiva imagen generacional.[265] Sin embargo, aunque el aporte de *Renuevo* a la poesía cubana no tuvo un saldo elevado, vale aquí subrayar que no debe minimizarse su presencia en esos años catalogándolo como intento grupal fallido, porque ciertamente logró nuclear por primera vez, como ya se vio, alrededor de veinte poetas de más o menos dotes creativas.

Entre 1953 y 1958 pierde la vida en la lucha antibatistiana un grupo de jóvenes talentos, cuyas obras serán mejor conocidas tras 1959, año que, por razones históricas, marca el comienzo de una nueva época en las letras cubanas y en el devenir nacional. Raúl Gómez García —el poeta del asalto al Moncada—, Frank País, Agustín Gómez-Lubián, los hermanos Luis y Sergio Saíz Montes de Oca, y el ya mencionado Juan Oscar Alvarado, forman este grupo de poetas nacidos entre 1928 y 1940 que, al morir, dejan una obra literaria en ciernes, en franco ascenso cualitativo, y que reflejan muy claramente (en los contenidos literarios y en la entrega de la vida de sus autores) la situación epocal cubana.

Si bien pueden hacerse un listado de jóvenes poetas y una estadística de publicaciones cuantitativamente notables, ya se habrá observado que no todo fue en verdad significativo, y más bien mucho quedó en la etapa embrionaria y de primeras realizaciones de la entonces recién estrenada generación. Unos treinta poetas publicaron alrededor de cincuenta y seis libros o cuadernos poéticos en el lapso 1943-1958, entre *Preludio lírico* de Carilda Oliver Labra y *Las cla-*

ves del alba de Roberto Branly, con títulos tan sugerentes de la presentación personal y de la época que enseguida adviene. Como dato curioso, añádase que la edad promedio de los poetas en el momento de publicación del primer poemario fue, aproximadamente, de veintidós años, con extremos en los diecisiete de Heberto Padilla y los treinta y uno de Thelvia Marín.

Como resumen, debe reiterarse que, en los contenidos, dominó entre estos poetas el intimismo variado que polarizan entre las efusiones sentimentales neorrománticas o el llamado «esteticismo» de Orígenes, sin descuidar el hecho de que el surrealismo dejó huellas imborrables en la poesía de estos años. Claro está, la poesía de tendencia social (protesta lírica, militancia revolucionaria, expresión de la lucha política ambiental) se editó en forma dispersa, bajo censura, y, por ello, minoritariamente; su caudal sólo pudo ser conocido tras 1959. Mucho de lo publicado —incluso libros— en años posteriores al triunfo de la Revolución, es obra nacida en la década de 1950, pero que, por no haber sido difundida en ella, es cuerpo literario que se ha de ver integrado a la nueva época cubana. Lo mismo ocurre con la tardía edición de cuadernos o de poemas que los autores, ya alrededor de los sesenta años, deciden publicar como «saldo» de la obra inicial.

En la década de 1950, los nuevos poetas no sólo se dieron a conocer mediante la publicación de sus obras en libros, revistas, periódicos..., no sólo formaron grupos, se integraron a corrientes ya existentes o reaccionaron contra ellas, comenzaron a definir caminos propios, sino que también se inclinaron hacia el versolibrismo en la supuesta «pugna» entre las llamadas formas «abiertas» y «cerradas», cuestión de cierta importancia en las discusiones de la época; además, fueron adoptando un tono conversacional que luego se haría mayoritario en sus obras, y adelantaron el carácter testimonial que muchas veces se advierte ya en sus versos. Asimismo, sus preferencias se decantaron desde las «paternidades» de Neruda o Vallejo, hasta la admiración por Lezama, Juan Ramón, Antonio Machado, Eliot..., y José Ángel Buesa. El cuadro de las posibles pero discutibles influencias sobre los nuevos poetas es mucho más complicado; José Antonio Portuondo lo bosquejó en el citado prólogo al poemario de Rosario Antuña desde su perspectiva de época, a lo que habría que agregar un heterogéneo listado de autores de lenguas francesa e inglesa, y, dentro del castellano, subrayar una pléyade que va desde el Modernismo a las Vanguardias. Tal cuestión debe quedar como anotación general, pues por lo común se apreciaría mejor con la específica identificación por afinidades de algunos creadores con sus modelos; en varios casos, como en Álvarez Baragaño y en Pablo Armando Fernández, el hecho de vivir en Francia o los Estados Unidos repercutirá sin dudas en las lecturas poéticas que desarrollan.

Claro que aún estaban por presentarse muchos otros poetas, firmas que serían muy representativas en el contexto generacional e incluso fuera de él, pero la década de 1950 fue en general formativa también para los que se mantuvieron completamente inéditos. Los aportes de estos creadores con obras publicadas ya no sólo eran cuestión de promesa, sino que los jóvenes de la generación de los años cincuenta ganaban aquella frase de Cintio Vitier en *Lo cubano en la poesía*, que desde el propio 1958 los declaraba como: «...un heterogéneo grupo de poetas recientes que constituyen hoy [...] la más segura prenda de continuidad digna de nuestra poesía».[266]

[*V. L. L.*]

Notas
(Capítulo 2.2)

1 Cintio Vitier: «Introducción a la obra de José Lezama Lima», en *Crítica cubana*. Editorial Letras Cubanas, La Habana, 1988, p. 469.

2 Ibíd., p. 425.

3 Cintio Vitier: *Lo cubano en la poesía* (1958). Instituto Cubano del Libro, La Habana, 1970, pp. 466-467.

4 *Orígenes*, La Habana, 12-21, 1949. Reproducido en José Lezama Lima: «Señales. La otra desintegración», en *Imagen y posibilidad*. Selección, prólogo y notas de Ciro Bianchi Ross. Editorial Letras Cubanas, La Habana, 1981, p. 196.

5 Cintio Vitier: «Samuel Feijóo», en *Cincuenta años de poesía cubana (1902-1952)*. Ordenación, antología y notas por el autor. Ob. cit., p. 295.

6 Cintio Vitier: «Regino Pedroso», en *Cincuenta años de poesía cubana (1902-1952)*. Ob. cit., p. 180.

7 Ángel Augier: «La poesía de Nicolás Guillén», en *Nicolás Guillén. Obra poética. 1920-1972*. Prólogo, notas y variantes de Ángel Augier. Instituto Cubano del Libro, La Habana, 1972, tomo I, p. XVIII.

8 Cintio Vitier: «Agustín Acosta», en *Cincuenta años de poesía cubana (1902-1952)*. Ob. cit., p. 81.

9 Rubén Martínez Villena: «*Hermanita* de Agustín Acosta», en *Poesía y prosa*. Ob. cit., Tomo I, p. 247.

10 Julio Antonio Mella: «Un comentario a *La zafra* de Agustín Acosta», en *Documentos y artículos*. Editorial de Ciencias Sociales, La Habana, 1975, p. 493.

11 Ibíd., p. 494.

12 Ibíd., p. 496.

13 Cintio Vitier: «Rubén Martínez Villena». *Crítica cubana*. Ob. cit., p. 114.

14 Rubén Martínez Villena: *Poesía y prosa*. Ob. cit., tomo II, p. 350.

15 Guillermo Rodríguez Rivera: «Prólogo», en José Zacarías Tallet: *Poesía y prosa*. Editorial Letras Cubanas, La Habana, 1977, p. 16.

16 Ibíd.

17 Ibíd., p. 13.

18 Su libro «Bis», recogido en *Poesía y prosa* (1979), está integrado por poemas de los años 1950-1951 y 1965-1970.

19 Cintio Vitier: «María Villar Buceta». Ob. cit., p. 121.

[20] Emilio de Armas: «La poesía de Juan Marinello», en
Juan Marinello: *Poesía*. Editorial Arte y Literatura,
La Habana, 1977, p. 29.

[21] Ibíd., p. 33.

[22] La denominación de «libro vanguardista» debe entenderse, respecto a *Surco*, en el sentido ortodoxo
del término, es decir, como muestra de la asimilación en nuestro ámbito intelectual de las ideas estéticas y los procedimientos literarios puestos de moda
en Europa desde la primera década del siglo xx.
  Surco debe ser considerado nuestro único libro
vanguardista sólo en lo que atañe a esos aspectos
estilísticos, formales. Un enfoque distinto del problema, que analice el fenómeno vanguardista en Cuba
desde una perspectiva más amplia —y flexible—
podría considerar la existencia de otros libros
vanguardistas. Por otra parte, la crítica nunca ha
mencionado, en este sentido, los dos últimos libros
de Boti: *Kindergarten* y *Kodak-Ensueño*, a pesar de
que, a todas luces, responden, por la forma y el contenido, a los nuevos criterios estéticos.

[23] Navarro Luna tenía publicados ya en esta fecha tres
libros de temática íntima y sentimental, muy en la
tónica postmodernista: *Ritmos dolientes* (1919),
Corazón adentro (1920) y *Refugio* (1927). A propósito de esta dualidad de *Surco*, no debe desecharse la
idea de que, con toda probabilidad, muchos de sus
poemas fueron escritos un tiempo antes. La revista
Orto publicó varios de ellos aproximadamente por
la misma fecha —1927— en que aparecían, también
en dicha publicación, textos de corte postmodernista,
como «Vino de sol», «Canción del retorno» y «Elegía de antaño». Esta ambivalencia pone de manifiesto el momento de redefinición por el cual atravesaba el poeta, y ello explica, por ejemplo, que un texto
como «Gusanos», cuya atmósfera y léxico recuerdan las pesadillas de los poetas malditos franceses,
salga a la luz, con pocos meses de diferencia, el mismo año que «Estación terminal», uno de los poemas
más decididamente actuales del libro.

[24] Esto fue retomado, más tarde, por el surrealismo,
pero bajo un nuevo ropaje: el buceo en los secretos
del subconsciente.

[25] Roberto Fernández Retamar ha expuesto los caracteres más generales de la poesía vanguardista cubana en su ensayo «La poesía vanguardista en Cuba»,
en *Recopilación de textos sobre los vanguardismos en
América Latina*. Prólogo y materiales seleccionados
por Oscar Collazos. Casa de las Américas, La Habana, 1970, pp. 311-326.

[26] Este poema apareció en *Revista de Oriente*, Santiago de Cuba, Año 3, núm. 26, 30 de febrero de 1931,
p. 7. Los restantes aquí mencionados fueron recogidos en *Poesía* (1978), compilación de su obra poética.

[27] Roberto Fernández Retamar: «La poesía vanguardista en Cuba». Ob. cit.

[28] Ibíd., p. 324.

[29] Enrique Saínz anota en su libro que el entusiasmo
de Boti por los nuevos procedimientos literarios y
la nueva sensibilidad no responde únicamente a un
deseo de renovación formal, pues el cambio de perspectivas operado en su obra es a la vez reflejo de las
transformaciones —sociales, estéticas— de una época y expresión de una crisis personal. En *Trayectoria
poética y crítica de Regino Boti*. Editorial Academia,
La Habana, 1987.

[30] Ibíd., p. 120.

[31] El discurso de Brémond, sus propias aclaraciones
en torno a las críticas y comentarios que suscitaron
sus palabras en la Academia y los criterios de Robert
de Souza fueron recogidos, en traducción del francés por Julio Cortázar, en Henri Brémond: *La poesía pura. Con un debate sobre la poesía por Robert de
Souza*. Editorial Argos, Buenos Aires, 1947.

[32] Éstos son los caminos señalados por Paul Valéry en
un trabajo de 1930: «Situación de Baudelaire», en
Variedad I. Estudios literarios. Estudios filosóficos.
Traducción del francés de Aurora Bernárdez y Jorge
Zalamea. Editorial Losada, Buenos Aires, 1956, pp.
108-128.

[33] Eugenio Florit: «Regreso a la serenidad», en *Universidad de La Habana*, La Habana (8-9): 97-108,
marzo-abril-mayo-junio, 1935.

[34] Pedro Henríquez Ureña: «Introducción», en
Mariano Brull: *La casa del silencio*. M. García y Galo
Sáez, Madrid, 1916, pp. VII-XII. Fue reproducida
en Mariano Brull: *Poesía*. Compilación, prólogo y no-
tas de Emilio de Armas. Editorial Letras Cubanas,
La Habana, 1983, pp. 203-206.

[35] Paul Valéry: «Avant-propos» (1920), en *Variété*.
Libraire Gallimard Paris, 1924, p. 101.

[36] *La poesía contemporánea en Cuba (1927-1953)*. Orígenes, La Habana, 1954, p. 45. La cita se refiere al
conocido texto del dominicano *Las corrientes literarias en la América Hispánica*. Hay que manifestar,
sin embargo, que no todos en la actualidad aceptan
de manera absoluta tal denominación, y prefieren
calificarla de «negrista» o de «afroantillana» —además de los autores citados—, aun cuando al momento de titular algún material al respecto prefieran sus-
cribirse al término finalmente subrayado por
Retamar. Esto puede advertirse en las antologías de

este tipo de poesía preparadas en el extranjero por Mónica Mansour y José Luis González: *Poesía negra de América*. México, Ediciones Era, S.A., 1976, y *Sensemayá. La poesía negra en el mundo hispanohablante* («Colección Asonante de Antología»), de Aurora de Albornoz y Julio Rodríguez Luis, Madrid, Editorial Orígenes, S.A., 1980. En Cuba, Jesús Sabourin, por su parte, defiende el calificativo de «mulata», como la denominara Guillén, y lo señala como privativo de Cuba, no aplicable por sus rasgos específicos «a ninguna otra variante regional del género, ni en el Caribe ni en ningún otro lugar de Hispanoamérica», en «Vanguardismo y poesía negrista en Cuba». *Revista Santiago* núm. 67, diciembre de 1987, p. 144. Sin dudas, el énfasis del elemento negro dentro de esta síntesis cultural mestiza obedeció al desconocimiento o subvaloración de que el mismo había sido objeto durante el período colonial y primeras décadas de la seudorrepública como parte integrante de nuestro proceso de integración nacional, y sobre el cual Fernando Ortiz llamara tanto la atención como resultado de sus investigaciones etnológicas. De ahí que este énfasis se refleje en las denominaciones mencionadas y aun en otras, sin ignorar las implicaciones que el calificativo de «negra» representa para este tipo de poesía, y que pudiera interpretarse como la escrita en los originales dialectos africanos, que no es el presente caso. Como bien señala Fernández Retamar, el estudio más completo con que se cuenta en Cuba acerca de dicha poesía es el del profesor José Juan Arrom quien, bajo el título de «La poesía afrocubana», lo publicara en sus *Estudios de literatura hispanoamericana*. La Habana, 1950.

[37] *Nación y mestizaje en Nicolás Guillén*. Ediciones Unión, La Habana, 1982, p. 28.

[38] Ibíd., p. 83.

[39] En este sentido, es frecuente asociar el surgimiento de la poesía negra, no solamente cubana, sino americana en general, a una especie de despertar del interés europeo por las culturas de África, propiciado a su vez por las publicaciones de leyendas africanas del etnólogo alemán Leo Frobenius, y a la influencia en la pintura postimpresionista de las máscaras y la escultura de ese continente. *El Decamerón negro*, que recogió por primera vez las leyendas mencionadas de Frobenius, apareció en Berlín en 1910, y fue traducido al castellano en 1925, mientras que la *Anthologie nègre* de Blaise Cendrars se publicó inicialmente en francés en 1921 y fue editada en español en 1930.

[40] Fernández Retamar: ob. cit., p. 46.

[41] Retamar suma acertadamente a estos iniciadores el nombre de Alejo Carpentier («Liturgia», «Canción», «Ciudad»), a lo que debe observarse que antes que él, tanto Guillén como Ballagas habían publicado poemas negros, a los que pudiera añadirse Alfonso Camín, poeta asturiano nacido en 1883 y radicado en Cuba. Llegado a La Habana en 1924, un año después dio a conocer sus primeros poemas en esta modalidad y en 1926 editó su libro *Carteles*. En varios prólogos, Camín defiende su prioridad respecto a Palés como primer poeta negro. Véase Aurora de Albornoz y José Luis Rodríguez: *Sensemayá*. Ob. cit., p. 109.

[42] Parece haber sido escrito en la década de los años 30, ya que el prólogo de Armando Leyva está fechado en 1936.

[43] *Cerebro y corazón* se llamó el primer libro que escribiera Guillén, con caracteres modernistas, en 1922, y que permaneciera inédito hasta su publicación por Ángel Augier en su biografía reeditada: *Nicolás Guillén; notas para un estudio biográfico-crítico*, en 1965, de indispensable consulta.

[44] Tres «motivos» más aparecieron semanas después en la propia página, y los once fueron incluidos por Guillén en su siguiente libro, *Sóngoro Cosongo*, al año siguiente (La Habana, Úcar, García y Cía.). «Ayé me dijeron negro» fue sustituido poco después, por el propio Guillén, por «Hay que tené boluntá», y publicado junto con «Curujey» y «Me bendo caro» en la página «Ideales de una raza», el 6 de julio de 1930. Para más detalles acerca de dichos cambios y modificaciones, consúltense las notas al respecto escritas por Ángel Augier en la *Obra poética (1920-1958)* de este autor. (La Habana, Instituto Cubano del Libro, 1972.)

[45] Nancy Morejón: «Conversación con Nicolás Guillén», en *Recopilación de textos sobre Nicolás Guillén*. Selección y prólogo de Nancy Morejón. Casa de las Américas, La Habana, Serie Valoración Múltiple, La Habana, 1974, pp. 41-42.

[46] De acuerdo con Cintio Vitier, «la estructura formal del son guilleneano parece proceder del estribillo o "montuno del son" popular, generalmente interpretado por sextetos típicos, que se cantó y se bailó en Cuba, junto al más estilizado danzón, hasta los años 30… Lo que Guillén toma del "montuno" son dos cosas: el estribillo rítmico y ese sentido de final donde todo se resuelve en risa y baile», en «Hallazgo del son». *Recopilación de textos sobre Nicolás Guillén*. Ob. cit., pp. 147-148. Ángel Augier, por su parte, habla del «poema son» en el artículo mencionado al respecto.

[47] Amadeo Roldán musicalizó todos los poemas de *Motivos de son*, además de «Curujey», que no pertenece a esta colección. Alejandro García Caturla le puso música a «Bito Manué» («Tú no sabe inglé») y «Mulata»; Eliseo Grenet, a «Negro Bembón», también llevado a música coral por el maestro Electo Silva, en Santiago de Cuba, más recientemente, y Emilio Grenet a «Tú no sabe inglé». Mas no fue solamente la música, en sentido general, la que asumió la temática negra durante los años que nos ocupan. Harto interesante fue la asimilación que de ella hizo, en menor medida, la plástica cubana, a través de figuras descollantes como Wifredo Lam (1902-1982), mestizo de chino y negra, quien sintetizó componentes de la santería afrocubana, los ñáñigos habaneros y el vodú haitiano, pero despojándolos de todo elemento descriptivo, anecdótico, que pudiera imprimir un sello localista a sus cuadros —«La Jungla» (1942), considerada su obra cumbre y una de las más significativas de la plástica contemporánea. Otros pintores emplearon símbolos africanos, pero de manera más esporádica que Lam, o abordaron aspectos de nuestro sincretismo religioso, como René Portocarrero en su serie de «Diablitos» y Martínez Pedro en «Cuarto Fambá».

[48] A propósito de este libro y la obra poética de este autor, además de los textos mencionados, véase Adolfina Cossío Esturo: «Los recursos rítmicos en la poesía de Nicolás Guillén», en revista *Santiago* núm. 5, 1971 (existe separata en inglés) y Eloína Miyares Bermúdez: «Características lingüísticas de *Motivos de son*», en *Anuario de Artes y Letras*, Universidad de Oriente, Santiago de Cuba, 1983.

[49] N. Guillén: *Recopilación de textos...*, ob. cit., p. 45.

[50] Ibíd., p. 46.

[51] Una carta sumamente elogiosa le fue enviada también a nuestro poeta por don Miguel de Unamuno desde Madrid, con fecha 8 de junio de 1932, a propósito de la edición de este libro. La misma fue dada a conocer públicamente con la edición de *Sóngoro Cosongo y otros poemas* (La Verónica, La Habana, 1942). En Cuba, Juan Marinello se refirió a este poemario en su ensayo «Poesía negra», en *Poética. Ensayos en entusiasmo*. Espasa Calpe, Madrid, 1933, pp. 99-143.

[52] «Los poemas "Llegada" (*Sóngoro Cosongo*) y "El apellido" (*La paloma de vuelo popular*) le confieren a Guillén una irreductible trascendencia americana por encarnar en estos textos el trauma vivido en países americanos como Brasil, los Estados Unidos y las islas del Caribe». Nancy Morejón, en *Recopilación de textos*. Ob. cit., p. 15. No es éste precisa-mente el caso de Palés Matos, cuya poesía dentro de ese movimiento, recogida en su libro *Tun-tun de pasa y grifería* (1937), acusa más bien la presencia idealizada, abstracta, del negro, con el cual nunca parece haberse sentido identificado, y al cual oponía conceptualmente la cultura «blanca», en virtud de su formación intelectual y al personalismo de su visión poética, que lo llevaban hacia una idealización de los elementos reales.

[53] Un interesante estudio de este poema puede consultarse en *Cuba's Nicolás Guillén. Poetry and Ideology*, del profesor jamaicano Keith Ellis. University of Toronto Press, Canada, 1983, pp. 79-80. Existe edición en español. Recuérdese que en 1927 Ramiro Guerra había publicado *Azúcar y población en las Antillas*, libro revelador de nuestra economía y monocultivo, así como de la responsabilidad de Estados Unidos en esta situación. Obsérvese la capacidad de síntesis de Guillén al abordarla en este poema, si se le compara con el «Poema de los cañaverales» de Felipe Pichardo Moya (1925) y «La zafra», de Agustín Acosta (1926).

[54] Sólo abordaremos de este libro lo concerniente al tema negro. La significación del poemario en la poética de Guillén será desarrollada en otro acápite más amplio dedicado al autor.

[55] Ninguno de estos libros fue publicado en su momento.

[56] Apareció en el *Suplemento Literario del Diario de la Marina*, el 30 de octubre de 1927.

[57] En *Nosotros* se incluyen, junto a «Salutación fraterna al taller mecánico», otros poemas publicados en el *Suplemento Literario del Diario de la Marina*, en la misma fecha.

[58] Regino Pedroso: «Auto-bio-prólogo a Nosotros», en *Obra poética*. Editorial Arte y Literatura, La Habana, 1975, pp. 29-30.

[59] Ibíd., p. 30.

[60] Juan Marinello: «Margen apasionado», en *Ensayos*. Editorial Arte y Literatura, La Habana, 1977, p. 65.

[61] Cintio Vitier: «La poesía de Emilio Ballagas», en su *Crítica cubana*, Editorial Letras Cubanas, La Habana, 1988, p. 402. Este trabajo, de 1954, sirvió de estudio introductor en *Obra poética de Emilio Ballagas*, edición póstuma, de 1955.

[62] Ibíd., p. 403.

[63] Roberto Fernández Retamar: *La poesía contemporánea en Cuba (1927-1953)*. Orígenes, La Habana, 1954, p. 35.

[64] Citado por Roberto Fernández Retamar, en su ob. cit., pp. 35-36.

[65] Cintio Vitier: «Dulce María Loynaz», en su *Cincuenta años de poesía cubana (1902-1952)*. Ob. cit., p. 157.

[66] Cintio Vitier: «Ciclo poético de Samuel Feijóo», en Samuel Feijóo: *Poesía*. Compilación y prólogo por Cintio Vitier. Editorial Letras Cubanas, La Habana, 1984, p. 5.

[67] Samuel Feijóo: *Ser*. Selección de Fina García Marruz y Cintio Vitier. «Samuel Feijóo: el lírico», por Cintio Vitier. Unión de Escritores y Artistas de Cuba, La Habana, 1983, p. 13.

[68] Cintio Vitier: «Ciclo poético de Samuel Feijóo». Ob. cit., p. 7.

[69] Ibíd., p. 8.

[70] Ibíd.

[71] Samuel Feijóo: *Ser*. Ob. cit., p. 163.

[72] Cintio Vitier: «Ciclo poético de Samuel Feijóo». Ob. cit., p. 10.

[73] Samuel Feijóo: ob. cit., p. 163.

[74] Cintio Vitier: ob. cit., pp. 10-11.

[75] Virgilio López Lemus: «*Beth-el*: ser fiel a la piedra donde se apoya la poesía», en *Universidad de La Habana*, La Habana, (224): 77-87, ene.-abr., 1985, p. 86.

[76] Cintio Vitier: ob. cit., p. 12.

[77] Ibíd., p. 13.

[78] Samuel Feijóo: ob. cit., p. 262.

[79] El guatemalteco Arqueles Vela plantea al respecto: «En *Más allá canta el mar*…, lo social —valores históricos, políticos, filosóficos, religiosos— se ha fundido en la entraña lírica, y de meros temas de la época, se convierten en lo poético —impresiones, expresiones—, manifestación del sentimiento en palabras […]». En su libro *Teoría literaria del Modernismo. Su filosofía, su estética, su técnica*. Ediciones Notas, México D.F., 1949, p. 339.

[80] Ob. cit., p. 331.

[81] Pedroso ya había dado a conocer «poemas chinos» de manera dispersa en publicaciones periódicas. En *Avance* aparecieron en 1933 «El heredero» y «Conceptos del nuevo estudiante», muy ligados, por el tema, a las preocupaciones de *Nosotros*. Cinco poemas de *El ciruelo*… aparecieron en *El Mundo* en 1946, y otros en el mensuario del Ministerio de Educación.

[82] Pedroso era mulato y descendiente de chino.

[83] La situación sociopolítica de Cuba durante la época en que fueron escritos los poemas, influyó decisivamente en este cambio de perspectiva. La corrupción política y la pérdida de valores éticos en las relaciones humanas causaron no poca amargura entre los intelectuales revolucionarios.

[84] En la década del 60 fue nombrado consejero cultural de Cuba en la República Popular China; de sus experiencias en el país asiático nació *China, recuerdo*.

[85] Antecedente de *Cartas de la ciénaga*, dentro de esta línea de creación, es su libro *Siluetas aldeanas* (1925), esbozo satírico-costumbrista de la vida en los pueblos del interior del país durante la seudorrepública.

[86] La dificultad de hallar un lenguaje apropiado para la expresión de sus inquietudes políticas crea una peculiar tensión entre contenido y forma en la poesía de Navarro Luna. En la presentación que hace Marinello (1938) de *La tierra herida*, dice: «Manuel Navarro ha sido en Cuba el ejemplo más significante de poeta preso en las viejas cárceles virtuosas y leal sin embargo a su tiempo beligerante. Hay por ello en la obra de sus últimos años un hondo surco trágico. El poeta ha renunciado a muy gratas evasiones, a maneras prestigiosas, a modos perfectamente ensamblados a su formación burguesa. Hombre de sensibilidad riquísima y al que nada humano le es ajeno, oye en sí mismo el rumor ascendente de las masas que despiertan, ve en su vecindad al campesino mísero de la tierra oriental desnutrido y abúlico, rumiador ensimismado de sus rebeldías inconcretas, reconoce y embraza su deber de hombre y presta al anhelo insurrecto su lengua de sabidurías. No es culpa suya si el cauce en que recoge el latido popular está fraguado en vertientes pulidas y cambiantes. Sincero hasta el límite, habla el poeta, más que a los sufridores, a los que, como él, están por la sensibilidad y la cultura, en el campo de la justicia.» (En Manuel Navarro Luna: *Poesía y prosa*. Editorial Letras Cubanas, La Habana, 1980, p. 89.)

[87] Juan Marinello: «Tierra y canto» (prólogo a *Nosotros*), en Manuel Navarro Luna: ob. cit., pp. 90-91.

[88] Roberto Fernández Retamar: *La poesía contemporánea en Cuba (1927-1953)*. Ob. cit., p. 74.

[89] «Es una gran hazaña esa de hacer una elegía en décimas —dice Juan Marinello en una carta al poeta. Porque a la verdad, no es el molde más natural y

adecuado. La décima obliga a una claridad de martilleo, forzada por el consonante preciso y reiterado, que no es lo mejor para decir un dolor sincero y hondo. No se trata de un obstáculo insalvable, sí de una fuerte dificultad que sólo puede salvarse, como has hecho tú, con mucho talento y mucha emoción [...]». Fondo Navarro Luna. Biblioteca del Instituto de Literatura y Lingüística.

90 Virgilio López Lemus ha llamado la atención sobre los rasgos melodramáticos de la elegía en su artículo «Manuel Navarro Luna y "Doña Martina"». En *El Caimán Barbudo*. La Habana, 22 (252): 26-27, noviembre 1988 y 22 (253): 20-21, diciembre 1988.

91 A raíz de la publicación del poema, Navarro Luna fue requerido en el seno del Partido por la «interpretación espiritualista» de la vida y la muerte dada en él por el poeta como reacción emocional ante la muerte de la madre. En la autocrítica que el escritor hizo pública a través de Marinello planteó que: «...La reacción de un poeta, de un escritor comunista que tiene ligada su vida, desde hace tantos años, a la causa del proletariado, frente a la muerte de un ser querido, como la madre, en manera alguna puede ser de aniquilamiento y de derrota por mucho que sea el dolor que esta muerte represente. Y nadie puede sentir más la muerte de una madre, de un hijo o de cualquier otro ser adorado, como un comunista. Nadie. El aniquilamiento, la derrota, el pesimismo, son reacciones románticas, de índole burguesa, ajena, en lo absoluto, a la sensibilidad y al ideario de un comunista.» Juan Marinello: «Informe a la Reunión de los Intelectuales», *Fundamento* (129): 12, dic., 1952. La opinión que existía en la década del cincuenta acerca de que el realismo socialista era la única vía de expresión para un escritor revolucionario, llevó a los intelectuales, dentro de los cuales se encontraba el propio Navarro Luna, a una valoración parcial y hasta cierto punto esquemática de *Doña Martina*.

92 Dice Virgilio López Lemus en su trabajo sobre el poema: «Esa metafísica está atenuada por el ensueño; el dolor induce al poeta a soñar que tanta belleza moral no es posible que la muerte la destruya. No es una compleja emoción ontológica en la que, resistiendo a la muerte, el emisor busque un fin último, una trascendencia de ultratumba que atenúe el sufrimiento. Es solo un ensueño poético y una negación lírica de la muerte [...]». En ob. cit., p. 20.

93 Se ha hablado de la existencia de una edición en París de 1935.

94 La belleza moral de Doña Martina se destaca a veces en relación con el entorno; la referencia a los problemas sociales aparece entonces de una manera indirecta, pero inequívoca:

En la mísera barriada
su escuela fue como un templo
de gracia y luz; un ejemplo
de ternura iluminada.
Era como una mirada
hacia otro mundo mejor: [...]

Una muestra de la versatilidad de Navarro Luna y de sus actitudes para la poesía íntima son sus «serenatas», diez madrigales de intensa ternura dedicados a su hija y a los cuales un amigo les puso música. Por lo común no se incluyen en su obra poética, pues fueron concebidos como canciones.

95 Su *Breve antología* fue publicada por la Universidad Central de Las Villas, y tiene una introducción de Samuel Feijóo.

96 La clasificación realizada por Susana Montero en su trabajo «Direcciones y rasgos mayores de la obra poética de Mirta Aguirre» resulta muy adecuada no sólo a su universo temático, sino también a sus peculiaridades estilísticas. Ver su libro *Obra poética de Mirta Aguirre. Dinámica de una tradición lírica*. Prólogo de José Antonio Portuondo. Editorial Academia, La Habana, 1987, pp. 9-39.

97 Mirta Aguirre era particularmente severa en sus apreciaciones críticas; a esto no escapó su propia obra. El fondo del Instituto de Literatura y Lingüística guarda numerosos folletos y proyectos de libros que finalmente decidió no publicar de forma íntegra, sino sólo aquellos textos con los cuales estaba satisfecha.

98 En el folleto aparecen con los títulos de «España» y «España presente».

99 En *Historia tan natural* (1970), Félix Pita Rodríguez retoma algunos elementos que se hallaban presentes en su poesía juvenil y los elabora a partir de una concepción formal distinta; existe, no obstante, un fuerte aire familiar entre ambos momentos, particularmente en lo tocante a las inquietantes conceptuales —autodefiniciones, indagación en el sentido de la vida: preocupaciones ontológicas de variados matices—, sólo que en su obra de madurez hay como un dejo filosófico que le otorga la experiencia de los años vividos, una mirada tierna e indulgente sobre sus obsesiones y angustias pasadas.

100 Pita Rodríguez ha reconocido su afinidad con el surrealismo en varias entrevistas, pero siempre ha dicho que no le interesaban tanto sus mecanismos creativos como la visión de la realidad de la cual era portador. En una entrevista grabada por José Gorrín

en 1972 y reproducida parcialmente en su trabajo «Esbozo biográfico y artístico de la obra de Félix Pita Rodríguez», en *Islas*, Universidad Central de Las Villas, (45): 3-56, mayo-agosto de 1973, dice refiriéndose al movimiento: «[...] Cuando llego a él, encuentro que esto era lo que yo buscaba, aquí está la expresión, aquí está lo que sin saberlo yo sentía, debía ser la poesía. Ese buceo en el mundo subconsciente, de lo onírico, de lo misterioso, de lo fantasmagórico acorde con mi temperamento, con mi sensibilidad [...]»

[101] La muerte de una mujer con la que vivió en Marruecos parece ser el origen de la angustia que recorre el libro.

[102] Félix Pita Rodríguez: *Las noches*. La Tertulia, Cuadernos de Poesía. La Habana, 1964, p. 7.

[103] Ambrosio Fornet: *En blanco y negro*. Instituto Cubano del Libro, La Habana, 1967, p. 89.

[104] Cintio Vitier: *Lo cubano en la poesía*. Instituto del Libro, La Habana, 1970, p. 501.

[105] Ángel Gaztelu: «Muerte de Narciso, rauda cetrería de metáforas», *Verbum*, La Habana, núm. 3, 1936, pp. 49-52.

[106] Cintio Vitier: «Introducción del coordinador», en José Lezama Lima: *Paradiso. Edición Crítica*. Colección Archivos 3, Madrid, 1988, pp. IX-XIV.

[107] Cintio Vitier: «Introducción a la obra de José Lezama Limá», en *Crítica cubana*. Editorial Letras Cubanas, La Habana, 1988, p. 420.

[108] Cintio Vitier: «De las cartas que me escribió Lezama», en *Coloquio Internacional sobre la obra de José Lezama Lima*. Poesía. Universidad de Poitiers, Centro de Investigaciones Latinoamericanas, París, 1984, p. 278.

[109] Ángel Gaztelu: ob. cit.

[110] Cintio Vitier: *Lo cubano en la poesía*. Ob. cit. (Decimotercera lección: Crecida de la ambición creadora. La poesía de José Lezama Lima y el intento de una teleología insular), pp. 437-468.

[111] Cintio Vitier: «Introducción a la obra de José Lezama Lima», en *Crítica cubana*. Ob. cit. p. 417.

[112] Ibíd., p. 418.

[113] Cintio Vitier: *Lo cubano en la poesía*. Ob. cit., pp. 441-446.

[114] Cintio Vitier: *Experiencia de la poesía. Notas*. Úcar, García, La Habana, 1944, p. 17.

[115] Ibíd., p. 21.

[116] Cintio Vitier: «De las cartas que me escribió Lezama». Ob. cit., p. 282.

[117] Cintio Vitier: *Lo cubano en la poesía*. Ob. cit., p. 447.

[118] Ibíd., p. 450.

[119] Ibíd., p. 451.

[120] Roberto Fernández Retamar: *La poesía contemporánea en Cuba. (1927-1953)*. Orígenes, La Habana, 1954, p. 89.

[121] Ibíd., p. 90.

[122] Ibíd., p. 91.

[123] Virgilio Piñera: «Dos poetas, dos poemas, dos modos de hacer poesía», *Espuela de Plata*, La Habana, (H): 16-19, agosto, 1941.

[124] Roberto Fernández Retamar: ob. cit., p. 91.

[125] Ibíd., p. 95.

[126] Fina García Marruz: «La poesía es un caracol nocturno», en *Coloquio internacional sobre la obra de José Lezama Lima. Poesía*. Ob. cit., pp. 243-276.

[127] Cintio Vitier: «La rebelión de la poesía». *Revista Cubana*. Vol. XXVIII, 1950, p. 40.

[128] Roberto Fernández Retamar: ob. cit., p. 90.

[129] Consúltese la ya citada «Introducción a la obra de José Lezama Lima» de Cintio Vitier.

[130] Cintio Vitier: *Lo cubano en la poesía*. Ob. cit., p. 465.

[131] Ibíd., p. 466.

[132] Ibíd., p. 467.

[133] José Lezama Lima: *La cantidad hechizada*. UNEAC, La Habana, 1970, p. 447.

[134] Gastón Baquero: «Los enemigos del poeta». *Poeta*, La Habana, núm. 1, noviembre 1942, pp. 5-6.

[135] Cintio Vitier: *Lo cubano en la poesía*. Ob. cit., p. 495.

[136] Ibíd., p. 497.

[137] Ibíd., p. 491.

[138] Ibíd.

[139] Ibíd., p. 471.

[140] Ibíd., p. 476.

[141] Ibíd., p. 478.

142 Cintio Vitier: *Ese sol del mundo moral. Para una historia de la eticidad cubana.* Siglo XXI Editores, México, D.F., 1976, p. 156.

143 Gastón Baquero: «Tendencias actuales de nuestra literatura», en *Anuario Cultural de Cuba. 1943.* Ministerio de Estado. Dirección General de Relaciones Culturales, La Habana, 1944, p. 279.

144 Cintio Vitier: *Lo cubano en la poesía.* Ob. cit., p. 481.

145 María Zambrano: «La Cuba secreta», *Orígenes,* La Habana, año V (20): 1948, pp. 3-9.

146 Cintio Vitier: *Lo cubano en la poesía.* Ob. cit., pp. 479-484.

147 Ibíd.

148 Cintio Vitier: «Recuento de la poesía lírica en Cuba de Heredia a nuestros días», en *Revista Cubana,* La Habana, vol. XXX: 11-118, octubre-diciembre, 1956.

149 Cintio Vitier: *Diez poetas cubanos (1937-1947).* Orígenes, La Habana, 1948, p. 79.

150 María Zambrano: *Filosofía y poesía.* Morelia, México, D.F., 1939.

151 Cintio Vitier: *La luz del imposible.* Úcar García, La Habana, 1957.

152 Ibíd., p. 10.

153 Ibíd., p. 46.

154 Ibíd., p. 7.

155 Ibíd., p. 80.

156 Ibíd., p. 88.

157 Cintio Vitier: «Prólogo», en *Vísperas,* 1938-1953. Orígenes, La Habana, 1953, p. 8.

158 Cintio Vitier: *La luz del imposible.* Ob. cit., p. 76.

159 Ibíd., p. 11.

160 Ibíd., p. 86.

161 Cintio Vitier: *Diez poetas cubanos.* Ob. cit., p. 168.

162 Cintio Vitier: *Experiencia de la poesía.* Ob. cit., p. 41.

163 Ibíd., p. 13.

164 Cintio Vitier: «Prólogo», en *Vísperas,* 1938-1953. Ob. cit., p. 7.

165 Cintio Vitier: *La luz del imposible.* Ob. cit., p. 36.

166 Roberto Fernández Retamar: *La poesía contemporánea en Cuba,* Ob. cit.

167 Cintio Vitier: *La luz del imposible.* Ob. cit., p. 67.

168 Ibíd.

169 Véase el estudio de Cintio Vitier: «Introducción a la obra de José Lezama Lima» ya citado.

170 Cintio Vitier: *La luz del imposible.* Ob. cit., p. 81.

171 Ibíd., p. 69.

172 Cintio Vitier: «Prólogo», en *Vísperas.* 1938-1953. Ob. cit., p. 7.

173 Cintio Vitier: *Poética.* Imprenta Nacional, La Habana, 1961, p. 6.

174 Ibíd.

175 Cintio Vitier: «Prólogo», en *Vísperas.* 1938-1953. Ob. cit., p. 8.

176 Cintio Vitier: *La luz del imposible.* Ob. cit., p. 71.

177 Ibíd., p. 76.

178 Cintio Vitier: «Prólogo», en *Vísperas.* 1938-1953. Ob. cit., p. 8.

179 José Lezama Lima: «Después de lo raro, la extrañeza» (1944), en *Imagen y posibilidad.* Selección, prólogo y notas de Ciro Bianchi Ross. Editorial Letras Cubanas, La Habana, 1981, pp. 163-171.

180 Fina García Marruz, Cintio Vitier y José Lezama Lima: «El momento cubano de Juan Ramón Jiménez», *La Gaceta de Cuba,* La Habana, (77): 8-10, oct., 1969.

181 Roberto Fernández Retamar: *La poesía contemporánea en Cuba.* Ob. cit., p. 114.

182 Fina García Marruz: «Lo exterior en la poesía», en *Orígenes,* La Habana, año IV (16): 16-21, invierno 1947.

183 Roberto Fernández Retamar: ob. cit., p. 116.

184 Cintio Vitier: *Poética.* Ob. cit.

185 Roberto Fernández Retamar: *La poesía contemporánea en Cuba.* Ob. cit., p. 114.

186 Cintio Vitier: *Cincuenta años de poesía cubana.* Ob. cit., p. 376.

187 Fina García Marruz: «José Martí», en *Lyceum,* La Habana, VIII (30): 36, mayo de 1952.

188 Ibíd.

189 Fina García Marruz: «Lo exterior en la poesía». Ob. cit.

[190] María Zambrano: «La Cuba secreta», en *Orígenes*, año V (20): 3-9, invierno, 1948.

[191] Fina García Marruz: *Las miradas perdidas*. 1944-1950. Úcar García, La Habana, 1951, p. 24.

[192] Fina García Marruz: «Bécquer o la leve bruma», en su *Hablar de la poesía*. Editorial Letras Cubanas, La Habana, 1986. pp. 9-80.

[193] Roberto Fernández Retamar: *La poesía contemporánea en Cuba*. Ob. cit., p. 87.

[194] Cintio Vitier: «Recuento de la poesía lírica en Cuba de Heredia a nuestros días», en *Revista Cubana*, La Habana, vol. XXX, oct.-dic., 1956, p. 92.

[195] Fina García Marruz: «Hablar de la poesía», en *Hablar de la poesía*. Ob. cit, p. 437.

[196] Ibíd.

[197] José Lezama Lima: «Un día del ceremonial», en su *Imagen y posibilidad*. Selección y prólogo de Ciro Bianchi. Editorial Letras Cubanas, La Habana, 1981, p. 47.

[198] Cintio Vitier: *Lo cubano en la poesía*. Ob. cit., pp. 501-517.

[199] Las citas precedentes de José Lezama Lima fueron tomadas del artículo de Cintio Vitier: «Las cartas que me escribió Lezama». Ob. cit., pp. 277-290.

[200] José Lezama Lima: «Señales. La otra desintegración», en *Orígenes*, La Habana, año VI (21): 60-61, primavera, 1949.

[201] Cintio Vitier: *Lo cubano en la poesía*. Ob. cit., p. 506.

[202] Cintio Vitier: *Ese sol del mundo moral. Para una historia de la eticidad cubana*. Ob. cit., p. 157.

[203] Cintio Vitier: «En la Calzada de Jesús del Monte», *Orígenes*. La Habana, año VI (21): 53, primavera, 1949.

[204] Cintio Vitier: *Cincuenta años de poesía cubana (1902-1952)*. Selección, prólogo y notas del autor. Ministerio de Educación, La Habana, 1952, p. 357.

[205] Alejo Carpentier: «Otras opiniones», en *Recopilación de textos sobre José Lezama Lima*. Selección y notas de Pedro Simón. Casa de las Américas, La Habana, 1970, p. 317.

[206] Fina García Marruz: «Ese breve domingo de la forma», en *Hablar de la poesía*. Ob. cit., pp. 396-401.

[207] Cintio Vitier: «En la Calzada de Jesús del Monte». Ob. cit., p. 55.

[208] Ibíd., p. 58.

[209] Cintio Vitier: *Cincuenta años de poesía cubana*. Ob. cit., p. 357.

[210] Cintio Vitier: *Lo cubano en la poesía*. Ob. cit., p. 503.

[211] José Lezama Lima: «Un día del ceremonial». Ob. cit., p. 47.

[212] Cintio Vitier: *«En la Calzada de Jesús del Monte»*. Ob. cit., p. 54.

[213] Ibíd.

[214] Cintio Vitier: *Lo cubano en la poesía*. Ob. cit., p. 504.

[215] Cintio Vitier: «En la Calzada de Jesús del Monte». Ob. cit., p. 54.

[216] Ibíd.

[217] Enrico Mario Santí: «Entrevista con el grupo "Orígenes"», en *Coloquio Internacional sobre la obra de José Lezama Lima*. Vol. II. Espiral/Fundamentos. Universidad de Poitiers. Centro de Investigaciones, París, 1984, pp. 178-179.

[218] Fina García Marruz: «Ese breve domingo de la forma», en *Hablar de la poesía*. Ob. cit.

[219] Cintio Vitier «En la Calzada de Jesús del Monte». Ob. cit.

[220] Ibíd.

[221] Cintio Vitier: *Lo cubano en la poesía*. Ob. cit., pp. 501-530.

[222] Ibíd., p. 505.

[223] Basilia Papastamatíu: «¿Dónde está la poesía?: entrevista a Eliseo Diego», *Revolución y Cultura*, La Habana, núm. 80, abril 1989, p. 49.

[224] Cintio Vitier: *Lo cubano en la poesía*. Ob. cit., p. 512.

[225] Cintio Vitier: *La luz del imposible*. Ob. cit.

[226] José Lezama Lima: «Un día del ceremonial». Ob. cit., p. 48.

[227] Eliseo Diego: «Dedicatoria», en *Por los extraños pueblos*. Úcar García, La Habana, 1958, p. 6.

[228] Cintio Vitier: *Lo cubano en la poesía*. Ob. cit., p. 519.

[229] Ibíd., p. 521.

[230] Ibíd., p. 523.

[231] Ibíd., p. 529.

[232] *Los Motivos...* aparecieron por primera vez el 20 de abril de 1930 en la página dominical «Ideales de una raza», que publicaba en el *Diario de la Marina* el arquitecto Gustavo E. Urrutia. Su salida suscitó comentarios divergentes por parte de la crítica, que de inmediato se polarizó en detractores y defensores; entre esos últimos se hallaban figuras como Emilio Ballagas, Fernando Ortiz, Alfonso Hernández Catá, José María Chacón y Calvo y Regino Boti, entre otros. Notoria fue la polémica entre el crítico Ramón Vasconcelos y el propio Guillén, en la cual tomó parte también Urrutia; sin embargo, la reacción más peculiar ante los poemas fue, sin dudas, la de los miembros de la pequeña burguesía —médicos, abogados, periodistas, maestros—, quienes se reunían en instituciones exclusivistas como el Club Atenas; estos, alienados por las secuelas del pensamiento esclavista, se escandalizaron ante lo que consideraban como un insulto y un ataque a los esfuerzos de aquella suerte de «aristocracia de color» por lograr un reconocimiento social. Para mayor información consultar Ángel Augier: *Nicolás Guillén; notas para un estudio biográfico-crítico*. Tomo I. Prólogo de Samuel Feijóo. Seg. ed. revisada, Universidad Central de Las Villas, La·Habana, 1965.

[233] Algunos de estos poemas aparecieron en *Lis* y otras publicaciones de la época como *Orto, Castalia, Camagüey Gráfico*, etcétera. En 1965, Ángel Augier los publicó íntegros bajo el título original de *Cerebro y corazón*, como apéndice a la segunda edición de su libro *Nicolás Guillén; notas para un estudio biográfico-crítico* ya citado.

[234] Ángel Augier: «Prólogo», en Nicolás Guillén. *Obra poética (1920-1958)*. Tomo I. Prólogo, notas y variantes de Ángel Augier. Editorial Letras Cubanas, La Habana, 1972, p. 19.

[235] Los sonetos aparecieron primeramente en *Orto* el 31 de julio de 1922, luego en el primer número de *Alma Mater* en noviembre del mismo año, se reprodujeron en *Lis* en 1923 y por último se publicaron en «Ideales de una raza» del *Diario de la Marina* en 1929.

[236] Estos poemas fueron publicados en *Orto*, el *Diario de la Marina* y *Social* entre 1927 y 1930.

[237] En sus sucesivas ediciones, la composición y ordenamiento general de los *Motivos...* fue sufriendo algunos cambios. Originalmente eran ocho —los que aparecieron en «Ideales de una raza» en abril de 1930—, más tarde —en julio del mismo año— publicó en la misma página dominical, tres «motivos» más: «Curujey», «¡Me vendo caro!» y «Hay que tené boluntá». Al publicarse *Sóngoro cosongo* en 1931 el orden de colocación fue alterado, y el poema titulado «Si tú supiera» cambió de nombre por uno de sus estribillos, que finalmente dio título al libro. Con el tiempo, Guillén decidió suprimir tres «motivos»: «Ayé me dijeron negro...», «Curujey» y «¡Me vendo caro!», es decir, uno del primer grupo de ocho y dos del segundo grupo de tres. El orden y textos definitivos son los que tienen en la segunda edición de *Antología mayor* (1969).

[238] Ver Desiderio Navarro: «Sonido y sentido en Nicolás Guillén», en *Revista de Literatura Cubana*. La Habana, Año II, núm. 2 y 3, enero-julio, 1984.

[239] Nicolás Guillén: «Prólogo» a su *Sóngoro cosongo. Poemas mulatos*. Úcar García, La Habana, 1931, pp. 9-10.

[240] El texto incluía los *Motivos de son*.

[241] Cuando desapareció «Ideales de una raza» en enero de 1931, Guillén comenzó a colaborar en la página dominical «La marcha de una raza» del periódico *El Mundo*; ésta estaba a cargo de Lino D'ou y comenzó a salir en marzo de 1931.

[242] El soneto «El abuelo», de esta colección, también desarrolla tal idea.

[243] Sobre todo de algunos textos del *Romancero gitano* y de *Poeta en Nueva York*.

[244] Mirta Aguirre: «Guillén, maestro de poesía y decoro ciudadano» (1952), en su *Un poeta y un continente*. Editorial Letras Cubanas, La Habana, 1982, p. 31.

[245] Ibíd., p. 31.

[246] Escrito en México en mayo de 1937 en vísperas de su viaje a España, adonde asistió como invitado al II Congreso Internacional de Escritores para la Defensa de la Cultura. Se publicó en México y en España en agosto del mismo año.

[247] La Editorial Pleamar de Buenos Aires publicó en 1947 una recopilación de la obra de Guillén con el título de *El son entero*, que a su vez corresponde a la colección de textos agrupada en la parte final del volumen. Los primeros cinco poemas de esta sección habían aparecido en *Sóngoro cosongo y otros poemas* (1942), una recopilación similar publicada en La Habana por Manuel Altolaguirre en su imprenta La Verónica.

[248] Luis Álvarez: «El poeta elegíaco Nicolás Guillén», en *Nuevos críticos cubanos*. Editorial Letras Cubanas, La Habana, 1983, pp. 363-377.

[249] Mirta Aguirre: «En torno a la "Elegía a Jesús Menéndez"» (1952), en su *Un poeta y un continente*. Ob. cit., p. 16.

[250] Raimundo Lazo: *Teoría de las generaciones y su aplicación al estudio de la literatura cubana* (1954). Universidad Nacional Autónoma de México, México, D.F., 1973.

[251] No será obvio subrayar que los nombres más significativos por las obras logradas, hasta 1955, y visto desde las perspectivas de redacción del presente análisis, son Carilda, Rafaela, Retamar, Fayad, Baragaño, Pedro de Oraá, Nivaria Tejera, Pablo Armando, Isidoro Núñez y Pura del Prado, relacionados en desorden cronológico, atendiendo mejor a los momentos en que ofrecen obras de real interés literario.

[252] La cita es de Ángel N. Pou: *Presencia de una nueva generación literaria* (Tres artículos periodísticos). Una carta del Dr. Raimundo Lazo. Decálogo del Movimiento Renuevo. Ediciones Renuevo, La Habana, 1957; en éste Pou atribuye la edición del texto al *Diario de la Marina*. 6 de marzo de 1956. Se comprobó que no fue publicado en esa fecha, de manera que se deja el crédito en la referencia de Pou.

[253] En ellos: *Fruto de agraz* (1956), de Maggie Díaz Milián; del mismo año, *Bordes* de Antonio Giraudir; *Aula y corazón* y *Estudiante poeta*, de Romualdo Suárez; *El río con sed*, de Pura del Prado; de 1957, *Poemas del ocaso*, de José Guerra Flores, y *Desde mí*, de Thelvia Marín.

[254] Cabría aquí plantear que si bien la crítica se ha referido siempre con el apelativo de «generación de los años cincuenta», o con otros calificativos, a los poetas relacionados, la denominación de Generación del Centenario, que de hecho los comprende, es mucho más amplia en el sentido de sus integrantes, aunque apela al destino político de los jóvenes que advienen a la historia cubana alrededor del año del centenario del nacimiento de José Martí; es, pues, una denominación no referida al campo de la literatura.

[255] Por la curiosidad de posible erudición se reproducen los tres listados de Pou: 1) Luis Ángel Casas, Dora Varona, Jorge Tallet, Pura del Prado, Romualdo Suárez, Ana Núñez Machín, Maggie Díaz Milián, Antonio Giraidier; 2) Carlos Dobal, Manuel Gómez Reinoso, José Guerra Flores, Raúl Roa Kourí, Darcia Moretti, Enrique Llaco, Erasmo Quintanal, María Josefa Ramírez, Fausto Masó, Manuel Díaz Martínez, Elena G. Lavín y el propio Ángel N. Pou. A estas listas aparecidas en los artículos originales que el autor había publicado meses antes en la prensa, y que incluyen personas que no escriben poesía, añade en nota al pie del folleto a: 3) Sara Pastora, Juan

Oscar Alvarado, Oscar Rodríguez Mirabal, Jorge Muñoz, Raquel Romeu, Isidoro Núñez, Álvar González Palacios, Ana Rosa Núñez y Jesús Cruza Flor.

[256] Los Fundamentos del Grupo Renuevo se desarrollan en diez puntos. Declaran como antecedente inmediato la ya mencionada sección del *Diario de la Marina*, y como objetivos: «matizar positivamente nuestra generación», declarándose «contrarios al sectarismo» y a los prejuicios, acepta «todas las ideologías dentro de los principios cristianos», y se proclama «instrumento canalizador de ideales jóvenes», desenvolviéndose «exclusivamente en el campo intelectual y artístico, pero sus integrantes hacen solemne profesión de fe patriótica y democrática», se declara como un movimiento sin jefes o líderes, abierto a cuantos jóvenes deseen integrarse, y se señala a *Renuevo* como su órgano, que no acepta «contribuciones económicas interesadas». Por último, condena «las polémicas infructuosas» e incita a «laborar conscientemente a la juventud».

[257] La sugerencia de Portuondo dice: «La vida reclama ya en los más finos temperamentos poéticos, una expresión menos libresca, más directa y eficaz, y una efectiva comunión, sin barreras conceptuales, entre el poeta y el mundo circundante». José Antonio Portuondo: «Prólogo», en Rosario Antuña: *Son de otros*. Editorial Manigua, Santiago de Cuba, 1956, p. 17. Por su parte, Mañach aconsejaba: «Tradición, sí, en discreta medida, pero no inercia ante una fuerte voluntad de añadirle curiosidades al espíritu, sazones al gusto, audacia a la creación literaria. Y, desde nuestra orilla insular, asomarse de continuo al mundo y sentirle su ritmo.» (Véase en *Renuevo*, La Habana, núm. 9, mayo-junio, 1957.)

[258] En ella colaboraron algunos de los jóvenes poetas, como Rafaela Chacón Nardi, Rosario Antuña, Roberto Fernández Retamar, Pablo Armando Fernández...

[259] La Organización Nacional de Bibliotecas Ambulantes y Públicas (ONBAP) patrocinaba esta revista que no deberá confundirse con la posterior *Islas*, que desde la Universidad Central de Las Villas dirigió Samuel Feijóo. La *Islas* de la ONBAP tuvo como Consejo de Redacción a Arístides Sosa de Quesada, José Ángel Buesa, Alberto Baeza Flores, Arturo Doreste y Sergio Hernández Rivera, todos promocionalmente anteriores a la generación de los años cincuenta. Entre otros, en ella colaboraron Carilda Oliver Labra, Pura del Prado, Rita Geada, y se presentó por primera vez Domingo Alfonso.

[260] *Orto* publicó textos de Navarro Lauten, Rafaela Chacón Nardi, Heberto (aún Everto) Padilla y José

Sardiñas Lleonard; asimismo, en sus páginas hay referencias a lo que escribían muchos jóvenes.

[261] Fuera de Cuba estuvieron (o estaban): César López (España), Pablo Armando Fernández, Arrufat, Padilla y Retamar (Estados Unidos), Baragaño y Fayad (Francia), Escardó (México) y Gutiérrez Alea (Italia), éste cada vez más inclinado hacia el cine. Por supuesto, otros poetas viajaron de manera más circunstancial, o definitiva en el caso de Dora Varona.

[262] Esta dispersión espacial podría tenerse como una característica generacional, que se acentuaría en los años sucesivos; algunos fijan su residencia en ciudades del «interior» de la Isla; otros emigran hacia La Habana, y, como ya se vio, varios llevan su éxodo más allá de las aguas territoriales. Aunque este movimiento pudiera identificarse en casi toda generación que adviene al panorama lírico nacional, ninguna antes como la de los años cincuenta tendrá un carácter tan abarcador en cuanto al sitio del territorio nacional de donde procede cada integrante. No obstante, La Habana continuará siendo sede o punto referencial de los núcleos generacionales que surgen.

[263] A *Orígenes*, *Ciclón*, Islas (ONBAP), *Orto* y Renuevo agréguese el trabajo de los jóvenes en la Sociedad Nuestro Tiempo y en la más efímera Institución Nacional de Escritores, Poetas y Amigos del Arte (INEPAA), que dirigía José Sanjurjo. Fuera del ámbito literario, los jóvenes se integraban a grupos de fe, sociales, fraternales, estudiantiles, partidistas, y algunos tendrán vínculos o pertenecerán activamente al Movimiento 26 de Julio.

[264] Cf. Eduardo López Morales: «Contribución crítica al estudio de la primera generación poética de la Revolución», en *La generación de los años 50. Antología poética*. Selec. de Luis Suardíaz y David Chericián. Prólogo de Eduardo López Morales, Editorial Letras Cubanas, La Habana, 1984, pp. 5-43. Adviértase que en los títulos del prólogo y de la propia antología se expresan maneras diferentes de denominar a la misma generación de poetas. Más adelante habría otros intentos de bautizo, pero en verdad, el nombre que mejor se ha generalizado es el que da título a la referida antología.

[265] En la polémica intervienen Ángel N. Pou, moderadamente, pues habiendo sido quien la inicia, trata de hallar un punto intermedio entre los dos polos más agresivos de José Guerra Flores (quien realiza de paso un fuerte ataque contra Orígenes) y Carlos Dobal, cuya única intervención es bien ácida. Entre otros polemistas, los más importantes son Ángel Cuadra y Manuel Díaz Martínez, quien introduce la nota irónico-humorística. En verdad, tal polémica podría ofrecer ocasión de referirla en un texto de especificidad conceptual, alejado del propósito del presente. Se agradece la información de la secuencia bibliográfica de la disputa al investigador Ricardo Hernández Otero.

[266] Cintio Vitier: *Lo cubano en la poesía*. Ob. cit., p. 567.

2.3 El cuento

2.3.1 Panorama de su evolución

Las búsquedas formativas y el auge del momento vanguardista tuvieron lugar en el lapso 1923-1930, años en los que quedan esbozadas las principales direcciones por las que transitaría el cuento en la segunda etapa del período republicano, después de los ajustes que experimentó dicho género con la renovación de la perspectiva y la sensibilidad de los escritores ante la realidad. No hay que olvidar que este fenómeno, derivado de un estrechamiento mayor de los vínculos entre el escritor y su entorno, dio origen a un conocimiento más hondo de la historia, la cultura y la sociedad cubanas.

Es preciso decir que la vanguardia constituyó, como ha sugerido Ricardo Hernández Otero,[1] una especie de matriz en la que se gestaron, en lo esencial, las tendencias y subtendencias de una cuentística cuyos ejemplos más importantes comienzan a ajustarse a los reclamos de la contemporaneidad, sin romper de golpe, empero, con la producción anterior, algunos rasgos de la cual vinieron a acentuarse, como la vocación realista y de intención social, mientras que otros —la visión idílica y superficial del entorno— se atenuaron considerablemente, no obstante el saldo que dejarían, a todo lo largo de la etapa, las muestras menos atendibles del género, deudoras por lo general de esa visión. Si el vanguardismo es —opina Hernández Otero—, «[...]momento germinador, preparatorio, de lo que fructificará más adelante a partir de su tron-

co común [...]»,[2] los rumbos por los que se encauza la producción cuentística no van a organizarse, pues, en direcciones excluyentes. Además, conviene aclarar de antemano que ellas, algunas de las cuales se habían insinuado con cierto vigor en años anteriores, empiezan a deslindarse y a adquirir una independencia mayor. Pero ello no implica la desaparición de la heterogeneidad inherente al desarrollo del género y a algunas tendencias suyas en particular, circunstancia por la que se hace difícil enunciarlas con toda precisión y describirlas con exactitud.

Resulta ostensible la coexistencia en la etapa de cuatro grandes direcciones que alcanzan a definirse como tales en virtud de los rasgos que en ellas predominan: 1) el cuento rural, en cuya evolución se perciben altibajos que se originan en los distintos grados de conocimiento del mundo campesino y que tienen relación con el dominio desigual de los recursos expresivos idóneos para aprehender las esencias de ese mundo; 2) el cuento urbano, mediante el cual se exploran problemáticas propias del ámbito citadino y provinciano, específicamente del universo obrero, del contexto familiar de la clase media, del sector de los empleados, de la intelectualidad, así como el dilema sociocultural de los marginados y experiencias en torno a la revolución del treinta; 3) el cuento negrista, que entraña un adentramiento consciente en las costumbres y la cultura negras, vistas no sólo con una perspectiva folklorista —la recopilación de historias tradicionales y de leyendas, vinculadas a un rico trasfondo ético-religioso—, sino también desde una óptica que permitió la integración de lo africano a lo cubano con claros propósitos de denuncia (la crítica a la discriminación racial y cultural es el ejemplo más notorio), y 4) el cuento universalista, tendencia en la que confluyen el cosmopolitismo —ambientes foráneos y, a veces, exóticos—, la búsqueda de lo humano esencial en la poetización del entorno, y el punto de vista ontológico.

Como puede apreciarse, estas cuatro directrices se entrelazan; tienden a conformar una totalidad irrompible y que acaso sólo admite esquematizaciones momentáneas. En rigor, las tres primeras son una sola, cuyo atributo más general es el acercamiento inmediato a diversas problemáticas del contexto republicano, acercamiento que toma en cuenta una amplísima gama de aspectos de la historia, la sociedad y la cultura cubanas, y que se funda en una reflexión directa sobre dichos aspectos, toda vez que ellos se convierten en preocupaciones del escritor. En la cuarta tendencia se percibe un tipo de quehacer que es similar, en alguna medida, al de las precedentes, y por el cual pudiera pensarse en una integración de esta última directriz a aquélla, pero el acercamiento a que se aludía se produce aquí de forma mediata, y su eficacia social viene a reducirse tanto más cuanto mayor es el grado de sublimación que experimenta el entorno. El distintivo principal de la cuarta vertiente se halla en el tratamiento privilegiado de lo individual y de lo constante en la conducta humana, mientras que las circunstancias histórico-sociales pasan a un segundo plano.

Antes de hacer precisiones sobre el cultivo del cuento rural en la etapa, conviene aludir al estado en que éste se encontraba en el momento anterior. Jesús Castellanos (1879-1912) y Heliodoro García Rojas (1866-?), iniciador de la tendencia el primero y continuador el segundo, habían aportado una visión estrecha y superficial del mundo campesino, sostenida en descripciones exaltadas de las excelencias del paisaje y en un bosquejo a distancia de lo que estos narradores juzgaron esencial en el guajiro: su lenguaje, sus costumbres, su sentido de la vida, su rudeza y su ternura. En los libros de Castella-

nos y de Rojas —*De tierra adentro* (1906) y *Cuentos cubanos* (1922), respectivamente— resalta lo que Ambrosio Fornet denominó «españolismo literario»,[3] rasgo de estilo que era congruente con esa visión de la realidad rural y que dependía, en lo fundamental de un metaforismo de estirpe neorromántica y postmodernista, apropiado para la conformación de situaciones amorosas.

Con el advenimiento de la vanguardia, se crean las condiciones que propician el resurgir del cuento rural, esta vez despojados los representantes principales de la tendencia de los lastres visibles en Castellanos y Rojas. Ese resurgir venía acompañado del propósito de registrar aquello que sí era esencial —la tragedia socioeconómica del campesino—, pero también de un didactismo que, aplicado a esa intención en olvido de cuestiones referentes a lo literario en sí, se convirtió en sociologismo, elemento que desde entonces formó parte, en mayor o menor grado, de casi toda la cuentística rural.

El cultivador más importante de la directriz fue Luis Felipe Rodríguez (1884-1947), de quien no puede decirse, sin embargo, que haya sido el mejor dotado, en lo que se refiere a recursos expresivos y talento, para recrear con acierto, el universo campesino, es decir, tomando en cuenta lo relevante de sus posibilidades artísticas y desarrollándolas dialécticamente desde una perspectiva que no desdeñase la intención de crítica social. Luis Felipe Rodríguez dio a conocer dos libros cardinales con los que se inició un magisterio fecundador dentro del cuento rural: *La pascua de la tierra natal* (1928) y *Marcos Antilla. Relatos de cañaveral* (1932). Cabe afirmar que, sin estas obras, la evolución de la tendencia no habría sido la misma que hoy se conoce, especialmente porque en ellas apareció por primera vez un grupo de tópicos mediante el tratamiento de los cuales Luis Felipe Rodríguez logra confirmar un sistema de referencias a la idiosincrasia y al status socioeconómico del campesino. Esos tópicos fueron retomados por muchos otros autores en las décadas siguientes y enriquecidos por algunos.

Aparte los desniveles apreciables en la calidad artística, el cuento rural comenzó a desarrollar en años posteriores aquellas potencialidades que Luis Felipe Rodríguez vio en él, no obstante los esquematismos y endebleces de su propia obra.[4] Es justo decir que sus ensayos «El sentido del paisaje vernáculo» (1936) y «El cubano y su isla» (1940) añadieron a la tendencia momentos de plenitud que llegaron con la producción de un conjunto de figuras en las que se reconoce su huella, toda vez que esa producción se nutrió de sus logros y tomó en cuenta sus carencias.

Es notable el influjo en Onelio Jorge Cardoso (1914-1985), Dora Alonso (1910-2001), Alcides Iznaga (1914-1999), Ernesto García Alzola (1914-1996), Raúl González de Cascorro (1922-1986), José Manuel Carballido Rey (1913-1984) y Samuel Feijóo (1914-1992) —escritores en quienes predominó el acercamiento al mundo campesino— del cuerpo de temáticas, personajes y conflictos aportado por Luis Felipe Rodríguez. En los cuentos de Cardoso esa asimilación posee, como han observado muchos críticos, una complejidad que se funda en numerosas sutilezas expresivas y en estructuras de una notable reciedumbre. Este autor y Dora Alonso logran crear situaciones cargadas de un lirismo que proviene del examen multiangular de lo más entrañable del entorno campesino, a la vez que toman en cuenta las motivaciones menos evidentes de la conducta del guajiro y construyen historias que superan la estrechez episódica de lo factual. El margen de sugerencias de sus relatos es muy rico, sobre todo en Cardoso, quien publicó los cuadernos *Taita, diga usted cómo* (1945) y *El cuentero* (1958). Dora Alonso se dio a conocer con una producción dispersa en revistas y recogida en libro sólo después de 1959.

En Iznaga, Alzola y González de Cascorro se destaca, aparte los encomiables aciertos formales que encierran sus libros, el examen detenido del universo interior, que suele ocupar el primer plano de las narraciones de Cardoso y Dora Alonso. Los textos de Iznaga —*Rumbos* (1943) y *Felipe y su piel* (1954)— ostentan una preocupación por la eficacia del lenguaje, evidenciada en la plausible oblicuidad de sus caracterizaciones. Alzola realiza en *Siete horas* (1952) y *El paisaje interior* (1956) cuidadosos estudios psicológicos, presentando con acierto diversas problemáticas del medio rural a través del rastreo en la intimidad de sus personajes. Cascorro se distingue mayormente por una búsqueda de lo esencial dentro de la eticidad del campesino, interés que puso de manifiesto en sus libros *Cincuentenario y otros cuentos* (1952) y *Vidas sin domingo* (1956), el primero de los cuales es el más importante.

Carballido Rey, otro cultivador atendible de la tendencia rural, recopiló en los volúmenes *El gallo pinto y otros cuentos* (1965) y *Cuentos dispersos* (1978) una gran porción de lo escrito y publicado por él en revistas con anterioridad a 1959. En sus relatos hay un enfoque estilístico cuyas posibilidades y connotaciones revelaron matices e interioridades de la vida campesina, acierto que también se evidencia en las prosas de Feijóo, a veces indefinibles en términos genéricos, pero en las que se encuentran verdaderos cuentos. El grueso de ellas fue recogido en *Diarios de viajes montañeses y llaneros (1939-1946)* (1958), *Diario abierto. Temas folklóricos cubanos* (1960) y *Tumbaga* (1964), libros portadores de una visión de la naturaleza y la vida campesina que las hace entrañables, toda vez que el autor se afinca en ricas tradiciones populares y rebasa lo local en busca de lo trascendente.

Aunque menos conocidos, son también representantes de la directriz aquellos autores que, por ciertos méritos literarios concentrados en sus respectivos acercamientos al mundo rural, resultan ubicables en ella, no obstante la poca significación que en general tuvieron sus obras dentro de la tendencia. Gonzalo Mazas Garbayo (1904-?), Otilio Mesa Sanabria (1902-?), Tomás Savignon (1901-1954), Enrique Cotubanama Henríquez (1902-?), Martín Arrillaga (?), Manuel Millares Vázquez (1906-?), Aurora Villar Buceta (1907-1981), Renée Potts (1908), José Lorenzo Fuentes (1928), Carlos Enríquez (1901-1957), Luis Amado Blanco (1903-1975), Carlos Fernández Cabrera (1899-?), Hortensia de Varela (¿-1945) y otros no alcanzaron a dejar huellas perdurables en esta tendencia del género, hecho que encuentra su explicación en el cultivo asistemático del tema campesino[5] por parte de algunos narradores que, sin embargo, demostraron poseer aptitudes para abordarlo; en la calidad inferior de muchos relatos y, finalmente, en el carácter disperso y efímero de una zona de lo publicado en revistas y periódicos de la etapa.[6]

De los autores acabados de mencionar, algunos dejan un saldo que resulta retardario en relación con lo que aportan otras figuras ya vistas. Así, por ejemplo, los textos de Hortensia de Varela —*Cuentos* (1932)— se sostienen en una visión idílica y sentimentaloide del campo. Esta autora se enfrenta a la pobreza y al desamparo del guajiro desde una óptica fatalista, y hace del ámbito rural, como Savignon y Arrillaga, un conjunto de cuadros en los que prevalecen lo anecdótico y el color local. Estos dos últimos publicaron *Bufandilla* (1933) y *Cachumbambé. Cuentos cubanos* (1934), respectivamente. En ambos libros pervive el tratamiento superficial de los conflictos campesinos y se aprecia la intención de establecer contrastes, en el nivel psicológico, entre la ciudad y el campo. La visión epidérmica a que se ha aludido se encuentra también en *La encrucijada* (1945), de Mesa Sanabria, no obstante su anhelo de sutilizar las relaciones de unos personajes con otros. El grueso de los cuentos que integran el cuaderno rinde tributo a un naturalismo tremendista; por su parte, Henríquez no logra en *Tierra y sangre* (1941) su propósito de engarzar lo temperamental en lo telúrico, voluntad que se realiza sólo en aspectos externos de la acción.

Más relevancia desde el punto de vista artístico-social poseen las historias de Mazas Garbayo, a quien se deben diez de las de *Batey. Cuentos cubanos*, libro que escribiera junto con Pablo de la Torriente Brau (1901-1936) y que se publicó en 1930. En un estilo directo, deudor en cierto modo de la experimentación vanguardista, Garbayo se detiene en dilemas socioculturales del medio campesino. Su explicación es sugerente, y se conforma en una serie de estampas de gran fuerza, como las que presenta Millares Vázquez en *Chela. Siete cuentos del trópico* (s.f.), cuaderno de un lenguaje que a veces adquiere un eficaz carácter expresionista. En estos autores, a semejanza de otros que, con acierto, cultivaron ocasionalmente el cuento rural,[7] se percibe una subordinación plena de las descripciones a un tipo de fábula en cuyos elementos constitutivos se encuentran amalgamados lo individual y lo social. Así, por ejemplo, en Villar Buceta, Fuentes, Enríquez, Amado Blanco y Fernández Cabrera hay un rico sistema de alusiones al ámbito campesino, riqueza que se origina en la multitud de detalles y sutilezas presentes en la trama, y que constituye una prueba de la madurez creativa de dichos narradores.

Susana Montero (1988) ha señalado que Villar Buceta muestra sus inquietudes y su hipersensibilidad a través del simbolismo de sus concentrados textos, rasgo perceptible en cuentos rurales suyos como «La estrella», «La palma» y «La enredadera», publicados junto a otros en la prensa entre 1929 y 1937. Renée Potts se aproxima a la realidad campesina de forma indirecta; su narración «Camino de herradura» se detiene especialmente en la atmósfera de esa realidad y en los recuerdos que de ella posee la protagonista. El texto, aparecido en 1955 en la revista *Nuestro Tiempo*, había sido premiado en el concurso Hernández Catá ese mismo año y constituye el aporte fundamental de la autora a la tendencia. De Fuentes se destaca, en esta etapa, su relato «El lindero», mientras que Enríquez, con una producción novelística de mayor alcance, es conocido en especial por «La fuga». Amado Blanco se adentra en la intimidad de sus personajes y desde ella examina el sentimiento de desamparo que los embarga, tópico central de su cuento «Sola» y de «Los polacos», la famosa historia de Fernández Cabrera, que encierra una dramática denuncia de la explotación a que eran sometidos los inmigrantes.

Como puede apreciarse, la evolución de la tendencia está caracterizada por numerosas irregularidades que producen un contraste esencial: el que tiene lugar entre la aprehensión esquemática, epidérmica, y la captación multilateral, dialéctica, del mundo campesino. Momentos muy específicos aparte, cabe decir que esas dos formas de acercamiento, aunque convivieron a todo lo largo de la etapa, tienen cada una cierto auge: el de la primera, de 1923 a fines de la década del treinta; el de la segunda, desde esos años hasta 1958.

Poblado por personajes de distintas clases y capas sociales, al cuento urbano le es consustancial una diversidad que se acentúa en el registro pormenorizado de conflictos del individuo con el entorno en que se desenvuelve. A veces afloran en la tendencia cuestionamientos de tipo ontológico y, en general, la indagación que ella entraña se realiza desde una perspectiva que permite hacer del contexto espacio-temporal un elemento activo de las narraciones, así como incorporar a ellas un conjunto de tópicos que aluden a la quiebra moral de la sociedad y que sirven de trasfondo.

Si los reparos de la crítica sobre la tendencia rural se refieren principalmente al estilo, al sociologismo y al diseño de personajes, las objeciones de los comentaristas de las obras de algunos representantes del cuento urbano se centran en el plano de la estructura y, dentro de ella, en la composición de los relatos.[9] Esto acaso tiene su explicación en el inconvenientemente realizado empeño de muchos autores de fragmentar la trama y violentar las etapas de la acción, propósitos que nacieron bajo la influencia del momento vanguardista. Otros desaciertos de importancia, también observados por la crítica en torno a cultivadores del cuento urbano, son la sensiblería y la superficialidad en el tratamiento de los dilemas sociales, apoyadas ambas por un lenguaje en deuda con la peor poesía neorromántica y los giros más frecuentados de la estética naturalista.

Los textos de los autores de mayor relieve en los primeros años del desarrollo de la tendencia vienen a conformar un cuerpo de relatos disímiles en cuanto a asunto, nivel artístico y penetración en la realidad. Pablo de la Torriente Brau (1901-1936), Enrique Serpa (1900-1968) y Carlos Montenegro (1900-1981) se acercan a algunas problemáticas del medio republicano y ofrecen un vivo cuadro de las miserias, la efervescencia social y la frustración de entonces. En el breve quehacer del primero —los once cuentos que publicara en *Batey. Cuentos cubanos* (1930)— se advierte un humor irónico y festivo y cierto regusto de aventura, todo ello vinculado al afán de apresar la rapidez de la vida cotidiana, sus sobresaltos y sorpresas. Los relatos del segundo transcurren en un mundo sombrío,

muchos de cuyos personajes pertenecen a la clase media. Serpa se detiene en las angustias que ellos experimentan y registra un existir pleno de dudas y banalidades, muy bien retratado en *Felisa y yo* (1937) y *Noche de fiesta* (1951), como observó Manuel Cofiño.[10] A diferencia del de Pablo de la Torriente Brau, en quien se insinúa lo mejor de la experimentación vanguardista, el estilo de Serpa ostenta un regodeo en las palabras y admite formas propias del postmodernismo. En Montenegro —*El renuevo y otros cuentos* (1929), *Dos barcos* (1934) y *Los héroes* (1941)— hay una tragicidad que le impone el asunto del presidio y, en general, las hostiles circunstancias de la época. Como los otros dos autores, Montenegro exhibe sus sentimientos antimperialistas de entonces y a veces logra trasmitirlos mediante símbolos. Sus mejores cuentos son los de la cárcel, en los cuales pone a prueba la condición humana, amenazada por la perversión y la neurosis.

La ajustada y flexible prosa de Montenegro, la plasticidad de Marcelo Pogolotti (1902-1988) —*Segundo remanso* (1948) y *Los apuntes de Juan Pinto* (1951)— y el juego verbal de Miguel de Marcos (1894-1954) —*Fábulas de la vida apacible (cuentos pantuflares)* (1943)— constituyen hitos dentro del desarrollo de la tendencia, toda vez que estos autores introducen matices en la forma de narrar que identifican al cuento cubano contemporáneo. Pogolotti acierta en sus tenues y reflexivas alegorías del medio histórico-social, mientras que Miguel de Marcos, burlón y despreciativo en sus estampas del discurrir de la vida en la ciudad, elabora breves historias donde se juntan personajes de la política y de las esferas de la administración estatal. Se trata de un verdadero experimentador, pues hace innovaciones en el plano del léxico que imprimen a su estilo una oblicuidad muy sugerente. En la configuración expresiva del conjunto de sus cuentos, Miguel de Marcos se acerca al tono que poseen algunos textos de Pogolotti, pero en éste hay sutiles conflictos psicológicos que no figuran en aquél, más centrado en lo episódico.

Engrosan la tendencia autores de algún valor, como Arturo Ramírez (1908), quien se detuvo superficialmente en la existencia aristocrática, monótona y vacía de la familia burguesa. Sus cuentos —*Frente a la vida* (1925), *En torno gris* (s.f.) y *Pasionales* (1927)— son fieles a la sensiblería, al tremendismo y a la frivolidad. Fanny Crespo (?) escruta con cierta fortuna el ámbito provinciano —*Una rogación* (1930) y *Nadie escapa* (1932)—, y posee el mérito de haber escrito un cuento de atendible facturación que da título al cuaderno de 1932 y que se centra en uno de los personajes más pintorescos y corrompidos de la República: el proxeneta. Alfredo Mestre Fernández (1909-?) y José Sierra Vera (?) aportaron una endeble denuncia de la situación en que se hallaban los trabajadores manuales con los cuentos de *Habaneras* (1933), anecdóticos y moralizantes. Flora Díaz Parrado (1893-?) se adentró hábilmente en el escenario de la cárcel —*5 cuentos* y *El velorio de Pura* (1941)—, se aprecia en ella la influencia de Montenegro. Juan Francisco Sariol (1888-1968) abordó el asunto del desempleo, la eticidad de los marginados y la desesperada pobreza de los humildes. Recreó en sus relatos —*La muerte de Weyler* (1931) y *Barrabás* (1948)— la vida de pequeños pueblos y captó el tipo de relaciones sociales propio del medio provinciano. De José Jorge Gómez Fernández (1920) se destacan su penetración en el universo familiar obrero[11] y su ilustración de la violencia cotidiana, tópicos dominantes en su libro *La corteza y la savia* (1959), que recoge cuentos escritos antes de esa fecha. Como Gómez Fernández, Constantino Castro (?) se acercó a la problemática de los trabajadores, pero sus textos —*Válvulas de seguridad* (1928)— se encuentran en una línea predominantemente irónica. Le interesan en especial el personaje del pícaro y la satirización de las costumbres. Su crítica va dirigida al falso líder, a los embaucadores de las masas.

Hay otros cuentistas que enriquecen la tendencia, sobre todo por la manera en que tratan los asuntos ya mencionados. Ellos son Raúl Aparicio (1913-1970), Surama Ferrer (1923), Ramón Ferreira (1921), Ofelia Rodríguez Acosta (1902-1975), Antonio Ortega (1903-1970), Guillermo Cabrera Infante (1929), Lisandro Otero (1932) y José Calvert Casey (1924-1969).

Aparicio recogió lo principal de su producción correspondiente a la etapa en ediciones posteriores a 1959: *Frutos del azote* (1961), *Hijos del tiempo* (1964) y *Espejos de alinde* (1968), libros que contienen, además, su quehacer en la época revolucionaria. Los cuentos de este autor reflejan una preocupación constante por el lugar del individuo en una realidad hostil y deshumanizada, a la vez que registran la huella que dejan las tensiones sociales en la psiquis de sus personajes. Surama Ferrer alcanzó a conformar en *El girasol enfermo* (1953) un estilo eficaz para la aprehensión de los más delicados detalles del temperamento de sus criaturas, casi siempre desvalidas o precisadas a actuar en momentos difíciles. A semejanza de Aparicio, a veces se acerca al costado siniestro del acontecer —«Las ratas» o «Alcohol número uno», por ejemplo—, o al convulso mundo interior de sus personajes, en su mayoría seres entrañables y que se debaten en situaciones límites, como ocurre también en los relatos de Ramón Ferreira, que publicó su interesante libro *Tiburón y otros cuentos* en 1952. Las preferencias que en el orden compositivo se advierten en este autor, mayormente dedicado a contar historias en las que intervienen personajes de notable fuerza, difieren de aquellas que revela el cuaderno de Rodríguez Acosta —*Algunos cuentos (de ayer y de hoy)* (1957)—, en quien se perciben inquietudes formales en torno al tratamiento de la sordidez de los barrios marginales y la ignorada riqueza espiritual de los humildes, con un estilo que se halla dentro de lo mejor de la experimentación vanguardista; no hay en él efusiones verbales gratuitas, sino un ritmo que llega a ser sobrio cuando la autora se sumerge en la intimidad de sus personajes, tan matizados por contradicciones y dudas como los de Antonio Ortega —*Yemas de coco y otros cuentos* (1959)—, en cuyos textos la urbe constituye un elemento que participa en la acción complejizando el entramado artístico. Ortega busca siempre apresar los imperativos más hondos de las relaciones entre seres por lo general solitarios y excepcionales. Las mejores piezas del volumen son «La pluma blanca», «Silicato», «Covadonga» y el impresionante «Chino olvidado».

En algunos autores cuyas obras se acabó de reseñar existe la intención, lograda en lo fundamental, de crear atmósferas que reproducen el carácter hostil del medio urbano —en Aparicio y Ortega ello es evidente—; dicho propósito se acentúa más, aunque no se realiza de manera mejor, en los que podrían denominarse cuentistas de la Revolución del treinta, muchos de ellos con obras dispersas en la prensa de la época. Los más sobresalientes son Federico de Ibarzábal (1894-1955), Alfonso Hernández Catá (1885-1940), Teté Casuso (?), Leví Marrero (1911-1995), Marcelo Salinas (1889-?) y Lino Novás Calvo (1905-1983), quienes vinieron a conformar un ciclo de relatos en torno a las actividades revolucionarias que acabaron por derrumbar al gobierno de Gerardo Machado en 1933. No hay que olvidar que algunas de estas figuras se acercaron ocasionalmente a ese fenómeno de la historia de Cuba —Ibarzábal, Novás Calvo y Hernández Catá, por ejemplo—, pero, de modo global, dicho acercamiento produjo una especie de subtendencia enmarcada en la cuentística urbana, y en la que el espacio narrativo desempeña un papel que trasciende sus funciones de mero contexto. Esto es apreciable en un libro de excepción dentro de las obras de Hernández Catá —*Un cementerio en las Antillas* (1933)—, así como en «La noche de Ramón Yendía», de Novás Calvo, largo relato aparecido en *La luna nona y otros cuentos* (1942). Pueden citarse, además, los textos de Ibarzábal, publicados en *Bohemia* en 1933. La mayor parte de ellos —«Antes del amanecer», «Terroristas», «El jefe de policía» y «Perdido», por mencionar algunos—, como ha dicho Adis Barrio,[12] resumen amargura y desesperanza, al igual que otras narraciones pertenecientes a esa subtendencia.

Sin embargo, el ciclo de cuentos a que se ha aludido no se distingue, en su conjunto, por su eficacia literaria —dudosa en casi todos los ejemplos—, a no ser que se repare en la conformación, facilitada por el asunto en sí, de densas atmósferas de pesimismo y violencia, como quedó expresado. El ámbito citadino cobra semejante densidad en los cuentos —muy posteriores— de Cabrera Infante, Lisandro Otero y Calvert Casey, pero en ellos la presencia activa de la urbe constituye una especie de apoyo al reflejo del desarraigo y la desorientación espiritual del individuo, tópicos de primer orden en el quehacer narrativo de la década del cincuenta. Cabrera Infante incluyó en su volumen *Así en la paz como en la guerra* (1960), relatos escritos en esos años. Allí la ciudad se asemeja a un organismo adverso, laberíntico, precoz, que acoge en su seno a prostitutas, criminales a sueldo[13] y hombres roídos por el desaliento. El autor aborda conflictos éticos de la clase media y de los marginados, e insiste en reflejar el mundo interior de sus personajes mediante técnicas provenientes de las literaturas inglesa y norteamericana de postguerra. Por su parte, Otero dio a conocer *Tabaco para un Jueves Santo y otros cuentos cubanos* (1955), cuaderno en el que trata una serie de problemáticas vinculadas al desasimiento, la asfixia y la vaciedad del individuo. Calvert Casey reunió en *El regreso* (1963) tres excelentes cuentos: «En el Potosí» (1955), «El regreso» (1957) y «En San Isidro» (1957) —este último no figuraba en la primera edición del libro, realizada en 1962—, que muestran un marcado interés en la precisión del estilo. Casey procura plasmar en detalle aquellas situaciones límites cuyas secuelas anulan toda certidumbre de futuro en los personajes, seres que pretenden escapar de la realidad y, asimismo, de una urbe cada vez más impersonal y deshumanizada. Es fuerte en el autor la impronta del existencialismo, pero ello no le impide realizar con objetividad una exploración crítica del entorno, específicamente de fenómenos como la prostitución y las crueldades de la dictadura batistiana.

Se aprecian en el cuento urbano los habituales altibajos y la heterogeneidad de la evolución del género en Cuba, desde el momento vanguardista hasta el triunfo revolucionario, pero son perceptibles en la tendencia dos rasgos que permanecen inalterables en todo el proceso de su desarrollo: la búsqueda de vías expresivas para captar los matices esenciales de la vida en la ciudad, y una reflexión —materializada en formas diversas— sobre problemáticas particulares del mundo urbano y, en general, del neocolonialismo: el desempleo, la marginación, los enfrentamientos sociales y la violencia, la tragedia socioeconómica del obrero, la corrupción del poder y la falsa estabilidad de los valores burgueses. Se puede afirmar, además, que esa reflexión dio lugar a una plausible imagen artística del período neocolonial entre 1923 y 1958, integrada además por los resultados de la tendencia rural.

Pero esa imagen no sería completa —aparte el saldo específico del cuento universalista— sin las revelaciones de la dirección negrista, cuyo centro está conformado, en lo esencial, por un complejo sistema de conflictos que pertenecen al orden de la identidad cultural y que se manifiestan en el plano de las relaciones sociales. El hecho de que, tras la irrupción del vanguardismo, el cuento negrista se haya convertido, junto al quehacer pictórico, etnológico, musical y poético de esa índole, en una forma de encauzar inquietudes en torno a la existencia de quienes encarnaban una faceta de la idiosincrasia y la nacionalidad, significa que aquellos conflictos empezaban a palparse de modo directo y a constituir preocupaciones de muchos creadores cubanos. En las circunstancias históricas que ya se conocen, el negrismo vino a ser una suerte de respuesta a la disminución de ciertos valores de la cultura nacional y, asimismo, a los mecanismos institucionales que enajenaban a todo un sector social.

Es conveniente aclarar que el interés en incorporar a la cubanía los componentes de la tradición folklórica africana se corporizó mayormente en la poesía y en la música, terrenos en los que se dieron a conocer obras de alto nivel artístico, creadas sobre todo en los años que van desde fines de la década del veinte hasta las postrimerías de la del treinta. Es preciso, además, tomar en cuenta que el cuento negrista no discurrió por un cauce único, sino que se bifurcó, como ha señalado José Antonio Portuondo, en dos direcciones complementarias: la folklorista y la social.[14] En la primera, el núcleo se encuentra en la preocupación por lo exótico, lo legendario y las costumbres religiosas, elementos que se entreveran en un ámbito mítico cuyos pobladores son las deidades, los objetos mágicos de diversos ritos y los animales tutelares; en la segunda se observan intenciones más abarcadoras:

el negro sale de ese espacio apenas real y se le ve desenvolverse en el seno de la sociedad, enfrentado a dilemas como el racismo y la incomprensión de que fueron objeto su modo de ser y su visión de la realidad. Se trata de un *negro cubano* y no del elusivo, nostálgico personaje que mira hacia África o que habita en una especie de coto incontaminado, vagamente onírico.

Hay que precisar que esas dos direcciones no son excluyentes y que no se manifiestan con la pureza insinuada en el esquema anterior. Lydia Cabrera (1899-1992) que podría adscribirse a la línea de la indagación folklórica, escribe *Cuentos negros de Cuba* (1940) y *Por qué... cuentos negros de Cuba* (1948), libros donde existe una mirada que entraña una actitud descolonizadora y libre de prejuicios. El universo mostrado posee distintivos propios; la autora se adentra con fluidez en la hiperbólica vitalidad cotidiana del negro y, sin inhibiciones de ninguna índole, establece contrastes de diverso tipo con el «mundo blanco». Por su parte, Rómulo Lachatañeré (1909-1951), otro cultivador importante de la tendencia, realizó investigaciones sobre teogonía y recopiló leyendas en torno a la vida de los dioses yorubas y lucumíes, actividad etnológico-literaria en la que también se distinguió Lydia Cabrera. Sin embargo, en los cuentos de aquél no se observa la labor de recreación que ostentan los libros de ésta. Lachatañeré —*¡Oh, mío Yemayá!* (1938) y el célebre *Manual de santería. El sistema de cultos lucumí* (1942)— recogió en sus relatos lo que le contaban sus informantes, sin utilizar aderezos formales. De ahí la frescura y la sencillez perceptibles en ellos. Ramón Guirao (1908-1949), cuyos aportes se vinculan especialmente a la lírica, exploró, como estas figuras, la tradición oral, y escribió algunos textos narrativos de relevancia menor que se publicaron en la prensa. Sus antologías *Órbita de la poesía afrocubana (1928-1937)* (1938) y *Cuentos y leyendas negras de Cuba* (1942) son ejemplos de lo que se ha dicho.

En Gerardo del Valle (1898-1973) se encuentran los exponentes acaso más vigorosos y ricos de la cuentística negrista. Sin abandonar las búsquedas de la dirección folklórica, coloca al negro dentro de la realidad republicana y sus contextos, destacando su papel en las confrontaciones socioculturales. El autor publicó *Retazos* en 1951, pero mantuvo inédito hasta la época revolucionaria su cuaderno *Cuentos del cuarto fambá*, aparecido junto a otros relatos en *1/4 fambá y 19 cuentos más* (1967). Allí desaparecen los pruritos científicos que asomaban, a veces, en las obras de Lydia Cabrera, Lachatañeré y Guirao. Del Valle se aplica a la ilustración y el sondeo de problemáticas que precisan muy bien el lugar del negro en la sociedad cubana de entonces, mediante historias que podrían integrar una suerte de mural. La ética de los marginados, el mundo del solar, la superstición, la intimidad de las familias negras, la ruptura de las normas de convivencia frente a los atractivos del progreso y la penetración cultural norteamericana son tópicos presentes en sus narraciones. Hay una plausible asimilación del habla popular, acierto que sirve de apoyo al adentramiento multiangular en el choque de idiosincrasias, un aspecto de relieve en el sistema de oposiciones que el autor explora con éxito. Conviene hacer referencias, además, al hecho de que Gerardo del Valle subordina aquellos elementos más epidérmicos de la cultura negra al tratamiento de problemáticas socioeconómicas esenciales, propósito este que se realiza sin el concurso de digresiones sociológicas.

A la producción de estos cultivadores del cuento negrista hay que sumar la de otros, esporádica y de menor alcance en lo fundamental, pero que pone al descubierto ciertas zonas de la vida cotidiana del negro en la República. Por ejemplo, Carlos Fernández Cabrera y Alcides Iznaga destacaron el confinamiento mayor de que era objeto en el mundo rural —recuérdese, de Iznaga, el cuento «Felipe y su piel», del libro homónimo publicado en 1954—; Surama Ferrer se remonta a la época del esclavismo en «El grito», incluido en *El girasol enfermo* (1953); Juan Francisco Sariol e Hilda Perera Soto[15] (1926) rescatan la ternura y el optimismo hallables en una infancia gris, atormentada por la pobreza y la discriminación racial. Del primero se destaca «Barrabás», perteneciente al cuaderno de igual título aparecido en 1948; de la segunda, la delicada tristeza que atraviesa las páginas de sus breves *Cuentos de Apolo* (1947), textos que detentan un humanismo que va más allá de la mera defensa del derecho a la felicidad.

Resulta evidente que el cuento negrista no adquirió la notoriedad que, en términos cuantitativos, se manifiesta en las tendencias antes presentadas, pero es obvio que su cultivo fue intenso y que arrojó resultados de importancia para la evolución del género en Cuba y para la comprensión de una significativa problemática del desenvolvimiento sociocultural de la República en la presente etapa. Como se expresó al principio, ésta y las demás direcciones estudiadas completan el examen directo de la realidad nacional.

La palpitación inmediata de los dilemas más acuciantes del entorno, rasgo que define en general a todo el quehacer cuentístico reseñado hasta aquí, viene a atenuarse en los autores de primer orden que integran la tendencia universalista.[16] Aunque hay excepciones, en ellos no existe ya una alusión directa al medio. Los caminos para llegar a él se tornan sinuosos; unas veces son laberínticos y otras se cuajan de evocaciones imaginativas. Este fenómeno, sin embargo, hay que verlo, no como el atributo por excelencia de la dirección, sino como una variante formal por la que optan determinados narradores.

No debe olvidarse que, antes de 1923, el primer gran cultivador de la tendencia fue Alfonso Hernández Catá, cuyos cuentos y noveletas, aunque no completamente desligados del ambiente cubano, como señala Sergio Chaple,[17] se definen, en última instancia, por el cosmopolitismo[18] y la búsqueda de lo esencial en la conducta del hombre. Ubicada casi siempre en escenarios europeos, la producción de Hernández Catá generó toda una serie de obras epigonales de ínfima trascendencia. Ellas conformaron la subtendencia menos atendible de la evolución del cuento universalista en la etapa, pues dichas obras se mantuvieron dentro de la estética naturalista, por entonces ya ineficaz. Así, pueden citarse *La culpable* (1924) y *Cloroformo* (1933), de Antonio Barreras (1904-1973) y Gonzalo de Quesada y Miranda (1900-?), respectivamente, y también algunos cuentos de Arturo Ramírez pertenecientes a libros suyos ya vistos.

Pero la proliferación de los seguidores de Hernández Catá y de ciertos narradores franceses en boga a fines del siglo XIX y principios del XX se comprueba en el disperso quehacer de autores de quienes se ignora si continuaron cultivando la literatura o si la abandonaron para entregarse a otras labores, cuyos textos aparecieron en publicaciones periódicas, entre las que cabe citar a *Chic, Social, La Prensa, Carteles, Bohemia* y otras.

Junto a la de los seguidores de Hernández Catá surge una subtendencia de prestigio inducable, no sólo por sus aportes formales, sino también por su hondura reflexiva. Se trata también de la búsqueda de esencias humanas, pero esta vez desde la perspectiva del individuo, cuyo entorno tiende a sublimarse, o a pasar a planos secundarios de la narración. Con esa búsqueda, autores como Lino Novás Calvo (1905-1983), Eliseo Diego (1920-1994), Félix Pita Rodríguez (1909-1990), José Lezama Lima (1910-1976), Enrique Labrador Ruiz (1902-1991), Rosa Hilda Zell (1910-1971) y Alejo Carpentier (1904-1980) —cada uno de ellos con particularidades que se verán en otras páginas de este volumen—, procuran apoderarse de un conocimiento trascendente sobre el lugar del hombre en el universo, las constantes de su desenvolvimiento en la sociedad y sus relaciones con la historia, el pensamiento y la naturaleza, temas que algunas de las figuras mencionadas abordan mediante la creación de situaciones ilustradoras de uno o varios conceptos. Es notorio en estos seis cuentistas la gran atención que conceden al plano estilístico-compositivo, resultado de lo cual es el alto nivel de lenguaje presente en sus textos.

Novás Calvo —*La luna nona y otros cuentos* (1942) y *Cayo Canas* (1946) son sus dos libros principales—, Pita Rodríguez —*San Abul de Montecallado* (1945) y *Tobías* (1955)— y Labrador Ruiz —*Carne de quimera (novelines neblinosos)* (1947), *Trailer de sueños* (1949) y *El gallo en el espejo (cuentería cubiche)* (1953)— son autores en quienes hay una meditación de alcance ecuménico que no es explícita, pues se esconde en los hechos de la trama y en la conducta de los personajes. Así, los de Novás Calvo se ponen a prueba frente a dilemas definidores de la identidad y la autovaloración ética; los de Pita Rodríguez practican un humanismo esencial, mientras que en Labrador Ruiz se aprecia el costado sombrío y esperpéntico de la vida, así como ciertas mutilaciones de índole espiritual que sufre el hombre. En Diego —*En las oscuras manos del olvido* (1942) y *Divertimentos* (1946)— y Lezama Lima, cuya producción dentro del género se recogió tardíamente en volumen —*Cuentos* (1987)—, el ser humano se esencializa sin que por ello pierda sus raíces; hay una evocación de personajes y objetos fugaces que se integran al ámbito de un yo memorioso, capaz de diluir las fronteras entre la imagen y la realidad aludida, ruptura en la que se origina un discurso que en Lezama Lima se distingue por su gran frondosidad metafórica y que es poseedor de un amplio espectro de connotaciones. Rosa Hilda Zell había hecho en 1955 una breve edición mimeografiada de sus siete cuentos bajo el título de *Cunda (una suite guajira)*. Después del triunfo de la Revolución los incluyó en *Cunda y otros poemas* (1962), volumen en el que se reúne lo más representativo de su obra literaria.

Los personajes de la autora son el majá, la avisada jutía, el lagarto y la hormiga, animales que, sin contradecir su condición, adquieren en los relatos cierta humanidad desprovista de artificios. Los textos de Rosa Hilda Zell se acercan a la modalidad de la fábula que se cultivó en el Oriente antiguo, pero se adentran en situaciones propias del campo cubano, al mismo tiempo que superan la estrechez del localismo. Los animales de la autora son criaturas sutilmente reflexivas y detentan valores dentro de su simbolismo que, por contraste o afinidad, aluden a las desgracias, vicios y virtudes del género humano. En la «suite guajira» de Rosa Hilda Zell se destacan «El regreso de Cunda» y «Las hormigas». Alejo Carpentier —*Viaje a la semilla* (1944) y *Guerra del tiempo* (1958)—, quien ya en las postrimerías de esta etapa logra madurar sus concepciones en torno a lo real-maravilloso americano, hecho evidente sobre todo en sus novelas *El reino de este mundo* (1949) y *Los pasos perdidos* (1953), hace que sus personajes sean testigos activos de momentos coyunturales de la historia, pues desempeñan el doble papel de observadores y participantes. En sus relatos «El camino de Santiago» y «Semejante a la noche», Carpentier explora las recurrencias del devenir, uno de los fenómenos que demuestran, según el autor, la presencia de inquietudes y problemáticas comunes en los hombres de todas las épocas.

Hay un grupo de autores que, sin apartarse de la convulsa realidad cubana de entonces, se afirman en la ansiedad espiritual, el absurdo de la vida y la dislocación de los valores del ser humano, temas que cobran una importancia de primer orden en las corrientes del pensamiento burgués luego de finalizada la Segunda Guerra Mundial. Dichos autores conformaron una tercera subtendencia dentro del cuento universalista, y dieron a conocer obras en las que se percibe el sentimiento de frustración que embargó a muchos creadores formados en el medio republicano, como a menudo señalan los críticos. Es preciso tener en cuenta que en esta subtendencia se encierra, potenciada en lo lúgubre, lo morboso, el desatino, el ilogismo y la pesadilla, la angustia que caracterizó a un buen número de escritores cubanos, en especial durante los años cincuenta, uno de los momentos más sombríos de la historia republicana, y en el que florece lo que podría denominarse la narrativa de la alienación, cuyos cultivadores fundamentales —Virgilio Piñera (1912-1979), Humberto Rodríguez Tomeu (1919), Ezequiel Vieta (1922-1995), Edmundo Desnoes (1930) y Ambrosio Fornet (1932)— tienen en Arístides Fernández (1904-1934) un antecedente. Este autor, de quien se ha dicho que es el pionero del cuento fantástico e imaginativo en Cuba,[19] según lo entiende la sensibilidad contemporánea, escribió al final de su vida una serie de relatos breves en los que se exalta el lado grotesco de la existencia. Sus personajes, marcados por la fatalidad y expositores de una visión del mundo congruente con el pesimismo, se desenvuelven en un ámbito que mueve a pensar en lo onírico. Arístides Fernández abstrajo de la realidad aquellos elementos que probaban su carácter hostil, y con ellos construyó un universo que preside las creaciones de Piñera, Tomeu, Vieta, Desnoes y Fornet, en quienes la distorsión del entorno

es más pronunciada. Los textos de Piñera —El conflicto (1942), Poesía y prosa (1944) y Cuentos fríos (1956)— dominan esta subtendencia por ser ellos donde se verifica, en su más alto grado, el proceso de sublimación del contexto. El absurdo, la pérdida de la identidad y el enfrentamiento a un medio en el que rige lo irracional, constituyen los tópicos esenciales de la cuentística de este autor y, asimismo, el centro mismo de su poética. En el resto de los escritores mencionados, en quienes la transfiguración del mundo material no es tan acentuada, dichos tópicos son abordados junto a otros de igual jerarquía, como la búsqueda infructuosa de la verdad, la incomunicación entre los seres humanos, la lucha por alcanzar la felicidad, las formas de la muerte, temas recurrentes en Aquelarre (1954), de Vieta, y en A un paso del diluvio (1958), de Fornet. En el cuaderno Todo está en el fuego (1952), de Desnoes, el individuo busca definirse a toda costa, búsqueda que se hace febril y dolorosa en los libros de Vieta y Fornet, textos que, a diferencia de los de Piñera y su epígono Rodríguez Tomeu —El hoyo (1950)—, muestran en cierta medida los conflictos sentimentales de los personajes, sin que ello obligue a decir que desarrollan una indagación de índole psicológica.

Son rasgos de la producción de estos autores la sobriedad en el diseño de personajes y el estilo preciso, de una llaneza en la que se esconde un gran número de alusiones al tema central de la subtendencia: la enajenación del individuo en un orbe dislocado por la orfandad espiritual y la falta de un horizonte ético en consonancia con lo mejor del ser humano. No debe olvidarse que la riqueza de perspectivas, asuntos y formas del cuento en la etapa, fue aquilatada no sólo en textos críticos de esos años, algunos de valor, sino también en oportunas antologías que forman parte ya del proceso de la cuentística nacional y que han devenido libros de obligada consulta[20] para el estudio del cuento cubano en el siglo XX: Cuentos contemporáneos (1937), de Federico de Ibarzábal; Cuentos cubanos (1945), de Emma Pérez (1901-?); Cuentos cubanos contemporáneos (1946), de José Antonio Portuondo (1911-1996), y Antología del cuento en Cuba (1902-1952) (1953), de Salvador Bueno (1917). En estas dos últimas —las más atendibles— se logra ofrecer un acertado panorama de las direcciones del género, empeño cuya realización se caracterizó por el rigor y la objetividad de sus autores.

Por último, es preciso hacer referencia, siquiera brevemente, al beneficio que trajeron los premios y concursos literarios a la evolución del cuento, impulsada, como es lógico, por aquellos que estaban dedicados al género. A partir del último lustro de la década del veinte y hasta los años finales de la del treinta se destacaron algunos, entre los que cabe citar cuatro: el de la revista *Carteles*, el auspiciado por el periódico *El País-Excelsior*, el que promoviera la *Revista de La Habana*, y el de *Bohemia*. Hubo instituciones, como la Dirección de Cultura del Ministerio de Educación, que también crearon concursos u otorgaron premios a las mejores obras. Todos los certámenes aludidos tuvieron carácter nacional, y mediante ellos se divulgó una zona importante del quehacer de muchos narradores que alcanzarían su madurez sobre todo en la década del cuarenta, juzgada por algunos el momento de auge cualitativo del cuento. Pero el concurso que más justa forma poseyó y que resulta el de mayor connotación, en lo que concierne al devenir del género en la etapa, para la historiografía literaria actual, es el que instituyó Antonio Barreras (1904-1973) en 1941 en memoria de Alfonso Hernández Catá. Al principio constreñido al ámbito nacional, pero luego abierto al mundo hispanoamericano, el concurso «Hernández Catá» empezó a otorgar sus premios y menciones honoríficas en 1942. Esta labor cesó a fines de la década del cincuenta y dejó un saldo representativo de lo mejor del cuento cubano. Entre otros, fueron premiados Lino Novás Calvo, Carlos Montenegro, Onelio Jorge Cardoso, Dora Alonso, José Manuel Carballido Rey, Enrique Labrador Ruiz, Félix Pita Rodríguez, Antonio Ortega, Luis Amado Blanco y José Lorenzo Fuentes, autores que hoy día ocupan, por la trascendencia de sus obras, lugares cimeros dentro del cultivo del género.

Como se ha podido observar hasta aquí, el contenido de las tendencias y subtendencias del cuento entre 1923 y 1958 muestra un variado y complejo espectro de inquietudes y problemáticas estilístico-conceptuales, un rico conjunto de exploraciones que, en última instancia, se refieren a la evolución de la sociedad republicana y, en lo fundamental, a las irregularidades de un movimiento social condicionado por el fenómeno del neocolonialismo.   [*A.G.*]

2.3.2 El cuento criollista: L. F. Rodríguez y otras figuras

En el panorama anterior se aludió, de forma general, a la problemática del criollismo y sus particularizaciones en el cuento. El viejo quehacer dentro de este género y de los marcos de la tendencia se había ocupado de idealizaciones más o menos deficientes como literatura y arrojaba un saldo pintoresco, melodramático, desenfocado, sobre el mundo rural. Los elementos que mejor ilustran ese saldo podrían ser los excesos coloristas, la acción dramática afincada en falsos problemas, la ausencia de conflictos realmente esenciales y el diseño de personajes salidos de ejercicios costumbristas. El léxico aún se cocía en moldes españoles, y los modismos guajiros solían ser vistos como licencias de estilo.

El cuento criollista sólo había contado, antes de la irrupción de Luis Felipe Rodríguez (1884-1947), con aciertos muy ligados a los modos finiseculares. Tales son los casos, por ejemplo, de Jesús Castellanos y Heliodoro García Rojas —tal vez los más notables— el primero con *De tierra adentro* (1906), y el segundo con *Cuentos cubanos* (1922). Hay que mencionar, además, un hecho: la escasa atención que nuestros narradores habían prestado a la realidad campesina.

El movimiento renovador de carácter social ocurrido en Cuba a partir de 1920, movimiento que incluye al fenómeno literario de la vanguardia, no sólo en sus novedosos aspectos formales, sino también en los temáticos, tuvo, entre otras consecuencias, un efecto de redescubrimiento de la realidad rural en la narrativa, especialmente en la cuentística, sobre la base de cuestionamientos de raíz sociológica. Esos nuevos aspectos temáticos de nuestro vanguardismo están en relación con el auge inicial del cuento criollista, auge que ya es visible hacia mediados de la década del veinte y que se prolonga con cierto grado de estabilidad, en variantes notables debidas a la propia evolución del género, hasta la del cincuenta.

La renovación que dio lugar en términos globales al advenimiento del vanguardismo reacomodó, de forma mediata, con la impugnación de las constantes del dominio neocolonial, las viejas direcciones de la narrativa criollista; avivó los sentimientos antimperialistas y empezó a despertar en algunos escritores, como Luis Felipe Rodríguez, una lucidez de relativa eficacia para comprender el contexto histórico cubano inmediato, en particular la trágica realidad del campesino. Esa lucidez significó la búsqueda de esencias en torno a lo nacional y la denuncia directa de la explotación socioeconómica, elementos que constituían fenómenos paralelos con respecto al sentimiento continental del dilema de la identidad y que surgen de la frustración generada, desde el principio, por el advenimiento de la República.

Las causas que determinaron el cambio de perspectiva de los narradores ante la realidad rural se pueden hallar en el impulso traído por el costado insurgente del vanguardismo, en el grado de proletarización que iba alcanzando el campesinado y en el ya señalado redescubrimiento del campo: la fuente de donde provenía el sostén económico de la dependencia neocolonial. El redescubrimiento condicionó en los escritores la necesidad, devenida perentoria, de comunicar a través de una literatura con ostensible vocación de servicio las verdades en torno al ámbito socioeconómico campesino. Estas verdades debían ser muy claras, y a causa de ello aparecen en los textos, en grado notable, comentarios de índole sociológica que disminuían la eficacia artística y afectaban el diseño general de las obras.

Es así que la oposición de lo autóctono a las formas desarraigantes y la búsqueda de elementos capaces de representar, en el terreno de la literatura, lo cubano, son puntos de vista desde los cuales se escribe la narrativa criollista a partir de la renovación, en general, y del momento de auge del vanguardismo, en particular. Sin

embargo, la mayor parte de las veces esto condujo al exteriorismo (un exteriorismo de nuevo tipo, empero, radicalmente distinto del que había mostrado el cuento criollista durante los veinte primeros años del siglo y centrado en los índices más notables de la cubanía), además de dar frutos diversos por su calidad. Estos índices, desde luego, eran aptos solamente para describir los fenómenos de la realidad campesina, no su esencia. No es sino a partir de la década del cuarenta, con la aparición de otros escritores, cuando la narrativa criollista logra penetrar en esa esencia.

Lo fundamental de la cuentística de Luis Felipe Rodríguez se localiza en *La pascua de la tierra natal* (1928) y *Marcos Antilla. Relatos de cañaveral* (1932), libros escritos bajo la influencia de la renovación del pensamiento social de esos años y al calor de los aportes del vanguardismo. Por ello es posible afirmar que muchos de los elementos mencionados anteriormente en torno a la problemática artística y social del criollismo se integran en el universo narrativo de Luis Felipe Rodríguez, en especial sus cuentos.

Signado por el tipo de literatura escrita antes del momento de la vanguardia, pero alentado a dirigirse hacia el nuevo horizonte estético propiciado por ella con respecto a la tendencia criollista de nuestra narrativa, Luis Felipe Rodríguez trasciende su etapa de *La ilusión de la vida* (1912) y *Cómo opinaba Damián Paredes* (1916) —libros genéricos, fieles deudores del postmodernismo, en donde la lánguida idealización se confunde con proyectos sociales de honda eticidad—, etapa sin embargo necesaria para llegar a los personajes de los cuadernos de 1928 a 1932, por cuanto constituye una especie de matriz que entraña los gérmenes de su quehacer narrativo posterior.

Con *La pascua de la tierra natal*, los asuntos rurales penetran definitivamente en el nuevo juego de exploración de nuestra cuentística tras el inicio de la superación del nativismo edulcorante y los idilios campestres. En este libro, Luis Felipe Rodríguez todavía no se enfrenta de lleno a las estructuras propias del cuento como género, independientemente de la presencia de algunos relatos concebidos y resueltos de forma coherente. El autor narra hechos, pero en rigor, desde el punto de vista estructural, los textos no son sino cuadros, episodios, anécdotas.

El cuaderno proyecta los rasgos más visibles de lo cubano a través de cuatro secciones: «Escenas criollas», «Cuentos de la compañía cubana», «Cuentos de la naturaleza criolla» y «Cuentos de la ciudad criolla». Luis Felipe Rodríguez se propone, con la introducción de éstas, sistematizar los elementos que conforman la *criolledad*. Aunque su propósito se cumple de modo muy parcial, es preciso reconocer que, vistos en conjunto, los cuentos de *La pascua*... aportan una perspectiva nueva en torno a la visión de la realidad campesina, perspectiva que se acentuará en el ámbito de lo monotemático con *Marcos Antilla. Relatos de cañaveral.*

En términos generales, *La pascua*... muestra aún cierta dependencia de los tópicos que Luis Felipe Rodríguez había desarrollado en sus libros de 1912 y 1916. El estilo es inestable, fenómeno que se relaciona de modo indirecto con el grado de aprehensión de las problemáticas entrañadas en la realidad campesina, grado menor con respecto al que se manifiesta en los cuentos de 1932.

Si se parte, de manera regresiva, de la cuestión del estilo a los temas, asuntos y personajes que comparecen en *La pascua*..., se verá, por ejemplo, que existen numerosos desniveles en las estructuras de los cuentos, sus intenciones, las preocupaciones que el autor expone a través de ellos, «Escenas criollas», la primera sección, conformada por un cuento («Una nochebuena en el campo»), carece —y asimismo el resto— de las intrusiones de índole sociológica visibles en el cuaderno de 1932. Esto podría parecer una virtud, un acierto devenido despropósito en *Marcos Antilla*...; ocurre que los guajiros de *La pascua*... —hombres a veces alegres, otras melancólicos y resignados— observan con recelo las maniobras de quienes los explotan, pero no acceden a la rebeldía ni a determinada comprensión —evidente en *Marcos Antilla*...— del conflicto social en el que están sumidos. Es posible comparar de forma provechosa «Una nochebuena en el campo» con «La guardarraya», perteneciente a *Marcos Antilla*..., comparación a través de la cual tendríamos que admitir que, en términos socioeconómicos, el guajiro de *La pascua*... es distinto del que puebla los cuentos del cañaveral. Esta situación determina, por consiguiente, el modo de pensar, de sentir y de actuar de ambos. Además, queda claro, en última instancia, que el conocimiento de Luis Felipe Rodríguez acerca de la realidad campesina resulta menor en *La pascua*... que en su siguiente libro.

Es ostensible la heterogeneidad, palpable en varios sentidos, de *La pascua*..., heterogeneidad que proviene de una visión todavía desarticulada del mundo rural. Luis Felipe Rodríguez apela a lo pintoresco, a las costumbres, elementos que en este libro constituyen lo fundamental, además del problema de la pérdida de la tierra. En «Cuentos de la campiña cubana» se hallan textos por lo general exponentes de un lamento por esa situación («El desertor», «El maleficio de la guitarra», «El despojo»), aunque también se incluyen «El naranjal» (tímida alegoría de la penetración norteamericana vista a través de dos personajes: Juan Smith y Tranquilino Liborio) y «Un guajiro pirandeliano», cuyos protagonistas y argumento nada tienen que ver con la idea total del libro.

«Cuentos de la naturaleza criolla» es una sección con la que Luis Felipe Rodríguez ensaya un proceso en serie de personificación de animales típicos del campo (el caballo, en «El sillón»; el toro, en «El toro padre», el cerdo, en «Los cerdos de Alipio»; el perro, en «Riguiñola»; el gallo, en «Veinte a diez»). En tanto cuentos, estos textos, con la excepción de «Riguiñola», son endebles. Comparados con el resto de la colección, se comprueba que limitan su alcance al mero contexto, al llamado «color local».

En la última sección, «Cuentos de la ciudad criolla», se diría que la tragedia económica del guajiro desaparece para ceder lugar a determinada ilustración del proceso histórico que da origen a la *criolledad*. Predominan los aspectos —personajes, ambientes y sentimientos— integradores de lo que Luis Felipe Rodríguez llamaría, en conjunto, nuestra realidad «intertropical». El arraigo del español en Cuba, la incomprensión de la idiosincrasia del cubano, la monotonía de la vida provinciana y el perfil psicológico del político son temas que preocupan al autor y que se mezclan con los de otros cuentos («La piedra de toque», «El dominador de la vida», «El narrador de historias»), excesivamente autónomos por los asuntos que Luis Felipe Rodríguez trata en ellos.

La pascua de la tierra natal introduce en nuestra cuentística un contrapunto no logrado entre las problemáticas de la vida rural y la provinciana, contrapunto con que el autor se abre, aunque de manera vaga, hacia cierta exposición de la idiosincrasia «intertropical». El libro carece de los mecanismos formales que otorgarían unidad a ese todo disímil, además de la necesaria capacidad de generalizar, a través del todo, las problemáticas de una realidad que aquí empieza a sobresalir y a reconocerse como el interés fundamental del autor: el universo rural y sus contextos.

El cuento criollista alcanza rango de orden artístico con *Marcos Antilla. Relatos de cañaveral*. Los textos de este libro expresan cierto grado de maduración con respecto a los de *La pascua...* y se integran al tipo de quehacer caracterizador del grupo de escritores que surgen en torno a 1930. Evidencian un tránsito hacia lo que esos nuevos creadores van imprimiendo a la literatura en general: voluntad de acendramiento formal y capacidad de cuestionar la esencia socioeconómica del sistema de dominación neocolonial. *Marcos Antilla...* nace, pues, bajo los signos de un viraje condicionador de un mayor equilibrio y eficacia en la denuncia que ya es explícita, con la presencia de lo americano, en las páginas de este libro. *Marcos Antilla...* no enjuicia, como sí hacen las obras anteriores del escritor, sólo la corrupción de una ética oficial, sino también, y de forma más directa, las relaciones de producción que la sostienen en las circunstancias específicas del mundo rural.

Las relaciones de interdependencia entre los cuentos de *Marcos Antilla...*, nexos de los que carece *La pascua...*, determinan la unidad del volumen en cuatro niveles: estilo, temática, tiempo y espacio. Hormiga Loca es el escenario, el trasfondo cuyo nombre cobra un sentido grotesco en el tono a veces irónico, burlón y amargo de los relatos. Hay personajes que se repiten (Marcos Antilla, Exuperancio Martínez, Fico Larrachea, Mr. Norton, entre otros), y elementos que presiden la acción vista en términos totalizadores (el sol, el cañaveral, el central azucarero, la Cubanacán Sugar Company). El estilo admite ciertas dosis de humor entre el desenfado y el tono muchas veces sentencioso. Sin embargo, es preciso tener en cuenta la presencia harto abundante de intrusiones de carácter sociológico —apenas insinuadas en *La pascua...*— que contrastan, en el nivel estilístico y en la búsqueda de coherencias compositivas por parte del autor, con la índole de los personajes más relevantes. La voluntad de presentar una cubanía entrañable (por las situaciones en sí, por la ambientación y por el lenguaje), recala en el exteriorismo al que se había aludido en páginas anteriores.

Luis Felipe Rodríguez une en *Marcos Antilla...* la intención cronística con una labor que despoja a los cuentos de lo accesorio, labor que origina determinado grado de concentración de los argumentos. A ello hay que sumar la oralidad de los textos, más acentuada en unos («Marcos Antilla contado por sí mismo», «Fantomas en el cañaveral», «La guardarraya», «La danza lucumí») y menos en otros («Cama 1 y 3», «El Pelirrojo», «Mister Lewis»).

La oralidad es uno de los elementos radicalmente diferenciadores de *Marcos Antilla...* con respecto a *La pascua de la tierra natal*, rasgo que se conforma, en última instancia, a partir del funcionamiento interdependiente de los aspectos ya mencionados que exhibe el libro de 1932. Esa interdependencia, sin embargo, no mengua la autonomía de cada texto. Por ejemplo, «Marcos Antilla contado por sí mismo», aunque encierra embrionariamente el tópico del americanismo y la universalidad de la tragedia de la tierra, sirve de presentación de estas mismas problemáticas y de las tratadas en el libro como conjunto. «Cama 1 y 3» introduce un elemento polisémico, cómplice del mundo del azúcar: el sol (el calor, circunstancia afrentosa del trabajo explotador; el oro, la riqueza humillante). Este cuento tipifica en el personaje de Ramón Chávez las condiciones infrahumanas en que vive el campesino asalariado. «Fantasmas en el cañaveral» se adentra en la imaginación retrospectiva del cortador de caña que evoca a sus antecesores, los negros esclavos. «El Pelirrojo» retoma al sol y lo personifica dentro de la acción que protagoniza Lico Capoche; «La guardarraya», posiblemente el cuento más logrado de *Marcos Antilla...* por sus valores artístico-configurativos intrínsecos, ilustra de forma equilibrada el sentimiento de la opresión y el despojo. «Míster Lewis» enfoca el verdadero papel de la religión dentro de una postura anticlerical que acentúa, por contraste, el nivel de ignorancia y de dependencia. «Los subalternos» explora algunas características de la vida dentro del central azucarero, sus empleados y los vínculos más directos de esa vida con la de los cortadores de caña. «El haz de cañas» centra su argumento en el llamado «tiempo muerto», y alude a las miserias individuales para insistir en las más generales. En «La danza lucumí» el negro Tintorera, su protagonista, baila una danza de vida y de muerte que se asemeja al rítmico y secular trabajo del corte. Al final, su alegría se torna rebeldía, e incendia el cañaveral en gesto de venganza.

Marcos Antilla... es una superación cualitativa de los cuentos reunidos en *La pascua de la tierra natal*. Ceñidos al fundamento socioeconómico del dilema campesino, los cuentos del cañaveral se despojan de muchos de los elementos que en el libro anterior eran la expresión de un Luis Felipe Rodríguez vacilante, aún en deuda con la literatura que precedió a la de los años de la renovación y del vanguardismo entre nosotros. En *Marcos Antilla...*, el guajiro es ya un impugnador abierto del sistema y, de hecho, un vocero demasiado explícito de las ideas del autor. Esta cuestión, aunque es el resultado de cierta madurez de su pensamiento social, no da lugar en Luis Felipe Rodríguez, sin embargo, a calidades de índole formal superiores —independientemente de los aciertos ya mencionados—, sino más bien a un conflicto ideoartístico que se expresa en términos composicionales.

El conflicto tiene lugar básicamente en la cuentística de Luis Felipe Rodríguez, pero también determina el grado de alcance y penetración de su novela más importante: *Ciénaga*

(1937). Es decir, que ese conflicto se manifiesta de modo revelador sobre todo en los textos que abordan directamente la problemática rural, aunque se evidencia, en sentido general, en toda la obra del narrador.

Al analizar los cuentos de Luis Felipe Rodríguez es posible concluir que en el nivel de la configuración se visibiliza cierta pobreza de recursos expresivos. La crítica alude a amaneramientos e imprecisiones,[21] pero es dable reconocer, más allá de estos defectos, que desde el punto de vista teórico-conceptual, el conocimiento del autor en torno al universo campesino es distanciado, de raíz sociológica, y sólo le permite hacer determinadas valoraciones socioculturales y político-económicas sobre ese universo.

La pobreza de recursos se convierte en limitación esencial cuando tales valoraciones comienzan a aplicarse, de una forma que debería ser dialéctica, a la traducción ficcional del mundo campesino. La traducción no halla en Luis Felipe Rodríguez cauces idóneos, esto es: un tipo de expresión cuya calidad sirviera al necesario adentramiento literario en la realidad. La relativa incapacidad del autor en lo que se refiere al modelado artístico de una materia esencialmente teórica (sus juicios y conclusiones acerca de la situación socioeconómica del campesino, expuestos, a modo de líneas a desarrollar en la literatura, en ensayos como «El sentido del paisaje vernáculo», de 1936, y «El cubano y su isla», de 1940), da origen a desaciertos compositivos, a la falta de jerarquización visible en *La pascua...*, al discurso sociologista evidente en *Marcos Antilla...* y, más tarde, en *Ciénaga*.

En el fondo, la conceptualización de la realidad rural entraña en Luis Felipe Rodríguez una rigidez de formas. Sus conocimientos no acceden al grado de matización y flexibilidad requerido en el ámbito de la ficción. Las limitaciones estilístico-configurativas del autor (frases ampulosas, exceso de adjetivación, ritmo y *tempo* narrativos ajenos al nivel de riqueza de los asuntos, súbitas y afuncionales posturas neorrománticas, ecos del modernismo y actitudes naturalistas, entre otras) condicionan en él la presencia de un estilo en proceso, infraguado. Las impurezas de su prosa le impedían una aprehensión artísticamente plena de la realidad que fue el centro de sus intereses como creador. Además, al sentirse él mismo uno de los protagonistas —téngase en cuenta que se trata de un autor de transición, entre dos momentos distintos de la evolución de nuestra cultura— del rescate urgente y, en rigor, improvisado de nuestra identidad, en su obra ocurre una referenciación harto pronunciada, aunque tal vez insoslayable en esta etapa de la narrativa campesina cubana, de los aspectos externos del universo rural, como si en ellos se cifraran las esencias de ese universo. Consciente de esos rasgos esenciales, mas sin poder expresarlos de acuerdo con los imperativos más generales del realismo, Luis Felipe Rodríguez propendió entonces hacia el discurso sociológico. El autor parecía confundir la calidad artística de sus textos con el nivel de funcionalidad ideológica —se trata, en rigor, de una vocación de servicio directo en relación con la realidad social del campesino en particular y, en general, con la frustración que originaban el neocolonialismo y la farsa republicana. Luis Felipe Rodríguez revelaba, de este modo, determinado grado de estrechez en sus concepciones en torno a la creación.

Sus cuentos perfilan, a pesar de lo anterior, un magisterio que asumen, desde mediados de la década del treinta, autores como Onelio Jorge Cardoso, Dora Alonso, Samuel Feijóo, Alcides Iznaga, Ernesto García Alzola, Raúl González de Cascorro y, en medida diferente, Félix Pita Rodríguez, Aurora Villar Buceta, José Manuel Carballido Rey, Luis Amado Blanco, José Lorenzo Fuentes y Enrique Labrador Ruiz.

El grueso de estos nuevos representantes del cuento criollista empieza a producir obras de calidad hacia 1935 como fecha tentativa. Ya la narración de asunto rural es una línea sólida dentro del proceso evolutivo del género en Cuba, e incluso tiende a alentarse en diversos concursos literarios, uno de los cuales, quizás el más famoso, fue el «Alfonso Hernández Catá», cuyos premios anuales, de carácter nacional e internacional, se extendieron desde 1941 hasta 1955. Muchos de los premios y menciones se adjudicaron a cuentos criollistas de autores que, por estos años, ya habían efectuado una ostensible

asimilación-superación de las enseñanzas de Luis Felipe Rodríguez. Es notable, por otra parte, la labor de divulgación de la narrativa rural hecha por periódicos y revistas, labor que iba revelando, en última instancia, un creciente interés por la realidad socioeconómica del sector protagonista del desenvolvimiento productivo de las relaciones de dependencia.

Son varias las direcciones tomadas por el cuento criollista en la etapa que va de 1935 a 1958. Especificidades aparte, ellas van a delimitarse a partir de dos fenómenos importantes: la nueva elaboración formal de los viejos asuntos y la aparición de aspectos inéditos con valor temático-cognoscitivo en relación con el universo rural.

En Samuel Feijóo, por ejemplo, se halla un sentimiento de evocación cuyo lirismo visceral revela los elementos mitológicos del campo cubano. Feijóo busca lo bello, y en sus narraciones ensaya una perpetuación de indiscutibles valores artísticos en torno a las atmósferas casi perdidas de lo cubano-universal. No se aparta, sin embargo, de lo feo, de la tragedia campesina. Las formas que asume su prosa invaden, a veces, un ámbito genéricamente dudoso. En este sentido suele acercarse a lo poemático.

En la sencillez y la naturalidad de los cuentos de Dora Alonso es posible encontrar lo mejor del ser humano. Los personajes de esta autora se mueven guiados por sentimientos de gran pureza, y participan de cierta humildad ganada en enfrentamientos de raíz ética. Como Feijóo, Dora Alonso descubre la magia del color, la luz y la orfandad del guajiro, pero sin acudir a exaltaciones metafóricas.

Las excelencias formales de Onelio Jorge Cardoso, visibles en *Taita, diga usted cómo* (1945) y *El cuentero* (1958), bastarían para situar a este autor en la cúspide del criollismo y como uno de los más importantes cultivadores del género en la República. La variedad de los elementos constitutivos de su obra, pero sobre todo el modo en que ellos se entrecruzan, ofrece gran solidez y unidad al conjunto de sus cuentos. Jorge Cardoso se adentra con seguridad y pericia en el mundo de la mujer campesina, en la tragedia de la prostitución, la venganza, el universo infantil, la superstición, lo cotidiano. Son notables la complejidad de sus personajes y el acendramiento estilístico. El autor alcanza una singular maestría en la configuración de sus relatos, virtualmente insuperados como muestras del género en Cuba.

Alcides Iznaga, Ernesto García Alzola y Raúl González de Cascorro aportan al cuento criollista libros como *Rumbos* (1943) y *Felipe y su piel* (1954), del primero; *El paisaje interior* (1956), del segundo, y *Cincuentenario y otros cuentos* (1952), del último. En estos autores la narración de asunto rural, aunque diversificada por modos de hacer e intereses específicos, adquiere un sostenido equilibrio en el nivel de realización, sobre todo en lo que se refiere a posibilidades expresivas y tanteos temáticos. Iznaga, Alzola y González de Cascorro acuden al *status* de desamparo sociocultural, y desde allí retratan los efectos del cacicazgo político, el heroísmo, las particularidades caracterológicas del campesino, la presagiosa melancolía, la incertidumbre de la vida, la condición efímera de la alegría, la violencia de quienes defienden el honor y otros aspectos y rasgos más concretos del mundo rural. Aparte la atención a las exigencias compositivas, evidentes en estos narradores, es posible observar en sus obras, en grados distintos, desaciertos de lenguaje y composición que provocan un desbalance cualitativo. Sin embargo, el afán exploratorio permanece en ellos ceñido a la necesidad de registrar sus experiencias desde perspectivas que, en última instancia, acceden a una vindicación del campesino en términos históricos, sociales, humanos.

Otros cuentistas como Pita Rodríguez, Villar Buceta, Carballido Rey, José Lorenzo Fuentes, Luis Amado Blanco y Labrador Ruiz incursionaron de forma ocasional en los asuntos rurales. Todos ellos han sido cultivadores asistemáticos de esta línea de nuestra cuentística republicana que se proyecta, con propósitos y actitudes distintos, en el ámbito de la Revolución después del triunfo de enero de 1959.

En *San Abul de Montecallado* (1945), de Pita Rodríguez, la narrativa criollista incorpora un mundo de poderosa coherencia, resuelto a manera de saga en una instancia mítico-histórica

que guarda relación con las penetraciones de Samuel Feijóo y con los rejuegos fantásticos de Labrador Ruiz en «Conejito Ulán». En Pita Rodríguez la realidad se sublima en un modelo capaz de subvertir su dramatismo. El amor totaliza los sentimientos de sus personajes, unos seres que se enfrentan al mundo dueños ya de una ética sabia, incontaminada.

Son textos criollistas importantes, en relación con la forma en que abordan la vida campesina, algunos de los escritos por Aurora Villar Buceta («La estrella», «La enredadera», «La palma»), publicados a principios de la década del treinta. Merecen ser destacados «El lindero», de Lorenzo Fuentes y «Sola», de Luis Amado Blanco, ganadores del premio «Alfonso Hernández Catá» en 1951 y 1952 respectivamente. Carballido Rey muestra altas dotes como narrador interesado en la problemática rural con «Hambre» y «Despertar».

En los ejemplos anteriores —en los más notables y en los menos— cabe hallar, bastante disuelto, pero detectable en fin de cuentas, el magisterio de Luis Felipe Rodríguez. No sería exagerado, pues, afirmar que sin su labor no habría sido posible el salto cualitativo que identifica al quehacer de los nuevos cultivadores del cuento criollista en el lapso 1935-1958. La tendencia en general se enriquece y aporta a nuestra narrativa, en sus realizaciones concretas, un conocimiento imprescindible en torno a una zona de la realidad cubana de entonces: el mundo campesino.   [A. G.]

2.3.3 Renovación del género

2.3.3.1 *La tendencia negrista. L. Cabrera y otras figuras*

Otra de las manifestaciones literarias en la búsqueda afanosa de la identidad nacional, además de la poesía negra, lo constituye, en la narrativa de los años 1923-58, la llamada tendencia negrista. Esta tendencia, estimulada de una parte por los logros indiscutibles en ese tipo de poesía, y de otra, por los no menores alcanzados por Fernando Ortiz en la continuidad de sus investigaciones etnológicas de tanta significación en nuestra cultura, si bien no puede exhibir los mismos niveles de realizaciones artísticas en cantidad y calidad que la poesía —piénsese solamente en Nicolás Guillén y las muchas figuras que prestigiaron dicha línea temática en la lírica—, produjo obras sumamente interesantes y de un valor estético nada desestimable, en buena parte de los casos. Los autores más representativos de los cuentos negristas en Cuba son Lydia Cabrera, Rómulo Lachatañeré, Ramón Guirao y Gerardo del Valle.

Lydia Cabrera (1899-1992) está reconocida como la figura de mayor relieve en esta tendencia. Con la publicación de sus *Cuentos negros de Cuba* (*Contes nègres de Cuba*) en París, 1936,[22] se convirtió de inmediato en la primera mujer americana que estudiaría, con mayor sistematicidad, las leyendas y los mitos afrocubanos. Este libro, que consta de veintitrés relatos, tiene como fuente primordial los mitos y leyendas fabulosos de los viejos moradores de la isla y de los negros descendientes de esclavos africanos; dichos mitos y leyendas habían venido siendo transmitidos oralmente de generación en generación, hasta convertirse en un producto folklórico altamente poético. Así, lo primero a destacar en ellos es el proceso lingüístico por el que atravesaron, toda vez que, de hecho, fueron objeto de cuatro traducciones sucesivas, esto es: de las lenguas africanas de Guinea —preferentemente del yoruba y del ewe—[23] al idioma amestizado y dialectal de los negros criollos, de éste al castellano corriente en Cuba y de éste al francés de los lectores cultos para los cuales se editaron en París. Se trata, en esencia, de «una recopilación de cuentos afrocubanos preferentemente del tipo que pudiéramos decir laico y filosófico, como las famosísimas fábulas del clásico esclavo Esopo (de quien se ha dicho que fue mulato)».[24]

Son variadísimos los aspectos temáticos que se abordan en estos relatos, de los cuales la mayoría entra en la categoría de *fábulas* —como las que antaño dieron justa fama a Esopo—, por cuanto sus personajes son generalmente animales: el tigre, la jicotea, la liebre, el toro, el elefante, el mosquito, los pájaros, el cangrejo, el majá

y el perro, los que aparecen con mayor frecuencia entre muchos, y de los que se subraya siempre su calidad esencial, como por ejemplo la jicotea, que representa al prototipo de la astucia y la sabiduría, con las que vence a la fuerza y la simplicidad; otras veces nos encontramos las parejas jicotea-venado, tortuga-ciervo y jicotea-tigre. Todos en conjunto resuelven sus problemas de manera muy original sobre la base de estas cualidades, que los hacen sobresalir de entre animales más grandes y vigorosos. En otros relatos, los personajes centrales son hombres y mujeres, bien caracterizados de acuerdo con la moral interna de cada relato en cuestión. Teniendo en cuenta la ascendencia africana de los mismos, y como resultado del proceso de transculturación producido en nuestro país durante los períodos de la conquista y la colonia, no es raro que los sistemas mágico-religiosos propios de esos pueblos —entendiendo por éstos los resultados más notables de dicho intercambio cultural— aparezcan representados en no pocos de los relatos de la obra que nos ocupa.[25]

En los cuentos se ofrecen además complejos animistas, conceptos de carácter abstracto-religioso de gran contenido poético en los que se intenta explicar determinados fenómenos ya desentrañados por el hombre. Tal se aprecia en un relato verdaderamente cosmogénico, en el cual se nos ofrece mitos curiosísimos acerca de cómo se originaron el primer hombre: «[...] y el hombre, que Abá Ogé hizo soplando sobre su caca»; el primer negro: un hombre subió al cielo por una cuerda de luz, a pesar de la prohibición que le hiciera el sol de que no se le acercara; se acercó, se tostó, «se volvió negro de pies a cabeza»; el primer blanco: «La luna es fría. El frío es blanco. El hombre que fue a la Luna emblanqueció. Fue el primer hombre blanco, Padre de todos los blancos.» En el propio cuento se trata también de explicar por qué los hombres mueren.

Al leer los relatos que integran el presente volumen, es fácil percatarse de un lenguaje sencillo, nítido, directo, y dentro de él, de vocablos deformados, como es el caso de la poesía, que denotan la peculiar forma de hablar de los esclavos traídos a la isla y de sus descendientes acriollados, que no han renunciado aún a la utilización de frases de origen africano en sus propias lenguas. En el libro abundan de otra parte elementos didácticos que encierran una especie de moraleja, como en las fábulas tradicionales, fácilmente discernible por lectores de diferentes edades, y entre las cuales se destacan: no traicionar una amistad por deseo de enriquecimiento («Taita jicotea y Taita tigre»); lo innecesario de decir mentiras y la belleza del agradecimiento («Obbara miente y no miente»); la necesidad de trabajar («La loma de Mambiala»); el rechazo a los ambiciosos y a los envidiosos («El algodón ciega a los pájaros»), entre múltiples ejemplos que pudieran mencionarse.

Tampoco deben desconocerse los elementos de cubanía contenidos en el volumen, además de los señalados, presentes en la evocación que por momentos se hace de la vida campestre cubana, herederos también de la tradición literaria del siglo XIX: la hamaca, el guateque, el sombrero de yarey, taburetes, décimas de ondulantes guitarras, yerbas de anamú, chilindrón, guanajo relleno, caldo de gallina, etcétera.

En la peculiar reelaboración artística de mitos y leyendas fabulosas de los africanos traídos a Cuba como esclavos, y la cubanía y la universalidad que resuman sus páginas, estriba la importancia de este libro sui géneris de la literatura cubana que oscila entre la creación y la investigación pura, y que es altamente representativo de la tendencia negrista durante la etapa 1923-1958. A la salida de su primera edición en 1936, recibió muchos elogios de la crítica tanto en Francia como en Cuba. Otros libros publicados por la autora dentro de esta línea temática durante el período neocolonial fueron además *El monte. Igbo finda, ewe orisha, vititinfinda*, 1954, reputado como una de las máximas contribuciones al estudio de nuestro folklore y por ende a la cultura cubana, y en cuyo prólogo reza: «[...] me he limitado rigurosamente a consignar con absoluta objetividad y sin prejuicio lo que he oído y lo que he visto»,[26] *Refranes de viejos negros* (1955), de honda sabiduría popular; *Anagó. Vocabulario lucumí* (el yoruba que se habla en Cuba), 1957, con prólogo del francés Roger Bastide, en el cual

califica este texto como «un libro de poesía, es también, bien entendido, y ante todo, un libro de ciencia. La poesía está en él como flor de ciencia»,[27] al tiempo que lo resalta como una fuente importantísima de información para quienes pretendan realizar estudios comparativos, a fin de lograr un conocimiento óptimo de las regiones de origen de los esclavos traídos a Cuba desde África. En 1959, triunfante la Revolución, se publicó, como señaláramos en nota anterior, *La sociedad secreta Abakuá narrada por viejos adeptos*, libro dedicado al estudio y revelación de los misterios, creencias, costumbres, ritos y símbolos de la probablemente más importante de las sociedades secretas de los negros, la conocida por el pueblo como los «ñáñigos». Es más bien un libro de interés etnológico como los publicados anteriormente —excepto sus *Cuentos negros de Cuba* y *Por qué...*— razón por la cual no se ha procedido a un estudio detallado del mismo.[28]

Otra figura indispensable cuando de la narración negrista en Cuba se trata, es la de Rómulo Lachatañeré (1909-1951),[29] quien aportó a esta tendencia dos libros singulares: *¡¡Oh mío Yemayá!!* (1938) y *Manual de santería. El sistema de cultos «Lucumíes»* (1942).

No nos ocuparemos del *Manuel de santería* por escapar a los objetivos de la presente historia literaria. Se trata más bien de un libro de interés para los etnólogos y etnógrafos, en el cual se ofrecen las creencias de los descendientes de informantes-creyentes, sus deducciones lógicas y especulaciones filosóficas puestas en práctica en el manejo de los cultos, según expresa su autor en el Prefacio.

En cuanto al primero, ha expresado Fernando Ortiz:

> Este libro es una colección de recitaciones sagradas de los negros yorubá, que aquí fueron llamados lucumís. La mitología de estos negros de la región déltica del río Níger [...] comprende incontables leyendas, pródigas en personajes, peripecias, emblemismo y moralejas. Ellas fueron uno de los géneros más nutridos de la literatura negra de África [...], pero es ahora con

Lachataignerais, cuando se comienza a coleccionar esas piezas poéticas de la mitología lucumí en Cuba, tal como aquí se mantiene.[30]

En efecto, se trata de un libro esencialmente cosmogénico, un manejo de mitologías, un terreno sagrado recogido cuidadosamente por el autor «del natural» y escrito en lenguaje sencillo y asequible al lector común, con lo cual se pone en evidencia la compleja labor a que tuvo que enfrentarse su compilador a causa de las dificultades de transmisión que entraña el intentar traspasar una literatura oral, propia de los pueblos africanos, al castellano, «por la carencia de una grafía española que exprese las verdaderas modalidades prosódicas, acentos y hasta entonaciones de la narración recogida de labios negroides, aun prescindiendo de sus formas musicales, melódicas y rítmicas», nos dice en el prefacio Ortiz.[31]

Esta colección de cuentos y cantos negros, como fueron calificados por Lachatañeré, está integrada por veintiún relatos, una sección dedicada a los Cantos y Rezos del Güemilere (festival yoruba) y un vocabulario al final del volumen. Las leyendas que recrean los cuentos que aparecen en el texto son narraciones breves, impregnadas de poesía fresca, y en ellos se mueven las deidades más prestigiosas de la mitología africana trasplantadas a Cuba y sincretizadas en los cultos religiosos: Olofi, Ochún, Changó, Orúmbila, Obatalá, Yemayá, entre muchos. A continuación aparecen entre cantos y rezos las salutaciones correspondientes a cada orisha para invocarlos a la hora de comenzar el «Güemilere» o festival, y que es una especie de fiesta que se le hace al Santo cuando se festeja su día. Estas salutaciones son facsimilares, esto es, fueron imitadas exactamente de la escritura de un santero; también aparecen las palabras de las trece letras del «Di-lo-gún», especie de oráculo del sistema de los cultos lucumíes, que es empleado por el sacerdote para adivinar la situación y la vida de los creyentes que acuden a su consulta. El vocabulario final fue creado por su autor con la finalidad de orientar al lector ante la presencia de determinados vocablos de origen yoruba, desconocidos para un lector no especializado en esta materia.

Es tal la riqueza temática del presente volumen —al que no le son ajenos los temas sexuales y las escenas lúbricas, características del contexto social de procedencia y de las concepciones teológicas que comportan—, que éste ha sido objeto, por Susana Montero, de una clasificación de sumo interés que ofreceremos a continuación:

I. Cuentos que manifiestan la lucha del hombre contra la naturaleza, y en los que vence finalmente aquél por su voluntad y su constancia, como en «El río» y «Aché» —ambos cuentos tienen a un mismo protagonista, el barquero Agallú Solá, y en el primero de ellos éste disfruta el placer de acostarse con Obatalá (virgen de las Mercedes).

II. Los que explican aspectos de la práctica litúrgica y sus motivos, como «El destino» y «La Revelación». En el primer cuento, los protagonistas son Changó y Obatalá, hijo y madre juntos, actuando a imagen y semejanza del hombre, y en éste el autor nos muestra las fiestas yorubas dedicadas a los santos —«Güemilere». En «La Revelación», también se habla del tablero y el Collar del «ekuellé», instrumentos adivinatorios.

III. Aquellos que poseen un propósito moralizador evidente, como «Olvido», «Codicia», «El Moquenquem de Orúmbila», «La calabaza y Echú», «Las cotorras de Orúmbila» y «El sacrificio». En «Codicia», sus protagonistas son Eleguá y Orúmbila, y tienen como moraleja una condenación de la ambición y la codicia, por ser éstos unos de los mayores defectos de cualquier ser humano, pues pueden conducirlo a acciones indignas que más tarde se vuelven contra él.

IV. Los propiamente hagiográficos, que conforman el grueso de las narraciones y cuentan sucesos imaginarios de la vida de los representantes del panteón yoruba, como «Castigo», «Oyá», «Incesto», «Las trampas de Ogún Areré», «Orisaoco» y «Astucia», entre otros. Son en síntesis leyendas muy interesantes en las que se habla de la vida de los orishas, que aparecen representados con las virtudes y defectos de cualquier hombre: son violentos, sumisos, lujuriosos, obedientes y desobedientes, etcétera.[32]

También agrupa la citada investigadora cuentos con subtemas de aspectos litúrgicos, como «Ochosí de Mata», «Orúmbila y la Icú» y «Los Obeyes», uno de los más logrados por reflejar más vivamente las costumbres y tradiciones de los orishas, según la religión yoruba, de la cual utiliza numerosos vocablos; en él se describen los preparativos para el «Güemilere».

Sobre los cuentos escritos por Lachatañeré en esta original colección, el profesor José Antonio Portuondo ha expresado:

> En los cuentos de *¡¡Oh mío Yemayá!!* no existe preocupación alguna de tipo literario, y el autor ha tratado de ser fiel al relato de sus sencillos informantes hasta en el lenguaje. De ahí su mayor viveza y colorido y su sensualidad desnuda, a veces, así como la reiteración de ciertas formas de expresión peculiares a este tipo de narraciones destinadas a la transmisión oral. Estos mismos caracteres determinan su belleza, un poco mística, su encanto de producto natural, libre aún de mistificaciones literarias.[33]

Así, es posible apreciar determinados recursos utilizados por este escritor santiaguero que, sin dudas, produce en el asunto que desarrolla esa atmósfera mágica propia del pensamiento animista que lo inspiró. Entre ellos, uno de los más reiterados es el de la prosopopeya o personificación, presente en «El río» —al cual el autor atribuye cualidades humanas: es majestuoso, amenazador, rechinaba rabioso—; «La Calabaza y Echú», la calabaza llora, ríe, es ambiciosa, intrigante, etcétera. Los «santos» también conversan, opinan, actúan en general a imagen y semejanza del hombre. Existen además diferencias entre los personajes masculinos y los femeninos: los primeros son portadores de violencia, que se expresa tanto en su apariencia física como en sus relaciones sexuales; los segundos

ofrecen más bien una imagen de obediencia, sumisión y sacrificio, tal vez como reflejo de la discriminación de que eran víctimas en esas sociedades africanas de origen. Por otro lado, en algunos mitos se alegorizan fenómenos económicos de las primeras sociedades —en un cuento de Agún-Areré se simboliza el paso de la economía extractiva y de la pastoril a la agraria.

Este libro integra, además, no pocas canciones en lengua africana, intercaladas en las narraciones mitológicas o recopiladas aparte en el capítulo titulado «Cantos o rezos del güemilere», donde se describen los ritos del ceremonial yoruba y se insertan invocaciones litúrgicas, que constituyen un aporte a la etnografía de nuestro continente. Los versos litúrgicos reunidos por el autor amplían la colección de poesía yoruba en América. De su autor, hombre de ideas sociales muy progresistas —al morir en 1951 era militante del Partido Comunista de Estados Unidos—, dijo Nicolás Guillén poco después de su fallecimiento:

> Aquel hombre de rostro fino y voz suave, aquel joven inteligente y curioso, lleno de confianza en sí mismo; aquel cubano vuelto hacia su pueblo, sirviéndolo cada día con su escritura y con su vida, con su arte y con su ciencia, es ya una sombra en nuestro recuerdo, un recuerdo sombrío en nuestro camino.[34]

Hay otro libro que no puede faltar cuando de temática negrista se trata, a pesar de que fue publicado fuera de la etapa que nos ocupa, después del triunfo de la Revolución. Nos referimos a *1/4 Fambá y 19 cuentos más* (1967), de Gerardo del Valle (1898-1973). Integrado por veinte cuentos, algunos de los cuales habían sido publicados en antologías de narradores cubanos desde décadas anteriores,[35] este libro tiene la peculiaridad de que, contrariamente a los textos de este tipo abordados, no es el interés puramente científico, etnológico, el que preside sus relatos, sino más bien la elaboración literaria de los mitos y leyendas africanos, unido a otros asuntos de la realidad en que estaba inmerso en su época, durante el período neocolonial.

Cuatro direcciones fundamentales advierte Salvador Bueno en la narrativa de este autor, en la antología de referencia: la primera, cronológicamente, es la de tendencia negrista, seguida de cuentos extraídos de la vida y costumbres de los bajos fondos cubanos, reveladora de las lacras sociales de una parte de la población; otra tendencia referida a los relatos mitologiconómicos, donde ofrece una severa interpretación de figuras y temas bíblicos, y finalmente, cuentos espiritualistas. En el libro que centra nuestra atención se encuentran ejemplos de la primera tendencia, de la cual expresa el mencionado crítico e historiador de nuestra literatura:

> Gerardo del Valle ha intentado rastrear los oscuros motivos que originan muchas actitudes de los negros y mestizos cubanos en sus supersticiones y en su particular conformación anímica. Se encuentran ejemplos de esta tendencia en sus «Cuentos del Cuarto Fambá» —aún inéditos—, pero advertíamos en ellos, no la rigurosidad científica de otros buscadores de leyendas negras, sino su elaboración literaria, realizada sobre la vasta trama de las tradiciones de origen africano.[36]

El cuento que preside la colección, «Ella no creía en bilongos», pertenece a la primera dirección temática, al igual que otros como «Había cosa mala en la ceiba», «Cuarto fambá», «No fallaba nunca la mayunga de Guinea», «El ecobio traído sería castigado», «El Tata», «Se baña…, pero salpica», «¿Por qué escondes a tu abuela?», principalmente. En el cuento que da título a la colección, «Cuarto fambá», Del Valle nos refleja la organización de la sociedad secreta abakuá, sus ceremonias religiosas,[37] las discrepancias entre la vieja asociación de los «ñáñigos» y la moderna —la primera estaba formada por bravos «ecobios» que no abandonaban el terreno de la lucha, mientras que la última estaba compuesta por simples «eronbigás» (afeminados, al decir de dichos viejos integrantes), que se disfrazaban con los atributos del rito africano para divertir a los turistas norteamericanos. El autor toma por escenario el barrio cercano al Castillo de Atarés y el del Pilar, en La Habana, para concentrar a los respectivos bandos, entre los cuales se produce un enfrentamiento, con la consiguiente victoria por parte de los viejos.

En «Ella no creía en bilongos», si bien el autor refleja idolatrías que tienen como base la superstición, se expresa también una ruptura conceptual con todas estas creencias y tabúes que atan al hombre ignorante y desorientado. Las deidades yorubas hacen acto de presencia en este cuento, sin duda uno de los mejores de la colección.

En «El Tata» se ponen de manifiesto las relaciones de este anciano con los dioses, por lo que todos los dolientes, física y moralmente depositaban su confianza en él. Y así, diferentes motivos de esta tendencia, que no pueden ser comentados aquí en detalles, discurren en los cuentos mencionados.

Entre los textos que ilustran la vida de los bajos fondos urbanos se encuentra «La tángana», en que se revela la miseria y la degradación de ciertos estratos sociales residentes en un solar, ninguno de cuyos moradores trabaja a causa del desempleo generalizado existente durante la dictadura de Machado. El autor describe con crudeza las numerosas escenas en que este medio hostil asfixia al hombre y lo vuelve agresivo y maldiciente, mientras que en «¿Por qué escondes a tu abuela?», vuelve nuevamente a la tendencia negrista, esta vez para resaltar la valentía y participación del negro en las luchas independentistas de Cuba, desde Yara hasta el triunfo de nuestra Revolución. Es así como vemos la amplia gama temporal que resumen estos cuentos, que demuestran la presencia viva del negro en nuestra cultura y sus aportes en la búsqueda de nuestra identidad nacional.

Otro autor que ha prestado mucha atención al rescate de las tradiciones orales, los cuentos, las fábulas, los mitos y otras manifestaciones africanas traídas a Cuba por los antiguos esclavos, y su inserción en nuestro proceso cultural, es Samuel Feijóo, quien requiere de un estudio aparte.[38]

[A. B.]

2.3.3.2 *Torriente Brau, Serpa, Montenegro*

Pablo de la Torriente Brau (1901-1936), Enrique Serpa (1899-1968) y Carlos Montenegro (1900-1981) participan, de manera singular, del cambio estético que se empieza a producir en la narrativa cubana alrededor de 1930. Cada uno con personalidad y componentes ideológicos y vivenciales distintivos, estos tres escritores coinciden en varios aspectos, entre ellos la intención de expresar artísticamente, con propósitos denunciadores y movilizativos, la convulsa situación nacional, desde la perspectiva de las clases y sectores populares.

Aunque esa proyección social informa buena parte de su cuentística, ésta se ha liberado del discurso sociologizante que limitó la narrativa de las primeras décadas del siglo veinte cubano. Sus autores procuran, con mayor o menor éxito en el resultado estético, encontrar formas de expresión idóneas para los nuevos temas y preocupaciones, a fin de superar igualmente la visión criollista y superficial de los ya gastados modelos literarios y penetrar, por distintas vías, en las reacciones humanas ante las diversas y a veces demoledoras circunstancias.

Tales objetivos se manifiestan en el relieve narrativo de sus cuentos en los que, salvo excepciones, se abandona el tono ensayístico y reflexivo y se disminuye la distancia entre el plano del narrador y el mundo de los personajes. Éstos, por su parte, dejan de ser, por lo general, representantes maniqueos de sectores regionales o clasistas caracterizados física, ideológica y lingüísticamente mediante códigos de grupo. A ello contribuye, en el plano composicional, una voluntad de jerarquización de rasgos de la personalidad que individualizan a cada personaje, sin afectar su pertenencia a una zona geográfica o social determinada.

La voluntad de llevar al plano literario aspectos de la realidad que conocen por propia experiencia participativa, produce un discurso literario anticonvencional que acerca lo testimonial y lo puramente fictivo. Rompiendo moldes retóricos del género, el autor —especialmente Pablo de la Torriente y en menor medida Carlos Montenegro— se introduce, con su caracterización y experiencia vivencial y a veces hasta con su nombre propio, en el mundo presentado como un personaje más, por lo que la historia se ubica en una zona transicional entre la ficción y la realidad del autor. Ello y la fabulación de lo onírico y lo fantástico, que constituye igualmente un aspecto común en la obra de estos narradores, se desarrolla, como es lógico, con variantes particulares distintivas de cada autor.

Aunque en ocasiones aparecen otros espacios geográficos y socioculturales —sobre todo en el caso de Carlos Montenegro—, lo cubano resulta dominante tanto en lo ideotemático como en el resto del sistema expresivo. Sin dejar de incursionar en temáticas campesinistas, el entorno urbano se privilegia, y aparecen escenarios y asuntos poco tratados en la narrativa cubana: la cárcel, el prostíbulo, el solar, el barrio, el trabajo rudo en minas, ferrocarriles, zonas portuarias y barcos. El mar deja de ser tratado en tanto paisaje o superficie navegable, para convertirse en medio de producción.

Preocupación de los tres narradores sería el tratamiento de las guerras independentistas, temática que los inserta en uno de los propósitos ideoestéticos de la intelectualidad de la época: revalorar un tiempo histórico definidor del perfil nacional y reivindicar una tradición heroica reeditada por su propia generación. Valores como la valentía, la dignidad, el sentido del deber, el patriotismo, se priorizan en la perspectiva autoral a partir, no de los grandes acontecimientos bélicos, sino del hombre, sus preocupaciones y su actuación dentro del conjunto.

Tales afinidades en objetivos y perspectivas no niegan las diferencias, a veces sustanciales, en el modo de aprehender la realidad y su consecuente recreación literaria.

De ellos, el que mayor potencialidad de escritor mostró fue, sin dudas, Pablo de la Torriente Brau. Aunque no pudo desarrollarla en toda su magnitud por su temprana muerte en defensa de la República española, lo que dejó escrito lo revela como un innovador de la narrativa cubana. Su ideal estético tiene como base el propósito de hacer partícipe a la literatura del dinamismo de la época; que fuera a la vez crónica e instrumento de transformación, sin traicionar su específica función estética. El rigor ideológico de Pablo de la Torriente y su confianza en las potencialidades de la literatura, le permiten realizar una obra cuya significación primera radica, precisamente, en la fusión de la acción vital y la práctica artística. El acto de creación no sería para él refugio ni realización sustitutiva, sino parte entrañable de la actuación social.

Sus primeros ensayos narrativos, los cuentos que incluye en *Batey* (1930),[39] muestran ya una actitud nueva ante el hecho literario. Ello se manifiesta en cambios en la base ideotemática y en los procedimientos composicionales, que lo acercan a las audacias que propugnaban los «ismos» europeos. Lo vanguardista en su obra, sin embargo, no está tanto en la utilización de determinadas imágenes futuristas o el tratamiento de temas mediante recursos que remedan el surrealismo, como en su concepción de la literatura en tanto acto vital, dinámico y polifacético, de lo que resulta una cuentística de gran fuerza expresiva, desasida ya de modelos tradicionales, y por lo mismo de indudable carácter fundador.

Aun en «El héroe», escrito en 1925 —el más convencional de sus cuentos de *Batey*—, el desenlace sorpresivo ofrece una nota inédita al sugerir una doble lectura de un mismo enunciado: una humorística, al convertir, mediante una ruptura de sistema, una aparente tragedia en un hecho intrascendente, y otra que lleva al lector a reflexionar sobre la real condición heroica del protagonista.

Los demás cuentos presentan una estructura más heterodoxa, en la que destacan la intertextualidad y la inclusión de elementos singulares, como la notación de una partida de ajedrez; párrafos conformados sólo con onomatopeyas; interpelación de poemas, canciones, *cheers*; simultaneidad de acciones; doble narración; bloques diferenciados explícitamente; y sobre todo, dos aspectos del relieve narrativo que individualizan al autor dentro del contexto epocal.

El primero es la presencia del autor implícito, representado en tanto individuo creador del relato y participante en los sucesos, sin disfraz de personaje fictio y sin la ajenidad que caracterizó la narración personal de un Luis Felipe Rodríguez o un Jesús Castellanos. Tal técnica tiende, entre otros procedimientos, a la supresión de las fronteras genéricas entre el testimonio y la ficción narrativa, en lo que Torriente es más audaz que Serpa o Montenegro. Textos como «Una aventura de Salgari», «Nosotros solos», «Fiebre», «Páginas de la alegre juventud», entre otros, se encuentran en una zona intermedia entre el relato autobiográfico y lo estrictamente ficcional.

Otro de los elementos casi constantes en *Batey* —y en la obra toda de Torriente Brau— es la utilización del humor, que más que un recurso literario es la expresión de su personalidad, por lo que se manifiesta en su prosa de una manera natural y sincera. No se limita, por tanto, a ciertos giros lexicales o a la introducción de personajes cuya actuación provoque lo cómico, sino que está presente en la totalidad del texto, desde la perspectiva autoral, casi siempre satírica y el sistema lingüístico. Dentro de esa integralidad, es posible aislar recursos como la ironía, el absurdo, la ruptura de sistema, la técnica antitética, el equívoco, y aun el uso ingenioso de la burla y el choteo criollos, rasgos de la personalidad nacional que el autor compartía y manejaba eficazmente.

Siempre con intención humorística, cuentos como «Caballo dos damas», «Una tragedia en el mar», «Fiebre» y «Asesinato en una casa de huéspedes», en los que se conjugan lo lúdicro, lo macabro, lo onírico, lo misterioso, permiten inscribir a Pablo de la Torriente, junto con Arístides Fernández, Rubén Martínez Villena y Carlos Montenegro, en el grupo precursor del cuento fantástico moderno en Cuba, tendencia que tendría su mayor desarrollo después de 1940. La flexibilidad de sus formas narrativas propicia el tratamiento de los más diversos asuntos y preocupaciones a partir de argumentos fantásticos o humorísticos. De este modo expone y critica aspectos de la situación sociopolítica de la Cuba de entonces, incluida la penetración imperialista; satiriza determinadas actitudes morales, y aun propone, mediante la visión irónica de la literatura y la crítica al uso, una suerte de poética de la espontaneidad y la frescura en la expresión. Igualmente incursiona («El héroe»,

«¡Por este argumento sólo me dieron cien pesos…!») en la temática de las guerras de independencia, y resalta, a través de su especial modo de abordaje indirecto, los valores patrióticos y humanos de los mambises.

El propio autor define irónicamente las características de su método creativo en la autopresentación que incluye en *Batey*:

> …Y acaso no sea lo de menos importancia el destacar su desparpajo —íbamos a decir su libertinaje— al mezclar cosas perfectamente del vivir cotidiano con las propias de la fantasía; personajes reales, con otros de vida ficticia; con lo que a veces sólo logra conseguir el que los sucesos de la realidad aparezcan como momentos que nunca existieron, y que panoramas imaginativos y acaso morbosos tomen relieve vívido en temperamentos sensibles…[40]

Estos presupuestos y resultados se mantendrían, enriquecidos, cuando el autor se encuentre, en tanto luchador revolucionario, en la avanzada de la confrontación política. Si en *Batey* son su experiencia juvenil y su personalidad aventurera y regocijada las que informan la mayor parte de los argumentos, en sus relatos posteriores será su experiencia participativa en los acontecimientos sociales la que le permita expresar, desde dentro, su aprehensión de los hechos. Y si en aquél generalmente envuelve, «en el ropaje de su frondosidad, las ideas políticas, morales y sociales que sustenta»,[41] en los textos siguientes, en los que muchas veces renuncia a la ficción, la denuncia y el compromiso personal se jerarquizan y se hacen explícitos. Ello no supone, sin embargo, una subordinación sociologizante de la literatura al discurso político-social; en ellos no sólo se mantienen procedimientos narrativos practicados en *Batey*, sino que incluso se gana en organicidad expresiva, se presenta un mayor grado de interiorización de los sucesos, y el lenguaje alcanza plasticidad y cubanía.

La experiencia del presidio[42] motiva nuevos cuentos, que fueron recogidos póstumamente en diversas publicaciones.[43] Entre ellos destacan «La noche de los muertos» y «El cofre de granadillo», en los que la influencia de Edgar Allan Poe, ya presente en algunos relatos de *Batey*, se manifiesta con mayor fuerza, propiciada por la misma situación narrativa. Ambos se inscriben en la literatura fantástica, pero no dejan de registrar la cruda realidad del presidio desde una perspectiva revolucionaria.

En «La noche de los muertos», de clara filiación vanguardista, Pablo desarrolla un tema más universal que los anteriores: la relación sueño-muerte, integrada en la oposición apariencia-realidad. El trabajo con el narrador-personaje es uno de los mayores méritos del cuento. A través de un monólogo, éste describe su entrada, mediante la observación, en la conciencia de sus compañeros dormidos; sueño que, en la cárcel, es una forma de muerte. El desenlace descubre que el único que, a juicio del narrador, fingía estar muerto, es el que ha fallecido durante la noche, con lo que sus anteriores reflexiones deben ser valoradas nuevamente por el lector.

«El cofre de granadillo», por su parte, lleva a un punto climático la técnica de Torriente Brau para lograr la coexistencia, en el mundo presentado, de lo real cotidiano —con hechos a todas luces verosímiles y hasta documentados— y situaciones fantásticas, en este caso macabras.

Sin desconocer su inmediata función periodística, muchos de los reportajes de Pablo de la Torriente presentan los recursos expresivos propios de su particular estilo narrativo. Ello se aprecia, entre otros trabajos, en las series *105 días preso*, *La isla de los 500 asesinatos*[44] y *Tierra y sangre*, también conocido como *Realengo 18*: todos publicados en vida del autor.[45] Será, sin embargo, *Presidio modelo*, obra que no pudo ver impresa,[46] la paradigmática en este sentido. En ella la asociación intergenérica ofrece un caso inclasificable según las teorías tradicionales. En sus cincuenta y tres capítulos, organizados en diez partes, aparecen desde evocaciones de la infancia del escritor hasta reflexiones de diversa índole, pasando por episodios del presidio, estadísticas y retratos de presos y carceleros. Entre estos últimos sobresale el del jefe de la prisión («El zar de Isla de Pinos»), de quien hace un análisis psicosociológico e ideológico a partir de diversas fuentes testimoniales. El resultado es un relato biográfico del genocida, que por sí solo puede ocupar un lugar en la narrativa cubana.

Aunque en todo el libro se aprecia la capacidad literaria del autor y la madurez que ha ganado en la conformación de un nuevo lenguaje artístico, es posible aislar algunas composiciones que integran, por derecho propio, su bibliografía cuentística. Se trata, sobre todo, del capítulo XXVIII, «El tiempo» (Quinta parte: Divinidades), y los que integran la novena parte: Escenas para el cinematógrafo.

Sin variar sustancialmente su estilo, estos relatos proyectan cambios en el relieve narrativo en relación con su obra anterior. En ellos el autor no deforma la realidad para hacerla fantástica, sino que resalta, mediante recursos expresivos, lo sórdido y horrorífico del mundo carcelario. De ellos resulta un discurso expresionista y en ocasiones —sobre todo por la plasmación de la asfixiante atmósfera del Presidio Modelo, en que todo aparece como irracional y alienado— se acerca a las visualizaciones de algunos surrealistas. El humor ha cedido terreno a la expresión grave y angustiada, con matices exclamativos que refuerzan la actitud del narrador ante los hechos. Si en *Batey* los «panoramas imaginativos y acaso morbosos» se trataban como casos reales, con fines eminentemente humorísticos, en estos relatos es el testimonio de la «increíble» realidad del presidio lo que entra a formar parte de la literatura del horror.

El objetivo denunciador se desprende de la propia situación narrativa de cada cuento y ha sido, además, ratificado por el autor: «yo escribí el libro con propósito de denuncia, para que se conociera ese antro, y debo sacrificar cualquier cosa a ese propósito».[47] Lo literario, sin embargo, no se resiente en los relatos citados. Se ha logrado un relieve narrativo extraordinariamente eficaz. El ritmo composicional se adecua a las distintas tramas, lo que produce un *tempo* ya vertiginoso, ya lento o agobiante, según lo tratado. La personificación de objetos, sentimientos, estados físicos (sueño, hambre, cansancio, enfermedades), que muchas veces resultan símbolos, y el lenguaje, en el que imperan metáforas y símiles de corte futurista, contribuyen a dar a esos

textos un carácter vanguardista que sólo comparten, en la narrativa de la época, Alejo Carpentier con *Écue-Yamba-Ó* y Félix Pita Rodríguez con sus cuentos tempranos.

Menos novedosa en su conformación artística, la cuentística de Enrique Serpa participa en el positivo cambio que se produce en la narrativa cubana a partir de 1930. Aunque cuentos suyos habían aparecido en publicaciones periódicas desde 1923, no será hasta 1937 cuando se edite su primer volumen: *Felisa y yo*.

En la mayoría de los relatos de este libro, Serpa rompe la visión exteriorista de la narrativa anterior, sobre todo mediante el tratamiento de los mecanismos psicológicos del individuo en relación con el medio social. Tal interés no le hace separarse, en términos generales, de la perspectiva ideoestética de los narradores más representativos de su generación en cuanto a la problemática social. Los cuentos de *Felisa y yo* censuran la situación que sufren los sectores no hegemónicos de la sociedad de su momento, mediante el abordaje de males como la miseria, la prostitución, los abusos policiales, la inseguridad laboral y otros.

Como en el caso de Torriente Brau y Montenegro, la experiencia personal en medio de una época convulsa le sirve a Serpa de punto de partida para la selección de asuntos e informa sus motivaciones como escritor. Obrero, empleado de oficina, periodista, relacionado por su trabajo y sus aficiones con sectores populares, el autor busca, en el área de la realidad que conoce, los elementos que le servirán de base ideotemática a sus relatos. «No me informé en libros, ni con los datos que llegaban a la redacción, sino que sentí directamente los sufrimientos y aspiraciones de las clases populares»,[48] ha declarado Serpa en relación con un reportaje suyo, afirmación que bien podía hacer referencia a su primer libro de cuentos.

La variante, en este autor, radica en que esa problemática social es abordada, muchas veces, como causante de determinados conflictos psicológicos o reacciones emocionales que centran el desarrollo argumental de los relatos. Aun en cuentos en los que la función de denuncia se jerarquiza, es la lucha del hombre con el entorno,

su capacidad de enfrentamiento o su derrota física o moral, lo que conforma la trama, como se
demuestra en tres de sus mejores narraciones:
«La aguja», «Aletas de tiburón» y «Burócratas».

Las motivaciones del protagonista de «La aguja» para sostener un duelo a muerte con un enorme castero, desde su pequeña y destartalada embarcación, parten de la necesidad de resolver,
siquiera temporalmente, la miseria familiar; pero
hay un énfasis especial en la personalidad vo-
luntariosa y firme del pescador. Por su parte,
«Aletas de tiburón» tiene su mayor mérito en la
pintura comprometida de las condiciones sociales y políticas de la época, pero esto se presenta
en el cuento como causa mediata, aunque básica, del conflicto, cuyo desenlace trágico parte
de la reacción de dignidad del protagonista ante
el abuso del agente de las fuerzas represivas. El
punto de vista del narrador, que sigue en todo
momento las reflexiones y dudas de este personaje, confirma el interés de Serpa en alejarse de
la expresión exteriorista de los acontecimientos
para dar la realidad desde la conciencia de sus
criaturas.

En «Burócratas», este ideal estético se manifiesta con mayor fuerza. La crítica a la injusta
estructuración social, que motiva la explotación
y la inseguridad laboral de los empleados públicos, se produce a partir del desentrañamiento de
las inquietudes e inestabilidad emocional de los
personajes del relato, sentimientos que llegan a
constituirse en terror a la cesantía y que les impiden ejercer la solidaridad humana y clasista.

En aquellos cuentos en que la función de denuncia de las condiciones de vida de distintos
sectores sociales no parte de la profundización
en la psiquis de los personajes, o al menos de
una valoración de rasgos de su personalidad que
expliquen su conducta, Serpa no alcanza una facturación artística adecuada. Es el caso de «La visita de los reyes» y «Una mujer depravada», entre otros, en los que lo melodramático, lo
explícito de la tendencia, o cierto aferramiento
a recursos naturalistas, lastran el resultado artístico.

Siempre basados en el acontecer social, no
todos los cuentos de *Felisa y yo* priorizan la exposición y censura de las condiciones infra-

humanas de las clases y sectores populares. En
algunos, el argumento desarrolla la intención
autoral de criticar actitudes humanas negativas,
como la maledicencia («Imprudencia»), los prejuicios contra la mujer («La garra», «Extraños»),
el oportunismo intelectual («Cobardía»), mediante historias y personajes de indistinta ubicación clasista. En otros, la base ideotemática se
conforma a partir de las contradicciones íntimas
de seres atormentados, indecisos, cercados por
el miedo, en cuya subjetividad, independientemente de su posición social, quiere ahondar el
autor. Con ello Serpa se adelanta, aunque tímidamente, a un tipo de narrativa que tiende a reflexionar acerca de la conciencia del individuo y
los efectos que las circunstancias provocan en
ella.

En esta línea, dos de los cuentos que presentan mayores valores artísticos refieren aspectos
del mundo del escritor. «Felisa y yo» desarrolla,
si bien como subtema, la discriminación de ciertos individuos y sectores hacia el intelectual, la
imposibilidad de éste de acceder a una posición
económica suficiente. Este motivo se diluye en
el interés mayor de exponer la personalidad inestable, débil y angustiada del protagonista —a
quien se identifica como «poeta»— en su relación con una mujer fuerte, independiente y ambiciosa. En «Literato», por su parte, aunque los
conflictos del protagonista son del orden de la
realización personal, hay un mayor detenimiento
en la función del arte y del intelectual en la sociedad al oponer implícitamente dos concepciones sobre el oficio literario: la que propugna su
separación de cualquier otra actividad y la que
—sustentada por la actitud referida de escritores jóvenes— considera la acción extraliteraria
elemento indispensable del quehacer artístico,
opción que porta la perspectiva del autor. La
exposición de las contradictorias reflexiones del
protagonista y su peripecia psíquica, a través de
un narrador en tercera persona, hacen de «Literato» uno de los mejores ejemplos de la técnica
narrativa de Serpa.

El único cuento de *Felisa y yo* que ubica la
acción en el pasado es «Contra el deber», que
participa en el interés generacional de reevaluar
las gestas mambisas y que Serpa continuará tra-

tando en su segundo libro de cuentos. En el relato no interesa la acción heroica combativa, sino profundizar en las contradicciones psicoéticas del protagonista, que lo llevan a la decisión de desertar, y cómo, por la actitud inteligente y persuasiva de su jefe, logra salir de su crisis de conciencia y reinsertarse en el espacio heroico que había ocupado antes.

Sin llegar a las audacias estructurales de Torriente Brau, Serpa ha logrado, en *Felisa y yo*, un relieve narrativo que se puede considerar novedoso en el contexto epocal. Generalmente la secuencia narrativa carece de exposición y en ocasiones comienza en pleno nudo, y los antecedentes se ofrecen mediante bloques de retrospectiva, lo que produce una estructura espacio-temporal y de acción fragmentada, aunque no de mucha complejidad. Otro de los procedimientos técnicos reiterados en *Felisa y yo* es la presentación inicial de un conflicto que va siendo desplazado por otro que resulta el dominante, sin que se rompa la unidad del relato. El interés por expresar los estados de conciencia de sus personajes enriquece la caracterización, aspecto de los más destacados en la obra de Serpa. Para ello prefiere un narrador omnisciente con punto de vista centrado en la psiquis del protagonista.

La cuentística de Serpa no presenta —como la de Torriente Brau y, en menor medida, la de Montenegro— una cercanía explícita entre la situación narrativa y la experiencia del autor. Aunque, como en la obra de estos escritores, lo testimonial informa la trama de muchos de sus relatos, Enrique Serpa no aparece como personaje dramatizado en ellos. No existe, por tanto, una imbricación intergenérica entre el testimonio y la ficción narrativa, en el mismo sentido en que se observa en la obra de Torriente o Montenegro.

Publicado en 1951, cuando la marea revolucionaria del treinta ha dado paso a una crisis que se manifestaría en todos los órdenes de la vida nacional, *Noche de fiesta*, la segunda colección de cuentos de Enrique Serpa, resulta mucho más desgarrada y y pesimista que *Felisa y yo*. La tendencia a organizar sus narraciones a partir de los procesos psíquicos y conductuales de los personajes se torna obsesiva; son las relaciones humanas —amorosas, familiares, de amistad— las que generalmente sirven de marco a los conflictos de conciencia, con los que el autor abandona casi totalmente el propósito de denuncia de la situación inmediata, que había caracterizado a buena parte de los cuentos de *Felisa y yo*.

El tratamiento de lo social debe inferirse, en casi todos los relatos de *Noche de fiesta*, de la imposibilidad de realización humana que se desprende de ellos, así como en el desarrollo de asuntos relativos a sentimientos de inseguridad, miedo, desconfianza, o pasiones exaltadas como el odio, la venganza, los celos, la envidia. El texto más significativo en este sentido es el que da título al libro, una especie de noveleta en cuyo protagonista se emulsionan todos esos sentimientos y frustraciones. Como en varios de sus cuentos anteriores («Felisa y yo», «Cobardía», «Literato»), Serpa identifica a su personaje como escritor, pero en este caso sugiere su degradación y oportunismo en medio de una sociedad que lo corrompe y lo anula como ser humano.

Aun en cuentos en los que se mantiene cierto tono de denuncia social («Prostitución») o se refleja la inmoralidad de la política republicana («La deuda»), el objetivo ideoestético del autor se dirige más a los conflictos pasionales y éticos de los personajes que a la exposición crítica del contexto sociopolítico. En otros se privilegian los estados emotivos enfermizos, como en «Odio», en el que el afán de venganza se sobrepone incluso al amor maternal, o «La ruptura», donde el código machista y los celos, llevados a extremos de obsesión, destruyen la relación de la pareja.

Tres de los relatos de *Noche de fiesta* retoman asuntos relacionados con las guerras de independencia. «Sueño», «El desertor» y «La manigua heroica» enfatizan el sentido del honor y el deber de los héroes mambises, lo que contrasta con las actitudes y convicciones del resto de la población fabular del libro. Estructuralmente, tal contraposición sugiere una jerarquización —en cuanto a valores éticos— del pasado sobre el presente, perspectiva no muy lejana de los presupuestos ideológicos de la primera generación republicana, y que indica el sentimiento de frustración del autor y de buena parte de la intelectualidad cubana después del fracaso de la Revolución del treinta.

En «Sueño», Enrique Serpa se aventura en el tratamiento literario de los procesos oníricos, pero lo evidente del carácter de cosa soñada de los sucesos —explicados desde el título— y la plana facturación narrativa, lo invalidan para integrar el bloque de los creadores de literatura fantástica en Cuba. Es significativo que Serpa, interesado en los procesos psíquicos al punto de realizar estudios autodidactos de psicología, no haya procurado incursionar —salvo tímidamente en «Sueño»— en la línea onírica o del subconsciente de la literatura fantástica, ni aun cuando esta corriente tuvo un importante desarrollo en América Latina —Cuba incluida— en las décadas del cuarenta y el cincuenta.

A pesar de que lo separan casi tres lustros de *Felisa y yo*, y que algunos cuentos de esta colección anunciaban a un narrador de mayores posibilidades expresivas, *Noche de fiesta* no exhibe una superación sustancial en la composición y el nivel lingüístico en relación con lo logrado en su primer libro. En general, Serpa mantiene las mismas técnicas narrativas: un narrador en tercera persona con punto de vista en el protagonista, y una estructura que altera, mediante retrospectivas sencillas, la secuencia lineal de las acciones, que siguen siendo escasas por el mayor interés en expresar los estados de conciencia de sus personajes. Si *Felisa y yo* representó en su momento un cierto impulso fundador en el contexto de la narrativa cubana, *Noche de fiesta* resulta desfasado en relación con los cambios de signo estético que se consolidan en la cuentística cubana y latinoamericana en la década del cuarenta.

Enrique Serpa dejó inédito un tercer libro de cuentos, *Historias del juez*, del cual aparecieron algunos ejemplos en distintas publicaciones periódicas en la década del sesenta.[49] Aunque inconcluso, este libro marca un cambio de perspectiva y trabajo técnico del autor de *Felisa y yo* y *Noche de fiesta*. En él, Serpa ensaya un cierto costumbrismo crítico que no había practicado anteriormente. Se inscribe así en una tendencia que tiene una efímera vida después del triunfo

de la Revolución cubana: la que retoma como asunto el ambiente rural prerrevolucionario con objetivos denunciadores. Un mismo narrador-personaje refiere las distintas historias, que se estructuran como memorias o relatos testimoniales. Recursos como el humor y la ironía —también nuevos en la cuentística del autor— contribuyen a matizar la atmósfera de ignorancia y miseria que reflejan los distintos relatos.

En una zona intermedia entre el cuento y la novela de episodios, *Historias del juez* no es un libro logrado, sobre todo por la ajenidad del narrador, que se inserta desde fuera en un mundo que le resulta un tanto exótico, lo que hace recordar la narrativa de Luis Felipe Rodríguez, con quien coincide en la pintura crítica de la situación del campesinado y en ciertos procedimientos técnicos.

Identificado, en los años de su mejor cuentística, con los intereses de los sectores desposeídos de la sociedad, Carlos Montenegro realiza una obra que presenta rasgos afines a los de Torriente Brau y Serpa, así como características distintivas. Experimentado desde niño en el trabajo rudo —marino, obrero fabril, minero— y condenado a presidio a los diecinueve años, estas circunstancias informarán la mayor parte de los asuntos de sus cuentos y estarán en la base de su forma expresiva, generalmente cruda y descarnada.

Su primer libro, *El renuevo y otros cuentos* (1929), que recoge varios relatos publicados previamente en revistas y periódicos, lo ratifica como un narrador con perspectiva inédita hasta entonces en la cuentística cubana. Dividido en dos partes: «Cuentos de hombres libres» y «Cuentos de presidiarios», el signo de esta colección es la tragicidad presentada como hecho cotidiano en sectores marginados del discurso hegemónico. Sus personajes son, por lo general, seres que viven en un círculo cerrado, sin posibilidades de realización. Condenados por un mundo que no intentan cambiar, son violentos, escépticos, con rasgos de egoísmo que remiten a su apremiante necesidad de supervivencia. En la primera parte abundan los personajes infantiles víctimas de la crueldad adulta, ya por ignorancia («El renuevo»), por falta de relación afectiva («La escopeta», «El cordero»), por aberraciones («El discípulo»), ya por otras causas no menos destructoras.

La indudable identificación de Montenegro con su población fabular no lo lleva —en tanto autor implícito— a idealizar su conducta ni a interpolar justificaciones de sus actos. Pretende, al contrario, un cierto objetivismo que no oculta, sin embargo, el sentido de violenta denuncia a una realidad deshumanizadora. Aunque su obra presenta más de un punto de contacto con el naturalismo, ello se produce más por la voluntad de mostrar sin afeites una realidad que conocía por experiencia propia, que por afinidades con la concepción del mundo y el método naturalista.

El renuevo y otros cuentos se caracteriza, en el plano composicional, por la diversidad de abordajes y resultados artísticos, relacionados en ocasiones con la influencia, más o menos diáfana, de distintos autores, entre ellos Edgar Allan Poe, Guy de Maupassant y Horacio Quiroga. En otros, por lo general con narrador en primera persona, el autor implícito expone sus experiencias en una composición despreocupada de los rigores constructivos del género y aun de la coherencia lingüística, ya que mezcla indiscriminadamente la norma española y la latinoamericana del castellano, con giros lexicales de diferentes regiones.[50]

Igualmente son diversos los espacios geográficos, que corresponden a los países y zonas conocidos por el autor. En «Cuentos de hombres libres», la acción se ubica, bien en el campo cubano, en una aldea española o en una ciudad minera de los Estados Unidos, bien en lugares no marcados explícitamente. «Cuentos de presidiarios», por su parte, reúne relatos localizados también en un espectro espacial variado.

De todos los cuentos del libro, tres merecen, por distintas causas, especial atención. El primero, que da título al libro, fusiona, en un relato trágico, la ignorancia, violencia y superstición de una familia campesina, sus causas socioeconómicas y sus efectos destructores en la integridad física y psíquica del hijo. El crudo realismo de «El renuevo», su síntesis composicional, en que cada elemento cumple una función, y su

fuerza expresiva, le han valido su inclusión en varias antologías de cuentos cubanos. «El mudo», perteneciente a «Cuentos de presidiarios», narra, mediante el procedimiento epistolar, los delirios del protagonista narrador provocados por los horrores de la cárcel. El que escribe lo hace desde una aparente logicidad, y son su percepción de los hechos —cercanos a lo macabro— y las alucinaciones que se desprenden de su discurso, las que inducen al lector a reconocer su locura. Aunque lastrado por recursos melodramáticos, «El rayo de sol» es valioso por la problemática ética que plantea. Según la propuesta del relato, los valores morales cambian de signo en la cárcel; cualquier rasgo de sentimentalismo y humanidad resulta un peligroso defecto en un presidiario.

En sus dos siguientes libros de cuentos: *Dos barcos* (1934) y *Los héroes* (1941), se observa una evolución en cuanto a la perspectiva ideoestética del autor, posiblemente influido por su adhesión al marxismo y, por ende, una mayor comprensión de la lucha social.[51] Asentado nuevamente en sus experiencias, *Dos barcos* podría dividirse, como su primer libro, en relatos que tratan problemáticas de hombres libres y de presidiarios. Varios de los primeros se refieren al mundo obrero, con énfasis en la explotación que sufren los trabajadores y, con menor fuerza, en sus luchas.

En algunos de los cuentos de *Dos barcos*, el autor no logra sintetizar lo doctrinario y lo estético, pero en general mantiene la fuerza expresiva que caracterizó su obra inicial y su especial manera de enfocar las relaciones humanas dentro de una sociedad injusta. A ello se une la intención de denuncia de la penetración imperialista en América Latina.

El relato seleccionado para nombrar el libro resulta una alegoría de la condición dependiente de Cuba al imperialismo norteamericano. Un barco cubano, significativamente llamado *Maceo*, trata de remolcar un pesado carguero norteamericano; los peones del remolcador se amotinan y declaran la república comunista a bordo. Los personajes de «Dos barcos», al contrario de los de *El renuevo y otros cuentos*, son desenfadados y alegres, y no consideran su lucha una rebelión solitaria, sino un ejemplo para los demás. El desenlace es, sin embargo, pesimista: el motín es dominado, y el *Maceo* debe continuar con el lastre del carguero norteamericano. Aunque no logrado totalmente, en este cuento Montenegro se acerca a los procedimientos intergenéricos de Pablo de la Torriente, al intercalar una declaración de los marinos, con estilo híbrido entre el código documentario y su propia jerga, lo que provoca momentos de franco humorismo, excepcionales en su obra.

Esta línea no se mantiene en el resto de los cuentos proletarios de *Dos barcos*. «La hermana», «Cargadores de bananas» y «El caso de William Smith» no muestran una facturación artística adecuada del elemento testimonial y la denuncia. No obstante sus descuidos estéticos, estos relatos, junto al primero, colocan a Carlos Montenegro entre los iniciadores de la narrativa de tendencia proletaria en Cuba, prácticamente inédita en el momento en que se publica *Dos barcos*.

En algunos cuentos de «Cuatro presidiarios» —segunda parte de *Dos barcos*—, lo testimonial autobiográfico informa el asunto, y se aprecia la presencia del autor en tanto personaje. No es el caso, sin embargo, del mejor relato del libro: «Makatay», en el que se reitera el motivo de la locura de un preso, relacionada con la obsesión de libertad. «Makatay» se une a la serie de cuentos fantásticos de tendencia macabra que Montenegro inició en *El renuevo y otros cuentos* con «El mundo», «Pavor», «El beso», «La sortija» y otros.

En 1941 se publica *Los héroes*, que incluye cinco cuentos acerca de las guerras de independencia cubanas. Aunque Montenegro coincide, en la proyección heroica de esas gestas, con Serpa y Pablo de la Torriente, su perspectiva señala signos distintivos. La ubicación temporal es uno de ellos: los acontecimientos se producen, en todos los relatos, en los últimos años de la guerra del noventa y cinco, y el objetivo del autor parece ser la reflexión sobre la verdadera dimensión de lo heroico. Cada uno de los cinco cuentos presenta una faceta del heroísmo que se opone a la versión idealizada de la historiografía burguesa, que lo depura de contradicciones y complejidades.

Con procedimientos irónicos, «Los imponderables de Pedro Barba» desarrolla esa idea como tema del relato al contraponer, mediante las acciones y enunciados de su protagonista, una práctica heroica cotidiana —el mantenimiento de la lucha a pesar del hambre, de la falta de recursos bélicos, de las traiciones y las dudas— al criterio, condicionado por la tradición, del heroísmo como una sucesión ininterrumpida de acciones épicas. Igualmente se cuestiona en el relato la versión oficial sobre la necesidad y justeza de la intervención norteamericana, como ayuda indispensable para la victoria mambisa. La carga ideológica de «Los imponderables de Pedro Barba» no malogra su dinamismo gracias a la agilidad de la composición y al recurso de la ironía, que marcan los enunciados y la personalidad del protagonista, a quien el narrador focaliza en sus consideraciones y juicios.

El resto de las narraciones de *Dos héroes* trata variedad de asuntos y temas, no todos conformados a la altura de los mejores trabajos del autor. En algunos aflora cierta fruición naturalista («La mar es así»); en otros, el discurso sociológico es demasiado explícito («Dos viejos amigos») o se retoma la tragicidad de sus primeras producciones («Hay que matarlo»).

Lo novedoso, en relación con su obra anterior, se aprecia en «Dos hombres sin historia», y, en menor medida, en «La ráfaga». En el primero, Montenegro incursiona en la dialéctica realidad-imaginación dentro de la creación literaria, tomando como base argumental su propia experiencia vital y el traslado de la misma al plano literario. A partir de dos versiones sobre un mismo suceso, el verismo documental en la conformación narrativa es puesto en duda. El desenlace resulta inesperado y significativo al identificarse el personaje-narrador —quien previamente ha referido vivencias que coinciden con la biografía del autor— como alguien con una imaginación desbordada que ha inventado los hechos desde su sedentaria labor como sastre.

«La ráfaga», por su parte, presenta una composición innovadora dentro de su sencillez: la estructura temporal no se sustenta, como era usual, en la sucesión cronológica de los sucesos y los desplazamientos hacia el pasado. En este caso la fragmentación se establece entre una acción presente y una futura imaginada, pero dramatizada como real. El desenlace sugiere, además, la continuidad de los acontecimientos, con lo que, a diferencia de la mayoría de los relatos de Montenegro, se hace participar al lector en el resultado definitivo de la historia.

Aunque después de la edición de *Los héroes*, Carlos Montenegro publicó algunos cuentos en revistas y periódicos, no volvió a recoger en libro su producción cuentística.   [*D. G. R.*]

2.3.3.3 *A. Fernández, E. Labrador Ruiz*

La obra literaria del pintor Arístides Fernández (1904-1934) está conformada por los diecisiete relatos que escribió al final de su vida.[52] Aunque es difícil precisar el grado de influencia que tuvieron en la narrativa de la etapa —se publicaron en 1959 por primera vez en forma de libro—,[53] cabe juzgarlos precursores, en la literatura cubana, de la fabulación que recrea ámbitos vagamente oníricos y que, al mismo tiempo, no se sustrae de la pesadilla, la neurosis ni la crueldad fantasmagórica de lo cotidiano. Es por ello que los textos de Arístides Fernández pertenecen a lo que Sergio Chaple llama «directriz poético-imaginativa» al reseñar el desarrollo del cuento en Cuba.[54]

En relación con el panorama narrativo que la envuelve —el de los años iniciales de la década del treinta—, la cuentística del autor resulta una nota contrastante. No se puede, sin embargo, dejar de considerar que se trata de un conjunto de relatos concebidos bajo el influjo del vanguardismo literario y de la renovación que en muchos órdenes tenía lugar en Cuba, como otras obras de importancia: *Batey* (1930), de Pablo de la Torriente Brau y Gonzalo Mazas Garbayo; *Marcos Antilla. Relatos de cañaveral* (1932), de Luis Felipe Rodríguez; *El laberinto de sí mismo*, de Enrique Labrador Ruiz, y *Écue-Yamba-Ó* (1933), de Alejo Carpentier.

A pesar de que las narraciones de Arístides Fernández se hallan tocadas por lo enfermizo, ellas encierran, en términos generales, cierta

dosis de optimismo con respecto a la vida, y una crítica directa a la deshumanización del individuo en el frustrante medio social de la República. Los temas recurrentes de su obra son el desamor, la locura, la muerte, el delirio, el odio y la perversión, todos ellos desarrollados a través de argumentos escuetos y de un estilo a veces confesional, casi siempre despojado de elementos accesorios.

Hay en Arístides Fernández una preocupación por las atmósferas alienantes, preocupación que deviene obsesión en la índole de sus personajes y la naturaleza de las situaciones en que ellos participan. Se trata, además, de seres solitarios obligados repentinamente a tomar decisiones complejas o a expresar sus más aborrecibles y a la vez pintorescos secretos. La conducta de estos personajes revela en profundidad el notable grado de alienación en que viven, así como una desproporcionada capacidad para descubrir lo morboso.

El hombre enajenado de Arístides Fernández convive con el rebelde y con el soñador melancólico. Los tres rechazan la realidad de maneras diferentes, aunque procuren integrarse a ella a través de un sentimiento común: la auto-humillación.

En «Uno», por ejemplo, el protagonista encuentra a una perra en la que deposita toda su ternura y todo su odio. Es una perra mugrienta y desvalida. El personaje del hombre la enseñará a morder, y ella se convertirá, así, en su compañera de lucha. En «Dos», Arístides Fernández reúne a todos los que sufren y experimentan el dolor del rechazo, la ira de la marginación. Dentro de un espacio y un tiempo míticos, el autor describe los preparativos de una imaginaria rebelión redentora, pero esta rebelión se propone el castigo irracional, la simple venganza.

Esos dos cuentos y «Diecisiete» revelan en Arístides Fernández su desprecio por la ciudad. Los ambientes citadinos resultan aquí los portadores de la hipocresía y la maldad humanas, y se contraponen a la pureza del paisaje natural y la vida retirada, tópicos esenciales en «Diecisiete». Esta oposición entre la ciudad y la naturaleza hallará ecos artísticamente superiores en obras de las décadas del cuarenta y el cincuenta, cuyos autores se inscriben también en la tendencia imaginativa.

Aunque la evocación y el deseo de la muerte abundan en los cuentos de Arístides Fernández, cabe observar en algunos de ellos un velado pero vigoroso amor a la vida. El héroe de «Tres», Mani-o; la moribunda de «Cinco»; el solitario de «Siete»; los suicidas de «Diez», y el anciano patriarcal de «Diecisiete», sienten ese amor de modo dramático y particularmente agónico.

El autor evidencia que la aniquilación de la voluntad y la pérdida del sentido de la justicia son para él consecuencias de la desorientación ética de la sociedad. Específicamente en «Ocho», por ejemplo, la humanidad entera enloquece y los valores primordiales del hombre empiezan a diluirse. Sólo el protagonista lo sabe, y es juzgado loco. Arístides Fernández desarrolla estas ideas en otros cuentos, como «Cinco», «Seis», «Once» y «Quince». El primero relata el proceso de la muerte de Clara Isabel y la pasmosa indolencia de su familia ante la naturalidad del hecho; el segundo, de comicidad inusual en la narrativa del autor, expone la pasividad exacerbada de un marido engañado; el tercero cuenta los detalles de una reunión en sociedad que no es sino un velorio, y el último, la pesadilla reveladoramente acusatoria de Generoso, hombre promovido a cosa —parece decirnos Arístides Fernández— por la crisis espiritual del entorno. Detrás de estos episodios se encuentran alusiones indirectas al descalabro espiritual de la realidad republicana, si bien aquellos y otros similares poseen la textura del ensueño y conforman, en términos generales, un espacio y un tiempo míticos.

El amor es, en los cuentos del autor, carnalidad fantasmagórica o agonía complaciente, como sugiere José Lezama Lima.[55] El dolor es una especie de estatuto de la lucidez, y la alucinación resulta la puesta en escena de las más oscuras motivaciones de la conducta. Estos elementos —dolor y alucinación— dan origen, dentro del ámbito opresivo que los origina, a la extrañeza de las situaciones presididas por los personajes de Arístides Fernández. Ellas aparecen delineadas con trazos rápidos, a menudo certeros, pero generalmente debilitan en cierta medida su fuerza a causa de la presencia de giros sentimentaloides, frases y adjetivos que, lejos de ofrecer solidez compositiva al conjunto, restan eficacia a la prosa y la adornan inútilmente.

La soterrada violencia de las narraciones de Arístides Fernández se desdobla en lo siniestro, elemento que perturba a los personajes, aunque forma parte de ellos. Lo siniestro se une al delirio en «Cuatro» (el protagonista desea, sin saber cómo, que la cuchilla de la imprenta caiga sobre la mano del operario y la cercene), en «Nueve» (el señor Juan se alimenta de gatos a pesar de que su conducta con esos animales indica todo lo contrario), en «Trece»[56] (la cotorra hunde su pico en los ojos del hombre y se venga de éste y de sus maltratos sistemáticos) y en «Quince» (Generoso sueña que su madre yace insepulta en el ataúd durante muchos días). Es preciso reconocer que ese desdoblamiento, más acentuado en unos cuentos que en otros, se vincula a un naturalismo cuya huella en Arístides Fernández es, parcialmente, el resultado de una necesidad: hacer verosímil lo inverosímil. En torno a esto, cabe decir que el costado inverosímil de los cuentos del autor se define en lo absurdo, rasgo notable en algunas narraciones y que se concreta, de modo particular, en ciertas pinceladas de humor negro. Pero entiéndase: lo absurdo en Arístides Fernández proviene mayormente de situaciones de raíz patológica, no de hechos en apariencia lógicos y que, por su misma naturaleza dislocadora, sean ajenos al proceder natural de los personajes.

Aunque no se pueda afirmar con rotundidad, por las razones antes expuestas, que el cerrado universo temático presente en los cuentos de Arístides Fernández, sus preocupaciones esenciales y la forma que el autor les imprimió, hayan abierto caminos a la prosa cuentística de la etapa, es dado, en cambio, observar en este creador una aguda capacidad de elegir y transformar imaginativamente los elementos del «lado oscuro» de la realidad, sector de ella que interesa a otros cuentistas cuyas obras se dan a conocer en las décadas del cuarenta y el cincuenta: Virgilio Piñera, Enrique Labrador Ruiz, Ezequiel Vieta, Ambrosio Fornet y Edmundo Desnoes, todos ellos portadores de una singular visión crítica del entorno neocolonial, especialmente fundada en la exploración de la crisis espiritual y del sentimiento de frustración.

Los vínculos entre Arístides Fernández y Enrique Labrador Ruiz (1902) deben verse desde una perspectiva generalizadora: en ambos hay un sustrato único, conformado por la dosis de extrañeza que posee la «nocturnidad» de lo real. Tanto en Fernández como en Labrador se verifica un proceso de objetivación de esa dosis, proceso que entraña, asimismo, un adentramiento en las capas menos visibles de la conducta humana y una exploración sistemática de lo infrecuente y lo significativo.

En relación con el contexto narrativo en el que surge, la cuentística de Labrador Ruiz es exponente del grado de madurez que entonces ya poseía el género en Cuba. Sus relatos, así como los de Lino Novás Calvo, Félix Pita Rodríguez, Alejo Carpentier, Onelio Jorge Cardoso, Virgilio Piñera y Eliseo Diego, abren nuevos caminos al cuento nacional.

Aunque los aportes y los rasgos principales del quehacer novelístico de Labrador Ruiz serán explicados en otra parte de este volumen, no sería ocioso aludir a algunos de ellos: fructificantes juegos estructurales, precariedad en la conexión de las escenas, indefinición de los argumentos, estilo grandilocuente y barroco, elementos que constituyen la forma a través de la cual se proyectan la asfixia individual y el pesimismo ante la descomposición moral de la realidad cubana de entonces. La cuentística de Labrador Ruiz, aunque de sesgo diferente, los sublima de un modo revelador y progresivo en *Carne de quimera (novelines neblinosos)* (1947), su primer libro de cuentos, y en *El gallo en el espejo* (1953), el último. Entre ambos volúmenes apareció *Trailer de sueños* (1949), de menor importancia con respecto a los restantes.

El subtítulo de la colección inicial —«novelines neblinosos»— nos indica las relaciones de parentesco que ella guarda con la estética «gaseiforme» de las novelas del autor, vínculos fácilmente comparables en la lectura y que han sido advertidos ya por investigadores y críticos.

A diferencia de los textos de Arístides Fernández, las narraciones de *Carne de quimera* son extensas, sin que desborden, por ello, los límites habituales del género. El autor se había asegurado de disponer —dadas las exigencias que en términos composicionales albergaban sus problemáticas, sus asuntos, sus personajes y sus situaciones— de un espacio cuyas ganancias no interesaron a Arístides Fernández, centrado más bien en la concisión, en lo relampagueante y en lo sorpresivo. Los «novelines neblinosos» revelan a un creador de estilo suntuoso, mas no dañado por la sobreabundancia verbal ni por frases gratuitas. Estos primeros textos breves están escritos en un español rítmico, ondulante, preciso, y que no desdeña el uso conveniente de neologismos y arcaísmos. Es evidente en Labrador Ruiz la asimilación de los aportes más perdurables del vanguardismo en la literatura.

El tipo de argumento desarrollado por Labrador Ruiz en *Carne de quimera* entraña un proceso de dilatación-amplificación de hechos a partir de los cuales un personaje se nos revela agente de lo raro. Ese proceso ocurre debido a la necesidad que hay en el autor de penetrar, paso a paso, en un aspecto conflictivo de la realidad. Para ello, Labrador pone en práctica lo que críticos como Juan J. Remos[57] y Salvador Bueno[58] sugieren denominar barroquismo verbal, que es, al mismo tiempo, una consecuencia del examen polifacético al que somete a sus personajes.

De *Carne de quimera* pueden extraerse cinco relatos muy importantes por sus proposiciones y que, además, son representativos del quehacer de Labrador Ruiz en una etapa de transición por la cual atraviesan su estilo y sus concepciones artísticas: la etapa intermedia, localizable antes de *El gallo en el espejo* y después de la trilogía de novelas «gaseiformes». Esos relatos son «Talismán y portento», «La almohada china», «Un violín le llamaba», «El hombro desleído» y «Conejito Ulán».

«Talismán y portento» narra la historia de un notario sorprendido por una súbita actitud de sus semejantes: evaden todo el tiempo el mundo real y se dan a inventar otro, lleno de probabilidades, sueños y maravillas. El notario juzga esta especie de conjuro generalizado y decide huir. El personaje queda solo, acosado por los demás, hasta que él mismo oficia el portento de hacerlos desaparecer.

Este cuento participa, junto con otros, de lo que en *Carne de quimera* Labrador Ruiz presenta al lector: intentos de descripción de estados mentales y de atmósferas generadas por esos estados. Puede decirse que el contexto espacio-temporal se halla condicionado por actos más interiores que exteriores. La naturaleza de ese intento de descripción origina, pues, una prosa sugeridora y oblicua con respecto al mundo físico, tangible. La huida del notario apunta hacia el anhelo de no perder los vínculos primordiales con la realidad y de no extraviar, por consiguiente, el camino de la identidad individual. Aunque el mundo sea hostil —parece decir el personaje de Labrador Ruiz—, la forma de enfrentarse a él no está en ese talismán llamado sueño, evasión, sino en el adentramiento, la penetración activa del hombre en la realidad.

El interés del autor por lo banal tiene en «La almohada china» un ejemplo notable. La vida monótona y triste del funcionario Juan Bermello se ve de pronto agitada: un objeto, superlativo a causa de la obsesión, le hace volverse hacia su pasado. El deseo de poseer la atractiva almohada se convierte en el móvil de la existencia de Bermello. Este cuento constituye el examen a fondo de ese deseo y es capaz de mostrar al lector la índole lastimosa de él: Bermello ha resuelto en lo intrascendente el dilema de no haberse fijado nunca una meta. Cuando en el desenlace del relato el personaje logra alcanzarla, su certidumbre se desvanece.

La simplicidad factográfica de «La almohada china» resulta contrastante comparada con las intenciones y el discurrir del protagonista de «Un violín le llamaba». Genebraldo pretende hacer el bien de forma anónima; no desea enfrentarse —su vanidad y altivez son ostensibles— al agradecimiento. Quiere, en el fondo, personificar lo milagroso, el azar de la bondad divina. La ayuda brindada por Genebraldo soluciona necesidades concretas, pero él se desentiende del complemento humano que ella posee. Sobre este tipo de actividad suya empieza a gravitar el aburrimiento. Es entonces cuando aparece Casilda, una muchacha a quien Genebraldo acoge con la esperanza de volcar en ella sus ideas en torno a la generosidad. Pero Casilda es una especie de pecadora irreductible y termina por deshacer el ordenado sistema de Genebraldo. Al final, ya ante la muerte, el protagonista cree escuchar el sonido de un violín.

Labrador se propone, a través del cuento, revisar la idea de la bondad relacionándola con los afectos y no con el bienestar material. El violín del final es una llamada casi angélica, pero dentro del ámbito de farsa que rodea a Genebraldo esa llamada es el ridículo coronador de las caritativas obras del personaje. Labrador Ruiz se muestra, pues, denostador de la falsedad, de esa bondad apócrifa dirigida a la pobreza y que no necesita del bien recíproco porque se trata de un acto expiatorio, sutilmente interesado.

«El hombro desleído» refleja, y asimismo desarrolla a través de su protagonista, la tragedia del creador asediado por la inconstancia y el tedio. La exploración de Labrador Ruiz es aquí mucho más honda que en los relatos anteriores, circunstancia condicionadora de ejercicios sintáctico-lexicales capaces de desnudar la esencia de esta tragedia y de conferir a «El hombro desleído» cierta majestuosidad idiomática.

Los atributos del creador melancólico y al mismo tiempo opuesto a su entorno no habían sido mostrados ni analizados con tanto rigor en la cuentística cubana publicada entre 1923 y 1940, año este último a partir del cual la narrativa cubana adquiere una madurez de la que Labrador Ruiz es exponente junto a otros autores, como reconocen Salvador Bueno[59] y Ambrosio Fornet,[60] entre otros. «El hombro desleído» traza un paralelo con respecto a «La almohada china»: si Juan Bermello encuentra en la almohada el horizonte, ciertamente débil, de su existencia, el escritor venido a menos de «El hombro desleído» se refugia en un universo de ensoñaciones efímeras. Labrador Ruiz va a los detalles de esta conducta y sus consecuencias. Centrado en el personaje, el autor es capaz de establecer todos los vínculos posibles entre los gestos, las posturas, las palabras, los sueños y los recuerdos que giran en torno suyo. El discurso narrativo adquiere flexibilidad, y los elementos que la propician se encargan de cumplir funciones diversas al mismo tiempo: cognoscitivas, estilístico-configurativas e ideológicas.

El tema de la erección de mundos imaginarios y generalmente impugnadores del mundo objetivo, el universo social circundante, no sólo se desarrolla en «El hombro desleído», sino también, con particularidades y matices muy propios, en «Conejito Ulán», una excelente metáfora de la soledad, la ternura y la «nocturnidad» alucinada del amor.

Para Maité, la incertidumbre del amor se convierte en una circunstancia familiar. Esa circunstancia es llevadera, aunque dolorosa. La tristeza habitual del personaje no lo conduce, sin embargo, al mutismo ni a la introspección mutiladora: Maité se abre hacia la fantasía y proyecta sus ansias sobre ella. Labrador Ruiz mueve su personaje dentro de una realidad interior tanto más vigorosa cuanto menos se sujeta a los límites de lo habitual. Así, el personaje de Ulán —animal y hombre al mismo tiempo— constituye una rica mezcla en donde se cifran las esperanzas y los anhelos de Maité. Ulán es su contraparte, el objeto de su sensualidad contenida, su vuelta a la vida, su destino quimérico.

Con «Conejito Ulán», Labrador Ruiz completa el universo presentado a través de su primer libro de relatos. Y aunque es un modo de completar parcialmente ceñido a las obsesiones del resto de sus personajes, podemos inferir de él las dosis de optimismo, ternura y humanidad que el autor reclama dentro de un ámbito castrador cuyas zonas «oscuras» tienden a envilecer y corromper lo mejor del ser humano.

Trailer de sueños posee cierta mesura rítmica y su estilo es menos barroco. Es un texto cuya extensión, infrecuente en la cuentística de Labrador Ruiz, permite a su autor realizar un montaje novedoso de diferentes planos de acción. Se divide en tres secciones aunadas por la calidad onírica de todo el acontecer, fundado en las memorias y en las visiones del protagonista. En *Trailer de sueños*, la estética «gaseiforme», íntimamente ligada a lo «neblinoso», se diría que casi desaparece. Labrador Ruiz insiste en la capacidad del hombre para construir mundos paralelos al suyo, pero dependientes en última instancia del medio social circundante. Se trata de un intento de hallar las coordenadas de la soledad, tema que el autor había explorado más acertadamente en el libro de 1947.

La última colección de cuentos de Labrador Ruiz, *El gallo en el espejo*, entraña, también, una segunda y última decantación de su lenguaje. Este libro filtra los aciertos sintáctico-lexicales de *Carne de quimera* y los sublima al amparo de las preocupaciones que desarrolla, más centrado en problemáticas típicamente nacionales —«cuentería cubiche» es su subtítulo— y ajeno, de un modo raigal, al conceptuoso y saturado discurso de *Carne de quimera* y a la densidad estructural de *Trailer de sueños*. Los personajes de *El gallo en el espejo* se mueven, pues, en una dimensión menos enrarecida que la del libro anterior, y tal vez a causa de ello resultan más cercanos y tangibles.

En su trabajo de 1958, Salvador Bueno había apuntado que los cuentos del volumen de 1953 aportaban situaciones ilustradoras de nuestra idiosincrasia. La vida provinciana constituye aquí un trasfondo fijo, una zona de donde Labrador extrae sucesos de fuerte sabor costumbrista, como observó Mario Rodríguez Alemán.[61] El tono es a menudo coloquial; rondan lo sentencioso y la ironía. La depuración del estilo no es ajena a la presencia de giros, refranes, frases acuñadas. Labrador Ruiz procura atrapar de un golpe lo esencial; el resto queda sobreentendido. Como hemos dicho, la prosa del autor alcanzó en *El gallo en el espejo* un notable grado de pulimentación y brillantez. Ejemplos de ello son «Tu sombrero», «Nudo en la madera», «Reparadora», «El gallo en el espejo» y «El viento y la torre». Estos cinco cuentos podrían resumir, además, la índole del libro: el primero, de desarrollo argumental sinuoso, revela la complejidad de la vida social provinciana, llena de detalles insignificantes y valores falsos; el segundo es una plástica alegórica de la alienación y el estancamiento espiritual en que viven personajes típicos como el médico, el juez, el limpiabotas, el policía; el tercero describe gráficamente los efectos de la maledicencia y la envidia; el cuarto se centra en la miseria, el sentimiento de orfandad y la fuerza de la ternura; el último, sombrío por el carácter de la trama, es una denuncia magistral de la prostitución.

Los absurdos, miserias y alegrías de la naturaleza humana encuentran en *El gallo en el espejo* múltiples vías de exposición y desarrollo. Lo
insólito sigue siendo una base común sobre la
que se alza la exploración de Labrador Ruiz, mas
esa exploración, tan legítima como la de *Carne
de quimera*, encierra, a diferencia de la de este
libro, familiaridades capaces de diversificar los
contactos posibles con el lector medio: el estilo,
los conflictos, las problemáticas abordadas y los
personajes resultan más próximos a él, sin que
existan, para lograr esto, concesiones en términos de descomplejización artificial del discurso.
El sombrero de Caridad Mejía, por ejemplo, es
una especie de almohada china, aunque en otro
contexto argumental y en otro nivel de lo humano; el suicida de «Nudo en la madera» posee
una personalidad tan recia y facetada como la
del protagonista de «El hombro desleído», pero
en aquél Labrador Ruiz va directamente a lo
esencial, mientras que en éste examina poco a
poco el fenómeno; la fuerza de la ternura que
hay en Guachi y su madre («El gallo en el espejo») es un rigor oculto —sólo vemos lo imprescindible porque el resto se halla sugerido— si se
la compara con la ostensible tragedia interior de
Maité —otro tipo de ternura— en «Conejito
Ulán». Correlaciones de esta índole podrían establecerse, además, entre Carilda («Un violín lo
llamaba») y Anastasia, la prostituta de «El viento y la torre», capaz de sostener un código ético
dentro de su propio mundo.

Las depuraciones y aciertos de *El gallo en el
espejo* lo convierten en el más trascendente aporte de la cuentística de Labrador Ruiz. Al mismo
tiempo, este libro, *Trailer de sueños* y *Carne de
quimera* conforman y maduran una poética que
nace y se expresa también en la novelística del
autor. Paralelamente a esa poética —el lenguaje
medular de los hechos pertenecientes a zonas
de la realidad cuya índole permite su sublimación
ensoñada— hallamos la de Arístides Fernández:
el carácter tangible de la neurosis definido en
acontecimientos escuetos y en anécdotas de sesgo confesional.

En el fondo, ambos autores sintieron la atracción ineludible de los defectos, virtudes, motivaciones, anhelos, angustias y extrañezas de lo

humano. Mas es preciso reconocer que esa atracción abrigó, en última instancia, preocupaciones disímiles en torno al desenvolvimiento social y espiritual de la realidad cubana en ese
momento de la historia de Cuba.   [A.G.]

2.3.3.4 *D. Alonso y otros autores*

En la etapa estudiada, el cultivo del cuento alcanzó un desarrollo no conocido con anterioridad en nuestro proceso literario y, de modo ocasional o sistemático, una ingente cantidad de
autores de muy distintas tendencias estilísticas
contribuyeron a renovarlo.

Este proceso de remozamiento acontecido en
la cuentística no se produce de modo abrupto, y
en tan largo lapso se avanza desde un momento
inicial de transición (caracterizado por el tratamiento de asuntos ajenos a la problemática nacional realizado por algunos autores y el apego
de éstos a los cánones de la cuentística decimonónica en los planos lingüístico y composicional)
hasta la puesta al día de parte de los representantes de avanzada en el género en lo tocante a
las modernas corrientes, tanto técnicas como
temáticas.

El de mayor edad entre los cuentistas estudiados, Federico de Ibarzábal (1894-1955), comienza tardíamente, en relación con su poesía,
la labor cuentística, una de las más reveladoras
del mencionado momento de transición. Su copiosa obra —influida, como ha señalado la crítica, por Conrad y Kipling, no bien asimilados, y
aspirante a una universalidad para la cual su talento no bastaba— fue recogida en sus libros
Derelictos (1937) y *La charca* (1938), en los cuales la temática del mar resulta la preponderante.
Tanto estilística como temáticamente se encuentra más cercana a la de los cuentistas de la primera generación republicana que a la de los más
jóvenes autores, y no sólo resulta conservadora
en los distintos planos de la estructura narrativa, sino que se caracteriza por la superficialidad
en el tratamiento de los temas y el tono
melodramático imperante. Mejores resultados,
y su mayor aporte a la renovación del género,
alcanza el autor cuando se ciñe a hechos inme-

diatos de la realidad nacional, como en la serie de relatos dedicados a recrear (de modo indirecto, pues no los sitúa concretamente en tiempo y lugar) hechos de la revolución antimachadista, donde se encuentra «Perdido», el más cercano a la sensibilidad actual. Aparte de sus relatos, Ibarzábal contribuyó al género al realizar su primera antología entre nosotros, publicada por la Editorial Trópico en 1937, en la cual recoge muestras de la producción de veintinueve autores y delimita en el prólogo las principales directrices de la cuentística del momento.

Característica de la evolución del género en la etapa es el aporte llevado a cabo por un grupo de escritores —Aurora Villar Buceta, Dora Alonso, Rosa Hilda Zell, Hilda Perera Soto y Surama Ferrer—, a las cuales, más allá de las naturales divergencias en lo concerniente a su apropiación y plasmación estética de la realidad, las acerca el modo poético con que lo hicieron.

La producción cuentística de Aurora Villar Buceta (1907-1979) se produjo básicamente entre 1929 y 1937 y se hallaba dispersa en publicaciones periódicas, pues su anunciado libro de cuentos, *Cielo de piedra*, quedó inédito, y no fue hasta nuestros días que sus textos aparecieron compilados (*La estrella y otros cuentos*, 1988).

En sus relatos (por lo general muy breves, viñetas en su mayoría), en los que puede apreciarse la impronta de Tagore y Juan Ramón Jiménez, el tratamiento poético de la sórdida realidad nacional pasa a un primer plano, aunque no siempre con la deseable eficacia artística, pues las notas sensibleras y melodramáticas suelen en ocasiones pesar demasiado. Cuando la autora logra adquirir una mayor objetividad, un cierto distanciamiento hacia la temática abarcadora, obtiene mejores resultados, como en «La guerra mundial y nosotros», donde ofrece un interesante testimonio de la incidencia del fenómeno fascista en Cuba.

Destino prácticamente similar al de los cuentos de Aurora Villar Buceta lo tuvieron los de Rosa Hilda Zell (1910-1971), cuyo aporte fundamental al género radica en su libro *Cunda y otros poemas*, que en la etapa sólo pudo ver la luz en 1955, en edición mimeografiada y no puesta a la venta. El título de la obra resulta hasta cierto punto engañoso, pues puede hacer pensar que se trata de un libro de versos, pero la condición poética de los relatos lo hace verdadero, y es éste el factor que más contribuye a prestar unidad a la pequeña «suite», integrada por muy breves piezas en las que se establece un delicado contraste entre los personajes (animales y hombres), mediante el cual la autora subraya, de modo sugerente, siempre artístico, la injusticia social prevaleciente en la etapa y su necesidad de luchar contra ella. Realidad nacional y necesidad de subvertirla, plasmada literariamente de forma ejemplar en su antológico relato «Las hormigas».

Las notas criollistas y de denuncia social —en la práctica coincidentes— convergen en la obra cuentística prerrevolucionaria de Dora Alonso (1910-2001). La observación directa del modo de vida de nuestros campesinos y de los habitantes del pequeño pueblo rural en que nació, constituye su fuente principal de inspiración en los relatos de la etapa, que sólo vinieron a ser recogidos en libro (y de hecho parcialmente) en tiempos de la Revolución.[62] Con cuatro de estas piezas obtuvo la autora la primera mención en distintas convocatorias del Concurso «Hernández Catá», y en 1947 conquistó el premio con su relato «Negativo». El estudio de esta producción cuentística revela una interesante evolución, pues al despejarse ella paulatinamente de la mera intención denunciadora, va ganando en eficacia artística en la medida que logra ahondar con mayor acierto en la sicología de los personajes, y adquiere maestría en el manejo de los planos lingüístico y composicional, en relatos como «El lazo», «Potrero», «Negativo» o «La yaguasa», exponentes de un realismo que, cargándose de poesía, le otorga un puesto especial entre los autores adscritos a la corriente criollista de la etapa, y preludia, estableciendo continuidad con ella, su obra cuentística de madurez —*Ponolani, Once caballos*—, producida en la época revolucionaria.

Esa misma intención poética preside la concepción creadora de Hilda Perera Soto (1926) en sus *Cuentos de Apolo*, cuya primera edición se realizó en 1947, y que constituye uno de los libros de relatos más logrados producidos en la etapa. Realidad y fantasía se dan la mano en este volumen que se resiste a ser clasificado en forma estrecha como literatura para niños, pues igual o mayormente va destinado a lectores de cualquier edad, que encontrarán en páginas de gran ternura (sin que aparezca en momento alguno explícita la tendencia) uno de los más bellos alegatos contra la discriminación racial encontrables en nuestra cuentística.

El tono poético predominante en las cuentistas estudiadas se quiebra un tanto en los relatos de Surama Ferrer (1923), ganadora del concurso «Hernández Catá» en 1950 con su relato «Alcohol No. 1», cuyos cuentos se caracterizan por el abandono del marco rural (donde mayoritariamente ubicaron la acción sus colegas), en busca de una radicación urbana acorde con la temática abordada. Sus cuentos, correctamente escritos y con innegables aciertos para su época, se muestran hoy erosionados de modo considerable dado su carácter melodramático («La rosa de Medellín Falcón», «Siempre hay un corazón», «Cita en Navidad») y el tremendismo, verdaderamente excesivo hasta provocar repulsión, en relatos como «El grito» o «Las ratas».

La rica tradición de aportes al proceso literario nacional por parte de extranjeros residentes entre nosotros, especialmente ibéricos, se ve continuada en la etapa con la actividad cuentística desarrollada por los españoles Antonio Ortega, Luis Amado Blanco y Ramón Ferreira.

Antonio Ortega (1903-1970), tras haber tomado parte a favor de la República en la Guerra Civil Española, se radicó en Cuba y mantuvo una amplia labor periodística y literaria hasta su abandono del país con posterioridad al triunfo de la Revolución. Desde su cargo de dirección en la revista *Carteles* contribuyó a dar a conocer a jóvenes narradores, y él mismo desarrolló una importante labor cuentística que sólo fue recogida en libro en 1959 (*Yemas de coco y otros cuentos*). Un sobrecogedor relato suyo —«Chino olvidado», verdadera joya de nuestra cuentística— le ganó en 1945 el Premio Internacional en el Concurso «Hernández Catá»; en su libro se cuentan otros de excelente factura, como «Dionisio» (curioso precedente de los relatos «Nadie me encuentre ese muerto» y «El ahogado más hermo-

so del mundo», de Onelio Jorge Cardoso y Gabriel García Márquez respectivamente), «El evadido» o «El amigo de Cornelio», que evidencian de modo ejemplar la preocupación por lo humano y el cariño hacia sus personajes, característicos de la cuentística de este autor.

Al igual que la de Ortega, la producción en el género de Luis Amado Blanco (1903-1975) fue recogida también ya triunfante la Revolución (*Doña Velorio y otros cuentos*, 1960). Ganador de varias menciones en el concurso «Hernández Catá», obtuvo finalmente su Premio Nacional con «Sola» en 1951. Sus cuentos, de elaborada prosa poética, se caracterizan por la hábil creación de atmósferas y el acierto en el trazado psicológico de los personajes, como de modo ejemplar quedó demostrado en su relato «Doña Velorio», el más divulgado de los suyos, e incuestionablemente otra pieza antológica de nuestra cuentística.

El más joven de estos tres escritores españoles, Ramón Ferreira (1921), fue el único de ellos que recogió en volumen sus relatos escritos en la etapa (*Tiburón y otros cuentos*, 1952), tras haber ganado varias menciones en el Concurso «Hernández Catá» y obtener su Premio Internacional con «Bagazo» en 1950. Los cuentos de Ferreira —caracterizados por una buena penetración en la psicología de los personajes y la no circunscripción al ámbito campesino, en fértil apertura a otros estratos de nuestra sociedad— muestran la benéfica influencia ejercida por la lectura de los grandes escritores norteamericanos de la llamada «generación perdida», como puede apreciarse en «Cita a las nueve», su relato más conocido de la etapa. Al igual que Ortega, Ramón Ferreira abandonó el país al triunfo de la Revolución.

La vertiente realista de la cuentística nacional se ve continuada por Raúl Aparicio (1913-1970), quien se caracterizó por la diversidad temática abordada, aunque predomina en su obra, con rasgos esperpénticos en algunos casos, la nota de denuncia social. Aparicio cultivó tanto el cuento urbano como el rural, y entre los primeros se destaca una serie de relatos, en la línea de la picaresca, en torno a un personaje —Chipojo—, que vienen a ser el germen de una novela de igual título publicada en la etapa revolucionaria (1977). Obtuvo tres menciones en el concurso «Hernández Catá», una de ellas por su pieza más representativa, «Oficios de pecar», la cual en su momento constituyó motivo de escándalo por el audaz tratamiento del asunto y lenguaje escabroso, y que representa una feliz plasmación en nuestra cuentística del tema de la corrupción política a la que condujo la frustración de la Revolución del 33, contemporáneamente a él desarrollada en la novelística por Carpentier, Serpa, Gregorio Ortega, *et al*.

Otro importante cuentista de la época es José Manuel Carballido Rey (1913-1987), quien en 1943 obtuvo el Premio Nacional en el concurso «Hernández Catá» con su cuento «El entierro». La obra desarrollada por el autor en la etapa es fundamentalmente de tema campesino y representa uno de los mejores exponentes de la renovación formal en el seno del criollismo. Carballido Rey evidencia ya, como lo demuestra su excelente relato, «Bajo la sombra», la saludable influencia de los escritores norteamericanos de entreguerras, en especial la de Erskine Caldwell. Más que a lo anecdótico, Carballido atiende a lo psicológico, al efecto que los hechos ocasionan en los personajes. Técnicamente se destacan por la destreza alcanzada en el plano compositivo y la sobriedad de sus medios expresivos, como atestiguan los ya mencionados relatos y otros como «Este interminable verano», «El tren que pasó a las siete» o «El gallo pinto». Al igual que muchos escritores de la etapa, Carballido no recogió en volumen sus cuentos producidos en ella y sólo vino a hacerlo después del triunfo de la Revolución (*El gallo pinto y otros cuentos*, 1965; *Cuentos dispersos*, 1978).

En 1956, con el título *El paisaje interior*, otro de los buenos cuentistas que contribuyeron a la renovación del género, Ernesto García Alzola (1914-1996), publicó, haciéndole ligeras modificaciones, el libro *Siete horas*, con el cual había obtenido en 1952 premio en un concurso auspiciado por el Ministerio de Educación. Los cuentos de Alzola, de cuidadosa factura, recibieron una favorable acogida en la etapa, y sus narraciones «Juan Peralta», no incluida en el volumen

señalado, «El velorio» y «Siete horas», obtuvieron menciones de honor en el concurso «Hernández Catá», cuyo Premio Nacional conquistó en 1945 con «El molino de viento». García Alzola es otro de los cuentistas que aprovechó las conquistas técnicas aportadas por los narradores norteamericanos y las incorporó a una obra que temáticamente efectuó un inusual tratamiento del sexo en nuestra cuentística («El abismo», «El puente de Roma», «Don Fabián», «La carbonera»); y en lo formal dejó muestras técnicas interesantes, como la visión estereoscópica utilizada en «El velorio», que con «Siete horas» son sus mejores piezas. Lamentablemente, tras la publicación del citado volumen, García Alzola abandonó el cultivo sistemático del cuento en el momento en que había alcanzado su plena madurez como narrador.

El acto de la escritura como problemática y el humor se dan la mano en algunos relatos de Víctor Agostini (1908-1995) —«Yo, un cuento», «Las barbas» o «Bibijaguas»—, que junto a otras piezas escritas con posterioridad a la Revolución publicó en un volumen titulado *Bibijaguas* (1963). En la etapa estudiada, además, Agostini escribió otro volumen de narraciones, *Hombres y cuentos* (1955), en el cual se destaca «Elegía en contrapunto», técnicamente interesante.

Empezaba entonces su carrera de escritor, de vasta producción futura en el género, Raúl González de Cascorro (1922-1985), quien tras conquistar varias menciones en el concurso «Hernández Catá», obtuvo en 1952 su Premio Nacional con el cuento «La cadena». Ese mismo año, Cascorro recogió sus relatos en el volumen *Cincuentenario y otros cuentos*, de ambiente rural, donde desarrolla del modo realista tradicional motivos típicos del criollismo. Se observa cierta influencia del Carlos Montenegro de *Los héroes* en el cuento que da título al libro y, especialmente, en el final, no poco efectivista, de «La cadena», su relato más representativo, que recuerda un tanto el de «El nuevo». Con posterioridad, Cascorro publicará otro volumen —*Vidas sin domingo* (1956)—, en el que se destaca «Un centavo de sol para su alma», que le valió un premio internacional en México. Ya en la Revolución, González de Cascorro continuaría desarrollando su obra cuentística con la incorporación de nuevas temáticas, pero sin grandes cambios en su manera de narrar.

En la década de los cincuenta la producción cuentística va rebasando el criollismo. Todavía en la línea realista, pero en total ruptura con la temática rural, y ya bajo la abierta influencia de la literatura contemporánea de habla inglesa, escriben sus cuentos Lisandro Otero (1932), que los recogerá en el volumen de juventud *Tabaco para un Jueves Santo*, publicado en París en 1953, y Guillermo Cabrera Infante (1929), quien con la edición de una serie de viñetas relativas a la lucha insurreccional reunirá cuentos suyos producidos en la etapa estudiada, bajo el título de *Así en la paz como en la guerra* (1960).

Paralelamente a la variante realista, en la etapa se desarrolla otra centrada en lo imaginativo, cuyo representante más destacado es Virgilio Piñera. Dos de las figuras cardinales de *Orígenes*, José Lezama Lima (1910-1976), su fundador, y Eliseo Diego (1920-1994), cultivan una cuentística de este tipo, caracterizada por la calidad poética distintiva de sus autores. La obra cuentística de Lezama, que él nunca tomó verdaderamente en consideración, resulta tan insólita en el género como el resto de su producción literaria en los restantes abordados por él. Sólo cinco relatos la conforman, los cuales no fueron recogidos en libro independiente hasta nuestros días (*Cuentos*, 1987). De variada temática, que puede ir desde el conflicto sicológico entre dos adolescentes habaneros («Fugados») hasta la antigua China («Juego de decapitaciones»), lo determinante no es lo puramente anecdótico, pues el leve entramado de la fábula constituye sólo el vehículo para el inusitado despliegue metafórico característico del autor. En este sentido, la cuentística de Lezama demanda ser estudiada como componente del peculiar sistema poético brillantemente elaborado por él.

Más sostenida labor en el género llevó a cabo en la etapa Eliseo Diego, cuya excelente producción poética ha hecho que durante años se desatendiera la importancia de su cuentística, considerándosela un tanto como apéndice de la primera. Lo cierto es que Eliseo Diego, ya desde su brevísimo primer cuaderno de relatos, *En las oscuras manos del olvido* (1942), se reveló como un narrador que sobresalía en la creación de un tipo de cuento, muy levemente anecdótico, en el cual lo esencial resulta la elaboración de una determinada atmósfera poética cargada de un simbolismo nunca hermético y sí pleno de sugerencias. Es la suya una cuentística de muy cuidada factura —caracterizada por un poético empleo del idioma realmente inusual entre nuestros cultivadores del cuento— en la cual la evocación del pasado, tanto en lo referente a vivencias personales como en la fabulación libremente imaginativa, representa una suerte de leitmotiv. La edición ampliada de este volumen, reeditado en 1979, recoge otros textos del período de similares características, entre los que se destacan piezas tan interesantes como «Historia del mirador» o «Historia del antiguo espejo de luna», esta última técnicamente de mucha modernidad.

También de la etapa estudiada es un segundo libro de relatos, *Divertimentos* (1946), donde se encuentran sus más acabados aportes al género: «De cómo su Excelencia halló la hora», «Del Señor de la Peña», «Del pozo en la sala», «Del viejecito negro de los velorios», «De un Condestable de Castilla», «Del vaso», «De la pelea», «De las hermanas», «Del objeto cualquiera», miniaturas de verdadero orfebre de la palabra que acusan múltiples influencias (del Infante Don Juan Manuel a Borges) sabiamente asimiladas, y que, en conjunto, hacen del volumen uno de los más bellos libros de relatos producidos en el período.

Esa línea imaginativa, pero dirigida más que a lo poético hacia la plasmación de angustias existenciales de muy distinta índole, se aprecia en los cuentos de Ezequiel Vieta (1922-1995), quien en 1954 publica *Aquelarre*, libro de difícil lectura que ejemplifica la voluntad de experimentación formal caracterizadora de la producción futura del autor, cuyos aportes principales al género se producirán en la época revolucionaria. Inquietudes existenciales presiden también la concepción de los libros de cuentos de juventud de dos autores, Edmundo Desnoes (1930): *Todo está en el fuego* (1952) y Ambrosio Fornet (1932): *A un paso del diluvio* (1958), quienes con posterioridad no continuarían dedicándose sistemáticamente al género.

Este apretado recuento de lo producido en la etapa por algunos de los más significativos cuentistas muestra a las claras la variedad y riqueza, tanto cuantitativa como cualitativa, alcanzada por el género. Dentro de nuestro proceso literario es el momento de su verdadera cristalización y el punto en el cual el conjunto de la cuentística nacional pasa a ocupar por primera vez un lugar de importancia dentro de las letras de habla hispana.

[S. Ch.]

2.3.3.5 *Los cuentos de Novás Calvo*

El arte de contar de Lino Novás Calvo (1905-1983) enriquece los nuevos significados que conquista la narrativa cubana a partir de la década del 30. En sustancial relación con un contradictorio sentido de la vida e intensas experiencias,[63] sus cuentos implican una compleja visión de la sociedad neocolonial cubana, develando zonas profundas y escasamente ficcionalizadas de la conciencia de un país en crisis.

En esta tendencia al examen analítico de los destinos humanos, asumidos en la historicidad esencial de sus conflictos, encuentra la obra de Novás Calvo la autenticidad cultural en el contexto de la literatura cubana y, a la vez, se incorpora con indudable jerarquía estética al proceso de modernización de la narrativa mundial.

Sus primeros cuentos, «Un hombre arruinado» (1929), «El bejuco» (1931) y «El flautista» (1931), unidos a «La luna de los ñáñigos» y «En el cayo»,[64] constituyen un punto de partida de singular interés artístico porque implican una novedosa manera de abordar el relato como estudio de estados interiores, configurados por asociaciones insólitas y de modo sugerente. En los años 40 y primeros de la década del 50 se halla el escritor en su clímax creativo con la publicación de las colecciones *La luna nona y otros cuentos* (1942) y *Cayo Canas* (1946),[65] así como *No sé quién soy* (1945) y *En los traspatios* (1946). También aparece en revistas un conjunto de cuentos,[66] entre los que se encuentran piezas maestras como «Ojo de oro» (1947) y «El cuarto de morir» (1948). A ellos se suma un ciclo sobre la familia (1947-1951), de gran riqueza expresiva en la apropiación de un ambiente físico y moral, donde se confirman trágicamente valores filiales en relatos narrados por un personaje autobiográfico —en un cuento denominado «Lino Novás Calvo»— que años después evoca su vida y la de la comunidad familiar en un barrio miserable de los siete años.[67]

Con «La selenita» (1950), cuento de ciencia ficción de carácter fantástico-simbólico y numerosos cuentos policíacos (1948-1952),[68] se abre esta narrativa a nuevas modalidades, también con notable sentido precursor. Especialmente en estos últimos se aprecia su sabiduría narrativa, patente en la construcción de los personajes y en el manejo de la tensión. Al respecto, «Un paseo por la Quinta Avenida» (1951) pudiera ser considerado un relato antológico de nuestra naciente literatura policial.

Abordada en visión de conjunto, la obra narrativa corta de Novás Calvo evidencia una relevante coherencia estilística y unidad en su orientación ideoartística, al tematizar problemas espirituales que atañen a la escisión del ser y la pérdida de identidad. Trabaja exhaustivamente los motivos de la infelicidad y la injusticia, acentuando su análisis de la soledad, la incomunicación, la angustia, la violencia.

Situado más allá del psicologismo naturalista, porque no pretende documentar casos ni derivar mecánicamente del cuadro social la personalidad patológica, su narrativa refuta también el punto de vista existencialista que convierte las características psicológicas en categorías metafísicas, aun cuando todas sus motivaciones conciernen a la alienación, tema dominante de estos cuentos.[69]

El autor propone una imagen del hombre que se define en el enfrentamiento a la fatalidad de la vida social, la naturaleza y el tiempo, a sus propias tendencias internas de desintegración, a su impotencia para la comunicación, al amor y la fraternidad, incapaz de formar parte de una verdadera comunidad humana. Privados generalmente los personajes de humanizadores proyectos vitales en el combate feroz por sobrevivir y encerrados en el exacerbado individualismo que la convivencia social ha engendrado, aspiran infructuosamente a la autoafirmación genérica.

Figuras como Mario Trinquete, de «Hombre malo», y Claudio Canadio, protagonista de «La luna nona», son concebidos en su dramática deshumanización, mostrando sagazmente el artista no sólo la dimensión interna de este proceso y su expresión en la conducta, sino las causas objetivas.

Sin embargo, en personajes como Ondina Gómez y Ana Maimy («La luna nona»), Oquendo («Cayo Canas»), y en el ciclo de la familia: la madre, Antón Calvo, el niño-narrador, Candita, así como Ramón Yendía («La noche de Ramón Yendía») y Andrés Tamaría («La visión de Tamaría»), el signo más fuerte de voluntad humanizadora está en su resistencia, en la conservación altamente conflictiva de valores humanos en medio de un modo de injusticia extrema, de la traición y el crimen.

Sólo los que detentan el poder político y la riqueza —la familia de «El cuarto de morir», los asesinos, «figuras políticas» de numerosos cuentos policíacos— están definitivamente privados de cualidades humanas, situados en la más baja escala moral por su culpabilidad consciente y sin atenuantes.

De tal manera es rico y contradictorio el realismo del cuentista. Dominado por concepciones pesimistas, de estatismo metafísico en relación con el curso de la historia, Novás Calvo salva constantes humanizadoras en el enfrentamiento de la adversidad. Si los héroes de Hemingway, a quien nuestro narrador rinde tributo, son destruidos pero no derrotados, los de Novás Calvo, destruidos y finalmente vencidos, confirman problemáticamente la condición humana en el tenaz batallar, en su virtual inocencia, si reparamos en las circunstancias de la caída.

La propuesta humanista del escritor es trágica y desesperada, dotada de fundamento real, aunque tienda a absolutizar los componentes de absurdo y crueldad del contexto epocal, que no genera fuerzas contrarias, vías de salida. El clima de acoso, de decadencia y ausencia de esperanzas, es omnipresente en su narrativa. Pero el hombre no se define en su colapso final irremediable, sino por las fuerzas que todavía posee para la lucha estéril y solitaria.

De aquí que en todos los relatos los personajes estén inmersos en situaciones límites de causalidad histórica manifiesta. Los términos del conflicto voluntad-fatalidad, humanidad-alienación, han sido tensados hasta sus últimas consecuencias. La afirmación de la fatalidad alienadora se corresponde con la violencia de la arremetida de la sociedad, que no permite una salida conciliatoria.

Por ello, en un cuento antológico, «La visión de Tamaría», el abandono de la familia, la burla de los bañistas, la violación de los sentidos y las emociones, todo pone de manifiesto la presencia de un mundo deshumanizado e inexorable.

Cuando Andrés Tamaría, joven que ha perdido la visión, emprende su fuga de lo real enajenante y trata de refugiarse en la búsqueda del sentido óntico de lo bello, se le revela que «El barro bajo sus dedos» no daba nada que correspondiera a lo que veía y sentía en imaginación»,[70] con lo que queda abierta una brecha también insalvable entre arte y vida.

El desenlace del relato significa su sentido. Literal y simbólico, integra la «visión» de una agonía. Andrés pierde la orientación al nadar desesperadamente. Está solo ante la muerte, como lo había estado en la vida. Cada intento de asirse a personas imaginadas, el reclamo de solidaridad, de reintegración a una comunidad real, lo hunde «mar adentro, mar abajo, lejos, cada vez más lejos de la orilla, sus arenas blancas, hacia la tiniebla oculta, la tiniebla submarina y remota…»[71]

Lino Novás Calvo configura artísticamente la ambivalencia de esta muerte que aniquila pero libera. El *fatum* natural, el mar, acoge otra gota de pena —como anuncia el epígrafe de George Santayana— que reintegra la naturaleza humana a un orden ideal incontaminado.

En «No sé quién soy», a partir de la historia de un fallido pacto suicida, pudiera encontrarse otra propuesta de más fuertes notas agnósticas y de irracionalismo, en tanto la protagonista se define también en una situación fronteriza porque ha consumado la muerte del amante, pero no puede poner fin a su vida. El cuentista correlaciona diestramente el desorden psíquico de esta figura y el de la naturaleza, desatada en un ciclón.

En función de sugerentes relaciones de contraste y paradójicas, de paralelismo metafórico, indaga en la conciencia de un sujeto en tránsito hacia la enajenación, con lo cual supera el costado trillado de la fábula.

Novás Calvo estudia una personalidad apenas en formación, en sus vivencias de temor y confrontación con la muerte, experimentando un vaciamiento y pérdida de identidad. Minerva —de nombre mítico paradójico— es parte de un mundo incognoscible que incluye la propia subjetividad. No sabe por qué ha matado ni cómo vivir. Tratará en vano de entender el lenguaje cifrado de este mundo, mientras la memoria, último reducto humanizador, se va desintegrando hasta la destrucción definitiva de la espiritualidad. Su imagen integra, por tanto, la crisis total.

Cerradamente pesimista resulta el sentido del relato «El cuarto de morir». La campesina Anselma, virtualmente una pordiosera, es llevada a la ciudad por los hijos arribistas que cada vez ascienden más en la escala social burguesa, motivo de «los parientes pobres», de clara filiación balzaciana. Relegada hasta el cuarto miserable donde queda bloqueada por la lluvia, desoída por la familia, los vecinos y los «santos», agoniza ante la mirada impasible de la nieta.

De una amargura concentrada y rotunda, esta pieza magistral se debate entre la propuesta contra el mundo de la inhumanidad y la impotencia de los personajes para cambiarlo.

En los cuentos de Novás Calvo, destinos como los de Tamaría, Minerva y Anselma son comunes al ser humano y definen la esencia del mundo en que viven. Su captación de la realidad, de indudable validez estética, se limita en la integralidad de su crítica, al tomar la individualidad burguesa alienada como criterio absoluto de la existencia social, agudizándose el lado metafísico de su pensamiento artístico.

En tanto narradores de sólidos y perdurables vínculos con las fuerzas democráticas y populares —Pablo de la Torriente, Alejo Carpentier, Félix Pita Rodríguez, por estos años— centran su creación en la búsqueda de la identidad genérica e histórica, Lino Novás Calvo ofrece otro ángulo del problema al concentrarse en el análisis de procesos irreversibles de alienación y en la insuperable deshumanización de la vida. En consecuencia, sus figuras no pueden reconocerse para hacer la historia, aunque el escritor logra apropiarse de la realidad en sus contradicciones esenciales y desde una posición crítica.

En esta caracterización ideoestética de la narrativa corta de Novás Calvo, resulta significativa su visión de la historia como eterno retorno de cadenas en un movimiento circular de reiteraciones infinitas. Para el escritor el devenir, concebido como caos, engendra combinaciones que se repiten en el tiempo, imperando las fases de mayor deshumanización, por lo que alegóricamente convierte la esclavitud en una recurrencia que se distingue del curso histórico.

Así, en «El otro cayo» y «Aquella noche salieron los muertos» son presentadas comunidades contemporáneas divididas en amos y esclavos: «Y se bailaba a tambor, como los esclavos de otro tiempo. Era lo mismo.»[72] En «Long Island» se traza un signo de igualdad entre trata negrera y trata de blancas. La historia se estanca, y ello permite al artista intensificar su mirada crítica del presente, pero a la vez revela la carencia de perspectiva futura.

Sólo la acción de Moco en «Aquella noche salieron los muertos» logra hacer saltar el orden que otra voluntad, la del tirano Amiana, ha creado. La historia, entendida en estos términos, confirma el voluntarismo individualista y se transforma en suma potencia depredatoria.

Precisamente de la acción fecundante del hombre en la historia, del riquísimo proceso de transculturación y el sincretismo, propios de la integración de la cultura americana, no existe una comprensión integral en estos relatos, donde las culturas nunca se «abrazan», sólo coexisten y se amalgaman para en algunos casos chocar destructivamente, como de modo exacerbado se aprecia en la guerra de blancos y negros de «En las afueras».

La presencia de valores de fidelidad y compasión en personajes negros episódicos o referidos del ciclo de la familia (la amiga en «La imagen que yo recuerdo» y «A ese lugar donde me llaman», la esposa del protagonista de «Mi tío Antón Calvo»), así como la constatación de fuerzas mágicas y sobrenaturales en numerosos cuentos, responden al reconocimiento de una naturaleza primitiva, telúrica y esotérica, propuesta del autor afín a la faulkneriana representación mítica del negro en la que lo irracional, instintivo y subconsciente es aún reducto humano.

En los cuentos cubanos de Novás Calvo la cultura del negro se muestra generalmente con enfoque ontológico metafísico, desde su «ajenidad» y extrañeza, de manera que se enfatizan los factores de irracionalidad, el carácter ininteligible y atávico de su actividad espiritual.

Por su parte, los dilemas raciales, la imposibilidad de integración de negros y blancos, incrementan el choque de tendencias antagónicas y el clima de angustia insuperable propia de esta obra, incorporando una importante faceta de la realidad cubana neocolonial, si bien con notas de estatismo y prejuicio.

En el realismo de Novás Calvo se destaca su asimilación artística de lo maravilloso. En «Aquella noche salieron los muertos», la puesta en escena del mortuorio del chino, «rebozado» con grasa de un cocodrilo y cubierto por su piel, el entierro y la voladura de la isla con sus más de diez nacionalidades, portentosa mitología del apocalipsis, ofrece uno de los trozos más representativos. Lo real maravilloso se manifiesta en la naturaleza mítica y los abismos mortales de los personajes, el examen de la mentalidad prelógica de capas de la población, particularmente en la aguda captación del animismo, las descripciones del paisaje insular y las mezclas de cultura, con toques de exterioridad y fino sentido del espectáculo que posiblemente sus raíces europeas han estimulado.

En este sentido, no menor importancia poseen los contextos del subdesarrollo y la marginalidad. El ámbito de los cuentos es el de las villas miserias, del solar, de los negros en relación con los prejuicios y el status de los blancos, el de los «traspatios», de «las afueras», de la ceguera en Tamaría, de la delación en Ramón Yendía, dominando lo maravilloso, monstruoso y terrible de la realidad, patente en la representación enigmática e incomprensible de la conciencia y las relaciones humanas, la naturaleza y la propia organización social.

A diferencia de Carpentier, que en su realización artística de lo real maravilloso concede primacía a los atributos de desalienación, Novás Calvo ha ido forjando su propia imaginería de la enajenación, en esencia también muy distante de la sofisticada imaginería de la literatura norteamericana que tan raigalmente conoce.[73]

Por ello dominan los signos de depredación y contaminación en imágenes como esta que concentra el sentido íntegro del relato «Long Island», acaso de su isla, de la otra *long island*, desnaturalizada por la ausencia de humanidad: «La luna era un pedazo de cielo pasmado, una roncha podrida del cielo, como la isla era una roncha pasmada del mar. La isla y la luna eran dos aparecidas; la isla tan muda como la luna, tan irreal.»[74] El motivo composicional de «lo pasmado» y «lo podrido» en la narrativa de Novás Calvo[75] apunta hacia la imposibilidad de desarrollo, la ausencia de tiempo realizador, cancelando cualquier proyecto de futuridad.

La imaginería de la alienación en Novás Calvo es decisiva en su plasmación de lo real maravilloso por la elevada tensión emotiva y conceptual, en profunda correspondencia con su manera de mirar el mundo e interpretarlo.

Pero estos cuentos se inscriben, a su vez, en la estética de la cotidianidad, refiriéndose a la experiencia de sectores mayoritarios, desposeídos y desamparados. La miseria, y no un absoluto metafísico, acorrala a sus figuras humanas. Como certeramente ha señalado José Antonio Portuondo, «los protagonistas son hombres comunes, moldeados en barro deleznable y grosero, trabajados inarmónicamente, a golpes, por la vida: choferes, contrabandistas, oficinistas desplazados, vendedores ambulantes, campesinos pobres, carboneros, psicópatas, proletarios, pintados no como factores de la lucha social, sino como individuos de dolor y angustia, presos en la red irrompible de sus propias circunstancias».[76]

Desde los de abajo es examinada críticamente la organización de la sociedad, configurándose nuevos tipos de héroes que con sus particularidades de marginalidad y alienación, son también representativos de la renovación que viene desarrollándose en la literatura cubana a la búsqueda del pueblo y la nación.

En esta galería de personajes oprimidos y ofendidos, resulta notable la plenitud estética de los retratos de niños y adolescentes como el niño autobiográfico de los cuentos sobre la familia, Yayito, Jubito, Fillo, Minerva, Tamaría, Acarina Canadio, Ondina Gómez, que constituyen magistrales estudios psicológicos, algunos desarrollados *in extenso*, otros sintetizados, expresivos de la injusticia y la violencia sociales con intenso poder de conmoción, por lo que integralmente devienen una generalización artística de humanismo beligerante.

Con su realismo psíquico, el cuentista establece una vinculación legítima entre estos personajes y la peripecia trágica del vivir contemporáneo. Lo general se realiza en lo particular, de manera que las individualidades están orgánicamente captadas en el movimiento subjetivo y el examen de sus motivaciones. Distingue a este contar la interrelación activa de conducta y pensamiento, del pensar-hacer-decir de las figuras de la ficción —el drama moral de Ramón Yendía, que es chofer, se desarrolla manejando; el de Andrés Tamaría, mientras nada—, que manifiesta una asimilación creativa de las mejores posibilidades de la narrativa «dura» norteamericana con su conductismo y efectos de codificación, de filiación *cinética*, óptica y dinámica, lo cual Novás Calvo conjuga con el buceo psicológico de los maestros de la narrativa retrospectiva de los siglos XIX y XX.

Esta manera de narrar alcanza una realización cimera en «La noche de Ramón Yendía», cuento memorable concebido como un acoso interior que desencadena la ironía trágica. El escritor muestra la formación social de una personalidad en quiebra, pero la falta esencial no es inmanente al individuo. Lejos de eludir el problema de la responsabilidad, el autor lo discute en función de la imagen sintética compleja, convincente y abarcadora, del conjunto de determinaciones sociales.

La configuración de Yendía se detiene en sus circunstancias de vida, familia, trabajo, dadas en la psiquis del personaje, que es campo agonal donde se enfrentan el miedo a la muerte y la conciencia de la culpabilidad.

Pero no sólo son recreados estados de ánimo. La caracterización ideológica de estas figuras permite seguir el curso de la macrohistoria, impide que el flujo interior, carente de claves objetivas, se pierda en el subjetivismo.

La captación de la realidad de Yendía es factual, exteriorista, por lo que concibe el mundo como un poder impenetrable y absurdo, concepción que se consuma en el sentido final de la historia. Hombre de cálida humanidad, pero sin convicciones, se entusiasma con la idea de la revolución, sin llegar a vislumbrar su significado. Bajo presión y defendiendo a la familia, termina por convertirse en delator de la policía machadista. Entonces se verá obligado a vivir en desacuerdo con su propia humanidad, refugiado en la idea de que en el juego político todos son iguales, padeciendo sin comprender la desarmonía de la existencia. Si inicialmente ha pensado que «la vida es toda ella un poco juego»,[77] en la hora del triunfo revolucionario adquiere «plena conciencia de hallarse en un mundo al que no pertenecía, en el cual probablemente no habría lugar para él».[78]

En función de la psicología del personaje, Novás Calvo concretiza todo un sistema crítico. Haciendo suya una tradición que en la cuentística latinoamericana tiene sus raíces en Horacio Quiroga, el héroe responde a una situación que lo incluye y trasciende, es una vía de autocuestionamiento, una manera de interrogarse sobre las claves perdidas de la existencia.

Como parte de esta peculiar naturaleza estilística del cuento, el tiempo adquiere la mayor relevancia al relacionarse íntimamente con el difícil acceso a la eticidad de los personajes, de modo que constituye un hecho psicológico y moral.

Con razón la crítica ha subrayado la jerarquía de las determinaciones temporales en esta narrativa, la habilidad para recuperar toda la potencialidad y riqueza del instante, y a la par que destreza para plasmar las etapas, el transcurrir de un suceso o de una vida.

Desde «Un hombre arruinado» hasta los relatos más reconocidos, el tiempo se disloca, trasmuta y unifica en la conciencia. La memoria reconstructiva, camino cognoscitivo y frecuente principio estructurador del cuento, congrega pasado, presente y futuro, el tiempo objetivo irreversible, en un tiempo único: el de la angustia vital.

En esta contigüidad espacial de la conciencia son confrontados tiempos, de manera que el montaje, justamente reconocido en su ascendencia cinematográfica, es determinante. Los planos temporales no sólo se contraponen, sino que al entrar en contacto influyen unos sobre otros, para ofrecer la fluencia natural de la vida, interrumpida, contradictoria y multidireccional.

Gran interés adquiere la relación entre tiempo y lenguaje. Aparece en esta narrativa lo que Portuondo llama el lenguaje intelectual de largas oraciones envolventes, con dilatadas proposiciones incidentales y paréntesis, pero:

> La mayor parte de las veces prefiere el lenguaje popular de oraciones breves, cortantes, nerviosas hasta el jadeo de circunloquios y meandros que llevan el pensamiento, en un movimiento oscilante de devanadora, a entrelazar los acontecimientos pasados con los actuales, no con afán proustiano de «recobrar el tiempo perdido», sino con el mágico propósito de revivencia peculiar de toda forma ingenua o primitiva de la expresión.[79]

No se trata, pues, de la destrucción subjetiva del tiempo, sino del paso de una acción exterior a otra espiritual, y la asimilación realista de la vida psíquica de un hombre en modo alguno abstracto.

La jerarquía del trabajo temporal en la naturaleza estilística y conceptual de la narrativa corta de Novás Calvo se pone de relieve en dos relatos de composición impecable: «La noche de Ramón Yendía» y «La visión de Tamaría», que siguen principios afines, en considerable medida característicos del arte compositivo del cuentista. Parten de un punto de reposo relativo pero extremadamente tenso y angustioso perteneciente al presente (efectos), para trazar el amplio arco de la retrospectiva (causas). Cuando la rememoración entronca con el presente, el cuento avanza vertiginosamente hacia el futuro de su lógica interna.

El ritmo moroso, detallista y reiterativo del *raconto* que constituye el nudo, contrasta con la violencia de la acción, que se precipita hacia el desenlace.

Generalmente, en los cuentos de Novás Calvo la unidad de tiempo de la historia corresponde a una unidad más vasta del tiempo de la escritura. El tiempo de la historia narrada se dilata en el pasado, portador de las determinaciones causales que para el autor poseen la mayor importancia. El tiempo dominante es, por consiguiente, lento y demorado, ya que se trata de un tiempo analítico. De aquí el desfasaje entre la elaboración artística y la fábula, la aparente irrelevancia anecdótica y su compleja enunciación.

El autor concede importancia primordial a sus finales, que rematan el amplio desarrollo contrapuntístico. Edificado el cuento sobre la base de una contradicción que puede adoptar la forma del enigma —los cuentos policíacos y «La selenita»— o del error —«La noche de Ramón Yendía», «A ese lugar donde me llaman», «Ojos de oro»—, en su fase final no admite digresiones ni distensiones, terminando en la cima de la tensión, exactamente en el punto de su expresión máxima, lo que explica en parte que estos relatos causen un efecto único, de singular intensidad.

Con impactante dominio del arte compositivo, sus historias funcionan por la falta de coincidencia, el juego de la acción y la reacción recíprocas, las soluciones inesperadas. Particular atención concede a los procedimientos de paralelismo, ya apuntados, y singularización. Al encontrarse en los detalles, aislarlos, destruye las proporciones habituales. En consecuencia, Salvador Bueno, revelando un aspecto cardinal de su técnica, lo ha denominado escritor de «cosas», de gestos y objetos menudos que lo conducen al infrarrealismo por su grado de acercamiento.[80]

Las reiteraciones, especialmente las de carácter negativo, formalizadas en el leitmotiv, indican desdoblamiento de la visión, a más de crear un peculiar clima expresivo de asfixiante falta de salida. Con eficacia trabaja los efectos de se-mántica fónica de los nombres, extrae los obje-tos y hechos de su serie habitual, realiza despla-zamientos semánticos y asocia inusitadamente para proponer una realidad estética de múltiples significados, tal como de modo acusado se ma-nifiesta en «Esa noche salieron los muertos» y «Un dedo encima», que reclaman una lectura de desciframiento metafórico.[81]

En «La luna nona» el detallismo psicológico, reforzado por el leitmotiv —el fragor de los papalotes, la entenada que grita, las frases de la abuela Ana Maimy: «Me dan pena. Los po-bres»—, el descriptivismo objetual, las cosas-me-táforas como el gallo ciego y la guayabera de Nazario, el paralelismo entre el crimen y la fies-ta, entre los destinos de Acarina Canadio, On-dina Gómez y Rosa Maimy, entre la situación de las familias Niel y Canadio, la diferente per-cepción de los personajes de la inhumanidad de Claudio Canadio, todo genera una trama de fuer-zas contrarias que caracteriza la estructura in-terna del relato, tanto en la complejidad del subtexto como en la violencia de su sentido final.

El discurso del narrador combina la mirada conductista, exteriorista y de manifiesto énfasis descriptivo, que agudamente registra imágenes significativas, con el punto de vista de los per-sonajes, de extrema tensión espiritual, cuyos diá-logos y monólogos son generalmente narra-tivizados, conservándose las marcas estilísticas coloquiales y populares.

Concebido el cuento desde la tercera perso-na omnisciente de «La visión de Tamaría», «No sé quién soy», «En los traspatios», o desde la perspectiva de un narrador de primera persona, testigo o partícipe moderado, como en «El otro cayo», «Aquella noche salieron los muertos», «Trínquenme bien a ese hombre», el relato re-sulta esencialmente diegético, sometido al efec-to de una distancia magnificadora que acentúa el carácter trágico, abstracto, y tiende a la uni-versalidad.

Esta distancia que se acorta en cuentos de primera persona, pero que nunca desaparece, es palpable en los tópicos de impasibilidad, incom-prensión e incompetencia del narrador —mar-cada en los cuentos de la familia donde el narra-dor se remite a las vivencias de la primera infan-cia o en «Un paseo por la Quinta Avenida», don-de narra una enferma mental—, lo que refuerza la incognoscibilidad del mundo narrado y la am-bigüedad en cuanto al status del mensaje y sus fuerzas de control.

El sistema de relaciones implícitas, la elipsis y el lenguaje sugerente de un narrador que no glosa doctrinalmente, ni comenta, sino facilita la percepción directa de los estímulos sensoriales y conceptuales, concede a la obra de Novás Cal-vo un alto nivel apelativo que encuentra en un relato como «No le sé desil», expresión lograda.

Novás Calvo consuma su estética de la senci-llez compleja y de la economía expresiva como ajuste pleno de la palabra y la experiencia. El len-guaje coloquial, la riqueza del léxico y la sintaxis del pueblo, se imponen en éste como en otros cuentos. Sin embargo, todo lo trascendente está implícito, se escamotean los antecedentes explí-citos, apoyándose en la sugerencia para alcanzar una fundamental consecuencia entre el tema, la incomunicación y la propia naturaleza de la enunciación artística, que exige un interlocutor crítico, comprensivo o afín al mundo narrado, dispuesto a asumirlo con todas sus implicaciones humanas.

El escritor decanta sus armas expresivas en una poética original, superadora de la tradición reproductiva, en la que se destaca su recepción crítica de la literatura moderna internacional, particularmente de la narrativa norteamericana, y el carácter creativo, experimental, capaz de aportar nuevos modos de indagación en la espi-ritualidad.

La propuesta ideotemática y la naturaleza de la comunicación de riguroso trabajo artístico, responden a la necesidad de conocimiento y de participación emocional, a la entrañable identi-ficación del autor con el significado trágico de sus personajes, perspectivas que diestramente condiciona en sus destinatarios. La enajenación de la fuerza creadora del hombre como hacedor de sí y de la historia, la aspiración irrealizada al mejoramiento humano, implican un esclareci-miento y conducen a la toma de conciencia de la crisis de valores que Lino Novás Calvo ha sabi-do fijar con legitimidad y permanencia en los cuentos concebidos antes del triunfo de la Revolución cubana.   [A. G. B.]

2.3.3.6 *Los cuentos de Pita Rodríguez*

Los cuentos de Félix Pita Rodríguez escritos desde 1926 hasta el triunfo de la Revolución cubana resultan una notable contribución a la creación artística que tiene sus fuentes en las aspiraciones y luchas populares, por lo que devienen sólido pilar de la cultura socialista.

Contextos históricos de la mayor trascendencia sustentan la trayectoria ideoestética del escritor. En este orden de pensamiento, el centro de su experiencia vanguardista ha sido la búsqueda contradictoria tanto desde el punto de vista social como literario. En el seno de la sociedad cubana neocolonial en que se agudizaban las luchas clasistas en relación directa a la crisis mundial del sistema capitalista y bajo el signo de la revolución inminente, son concebidos los cuentos tempranos habaneros (1926-1929). El arribo a París en 1929 y la influencia directa del surrealismo condicionan nuevas variantes temáticas y compositivas dentro de su línea narrativa vanguardista (1929-1936).[82]

El modo de narrar madura después de la decantación de esta convivencia con la vanguardia. La conciencia social del artista se enriquece en la activa militancia antifascista que se traduce en el apoyo solidario a la causa de la República española a partir de 1936. El regreso a Cuba en 1940 y la combativa labor periodística en *Hoy*, donde denuncia el fundamento clasista del fascismo y los males congénitos de la república mediatizada, crean las bases para el desarrollo de nuevas calidades en su cuentística, que se expresa en una indagación humanista más compleja y en la tematización de la realidad americana, tal como puede encontrarse en los cuentos de Montecallado (1945-1955) y los primeros cuentos de Istmo (1946-1955).[83]

En los que hemos denominado cuentos tempranos habaneros —entre los que se destacan «Medallones de museo» (1927), «Judas» (1928), «Caronte» (1928), la serie «Marionetas tropicales» (1928-1929), «Un cuento alegre de Navidad» (1928), «Aristóteles y yo» (1928), «Mi cadáver y yo» (1929), «Ha muerto mi amigo el Capitán» (1929) y «Mar» (1929)—, se aprecia como constante la visión crítica y desilusionada de la sociedad cubana, en la que aparece el transgresor de las fronteras de clases, a la búsqueda del éxito burgués, retomándose los motivos del arribismo y oportunismo, de la ausencia de valores, recurrentes en la tradición realista burguesa mundial y cubana. Pero es en el mundo de los desclasados donde fundamentalmente se sitúa la perspectiva del narrador. En los marginados como Yo, Caronte y Mar, conscientes y orgullosos de su rebelión solitaria, se encuentran las fuerzas motrices de estos relatos.

Una presencia reiterada es, pura y sencillamente, el hambre. Como se dice del protagonista de «¡Redentores!» (1928), podría decirse de cada figura de la ficción: «Su vida había sido una animada conversación con la miseria.» Todos poseen hambre, incredulidad y altivez. Éstas son las presencias obstinadas, de fondo trágico real, de cada desenfadada historia.

Su contrapartida insoslayable se encuentra en otro personaje de la ficción, «el doctor» interlocutor y destinatario frecuente.[84] Este oidor totaliza al público burgués y su típico filisteísmo, mientras el que cuenta lo hace en representación de los desposeídos. «El repudio, el desahucio, la befa del absoluto burgués»,[85] razón de ser de lo mejor del espíritu vanguardista, han encontrado en la contraposición de estos personajes-ideas una representación singularmente efectiva. Y aquí reside la fuerza detonante de esta práctica creativa de increpación airada. La actitud narrativa se integra consecuentemente a la estrategia de comunicación: hay ironía, escarnio, escepticismo. El cuento, incluso el más frívolo, se torna ambivalente. Se le exige ser insustancial y lo será en apariencia, pero denunciando el propósito impuesto, lo cual muestra una conciencia crítica lúcidamente subversiva.

El vínculo de los cuentos de Félix Pita Rodríguez con el surrealismo se inscribe en el marco de la vivencia, del contacto directo con el movimiento en su tiempo de eclosión. La influencia es ejercida en esta obra en formación a partir de afinidades esenciales, de un común punto de partida. El surrealismo como modo anticonvencional de atrapar la realidad puede convertirse en estímulo legítimo para una vertiente interior ya presente en la tensión imaginativa de los cuentos vanguardistas escritos antes de la partida.

La liberación del espíritu, la legitimación de la sensibilidad emotiva, el incremento de la capacidad inventiva, la exaltación del pensamiento imaginal y la aventura de la fantasía, todo ello condiciona la naturaleza de los cuentos tempranos parisinos. Sin embargo, del surrealismo convertido en dogma no pueden interesarle las fórmulas, los procedimientos artificiosos de irracionalización, que plasman imágenes raras evidentes, una visión absurda y hermética. Como creador formado en las vanguardias asume la necesidad de la investigación artística, de la experimentación de nuevos modos expresivos, ampliándose el horizonte de su narrativa. El surrealismo resulta un taller, en parte, donde el trabajo creador propio se abre paso progresivamente. Se corresponde con una actitud libre y receptiva, de la que se desprende, como justamente ha reconocido Alejo Carpentier también en su caso, el reencuentro de la identidad nacional y americana a un nivel superior, factor poderoso para el crecimiento de la tradición de oficio, para la integración del mundo y los modos originales de creación.

En los cuentos parisinos aparecen renovados centros conceptuales. Sobre todo, y de manera generalizada, se intelectualiza el juego imaginativo del narrador, que como cuentero natural ya lo distinguía. Dominantemente y en cuentos significativos —«Eurípides vegetariano» (1929), «La musa» (1931), «Lirismo plástico» (1932), «Fábula de Puck, vendedor ambulante» (1933),«Eclipse de don menguante» (1936), «La pipa de cerezo» (1936)— se construye con fábulas fantásticas. El escritor libera la imaginación del fondo desolado que la caracterizó, encontrando en ella misma el sentido del cuento, reto a la aventura imaginal y a la invención sin restricciones de verosimilitud o verismo, lo que determina los términos de la comunicación.

El tono se diversifica. No sólo la ira y el sarcasmo, sino el placer de la fabulación, en el que

subyace la antinomia fantasía-realidad. En sintética prosa de atinada selectividad de motivaciones claves, se realizan estos «cuentos sencillos» de complejo significado —«Alanio o de la indiferencia» (1933) pudiera considerarse una pieza relevante—, despojados de causticidad y amargura, desmitificantes y sugerentes en la riqueza potencial de su propuesta humanista.

«La decadencia de Simaco» (1930) y «Mitología de Matías Pérez» (1930) aportan nuevos tiempos de narración que permiten considerarlos antecedentes de Los textos (1973 hasta el presente). En ambos la historia se reconstruye con burlón espíritu documental, desarrollándose el gusto de contar apócrifos. «Elogio lírico del asesinato» (1930) y «Elogio entusiasta de "Al" Capone» (1931) fijan la aparición de los primeros «elogios» que años después encontrarán su consumación en Elogio de Marco Polo (1974). Entonces surgen llenos de negatividad, con la premisa de mostrar el rostro agresivo de una clase que ha hecho de las apariencias el sostén de su moral; por tanto, elogios sarcásticos de la locura de una sociedad enajenante. El conocimiento del mercado burgués del arte, la manipulación mercantil del gusto y el esnobismo, llevan a Félix Pita Rodríguez a la crítica de su alienación en historias anticolonialistas como «Algo sobre el Congo Belga» (1929), «Una historia de suizos» (1931) y «El robo de la Venus» (1932), que recrean diversos ángulos del problema.

Las historias dislocadas ilustran y ejemplarizan, muestran una medular toma de conciencia. La naturaleza irracional de cada fábula corrobora la esencia antinatural y antihumana de la existencia social. Se cuenta con ingenio y regocijo, provocando y haciendo trascendente la trivialidad. Todos los medios: hipérboles fantásticas, sentido metafórico alegórico, absurdo, humorismo, intertextualidad, funcionan eficazmente en la propuesta de comunicación.

El progreso de la capacidad narrativa se hace evidente en estos cuentos. Las búsquedas continúan y testimonian las contradicciones, aún insalvables, entre el sueño y la vida. La vuelta hacia sí mismo y su propia cultura, sostienen el examen crítico y lo salvan del nihilismo. Comienzan a afirmarse valores éticos y estéticos no enajenables y se atisba la vitalidad de la creación popular. Todo augura el desarrollo artístico que ya se traduce en incremento poético y reflexivo, unido a la conciencia definida de la distancia que media entre la configuración de mundos imaginarios y la conciliación real de la crisis, trascendiéndose los marcos de la ortodoxia surrealista.

Asumida en su integralidad esta cuentística temprana, que marca la iniciación artística de Félix Pita Rodríguez, se destaca su negación del status burgués. La situación de crisis queda agudamente expresada, aunque sus vías de superación son contradictorias. Ello se corresponde orgánicamente con su método de realización, que se caracteriza por el dinamismo y la flexibilidad anticonvencionales de los principios compositivos que tienden a la fragmentación, la disonancia y diversidad de registros. Se quiebran la retórica y sintaxis narrativa tradicionales, así como el ilusionismo literario, de manera que la creación del cuento es vista como un proceso desde su interior y en su transcurrir, con la figura del autor fuertemente ficcionalizada en el narrador-personaje.

El deseo de innovar y redescubrir la expresión, la subversión de la preceptiva genérica, dan vida a modalidades nuevas, superadoras de la resaca modernista, la metafísica criollista y la literatura trivial.

La fabulación de lo onírico y lo fantástico, la tendencia a la farsa, el grotesco y la parodia, generan formas insólitas. El disloque temporal y espacial, la personificación y los tropos, se liberan de los asideros del verismo; sin embargo, el centro del contar no pierde el nexo con la lógica interna de la realidad. El cuento acentúa su carácter lúdicro con el gusto de producir imágenes provocativas y chocantes, pero nunca hasta el punto de convertirse en «disparate puro».

La vocación de cuentero se manifiesta en las formas enmarcadas que aluden directamente a la enunciación; en el ritmo, tópico y fluidez de la oralidad folklórica, a la par que en la libertad imaginativa. Las motivaciones parten de las vivencias, estilizadas con rigor estético, sin perderse el sentido de que se está contando una historia que tiene sus fuentes en la verdad de la vida.

Representante cubano de la «constelación de renovadores» —entre los que se destacan Macedonio Fernández, Jorge Fuenmayor, Felisberto Hernández—, Félix Pita Rodríguez deja constancia, con sus cuentos tempranos, del carácter de nuestro vanguardismo, al integrar la novedosa manera de narrar y una incisiva crítica social en una praxis de beligerante modernidad.

La colección de Montecallado consuma la primera madurez de nuestro escritor, en que la experiencia española influye decisivamente al revelársele como un legado artístico que fusiona vida y obra, la «doble aventura». Comprende, a su vez, que el destino histórico del pueblo español está profundamente vinculado al mundial y al de América Latina, donde las activas tradiciones de combate libertador se integran a la lucha antifascista. La vivencia partidaria de la guerra nacional revolucionaria en España, el heroísmo del pueblo, le entregan definitivamente «la fe en el hombre, la fe acerada y sin grietas en su destino sobre la tierra».[86]

Si el surrealismo le ha enseñado a soñar, a desarrollar las reservas de espiritualidad, y estimulaba su rebelión anticapitalista, España es el despertar y la integración irrestricta a la lucha. El ciclo de Montecallado hace ostensibles las nuevas perspectivas que se abren para el desarrollo del género, a partir de la depuración del vanguardismo.

El sentido de la obra reside en la aspiración ideal que surge del choque contradictorio con la realidad, contraponiéndose al mito surrealista de la liberación puramente personal como salida de la crisis. Para Félix Pita Rodríguez lo decisivo es buscar la estatura moral del hombre, que se revela en la tentativa hacia la verdad, la justicia y la belleza.

En la dimensión de empezar a *ser*, que para el escritor significa la apropiación artística de realidades de rico contenido humano, se proyectan los cuentos de Montecallado. Pero, a la par, alentados por el aprendizaje surrealista, la indagación no sólo tiene lugar en las zonas de la realidad tradicionalmente trabajadas por la convención literaria. Así, los relatos se sustentan en lo maravilloso del tiempo detenido en un prístino comienzo, del eterno presente de los orígenes míticos, en las imágenes de naturaleza onírica y en la talla paradigmática y simbólica de las figuras de la ficción. Rige el conjunto la conciencia definida de que la obra de arte no es registro epidérmico, visión positiva de optimismo metafísico y pretendido verismo, superándose las concepciones burguesas de la obra de arte como refinamiento de la imitación.

Distingue a Montecallado la voluntad de configurar lo esencial de los destinos humanos, no para formular una ontología metafísica del hombre, sino para reafirmar sus infinitas potencialidades de creación. La mirada del artista examina las formas de la convivencia social de la aldea fantástica. Los personajes, con su conflictiva existencia, motivan una discusión problemática sobre el sentido de la vida, las vías de realización humana, la altura posible del ser humano.

Las historias narradas prueban la hostilidad en ascenso del entorno percibido con realismo. Cada figura está recorrida por la cuestión de la verdad, la aspiración negada a la felicidad y la necesidad de ser asumida en una nueva escala de valores éticos. Cercados los personajes por la alienación y la soledad, son convertidos por la aldea en figuras malditas, mientras para el autor y sus lectores virtuales se erigen en símbolos de humanidad en crisis.

Las relaciones entre realidad y suprarrealidad se conciben con significativas variantes de intensidad. Al primer sector —«Nina, hija del agua» (1945) y «Alarico, alfarero» (1955)— le es propio el franco predominio de lo mítico-fantástico que como enunciado metafórico alude a los vínculos realizadores del hombre con la naturaleza y el trabajo creador. El segundo acoge los cuentos de humor antifabulosos y desmitificantes: «San Abul de Montecallado» (1945), y «La campana de plata» (1951). Por último, «Florella» (1951) y «Stella» (1954) poseen intenso trabajo de espiritualización que condiciona la naturaleza maravillosa de la fábula y las figuras, arquetipos poéticos de la condición humana.

Compositivamente, el arte narrativo de Félix Pita Rodríguez se decanta en los valores de la síntesis, la elipsis y la sugerencia. Los personajes-ideas son integrados a la historia narrada con acentuada proyección ético-filosófica. La vida subjetiva de los personajes equilibra su condición abstracta de extractos de la naturaleza humana; el narrador centra su atención en la esfera de las motivaciones vitales, que se definen en las situaciones límites a que son enfrentados estos personajes.

La utilización de emblemas poético-reflexivos, el cuento enmarcado de retrospección activa, el carácter dialógico antiautoritario, las zonas descriptivas de valencia literal y alegórica, la espiritualización de la naturaleza, así como las alternancias en el punto de vista y el registro con intención problematizadora, son posibilidades abiertas a la experimentación. Los cuentos aportan un tratamiento deliberadamente estético en que el estilo lingüístico alcanza lograda textura poemática.

La concepción cíclica confiere particular coherencia, permite el trabajo en hondura de las ideas motrices, de manera que distingue al conjunto su organicidad. Montecallado, con sus presencias míticas y mágicas, fabulosas y extraordinarias, no puede negar su ascendencia surreal, pero en lo primordial es una propuesta del realismo, muy elaborada artísticamente en sus condensaciones poéticas de la experiencia humana, y en la representatividad sugerida de este microcosmos —la aldea de Montecallado—, contentivo de las tendencias dominantes de la historia magna.

La manera de asumir la realidad implica nuevos significados, no es sólo crisis y angustia, aunque las respuestas no sean concluyentes ni unívocas. Se cuenta no para mostrar, sino para incitar a la definición ética. El cuento exige la toma de partido, y los términos de la elección quedan sólidamente fundamentados en la propuesta de los valores de la autenticidad, de la consecuencia del pensamiento y la vida, especialmente patentes en la imagen de los personajes, de dominante espiritualidad, coraje moral y sabiduría. Con ello queda apuntada la maduración de un escritor que va encontrando su lugar en la historia.

El descubrimiento de problemas cardinales de nuestra América distingue a los primeros cuentos del Istmo. De esta agónica existencia se

apropian en una visión artística de concreta temporalidad. Pero esta tematización de América no
es sólo una necesidad de realización del escritor
en su mundo y un camino cierto hacia proyecciones socioéticas más amplias; también resulta
en los años 40 y 50 una urgencia de autorreconocimiento y defensa de nuestra cultura ante
la ofensiva reaccionaria y la agudización al máximo de las contradicciones inherentes al régimen
neocolonial, con lo cual se integran al riquísimo
panorama de una narrativa continental en progreso.

Asciende el cuentista a la configuración de los
contextos americanos, y transforma su indagación humanística en meditación radical sobre un
problemático vivir y sus causas.

La vivencia primaria que sirve de punto de
partida tiene su base en el peregrinaje de Félix
Pita Rodríguez por el Istmo de Tehuantepec y
por Guatemala, durante 1926 y 1927, que aporta un fondo testimonial. Ciertamente, cuando
ese sustrato resurge lo hace con la certidumbre
del tiempo, con el distanciamiento del decursar,
con la poesía de la memoria.

En los cuentos del Istmo se produce un deslinde ético de fundamento consciente socioclasista, particularmente ostensible en las
antítesis morales de soledad-solidaridad,
enajenación-trabajo, concebidas en sus determinaciones causales de historicidad manifiesta. Los
hombres del Istmo proceden del subsuelo urbano y agrario; campesinos desposeídos, proletarios, desclasados, desde cuya perspectiva se narra, por lo que los relatos se formalizan como
una reflexión de acusada ascendencia popular,
elaborada poéticamente en función de la fuerza
conceptual de cada historia narrada. Tal como
está sucediendo en una buena parte de la literatura latinoamericana de la época, la obra expresa
la cosmovisión y el habla popular, que no son
catalogadas y reproducidas miméticamente, sino
asumidas con alta creatividad.

A todos los cuentos del Istmo los une el análisis de la naturaleza social del hombre, que debe
desarrollarse en medio de contradicciones extremas. En esta contingencia se quiebran o for-
jan. De ambas respuestas se encuentra testimonio artístico en el ciclo.

Relatos de demostración antitética son «Cosme y Damián», «El del Basora» (1947) y «El
amigo» (1950). En el primero, la ejecución de
una muerte premeditada reduce al hombre a la
condición cosificada del propietario. «El amigo»
es la historia magnificada de la traición, mientras «El del Basora» conforma un antihéroe de
patética tragicidad. En todos estos personajes
extremadamente conflictivos alienta la conciencia de su responsabilidad moral. Sus contradicciones no serán sólo el reflejo de su subjetividad, sino la manifestación del carácter
irreconciliable del conflicto objetivo. Por tanto,
se pone de relieve el condicionamiento social de
estas actitudes de individualismo exacerbado y
crisis de posesión, que los torna figuras típicas,
atrapadas en la justa relación de conciencia y
causalidad histórica.

La exigencia del juicio es cada vez más concreta. Por antítesis, la negación de estas fuerzas deshumanizadoras confirma las tendencias
de humanización de la vida representadas en «El
despojado» y en la pieza antológica que es
«Tobías» (1952), punto de remate de la trayectoria prerrevolucionaria de Félix Pita Rodríguez.

Como doloroso aprendizaje es configurada la
experiencia vital de Tobías, pero la cárcel modela definitivamente la personalidad, reafirmando
su humanismo combativo. Con él se aprecia la
irrupción de activas figuras populares protagónicas, representativas de fuertes vínculos con
la colectividad. Ellos son ejecutores de justicia
en un mundo de suma injusticia, portadores de
una nueva racionalidad y de emociones produc-
tivas que dan la medida de colmada humanidad.

En consecuencia, nada más aleccionador que
asistir al meditar de Tobías y su objetivación en
la palabra poética de cálido reclamo comunicativo que lo distingue como cuentero, en su búsqueda indeclinable de la verdad y la justicia.

En la colección del Istmo se alcanza una mayor destreza compositiva. El cuento se ajusta
diestramente a su materia, avanzando por la relación dinámica del pensar-decir-hacer en un
conjunto concebido por subordinación y síntesis, donde lo poético no es ornamento, sino patrimonio de los caracteres, la acción y los am-

bientes; y, a la par, de la idea artística. La narración se aproxima a las formas de contar ejemplarizadoras de naturaleza oral. Todo condiciona un efectivo flujo de comunicación, porque el placer de narrar no está tanto en el virtuosismo de los procedimientos como en las convicciones del que narra. Con naturalidad es asumida la actitud del cuentero que se inclina ante la realidad. Ella se impone, y él, por mucho andar y conocer, la expresa. Es, no el artista elegido, sino la voz colectiva que da nombre real maravilloso; ficción legítima que en esencia determina la estrategia comunicativa.

La maestría se manifiesta en el grado de consecuencia expresiva y de los medios y la idea artística, trabajada sin exageración o parquedad, elevándose el nivel apelativo del texto, el reclamo de la lectura comprometida. Por consiguiente, se ofrecen conceptos claves en una estructuración abierta, concebida como proceso del conocimiento, de manera que el destinatario, mediante la interpretación activa, fija su posición moral ante lo contado y devela sus constantes universales.

Con justo sentido histórico, en los cuentos de Istmo se discute la cuestión social americana. El arte narrativo de Félix Pita Rodríguez trasciende la parcelación verista-positivista de la realidad, el relativismo cognoscitivo y el irracionalismo, fundiendo en su realismo arte y humanismo como creatividad liberada. Da vida a universos convincentes que refutan la imagen del hombre carente de existencia real en la historia, juego de azar, repetición laberíntica, atrapado en la imposibilidad de ser y conocer. Por el contrario, nos enfrenta polémicamente a una realidad transformable: los personajes por él creados no verán repetirse la historia, serán testigos y artífices de su progreso.

Precisamente esta relación orgánica del hombre y sus contextos-praxis opone con legitimidad estética la cuentística de Félix Pita Rodríguez a la narrativa de metafísica de la subjetividad o de simple activismo social doctrinario. Representativa de las tradiciones más progresivas y revolucionarias de la literatura cubana, que se ha caracterizado siempre «por su constante afán de exaltación de nuestros valores raigalmente americanos y por su afán de servicio social, de mejoramiento humano»,[87] cimienta su pensamiento artístico dialéctico en el énfasis humanístico, en su llamado a cambiar la vida.   [A. G. B.]

2.3.3.7 *La obra cuentística de Carpentier*

La producción cuentística de Alejo Carpentier se desarrolla fundamentalmente en la etapa estudiada. Acerca de sus comienzos, el propio autor, en muchas de las numerosas entrevistas que le fueron realizadas, se encargó de enumerar las distintas influencias —Salgari, Anatole France, Baroja, Flaubert, Eça de Queiroz—, identificables en sus relatos iniciales, nunca recogidos en las muy variadas ediciones que de ellos se han hecho, tanto en español como en las más diversas lenguas.

Quizás las primeras muestras de su labor narrativa sean dos pequeñas leyendas —«Las dos cruces de madera» y «El milagro»—, aparecidas, la primera el 5 de noviembre de 1922 en el periódico *El País*, y la segunda, el 20 de diciembre de 1923 en *El Universal*, aunque con fecha al pie de enero de ese mismo año.[88]

Acerca de estas producciones iniciales suyas nunca habló Carpentier en vida, aunque accedió a la reedición de la segunda de éllas[89] en un boletín destinado a recoger algunas de las muestras tempranas de su labor periodística.

Unos meses más tarde, Carpentier publica en el número de la revista *Chic* correspondiente a mayo de 1923, su relato «El sacrificio», narración juvenil —contaba sólo dieciocho años— puramente imaginativa, en la que se nos presenta el sacrilegio (así se titulaba el cuento, que por una errata vio cambiado el título para desazón del autor) y posterior condena debida a él de un feroz vikingo que, maldecido por sus víctimas, perece ahogado.

Los tres relatos mencionados carecen de verdadero valor literario y sólo revisten interés para los estudiosos de la obra carpenteriana, pues muestran la manera de escribir del autor cuando aún no era dueño de su instrumento expresivo, en la primera etapa de su desarrollo estilístico y composicional.

Mayor importancia, por evidenciar ya una evolución ascendente en el grado de dominio técnico y voluntad renovadora del autor, lo constituye un curioso relato —«El estudiante»—, publicado originalmente en francés en la revista *Révolution Surrealiste* en 1928, sólo pocos meses después de llegar Carpentier a París por primera vez.[90] Obra experimental, constituye la primera muestra de la influencia del movimiento surrealista, entonces en pleno momento de desarrollo, en la obra narrativa de Carpentier. Estilísticamente, como hemos dejado apuntado, el relato evidencia un decisivo paso de avance en relación con sus predecesores, y el metaforismo vanguardista, exacerbado luego en *Écue-Yamba-Ó*, se muestra aquí más contenido y en función de un humor negro que se identificará, años más tarde, en su producción narrativa de los años setenta.

En 1933, Carpentier publica en *Les Cahiers du Sud*, escrito originalmente en lengua francesa, un nuevo cuento: «Histoire de lunes», acogido de modo favorable por Robert Desnos, el gran poeta surrealista. Durante años, este logrado relato, que no disgustaba del todo al autor, se mantuvo sin versión al español[91] y atrajo poco la atención de los críticos, mas hoy va tornándose creciente su interés por él.

Esta obra y *Écue-Yamba-Ó* se publican el mismo año, y tienen entre sí numerosos puntos de contacto. Ambas desarrollan motivos rituales africanos (el mismo canto, en esencia, se reproduce en las dos, así como en *Manita en el suelo*, la ópera bufa con música de Alejandro García Caturla para la cual escribió Carpentier el libreto), y el marco rural de los principales acontecimientos parece ser el mismo. Sin embargo, tanto en el plano lingüístico como en el composicional, el cuento supera con mucho a la novela, redactada en primera versión, como es sabido, durante el lapso en que estuvo preso el autor en 1927. Esto, unido a la feliz conjunción de elementos expresionistas y surrealistas integrados a un relato fantástico —mucho más cercano al realismo mágico que a su concepción de «lo real maravilloso», aún no elaborada—, hace de «Historia de lunas» una de las muestras más valiosas de la tendencia negrista, en boga por aquellos años en nuestra cuentística.

En 1944, tras más de una década sin publicar obra narrativa alguna, Carpentier nos entrega su relato «Viaje a la semilla», quizás, el que ha atraído la mayor atención de los lectores, de importancia capital no sólo para su cuentística, sino también para su producción imaginativa en general, pues es con esta pieza, considerada por el autor como la primera totalmente lograda en el campo de la ficción, que encuentra en propiedad su estilo. El cuento, escrito según Carpentier en 1942, «en unas tres horas» y «sin una tachadura»,[92] inicia, dentro de su narrativa, un ciclo de obras en las cuales la experimentación con el tiempo y los elementos musicales resultarán una constante. Además, como el mismo autor se ha encargado de expresar,[93] en este relato rinde tributo también a nuestra pintura, en especial a la de Amelia Peláez.

La idea de una «recurrencia» musical traspuesta a lo literario sirvió de guía a Carpentier para la composición de una obra que, en rasgos generales, nos presenta significativos momentos de la vida de un noble burgués habanero en las primeras décadas del pasado siglo, pero narrada ésta desde el momento de la muerte del protagonista hasta su entrada en el seno materno, en interesantísima involución cuyos precedentes literarios, afanosamente rastreados, no menguan la originalidad del autor, a quien no pueden regateársele elogios por esta pequeña obra maestra. Juego literario, podría hacer pensar una primera lectura apresurada, pero hecha atentamente, el ya clásico engarzamiento de los motivos en el relato permite captar la implícita condena a una clase, ejemplificada en la estéril vida de este Marqués de Capellanías.

Ese mismo año apareció, en *Orígenes*, «Oficio de tinieblas» que, al igual que «El camino de Santiago», es fruto de las investigaciones históricas realizadas por Carpentier con vistas a preparar *La música en Cuba* (1946).

El cuento está basado en hechos históricos reales, y describe el ambiente espiritual y cultural existente en Santiago de Cuba desde unas supuestas exequias del General Enna[94] hasta fines de 1852, año en que (el 20 de mayo) la ciudad se vio conmovida por el violento terremoto que resulta el eje central de la trama.

En torno a este marco histórico, Carpentier desarrolla un relato, valioso también desde el punto de vista compositivo, donde elementos fantásticos y realistas se entrecruzan (al respecto resulta interesante destacar el contraste establecido entre las danzas «La sombra» y «La Lola», de evidente contenido simbólico) para darnos un excelente «tableau» —irónicamente descriptivo y no exento de humor negro— de la sociedad santiaguera epocal.

El 21 de agosto de 1945 viaja Carpentier a Venezuela, donde radicará hasta su regreso a Cuba tras el triunfo de la Revolución. Poco después de su llegada, *El Nacional*, diario al que se encuentra indisolublemente unida su producción periodística de ese período, convoca a su primer concurso cuentístico, para el cual redactó su relato «Los fugitivos».[95] Durante años, Carpentier no lo incluyó en las distintas antologías de sus cuentos, hasta que ya en la época revolucionaria decidió permitir su inclusión en ellas, mas siempre se mostró inconforme con éste, por no parecerle corresponder plenamente a su verdadero estilo. El eje estructural radica en el juego de paralelismos y contrastes establecidos entre el esclavo cimarrón y el perro, quienes en el curso del similar «cimarronaje» emprendido van completando sus vidas hasta el trágico fin del hombre, a quien el animal causa la muerte. Pese a la autorizada opinión del autor y a resultar cierto que no se encuentra a la altura de las mejores narraciones suyas, el cuento posee estimables valores literarios y resulta particularmente lograda la utilización del fluctuante punto de vista narrativo o la puesta en relieve, con simbólica intención identificadora, de las sensaciones olfativas de ambos personajes protagónicos.

En 1958, Carpentier publica en México un volumen titulado *Guerra del tiempo*, en el cual, atendiendo a la problemática esbozada en el título, recoge, junto a la noveleta *El acoso*, los tres relatos —«Viaje a la semilla», «Semejante a la noche» y «El camino de Santiago»— que, dentro de su cuentística, evidencian mayor experimentación con el tiempo cronológico y el narrativo.

Si en «Viaje a la semilla» asistíamos al transcurrir de una estéril vida cinematográfica narrada en forma inversa, en «Semejante a la noche» Carpentier nos brinda, conjugando de modo ejemplar fantasía e ironía, su peculiar visión sobre el fenómeno de la guerra. Un personaje múltiple (evidentemente otro simbólico «soldado de la guerra del tiempo»), que al aprestarse a partir hacia la empresa bélica reflexiona sobre ésta y cada vez actúa de modo similar; en un marco de unas veinticuatro horas se mueve en lo histórico entre la Guerra de Troya y la Segunda Guerra Mundial. Al hacerlo, su esencia parece inmutable, por lo que determinada crítica (hiperbolizando una no descartable influencia spengleriana, epocalmente explicable) ha querido ver sólo en este relato una inexorable repetición de ciclos históricos que traducen una concepción pesimista de la historia. Lo cierto es que esta tesis queda invalidada por el propio irónico final del relato: el joven acaieno, optimista y lleno de ilusiones al dar comienzo la obra, ve, al concluir ésta, desplazado en su ánimo el orgullo de guerrero por una sensación de hastío e intuye la raíz económica de las guerras injustas. Los héroes carpenterianos emprenden siempre las tareas que *su tiempo* les propone e, históricamente, la lucha de este simbólico soldado, hijo de un talabartero, representante siempre de los más humildes estratos de sus distintas sociedades, sólo ha servido a la postre para enriquecer a los que no tomaron parte en las batallas, lo cual no quiere decir que con el cambio de las circunstancias históricas —y no en balde la acción del relato desemboca en las postrimerías de la Segunda Guerra Mundial, que marcó el inicio de la decadencia del sistema capitalista— no pueda él, su clase, alcanzar la victoria definitiva.[96]

El tercero de los relatos que integraban la primera edición de *Guerra del tiempo* —«El camino de Santiago»—, de acuerdo con lo proclamado por el propio Carpentier en 1953,[97] inicialmente llevaría el título del libro, y fue escrito de modo paralelo a *El acoso* y *Los pasos perdidos* (fragmentos suyos fueron publicados en *El Nacional* el 22 de julio de 1954).

En opinión de gran parte de la crítica, «El camino de Santiago» es el más perfecto cuento salido de la pluma de Carpentier, aunque por su extensión pueda clasificarse como noveleta y de este modo haya sido alguna vez antologado. La idea fue dada al autor como resultado de las investigaciones realizadas en el Archivo de Indias de Sevilla por Irene A. Wright, quien consigna la existencia en La Habana del siglo XVI (1577) de un músico llamado Juan de Amberes, que redoblaba su tambor al avistarse las embarcaciones en la bahía.[98] Escrito en espléndida prosa barroca, el relato, que emplea un vocabulario propio de la picaresca, rinde homenaje a este movimiento novelístico, considerado por Carpentier «como el más importante de toda la historia de la literatura universal».[99]

Otra vez estamos ante la presencia de un relato experimental, pero si en «Semejante a la noche» el personaje se desplazaba a lo largo de siglos de historia, en «El camino de Santiago» la narración se enriquece con la exposición en espiral, dentro de una misma época, de los destinos de dos personajes —Juan el Romero y Juan el Indiano—, también en esencia uno.

Juan el Romero, en peregrinación a Santiago de Compostela, deslumbrado por la visión del Nuevo Mundo que le descubre Juan el Indiano, pasa a América —como al final de *El buscón* hace el pícaro quevediano—, y vive en carne propia la amarga realidad americana de la época. Regresa a Europa desencantado, indiano él mismo, y tropieza con Juan el Romero, que se dirige a Santiago de Compostela y a quien persuade, con los mismos argumentos dados antes a él, para que pase a Indias. La lectura directa permite deleitarnos con el espléndido fresco de la vida política y social de la España de los siglos de oro (excelentemente lograda resulta la inserción surrealista de Don Juan de Austria en el relato, una de las muestras más acabadas de la asimilación de las ganancias de este movimiento hecha por Carpentier) y su reflejo en la América colonizada por ella, que nos espejea el hecho típico del pasaje al nuevo continente en busca de fortuna por sus primitivos colonizadores. Pero la espiral carpenteriana apunta más lejos, pues el autor alude de modo simbólico a distintas constantes del hombre más allá del marco de la obra: su renovada capacidad de ilusión, su eterna propuesta de tareas, su inconformidad con mantener una existencia pasiva. Constantes del hombre que, bajo sus múltiples plasmaciones literarias, se reiteran en la obra carpenteriana.

Fuera de la etapa estudiada, ya en la época de la Revolución, Carpentier sólo publicará dos relatos —«Los advertidos» y «El derecho de asilo»—, redactados en 1965 al unísono en La Habana,[100] que aunque emparentados por la tónica irónica dominante, difieren grandemente en lo relativo al material narrado.

En «Los advertidos»,[101] el autor desarrolla un tema que le fue grato siempre: la repetición de los mitos en las distintas culturas. El bíblico diluvio universal le permite jugar fantasiosamente con el encuentro entre los distintos «Noés»: el Amalivaca de las tribus indoamericanas al que hace referencia en *Los pasos perdidos* y en distintas crónicas periodísticas preludiadoras de esta novela; el Deucalión griego, el asiático Sin, el Utnapishtin asirio y el Noé de los judíos, elegidos por sus respectivos dioses (el título del cuento en francés es «Les élus») para llevar a cabo una gran tarea. Carpentier situó el diluvio en el lugar en el que para los indios del alto Orinoco ocurrió, y casi resulta innecesario señalar que este fenómeno está visto en función del Noé americano.

Siete años después de concebirlo —y tras una década sin publicar nuevas obras de ficción—, Carpentier edita en Barcelona como folleto *El derecho de asilo*, el primero de sus «divertimentos» de la década de los setenta. Dentro de su producción narrativa, además de constituir el precedente inmediato de su novela *El recurso del método*, el relato es la primera obra en la cual el elemento paródico, el humorístico, pasa a un primer plano, más allá del tratamiento ocasional al cual hemos hecho referencia con anterioridad. La trama expone las vicisitudes de un asilado político inmerso en los rejuegos típicos de la política latinoamericana, los que en escala mayor desarrollará en la novela citada. Estilísticamente, Carpentier se nos muestra aquí menos barroco, más directo en su expresión (en el plano compositivo el argumento sigue un desarrollo lineal, ajeno al acostumbrado juego temporal), y hace suyos algunos de los procedimientos narrativos del *nouveau roman*.

Vista en su conjunto, la obra cuentística de Alejo Carpentier pese a su brevedad, hace imposible dejar de referirse a ella al realizar la historia del género entre nosotros, y resulta de importancia decisiva en su desarrollo. Sus aportes fundamentales a él, resumidos *grosso modo*, consisten en haber llevado a su dimensión más alta la vertiente imaginativa (desarrollada principalmente en la etapa por autores de tanta monta para su cristalización como Arístides Fernández, Eliseo Diego, Virgilio Piñera o José Lezama Lima), al dotarla con algunos de sus más relevantes exponentes —«Viaje a la semilla», «Semejante a la noche», «El camino de Santiago»—, de imprescindible inclusión al hacer el recuento de los más significativos relatos producidos en lengua española; haber igualmente llevado a su cumbre el nivel de realización artística de éstos, coronando con ello la ejemplar labor de renovación desarrollada en la etapa por cuentistas del gran nivel técnico de Lino Novás Calvo, Enrique Labrador Ruiz y Onelio Jorge Cardoso; y haber proporcionado a su obra cuentística, contribuyendo más que nadie a apartarla del estrecho localismo que lastró considerable parte de la producción criollista en la etapa, un grado de universalidad no alcanzado por ningún otro narrador en nuestra historia literaria.

Cabría preguntarse cuántos escritores con tan escasa obra dentro del género han alcanzado como él, dentro de éste, semejante dimensión continental. Con ella, que por su acusada individualidad y valores propios en modo alguno puede verse como un simple apéndice o campo de experimentación para sus novelas, Carpentier abrió nuevos derroteros a nuestra cuentística y, mediante la más acabada plasmación artística de las esencias de nuestra identidad latinoamericana, logró proyectarla universalmente. A ningún otro autor, entre nosotros, debe tal contribución el género. [*S. Ch.*]

2.3.3.8 *Los cuentos de Piñera*

La cuentística de Virgilio Piñera (1912-1979) se integra a la vertiente imaginativa que aparece en nuestra prosa de ficción a mediados de la década del treinta, como quedó dicho en las páginas dedicadas a los relatos de Arístides Fernández y Enrique Labrador Ruiz. Dentro de esa directriz, en la cual la realidad cubana aparece sublimada y las problemáticas nacionales se proyectan de un modo universalista, la cuentística de Piñera viene a constituir el reflejo más crítico, pero también más desalentador, de nuestros dilemas histórico-sociales; por otra parte, en ese reflejo Piñera alcanza a expresar inquietudes y dudas de un momento en el que los valores del hombre contemporáneo se hallaban en una profunda crisis. Exponentes de la frustración que caracterizaba a una buena parte de la sociedad neocolonial, los relatos de Piñera entrañan, en última instancia, una perspectiva de enjuiciamiento del entorno más acentuada que la de Arístides Fernández y la de Labrador Ruiz, y que difiere de las de otros exponentes de la prosa imaginativa como Eliseo Diego, Félix Pita Rodríguez y José Lezama Lima.

En esta etapa, la mayor parte de los cuentos de Piñera se halla en tres libros: *El conflicto* (1942), un extenso relato con el que el autor inicia a sus lectores en el conocimiento de su narrativa; *Poesía y prosa* (1944), cuaderno que encierra catorce cuentos y un conjunto de poemas, y *Cuentos fríos* (Buenos Aires, 1956), en donde Piñera recoge los del volumen de 1944 e incluye otros nuevos.

Atendiendo al hecho de que lo fundamental de esa cuentística fue escrito bajo la influencia de preocupaciones casi invariables[102] y a que el grueso de ella se agrupa sólo en un libro (*Cuentos fríos*), resulta lícito juzgar metodológicamente inadecuada la descripción de un proceso evolutivo que en Piñera tiende a ser conjetural. Describir ese proceso significaría incurrir en abundantes tautologías y en continuos movimientos de regresión y anticipación dentro de un material narrativo homogéneo. El examen de aquellos otros relatos elaborados antes de 1959, pero que permanecieron inéditos hasta la aparición en 1987 de *Un fogonazo* y *Muecas para escribientes*, también corrobora ese juicio.

Si nos atenemos a lo anteriormente expresado, nos será dable explorar la cuentística prerrevolucionaria de Piñera desde una perspectiva integradora que evitaría lo casuístico en favor de una intelección centrada en las inquietudes más acuciantes del narrador. Esa cuentística podría ordenarse bajo denominaciones como las que siguen: a) cuentos de la mutilación física, b) cuentos en los que se construyen diversos modelos del mundo, c) cuentos-enigmas de donde el autor propone un tipo de juego al que se someterán los personajes, d) cuentos de la obsesión (las máscaras que adopta la conducta obsesiva), e) cuentos capsulares y f) cuentos que describen y traducen a la ficción los dilemas de la escritura, el proceso creador. Aunque el contenido particular de cada uno de esos grupos de cuentos se ciñe a problemáticas concretas abordadas por Piñera, existen entre ellos interpretaciones muy atendibles en la medida en que confieren unidad al conjunto.

Los cuentos del primer grupo aluden a la preeminencia de un ideal cuya preservación se acomete a despecho de la integridad física de los personajes. El anhelo de trascender los límites del cuerpo, esa añadidura que, según parece decirnos el autor, pierde importancia en un medio hostil a todo vislumbre de futuro, se convierte en meta posible a través de la automutilación. Así, por ejemplo, los protagonistas de «La carne», «El caso Acteón», «Las partes» y «El cambio» experimentan una mezcla de dolor y de placer cuando se enfrentan a los agentes mutiladores.

La mutilación es aquí un proceso de renuncias e integraciones que escapa a la lógica habitual, pero que se ajusta a una austeridad expresada a través del sentimiento de lo puro. La pureza que ansían los personajes de esos cuatro textos se halla directamente relacionada con la preservación del pensamiento y de algún que otro órgano de los sentidos capaz de atarlos al mundo material. La atadura es firme, aunque precaria: los personajes de la mutilación, como observan Cintio Vitier[103] y José Bianco,[104] desean sólo un mero contacto con el entorno porque saben que él es prescindible en su mayor parte.

Esos sangrientos ritos ocultan una decepción, una culpa y una ética. Los seres a que aludíamos están decepcionados de la crueldad a la que el mundo los somete. Deciden completar el martirio, pero sin exhibir vestigio alguno de sufri-

miento. La violencia del entorno adquiere dimensiones que originan en ellos la pérdida de la identidad y la confusión de los valores primordiales. Inmersos en esta tragedia, a los personajes no les resulta vano refinar y trascender la obra de esa violencia: retan despreciativamente al entorno por la vía de la automutilación. No es posible el heroísmo de la rebelión directa. La trascendencia del cuerpo se convierte en necesidad perentoria.

Los automutilados se sienten culpables de no haber sido a tiempo conscientes de ese proceso que los había estado degradando paso a paso. En la plenitud de esa conciencia, rectifican la tardanza, la imperdonable morosidad y, lejos de proponerse invertir el proceso, lo siguen, lo apresuran con renovado ahínco. Sin embargo, en el fondo de esa culpa yace otra más: los personajes se dan cuenta, también tardíamente, de que el heroísmo que presidía sus conductas respectivas no era sino una falacia, un modo de fingir la estabilidad y el progreso inexistente en ellos. De manera que ahora ostentan la ética de los desorientados, la moral de quienes renuncian a lo material y se extravían en una identidad estéril.

Los cuentos incluidos en el segundo grupo acometen un modelado obsesivo del mundo. En ellos la idea de la mutilación se soterra y el autor la restringe, convirtiéndola en una circunstancia más entre las muchas que engloban el acto del modelado. Piñera urde ciertos argumentos cuyas características (densidad espacio-temporal, índole alegórica de la acción y presencia concentrada de sentimientos, motivaciones y conductas disímiles) propician la erección de varios modelos del entorno. Relatos como «El conflicto», «El baile», «El álbum» y «Proyecto para un sueño» son ejemplos de lo que hemos afirmado.

Desde luego, en el ámbito particular de cada uno de estos cuentos, lo importante en relación con el modelado es la idea que los personajes tienen acerca del mundo. Definitivamente ajenos a toda lógica, escindidos del pasado y del porvenir, los protagonistas sienten la urgencia de justificar un presente que se nos muestra objeto de cuidados, de reparos, de atenciones desmesuradas. No les interesa otra cosa que lo banal porque reconocen en lo trascendente una exigencia cuya aceptación significaría, para ellos, movimiento hacia lo desconocido, actividad, enfrentamiento, enjuiciamiento de lo que los rodea, como nos sugiere Vitier en su trabajo. Estos personajes se someten, aunque en ocasiones luchan por escapar del influjo de ese presente que es, en definitiva, el producto objetivado de sus obsesiones y sus deseos de colmar el vacío, la oquedad de la existencia.

De cierto modo, la naturaleza modélica de esos textos se percibe en la invariabilidad del punto alrededor del cual gira cada argumento. Con «El conflicto», por ejemplo, Piñera realiza la traducción del existir vacilante y limitado de Teodoro a los términos tangibles e inapelables de una cárcel. Para este personaje, la vida discurre entre lo posible (el deseo) y la realidad de lo posible (la satisfacción). Pero como se trata de un inadaptado que es, además, un pusilánime, ese discurrir se convierte en movimiento pendular, en encierro, en celda.

«El álbum» y «El baile» muestran un grupo de seres que han perdido, como Teodoro, la capacidad de moverse en línea recta y sin retroceder. Estos seres carecen de motivaciones, excepto la de discutir, en forma arbitraria y neurótica, los detalles de un acontecimiento social que va a repetirse («El baile»), o la de examinar unas fotografías más reales que el entorno en donde los observadores se desenvuelven («El álbum»). Tanto la repetición del baile como la observación del álbum devienen modelos y metas de la existencia. Cabe decir que son la existencia misma.

La libertad con que Piñera transita por el ámbito de la pesadilla («Proyecto para un sueño»), le confiere al autor la posibilidad de presentarnos y describirnos otro modelo del mundo: espacios poblados por enormes edificios cuyos habitantes son sistemáticamente confinados al terreno de la irrealidad y condenados a soportar torturas de todo tipo. En este cuento hay, además, una crítica a la despersonalización irreversible de la ciudad moderna.

A través de los cuentos del tercer grupo, Piñera explora las reacciones de sus personajes. Al mismo tiempo, ellos perciben, siquiera de un modo fugaz, la situación en que se encuentran y la naturaleza del entorno que los engloba tenazmente. El tipo de juego al que Piñera los somete es el de los acertijos, las proposiciones laberínticas. Ellas pueden ser noticias que no se esperan y que reclaman una postura, frases cuyos múltiples sentidos esconden uno verdadero, peticiones insoslayables, actos en apariencia desligados de la vida de los personajes.

Un examen somero de «La condecoración», «La cara», «El gran Baro» y «El interrogatorio» nos bastará para demostrar la pertinencia de agruparlos bajo la denominación de cuentos-enigmas. El primero se centra en el significado de un obsequio, el segundo muestra la historia de un sojuzgamiento alegórico, el tercero depara al lector los problemas de la incomunicación, y el último recrea dudas inhabituales en torno a la identidad.

La índole disímil de los enigmas condiciona la realización de asedios múltiples a varios personajes que actúan absurdamente, así como el contrapunto sistemático que se establece entre ellos. Estos cuatro cuentos intercambian sus rasgos.

El joven de «La condecoración» recibe de su padre un cuentamillas. No comprende el sentido del obsequio y el padre le explica que el cuentamillas le haría saber exactamente la distancia recorrida en años y años de trabajo. El oficio de viajante —sugiere el autor— sólo es recompensado con la admisión de una gloria cuya certidumbre se halla precisamente en el conocimiento del desgaste sufrido y de los muchos miles de metros salvados. El obsequio es, pues, la justificación de toda una existencia y expresa, a través de su mecanismo, el carácter mecánico y mediocre de aquélla. Esta misma mediocridad se convierte en *modus vivendi* de los dos personajes de «La cara». El rostro enigmático del antagonista, un hombre curtido por la soledad y la desesperanza, resulta tan atractivo como odioso. En el desenlace del cuento, Piñera nos muestra una solución del conflicto tanto más absurda y grotesca cuanto más se acerca a lo sublime. El rostro del desconocido, de ese hombre común, se magnifica en el nivel de la divinidad al mismo tiempo que se reduce a lo horrible. Estas últimas operaciones encuentran en «El gran Baro» una continuidad menos ilusoria: Baro, otro hombre común, sólo había acertado en la vida a lanzar discursos sombríos y sin relieve. De pronto es compelido a hacer lo contrario: deberá actuar como payaso. Su actuación es tan verídica y desata tantos malentendidos, que lo conduce a la muerte y da lugar a la disolución de su identidad. La conducta de Baro es objeto de largas inquisiciones, trasunto de las cuales podría ser, en una dimensión más concentrada, y tal vez por ello más compleja, el cuento «El interrogatorio». Sin embargo, éste no nos narra una historia sino el remate de una historia, es decir, las conclusiones en torno al análisis de esa existencia que se reduce a un mínimo de detalles. El personaje encausado sostiene su identidad, mientras que el interrogador, en una reducción al absurdo de los elementos constitutivos de esa identidad, termina por sembrar la duda en aquél. La solución del problema del *ser* —parece decirnos Piñera— no radica en la del mero *existir*.

La conducta obsesiva exhibe máscaras que el lector debe eludir si pretende acceder a un conocimiento cabal de aquéllas. Los cuentos del cuarto grupo focalizan —cada uno de ellos a través de procedimientos diversos y entornos dramáticos disímiles— una especie de neurosis que aparentemente no se relaciona con la naturaleza particular de los personajes y que, por esa razón, tiende a señalar sus orígenes en una zona hostil de la realidad. Sin embargo, la lectura atenta de relatos como «La gran escalera del Palacio Legislativo», «El señor ministro», «El enemigo» y «Unas cuantas cervezas» demuestra que, independientemente de aquella hostilidad, Piñera ha tenido la intención de separar en alguna medida a esos personajes de su entorno, de modo que el divorcio entre él y ellos justifique las operaciones de magnificar sentimientos obsesivos y de amplificar las secuelas de la ensoñación. En estos cuatro textos aparece un Piñera básicamente lúdicro (el juego es una de las vigas centrales de su narrativa), como sostiene la mayor parte de los críticos, sin que ello permita afirmar que el autor ha dejado de interesarse en los efectos de determinadas zonas de la realidad histórico-social sobre el individuo.

El sobrio examen de la personalidad del ministro oculta formas de lo banal. La monotonía de ese personaje se va incrustando en la mente del narrador-protagonista, de manera que ya no puede dejar de pensar en el ministro ni en la banalidad de sus actos más externos. El antihéroe de «El enemigo» se teme a sí mismo porque descubre que un miedo inmotivado le acecha. Ese mismo es un contradictor invisible que a causa de esta condición se diversifica y adquiere proporciones irreales, aunque capaces de degradar al personaje. Se diría que él empieza por someterse a un discreto autoanálisis y que se muestra objetivo al estudiar la historia de sus temores, pero luego Piñera se encarga de demostrarnos que el personaje es, desde el principio, un visionario de lo atroz, un individuo cuyo problema esencial carece de explicación dentro del cerrado ámbito narrativo que el autor le depara. En «La gran escalera del Palacio Legislativo», el amor al detalle plástico es la cobertura de la obsesión. La minuciosa trama en que se envuelven los personajes de «Unas cuantas cervezas» es un mero pretexto, un disfraz bajo el cual yacen sentimientos de venganza.

En los cuentos capsulares —el quinto grupo aludido al principio— Piñera acentúa los rasgos que, como sugiere José Rodríguez Feo en sus artículos de 1960 y 1989,[105] caracterizan en términos generales el estilo de su obra narrativa: adjetivación exigua, léxico preciso y frases que no admiten, en consecuencia, ambigüedad alguna. Estos textos breves se distinguen, en especial, por la diversidad de niveles de lo material y lo espiritual en los cuales se internan. No es aventurado suponer que en las interconexiones existentes entre ellos latía la intención, por parte del autor, de conformar una serie, una línea independiente en el sentido estructural de la organizada por los relatos más largos. Así ocurre, por ejemplo, con estas viñetas: «El parque», «El comercio», «La boda», «La batalla», «En el insomnio», «El infierno», «Una desnudez salvadora», «Natación» «La montaña» y «La locomotora».

Se trata de situaciones, atmósferas, sentimientos, actitudes y problemas que Piñera expone con rapidez. El narrador exhibe una gran objetividad y se limita a ofrecer informaciones en extremo concisas. Esto sucede independientemente de los asuntos que el autor se propone abordar.

La narración capsular permite a Piñera el adentramiento rápido en mundos cosificados, deshumanizados, mecánicos. El estado en que se hallan los personajes se refleja en un hondo mutismo y en una conducta fría que los hace inmunes al asombro, a la risa, a la tristeza. El propósito de describir esa conducta da origen a la preeminencia que adquieren los objetos —Vitier[106] y R. G. Gilden[107] aluden a esto—, los detalles más banales del paisaje y las características menos relevantes del entorno («El parque», «El comercio» y «La boda». El interés de Piñera por esos mundos se suma al que revelan cuentos como «La batalla», «La montaña» y «Natación»: al autor le preocupa el proceso de surgimiento, desarrollo y apogeo de una angustia expresada a través de la falta de sentimientos. Lo afectivo se halla ausente, y en su lugar Piñera coloca, como expresa Tomás López Ramírez,[108] un causalismo férreo que no permite digresiones atenuantes ni consideraciones que se aparten de ese rigor inhumano. Un ejemplo de ello es «En el insomnio». Otros cuentos de este grupo penetran en el ámbito de la irrealidad, o se basan en aspectos magnificados de la neurosis que desbordan el límite entre la vigilia y el sueño («Una desnudez salvadora», «La locomotora» y «El infierno»).

El absurdo es aquí un *modus operandi* sin orígenes ni historia visible. El comportamiento irracional de los personajes se muestra como algo inherente a ellos. Los textos capsulares se asemejan a segmentos significativos que el autor extrae de la realidad (el mundo interior de los personajes o el mundo exterior en que ellos se insertan). Cada una de las narraciones ofrece una idea particular cuyo sentido depende de preocupaciones generales del autor. Estas otorgan unidad a los textos.

Los dilemas del proceso creador, abordados por Piñera en los cuentos del sexto y último grupo, se resuelven fundamentalmente en dos largos relatos: «Muecas para escribientes» (1947), que se halla dividido en tres partes —«La risa», «Vea y oiga» y «Lo toma o lo deja»—, y «Concilio y discurso», ambos del libro que toma su título del relato de 1947.

El autor fija su atención en las complejidades y las consecuencias del acto creador (la literatu-

ra) con respecto al autor (el escribiente) y a los posibles lectores. Estos se convierten en personajes sin abandonar la condición que los distingue: son consumidores de literatura. En calidad de personajes, los lectores se identifican con el *yo* diversificado del autor, al mismo tiempo que evaden comportarse de un modo que los iguale a los protagonistas. Hay, sin embargo, ciertas circunstancias de la acción que indican lo contrario.

El creador se autoexamina y se somete a una vigilancia exhaustiva. Esa vigilancia se centra especialmente en las motivaciones del proceso de creación. Piñera nos muestra, a través de un desenfado que limita con lo grotesco, las interioridades de ese proceso. Además, pone al desnudo la psiquis de sus personajes-escribientes, accediendo así a lo autobiográfico. Piñera confiere al oficio de escritor una seriedad que es, sin embargo, cuestionada y ridiculizada por él mismo desde dentro de la ficción.

Lo lúdicro amplía las posibilidades de rescatar del proceso de la escritura matices que un discurso unidireccional sobre la creación, es decir, un discurso objetivador del curso externo de ese proceso, sólo alcanzaría a vislumbrar. En «Concilio y discurso» la literatura se asume como imprevisión e improvisación, mientras que en «Muecas para escribientes» se la distingue a modo de desdoblamiento, de separación artificial entre el autor y su mundo interior (el escritor y el objeto de la escritura). El tipo de composición mostrada por el primer cuento revela que el concilio papal es el discurso de Piñera y, de igual modo, la historia del concilio. El objeto (el concilio) contiene su propia explicación, su propia antítesis, su propio significado. La forma de «Muecas para escribientes» se funda en lo consecutivo, en la contigüidad de dos variaciones provenientes de un esquema inicial, primario.

Éstas son, *grosso modo*, las problemáticas a las que Piñera se acerca a través de los cuentos que escribió antes de 1959. Ellas pueden deslindarse según se ha hecho, pero sin soslayar una cuestión que las engloba y que constituye la base sobre la cual descansa toda la narrativa del autor: la lógica del absurdo.[109]

Es necesario mencionar los elementos que, en términos generales, dan origen a esa lógica: la conciencia del extravío ético del hombre, la sistematicidad de las vivencias alienatorias y la necesidad de imprimir coherencia literaria a ese extravío y a esas vivencias con el fin de apresar la esencia de un *modus vivendi* irracional.

El escritor abstrae del entorno vital inmediato los indicios de cosificación del ser humano. La abstracción es una forma de oposición al entorno, oposición que es tanto más eficaz cuanto menos se acerca a lo trágico. Como sostiene una parte de la crítica, el humor contribuye a la solidificación de ese universo literario del absurdo, un universo que se define en los excesos de una irracionalidad ocasionalmente festiva y siempre plena, inquebrantable, protegida de los asedios de la razón y la pasión cotidianas. Se trata, en fin, de una lógica cuya existencia puede explicarse si atendemos a la naturaleza del reflejo que el autor nos ofrece en sus cuentos: un reflejo altamente *distorsionado* de la deshumanización, como declaran muchos críticos. Es preciso subrayar esto porque la distorsión está condicionada por aquella necesidad de otorgar coherencia a ese mundo que aparece en los cuentos y, principalmente, por la sensibilidad de Piñera ante el desorden ético del hombre, caos en el que se funda una angustia. Esta última cuestión constituye un factor condicionante al que se debe sumar otro que, en las décadas del cuarenta y el cincuenta —los años de apogeo de nuestra cuentística y de la interiorización de diversas conquistas del vanguardismo entre nosotros—, funciona de modo particularmente notable: la influencia de la literatura existencialista, del teatro del absurdo y de otras formas de la cultura que practican un sondeo de sesgo ontológico en la decadencia moral del ser humano, las proyecciones más típicas de esa decadencia.

Así vistos, estos cuentos de Virgilio Piñera registran y concentran las experiencias de la alienación, operaciones que son valiosas y eficaces porque trascienden la realidad inmediata que las provoca. Ceñido a aquellas experiencias y a sus secuelas —el examen de un mundo que se reorganiza en la imaginación a partir de evidencias concretas y susceptibles de ser interpretadas li-

bremente—, Piñera nos ofrece una visión propia de nuestro pasado neocolonial. Esa visión logra ser universal en la medida en que aprehende lúcidamente lo singular.   [A. G.]

2.3.3.9 *La obra cuentística de O. Jorge Cardoso*

Entre los escritores que abordan en su obra la problemática social nacional con propósitos definitorios de su esencia y reivindicativos en cuanto a las clases y sectores del ámbito rural, sobresale, sin dudas, Onelio Jorge Cardoso. Mil novecientos cuarenta y cuatro es un año clave para su cuentística: aunque ya ha publicado algunos cuentos en revistas y obtenido premios y menciones por algunos de ellos, su práctica literaria, hasta ese año, puede ser considerada como de aprendizaje y búsqueda de su mejor expresión. En esos, sus primeros cuentos, el autor alcanza, sin grandes preocupaciones estructurales, eficacia comunicativa a partir de rasgos de realidad tomados de la tradición cuentera del cubano; sin embargo, aún no ha logrado, como sí hará después, conformar artísticamente la esencia de la fabulación popular ni desarrollar asuntos que, sin perder su individualidad en tanto hechos o procesos únicos, se proyectan hacia significaciones de mayor generalidad. Su obra comienza a manifestarse en esa dirección a partir de relatos como «El cuentero», «Mi hermana Visia», «Camino de las lomas», «Nino», todos de 1944. Desde esa fecha hasta aproximadamente 1952, la cuentística de Onelio Jorge Cardoso va a coincidir en cuanto a los propósitos más generales y algunos elementos del enunciado artístico, con la llamada corriente criollista del cuento cubano; sin embargo, su perspectiva trascendería, en aspectos bien relevantes, los presupuestos ideoestéticos del criollismo.

Entre esos aspectos, el más importante es la proposición de un modelo narrativo no simplemente reproductor de la situación de desamparo del campesino o del obrero agrícola, sino uno que contribuyera al análisis de los elementos ideológicos, políticos, culturales, éticos que lo informan, de lo que resulta una visión totalizadora de la realidad, desde una perspectiva de clase, lo que supone, dentro de la especificidad del discurso narrativo, una redefinición del problema nacional desde las clases populares, en la que se contemplen tanto las estructuras económicas como los elementos integrantes de la personalidad nacional aportados por esas clases, como su idiosincrasia, sus tradiciones, sus valores culturales y su propia experiencia cotidiana.

Estos propósitos se van a mantener y enriquecer en su cuentística posterior a 1952, cuando ya el criollismo, en tanto corriente con determinada significación dentro de la cuentística cubana, ha cumplido su ciclo vital. Hasta 1961, año que cierra la segunda etapa de la obra oneliana, la contradicción escritor-sistema social va a seguir informando, en última instancia, el ideal estético del autor, aunque —salvo excepciones— lo político-social no forma parte, de manera directa, de la base ideotemática de sus relatos, sino que se deduce, mediante la experiencia receptiva, de la situación organizada en cada uno de ellos y de todo su sistema expresivo.

A diferencia de muchos narradores latinoamericanos —incluidos los cubanos— de la década del 40 y el 50, Onelio Jorge Cardoso no pretende un receptor culto, especializado y apolítico. Su obra se dirige no sólo a aquellos que, consciente o inconscientemente, marginaban a los elementos populares, excluyéndolos, de hecho, del discurso cultural, sino a los propios sectores marginados. A pesar de condiciones adversas, como la escasa difusión de este tipo de literatura, de la indiferencia oficial, del alto grado de analfabetismo de la población y de otros escollos, Cardoso escribía para un potencial interlocutor popular, un sujeto social que podría reconocerse en los personajes de sus cuentos y podría, por tanto, reivindicar su identidad, sus valores, sus derechos y la legitimidad de su experiencia cotidiana y sus tradiciones culturales, en el contexto de las relaciones sociales.

En la primera etapa de la producción oneliana, la propuesta ideotemática del conjunto de cuentos parte, fundamentalmente, del interés del autor en mostrar, de manera representativa, experiencias extraordinarias enmarcadas por la vida cotidiana de la población rural. Para ello se vale, en varias ocasiones, de personalidades excepcionales que recogen el sentir de la colectividad y actúan en consecuencia, lo que los convierte en modelos paradigmáticos, aunque inalcanzables, de la conducta colectiva. Generalmente estos personajes (Nino en el cuento homónimo, el hermano de Vicente Naranjo en «Camino de las lomas», Amaranto en «Una visión», Martínez en «Los carboneros» o el viejo Lucas en «Hierro viejo») son hombres recios, valientes, dignos, de pocas palabras —casi siempre sentenciosas. El respeto y la admiración por este tipo de personaje se afirman en el plano composicional al ser presentados —ellos y sus historias— por un personaje-narrador al que, muchas veces, el primer narrador cede la palabra.

El hecho de centrar el conflicto en un personaje con características no comunes, no evita la capacidad del relato de referir una variedad mayor de vivencias, sobre todo porque —explícita e implícitamente— se establece la dicotomía fuerte-débil, aludiendo, por una parte, a la división clasista de la sociedad de entonces, y por otra, interpelando indirectamente al campesinado para que se constituyera en agente potencial de conductas sociales.

Síntesis de las potencialidades expresivas de Onelio Jorge Cardoso, «El cuentero», pieza que ha merecido ser incluida en casi todas las antologías cubanas sobre el género —y en no pocas extranjeras—, se inscribe también en la primera etapa de la cuentística del autor; sin embargo, sus valores señalan hacia su obra madura. Sin descontar sus cualidades intrínsecas, «El cuentero» exhibe más de un elemento de significación: con él, Onelio Jorge Cardoso iniciaría una temática que constituye, en cuanto a posibilidades de sugerencia y a la universalidad de sus proposiciones, la de mayor trascendencia en su obra narrativa: el tratamiento de los valores espirituales como parte inalienable de la condición humana. Dicha temática la desarrollará con los presupuestos de la población social que ha escogido como fuente de su población literaria: los hombres y mujeres del campo, de pequeños poblados e incluso de espacios urbanos, pero siempre pertenecientes a sectores populares.

Estructurado sobre la base de la tradición de los cuenteros populares cubanos, «El cuentero» propone una confrontación entre la necesidad del ser humano de obtener la verdad objetiva y el reclamo «igualmente válido» de verdades artísticas. Los compañeros del fantasioso protagonista de «El cuentero» se rebelan ante la mentira «representada por sus hiperbólicos relatos», pero precisan la satisfacción estética que éstos les ofrecen. La imaginación y la fantasía, legítimas en sí mismas como parte de la dimensión humana, funcionan en este cuento como representantes de valores más generales, al referirse, mediante su carga alegórica, a nociones de la cultura espiritual del hombre. La totalidad del cuento se proyecta, además, hacia otras cuestiones de orden gnoseológico, como el tratamiento de la dialéctica de la esencia y la apariencia, la importancia del factor subjetivo en la realización artística, el carácter transformador del arte y la universalidad de los requerimientos estéticos.

A partir de «El cuentero», otros relatos de este cariz aparecerán en todos los libros de Onelio Jorge Cardoso hasta conformar un verdadero sistema ético-estético acerca de la creación y la recepción de productos culturales. La mayor parte de esta temática la desarrollará después de 1962, pero ya en la segunda etapa, como se verá, escribe algunos de los más significativos ejemplos de ese propósito ideoestético que comenzó exitosamente con «El cuentero».

Varios elementos, tanto del plano ideotemático como composicional, aconsejan señalar una segunda etapa en la obra oneliana que se ubicaría entre 1953 y 1961, cuando aún la influencia del triunfo de la Revolución cubana, que marcará su obra posterior, no se ha manifestado en su sistema temático-expresivo. En esa segunda etapa, las personalidades extraordinarias que asumían la representatividad de la conducta ideal de toda la población literaria ceden terreno a personajes e historias más comunes, con la única excepción de Guadalupe, el protagonista de «En la caja del cuerpo» (1954), que parece resumir y llevar a su máxima expresión la caracterización de los protagonistas recios y parcos de la primera etapa. No por casualidad aparecen con mayor asiduidad los personajes femeninos, centrando historias en las que no sólo se tratan los efectos de la injusta estructuración social en cuanto a sus necesidades económicas, habitacionales, educativas, sino también —como consecuencia de esas condiciones y de la tradición machista de la sociedad cubana— la imposibilidad de dirigir sus destinos hacia el logro de una vida plena y feliz, superobjetivo por el que luchan casi todas las protagonistas de los cuentos de Onelio Jorge Cardoso.

Si en «Mi hermana Visia» —único representante de esta temática en la primera etapa— la necesidad de ampliarse el horizonte de expectativas lleva a una muchacha campesina —pobre, pero con posibilidades reales de supervivencia— a buscar en la ciudad las oportunidades de realización que el campo le niega, en «Estela» (1956) es la miseria en que quedaban sumidas las mujeres cuando moría o se alejaba el hombre de la casa, lo que la obligaba a tratar de subsistir en una pequeña población, mediante el trabajo asalariado, para el cual su endeble salud no estaba preparada. Leonela, la protagonista del cuento de igual nombre, no tiene, como Visia, la oportunidad, si bien fallida, de buscar su propio destino, o como Estela, de tratar de huir de la miseria mediante el trabajo, aunque éste fuera insalubre, agotador y mal pagado, sino que tiene que aceptar, contra su voluntad, una forma de prostitución por mandato de su padre y hermanos. En los tres casos, sin embargo, la muerte de las muchachas es el único resultado de sus afanes.

En «Después de los días» (1955), la concepción —históricamente conformada— de que la mujer no puede realizarse plenamente sino a través de la maternidad, provoca el conflicto central del cuento; el desamparo y sumisión de la mujer rural da sentido a «En la ciénaga», en el que se desarrolla el tema de la brusca, pero innegable solidaridad de los cenagueros en medio de la miseria, la incomunicación y la imposibilidad de la más mínima realización humana.

Aun en cuentos en los que la perspectiva del narrador no sigue las acciones de algún personaje femenino («El hombre marinero»), o en aquellos que están estructurados sobre la base de la sátira a determinadas actitudes («Mémé»), se mantiene la reflexión sobre la condición subordinada de la mujer, siempre con una perspectiva en simpatía con ella. «El hombre marinero» (1956) aborda, indirectamente, la situación de la mujer en una sociedad signada por la voluntad masculina: un caso de adulterio lleva al suicidio a un pescador, no por el abandono de su compañera, sino por las incesantes burlas que recibe de quienes lo rodean. Por su parte, Memé, en el cuento homónimo, representa, al igual que Leonela, la sumisión a los dictados paternos a que era obligada la mujer cubana en la seudorrepública. La psicopática invalidez de la protagonista proviene de la desobediencia de que fue capaz al casarse con un hombre no aceptado por su padre. El complejo de culpa la hace pagar con la inmovilidad tal desacato, castigo que sólo puede ser roto por una fuerza superior a la representada por la voluntad paterna, en este caso una también falsa «agua bendita».

Siete de los once cuentos publicados en libros, escritos en la etapa, tratan directa o indirectamente sobre la situación de la mujer en la sociedad. En todos los casos, el autor está de parte de ese sector humillado y discriminado en el pasado, y hace énfasis en su dignidad y en su derecho a una vida más plena.

El tratamiento de los valores espirituales es la otra temática de importancia en la segunda etapa de la cuentística oneliana. En esta vía Onelio Jorge escribirá, después de «El cuentero», dos narraciones —«La rueda de la fortuna» y «Los cuatro días de Mario Benjamín»— antes de dar a conocer «El caballo de coral», uno de los momentos más altos y significativos de su obra toda.

«La rueda de la fortuna» (1957), sin llegar a la excelencia de otros ejemplos, propone una reflexión sobre la deformación que pueden lograr los medios de comunicación masiva en la fantasía natural del hombre y en su afán de mejorar sus condiciones de vida. Organizado con recursos humorísticos —hasta entonces no muy utilizados por el autor— y en un espacio urbano, al contrario del resto de sus cuentos hasta el 61, «La rueda de la fortuna» contrapone la historia edulcorada y falsa de «un muerto de hambre del cine», quien con su solo esfuerzo e inteligencia

logra la fortuna y la felicidad, con la realidad de un joven pobre, fantasioso e ilusionado con la idea de «llegar a algo algún día», como el protagonista del filme que acaba de ver.

Entre los principios sobre el hecho estético más reiterados en la obra de Onelio Jorge, está el que se refiere a la relación sujeto artístico-sociedad, apuntado ya de alguna manera en «El cuentero» e iniciado como centro temático en «Los cuatro días de Mario Benjamín» (1958). En este relato —en el que el autor inaugura la narración monologal en segunda persona—, la relación antes dicha se identifica con la de sensibilidad poética-práctica social. Un buen poeta es, según la proposición de este relato, «primero corazón y luego consonancias medidas o versos libres»; pero ese poeta —que podemos interpretar como singularización de la intelectualidad toda—, al poner su talento al servicio de la colectividad en las sociedades divididas en clases, ha de estar dispuesto a enfrentar los riesgos que esa sociedad crea para el artista. En este caso el protagonista pretende, en medio de un mundo hostil, concretar sus ilusiones y fantasías en un bien colectivo: la construcción de un gran parque infantil. El autor organiza su fábula en simpatía con este personaje, al que caracteriza a partir de una relación de solidaridad; sin embargo, en el juicio de la actividad del poeta, que sugiere una valoración del papel del intelectual en la sociedad, está implícita la crítica a la debilidad de éste, en cuanto a su ingenua confianza en los deshonestos representantes del poder, la colaboración con ellos y la respuesta —evasiva— a la frustración de su ideal.

De este modo, desde una relación de oposición en última instancia, el autor aporta a su temática sobre los valores espirituales el tratamiento de la función ético-social, no ya de la obra literaria, sino del sujeto artístico, representado por Mario Benjamín. Este tema lo va a reiterar, con variaciones, en otros relatos; entre ellos «El caballo de coral», básico en la temática que se aborda, por sus multifacéticas proposiciones ideoestéticas.

Si el conflicto de «El cuentero» se centra en la relación verdad objetiva-verdad artística, en «El caballo de coral» esa relación será, sobre todo, necesidad material-necesidad estética. Un aspecto salta desde la primera lectura: la inquietud cognoscitiva de los dos personajes principales, quienes, con las lógicas variantes determinadas por su distinta ubicación clasista, garantizan lo general de los requerimientos estéticos. Un joven pescador de langostas, con hambre de pan y afán de conocimiento, de aprehensión del mundo que lo rodea, desarrolla, mediante un estímulo, la inquietud estética; un hombre rico, harto de pan y con suficiente cultura, necesita igualmente satisfacciones espirituales, lo que hace pensar al pescador que «el hombre tiene dos hambres», frase que puede servir de lema al ensayo que sobre la cultura espiritual realizó Onelio Jorge en buena parte de su obra. La condición social de cada uno de los dos personajes principales es, en este relato, indispensable para el desarrollo lógico de la imagen artística, teniendo en cuenta, sobre todo, la época en que se ubica la acción.

Desde el punto de vista literario, el hombre rico, además de ser uno de los polos para la demostración de la indefectibilidad de los valores estéticos, funciona como portador de la conciencia artística como fuerza transformadora de la realidad y de la vida espiritual del hombre; el pescador, receptor de esa conciencia dentro del mundo presentado en el cuento, se transforma, mediante la ampliación de su marco de referencias y preocupaciones, en emisor —en este caso dirigiéndose al lector implícito— de esos valores, a partir de su propia comprensión de las dos «hambres» humanas.

La utilización de elementos del espacio argumental con función simbólica ya había sido practicada por el autor en cuentos anteriores, como el gajo de naranjo de «Hierro viejo», o la mosca de «En la caja del cuerpo», pero es en «El caballo de coral» donde por primera vez el relato de los acontecimientos se centra en un símbolo, tomado, por demás, del mundo de lo fantástico: un pequeño caballito rojo que, según el hombre rico, galopa por el fondo del mar.

En este relato —como también en «El cuentero»—, el tratamiento de lo fantástico deja sentada la verosimilitud de los acontecimientos. En el cuento de 1944 son las fabulaciones de Juan Candela, perfectamente percibidas por sus oyentes —y los lectores—como «mentiras», las que remiten a lo fantástico o más bien a lo fantasioso. En «El caballo de coral» ninguno de los pescadores del *Eumelia* ha visto el caballito; ni siquiera Lucio, el joven langostero que narra la historia, está seguro de haberlo visto sino en los afiebrados ojos del rico. Esta diferenciación entre el mundo objetivo y la percepción fantástica de algunos aspectos del mismo, que hacen que el lector esté consciente de los límites entre la realidad y la fantasía, se limitará hasta casi desaparecer en la obra madura del autor cuando tanto él como su lector han ido aprendiendo su práctica, su ideología, su ética.

El hecho de desarrollar en un contexto popular sus concepciones acerca de asuntos de índole cultural, como lo ha hecho Onelio Jorge Cardoso, tiene varias connotaciones trascendentes. No se trata de elucubraciones de élites intelectuales, ni de operaciones valorativas de un autor ajeno al mundo que presenta. Son los hombres y mujeres del pueblo —que en el pasado pertenecían a sectores marginados por las formas culturales hegemónicas— los que producen y reciben —y aun juzgan— las manifestaciones artísticas, y estos parten de su propia experiencia, de sus tradiciones y de «una forma de conciencia muy avanzada», como ha expresado el propio autor. Hay, pues, no sólo una intención reivindicativa de la cultura popular —cuyos inicios se sitúan en estos cuentos—, reconociendo su carácter activo a través de sus elementos integrativos, sino una proposición de universalidad de los valores culturales, no de manera abstracta, sino precisamente desde la perspectiva de esas clases y sectores populares.

Los propósitos ideoestéticos del autor han tenido una verdadera objetivación, dentro de lo específico literario, mediante una facturación artística que se corresponde adecuadamente con ellos. Basar una cuentística en la vida y preocupaciones de clases populares en un país determinado, exige un sistema expresivo que no traicione su carácter, cultura, historia, y que logre con los instrumentos de la fabulación narrativa, una interrelación activa entre la realidad y su plasmación estética. Esto lo logra ampliamente Onelio Jorge, sobre todo en cuanto a la reorganización, en el plano de la expresión literaria, del habla rural. En la obra de este autor, la relación entre el habla como comunicación social y su enunciado artístico se produce de manera coherente, gracias a la capacidad de discernimiento y síntesis de lo esencial y lo aparencial en cuanto a formas de comunicación de los hombres y mujeres que le sirvan de fuente.

Apenas se encuentran en su obra transcripciones fonéticas del habla rural, como era común en buena parte de la narrativa cubana y latinoamericana en general, que pretendía captar rasgos típicos regionales; tampoco hay regodeo pintoresquista en el uso de refranes, frases hechas, giros sintácticos de uso común, lo que lo distancia de la narrativa eminentemente costumbrista y en especial de la mayoría de los autores criollistas. Para lograrlo, el autor ha elaborado artísticamente una fecunda materia prima que conoce desde la infancia: el sistema lingüístico de los cuentos onelianos parte de la aprehensión de las características esenciales del habla rural cubana, entre ellas un determinado ritmo interno y una organización sintáctica particular, además de la tradición sentenciosa y el hablar por imágenes, cuya base analógica se encuentra en el propio entorno natural. Este sistema expresivo verbal que complementa la coherencia del mundo presentado en sus cuentos, es el aporte más significativo de la obra oneliana a la literatura cubana. Sin negar otros intentos y aproximaciones, es Onelio Jorge Cardoso quien logra romper definitivamente con la retórica de la narrativa campesinista que inauguran, cada cual a su modo, Jesús Castellanos y Luis Felipe Rodríguez, y ofrecer —de acuerdo con su proyecto ideoestético— una visión legítima del aspecto de la realidad de que se trata.

Especial importancia tiene también en Onelio Jorge el trabajo con el narrador. En la mayoría de sus cuentos, éste es un personaje activo que no se distancia del mundo presentado; es parte de ese mundo: actor o testigo de la acción que narra, lo que permite que apenas se note la intervención del autor y se perciba ese aire de

oralidad, ese tono de verosimilitud —por muy fantástico que sea lo tratado— que contribuye a acortar la distancia entre autor y lector. En las etapas que tratamos, sólo nueve de veintidós cuentos (publicados en libros) utilizan la técnica de la omnisciencia, y aun en ellos el recurso está limitado por la perspectiva del narrador y la influencia del enunciado de los personajes en su lenguaje, lo que lo acerca más a un discurso contado por un testigo innominado que a la voz autoral.

Los procedimientos para la narración por medio de personajes no son nada simplistas en la obra oneliana. En algunos casos («El cuentero», «Nino», «Una visión», «En la caja del cuerpo») dos personajes se distribuyen la función narrativa: uno de ellos presenta al que relata una acción enmarcada. No siempre esa acción centra el interés del cuento. Si en «Nino», «Una visión», o «En la caja del cuerpo», las historias de los segundos narradores aportan el conflicto central, en «El cuentero» son las acciones y reacciones que va refiriendo el primer narrador —incluyendo la presentación y descripción de Juan Candela— las que dan sentido a los relatos insertados y a toda la obra. En la totalidad de los casos, sin embargo, hay una estrecha relación dialéctica entre los dos narradores y sus respectivas historias.

El narrador-personaje no sólo tiene la función de hacer más verídicos los acontecimientos y sus actores. Al dejar contar a sus criaturas, Onelio les reconoce, a los sectores poblacionales que le sirven de asunto literario, la capacidad de hacer la historia general de una realidad que les es propia, con conciencia de su personalidad, su cultura y su experiencia, objetivo básico, como hemos visto, de su proyecto narrativo.

Las funciones de los narradores y el relieve narrativo en general están sustentados por una estructura armónica y coherente que no deja la impresión de un complicado esquema de composición previo y que, sin embargo, demuestra la capacidad del autor en cuanto a la organización eficaz y sugestiva de sus relatos. Desde sus primeros cuentos, pero sobre todo en los posteriores a 1944, el autor introduce al lector en un cosmos que existe antes de la primera palabra de cada relato. De ahí la importancia de sus inicios, que sirven de línea comunicante entre el mundo donde se inserta la historia y los acontecimientos que ésta recoge.

Dentro del plano argumental, el trabajo tempoespacial es de singular relevancia en la obra de Onelio Jorge. En muchos de sus relatos, el orden temporal no es cronológico, y el espacio ofrece complejidades en su tratamiento. Los procedimientos en cuanto a estos subsistemas se enriquecerán en su obra mayor, pero son ganancias tempranas de Onelio Jorge. Los juegos temporales, en los cuentos anteriores a 1962, se caracterizan por ser, casi siempre, anunciados por el narrador-personaje, quien presenta determinadas retrospectivas o digresiones, y logra, de manera coherente, una yuxtaposición temporal que fluye orgánicamente.

Otro tanto ocurre con el espacio al que Onelio Jorge confiere determinada carga de significación. Así, en «Nino», por ejemplo, la descripción del lugar donde se produce el acontecimiento central del cuento apunta hacia la tranquilidad y relativa estabilidad del campesino dueño de su tierra y apegado a ella; este espacio es asaltado por la representación del poder (el cabo Celorio Ramos); el equilibrio del campesino no dependiente se rompe, lo que provoca su reacción (el homicidio) y el resto de los sucesos. Esta acción está enmarcada por otra (el velorio) que se desarrolla en un espacio social igualmente semantizado, que permite conocer las tergiversaciones sobre el homicidio y las reacciones de solidaridad con Nino del segundo narrador. En «El cuentero», por su parte, los espacios abiertos evocados por Candela permiten a sus oyentes ampliar sus horizontes, olvidar el barracón pobre, mal iluminado y antihigiénico, que es en definitiva el espacio real donde el cuentero hilvana sus fabulosas historias.

Éstos y otros factores, como el hecho de que las descripciones sean mínimas y generalmente dinámicas, que los personajes se definan por sus acciones y por lo que de ellos piensa el resto de la población fabular, y no por operaciones valorativas del narrador, que no haya tratamiento excesivo de la circunstancia contextual, y otros, indican que no importa tanto el ser individual como la colectivización de determinada experiencia, aunque esta intención se objetiva artísticamente en historias individualizadas, sin tesis sociológica previa.

Ajeno al verismo documental de raíz naturalista, Onelio Jorge Cardoso ha desarrollado una cuentística cuyos ejemplos se insertan, sin excepción, dentro del realismo. Un realismo que no se detiene en lo aparencial, sino que va a la esencia de los acontecimientos y seres que le sirven de asunto, para entregar, mediante los instrumentos de expresión de la obra de arte, una realidad más profunda, más compleja y no por ello menos legítima. La amplitud semántica de su discurso narrativo, que incluye un acercamiento dialéctico entre lo singular, lo nacional y lo universal, permite una efectiva recepción, tanto de los lectores cubanos como de otros espacios geográficos y socioculturales. Sin evadir un ápice su circunstancia epocal, geográfica, histórica, cultural, los cuentos de Onelio Jorge Cardoso escapan a un estrecho marco regionalista para significar lo verdaderamente universal: el hombre, sus angustias, sus esperanzas, sus realidades, sus fantasías. Al no resultar de una visión exterior y distanciada, y gracias a un eficaz método de conformación artística, la síntesis de lo cubano que constituye la obra oneliana es también una reflexión sobre el hombre y sus circunstancias, sus anhelos y sus necesidades, una vida más plena, más cabal.

[D. G. R.]

NOTAS
(Capítulo 2.3)

[1] Ricardo Hernández Otero: *La literatura cubana en la segunda etapa de la neocolonia*. Instituto de Literatura y Lingüística, La Habana, 1983.

[2] Ibíd., p. 19.

[3] Ambrosio Fornet: *En blanco y negro*. Ob. cit.

[4] En términos generales, estos defectos —contrarios a la sensibilidad actual— no fueron objeto de reparos en los años en que aparecen los libros del autor, excepción hecha de los pronunciamientos de Juan Marinello —«Americanismo y cubanismo literarios» (1932)—, aparecidos al frente de la primera edición de *Marcos Antilla. Relatos de cañaveral*, que corresponde a ese mismo año.

[5] José Antonio Foncueva (1910-1930), por ejemplo, escribió sólo dos cuentos rurales —«El hijo», publicado en *Aurora* en 1928, y «El cangrejo», aparecido en *Bohemia* el mismo año, que revelaron en él ciertas cualidades como narrador.

[6] Marcelo Salinas (1889-?) publicó cuentos rurales a fines de la década del veinte en la prensa periódica.

[7] De Rubén Martínez Villena (1899-1934), por ejemplo, se conoce un interesante y logrado cuento rural —«Un nombre», recogido póstumamente en *Un nombre (prosa literaria)* (1940)—, en el que se aborda, desde el punto de vista de la psiquis de dos personajes, el contraste entre el campo y la ciudad.

[8] Susana Montero recogió estos relatos en *La estrella y otros cuentos* (1988), volumen de imprescindible consulta para conocer lo fundamental de la obra cuentística de Aurora Villar Buceta.

[9] El hecho de que no existe aún un acercamiento global a estas tendencias nos obliga a hablar de valoraciones específicas, dirigidas al esclarecimiento de los aportes de determinadas figuras.

[10] Manuel Cofiño: «Prólogo», en Enrique Serpa: *Aletas de tiburón*. Editorial Arte y Literatura, La Habana, 1975, pp. 5-11.

[11] También Regino Pedroso (1896-1983) se acercó a la temática obrera. De ella resaltó la brutalidad del trabajo y la cosificación del hombre, tópicos abordados en su relato «Sólo acero», escrito a principios de la década del treinta.

[12] Adis Barrio: «Los cuentos de Carlos Loveira», en *Anuario L/L* núm. 17, 1986, Serie Literatura, pp. 109-129.

[13] El libro de Cabrera Infante posee una novedosa estructura externa que le permite intercalar relatos convenientemente fragmentados en los que se aborda el asunto de las luchas sociales y la violencia revolucionaria en la ciudad.

[14] José Antonio Portuondo: *Cuentos cubanos contemporáneos*. Selección, introducción y notas del autor. Editorial Leyenda, México D.F., 1946.

[15] La autora publicó en 1960 su novela *Mañana es 26*. Después de la radicación en el extranjero ha dado a conocer otros libros, entre los que se destacan algunos para niños y jóvenes, así como sus novelas *El sitio de nadie* y *Felices pascuas*, obras que resultaron finalistas, en 1972 y 1975 respectivamente, del concurso a que convoca la Editorial Planeta.

[16] No se quiere decir con esta denominación, como es obvio, que es sólo en esta tendencia donde se observan contenidos y alcance universales. Más bien se alude al intento, ostensible en ella, de tratar fenómenos y problemáticas de un carácter manifiestamente ecuménico.

[17] Sergio Chaple: «El cuento en Cuba». *Anuario L/L*. La Habana, núm. 5, 1974, pp. 91-100.

[18] El adentramiento en realidades foráneas no se vincula sólo al magisterio de Hernández Catá. También se siente el influjo de la cuentística norteamericana de entonces. Federico de Ibarzábal y Marcelo Pogolotti escribieron cuentos ubicados en la realidad estadounidense, incluidos en *Derelictos* (1937) y *Los apuntes de Juan Pinto* (1951), respectivamente.

[19] En rigor, es ilegítimo atribuir esa condición a Arístides Fernández, pues ya Esteban Borrero Echevarría (1849-1906) había dado a conocer su cuento «Calófilo» en 1879 en la *Revista de Cuba* y

ve iniciada la publicación de su noveleta «Aventura de las hormigas» en 1888 en las páginas de la *Revista Cubana*. En ambos textos se observa una curiosa combinación de elementos fantásticos e imaginativos.

20 Véase también la recopilación *Cuban Short Stories*, realizada por Manuel Pedro González y Margaret S. Husson, publicada en Nueva York en 1942.

21 Pueden consultarse, entre otros, los siguientes textos críticos: G. González y Contreras: «La sátira y el humorismo en Luis Felipe Rodríguez», en *Revista Cubana*, La Habana, 6 (16-18): 255-261, abril-junio, 1936; Juan Marinello: «Americanismo y cubanismo literarios», en Luis F. Rodríguez: *Marcos Antilla. Relatos de cañaveral*. Editorial Hermes, La Habana, 1931, pp. 3-16; Alberto Rocasolano: «Luis Felipe Rodríguez entre el querer y el poder», en *Unión*, La Habana, 10 (1-2): 123-127, marzo-junio, 1971.

22 Ediciones Gallimard. Algunos de estos cuentos habían sido leídos en París ante reducidos grupos de escritores. Otros se habían publicado, ya traducidos al francés, en revistas como *Cahiers du Sud*, *Revue de Paris* y *Les Nouvelles Littéraires*. Fue inicialmente Francia de Miomandre quien tradujo una serie de ellos y los ofreció al editor Paul Morand, que los publicó bajo el título mencionado. La primera edición de este libro en español tuvo lugar en La Habana, en 1940, en la imprenta La Verónica de Miguel Altolaguirre, con prólogo de Fernando Ortiz.

23 Fernando Ortiz: «Dos nuevos libros del folklore afrocubano», en *Revista Bimestre Cubana*, La Habana, 42; Segundo Semestre, 1938, pp. 307-320.

24 Ob. cit., pp. 309-310. El propio investigador plantea la casi seguridad de que no todos los cuentos negros coleccionados sean de origen yoruba, pues en algunos de ellos es evidente la huella de la civilización blanca, cuando no están presentes peculiares fenómenos de transición cultural, como cuando el narrador atribuye a los dioses el cargo de secretario del Tribunal Supremo o el de Capitán de Bomberos.

25 Estos sistemas mágico-religiosos tienen sus orígenes en los cultos sincréticos resultantes de dicho proceso de transculturación, y deben ser interpretados como la respuesta rebelde del negro desarraigado de su país natal contra la esclavitud, a modo de reafirmación personal de su propia identidad.

26 Lydia Cabrera: *El monte. Igbo finda, ewe orisha, vititinfinda. (Notas sobre las religiones, la magia, las supersticiones y el folklore de los negros criollos y del pueblo de Cuba.)* Editorial Letras Cubanas, La Habana, 1989, p. 18.

27 Roger Bastide: «Prefacio» en L. Cabrera: *Anagó. Vocabulario lucumí (el yoruba que se habla en Cuba)*. Ed. CA, La Habana, 1957, p. 7.

28 Una vez en el extranjero, adonde marchó en junio de 1960, Lydia Cabrera ha realizado, a saber, los siguientes trabajos, después de diez años sin que publicara libro alguno: en 1968, reeditó *El monte*; en 1970 *Anagó. Vocabulario lucumí*, *Refranes de negros viejos* y *La Sociedad secreta abakuá*; editó un nuevo libro: *Otán Iyobiyó, las piedras preciosas*; en 1971, un nuevo libro de ficción, *Ayapá: cuentos de Jicotea*. En 1972 reeditó *Cuentos negros de Cuba* y *Por qué... cuentos negros de Cuba*; en 1973 publicó en Madrid *La laguna sagrada de San Joaquín*, y en 1974 *Yemayá y Ochún, las diosas del agua (Kariochas y olorichas)*; en 1975, *Anaforuana, ritual y símbolos de la iniciación en la sociedad secreta abakuá*; en 1976, *Francisco y Francisca, Chascarrillos de negros viejos*; en 1977, *La Regla Kimbisa del Santo Cristo del Buen Viaje* e *Itinerarios del Insomnio. Trinidad de Cuba*. Como puede observarse, además de perseverar en la temática negrista con libros nuevos, ha reeditado prácticamente todos sus títulos, por los cuales era ya famosa antes de abandonar el país.

29 Suele escribirse ese apellido de esta manera en Cuba por exigirlo así la ortografía fonética castellana; el apellido, originalmente, es Lachataignerais.

30 Prólogo de Fernando Ortiz. (Editorial El Arte, Manzanillo [Oriente], 1938, p. 7.)

31 Ibíd.

32 Susana Montero: «Poesía, realidad y mito en ¡¡Oh mío Yemayá!!», en *Del Caribe*. Santiago de Cuba, (7), 1987.

33 José A. Portuondo: «Rómulo Lachatañeré», en su *Cuentos cubanos contemporáneos*. Editorial Leyenda, México D.F, 1946, pp. 191-192.

34 Nicolás Guillén: «Rómulo Lachatañeré», en su *Prosa de prisa (Crónicas)*. Tomo II. Editorial Letras Cubanas, La Habana, 1962, pp. 100-103.

35 Uno de los cuentos de esa colección, «Ella no creía en bilongos», había sido publicado en la *Antología del cuento en Cuba* (1902-1952) preparada por Salvador Bueno en 1953. La Habana, Ediciones del Cincuentenario.

36 Salvador Bueno: *Antología del cuento en Cuba* (1902-1952). Ob. cit., p. 99.

[37] El «cuarto fambá», dentro de esas concepciones religiosas, es el sitio donde los «ñáñigos» celebran sus sesiones, donde se reúnen para tomar acuerdos de obligatorio cumplimiento.

[38] Al respecto, consúltese: *El negro en la literatura folklórica cubana*. Compilación, prólogo y notas de Samuel Feijóo. La Habana, Editorial Letras Cubanas, 1987.

[39] Contiene cuentos de Pablo de la Torriente Brau y de Gonzalo Mazas Garbayo. En 1962 se publicó *Cuentos de Batey*. La Habana, Ediciones Nuevo Mundo, que recoge nueve de los doce cuentos originales de Torriente Brau.

[40] «Pablo de la Torriente Brau», en *Cuentos de Batey*. Ob. cit., p. 11.

[41] Ibíd.

[42] Pablo de la Torriente sufrió presidio durante veintisiete meses entre 1931 y 1933 en las prisiones del Castillo del Príncipe y La Cabaña, en La Habana, y en la cárcel de Nueva Gerona y Presidio Modelo en Isla de Pinos. Ver: «Carta a José A. Fernández de Castro», en Pablo de la Torriente Brau: *Cartas cruzadas* (Selección, prólogo y notas de Víctor Casaus). Editorial Letras Cubanas, La Habana, 1981, p. 35.

[43] Ver Diana Abad: «Pablo de la Torriente Brau: bibliografía activa», en revista *Universidad de La Habana*, n. 206, abril-diciembre, 1977, pp. 157-194.

[44] Posteriormente integrado a *Presidio Modelo*.

[45] «105 días preso» fue publicado en *El Mundo* desde el 26 de abril hasta el 8 de mayo de 1931. «La isla de los 500 asesinatos», en *Ahora*, del 8 al 24 de enero de 1934. «Tierra o sangre» apareció en el mismo periódico entre el 16 y el 24 de noviembre del propio año. Los dos primeros fueron recogidos en *Pluma en ristre* (Selección de Raúl Roa). La Habana, Publicaciones del Ministerio de Educación, 1949. Posteriormente han aparecido en forma de libro o formando parte de volúmenes con selecciones de obras del autor. Ver Diana Abad: ob. cit.

[46] *Presidio modelo* sólo pudo ser publicado en 1969 (Editorial de Ciencias Sociales, La Habana). Existe otra edición, de la misma casa editora, correspondiente a 1975.

[47] Pablo de la Torriente: «Carta a José A. Fernández de Castro» (14 de agosto de 1935) en *Cartas cruzadas*, ob. cit., p. 128.

[48] «Entrevista con Enrique Serpa», periódico *Mañana*, La Habana, 17 de marzo de 1957, p. 4.

[49] Doce cuentos de *Historias del juez* fueron publicados, entre enero de 1965 y febrero de 1968, en el periódico *El Mundo* y la revista *Bohemia*. Manuel Cofiño seleccionó algunos para Enrique Serpa: *Aletas de tiburón*. Selección y prólogo de Manuel Cofiño. Editorial Arte y Literatura, La Habana, 1975.

[50] Montenegro nació en Galicia, España. Aunque pudo haber aprendido allí el castellano, los casticismos que utiliza parecen provenir más de un afán cultista, sin una suficiente base cultural, que de su origen.

[51] Carlos Montenegro estuvo vinculado al movimiento obrero y comunista cubano. Colaboró como periodista en el diario *Hoy* y el semanario *Mediodía*. Posteriormente traicionó esos ideales y se identificó con personeros y grupos batistianos. Al triunfo de la Revolución abandonó el país, y falleció en EE.UU.

[52] Resulta curioso que ninguno de ellos posea título, excepción hecha del tercero: «El primer dios». Los restantes sólo pueden identificarse a través del número que ostentan.

[53] *El Mensuario de Arte, Literatura, Historia y Crítica* (1949-1951) y las revistas *Espuela de Plata* (1939-1941) y *Orígenes* (1944-1956) habían dado acogida en sus páginas a algunos relatos del autor.

[54] Sergio Chaple: «El cuento en Cuba», en *Anuario L/L* núm. 5, 1974, pp. 91-100. La crítica en torno a las narraciones de Arístides Fernández ha sido escasa, pero la tendencia general de los comentarios sobre los cuentos del autor es a juzgarlos precursores del tipo de relato semifantástico cultivado en momentos posteriores, y también antecedentes inmediatos de las exploraciones de sesgo existencialista de una zona de la narrativa cubana de la década del cincuenta.

[55] José Lezama Lima: «Arístides Fernández. 1904-1934», en su *La cantidad hechizada*. UNEAC, La Habana, 1970, pp. 339-360.

[56] Este texto, conocido sobre todo como «La cotorra», es el más antologado del autor.

[57] Juan J. Remos: «Carne de quimera», en *Revista Cubana*. 21: 182-184, abril-junio, 1957.

[58] Salvador Bueno: *Trayectoria de Labrador Ruiz. (A los 25 años de Laberinto)*. Editorial Librería Martí, La Habana, 1958.

[59] Salvador Bueno: «Arístides Fernández. 1904-1934», en su *Antología del cuento en Cuba (1902-1952)*.

Dirección de Cultura del Ministerio de Educación, La Habana, 1953.

60 Ambrosio Fornet: *En blanco y negro*. Ob. cit.

61 Mario Rodríguez Alemán: «Sobre *El gallo en el espejo*», en *Universidad de La Habana*, La Habana, (115-117): 233-236, julio-diciembre, 1954.

62 Nueve de estos relatos fueron incluidos en el bolsilibro publicado en 1976 (*Cuentos*. Ediciones Unión, La Habana), ampliado a doce en la sección «Cuentos escogidos» del volumen *Letras*. Editorial Letras Cubanas, La Habana, 1980.

63 Inmigrante gallego en Cuba a los siete años, mozo de limpieza, carbonero, cortador de caña, contrabandista por mar, boxeador, chofer, hasta abrirse paso al mundo del periodismo y la literatura a finales de los años 20. En la carta-nota de presentación de *Un experimento en el barrio chino* (1936), Novás Calvo señala: «Mis trabajos y andanzas son superiores a mis obras; pero el haber vivido agitadamente puede ofrecer alguna garantía al lector, puesto que buena parte de lo que he escrito (y he escrito bastante en poco tiempo) está basado en mis experiencias. Soy de los que necesitan de la realidad para llegar a la imaginación, de la verdad para decir la mentira.» Véase Lino Novás Calvo: *Un experimento en el barrio chino*. Eds. Madrid Reunidos, 1936, pp. 3-4. Decepcionado de la creación artística, deja de escribir ficción en la década del 50, y se dedica, mayormente, a la edición de la revista *Bohemia*.

64 En cartas a José Antonio Fernández de Castro y Emilio Ballagas, fechadas en Madrid, 1932, hace alusión a la publicación de cuentos en la *Revista de Occidente*, así como en la presentación de *Un experimento en el barrio chino*. «La luna de los ñáñigos» tendrá después por título «En las afueras». «En el cayo» aparece junto al anterior en *La luna nona y otros cuentos*. Nuevamente es incluido en *Cayo Canas* bajo el nombre de «El otro cayo». Sobre este último indica: «Tengo un cuento en la *R de O* que me gusta y gustó mucho. Saldrá dentro de unos meses. Es la tragedia de una partida de carboneros hechos esclavos en un cayo, con un ciclón por desenlace. El ciclón barre, cuando ya todos están barridos por los fusiles. Veremos qué efecto hace. Es lo más hondo, trágico y personal que he hecho. Estoy tratando de patentizar un estilo.» (Carta a José Antonio Fernández de Castro, 1932.) Para algunos estudiosos de la obra de Novás Calvo, «Aquella noche salieron los muertos» y «La noche de Ramón Yendía» fueron también concebidos en los años 30. Véase Agustín del Saz: «Lino Novás Calvo y la no-

vela de protesta social». *Revista Cubana* (La Habana) (26): 320-323, enero-febrero, 1950.

65 *La luna nona y otros cuentos* está compuesta por el relato homónimo, «Aquella noche salieron los muertos», «La noche de Ramón Yendía», «Long Island», «En el cayo», «En las afueras», «La primera lección» y «Hombre malo». *Cayo Canas*, además del cuento que le da nombre, incluye «El otro cayo», «La visión de Tamaría», «Un dedo encima» —por el que Novás Calvo recibió el Premio «Hernández Catá» en 1942—, «No le sé desil», «Trínquenme bien a ese hombre» y "Aliados" y "Alemanes"». Sobre el primer libro dice el autor en carta a José María Chacón y Calvo, fechada en La Habana, 1942: «Este tomo consta de cuentos cubanos, salvo uno o dos escritos en distintos períodos desde 1932. Dos de ellos han sido publicados en la *Revista de Occidente*; los demás, son inéditos.»

66 Los cuentos se ubican desde 1940 hasta 1952. De los incluidos en libros están: «Hombre malo» (1941), «No sé quién soy» (1943), «Trínquenme bien a ese hombre» (1944). Además, «No pasa nada» (1940), «El primer almirante» (1941), «Angusola y los cuchillos» (1947).

67 El ciclo incluye «La imagen que yo recuerdo» (1947), «El día de la victoria» (1947), «Mi hermana Laurita y nosotros» (1949), «Mi prima Candita» (1950 y segunda publicación, 1954), «A ese lugar donde me llaman» (1951) y «Mi tío Antón Calvo» (1951). Alternan con los cuentos policíacos, y salvo «El día de la victoria» son publicados en *Orígenes*, *Trimestres* y *Mensuario de Arte, Literatura, Historia y Crítica*.

68 Forman parte de este grupo: «Un sábado por la tarde» (1948), «El santo de cerillo» (1948), «La yegua ruina y el tiro chiquito» (1951), «Historia de un asalto» (1951), «Elsa Colina y los tantos millones» (1952). Todos son publicados en *Bohemia*.

69 Con frecuencia Lino Novás Calvo ha sido considerado existencialista. Por ejemplo, véase Jane Murdock Snaidas: *Four Major Cuban Short Story Writers*. EE.UU., University of Kansas, 1961, [Tesis Master in Arts].

70 «La visión de Tamaría», en *Cayo Canas* (*Cuentos cubanos*). Buenos Aires-México, Eds. Espasa-Calpe, 1946, p. 87.

71 Ibíd., p. 99.

72 «Aquella noche salieron los muertos». En *La luna nona y otros cuentos*. Eds. Nuevo Romance, Buenos Aires, 1942, p. 57.

73 Novás Calvo mantuvo en los años 30 correspondencia con William Faulkner, Sherwood Anderson y
Eugene O'Neill. Traduce al primero y a novelistas
ingleses como D.H. Lawrence y Aldous Huxley.
También a Balzac. Admira profundamente a
Faulkner, Anderson y Joyce. Véanse colecciones de
cartas a José Antonio Fernández de Castro (1931-
1933). Su posición, consecuente con el resultado
artístico de sus cuentos, se pone de manifiesto cuando afirma: «Nada de mimetismos, nada de querer
emparejarse, rivalizar o emular. Hay que volver a las
raíces y absorberlas con el propio lirismo. Si tú traes
aquí —o a otro lado— un habano traes un producto
genuino, pero si traes un miserable remedo del original [...] Cada día es para mí más grande el arte
cazurro, pícaro y poético de Sherwood Anderson.
Esto, como ejemplo para la conducta.» (Carta a
Emilio Ballagas, 1932.)

74 «Aquella noche salieron los muertos». Ob. cit.,
p. 48.

75 De las prostitutas en «Long Island» se dice: «No
creía que fueran realmente mujeres de carne (siquiera
fuera aquella carne blanca y pasmada).» En «El otro
cayo» el mar es sudado y muerto: «Era un mar pu-
driéndose bajo nosotros, y el barco encalado en el
agua gorda, a media noche [...] La luna se había desleído en el mar, infectándolo de un pus amarillo. La
luna le daba fuegos fatuos, y nosotros éramos como
un nicho.»

76 José A. Portuondo: «Lino Novás Calvo y el cuento
hispanoamericano», en su El heroísmo intelectual.
Eds. Tezontle, México, 1955, p. 50.

77 Lino Novás Calvo: «La noche de Ramón Yendía»,
en La luna nona y otros cuentos. Ob. cit., p. 54.

78 Ibíd., p. 91.

79 José A. Portuondo: «Lino Novás Calvo y el cuento
hispanoamericano». Ob. cit., p. 54.

80 Véase Salvador Bueno: «Semblanza biográfica y crítica de Lino Novás Calvo». Lyceum (La Habana)
(28): 36-49, noviembre, 1951.

81 Véase Stephen Clinton: «The scapegoat archetype
as a principle of composition in Lino Novás Calvo:
«Un dedo encima». Hispania (Washington) (62): 56-
61, marzo, 1979. También Jesús Díaz: «Lino Novás
Calvo visto desde su isla». La Gaceta de Cuba (La
Habana) (s/a): 6-7, junio, 1988. Sobre «Aquella noche salieron los muertos» apunta: «Es un ejemplo
de cómo la buena literatura logra trascender sus referentes —en este caso la dictadura de Gerardo Machado— para convertirse en una metáfora que alude

a cualquier régimen de opresión de los tantos que
hemos padecido en el Caribe.» (p. 7)

82 Los cuentos son prácticamente desconocidos en su
conjunto hasta la reedición de una muestra (revista
Islas, 1978) y la amplia selección de 1987. Originalmente fueron publicados en Carteles (1926-1918) y
Bohemia (1928-1936), con excepción de «Eclipse de
don Menguante», que aparece en Grafos (1936), y
un pequeño conjunto en el Suplemento Literario del
Diario de la Marina (1927-1928).

83 En la colección Lunes de México se publica San Abul
de Montecallado (1945), presentado por José Antonio Portuondo (contiene el cuento homónimo
«Nina, hija del agua»). Los restantes cuentos aparecen inicialmente en Bohemia (1946-1954), excepto
«Alarico, alfarero». Se reúnen en el volumen Tobías
(1955).

84 El doctor aparece, por lo menos, en doce cuentos y
desde 1928. Su presencia se extiende a numerosos
cuentos parisinos.

85 José Carlos Mariátegui: «Arte, revolución y decadencia», en El problema de la tierra. Ed. Imprenta
Nacional, La Habana, 1960, p. 46.

86 Félix Pita Rodríguez: «La doble aventura», en su Poesía y prosa. Tomo II. Editorial Letras Cubanas, La
Habana, 1978, p. 18.

87 José Antonio Portuondo: «Proyección americana de
las letras cubanas», en su Crítica de la época. Universidad Central de Las Villas, Eds. del Consejo
Nacional de Universidades, La Habana, p. 184.

88 La primera de estas leyendas fue publicada con la
firma de Lina Valmont, madre del autor, pero la paternidad de Carpentier sobre ellas, la cual hemos tratado de sustentar en un trabajo anterior, nos parece
indudable. Véase Sergio Chaple: «La primera publicación de Alejo Carpentier. Consideraciones en torno a la génesis de su narrativa y labor periodísticas»,
en Anuario L/L, La Habana, núm. 19, Serie Literatura, 1988, pp. 3-22.

89 «El milagro», en Boletín. Dirección Central de Editoriales; Instituto Cubano del Libro, La Habana, parte 2, año 5, núm. 101, p. 6, 15 de dic., 1974.

90 Este cuento que, de acuerdo con lo expresado por
Carpentier, resultaría el primero de una serie de relatos bajo este título, no ha sido publicado hasta la
fecha en español; en el Fondo Alejo Carpentier de
nuestra Biblioteca Nacional se encuentra una copia
suya en español, lo cual mueve a pensar que pudo
haber sido escrito antes en esta lengua, pese a que el

autor, en distintas entrevistas, manifestó haberlo hecho directamente en francés.

91 En la actualidad existe traducción a nuestra lengua, recogida en el tomo I de las obras completas del autor publicadas por la Editorial Siglo XXI.

92 Carpentier, Alejo: *Entrevistas*. La Habana, Editorial Letras Cubanas, 1985, p. 471.

93 Ramón Chao: *Palabras en el tiempo de Alejo Carpentier*. La Habana, Editorial Arte y Literatura, 1985, p.110.

94 Parece tratarse de un error o de una licencia del autor, pues Enna murió realmente en 1851, cuando combatía en Pinar del Río a Narciso López.

95 Razones extraliterarias determinaron que la obra no resultara ganadora, por lo que el autor debió conformarse con un segundo premio.

96 Al respecto, el crítico cubano Leonardo Padura Fuentes nos ofrece una interesante interpretación del relato («Semejante a la noche: el hombre, el tiempo y la Revolución», en *Casa de las Américas*. La Habana, 25 (147): 37-43, nov-dic., 1984).

97 Alejo Carpentier: ob. cit., p. 471.

98 Alejo Carpentier: *La música en Cuba*. La Habana, Editorial Letras Cubanas, 1979, p. 44.

99 Alejo Carpentier: *Entrevistas*. Ob. cit., p. 457.

100 Alejo Carpentier: ob. cit., p. 490.

101 Sobre la génesis de este relato resulta interesante señalar que tuvo un precedente significativo en la obra radial de Carpentier desarrollada algunos años con anterioridad a su viaje por el Orinoco, donde tuvo la oportunidad de topar directamente con el mito de Amalivaca. En efecto, el 30 de octubre de 1940 fue radiado por CMZ, emisora del Ministerio de Educación de Cuba, un guión original de Carpentier titulado «El último viaje de Noé» —bajo la alegoría bíblica se ponía de relieve la firma posición antifascista del autor—, publicado más tarde en el magazine literario de *Tiempo Nuevo*, el 23 de noviembre de 1940. Al respecto, consúltese el *Anuario L/L* número 15. La Habana, Instituto de Literatura y Lingüística, pp. 195-219.

102 En términos generales, la crítica ha advertido la unicidad que ostentan los cuentos del autor y que se originan en el carácter invariable de esas preocupaciones.

103 Cintio Vitier: «Virgilio Piñera: *Poesía y prosa*», en *Orígenes*. La Habana, II (5), primavera, 1945, pp. 47-50.

104 José Bianco: «Piñera narrador», en Virgilio Piñera: *El que vino a salvarme*. Selección y ensayo introductorio de José Bianco. Ed. Sudamericana, Buenos Aires, 1970, pp. 7-19.

105 José Rodríguez Feo: «Hablando de Piñera», en *Lunes de Revolución*. La Habana, núm. 45, febrero, 1960, pp. 4-6. Del mismo autor ver: «Virgilio Piñera, cuentista», en *La Gaceta de Cuba*. La Habana, núm. 1, enero, 1989, pp. 5-6.

106 Cintio Vitier: ob. cit.

107 Read G. Gilden: «Virgilio Piñera and the Short Story of the Absurd», en *Hispania*. Massachussetts, v. 63, núm. 42, mayo, 1980, pp. 348-359.

108 Tomás López Ramírez: «Virgilio Piñera y el compromiso del absurdo», en *Areíto*. New York, v. 9, núm. 34, pp. 32-33.

109 Matices aparte, puede decirse que los comentaristas de la obra cuentística de Piñera muestran unanimidad de criterios en torno a ese punto.

2.4 La novela

2.4.1 Panorama de su desarrollo

Es incuestionable que, en la presente etapa, el desarrollo de la novela se caracteriza, en lo fundamental, por la incorporación de medios expresivos propios del momento de apogeo y posterior asunción orgánica de las enseñanzas de la vanguardia. Sin embargo, esa idea es insuficiente para definir el proceso evolutivo del género, pues ella resulta, a la postre, una reducción de la riqueza de dicho proceso a lo que vendría a ser tan sólo su rasgo más acusado. Acaso resulte más sensato decir que el grueso de la novelística se mantuvo dentro de cánones estéticos retardatarios, y que sólo algunas obras experimentaron transformaciones de relieve en los terrenos temático, lingüístico y composicional. De manera que es posible determinar en el quehacer novelístico la presencia de irregularidades inherentes a un salto cualitativo que se produce con cierta lentitud y que posee numerosos meandros, anticipaciones y regresiones. Así, pues, se diría que lo definitorio en la evolución del género es, en términos positivos, esa incorporación de nuevas formas de adentramiento en la realidad, fenómeno que se origina en el vanguardismo y que es congruente con el espíritu de renovación bajo los auspicios del cual empezaban a surgir perspectivas de examen, conocimiento y evaluación del entorno opuestas, en principio, a la sensibilidad predominante en la narrativa de la primera etapa del período neocolonial. Aunque quedó explicado en páginas anteriores de este volumen,

no es ocioso repetir que esa sensibilidad se manifestó muchas veces en la visión epidérmica de complejas problemáticas sociales y, concretamente, en una prosa deudora del naturalismo, interesada en tenues indagaciones de estirpe neorromántica que se apoyaban en el melodrama y en algunos elementos del postmodernismo. Es útil volver a estas cuestiones porque son ellas las que ofrecen, en términos negativos, la tónica del discurrir de la novela entre 1923 y 1958.

En el contrapunto que se acaba de esbozar como regularidad representativa del movimiento del género en esos años, se perfilan las tendencias de éste, perceptibles embrionariamente en la etapa anterior y poseedoras de determinada independencia en los inicios de la vanguardia. En rigor, son dos las direcciones por las que transita la novelística, identificables en última instancia con la revitalización de posturas, concepciones y formas inoperantes, por una parte, y con actitudes, ideas y procedimientos funcionales, es decir, acordes con los nuevos hechos que tenían lugar en la sociedad y en la cultura a partir de la tercera década del siglo, por la otra.

Pero ese esquema resulta, en su extrema simplicidad, un instrumento demasiado pobre para alcanzar a distinguir los caminos por los que toma la novela.[1] Es por ello que, a pesar de las relativas arbitrariedades que exhibe, la siguiente clasificación podría ayudar al estudio de un cuerpo de obras tan heterogéneas en sus propósitos como disímiles en su calidad y su trascendencia: 1) la novela campesina, en la que se cuestionan diversos conflictos del mundo rural y que muestra distintos grados de aprehensión de las esencias de esa zona de la realidad; 2) la novela de evocación histórica, tendencia que se constituye a partir de un registro en el pasado —en especial los últimos treinta años del siglo XIX—, con el objetivo de iluminar el presente republicano, o como forma de recreación fruitiva de la época ya clausurada; 3) la novela negrista, en cuyos ejemplos se observan propósitos de indagación en los anhelos, conflictos e inquietudes de un grupo social marginado; 4) la novela urbana, especie de gran mural integrado por obras muy dispares, pero que pueden agruparse —sobre todo las de mayor relevancia— en virtud de que en ellas el espacio es fundamentalmente el de la ciudad, y 5) la novela de preocupaciones universalistas, tendencia en la que se aprecia un interés en someter a examen algunas constantes de la vida contemporánea, fenómeno que se ve respaldado por la sublimación del entorno, la ambientación cosmopolita y la perspectiva ontológica.

Conviene aclarar de antemano, como se hizo en los comentarios sobre el desarrollo del cuento en la etapa, que esas tendencias están muy lejos de ser excluyentes, pues son muchos los puntos de contacto. Así, por ejemplo, existen novelas de evocación histórica que podrían incluirse en el grupo de las que se adentran en el universo rural, o novelas que tratan aspectos del desenvolvimiento social del negro y que, al mismo tiempo, ofrecen una reflexión de índole general en torno a problemáticas intrínsecamente ligadas a la vida en la urbe, ya sea en la capital, en un medio provinciano o en pueblos pequeños. La novelística citadina —así como, en menor medida, el resto de las tendencias— viene a ser un conglomerado de comportamiento anómalo, pues en él se reúnen los textos más representativos del ciclo sobre la revolución del treinta, aquellos que insuflan un vigor especial a lo que podría llamarse narrativa feminista, y otros que brindan un reflejo crítico de las circunstancias sociales inmediatas, que tienden a abarcar los tópicos fundamentales que distinguen a la existencia en la ciudad. En lo que concierne a la novela de proyección universal, debe decirse que se trata de un *corpus* igualmente inestable. Por una parte, es posible ver en él intereses que trascienden el cuestionamiento de la realidad nacional y que alcanzan una concreción artística a veces plausible; por otra parte, se advierte una búsqueda de lo ecuménico que resulta forzada e insuficiente por el género de soportes que la sustentan: un cúmulo de meditaciones a la larga insustanciales y la ubicación del entramado argumental en escenarios extranjeros.

Es oportuno precisar que el cultivo de la novela campesina cobra en estos años sistematicidad y una fuerza que acaso tiene su origen en un fenómeno propio de la renovación desde sus inicios: el mundo rural experimenta una especie de redescubrimiento a la luz de las nuevas ideas e inquietudes de tipo social que convertían a los viejos modos narrativos aplicados al adentramiento en ese mundo en un instrumental caduco. Se imponía realizar una lectura honda de la realidad campesina, emprender la búsqueda de sus esencias para luego hacerlas públicas. La necesidad perentoria de esclarecer una zona conflictiva del entorno devino un propósito acentuado y generó, en términos artísticos, lo que ha dado en denominarse ensayismo sociológico, cuya abundante praxis, no por ser una escuela natural de dicho propósito, quedó eximida de oportunas críticas.[2] En rigor, la tendencia campesina se distingue por ese lastre y por intenciones encomiables que se materializaron plausiblemente en algunas obras: la localización de los elementos integradores de lo cubano en un quehacer que se vincula a lo mejor de la tradición criollista y la denuncia de las condiciones socioeconómicas imperantes en el ámbito rural. De esta doble operación que, como podrá apreciarse, no da lugar a los valores literarios que llegó a poseer, por ejemplo, lo más trascendente de la cuentística campesina, surgen los guajiros sociólogos, género de entidades que vinieron a ser las voces de sus autores y que, salvo en determinadas novelas, no alcanzan a ostentar los aciertos de diseño que se manifiestan en personajes de otras tendencias.

Son dos los cultivadores fundamentales de la novela campesina: Luis Felipe Rodríguez (1884-1947) y Carlos Enríquez (1901-1957). El pri mero, por el giro que imprime a la narración rural, comprobable en la creación de un sistema de referencias sobre ese mundo y sus interioridades —sistema que se automatiza posteriormente en obras de otros autores a causa de la funcionalidad de sus propios mecanismos—, ha conquistado para sí el derecho de figurar como mentor de quienes luego enriquecieron y perfeccionaron su magisterio. El segundo, heredero lejano de Luis Felipe Rodríguez, legó obras que son las más encomiables de la tendencia, precisamente por sus excelencias compositivas y porque vinieron a superar las incongruencias y limitaciones no sólo de Luis Felipe Rodríguez, sino también del resto de los novelistas que pertenecen a esta dirección del género.

El examen de las dos obras de Luis Felipe Rodríguez —*La conjura de la ciénaga* (1923) y *Ciénaga* (1937), que constituye una importante remodelación de la primera— justifica lo que se acaba de decir sobre el autor, pues en ambas se presentan, con mayor o menor grado de potenciación, las posibilidades que se iban a desarrollar en la tendencia hasta las postrimerías de la década del cincuenta: empleo del melodrama como célula básica del argumento, vinculación estrecha del paisaje con la trama, adentramiento en determinados conflictos socioeconómicos por el camino del ensayismo, y uso de construcciones alegóricas en torno a la realidad rural y la sociedad republicana. La novela de 1923, que resulta un melodrama endeble, se transforma catorce años después en una alegoría de la neocolonia, sin renunciar del todo a esa célula primaria del acontecer novelesco. En las dos existe la penetración en el dilema económico de la tierra, en la problemática del atraso cultural, en los contrastes entre el hombre del campo y el hombre de la ciudad, y en los tópicos generales que definen la existencia cotidiana en dicho medio.

Por su parte, Carlos Enríquez se preocupó de reflejar orgánicamente las expresiones de la ética campesina —menos matizadas en la obra de Luis Felipe Rodríguez—, y por diseñar personajes que hablan de la realidad no con sus palabras, sino con sus actos. El individualismo romántico de Enríquez, congruente con la efusión

del color y la fuerza de su estilo, no constituyó una barrera para la defensa de los valores culturales autóctonos ni para la crítica a la injusticia social. Sus obras —*Tilín García* (1939) y *La feria de Guaicanama*, terminada de escribir en 1940, pero publicada en 1960— poseen un vigor y un equilibrio estructural que no ostentan las de Luis Felipe Rodríguez, ocupado como se hallaba en corporizar inquietes legítimas como las de Enríquez, pero que no tuvieron una plasmación artística tan auténtica. Este último opta, además, por un vitalismo que está ausente de las páginas de Luis Felipe Rodríguez, elemento destacable junto al aire de irrealidad que se observa en ciertos episodios de sus novelas, en las que es dable entrever su inclinación hacia el mito y lo sobrenatural.

En el análisis de los logros parciales que muestran los demás textos de la tendencia, pertenecientes a autores que no alcanzaron a dejar huellas perdurables, se comprueba que el de la novela campesina es todavía, en lo fundamental —salvo en Carlos Enríquez—, un lenguaje infraguado, condición esta que tiene su origen en un conocimiento superficial, que apenas toma en consideración detalles de primer orden para comprender cabalmente el mundo rural.[3] Así ocurre, por ejemplo, en novelas como *El guajiro de Guaracamayo* (1930), de Jorge A. Trelles (?), extenso y excepcional relato de la entronización de un hombre humilde que, por la habilidad con que defiende las causas justas, llega a ser presidente de la nación y a enfrentarse, en lucha desigual y trágica, a la injerencia extranjera; *Vendaval en los cañaverales* (1937), de Alberto Lamar Schweyer (1902-1942), obra notable por su detallado examen de la problemática socioeconómica del campesino asalariado y por presentar el punto de vista de un burgués escéptico ante la violencia de los reclamos de justicia; *La tragedia del guajiro* (1939), de Ciro Espinosa (1890-1956), texto de pretensiones ensayístico-testimoniales en el que no existe un argumento preciso, sino más bien una serie de secuencias hilvanadas por los comentarios de un narrador que da a conocer momentos y dilemas del existir en el campo; *Así en la tierra como en el cielo* (1947), de Justo González Carrasco (¿?), novela singular que ha sido vinculada al ciclo sobre la revolución del treinta,[4] pero que se inscribe con firmeza mayor en la tendencia campesina, pues no obstante las alusiones a ese fenómeno histórico, hechas por un joven revolucionario fugitivo, todo el acontecer se centra en el entorno rural y, más específicamente, en un melodrama a través de cuyas intimidades se ofrece una visión, en alguna medida ideal, de la vida en ese entorno; *La maestra del pueblo* (1952), de Arturo Clavijo Tisseur (1886-?), obra atenta a los signos externos de la existencia cotidiana y en la que también tiene lugar una relación amorosa mediante la cual el autor expone las diferencias entre la mentalidad campesina y la del hombre de la ciudad, y *Los Valedontes* (1958), de Alcides Iznaga (1914), narración cuyos aciertos se sustentan en la equilibrada estructura que posee, un atendible tejido de planos de acción y de subtramas que se organizan coherentemente en sincronismos de gran interés.[5]

Esta tendencia estuvo, en lo esencial, atravesada por una conciencia de la necesidad de inquirir en los problemas socioeconómicos del campesino, en primer lugar, y de desarrollar las potencialidades artísticas de un universo casi inexplorado, en segundo lugar. Sus cultivadores no legaron al género —excepción hecha de Carlos Enríquez y Alcides Iznaga— obras verdaderamente perdurables por sus valores literarios. Sostenida en la jerarquía de necesidades que acaba de esbozarse, la novela rural apenas superó las limitaciones que le imponía lo que, haciendo abstracción de sus rasgos particulares, podría llamarse su estética.

A diferencia de la novelística campesina, de la que es posible decir que empieza a conformarse como tendencia en la década del veinte, la novela de evocación histórica posee antecedentes de notoria importancia en Raimundo Cabrera (1852-1923) —*Sombras que pasan* (1916), *Ideales* (1918) y *Sombras eternas* (1919)—, Emilio Bacardí (1844-1922) —*Vía crucis*, cuyas dos partes se publicaron respectivamente en 1910 y 1914— y Carlos Loveira (1881-1928), quien dio a conocer su obra *Generales y doctores* en 1920. Se trata, pues, de una dirección definida ya desde antes de los años de la van-

guardia y que se extiende, como podrá apreciarse, hasta 1958.

En rigor, la tendencia tuvo sus orígenes, en última instancia, en el traumático enfrentamiento de algunos intelectuales —testigos directos o indirectos de un pretérito signado por el heroísmo y por la eticidad del ideal de la República— con la cada vez más frustrante realidad de la nueva centuria. De dicho enfrentamiento surge la necesidad de una indagación que pusiera al descubierto las causas que determinaban la índole del presente republicano, búsqueda que se lleva a cabo por medio de una evocación histórica que, empero, no significa sólo un regreso, pues sobre la base de esa retrovisión se produce —plasmado artísticamente en obras de gran interés— el recuento y examen del tránsito a las circunstancias sociales inmediatas, a la nueva época.

Hechas las aclaraciones anteriores, es oportuno decir que en esta etapa los cultivadores de mayor relieve de la tendencia son, siguiendo el orden en que aparecieron sus textos, Gustavo Robreño (1873-1957) —*La acera de Louvre* (1925)—, José Antonio Ramos (1885-1946) —*Caniquí* (1936)— y Eduardo Benet y Castellón (1879-1965), autor de la novela mambisa más significativa de estos años: *Birín. Bocetos de una edad famosa* (1957). En la primera, cuyas páginas evidencian la intención de testimoniar detalladamente los firmes ideales y el desenvolvimiento de una juventud caballeresca y festiva, Robreño logra reconstruir con acierto el ambiente de las últimas tres décadas del siglo XIX, no obstante un abrumador cúmulo de datos que se apoyan en un material gráfico muchas veces prescindible. La segunda, una excelente historia de carácter sutilmente simbólico, es un fresco de ambientes y personajes integrados en una peripecia en cuya estructura se adivinan alusiones al presente de la República. Ramos elabora una alegoría de la opresión, la libertad y el anhelo de plenitud espiritual,[6] tópicos abordados, en sus diversas concreciones, por otros novelistas de este momento vinculados a la tendencia. En *Birín. Bocetos de una edad famosa*, es notable la precisión del léxico, de una cubanía esencial. Podría incluirse en la tendencia campesina, pues numerosas interioridades del mundo rural se revelan en el texto, pero más tarde ese ámbito pasa a formar parte del trasfondo de la trama, que se alimenta de los hechos bélicos —la guerra del 95— en que participa el protagonista.

Resulta curioso que estas tres novelas —separadas en el tiempo y dispares en lo que se refiere a los intereses que representan— vengan a ser, de cierto modo, complementarias, y que ninguna se adentre en la época republicana. Sin embargo, son ellas las de mejor facturación artística y contrastan, en ese sentido, con otras en las que la evocación es un recuento que desemboca en el presente, cumpliéndose así esa especie de misión, devenida regularidad, de aquellos que habían nacido alrededor de 1880 y que estarían comprendidos luego en lo que ha dado en llamarse primera generación de escritores de la República.

Un grupo de textos menores está conformado por *El arrastre del pasado* (1923), de Alberto Román Betancourt (¿?), larga y documentada narración que se apoya en el melodrama, se adentra en asuntos como la reconcentración, los sucesos en torno al acorazado *Maine*, la intervención norteamericana, y en la cual —como en muchas novelas de calidad discutible aparecidas en la etapa— se retrata muy bien la perplejidad y la desilusión del protagonista, cuando cobra conciencia del tipo de sociedad —los valores que la sostienen— a que se ha arribado después de la guerra de independencia; *La novela de Paquín* (1923), de Francisco Suárez Fernández (¿?), débil narración de los sinsabores de un joven español reclutado en su país para participar en la contienda iniciada en 1895; *Los vidrios rotos* (1923), del coronel del Ejército Libertador Francisco López Leyva (¿?), obra de estirpe neorromántica, y cuyo argumento, centrado en los hechos de la guerra, se estructura a partir de la oposición —muy socorrida en textos de la tendencia— entre padres e hijos, que es la pugna del ideal reaccionario de la españolidad con el sentimiento de cubanía y el ansia de libertad para una tierra vista como patria; *Maldona* (1927), de Juan Maspons Franco (¿?), ayudante y secretario de Antonio Maceo, y cuyo largo relato, pletórico de subtramas, es una aceptable crónica de los últimos diez años del siglo XIX; *Milagros*

(1938), de Toribio Cabrera Pérez (¿?), breve e insustancial novela en la que aparece como protagonista, orlado con los atributos del villano de buenas maneras, un folletinesco conde de Valmaseda; *Cenizas gloriosas* (1941), de Miguel Ángel Campa (1883-?), obra de añoranzas y de anhelos éticos ciudadanos no consumados, escrita en un estilo que se ajusta al propósito de mostrar, sin excesos descriptivistas, dos contextos del mundo de la guerra —el de los mambises y el de los oficiales españoles que llevaron a cabo la reconcentración— y el momento histórico en que se instaura la República; *La rosa del cayo* (1947) y *La vega* (1949) —ambas de Eliseo Pérez Díaz (¿?)—, novelas con las que el autor se adentra acertadamente en el universo del exilio norteamericano —la organización de colectas y expediciones en Key West, así como la vida de los tabaqueros en ese territorio— y en la historia de una familia campesina que, por su holgada posición económica, puede brindar eficaz ayuda a los insurrectos; *La patria del muerto* (1958) de Salvador Quesada Torres (1886-1971), obra en que la realidad cubana aparece sublimada y cuya mayor parte se dedica a recrear los hechos que siguieron a la intervención, páginas en las que el desaliento del autor se manifiesta en personajes que son una especie de figuras tragicómicas, esperpénticas, animadas por intereses banales que lindan a veces con la aberración; *Clotilde Tejidor* (1958) de Miguel Macau (1886-1971), narración sentimental que se sustenta en el triángulo amoroso y cuyo autor no logra realizar su propósito fundamental: ofrecer una imagen orgánica de los efectos de la guerra en la psiquis de la protagonista.

Junto a estas novelas acabadas de reseñar aparecieron otras que encierran especialmente un tipo de fabulación comprometida con lo legendario, la aventura y la libre mitificación del pasado. Son ellas *Guanina. Novela de costumbres siboneyas* (1926), de Pedro G. Subirats (¿?); *Porcayo: el romance de la conquista de Cuba* (1926), de Roque Eugenio Garrigó (1876-1936); *Ricardo de Croinour en la vuelta al hogar* (1932), de Juan Boullosa y Aloé (¿?), y *Más allá de la nada* (1957), de Armanda Ruiz García (¿?). Las dos primeras se inscriben en la órbita de la leyenda romántica decimonónica y son, por sus asuntos, verdaderas rarezas en relación con las inquietudes que animaron la novelística nacional en este lapso; la tercera viene a ser una suerte de fotorreportaje en la que resalta la rememoración de numerosos sucesos autobiográficos que culminan con el alzamiento de Carlos Manuel de Céspedes y el incendio de Bayamo. El argumento de la última tiene lugar en el seno de una familia esclavista asentada en Trinidad; se trata de una historia sin mayores atractivos y cuya protagonista es la ciudad misma, objeto de largas descripciones, ajenas en última instancia a la acción de la obra.

Entre la novela de evocación histórica y la tendencia negrista existen puntos de contacto que se evidencian en algunos textos cuyo entramado argumental se localiza en el pasado, pero en los que se advierte, al mismo tiempo, un interés en abordar problemáticas sociales del negro íntimamente vinculadas al dilema de la esclavitud, así como en reflejar, por ejemplo, su participación en las luchas independentistas. Dichos textos ponen también de relieve aspectos de la idiosincrasia del negro e insisten en resaltar sus aportes a la cultura cubana y a la integración de la nacionalidad, tópicos estos que cobraron en los años de la vanguardia una importancia de primer orden, como quedó explicado en las páginas que se dedicaron al desarrollo del cuento en la etapa. Desde la perspectiva a que se ha aludido, el registro en el pasado resulta, pues, uno de los fenómenos caracterizadores de la novela negrista y, en este sentido, puede decirse que los límites entre ella y las obras de evocación histórica son imprecisos, pero que necesitan ser fijadas en virtud de ciertas exigencias metodológicas.[7]

Lo más valioso de la tendencia negrista se halla en *La raza triste* (1924) —reeditada en 1943—, de Jesús Masdeu (1887-1958); en *Écue-Yamba-Ó* (1933), de Alejo Carpentier (1904-1980); en *Sombras de pueblo negro* (1940), de Irma Pedroso (¿?), y en *Tam-Tam* (1941), de Federico de Ibarzábal (1894-1955). Son novelas dispares en cuanto a composición y trascendencia, pero alcanzan a escrutar acertadamente el inestable y trágico desenvolvimiento del negro en la historia nacional y en el presente republicano, conjunto de vivencias en las que subyace un conflicto mayor: la discriminación racial.

La obra de Masdeu transcurre en Bayamo, y es la historia pormenorizada de un mulato que, al graduarse de médico y pretender el amor de una joven blanca, viola los convencionalismos sociales y se atrae el odio y el desprecio de quienes ven en él a un desestabilizador de la sociedad. La adecuada dosificación de los comentarios del narrador en torno al desvalimiento del protagonista —hombre acosado que se da al alcohol y las drogas—, el hábil manejo de los distintos planos de la acción y el convincente diseño de los personajes, hacen de esta novela un eficaz alegato contra el racismo y la falsa eticidad de la República. Por su parte, Carpentier relata en su obra —gran cuadro cubista de la vida del negro, sobre todo en el contexto de la producción de azúcar— la peripecia cíclica del oprimido. El autor rompe con la retórica de la narración criollista y brinda un enfoque nuevo del ámbito campesino, especialmente el universo de un negro que va dejando de refugiarse en su mundo ancestral para empezar a entender lo que le rodea mediante un tipo de aprendizaje doloroso. Es preciso decir, además, que *Écue-Yamba-Ó* es el resultado del propósito de construir un texto en consonancia con la experimentación vanguardista, lo cual se evidencia en los rasgos de la estructura externa y en el uso de la metáfora futurista. Irma Pedroso, una de las más significativas figuras de la narrativa femenina, elabora en *Sombras de pueblo negro* un argumento en ocasiones poco verosímil, pero ajustado al desenvolvimiento de una problemática como la que envuelve a la protagonista —encarnadora de los anhelos de afirmarse en su identidad, alcanzar su plenitud en tanto mujer y objetivar, en alguna medida, aspiraciones de naturaleza social—, una mulata que llega a ser elegida representante en un pueblo oriental. *Sombras de pueblo negro* es una obra que se destaca, sobre todo, por la equilibrada concurrencia de asuntos de importancia —la mujer como objeto de placer, el racismo, la situación económica de la población negra, la crisis de los valores espirituales, las luchas obreras— que vienen a conformar el trasfondo sobre el cual se mueve el personaje. Con su narración, Federico de Ibarzábal se adentra en el pasado —el argumento de *Tam-Tam* tiene lugar entre 1852 y 1898— y practica una indagación de tipo sociocultural que se basa en el examen del papel desempeñado por el negro en las contiendas bélicas del siglo XIX. Esta inquisición, por lo demás desbalanceada y endeble en algunos momentos, tiene la virtud de destacar indirectamente la huella negra en el proceso de formación de la conciencia nacional.

Hay otros textos, ciertamente interesantes, que pertenecen a la tendencia. Ellos son *Belén el Aschanti* (1924), de Jorge Mañach (1898-1961); *La mulata Soledad*, que parece haberse dado a conocer en las postrimerías de la década del veinte, y cuyo autor, Adrián del Valle (1842-1945), es una especie de figura de transición entre la sensibilidad literaria de los primeros años del siglo XX y las inquietudes culturales y sociales que aparecen en la segunda etapa de la neocolonia;[8] *Virgen del solar* (1934), de Serapio Páez Zamora (¿?), y *El negro que se bebió la luna*, de Luis Felipe Rodríguez, escrita en 1940 y publicada por entregas en las páginas del folletín literario de la revista *Gente* en 1953.[9]

La noveleta de Mañach se terminó de redactar en 1919, y en ella se prefiguran los rasgos más notorios de la misteriosa relación que entablan Mariceli y Caniquí, protagonista de la novela de José Antonio Ramos ya comentada. El relato de Adrián del Valle se sustenta en lo melodramático y, no obstante la poco realista solución del conflicto, constituye un acertado cuadro de las vivencias de los humildes y de la vida en general en los barrios marginales. El breve texto de Páez Zamora, que también posee un desenlace no del todo convincente, es sin embargo una aceptable indagación en torno a la existencia cotidiana en el solar. La novela de Luis Felipe Rodríguez logra un adentramiento detallado en algunas problemáticas de la esclavitud. La anécdota se apoya en los sinsabores de un negro que ansía la libertad, y se inscribe en el contexto mayor de los dilemas socioeconómicos del siglo XIX. Lo más significativo de esta obra, aparte de la reconstrucción de la época, que debe mucho a las formas de la narrativa costumbris-

ta,[10] es su irónico final, en el que los negros prevén el advenimiento de un futuro mejor, idea que adquiere una sutil relevancia, pues el autor alude a las condiciones imperantes en la República.

Como se puede apreciar, el quehacer novelístico examinado en las tendencias campesinas, de evocación histórica, y negrista, está, por lo general, inmerso en un espacio literario que no es, en rigor, el de la ciudad, trasfondo que adquiere una especial significación por su influjo en la estructura de las tramas y por el tipo de personajes que viven en ese medio, en las obras conformadoras de la tendencia urbana, cuyos textos representativos es posible agruparlos en tres direcciones básicas: a) novelas sobre los hechos de la revolución del treinta y sus consecuencias, b) novelas que integran y vigorizan la llamada narrativa de inquietudes feministas,[11] y c) novelas en las que se observa fundamentalmente una vocación de crítica social que no se sustenta en aproximaciones a asuntos tan restringidos como la violencia revolucionaria y la situación de la mujer en la sociedad. Este último grupo de obras entraña, especificidades aparte, un enjuiciamiento global del entorno.

El ciclo novelístico sobre los sucesos de la revolución del treinta —sus antecedentes, causas e influjo en la vida nacional en los años posteriores— ha sido objeto de valoraciones acertadas.[12] Se estima que dicho ciclo empieza en 1934 y se detiene, en lo que concierne a la narrativa de la neocolonia, en 1957. Después de 1959 aparecieron obras que, desde una óptica distinta, se adentran en el asunto o aluden a él. Son la prueba de que las posibilidades artísticas encerradas en aquellos hechos están lejos de agotarse.

En la presente etapa, los textos más importantes del ciclo son *La generación asesinada* (1934), de Leví Marrero y Artiles (1911-1995), breve novela cuyos capítulos empezaron a aparecer en *El País* en septiembre de 1933 y en las páginas de la cual se advierte un estilo relampagueante, de cláusulas muy precisas, adecuado para ilustrar un agitado y dramático acontecer que se mezcla con los recuerdos y las meditaciones del narrador, hombre abrumado por la crisis de una sociedad a la que se opone; *Un aprendiz de revolucionario*, de Marcelo Salinas (1889-?), relato que se ubica en el ámbito rural y que luego se traslada al de la ciudad, contexto principal de una trama que refleja lo que sucede después del derrocamiento de la dictadura de Gerardo Machado, cuando la revolución entra en su fase de decadencia y se urden conspiraciones inútiles a causa de la desorientación ideológica; *La ráfaga* (1939), de Roberto Pérez de Acevedo (1902-?), novela-reportaje de mucho interés para conocer el clima de angustia del momento y, en específico, las divisiones internas entre los revolucionarios, el rejuego político y la corrupción; *Los desorientados* (1948), de F. L. Fesser Ferrer (?), historia en que la revolución es ya un hecho perteneciente al pasado inmediato, y en la que su autor logra explicar cómo en los errores de la lucha se origina un presente signado por el crimen, el gangsterismo y la incertidumbre; *Fotuto* (1948), de Miguel de Marcos (1894-1954), obra de plausible facturación artística, en la que se destaca el diseño del personaje protagónico y un léxico innovador que constituye un instrumento eficaz para caracterizar lo grotesco de una situación sin salida; *La trampa* (1956), de Enrique Serpa (1900-1968), novela que se divide en varios planos de acción —se ubica en la década del cuarenta—, y en cuyas páginas se perciben la amargura, la desilusión y el fatalismo de quienes temen a la violencia cotidiana o se enfrentan, escépticos en última instancia, a ella, fenómenos estos que Serpa capta matizadamente, no obstante los desniveles compositivos del texto, sobresaturado de meandros afuncionales; *El acoso* (1956), de Alejo Carpentier, relato trascendente por sus valores estilístico-configurativos y en el que el contexto de la ciudad se imbrica con la peripecia del protagonista, estructurada de forma magistral, como se explica en los comentarios acerca de la novelística de este autor; *Una de cal y otra de arena* (1957), de Gregorio Ortega (1926), obra en la que se precisan varias líneas argumentales sobre la actuación de las fuerzas represivas, el bandidismo y los reclamos de una juventud consciente de la quiebra sociopolítica.

Existen otros textos que deben sumarse al ciclo sobre la revolución del 30, pero que no alcanzan a poseer una significación tan pronunciada como la que tienen los anteriores, pues aunque aportan puntos de vista complementarios y ayudan a conocer mejor un fenómeno de primer orden de la historia republicana, son en definitiva obras de muy escasos méritos artísticos. Así, por ejemplo, pueden mencionarse *El oro de Moscú* (1936), de Agustín Alarcón (¿?), relato de vacilante facturación; *Memorias de un machadista* (1937), de José de la Campa González (¿?), testimonio de aliento novelesco que resulta atractivo por las consideraciones que hace al autor; *Cubagua. Historia de un pueblo* (1941), de Justo González Carrasco (¿?), obra que se relaciona, en alguna medida, con la narración de Marcelo Salinas ya examinada, y *Los ausentes* (1944), de Teresa (Teté) Casuso (¿?), novela inorgánica sobre el exilio de los revolucionarios antimachadistas.[13]

Como se podrá apreciar en un estudio más hondo de este ciclo de novelas, el proceso de su desarrollo es susceptible de dividirse, en lo fundamental, en tres etapas: la referenciación mimética de los hechos, la incorporación analítica de dilemas e inquietudes suscitadas por las interioridades de la lucha, y la reflexión —no carente de atisbos de madurez— sobre los aciertos y las consecuencias negativas de la revolución en el contexto mayor de la sociedad republicana.

Lo fundamental de la novelística feminista[14] está constituido por las mejores obras de Ofelia Rodríguez Acosta (1902-1975) —*El triunfo de la débil presa* (1926), texto en el que se ofrece un interesante cuadro de la vida cotidiana desde una perspectiva sociológica que hace posible el adentramiento directo en la problemática de la mujer en la sociedad de la época; *La vida manda* (1929), novela de protagonista más convincente, cuya trama posee un equilibrio encomiable y una organicidad que se origina en su adecuación al propósito de denunciar la discriminación sexual, y *Sonata interrumpida* (1943), en la que se manifiestan mejor las habilidades de la autora para relacionar distintos planos de acción, virtud esta que se suma a la de cierta intensidad detectable en episodios claves que brindan la esencia de sus concepciones—, así como por

Cuando libertan los esclavos (1936), de Lesbia Soravilla (1907-?), narración acerca de la soledad y la búsqueda de la plenitud existencial, en cuyas páginas hay algún eco de las novelas de Miguel de Carrión (1875-1929) y atendibles valoraciones de distintos dilemas del entorno; *Sombras de pueblo negro*, de Irma Pedroso, que se analizó como ejemplo notable de la tendencia negrista; *Jardín* (1951), de Dulce María Loynaz (1902-1996), obra de riqueza artística trascendente y que alcanza una universalidad excepcional, cualidades que se explican en otra parte de este volumen;[15] *Romelia Vargas* (1952), de Surama Ferrer (1923), historia que ha sido incluida en el ciclo sobre la revolución del 30[16] y que tiene en la novelística femenina un lugar cimero, pues aunque en ella resalta el testimonio de un momento crucial de la historia —la culminación del machadato—, dicho testimonio se supedita a una trama al servicio de la defensa de los derechos de la mujer, lo cual encuentra una realización artística de relieve.

Hay que admitir que los valores literarios de estas novelas, así como la visión que aportan sobre la problemática femenina, hallan un complemento no desdeñable en otras, de segundo orden, cuyos aciertos parciales no logran, sin embargo, atenuar defectos como la aprehensión naturalista de algunos conflictos, los excesos del ensayismo y la configuración melodramática de ciertos argumentos que son, por demás, insustanciales. De modo general, esos lastres se aprecian en *El dolor de vivir*, obra de Lesbia Soravilla aparecida presumiblemente en 1932; en las historias de Graziella Garbalosa (1895- ?), entre las que se destacan *El relicario* (1923) breve e ineficaz *bildungsroman* de carácter autobiográfico y *Una mujer que sabe mirar* (1927), en la que su autora se acerca al mundo de los obreros y realiza una especie de radiografía de la miseria espiritual del entorno,[17] así como en otras novelas de calidad inferior de Ofelia Rodríguez Acosta.[18]

El espacio de la ciudad, que es el que predomina en las obras más valiosas del ciclo sobre la revolución del 30 y en aquellas que constituyen lo mejor de la novelística femenina, adquiere un rango especial en los restantes textos de la tendencia, algunos de los cuales poseen, incluso, una importancia de primer orden para comprender acertadamente el desarrollo del género en esta etapa. Son ellos *El tormento de vivir* (1923), de Arturo Montori (1878-1932), narración insertada en el contexto obrero y que se distingue por abordar en detalle problemáticas de ese mundo, por el rico debate de ideas en torno a la realidad nacional —parcialmente corporizado en un sueño de índole utópica en el que el protagonista refleja su fe en el futuro— y por la orgánica cubanía del lenguaje; *Fantoches 1926*, novela experimental, de acción ágil, en la que intervienen muchos personajes que se mueven en una suerte de laberinto tragicómico, publicada ese año en la revista *Social* y cuyos doce capítulos fueron escritos en forma de serie por Carlos Loveira —quien redactó el I y el XII—, Guillermo Martínez Márquez (?), Alberto Lamar Schweyer, Jorge Mañach, Federido de Ibarzábal, Arturo A. Roselló (?), Rubén Martínez Villena (1899-1934), Enrique Serpa, Max Henríquez Ureña (1885-1968) y Emilio Roig de Leuchsenring (1899-1964);[19] *La copa vacía* (1926), de Luis Felipe Rodríguez, relato acerca de la frustración de un joven intelectual provinciano; *Coaybay* (1926) y *Las impurezas de la realidad* (1929), novelas de José Antonio Ramos en las que se percibe el intento, logrado en las dos, de configurar una imagen crítica de la sociedad desde una perspectiva totalizadora;[20] *Contrabando* (1938), de Enrique Serpa, obra de evidente composición alegórica en la que el autor alude, partiendo de un examen pormenorizado de dilemas propios de los trabajdores del puerto, a la podredumbre moral de la sociedad; *Mersé* (1926) y *Virulilla* (1927),[21] textos de Félix Soloni (1900-1968) que se centran en el ámbito del solar y en el de la fábrica, respectivamente, y de los cuales el primero es el más importante, pues constituye un acercamiento a los detalles de la vida marginal y sus conflictos, empeño este que se realiza mediante un lenguaje cargado de curiosos fraseologismos; *La roca de Patmos* (1932), de Alberto Lamar Schweyer, novela sobre la desilusión, el escepticismo y la indiferencia de un burgués en quien se prefiguran los rasgos esenciales del protagonista de *Vendaval en los cañaverales*, su obra de 1937; *Hombres sin mujer* (1938), de Carlos

Montenegro (1900-1981), narración cuya relevancia se funda en la denuncia descarnada de las crudezas del sistema carcelario y en el hondo cuestionamiento de los valores del entorno; *La vuelta de Chencho* —terminada de redactar en 1942 y publicada en 1960—, relato en el que Carlos Enríquez se aproxima, como Félix Soloni, al univeso del barrio pobre y sus personajes, hombres grotescos que animan un acontecer violento, aprehendido a través de imágenes básicamente expresionistas; *Papaíto Mayarí* (1947), de Miguel de Marcos, atendible fresco de la existencia cotidiana de la ciudad, signado por el pesimismo y por un humor cáustico que encuentra en la oblicuidad de la adjetivación y en las innovaciones léxicas un medio idóneo para manifestarse; *Segundo remanso* (1948) y *Los apuntes de Juan Pinto* (1951), noveletas de Marcelo Pogolotti (1902-1984) en las que se destaca una endeble conceptualización de las inquietudes del autor sobre el presente inmediato y el destino de la República. Estos textos de Pogolotti se caracterizan por la morosidad reflexiva de sus personajes, intelectuales desarraigados por la frustración. *El sol a plomo* (1959), de Humberto Arenal (1926), se redactó en 1958. Se incluye en esta relación porque allí se testimonian hábilmente los últimos momentos de la lucha insurreccional en la ciudad contra la dictadura de Batista. Además, en el desenlace se aprecia la certidumbre del triunfo revolucionario.

Junto a las obras acabadas de reseñar aparecieron otras de ínfima trascendencia, pero que contribuyeron a precisar el comportamiento de la novela en estos años. Así, por ejemplo, en 1923 se publica *La danza de los millones*, de Rafael Antonio Cisneros (?), venezolano radicado en Cuba desde principios del siglo. Su historia no es más que un malogrado experimento —ineficaz combinación de diálogos, versos libres y párrafos breves— con el que intentó apresar el desenvolvimiento de la vida nacional en el momento histórico a que alude el título. Por su parte, Francisco Machado (?) dio a conocer un ensayo novelesco de ingrata lectura —*Memorias de un socialista* (1924)— que pone de relieve su eclecticismo ideológico. Santiago Cintas Álvarez

(?) se propuso, en *Los polichinelas del amor* (1924), registrar con objetividad las manifestaciones de la libido en personajes aristocráticos y encumbrados. A su vez, Francisco López Leyva (?) se adentra en el fenómeno de las «vacas gordas», resultado de lo cual es su novela *Don Crispín y la comadre* (1925), en la que se narran los sinsabores de un rico e ingenuo hacendado ganadero que anhela penetrar en los círculos de la burguesía habanera. Humberto Bruni (?), ofrece en *El amor de los hombres* (1925) un «estudio» de las infidelidades en el amor, sentimiento cuyas expresiones más superficiales son, en la novelística de la etapa, el centro de obras realmente prescindibles.[22] En 1927 aparece *La gallega*, novela de Jesús Masdeu que se hace notar por su bien estructurado argumento y por el alcance de su indagación en la problemática del emigrante. Francisco Romero (?) escribe, bajo el notorio influjo de Eugène Sue, su relato *Los misterios de Camagüey* (1927), en el que lo imaginativo se integra en una anécdota banal, llena de amantes frenéticos y de posesos. Josefina Campos y de Cárdenas (?) da a conocer en *Pobres y ricos* (1928) su peculiar visión de la miseria, dilema que encuentra una solución irreal en el pequeño universo de su novela. Pascasio Díaz del Gallego (?) brinda en *Agonía* (1928) y *Ciclón* (1929) los elementos que, en su criterio, constituyen signos del desmoronamiento espiritual de la «raza» hispanoamericana. La tragicidad evidente en ambas obras se convierte, en *¡A l'Habana me voy!* (1931), de Joaquín Aristigueta (?), en amarga ironía. A diferencia de Díaz del Gallego, el autor de ésta logra realizar un cuadro de la crisis ética por medio del humor, el doble sentido y los juegos de palabras, recursos en los que se expresa su esencial ludicridad. Por su parte, Fernando de la Milla (?) dio a conocer en 1949 su novela *En la Habana está el amor, o el arte de ser adúltera*, cuya acción tiene lugar en el mundo del espectáculo y en la que hay un acercamiento regocijado a la corrupción y a los equívocos de la sexualidad en personajes adinerados. J.F. Esares Don —seudónimo de José Fresneda Etchegayen (?)— publicó *El dios maltrecho* (1949), texto de atractiva modernidad en el que la bien fragmentada estructura interna sirve de apoyo a una historia de índole psicológica de interés.[23]

El contexto citadino también funciona como trasfondo de algunas de las obras principales de la tendencia universalista, pero es preciso decir que ellas alcanzan una relevancia artística que, por lo general, no poseen incluso las novelas más importantes de la tendencia urbana. Esta disparidad puede formularse en los términos de un contraste entre una mirada abarcadora de lo ecuménico —las problemáticas del hombre contemporáneo—, que tiene un punto de referencia fundamental en la realidad cubana, objeto de cierto grado de conceptualización, y una mirada restringida, que se limita a extraer las regularidades de lo particular, más no por ello menos legítima, pues aporta, en suma, una visión panorámica del entorno nacional no carente de aciertos. Como podrá apreciarse en los comentarios siguientes, no se trata de perspectivas que se excluyen. Por otra parte, conviene señalar que en la tendencia universalista se han incluido novelas que ostentan esa condición por el cosmopolitismo que las distingue, en primer lugar, y por determinados méritos suyos —pocos, en última instancia— en lo que concierne a la ficcionalización de ideas sobre los desempeños del ser humano en las circunstancias históricas, culturales y filosóficas del siglo XX, en segundo lugar.

Los textos mayores de la tendencia son *El negrero. Vida novelada de Pedro Blanco Fernández de Trava* (1933), novela-testimonio de Lino Novás Calvo (1903-1983), que recoge las andanzas del protagonista hasta su muerte y que se remonta al pasado, viaje en busca de la realidad y la leyenda de la trata de esclavos, pero sin apartarse nunca del personaje principal y su sombrío, complejo mundo interior, especie de reducto donde parece estar, prefijada, la ruta de su fascinante destino; *En los traspatios* (1946), del mismo autor, obra que se centra en el estado de alienación que se origina en las incertidumbres cotidianas; *El laberinto de sí mismo* (1933), *Cresival* (1936) y *Anteo* (1940), trilogía de Enrique Labrador Ruiz (1902-1991), en la que el entorno experimenta una sublimación signada por lo grotesco, las ambivalencias y el nihilismo, y cuyas páginas revolucionan las concep-

ciones del género en esos años; *La sangre hambrienta* (1950), también de Labrador Ruiz, texto que se depura de las altisonancias y de las gratuitas irregularidades estilísticas presentes en sus novelas anteriores, y en la cual se produce una acertada aprehensión del sentimiento de asfixia espiritual, fenómeno que adquiere una importancia de primer orden, pues contra él luchan personajes muy bien diseñados que anhelan la plenitud y que son portadores de la idea esencial de la obra; *Aventuras del soldado desconocido cubano* (1940), breve novela en la que su autor, Pablo de la Torriente Brau (1901-1936), logró corporizar su antimperialismo, sus criterios acerca de las guerras y su humanismo visceral, satirizando ejemplarmente los falsos valores de los hombres de su época; *La ventana de mármol* (1943), de Marcelo Pogolotti, historia que transcurre en Francia a fines de la década del treinta y que contiene una rica exploración del desarraigo del artista, problemática encarnada por un personaje que busca su identidad en un medio ajeno; *Estrella Molina* (1946) —otra novela de Pogolotti—, texto que estimula la capacidad asociativa del lector, pues la trama fluye en una serie de cuadros contrastantes, en apariencia inconexos, en los que se resuelve el propósito de registrar la deshumanización de la cultura y del hombre mismo; *El reino de este mundo* (1949) y *Los pasos perdidos* (1953), novelas de Alejo Carpentier en cuyas páginas queda expuesta su poética de lo real maravilloso americano y en las cuales —aparte sus plausibles aciertos estilísticos-configurativos— el autor realiza aleccionadoras indagaciones sobre el lugar del hombre en la historia, su misión en el acontecer, y en torno a la búsqueda de la identidad, tema este que se aborda desde la perspectiva de un personaje enajenado que se desgarra entre dos mundos contrarios;[24] *Jardín* (1951), de Dulce María Loynaz, texto que fuera objeto de comentarios en páginas anteriores y sobre el que es preciso añadir aquí que constituye un insólito diálogo con la naturaleza, la memoria y el tiempo; *La carne de René* (1952), de Virgilio Piñera (1912-1979), novela en la que se postula un universo regido por el absurdo, una realidad que Piñera construye mediante la objetivación de sus ideas acerca de algunas problemáticas existenciales del ser humano; *Pequeñas maniobras* —escrita por ese mismo autor antes de 1959, pero publicada en 1963—, narración en la que se retoman tópicos desarrollados en la obra de 1952 y cuyo argumento se centra en el autoalienatorio discurrir del protagonista.

Las novelas menos sobresalientes de la tendencia se caracterizan, en lo fundamental, por poseer una débil e ineficaz facturación artística, defecto congruente, en términos generales, con un registro superficial, no sustentado en verdaderas reflexiones, en dilemas a que se enfrenta el individuo, cuyas preocupaciones y anhelos constituyen el eje de esta dirección de la novelística. Así, por ejemplo, *El silencio; fragmentos del diario de un loco* (1923), de Salvador Quesada Torres (?), obra en la que se precisan ecos del decadentismo francés; *La avalancha* (1923), de Federico de Ibarzábal, novela de fuerte aliento antibelicista sobre la Primera Guerra Mundial; *Maya* (1924), de José Orlando Ferrer Batista (?), exótica leyenda ubicada en la India; *El romance heroico del soldado desconocido* (1924), breve historia de María Lafita Navarro (?), que coincide, en algunos aspectos, con la de Ibarzábal; *La que no quería amar* (1925), relato de Luis Enrique Santiesteban (?) sobre la vida pública norteamericana; *La mujer, el torero y el toro* (1926), de Alberto Insúa (1885-?) —autor muy influido por las obras de Alfonso Hernández Catá (1885-1940)—, novela de ambiente español no exenta de aciertos compositivos en lo que se refiere a la caracterización de personajes y la creación de atmósferas, aciertos visibles, asimismo, en textos suyos posteriores como *Humo, dolor, placer* (1928) —relato cosmopolita en torno a la búsqueda de la plenitud vital—, *El barco embrujado* (1929) —narración simbólica en la que se pretendió ilustrar el caos ético y las aberraciones de una aristocracia escéptica y pusilánime—, y *Un corazón burlado* (1939), indagación de perspectiva psicológica, centrada en los mecanisos inhibitorios de la típica familia provinciana española;[25] *Aventuras de Raflo y Raúl alrededor del mundo* (1928), de Flora Basulto de Montoya (?), ejemplo menor de una literatura para adolescentes y jóvenes deudora de Julio

Verne y Emilio Salgari; *Mis tinieblas* (1936), de Flora Díaz Parrado (1893-?), especie de novela-ensayo en la que se aprecia una interesante utilización del monólogo, recurso expresivo por medio del cual se plasman vivencias interiores relacionadas con el sexo y la noción de lo demoníaco; *En el país de las mujeres sin senos* (1938), de Octavio de la Suarée [26] (1903-?), novela en la que se describe la intensa vida nocturna de París; *Hombres de paz en guerra* (1938), de Manuel Millares Vázquez (1906), memorias de un español que participó como miliciano en la guerra civil; *El último drama del aire y la última luz del sol* (1939), de Rogelio García Hernández (?), aventura bélica internacional en la que se especula, por caminos que se relacionan con los de la ciencia ficción, sobre el desenvolvimiento de la Segunda Guerra Mundial; *Amores y dolores* (1941), de Gustavo Rodríguez Cintra (?), novela en cuyas páginas se observa el influjo de Vicente Blasco Ibáñez y en la que se narran las experiencias de un cubano que, incapaz de soportar la repugnancia que le produce el medio social, decide trasladarse a Galicia, lugar del que guarda gratos recuerdos; *Los paseantes* (1941), de José de América —seudónimo de José Calvert Casey (1924-1969)—, extraña fabulación de carácter simbólico en la que se corporizan algunas inquietudes existenciales presentes en sus obras posteriores; *El docto Emerson y su isla maravillosa* (1941), de Ángel G. Cárdenas (?), novela postuladora de una utopía en torno a la realidad cubana, vista desde la perspectiva de un norteamericano; *Luisa* (1943), de Alfredo Mestre Fernández (1909-?), vacía aproximación a la adolescencia de una mujer que sufre los rigores de la guerra civil española, y *Ready* (1946), de Antonio Ortega (1903-1970), curiosa novela picaresca en la que un perro narra sus infortunios y de la cual se desprende una visión irónica del quehacer, los valores y las ansias humanas.[27]

Se puede apreciar que son los textos mayores de esta tendencia los que completan, en una dimensión que se constituye por afanes exploratorios trascendentes —originados en reflexiones más abarcadoras y ricas que alcanzan a conjugar lo particular y lo universal—, la imagen artística que se va modelando en el proceso evolutivo del género sobre la base de un examen multiangular de la realidad republicana en el lapso 1923-1958.

Por último, es preciso decir, ya que se alude a ese proceso evolutivo en su totalidad, que los aciertos fundamentales de dicho examen se sostienen también en lo mejor de las restantes tendencias, cada una de ellas inmersa, como quedó señalado en estas páginas, en dilemas de primer orden propios de la sociedad cubana en este período.

[A. G.]

2.4.2 La obra de Ramos

Aunque la obra novelística de José Antonio Ramos (1885-1946) no es extensa, cabe advertir en ella las preocupaciones fundamentales de su autor, así como otros aspectos —ideas, criterios y soluciones— en torno a la realidad cubana que caracterizaron, en términos generales, la producción literaria del grupo de escritores en el que Ramos se inscribe.

Ramos nace en el seno de lo que la crítica denomina burguesía intelectual cubana, y este hecho le posibilita el acceso a una formación adecuada que además se hace sólida en múltiples lecturas. Fue también un autodidacta. Esta superación conscientemente activa se refleja en toda su obra y la enriquece de modo muy particular si la comparamos con la de otros coetáneos suyos.

Es en la novela, un género de tan variadas exigencias y posibilidades, donde Ramos exhibe sus mejores dotes como escritor. A medida que aprende y maduran sus ideas, el autor va reuniendo en las cuatro novelas que escribió (publicadas entre 1908 y 1936) sus experiencias dentro de lo literario, lo histórico-social y lo político. Sin embargo, es posible afirmar, independientemente de la evolución de su perspectiva artística y su ideología, que la novelística de Ramos se halla atravesada por un eje único, centralizador y prácticamente invariable.

Su obra se inicia con *Humberto Fabra* (1908). A ésta siguen *Coaybay* (1926), *Las impurezas de la realidad* (1929) y *Caniquí* (1936).

El autor tenía ya cierto prestigio como periodista, crítico teatral y dramaturgo cuando aparece *Humberto Fabra*. El Ramos de 1908 que se presenta como novelista, es quien va a fundar el periódico *La Prensa* en 1909. Se trata de un intelectual muy joven, un reformador indomable que se identifica con el antimperialismo desde una perspectiva burgués-nacionalista.

Los aciertos parciales de *Humberto Fabra* revelan, en el contexto total de la novela, las posibilidades que tenía Ramos para la narración y el diseño de personajes. Sin embargo, estos aciertos son poco menos que prescindibles si se valora el alcance ideológico de *Humberto Fabra* en tan temprana fecha.

El personaje, cuyo nombre da título al libro, es el típico joven idealista, remozado por lecturas filosóficas e ilusiones utópicas, de los primeros años de la República. En el fondo se trata de un personaje autobiográfico. Sus reflexiones aparecen en la novela bajo el signo de un ensayismo de índole sociológica, signo que identificó al quehacer narrativo cubano aproximadamente durante los primeros treinta años del siglo. Fabra es un hombre racional, lógico, que lucha contra la estructura social. Ganado por el pesimismo y el exceso de meditaciones, es posible ver en él un ejemplo de la frustración y el provincianismo.

Aunque la descripción de la vida provinciana es, en Ramos y otros escritores de su generación, una especie de alegoría del estatismo y la ineficacia, *Humberto Fabra* muestra al lector el costado mejor de esa vida: el contacto con la naturaleza, el campo cubano. Aquí Ramos deja ver, a través de diferentes niveles del estilo, rasgos neorrománticos y postmodernistas de los que jamás careció su prosa narrativa, al mismo tiempo que evidencia un rechazo a la ciudad, en específico a la capital, o lo que es lo mismo: a la entronización del vicio, la quiebra ostensible de los valores espirituales, el fraude estatal. A Fabra le repugna la ciudad y alude constantemente a estas «impurezas». Es, por consiguiente, un inadaptado.

Humberto Fabra muestra a un escritor que tiene una visión muy crítica de su entorno social y de la ética que emana de él, pero esa visión es todavía periférica, no se adentra en fijaciones socioeconómicas esenciales. El protagonista de la novela opone a la «armonía» institucional de la democracia republicana el anhelo de la virtud, la naturalidad desprejuiciada, el odio a la hipocresía y a todo lo que no sea verdaderamente digno del hombre. Fabra conoce el amor (la novela es también la historia de un adulterio infeliz) y vuelca en él lo mejor de sí.

Ramos mezcla el asedio amoroso con otras preocupaciones de Fabra: el atraso de los pueblos de América, la sostenida explotación extranjera y el desgobierno. La aventura del joven polemista y Albertina, una tragedia individual, se transforma poco a poco en un reflejo de la tragedia social. Fabra resume su patriotismo en una utopía: el país sin ejército ni gobierno, con una juventud que acuda al extranjero para formarse dentro de la cultura y los proyectos sociales más avanzados.

Hay en la novela un progresivo cambio de tono. Ramos escribe su obra sobre la base de la indagación sociológica, pero luego esta indagación se disuelve en el melodrama ampliando su radio de acción, concentrándose en la pareja que forman Albertina y Humberto. El autor va de las tesis a lo sentimental, mas las ideas no desaparecen. Viene a ser, en el ámbito del melodrama, un trasunto ético, el credo del protagonista. Es por ello que las preocupaciones sociopolíticas de Fabra no entran en contradicción con lo amoroso. Se trata, además, de un amor matizado por el reto de la sociedad cubana de la época.

El enfoque vindicativo de los derechos de la mujer se adelanta, en *Humberto Fabra*, al del Miguel de Carrión de *Las honradas* (1917) y *Las impuras* (1919). En este aspecto y en otros, el naturalismo contenido de Ramos se hace notar: descripciones ineficaces, párrafos afuncionales y numerosos adjetivos que, a pesar del ojo censor de Ramos (éste hizo al final de su vida una relectura de *Humberto Fabra* y suprimió determinados pasajes), aún permanecen en la versión definitiva de la obra.

En 1913, cinco años después de la aparición de la novela, Ramos publica la «Última carta de Humberto Fabra», al darse cuenta de que la ex-

posición de las ideas del personaje había sido balbuceante, un tanto confusa. Éste, que prácticamente se suicida en medio de una revuelta de los liberales, deja una síntesis de su posición ideológica: la crisis de la República es de carácter ético y su remedio es la «espiritualización, la lucha contra el "materialismo degradante". Cuba necesita "intelectuales de acción"».

El programa reformador de Humberto Fabra se sistematiza y cobra coherencia en la segunda novela de Ramos: *Coaybay* (1926). El dilatado lapso entre ésta y la anterior encierra un proceso de sucesivos ejercicios literarios y nuevas experiencias. *Humberto Fabra* había sido la improvisación; *Coaybay* aparece ahora como un producto literario de cualidades distintas en lo que toca a la forma. Sin embargo, el protagonista de este singular experimento de Ramos en la novela no logra trascender en lo esencial las fronteras ideológicas de Fabra: Washington Mendoza continúa dentro de lo que la crítica llama el positivismo de Ramos, manifestándose como un anarquista muy reflexivo, casi un deudor de la filosofía pragmatista.

Coaybay narra la historia de una revolución cuyos ideales se afincan en un nacionalismo romántico y con la que se pretende derrocar a un imaginario tirano. La novela es una alegoría de la situación cubana en los primeros veinte años del siglo: la acción se desenvuelve en un espacio mítico que no por transparente deja de constituir un acierto de modelación histórica, social y geográfica.

Más emprendedor que Fabra, Washington Mendoza transita, sin embargo, por la misma inadaptabilidad. Vencido por desilusiones inapelables, por sus propias limitaciones y por un individualismo superlativo a pesar de que sus preocupaciones se centran en el futuro de Coaybay, el personaje se lanza a una aventura que aparece soterrada en la novela y que no se muestra al lector hasta el desenlace de la obra. Se trata de un hombre práctico con ideas: su fórmula para solucionar los problemas sociales se define en la instrucción sistemática y en el empleo racional de los recursos del país.

El tono empleado por Ramos en *Coaybay* se acerca a la ironía, y es dable sospechar que tras él hay, como desembozadamente aparecía en *Humberto Fabra*, un justificado sentimiento de frustración. Ramos cuestiona conceptos como la patria, la constitución democrática y la libertad, e introduce, por otra parte, un rico debate entre el americanismo y el europeísmo. Sin dejar de lanzar miradas anhelantes hacia Norlandia (Estados Unidos), los personajes más positivos de la novela reflexionan sobre la realidad americana con respecto a la europea. Ramos insiste en oponer, en este sentido, las características contextuales de la «civilización» a las de la «barbarie». Las ideas del autor se proyectan desde un nacionalismo «razonado»: hay que estudiar y conocer la realidad de los pueblos de América. Así ve Ramos uno de los problemas cardinales de la novelística continental en esta etapa de su desarrollo.

Otro acierto del autor, en este casi pretexto para canalizar sus reflexiones, se halla en la exposición histórico-novelesca de la trama. De ahí que el *tempo* en *Coaybay*, que es más bien acompasado, no entre en contradicción con la rapidez que entraña el argumento. A esto contribuye, además, la presentación que hace Ramos de cada personaje. El autor se muestra muy interesado en referir al lector sus respectivas historias.

Ramos sostiene a través de *Coaybay* una idea que no dejará de repetirse en sus obras posteriores: Cuba no debe imponerse un cuadro de valores nuevos sin antes resolver sus problemas económico-sociales. Los conflictos políticos —la sobrevaloración de éstos hace fracasar la revolución coaybayana— se solucionan según sean atendidos aquellos.

La proximidad cronológica de *Las impurezas de la realidad* (1929) con respecto a *Coaybay* no impide el salto de calidad que las separa. La crítica sostiene que la de 1929 es la más literaria de las novelas de Ramos, observación discutible si se la compara con *Caniquí*. Hay en ella cierto grado de complejización estructural en lo que toca al tiempo y al espacio novelescos, y los ambientes suelen cobrar un significado que trasciende la mera contextuación. El curso del argumento se fragmenta, vuelve sobre sí mismo, se adelanta o se detiene. La verosimilitud de los diálogos crece y las descripciones son más ajustadas al propósito general de Ramos: poner al desnudo la crisis económica, sociopolítica y moral de la República a partir de un hecho casi intrascendente. Ramos explora las interioridades de este suceso e investiga su alcance en ámbitos disímiles. El autor ha tenido que diseñar una estructura interna rica en planos de acción, puntos de vista y personajes. De este modo, el tono ensayístico y la indagación sociológica parecen reducirse notablemente: casi siempre sobre la base de la conducta y no de las palabras, Ramos establece desde el personaje protagónico (Damasito del Prado) un nexo retrospectivo con Washington Mendoza y Humberto Fabra.

La presencia de ciertos elementos configuradores, que se integran en el estilo, y la índole de la estructura de la novela, podrían corroborar en *Las impurezas de la realidad* un determinado grado de asunción de las proyecciones formales vanguardistas. No debe olvidarse, además, que la carrera consular de Ramos, iniciada en 1911, le permitió el acceso a las novedades literarias, y que de 1922 hasta 1932 (*Las impurezas*... se escribió entre 1926 y 1929) el autor residió en los Estados Unidos, país donde presumiblemente pudo conocer obras de autores importantes que entonces empezaban a distinguirse.

Otro inadaptado, el hijo de Dámaso del Prado, revela, más que sus antecesores, su profunda crisis espiritual y su desvalimiento como ciudadano que no acepta su realidad. Es un hombre contradictorio, un personaje cuya verosimilitud crece tanto más cuanto menos rígida es su conducta. Las satisfacciones personales de su altruismo le conducen, sin embargo, al desencanto y al vicio. Ramos presenta estos problemas de un modo muy gráfico. De la honestidad pasa al cinismo, a un fervor agónico que el autor representa con acierto. En el fondo hay aquí una voluntad de clarificación del status moral republicano, clarificación que de hecho es una conquista del autor cuando logra evitar el exteriorismo y el ensayismo.

Las impurezas de la realidad es la historia de una venganza ciega, una riposta del sufrimiento que, matizada con la ambición, el crimen, la hipocresía y la falta de horizontes, halla una traducción feliz en varios personajes centrales. Esa traducción entraña un gran afán de discernimiento y evaluación en el terreno sociopolítico. La forma en que aparecen muestra a un Ramos preparado para escribir su novela mayor: *Caniquí* (1936).

La última novela de Ramos es un aparente retroceso temporal: la acción transcurre a partir de 1830 en la ciudad de Trinidad. El lector se encuentra ante la realidad colonial, dentro de un contexto rigurosamente fijado por sus elementos más notorios e importantes, entre los que se destaca la absorbente problemática de la esclavitud. Desde ella Ramos teje un argumento singular, que no por hallarse fuera de época en relación con el arduo presente republicano se desliga de su esencia, su espíritu. Es por ello que, a la manera de otros escritores cubanos, el autor construye una semialegoría de lo inmediato, al mismo tiempo que explora las causas de su índole en los aproximadamente cien años anteriores.

La vuelta al pasado es una especie de regularidad de la narrativa cubana en los primeros treinta años del siglo, y como tal surge a partir de ciertos cuestionamientos que nacen de la reflexión en torno al futuro de la República y al pasado que la determina histórica, social, política y éticamente. Ramos, desde luego, no escapa a la acción de esa regularidad, si bien su quehacer en este sentido carece de alusiones directas al presente y atiende sólo al universo novelesco.

Caniquí no es una novela de tesis al modo de las anteriores, ni presenta a algún personaje sospechoso de ser la «voz» del autor. El argumento se desenvuelve básicamente en las relaciones que establecen cuatro personajes: Lorenzo de Pablos (el esclavista, símbolo del poder colonial y sus intereses), Juan Antonio (el joven de ideas independentistas, romántico y práctico al mismo tiempo), Mariceli (el misterio de la hondura espiritual, la dualidad de la pasión carnal y la religiosa) y Caniquí (el esclavo que ama su libertad y que se presenta como un fugitivo peligroso, con poderes mágicos). Las tensiones y distensiones de la acción se resuelven entre ellos. Ramos los mueve con habilidad.

La importancia de *Caniquí* radica en los contenidos universales que en ella expone el autor. Hay cierta intemporalidad de lo humano conseguida sobre la base de presentar lo universal como algo que, desde luego, no pertenece a ninguna época histórica en particular, pero que se inserta en cualquiera de modo natural y necesario. Tal es, en rigor, el alcance de la historia que Ramos cuenta a través de *Caniquí*. El costado fruitivo de la recreación histórica no muestra a un Ramos escapista, inmerso en descripciones y problemas del pasado, sino a un escritor que busca iluminar el presente desde un ángulo literariamente distinto y eficaz.

Caniquí no se remonta a las jornadas heroicas del '68 y el '95 para aludir así a un heroísmo perdido con el advenimiento de la República. Tampoco las ideas independentistas surgen en primer plano. El autor prefiere dedicarse casi por entero a la historia que tejen los cuatro personajes mencionados, sobre todo a la extraña y rica relación que surge entre Mariceli y Caniquí. Esta reconcentración deja un saldo muy positivo si lo comparamos con el que se desprende de las tres novelas anteriores. *Caniquí* ofrece en sus páginas el más alto nivel estilístico alcanzado por Ramos y algunos aciertos parciales memorables.

La última novela de Ramos es una obra en verdad infrecuente dentro del panorama narrativo de la república. En la novelística de índole histórica durante las tres primeras décadas del período neocolonial, *Caniquí* resulta una obra singular si se repara en ciertos rasgos suyos: la notable madurez del estilo, determinada facturación cinematográfica, exploración psicológica adecuada y búsqueda de una vía fecunda para transmitir las ideas de modo que el contenido sociopolítico no sobresalga por encima de lo individual visto en términos de hechos escuetos y de conducta. Hay en *Caniquí* una progresiva sutilización de su fondo ideológico.

La ambigüedad de las motivaciones de Mariceli y de su relación con el mítico esclavo constituyen el centro de la obra en lo que atañe a su nivel anecdótico más complejo. Por otra parte, Ramos cambia la perspectiva desde donde se cuentan los hechos hasta dar con el significado real de ellos. Los desplazamientos espacio-temporales, que se vinculan directamente con esa angulación múltiple de los acontecimientos, dan como resultado un dinamismo interno superior al de *Las impurezas de la realidad* y que se acentúa con la ausencia del metaforismo, bastante afuncional en las tres novelas anteriores del autor. El especial ritmo que identifica al discurso narrativo en *Caniquí* se logra a partir de un sistema ordenado de cuadros y secuencias. Este sistema tiene la virtud de lograr un clímax ascendente, propio de las exigencias de la historia que Ramos desarrolla en su novela.

La obra novelística de Ramos se halla traspasada por un eje único. Este eje o idea central se conforma a partir de las preocupaciones del autor en torno a la realidad neocolonial cubana y su futuro. De ellas extrae Ramos conclusiones y soluciones que no por participar del error circunstancial dejan de ser honestas. Ramos, cuyas ideas eran al principio notoriamente acientíficas, evoluciona luego hacia posiciones ideológicas de vanguardia y de mayor eficacia para la comprensión de la realidad. Sus concepciones artísticas experimentan cambios similares, aunque de un modo menos evidente.

El doble proceso que entraña su novelística puede ser resumido así: del anarquismo romántico, de cierta eticidad resguardada de las «impurezas», a una rebeldía eficaz y abierta que impugna los cimientos de todo un sistema social; de una explicitación francamente ensayística de presupuestos ideológicos básicos, a los personajes-símbolos, decantados de una madurez artística y conceptual.[28]

Las novelas de Ramos muestran a un intelectual de transición que paulatinamente hace suyas las ideas y las formas de lucha más renovadoras del momento en el que le tocó escribir y desenvolverse como ciudadano. Las cuatro, vistas como un ciclo, expresan de cierto modo vacilaciones, aciertos y conquistas en torno al propósito de introducir cambios radicales en la realidad cubana de entonces.   [A. G.]

2.4.3 La tendencia criollista: L. F. Rodríguez y otros autores

En el epígrafe correspondiente al cuento criollista en general y a la producción aportada en este sentido por Luis Felipe Rodríguez en parti-
cular, se presentó un panorama en torno a lo más relevante de la problemática ideoartística del criollismo vista como conjunto de preocupaciones —nuevas y renovadas— que habían hallado cierto auge en sus concreciones durante los años de la vanguardia, y más tarde, bajo la influencia de ella, determinada estabilidad a lo largo de la república.

La novelística de Luis Felipe Rodríguez está conformada por cuatro obras: *La conjura de la ciénaga* (1923), *La copa vacía* (1926), *Ciénaga* (1937) y *El negro que se bebió la luna*, terminada de escribir en 1940, pero que no apareció en forma de libro hasta 1978. De ellas, en rigor sólo dos —la de 1923 y la de 1937— pueden juzgarse representativas de la tendencia que nos ocupa, en el caso de Luis Felipe Rodríguez.

El análisis de las relaciones existentes entre *La conjura...* y *Ciénaga* descubre en Luis Felipe Rodríguez —y a propósito del desarrollo de la novelística republicana en general— un fenómeno revelador: la evolución de ciertas ideas en torno a la realidad campesina hacia otras concepciones sobre el mundo rural que, desde luego, dan lugar a elementos configurativos específicos. *La conjura...* reaparece en 1937, como producto de una remodelación, bajo el título de *Ciénaga*. El espacio, el tiempo, los personajes y el argumento son similares en ambas, pero entre una y otra transcurren casi quince años.

Ese lapso es testigo de un proceso de maduración que demuestra, si se valoran *La conjura...* y *Ciénaga* como un todo metodológicamente irrompible, la índole transicional —ya mencionada cuando se abordó su cuentística— de Luis Felipe Rodríguez.

El tránsito, que se hace tangible en *Ciénaga* —resultado de un análisis crítico de su modelo—, puede definirse como la transformación del melodrama campesino en una alegoría de la República. Cierto es que ya en la novela de 1923 hay numerosos rasgos indicadores de su proyección alegórica, pero éstos se sistematizan y cobran un grado de coherencia mayor en el texto de 1937.

Es conveniente atender en *Ciénaga* a ciertas cuestiones ilustradoras de lo anterior: a) las declaraciones de Luis Felipe Rodríguez en su

«Advertencia al lector»; b) el contenido de la parte que precede al primer capítulo de la novela, titulada «La casa de las Aldanas» y c) la índole del capítulo XXII, texto que no figura en *La conjura de la ciénaga*.

El autor dice en su «Advertencia...» que *La conjura...* no es más que una novela de costumbres en donde se exalta lo pintoresco y se halla, sólo embrionariamente, un conjunto de posibilidades de mayor alcance y eficacia cuya realización dependía del grado de adentramiento y de la experiencia del escritor en torno al proceso de la vida económica, política y social del campesino. Es decir: Luis Felipe Rodríguez reconoce que *Ciénaga* intenta convertir esas posibilidades en realidad.

Vicente Aldana, amigo del protagonista —Santiago Hermida— y funcionario del censo nacional, acompaña a este último a La Ciénaga, lugar del barrio de La Loma que se encuentra cerca de la ciudad de Tontópolis, el provinciano ambiente de Damián Paredes. Hermida tiene la intención de escribir una novela sobre la vida criolla, pero las rarezas y novedades de esa vida van apartándolo de su propósito original. Más que a escribir, se dedica a observar, a participar. Así, se enamora de Conchita Fundora, la hija de un ex-comandante del Ejército Libertador —Etelvino Fundora—, devenido agricultor de posición holgada. La muchacha posee un pretendiente —Mongo Paneque— que, hacia el final de la obra, ocasiona la muerte a Hermida y diluye, de este modo, las posibilidades de perder a Conchita. La trama, cuyo núcleo es éste —el resto son episodios, cuadros, escenas que se van imbricando—, involucra a otros personajes como el alcalde (el cacique político Fenque Camacho), el terrateniente rico (Venancio la O), el típico y pintoresco criollo narrador de historias inverosímiles y divertidas (Liborio Bartolo Morejón), la típica madre campesina (Desideria Ramírez), el norteamericano (Mr. Norton, el mismo de *Marcos Antilla. Relatos de cañaveral*) y otros menos importantes.

Vicente Aldana es un testigo distanciado, casi ajeno a los acontecimientos. La acción de esa parte titulada «La casa de los Aldanas» tiene lugar después del desenlace de la novela. Es, sobre todo, una reflexión muy significativa: en ella se asiste al desdoblamiento de Luis Felipe Rodríguez, con la ayuda de Aldana, en dos personajes: Hermida (novelista malogrado) y el propio Aldana (cronista posterior de la aventura de su amigo). Aldana se autodefine como hombre de transición. Lee lo que Hermida había dejado escrito y afirma que los tiempos ya no son los de la guitarra nostálgica y el guajiro manso, ingenuo. A partir de estas consideraciones, Aldana relata los sucesos acaecidos en La Ciénaga. Y decide, situado ya en una nueva perspectiva, retornar al escenario de la tragedia —abierta ahora hacia lo antillano y lo continental— el espíritu de Marcos Antilla, ese personaje que nace —sugiere Aldana— después del momento ensoñado y romántico de la narrativa criollista.

Es evidente que ese momento corresponde a *La conjura...*, melodrama cuyo autor no es otro que Santiago Hermida, el primer Luis Felipe Rodríguez. En tal sentido, no cabe otra conclusión que ésta: Vicente Aldana encarna la superación del autor, superación visible ya en *Marcos Antilla...*, el libro que prepara a este segundo Luis Felipe Rodríguez para la escritura, apócrifamente llevada a cabo por Aldana, de *Ciénaga*, la conceptualización alegórica de la realidad cubana desde el entorno rural.

Desde las páginas de «La casa de los Aldanas», Luis Felie Rodríguez insinúa el carácter endeble, la franca timidez de la novela de 1923, cuando aborda la problemática socioeconómica del campesino. Ésta es la razón esencial por la que el autor reescribe *La conjura...* y extrae de ella un producto en el que se verifica su tránsito hacia la nueva literatura, ajena, desde luego, al labriego patriarcal —no se trata aún del guajiro— de *La ilusión de la vida* (1912); ajena asimismo a la rebeldía ética, teñida por el antiheroísmo, de *Cómo opinaba Damián Paredes* (1916); al lamento y a la incomprensión de los pintorescos campesinos de *La pascua de la tierra natal* (1928).

Con el capítulo XXII, Luis Felipe Rodríguez logra colocar a *Ciénaga* en cierto nivel de penetración que no tenía, como se ha sugerido, la novela de 1923. Es un tipo de penetración que le viene de los resultados perceptibles en *Marcos Antilla...*, pero que formalmente resulta un añadido, un bloque textual demasiado cercano al ensayo sociológico. Los intentos de Luis Felipe Rodríguez por definir la *criolledad* —violencia, ternura, odio, temperamentos encontrados, pasiones disímiles que provienen de la mezcla racial y las singularidades de nuestra historia, todo ello recortado sobre una naturaleza cómplice que sirve de trasfondo, como ocurre en la novela— se frustran dentro de los límites de la ficción y de la novela como género, aunque funcionen de modo valioso en una instancia extraliteraria iluminadora. Además, en el capítulo en cuestión, Vicente Aldana (Luis Felipe Rodríguez) da a conocer una suerte de proyecto social que, por su naturaleza, enriquece retrospectivamente los aciertos de *Marcos Antilla. Relatos de cañaveral.*

El capítulo XXII también expone de forma conclusiva y explícita la dimensión alegórica de *Ciénaga*. El pantano que se traga a Hermida es nuestra realidad (Hermida resulta un irresponsable, un individuo que, a pesar de no comprender la idiosincrasia del mundo rural, se aventura en él). Conchita Fundora representa el costado exuberante, la riqueza insular asediada y pretendida por todos. El proyecto social de Aldana alude a la necesidad de un pensamiento social renovado, contrario al despojo, el esclavizador monocultivo y ceñido con objetividad al antimperialismo.

Estos tres elementos —la «Advertencia al lector», el texto de «La casa de los Aldanas» y el capítulo XXII— son, en esencia, los que diferencian a *Ciénaga* de su antecesora. Cabe sumar a ellos cierto número de supresiones que alivian al texto —aunque no lo expurguen totalmente— de incongruencias, diálogos falsos, reiteraciones y descripciones afuncionales. Estos últimos defectos conspiran contra la sencillez del estilo, muchas veces ampuloso y de mal gusto. La novela incorpora creativamente textos de narraciones anteriores de Luis Felipe Rodríguez y se enriquece de modo evidente con ellos. Además, el propósito en el autor de aprehender y sistematizar el universo campesino dentro de lo novelesco, propicia la aparición de los tópicos que había recreado en su narrativa precedente: la superstición, las fiestas populares, las costumbres más entrañables, la violencia, las peculiaridades

del amor en el ámbito rural, la familia campesina, las maniobras políticas y sus ejecutores más típicos, la naturaleza y sus diferentes grados de complicidad con la vida del guajiro, el problema de la pérdida de las tierras, el habla campesina. Todos estos elementos, sumados a otros que conforman la ideología de Luis Felipe Rodríguez en este momento, caben en una obra como *Ciénaga*, especie de tipología de la *criolledad* según la entendió su autor.

Muy ligados a lo pintoresco, los rasgos costumbristas de la novela funcionan como contexto de la acción. Es dable comprobar retrospectivamente, a través del examen de la narrativa criollista cubana entre principios del siglo y las postrimerías de la década del treinta, que esos rasgos constituyen un esquema portador de constantes. Con el desarrollo de estas últimas, Luis Felipe Rodríguez expresa la inmovilidad de la vida campesina y, de hecho, su estancamiento sociocultural.

Aciertos aparte, *Ciénaga*, en tanto que compendio singular y altamente valioso de rasgos externos e internos de nuestra identidad, conceptualiza demasiado algunos de ellos. Las intrusiones sociológicas se acentúan. Es notable el interés en el autor de explicar claramente al lector las esencias de la realidad campesina, interés que entra en contradicción con cierta pobreza de recursos y una comprobable ausencia de jerarquías en el manejo de aquellos rasgos. Luis Felipe Rodríguez se distancia del universo ficcional que *Ciénaga* propone debido a que, ante los dilemas que quiere desentrañar a través de la literatura, su postura es la del sociólogo. En el epígrafe dedicado al cuento criollista se había explicado esta cuestión y otras que dilucidan el conflicto de la literatura del autor. Es conveniente insistir, en tal sentido, que dada la rigidez entrañada en el conocimiento de Luis Felipe Rodríguez sobre el mundo rural, la traducción de ese mundo se torna también rígida, harto ajena a una gradual matización de sus numerosos aspectos integradores. Es así que *Ciénaga*, la primera novela criollista importante en el período de la neocolonia, acentúa su vocación de servicio directo —la denuncia de la tragedia sociopolítica y económica del campesino—, pero de un modo que disminuye su calidad y que limita sus posibilidades a la aprehensión parcial del universo que anima el guajiro.

En cuanto a *La copa vacía* y *El negro que se bebió la luna*, es conveniente aludir, aunque ambas se aparten de los objetivos de este epígrafe, al hecho de que la primera se halla fuera de la tendencia criollista por la índole de su argumento y las preocupaciones que encierra, y que la segunda se desliga también del criollismo, pero sólo por sus coordenadas espacio-temporales y lo específico del asunto que el autor trata en ella.

La copa vacía, breve novela de aprendizaje, mantiene evidentes relaciones con *Cómo opinaba Damián Paredes*. Escrita después que Luis Felipe Rodríguez dio a conocer *La conjura...*, constituye un paso intermedio, una especie de regreso al tono melancólico que albergan sus primeros libros, pero se diferencia de ellos por su coherencia novelesca. Allí se encuentra la pintura del ambiente provinciano y la existencia triste, signada por la meditación, que sirven de trasfondo al desenvolvimiento de Sebastián Manuel Antúnez, personaje cuyo destino no es otro que el de los condenados al fracaso social y espiritual, al estancamiento, al vacío. En *La copa vacía* —por eso su título— Luis Felipe Rodríguez muestra el más crudo reflejo de la frustración. Quizás a causa de ello la novela funciona, dentro del ciclo narrativo total del autor, como una especie de exorcismo antes de entrar de lleno en los temas y personajes que más le atraían: la vida rural y los campesinos.

El negro que se bebió la luna es una insólita novela histórica que Luis Felipe Rodríguez escribe al final de su vida. Sin embargo, el texto no se aparta demasiado de la línea criollista del autor precisamente porque se remonta al siglo XIX, a un ingenio azucarero, con el fin de contar una historia sobre los antecesores del guajiro: los negros esclavos. No se trata de una novela que propone una traslación completa al pasado, sino de una mirada retrospectiva con el pensamiento puesto en la realidad republicana. *El negro que se bebió la luna* es una alegoría que sólo cobra sentido al final, cuando es posible comprobar un símil: la frustración futura de los cimarrones —por negros y porque la República silenciará el papel heroico que les tocó desempeñar en las guerras de independencia— unida al pesimismo de quienes, rotas las esperanzas, vieron otra vez instaurarse en Cuba la dominación extranjera.

Otros autores importantes de la novelística rural, influidos por el magisterio de Luis Felipe Rodríguez y que superaron sus aportes o los emplearon de distintos modos, fueron Alberto Lamar Schweyer (1902-1942), Ciro Espinosa (1890-1956), Carlos Enríquez (1901-1957) y Alcides Iznaga (1914).

Vendaval en los cañaverales (1937), de Lamar Schweyer, es una novela de contrastes agudos. De un lado, la vida fácil y superficial del protagonista, el cubano Gonzalo Maret, en Francia; del otro, la tragedia cotidiana del cañaveral, con una huelga de trasfondo. El autor establece un montaje de secuencias alternas que coinciden en Maret. Se trata de los últimos días de este personaje, un hombre que a pesar de su condición decide intervenir en favor de las demandas de los campesinos, al darse cuenta de que nunca había hecho cosa alguna por una causa justa. Y pierde la vista en la violencia de la huelga.

El valor de esta novela radica fundamentalmente en el reflejo de una típica huelga en un central más o menos típico. Pero ese reflejo se torna endeble por la utilización de un lenguaje ampuloso y por la lentitud del *tempo* narrativo en un ámbito ágil y de numerosas tensiones. La novela logra mostrar, además, un punto de vista burgués ante la realidad socioeconómica del campesino.

Ciro Espinosa publica en 1939 *La tragedia del guajiro*. Es una especie de novela-documento que recoge en detalles los aspectos más sórdidos y pintorescos de la vida rural. Sus aportes están precisamente ahí y no en su discutible proyección artística. Espinosa traza un conjunto de cuadros que van imbricándose y cuyos títulos parecen anunciar, sobre todo, una materia ensayística. Por otra parte, el lenguaje se torna ineficaz al intentar apresar el espíritu del habla campesina y sólo ofrecer una transcripción fonética de constantes elisiones, lo que constituye un retroceso en relación con lo alcanzado por Luis Felipe Rodríguez y otros narradores en ese sentido.

De la producción novelística de Carlos Enríquez sólo sus dos primeros textos se ubican dentro de la tendencia criollista. El último —*La vuelta de Chencho*, escrito en 1942 y publicado en 1960— se aparta de ella por su ambientación espacial y sus preocupaciones. *Tilín García* (1939) y *La feria de Guaicanama* —terminada de escribir en 1940, pero que vio la luz veinte años después— evidencian la condición de pintor de Carlos Enríquez. Son obras de estilo ágil y brillante. Hay equilibrio en el diseño de los personajes —apasionados, sencillos y justicieros— y en el tratamiento de otros elementos como la explotación, el amor, la naturaleza, la muerte, la vivencia cotidiana. En estas novelas aparece un ingrediente nuevo, que imprime un tono distinto a la prosa y que marca el ascenso de nuestra narrativa rural a partir de la década del cuarenta: el proceso de mitificación.

A pesar de los excesos metafóricos y ciertas ampulosidades, Carlos Enríquez conduce su narrativa hacia una dimensión mitológica. Independientemente del grado de desaliño que hay en el estilo, su vindicación del campo cubano se torna canto a la sensualidad y crítica de las costumbres burguesas. La exaltación neorromántica de lo instintivo es un aspecto central de su novelística. Carlos Enríquez postula un mundo distinto al borrar la tradicional pasividad del guajiro y revelar sus anhelos y rebeldías.

En *Los Valedontes* (1953), de Alcides Iznaga, al igual que en algunas zonas de la narrativa de Enríquez, se aprecia ya el perfil psicológico del campesino. Esta cualidad se suma, en el caso de Iznaga, a un notorio interés por el ordenamiento interior de la obra, cuyas piezas son como viñetas que se entreveran equilibradamente. Las especificidades de la composición dan lugar a un nuevo tipo de argumento en donde el autor propone varias formas de escribir una novela, hecho sobre el que descansan sus aportes a la novelística cubana de la etapa en general y a la tendencia criollista de nuestra narrativa en particular.

La novela criollista en este lapso se identifica, *grosso modo*, por la reiteración de los contextos dramáticos, la sistematización de los principales elementos constitutivos del entorno campesino, la coincidencia en las preocupaciones temáticas, las escasas variaciones del tratamiento composicional, la revelación del guajiro como personaje rico en posibilidades de diseño, la postura mimética ante ciertos aspectos de la realidad socioeconómica rural y la aprehensión progresiva de los valores éticos del campesinado cubano.

[A. G.]

2.4.4 Nuevos caminos de la novelística

2.4.4.1 *Carpentier, Serpa, Novás Calvo, Montenegro y Torriente Brau*

Alejo Carpentier, a partir de su primera obra de ficción, *Écue-Yamba-Ó* (1933), es representativo de un trascendente movimiento renovador de la novelística cubana que aspira a la apropiación artística del carácter altamente complejo de la historia y los destinos humanos inmersos en la lucha por la autorrealización social y genérica.

La novela, escrita entre 1927 y 1933, ha dado origen desde su fecha de publicación a una productiva polémica referida en lo fundamental al realismo en la captación de la vida nacional y el negro cubano, así como a su naturaleza estética, que evidencia influencias de la vanguardia.[29]

Ciertamente, *Ecué-Yamba-Ó* integra una imagen en movimiento de la sociedad cubana entre 1909 y 1932 aproximadamente y, en esencia, logra atrapar rasgos característicos de la dominación neocolonial impuesta a nuestro país por la injerencia del imperialismo norteamericano con la trágica consecuencia del subdesarrollo, que Carpentier asume a la interrelación de sus causas objetivas y repercusiones espirituales.

El novelista, situado en una posición de avanzada tanto desde el punto de vista sociopolítico como estético, fundamenta su naciente arte narrativo en sólidas bases populares de proyección antimperialista y democrática.

A la tarea de definir el verdadero perfil de la cultura nacional, sin menoscabo de partes constitutivas esenciales, contribuye eficazmente el trabajo intelectual y artístico de Alejo Carpentier. Por tanto, la significación de esta *opera prima*, expresiva del proceso de aprendizaje de quien habrá de ser novelista mayor de las letras cubanas y latinoamericanas, guarda estrecha relación con la necesidad de examinar la joven nación hacia adentro, en su mestizaje y antagónicas relaciones sociales, tarea que no podrá ser cumplida desde la perspectiva del nacionalismo burgués.

Del proceso de transculturación que se produce en nuestro país como parte del universo americano y caribeño, ofrece el novelista una primera visión artística, centrando la atención en las manifestaciones sincréticas de la cultura espiritual del negro cubano, donde despliega su naciente maestría para la recreación del mito y la liturgia, los ritos y ritmos musicales, todos acriollados.

Pero aún alcanzará superior grado de problematicidad el realismo carpenteriano al mostrar el sincretismo religioso de los complejos yoruba, bantú y carabalí, no solo en la evidencia de sus elementos distintivos e interrelaciones, sino también asumiendo este sincretismo en su integridad, inmerso en la vida social, sin aislarlo en afán descriptivista. Trabaja Carpentier de manera aportadora, sobre todo si reparamos en el nivel de desarrollo de los estudios etnológicos y folklóricos contemporáneos de la novela, el aspecto de la contrariedad del sincretismo religioso, revelando las causas objetivas de la integración de sus fuerzas motrices como estructura de resistencia, pero sin desconocer las de extrañamiento y evasión mística, contradicción que con valor modélico se cumple en la imagen que propone la novela de la secta secreta abakuá o ñañiguismo, estudiado en su desintegración.

Son develadas, por tanto, las tendencias alienantes de abakuá como falsa salida en este determinado contexto histórico de ascenso revolucionario y, en justa relación causal, se muestran los signos de enajenación del país, con lo cual se amplía la concepción de la obra que nos enfrenta a un conflicto capital: la nacionalidad contra las tendencias opresivas y desnaturalizadoras, la identidad contra la alienación, oposición que se reitera en la narrativa carpenteriana, y aquí comienza a cuajar en las propuestas ideotemáticas de la novela, no exenta de cierto tremendismo, aunque intensa y convincente en

su defensa apasionada de «el bongó, antídoto de Wall Street. ¡El Espíritu Santo venerado por los Cué, no admitía salchichas yankis dentro de sus panecillos votivos...! ¡Nada de *hot doge* con los santos de Mayeya!»[30]

Dignificar la cultura del negro desde posiciones democráticas se erige en el propósito motriz de *Écue-Yamba-Ó*, lo que la remite a las preocupaciones dominantes de la intelectualidad de vanguardia que en Cuba se formaban en la praxis revolucionaria.

En la búsqueda de nuevas perspectivas para el desarrollo del género no puede dejarse de apuntar cómo Carpentier asume las conquistas más relevantes de esta época de cambios sustanciales. *Écue-Yamba-Ó* se incorpora a la modernidad sin cosmopolitismo snobista. El narrador quebranta la visión naturalista de fundamento positivista y agnóstico en su proyecto de apresar la nación sin ontología metafísica o exotismo. En tal sentido, la experiencia vanguardista desempeña un rol principal, no como estética cumplida, sino a manera de impulso liberador.

Así el futurismo le enseña a atrapar la realidad en su multiplicidad unitaria, desarrolla el gusto por el contraste y la disonancia, la dinámica de la expresión, aunque también lastre por la transposición mecánica que hace Carpentier de la tropología de la poética de lo moderno. El cubismo aporta una reacción antipreciosista, agudiza la capacidad perceptiva y posibilita diversos puntos de vista. La mirada experimentalista abstrae y geometriza, gana en rigor analítico, lo que es evidente en los pasajes descriptivos de la novela y particularmente en la configuración del central San Lucio. Nuestro artista aprende a desromantizar el asunto, descubriendo la fuerza artística de las formas sencillas y puras.

Pero la huella más determinante es la del surrealismo, presente en la intencionalidad de la obra que, al decir de su autor, coloca en un primer plano «los elementos mitológicos, suprarreales que pueden hallarse en la vida de las campiñas y pequeñas ciudades contemporáneas»,[31] repudiando el color local y el ordenamiento de la realidad, puesto que «el misterio de la vida cotidiana encierra sugerencias poéticas que la razón no debe ingeniarse en controlar».[32]

Para el novelista en formación, que ha rechazado tempranamente el costado formulario e irracional de la ortodoxia del movimiento, lo decisivo de esta experiencia se encuentra en la expresión de lo maravilloso con factores muy humanos, potencializándose los valores espirituales que hacen posible la reorganización estética de la realidad no sometida al rigor de la lógica positivista.

En la naturaleza estilística de *Écue-Yamba-Ó* no posee menor importancia la recepción crítica de la tradición criollista. Del método naturalista-tipicista-vernacular, como lo denomina, Carpentier no puede aceptar su formulación del enfrentamiento civilización-barbarie desde las posiciones del liberalismo burgués, la sobrecarga racionalista y los esquemas simbólicos maniqueos. Sin embargo, el escritor retoma lo mejor del criollismo, su vocación americanista, y se pone en camino de trascenderlo.

Carpentier, con su extraordinaria labor teórica de las *Crónicas* y en el proceso creativo de la propia novela, está ofreciendo un primer acercamiento a lo real maravilloso americano que ya se le revela en las recurrencias del acá-allá, del ahora-entonces, en los procesos de transculturación, en los fecundos mestizajes que caracterizan nuestra historia y cultura.

En consecuencia, *Écue-Yamba-Ó* no resulta una novela híbrida, sino encrucijada y punto de confluencia de tendencias creadoras que marcan el desarrollo de una narrativa nacional y americanista, dotada de alto nivel de realización estética.

Penetrando en las particularidades de su modalidad narrativa, es interesante señalar que *Écue-Yamba-Ó* adopta la apariencia de la novela de aprendizaje y educación, de la novela formativa. Pero si ciertamente nos enfrenta a la formación de Menegildo Cué en su mundo, al proceso de aprendizaje existencial del protagonista, no se puede renunciar al cuestionamiento de esta experiencia. Menegildo no toma conciencia del sentido de su vida, no llega a comprender su papel en el curso de la historia; por eso la padece, incapaz de asumirla conscientemente. Su cultura de resistencia, y evasiva en última instancia, lo conduce a la enajenación irreversible de la muerte, negadora para él de toda posibilidad de realización humana. Se está en presencia de una novela de desarrollo en la que el «héroe» no progresa, pretendida novela de educación donde los personajes llegan al extravío definitivo de su vida espiritual.

Écue-Yamba-Ó deviene historia paradójica y antitética en relación con la tradición decimonónica, así como en el público de los años 30, buscando una respuesta en profundidad y activa porque incita a reflexionar, a valorar el problema desde nuevos ángulos, en cuyo centro se halla una figura que es incapaz de autointerpretarse en su mundo y que el autor, por su parte, renuncia a explicar doctrinariamente. Como Carpentier conceptualiza años después, se está apoyando en un efecto por rechazo: «*Las tres hermanas de Chéjov*, por ejemplo, no es una pieza épica. Pero tiene una ambivalencia épica porque sale uno del teatro con ganas de sacudir aquello, de hacer algo y que no se siga malogrando gente. Luego puede haber un reflejo épico en una acción no épica.»[33]

Esta actitud narrativa se complementa con la inclusión final de un segundo Menegildo, proyecto del porvenir, para quien «otros gallos cantarán»[34] y cuya vida «tal vez volverá a asumir la tensión anterior de esos espacios y tiempos opuestos, pero desde otra altitud de la experiencia».[35] Con ello la obra alcanza una superior propuesta conjetural, que es confirmada diestramente por su «forma abierta, una forma expansiva comparable a las improvisaciones, al parecer interminables, de los compositores contemporáneos»,[36] explícita invitación al viaje temporal.

Con tacto artístico el autor introduce el distanciamiento de las formas paródicas propias de la sensibilidad barroca, imita y a la vez subvierte cánones, sometiendo la creación en su totalidad al efecto de la sugerencia y la ironía, la antinomia y el contraste, también esencialmente afines al espíritu de la vanguardia.

La naturaleza del método narrativo de Carpentier es dominantemente diegética, con función relevante para el narrador que deviene el principal sostén y despoja al argumento de su acción organizativa, con lo cual aparece una constante de la novela carpenteriana. La indagación en las raíces se expresa en una construcción épica narrativa, monumentalista y panorámica, de visión múltiple y fragmentaria, con toques ornamentales y sentido de espectáculo, acentuado en los episodios relacionados con el folklore, especialmente patentes en el «rompimiento ñáñigo». Dista aún Carpentier de la integración sintética, de la subordinación orgánica de todos los factores a la idea artística, que en sí misma pone de manifiesto las indefiniciones ideoestéticas inherentes a un proceso de formación en que el continuo cuestionamiento del mundo genera la naturaleza fragmentada, rapsódica, de la obra. A la vez, el novelista no se aleja del espíritu discontinuo, inacabado, experimental, de los *ismos*. Con sus «escalas y arpegios de estudiante» extiende la mirada, más que ahondar, inventariando tipos populares, fiestas, ritos, ritmos, terapéuticas, mitos, es decir el rico arsenal de la cultura popular tradicional. Pero lo hace con destreza y oficio, encantando con su poder imaginativo, que atrapa lo olvidado o desconocido de la realidad.

Sobre estas bases se desarrolla su capacidad para ofrecer la sensación de los objetos como visión y no como reconocimiento, liberándose del automatismo perceptivo y descubriendo las cosas como si las viera por primera vez, posibilidad que le viene dada por la experiencia surrealista, aunque con diferente significado: no se busca el shock perceptivo ante lo raro evidente, sino una mirada desprejuiciada y lúcida, despojada del convencionalismo verista del arte reproductivo, del ilusionismo naturalista. De aquí la perdurabilidad de sus asociaciones insólitas, de sus avecinamientos antagónicos y cambios de texturas —evidentes en la secuencia del temporal—, simbolizando los fenómenos y las cosas el universo humano y su distintiva naturaleza transculturada.

La novela se estructura en torno a un personaje, Menegildo Cué, y en secuencia lineal con un tiempo narrativo que se atiene aparentemente al verismo cronológico, pero matizado de originales connotaciones simbólicas que encajan el tiempo fabular en otro tiempo con sus ciclos de nacimiento, iniciación y muerte, de renacimiento y continuidad de la vida después de catástrofes, todo lo cual coincide tanto con las concepciones del tiempo cíclico de los incas, aztecas y taínos,[37] como con las prácticas de sectas secretas de origen africano donde «se muere y se renace más fuerte y apto [...]. Esta muerte y resurrección —expresión de un fecundo ciclo vital— fue propio de los ritos de iniciación, del paso del desconocimiento infantil al conocimiento (y reconocimiento) social adulto»,[38] parábola que describe el tiempo alegorizado en la historia narrada de *Écue-Yamba-Ó*. Se hace patente que la causalidad y temporalidad residen en motivos estrechamente vinculados a nuestras raíces culturales, aunque también dotados de valencia universal.

En *Écue-Yamba-Ó* la construcción deviene espiral, termina y recomienza con una propuesta, a diferencia de la composición circular que se cierra en sí misma al concluir la acción. De este modo se inaugura una orientación temática y compositiva que expresa la concepción del mundo de Carpentier de naturaleza dialéctica, en que la estructura funciona como un enunciado metafórico, fijando también el inicio del principio compositivo de asociación de temporalidades. En *Écue-Yamba-Ó* el tiempo, que concierne al pueblo, implica progreso, aunque no llegue a consumarse un paradigma humano positivo. Para nuestro novelista el tiempo es transcurso realizador, contexto-praxis, proceso objetivo de profunda repercusión en la subjetividad y, por consiguiente, coordenada principal de lo real maravilloso.

Dada la jerarquía del tiempo como pilar constructivo, *Écue-Yamba-Ó* resulta novela de duración, de desarrollo temporal que trata de explicar el proceso de formación social de la personalidad y la muestra sujeta a cambios. Esta temporalidad comienza a descubrir la dialéctica de lo constante y lo cambiante, por lo que Carpentier dota al protagonista de rasgos de concreta historicidad, pero además tiende a configurarlo en un segundo nivel de lectura, como punto de partida para la abstracción (Menegildo, concepción mítica del negro, lo mítico en nuestra cultura), que deberá ser asumida por el lector en términos connotativos simbólicos.

Para Carpentier lo fundamental es interiorizar la acción, aunque quede un itinerario exterior de considerable envergadura, subjetivando la fluencia objetiva e indagando en el universo interior de los personajes. Interesan los aspectos cosmovisivos en su dimensión más profunda, humanizados y concretizados en las figuras de la ficción. Si ha caducado la novela de documentación psicológica, con frecuencia estudio de estados patológicos, no es menos cierto que la tematización de procesos espirituales está generando a escala mundial desde principios de siglo, pero con poderosos antecedentes en el XIX, una nueva orientación que acentúa la espiritualización del arte narrativo, tendencia a la que por afinidad electiva se suma Carpentier desde sus primeros ensayos artísticos.

Acorde con esta orientación ideoestética, la problematización del individuo es una función conferida al receptor de *Écue-Yamba-Ó*, que debe concluir la historia de Menegildo, personaje-conjetura, personaje-hipótesis, especialmente cuando el autor nos incita a preguntarnos sobre los nexos entre la experiencia de un personaje y la magna historia, con lo que el «arpegio» de principiante anuncia la concepción contradictoria y problemática del protagonista, consumada en *El arpa y la sombra* (1979).

Carpentier elige la omnisciencia por obligación realista, narra por detrás y por fuera de los personajes generalmente, patentizándose una distancia real, no incomprensión prejuiciada. El narrador se encuentra escasamente ficcionalizado, de figura nítida y fuerte, muy activo en las zonas descriptivas y como traductor de las reflexiones de los personajes, de manera que en este sentido Carpentier se mueve en la tradición de la novela social decimonónica. Como *alter ego* del autor, intenta documentar la vida de los personajes y sus contextos, pero sin llegar a racionalizar el cosmos mágico del negro caribeño, al que atinadamente suele respetarle su misterio y poesía, comenzando a amalgamarse en el discurso del narrador lo histórico-documental y lo mitológico-fabuloso.

Este es el carácter más generalizado del narrador, pero no es posible desconocer los desniveles en su status que afectan especialmente al lenguaje. Así, cuando son descritos paisajes, el acierto es menor. Se percibe el tratamiento intelectualizado, el afán vanguardista formal. Sin embargo, al narrar sobre los personajes gradualmente se impone la verdad elemental de su humanidad, se acorta distancia entre personajes y narrador, entre el tiempo de los hechos y el de su relato, actitud narrativa que alcanza un punto de remate en el encuentro final de Salomé y Longina.

Carpentier, a través de su narrador, logra penetrar en ese mundo, se libera del lastre folklorista y pasa por encima del mimetismo fonético criollista para vislumbrar la universalidad de sus figuras. Elige las frases y las entremezcla de acuerdo con el discurso expresivo, comienza a manejar la articulación mímica, la apoyatura gestual, el carácter acústico, la semántica fónica del propio discurso. El procedimiento resulta convincente porque el narrador devela facetas importantes de la subjetividad de los personajes, y el punto de vista refuerza, a nivel compositivo, motivaciones centrales temáticas referidas al conflicto de identidad versus alienación.

Como en textos contemporáneos de la narrativa cubana y latinoamericana (Graciliano Ramos, Miguel Ángel Asturias, Jorge Amado), las inconsecuencias en el registro del narrador ponen de manifiesto una crisis de desarrollo que atañe a la orientación ideológica y estética de la novela que se dispone a la conquista de la voz popular. De la intención transcriptora se está pasando a una integración enunciativa del discurso, que revela mayor realismo y libertad compositiva.

Con la visión de conjunto de la novela se destaca cómo la concepción del mundo del escritor, en franco proceso de concientización sociopolítica desde una perspectiva popular y democrática, se manifiesta en la elección de un método realista, capaz de incorporar con acierto creciente los aportes de la vanguardia, dado el carácter de *Écue-Yamba-Ó*, que penetra en el cosmos mágico y mítico del negro antillano, en su cultura de resistencia. A la par del análisis social se produce una acusada estetización de fuentes documentales y autobiográficas, de forma que resulta una novela de realización artística compleja que trasciende la ontología criollista y los extremismos iconoclastas y formularios del vanguardismo.

En estos términos comienza a desarrollarse una manera de narrar que aborda problemas en su contradictoriedad, dotada de significativas motivaciones humanizadoras desalienantes, en correspondencia con la estrategia comunicativa del autor y de los escritores representativos de las tendencias más progresivas de la época, cuya intención no es simplemente reflejar, sino apropiarse de los conflictos para la acción.

Los mayores aciertos de la primera novela de Alejo Carpentier, particularmente evidentes en su relación con novelas contemporáneas de temática afín, están en su significado como rompimiento, como búsqueda anticonvencional de nuevos rumbos.

Acierta el escritor al dilucidar desprejuiciadamente cuestiones esenciales de la integración histórica de la cultura nacional, inaugurando una visión artística de la naturaleza transculturada, sincrética, mestizada de nuestra cultura, punto de vista que enriquecerá notablemente en su narrativa posterior.

Écue-Yamba-Ó posee valores iniciáticos y transicionales. Hay conciencia de caminos que se cierran, pero a la vez se abren preguntas capitales sobre el sentido de la existencia humana y la organización de la vida social. Por su tematización del «abrazo de culturas», por sus hallazgos artísticos que integran dialécticamente la tradición aportadora y la ruptura, por su riqueza descriptiva humanizadora y, sobre todo, por sus amables alegorías que nos incitan a augurar el triunfo de la vida, abre amplias perspectivas para la renovación integral de la novelística cubana.

La primera novela de Enrique Serpa, *Contrabando* (1938), revela una voluntad analítica social en correspondencia con la época histórica y literaria de la que es representativa. Fue escrita entre 1932 y 1933; su acción se desarrolla aproximadamente en 1927. Como indica Denia García Ronda, aunque su datación no es explícita,

Contrabando, sin ser una novela histórica, se enmarca de tal modo en su contexto tem-

poral y espacial que sería imposible su traslado a una década, ni siquiera a un lustro posterior, o anterior [...] Debió Serpa confiar en que la fuerza de los hechos históricos a que alude llevaría al lector, sin vacilaciones, a los dos o tres últimos años de la agitada década del 20.[39]

En efecto, el contenido significativo de la obra pone de manifiesto las contradicciones antagónicas de la sociedad cubana neocolonial. La inminencia de una depresión económica sin precedentes constituye el primer plano de la narración, cuyo trasfondo activo resulta la insatisfacción popular y el auge del movimiento huelguístico, lo que pone de manifiesto el estado real de la sociedad que entraba en una etapa de crisis, pero también de lucha generalizada.

La novela tiene por asunto un contrabando de ron de Cuba a EE.UU., que la coyuntura de la llamada Ley Seca hace especialmente productivo. El dueño del vivero Buena Ventura, propietario en franca bancarrota financiera y moral, compulsado por el patrón del barco, Cornúa, decide correr los riesgos del comercio ilícito, empresa en la que participarán los pescadores empujados por su desesperada situación económica. La narración implica una vívida exposición de las circunstancias de vida y trabajo del obrero viverista, caracterizadas por la explotación extrema, que se concreta en la descripción de los ambientes —el mar, desarrollado en extenso y dominante, la ciudad de expresividad concentrada— y los retratos de los personajes principales, de marcada representatividad socioclasista.

Por tanto, las motivaciones del contrabando y su consumación a través de diversos eventos, resultan el hilo de engarce de la historia narrada y de su acción exterior. Pero significativamente, el autor abre su libro con este epígrafe: «contrabando de alcohol; contrabando de sentimientos; contrabando de pensamientos para adormecer mi conciencia, que a veces protestaba. Pero, ¿qué era yo, hipócrita, tímido y vanidoso, sino un contrabando entre aquellos hombres...?»[40] El recurso es válido y original, puesto que no se recurre a un texto de prestigio, ni se cita opinión autorizada, sino una figura de ficción, acentuando el punto de vista subjetivo de la narración, concentra su significado, proponiendo una lectura más totalizadora.

Lo concreto y circunscrito, el contrabando de alcohol, conduce a una reflexión sobre el estado de la sociedad en modo alguno abstracta. La modelación de la personalidad es conscientemente social, la conducta y la manera de interpretar el mundo de los personajes están condicionadas por la posición que ocupan en la estructura de la sociedad, estudiándoseles en sus antagonismos, por lo que el carácter histórico del tema y la caracterización psicosocial de los personajes sustentan la proyección ética y psicológica de la novela.

Este principio determina los términos del conflicto, puesto que en *Contrabando* se enfrenta la dramática situación de los trabajadores —obreros viveristas— al egoísmo, irracionalidad e inconsecuencia de la sociedad burguesa, evidenciándose en medio de esta situación crítica sus formas de explotación y miseria espiritual.

En este punto de vista antiburgués y antimperialista, enfatizados estéticamente los factores de inadaptación e inconformidad en el análisis de las relaciones sociales, encuentra la obra su más trascendente sentido, si bien no llega a configurar como motivación primordial la lucha popular contra el sistema.

La extrema desigualdad del mundo burgués, su inhumanidad y quiebra ética, se convierten en el núcleo ideotemático de *Contrabando*, que en función de una convincente estetización de fuentes reales, asume la denuncia desde posiciones democráticas. Las posibilidades artísticas de la novela social de protesta que integra las motivaciones de los personajes y la perspectiva de la injusta organización de la sociedad, mostrando la relación existente entre el sufrimiento de las masas populares y su situación económica, se combinan con las de la novela psicológica que interioriza las fuerzas sociales en pugna y estudia la dinámica de procesos espirituales de alta tensión emocional e ideológica.

La composición de *Contrabando* responde, en lo fundamental, a su naturaleza e intención. El escritor acierta a mostrar la responsabilidad de la sociedad en la tragedia del individuo a través de los componentes de la novela. A ello se subordina la lógica de las acciones y la psicologización de las figuras de la ficción. En consecuencia, compone a partir de la contraposición de personajes típicos de relevante jerarquía por su contenido social. De aquí la oposición central entre el Almirante, propietario, y los pescadores desposeídos, que en la figura de Cornúa, portador de un nuevo código ético fundamentado en la integridad, el coraje moral y la fraternidad humana, alcanzan su expresión más elocuente, aunque no exenta de contradicciones, ya que arremetiendo demoledoramente el personaje contra la sociedad burguesa, no sobrepasa los límites de la lucha individual, incapaz aún de sumarse a la gran confrontación revolucionaria que se avecina.

En función de esta polarización ideológica y dramática del sistema de personajes, el autor investiga una fase, a la vez típica, del desarrollo de la vida seudorrepublicana.

Los personajes secundarios como Pepe Martel, Pepe el Catalán, Martín, aportan matices individuales y de psicología de clase. Especialmente la confrontación de Martín y el Catalán hace posible un candente debate que enfrenta las alternativas de fatalismo o participación consciente en el proceso de la historia. Sin embargo, otros personajes episódicos —la prostituta, Scott— no rebasan la concepción esquemática, escapándosele al escritor posibilidades valiosas de ahondar en los conflictos, sobre todo en el caso de Mr. Burton, a través del cual hubiera podido trabajar los motivos históricos de la mediatización y la injerencia, distintivos del status neocolonial de la sociedad que críticamente examina.

En virtud del choque de caracteres, de maneras de interpretar el mundo y de actuar, el diálogo cobra singular importancia por su autenticidad lingüística, valor dramático y densidad ideológica. Aunque dependiente de la estética naturalista reproductiva, palpable en su regodeo en los ambientes, personajes y eventos sórdidos, y en el interés por la descripción de estados patológicos —repárese en el singular episodio de la relación entre el Almirante y la prostituta en el capítulo V—, el autor es capaz de trascender esta visión y su retórica en pasajes significativos.

Serpa recurre al frecuente monólogo interior reportado por el narrador, de carácter psicologista e incluso discursivo-descriptivo, tal como canónicamente se ha practicado desde el siglo XIX, pero también comienza a ensayar el flujo de conciencia.

Así se aprecia, entre otros pasajes, cuando el Almirante, bajo los efectos de una borrachera y en el umbral de la inconsciencia, asocia libremente los estímulos interiores y exteriores:

Y yo también me inclino hacia mí mismo, me inclino hacia mi interior, como quien se doble sobre un pozo. Los brazos desnudos. Las mangas dobladas, abultadas, como cicatrices antiguas. El brocal es también una cicatriz, una manga. Y el pozo un ojo en la tierra. O una fístula, quién sabe. Camino automáticamente. Y automáticamente, pero como guiado por un ojo extraño, ¡y tan seguro!, evito los obstáculos que no puedo ver, porque voy inclinándome sobre mí mismo de bruces sobre mi pozo interior [...] La visión de una mujer que pasa y el ritmo de sus caderas. Un pozo con agua clara, con agua clara en la superficie. Pero ¿y luego? Agua clara. Agua turbia. Y más sucia. Y después agua con barro. Barro con agua. Barro solo. Barro. ¡Ay mi conciencia![41]

El estilo varía ostensiblemente, trabajándose las formas discontinuas, las impresiones sensoriales, así como las superposiciones espacio-temporales en un original cuerpo verbal de rupturas sintácticas, con sus frases incompletas, elipsis y sugerencias, claves simbólicas que subjetivizan, a la vez que incrementan, la fuerza dramática en la expresión de los conflictos, sin que se pierda la perspectiva del contexto narrativo, de las causas objetivas que explican esta impresionante visión crítica de una personalidad inconsistente que se desintegra al no encontrar motivaciones genuinamente humanas para la vida.

Acierta Valdés Rodríguez al afirmar que «*Contrabando* marca, pues, un hito en la novelística americana, que salta con ella desde el relato o narración psicológica, psicología des-

criptiva, llamémosla así, a la reconstrucción y expresión directa e irrestringida del proceso de la mente humana».[42]

Esta variante expresiva aporta mayor realismo y libertad compositiva. La linealidad verista de la estructura espacial y temporal se rompe al examinarse estados de conciencia, emociones e ideas, en su conflictivo transcurrir, no sujetos a comentarios moralizantes superfluos o al descriptivismo positivista que evidentemente ha pesado en la concepción general de *Contrabando*, deudora de la novela experimental de Zola, pero abierta a nuevas búsquedas estilísticas.

El realismo y la coherencia artística del texto son también afectados por indefiniciones en la actitud del narrador, estrechamente vinculadas a las vacilaciones del autor en cuanto a la orientación ideoestética de la obra. Escrita en primera persona, focalizada desde la conciencia angustiada del Almirante, se debate entre logrados efectos de espiritualización, que de modo efectivo subrayan el sentido ético y psicológico de la novela, y la exterioridad de este narrador cuando cumple funciones cercanas al narrador de tercera persona, omnisciente y ubicuo, que al integrar el contexto narrativo moraliza discursivamente, marcando el estilo con notas digresivas y redundantes. Este narrador autoritario que ilustra y comenta, devenido modelo estereotipado, entra en contradicción con el narrador-protagonista, capaz de mostrar el movimiento anímico en su autoanálisis, descubriendo la dialéctica de su conciencia en relación causal con un conjunto de determinaciones objetivas, de manera que las contradicciones de su individualidad ponen de manifiesto las de la sociedad.

En correspondencia con estas alternancias, la caracterización del habla resulta convincente y artísticamente elaborada en el narrador introspectivo y en las escenas dramáticas dialogadas, pero pierden autenticidad en las partes doctrinarias y explicativas del discurso narrativo. Por su parte, las zonas descriptivas centradas en el mar aportan un contexto espacial de jerarquía estética, notable por su rico sistema connotativo simbólico que alude a su significación social, todo lo cual se integra con peculiar fuerza artística visual, plástica y sinestética, para convertirla, por estos años, en «nuestra mejor novela de mar».[43]

En su contexto cultural, *Contrabando* contribuye al avance de la novela cubana por la elección de un tema de relevancia y la configuración de personajes de nuevo tipo, que permiten vislumbrar el potencial humano de las masas en ascenso. Si en la evidencia del sufrimiento del hombre de pueblo, Serpa tiende a la ontología metafísica por su insistencia en las notas de pasividad e inconciencia —«Los hombres son en el mar fatalistas y estoicos, pero en la tierra, sin dejar de ser fatalistas, se hacen resignados»,[44] no es menos cierto que su libro queda abierto a la posibilidad de rebeldía y lucha, propugna nuevos valores de unión y solidaridad de clase, patentes en la imagen del Catalán y en sus propuestas conceptuales.

Novela de contradicciones y complejo criticismo, ofrece una mirada cruda y desmitificante de la realidad nacional y sus «héroes problemáticos». Concebida desde el centro de la crisis, en un período de revitalización de las tradiciones de combate de la literatura cubana, aspira a la comunicación con amplios sectores democráticos en su vigoroso llamado estético a la conciencia de sus destinarios.

Con *La trampa* (1956), Serpa incursiona nuevamente en la novela, abordando un asunto que concierne a la controvertida sociedad seudorrepublicana posmachadista. En el marco de los años 50, el autor se apropia de una faceta de la historia nacional, situando su perspectiva en el status de violencia y corrupción de la sociedad, exacerbadas sus tendencias más reaccionarias. Juan Marinello, al reseñar el contexto de la novela, apunta problemas sustanciales cuando señala:

En sus páginas se narran las peripecias, los vaivenes, las violencias de un «grupo de acción» de los que, en las últimas décadas, han menudeado en la vida cubana. El fenómeno es bien conocido. Bajo la dictadura machadista fueron tomando cuerpo el terrorismo y el atentado personal como medios de acción política. Una organización

que tuvo entonces, y en los tiempos inmediatamente posteriores, ocasional preponderancia, el ABC, hizo de tales procedimientos el centro de su actividad, alcanzando grados de virtuosismo terrorista realmente singulares. Caído Machado —y no precisamente en razón de tal tipo de combate sino por la acción omnipotente de las masas— quedó el fermento del mal.[45]

A través de la historia narrada y de su peculiar estructura, el autor expone artísticamente sus tesis. Las figuras de la ficción: Fileno —policía, ex integrante de un grupo— y Marcelo Miró —caudillo de una banda, anteriormente joven estudiante que, lleno de ideales, ha combatido la dictadura machadista— muestran el carácter de estas luchas estériles y absurdas.

La tragicidad de la existencia, igualada a la fatalidad social, abate a Fileno y se cierne sobre Marcelo y su grupo, condenados también a la muerte inútil, de modo que los roles de víctima y victimario son perfectamente relativos e intercambiables.

El hombre es un muerto que camina, descreído y desesperanzado, «instrumento de un juego, unos dados o cosa así, en las manos de un Dios tramposo».[46] Se reiteran los tópicos de la desesperación, de la falta de salida y de fines, del vacío interior. Sobre toda la obra gravita la metáfora de la trampa porque «cada hombre está en su destino como en una trampa».[47]

Contra la fatalidad sólo restan la dignidad y el coraje individuales: «Yo sé que no puedo cambiar mi destino, pero tengo que enfrentarme con él. Es lo que un hombre hace cuando es hombre. Como un toro. Bajas la cabeza y embistes, aunque te rompas los tarros.»[48] El pueblo sufre y padece, encarna los valores del estoicismo, de la bondad y la fraternidad naturales, que un personaje como Martina formula de manera paradigmática: «La vida es una cruz y lo mejor es aprender a sobrellevarla. Entonces no parece tan dura.»[49]

Serpa objetiva un mundo coherente, pero parcial, absolutizando el costado negativo, mediatizada la visión por su pensar metafísico, profundamente relacionado con la ascendencia naturalista del método artístico. Poderoso en el criticismo social que descubre la caducidad de una sociedad incompatible con la existencia humana, examina las lacras y denuncia la enajenación de sus fuerzas creadoras, pero no alcanza a develar las causas primeras y esenciales de la frustración nacional, pues desgaja su tema, el pandillerismo político, del ámbito mayor de la historia injerencista del imperialismo norteamericano y de las tradiciones de lucha antineocolonista de los pueblos de América Latina.

Cultivando la novela social, se limita en la visión de conjunto y en movimiento del proceso de la historia, fragmentada en parcelas significativas, pero unilaterales. La concepción de la obra supone la aprehensión lúcida de los nexos del gangsterismo y la crisis política y socioeconómica de la república mediatizada. Sin embargo, falta perspectiva de desarrollo, focalizada la temática en los factores de desintegración de la conciencia nacional, subrayando sólo las secuelas negativas de la experiencia revolucionaria, por lo que las principales propuestas conceptuales están permeadas de estatismo.

Esta orientación ideoestética se manifiesta activa y determinante en la modelación de los personajes, cuya función primordial es promover el debate ideológico, de marcada relevancia en la naturaleza artística de la narración. Interesa a Serpa nuevamente la configuración psicosocial de grupos determinados: las «pobres gentes» del círculo de Fileno y los pandilleros, lidereados por Marcelo. Logra el narrador un conjunto de figuras que ilustran diversos ángulos del problema, generando una discusión sobre modos de pensar y de vivir y, a su vez, sobre el destino de la nación. Particularmente sugestivas resultan las conversaciones de los miembros del grupo de acción, puesto que los matices diferenciadores son trabajados a partir de la identidad de acción y circunstancias.

No obstante la dinámica inherente a la confrontación de ideas, la imagen del hombre es estática, fijando cada personaje en la contradicción básica de su trampa. Los personajes —en situación afín a la del autor— no pueden llegar al fondo de los problemas que debaten, asumidos en la parcialidad que los atañe. De aquí la unilatera-lidad del análisis que pretende convertir el «apoliticismo» del doctor Castier y el escepticismo del doctor Dávila en generalizaciones válidas sobre la trayectoria histórica de la intelectualidad cubana.

Por su parte, Marcelo y Fileno, si bien están dotados de representatividad social y accionan el engranaje de los eventos de la novela, no resultan personalidades convincentemente psicologizadas en su complejidad, capaces de concentrar problemáticamente el sentido de la historia, pues han sido diseñados principalmente para cumplir funciones argumentativas, lo cual es también válido para los criterios compositivos.

Concebida *La trampa* con un montaje paralelo de transparente intención ideológica, la acción se organiza en torno a las figuras protagónicas y en dos planos narrativos yuxtapuestos que hacen posible, a partir de cada situación narrativa, la ilustración de las tesis, pero también el desarrollo de atractivas temáticas secundarias (miseria, desempleo, prostitución, corrupción administrativa, oportunismo, entre otras). La historia de Fileno, que asiste al nacimiento de su hijo, y la de Marcelo, presidida por el asesinato político de un colaborador y amigo, correlacionan dinámicamente el pasado de las necesarias retrospectivas que permiten conocer el camino recorrido desde la revolución hasta el pandillerismo, con un presente de incertidumbre y confusión. Ambas líneas, diseñadas con notable economía temporal y espacial, terminan por fundirse en el capítulo final con la muerte de Fileno a manos del grupo de Marcelo.

El autor cierra la propuesta fatalista y respalda sus concepciones con la convergencia trágica del desenlace de *La trampa*, que sitúan al lector, dotado de superior conocimiento, frente a los problemas iniciales y recurrentes, presididos por la imagen del destino que atenúa la responsabilidad del sujeto que actúa en la historia.

En aras del equilibrio de esta estructura bipartita de valores contrarios, pero equivalentes, se expande la historia de Fileno (9 de 28 capítulos) con una presentación retardada de ritmo moroso y la inclusión de notas descriptivo-costumbristas, en ocasiones poco relevantes. La segunda historia, de mayor envergadura argumental y celeridad expresiva, logra organizarse en torno a las confrontaciones de ideas y personalidades, pero se resiente por la subordinación de los caracteres a las proposiciones ideológicas, que no siempre alcanzan su desarrollo exhaustivo, tal como sucede con la idea de la continuidad, del fracaso temporal o definitivo de la revolución, problema capital no resuelto en la novela y que el asunto del pandillerismo político obligaba a dilucidar. De manera positiva, el novelista inserta estos planos narrativos en la vida republicana y se hacen ostensibles las interrelaciones entre las historias particulares y el curso objetivo de la historia.

La prosa se distingue por el tono sostenido y unitario, de mayor coherencia expresiva dentro de moldes convencionales. A pesar de los rasgos de retórica discursiva que trata de usurpar a la acción y los caracteres del poder de convicción, Serpa generalmente conduce la novela con acierto a través de un narrador cronista omnisciente, pero comprometido ideológica y emocionalmente con el tema. Este narrador esboza las motivaciones de los personajes, arroja luz sobre estados anímicos y conceptuales. Acierta el narrador en la transcripción del diálogo, polémico y candente, así como también en la caracterización del clima de terror de la ciudad, espiritualizada con los atributos de la ficción.

Una visión integrada de la novelística de Serpa no puede eludir las inconsecuencias de método y estilo, como justamente apunta José Antonio Portuondo en su valoración de *La trampa*:

> Si la novela se concentra a ser la narración de un proceso vital individual o colectivo no podríamos exigirle la consideración de otros factores, que los indispensables para el desarrollo de la acción narrada. Pero si el autor se sobrepone al relato y llega a emplear extensos diálogos y descripciones razonadas de personajes para exponer sus opiniones y juzgar su época, tendremos derecho a demandarle —en nombre del realismo a que aspira la novela— que exponga y valore todos los factores que intervienen en aquellas circunstancias, que no ignore extremos que, de ser considerados adecuadamente,

cambiarían la apreciación de los hechos, y por ende, el tono y la tesis de la obra.[50]

De protesta vigorosa, la obra de Enrique Serpa no llega a realizarse plenamente en los valores de la crítica radical e integral. Ensaya y predica sobre la base de una justa apreciación de la injusticia de la sociedad de su tiempo, pero no desarrolla consecuentemente el sentido dialéctico. Opone fuerzas y debate, sitúa sus simpatías en las clases desposeídas, sin llegar a conferirle jerarquía protagónica como sujetos activos de la historia.

Al juzgar artísticamente la época, el novelista potencializa nuevos medios expresivos de indagación en el mundo psíquico y objetivo, estetiza ambientes e incorpora con fluidez realista el coloquio popular y el monólogo de la conciencia. Evidenciando una voluntad constructiva y de estilo, en la que se destaca su depurado trabajo con la palabra literaria, esta novela permanece por sus méritos documentales, trasciende por su rigor analítico y artístico.

Lino Novás Calvo ofrece con *El negrero* (1933) una novela precursora que responde a nuevas concepciones del arte de narrar. En Madrid, Novás Calvo, que se define como «hombre estoico y hecho al revés, y extranjero en todas partes»,[51] practica el periodismo de corte mayormente sensacionalista y la traducción como medios de subsistencia precaria. Influido por la crítica situación histórica cubana en que se ha desenvuelto, rápidamente toma conciencia del clima sociopolítico español y europeo de fuertes tensiones por el auge del fascismo, acentuándose su repulsa de la sociedad burguesa contemporánea. Si en 1931 es partidario de cambios radicales porque aferrarse a la tabla de salvación de reformas burguesas es alargar el coma,[52] un año después se reconoce espectador, enemigo de «las luchas estériles, de las que son estériles aún antes de librarse»,[53] aunque interesado por las corrientes anarquistas que considere afines a la naturaleza de su actividad creadora.[54] En 1934 reafirma su autoconformismo y rebelión solitaria porque «no soy ni puedo ser dogmático, ni hacer política de partido. La vida es devenir y no cabe en fórmulas».[55]

Inmerso el autor en contradictorias circunstancias de vida y pensamiento, tiene lugar el proceso compositivo de *El negrero*, cuyo desarrollo
puede seguirse en las cartas dirigidas a José Antonio Fernández de Castro, fechadas en 1932. A
principios de año indica que ha comenzado a
estudiar la trata negrera para hacer un libro de
creación sobre documentos auténticos. En junio avanza considerablemente:

> Conozco y tengo los libros que me indi-
> cas. No me bastan. Aunque esta será una
> novela con mucha imaginación, es preciso
> tener datos para saber hasta dónde se pue-
> de imaginar —historiando— impunemen-
> te [...] Mi amigo D. Carlos Pereyra me dice
> que no necesito saber más nada, que es líci-
> to inventar sobre mi personaje que no ha
> dejado más que dos o tres resquicios por los
> cuales se ven trozos de su genio prácticos.[56]

Cuando termina la novela, en noviembre del
propio año, señala: «He hecho por encargo la
biografía del negrero. Por encargo, de modo que
ha resultado una pobre croniquilla»,[57] y la opone a sus «Cosas personales», desestimadas por
los editores porque son difíciles de vender.

El testimonio de las cartas apunta hacia problemas de importancia, referidos a los procedimientos creativos y la tipología de la novela, que
se resiste a una caracterización convencional, si
bien no faltan predecesores relevantes en la tradición de la biografía novelada, de las vidas imaginarias, de la novela de base documental histórica ficcionalizada.[58]

Novás Calvo despliega su pensamiento
imaginal a partir de documentos reales, de un
fundamento historiográfico impresionante, activo en el texto y finalmente recogido en la bibliografía que acompaña a la edición.[59] Con precisión de cronista y el rigor de investigador
histórico, reconstruye el universo de la trata de
esclavos y dota a la obra de su distintivo carácter referencial que integra un vívido y objetivo
panorama de época. Convierte explícitamente su
obra en un mosaico de citas, familiarizando al
lector con las fuentes en el transcurso de la lectura. Absorbe y transforma numerosos textos,

proceso mostrado sin ilusionismo, ofreciendo
numerosas claves de los contactos multidi-
reccionales.

Especialmente el libro de Theodore Canot,
Adventures of an African Slaver[60] constituye una
fuente de significativo valor informativo, pero
además le aporta la estructura compositiva subyacente y un catálogo de motivos, con ostensibles puntos de contacto a nivel del relato y marcadas divergencias referidas a la interpretación
de la esclavitud y manera de narrar.

De acuerdo con esta influencia manifiesta,
Canot es citado apelándose a la autoridad de su
testimonio; aparece como epígrafe del tercer libro —invitación directa al destinatario para que
repare en los contactos— a más de ser convertido en personaje activo de la ficción, puesto que
fue uno de los principales colaboradores del célebre negrero Pedro Blanco a partir de 1836. Lino
Novás Calvo encuentra en las memorias de
Canot una representación de primera mano de
los contextos espaciotemporales, culturales, de
costumbres, en que se mueve el negrero español. Los dos, de poderosa imaginación práctica
y superior cultura, tienen similares experiencias
en la trata, operan en circunstancias cercanas,
fundamentando su praxis en un código común
de individualismo y dureza extremos, hombres
del «libre comercio». Sobre esta base coinciden
las peripecias de la aventura, particularmente en
lo que concierne al combate por la sobrevivencia,
el poder y la riqueza, en medio de los mayores
desastres naturales y morales. Con justeza el
narrador de *El negrero* constata: «La vida de
Canot la cuenta él. Es una vida de pena sobre el
mar y contra la tierra.»[61]

Se reiteran en ambos libros los motivos del
aprendizaje, de la iniciación y el viaje, de la osadía y valor ante las incesantes pruebas en las que
se confirma la consecuencia con un proyecto
vital de voluntad de poder, así como la conversión final de los protagonistas en paradigmas
míticos de ese poder (Canot se transforma en
Mr. Gunpowder y Pedro Blanco resulta en la
imaginación popular Mago-Espejo-Sol).

En cuanto a lo tramológico, se relacionan íntimamente numerosos episodios, como la temprana y asombrosa iniciación marinera, en que

salvan la nave del naufragio inminente. Los encuentros con personajes históricos como los grandes negreros Mongo John (John Ormond) y Cha-Cha (Feliz Da Souza), sus retratos, revelan cuánto debe Novás Calvo a Canot. Pasajes como el duelo de nativos a latigazos, la danza de las mujeres en el harén de Mongo John, las contiendas de Shiakar y Amarar como nueva guerra de Troya, unidas a las descripciones de los Krumen, el recorrido por la isla de Cuba desde Santiago hasta La Habana, los barracones de Regla y el gran centro esclavista de Matanzas, muestran la cercanía del texto de Novás Calvo al de Canot.

Por último, el capítulo «The Spider of Gallinas» está dedicado íntegramente a Pedro Blanco, cuya historia se complementa en los capítulos siguientes, lo que en su conjunto brinda la información más amplia sobre la geografía de los dominios africanos del negrero, sus prácticas y carácter, convertido ya en «Gran mercader de África, el Rothschild de la esclavitud».[62] Canot sigue la vida de Pedro Blanco hasta el abandono de Gallinas, traslado a Cuba —donde vuelven a encontrarse— y Génova.

Sin embargo, salta a la vista la diferente actitud narrativa. El autor de *Adventure...* encubre la naturaleza real de la esclavitud, idealizando y edulcorando la historia, mientras Novás Calvo revela con toda crudeza la horrible experiencia del negro esclavizado y cómo la esclavitud degrada al esclavista y al negrero. Si Canot narra en primera persona autojustificándose para servir a un programa antiabolicionista formulado de modo doctrinario, *El negrero* es una novela de distancia épica, y el autor elige medios sutiles de humanización justificativa, que a diferencia del Canot-personaje, galante y jovial, se diseña como héroe trágico. Dotados ambos de un admirable conocimiento del lenguaje técnico de la marinería, donde el texto de Canot resulta ampuloso, convencional y prolijo, Novás Calvo sintetiza y compendia, atrapa el sentido interno de la acción, narrando con sobriedad. A partir de estas fuentes, la imagen del negrero es creada sobre la base de lo que pudo o debió haber sido, como propuesta del pensamiento artístico conjetural. Pero lo hipotético se sostiene en la au-

tenticidad psicosocial de un personaje representativo de una sociedad históricamente determinada, el cual encarna, a la vez, constantes humanas por la esencia de sus conflictos existenciales.

El novelista magnifica y trasmuta una vida, de lo que resulta una imagen realista, capaz de concentrar la opulencia y complejidad del mundo narrado, aunque no veraz en todos los pasajes.

El negrero tiene por hilo conductor la experiencia de vida de Pedro Blanco Fernández de Trava (1795-1854), hombre de mar y pirata, aventurero y contrabandista, negociante de la época de crisis de la trata, tras su abolición oficial, quien llega a ser uno de los factores más poderosos en el comercio ilegal de esclavos.

La novela se estructura en tres partes. El primer libro (1795-?) incluye los antecedentes familiares y sociales, las motivaciones de un carácter formado en el seno de conflictos extremos: crisis de la familia, soledad, pobreza, incesto. El segundo libro (1814-1822) integra el centro expansivo de la obra, enfrentando al lector a los extraordinarios avatares del hombre de mar que paulatinamente se transforma en pirata y negrero, en «un cimarrón de la sociedad»,[63] lo que implica la pérdida de toda calidad humana. El último libro (1822-1854) narra la consolidación de Pedro Blanco en África y su ocaso: «El marino, el pirata, el errabundo se había estancado en el estuario, creando años e intereses que le impedían moverse con soltura. Había nacido el mongo, el dictador. Cuando éste cayera no podría volver a la aventura.»[64]

Evidentemente, este criterio compositivo se fundamenta en las fases o etapas, series temporales, de la existencia de Pedro Blanco, estableciéndose la línea divisoria entre las partes en relación directa al proceso de cambio, a la metamorfosis del héroe. Cuando el hombre se hace diferente, cuando su imagen se transforma, tiene lugar un corte significativo en la secuencia de la narración. De esta forma distingue a la novela una composición cuyo principio organizativo dinámico reside en el tiempo de las sucesivas transformaciones del protagonista en función de una constante, la progresiva y fatal alienación.

En la composición artística contrasta el tratamiento sumario de la infancia, adolescencia y muerte, donde actúa más intensamente la fabulación imaginativa del novelista, sobre todo relacionada con los motivos trágicos del amor prohibido, la culpabilidad y la locura, y el desarrollo de la vida marinera de Pedro Blanco, recreada con riqueza de matices subjetivos, en el que abarca una amplia perspectiva de la trata y la esclavitud en el ámbito antillano —y que se extiende hasta Brasil—, y se consuma un modelo de novela de aventuras, a la par que lo trasciende.

De manera magistral, Novás Calvo correlaciona toda la movilidad y animación de la trama aventurera con el trazado del héroe, fusionándose el tiempo de la trayectoria vital y el de los viajes y la aventura, de modo que se produce una interacción permanente entre la peripecia exterior, de gran colorido y fantasía, y la interior, que concierne a la formación social de una personalidad, procedimiento que dota a la narración de aventuras de una inusitada densidad conceptual humanística, permitiendo la reflexión sobre el sentido de la existencia.

Así, al comienzo del libro segundo, con el viaje de la goleta *Errante*, contado desde el punto de vista de Pedro, que «sólo veía la aventura, pura, sin bandera»,[65] se logra un pasaje de sostenido atractivo con la descripción del contrabando judío en el Mediterráneo, la ciudad de Tánger y el vendaval. Remata la iniciación de Pedro Blanco una sentencia del capitán Cunha Souza al despedirlo: «El hombre es un metal templado por el fuego de dentro y el temporal de fuera. La primera es la ley que hay en él, luego el fuego que derrite esa ley y al final los golpes que lo modelan y la temperatura que le da filo.»[66]

Se ha iniciado la mutación deshumanizadora por el fuego de dentro —la culpa— y el temporal de fuera —el destino trágico—, anuncio del desarrollo ulterior de la acción en un enunciado de máxima abstracción universalizadora. En consecuencia con el sentido de la obra, referida a la alienación genérica e histórica, Pedro Blanco posee diversos estratos de significado. Es concebido como arquetipo (pecado, caída, lucha, imposibilidad de redención), lo cual no excluye su historicidad temporal de figura típica forjada por las relaciones y las leyes de la convivencia humana, sin perderse la perspectiva de su desgarrada individualidad.

Todo ello, en gran parte, condiciona la efectiva comunicación que rebasa lo circunstancial del encargo. Sujeta la novela a convenciones de amenidad y ligereza, de asombros y emociones espectaculares, el autor no renuncia a la documentación exhaustiva, volcada en la obra sin aridez erudita, ni a la autenticidad psicológica y contextual. Explora los fundamentos de la actividad humana y penetra en un proceso de disolución, de desintegración social, que atañe tanto a la conciencia individual como al universo de la esclavitud moderna y de la empresa capitalista de la trata negrera.

Sin embargo, su pensar fatalista y escéptico en cuanto al problema de la realización humana, condiciona la imagen del héroe. No escapa el escritor a la tendencia magnificadora justificativa. Si bien sigue con acuciosa mirada la deshumanización de Pedro Blanco, exalta su excepcional dureza e impasibilidad, la audacia para transgredir toda moral, soslayando episodios que demeriten su prepotencia. Cuando quiebra este poder, se compadece de su destino, actitud que implícitamente está estimulando en los destinatarios. Estas contradicciones se ponen de manifiesto en la configuración artística del negro, que en su vida tribal, cautivo y esclavizado, es reducido a la condición de colectividad amorfa, carente de fuerza activa en la historia, vista siempre a distancia y desde la perspectiva del blanco.

Generalmente representado en la pasividad, despojado de voz, sólo escucharemos su registro en la patética letanía de los cimarrones en el bocabajo: «Tá bueno, mi amo; tá bueno, niño; tá bueno, mi amo, tá bueno.»[67]

Cuando más protagonista de rebeliones inconscientes, irracionales —como la alentada por Blanco en el ingenio matancero Julieta—, Novás Calvo omite cuanto pueda otorgarle personalidad histórica, tal como sucede en los casos de la goleta *Amistad* y el bergantín *San Antonio*,[68] relacionadas con la biografía del negrero y que no aparecen en la novela.

Si nos atenemos a la verdad histórica, el primer incidente constituye uno de los procesos antiesclavistas de mayor repercusión en la época, y debió mostrarle a Pedro Blanco los cambios sustanciales que atentaban contra el negocio de la trata, mientras el segundo hace evidente el declive del negrero. Los rebeldes de *Amistad*, y especialmente el esclavo Cinque, se destacan por su combatividad, arrojo, inteligencia y tacto; su capacidad defensiva y el espíritu de rebeldía quedan probados en un episodio que, incorporado a la novela, disminuiría la talla de su protagonista. Por el contrario, Lino Novás Calvo muestra a Pedro Blanco en su retorno a La Habana, donde ocurrirán los hechos del *San Antonio*, ajeno a la trata y absorto en la pena de la muerte de la hermana, en pleno derrumbe moral por causas privadas e inmanentes a su atormentada espiritualidad: «Pedro ya no daba órdenes. En su cámara, con la niña de un lado y la momia del otro, escuchaba el bramido del viento, el azote de las olas, los gritos del contramaestre. ¡Qué se hundiera el barco! Aquel hombre iba momificado él mismo.»[69]

En el orden ideotemático, es sugerente esta imagen que inclina a la piedad, como también resulta significativo el énfasis artístico en la naturaleza atávica, primitivista, en la caracterización étnica de los negros, lo que les confiere un alto grado de indefensión e impotencia ante el traficante o el amo. Pero también pueden convertirse en un peligro social por su bestialidad y tendencia criminal, punto de vista ostensible en la distorsionada representación de los ñáñigos, que «tenían sociedades secretas y se curaban los embrujamientos con corazones de niños [...]. Los maestros daban a los novicios sangre de gallo y los mandaban a la calle a probar el hierro. El hierro era un cuchillo. Los ñáñigos salían con el cuchillo emboscado en el saco y tenían el deber de probarle en el primer blanco que encontraran.»[70]

En la novela, el negro permanece en América ajeno, alienado, trae consigo la selva y su cultura impenetrable. Cuando entra en contacto con el blanco, surge el mulato, que para el escritor totaliza el mal social. Mulatos son los grandes traficantes, Mongo John y el príncipe de los negreros: «En África Cha-cha comenzó a progresar por su carácter de mulato, de hombre doble. Con los africanos se hacía africano y observaba todas las costumbres y supersticiones de los negros; con los blancos era blanco y trataba de hablar civilizado. Pero Cha-Cha vendía a blancos y negros.»[71]

Mulato también deviene Pedro Blanco en el cenit de su poder porque «la sociedad de los blancos había llegado a serle odiosa. En su factoría sólo había náufragos, parias, descastados y bandidos, y éstos eran para él tipos perfectos. Salvo por su mayor cultura y genio militar, el espíritu diabólico de los mulatos Ormond y Da Souza se habían apoderado de él. Toda la trata negrera fue obra de mulatos (fuera en el color de la piel, fuera en el color del espíritu). Y Pedro era un mulato por dentro.»[72]

En estos términos, el mestizaje se convierte en una categoría ontológica metafísica que impide la comprensión de la trata, el reconocimiento de justas relaciones causales, con lo que se reafirma la incomprensión y el pesimismo en lo que concierne a la integración histórica de un continente mestizo, transculturado. Sin embargo, en esta visión del antagonista pasivo que es el negro, se destaca el análisis crítico del status social del esclavo, poderosa imagen de humanidad ultrajada. Su vida en las plantaciones de las Antillas, las ventas de los grandes mercados como el de Recife, las espantosas condiciones de la travesía en el barco negrero, los criadores y embarcadores, la captura, así como el estado de desintegración social que el colonialismo ha desencadenado en África, todo ello forma parte de la trama novelesca, puesto que no constituye un trasfondo descriptivo, sino los contextos activos en que se realiza la propuesta ideotemática, cuya concepción rebasa ampliamente los marcos del costumbrismo, la novela histórica antiesclavista tradicional que el romanticismo ha puesto en circulación un siglo atrás y las visiones exóticas que una zona del negrismo europeo vinculado a las vanguardias aún promueve como una nueva y más sofisticada mitificación del África negra y del negro americano.

Novás Calvo proyecta su novela a la actualidad, como parábola del mundo en que vive, en función de aspiraciones ético-filosóficas implícitas. La apreciación de la sociedad contemporánea se produce a través de la esclavitud moderna, de lo que resulta su propuesta central: todo ha sido esclavizado y degradado, el tiempo transcurrido patentiza las pérdidas irreversibles, el carácter insoluble de los conflictos, y se iguala a la fatalidad de la vida social, caracterizada por la lucha feroz de individualidades, con lo que devela rasgos esenciales de la sociedad burguesa, aun cuando se inclina a verla como insuperable, absolutizando sus fuerzas reaccionarias y antihumanas.

En el panorama de la narrativa cubana y latinoamericana, Novás Calvo ofrece una temprana visión de lo maravilloso, inherente al orden natural y social de su novela, a las figuras que se debaten en el seno de contradicciones extremas determinadas por la propia contingencia de la esclavitud y el tráfico negrero.

Profundamente fantasiosa es la mirada de Pedro Blanco desde la infancia:

> se echaba junto al gato y el viejo iba dejando caer en sus oídos milagros verdaderos, accidentes y luchas de fuerzas ocultas en la vida del mar. Diez años había sido pescador y diez piloto de derrota por las costas de Portugal y el Cantábrico. Todos los sucesos de su carrera habían sido movidos por fuerzas ocultas que anidaban debajo de las olas del viento, en el vientre de las olas o en el cerebro de las nubes. Estos seres se manifestaban de distintas formas. El viejo había visto una noche, en una calma, una multitud de gatos mayando en torno al buque, con fuego de San Telmo en los ojos, mientras los marineros se morían de sed y se iban tirando al agua, y los gatos se los iban comiendo. En otra ocasión había caído una lluvia de mariposas de cera que encartonaban las velas.[73]

Los marineros, al igual que los negros, viven en un mundo alucinante, de vaticinios y supersticiones que nacen del combate por la existencia, inmersos en la conciencia mítica de su comunidad, de aquí las numerosas sagas y romances negreros que son incorporados al texto, conservándose los signos mágicos de lo fantástico y de la oralidad. Imágenes de talla mítica

son las de Cha-Cha, Mongo John, la negrera María Cruz, los marineros Cojimanco, Collum, entre otros. Pasajes como el de las colonias portuguesas de Mozambique, el baile del Día de Reyes en La Habana, el criadero de esclavos mestizos de Mr. Reeve en Brasil o la desmitificación de la bruja de Gallinas, revelan facetas deslumbrantes de la realidad. Los espacios fabulosos de Tánger y la costa africana, de Palermo y Recife, de Puerto Rico y, sobre todo, de Cuba, unidos al mar y los vendavales, se integran a la narración desde la subjetividad de los personajes que asumen lo extraordinario con naturalidad, conforme a un nuevo código de la maravilla y la desmesura. De este modo es posible contar sin énfasis externo, con prosa escueta y desnuda, de lo que resulta un efecto estético contrastante de la mayor eficacia comunicativa.

En la manera de narrar *El negrero* se revela la capacidad sintética, la movilidad y tensión expresivas que corren paralelas al ritmo de la aventura con series de acciones contenidas en oraciones breves, yuxtapuestas, de notable celeridad expositiva. También es destacado el estudio de los estados de ánimo, contados con economía, acotando conductas significativas, de forma que los conflictos internos se desarrollan en la acción, en la confrontación de personalidades y circunstancias.

El predominio de las construcciones verbales, la escasa pero efectiva adjetivación y la alternancia de tiempos, contribuyen a reforzar el carácter sugerente y activo de la narración que asocia temporalidades, el pretérito de la historia contada y el presente de los eventos de Pedro Blanco, expuestos en su inmediatez y actualidad, mostrándose el carácter visual de la imagen, no circunscrita a un tiempo demarcado.

Esta prosa directa y factual está también dotada de sentido poético en virtud de imaginativos procedimientos de personificación, metafóricos y alegóricos:

> La casuca tenía un solar detrás y un pasaje a cada lado, donde los vecinos arrojaban basura, tripas y escamas de pescados. Docenas de gatos venían allí a comer y a pe-

learse. Lo primero que hizo Pedro fue ti-
rarles piedras. Yo creo que fue su única diversión, porque luego toda su vida fue un
encierro andante. Pero amó mucho a los
gatos. En sí mismo tenía y tuvo siempre
tres o cuatro gatos enemigos que se mor-
dían y arañaban y se lo hacían a él. Gatos
de siete vidas, rabiosos, mansos y ati-
grados.[74]

Obviamente el escritor, al trazar el primer retrato del futuro negrero, rebasa los marcos
positivistas de la descripción objetiva y el
verismo contextual, proyectándolo en el
decursar del tiempo, para crear una imagen compleja alegórica por asociación y antítesis, en la
que incluso existe una ruptura de sistema cuando el narrador de tercera persona, no identificado, exhibe la marca de su individualidad, concentrando el sentido de toda una vida en la
paradoja del «encierro andante».

Con destreza el autor plasma el carácter complejo del narrador, extradiegético y omnisciente, que funciona como cronista y relator oral,
típicamente épico y arcaizante con sus anuncios
del fin, al distanciarse del mundo narrado por el
vasto conocimiento y perspectiva temporal. A
la par el narrador incursiona en la conciencia de
las figuras de la ficción, de Pedro Blanco en particular, y asume su punto de vista, combinando
el tono épico y el subjetivo. Al narrativizar el
discurso de los personajes, las fuentes documentales y de la tradición oral, establece una visión
única, portadora del sistema de valores del autor, de manera que el narrador opera como un
centro de resonancia donde confluyen todos los
registros en una idea artística coherente de alcance universal.

Este narrador afirma: «El marino ve el misterio detrás de cada cosa, y por eso se agarra como
un tigre a lo palpable, no por ellas, sino porque
solo así cree salvarse de su naufragio de adentro.»[75] De modo afín procede Novás Calvo, y
trabaja las odiseas de mar y tierra —variantes de
la narración— con técnica contrapuntística. Rechaza el estilo puramente lírico subjetivo y experimenta las posibilidades del objetivismo sin
absolutizarlo, atento a la aspiración de que la

novela además configure la historia de un naufragio espiritual.

Creativamente trasmuta significados y cambia texturas. Espiritualiza las cosas, sobre todo
los barcos negreros, y objetualiza, cosifica lo humano para inaugurar su peculiar imaginería de
la alienación. A las reiteraciones de efecto de-
presivo y angustioso —el hedor y bramido de
los esclavos, las persecuciones de los tiburones,
la furia del mar— contrapone las fuerzas
vivificantes de la aventura, los contextos mágicos y maravillosos.

Elogiado por Miguel de Unamuno como libro raro, de estilo desmañado,[76] para Alejo
Carpentier «extraordinaria historia de aventuras verídicas»,[77] *El negrero* implica una propuesta de singular madurez artística en el contexto
de la literatura referencial histórica, al investigar imaginativamente nuevas variantes de comunicación estética con un amplio público lector
hispánico, instaurando en la novelística nacional un tipo de escritura original que de manera
fecunda se continúa y renueva en nuestras letras
contemporáneas.

Al reconocimiento de Carlos Montenegro
como uno de los primeros narradores cubanos
modernos, aunque maestro ignorado del continente,[78] contribuye decisivamente *Hombres sin
mujer* (1938).

En esta novela Montenegro declara, desde las
palabras iniciales «Al lector» su propósito dominante: «la denuncia del régimen penitenciario a que me vi sometido —no por excepción,
desde luego— durante doce años».[79] Por tanto,
no es posible asumir la obra sin el vínculo con
su prefacio. Consciente el autor de que su imagen resulta una necesidad de la estrategia textual, no duda en mostrarse, fija la actitud y tono
narrativos, haciendo explícita la protesta y el
carácter documental: «Considero un deber ineludible describir con toda crudeza lo que viví.»[80]

El escritor renuncia a ser leído con complacencia y destina su testimonio a «la crítica de las
personas capaces de inmutarse y sublevarse, aunque ello suponga que también mi procedimiento y aún mi veracidad serán enjuiciados»,[81] apelando a un público abierto a las profundas
transformaciones que se están produciendo en

todas las esferas de la sociedad y que resultará productivamente impactado.

La relación con este público es tensa y conflictiva, como el material que condiciona la estética de la novela. Se propone un tipo de literatura que por su orientación temática y tratamiento artístico no es cercana a los lectores, a los que llama a una recepción crítica y les exige una interpretación que conduzca a juicios de valor.

Esta relación comunicativa, el modo de narrar de Montenegro, difieren de la norma naturalista-tipicista-vernacular, pues coloca el problema de la correspondencia de la obra con la verdad de la vida en el centro del debate de *Hombres sin mujer*. Sus argumentos, que evocan el espejo stendhaliano, convierten la impugnación en la mejor de las defensas: «El que acuse estas páginas de inmorales que no olvide que todo lo que dicen sorprende a un mal existente, y que por lo tanto es éste y no su exposición lo que debe enjuiciarse. El gusto contrariado o el pudor ofendido, que no traten de pedirme cuentas por lo escrito».[82]

El autor define, en lo esencial, los términos de la apropiación artística, puesto que no se trata de reproducir costumbres o recrear un ambiente típico desde la distancia de la crónica o la fábula moralizante, sino de abrir un amplio debate.

Como en novelas contemporáneas, se abordan problemas referidos a la enajenación que guardan estrecho y ostensible vínculo con la tragicidad de la vida social. Pero el escritor restringe su perspectiva a la cárcel, a las vivencias del presidiario común, centrando su atención en la tragedia sexual de estos hombres sin mujer, asunto de la novela.

De manera consciente asume los riesgos de la elección: reduce, condensa, intensifica su mundo narrativo, que es unilateral y limitado, menos rico que la existencia social, pero contundente en su examen crítico de un proceso de bestialización colectiva, de modo que la cárcel se convierte en un resumen del surco enajenante de la vida social, tal como él la concibe.

En este ámbito de la ficción, la fábula de *Hombres sin mujer* es efectiva por su compleja senci-

llez, por la tensión dramática de las fuerzas en pugna, elementales e intensas: Pascasio Speek, que se ha resistido durante años a las prácticas homosexuales en la cárcel, al nacimiento de su pasión por el muchacho de reciente ingreso, Andrés Pinel. En esta historia *sui generis*, desarrolla Montenegro su relevante capacidad analítica, estudiando de manera exhaustiva el movimiento anímico de ambos personajes, atraídos mutuamente en una relación trágica.

El método y estilo responden al contenido significativo del relato. Realmente, en la literatura cubana de las primeras décadas del siglo XX no ha sido tan descarnado y violento el lenguaje en el esclarecimiento de los abismos morales, aunque la novela antiesclavista y del naturalismo constituyen un precedente notable.

Para Montenegro no existen tabúes temáticos, zonas vedadas en la definición ideoestética de la obra. Conjuga la objetividad de la base documental y la dimensión subjetiva, autobiográfica, con lo que está alcanzando un decisivo punto de fusión entre la escritura y la experiencia vital que legitima el género narrativo. Precisamente son éstos los valores que, de modo sagaz, José Antonio Foncueva apunta en Carlos Montenegro, aun antes de concebir la novela: «Su caso recuerda el del germano Erich Maria Remarque. En ambos la literatura se nutre igualmente de la vida.»[83] Para el crítico «la literatura vale en cuanto reproduce la vida. La buena literatura es, medularmente, vida interpretada»,[84] de aquí la significación del narrador cubano por ser «fuerte y ágil temperamento»,[85] el cual es capaz de fundamentar su estilo en la riqueza de los hechos, pero también en la complejidad de los estados de ánimo y pensamiento, objetivados con fuerza conmocionante.

El efecto artístico de *Hombres sin mujer* está indisolublemente ligado al motivo de la cárcel, reiterado en Montenegro desde *El renuevo* (1929) y *Dos barcos* (1934). El escritor ensaya en direcciones diversas, decantando el estilo, pero a partir del mismo asunto, cuya recurrencia implica ganancias sucesivas, ya que la idea artística se depura hasta conquistar su forma más sintética y totalizadora en la novela. Contrastan los toques de exterioridad espectacular y melodramática de algunos de sus primeros «Cuentos de presidiarios», la tendencia a la abstracción simbólica y la retórica discursiva en «Cuatro presidiarios» con la austera expresividad de los pasajes dialogados de *Hombres sin mujer,* culminación de un aprendizaje.

Montenegro escoge un motivo consagrado por la tradición literaria cubana —de *El presidio político en Cuba* martiano a los textos de Pablo de la Torriente— y mundial, en la que descuella la novela social rusa, que ha creado obras imperecederas. A diferencia de estas fuentes, nuestro narrador, carente de firmes principios humanistas combativos, coloca en primer plano y de manera absoluta el poder destructivo de la prisión en la conciencia humana.

Estudia mentalidades, conductas, la deformación monstruosa de la personalidad en un universo humano despoblado de praxis e ideas realizadoras, de convicciones e ideales, abatidas todas las figuras por el peso de la fatalidad. Según se sentencia en la novela, «de todos los lugares es el presidio donde menos puede uno escapar a su destino».[86]

En este ámbito real, pero univalente, la imagen del hombre es extremadamente tortuosa, extraviada. El ser humano, abstraído en la pasión y el martirio, se representa autodesintegrándose, sometido a la fuerza de la violencia, y condenado, aunque por causas objetivas, a la pérdida de su esencia. Predominan en los personajes el inconsciente y los instintos; enfatiza Montenegro el primitivismo de personajes como el negro Pascasio, de naturaleza primaria, pero aún dotado de valores humanos, a quien la vida en la cárcel conduce a la crisis definitiva de su humanidad elemental. De esta manera, la trayectoria de la novela implica la metamorfosis del «buen salvaje»: «Pero él no oía nada, no sentía más que el gran salto que tenía en los músculos y el ronquido breve de bestia irritada que se alojaba en su garganta. Si lo hubieran soltado desnudo, en la selva, tal vez hubiera terminado dándose golpes en el pecho con los puños cerrados como un gorila.»[87]

La sexualidad patológica, reprimida o de prácticas aberrantes, se erige en el centro exclusivo de la existencia en *Hombres sin mujer,* por lo que resulta el motivo caracterizador por excelencia de las figuras de la ficción, el contenido esencial de los sucesos, así como el fundamento de la concepción trágica. Domina el reconocimiento de la generalizada miseria moral de la humanidad, que se relaciona con una profunda desilusión por el hombre, el pueblo, las masas humanas, sumidas en la fatalidad de las circunstancias, pasivas y despojadas de identidad humanizadora, idea que la novela programáticamente sustenta: «Por un momento pensó que cuando el hombre llegaba al colmo de sus desdichas encontraba en sí mismo fuerzas para la rebelión. Creía encontrar aquí hombres indignados y violentos, hombres cargados de desprecio por todo lo existente, hechos a maldecir la opresión y la injusticia, todo… Traía la secreta esperanza de encontrar leones y me tropiezo con micos… ¡Exactamente igual que la calle!»[88]

Este sentimiento de airada frustración hace del narrador un rebelde solitario que exalta el instinto, los impulsos subconscientes y la irracionalidad agresiva, en reflexiones como ésta, de probable ascendencia nietzscheana: «Es posible que en cada hombre no haya una res —asegurarlo sería exponerse a que muchas reses lo embistieran a uno—, pero es indudable que en toda multitud está latente el alma del rebaño, de la manada, clamando por el guía.»[89] Concebido el problema en tales términos, se clausuran todas las salidas, no hay perspectivas de superación de la crisis.

Aún así, la propuesta global de Montenegro cuando proclama: «Sólo sé que las prisiones no son otra cosa que máquinas para fabricar degenerados»,[90] no es la aceptación de este orden social de extrema anormalidad e injusticia, aunque carezca de un proyecto constructivo.

Con sus particularidades y, sobre todo, atendiendo a la visión del sistema penitenciario y su influencia destructiva en la personalidad humana, la novela se remite a la novelística social de denuncia, que en los años 30, respondiendo a un vasto movimiento de democratización de la cultura, se vigoriza en el panorama internacional y cubano.

Hombres sin mujer es representativa de un tipo de novela de activismo social, tendenciosa y crítica, de aspiración concientizadora en su representación de la barbarie represiva de la sociedad, propia de esta época de generalizada crisis social y de valores. A su vez concierne a constantes de la literatura latinoamericana de vivencias que, a partir del modernismo, ha comenzado a complejizarse con la configuración artística en hondura de la espiritualidad de sus protagonistas. En este entorno estético-cultural se percibe la originalidad de Montenegro, que encuentra a partir de tendencias comunes sus propias respuestas, cimentando lo más perdurable y trascendente de la protesta en su realismo de la conciencia. En este sentido posee gran importancia la conformación de los personajes, en la que el audaz examen psicosocial constituye la base de su autenticidad. La imagen de las figuras resulta dinámica y sintética, apoyada en la acción principalmente, con una extraordinaria caracterización del habla que conquista el coloquio popular y plasma los movimientos anímicos, contribuyendo tanto a la individualización psicológica como a la definición del grupo social.

Funciona eficazmente la combinación de escenas dramáticas de naturaleza dialógica, donde Montenegro prueba su maestría —repárese en las secuencias narrativas del baño y los incorregibles— con los monólogos interiores reportados por el narrador, lo que permite un desarrollo extenso y en profundidad de la vida psíquica.

La retrospección, en figuras episódicas como Chichiriche al encuentro de la muerte, y un amplio tratamiento en el protagonista, completa, por contraste y sugerencia, la biografía espiritual de estas figuras que cumplen una función prototípica como modelos para discutir una candente problemática, y además expresan un punto de vista crítico sobre el mundo y sobre sí mismos, como en el caso relevante de Brai, cuya controvertible humanidad en gran medida deviene conciencia crítica del relato.

La relación del escritor con sus personajes es de íntima comprensión, frecuentemente de desdoblamiento artístico, sin concesiones melodramáticas ni edulcoraciones en aras de la tendencia, modulando su voz a través de diversas figuras, con la conciencia definida de cómo su actitud condiciona la del receptor y un certero uso del discurso connotativo, incitando a que el lector busque en lo que dicen los personajes lo que ha querido expresar el autor.

Atendiendo a la temática de la novela, la modelación de un ambiente también resulta decisiva. Montenegro rompe con la sintaxis tradicional, no hace una caracterización a priori de la cárcel que precede al desarrollo de la acción. No obstante, como en los modelos de la novela social del XIX, la descripción es interior, espiritualizada, con valor narrativo, dramático y simbólico en determinados casos (el sinfín), acumulando efectos hasta integrar una imagen rica en información y matices emocionales, orientada hacia el impacto en el lector.

Por consiguiente la prisión, contexto-praxis, se irá conformando de modo iterativo y simultáneo, interactuándose con el retrato de los personajes, causa y efecto de lo psicológico, en estrecha correspondencia con la progresión dramática de la historia narrada.

De modo ingenioso, el escritor vertebra los diferentes segmentos narrativos, que constituyen los veinte capítulos de la obra, bajo títulos sugerentes que aluden a las formas de vida y muerte en la prisión y al examen de la conflictiva naturaleza humana de personajes como Pascasio, Brai, la Morita y Andrés Pinel, quien descubre el infierno corriente de la cárcel, punto de vista que, alternando el del protagonista, funciona como principio organizativo y de cohesión interna del relato.

El lector transita por los diversos círculos del castigo: galeras, talleres, sanatorios, celdas de incorregibles, si nos atenemos al itinerario exterior. A la par se muestra la entraña, el mundo moral de los personajes, estudiados en la movilidad de la conciencia, dominados todos por la situación trágica. Diestramente se enfatiza el tiempo detenido, el no tiempo del espacio de la prisión, que contrasta de forma dramática con la temporalidad de los recuerdos. La representación artística del tiempo implica la negación de su transcurso humanizador hasta identificarse con lo inexorable. Así puede ser encontrado en los vaticinios o anuncios del fin de la Morita y, poderosamente, en la trayectoria fatal de Pascasio: «Ahora, nada ni nadie podía salvarlo:

rodaba por la pendiente con una rapidez vertiginosa, y ya se encontraba fuera de su centro, sin tener siquiera, como don Juan, dos agujas para coser segundos y segundos a la tortura del tiempo.»[91]

La historia se cuenta regida por la asociación lógica de las conexiones espaciales y temporales que se descomponen en segmentos-escenas de relativa independencia, acordes con el desarrollo de la narración; los acontecimientos se presentan, por lo general, en el orden subjetivo de la experiencia de los personajes y el narrador. Es destacable el trabajo de gradación del tema por variaciones —las infinitas formas del sufrimiento humano— contenidas en estos segmentos, que amplía su función semántica.

Tocada la novela por golpes de efecto magistrales, manejados con tacto el suspenso y la intriga, dotada de legítimo sentido de la sorpresa y la espectacularidad macabra, se realiza con un certero ritmo narrativo de tensión e intensidad en ascenso que concentra la acción, enriquecida por las escenas de acontecimientos biográficos, con lo que se evidencia una asimilación original de los recursos del *thriller* y la novela negra.

No obstante estos aciertos, son ostensibles los niveles en la realización artística de *Hombres sin mujer*, sobre todo referidos a las relaciones del narrador y el contexto narrativo, que afectan el carácter renovador de la obra. Condicionado por los fines explícitos de la novela y moviéndose el escritor en el ámbito del gusto finisecular, escoge un narrador, no marcado, omnisciente y ubicuo, de tercera persona, muy semejante al Montenegro penitenciario, pero que generalmente narra por encima de los personajes y tiende a totalizar doctrinariamente el sentido de la historia, enunciando el pensamiento del autor y tratando de influir en la actitud valorativa del lector:

El hombre privado de mujer año tras año acaba por descubrir en otro hombre lo que echa de menos, lo que necesita tan perentoriamente que aun en sueños le hace hervir la sangre, y despierto le coge todos los pensamientos y forma con ellos un mazacote que dedos invisibles modelan de mil maneras distintas, todas apuntando a lo anormal, a la locura. No importa que de pronto no se vea en la carne: el sexo está en todo. El sexo está en la calceta de don Juan: en aquel que tiene domesticada una araña: en el que se ha abrazado a Allan Kardec.[92]

Esta digresión freudiana, no carente de interés al explicitar la orientación ideológica y estética de la novela, distiende el tenso clima narrativo y reitera, en tono ensayístico, una propuesta que el diálogo de las escenas dramáticas ha realizado magistralmente.

En estas escenas dramáticas, dominantes en el estilo de Montenegro, acude al discurso reportado de estilo lineal directo, que pone de manifiesto la autenticidad de las diversas enunciaciones, eludiendo o reduciendo los comentarios que sugieren el sentido del pasaje, de modo que se asiste al diálogo en considerable grado de pureza, con sus mecanismos elípticos, asociaciones imprevistas y relativa incoherencia, solución artística de relevante modernidad y fuerza expresiva.

Para los monólogos interiores escoge atinadamente el discurso indirecto libre, de lograda textura analítica, en el que se acercan la voz del narrador y las de los personajes, como pudiera apreciarse en el siguiente pasaje: «Ahora sólo sabía que estaba allí, entre "leas" y "bugas", como les decían a los pederastas, que no pensaban más que en meterse en el hoyo para refocilarse y que, no contentos con eso, se pasaban el día hablando de lo mismo con palabras pegajosas y espesas cómo semen.»[93]

Sin embargo, en el discurso del narrador aparecen escasos toques de coloración, ya que nunca llega a hablar con los personajes. Por tanto, se mantiene una frontera nítida entre el contexto narrativo de tono mayor moralizante y el discurso de los personajes. Contrasta el individualismo realista de la enunciación reportada con el formalismo doctrinario interpolado del narrador, aunque éste también pueda desarrollar una valiosa capacidad descriptiva. El novelista logra el reforzamiento analítico y emocional con el monólogo y los diálogos que responden a la autenticidad de las figuras y sus circunstancias, pero la unidad artística de la obra se ve lastrada por las notas de autoritarismo tendencioso y exterioridad del narrador extradiegético, aunque paradójicamente el autor es un personaje y conoce a fondo el mundo narrado.

La escritura se debate entre dos alternativas: una convencional, en gran medida agotada, de estilo doctrinario y predicativo, mientras la otra abre la creación a la réplica y la polémica; de la acción brotan la tendencia y el criticismo, predominando el carácter dialógico y dramático de valor apelativo, que se realiza en un estilo lingüístico de maestría. Montenegro, en modo alguno folklorista o pintoresco, asume la prosa de la cárcel y de la calle y la elabora artísticamente, con marcada agresividad verbal que traduce toda la violencia y bestialidad de los conflictos reales, tensando las contradicciones al máximo. Esta alternativa termina por imponerse, y en ella reside la más relevante conquista artística de la novela.

Desde este punto de vista se pone de manifiesto la naturaleza aún transicional de *Hombres sin mujer*, a la búsqueda de una nueva concepción de narrativa factual y crítica, de acentuado dinamismo en la asimilación estética de procesos espirituales de gran complejidad, y en la revelación de sus causas sociales. Carlos Montenegro concibe una obra de conmocionante realismo y audaz función comunicativa de alta tensión emocional. Enriquece la narrativa de la época con su indagación en la subjetividad humana. Los valores del análisis y la denuncia sociales se consumen con sobriedad, de forma intensa y convincente, aportando su novela una integración más orgánica de literatura y vida.

Para comprender la personalidad creadora de Pablo de la Torriente Brau, Juan Marinello ofrece las claves: «Alguna vez me dijo un compañero de cárcel que había dos Pablos. No tenía razón. Hubo uno solo, radiante y meditador. No traicionó su sanidad bullente y su clara rebeldía, pero tampoco el reto a su inteligencia y a su oficio de pensar y escribir [...] Como ciertas frutas, había madurado hacia adentro.»[94] Precisamente ese madurar hacia adentro constituye el condicionamiento esencial del arte narrativo que va a cuajar en la etapa neoyorkina (1935-1936)

cuando es escrita la novela *Aventuras del soldado desconocido cubano* (1940).

Como el propio escritor proclama: «Nosotros sabemos que, por encima de todo, como el tema de una sinfonía, la revolución siempre vuelve y que, al final, su concertante será estruendoso y terrible. Nadie se equivoca con la revolución si la espera.»[95] Consecuentemente, la idea de la revolución domina toda su actividad creadora.

El escritor, que está arribando a formas superiores en sus convicciones socio-políticas y artísticas, aborda su obra en términos de madurez innovadora. La ficción narrativa tiene por fundamento una integrada actitud que lo lleva a confirmar lo nuevo revolucionario en la vida y el arte, superando esta ya insalvable contradicción de la cultura burguesa.

Su tiempo, caracterizado por la declinación de la sociedad neocolonial y el vigoroso despertar de las masas populares a la acción consciente, impregnan esa praxis literaria de su distintiva proyección anticonvencional, antiburguesa en su más amplio sentido social y estético, lo cual exige el hallazgo de un modo artístico que supere el estatismo metafísico de la escritura del naturalismo y que sea capaz de asumir nuevos niveles de comprensión de la conciencia genérica y de la historia.

Con este sentido afirmativo se impone la apropiación de las tendencias de desarrollo que caracterizan a la época, proceso regido por su consolidada concepción revolucionaria del mundo. De aquí que nuestro creador, en su intencionalidad artística, trascienda en un lapso de tiempo relativamente breve (1930-1936) el camino andado por el vanguardismo.

La relación de *Aventuras del soldado desconocido cubano* con los modelos de la vanguardia se torna compleja; de ellos se nutre en sus proyecciones rebeldes y revitalizadoras, en su vindicación de la libertad creadora cuyo fundamento se halla en el repudio de la sociedad burguesa y que Raúl Roa patentiza en nuestro panorama cultural como «zafarrancho a campo traviesa contra la óptica lugareña, la retórica altisonante, la crítica de bombos mutuos, el sentimentalismo mocoso, la colonización de los mediocres, la tiesura académica, la solemnidad fofa [...] y como contrapartida, apertura, sobriedad, médula, rigor, sensibilidad, creación, estimativa, responsabilidad».[96]

Resulta necesario detenerse en esta oposición porque pone de manifiesto las premisas de una renovada perspectiva estética, proceso en el que la obra de Pablo de la Torriente desempeña un rol de la mayor importancia al superar el énfasis rupturista de los *ismos* con su consecuente desmantelación del lenguaje, supremacía de las imágenes desintegradas y exaltación irrestricta de la antirreforma, pero conservando las posibilidades abiertas para la expresión artística de una nueva visión que no sólo cambia las formas, sino crea contenidos.

Por tanto, en la novela el cauce más audaz de la fantasía es iluminación de la realidad desde una óptica revolucionaria, esclarecimiento para la acción. Lo fantástico revela un enriquecimiento de la subjetividad creadora que conjuga las peripecias materiales y espirituales, formalizadas en relación íntima con el curso objetivo de la historia.

En el ámbito del pensamiento de José Carlos Mariátegui cuando afirma: «con el vuelo de la fantasía es como mejor se puede abarcar las profundidades de la realidad. No, por supuesto, falsificándola e inventándola. La fantasía no surge de la nada. Y no tiene valor, sino cuando crea algo real»,[97] se proyecta el método de Pablo de la Torriente, que en modo alguno renuncia a las grandes conquistas de la tradición realista, pero explora nuevas dimensiones de la relación arte-realidad. En tal sentido lo determinante no es una correspondencia funcional representativa, sino el desarrollo de nuevas formas de conciencia.

Por ello, nada más lejos del relativismo cognoscitivo, del escamoteo subjetivista de las fronteras entre lo real y lo fantástico. En nuestro artista, la renovación de la técnica narrativa supone apropiación de la realidad, pero en la impugnación de la imagen conformista del mundo, defensa del caudal imaginativo del creador en su rechazo de preceptivas que exigen a la obra de arte la reproducción positivista de un trozo de la realidad. Si los cuentos de *Batey* son consi-derados por su autor «raros» y «poco amables», la concepción fantástica alcanza proyección unitaria y coherente, aunque no unívoca, en *Aventuras del soldado desconocido cubano*, pues la elección de una perspectiva crítico-satírica crea el ingenioso contrapunto de realidad y fantasía.

El contenido significativo de la novela es portador de una fábula de regocijante inverosimilitud. La extraordinaria historia de un muerto que cuenta sus memorias y las de numerosos soldados desconocidos de la Primera Guerra Mundial, así como la afanosa actividad en el mundo de ultratumba —motivo de persistente trayectoria desde las literaturas antiguas, pasando por las «visiones» medievales que culminan en *La Divina Comedia* y renacen en la narrativa actual— resultan la envoltura imaginativa que actúa como un factor de distancia irónica que desautomatiza la percepción y separa al lector de la cotidianidad irrelevante, llamando su atención sobre las contradicciones de la realidad. Esta provocación conduce a la recepción crítica que se aspira a convertir en acción transformadora, con lo cual se está retomando una relación comunicativa de manifiesta eficacia en la historia de la literatura.

Bajo este efecto de extrañamiento generalizado, *Aventuras del soldado desconocido cubano* ha sido concebida con toda conciencia como novela de tesis: «La esencia de la guerra imperialista —matadero de bueyes anónimos— queda expuesta a plena luz en estas páginas. Y asimismo, apuntada la vía para transformarla revolucionariamente en guerra de liberación, en guerra de héroes, dirigida al aniquilamiento definitivo del régimen social cuya vigencia conlleva la muerte del hombre sin sábado de gloria.»[98]

El escritor está movilizando las fuerzas populares democráticas y antifascistas, está promoviendo una nueva visión del mundo y de las relaciones sociales, a partir de una temática que alude tanto a la agudización de las contradicciones del sistema capitalista, como a las conmociones revolucionarias que inaugura victoriosamente la Revolución de Octubre y caracterizan nuestro siglo.

Es importante también subrayar que los valores propuestos a través del relato tienen por fundamento la concepción del pueblo, no como objeto, sino como sujeto de la historia. Por ello el carácter aleccionador del sentido antimperialista de la fábula. De esta manera, la orientación ideotemática está probando la afirmación de José Antonio Portuondo: «Pablo, que era lo más opuesto imaginable al tipo de teórico puro, del teorizante, sin embargo sabía demasiado bien que había que tener una explicación teórica de la realidad que estaba viviendo.»[99]

Sus imágenes artísticas se sustentan en un pensamiento consistente. La protesta con conocimiento de causa se aúna a la perspectiva de futuro, evidenciándose la condición dialéctica de la interpretación del mundo del escritor, especialmente patente en la novela si se le compara con la visión más generalizada de la guerra que ofrece la literatura del humanismo burgués, en la que no se rebasa la denuncia, limitada a enfatizar el factor de destrucción y caos social.

Plenamente expresiva de la propuesta ideológica cardinal de la obra deviene la composición artística. Marinello apunta una cualidad esencial: «En nuestro escritor se produce como en pocos casos, la ensambladura armoniosa y contrastante entre lo tradicional, lo nacional y lo universal.»[100]

En *Aventuras del soldado desconocido cubano* salta a la vista la importante función del prólogo, que se remite, sin violencias de sentido o estilo, al carácter general de la novela, imbricado en la ficción. Contentivo de las ideas motrices, programático en su formulación, declara con las armas del humor los propósitos rectores.

Sirviéndose de la hipérbole y la desmesura, de lo burlesco-fantástico, chocando con todas las ideas convencionales sobre la guerra y su literatura, el narrador arma un discurso disparatado, una disquisición cada vez más jocosa por la acumulación de absurdos con su carga crítica detonante, que estimulará el disfrute intelectual del lector en posesión de las vivencias históricas necesarias para su interpretación.

En estos términos cobra un alto valor ideológico y estético su análisis demoledor de la política imperialista de agresión a los pueblos pequeños, que alcanza, en el pasaje dedicado a la Enmienda Platt, un impactante nivel de configuración.

Con este prólogo Pablo de la Torriente Brau se está sumando, con orgánica novedad creadora por su carácter humorístico paródico y parabólico, a un procedimiento que acompaña a la narrativa en su proceso de formación en las literaturas antiguas y medievales, con los paradigmas del infante don Juan Manuel y Cervantes. En *Aventuras del soldado desconocido cubano*, el prólogo es el marco que condiciona todo el sentido ulterior de la obra, destacándose su jerarquía estructural, puesto que no es ornamento o gratuidad, ya que la novela arranca de un debate que este prólogo-marco ha dejado abierto.

Resulta, además, significativa, la fase final de *Aventuras del soldado desconocido cubano*, preparatoria de un nuevo nivel de discusión, así como la candente actualidad y trascendencia implícita, que exigen la participación activa y toma de partido.

Como puede apreciarse, no se está eludiendo la intención educativa y concientizadora, que se hace más intensa por la cobertura acusadamente imaginativa de la situación narrativa. Una vez más se hace patente la tradición. Baste recordar las primeras novelas cortas de la Edad Media, que aspiran a enseñar de manera placentera, y les es común la ejercitación en «temas dados», la exposición de ejemplos concretos para evidenciar lo general, exigiéndose narraciones llenas de fantasía, de libre invención añadida a la trama biográfica.

En este contexto se desenvuelve muy libremente nuestro artista, puesto que al igual que en los relatos clásicos, no se pierde la noción nítida de los límites entre el comentario iluminador de la realidad, instrumento de conocimiento y modelador de realidades, y la ficción, entre la enseñanza y la diversión estética compleja, entre la imaginación ejemplarizante y el discurso reflexivo.

A diferencia de un gran maestro del género, Boccaccio, creador del diálogo hacia adentro en un círculo cerrado de interlocutores, y en la línea de Cervantes, que pinta su propia figura con impresionante trazo y habla hacia afuera en un coloquio abierto sin destinatarios ficticios, sin escindir a los oyentes de una parte y a los protagonistas de otra, Pablo de la Torriente está recogiendo este legado y haciéndolo trascender al calor de nuevos propósitos en la confrontación arte narrativo y sociedad.

Sobre estas bases, el escritor cubano se acerca a la modalidad de las biografías imaginarias que, tras un largo desarrollo, cuentan en la literatura moderna con una variedad práctica literaria.

En verdad, la idea de incursionar en la biografía ya lo ha tentado,[101] pero ahora acomete la empresa en términos de irreverente subversión humorística. Bajo la forma del testimonio apócrifo, del relato documental trastocado, demoliendo la poética de ficción imitativa, son contadas las biografías fantásticas de soldados desconocidos: la propia de Hiliodomiro del Sol es conformada en el capítulo I, la del alemán en el II, unida a la del inglés, el italiano y el francés, así como alusiones dispersas, pero expresivas del perfil social del ruso, a través de diversos capítulos. Todas las biografías funcionan como «ejemplos» que de modo contrapuntístico aportan variantes sobre el tema comentado, que ha quedado abierto en el prólogo-marco.

De este modo se organiza la materia, aunque debe anotarse que si para la fábula todas las biografías tienen una significación equivalente porque aportan diversos ángulos del problema, en la organización artística se dilata y expande el «ejemplo» del soldado desconocido cubano, mientras la imagen del soldado desconocido ruso es interpolada, a manera de motivo composicional, a pesar de que se le ha conferido suma importancia como portador de la tesis. Sus argumentaciones serán referidas por Hiliodomiro, con frecuentes dosis de ironía, de forma tal que nunca aparece directamente, ni su historia es contada, sólo aludida. En este caso el procedimiento ha sido la sugerencia y la suma concentración de sentido, evitando el doctrinarismo discursivo. Significativamente, el capítulo IV acoge la batalla épicoburlesca de los antiguos y modernos héroes, la que alegóricamente es referida a las contiendas intestinas de la burguesía, típicas de la fase imperialista, cobrando la obra vigorosa actualidad política nacional —a raíz de la frustración revolucionaria de los años 30— e internacional en vísperas de la Segunda Guerra Mundial.

El capítulo V constituye el completamiento conceptual de la tesis que recorre el libro como hilo conductor: de la guerra imperialista a la guerra de liberación nacional, dada a través de la óptica del soldado desconocido ruso que se transparenta en el curso del pensamiento de Hiliodomiro: «¡Menudo titingó tenemos en perspectiva! Y éste si se gana, si es que hay alguien que salga ganando en esta nueva guerra. Que si se pierde, que es lo más probable, despídete. Por lo pronto, no hay quien evite la hecatombe, la revolución.»[102]

La requisitoria final contra la guerra imperialista, la desmitificación total de sus falsos héroes y la confirmación del pueblo como verdadero hacedor de la historia, constituyen la *coda* de la novela, donde se funden con valores superiores los componentes ideotemáticos y su sentido dialéctico.

De esta manera se hace patente el cierre estructural de la obra, conclusa en cuanto al desarrollo de su plan expositivo, en la concreción de sus ideas motrices y sólo requerida de epílogo formal,[103] una vez que ha sido reafirmado el sentido realizador de la marcha de la historia con el diestro tejido de las motivaciones. Así, la convicción del soldado rojo de que «no hay Soldado Desconocido, sino *oveja desconocida*; que en la guerra, en la verdadera guerra de liberación nacional de los pueblos, no hay, no puede haber héroes desconocidos, porque el pueblo conoce a los que lo aman y se sacrifican por él»,[104] consuma la propuesta comunicativa.

Esta riqueza conceptual de la novela se plasma a través de sus diferentes niveles de representación, que condicionan su acusada polisemia y contenido alegórico, ya que se mueve del *non sense* evidente a la lógica interna de la tesis que se sustenta. Contrasta, por consiguiente, la dislocación argumental, la disparatada peripecia tramológica muy imbuida del gusto vanguardista, con el tono objetivo, de fidelidad transcriptora, de la entrevista periodística y el soliloquio. Integradamente marcha la anotación de situaciones inverosímiles con la descripción de contextos de filiación verista, incluso de clara ascendencia autobiográfica, lo que encuentra su consumación en el hecho de que el personaje Pablo de la Torriente cumpla dos funciones cardinales: narrador y protagonista de *Aventuras del soldado desconocido cubano*, rompiéndose con ello las formas canónicas del ilusionismo omnisciente, para crearse una más compleja actitud narrativa.

En efecto, el autorretrato del autor constituye un pilar constructivo del libro, que halla, en la contravoz de Hiliodomiro del Sol, su otro punto de sostén. A través de la conversación, generalizada aunque no totalizadora, se logra paulatinamente la configuración artística de ambas personalidades, sin comentarios superfluos, sino revelándose en la acción, que está interiorizada y tiene su fundamento en la manera de ver el mundo de cada figura de la ficción. Las ideas se concretan en el sistema de personajes, desarrollándose un sostenido proceso de choque y confrontación de los personajes-ideas, ya que éstos son dados en su contradictoriedad y movimiento, como portadores idóneos de la discusión concientizadora y nunca a manera de formulaciones dogmáticas.

En consecuencia, la contraposición de voces y actitudes impide la visión estática o de autoritarismo.

La intención no es psicologizar. En dependencia de la definición de la obra como de tesis, las figuras son portavoces ideológicos, aunque no privados de individualidad y validez en cuanto a su idiosincrasia. En este sentido, la caracterización de los restantes soldados desconocidos se apoya también en rasgos típicos de la psicología nacional y clasista, vista a través de la perspectiva del humor hiperbólico, constituyendo una lograda galería de arquetipos.

La batalla de antiguos y modernos permite la desmitificación de imágenes públicas consagradas por la historiografía burguesa como sumas hacedoras de la historia. Todos resultan alegorías humorísticas de la condición burguesa —o protoburguesa— en su variante nacionalista, y se demuestra a través de ellos la falacia de la defensa de la patria y la nacionalidad en la guerra imperialista, la traición de los ideales libertarios y emancipadores, el chauvinismo, el guerrerismo,

la prepotencia y la demagogia. Y como contrapartida insoslayable pasa a un primer plano la imagen del soldado ruso —«el Soldado Desconocido rojo, como lo llamamos nosotros para molestarlo»[105] —al que se le caracteriza como representante, por paradoja, de los únicos verdaderos héroes que tuvo la guerra mundial porque «fueron los primeros en rajarse, en negarse a pelear. ¡Bien!»[106]

Los personajes ilustran la maestría compositiva del escritor al interiorizar la tesis narrativa en estas imágenes que sintetizan alegóricamente las corrientes de la realidad, nos devuelven una vida histórica enriquecida. De este modo, si bien la novela implica un enfrentamiento ideológico explícito, los personajes no están sometidos a presión voluntarista. La propia dialéctica de las ideas que expresan, en su correspondencia con las contradicciones de la realidad objetiva, proceso nada pasivo o simplista, hace posible el automovimiento del carácter literario, nos entrega al personaje en su búsqueda del conocimiento y la acción —Pablo— o en la objetivación de la experiencia —Hiliodomiro.

La hipérbole y la deformación humorística, la selectiva incorporación del folklore en la imagen del soldado desconocido cubano, convincente «tipo popular», la precisión en el trazado de las motivaciones de las figuras en contraste con lo fantástico situacional, la sostenida sátira y parodia, dan fe del elaborado nivel de estilización en la creación de personajes, de manera que por su fuerza estética patentizan el carácter complejo sintético del pensamiento artístico del autor.

El manejo del punto de vista literario y la diversidad de registros también prueban la destreza narrativa. El soldado desconocido cubano cuenta, y Pablo, narrador-personaje, actúa a manera de mediador en la narración enmarcada. A su vez, en la línea de los clásicos interlocutores del humanismo, aunque es capaz de asombrar con sus paradojas, sabe escuchar, sugiere, estimula con sus agudas interrogantes, pero se abstiene de glosar doctrinariamente, de ejemplarizar de forma gruesa, funciones que con sentido constructivo son conferidas al lector, de lo que se desprende la influencia activa en el discurso narrativo de la perspectiva del destinatario.

Resulta ostensible la unidad de *Aventuras del soldado desconocido cubano*, cimentada en el sistema de ideas y personajes. Las secuencias narrativas se organizan sobre la base de la yuxtaposición, de la fragmentación episódica —cada personaje totaliza un episodio—, utilizándose el enlace de la actividad periodística de Pablo, que funciona como cohesionador de la novela. Con ello se plasma una construcción épica, de integración lógica del discurso de los personajes y el curso de la historia.

La obra, deudora de la labor periodística de su autor, posee un marcado carácter dialógico que le confiere naturaleza teatral, en nada ontológica a lo estrictamente narrativo y testimonial, como la trayectoria del género ha probado. Contiene, como se ha apuntado, un manifiesto en clave ensayística en el prólogo-marco y en el último capítulo. Sus formas no son puras, y con ello, lejos de negarse la integridad de la novela, se le está asumiendo como «escritura desatada», al modo cervantino.

El lenguaje contribuye decisivamente a la plenitud artística. Acorde con la acentuada contextualización que excentra la obra, abriéndola al problemático mundo de la lucha de ideas, el autor elige un lenguaje directo, dinámico, intenso en su concentración de sentido, y trabaja la economía expresiva como regularidad dominante.

Nada más lejos de la transcripción mimética criollista que esta experiencia creativa. Respondiendo a la modelación fantástica de la realidad, el lenguaje muestra logrados efectos estilísticos con los procesos de condensación y síntesis, por los desplazamientos y subversión de significados. La intención satírica encuentra, por tanto, un instrumento idóneo.

El sistema de asociaciones insólitas, la vulneración de la relación lógica causa-efecto, todo funciona como un medio válido para la trastocación de los significados, a la búsqueda de un sentido más profundo que devele y denuncie la irracionalidad de la guerra imperialista.

Si se repara en pasajes como el siguiente: «Ya veo. Soy una realidad. Soy, luego existo, como dice todavía mi amigo Renato... Descartes quiero decir, sabes, pero nos tuteamos, porque le he caído bien y de vez en cuando le gusta su toque

de Bacardí. Y que no se te ocurra en tu libro hacer ninguna alusión despectiva al espiritismo, porque entonces le vas a quitar verosimilitud a todo esto y voy a tener que presentarme en todos los *centros* como Juan Bruno Zayas para dar fe de realidad...»,[107] resulta evidente que la liberación de sentido y sintáctica, el carácter emocional de la entonación que se organiza por impulsos y réplicas, la riqueza sugestiva de las relaciones implicadas y la elipsis, la diestra utilización del anacoluto, la redundancia y la reticencia; en fin, la adaptación de la fluidez, movilidad y espontaneidad de la conversación, son la piedra de toque en el realismo de *Aventuras del soldado desconocido cubano*.

Ciertamente, el habla popular no sólo está penetrando a través del léxico —de amplio repertorio de cubanismos y regocijantes metáforas populares—, sino en forma más completa que abarca los diversos planos del lenguaje, porque para el escritor ha dejado de ser un elemento pintoresco, matizador y parcial, con lo que logra consumar la interrelación creadora de estilo y vida, de lenguaje artístico e ideología.

Por tanto, un aporte de la mayor relevancia, que integra plenamente al narrador y los personajes, al autor y sus destinatarios en un coherente universo estético, se encuentra en la apropiación artística de la voz popular en vínculo estrecho con la experimentación de las posibilidades expresivas de la formación funcional coloquial, lo que en esencia responde a las convicciones del escritor que reconoce en el pueblo la fuerza motriz y el caudal más poderoso de la creación. Cuando Pablo de la Torriente declara: «Me es fácil pensar como el pueblo porque me siento parte de él, parte íntima»,[108] está estableciendo los fundamentos más profundos y trascendentes del arte narrativo que se consuma en *Aventuras del soldado desconocido cubano*.

Totalizadora de problemas decisivos de la vida ideológica y espiritual, la novela conquista la historicidad del hombre que ha dejado de ser objeto de contemplación positivista o vivencia trágica del irracionalismo, asumido el individuo en el contexto de la lucha de clases, en su tarea realizadora de hacer la historia.

Lo sustancialmente nuevo en el proceso de la literatura nacional radica en que el escritor, que ha hecho suyos los objetivos de la clase de vanguardia, concibe su obra desde esa posición, al apropiarse de la esencia de la guerra imperialista y confirmar el potencial de las masas populares, legando una novela revolucionaria, integralmente de vanguardia, capaz de incorporar con cumplida originalidad cuestiones cardinales de nuestro tiempo.   [A. G. B].

2.4.4.2 E. Labrador Ruiz, C. Enríquez

En el proceso de renovación de la narrativa surgido en la etapa estudiada, ocupan un sitial importante las obras novelísticas de Enrique Labrador Ruiz (1902) y Carlos Enríquez (1901), polares en lo que a postura estética de ambos autores respecta, pero tangentes en muchos otros puntos, particularmente los referidos a la posición iconoclasta ante la sociedad burguesa mantenida por ellos y a su consciente voluntad de remozar los caminos por los que deambulaba nuestra novela.

Enrique Labrador Ruiz es sin duda —con la sola excepción de Carpentier, caso aparte en la narrativa nacional— el novelista que más conscientemente luchó por abrir nuevos caminos al género y el que mantuvo en la etapa la producción más interesante y sostenida entre sus colegas.

Llegado a La Habana en la década de los años veinte, donde ejerció la labor periodística, Labrador Ruiz se da a conocer como novelista en 1933, en pleno hervor revolucionario, con una obra insólita en nuestro medio —El laberinto de sí mismo—, que al romper con todas las normas estéticas al uso produjo la natural consternación, tanto en sus lectores como entre los principales representantes de la crítica literaria, para quienes la novela venía a ser una verdadera sarta de incoherencias. Juzgada por los cánones estilísticos y composicionales tradicionales, la obra constituía una verdadera provocación. Ausencia de línea argumental definida, libre vagar de personajes que aparecían y desaparecían sin motivación alguna, imprecisión temporal, inde-

terminación del medio social presentado y acumulación de escenas inconexas, son algunas de las características sobresalientes de esta primera novela «gaseiforme», escrita con lenguaje desconcertante —mezcla de arcaísmos, neologismos y rezagos modernistas de barroca sintaxis— y sin vinculación alguna con cualquier otra obra novelística precedente en nuestra narrativa. En menos de doscientas páginas, Labrador llevaba a cabo con esta primera novela suya una conquista de gran importancia para el género: ponerlo al día en el empleo de las más audaces técnicas narrativas contemporáneas, adelantándose en cierto modo, incluso, a la novela existencialista francesa de la década venidera. En efecto, la angustia existencial es el motivo central de esta obra, en rigor bien cercana al poema, en la cual el romántico «yo» del autor-personaje va mostrando, a través de esta sucesión de aparentes escenas inconexas, su inadecuación al medio hostil circundante, que llega a conducirlo a la enajenación extrema en la cual perece.

Tres años más tarde, en esta misma línea, Labrador publica Cresival. Al hacerlo, motivado por la hostil acogida a la obra anterior y a la incomprensión de la crítica, la provee de un prólogo esclarecedor —inicio de una serie de escritos donde de modo coherente teoriza sobre la narrativa contemporánea y expone y defiende los principios de su estética—, en el que da por primera vez el nombre de «gaseiformes» a sus novelas y pasa a sustentar detenidamente su poética.

Comparada con El laberinto de sí mismo, Cresival muestra un hilo argumental más definido, pero en esencia (al igual que posteriormente Anteo) constituye una reexposición de las distintas problemáticas cuestionadas por él en su primera obra. Como en ésta, estamos ante la presencia enajenada de un escritor (Cresival es poeta) que sucumbe ante el medio adverso que lo rodea. La misma asfixia espiritual hace perecer a ambos personajes, y en Cresival se agudiza no sólo la posición anticlerical del autor, sino su propio escepticismo ante la posibilidad de redención del hombre por vía divina.

A Cresival seguirá Anteo (terminada en 1938, pero no publicada por causas económicas hasta 1940), «fantasía encadenada», según la denominó Labrador, cuya acción transcurre en quince minutos en los cuales su pesimismo, ahora exacerbado por la inminente derrota de la causa republicana en España y el estallido de la Segunda Guerra Mundial, alcanza el más alto grado. Nuevamente el protagonista de la obra es un artista (Anteo se aficiona desde niño a la escultura), y las reflexiones sobre el arte y las condiciones sociales que lo condicionan, en un medio indeterminado, pero inequívocamente nuestro, continúan resultando una constante. Sólo que la variedad temática es mayor, y por primera vez en la trilogía el tema político (excluido exprofeso de su poética por Labrador, que aquí se muestra inconsecuente con ella) se le impone al autor, cuya condena al fascismo, lamentablemente, no va acompañada de la debida claridad ideológica para valorar de modo positivo las fuerzas que se le oponían. Tema central de la novela es la desilusión. El Anteo contemporáneo, artista cuya verdadera profesión es la de soñador, grotescamente devenido bombero, trata de elevarse sobre su medio, para estrellarse a la postre contra el piso del cuartel ante la indiferencia de sus compañeros.

Anteo cerraba el camino a Labrador. Contempladas con perspectiva actual, las tres novelas son en realidad una misma. Larga proyección poemática suya, expresión del nihilismo romántico de un escritor enajenado por el medio que, en su incapacidad de hallar socialmente una salida, se refugia en su arte y se abroquela contra su circunstancia contingente con una muy lúcida poética. Al efecto es interesante destacar los puntos de contacto entre las estéticas de Regino Boti y Labrador Ruiz, hermanados por un individualismo neorromántico que identifica estrechamente sus posiciones teóricas. Como Boti, Labrador se hallaba consciente de su papel de innovador en nuestro medio literario, de la importancia de su labor, y ello lo llevó no sólo a prologar con detenimiento *Cresival* y *Anteo*, sino a escribir un año más tarde de publicada esta última obra su ensayo *Manera de vivir*, dedicado por entero a exponer su poética, cuyas tesis fundamentales resumidas *grosso modo* son: necesidad de renovar tanto desde el punto de vista formal como del contenido nuestra narrativa;

abandono de un arte criollista falsamente expresador de las esencias nacionales, y búsqueda de un nuevo lenguaje, de artística riqueza, que sustituyera la chatedad del entonces imperante en nuestra prosa.

En principio inobjetables, estos propósitos eran acompañados por otras formulaciones de tipo esteticista que, en cierto modo, acercaban la posición del Labrador de aquella etapa a la de los seguidores del «arte por el arte». Además, el esteticismo extremo y la concepción del mundo presididores de la trilogía cerraban su camino de novelista, lo conducían, como fue señalado, a la repetición estancadora de motivos observable hoy en ella. Esto pareció comprenderlo el autor, quien en *Manera de vivir* ya dejaba entrever la posibilidad de una próxima apertura.

Ésta se produjo en 1951, cuando Labrador entrega *La sangre hambrienta*, con la que obtuvo el Premio Nacional de Novela otorgado por la Dirección de Cultura del Ministerio de Educación y sin duda su obra más lograda en el campo de la novelística. En ella toda la enajenación presente en abstracto en su trilogía de novelas «gaseiformes» se corporiza en la estéril existencia de los habitantes del oscuro pueblo de provincia en el cual transcurrió su infancia. Al hacerlo —y constituye esto uno de los grandes méritos de la obra—, Labrador logra sortear los peligros de un movimiento pendular que lo hiciera caer de lleno en los excesos del criollismo tan combatido por él.

Sin abandonar del todo su técnica fragmentaria, la línea argumental es perfectamente identificable, los personajes dejan de ser meros símbolos para adquirir en algunos casos la condición de tipos, y el rebuscado lenguaje de las novelas «gaseiformes» se hace más cotidiano y deviene verdadera indagación lingüística en el habla popular, continuada felizmente con posterioridad en su excelente libro de cuentos *El gallo en el espejo* (1953).

La sangre hambrienta fue la primera (y la única publicada) de una nueva serie de novelas —*El ojo del hacha*, *Custodia de la nada*—, a las que ahora Labrador denominaría «caudiformes» y que, en oposición a las «gaseiformes», mostrarían los nuevos caminos seguidos por él. Lamentablemente, nada sabemos de su ejecución, como tampoco de su también anunciado volumen de cuentos *El jardín de la pimienta.*

Vista desde nuestra perspectiva, la obra novelística de Enrique Labrador Ruiz posee indudable significación en nuestra historia literaria, y aunque su trilogía inicial continúe resultando hoy, quizás aún más que ayer, de penosa lectura, *La sangre hambrienta* queda como una de las novelas realmente significativas de la etapa. Labrador poseyó una verdadera voluntad de estilo, fue un genuino creador, dueño de una poética que supo defender como pocos, y legó el ejemplo de un denodado y ejemplar tesón profesional en momentos en los que una abjuración de sus principios estéticos hubiera podido proporcionarle el fácil reconocimiento de la crítica que sólo tardíamente le llegó.

Si para Labrador Ruiz la literatura constituyó el quehacer fundamental de su existencia, en Carlos Enríquez ésta resultó, para decirlo con expresión grata a Carpentier, su «violín de Ingres», el vehículo que le permitió concretar verbalmente el contenido ideológico de su excelente pintura.

El hecho de ser incuestionablemente una de las figuras más destacadas en la historia de nuestras artes plásticas hizo que por largos años su obra literaria fuera desatendida y vista tan sólo como un apéndice de su producción pictórica, carente o con muy escasos valores. Lo cierto es que, juzgada con óptica actual y admitido de antemano que el valor de su narrativa no se encuentra a la par del atesorado por su pintura, lo aportado por Carlos Enríquez a la novelística cubana le basta para ocupar por derecho propio un digno lugar en ella.

Descontada su escasa producción cuentística, no del todo desprovista de interés, la significación de Carlos Enríquez como escritor radica en una trilogía de novelas de la cual, en vida suya, fue sólo publicada una: *Tilín García* (1939). Inéditas hasta su edición tras el triunfo revolucionario quedaron *La feria de Guaicanama* (1940) y *La vuelta de Chencho* (1942).[109]

Tilín García, quizás el fruto más logrado de la tendencia criollista en nuestra novelística, se publica en el período en que Carlos Enríquez

alcanza su plenitud como artista y guarda íntima correspondencia con la etapa del «romancero criollo», el momento más alto de su obra pictórica, del cual es la concreción literaria. Idéntica concepción del mundo se expresa a través de estos dos diferentes lenguajes artísticos en estrecho complemento e interacción. Sólo unos años antes, Carlos Enríquez nos había legado una de las obras capitales de su pintura —*Rey de los campos de Cuba* (1934)—, inspirada en una figura aún mítica para el campesinado de la época, el romántico bandolero Manuel García, quien ejerció siempre una peculiar fascinación en el pintor. Tomando como punto de partida este personaje histórico, modeló el autor, estilizándolo hasta hacerle alcanzar verdadera dimensión simbólica, al protagonista de esta obra, en quien deposita las aspiraciones de justicia social que su concepción del mundo, antiburguesa e idealista, le suscitaban.

Desde el punto de vista de su composición, *Tilín García* —y en general las restantes novelas de Carlos Enríquez— fue censurada y subrayada la impericia técnica del autor. Lo cierto es que su análisis estructural revela, por el contrario, que un fino sentido de la composición, fuera pictórica o literaria, le era inherente, lo cual queda especialmente puesto de relieve en esta primera novela suya.[110]

La obra, de un neorromanticismo pleno del colorido, sensualidad y frescura propios de su quehacer pictórico, dotó a nuestra novelística de un mítico personaje, salido de las entrañas del campesinado, no presente en ella hasta entonces. El autor convirtió en símbolo a ese pequeño colono que con óptica campesina se enfrenta de modo individual a la injusticia social sufrida por esta última clase en la etapa prerrevolucionaria, y se convierte en defensor de sus valores éticos y culturales, amenazados de extinción por la fuerza mancomunada de la burguesía terrateniente nacional y las grandes compañías latifundistas estadounidenses.

Carlos Enríquez, de extracción burguesa, rompió desde temprano con su clase, y su odio a la burguesía fue incuestionablemente sincero. Como otros muchos intelectuales honestos de la época, no llegó nunca a alcanzar una clara comprensión ideológica de los fenómenos sociales existentes en Cuba, y el personaje protagónico de esta obra, al no poder explicarse de modo científico el caos político y social prevaleciente, reacciona de modo individual, temperamentalmente, se enfrenta como genuino héroe romántico al medio y opta por hacer justicia en forma personal, sin llegar a percatarse de las limitaciones para la plena realización de su ideal entrañadas por esta actitud, que al ser presentadas como modelo y rechazada la participación de las masas organizadas en la empresa libertadora, ofrece, en definitiva, una estrecha interpretación de la lucha de clases.

Pese a sus limitaciones, la obra, ubicada con características propias en el momento de apogeo del período criollista en nuestra narrativa,[111] conserva la vigencia conferida no sólo por haber constituido un llamado a despertar en la conciencia nacional el repudio al régimen burgués, así como a la lucha frontal contra él, sino por poseer un nivel de realización artística que, imperfecciones ocasionales a un lado (de las que, por otra parte, no se encuentran exentas algunas de las más importantes obras que le son contemporáneas), la sitúa a la altura de las mejores producciones nacionales de la etapa en su género.

A *Tilín García* siguió *La feria de Guaicanama*, que continúa desarrollando los motivos fundamentales aparecidos en su primera novela. El medio es igualmente rural, pero se aprecia un mayor acercamiento al urbano, ambos técnicamente contrastados. El motivo del rapto, que en la obra pictórica quedó ejemplarmente plasmado en uno de sus cuadros fundamentales —*El rapto de las mulatas*—, es el eje central de la novela, y le permite vertebrar en torno a él otra historia de violencia, donde el machismo, el lirismo sensual, el odio a la burguesía y la anárquica rebeldía social vuelven a permear todo el texto. Más que agotamiento imaginativo, reiteración gratuita de motivos temáticos y planteamientos sociales similares, esta novela nos permite apreciar el gradual escepticismo del autor ante la posibilidad de solución de los males de nuestra sociedad. La rebeldía de Juan Lope, el protagonista de la novela, es también de carácter individual, mas carece de la proyección so-

cial que, pese a las limitaciones señaladas, poseía la de Tilín. Ideológicamente los planteamientos son más confusos, y se aprecia una intensificación de la postura romántica de Carlos Enríquez quien, aunque bien intencionado, propone una vuelta idealista a los valores del pasado, en particular a los sustentados por los combatientes de las gestas independentistas, como solución a los males del presente.

Por otra parte, si desde el punto de vista ideológico *La feria de Guaicanama* constituye un retroceso respecto a *Tilín García*, formalmente evidencia una voluntad de estilo más acusada. Las intervenciones directas del autor van dando paso a un más sutil empleo del estilo indirecto libre. Elementos surrealistas y expresionistas se le incorporan a la atmósfera de irrealidad presente ya por momentos en su primera obra se agiganta en esta novela, donde quedó plasmada de modo estupendo la importante presencia de lo sobrenatural en la vida cotidiana del campesinado de la época.

La vuelta de Chencho, obra que cierra el breve ciclo novelístico de Carlos Enríquez, es la que evidencia mayor audacia estilística y seguridad en el empleo de la técnica narrativa. En ella —superado el estadio rural-urbano de *La feria de Guaicanama*— culminan el proceso de tránsito del medio rural descrito en *Tilín García* al plenamente urbano de esta última y el de afianzamiento de una concepción del mundo patentizadora del ya expresado escepticismo de su autor frente a la posibilidad de mejoramiento social en las condiciones entonces históricamente imperantes en Cuba.

Se ha señalado el carácter anticipatorio en nuestra narrativa de esta novela, que se ha llegado a comparar con *Pedro Páramo*, así como su filiación surrealista. En la obra, la influencia de este movimiento, de cuyo momento de esplendor fue testigo excepcional Carlos Enríquez en sus años de residencia parisiense, es innegable, pero para él, como acontece también con Carpentier, la benéfica asimilación de sus aportes no obedeció meramente a un dócil acatar de modas, sino que estuvo siempre en función de expresar con mayor riqueza estética nuestras esencias.

La vuelta de Chencho es la expresión de la quiebra de todas las esperanzas de saneamiento social albergadas por el autor. La rebeldía ante el medio, presente en sus obras anteriores con distintos matices, da paso a la pasividad absoluta de los habitantes de un barrio marginal habanero, en cuya descripción esperpéntica la categoría de lo grotesco, que adquirió de modo paulatino gran importancia en su narrativa, es llevada a sus últimas consecuencias.

Paradójicamente, se trata de una novela de humor (de un tipo de humor negro no conocido antes en la novelística nacional, más allá del «choteo» criollo abordado con mayor o menor fortuna por otros autores) muy en la línea de Meza, si bien aún más escéptico, más desolado.

En las novelas anteriores de Carlos Enríquez, los personajes luchaban, a su modo, por un ideal, defendían determinados valores éticos. En El Sapito —barrio marginal donde se centra la acción de la obra— sus habitantes, sin excepción, carecen de estos valores, y el sexo, despojado en esta novela del tratamiento lírico dado en las precedentes, constituye el motor principal de su existencia. Prevalecen en ellos el egoísmo y la ambición más absolutos, y en la promiscuidad del medio la deshumanización es el rasgo común a todos.

La novela naturalista había buceado hasta el cansancio en este tipo de realidad. El gran mérito de Carlos Enríquez en esta obra estriba en la novedad de la óptica expresiva para reflejarla. Los procedimientos técnicos surrealistas y expresionistas fueron puestos al servicio de su intención artística para ofrecer un nuevo tipo de novela en Cuba. Lo sobrenatural, presente en sus obras anteriores, pasa a un primer plano. Realidad y fantasía se entremezclan de continuo para entregar la metáfora propuesta por el autor. El Sapito, barrio marginal concreto, es a la vez *símbolo* lacerante de aquella sociedad. Atrás han quedado los tiempos de ideales. Sólo resta ahora el desaliento.

Tras *La vuelta de Chencho*, Carlos Enríquez no volvió a cultivar la novela. Su mundo narrativo había quedado cerrado. De la rebeldía anárquica al desaliento total discurrió su breve saga narrativa que, imperfecciones estilísticas aparte de quien nunca se preció de escritor, de haber sido publicada íntegramente en su momento habría contribuido de modo más activo al desarrollo de nuestra novelística, en la cual, como ha sido señalado, ocupa Carlos Enríquez un sitial de importancia en la historia literaria nacional.

[*S. Ch.*]

2.4.4.3 *D. M. Loynaz, V. Piñera*

Jardín, la única novela[112] de Dulce María Loynaz (1903), apareció en Madrid en 1951. La fecha de redacción (1935) del «Preludio» que acompaña al texto indica, sin embargo, que éste fue escrito en momentos muy anteriores al año de su publicación.

Se podría afirmar que *Jardín* pertenece a la llamada narrativa femenina —lo más relevante del conjunto de obras y autores dados a conocer en la etapa 1923-1958— porque Dulce María Loynaz explora la sensibilidad femenina, las disímiles motivaciones de la mujer, su conducta frente a la realidad y sus ideas en torno a ella, pero no es menos cierto que esa exploración se realiza desde la perspectiva de un personaje muy singular por sus aspiraciones, por sus reflexiones y por la vastedad de su mundo interior, de manera que *Jardín*, no obstante lo que hemos afirmado, constituye una especie de islote dentro de aquel conjunto y promueve un contraste de tipo temático-composicional con otras novelas del lapso señalado, como se podrá comprobar en estos comentarios.

El mundo de *Jardín* se unifica en su protagonista —Bárbara—, cuya complejidad es la expresión de diversas preocupaciones de Dulce María Loynaz. El personaje corporiza los atributos que, según los críticos, identifican al sujeto lírico de los poemas de la autora, de modo que es posible advertir numerosas analogías entre ellos y *Jardín*.

En el carácter hondamente reflexivo que distingue a la historia de Bárbara se evidencia una concepción del mundo capaz de acercar lo efímero a lo imperecedero, lo cotidiano a lo trascendente. Esa capacidad se materializa en un discurso que oscila entre lo poemático y lo narrativo, en un texto conformado por rasgos que hallamos en los poemas de la autora y por elementos que hacen de su novela una obra infrecuente dentro del ámbito literario en el cual se escribe. Entre los rasgos cabe mencionar la sosegada exaltación del yo frente a la naturaleza, el tono melancólico, la renuncia —que debemos tomar con reserva— al mundo exterior y el acendramiento formal. Entre los elementos, es preciso citar y examinar cuatro esenciales sugeridos o enunciados parcialmente por los exégetas de la novela: la presencia de un personaje protagónico que se desdoble, el tratamiento atípico del tiempo, la descripción de atmósferas y la participación de lo maravilloso.

El anhelo de apresar las interioridades de la conducta de Bárbara, sus motivaciones, la estructura de sus emociones —todo ello organizado en la forma de un mundo interior cuyos soportes son la mirada del sueño y la visión retrospectiva—, se resuelve dentro de un argumento que fluye con lentitud y que se atiene a los meandros de la memoria. La urdimbre de ese argumento es delicada y minuciosa. Dulce María Loynaz prefiere el párrafo corto, la frase clara y elegante.

El desdoblamiento de Bárbara ofrece al lector la posibilidad de adentrarse en un universo sostenido por el recuerdo y la recreación del pasado, actos que originan un discurrir inestable del tiempo. El recuerdo y la aprehensión de las vivencias ya idas constituyen el modo en que la autora nos revela la intimidad de Bárbara. Las numerosas escenas en las que ocurre su desdoblamiento son como puntos de giro de la acción. Dulce María Loynaz evita la narración lineal, diacrónica; penetra de golpe en la totalidad de la existencia de su personaje. Para conseguirlo, sitúa los hechos de esa existencia —los más externos y aquellos que tienen lugar en la memoria y en la imaginación— dentro de un devenir sincrónico que hace pensar en una diseminación de sentidos.

La lejanía y la inmediatez simultáneas de los objetos son una sensación producida en el lector por ese devenir que es la objetivación de la inquieta memoria de Bárbara. Puede decirse que tanto el devenir como la memoria son formas equivalentes del discurso narrativo de *Jardín*. En

él hallamos un proceso a través del cual Bárbara comprueba la solidez y los valores de su pasado. La protagonista abandona el ámbito de la casa y el jardín —la sombra, el recuerdo congelado, la evocación sosegada— y se adentra en la realidad exterior —la luz, la experiencia nueva, lo desconocido—; ese ir de un dominio a otro desemboca en la afirmación del mundo interior y de aquellas experiencias exteriores que son capaces de enriquecerlo.

El personaje ha emprendido la búsqueda de una plenitud que no se halla en la asunción total de las vivencias proporcionadas por el universo cotidiano de los hombres. Esa búsqueda es muy selectiva: intenta preservar las formas de un recogimiento espiritual y procura acceder a una comunión de tipo religioso con la realidad. Pero es preciso observar que la divinidad a que alude la novela está constituida por la naturaleza —expresión de la cual es el jardín ignoto y misterioso que Bárbara repudia y ama al mismo tiempo— y por los detalles, los sucesos, las sensaciones, las palabras y los rostros de la vida.

El ritmo y los sinsabores de la realidad exterior se oponen, como hemos sugerido, a la plenitud que Bárbara ansía. El personaje regresa a la casa y al jardín luego de trabar conocimiento con esa realidad. Es el suyo un regreso significativo porque nos permite exponer dos ideas relacionadas entre sí: en primer lugar, la autora mitifica el pasado cuando lo preserva de la fluencia del tiempo y lo iguala, en solidez y valores, con el presente; en segundo lugar, esa mitificación es el resultado del profundo cuestionamiento al que la autora somete sus concepciones sobre la realidad, cuestionamiento que responde a las exigencias de todo proceso cognoscitivo y que da lugar en *Jardín* a una estructura en forma de espiral.[113] El significado de ella se vislumbra cuando concluimos la lectura de la novela: Bárbara es la protagonista de un conflicto primordial en términos ontológicos, el conflicto que expresa las dudas del hombre frente a su existencia material y su proyección espiritual, es decir: las alternativas que el ser humano posee cuando cobra conciencia de su lugar en el mundo, de la realidad histórica, del tiempo indetenible y de las apetencias vitales.

Las últimas páginas de *Jardín* nos deparan a un personaje escindido y, de modo semejante, enriquecido. Bárbara vuelve a la sombra y al recuento —tal es su elección— luego de renunciar al mundo exterior. Nos es dable suponer, sin embargo, que esa renuncia se convierte en secreta añoranza de lo que existe más allá del ámbito físico de la casa.

La descripción de atmósferas y la participación de lo maravilloso son dos cuestiones de mucho interés en la novela. El examen de la primera nos obliga a reparar en la sublimación de los recuerdos de Bárbara. Las vivencias retrospectivas alcanzan el nivel de los detalles y las sensaciones. Lo remoto resulta aprehensible con la ayuda de la imaginación. El proceso de fijar las formas efímeras del pasado, de imprimir solidez a las imágenes viejas, constituye el centro del desenvolvimiento psíquico de Bárbara y el eje sustentador del entramado artístico de *Jardín*. Ese proceso involucra a lo maravilloso, elemento cuya valoración permite alcanzar una visión totalizadora del plano mítico-poético de la novela y, asimismo, comprobar su singularidad con respecto al panorama narrativo en el que se inscribe en escritura. Por otra parte, es preciso observar que las zonas de ella donde se halla presente lo mágico están, desde el punto de vista estructural, más cerca de lo poemático que de lo narrativo.

Otras características de *Jardín*, en especial las que se refieren a la composición, son el acendramiento formal al que habíamos aludido, el equilibrio de las partes integradoras del discurso, el hondo lirismo de las evocaciones, el arrobamiento frente a la naturaleza, la exactitud del ritmo en que se expresa la intimidad de la protagonista y la armonía en que conviven elementos románticos, modernistas y vanguardistas.

Jardín esconde una ética y una poética sustentadas en las relaciones de la autora con el mundo. La novela representa su visión de la realidad en un momento determinado y encierra muy precisas concepciones. Desde la perspectiva de Bárbara, una mujer-símbolo que no abandona su condición femenina, del mismo modo que no renuncia a un horizonte capaz de trascender esa condición y de adecuarla a intereses más espirituales que materiales, Dulce María Loynaz vuelve a pensar que su eticidad se halla en contradicción con un feminismo unilateral, sensiblero, anquilosado dentro de los moldes de lo que podríamos denominar la «expresión del alma femenina». El personaje alcanza a situarse en un ámbito desde el cual la autora dialoga abierta y sosegadamente con la realidad material del hombre y con las más altas expresiones de su espíritu. En el ámbito al que nos referimos cohabitan las fruiciones de lo hiperestésico y los aciertos del intelecto. La organización artística de las ideas que hemos intentado definir es uno de los elementos de la poética de *Jardín*. Esa poética se afirma en la aprehensión del pasado y la vida interior, y se conforma en un discurso narrativo que hace de la intimidad un modelo plausible de conducta ante el mundo.

Podemos inferir, pues, la existencia de un agudo contraste entre *Jardín* y el quehacer novelístico que tiene lugar desde fines de la década del veinte hasta mediados de la del treinta, lapso en el que, presumiblemente, Dulce María Loynaz concibió y escribió su obra. En términos estructurales y compositivos, ésta exhibe una madurez esencial con respecto a ese quehacer, en los exponentes principales del cual también se hallan aciertos que fecundarán la novelística posterior. En términos ideotemáticos, sin embargo, *Jardín* se aparta en gran medida de las inquietudes y motivaciones sociales que presiden la novelística de esos años. Tal es la índole del contraste a que aludimos.

Al igual que Dulce María Loynaz, Virgilio Piñera (1912-1979) se ubica dentro de lo que algunos críticos e historiadores de la literatura cubana denominan vertiente imaginativa o línea poético-imaginativa, rótulos que con fortuna irregular han podido aplicarse a la llamada narrativa de imaginación, en la que se agrupa el quehacer de Arístides Fernández, Enrique Labrador Ruiz, Félix Pita Rodríguez, Eliseo Diego y José Lezama Lima, entre otros. Pero a diferencia de la autora de *Jardín* —representante mayor de la narrativa femenina por las mismas razones que harían posible separarla de ella e incluirla en el grupo que conforman los ya mencionados—, Piñera se adentra en las revelaciones de una subjetividad exacerbada por dudas, terrores y anhelos insolubles. La agonía de sus personajes y el ambiente en que se insertan demuestran que ese adentramiento está condicionado por una singular manera de percibir la frustración que reinaba en el medio histórico-social de la República. La novelística de Piñera constituye una lectura intensa de ese fenómeno, en especial de sus costados más tenebrosos. El autor aporta a la línea poético-imaginativa el cuadro más desolador del contexto neocolonial al proponer una exploración de los mecanismos alienatorios del hombre. Es por ello que, dentro de esa línea, sus novelas son excepcionales, sobre todo además porque vienen a ser un reflejo muy distanciado de la realidad cubana de entonces.

Piñera centra su atención en la realidad del absurdo cotidiano y construye un modelo del mundo a partir de la pérdida de la identidad, la mutilación física y espiritual, la conducta obsesiva, el extravío moral del ser humano, la alienación y lo irracional, problemáticas que ya han sido explicadas en las páginas que abordan la obra cuentística de este autor. Es preciso, pues, ceñir estos comentarios a los rasgos concretos de su novelística, no sin antes dejar sentado que en ella se observan casi todas las inquietudes y algunos rasgos estilístico-configurativos presentes en libros como *Poesía y prosa* (1944) y *Cuentos fríos* (1956).

Son dos las novelas que corresponden al quehacer narrativo de Piñera en esta etapa: *La carne de René* (Buenos Aires, 1952) y *Pequeñas maniobras*, escrita en esa ciudad entre 1956 y 1957, pero publicada en Cuba en 1963.

La novela de 1952 narra la historia de un hombre débil y todavía ajeno a las contaminaciones de una neurosis colectiva que Piñera expresa alegóricamente a través de la crueldad física. Esta crueldad se nos revela como el último eslabón de una cadena de opresiones disímiles —morales, psíquicas, económicas, sociales— y se inserta en el ámbito del terror y la incertidumbre. El personaje de René es perseguido por aquellos que, para él, son inexplicablemente fieles al dolor.

El problema de defender la integridad física no se soluciona con la abolición del sufrimien-

to. La carne, entronizada en un universo espacial y temporalmente mítico, es punto de partida y meta de la existencia. Receptora y dadora del goce, objeto del dolor, símbolo de la belleza y expresión de la vida, la carne —parece decirnos el autor— es lo único que podría unir a los hombres. Sólo con sentimientos de dolor demuestra el ser humano su vitalidad, afirman los personajes que actúan como emisarios de la sociedad secreta preservadora de la carne. El dolor se opone a los engañosos síntomas del bienestar y viene a ser el eje de la antiutopía que se advierte en la obra. La constante fuga de René, su alejamiento de todo cuanto signifique crueldad, convierten al personaje en una especie de héroe pasivo y temeroso de los que le rodean. En él se afirman, al principio, los valores de una lógica contraria a la irracionalidad de sus semejantes o identificada con las normas sociales burguesas, pero Piñera nos demuestra que lo irracional no se encuentra en la conducta de quienes persiguen a René ni en la Escuela del Dolor —esa fantástica institución en donde la ética de la carne cobra una solidez que horroriza al personaje—, sino precisamente en aquellas normas. Hacia el final de la novela, vemos cómo René se convierte a la religión de la carne y llega a ser, incluso, el jefe de la sociedad secreta. Lo que nos había parecido el proceso de un sueño inverosímil se transforma ahora en realidad tangible dentro de la novela.

La carne de René constituye un adentramiento en la alienación, esa problemática que el autor traduce a los términos de la mutilación física. Los procesos enajenatorios se objetivan en la crueldad. Piñera dice que debemos mirar de frente a la carne y sumirnos en ella, un modo de contrarrestar ciertas tentaciones que son inherentes al cuerpo. René intenta evadir esta responsabilidad y, por ello, lejos de ser el único hombre cuerdo entre una multitud de locos, resulta el violador de una condición que el género humano se autoimpone: la de sufrir a cambio de percibir y rescatar una vitalidad semiahogada por los convencionalismos. Otra lectura de la conducta de René, practicada en virtud de las múltiples sugerencias del texto, nos revelaría a un personaje insensible y, por ello mismo, incapaz de aprehender lo que los demás sí han aprehendido: la esencia castrante del entorno, su agresividad con respecto al individuo y su identidad. El objetivo de los perseguidores de René es el de hacerlo salir de esa insensibilidad que le veda acceder al conocimiento cabal de su situación. Por todo esto, cabe decir que la novela posee un trasunto ético: el hombre está obligado a reconocer ciertas expresiones de su naturaleza y a comprender que ese reconocimiento lo enriquece y a veces lo dignifica.[114]

Es preciso observar que *La carne de René* ilustra un estado límite, una situación que se acerca a lo experimental cuando apela a desmesuras de todo género. Piñera intenta demostrar artísticamente una hipótesis: la deshumanización es un hecho concreto que se origina en el desplome moral de la sociedad y en la perversión de la vida social del hombre. Pero el autor no lleva esta idea hasta sus últimas consecuencias. Con respecto a ella, su interés artístico se centra en la fase del sopesamiento aritmético de la deshumanización. No debemos perder de vista, por otra parte, que esa fase es la que ostenta mayores posibilidades lúdicras.

En correspondencia con todo lo anterior, cabe decir que los personajes de *La carne de René* no se imponen la tarea de reaccionar contra lo inhumano a través de una lógica inversa. Sencillamente entienden que toda respuesta debe limitarse a la aceptación activa de esa inhumanidad desde los mismos presupuestos sociales que la abortan. Es decir: se trata de una respuesta cuyos signos de rebeldía resultan estériles. Ellos expresan sólo una honda ironía y una burla mordaz contra la sociedad.

El tema de la autohumillación es abordado en *Pequeñas maniobras* a través de Sebastián, narrador-protagonista cuya intimidad se nos revela con una fuerza que no encontramos en otros textos del autor. Antihéroe consciente de su cobardía y de su lugar en el mundo, el personaje accede al cinismo por la vía de una sinceridad que realza sus defectos como ser humano. Ese cinismo es hijo de la necesidad de confesar hechos sorprendentemente banales y terrores irrisorios. Sebastián se nos aparece como un solitario obligado a convertirse en caricatura de sí

mismo. Es un hombre asediado por peligros inexistentes. Resulta inocuo para los demás y pocas veces se le toma en serio; en ocasiones se halla en el centro de problemas que él mismo repudia y teme.

Sebastián evita hasta los más pequeños compromisos y para lograrlo urde constantemente pretextos de todo género. Por contraste con el protagonista de *La carne de René* podemos llegar a una conclusión acerca de Sebastián: en ningún momento de su conducta se siente la presencia de una angustia que sea capaz de hacerlo dudar de su posición con respecto a los personajes con quienes se relaciona. Sabe perfectamente quién es y hasta dónde puede llegar, del mismo modo que conoce cuáles son las posibilidades que le brinda su perenne huida. Ella justifica humillaciones que él soporta como algo inherente a su personalidad y su destino.

El humor contenido que se percibe en las páginas de *Pequeñas maniobras* asordina la descomposición espiritual del mundo en que Sebastián se inserta y acentúa el dilema del personaje a través de una equilibrada mezcla de elementos trágicos y cómicos. El humor permite a Piñera distanciarse del protagonista y, de esa manera, suprimir de antemano en el lector parcializaciones que lo conduzcan a un examen sentimental de su proceder.

Las fugas que presiden la conducta de Sebastián influyen de forma notable en la estructura de la novela. En términos espacio-temporales, *Pequeñas maniobras* constituye el trazado de ese juego al escondido que el personaje practica.

La conducta irracional, uno de los temas más asediados por Piñera en su narrativa, encuentra en Sebastián otra de sus encarnaciones. Ya en las páginas finales de la novela, no es difícil advertir que ese juego de apariciones y desapariciones representa para el protagonista un modo seguro de sortear la nada y de colmar el vacío de su existencia.

El miedo a conocer las preocupaciones y anhelos de sus semejantes obliga a Sebastián a relaciones humanas superficiales y efímeras. Pero, como hemos sugerido, el personaje no desea más que contactos leves y desapasionados. Su egoísmo lo lleva por derroteros que le vedan el amor.

El examen del desenvolvimiento del protagonista nos conduce a un tema que Piñera había explorado con relativa hondura en sus cuentos: la responsabilidad del individuo dentro de un medio social enajenante. *Pequeñas maniobras* está atravesada por una conciencia de la enajenación que se expresa, sin embargo, a través de un cuestionamiento pasivo e indirecto de la realidad. La naturaleza del entorno es aceptada como algo inalterable. Esta convicción es la causa de que Sebastián reduzca su existencia a un angustioso deber, de manera que el personaje limita toda responsabilidad a lo meramente individual. Su actitud lo convierte, pues, en un ser excéntrico cuyos esfuerzos por evadir todo enfrentamiento constituyen de hecho, como habíamos afirmado, una forma de enjuiciarlo.

Es indudable que la distancia mantenida por Sebastián entre él mismo y su postura le proporciona una objetividad capaz de hacerle ver con nitidez sus características individuales. Se sabe fuera de lo ordinario y esto alimenta en él un creciente egoísmo. La desigualdad que advierte en sí con respecto a los demás se expresa a través de un asombro teñido de desprecio y de euforia, mezcla de sentimientos que se opone a sus antiguos e irracionales temores y que acentúa las diversas inmunidades de las cuales se habrá de vanagloriar ocasionalmente. Esta mutación de su personalidad se verifica en los últimos cuatro capítulos de la novela, páginas en las que hallamos a un individuo diferente del que habíamos identificado con el miedo, la introversión y la fuga. Ahora es preciso tomar en consideración nuevos elementos que complejizan aún más el discurrir del protagonista. Ellos son la ironía que emplea en sus observaciones, la burla en que se envuelve su contemplación del entorno y el desenfado con que se enfrenta a la vida.

En el fondo, sin embargo, la transformación ocurrida dentro del personaje es aparente. Continúa sometido a los enajenantes dictados del medio y no abandona su empeño de evadir responsabilidades, compromisos, problemas. Ocurre únicamente un cambio de piel: Sebastián ostenta ahora la divisa de sobrevivir alegremente dentro del caos ético y el absurdo de las relaciones sociales.[115]

Tanto *Jardín* como *La carne de René* y *Pequeñas maniobras* son exponentes de la madurez y la riqueza alcanzadas por nuestra novelística en la década del cincuenta. Esa madurez se revela no sólo en los aciertos estilístico-configurativos, sino también en la eficacia axiológica de los dos tipos de reflexión sobre la realidad introducidos por sus autores en las letras cubanas de entonces:[116] de un lado, la preservación memoriosa y sosegada de la intimidad, la búsqueda de la plenitud interior y el anhelo de una comunión de índole poético-religiosa con la realidad; del otro, la necesidad de reflejar los costados absurdos de la existencia, la crisis ética de la sociedad burguesa contemporánea y la angustia del hombre frente al derrumbe de sus valores.   [A. G.]

2.4.4.4 *La obra novelística de Carpentier*

Dieciséis años separan las primeras ediciones respectivas de *Écue-Yamba-Ó* (1933) y *El reino de este mundo* (1949), incursiones iniciales de Alejo Carpentier en el campo de la novela. Si con la primera de estas obras le corresponde el mérito indiscutible en nuestra historia literaria, junto a Enrique Labrador Ruiz (*El laberinto de sí mismo*, 1933) y Lino Novás Calvo (*El negrero*, 1933) de romper las normas estéticas decimonónicas imperantes en el género e incorporar la novelística nacional a la corriente vanguardista, uniéndola así al movimiento de renovación que se gestaba en Latinoamérica, con la segunda de ellas se asiste al verdadero inicio de una producción que resulta ya lugar común considerar como una de las más importantes de la narrativa de la lengua en cualquier momento de su historia.

En el lapso transcurrido entre ambas obras, dentro del campo de la ficción, Carpentier escribe algunos cuentos —«Historia de lunas», «Viaje a la semilla», «Oficio de tinieblas», «Los fugitivos»—, en los cuales el «tema negro» abordado en su primera novela y en las producciones iniciales realizadas como textos para Alejandro García Caturla y Amadeo Roldán, continúa siendo desarrollado en mayor o menor grado. Igualmente había publicado *La música en Cuba* (1946) —rigurosa investigación sobre nuestra historia musical, aún no superada—, cuya impronta es visible en *El reino de este mundo*.

Cuenta además, en lo literario, con el privilegio de haber sido testigo del desarrollo del movimiento surrealista en sus años de mayor influjo y, en lo político y social, con las experiencias del surgimiento del fascismo, especialmente las obtenidas en una España cuya cultura tanto lo marcó en el orden personal y artístico. Es decir, el novelista, que tras su viaje a Haití en 1943, decisivo tanto para la gestión de su segunda novela como para la cristalización de su poética, publicará seis años después *El reino de este mundo*, no es ya un autor inexperto, sino un escritor en plena madurez, dueño ya por entero de su oficio, y con un valioso caudal de vivencias, que le permitieron concretar en esa obra, como se ha señalado, una poética en gestación desde mucho antes, expresada de modo parcial en su producción periodística y cuentística, y que tras años dedicados fundamentalmente a la reflexión sobre la identidad cultural hispanoamericana[117] toma cuerpo en el célebre prólogo a su segunda novela, donde queda definido uno de los conceptos claves de su poética: lo real maravilloso, que Carpentier se cuidaría siempre de oponer al de «realismo mágico», término acuñado por Franz Roth, y sobre el cual tanto se continúa debatiendo, en especial debido a su vinculación a la narrativa latinoamericana de las últimas décadas efectuada por la crítica. Para Carpentier, es harto sabido, lo maravilloso en América está en la propia realidad, no necesita ser *inventado*, tal como lo hicieron los surrealistas, de ahí que al presentar su relato diga:

> En él se narra una sucesión de hechos extraordinarios, ocurridos en la isla de Santo Domingo, en determinada época que no alcanza el lapso de una vida humana, dejándose que lo maravilloso fluya libremente de una realidad estrictamente seguida en todos sus detalles...[118]

Esta afirmación del propio autor ha dado pie a numerosas interpretaciones acerca del tratamiento superficial otorgado por él a la realidad histórica tratada, supuestamente obsedido por la presentación de «lo maravilloso», con el único objetivo de reforzar la tesis sentada en su prólogo. Lo cierto es que Carpentier no es un historiador. Se acerca al sector de la realidad seleccionado con ojos de artista y lo decisivo radicará en que, ante esta realidad (en la cual el conflicto fundamental que vertebra la obra es la oposición totalmente antagónica entre esclavos y esclavistas), tomará partido por los oprimidos y concluirá elevando a la categoría de símbolo la figura mítica de Ti Noel, representante de ellos.

En arte, como es sabido, toda negación es dialéctica, por violento que a primera vista parezca el rompimiento con la norma a contrapelo de la cual surge la nueva, y el propio Carpentier se ha encargado de reconocer la deuda contraída con el surrealismo en esta novela,[119] expresada tanto en la atmósfera que la permea en su estructura, aparentemente suelta, conformada por distintos *tableaux* que pueden verse como relatos independientes, sólo imbricados por la figura de Ti Noel a modo de hilo conductor de la fábula. Mas no sólo al surrealismo es deudor Carpentier. También parece serlo al formalismo ruso, aunque algunos de sus conceptos básicos quizás no los hubiera conocido de modo directo, sino a través de los medios culturales, especialmente el de los surrealistas, al que de manera tan personal se encontró vinculado durante su larga residencia parisiense. Lo cierto es que el famoso recurso del «extrañamiento» («singularización») acuñado por Shklovski en su *Teoría de la prosa*, es utilizado con frecuencia por él en ésta y otras novelas de la etapa.[120]

El reino de este mundo noveliza hechos de la realidad haitiana ocurridos en la segunda mitad del siglo XVIII y las dos primeras décadas del XIX. En este lapso tuvieron lugar las primeras luchas independentistas caribeñas, tema desarrollado con mayor amplitud y profundidad por Carpentier años más tarde en *El Siglo de las Luces*. El plano compositivo de la novela, que muestra ya la perfección de sus obras posteriores, se estructura, como ha señalado Emil Volek,[121] en cuatro partes que presentan los tres ciclos principales —exponentes del sincretismo racial del pueblo— en los cuales va a ser desarrollado el conflicto fundamental de la obra antes mencionada: 1) el de los colonos franceses, 2) el de Henri Cristophe, 3) el de los mulatos agrimensores.

Dado que este conflicto expresa esencialmente intereses contrastantes, desde el punto de vista de los recursos composicionales empleados no es fortuito que el del contraste prevalezca sobre los demás en la estructuración de la obra y, puesto que en la base misma de «lo real maravilloso» se encuentra implícita la confrontación de dos realidades, su carácter contrastante, el uso de este recurso en *El reino de este mundo* —como en el resto de la producción narrativa del autor— no se realiza meramente en función de exponer «curiosidades» —por en verdad curiosas que éstas sean—, sino para hacer resaltar los valores de la identidad latinoamericana, tanto en su aspecto físico como en el sociocultural. La oposición básica carpenteriana es bien conocida (allá-acá), y es el autor, hombre en el cual esa dualidad fue interiorizada desde niño, quien, por supuesto, rige la perspectiva narrativa de los hechos, aunque por momentos parezca cederla a los personajes, muy en especial a Ti Noel, el protagonista de la novela.

No necesita Carpentier, repetimos, asumir la función de historiador para expresar aspectos esenciales de la identidad latinoamericana postulada en la obra. Los objetiviza plenamente a través de los contrastes establecidos en ella. Mackandal siente el orgullo de su raza: los reyes de sus antepasados eran viriles; feminoides, los de sus amos; para los colonos franceses, Mackandal muere en la hoguera y no pueden comprender que el pueblo haitiano esté alegre, pues para éste continuará viviendo en sus sucesivas metamorfosis. Al rebelarse los esclavos, Ogún los guía contra la Diosa Razón; Henri Cristophe, traidor al pueblo que en un momento estuvo orgulloso de servir a un rey de su misma raza y religión, es, a su vez, traicionado por los dioses cristianos, y la sangre de los toros con la que amasó las murallas de la Ciudadela La Ferrière podrá servir como recurso para combatir a los blancos, pero no a los negros. Mientras Mackandal vive en la memoria de su pueblo, Solimán —su antítesis, uno de los personajes mejor trazados por Carpentier— muere olvidado, perdidas sus raíces, clamando por sus dioses de

Dahomey en una Europa cuya civilización lo enajena y, por último, Ti Noel (antes personaje pasivo, sin comprensión plena de los hechos que protagoniza, y ahora decidido a luchar por su pueblo) entenderá la verdadera misión del hombre sobre la tierra, esa incesante imposición de tareas que hará aún más explícita la postura progresista del autor hacia la realidad novelada.

Nada hay dejado al azar en la composición de la obra, integralmente en función de subrayar los valores autóctonos de nuestro mundo americano. Por otra parte, en lo que atañe al plano lingüístico, aunque Carpentier aún no consideraba haber alcanzado su verdadero estilo en esta novela,[122] el paso de avance en relación con *Écue-Yamba-Ó* es enorme y el barroquismo (otro de los conceptos medulares de su poética, llevado en obras posteriores a un inusual grado de eficacia artística, sobre todo en *El Siglo de las Luces*) se encuentra ya presente, no como simple procedimiento estilístico, sino en función de expresar del modo más fiel posible lo netamente americano, en esencial barroco, que formulado de otro modo imposibilitaría su correcta representación a un lector de cultura diferente, al no disponer de un previo marco referencial referente a nuestros contextos en el cual apoyarse.

Al igual que sucede con este inicial proceso de barroquización en su novelística, los personajes irán ya adquiriendo en forma temprana una magnitud simbólica, acorde con su función carpenteriana. Es importante destacar el distinto grado de simbolismo adquirido por ellos, puesto que este proceso forma parte de la expresión del contenido ideotemático de la obra. Lenormand de Mezy y sus distintas esposas, símbolos del colonialismo francés, son caricaturizados, al igual que lo será el mariscal Leclerc (como soldado y como hombre) en un mundo en el cual el militarismo galo, por él representado, es contrapuesto desventajosamente a las fuerzas del pueblo haitiano. De igual modo, Paulina Bonaparte, toda superficialidad, prefigura ya a la Mouche de *Los pasos perdidos*. Como se ve, todos estos personajes tienen en común ser caracterizados en forma desfavorable, sin que pueda encontrarse un solo rasgo de simpatía hacia ellos por parte del autor. En cambio, los protagonistas de los distintos momentos de rebelión del pueblo haitiano presentados en la obra —Mackandal, Bouckman, Ti Noel— gozan de toda su simpatía, y su caracterización contrasta de modo violento, no sólo con la de los franceses, sino con la de modo específico otorgada a quienes se alzan contra los intereses de su propia raza y llegan a traicionarla, como Cristophe, Solimán o los mulatos agrimensores frente a los cuales se yergue Ti Noel al final de la novela. En este personaje contradictorio, humanísimo en sus defectos y virtudes, ha querido encarnar Carpentier los verdaderos y eternos valores del pueblo haitiano, pero a la vez que lo ha hecho símbolo de éste, lo ha mitificado al darle una proyección universal, reveladora de su invariable profesión de fe en el hombre (por ende incuestionablemente optimista), expresada en la hermosa anagnórisis de Ti Noel en los momentos finales de la obra, que no por conocida debe dejar de citarse:

> Y comprendía, ahora, que el hombre nunca sabe para quién padece y espera. Padece y espera y trabaja para gentes que nunca conocerá, y que a su vez padécerán y esperarán y trabajarán para otros que tampoco serán felices, pues el hombre ansía siempre una felicidad situada más allá de la porción que le es otorgada. Pero la grandeza del hombre está precisamente en querer mejorar lo que es. Es imponerse Tareas. En el Reino de los Cielos no hay grandeza que conquistar, puesto que allá todo es jerarquía establecida, incógnita despejada, existir sin término, imposibilidad de sacrificio, reposo y deleite. Por ello, agobiado de penas y de Tareas, hermoso dentro de su miseria, capaz de amar en medio de las plagas, el hombre sólo puede hallar su grandeza, su máxima medida, en el Reino de este mundo.[123]

Si el viaje a Haití representó la fuente de inspiración determinante para elaborar *El reino de este mundo*, ya en Venezuela, adonde había llegado el 21 de agosto de 1945, los que realizó en 1947 y 1948 a la Gran Sabana y al Alto Orinoco

lo serían a los fines de la concepción de *Los pasos perdidos*, la segunda de las novelas conformadoras de su ciclo americano. En distintas entrevistas, Carpentier se encargó de explicar la génesis de esta obra, que pensó titular de modo inicial *Las vacaciones de Sísifo* y de la cual, insatisfecho, llegó a realizar tres versiones.

El viaje a Venezuela había proporcionado a Carpentier la posibilidad de ampliar su visión de América. Geográfica, social y culturalmente, este país se le presenta como una síntesis de nuestros pueblos, en el que su concepción de lo real maravilloso se confirmaba a plenitud. El recorrido por la Gran Sabana y el Alto Orinoco le permitió comprobar la existencia simultánea de los distintos estadios sociales por los que ha atravesado el hombre y la posibilidad ofrecida a éste de vivir en ellos de nuevo. Fascinado por esta circunstancia, que Carpentier insistiría siempre en hacer privativa de América cuando por igual puede darse en África, Australia u otras tierras del mundo, logró plasmarla en una de las novelas más originales y mejor construidas de la narrativa contemporánea. Desde el punto de vista de su composición, el propio Carpentier admitió los vínculos existentes entre esta obra y su relato «Viaje a la semilla», de 1944. En ambos casos, el procedimiento composicional básico lo constituye una recurrencia temporal, abarcadora, en el caso del cuento, de la vida de un hombre, que nos es contada desde su muerte hasta su entrada en el seno materno, y en el de la novela, del decurso de la humanidad a partir de la época contemporánea hasta los días del Génesis. Por medio de otro recurso composicional, el paralelismo, en la medida en que se retrocede a los albores del género humano, Carpentier hace viajar a su «semilla» al protagonista de la obra, un intelectual preso de una aguda crisis de conciencia, típica del hombre moderno, transplantado a un mundo curiosamente suyo y a la vez ajeno, que si en un principio lo purifica, le hace creer en la posibilidad de su desenajenación, termina por mostrarle lo impracticable de su asentamiento en él, dada su inautenticidad para vivirlo.

El protagonista (innominado como tantos otros héroes de la novelística contemporánea), latinoamericano de forma, presumible residente en Estados Unidos, es un músico frustrado, cuya enajenación es compartida por su esposa, actriz teatral, por su amante, por su círculo de amistades y, en general, por los habitantes de la gran ciudad en la cual reside. Sufre al saber prostituido su talento, pero no cree posible hallar salida a su situación. Al comenzar un breve período de descanso, el encuentro con un antiguo amigo, director de un museo universitario —simbólicamente llamado El Curador en la novela— le permitirá, al inicio de estas «vacaciones de Sísifo» —figura mítica con la cual se compara y motivo recurrente en la obra— marchar a América Latina en busca de unos instrumentos musicales primitivos. Este viaje a través de las edades ha sido prefigurado por los llevados a cabo de modo especulativo por el protagonista en los museos, que contrastan —recurso principal empleado en la novela— con el que verdaderamente llegará a realizar más tarde. Su amante —Mouche—, cuya función simbólica se analizará después, termina por convencerlo para que lo efectúe, haciéndole la proposición deshonesta de que, en caso de no poder hallar los instrumentos musicales solicitados, proceda a falsificarlos. El músico, en el más alto grado de su enajenación, acepta.

La ciudad sudamericana a la que llega, estructuralmente representa el punto inicial de una gradación en el benéfico proceso de búsqueda de sus raíces por parte del protagonista. Éste vuelve a ponerse en contacto con su lengua materna y, de manera proustiana (la influencia del gran autor de *En busca del tiempo perdido*, así como la del Thomas Mann del *Doctor Fausto* se encuentran excelentemente asimiladas en la obra), su mente va poblándose con los recuerdos de la niñez y adolescencia. El personaje de Mouche, en forma paralela, está sujeto también a una gradación, pero de tipo negativo: en la medida en que transcurren los acontecimientos, todo irá interesándole menos y acentuándose su deterioro espiritual y físico. Por otra parte, la ciudad latinoamericana, contemplada en su subdesarrollo y contrastada con la gran capital en la cual reside el protagonista, representa otro peldaño de la señalada gradación descendente hacia las fuentes de la vida. Al describirla, Carpentier

se apoya en las vivencias de su regreso a La Habana tras su larga estancia en Europa, y se encuentran presentes en las páginas de la novela, casi a la letra, aspectos de aquellas crónicas suyas publicadas en *Carteles*, donde con nueva óptica —a la que contribuyó el surrealismo— fue plasmando el redescubrimiento de su ciudad natal. Las «revoluciones» latinoamericanas son caricaturizadas, como anticipo de lo que llevará a cabo años más tarde en *El recurso del método*, al igual que hará con la burguesía presentada por medio del conjunto de motivos del hotel, a través de los cuales, grotescamente, se muestra la vaciedad de una clase (repárese en que la frivolidad individual de Mouche, en nueva gradación, pasa a colectiva), que termina siendo asaltada de modo simbólico por moscas, insectos, por toda la carroña que ella representa.

Al proseguir el viaje, el protagonista encuentra a Rosario, símbolo de la mujer elemental, telúrica, mostrada en contraste con su esposa y la frívola Mouche), y comienza a establecerse el paralelo con esta última. Va pasando pueblo tras pueblo, siempre en un nivel inferior de civilización, y encontrando nuevos personajes de carácter genérico (El Alcalde, El Maestro, El Herbolario, El Carpintero, etcétera) introducidos con mayúsculas que refuerzan, a la vez que su condición alegórica, la dignidad adquirida *allí* por sus oficios. A ellos se unen tres personajes activos: Yannes, Fray Pedro de Henestrosa y El Adelantado, cuya autenticidad en ese medio nuevamente contrasta con la inautenticidad dentro de él que se va viendo surgir en el protagonista. El último de ellos proporcionará un motivo dinámico, decisivo en la obra: lo llevará hasta donde se encuentran los instrumentos buscados. Con el abandono del viaje por parte de Mouche, cesa el ciclo de su contrastación con Rosario y comienza el de la convivencia del músico con ésta, así como, a su vez, el de su entrada a la selva.

Internarse en ésta supone el vencimiento de distintas pruebas por parte del personaje central, quien logra superar las dos primeras e irá introduciéndose en un mundo en el cual las asociaciones intelectuales suscitadas por su cultura europea van mermando ante una realidad viva, sin índices referenciales. Una vez encontrados los instrumentos, el protagonista decide permanecer en el nuevo medio hallado, en el que cree haber llegado a su término el proceso de desenajenación experimentado por él. Ha encontrado amor, paz física y espiritual. Ha asistido, en este fabuloso viaje a través de las eras históricas, a fundaciones de ciudades, al nacimiento mismo de la música; ha arribado, incluso, a un paso de «la terrible soledad del Creador». Pero cuando cree haber alcanzado la felicidad completa, la civilización lo sanciona: con la purificación sobrevienen las ansias creadoras. Fluyen tormentosamente las ideas, pero un obstáculo absurdo en otro contexto le impide materializarlas: no encuentra papel para transcribirla. La crisis parece solucionarse al ser rescatado por unos aviadores contratados por su esposa. Regresa a la gran ciudad, en la cual recibe el rechazo de los suyos, con el propósito de divorciarse, obtener los materiales que le permitan por largo tiempo desempeñar en aquel medio de oficios elementales el suyo de músico y continuar allí su vida edénica, olvidado de la civilización. Pero las aguas del río han crecido, y la simbólica puerta de entrada a este mundo no se le abre de nuevo. Rosario, que no es por cierto Penélope, vive ahora con Marcos, el hijo del Adelantado —personaje cuya capacidad de decisión contrasta con la indecisión del protagonista—, y éste de modo demasiado tardío comprende que su esencial inautenticidad hace que no pueda hallar la dicha en ese medio. El dilema en el cual se ha venido debatiendo (civilización-libertad creadora) no ha podido resolverlo. Y regresa a la gran ciudad. «Hoy terminaron las vacaciones de Sísifo», exclama al concluir la novela.

Una primera lectura suya parece arrojar un mensaje desesperanzado. No hay escape para el protagonista, quien vuelve derrotado al punto de partida, a la sociedad en la cual, como al inicio, se decía a sí mismo que no era posible la evasión. Sin embargo, interpretada la obra a la luz de los planteamientos esenciales que resaltan constantes de la narrativa carpenteriana, explicándose en numerosas ocasiones por el autor, cambia su sentido, que refuerza así el carácter simbólico, y su mensaje adquiere un claro acento admonitorio, ya expuesto en *El reino de este mundo*: fracasa espiritualmente, perece de este modo quien trata de escapar a su tiempo, quien rehúsa enfrentar las tareas que éste le ofrece, quien vive una falsa existencia, quien es, en definitiva, inauténtico, como el personaje central de la novela. En cambio —el propio autor se encarga de subrayar el contraste— El Adelantado, Marco Yannes, Rosario, genuinamente auténticos, se realizan en vida, no conocen la enajenación, y la actitud de Fray Pedro de Henestrosa, cuya decisión de exponer su vida para catequizar indios fue reprobada en un principio por el protagonista, ahora cobra un nuevo y más alto sentido para él al finalizar la obra, pues había tenido la suprema merced que el hombre puede otorgarse a sí mismo: la de salir al encuentro de su propia muerte».[124]

La complejidad de la novela en cualesquiera de los planos de su estructura es grande y admira cómo el autor ha podido integrar de modo armónico aspectos tan diversos en los que la narración —exenta de diálogos— adquiere por momentos densidad ensayística. No se halla aquí, aunque en principio parezca haberla, la clásica oposición civilización-barbarie, sino la relativa a enajenación-desajenación, o la que viene a ser su corolario: autenticidad-inautenticidad. De acuerdo con las posturas asumidas frente a ellas se irán definiendo los protagonistas en una compleja red de contrastes.

Los tres personajes femeninos presentan características bien definidas en lo tocante a su función en la novela: Ruth, la esposa, comparte la enajenación del protagonista, la automatización de su existencia, el invariable orden conyugal, contrastante con el natural vivido por él con Rosario. Con Mouche, la amante, el músico intenta quebrar la rutina de su existencia. Símbolo de superficialidad y, sobre todo, de inautenticidad, ella representa los más falsos valores de la cultura occidental, y no es gratuito el proceso de degradación a que es sometida por parte del autor al oponerla a Rosario (símbolo de los valores autóctonos de una América nuestra aún no contaminados por esta falsa cultura), a la cual, para Carpentier, pertenece el futuro. Hay, pues, un proceso de gradación en los tres personajes femeninos respecto a la búsqueda de la desenajenación llevada a cabo por el protagonista.

La oposición de culturas queda expresada de modo excepcional en el capítulo de la novela en que Carpentier presenta una reunión a la cual asisten tres jóvenes artistas, por lo demás innominados —un músico blanco, un poeta indio y un pintor negro—, con los que obviamente ha querido no sólo simbolizar el sincretismo racial de nuestra América, sino la inautenticidad de cierto tipo de intelectual latinoamericano, bien conocido por él durante su estancia parisiense, que intenta hacer una obra ajena a sus raíces. Acto seguido, el autor muestra la figura de un músico popular, en cuya ejecución ve la esencia del arte americano y el camino a seguir por nuestros creadores. Aquí, la condena de la inautenticidad a la que su enajenación conduce a los jóvenes es bien explícita: «Me dieron ganas de salir de la casa y traer al joven compositor arrastrado por una oreja, para que se informara provechosamente de lo que aquí sonaba.»[125] Se trata, pues, de un motivo sólo en apariencia accesorio, ya que su función se justifica de modo pleno.

En cambio, los personajes de la selva, que no conocen la enajenación, son del todo auténticos. Se ha señalado su carácter alegórico; lo que no se ha destacado, al menos lo bastante, es su función estructural (desde los simplemente genéricos ya citados: El Alcalde, El Maestro, El Carpintero, etcétera, hasta los verdaderos actuantes: Yannes, El Adelantado, Marcos, Fray Pedro de Henestrosa, Rosario), puesto que objetivizan el polo de la oposición valorada de modo positivo por el autor (en las dos facetas: desenajenación y autenticidad) de sus respectivos contrastes con el protagonista.

Es éste, de modo presumible, el personaje más complejo de la novela y el que estructuralmente la vertebra. Su proceso de caracterización demuestra la pericia alcanzada por Carpentier al momento de redactarla. Estar escrita ésta en primera persona, y poder encontrarse en ella numerosas coincidencias desde el punto de vista biográfico con el autor, ha extraviado más de un juicio, que ha querido establecer una relación mecánica entre autor y narrador. Lo cierto es que Carpentier, con todo su derecho, fabula con entera libertad y selecciona aquellos sucesos sobresalientes de su vida que contribuyeron a forjarle una concepción del mundo a la cual de modo consecuente respondía su poética al momento de concebir la obra.

Al dar comienzo la novela y ser presentado, el protagonista —como ha quedado señalado— sufre una grave crisis de conciencia[126] causada por la enajenación en la que vive, crisis de doble naturaleza en él: la experimentada como artista obligado a comercializar su arte, y la de vivir fuera de su patria, perdidas sus raíces. Este hombre, que de modo fortuito ha hallado una puerta para su evasión —puerta de modo simbólico cerrada a él al final de la obra, cuando no puede encontrar de nuevo la entrada a la selva indicada por las tres V— emprende el viaje, albergando el propósito de falsificar los instrumentos solicitados. Su nueva puesta en contacto con la realidad latinoamericana, su «viaje a la semilla», va aportándole la purificación señalada (simbólicamente explicitadora de la convicción carpenteriana de que el futuro se encuentra— empleando de modo simplificado uno de los términos de su famosa dicotomía— «Acá»[127] y le permite establecer la confrontación de culturas entre la europea y la hispanoamericana —piedra angular de toda su producción literaria—, que de nuevo encuentra en «lo real maravilloso» su método personal de expresarla.

Haber escogido a un intelectual latinoamericano (que, además, como el propio autor, proviene de familia europea trasplantada a América y ha vivido durante años en Europa soportando la doble carga de enajenación y desarraigo señaladas), le permite a Carpentier, al poder por ello desdoblarse con mayor facilidad en narrador de la novela, incorporar toda una serie de vivencias relacionadas con la realidad latinoamericana,[128] que desde el punto de vista estructural tienen como función, mediante su gradual empleo, coadyuvar al proceso de regeneración espiritual, de vuelta a sus raíces, experimentado por el protagonista. Pero, además, esta acertada elección hace más compleja, sensiblemente más rica, la confrontación de culturas, pues la reflexión directa de un intelectual europeo sobre una nueva realidad no conocida en forma previa supone, salvo casos excepcionales, una dosis mayor de unilateralidad en sus juicios, una considerable posibilidad de error en sus apreciaciones, una capacidad de aprehensión de los fenómenos mucho menos matizada que la realizada por un personaje que efectuara el análisis desde la posición privilegiada por haber asimilado ambas culturas desde su cuna.

En su ensayo «La novela latinoamericana en vísperas de un nuevo siglo», a propósito de André Malraux, Carpentier cita las palabras cargadas de ironía de Simone de Beauvoir sobre el autor de *La condición humana*: «cuando éste veía una cosa, esta cosa le hacía pensar en otra cosa».[129] Esa cualidad de suscitar asociaciones, inherente a la cultura, llevada incluso a extremos en los cuales con frecuencia es detectable la postura irónica asumida por el autor hacia su narrador, es el rasgo de caracterización más sobresaliente empleado por Carpentier al diseñar su héroe. Tres grandes mitos occidentales —los de Prometeo, Sísifo y Odiseo, ampliamente estudiados por la crítica de la novela— forman parte del sistema de asociaciones que de inicio a fin de la obra —el de Sísifo a modo de marco en el aspecto composicional— va a ir estableciendo el protagonista, según sean éstas suscitadas por personajes, la Naturaleza o los distintos estadios de civilización transitados. Asociaciones que al ser fruto de la confrontación de culturas llevada a cabo se encuentran expresadas, de acuerdo con su función en el plano compositivo de la obra, a través del contraste establecido con estos tres órdenes de la realidad objeto de análisis por parte del protagonista.

La confrontación ideotemática despierta asociaciones espirituales en el personaje central entre el lenguaje de su infancia y el empleado en la gran ciudad en la cual reside, y el factor lingüístico es uno más entre los que contribuyen a su enajenación. Es oportuno resaltar cómo el habla natal va incidiendo favorablemente en él al tocar de nuevo tierra hispanoamericana y cómo —nuevo contraste— lo hace de modo negativo tan pronto se pone en contacto con los pilotos que han venido a su rescate.[130]

Byron, Lamartine, Rodrigo Caro, Cervantes (el rebuzno de un asno le recordará una vista de El Toboso que ilustraba su tercer libro de lectura) son algunas de las asociaciones literarias suscitadas en él por la realidad latinoamericana vivida de nuevo. Yannes, el buscador de oro, indistintamente puede ser Odiseo o el porquerizo Eumeo. Los funerales del padre de Rosario le traen a la mente los de la tragedia griega, y las campesinas allí presentes son para él nada menos que coéforas. Las prostitutas de la selva las compara con las del medioevo. La belleza de Rosario, de inmediato, le recuerda la de la célebre *Parisién*, de Creta, y sus cabellos, los de Berenice. La Capital de las formas la ve como una catedral gótica. El barco en que navega es para él *La nave de los locos*, de El Bosco; y por supuesto, a medida que se adentra en el mundo del Génesis, se ve como Adán dando nombre a las cosas. Esta confrontación de culturas, expuesta en los más diversos planos, alcanza su punto culminante con la presentación del famoso «Ángel de las maracas», quizás el más caro de los símbolos con los que Carpentier ha querido expresar el sincretismo cultural de Nuestra América.

Estas asociaciones, por supuesto, no son gratuitas, pues a la vez que, en lo conceptual, son uno de los recursos empleados por el autor para expresar la oposición de culturas encontrable en la base del plano ideotemático de la obra, son también recursos de caracterización del personaje que patentizan su fracaso. Al respecto, conviene volver a referirse a la postura irónica del autor hacia su protagonista. Pese a las reiteradas ocasiones en las que este último trata de persuadir al lector de su sinceridad, se percibe que trata de autojustificarse, sin que pueda resultar convincente que alguien tan marcado por el mundo de *allá* logre verdaderamente incorporarse de modo pleno a éste, alcanzar su entera felicidad en el de *acá*. Por ello es que, aunque haya logrado vencer determinadas pruebas, no podrá triunfar sobre la principal: la *renuncia* a su verdad —la creación artística—, el anhelo de reincorporarse a un mundo y a un oficio sin sentido *acá*—, pues el que *acá* pueda abrigar la idea de renunciación, dice el autor, «es hombre vulnerable por cuanto ciertas potencias del mundo que ha dejado a sus espaldas siguen actuando sobre él».[131]

En *Los pasos perdidos*, la experimentación con el tiempo como categoría narrativa es diferente a la realizada en relatos como «Viaje a la semilla», «Semejante a la noche» o «El camino de Santiago», en los que —carga simbólica aparte— prima el elemento imaginativo. De ahí la mejor adecuación de la novela para expresar su concepción de «lo real maravilloso», materializada ya en *El reino de este mundo*. Con *Los pasos perdidos* —«clímax de su madurez y apertura hacia nuevos desarrollos», como la ha calificado Salvador Arias,[132] la visión localista, pintorequista de la realidad latinoamericana, recibió un golpe de muerte. A partir de esta obra se inauguraba una nueva visión, una renovada valoración cultural de nuestro mundo. Su originalidad, así como sus valores literarios, no han menguado con el decurso de los años, y ha llegado a ser hoy un libro necesario para todo el que aspire a un mejor conocimiento de nuestra América.

Escrita paralelamente a *Los pasos perdidos* y aparecida de modo independiente en 1956,[133] *El acoso*, la última de las novelas publicadas por Carpentier con anterioridad al triunfo de la Revolución, ha sido reeditada en múltiples ocasiones en compañía de otros relatos suyos bajo el título común de *Guerra del tiempo*, en atención al notable tratamiento que del elemento temporal en estas obras ha realizado el autor.

En su ensayo «Sobre paisajes y personajes», Mario Benedetti ha destacado su significación: «Incrustada en la historia del género en América Latina, *El acoso* (1956) es el arranque de una nueva dimensión en la novelística urbana.»[134] En efecto, en acentuada oposición a sus novelas anteriores, en *El acoso*, caracterizada por la ausencia de «lo real maravilloso» como método de indagación en la realidad presentada, el paisaje urbano será el predominante, y el peso estructural cualitativamente otorgado al aspecto espacial, su función dentro de la obra, diferirá en forma sensible del concedido a él en la narrativa latinoamericana precedente, con lo que abrirá caminos, como señala Benedetti, a su nueva visión, a su nueva valoración por parte de nuestros narradores.

Sobre la génesis de la novela y determinados aspectos del proceso composicional seguido,

Carpentier ha sido bien explícito, aunque a veces —para desesperación de los críticos— sus formulaciones resulten contradictorias.[135] Estas inexactitudes, el hecho de que en ella —como en tantas obras suyas— sean claramente detectables elementos autobiográficos y que el marco histórico en el cual se inscribe, aunque tácito, sea de modo inequívoco el de La Habana en la etapa postmachadista, ha desviado la atención de la crítica hacia aspectos en muchos casos banales, irrelevantes para la captación del sentido y la valoración de la obra, con olvido de otros más significativos a estos fines.

Dentro de la novelística carpenteriana, *El acoso* es la obra que mayor grado de experimentación formal evidencia. Fernando Alegría, refiriéndose a ella, ha expresado: «No conozco en la literatura americana una demostración tan maestra de virtuosismo técnico como la que ofrece el cubano en esta extraña novela.»[136] Pero como en toda obra de Carpentier, el virtuosismo no tiene sólo valor *per se*, sino que se encuentra al servicio de una intención creadora, cuyo modo de materializarse se analizará más adelante.

La maestría señalada por Alegría —y por toda la crítica— se pone de relieve, esencialmente, en el singular tratamiento del tiempo efectuado por el autor (la acción de la novela está comprendida en los cuarenta y seis minutos en los que, interpretada de modo correcto, debe durar la ejecución de la sinfonía *Eroica*, de Beethoven), así como en el hecho de haber sido escrita, según propia confesión suya, siguiendo los rígidos moldes de la sonata clásica, con sus distintas partes bien marcadas (temas, variaciones, coda). Desde el punto de vista musical, la obra ha sido estudiada de modo minucioso por distintos autores[137] y es evidente que representa un verdadero autorreto profesional, del cual sólo poseyendo la talla artística de Carpentier puede salirse airoso.

Para resolver los problemas estructurales planteados, el autor lleva a su extremo la oposición entre *fabula* y *sujet*.[138] En realidad, por supuesto, la acción de la novela no se desarrolla únicamente durante los cuarenta y seis minutos de la sinfonía y el brevísimo lapso posterior a ésta, en el cual se da muerte al acosado, pues mediante el acertado uso del *flash-back*, Carpentier imbrica de manera estupenda el conjunto de motivos del acosado y del taquillero. La ejecución de la sinfonía es la referencia temporal más concreta ofrecida por él. El grueso de la sucesión de los hechos de la obra debe reconstruirlo el lector y no ha de serle fácil, pues los indicios son sutiles.[139]

La reconstrucción del marco histórico en el que se inserta la obra ha suscitado también diferentes opiniones, no reparadoras, como se ha señalado, en que Carpentier no *historia* sino *fabula*. Lo que sí viene a ser determinante para su análisis, pues, no son los detalles particulares, sino las características generales del período histórico en el cual se inserta y el fenómeno concreto reflejado: la frustración de los ideales promovidos por la heroica revolución antimachadista y la secuela *antiheroica* del gangsterismo en la que degeneraron tantas buenas intenciones.

Mucho se ha discutido acerca del pesimismo de la novela, plenamente admitido por Carpentier.[140] Pero aún aceptando los justos reparos realizados a ella por Juan Marinello y José A. Portuondo[141] acerca del no develamiento por parte del autor de las causas esenciales del típico fenómeno del gangsterismo originado en nuestra patria como secuela de una revolución frustrada, es innegable la condena realizada por él a este tipo de lucha anárquica, sin una clara y firme sustentación ideológica, a la postre *antiheroica*, que Carpentier *explícitamente* contrasta con aquella que pudo ser la salvación del acosado, representada en la obra por la llevada adelante por el Partido Socialista Popular, del cual ha renegado el protagonista.

El contraste entre estos dos tipos de lucha no es, por supuesto, el único establecido por el autor en la novela. Al igual que en *Los pasos perdidos*, Carpentier va a mantener en todo momento una actitud *irónica* hacia su protagonista, extensiva al resto de los personajes principales, expresada en una intrincada red de motivos contrastantes (muchos de ellos con clara intención satírica), evidenciadores de su ya citado virtuosismo técnico. Al igual que en su obra pre-

cedente, el paso a símbolo de estos motivos se produce con entera naturalidad, sin que su desciframiento sea particularmente difícil para un buen lector.

Dada la imposibilidad de realizar el análisis del complejo entramado de recursos utilizados por Carpentier para materializar su intención cardinal —condenar la inutilidad de una lucha antiheroica—, se expondrán sólo algunos de los principales:

a) La sinfonía Eroica, de Beethoven, es el gran símbolo contrastante con el antiheroísmo del acosado. Distintos motivos musicales (el sonido de las trompetas, que anticipa el para él también simbólico día del juicio final), las referencias en varias ocasiones a la Marcha Fúnebre, etcétera, prefiguran su trágico y nada heroico destino final.

b) Las citas de la biografía de Beethoven hecha por Romain Rolland, hacen referencia directa a la situación del perseguido, y los motivos de la soledad y de la muerte aparecen subrayados. Mientras que en esta obra se patentiza el triunfo de la vida sobre la muerte, en el plano real el acosado muere como un perro (la referencia intertextual al también innominado héroe de *El proceso*, de Kafka, es evidente).

c) El protagonista, irónicamente, *muere* el Domingo de Resurrección, en contraste con el símbolo victorioso representado por ese día especial de la Semana Santa Católica.

d) La acción subraya el contraste entre las ilusiones juveniles del «héroe» al momento de su entrada en la Universidad —el simbólico baúl las representa— y la frustración final de su vida. Al efecto, también simbólicamente se emplea la inscripción HOC ERAT IN VOTIS (en traducción libre: «Esto era lo que yo deseaba»), vista por él al hacer su entrada por primera vez al recinto universitario, que de modo irónico, casi sarcástico, el autor hace contemplar al acosado en los momentos de su máxima ruina moral. De igual forma son contrastados los tiempos del Tribunal y los del Botín.

e) Las palabras de la representación teatral que llegan a oídos del acosado presagian su muerte. De nuevo irónicamente, el autor hace que éste no las interprete como portadoras del mal agüero.

f) La esperanza de salvación que lo lleva a la Casa de la Gestión, se reduce al modo sarcástico a escombros como ésta, como el saldo de su existencia. El paralelismo con la por igual organizada casona del «viaje a la semilla», que albergó una vida también reducida a escombros, es evidente).

g) La negra vieja, que lo alimentó cuando niño, muere por falta del alimento que, de hombre, le sustrae el acosado.

h) La iglesia, en la cual el protagonista piensa encontrar un amparo que no se le proporcionará, contrasta con el hallado en casa de la prostituta —símbolo del pecado— y, otra vez en forma irónica, el misal que aporta es causa última de su expulsión del recinto. Repárese, además, en que también de modo casi sarcástico, el autor hace que el párroco pregunte al acosado si es un invitado a la boda que ha de celebrarse.

i) Después de la delación realizada por el protagonista, e inmediatamente antes de que empiece su caza, Carpentier lo llama de manera mordaz «el libertado».

j) Las estatuas de los presidentes en la avenida que cruza el acosado tienen talla *heroica*, en irónico contraste con la antiheroicidad de su participación en la vida pública republicana.

k) Toda la escena del encuentro con el fascistoide Becario, que subraya el contraste entre las ilusiones juveniles y la frustración actual de ambos, es por entero sarcástica. Es el momento en el cual el autor más zahiere a su «héroe»: «Quiero abrazar *a un hombre*, le dice El Becario, y más adelante reitera su valoración: «Necesitamos caudillos, *gente como tú.*»[142]

l) El billete de banco, por último, es objeto de todo un rejuego irónico, que funciona en la novela como un motivo dinámico contribuyente a la muerte del acosado. Repárese, además, en que la obra comienza con el motivo de la sinfonía (el de más alta espiritualidad) y concluye, en contraste extremo, con el símbolo más material, el del billete.

La relación de contrastes, paralelismos, símbolos y otros recursos composicionales, cuya función nunca es gratuita, puede hacerse, por supuesto, mucho más extensa,[143] pero pensamos que bastan los ejemplos citados para demostrar la censura que el fenómeno del proceso de descomposición seguido por la en un inicio heroica lucha antimachadista ha suscitado en el autor, condena que logró plasmar de modo impecable en la novela.

Desde el punto de vista de la composición de la obra, el elemento estructural jerárquicamente dominante es, como se ha visto, el contraste, cuya función primordial consiste en expresar la antítesis fundamental (heroísmo-abyección) que ha querido subrayar el autor. Papel determinante desempeña también en la novela la utilización del espacio como categoría narrativa. Benedetti, tal como se señaló, destacaba la importancia que su empleo tomaba dentro de la historia de la narrativa hispanoamericana, y José Antonio Portuondo, en su artículo citado, apuntaba que Carpentier no nos entregaba una descripción pormenorizada de La Habana —como la legada por su mejor pintor, Portocarrero—, sino la impresión sintética de la ciudad, vista, tal como dirá el autor, «en sus barroquismos esenciales»,[144] en un rejuego de espacios abiertos y cerrados acorde con su intención. El periplo del Taquillero comprenderá su salida del simbólico teatro a la no menos simbólica casa de la prostituta Estrella (el único personaje con nombre, obviamente con igual propósito). Consciente de que ha traicionado sus ideales, el Taquillero encuentra su purificación al regresar al teatro. La travesía del acosado, más amplia, repite también el esquema de la llevada a cabo por aquél. Parte de un lugar cerrado (El Mirador), en el que se guardan los restos de su pureza, pasa por espacios abiertos hasta llegar a la casa que simboliza el pecado; de ahí sale otra vez a los espacios abiertos hasta llegar a la iglesia, de la cual significativamente es expulsado; recorre de nuevo otros espacios abiertos hasta llegar a morir en el teatro, en el que, a su modo, expía —tras su última crisis mística— la impureza de su vida.

Todo este juego espacial es presentado a través de las sensaciones y emociones de los personajes (en especial, por supuesto, las del protagonista), de modo tan dinámico, apelando de manera tan constante a los sentidos,[145] que llega a sumir al lector en la atmósfera agobiante vivida por el acosado.

El carácter marcadamente simbólico de los personajes se encuentra reforzado por su propia innominación. El antihéroe de la obra, de acuerdo con las circunstancias, será nombrado de distintas maneras —El acosado, El fugitivo, El libertado, El perseguido, El adelgazado, etcétera. El Taquillero será llamado también «el de las rejas», «el lector». La vivienda de Estrella es denominada «la casa sin relojes». También la caracterización física de los personajes coadyuva a este proceso de simbolización, pues, tanto directa como indirectamente, sólo de modo muy impreciso puede hacerse el lector una idea de ellos. Simbólico por entero, en fin, es el protagonista, como ha señalado José Antonio Portuondo en su artículo citado, y como tal entronca de cierto modo con el de *Los pasos perdidos*. A ambos los condena su inautenticidad. El acosado tratará en todo momento de autojustificarse y llega, incluso, a preguntarse, como bien ha señalado Alberto J. Carlos,[146] si todo lo que le ha ocurrido no ha sido por voluntad divina. Las propias crisis místicas por las que el autor irónicamente le hace atravesar, no son más que nuevas facetas de su inautenticidad, y eso bien lo comprende el párroco que no le concede amparo en la iglesia, quien con su actitud expresa lo que de modo explícito Carpentier nos ha dicho acerca de esta faceta de la personalidad del acosado:

Es un prófugo, es un renegado, es un tránsfuga. Sin embargo, ese personaje, que no tiene fe religiosa, cae en una especie de crisis mística terrible, empieza a invocar a los santos, empieza a besarlos, a rezar. Se agarra de lo último que le queda, que es lo sobrenatural y lo religioso. Eso no lo he inventado yo, y si quieren ustedes parece cómico, eso lo he sacado de las memorias de Benvenuto Cellini. Cellini, que es un tremendo sinvergüenza, cada vez que se veía en un mal paso, que el Papa lo iba a mandar a eliminar o algo así, tenía una crisis mística, y de allí la crisis mística del personaje de *El acoso*. Pensé en Benvenuto Cellini. Esas son las claves de mi novela.[147]

Claves como ésas, bien materiales, han regido la creación de la obra. Por inauténtico condena Carpentier a su protagonista; por inauténtica censura la falsa salida hallada por los que corrompieron sus ideales revolucionarios en la Cuba posmachadista, actitud reprochable que Carpentier eleva a un plano universal al no situar concretamente la acción en nuestra patria (aunque el lector la sepa nuestra en todos sus detalles).

Cierto es que Carpentier, como le fue señalado por Marinello y Portuondo, no llega a relacionar el fenómeno del gangsterismo con la causa esencial de su origen —la injerencia estadounidense en nuestra vida política—, pero en esta excelente novela, tal como en las anteriores, ha expuesto los problemas y tomado una posición inequívocamente progresista frente a ellos. El proceso evolutivo de su ideología hasta alcanzar una plena comprensión marxista de la historia sobrevendrá más adelante, con el ingente ciclo novelístico publicado en la época de la Revolución, que culminará en esa obra capital de nuestra narrativa —verdadera radiografía espiritual del autor—, que es *La consagración de la primavera*.

[S. Ch.]

NOTAS
(CAPÍTULO 2.4)

[1] Algo similar puede decirse, por ejemplo, del esquema implícito en el estudio de Imeldo Álvarez —*La novela cubana en el siglo XX*. Editorial Letras Cubanas, La Habana, 1980—, cuyos dos primeros capítulos se centran fundamentalmente en las obras mayores de la novelística republicana. Los textos de trascendencia escasa son apenas mencionados, no obstante ser ellos los que, a veces, ofrecen la tónica de un momento específico, en contraste con otros que, desde luego, desautomatizan el discurso e indican, por su relevancia, nuevos caminos al género, pero que son excepciones dentro de un proceso más complejo.

[2] Véanse al respecto el ensayo de Juan Marinello que figura al frente de *Marcos Antilla. Relatos de cañaveral*. Editorial Hermes, La Habana, 1932, y el prólogo de José Antonio Portuondo a su antología *Cuentos cubanos contemporáneos*. Selección, prólogo y notas del autor. Editorial Leyenda, México, D.F., 1946.

[3] Este fenómeno es una de las causas de que, tan sólo muy ocasionalmente, los textos de la tendencia se distingan por el uso de formas expresivas idóneas para la cabal aprehensión de las interioridades del mundo rural.

[4] La profesora universitaria y ensayista Ana Cairo, en su texto *La revolución del 30 en el testimonio y la narrativa cubanos*. Universidad de La Habana, Fac. de Artes y Letras, La Habana, 1985.

[5] También se publicaron *El divorcio del destino* (1925), de Carlos Cabrera (?), obra que aporta un contraste entre la realidad campesina y la citadina, y *Por allá* (1931), de Giraldo Jiménez Rivery (1892-?).

[6] Como podrá apreciarse en los comentarios dedicados a la novelística de José Antonio Ramos, *Caniquí* se puede incluir en la tendencia negrista y, además, en la universalista. Pero se ha preferido tratarla aquí porque en su condición de novela histórica es capaz de iluminar alegóricamente, a cien años de distancia, todo un orden social que se identifica con el de la República.

[7] Este problema de fijar límites se complejiza aún más cuando se ve que existen otras novelas de la tendencia negrista que se ubican en el medio urbano, y algunas en el ámbito campesino. No obstante, lo fundamental en ellas continúa siendo la aproximación crítica al desenvolvimiento del negro en la sociedad republicana.

[8] Basta revisar sus relatos —especie de narraciones de aliento novelesco poco relevantes— *Mi amigo Julio* [s.a.], *Aristócratas* [s.a.], *Ambición* [s.a.] y *El príncipe que no quiso gobernar* [s.a.], entre otros, y su novela *Juan sin pan* (1926), para corroborar lo que se acaba de decir.

[9] Su primera edición como libro es de 1978.

[10] En la novela de Luis Felipe Rodríguez se destaca su interés en brindar información exhaustiva sobre mitos y religiones de los negros, así como ilustrar algunos aspectos de su modo de vida y su visión de la realidad.

[11] En esencia, la narrativa feminista llega a ser tal por la aparición de ciertas novelas de importancia que están situadas en el contexto urbano y alrededor de las cuales se observa un cúmulo de textos de alcance menor. Cuando aquí se habla de la novela feminista como uno de los grupos en los que se divide la tendencia urbana, se está aludiendo fundamentalmente a aquellas obras que poseen una relevancia acentuada. Un debate más preciso en torno a esto se encuentra en el ensayo *La narrativa femenina cubana (1923-1958)*. Editorial Academia, La Habana, 1989, de Susana Montero.

[12] Véase el trabajo de Ana Cairo Ballester al que se hizo alusión.

[13] Aparecieron, además, *Los invertidos* (1939), de Evelio Bernal (¿?), y *El pulpo de oro* (1954), de Rafael Esténger (1899-?).

[14] En lo esencial, se siguen aquí los criterios de Susana Montero, vertidos en el texto al que se hizo referencia.

[15] Dulce María Loynaz publicó también una crónica de viaje de aliento novelesco —*Un verano en Tenerife* [Libro de viajes]. Aguilar, Madrid, 1958— que, por razones obvias, no se incluye aquí. Sirva esto de aclaración para textos de género semejante, comentados

por Susana Montero al final de la primera parte de su libro.

[16] Véase, sobre esto, el trabajo de Ana Cairo ya mencionado.

[17] Graziella Garbalosa publicó en 1922 su cruda novela *La gozadora del dolor*. De ella también son *Más arriba está el sol* (1939), *Carmencho* (1941) y *Narkis* (1948).

[18] Se alude aquí a *Dolientes* (1931), *En la noche del mundo* (1940), *La dama del arcón* (1949) y *Hágase la luz* (1953), analizadas con acierto por Susana Montero en «Ofelia Rodríguez Acosta: ¿Literatura o compromiso?», texto que forma parte de su *La narrativa femenina cubana (1923-1958)*, al que se hizo referencia. Se publicaron en la etapa, además de las mencionadas, *Al caer de la tarde* (1926), de Clara Moreda Luis (?); *Como se va el amor* (1926), de Carmela Nieto de Herrera (?); *Mati, una vida de antaño* (1932), de Concepción de Macedo de Sánchez de Fuentes (?); *La mancha* (1943), de Agustina Pons (?); *Antagonismo* (1944), de Mary Morandeira (?); *Tu vida y la mía* (1949), de Josefa Riera (?), y *Entre amor y música* (1954), de María Domínguez Roldán (?).

[19] Hay que decir que este experimento no era nuevo, pues ya en *El Fígaro*, en dos ocasiones —a fines del siglo XIX y en los años iniciales del XX— habían visto la luz dos obras animadas por intenciones semejantes.

[20] José Antonio Ramos había publicado en 1908 su novela *Humberto Fabra*, obra que no pertenece, como es obvio, a esta etapa, y que es objeto de comentarios, junto a sus otras tres novelas, en páginas del presente volumen dedicadas específicamente a la narrativa del autor.

[21] Se desconoce si Félix Soloni llegó a publicar alguna vez su anunciada novela *El farruco*, con la que iba a cerrar su tríptico.

[22] Por ejemplo: *Pasiones* (1930), de Teodoro Cardenal (?), *Sublimidad* (1945), de Carlos Sánchez Núñez (?), y *En todo hombre hay un tenorio* (1952), de Roberto Verdaguer (?).

[23] También aparecieron *Oneya* (1949), de Ramón López Valladares (?), una aproximación epidérmica y mojigata al mundo de los desposeídos; *Esta noche no hay función* (1953), de cuyo autor sólo se sabe que firmó con el seudónimo de Becky, obra sobre la vida de los circos ambulantes; *¡Bastardo!* (1955), de Miguel Espinosa (?), historia sentimental cuyo centro es la vida de un personaje pobre en quien se verifica un dramático proceso de conocimiento de la realidad. Se publicaron además *Mi madrastra. Diario de Enriqueta* (1949), *Los pequeños artistas* (1952) y *Nuestra Mari-bel* (1958), textos de Mercedes Baguer (?) escritos con el propósito de ilustrar amenamente la riqueza moral de una educación religiosa sustentada en el principio de la estabilidad, las buenas costumbres y la confianza en las instituciones burguesas. En estos años, la autora dio a conocer otros libros como *El recuerdo de un ángel*, *El encuentro*, *¡Hogar dulce hogar!*, *¿Hermanita de quién?* y *Pitt y Patt*.

Vieron la luz, además, dos novelas que constituyen antecedentes —junto con algunos cuentos de Lino Novás Calvo— de la narrativa policial, modalidad que tiene su auge a partir de la década del setenta, ya en la época revolucionaria. Dichas novelas son *El ojo de vidrio* y *El asesino de las rosas*, ambas de Leonel López-Nussa (1916). Aparecieron en México en 1955 y 1957, respectivamente.

[24] Comentarios más profundos sobre estas dos importantes obras de la narrativa de Alejo Carpentier se hallan en las páginas del presente volumen dedicadas en particular a su novelística.

[25] Las novelas de Insúa acabadas de reseñar constituyen lo mejor de su producción correspondiente a estos años. En rigor, sus obras pertenecen a la primera etapa de la narrativa en la república, pero no es menos cierto que estos textos son representativos, en alguna medida, de intereses literarios vigentes aún en el lapso 1923-1958.

[26] Publicó en 1926 una novela intrascendente: *Las porcelanas del escaparate*.

[27] En la etapa también aparecieron novelas de escasísimo valor, como *La novia de América* (1940), y *¡Yo acuso a mi madre...!* (1943), ambas de Ciro Rodríguez de la Concepción (?); *Trágico atardecer* (1945), de José Wenceslao Mauri (?), y *El este: historia y vida de un pueblo único* (1952), de Juan de Castro Rodríguez (?). Pueden citarse, además, *La mujer de su hermano* (1928), de Marsal (?); *La mujer leader* (1933), de J. Romero Nussa (?); *La rosa de las Antillas* (1936), de Enma Honan de Ternblom (?); *Gesto de hidalgo* (1940), de Constante de Diego (?), y *Claro de bosque* (1943), de Hilda Morales de Allouis (?).

[28] De la bibliografía pasiva del autor cabe destacar los siguientes acercamientos: Max Henríquez Ureña: «Evocación de José Antonio Ramos», en *Revista Iberoamericana*, México, D.F. (24): 251-261, junio, 1947; José A. Portuondo: «El contenido político y social de las obras de José Antonio Ramos» (1946), en *Revista de la Biblioteca Nacional José Martí*, La

Habana, año 60, núm. 1, enero-abril, 1969; Juan José Remos: «En torno a José Antonio Ramos y su labor como novelista», en *Revista Cubana*, La Habana, (21): 119-131, 1946; Octavio Smith: «Travesía por José Antonio Ramos», en *Revista de la Biblioteca Nacional José Martí*. La Habana, 66, 3ª época, 17 (3): 17-31, sept.-dic. 1975.

29 A raíz de su fecha de publicación (Madrid, 1933) opinan sobre la novela Rafael Suárez Solís, José María Quiroga Plá, José Antonio Fernández de Castro, Fernando Ortiz, entre otros. En estos años se destaca la crítica de Juan Marinello, quien la considera una promesa incumplida. En la década del 70 aparecen numerosas críticas: Alexis Márquez, Pedro Lastra, Pedro Barreda, Joseph Sommers, Roberto González Echevarría. En 1981, Efraín Barredas glosa estos puntos de vista. El Ciclo Internacional de Conferencias que organiza el Centro de Promoción Cultural Alejo Carpentier en ocasión del cincuenta aniversario de la obra, al igual que el estudio de Salvador Bueno (1982), marcan un nuevo giro en la interpretación de *Écue-Yamba-Ó*, aún hoy abierto. Son relevantes los aportes de Alfred Melon, Alexis Márquez, José Juan Arrom, Enrique Sosa y Salvador Redonet.

Carpentier opina reiteradamente sobre la novela. En 1930 se refiere a ella como «libro raro y tendencioso», expresiva de una voluntad innovadora. En *Tientos y diferencias* (1966) confiesa que lo hondo y verdadero del mundo que había pretendido pintar había permanecido fuera de su observación. En 1974 se refiere a *Écue-Yamba-Ó* como intento fallido, aunque de enfoque político correcto. En el prólogo a la edición cubana de 1977 explica la génesis de la obra y afirma que creyó conocer a sus personajes, pero se le escapó «el alma profunda, en dolor amordazado, en recónditas pulsaciones de rebeldía».

Ver Salvador Arias: *Recopilación de textos sobre Alejo Carpentier*. Eds. Casa de las Américas, La Habana, 1977, pp. 461-465; *Anuario Imán*, Editorial Letras Cubanas, La Habana, 1984-1985, pp. 5-199.

30 Alejo Carpentier: *Écue-Yamba-Ó*. Editorial Letras Cubanas, La Habana, 1977, p. 93.

31 Carta dirigida a Jorge Mañach, 1930. Archivo Biblioteca I.L.L.

32 Ibíd.

33 Alejo Carpentier: *Entrevistas*. Editorial Letras Cubanas, La Habana, 1985, p. 437.

34 Alejo Carpentier: «Prólogo», en *Écue-Yamba-Ó*. Ob. cit., p. 13.

35 Pedro Lastra: «Aproximaciones afrocubanas», en *Recopilación de textos sobre A.C.* Ob. cit., p. 292.

36 Alejo Carpentier: «Prólogo». Ob. cit., p. 11.

37 José Juan Arrom: «De *Écue-Yamba-Ó* a "Los fugitivos"», en *En el fiel de América*. Editorial Letras Cubanas, La Habana, 1985, p. 92.

38 Enrique Sosa: *El carabalí*. Editorial Letras Cubanas, La Habana, 1984, p. 99.

39 Denia García Ronda: «Prólogo», en Enrique Serpa: *Contrabando*. Editorial Arte y Literatura, La Habana, 1975, p. 26.

40 Enrique Serpa: *Contrabando*. Ob. cit., p. 47.

41 Ibíd., p. 75.

42 José Manuel Valdés Rodríguez: *Bojeo y penetración de Contrabando*. Ensayo. Eds. Alfa, La Habana, 1938. Según afirma Ambrosio Fornet, la novela, merecedora del Premio Nacional, es un éxito de librería y crítica. Véase *Cuento cubano contemporáneo*. Eds. Era, México, 1967, p. 85. El ensayo de Valdés Rodríguez constituye una evidencia al respecto; se destaca por los interesantes nexos que establece entre la novela mundial y la de Serpa, así como por la argumentación de su validez social y estética.

43 Manuel Cofiño: «Enrique Serpa y sus cuentos», en Enrique Serpa: *Aletas de tiburón*. Ed. Arte y Literatura, La Habana, 1975, p. 14.

44 Enrique Serpa: *Contrabando*. Ob. cit., pp. 202-203.

45 Juan Marinello: «Sobre el asunto en la novela», en *Ensayos*. Editorial Letras Cubanas, La Habana, 1977, p. 230.

46 Enrique Serpa: *La trampa*. Editorial Arte y Literatura, La Habana, 1974, p. 134.

47 Ibíd., p. 7.

48 Ibíd., p. 131.

49 Ibíd., p. 22.

50 José Antonio Portuondo: «Dos novelas recientes», en *Nuestro Tiempo*. La Habana, (18): s/p., jul-ago., 1957.

51 Carta a José Antonio Fernández de Castro, noviembre, 1932. [Esta colección de cartas inéditas se encuentra en el Instituto de Literatura y Lingüística de la Academia de Ciencias de Cuba.]

52 Ernesto Hons: «Novás Calvo, su cacimba y su cuchitril», en *Orbe* (La Habana), (36): 12-38, 1931.

53 Carta a José Antonio Fernández de Castro. [Sin fecha, apunta que son las primeras letras de 1932.]

54 Carta a José Antonio Fernández de Castro, noviembre 5, 1932.

55 Carta a Emilio Ballagas. Madrid, enero 25, 1934.

56 Carta a José Antonio Fernández de Castro, junio 10, 1932.

57 Carta a José Antonio Fernández de Castro, noviembre, 1932.

58 No carece de interés apuntar que obras mayores de naturaleza afín son posteriores a *El negrero*, si exceptuamos *Vidas imaginarias* (1896) de Marcel Schwob. Entre otras, repárese en *Yo, Claudio* (1935), de Robert Graves; *Los Idus de Marzo* (1948), de Thorton Wilder; *Decadencia y caída de casi todo el mundo* (1950), de Will Cuppy; *Las memorias de Adriano* (1954), de Marguerite Yourcenar.

59 *El negrero* incluye una cronología: «Fechas importantes de la historia de la trata de negros», y una bibliografía de noventa y tres títulos. Para los asuntos cubanos se destaca el uso de los textos clásicos de José Antonio Saco y abundante bibliografía de Fernando Ortiz hasta 1923, con obras en publicación. Se recogen libros en inglés, francés, holandés, alemán y español.

60 Captain Theodore Canot: *Adventures of an African Slaver*. Introduction of Malcolm Cowley. Eds. Albert and Charlos Boni, New York, 1928.
Canot cuenta su vida, en 1854, a Brantz Mayer, reconocido periodista norteamericano antiabolicionista y partidario del regreso progresivo de los negros al África, tesis a la que sirve la publicación del libro, promovido por James Hall, miembro prominente de African Colonization Society. En opinión de Cowley, las sentencias majestuosas del texto y su convencional retórica se deben a Mayer, mientras Canot aporta el *background*, el humor, los caracteres y la aventura.

61 Lino Novás Calvo: *El negrero. Vida novelada de Pedro Blanco Fernández de Trava*. Madrid, Eds. Espasa-Calpe, 1933, p. 236.

62 Theodore Canot: ob. cit., p. 299.

63 Lino Novás Calvo: ob. cit., p. 87.

64 Ibíd., p. 228.

65 Ibíd., p. 27.

66 Ibíd., p. 28.

67 Ibíd., p. 89.

68 En 1839, Pedro Blanco envió un cargamento de esclavos desde Gallinas. Luego de ser vendidos en La Habana, 49 de los cautivos debían ser trasladados a Camagüey en la goleta *Amistad*. En medio de la travesía, y bajo la dirección de Cinque, se rebelaron contra la tripulación. La nave llegó a Connecticut, donde permanecieron en prisión. Este grupo mende focalizó la lucha entre Norte y Sur. La corte suprema de EE.UU. falló a favor de los africanos. A finales de 1841 regresaron a África.
En 1844, negros libertos en su aspiración de retorno a la tierra natal fletaron una nave. El intermediario de este viaje en el bergantín *San Antonio* fue Pedro Blanco. La intención era pilotar la nave hasta la factoría oculta en Gallinas, cambiar los pasajeros por esclavos y posiblemente regresar los mismos negros y venderlos en otras colonias. Según señala Rodolfo Sarracino: «estos libertos, hombres, mujeres y niños que habían invertido los ahorros de toda una vida en su regreso a África, habrían terminado, de no haber sido interceptada la *San Antonio*, encadenados a los sollados de la nave que los había llevado a la costa de África, para iniciar un nuevo y alucinante ciclo de látigo, bocabajo y grillos que superaban la fantasía de Dante». Ver *Los que volvieron a África*. Ed. Ciencias Sociales, La Habana, 1988, pp. 21-46 y 118-124.

69 Lino Novás Calvo: ob. cit., p. 243.

70 Ibíd., p. 103.

71 Ibíd., p. 70.

72 Ibíd., p. 210.

73 Ibíd., p. 18.

74 Ibíd., p. 8.

75 Ibíd., p. 171.

76 Citado por Salvador Bueno: «Semblanza biográfica y crítica de Lino Novás Calvo», en *Lyceum* (La Habana) (41): 36, noviembre, 1951.

77 Alejo Carpentier: «La Habana vista por un turista cubano» (1939), en *Conferencias*. Editorial Letras Cubanas, La Habana, 1987, p. 187.

78 Ambrosio Fornet: *Antología del cuento cubano contemporáneo*. Eds. Biblioteca Era, México, 1967, p. 35.

79 Carlos Montenegro: *Hombres sin mujer*. Eds. Nuevo Mundo, México, 1969, p. 7. La primera edición de la novela también tiene lugar en México en 1938. Es interesante constatar que cuando la revista *Mediodía* publica, en 1936, un capítulo de la novela aún inédita, se dicta orden de prisión de sus editores acusados por propaganda subversiva y pornografía.

Ver Ángel Augier: *Nicolás Guillén*. Eds. UNEAC, La Habana, 1971, p. 162.

80 Ibíd., p. 7.

81 Ibíd., p. 8.

82 Ibíd., p. 7.

83 Ricardo Luis Hernández Otero, comp.: *Escritos de José Antonio Foncueva*. Editorial Letras Cubanas, La Habana, 1985, p. 221.

84 Ibíd.

85 Ibíd.

86 Carlos Montenegro: ob. cit., p. 185.

87 Ibíd., p. 233.

88 Ibíd., p. 68.

89 Ibíd., p. 43.

90 Ibíd., p. 141.

91 Ibíd. p. 136.

92 Ibíd., p. 16.

93 Ibíd., p. 13.

94 Juan Marinello: «Pablo de la Torriente, héroe de Cuba y España», en Pablo de la Torriente: *Peleando con los milicianos*. Eds. Nuevo Mundo, La Habana, 1962, p. IV.

95 Pablo de la Torriente: *Cartas cruzadas*. Editorial Letras Cubanas, La Habana, 1983, p. 296.

96 Raúl Roa: *El fuego de la semilla en el surco*. Editorial Letras Cubanas, La Habana, 1982, p. 55.

97 José Carlos Mariátegui: *Signos y obras*. Ed. Amauta, Lima, 1959, p. 24. Artículo sobre Philippe Soupault concebido en 1926.

98 Pablo de la Torriente: «Inicial», en *Aventuras del soldado desconocido cubano*. Editorial Letras Cubanas, La Habana, 1981, p. 7.

99 José A. Portuondo: «Pablo de la Torriente, Comisario Político», en *Capítulos de literatura cubana*. Editorial Letras Cubanas, La Habana, 1981, p. 520.

100 Juan Marinello: ob. cit., p. XII.

101 Así lo constata Víctor Casaus en su prólogo a *Cartas cruzadas*, ob. cit., al referirse a un conjunto de proyectos de Pablo de la Torriente: «Mella (Biografía de una juventud)», «Con Sandino en Nicaragua (Vida de Carlos Aponte)» y «Protagonistas (relatos de vidas de ilustres desconocidos)», p. 18.

102 Pablo de la Torriente: *Aventuras...* Ob. cit., p. 83.

103 El propio autor describe a Roa: «pienso que me voy para España o me voy para Cuba, y en ambos casos quiero dejar terminadas unas cuantas cosas que tengo aquí, por si finiquita mi «atribulada» existencia. Tengo casi concluso mis "Aventuras del Soldado Desconocido", que son una coña terrible». Ver Pablo de la Torriente. *Carta...*. Ob. cit. p. 407.

104 Pablo de la Torriente: *Aventuras...*, ob. cit., p. 83.

105 Ibíd., p. 83

106 Ibíd., p. 39

107 Ibíd., p. 44

108 Pablo de la Torriente: *Carta...* Ob. cit., p. 295

109 La investigación realizada por nosotros en ocasión de estudiar la obra literaria de Carlos Enríquez permitió fijar con certeza la cronología de sus novelas inéditas. Gracias a la generosidad de Jorge Fernández de Castro, a quien los familiares del pintor, tras la muerte de éste, entregaron las copias mecanográficas de ambas obras, que consignan en la portada sus respectivas fechas de terminación, fue posible establecer su orden sucesivo, sólo conjeturado hasta entonces. Agradecimiento similar debemos a Josefina Pintueles, hija política de Agustín Guerra —hermanado al pintor por amistad de largos años—, quien conserva entre la papelería de su padre otra copia de *La vuelta de Chencho* con idéntica fecha en su portada.

110 Ver Sergio Chaple: «La estructura literaria de *Tilín García*», en *Anuario L/L*, La Habana, núm. 15, 1984, pp. 3-23.

111 Al chato realismo que, con excepciones, lastró esta corriente, opone el autor un tratamiento de la realidad emparentado con el realismo mágico que se irá desarrollando en su obra hasta culminar en *La vuelta de Chencho*.

112 En un momento que ignoramos, Dulce María Loynaz interrumpió la redacción de dos novelas: *Por el camino de los humildes* y *Mar muerto*. Tampoco sabemos cuándo empezó a escribirlas. Es preciso aclarar, por otra parte, que no obstante la presencia de elementos novelescos en *Un verano en Tenerife* (1958), éste es, sobre todo, un libro de viajes. Por ello queda excluido de nuestro análisis.

113 Susana Montero se extiende sobre esta cuestión en su trabajo «La poética de la novela *Jardín* de Dulce María Loynaz», en *Anuario L/L*, La Habana, Serie Literatura 1, núm. 17, 1986, pp. 86-108.

[114] A esto parece referirse José Rodríguez Feo en su artículo «Una alegoría de la carne», en *Ciclón*, La Habana (1), enero, 1955, p. 43.

[115] E. Méndez y Soto sostiene que Sebastián es un pícaro moderno. El crítico advierte, por otra parte, cierto desbalance provocado por la rápida transformación del personaje: la estructura de *Pequeñas maniobras* se resiente hacia el final. Ver su artículo «Piñera y el tema del absurdo», en *Cuadernos Hispano-americanos*. Madrid (299), mayo 1975, pp. 448-453.

[116] Pueden consultarse además, sobre estos autores, los textos *Ala y raíz en el Jardín de Dulce María Loynaz*. (Conferencia). Sociedad de Artes y Letras Cubanas, La Habana, 1950, de Aida Cuéllar; «Dulce María Loynaz. *Jardín*. Novela lírica», de Antonio Martínez Bello, en *Revista de la Biblioteca Nacional José Martí*. 2da. serie, La Habana. 3 (2) abril-junio 1952, pp. 314-319, y de T. López Ramírez: «Virgilio Piñera y el compromiso del absurdo», en *Areíto*, New York, núm. 34, 1983, pp. 38-40.

[117] «Por espacio de casi ocho años creo que no hice otra cosa que leer textos americanos. América se me presentaba como una enorme nebulosa que yo trataba de entender porque tenía la oscura intuición de que mi obra se iba a desarrollar aquí, que iba a ser profundamente americana. Creo que al cabo de los años me hice una idea de lo que era este continente.» Alejo Carpentier: «Confesiones sencillas de un escritor barroco», en *Recopilación de textos sobre Alejo Carpentier*. Casa de las Américas, La Habana, 1977, p. 63.

[118] Alejo Carpentier: *Dos novelas*. Editorial Letras Cubanas, La Hababna, 1976, p. 15.

[119] Alejo Carpentier: *Entrevistas*. Editorial Letras Cubanas, La Habana, 1985, p. 153.

[120] Repárese, por citar sólo uno, en el motivo de la esposa de Lenormand de Mezi, actriz de segunda que recita párrafos del teatro clásico francés ante una dotación de esclavos, cuya interpretación del hecho es totalmente distinta; o en el del modo de comportarse el perseguido al escuchar la sinfonía en la sala de conciertos descrita en *El acoso*.

[121] Emil Volek: «Análisis e interpretación de *El reino de este mundo*», en *Unión*. La Habana, 6 (1): 98-118, mar., 1969.

[122] *Entrevistas*, ob. cit., p. 472.

[123] *Dos novelas*, ob. cit., p. 152.

[124] Alejo Carpentier: *Los pasos perdidos*. Editorial Letras Cubanas, La Habana, 1976, p. 338.

[125] Ibíd., p. 107.

[126] José Antonio Portuondo, en su trabajo «*Los pasos perdidos* y la conciencia burguesa», sostiene que «lo que se plantea en *Los pasos perdidos* es nada menos que la crisis de la conciencia burguesa, expresada en lo que George Lukacs ha llamado "la tragedia del arte moderno"». *Anuario L/L*. La Habana, Instituto de Literatura y Lingüística 14 (19-29), 1983.

[127] «Al protagonista de *Los pasos perdidos* se le abren al remontar el Orinoco las puertas de la posibilidad. Por preocupaciones intelectuales pierde el camino que lo conduciría *a las ciudades del futuro* [el subrayado es nuestro]. Allá él que fue débil». Alejo Carpentier: *Entrevistas*. Ob. cit., p. 235.

[128] Antecedentes pueden encontrarse en las cinco crónicas publicadas en *Carteles* entre octubre y diciembre de 1939, al regresar de Francia, en las que hasta se halla el futuro nombre de la taberna mencionada en la obra: Los Recuerdos del Porvenir.

[129] Alejo Carpentier. *Ensayos*. Editorial Letras Cubana, La Habana, 1984, p. 156.

[130] «El idioma de los hombres del aire, que fue mi idioma durante tantos años, desplaza en mi mente, esta mañana, al idioma matriz —el de mi madre, el de Rosario—. *Apenas si puedo pensar en español*». [El subrayado es nuestro.] Alejo Carpentier: *Los pasos perdidos*. Ob. cit., p. 304.

[131] Ibíd., p. 355.

[132] Salvador Arias: «Unas palabras al lector», en Alejo Carpentier: *Los pasos perdidos*. Ob. cit., p. 7.

[133] El mismo año en que fueron publicados *La trampa*, de Enrique Serpa, y *Una de cal y otra de arena*, de Gregorio Ortega, literariamente las más importantes de las varias obras que con poca fortuna abordaron en nuestra novelística el tema de la lucha antimachadista y su secuela de gangsterismo. Mejor suerte tuvo la cuentística, en la que, entre otros buenos relatos, quedó una de sus joyas: «La muerte de Ramón Yendía», de Lino Novás Calvo.

[134] Mario Benedetti: *Crítica cómplice*. Instituto Cubano del Libro, 1971, p. 30.

[135] La duración de la sinfonía, el número de variaciones en que divide la obra, la fecha en que sitúa la representación teatral universitaria, entre otros aspectos, son expresados con distintas variantes en las entrevistas concedidas por el autor.

[136] Fernando Alegría: «Alejo Carpentier, realismo mágico», en *Homenaje a Alejo Carpentier. Variaciones en torno a su obra*. Las Americas Publishing Co. New York [1970], p. 67.

[137] Consúltese, entre otros trabajos, «Análisis del sistema de estructuras musicales e interpretación de *El acoso*, de Alejo Carpentier», realizado por Emil Volek; «La relación músico-literaria entre la tercera sinfonía *Eroica*, de Beethoven y la novela *El acoso*, de Alejo Carpentier», de Helmy F. Giacoman —ambos insertados en la publicación en homenaje a Carpentier anteriormente citada, o el estudio de Armando Cristóbal Pérez «La *Eroica* en *El acoso*: el problema de la estructura», en *Unión*. La Habana, (3-4): 31-45, 1986.

[138] Adoptamos, por su utilidad, esta distinción realizada por los formalistas rusos.

[139] El viaje del acosado entre la casa de la prostituta y la sala de conciertos está enmarcado en unas dos horas, pues el autor lo precisa indirectamente: «son las 8.00 p.m. poco antes de su partida y a las 10.00 se ha realizado ya el arqueo y está cerrada la taquilla». Por otra parte, estos hechos transcurren —aunque el autor no lo haga explícito— el Domingo de Resurrección (con evidente intención simbólica) y los últimos hechos relatados de la vida del acosado en el Mirador se producen en el transcurso de la Semana Santa (hay en la obra referencias concretas al Domingo de Ramos, cuando ya el acosado se encuentra refugiado en la casa de la vieja, aunque aún no por completo en el Mirador.

[140] «*El acoso* es quizás mi único libro, creo, que puede parecer pesimista, aunque desesperado, porque es la historia de un esfuerzo inútil.» Alejo Carpentier: *Entrevistas*. Ob. cit., p. 92.

[141] Juan Marinello: «Sobre el asunto en la novela», en *Ensayos*. Editorial Letras Cubanas, La Habana, 1977, pp. 228-242; José Antonio Portuondo: «El retorno de Alejo Carpentier», en *Nuestro Tiempo*. La Habana, jul.-ago., (6), 1957.

[142] Alejo Carpentier: *Dos novelas*, ob. cit., pp. 247-8.

[143] El paralelismo entre el taquillero y el acosado ha sido frecuentemente señalado; la prostituta, ante la virgen, actúa de modo paralelo con ambos hombres; la imagen que del protagonista se hace el taquillero (la de un intelectual) contrasta con lo que éste realmente es; la actitud de los burgueses ante la sinfonía y la del humilde taquillero es también contrastante; el impuro acosado, cuando va a morir, recuerda la pureza de su primera comunión; la prostituta también se siente acosada; el perseguido come *como un animal* el alimento de la que fue nodriza mientras escucha la grabación de la *Eroica* poseída por el taquillero; es claro el valor simbólico de la sala de conciertos, en la cual el acto de escuchar la sinfonía se asimila al de la misa. Existe un obvio paralelismo entre los cuellos marcados de acné del espectador y del político asesinado por el acosado. Éste, después que mata, acude a la casa de Estrella, al igual que hará cuando sea él a quien van a ajusticiar. La alegría de los carnavales contrasta con la situación anímica del acosado. Al dar inicio la novela, se hace referencia al disgusto de su padre por las relaciones de éste con el Becario, que reaparece justamente poco antes de la muerte del protagonista. La frustración del becario es paralela a la del acosado; la lluvia presente hace evocar al taquillero los días lluviosos de su niñez, etcétera.

[144] Alejo Carpentier: *Entrevistas*. Ob. cit., p. 65.

[145] Una de las vías por la que se nos entrega de modo sintético la ciudad es a través de las constantes sensaciones olfativas suscitadas por sus calles, evocadas también en *Los pasos perdidos* por el protagonista al reencontrar la ciudad latinoamericana. Repárese, además, en la insistencia en los matices del color rojo, prefigurador de la sangre que ha de ser derramada en el teatro, descritos en las escenas finales (los palcos son rojos; carmesí el terciopelo de los barandales; los asientos de las sillas son rojos como las tejas de la sastrería del padre del acosado; rojas son las cortinas; encarnado el raso de las sillas; las alfombras tienen color vino.

[146] Alberto J. Carlos: «El antihéroe en *El acoso*», en *Cuadernos Americanos*. México (Editorial Libros de México), 29 (1): 193-204, ene.-feb., 1970.

[147] Alejo Carpentier: *Entrevistas*. Ob. cit., p. 385.

2.5 El testimonio.
La obra de Torriente Brau

El género testimonio, de rica tradición en la literatura cubana, se revitalizó notablemente en la etapa de 1923 a 1958, y fue plasmación directa de los sucesos acaecidos en torno a la dictadura de Gerardo Machado y los hechos posteriores que se derivaron de ese acontecimiento. Este movimiento, conocido como la Revolución del 30, significa la continuación de la gesta iniciada el 10 de octubre de 1868, reanudada el 24 de febrero de 1895 y abortada con la intervención norteamericana en la guerra hispanocubana, para resurgir como vanguardia revolucionaria de la lucha antimachadista con el propósito de intentar dar solución a los acuciantes problemas nacionales y de emprender, sobre todo, la batalla por la liberación nacional del status de semicolonia norteamericana. Aunque la vanguardia revolucionaria planteó teóricamente los pasos a seguir, sus intentos prácticos se frustraron, pero dejó, sin embargo, una herencia ideológica que fue asumida por la nueva hornada de revolucionarios que se nuclearon para luchar en contra del batistato, inaugurado el 10 de marzo de 1952.

La «generación del 30», además de implicar la definición política de un grupo de hombres dispuestos a derrocar a Machado —aunque entre ellos hubiera tendencias, posiciones y hasta enfrentamientos a veces irreconciliables—, significó también una renovación en el orden cultural, pues dicha generación nucleó a «una pléyade de escritores que prestigiaron y prestigian (los que han sabido cumplir inquebrantablemente con su deber patrio) la literatura de la república neocolonial y la literatura surgida con el triunfo de 1959», como ha expresado Ana Cairo.[1]

Los innumerables testimonios aparecidos al calor de las luchas antimachadistas no siempre alcanzaron, sin embargo, un valor estético que permita asumirlos como obra de arte, aunque nunca dejan de tener el valor de documento. Pero lo cierto es que los combatientes de la Revolución del 30, educados en la tradición de una conciencia histórica que provenía de nuestras guerras independentistas, asumen una labor testimonial que es, sobre todo, eficaz, y que en algunos casos se realiza en un momento cronológicamente coetáneo a los sucesos, como el «Informe oficial estudiantil sobre el 30 de septiembre de 1930», que Pablo de la Torriente Brau (1901-1936) publica en la revista estudiantil universitaria *Alma Mater* apenas un mes después de los sucesos donde cayera Rafael Trejo, documento con el que se inicia el ciclo testimonial de la Revolución del 30, enriquecido con los aportes que brindan al género el propio Pablo y autores-luchadores como Raúl Roa, Emilio Laurent, Julio Gaunard y Ramiro Valdés Daussá, entre otros. Incluso con posterioridad al triunfo revolucionario, la época vivida en los años 30 vuelve a ser centro de interés para autores como Mario Kuchilán, en tanto que escritores surgidos con la Revolución, como Víctor Casaus, escribieron testimonios donde una figura como la de Pablo de la Torriente es retomada para que sobre ella testimonien quienes lo conocieron y lucharon junto a él.

Para una mejor comprensión y estudio del ya aludido ciclo testimonial de la Revolución del 30, Ana Cairo, en su citado trabajo, lo ha dividido por temáticas a partir de la perspectiva desde la que se escribe; de ahí que haya establecido dos bloques: el primero, que titula «Las experiencias de los antimachadistas y antibatistianos», y en el cual agrupa testimonios sobre la lucha estudiantil y sus mártires, de los estudiantes en la obligada emigración, sobre las experiencias de los presos políticos en las prisiones machadistas, sobre el 4 de septiembre y el gobierno de Grau; y un segundo bloque, que denomina «Visión de los machadistas», en el que incluye, como su título indica, las valoraciones de aquellos que compartieron con la tiranía.

Resulta significativo que esta eclosión del testimonio en Cuba producida en un período de ebullición revolucionaria, y que se manifiesta sobre todo en las publicaciones periódicas de la etapa, experimentara una renovación en el lenguaje, porque «arrasó los límites de los subgéneros de la prensa escrita, rescató para sí y devolvió al pueblo la riqueza de su lenguaje cotidiano, y dio al más completo de los precursores del testimonio como género en nuestro país y en el continente, Pablo de la Torriente Brau».[2]

Protagonista y cronista de su época —«mis ojos se han hecho para ver las cosas extraordinarias. Y mi maquinita para contarlas. Y eso es todo»—,[3] Pablo de la Torriente Brau, que con su ya citado «Informe oficial estudiantil sobre el 30 de septiembre de 1930» dio inicio a este ciclo testimonial de la Revolución del 30, constituye, sin dudas, uno de los mayores escritores y periodistas de la cultura cubana del siglo XX. Auténtico valor de la literatura nacional, orientó su vida y su obra en la concepción científica del proletariado, y fue, por ende, un intelectual que es expresión de la ideología marxista-leninista. Su aliento vital, nutrido en buena medida por la etapa revolucionaria que vivió y plasmó en artículos, crónicas, cartas, manifiestos, no se circunscribió a los problemas y conflictos de su patria, sino que se hizo partícipe directo también de la Guerra Civil española, a donde fue a «resaltar el carácter de la lucha de un pueblo contra su ejército traidor»,[4] pero también «a aprender para lo nuestro algún día»,[5] deseo que no pudo ver satisfecho por su caída en pleno combate contra el franquismo.

En vida de Pablo, y recogidos como tres series de artículos periodísticos, aparecieron «105 días presos» (El Mundo, 26 de abril al 8 de mayo de 1931), «La isla de los 500 asesinatos» (Ahora, enero de 1934) y Tierra o sangre (Ahora, diciembre de 1934), más conocido bajo el título de Realengo 18, además de numerosos trabajos también de corte periodístico que fueron publicados fundamentalmente en Ahora. En 1949 vio la luz Pluma en ristre, volumen preparado por Raúl Roa, devenido albacea de Pablo, y que recoge en cinco secciones —«Clarines de primavera», «Juegos del corazón y de la fantasía», «Comisario de la libertad», «Cartas del frente» y «Triunfo póstumo»— algunos de los más importantes legados testimoniales de Pablo, además de los cuentos incluidos en su libro Batey. Tras el triunfo de la Revolución vieron la luz Peleando con los milicianos (1962) y Presidio modelo (1969), además de haberse reeditado sus obras anteriores del género que nos ocupa.

Tres testimonios escribió Pablo donde narra sus experiencias —y las de otros— sobre el presidio: 105 días preso, La isla de los 500 asesinatos y Presidio modelo. En ellos late una profunda humanidad que se enriquece por la propia naturaleza del suceso político; y la palabra, desprovista de hueca retórica, asume un carácter revelador de circunstancias cercanas y vividas por el autor. En 105 días preso, Pablo se refiere al período comprendido entre el 3 de enero y abril de 1931, lapso en que estuvo detenido, primero en el Castillo del Príncipe y después en la cárcel de Isla de Pinos, de donde fue devuelto de nuevo al Príncipe para completar los 105 días en prisión. La isla de los 500 asesinatos y Presidio Modelo aúnan vigorosos testimonios del mal llamado «Presidio Modelo», donde el autor estuvo detenido entre julio de 1931 y mayo de 1933 y desde donde fue deportado para España, aunque en realidad se quedó en Nueva York. Regresó a Cuba tras la caída de Machado y se incorporó en enero de 1934 a la redacción del recién creado periódico Ahora, donde publicó, en forma de reportajes, *La isla de los 500 asesinatos*, además de 119 trabajos relacionados con temas de actualidad. *Presidio Modelo*, a pesar de haber sido un libro que Pablo pulió en su último exilio neoyorkino (marzo de 1935), antes de partir para España, no pudo verlo publicado. Hizo intentos porque apareciera en México, España y Cuba, lo cual se verifica cuando se leen sus cartas, pero no resultó posible. Mucho de lo que allí se denuncia ya había visto la luz en las páginas de los periódicos, pero es sólo cuando se le lee en forma de libro que se puede constatar la importancia del mismo para la literatura testimonial moderna del continente. «La acidez de su denuncia, el filo de su lenguaje, el poder de su fuerza dramática, quemaron las manos de los posibles editores de la época»,[6] afirma Víctor Casaus.

Denunciar los atropellos que se cometían en el Príncipe y los horrores del Presidio Modelo cuando estaba bajo la jefatura de Pedro A. Castells, fueron verdaderas obsesiones para Pablo, y sus experiencias y sufrimientos los llevó a páginas que, como las de *Presidio Modelo*, deseó que fueran traducidas «a todos los idiomas del mundo, para que en todo el mundo se supiese hasta qué punto puede descender el hombre en su abyección, sometido al terror, con la amenaza constante de la muerte violenta y terrible...»[7]

Quisiera el éxito de este libro —continuaba Pablo—, porque en él, aunque sin la fuerza de aquel espectáculo intraducible, de alguna manera se penetra hasta el antro de la inmundicia humana; porque en él se muestra el espectáculo de un grupo de hombres —nosotros— llegados del mundo libre, asomados al vórtice aterrado de los hombres sin libertad, sin esperanzas, bajo el temor, bajo el espanto, sobre la traición, nadando en la ignominia, olvidados, sin redención... ¡Bestia hay que ser para no haber sentido! no haber sentido un impulso de comprensión casi amorosa por aquellos forzados, de expresiones bárbaras y ojos sombríos, plenos de recuerdos inenarrables; para no haber sentido, ¡también un aliento de rencor y de castigo para los opresores de aquellos hombres que habían des-

cendido hasta simas tan insondables que apenas si se reconocían como hombres por otra cosa que por la figura casi humana...[8]

En su aguda denuncia de los horrores del presidio, Pablo no sólo culpa a Castells, sino que

cómplices suyos fueron, y responsables en grado mayor aún que él, todos los que integraban el alto mando del Poder Judicial en Cuba, que siempre consideró aquello como un *Presidio Modelo*, sarcástica burla que, como denuncia de su incuria, conservo al frente de este libro... ¿Por qué no ha de caer la infamia sobre esta gente, que merece, tanto por lo menos como el ejército que sostuvo a Machado, la antipatía y la repulsa y el castigo público? ¿Por qué no castigar y arrastrar también, como verdaderos porristas que fueron, a esos jueces y a esos magistrados, que se cansaron de mandar hombres y hombres para el Presidio sin saber lo que era el Presidio, sin importarle lo que pudiera ser?[9]

Presidio Modelo, como *105 días preso* y *La isla de los 500 asesinatos*, constituyen libros de denuncia, de acusación, que piden no sólo el castigo de los culpables, sino también la reforma del régimen carcelario. Pero los cargos que presenta Pablo se destacan en su forma por el valor de llevar a la letra impresa el habla popular, lo que implica una modernización de la prosa al elevar a rango artístico el habla coloquial, como en ese momento lo estaba haciendo Nicolás Guillén con sus *Motivos de son* (1930). Además, en la entraña de su pensamiento político, Pablo no se desentiende jamás de lo estético, a la vez que utiliza el humor como categoría artística, pero ajena a la vulgaridad, el facilismo y la superficialidad.

El periodismo que ejerció Pablo fue audaz, creador y, sobre todo, analítico; siempre fue expresión de un acto comprometido con la clase trabajadora. Agudísimo observador, desmenuzaba los hechos con habilidad, pero esta cualidad no entraba en contradicción con su prosa que, siendo ágil, directa y palpitante, no estaba desprovista de ricos matices artísticos. Por otra parte, su penetrante capacidad de análisis hacía que su periodismo, a la vez que informativo, tuviera la virtud de modificar el pensamiento de sus potenciales lectores, lo cual constituyó, sin dudas, una vía para llevar la revolución al periodismo.

En Pablo la pluma fue esencialmente un instrumento, aunque sus testimonios no carecieron de matices artísticos y se caracterizaron por ofrecer, mediante un lenguaje casi cinematográfico, una visión de nuestra realidad vista a través de un consciente análisis marxista leninista del fenómeno. Muestra de ello es su testimonio *Tierra o sangre*, más conocido como *Realengo 18*, donde a la violencia del reportaje en sí mismo se une la pasión de defender una causa justa y noble. Aunque no sigue todos los patrones sobre los que generalmente transita esta manifestación, dejó abiertas las posibilidades para futuros autores e informantes, como se constata en obras como *Protagonistas del Realengo* (1972), de Guillermo Cabrera.

Algunos críticos han expresado que Pablo escribió con desaliño y que cultivó «un estilo agobiador y tremendista»,[10] pero lo cierto es que el autor de *Presidio Modelo* fue, ante todo, un hombre que vivió y escribió con emoción. Fue además un apasionado devoto de la sinceridad y volcó en sus páginas, con un espontáneo impulso ideológico, una prosa original, fuerte, aguda, matizada de un sano y criollo humor. Este estilo muy personal, poseído de un indudable afán de servicio, y con el cual denunció y combatió todo el dramatismo de una época nefasta en nuestra historia nacional, surgía de «una escritura [que] nacía todos los días y nunca se ponía. Una escritura de amanecer, una escritura de alborada».[11] Y añade el autor: «Su estilo era fresco, vital, dinámico, plástico, y a veces hercúleo, trasuntando exactamente su musculatura intelectual y corporal.»[12]

Su inquietud por irse a España a vivir y sentir de cerca su «momento español», la experimentó como el cumplimiento exacto de su deber, pues entendió que allí estaba su lugar, en tanto periodista y revolucionario, según expresara en una carta. En septiembre de 1936 llegó Pablo a Madrid, y apenas dos meses después, el periodista-combatiente se trocaba en combatiente-periodista, y con este gesto, afirma Víctor Casaus, «acentuó aún más [...] su claro ejemplo de precursor internacionalista».[13] Llegado a tierra española como corresponsal de la revista norteamericana *New Masses*, a ella envía sus crónicas, que no pudieron recogerse sino hasta 1962 en el volumen titulado *Peleando con los milicianos*, el cual reúne también las cartas que escribió desde España. En ellas se concentran sus vivencias y reflexiones en torno al conflicto ibérico, y como en sus anteriores testimonios, éstos vuelven a ser directos y espontáneos, aunque en las crónicas se advierte un mayor desarrollo de la imaginación y de la calidad plástica de su prosa, sin que deje de estar presente su gozoso regodeo criollo. En tanto, el discurso testimonial está sustentado con frases largas siempre expresadas en primera persona, aunque utiliza diálogos.

No hay en estas crónicas, como en ninguna de sus obras, la pose de artificio, sino siempre un renovado acento propio y original, demostrativo de su rango indudable de narrador, no ya en ciernes, sino en pleno dominio de sus capacidades artísticas. Con razón afirmó Juan Marinello, su compañero de tantas batallas, que con Pablo «murió uno de los más cabales narradores de su tiempo cubano. No dio su medida, pero anunció su tamaño.»[14]

Como en sus artículos, crónicas y reportajes, Pablo de la Torriente dejó en el testimonio epistolar las «actas oficiales» de su pensamiento, como él mismo dijera. A sus cartas hay que ir de modo obligado para conocer de cerca los conflictos de una de las épocas más extraordinarias de la Cuba Neocolonial. En ellas encontramos expuestas las tareas prácticas de la lucha revolucionaria que, como todo lo surgido de la pluma de Pablo, resuma sinceridad, pues, como ha expresado,

No tengo nunca miedo a escribir lo que pienso, no con vista al presente ni al futuro, porque mi pensamiento no tiene dos filos ni dos intenciones. Le basta con tener un solo filo bien poderoso y tajante que le brinda la interna y firme convicción de mis actos.[15]

Estas cartas, recogidas buen número de ellas en el volumen titulado *Cartas cruzadas* (1981), están vinculadas con los más trascendentales y a veces angustiosos momentos de la vida de Pablo, y aun entre broma y broma, sobre todo en las que intercambia con Raúl Roa, se advierte un análisis preciso de la situación cubana, de la lucha en la emigración, de su bregar por el cotidiano vivir en el exilio. No habiendo sido escritas para su publicación, en ellas aparece un análisis vehemente y apasionado del momento histórico cubano, y muestran al desnudo una vida entregada a la lucha, sin ningún resquebrajamiento ideológico, sin ninguna flaqueza política. De la lectura de estas cartas se desprenden además cuáles eran los proyectos literarios de Pablo: *Mella (Biografía de una juventud)*, *Con Sandino en Nicaragua* (Vida de Carlos Aponte), *El álbum del terror en Cuba*, *Protagonistas* (relatos de vidas de ilustres desconocidos) y un *Diario de José Martí*.

El portentoso itinerario creativo de Pablo de la Torriente Brau, «personalidad encarnizadamente instalada en el torrente hispánico»,[16] y cuya palabra logró ofrecer la máxima posibilidad de comunicación, es muestra de una precisión y de un rigor expositivo no muy frecuentes. Como siempre estuvo presente en la historia que cuenta, no como narrador distanciado, sino como partícipe activo, su obra testimonial resulta violenta y absorbente y muestra un feliz entrecruzamiento entre la creación literaria y el compromiso político. A la vez, Pablo testimonia como un acto de denuncia, pero enriquecida con un optimismo y con una definida intencionalidad que conmueve, asombra y emociona. Su deber artístico lo entendió, sobre todo, como un acto de comunicación, a la vez que «transmite lo que ve sin artificio ni retoque, pero siempre con acento propio y modo nuevo»,[17] como expresara Marinello.

La calidad de su estilo —sencillo y sin retórica— aspira a una claridad expositiva lograda a través de una carga de sugestiva multiplicidad, en tanto que el arte es asumido como una continua investigación, no por rigurosa y exacta, fría. El ritmo cortante de la mayoría de sus testimonios es muestra de que con Pablo se estaba inau-

gurando un nuevo modo periodístico de expresión e introduciendo formulaciones novedosas desde el punto de vista técnico de la narración.

Escritor que puso en marcha la contemporaneidad en la prosa, hombre valiente y limpio, Pablo de la Torriente Brau nos legó una obra testimonial tan pura y rica como su vida, y que es muestra de un afán de servicio que ennoblece y prestigia nuestra tradición literaria, de hondo comprometimiento con las causas más nobles y justas.

Compañero de Pablo en las luchas revolucionarias, Raúl Roa (1907-1982) fue también un activo y lúcido testimoniante de la Revolución del 30, de la que nos legó *La jornada revolucionaria del 30 de septiembre* (1934), algunos trabajos incluidos en *Bufa subversiva* (1935) y *Viento sur* (1953), de corte periodístico, y que volvieron a recogerse, junto con artículos de variada índole, en *Retorno a la alborada* (1964), *Escaramuza en las vísperas y otros engendros* (1966) y en *La Revolución del 30 se fue a bolina* (1969). De modo que la obra testimonial de Roa sobre la etapa que nos ocupa se encuentra diseminada en los títulos señalados, en tanto que el último de ellos sí constituye un conjunto monotemático del período en cuestión. Se impone destacar que toda esta obra testimonial fue publicada en los libros de Roa editados antes de 1959 o en publicaciones periódicas también anteriores al triunfo revolucionario.

Como Pablo, Roa dejó fieles testimonios de la caída de Rafael Trejo (*La jornada revolucionaria del 30 de septiembre* y «Rafael Trejo y el 30 de septiembre»), del presidio («Presidio Modelo», «De New York a Isla de Pinos con escala en El Príncipe»), de los héroes caídos («Rafael Trejo», «Gabriel Barceló», «Mario Fortuny», «Rubén Martínez Villena»), de la caída de Machado («12 de agosto»), de la masacre perpetrada en el Instituto Provincial («3 de mayo de 1934») y de «Los últimos días de Pablo de la Torriente Brau».

En estos artículos, y en otros muchos más, se recoge toda la historia de Cuba en los últimos treinta años que anteceden al 1ro. de enero de 1959. En prosa «viva, polémica, ensangrentada, con el frescor rezumante de lo escrito en el día, con la fuerza de una de las plumas más directas y carnalmente plásticas que ha poseído nuestra prosa»,[18] Roa ofrece su actuación en esos años y también la del resto de su generación.

Escritor de personalísimo estilo, rápido e impetuoso, refleja en su extensa obra testimonial relacionada con esta etapa sus diversos estados anímicos, añoranzas, reflexiones e impresiones de su espíritu profundo y sagaz, matizado con una fuerte dosis de humor. Con un lenguaje directo y afilado, cargado de imágenes, fraseologismos[19] y metáforas fuera de uso, de extraordinaria eficacia, Roa plasmó con objetividad política e histórica esos difíciles años. Su prosa, recorrida de un aliento épico surgido del propio quehacer político, se torna lírica cuando evoca hechos y personas, y se hace cromática, rítmica, enriquecida por abundantes elementos tropológicos. En la prosa de Roa, como ha expresado José Antonio Portuondo, «se revela siempre el escritor de vanguardia».[20]

En sus testimonios, en sus denuncias, que, obviamente, rebasaron el período comprendido en los años 30, y que, como en Pablo, se materializaron en artículos periodísticos, Roa se consagró a esgrimir su látigo verbal contra el pillaje, contra la desvergüenza; y como fue protagonista y testigo excepcional de las décadas anteriores al triunfo de la Revolución, su comprometimiento total con la historia le permite ser testigo fiel de los hechos.

En la sección titulada «Bochorno del mediodía», en el tomo 1 de *Retorno a la alborada*, Roa incluye trabajos testimoniales correspondientes a la década del 40, en los que aborda la lucha contra el bonchismo estudiantil y el pistolerismo político de la época. En la sección denominada «Noche en cinta azul» recoge artículos escritos durante la tiranía de Batista, en los que se mantiene el estilo ágil, incisivo y apasionado, y su proclamado compromiso con la agonía del pueblo.

En una oportunidad Roa manifestó: «la medida de mi estilo —si lo tengo— soy yo mismo».[21] En efecto, su aguda personalidad, su originalidad estilística, hicieron de Roa, tanto en sus testimonios sobre el 30 como en sus obras posteriores, una de las voces más viriles en defensa de lo nacional cubano y, a la vez, un cronista que ha testimoniado sobre las luchas que su generación tuvo que enfrentar. Sin dudas, Roa fue el vocero más elocuente de su generación, pero, a juicio de Carlos Rafael Rodríguez,

el modo y la producción literarios de Raúl Roa no coinciden con el de sus contemporáneos mayores, sino que caen dentro de los caracteres que definen a aquellos que constituimos la izquierda de la generación del 30.[22]

La eficacia de la prosa testimonial de Roa, su fuerza demoledora, el bagaje humanístico que encierra, su original metaforismo, su fina ironía, un estilo que, como ha expresado Fina García Marruz, «le venía de la sangre»,[23] permiten que su obra sea, a la vez, historia y testimonio apasionantes de una etapa de grandes conmociones políticas y sociales. Escribió sobre la contemporaneidad de aquellos difíciles años y sobre sus hombres más aguerridos. A Rubén Martínez Villena se refirió en artículo que abrió el libro de poemas *La pupila insomne* (1936) —«Una semilla en un surco de fuego»— y que posteriormente ampliaría en *El fuego de la semilla en el surco* (1982), obra de publicación póstuma que Roa no pudo concluir. En ella se mezclan el testimonio, la biografía y el ensayo histórico. El autor se sirvió del trabajo señalado y de otros que escribió sobre Villena a lo largo del período seudorrepublicano para dar la imagen de este excepcional revolucionario.

El vigor intelectual de la extraordinaria generación del 30, reflejado con maestría singular en los testimonios de la etapa, evidenció el desvelo patriótico de la mayoría de los hombres que la integraron, hombres consagrados a defender a su patria y a dejar para la historia los momentos vividos contra la tiranía de Gerardo Machado y el proceso posterior a la frustración de los anhelos revolucionarios.

Fuera del marco temático testimonial relacionado con la Revolución del 30 se publicaron otras obras de este carácter, como *Mis primeros 30 años; memorias, infancia y adolescencia. La Guerra de Independencia* (1943), de Manuel Piedra

Martel (1868-1954), donde se narran las memorias del autor-héroe de la guerra del 95 en torno a este conflicto bélico, aunque el autor se remonta, como lo indica el título, a sus años de infancia. Testimonio sincero de un testigo excepcional, expone en el libro los momentos más dramáticos o significativos que él vivió durante la guerra, a la vez que por su fino sentido del humor hace de este documento testimonial, enmarcado en el ciclo de la llamada literatura de campaña, una obra de gran frescura y dinamismo.

De 1948 data el volumen *Mudos testigos. Crónica del ex cafetal Jesús Nazareno*, obra en la que su autor, el destacado historiador Ramiro Guerra y Sánchez, narra la vida rural en el predio rústico de Jesús Nazareno, en las cercanías de Batabanó, lugar donde ocurrió su nacimiento. Escrito «con la mayor sencillez y la más escrupulosa fidelidad», como el autor apunta en la introducción, el volumen se conforma a partir de los propios recuerdos del autor y con la colaboración de amigos y familiares, además de recurrir a numerosos documentos históricos. Verdadera crónica de la vida rural en Cuba en el marco histórico-cronológico del siglo XIX, la obra constituye un valioso aporte a la historia económica y social de Cuba en ese período.

El testimonio en Cuba entre 1923 y 1958 reúne, sin dudas, obras significativas para conocer el proceso político cubano de esos años. El ciclo testimonial en torno a la Revolución del 30, amplio, polémico y rico en figuras de primer orden en nuestro vasto itinerario en favor de denunciar las lacras del pasado neocolonial, es muestra del vigor de la nueva época que empezaba a vivirse. Con obras representativas de hombres firmemente enraizados en su tiempo, el valor de éstos traspasa lo histórico-documental para convertirse en piezas que contribuyeron, sin dudas, al nacimiento de una nueva prosa que unifica al hombre y el acto, que lo liga a sus semejantes a través de un ejercicio verbal comprometido y militante, apasionado y auténtico.   [C. R.]

NOTAS
(CAPÍTULO 2.5)

[1] Ana Cairo: *La Revolución del 30 en el testimonio y la narrativa cubana*. Universidad de La Habana, La Habana, 1985, p. 12.

[2] Víctor Casaus: «Defensa del testimonio», en *Coloquio sobre literatura cubana. Ponencias*. La Habana, 1981, pp. 451-467.

[3] Carta de Pablo de la Torriente Brau a *Adolfo García* (seud. de Raúl Roa), en *Cartas cruzadas. Pablo de la Torriente Brau-Raúl Roa*. Selección, prólogo y notas de Víctor Casaus. Editorial Letras Cubanas, La Habana, 1981, pp. 426-427.

[4] Ibíd., p. 426.

[5] Ibíd., p. 427

[6] Víctor Casaus: Prólogo a *Cartas cruzadas*. Ob. cit., p. 19.

[7] Pablo de la Torriente Brau: Prólogo a *Presidio Modelo*. Instituto del Libro, La Habana, pp. 15-16.

[8] Ibíd., p. 16.

[9] Ibíd., pp. 18-19.

[10] Loló de la Torriente: «Tiempo de recuerdo», en *Bohemia*. La Habana 72 (13:12), ago., 1, 1980.

[11] Raúl Roa: «Un hombre del alba que va hacia el alba», en *Revolución y Cultura*. La Habana, (12): 8, jun., 1978.

[12] Ibíd., p. 9.

[13] Víctor Casaus: Prólogo a *Cartas cruzadas*. Ob. cit., p. 25.

[14] Juan Marinello: «Cómo era Pablo de la Torriente», en *Contemporáneos. Noticia y memoria*. Tomo Primero, UNEAC, La Habana, 1976, p. 260.

[15] Pablo de la Torriente: *Cartas cruzadas*. Editorial Letras Cubanas, La Habana, 1981, p. 226.

[16] Juan Marinello. «Cómo era Pablo de la Torriente». Ob. cit., p. 264.

[17] Ibíd., p. 265.

[18] Mirta Aguirre: «Retorno a la alborada», en *Cuba Socialista*. La Habana, 4 (33): 138, may., 1964.

[19] Véase al respecto el folleto de Antonia María Tristá titulado *Los fraseologismos en la obra de Raúl Roa*. Editorial Ciencias Sociales, La Habana, 1987.

[20] José Antonio Portuondo: «Roa, vanguardista de la Revolución», en *Trabajos presentados al seminario sobre Raúl Roa García en el primer aniversario de su muerte*. La Habana, 1982, p. 59.

[21] Samuel Feijóo: «Entrevista a Raúl Roa, escritor revolucionario sin final previsible», en *Granma*. La Habana, 13 (91): 3, abr. , 18, 1977.

[22] Carlos R. Rodríguez: «Carlos Rafael Rodríguez habla de Roa», en *Granma*, La Habana, 13 (96): 4, abr., 23, 1977.

[23] Fina García Marruz: «Roa, el delicado», en *Trabajos presentados al Seminario sobre Raúl Roa García en el primer aniversario de su muerte*. La Habana, 1983, p. 64.

2.6 EL TEATRO

2.6.1 La renovación teatral

Cuando entre 1920 y 1923 comienza a manifestarse una conciencia de renovación en las diferentes expresiones artísticas, cuya evolución ulterior condujo a la vanguardia, el arte teatral, dramaturgia y escena, permaneció al margen del movimiento de renovación, y la década del veinte transcurre sin que puedan verificarse transformaciones esenciales en el teatro cubano.[1] A propósito, resulta interesante constatar cómo, en sus caracteres principales, nuestra historia teatral desde finales del siglo XIX y hasta 1958 estará determinada por un conjunto de fuerzas retardatarias que, aunque en las diversas etapas asumen rasgos diferentes, son el resultado de una problemática histórico-social cuya esencia permanece inmutable. La frustración de los ideales independentistas, la condición de país dependiente, serán la limitación fundamental para la realización de un ideal de renovación. La ausencia de un proyecto de nación en los múltiples gobiernos republicanos no sólo dificulta el crecimiento del ritmo de desarrollo de esta manifestación artística, sino que impide la formación de un teatro definitivamente nacional. Es lo que explica la trayectoria cíclica del teatro cubano, la aparición de momentos donde se esboza un auge que no llega nunca a su máxima realización, a los que le suceden etapas de esterilidad en las que no se perciben nuevas proposiciones. La actividad teatral comprendida entre 1923 y 1958 es una demostración de lo que afirmamos, y su imagen más expresiva es la del recorrido por un laberinto en el que se perdiera la puerta hacia el desarrollo.

Los llamados teatro «culto» y teatro «popular» son las líneas o tendencias que, heredadas del siglo XIX, conforman el panorama teatral de estos años y se presentan como extremos equidistantes y excluyentes, formando historias independientes en las que no se van a apreciar zonas de comunión hasta la década del treinta. Se incluyen en la tendencia de teatro «popular» las manifestaciones teatrales vernáculas que, en alguna medida, son continuadoras del teatro bufo del siglo XIX posterior al Pacto del Zanjón, las cuales, con excepción del Teatro Lírico como fenómeno particular del vernáculo, se caracterizaron por una concepción que puso el énfasis en la creación de tipos populares perfectamente reconocibles, intérpretes de fábulas donde el objetivo es la sátira de problemas de actualidad, de los que se seleccionan los rasgos más superficiales, evadiendo o escamoteando en ocasiones las esencias que los generan, para lo cual se utilizan recursos expresivos que acentúan la comicidad, como la parodia y el choteo. Tales elementos permanecían invariables, independientemente de las formas asumidas para la representación, que podían ir del sainete a la revista y la opereta. Este teatro, con una estructura sencilla y elemental, puso el énfasis en los aspectos escénicos, en los que junto a la actuación desempeñaron papeles fundamentales la música y la escenografía.

El Teatro Alhambra, inaugurado en 1900, había sido la primera muestra de teatro vernáculo en el siglo. La música del maestro Jorge

Anckermann, los libretos de Federico Villôch, Gustavo y Francisco Robreño, junto a la actuación de Arquímides Pous, entre otros destacados actores, lograron una interrelación con el público y permitieron que el teatro se constituyera en una empresa capaz de subvencionarse. Pero a pesar de sus éxitos, por los que le fue posible mantener una presencia escénica hasta 1935 —cuando la noche del 18 de febrero se derrumbó el techo del pórtico y parte de la platea, lo que constituyó el fin del Alhambra—, el teatro había comenzado a manifestar su desgaste desde los años veinte, como un fenómeno inherente al género que se hace más visible a consecuencia de razones históricas relacionadas con el despertar de la conciencia nacional que tuvo sus primeras expresiones en el año 1923. No es casual, entonces, que en el propio año se cree, paralelamente al Alhambra, una nueva empresa teatral, a la vez que se dan las condiciones propiciatorias para el surgimiento del Teatro Lírico, gestiones que evidencian la decadencia del Alhambra como monopolio de la expresión vernácula y, específicamente, como una forma particular de su representación que ha llegado a la crisis. La nueva empresa teatral a que hacíamos referencia fue el Teatro Cubano Pous-Gomis, que presentó en el programa de apertura el sainete *Del ambiente* y la revista, concebida como gran espectáculo, *Locuras europeas*, a las que le sucedieron los estrenos de *Oh, míster Pous* y *Habana-Barcelona-Habana*. Ese mismo año comenzaron a ofrecerse los conciertos organizados por Jorge Anckermann y Ernesto Lecuona. En ellos se interpretaron composiciones cubanas de autores anteriores y contemporáneos; así las obras de Marín Varona, Palau, Mauri y Valenzuela se escucharon junto a piezas de Anckermann, Lecuona, Grenet, Roig, Prats y Simons. En los conciertos se dieron a conocer intérpretes que posteriormente llegarían a ser figuras principales del Teatro Lírico, entre ellas Rita Montaner. Cuando finalizó la temporada de Arquímides Pous, el Teatro Cubano permaneció inactivo hasta su reinauguración, como Teatro Regina, el primero de octubre de 1927, con el estreno de *Niña Rita*, libreto del español Aurelio Riancho y el cubano Juan Castells, par-

titura de Lecuona y Grenet, y con las actuaciones de Rita Montaner y Candita Quintana. Con el éxito de *Niña Rita* se estrenó el género zarzuela, que a partir de ese momento comenzó un desarrollo ascendente con obras como *El cafetal, María la O, La flor del sitio* y *El batey*, libretos de Sánchez Galarraga y música de Ernesto Lecuona.

Los conciertos de Anckermann y Lecuona, por tanto, deben ser considerados como antecedentes de un teatro lírico que tuvo su etapa inicial en el Teatro Regina y continuó su evolución en la escena del Martí a partir del 7 de agosto de 1931 por la compañía que integraron Agustín Rodríguez (conocido autor de sainetes) y Manuel Suárez (comerciante español que fuera propietario del café Alhambra). Las zarzuelas *Cecilia Valdés*, representada durante más de cien noches consecutivas, *La Habana que vuelve* —con libreto de Castell y música de Rodrigo Prats y basada en un hecho de la Revolución de 1895— y *El Clarín*, fueron los estrenos de la compañía que aseguraron el triunfo de la primera temporada del Teatro Martí. Al respecto expresó Eugenio Florit:

> ...Ahora, en Martí [...] se está haciendo algo serio [...]. Ya no es el chiste y la música alegre; y la situación cómica de tantas obrillas cubanas de ayer. Hay, actualmente —y en estos dos autores [se refiere a Sánchez Arcilla y Agustín Rodríguez]— un empeño honrado de hacer teatro, y teatro cubano, en el más amplio sentido de la palabra. Ya está entre nosotros el conflicto dramático finamente expuesto y subrayado por una música bien hecha [...][2]

La entusiasta valoración de Florit respecto al Teatro Martí, que reafirma la periodización del «teatro popular» propuesta por Eduardo Robreño,[3] conjuntamente con el análisis de los libretos de *Cecilia Valdés* y *El Clarín*, arroja elementos atendibles para un estudio particular sobre las contribuciones del teatro lírico al desarrollo de la expresión nacional en el género vernáculo. En este sentido se destaca la introducción de aspectos novedosos relacionados con la concepción dramática y escénica. En cuanto a la primera, resulta interesante constatar que, junto a la presencia de recursos heredados de la tradición vernácula, en la permanencia de personajes tipos portadores de la comicidad se introducen procedimientos de la comedia de costumbres y el drama sentimental para sostener conflictos cuyas colisiones representan el enfrentamiento de la virtud y el vicio. A través de fábulas que tienen como tema el amor y las dificultades para su realización, surge el esbozo de nuevas temáticas que, como las diferencias de clase, no habían sido abordadas por el teatro vernáculo, mucho menos con el enfoque que alcanzaron en *Cecilia Valdés* y sobre todo en *El Clarín* por el predominio del elemento sentimental que introduce una importante variante en el intento de unir en una misma historia comicidad y drama.

Respecto a la concepción escénica, son notables las orientaciones en relación con la iluminación. El mejor ejemplo está en el prólogo de *Cecilia Valdés*,[4] donde se advierte la importancia que los autores le conceden a la iluminación, la cual no sólo desempeña las funciones de iluminar a los actores y hacer visibles los decorados, sino que cobra valor como instrumento capaz de crear una atmósfera, participando directamente de la acción al determinar la forma en que deberán percibirse los acontecimientos, lo que constituyó uno de los aspectos que caracterizaron la puesta en escena moderna y que se presenta en nuestro teatro por primera vez en un texto del teatro «popular», dado que no encontramos al respecto acotaciones tan precisas en las obras del llamado teatro «culto».

Cuando Florit planteaba que en el Teatro Martí se estaba haciendo «algo serio» y citaba a *Cecilia Valdés* y *El Clarín* como exponentes de un «empeño de hacer teatro, y teatro cubano en el más amplio sentido de la palabra»,[5] estaba aportando elementos importantes en cuanto a la evolución del teatro vernáculo.

Aunque, como afirmara Rine Leal, «los libretos fueron poco menos que lamentables»,[6] ya en ellos se aprecia una nueva sensibilidad en la intención de concebir lo vernáculo con una dimensión que supera la versión del Alhambra. De manera que, al par de destacar en el Teatro Lírico la belleza de sus piezas musicales, hoy antológicas, debe tenerse en cuenta que sus libretos, si bien no consiguieron la perfección de un sistema dramático, constituyen las primeras muestras del intento por elevar la concepción del teatro popular a través de nuevos temas, de otras formas de percibir la realidad, cuyo reflejo no podía continuar reducido al choteo, al chiste, a la parodia. En oposición a esa variante, surgen nuevas perspectivas en el planteamiento de conflictos que hasta ese momento eran patrimonio del «teatro culto», al cual se adelantó el teatro lírico con una visión de la escena en la que no tendría sentido separar lo cómico de lo dramático, el humor de la seriedad, en tanto que de manera independiente nunca podrían conseguir el verdadero reflejo del cubano. Si el Teatro Lírico no creó la obra ejemplar de las confluencias, al menos señaló lo inoportuno del deslinde.

El Teatro Lírico continuó sus representaciones en la escena del Martí hasta el 26 de noviembre de 1936. Durante los cinco años de intensa actividad se estrenó una larga lista de títulos, entre los que sobresalieron *María Belén Chacón*, *Rosa la China*, *La Habana de noche*, *La emperatriz del Pilar* y *La hija del sol*. Músicos y autores unificaron sus esfuerzos para mantener vivo el teatro lírico, entre ellos Gustavo Sánchez Galarraga, Ernesto Lecuona, Francisco Meluzá Otero. Resultado de estos esfuerzos y representada en diversas oportunidades fue la *Guaracha musulmana*, que tuvo su estreno en el Teatro Principal en 1933. Hubo otros estrenos como *Julián el Gallo* y *La de Jesús del Monte*, libreto de Agustín Rodríguez sobre la lucha contra Machado; *La Plaza de la Catedral, Sor Inés* y *Cuando la Habana era inglesa*, el primero de Meluzá y los restantes del binomio Meluzá-Antonio Castell, todos con partituras de Ernesto Lecuona. Del conjunto de zarzuelas estrenadas, la de mayor éxito fue *Lola Cruz*, con libreto de Sánchez Galarraga y música de Lecuona, de la que se hicieron populares la canción *Los aguinaldos, El vals azul* y la mazurca *Damisela encantadora*, con la que se consagró Esther Borja, una de nuestras más destacadas intérpretes del género lírico.

En estos años, y específicamente en la temporada de la compañía Suárez Rodríguez en el Teatro Martí, sobresalieron dos actores: Alberto Garrido y Federico Piñero, ya entonces figuras conocidas de la radio. El dúo Garrido-Piñero, dirigido por Agustín Rodríguez, formó compañía que ofrecía sus representaciones en los principales teatros de la ciudad durante una temporada de dos y hasta tres meses en el año. Sostuvieron esta actividad por siete años ininterrumpidamente hasta 1944. Entre 1935 y hasta los años cincuenta existieron otras compañías como la de Leopoldo Fernández, que tuvo en 1942 la mejor de sus temporadas en el Teatro Martí, o la de Carlos Pous, que se dedicó a realizar giras por los diversos pueblos del interior del país. Anteriormente, el 28 de diciembre de 1935, se había inaugurado el Teatro Portátil, nombrado Teatro Yara, bajo la dirección de Mario Sorondo, conocido autor de sainetes y zarzuelas, que tuvo como colaborador a la empresa de Amaury González y Cía. En el año 1939 hizo su debut la compañía de Enrique Arredondo, con las obras *El afinador de pianos* y *Arredondo en España*, en el teatro Carral de Guanabacoa.

La búsqueda acuciosa arrojaría una relación extensa de compañías que se formaron para ofrecer espectáculos vernáculos, pero que sólo consiguieron representaciones esporádicas. Las de mayor duración no alcanzaron la categoría de empresa del Alhambra. Era evidente que los tiempos exigían otras formas teatrales; el Teatro Lírico apuntó una proposición y con ello, en cierta medida, se acercó al «teatro culto» que desde principios de siglo había sostenido una lucha solitaria por dar continuidad a una dramaturgia con propósitos culturales y preocupada por expresar, aunque con limitados aciertos, los problemas de la nación. A los esfuerzos de la etapa anterior sucedió en la década del veinte la revista *Alma Cubana*, creada en 1923 y reeditada en 1929, a cargo siempre de Salvador Salazar, quien también instituyó un Seminario Teatral en colaboración con sus alumnos universitarios del curso 1927. Otros intentos fueron la Institución Cubana Pro-Arte Dramático, fundada en 1927, y a la que estuvieron vinculados José A. Ramos, Salvador Salazar y Gustavo Sánchez Galarraga,

quien junto a Ernesto Lecuona y José Cid fundaron, ese mismo año, la Empresa Teatral Compañía Hispano Cubana de los Autores Nacionales, con la que colaboraron conocidos autores y directores, y a cuyas gestiones se debió la presentación de obras de dramaturgos cubanos. A los empeños por el desarrollo teatral en estos años se sumó la *Revista de Avance* (1927-1930), en la que se nucleó un grupo de intelectuales que también en el teatro manifestaron sus deseos de renovación, al proponerse la introducción en la escena cubana de los conceptos dramáticos modernos de la cultura europea y norteamericana, interés que se expresó a través del enfoque crítico del teatro de la época, las referencias a autores, obras y expresiones teatrales del ámbito nacional y extranjero, con el deseo explícito de dar a conocer en Cuba un «teatro de arte alejado del teatro subartístico que padecemos».[7] A estos propósitos habría que agregar la labor de otras publicaciones periódicas como *El Magazine de la Raza* y *Social*.

La relación de gestos propiciatorios de una actividad teatral en la década del veinte se complementa con el Concurso de Obras Teatrales Camila Quiroga, auspiciado por la Secretaría de Instrucción Pública y Bellas Artes en 1928, y con la celebración de los *reveillons* (fiestas de las vísperas de año nuevo), fruto de la minoría intelectual reunida en la *Revista de Avance*, que consistieron en puestas en escena de obras de la dramaturgia universal con un sentido novedoso de la representación. Los *reveillons* se organizaron en las despedidas de año de 1928-1929 y se continuaron de 1933 a 1935. Aunque en su conjunto estas acciones estuvieron encaminadas a fomentar el desarrollo del teatro en el país, es obvio que sus propósitos se encauzaron por dos caminos diferentes. El primero, relacionado con la revista *Alma Cubana*, el Seminario Teatral de 1927 y la Empresa Teatral Compañía Hispano Cubana de los Autores Nacionales, puede considerarse culminación de una fase del desarrollo teatral, que comprende los años de 1899 a 1935 y que se caracterizó, como ha explicado Valdés Rodríguez, por «el énfasis autoral, porque buscaba la solución a la problemática de la escena en Cuba a través de las obras de los autores cubanos».[8] Los hombres que defendieron el teatro desde esta perspectiva lo hicieron sin cuestionarse la calidad y validez de un sistema dramático capaz de expresar las condiciones propias del contexto. Tampoco hicieron énfasis en la conquista y desarrollo de un espacio escénico, causa fundamental que impidió la evolución hacia nuevas formas dramatúrgicas y escénicas. Las obras, especialmente interesadas en producir un teatro de rechazo y contraposición a la tradición vernácula, se refugian en los esquemas de la dramaturgia francesa de finales del siglo XIX y la española de principios de siglo, formas periclitadas en el contexto teatral europeo y completamente ajenas a la sensibilidad criolla.

La gestión de los teatristas encaminada a proteger la producción dramática nacional, puede considerarse como una respuesta al desinterés de los gobiernos por la actividad teatral nacional, manifiesta en la ausencia de una subvención económica y en la carencia de decretos o regulaciones que obligaran a los teatros a reservar un espacio a la producción nacional. Los repertorios de los principales teatros activos de la capital en los años del 23 al 26 demuestran que éstos estaban a disposición, casi exclusivamente, de espectáculos, la mayor parte musicales, ofrecidos por compañías norteamericanas, españolas, mexicanas y de otras nacionalidades que nos visitaron en esos años.[9] Sólo en el Teatro Principal de la Comedia y el Payret aparecen esporádicamente anuncios de compañías cubanas. En el año 1928 se inauguró el Teatro Auditorium de la Sociedad Pro-Arte Musical, que sólo en contadas ocasiones se brindó para la representación de obras teatrales nacionales.

Es justo reconocer en los teatristas de este momento la lucidez para comprender que el mayor problema para el desarrollo del teatro cubano tenía su génesis en problemáticas extra-artísticas.

Al respecto, Emilio Gaspar Rodríguez expresó en 1922: «Todo esfuerzo debe intentarse, [pero] no creo que tengamos teatro cubano por el mero hecho de que unas cuantas personas de muy buena fe nos reunamos y lo acordemos así. Tendremos teatro cubano […] cuando Cuba tenga otras cosas que no tiene todavía.» Esas cosas

de las que Cuba carecía eran «hombres de talla intelectual» dirigiendo la política del país, así como «un desarrollo de las ciencias y las artes en el orden de las ideas»; entonces después, «tendremos también actores y autores, comedias y dramas […] artistas […] que representen y traduzcan los ideales y sentimientos que imperen en esa sociedad nuestra. No hay desnivel en las cosas humanas, y ese del teatro cubano es un problema de cultura y de tiempo».[10] Para reafirmar sus criterios Emilio Gaspar Rodríguez cita las siguientes palabras de José A. Ramos: «…La voluntad humana… es humana, no todopoderosa. El hombre es un resultado del medio que lo circunda, y sólo se modifica a sí mismo modificando antes ese medio.»[11]

Estas palabras explican las razones por las cuales ninguna de las instituciones, revistas y personalidades citadas lograron sacar al teatro del laberinto en que se encontraba. Tampoco podrían conseguirlo las iniciativas relacionadas con el segundo camino al que antes aludíamos, que sí alcanzaron a sugerir, sin embargo, nuevas vías a través de las ideas de renovación que comenzaron a plantearse en la *Revista de Avance* y en *Social*, cuya propuesta esencial fue la apertura a nuevas formas de concebir el arte teatral, situando como centro la escena, de donde surgiría más adelante una nueva etapa del teatro cubano. En los artículos publicados encontramos títulos como «El teatro proletario ruso», que refiere las representaciones para obreros, realizadas en tabernas, que eran una modalidad del teatro agitprop, de manera que su publicación responde al interés por presentar una opción desconocida en el país. En otros casos se trata de divulgar modelos de actualidad y calidad en la dramaturgia, como el estudio de Benjamín Cassares sobre la obra de O'Neill, acompañado del texto *En la zona*, traducido al español por Jorge Mañach.[12] A estos trabajos aparecidos en la *Revista de Avance* se unen otros tres que, con igual empeño, fueron publicados en *Social*. En «Hacia el nuevo teatro» (1926),[13] de Pedro Henríquez Ureña, así como en el comentario de Alejo Carpentier titulado «Medgyes, escenógrafo moderno» (1930)[14] y «Los pequeños teatros de arte» (1932), de Luis A. Baralt, se refieren los aportes del teatro contemporáneo a una nueva visión de la escena a través de concepciones artísticas novedosas encaminadas, no sólo a embellecer el hecho teatral, sino también a encauzarlo hacia la búsqueda de formas más depuradas de comunicación. En este sentido llaman la atención las reflexiones desarrolladas por Baralt en las cuales se manifiestan, además, caracteres esenciales de la fase que se inaugura en 1935 con la puesta en escena de *Fuenteovejuna,* que él dirigió:

> Cultivar la literatura teatral sin crear primero el teatro propiamente dicho es edificar sobre arena. Hay que construir primero el taller [...] que ha de ser un laboratorio, tenemos que preparar actores, escenógrafos, tramoyistas, directores con personal alerta a las corrientes artísticas del día, con gente de sensibilidad moderna, y tenemos que preparar sobre todo al público, sin cuyo entusiasmo y aprobación no hay teatro posible.[15]

En su trabajo, Baralt apunta los aspectos fundamentales que posibilitarán el desarrollo teatral a partir de 1935, al mismo tiempo que refiere las limitaciones del teatro en los años precedentes, y sus palabras son una clave para comprender los caracteres generales de la dramaturgia creada del 23 al 35. En las obras de este último lapso se observa en lo formal la reiteración de los esquemas dramáticos de principios de siglo, y en lo conceptual, la presencia de ideas que critican la situación social a través de conflictos representativos de la crisis ética y moral de la república mediatizada. Ello explica que en un buen número de estas obras los personajes pertenezcan a la clase burguesa. En líneas generales, se trata de problemas que manifiestan el estado de crisis de la sociedad, pero que al ser expresados a través de recursos envejecidos, no logran la efectividad en el planteamiento, que generalmente pierde su objetividad en la tendencia hacia lo emotivo y lo sentimental. Los dramaturgos de esta etapa no lograron edificar un sistema de acciones enriquecido por el tratamiento psicológico de los personajes, de

manera que la actitud por éstos asumida está determinada por el lugar que ocupan en la acción: los protagonistas, representantes de las más valiosas ideas, serán los portavoces de la ideología del autor; ellos no «actúan» de acuerdo con un trazado de personalidad, sino como «bocinas de ideas» cuya tarea es dialogarlas. Los antagonistas responden a este mismo plan, sólo que como opositores dialogantes.

En la década del veinte se encuentran obras de autores como Salvador Salazar (1892-1950), Miguel Ángel Macau (1886-1971), Marcelo Salinas (1899-?) —quien continúa desarrollando su producción en las décadas del treinta y el cuarenta—, Jorge Mañach (1898-1961), Carlos Loveira (1881-1928) y Lino Novás Calvo (1903-1983), los tres últimos con una sola obra dramática cada uno.

Salvador Salazar, cuyo nombre ha venido destacándose como uno de los principales promotores del teatro y la dramaturgia cubanos, publica las comedias *El amor detective* (1923) y *El precio* (1924) en la revista *Alma Cubana,* de la que fue fundador y director. En ambas obras, a través de una concepción dramática que responde a los modelos franceses del siglo XIX, el autor se propone desacreditar la moral burguesa. En *El amor detective,* por medio de una intriga complicada muestra la falsedad de los principios de la clase del poder. El oportunismo, manifiesto en el interés de ocupar cargos políticos, es el tema de *El precio,* donde se juzga la hipocresía ciudadana en la pretensión de justificar las ansias de poder a través de un falso nacionalismo. Para cumplir el objetivo, el autor acude a la contradicción parlamento/acción. Los personajes se expresan por discursos con objetivos grandiosos, pero actúan en contradicción con los ideales de honestidad y justicia de los que se dicen portadores. Es el modo en que Salazar ironiza la demagogia de los gobiernos seudorrepublicanos.

A Miguel A. Macau pertenece *La herencia maldita,* drama en tres actos, estrenado en el Principal de la Comedia en 1925. En el texto se percibe el interés del autor por trazar el conflicto sobre la contradicción apariencia/realidad, en la presentación del matrimonio que en un inicio representa el ideal burgués de la pareja y posteriormente se destruye con la inclusión de un triángulo amoroso en el que la traición de la esposa se justifica por razones biológicas hereditarias y no por motivos de orden ético y moral, lo cual atenta contra el contenido y proyección de la obra, que culmina en un drama sentimental de la peor especie.

Con *Alma guajira* o *Charito*, Marcelo Salinas se hizo acreedor del Primer Premio en el Concurso de Obras Teatrales Camila Quiroga en 1928. Se trata de una pieza costumbrista donde se refleja la vida del campesino cubano, y especialmente los rasgos de una eticidad en la que se distingue la honradez como su mayor virtud. El texto tiene como principal limitación la ausencia de un conflicto central al que respondan las diversas tramas y subtramas; en su lugar, la oposición entre los personajes se da a través de situaciones que, dada una progresión que las agota, se sustituyen por otra situación. Salinas no domina los procedimientos de la acción dramática, lo que le impide unificar el conjunto de problemas a través del conflicto. El autor continúa su producción con títulos como *La tierra... la tierra... la tierra* (1928); *Ráfaga* y *Las horas de un pueblo viejo* (ambas de 1939); las zarzuelas *Cimarrón* y *La rosa de la Vega*, representadas en el Teatro Regina. En el año 1940 escribe *El mulato* y *El secuestro*. Sus últimos títulos conocidos son *Las almas buenas o la santa caridad* (1948) y *Boicot* (1949), pero la crítica coincide en destacar a *Alma guajira* como su texto más logrado, valoración que tal vez responda a la importancia concedida a la temática campesina, con una visión de los personajes que supera la burla y el choteo que fueron característicos del Alhambra. Con *Alma guajira* se realizó una gira por todo el país en 1929, que incluyó capitales de provincia y pueblos de campo y fue patrocinada por el presidente Machado, quien se interesó por el teatro en esta única ocasión.

El aporte de Jorge Mañach al teatro de esta etapa es *Tiempo muerto*, que recibió el Segundo Premio en el Concurso Camila Quiroga. La pieza es un drama amoroso de final trágico, donde el fracaso del amor está provocado por un contexto que Mañach denomina «tiempo muerto», imagen que define la crisis de la nación cubana. En la obra se discuten problemas relacionados con la cultura —el autor la define como «cultura primeriza»—, así como las más apremiantes problemáticas políticas y económicas, ambas en estrecha relación con el aumento de la injerencia norteamericana, causa de una economía cada vez más dependiente. En general se aplica el interés del autor por concebir un drama que, como *Tembladera*, provoque la reflexión en torno al extrañamiento que se verifica entre el cubano y su contexto y la tragicidad a que conduce la imposibilidad del reconocimiento. La concientización de la pérdida de identidad como problema básico hace que la protagonista adopte la decisión de luchar contra todos. Es evidente que tal postura manifiesta el ideal de transformación de los intelectuales reunidos en torno a la *Revista de Avance;* el propio hecho de que Mañach se dedicara, por única vez, a la creación dramática, demuestra las ansias de renovación del grupo, y desde este punto de vista *Tiempo muerto*, aunque no alcance a traducir en términos dramáticos la aspiración, tiene el importante valor de testimoniarla.

El Tercer Premio del Concurso Camila Quiroga fue concedido a *El mundo está revuelto*, del conocido narrador Carlos Loveira. La pieza, clasificada como comedia satírica de ambiente cubano, desarrolla el tema del enfrentamiento generacional que introduce la crítica a las costumbres sociales de la clase media. Las notas de prensa,[16] únicos datos que hasta ahora se han localizado sobre la obra, refieren que fue estrenada el 6 de marzo de 1928 en el Principal de la Comedia y que hubo que contar con dos reposiciones dada la aceptación del público.

A la promoción de nuevas propuestas artísticas se debe la publicación en la *Revista de Avance* (1928) del único texto dramático conocido de Lino Novás Calvo, *El ahogao*, cuyo tema es la traición y su retribución con la muerte. Los personajes son obreros que se expresan con un lenguaje sencillo, pero sin exceso de costumbrismo, de manera que es posible hablar de realismo en la caracterización de personajes. Entre las obras escritas en estos años, *El ahogao* es la única donde encontramos una caracterización de los personajes lograda a través de un diseño de la acción cuyo desarrollo es el resultado de las diferentes actitudes asumidas por los personajes frente a la situación.

Entre los autores de estos años que crean sus obras fundamentales en la década del treinta se encuentran César Rodríguez Expósito, Eduardo Agüero Vives, Mario Sorondo y Gustavo A. Perdomo Cruz. César Rodríguez Expósito (1904-?), periodista de profesión, comienza su producción con *Humano antes que moral,* estrenada en 1933 por la compañía dramática española «Guerrero-Mendoza» en el Teatro Principal de la Comedia, con la interpretación de María Guerrero en el papel protagónico. El amor ocupa el centro temático del drama y se desarrolla a través de las diversas formas en que los personajes, pertenecientes a una burguesía acomodada, lo conciben. En general, se trata del reiterado enfrentamiento entre la virtud y el vicio, representados aquí por el amor visto como la satisfacción de pasiones carnales que conducen a las relaciones extramatrimoniales. *Humano antes que moral* se propone una crítica a la frivolidad del ambiente burgués incapacitado para distinguir los verdaderos afectos, pero al estar concebida dentro de los parámetros del drama sentimental, la obra debilita su objeto crítico. Rodríguez Expósito continúa su creación con *El poder del sexo* (1933), estrenada en 1934 en el Teatro Principal de la Comedia por la actriz Eugenia Zuffoli, y *La superproducción humana,* escrita en 1935 y publicada en 1937. Esta última puede considerarse un drama antibélico que se propone alertar al mundo sobre las implicaciones que acarrearía el estallido de una segunda guerra mundial. En el acontecer de la acción, el conflicto bélico trastoca los sentimientos humanos, y pone a la ciencia, no al servicio del desarrollo del hombre, sino a favor de su destrucción. A pesar de que la obra se clasifica como «teatro para leer», en ella encontramos acotaciones precisas en relación con la puesta en escena. Sin embargo, atendiendo a la construcción dramática sería acertada tal clasificación, justificada por los largos parlamentos reiterativos que no generan acción, sino una polémica coloquial. Sin lugar a dudas, la mejor pieza de Rodríguez Expósito es *El poder del sexo,* comedia donde la ironía se convierte en un recurso fundamental para denunciar la politiquería, la demagogia y la corrupción de la clase dominante que se rinde ante el poder del sexo de una mujer habilidosa.

En la totalidad de la creación de César Rodríguez Expósito se observa el planteamiento de conflictos relacionados con problemas sociales que priorizan situaciones de carácter ideológico y político con una finalidad didáctica en la invitación al público a reflexionar sobre los problemas y, en consecuencia, adoptar una actitud moral. Es, en definitiva, un teatro de ideas y debate social que conforma la tendencia más importante de la dramaturgia de estos años, verificable en los textos que a continuación se analizan. La primera pieza de Eduardo Agüero Vives, *Sublime rebeldía,* fue representada por el conjunto El Sembrador en la Sociedad de Torcedores el 30 de agosto de 1930 y editada en 1935. Al referirse a ella, el autor manifiesta:

Como obra de tendencia socialista que es, va a la publicidad, a sabiendas de que no serán triunfos ni glorias las que sus páginas conquisten [...] Hago teatro de ideas, tal y como lo siento. Mis personajes proceden y actúan frente a complejos problemas ideológicos, tal y como actuaría yo al hallarme frente a idénticas realidades.[17]

A pesar de todos los argumentos que pueden esgrimirse contra la calidad del texto, donde no encontramos ni caracterización de personajes, ni un movimiento de la acción generado por la aparición y resolución de contradicciones, lo cierto es que con *Sublime rebeldía* estamos en presencia de la primera obra en que las partes enfrentadas representan, de un lado, las ideas revolucionarias que el autor denomina socialistas; de otro, la religión vista como dictadura católica opuesta el desarrollo social. El enfrentamiento de las fuerzas antagónicas se expresa a través de parlamentos similares a los que citamos seguidamente:

EVANGELINA: Ya está en el aire la palabreja de moda. Revolucionario sincero, como si sinceridad y revolución pudieran unirse alguna vez.

MATILDE: Pues sí que se unen y con más facilidad que Religión y Ciencia, cuyo antagonismo salta a primera vista.[18]

Pero ocurre que para plantear estas ideas, el autor acude a un conflicto típicamente burgués: el matrimonio como una decisión familiar que responde a intereses de clase y donde todos los personajes pertenecen a las más altas esferas de la burguesía, determinando que el conflicto no rebase la situación de lenguaje y que los actos revolucionarios se reduzcan a intentos intrascendentes, quedando atrapados en el esquema de enfrentamiento de la virtud y el vicio representado por personajes que desde la situación de partida hasta la de llegada no sufren transformación alguna.

Agüero Vives continúa su producción con *El triunfo de la eutanasia, Rebelión triunfadora* y *La senda del dolor,* publicadas en el volumen *Teatro de ideas* (1948). En el conjunto de su obra se percibe el interés por la crítica a la sociedad burguesa, a la que contrapone el triunfo de la «ideología marxista» a través de la oposición entre materialistas y falsos cristianos, o el enfrentamiento entre poseedores y desposeídos. Pero, en líneas generales, en sus últimas obras no se verifican ganancias en el terreno formal o conceptual, por lo que no puede hablarse de una superación con respecto a *Sublime rebeldía.*

Luego de una larga relación de títulos estrenados —cerca de trescientos— en las diferentes compañías de teatro vernáculo para las que trabajó, Mario Sorondo se orienta hacia el teatro lírico y estrena en el teatro Regina (1929) la primera versión de *El esclavo,* zarzuela en un acto y tres cuadros con música del maestro Francisco Rojas. Dos años después, la edita, pero transformada, con la colaboración de Teurbe Tolón, en comedia «seria» en tres actos. *El esclavo* alcanza importancia en nuestra dramaturgia por ser el primer texto de la etapa en el que la lucha por la renovación política es tratada a través del enfrentamiento de clases desde la perspectiva del proletariado. Es obra que denuncia y condena a los falsos líderes, quienes confunden al proletariado con su demagogia y con el uso de la palabra fácil que se aprovecha de la incultura de la clase obrera. Entre las piezas analizadas, *El esclavo* es la más lograda. Los autores trazan un esquema argumental que reúne varias subtramas, pero ninguna traiciona el centro generador del conflicto, ubicado en la relación obreros-patrono. Hay diversidad de conductas en los personajes; así, encontramos al esclavo que se somete al patrono para conservar su puesto de trabajo, los que se le enfrentan y protestan por sus abusos, los que traicionan a su clase y se venden por dinero, y los que luchan entre adoptar una postura sumisa o de oposición, representadas por León, quien se decide por la última y se convierte después en el personaje que desenmascara el juego de los líderes, llevando al dueño del negocio a la ruina total por el triunfo de la huelga. La pieza concluye con la compra de la fábrica, que pasará a ser propiedad de los obreros que trabajan, una fórmula socialista de la propiedad, como se dice en el texto, en el que encontramos expresiones tales como «lucha contra el capital», «explotación», «obreros», «burgueses», etcétera, sin que el lenguaje pierda por ello el sabor costumbrista ni el humor característico del género, incluso en situaciones que tocan el sentimentalismo cursi, pero que se resuelven con rapidez a través del humor. En la obra está presente el personaje de la tradición picaresca, aquí con rasgos más depurados, puesto que en él se combinan el juego y la burla con la seriedad de sus objetivos, convirtiéndolo en el personaje principal de la acción y en una de las más interesantes caracterizaciones dramatúrgicas del cubano hasta ese momento. También tiene claras intenciones ideológicas y políticas *Su última ilusión* (1934), de Gustavo A. Perdomo Cruz, en la que se establece un debate entre las dos actitudes que tipifican el contexto social cubano posterior a la frustración de la guerra de independencia y la revolución del treinta. De un lado, la actitud pesimista de quienes, influidos por el fracaso de la Guerra del 95, se oponen a cualquier conflicto bélico; de otro, los que respaldan la actitud de rebeldía contra toda injusticia social. Es interesante que se ubique el inicio de la acción en

Francia, en los años de la Primera Guerra Mundial, para posteriormente continuar su desarrollo en Cuba, durante la lucha contra Machado. En el procedimiento de trasladar el lugar de acción y seleccionar para el acontecer de los sucesos períodos de crisis sociales agudas, el autor introduce, aunque de manera elemental, el concepto de la guerra necesaria, lo que le permite abordar el fracaso de la revolución del treinta desde una perspectiva que reafirma la necesidad de continuar la lucha por la independencia definitiva.

Llama la atención la forma externa de la obra dividida en ocho cuadros, todos titulados. Se destacan entre éstos los cuadros segundo y sexto. El segundo, titulado «¡Paz!», es la representación simbólica, a través de un coro de muchachas, del Armisticio. En el sexto, nombrado «Mater Dolorosa», se describe la situación del pueblo cubano, su decisión de luchar y el dolor de las madres. Esta forma de introducir los cambios de la acción hace pensar en la técnica del teatro épico brechtiano. En *Su última ilusión* no puede hablarse de la elaboración de un drama épico, pero es indudable que el autor da los primeros pasos en esta modalidad dramática.

Para el desarrollo de la dramaturgia nacional era necesaria la integración del teatro en una unidad creadora, lo cual presupone, en primer lugar, el surgimiento de un movimiento escénico capaz de formar cuadros técnicos en la dirección, la actuación, el diseño, la iluminación y la escenografía. Los pasos iniciales en este sentido fueron los *reveillons*, en el primero de los cuales, en la despedida del año 1928, se escenificó la comedia de J. M. Synge *En la sombra de la cañada*, traducida y dirigida por Baralt, y en cuya puesta participaron Jorge Mañach, Francisco Ichaso, Pilar San Juan y Rafael Suárez Solís. Al año siguiente, el mismo grupo de amigos escenificó *Los bastidores del alma*, de Nicolás Evreinoff, con escenografía y dirección del austríaco Harry Touber. Los *reveillons* se suspendieron durante los años de lucha revolucionaria y volvieron a celebrarse en 1933 y después en 1935. Estas fiestas de fin de año donde se escenificaron obras de la dramaturgia universal con conceptos novedosos de la puesta en esce-

na, fueron los antecedentes de dos representaciones de 1935, fundamentales para el inicio de una nueva fase del teatro cubano. Una fue la puesta en escena de *La muerte alegre* de Nicolás Evreinoff, por un Cuadro de Comedias de la sociedad Pro-Arte Musical, bajo la dirección de Baralt, y en la cual por primera vez se representó en Cuba una obra sin concha ni apuntador y en los programas se pedía no aplaudir en los entreactos. La segunda de estas representaciones tuvo lugar en agosto de ese mismo año, cuando para conmemorar el tricentenario de la muerte de Lope de Vega se escenificó *Fuenteovejuna* en la Plaza de la Catedral, también bajo la dirección de Baralt, quien concibió un escenario tripartito y un diseño de iluminación basado en juegos de luces con *spotlights*. Baralt consideró la representación como «el primer esfuerzo mayor de teatro de masas presentado en Cuba».[19]

Con motivo del éxito de *Fuenteovejuna* se reunió un grupo de amigos en el cafetín «La Cueva» de la propia plaza. De esta celebración surgió la idea de crear un Teatro de Arte en La Habana que se nombró «La Cueva» y reunió en torno a él un número considerable de intelectuales entre escritores, pintores y músicos. La temporada del nuevo grupo comenzó la noche del 28 de mayo de 1936 en el Principal de la Comedia con la obra de Luigi Pirandello *Esta noche se improvisa*, con traducción de Rafael Marquina y dirección de Baralt, que concibió una representación cuyas escenas acontecían entre el público e incluso en el vestíbulo del teatro. «La Cueva» continuó su trabajo con *Adúltera*, de José Martí; *El tiempo es un sueño*, de Lenormand; *La misión del tonto*, de Hausmann; *Ixquic*, de Girón de Serna y *La luna en el pantano*, de Baralt. La elección de un repertorio compuesto por obras de la dramaturgia universal de creación relativamente reciente y por piezas cubanas, conjuntamente con el uso de técnicas novedosas para el montaje, explicita los propósitos de renovación del grupo y el ideal de conformar una unidad expresiva que integrara lo cubano, lo moderno y lo universal. Pero «La Cueva» se vio precisada a concluir sus actividades por la falta de un fondo económico que garantizara el trabajo artístico, y el estado se negó a ofrecer la subvención oficial solicitada por el grupo. No obstante su rápida desaparición, a sólo ocho meses de haber sido creado, el colectivo logró sembrar la semilla de la renovación. La nueva puerta del laberinto quedaba abierta y por ella se precipitó la actividad teatral en la década del cuarenta.

Debe tenerse en cuenta que los años finales de la década del treinta, los cuales fueron testigos del inicio de la renovación teatral, forman parte de un período histórico complejo por la dinámica con que se operan las transformaciones. De manera que si en 1935 se produjo el fracaso de la huelga revolucionaria convocada en marzo, en los años finales de la década las fuerzas revolucionarias alcanzaron importantes triunfos en sus demandas, lo que está relacionado con una coyuntura favorable a la unificación de las fuerzas progresistas en la lucha contra el fascismo, produciéndose las alianzas de los gobiernos con los partidos de la izquierda.

En el teatro esta situación se refleja en un fenómeno que se produce en los finales de los años treinta, cuyo análisis —aún no realizado— podría enriquecer las consideraciones acerca de la vanguardia teatral si se tienen en cuenta los propósitos de lo que tentativamente hemos nombrado «teatro para el pueblo», el cual, aunque no consiguió un desarrollo posterior, tuvo importantes manifestaciones que fueron la expresión de una actitud de compromiso social vinculada a la lucha del pueblo español y, en general, con una ideología antifascista. Varios son los ejemplos que pueden citarse, entre ellos, la representación, en el stadium de la Polar, de *El alcalde de Zalamea* como parte de un espectáculo de cuatro horas que, organizado por la Casa de la Cultura y Asistencia Social en el mes de noviembre de 1938, fue realizado en beneficio del heroico pueblo español, y al que acudieron más de treinta mil espectadores. Al año siguiente tuvo lugar en el anfiteatro la puesta en escena de *Mariana Pineda,* de García Lorca, como homenaje a la madre española. El dramaturgo norteamericano Clifford Oddets, que se encontraba de visita en el país, asistió a la representación, e impresionado por la reacción del pueblo, que mantuvo un silencio total, en su conversación con un grupo de intelectuales, se refirió a las grandes posibilidades de los escritores cubanos para dedicarse al teatro. En el intercambio con Oddets, Carlos Montenegro prometió escribir un texto dramático, y de ahí surgió *Tururi Ñan Ñan,*[20] escenificada en septiembre de 1939 en un escenario improvisado del Palisades Park. La obra tuvo como director de escena a Paco Alfonso y alcanzó la cifra de veinte mil espectadores. Ese mismo año, Montenegro escribió *Los perros de Radziwill*, drama social sobre la lucha por la liberación nacional que ubica su acción en Kamenca, región de la Rusia Blanca. En el periódico *Pueblo* se anuncia, en 1940, la puesta en escena de la obra con la dirección de Paco Alfonso.[21] También en 1939, en el anfiteatro, fue representada *Por la ciudad anda un grito*, del cubano Reinaldo López, premiada en el concurso celebrado por el Departamento de Cultura Municipal. La relación se enriquece con las presentaciones de los apropósitos de Paco Alfonso —la mayor parte de ellos escritos en 1939— en calles, bateyes, sindicatos, y en el Anfiteatro Municipal. Estas piezas de agitación y propaganda, con fines didácticos, estaban dirigidas a amplios sectores populares, y formaban parte de un programa político del Partido Socialista Popular, en el que militó Paco Alfonso desde 1936. Y aunque, como veremos más adelante, la fundación de Teatro Popular respondió igualmente a un compromiso político, el teatro que allí se desarrolló no alcanzó el nivel de participación popular que tuvieron los espectáculos anteriormente referidos. La línea del «teatro para el pueblo», teniendo en cuenta que nos referimos a un teatro de amplia participación popular, no continuó su evolución. Es éste un aspecto sobre el que no podemos llegar a conclusiones, pero que, indudablemente, enriquece y problematiza el acontecer teatral, el cual, simultáneamente a esta experiencia, continuó su desarrollo por otros caminos de realización.

Antes de que finalice la década del treinta ocurren otros hechos significativos para el teatro. En 1935 se organiza el Concurso anual de la Dirección de Cultura de la Secretaría de Educación que incluyó al teatro, en el que se concedieron un premio y cinco menciones. La obra acreedora del premio fue *La sombra,* de Ramón Sánchez Varona; las menciones correspondieron a *Junto al río,* de Luis A. Baralt; *La oración,* de Felipe Pichardo Moya; *Chano,* de José Montes López; *Sombras del solar,* de Juan Domínguez Arbelo, y *Barrabás,* de Rafael Suárez Solís, todas las cuales constituyeron el programa inaugural del Teatro Cubano de Selección en 1938, empresa emprendida por Paco Alfonso y José López Ruiz con el interés de estrenar obras cubanas, pero que hubo de disolverse catorce días después de la apertura por no contar con fondos que le permitieran el desarrollo de sus actividades. Otros hechos significativos que cierran la década fueron la fundación el 10 de marzo de 1939 del Instituto del Teatro y del Cine de la Secretaría de Educación, para cuya inauguración se representó en el Teatro Auditorium, y después de cincuenta y tres años de creada, la ópera *Baltazar,* de Gaspar Villate y Montes. La institución fue concebida con dos objetivos fundamentales: elevar el nivel cultural en el orden escénico y brindar oportunidades para trabajar «a los cuatro mil artistas y empleados teatrales cubanos que, debiendo hallar un sustento en el teatro, se encuentran en su mayor parte desocupados actualmente».[22] Pero como se verá, estos propósitos no fueron cumplidos.

A partir de 1939 comienzan a llegar a nuestro país intelectuales y artistas que emigran de la España fascista y de otros países de Europa, entre los cuales se destacaron, por sus aportes al teatro cubano, Ludwig Schajowicz —que había sido discípulo de Reinhardt—, Lorna de Sosa, Felipe Martínez Allende y José Rubia Barcia.

En la década del cuarenta se fundan importantes instituciones: Teatro Biblioteca del Pueblo (1940), ADADEL —Academia de Artes Dramáticas de la Escuela Libre de La Habana— (1940), Teatro Universitario (1941) y el Seminario de Artes Dramáticas de la Universidad de La Habana, Patronato del Teatro (1942), Teatro Popular (1943), Theatralia (1943), ADAD (1945), Farseros (1946), Academia Municipal de Artes Dramáticas (1947), La Carreta (1948) y Grupo Escénico Libre (GEL), en 1949.

Con independencia de sus particularidades, los grupos, instituciones y revistas de la década tenían como objetivo común el desarrollo de un teatro de arte en Cuba, que suponía la creación de un movimiento escénico que lograra, a través de nuevas técnicas expresivas, la modernización de la escena y la dramaturgia cubanas. Con este propósito incorporaron las enseñanzas de los precursores y renovadores del teatro moderno: Antoine, Stanislavski, Copeau, Craig, Reinhardt, Meyerhold, Piscator y Pirandello. Entre los aportes de las instituciones fundadas, se destacan la noción de puesta en escena en su sentido moderno y la importancia del director como creador y organizador del espectáculo. A partir de la actividad de estos grupos se establece un contacto directo con la producción teatral europea y norteamericana, de forma tal que las obras creadas en estos países eran reconocidas y representadas en Cuba en un tiempo muy breve. La ausencia de una subvención estatal y el carácter privado de estas agrupaciones impusieron la función mensual y el sistema de asociados que pagaban módicas cuotas mensuales para ayudar a sufragar los gastos de las puestas en escena. El personal artístico no recibía retribución económica alguna por su trabajo, y se dio el caso de creadores que aportaron su economía personal en función del desarrollo de los grupos, pero no obstante los esfuerzos, varias de estas instituciones tuvieron una vida limitada, como es el caso de Theatralia, en cuya escena se presentó la compañía de Louis Jouvet, tal vez el mejor intérprete que nos visitó en esos años. La Carreta y el grupo GEL desaparecen en menos de un año. Farseros no tiene mejor suerte, pero fue el único grupo que logró ofrecer funciones diarias alrededor de tres meses renovando la obra prácticamente por día.

ADADEL, con la que surge por primera vez en Cuba una academia dedicada a la enseñanza del teatro, contó entre sus fundadores a figuras destacadas como Alejo Carpentier, José M. Valdés Rodríguez y Luis Amado Blanco. El español José Rubia Barcia —que había estado al frente de la cátedra del Teatro de la Universidad de Granada— asumió la dirección de la academia. Junto a los cubanos fueron profesores de la institución el teatrista hispano-argentino Francisco Martínez Allende, el director austríaco

Ludwig Schajowicz y la actriz y directora norteamericana Lorna de Sosa. El programa de estudios tenía una duración de dos años, y los alumnos realizaban presentaciones públicas como parte de su formación. La academia tuvo que disolverse en 1942.

El Teatro Biblioteca del Pueblo, dirigido por el español Rafael Marquina e inspirado en las misiones estudiantiles del Teatro La Barraca de Lorca en España, ofreció representaciones teatrales en el interior del país y conferencias sobre los autores y obras representadas, actividad que culminó en 1942.

Teatro Universitario, conducido por Schajowicz hasta 1946, se especializó en la escenificación de obras clásicas, de las cuales llevó a escena veintidós. El teatrista austríaco realizó además una labor educativa y entrenó en el dominio de la mecánica escénica a los alumnos del Seminario de Artes Dramáticas de la universidad. Cuando en 1946 Baralt lo sustituyó, la labor escénica se centró, fundamentalmente, en la representación del teatro clásico español; posteriormente se montaron obras del teatro contemporáneo, y llegó a estrenar en 1950 *El malentendido*, de Albert Camus. Bajo la dirección de Baralt, el Teatro Universitario se mantuvo activo hasta el año 1956, cuando el cierre de la universidad constituyó su fin. Esta institución formó durante sus años de trabajo a quienes serían posteriormente destacados actores y directores de nuestro movimiento teatral, entre ellos Lilliam Llerena, Roberto Blanco, Sergio Corrieri, Helmo Hernández, Herminia Sánchez, Miguel Navarro, Miguel Montesco, José A. Rodríguez, Antonio Vázquez Gallo y Erdwin Fernández.

Patronato del Teatro, fundado por Ramón Antonio Crusellas, realizó su primera función el 29 de mayo de 1942 en el Teatro América con la obra *Liliom*, del húngaro Ferenc Molnar. A pesar de las graves crisis económicas que tuvo que enfrentar, el grupo logró mantener su actividad un cuarto de siglo. En 1946 instauró el Premio Anual Talía para los mejores actores y directores de sus puestas en escena; también publicó un boletín mensual. En su repertorio predominaron las obras extranjeras: de un total

de doscientas diecisiete representadas, sólo veintiséis fueron de autores nacionales. El repertorio de esta institución incluyó obras de los más destacados exponentes del drama universal, como Chejov, O'Neill, Ibsen, Strindberg, Pirandello, Maeterlinck, Shaw, junto a otros autores de calidad dudosa.

Uno de los grupos más destacados de la etapa fue Teatro Popular, que —dirigido por Paco Alfonso— tuvo su apertura el 19 de enero de 1943, auspiciado por el Partido Unión Revolucionaria y la Confederación de Trabajadores de Cuba. La agrupación se propuso como objetivo fomentar la dramaturgia cubana y apoyar la lucha contra el nazismo. En sus dos años y medio de existencia se estrenaron veinte obras de autores cubanos de todos los tiempos, entre ellos Joaquín Lorenzo Luaces, José A. Ramos, Luis A. Baralt, el propio Paco Alfonso, Benicio Rodríguez Vélez, Oscar Valdés, Nicolás Guillén, Félix Pita Rodríguez y Luis Felipe Rodríguez. El repertorio extranjero estaba formado por obras de García Lorca, Eugenio O'Neill y Luigi Pirandello. Este grupo tuvo el mérito de estrenar en Cuba *Los bajos fondos* de Máximo Gorki y fue la única institución teatral que en la seudorrepública representó obras de la dramaturgia soviética: *Los hombres rusos* de Constantín Simonov e *Invasión* de Leonid Leonov, llevadas a la escena en 1943 y 1944, respectivamente.

Teatro Popular fundó en 1944 la revista *Artes*, que sólo alcanzó tres números, desde los cuales se divulgó la actividad de otros grupos teatrales, se presentaron autores dramáticos nacionales y extranjeros y se le concedió un espacio al desarrollo de las diferentes manifestaciones artísticas. En la revista se divulgó la inauguración del Teatro Portátil, construido a un costo de siete mil pesos reunidos con los aportes de los sindicatos para ofrecer funciones gratuitas al público en zonas populares. Teatro Popular hacía sus representaciones en el Teatro Principal de la Comedia a un costo de cincuenta centavos. La crisis económica que se manifiesta desde los primeros meses de 1945, junto a la toma de poder del gobierno auténtico de Grau San Martín, que influye en un cambio negativo de la correlación de fuerzas, deciden la suerte de Teatro

Popular. Los locales de la CTC fueron allanados y destruidos los archivos del grupo, que se despidió de la escena en junio de ese mismo año con la representación de *Yerma,* de Federico García Lorca.

Como resultado de la primera promoción de la Academia de Artes Dramáticas surge ADAD en 1945, dirigida por Modesto Centeno con la colaboración de Julio Martínez Aparicio. Como Teatro Popular, ADAD se destacó por el interés de fomentar el desarrollo de la dramaturgia nacional. Con este propósito instauró un concurso de obras teatrales en 1947. Además, en su escena se realizó el estreno de diecisiete autores nacionales, entre ellos Carlos Felipe, Rolando Ferrer, Nora Badía y Modesto Centeno. Cuando, el 11 de febrero de 1950, ADAD ofreció su última función, había dejado para la historia setenta y cuatro estrenos entre obras de autores cubanos y extranjeros, muchos de los cuales constituyeron estrenos absolutos en Cuba: de Ibsen, *Espectros* (1945), *Al despertar de nuestra muerte* y *El niño Eyolf* (ambas en 1947), y de Cocteau, *La voz humana.* Representó autores desconocidos para nuestra escena como Jean Anouilh y Leonid Andreiev. En 1947 ofreció una hermosa puesta de *Mundo de cristal* de Tennessee Williams, que se convirtió junto a Lorca en el autor extranjero más representado en la seudorrepública. ADAD introdujo en Cuba la dramaturgia de Jean Paul Sartre, de quien llevó a la escena en un programa doble *A puertas cerradas* y *La ramera respetuosa* en 1948, cuando también dio a conocer la *Juana de Lorena* de Maxwell Anderson y *La hermosa gente* de William Saroyan. En su amplio repertorio encontramos además obras de Chejov, Shaw, Wilde, Pirandello, Lorca y del mexicano Xavier Villaurrutia, junto a clásicos como Shakespeare, Lope de Vega, Lope de Rueda, Molière y Musset.

De acuerdo con la opinión unánime de los críticos y estudiosos del teatro cubano, ADAD fue el más sobresaliente de los colectivos que se dedicaron al teatro de arte. Al respecto, Magaly Muguercia afirma que ADAD fue «la agrupación de mayor alcance artístico, la empresa más seriamente entregada a la divulgación de un lenguaje teatral contemporáneo, sin perder de vista

al repertorio de autores clásicos y la dramaturgia cubana».[23] Habría que agregar a lo anterior, que a esta institución se debe la gestación de la revista teatral *Prometeo* y de la Academia Municipal de Artes Dramáticas, entidades fundadas en 1947.

La Academia fue auspiciada por la Dirección de Bellas Artes del Municipio de la Habana, y tuvo como director fundador a Julio Martínez Aparicio. Retomando lo aportado por Teatro Universitario, se concibió el plan de estudios de tres años. Los alumnos de la academia ofrecían representaciones públicas varias veces al año, y mientras existió ADAD participaron en varias oportunidades en sus espectáculos. En 1953, Mario Rodríguez Alemán sustituyó a Aparicio en la dirección de la academia, y reformó el plan de estudios acentuando los aspectos prácticos de la enseñanza. A partir de ese año, la academia ofreció cursos de escenografía e incluyó en el plan de estudios de tercer año la asignatura de Producción y Dirección en Radio y Televisión. La institución llegó a graduar ciento dieciocho alumnos entre 1949 y 1962.

La revista *Prometeo,* fundada y dirigida por Francisco Morín, logró su primer número en octubre de 1947 y continuó apareciendo hasta 1953. Durante su primera etapa (1947-1950), *Prometeo* se convirtió en un elemento impulsor para el movimiento teatral. En sus páginas se divulgó la actividad de los diferentes grupos y los autores dramáticos. La sección de crítica, llevada por Manuel Casal, valoró las puestas en escena ofrecidas por los colectivos, teniendo en cuenta desde las características del texto dramático hasta los diferentes componentes del texto escénico; a su vez, la sección «El Teatro en el mundo», desarrollada por el destacado actor y director Adolfo de Luis, informó sobre los acontecimientos más relevantes del acontecer teatral mundial. También las páginas de *Prometeo* inauguraron la polémica teatral. Pero la revista, como los grupos teatrales, siempre estuvieron amenazados por los problemas económicos, razón por la que su director, con el objetivo de recaudar fondos para sostenerla, realizó en agosto de 1948 la puesta en escena de *Ligados,* de Eugene O'Neill. Morín desarrolló una incesante actividad por mantener la publicación que, junto a *Theatre Artés* de los EE.UU. y *Boletín de Estudios del Teatro* en Argentina, fueron en ese período las únicas publicaciones del continente americano dedicadas exclusivamente al arte teatral. La segunda puesta en escena dirigida por Morín con igual objetivo fue el estreno de *Electra Garrigó* de Virgilio Piñera, en octubre de 1948. A partir de ese momento quedó constituido Prometeo como grupo teatral, y logró mantener su actividad creadora hasta 1968. La revista, sin embargo, sólo pudo editarse hasta 1953, pero desde 1950 había comenzado a cambiar su perfil y se fue convirtiendo, cada vez más, en una publicación literaria.

En los meses finales de 1949 y hasta mediados de 1950, *Prometeo* realizó, auspiciada por la Dirección de Cultura del Ministerio de Educación, al frente de la cual se encontraba Raúl Roa, una temporada de Teatro Popular en el Parque Central, donde se representaron alrededor de veinte obras entre clásicos españoles y franceses; también se incluyeron autores cubanos. En esa temporada se escenificaron piezas de Chejov, Strindberg, Tennessee Williams y *Esperando al zurdo*, la primera obra de Clifford Oddets presentada en Cuba. Pristley, O'Neill, Georg Kaiser y Cocteau tuvieron su representación en la temporada. El repertorio de Prometeo manifestó una tendencia hacia la obra de temática psicologista, junto a textos del existencialismo y el absurdo.

Los años cincuenta transcurren en un ambiente de polémica y confusión en el movimiento teatral habanero. Desde los finales de la década del cuarenta comenzó a hablarse, cada vez con mayor insistencia, de una crisis teatral debida, en gran medida, a que los grupos surgidos al calor de la propuesta de La Cueva de desarrollar un teatro de arte en Cuba, habían agotado sus fuerzas en una lucha incierta por subsistir. Con el propósito de lograr una praxis que diera estabilidad y continuidad al movimiento, factores que incidirían en la ganancia de un público, ADAD invirtió sus últimas fuerzas en conseguir la función diaria, pero la ausencia de recursos económicos se lo impidió, y tuvo que concluir su vida teatral en 1950. Otros colectivos que se

trazaron la misma meta, como Farseros y GEL, se vieron condenados a desaparecer rápidamente.

Lograr establecer la función diaria, a través de puestas en escena en las que confluyeran la calidad artística y la aceptación popular, constituyó el ideal del movimiento teatral habanero en los años cincuenta. Pero para ello era necesario entre otras cosas un cambio en la organización interna de los grupos, que hasta ese momento se habían regido por el sistema de socios. Las Máscaras, fundado en 1950 bajo la dirección de Andrés Castro y con los creadores del ya para entonces desaparecido Grupo Escénico Libre (GEL), fue el primer colectivo que se organizó en forma de compañía: constituyó elenco fijo, nombró un director artístico principal y creó una dependencia de la taquilla y no del sistema de socios. También se trazó el propósito de crear un repertorio y ofrecer funciones diarias por temporadas. Dadas estas características, Magaly Muguercia considera que Las Máscaras «marca el tránsito hacia una nueva época»[24] que tuvo su apertura el 26 de junio de 1954, cuando el grupo TEDA (Teatro Experimental de Arte), bajo la dirección de Erick Santamaría, presentó *La ramera respetuosa* en la modalidad de teatro arena, para lo que utilizó un pequeño local improvisado en el Vedado. La puesta en escena, que acentuó las situaciones morbosas del texto, logró mantenerse durante cuatro meses a salita llena, para alcanzar un total de ciento dos representaciones, cifra con la que nunca habían soñado los grupos de teatro de arte en el país.

A partir del éxito, comenzaron a construirse o adaptarse en la capital pequeños locales teatrales con capacidad inferior a doscientas localidades (algunas «salitas de bolsillo» no llegaban siquiera a cien butacas), la mayor parte de ellas en el Vedado. El 12 de noviembre de 1954, con una concepción similar a *La ramera respetuosa*, se presentó *Las criadas* de Genet por Prometeo, que iniciaba así una nueva etapa tras un receso de casi un año en sus actividades; *Té y simpatía*, del norteamericano Robert Anderson, fue el primer espectáculo concebido por Patronato del Teatro siguiendo la moda inaugurada por TEDA. El grupo abandonó el Auditorium para establecerse en Talía, la primera sala construida respondiendo a la nueva concepción teatral, y en la cual *Té y simpatía* alcanzó ciento cincuenta funciones a teatro lleno.

A partir de 1955 se fundan nuevos grupos y salas teatrales. En el mes de abril resurgió Farseros bajo la dirección de Martínez Aparicio. Por las influencias de TEDA se crea Futurarte —en el Teatro de los Torcedores— y Gama —en la Sociedad Amigos de la Música Argentina—, que emplearon la forma de teatro arena, la cual había dado nombre en mayo de 1954 al Grupo Arena. Se funda el grupo Triángulo, dirigido por Juan Guerra. La sala Hubert de Blanck se inaugura con la representación de *Hechizos* de John Van Druten, y simultáneamente hace su debut la sala Prado 260, propiedad del actor y director Adolfo de Luis, con la obra de Liliam Hellman *Infamia*, dirigida por Cuqui Ponce de León. La relación de grupos se amplía en 1957 cuando se inauguraron Los Juglares —con un espectáculo titulado *Evocación de García Lorca*, presentado en Hubert de Blanck—, Arlequín, dirigido por Rubén Vigón, y la sala El Sótano, que tuvo al frente de sus fundadores a Paco Alfonso, quien fue también el director artístico de la puesta en escena inaugural con *La cigüeña*, comedia francesa de André Roussin. Si a estos nuevos grupos se les suman Prometeo y Patronato del Teatro, que desde 1954 ofrecían sus representaciones en pequeñas salitas, es lícito hablar de un crecimiento de la actividad teatral en La Habana que, entre 1957 y 1958, contaba con un promedio de diez salitas funcionando de jueves a domingo. A este auge se le conoció en la época con el nombre de «resurgimiento teatral», cuya clasificación y significado fueron muy debatidos por los teatristas que, en muchos casos, rechazaron tal denominación por considerarla inadecuada en relación con el desarrollo cualitativo del teatro.[25]

En realidad no podía hablarse de un «resurgimiento teatral» en Cuba, cuando en esencia el teatro propiamente nacional no había sido creado. Habría que entender lo de «resurgimiento teatral» como un crecimiento de la actividad que ilustra una etapa en la que, más allá de sus limitaciones, se trata de mantener un movimiento que fue la mayor conquista de los grupos en la

década del cuarenta, tarea sumamente difícil si se tienen en cuenta los factores que atentaban contra ella. En primer lugar, a la ausencia de un público hay que agregar la competencia que en este sentido significó el desarrollo creciente de la radio y la televisión a partir de 1950 y sus implicaciones, dado que una gran cantidad de técnicos entre diseñadores, escenógrafos, luminotécnicos, actores y directores se trasladaron a esos medios que significaban un salario estable y superior al que podían ofrecer los grupos de teatro. A ello se suma la difícil situación creada con el golpe de Estado de Batista en 1952, que intensificó la crisis de la vida nacional, la cual alcanzó formas de extrema violencia. De manera que la fundación de las salitas que, en un inicio, constituyó una nueva estrategia en el empeño de dar continuidad al desarrollo teatral, dadas las condiciones desfavorables del contexto, se convirtió en lo que tal vez fuera el único medio de subsistencia al cual podía acudir el movimiento, en el que se manifestaron diversas líneas o tendencias en los años de 1954 a 1958.

Un número considerable de grupos emprendió una labor en la que se percibe la tendencia al comercialismo debido a que, con el objetivo de mantener las salas llenas, seleccionaron obras de dudosa calidad en cuyos montajes se acudió a las situaciones de doble sentido y a la morbosidad. También representaron melodramas carentes de valores dramatúrgicos, todo lo cual debilitó las búsquedas de un rigor artístico que habían iniciado los grupos de la década del cuarenta. Fueron otras tendencias las que se propusieron continuar la labor de renovación que fuera emprendida por el teatro de arte. La primera, representada por el grupo Prometeo bajo la dirección de Morín, se propuso superar cada vez más la calidad de sus puestas en escena a través de técnicas modernas del montaje.

La negativa a hacer concesiones que estimularan la complacencia y la banalidad condenó al grupo a la soledad de la representación sin público, pero el director conservó sus energías, y en julio de 1955 ofreció, con la presentación de *Calígula*, de Camus, el mejor estreno del año y una de las más destacadas escenificaciones de la historia teatral del país, la primera para la que se creó especialmente una partitura musical compuesta por Harold Gramatges.

La otra línea, aunque asumió igualmente el riesgo de mantener el rigor artístico, relacionó este propósito con la lucha por encontrar formas culturales capaces de expresar los valores de la nacionalidad y estuvo representada por jóvenes creadores vinculados como miembros o colaboradores a la Sección de Teatro de la Sociedad Cultural *Nuestro Tiempo* que, orientada por la comisión para el Trabajo Intelectual del Partido Socialista Popular, inició su labor en 1951 en estrecha relación con el grupo Teatro que, surgido el 24 de febrero de ese mismo año, colocó su sede en dicha sociedad. El grupo, presidido por Marcos Behmaras, asesorado por Paco Alfonso y compuesto por Eduardo Manet, Enrique Medina, Julio Matas, Vicente Revuelta y otros, dejó esclarecida en la declaración de principios su filiación ideológica con Teatro Popular. Patrocinado por el colectivo, José Gelada ofreció el primer cursillo realizado en La Habana sobre el sistema stanislavskiano, que influyó definitivamente en una noción del arte del actor y de la puesta en escena de los más jóvenes integrantes de la institución. Cuando Teatro concluyó sus actividades, *Nuestro Tiempo* continuó su labor a través de la Sección de Teatro reorganizada a partir de 1953, con la dirección de Vicente Revuelta y Nora Badía. A partir de ese momento se creó la nueva sección «Círculo de Estudios Teatrales», en la que se realizaron investigaciones sobre la escena y la dramática cubanas con el objetivo de apresar aquellos elementos que fueran exponentes de una genuina tradición nacional. Resultados de estos estudios fueron las adaptaciones de obras extranjeras a nuestro contexto histórico social. *Recuerdos de Berta*, de Tennessee Williams, fue la primera seleccionada con estas intenciones. El trabajo con el texto estuvo a cargo de Fermín Borges y la dirección escénica fue de Julio Matas, quién aplicó el sistema stanislavskiano partiendo de la versión hecha por Roger Vaillant. La segunda experiencia fue la adaptación de *Juana de Lorena*, de Maxwell Anderson, a principios del año 1956. Para la reelaboración del texto se unieron Vicente Revuelta y Julio García Espinosa. La obra, bajo la dirección del primero y protagonizada por su hermana Raquel, se presentó en la sala Hubert de Blanck.

La revista *Nuestro Tiempo* desempeñó igualmente un papel importante en la divulgación y valoración del movimiento teatral, pues desde sus páginas se discutieron los problemas principales que hubo de enfrentar el teatro cubano en ese período; también se publicaron estudios y obras de la dramaturgia nacional y extranjera. Respecto a esta última, en *Nuestro Tiempo* aparecieron los primeros estudios sobre el teatro japonés y también se dieron a la publicidad, por primera vez en Cuba, fragmentos del *Breve organón para el teatro*, de Bertolt Brecht, y su obra *El que dice sí. El que dice no*. La situación del desarrollo de la dramaturgia nacional fue uno de los aspectos discutidos en la Sección de Teatro; incluso Vicente Revuelta se refiere a la adaptación del texto dramático como una medida coyuntural, dada la ausencia de una dramaturgia cubana que expresara las problemáticas del contexto. Sin embargo, los autores dramáticos existían, muestra de lo cual es que en los años del 35 al 58 se creó una cantidad apreciable de obras, en la mayoría de los casos imperfectas por la imposibilidad de realizarse en la escena.

La independencia entre escena y dramaturgia es la causa principal (en cuanto al terreno artístico) que detiene la evolución del teatro nacional. En este sentido fueron pocos los directores y grupos que, como Paco Alfonso y ADAD, se interesaron por las obras de autores cubanos, priorizando sus puestas en escena. Evidentemente, y como uno de los aspectos que caracteriza al teatro de la década, ni la tendencia que se propone dar continuidad al teatro de arte, ni los proyectos surgidos en torno a *Nuestro Tiempo*, y mucho menos la tendencia hacia al comercialismo, se plantearon tareas concretas que ayudaran al desarrollo de la dramaturgia, porque en todos los casos, por una u otra razón, significaba hacer dejación de los objetivos que se habían trazado, los cuales priorizaban el trabajo escénico. A ello habría que añadir un concepto de dramaturgia cubana que no tiene la misma significación para las diversas tendencias. Como resultado, las aspiraciones de renovación de la dramaturgia de la etapa quedaron reducidas a la condición de proyectos, aunque éstos alcanzan valores que nunca antes se habían logrado en nuestra historia dramática.

En los años que median entre 1935 y 1958 escriben para la escena más de sesenta autores cuya producción supera la cantidad de cien títulos, lo que supone un promedio de cinco a seis por año, cifra que no se había alcanzado antes en la tendencia de teatro «culto». En un criterio de valor, sólo un número reducido de autores y obras hacen aportes sustanciales al desarrollo de la dramaturgia, y una cantidad aún menor, integrada por cuatro autores —Paco Alfonso, Carlos Felipe, Virgilio Piñera y Rolando Ferrer—, conforma la vanguardia dramática, cuyo principal valor reside en la aspiración de crear un teatro que a la vez de cubano fuera moderno y universal, lo cual supone la integración y superación de la tradición precedente. Este último propósito se materializa en el rechazo a la dicotomía teatro «culto» y teatro «popular» a través de caminos que posibiliten la interrelación de estas tendencias. La gestión que, por otras vías, iniciara el teatro lírico, cobrará fuerzas y un desempeño superior en la vanguardia dramática que ofrecerá su primera y más acabada expresión con *Electra Garrigó* de Virgilio Piñera en 1941.[26] También, aunque por otros caminos, las obras de Paco Alfonso, Carlos Felipe y Rolando Ferrer trazarán pautas importantes para la integración de estas dos tendencias, y sus obras constituyen el momento esencial del proceso en que comienzan a desdibujarse los límites estrictos con el enriquecimiento de las partes que, por espacio de un siglo, se habían mantenido separadas.

La lucha por lograr una verdadera dramaturgia nacional, aspiración mayor no conseguida de los autores anteriores, continuó siendo el centro generador de la actividad dramática. La irrealización del ideal, contra el cual conspiraron problemas artísticos y sobre todo extraartísticos, trajo como consecuencia que las diversas promociones no pudieran reconocerse por el cumplimiento de tareas específicas, lo cual complejiza y dificulta en grado extremo el análisis del proceso de desarrollo de la dramaturgia a la hora de establecer sus etapas. Así, el acercamiento al cumplimiento de la aspiración se verifica a través de obras y autores en los que existe una confluencia promocional. Por esta razón, estudiamos las obras teniendo en cuenta el lugar que ocupan en relación con la vanguardia. Respondiendo a este criterio pueden definirse tres grupos. El primero, integrado por las obras de José A. Ramos y Luis A. Baralt, las cuales constituyen los antecedentes de la vanguardia; ésta conforma el segundo grupo con los textos de Alfonso, Piñera, Felipe y Ferrer, pero dada la heterogeneidad de sus líneas de desarrollo, a partir de ella se van a generar tres tendencias. La primera se corresponde con un teatro de compromiso político-social que encabeza Paco Alfonso; la segunda, caracterizada por la búsqueda de la expresión nacional y la integración de los modelos de la vanguardia europea y norteamericana en la que el rechazo al contexto se da implícitamente, está presidida por Piñera y Felipe. La tercera tendencia, representada por Ferrer, incluye aquellas obras en las que confluyen los presupuestos esenciales de Paco Alfonso, junto a los de Piñera y Felipe. El tercer grupo lo compone un conjunto de obras que, aunque se proponen el tratamiento de nuevas temáticas, no logran insertarse a los presupuestos de la vanguardia, y otras que no alcanzan a rebasar los caracteres de la dramaturgia producida de 1923 a 1935.

Con *Flirt,* farsa en un acto de 1923, José A. Ramos inicia una nueva etapa dramática que incluye *En las manos de Dios* (1933), *La leyenda de las estrellas* (publicada en 1941), *La recurva,* de 1939 y publicada en 1941, y *FU-3001* (1944). *Flirt* es una obra muy breve en la que a través de la sátira se reproducen situaciones y tipos característicos de la clase media. La ironía, que se insinúa como recurso dramático en *Flirt,* va a alcanzar un mayor desarrollo en *FU-3001* con la exposición de tipos y conductas representantes del poder utilizados para criticar el autenticismo. En *La leyenda de las estrellas,* aunque se manifiesta igualmente una postura crítica, dirigida a las diferencias de clases, Ramos acude a la parábola, con la recreación de la leyenda de los amores de Júpiter y la ninfa Calisto, para aludir a la imposibilidad de relaciones entre ricos y pobres. Los mayores aportes de Ramos en esta etapa los consigue con sus obras *En las manos de Dios* y *La recurva*. El expresionismo teatral tiene en nuestra dramaturgia su primer exponente en el prólogo de *En las manos de Dios;* en él, Ramos advierte que todos los personajes son «meras creaciones del subconsciente del Doctor Prometeo [por lo que este primer momento dramático] ha de entenderse fuera de toda noción racional del Tiempo y el Espacio».[27] Pero Ramos no consigue dar continuidad a los presupuestos esbozados en el prólogo, y la obra se desarrolla atendiendo a los principios realistas con los que está más relacionado y que conforman el instrumental creativo de una de las más importantes piezas de la dramaturgia cubana: *La recurva*. La década del treinta, específicamente octubre de 1936, es el contexto seleccionado para el desarrollo de la acción que, como en *Tembladera*, transcurre en la familia, modo de representar las diversas actitudes que asumen los personajes ante las circunstancias. Pero en *La recurva*, la urgencia de una definición adquiere rasgos más trágicos que en *Tembladera*. No son los primeros años de la república y existe otro intento revolucionario frustrado; de manera que la lucha por la nacionalidad impone dos únicos caminos: la vida o la muerte. Es éste el significado que encierra la imagen en la recurva del ciclón.

Entre los títulos de Luis A. Baralt se encuentran *Taowamí* (1920), *La luna en el pantano* —premiada en el Concurso del Ministerio de Educación en 1936 y llevada a la escena del Teatro Principal de la Comedia por el grupo La Cueva, bajo la dirección del autor—, *Junto al río* (1938), *La mariposa blanca*, representada en 1948, y *La tragedia indiana* (1952), ambas de temática india. Sin lugar a dudas, las obras más importantes son *La luna en el pantano* y *Junto al río*. En esta última se trata de la diversidad de posturas que asumen los personajes en relación con la revolución del treinta y su posterior fracaso, pero la presencia de elementos del melodrama junto a la extensión innecesaria de algunas escenas, en las que sólo se producen situaciones de lenguaje, impiden el desarrollo de la acción hacia nuevas situaciones y restan valor

a los momentos de auténtico dramatismo, portadores de significados fundamentales.

No parecen obra de la casualidad las coincidencias que existen entre *La luna en el pantano* y *En las manos de Dios*, de Ramos, en cuanto a la presencia de elementos expresionistas que se insertan a la estructura realista del discurso dramático. En ambos casos, el expresionismo es la forma a que recurren los protagonistas para expresar la realidad a través de lo que ésta significa para sus individualidades, pero es también el procedimiento en el que se expresa el conflicto entre la realidad y el ideal. Por esta razón, aunque los elementos expresionistas están delimitados a un espacio del desarrollo de la acción, su presencia reclama, con la misma intensidad en ambos textos, la necesidad de renovación en la dramaturgia cubana. En *Junto al río*, más lograda que *En las manos de Dios*, Baralt, heredero de los aportes de Chejov y Gorki, introduce rasgos esenciales que caracterizan una zona de la dramaturgia posterior, la cual tuvo en Piñera y Felipe sus máximos exponentes. Nos referimos a la concepción de mundos cerrados, imposibilitados de encontrar vías de transformación, y donde la evasión, la locura o la muerte son las acciones que representan el rechazo al contexto social. Por la introducción de nuevas temáticas y recursos expresivos para la creación y desarrollo de la situación dramática, las obras de Ramos y Baralt señalan un cambio en la perspectiva estética que alcanzará un desarrollo superior en la vanguardia, de la que ellos son un antecedente.

Una de las vertientes de la vanguardia está representada por Paco Alfonso (1906-1988), quien como director de escena y dramaturgo cultivó un teatro de intención revolucionaria con una crítica explícita al contexto encaminada hacia una labor concientizadora de las masas. Dados estos presupuestos, la vocación renovadora se desplaza hacia el aspecto conceptual de sus realizaciones con el objetivo de ganar a un público de bajo nivel cultural a quien está dirigida fundamentalmente la actividad y con quien se siente comprometido socialmente. Paco Alfonso es el primero en el país en utilizar la modalidad de teatro agit-prop, surgida después de la Revolución de Octubre. A ella responden los textos, especie de apropósitos, que crea en los finales de la década del treinta, como *La razón de la cultura*, *Demandas del pueblo*, *Y vinieron las tiñosas*, entre otros, que fueron representados en sindicatos, bateyes y en las calles. Pero incluso en sus piezas más logradas como *Cañaveral* (1950), *Hierba hedionda* (1951) y *¡Yari-Yari, Mamá Olúa!*, los temas se corresponden con los problemas de las clases desposeídas, a las cuales representan los protagonistas. En el conjunto de la actividad de Alfonso se destaca su vocación de promotor que persigue el desarrollo de un teatro popular interesado en las expresiones de una cultura de los sectores más humildes de la población, aunque no ajeno a las técnicas y recursos novedosos del teatro europeo de vanguardia, y en lo conceptual estrechamente vinculado con las ideas de la izquierda internacional.

El resultado de su entrega total al desarrollo de un teatro popular con estas características se percibe en su influencia sobre un conjunto de creadores que escriben obras en función de iguales objetivos. Entre ellos se destacan, como colaboradores de Teatro Popular, Benicio Rodríguez Vélez (1910) y Oscar Valdés Hernández (1915). Las temáticas de sus obras se corresponden con un teatro de contenido político-social. Los títulos más destacados de Rodríguez Vélez son *Los hombres de mala voluntad* (1942), dedicado a la lucha de España por conservar la formación democrática del gobierno; *Vida subterránea* (1942), sobre los contingentes de trabajadores de las minas cubanas, y *Realengo 20*, escrita en 1954, y donde denuncia los desalojos. De Oscar Valdés, la crítica ha destacado dos títulos, ambos de 1944: *Las guerrillas del pueblo* (en un acto), sobre la guerra en un país atacado por los nazis, y *Nuestra gente*, dividida en tres actos, que desarrolla su acción en un barrio marginal y describe el ambiente de miseria de los suburbios de La Habana. Benicio Rodríguez Vélez y Oscar Valdés estrenaron sus obras en Teatro Popular y, en cierta medida, se debe a esta agrupación su dedicación a la dramaturgia.

Otros continuadores de la línea de Paco Alfonso y Teatro Popular fueron: Fernando de Soignie, Arturo Clavijo Tisseur, Vicente Martí-

nez (*Esmeril*) y Francisco Vallhonrat, a quienes se unen creadores de otros géneros literarios como Luis Felipe Rodríguez, Félix Pita Rodríguez y Nicolás Guillén. *El forjador de almas*, de Fernando de Soignie (¿?), fue estrenada en el teatro de la Agrupación Artística Gallega el 24 de octubre de 1942 por la compañía Muñiz-López Ruiz, y posteriormente representada en 1944 por Teatro Popular para cumplir la función ordinaria de socios. *El forjador de almas* es una comedia cuyo tema es la desigualdad social a la que se opone el «forjador de las almas», quien dedica su vida a la lucha obrera en diferentes países de Europa y América. Cuando se instala temporalmente en Cuba, promueve el conflicto social en la familia de la hermana y logra la oposición de todos los personajes al padre, representante de la clase explotadora. Arturo Clavijo Tisseur (¿?), periodista de profesión, es el autor de *Los nazi-fascistas del parque* o *Espía No. 2*, que puede considerarse una propaganda dramatizada con el objetivo de alertar al pueblo cubano contra los enemigos de la democracia. La acción se desarrolla en Santiago de Cuba, y los personajes que pertenecen al proletariado son, en su mayoría, tabaqueros organizados en el Frente Nacional Antifascista. También de profesión periodista es Vicente Martínez (¿?), conocido con el seudónimo de *Esmeril*, con el que firmó muchos de sus trabajos y crónicas sobre el acontecer social publicados en el periódico *Hoy*. Sus obras *Hombres de negocios* y *El lanzamiento* (1951) están precedidas por un prólogo de Juan Marinello en el que valora positivamente las piezas, primeras del autor, por la crítica a la sociedad burguesa, la denuncia a los enormes contrastes sociales y la situación del obrero amenazado de continuo con el desalojo, ante cuya situación se destaca la respuesta de solidaridad y unidad que se produce en la clase más explotada. En *Hombres de negocios*, más lograda que *El lanzamiento*, se consigue, a través de los recursos de la comedia, una denuncia a la politiquería y al resquebrajamiento de los principios éticos y morales que convierten a los hombres en marionetas pendientes del dinero con que los compra el hacendado para disolver la huelga obrera.

Escrita en 1944 y publicada en 1948, *SOA* (Sin Otro Apellido), de Francisco Vallhonrat, es un texto interesante en el que encontramos procedimientos del drama y la comedia sentimental, pero supeditados a un contenido esencialmente realista que, partiendo de las diferencias sociales, aborda el análisis de la familia burguesa cubana y las posibles causas de su desintegración. A través del enfrentamiento de padres e hijos se manifiesta el rechazo a los convencionalismos que propician el matrimonio por interés.

Luis Felipe Rodríguez, Félix Pita Rodríguez y Nicolás Guillén respondieron a la solicitud que hiciera Paco Alfonso a los escritores cubanos de entregar obras con un sentido popular y revolucionario, para ser representadas en Teatro Popular. De Luis Felipe Rodríguez es *Contra la corriente* (1943?), que se propone denunciar la realidad político-social del país. Félix Pita Rodríguez hace su aporte a la escena con *El relevo* (1944), adaptación de su novela original para la radio, que tenía como tema la resistencia china a la invasión japonesa, la cual, unida a otros hechos, dio lugar a la Segunda Guerra Mundial. *El relevo* fue una de las puestas más comentadas del Teatro Popular. Nicolás Guillén entregó a Paco Alfonso una pieza (para actores) titulada *Poema con niños*, que trataba el problema racial y los prejuicios que éste ocasionaba. En marzo de 1943, *Poema con niños* se estrenó en la escena del Teatro Principal de la Comedia. Su siguiente obra, *Floripondito o los títeres son personas* (1951), es una farsa para el teatro infantil.

Las obras comentadas se corresponden con los rasgos que caracterizan la dramaturgia de Paco Alfonso, quien representa, junto a Carlos Rafael Rodríguez, Raúl Roa, Nicolás Guillén, Alejo Carpentier, Juan Marinello y Mirta Aguirre, por sólo citar algunos nombres, una vertiente de la vanguardia estética, la cual sostuvo un pensamiento y una actividad artística que jerarquizaron la crítica social desde una perspectiva de transformación que se proyecta hacia un mundo de afirmaciones.

Otra postura, tipificada en gran medida por el grupo Orígenes (1944-1956), representa por igual una vanguardia artística, pero en ella la pérdida de relación con una praxis histórico-social concreta produce un desasimiento de la realidad que favorecerá el desarrollo de una concepción abstracta y metafísica del hombre y del mundo, aunque se trata también de una forma de rechazo, modo de sustraerse a una realidad que no consideran susceptible de transformación. En la vanguardia dramática, esta postura estará representada por Virgilio Piñera, Carlos Felipe y Rolando Ferrer, pero las obras de este último ilustran una trayectoria en la que se observa la ruptura con esa visión del mundo, para abrir el universo dramático hacia nuevas perspectivas. En líneas generales, la creación de estos dramaturgos presenta universos cerrados que se agotan en sí mismos, con personajes que buscan y nunca encuentran su verdadera identidad dada la imposibilidad de romper con un mundo de valores hostiles y destructivos que sólo puede conducir a la incomunicación, la evasión, la locura y la muerte. Pero, junto a estos rasgos, se destaca el propósito renovador en la aspiración de dar categoría universal a la dramaturgia cubana. Los procedimientos son diversos, pero puede apreciarse como generalidad la creación de sistemas dramáticos complejos a través de estructuras provenientes de las técnicas modernas donadas al teatro por el drama europeo y norteamericano, como una forma de asumir la contemporaneidad, pero sin que ello implique, sino todo lo contrario, dejación de lo propio.

La particularidad del mundo dramático creado por estos autores estará en dependencia de las temáticas y la selección de los recursos expresivos. Carlos Felipe —más interesado que los demás en los aportes de Pirandello y proclamándose heredero de una tradición de «Ramos a Villoch o Arquímides Pous»—,[28] tiende a la creación de personajes del mundo marginal, para los que construye conflictos complejos a través del recurso del teatro en el teatro, como sucede en *El Chino* (1947), considerada por parte de la crítica su obra más importante en estos años. La búsqueda de la identidad como sinónimo de felicidad y la prematura conciencia de la imposibilidad de encontrarla son el tema de la pieza, que ocupa un lugar predominante en las creaciones de Felipe, cuyos personajes recurren a la fantasía como medio de recuperar, o al menos de repetir, el instante en que siendo ellos mismos fueron felices, pero todo intento resulta infructuoso. Es lo que ocurre en *Esta noche en el bosque* (1939) y *Capricho en rojo* (1948). En *El travieso Jimmy* se trata, no de la búsqueda de la felicidad que se ha perdido, sino de la desconocida, dada en la necesidad de Leonelo por su madre. Esta es la obra más compleja de Felipe por las implicaciones filosóficas que introduce con la aparición de Jimmy, personaje esencial, especie de alegoría del contraste entre el bien y el mal presente en todo ser humano, pero al mismo tiempo reafirmación de la vida y la existencia. Se destaca además, en las obras de Felipe, la presencia de personajes populares que, provenientes de la tradición vernácula, ocupan un espacio importante en el acontecer de la acción.

Por su parte, Virgilio Piñera (1912-1979) prioriza en la creación del universo dramático la concepción existencialista y metafísica del hombre y del mundo que lo lleva a generar tempranamente los procedimientos característicos del teatro del absurdo. Más dotado que Carlos Felipe en el dominio del diálogo, Piñera concibe dos de las obras más importantes del período con *Electra Garrigó* (1941) y *Falsa alarma* (1948). La desintegración de la familia como imagen de la descomposición social de la república y consecuencia de la frustración de los ideales independentistas que establecieron a *Tembladera*, de Ramos, como el texto más logrado de la dramaturgia cubana durante más de tres décadas, alcanza su continuidad superadora con *Electra Garrigó* a través de recursos expresivos generadores de un discurso dramático inédito en la escena cubana. En *Jesús* (1948), la estética de la negación que apareciera como rasgo fundamental en *Electra Garrigó* alcanza categoría de tesis y se convierte, en esta ocasión, en el elemento que propicia la transición hacia *Falsa alarma*, exponente del teatro del absurdo a escala universal. En *Los siervos* (1955) y *La boda* (1957), obras menores de estos años, se reiteran en lo fundamental los recursos de sus piezas anteriores, pero en ambas se reafirma, aun desde sus limitaciones, su afán experimentador, expresión de las búsquedas de procedimientos artísticos novedosos en los que el ideal sigue siendo la integración de lo cubano, lo moderno y lo universal.

Soledad (1947), *Otra vez la noche* (1948) y *Cita en el espejo* (1948) son los títulos con que se inicia Ferrer en la dramaturgia, pero los tres permanecen inéditos y desconocidos. Su reconocimiento lo alcanza con *La hija de Nacho* (1948-1951) y *Lila, la mariposa* (1951-1954). En la primera se aprecia la influencia lorquiana en la poesía del diálogo, en el fatídico drama de mujeres sin hombres que se consumen en la soledad y las estrecheces del provincianismo, en la imagen del gallo en el gallinero, un hombre para muchas mujeres como Pepe el Romano en *La casa de Bernarda Alba*, e incluso se percibe a Lorca en las formas de asumir las tradiciones populares en los pregones y cantos que participan como generadores de la acción y elementos connotativos del drama que culminará en la locura de Eloísa. En *Lila, la mariposa*, aunque también están los aportes de Lorca —e incluso los de Tennessee Williams en una Lila que, como Blanche Dubois, es una mariposa que revolotea alrededor de la luz hasta que se queman sus alas— y todo un número de similitudes que la crítica ha ido añadiendo para demostrar su «proyección universal», el texto, a pesar de todas las presencias, no tendría dicha proyección si Ferrer no hubiese logrado, como lo hizo, la metáfora más impresionante de una sociedad que se desgasta hasta consumirse en la carencia de opciones, reduciendo al hombre al mundo de su individualidad no compartida, que sólo puede conducir a la locura y a la muerte. En contraposición a esta fatídica concepción del mundo que Lila representa, están las costureras, obreras del taller, quienes cortan el hilo endeble de la vida de Lila propiciando su muerte, la cual tiene el significado de liberación, que se reafirma en la decisión del hijo de trabajar y mudarse de casa porque esa ya «está muy vieja».[29] De esta manera, Rolando Ferrer transita de un mundo cerrado, que se agota en sus propias determinaciones, hacia la proposición de transformar esas determinaciones para propiciar la apertura. Es en este sentido que *Lila, la mariposa*, representa el tránsito hacia nuevas formas de interpretación de la realidad. La importancia y la significación que alcanzan los personajes representantes de la clase obrera en el texto, unido a la calidad conseguida en el conjunto de procedimientos para la elaboración del sistema dramático, nos permiten afirmar que *Lila, la mariposa* es la primera obra en que confluyen, integrándose, los presupuestos de las dos vertientes de la vanguardia que representan, de un lado, Paco Alfonso, y de otro, Carlos Felipe y Virgilio Piñera.

En las obras de una importante cantidad de autores de estos años puede verificarse, no en todos los casos como influencia, la presencia de líneas de creación que en sus rasgos y propósitos esenciales se vinculan a los caracteres que definen la producción de los últimos tres autores de la vanguardia.

Flora Díaz Parrado (1893-?) y Roberto Bourbakis (1919-?) desarrollan un teatro expresionista. En el contexto de la dramaturgia cubana, la primera, creadora de los ejemplares más elaborados de lo que puede considerarse un teatro de fantasía o teatro expresionista, es heredera de los aportes de Strindberg y de Valle Inclán en la concepción de un espacio donde la sensibilidad lírica surge del elemento lúdicro expresado en la interrelación realidad/fantasía y en la disolución de sus fronteras a través de la dinámica de la acción, en la que puede hablarse de una teatralización en función de la cual se genera la estructura, es decir, diálogos, personajes, tensión y conflictos. *El velorio de Pura* (1941) es su primer texto, y a la vez una de las primeras obras en la que el teatro costumbrista consigue una destacada elaboración. En la comedia hay una fina ironía que se expresa a través del diálogo, del movimiento corporal y las sonoridades del son que acompañan la intervención de los personajes, así como en la sucesión de parlamentos cuya disposición acude a la estructura musical del son, lo que nos remite a la poesía de Guillén, que ejerce su influencia en la dinámica del texto. *El remordimiento*, *Noche de esperanzas*, *El odre*, *Drama en un acto*, *El alcalde de Nueva de Leones* y *Juana Revolico* son las piezas que conforman el volumen *Teatro. Dramas y farsas* (1944). En ellas es donde se aprecian los elementos del teatro expresionista a los que hicimos mención. Entre las piezas se destaca *Juana*

Revolico, en que la autora se propone reflejar la vida y costumbres de los negros en la comunidad de Los Hoyos, haciendo énfasis en el código del honor que los distingue. Por la multiplicidad de temas y recursos expresivos, la dramaturgia de Flora Díaz Parrado reviste importancia para la evolución del teatro cubano en la etapa, y requiere una atención mayor que la recibida hasta ahora por los estudiosos del tema.

En opinión de los críticos, Roberto Bourbakis desarrolla un teatro expresionista desde sus primeros títulos: *La hostería de la sirena* (1947) y *La columna de la vida* (1949); su tercera obra, *Survey* (1950), fue clasificada por él mismo como «una aventura terrestre en un acto».[30] A través de personajes simbólicos, Bourbakis se propone, según Natividad González Freire, «demostrar el desequilibrio de la civilización»,[31] en la que la actitud de las personas estará en dependencia del lugar que ocupen en la sociedad. El último título conocido del autor, *La rana encantada* (1950), se clasificó como «comedia de magia en un acto».[32] La búsqueda de un lenguaje simbólico se aprecia además en algunas piezas dedicadas al teatro musical, como *La alegre noticia* (1939-1948), de Samuel Feijóo. En la obra, que aún no ha sido escenificada, por medio de la intèrrelación fantasía/realidad se presenta la crisis nacional con una visión crítica del problema. María Julia Casanova (1915) y Olga de Blanck (1916) crean en conjunto —la primera el libreto, la segunda la música— comedias musicales de entre las cuales se destaca, por la intención de recrear las historias a través de símbolos, *Cuento de Navidad* (1954), en la vertiente del teatro para niños.

Scherzo es el título de un volumen de Eduardo Manet (1927) que incluye tres obras, la primera de las cuales, que da título al cuaderno, fue escrita en 1948 y representada ese mismo año por ADAD. Los otros dos textos son *Presagio* (1950) y *La infanta que no quiso tener ojos verdes*, una bella leyenda de amor para niños. Manet concibe un teatro simbólico que tiene su mayor elaboración en *Scherzo*, a través de un lirismo nacido de la angustia por la pérdida de la pureza en un mundo donde los órdenes se han trastrocado y los sentimientos se han transformado hasta un total enrarecimiento en el que finalmente dejan de existir. *Scherzo* es la imagen del mundo del caos, lo que ha quedado de los hombres después de la guerra. El universo dramático de Manet recuerda, por la presencia de alegorías que expresan los conflictos internos de los personajes, algunos elementos de la dramaturgia de Carlos Felipe. El propósito de construir el texto utilizando la técnica del teatro en el teatro que se había apreciado por primera vez en Carlos Felipe, es también el interés que persigue Jorge del Busto con *El Cristo*. No parece obra de la casualidad que la pieza, publicada en 1948, recibiera mención honorífica en el primer concurso de obras teatrales celebrado en junio de 1947 por ADAD, donde Felipe fuera acreedor del primer premio con su obra *El Chino*. Pero Jorge del Busto no consigue dar una estructura coherente a su obra, farsa en tres actos que se propone criticar la moral de la época, y donde la técnica del teatro en el teatro aparece como un *deus ex machina* cuando el autor, después de llevar los acontecimientos a un punto álgido en el cuestionamiento de la religión y la existencia de Cristo, no sabe cómo concluir. La ausencia de un planteo filosófico del problema le impide desarrollarlo hasta un final consecuente con la evolución de la situación dramática.

Algunos autores de la etapa —como Gloria Parrado (1927), Ezequiel Vieta (1922), Niso Malaret (¿?) y el más joven Antón Arrufat (1935)—, atraídos por el teatro del absurdo, incorporan recursos típicos del mismo. Gloria Parrado utiliza la farsa en su obra *Un día en la agencia o Viaje en bicicleta* (1954), para satirizar el comportamiento burocrático que convierte a los personajes en objetos manipulados por papeles y cifras. El absurdo surge aquí con la presencia de lo inexplicable y la falta de sentido en las acciones de los hombres, lo que condiciona una estructura dramática ahistórica y no dialéctica. Estos elementos, aunque elaborados ahora a través de una estrategia de la acción que prioriza lo poético, caracterizan su *Juicio de Aníbal*, estrenada en la Sociedad Lyceum Lawn Tennis en 1958 y en la que se plantea el tema del individuo y sus incógnitas, sus frustraciones y sus angustias. Ezequiel Vieta crea, con *Los inquisidores*

(1956), un drama sobre la soledad, tratado desde la contradictoria relación individuo/sociedad. La necesidad de los demás, pero al mismo tiempo la invasión traumática y sin límites de la individualidad por los otros, conforman el debate. La profundidad que alcanza el tratamiento del tema provoca un desgarramiento humano de implicaciones filosóficas que generan la imbricación de irrealidad con tendencia al absurdo, sobre un poderoso sustrato de realidad por el inevitable trasfondo psicológico y social en que se sustenta el conflicto. *Los perorantes* (inédita y anterior a 1959) es un experimento con la palabra, unión de palabras que no se traducen en ideas ni cambios en la situación, por cuanto el conflicto se plantea con relación al transcurso del tiempo por cantidad de palabras pronunciadas sobre la permanencia de la situación.

Anuncia Freud a María (1956), de Niso Malaret, es una obra en un acto con influencias del absurdo de Ionesco, en la que el autor propone una estructura formal a partir de parejas dialogantes que conversan al mismo tiempo de cosas diferentes. La acción se desarrolla en el mundo onírico de la pesadilla, donde todo puede suceder. Por la fluidez del diálogo y la imaginación desbordante, el texto puede considerarse una de las más logradas obras en un acto de la tendencia del absurdo. Igualmente concebida como farsa en un acto, *El caso se investiga*, de Antón Arrufat, se estrenó en el Lyceum en programa conjunto con *Falsa alarma*, de Virgilio Piñera, el 28 de junio de 1958. Utilizando los recursos del absurdo, el autor se propone demostrar la imposibilidad del cumplimiento de la responsabilidad judicial, en esencia el mismo tema de *Falsa alarma*.

Otros dramaturgos que crean obras interesantes en los años cincuenta son Fermín Borges, Matías Montes Huidobro, José A. Montero Agüero y Ramón Ferreira. A Fermín Borges se le considera un representante de la influencia del neorrealismo en la dramaturgia cubana por la tendencia a centrar la acción en incidentes cotidianos de la vida de hombres humildes asediados por la miseria y los sufrimientos en situaciones cerradas e inmutables. En 1955 estrena en el Lyceum, en un mismo programa, sus piezas cortas *Gente desconocida, Doble juego* y *Pan viejo*, esta última publicada en *Nuestro Tiempo* en marzo de ese mismo año. Según opinión de Natividad González Freire, en la dramaturgia de Matías Montes Huidobro se «muestra ya un teatro distinto al de sus contemporáneos, precisamente en esa gigantesca aleación en que los más disímiles estilos tratan de mezclarse para lograr una pieza diferente».[33] En su primera obra, *Las cuatro brujas* (1949), el tema es la «predestinación», mientras que en el diálogo se advierte la influencia del romance lorquiano, y en el tratamiento de las escenas, «la concurrencia de todos los "ismos"».[34] Otros títulos de Montes Huidobro son *Sobre las mismas rocas* (1951), *Sucederá mañana* y *El verano está cerca* de 1954. José A. Montoro Agüero (¿?) inició su producción con los títulos *Lo verdaderamente nuestro o Desviadero 23* y *Tiempo y espacio*, ambas de 1955. El autor manifiesta en las obras un afán por reflejar el ambiente cubano utilizando el tratamiento psicológico de personajes complejos. La crítica coincide en señalar debilidades en la estructura dramática e inconsistencia en la caracterización de personajes. Con intenciones similares en cuanto al tratamiento psicológico de los personajes y el reflejo de la realidad contextual a través de la búsqueda de una poesía del drama cubano, Ramón Ferreira escribe *Donde está la luz* y *Un color para este miedo*, llevadas a la escena en la sala Prado 260 en los años 1957 y 1958, respectivamente. *Un color para este miedo* es un melodrama racial donde el autor no logra exponer las raíces sociales de esta importante problemática, mientras que *Donde está la luz* se destaca por la pretensión de conseguir un drama poético que en ocasiones alcanza notables resultados, pero que en su totalidad no logra rebasar la condición de un melodrama de pasión y muerte.

De la relación de dramaturgos que comienzan a escribir en los años cincuenta, Raúl González de Cascorro (1922-1986) ilustra con su obra una trayectoria que, desde su punto de partida, lo acerca en intenciones, no así en resultados, a los propósitos que determinaron un cambio de perspectiva en la obra de Ferrer a partir de *Lila, la mariposa*. En los textos de Cascorro se explicita el compromiso con los ideales revolucionarios a través del tratamiento de situaciones interesadas en desarrollar temas como la descomposición de la familia, la lucha político-social y la temática psicológica que se convierte en centro dramático de *Una paloma para Graciela* (1956), y acapara zonas importantes de los debates en *El mejor fruto* (1958), *El hijo* (1956) y *Árboles sin raíces* (1958). Es característico de estas obras el lenguaje realista con pretensiones poéticas, no siempre conseguidas por la explicitez de los contenidos y el excesivo sentimentalismo al que tienden los conflictos.

Las obras y autores incluidos en una relación que comienza con Paco Alfonso y culmina con Raúl González de Cascorro representan, a nuestro juicio, las líneas y tendencias más importantes de la dramaturgia a partir de la vanguardia. El análisis de los textos nos remite a la insuficiencia de un sistema dramático en el que la aspiración de crear una dramaturgia cubana capaz de integrar lo moderno y lo universal sigue siendo un proyecto inalcanzable, porque, entre otras razones ya referidas, como explica Raquel Carrió: «La pelea por la modernidad en la vanguardia artística cubana [...] encubre un sentimiento de hostilidad hacia una condición neocolonial, dependiente, pero participa ella misma —en mayor o menor medida— de las deformaciones que impone esa condición.»[35] Reafirman el criterio de la investigadora las opiniones ofrecidas por Paco Alfonso sobre sus obras:

> *Yari-Yari Mamá Olúa* y *Cañaveral* son ensayos —como debe considerarse, por ahora, toda la producción teatral escondida en gavetas, y aun representada— sobre la búsqueda de una forma, de un contenido, de un lenguaje, de unos caracteres, de un mensaje escénico nacional. No creo que esté logrado todo; sin embargo, apunta —ya eso es algo— hacia ese objetivo.[36]

Igual criterio sostiene Virgilio Piñera cuando después de repasar las obras creadas en los años cuarenta y cincuenta afirma: «No digo que las piezas de teatro producidas por esta época no hayan tenido eficacia. Para empezar, ellas son nada menos que las bases echadas de nuestro teatro actual.»[37] De aquí que Rine Leal, al estudiar las obras de Felipe, Piñera y Ferrer, hablara de una «dramaturgia de transición», teniendo en cuenta los aportes y limitaciones que ellas representan.[38]

Existe en estos años otro grupo considerable de obras, una parte de las cuales intenta abordar nuevas temáticas o conceptos del drama contemporáneo, pero no consigue, en lo esencial, aportes de interés. Otras piezas reiteran los esquemas y situaciones de la dramaturgia de 1923 a 1935. Forman parte de la primera caracterización las obras de Ramón Sánchez Varona (1888-1962) *La sombra* —primer premio del Concurso de obras teatrales convocado por la Secretaría de Educación en 1937 y representada en 1938 por Teatro Cubano de Selección— y *El amor perfecto* (1948), en las cuales se aprecia un fenómeno interesante, en tanto el autor logra, en el primer acto, una configuración dramática concebida con recursos expresivos de actualidad; sin embargo, no es consecuente con esa primera proyección, y en la medida en que la acción transcurre pierde el terreno conquistado y acude al uso de técnicas y conceptos de la dramaturgia de finales del siglo XIX. José Cid (1906), con una trayectoria dramática anterior, escribe en 1949 *Hombres de dos mundos*, con la que pretende estudiar el modo en que influyen los problemas familiares sufridos en la infancia y la adolescencia en la obra creadora de jóvenes artistas. También relacionada con cuestionamientos acerca de la creación, *El descubrimiento* (1950), de Marcelo Pogolotti, desarrolla un diálogo reflexivo que presenta dos modos de interpretar la vida a través de la sensibilidad de un pintor y un poeta. Pero en ambos casos, preocupados por dar las explicaciones más complejas al debate, los autores se olvidan del conflicto y reducen las obras al acontecer de diálogos. Igual limitación presenta *Imagíname infinita*, de Renée Potts (1908), en la que se presenta una galería de caracteres femeninos, perfectamente diferenciados, pero actuando de manera independiente sin que exista una problemática común que los integre a una acción y conflicto dramáticos. Por su parte, Manuel Aranda Muñoz, María Álvarez Ríos y Nora Badía, en *Ciclón*, *La víctima* y *Mañana es una palabra*, respectivamente, se proponen desarrollar un teatro psicológico, en tanto que Antonio Vázquez Gallo, en *El niño inválido*, insinúa el tratamiento de una psicología compleja desde una perspectiva expresionista.

Pertenecen a la segunda caracterización *La oración* (1938), de Felipe Pichardo Moya, y *Martí en Dos Ríos* (1954), de Raúl José Fajardo, exponentes de un teatro histórico. *Chano* —Mención Honorífica del Concurso de obras teatrales de la Secretaría de Educación de 1937— y *La tierra mambisa* —Mención Honorífica en el Primer Concurso de ADAD celebrado en 1947—, de Gregorio Vázquez Pérez, selecciona la temática campesina. Eugenio Florit, que colaboró en el teatro como actor y director, escribió en 1947 *La estrella*, evocación poética del nacimiento del niño Jesús. Juan Domínguez Arbelo se dio a conocer con su obra *Sombra del solar*, de 1937. Forman parte de esta relación las comedias *El árbitro* y *Punto final*, ambas de 1936, de Salvador Quesada Torres. A Mario Vaillant Luna pertenece el poema dramático *Pugna municipal*, estrenado en el Teatro Presilla de Mayarí el 10 de Octubre de 1938, y a José Escardón corresponde el monólogo *Condenado a muerte* (1936). Las comedias *Zafarrancho* (1949) y *Un extraño en la familia*, publicada en 1958, fueron creadas por Ramón Sánchez Poo y Arístides Sosa de Quesada, respectivamente.

En la década del cincuenta crece la preocupación por el desarrollo del teatro para niños que había tenido sus antecedentes en 1931 con la compañía del catalán Pedro Boquet, auspiciada por la Sociedad Infantil de Bellas Artes (SIBA) y la compañía de Roberto Rodríguez. En los años cuarenta se intensifica el interés por esta actividad, y en el Teatro Biblioteca del Pueblo, Rafael Marquina representó varias obritas para un público infantil, entre ellas *Divertimento alfabético*. En Teatro Popular va a darse en estos años la única experiencia de actores que representaron para niños, con el estreno, en 1945, de *Poema con niños* de Guillén, presentada en el horario habitual de sus representaciones para adultos. Tres años después, Paco Alfonso inicia una nueva empresa teatral dirigida al público infantil.

Contando con el apoyo de la emisora radial Mil Diez (auspiciada por el Partido Socialista Popular), el teatrista inaugura el Retablo del Tío Polilla, que ofrecía funciones gratuitas en un local de la propia emisora. El retablo también realizó representaciones en sindicatos y sociedades para la conmemoración de fechas especiales. El repertorio contó, entre otras obras, con *La caperucita roja*, *El mozo que casó con mujer brava* y *Toros en la Habana*, escrita por Paco Alfonso. El grupo tuvo una corta vida, pues dejó de existir junto a la emisora Mil Diez debido a la represión de la tiranía. También hizo aportes al teatro para niños el Grupo Escénico Libre (GEL), en el que Eduardo Manet creó un teatro de títeres en 1949, que tuvo como director artístico a Andrés Castro y como integrantes a Vicente Revuelta y Tomás Gutiérrez Alea. El grupo realizó funciones en la universidad, en diversas escuelas y ferias, y además llevó sus espectáculos a pueblos del interior de la provincia de La Habana. Formaron parte de su repertorio *El retablo de Don Cristóbal*, de García Lorca, y *La tiza encantada*, de Clara Ronay y Vicente Revuelta. A partir de 1951 se encargó del guiñol, que realizaba sus actividades en la Sociedad *Nuestro Tiempo*, Beba Farías, quien en enero de 1955 inauguró un pequeño local que llamó Titirilandia, en el que ofrecía funciones diarias con cartones y títeres y donde estrenó *Floripondito o los títeres son personas*, de Guillén. En mayo de 1952, Dora Carvajal dio al antiguo grupo La Carreta, nacido en 1945 y de muy corta vida, un carácter titiritero. El retablillo de La Carreta inició sus actividades con una exposición sobre títeres en el Lyceum, donde continuó su labor, lo que le permitió la creación, en 1954, de un nuevo grupo Guiñol, anexo a la biblioteca infantil de dicha sociedad. El teatro de títeres de los hermanos Camejo, fundado en los inicios del año 1950, fue el de mayor importancia. Llegaron a construir todos sus muñecos con la técnica del papier machié. A partir de 1955 realizaron funciones semanales, y posteriormente crearon el Guiñol Nacional. En 1956 editaron la revista *Titeretada*, que sólo alcanzó tres números en esta etapa, en los cuales se publicaron obras del teatro para títeres, y a través

de gráficos se enseñaba la fabricación de títeres y retablos. Además, se explicaban las actividades que trimestralmente realizaba el Guiñol para el fomento del teatro para niños. A petición de los hermanos Camejo, Dora Alonso comenzó a escribir piezas para niños, de tema cubano, la primera de las cuales fue *Pelusín y los pájaros* (1956), con la que nace para nuestra escena Pelusín del Monte, un niño campesino que posteriormente aparecerá en otras piezas hasta convertirse —por medio de la literatura, la radio, la televisión y el teatro— en un personaje muy conocido del público infantil.

También en la década del cincuenta, en la provincia oriental, específicamente en Santiago de Cuba, surge el interés de encaminar el desarrollo teatral hacia nuevas formas. Con este objetivo, en octubre de 1956, la Universidad de Oriente contrató a Francisco Morín, a quien se le encomendó la tarea de fundar el Teatro Universitario. Con estos fines comenzó a impartirse en una de las aulas de la Facultad de Ingeniería un seminario de actuación en el que trabajaron como profesores el propio Morín, José Antonio Portuondo y Francisco Prat Puig, quienes impartieron clases de expresión corporal y técnica de actuación, literatura e historia de la cultura, respectivamente. Pero debido a los acontecimientos del 30 de noviembre de 1956 y el desembarco del «Granma», la tiranía acentuó la represión en la ciudad. La ausencia de garantías determinó que la universidad interrumpiera sus actividades académicas, por lo que el seminario de actuación se vio obligado a concluir. Ante esta situación, el doctor Portuondo sugiere al director de la Galería de Artes Plásticas, Antonio Ferrer Cabello, la posibilidad de que el grupo incipiente continuara su trabajo en la institución. Fue así como la Galería de Artes Plásticas de Santiago de Cuba —homóloga de la Sociedad Cultural Nuestro Tiempo, pues ambas estaban orientadas por la Comisión para el Trabajo Intelectual del Partido Socialista Popular— abrió sus puertas a la actividad teatral, y en ella se inició, el 14 de febrero de 1957, una temporada de teatro arena que presentó tres programas con obras de los clásicos españoles, de Chéjov, de Maeterlinck y de Alejandro Casona.

Terminado su contrato, Morín regresó a La Habana; también dejaron el grupo algunos de sus miembros, influenciados por la propaganda de la tiranía contra la Galería de Artes Plásticas, dada su activa participación en la lucha contra la dictadura. Por estas razones recesó el trabajo teatral, situación que fue salvada por la directiva de la Galería, debido a que el movimiento revolucionario necesitaba, para acometer algunas acciones, de la continuidad de las representaciones teatrales. Respondiendo a ello, los jóvenes teatristas asumieron solos la empresa y llegaron a estrenar, el 25 de mayo de 1957 y bajo la dirección de Raúl Pomares, *La zapatera prodigiosa* de Federico García Lorca, con la que se dio inicio a una nueva fase de trabajo. El segundo programa de esta etapa estuvo conformado por obras de Chéjov y el drama social *Jinetes hacia el mar*, pero sólo pudo mantenerse del 25 al 29 de junio.

En febrero de 1958, los teatristas habaneros celebraron el Mes de Teatro Cubano. A este propósito contribuyó la mayor parte de las salas de la ciudad para conformar una cartelera que incluyó alrededor de ocho piezas de autores nacionales, entre ellas *Electra Garrigó* y *La boda*, de Virgilio Piñera; *Ya no me dueles, luna*, de Paco Alfonso; *Un color para este miedo*, de Ramón Ferreira, y *La víctima*, de María Álvarez Ríos. La revista *Nuestro Tiempo* dedicó varias páginas a los resultados del Mes de Teatro Cubano, entre los que sobresalió la acogida del público. Al respecto, se planteó:

Salas resignadas al cuadro de claros desoladores en sus butacas, se veían ahora colmadas. Había, pues, un apetito de teatro cubano insospechado para los organizadores de nuestras salas. ¡Cómo se ha preterido a nuestros creadores! ¡Qué injusta ha sido la preferencia por obras foráneas anodinas y mediocres![39]

La respuesta del público explicitó la ausencia de la correspondencia entre la escena y la creación dramática, causa que generó los problemas fundamentales de nuestro desarrollo teatral por mucho más de cincuenta años. Pero buscar a los responsables sería una acción sin resultados. En el laberinto, la única puerta que podía conducir a la solución aún permanecía cerrada. Sin embargo, los teatristas no se rindieron, y un grupo de ellos, entre los que se encontraban Raquel Revuelta, Pedro Álvarez, Sergio Corrieri y Vicente Revuelta, dieron a la publicidad, justo en el Mes de Teatro Cubano, el manifiesto de la fundación de Teatro Estudio que, como parte de sus presupuestos artísticos, planteaba:

Esperamos crear [...] una conciencia en nuestro público: hablar a nuestro pueblo, como él espera y tiene todo el derecho de exigir, de sus necesidades, de sus alegrías y tristezas, en fin, de sus intereses, ya que es con él con quien hemos de dialogar necesariamente.[40]

¿Cómo justificar el optimismo de estos teatristas? El diálogo con un pueblo que se convirtiera en público teatral había sido un sueño irrealizable. Entonces, ¿acaso sabían estos hombres de teatro que el primer proyecto de nación, la puerta perdida del laberinto, iba a encontrarse en 1959?
[B. R.]

2.6.2 J. A. Ramos. F. Díaz Parrado

Después de *Tembladera* (1916-1917), el texto más representativo de la expresión dramática nacional por más de veinte años, José Antonio Ramos hace una pausa de siete años en su dedicación al fomento y desarrollo de una dramaturgia y un teatro nacionales. Llama la atención que el autor decidiera detener la praxis dramática justo cuando arribaba a su madurez. Sin embargo, no estamos ante una paradoja; Ramos dramaturgo fue al mismo tiempo periodista, narrador, ensayista y diplomático, y a esta última actividad estará dedicado desde 1917 y hasta 1932 ininterrumpidamente. No obstante, fue éste un período que favoreció su desarrollo intelectual, años de intensos estudios literarios encaminados en lo fundamental al conocimiento del proceso evolutivo de las letras en Norteamérica, cuyos frutos quedaron recogidos en su ensayo *Panorama de la literatura norteamericana 1600-*

1935 (1935), de indiscutible valor e interés, no sólo como material crítico e informativo, sino como cercana referencia a rasgos que, por contaminación, asumirá el teatro de Ramos en lo que podemos considerar la segunda y última etapa de su creación dramática, conformada por los siguientes títulos: *Flirt* (1923), *La leyenda de las estrellas,* publicada en 1941, pero de creación anterior a 1933[41] y estrenada en el Cuadro Escénico de Bellas Artes de La Habana en diciembre de 1935; *En las manos de Dios* (1933), *La recurva* (1941) y *FU-3001* (1944), estas dos últimas llevadas a la escena por Teatro Popular.

La lectura de *Flirt* —pieza en un acto de breve extensión aparecida en la revista *Social*—[42] provoca sorpresa; en la obra nos cuesta reconocer al autor de *Tembladera*, especialmente por la forma que selecciona para su elaboración. Comedia es el género en que la ubica Ramos, pero antes la ha nombrado «conato de drama», respondiendo esta denominación al valor semántico del término que identifica el flirt como acto que se inicia y no llega a concluir. De manera que el flirt no sólo caracteriza la relación de la esposa del abogado con el secretario, sino que identifica a la totalidad de las relaciones entre los personajes. Pero lo que más importa es el humor y el choteo con que el autor conduce la situación, una burla a la vida ociosa de la burguesía media, a la vez que certera crítica a la concepción de la política como asunto doméstico. El desenfado para contar la fábula se debe en primer lugar a que el autor desecha todo lo accesorio para concentrarse únicamente en la acción. Algo similar ocurre en *La leyenda de las estrellas,* pieza en un acto dividido en cuatro escenas, aunque de mayor extensión que la obra anterior. El autor construye una parábola a partir de la leyenda de los amores de Júpiter con la ninfa Calisto. Sabiamente, Ramos logra insertar cada suceso de la leyenda a la fábula que le interesa desarrollar. Es así como consigue un discurso totalizador en el que las parejas dialogantes: El Viejo/El Joven y La Señorita/El Señorito, representan clases opuestas identificadas por una cosmovisión del mundo totalmente diferenciada. Del contraste de las clases emana el mensaje: la verdad para los poderosos es «la leyenda de las estrellas»; ellos tienen derecho a la sublimación de la realidad, pero en la vida de los desposeídos no hay espacio para la poesía.

En las manos de Dios ha sido una obra poco estudiada por la crítica, y sin embargo, es una de las más interesantes de la dramática nacional en los primeros treinta años del siglo, condición que no resulta de una conseguida perfección dramatúrgica, sino de la diversidad de recursos expresivos para la concepción del universo dramático y de una estrategia autoral inédita que se propone unificar diferentes procedimientos, algunos de los cuales nos remiten a zonas de la dramaturgia contemporánea que permanecían desconocidos en nuestro ámbito teatral.

A través de la vida del doctor Prometeo, para quien el sentido de su existencia reside en la investigación científica, Ramos enfrenta ciencia y religión, elemento rector de la fábula que se propone demostrar la responsabilidad e idoneidad de la ciencia para destruir el azar, vencer el círculo de la fatalidad y acudir a la salvación del hombre «arrancándolo de las manos de Dios». El conflicto, entonces, resulta de la contienda en que participan religión, azar e idealismo enfrentados a ciencia, causalidad y, en general, materialismo, con una fuerte dosis de pragmatismo y también de anarquía. Pero lo más significativo del texto es el modo en que el autor se propone conseguir la correspondencia entre los aspectos conceptuales y las formas expresivas procedentes de la adopción de dos estéticas perfectamente diferenciadas: el expresionismo, al que se acude en el prólogo para la ejecución del azar, y el realismo, lenguaje adoptado para el desarrollo de los dos actos, y por consiguiente el momento de la historia representativo de la madurez del Doctor Prometeo. Estos elementos complejizan la relación forma-contenido que nos remite a aspectos de importancia en la formulación dramática no observados en sus obras anteriores.

Con *En las manos de Dios* estamos en presencia del primer texto de la dramaturgia cubana en que aparecen elementos expresionistas, elegidos para la creación de una atmósfera escénica capaz de remitirnos al subconsciente como lugar de la acción. Para ello, Ramos hace las siguientes especificaciones en el prólogo:

> Todos los personajes son meras creaciones del subconsciente del Doctor Prometeo.

> El prólogo ha de entenderse fuera de toda noción racional de Tiempo y Espacio.[43]

Ahora compárense las orientaciones de Ramos con las realizadas por Strindberg en la «Advertencia» a *El ensueño*: «...Todo puede acontecer, todo es posible y verosímil. Tiempo y espacio no existen...»[44]

Tanto el Doctor Prometeo del prólogo como los personajes de Strindberg actúan en una atmósfera de irrealidad que para el sueco es «la conciencia del ensueño», en tanto que para el cubano constituye el espacio de la irreflexión, protector de los instintos y propiciatorio del azar que la ciencia tiene la responsabilidad de suprimir. Es evidente que para la creación de *En las manos de Dios*, Ramos realizó un estudio profundo de *El ensueño* que no sólo se advierte en las semejanzas, sino también en las cuidadosas diferencias ideadas para refutar el énfasis que alcanza en la obra de Strindberg el mundo místico, el sentido trascendentalista de la existencia impregnado de las influencias del budismo y de la filosofía de Swedenborg.

Sin embargo, aunque la obra de Strindberg constituye una fuente de consulta importante, el modelo elegido es *Más allá del horizonte* de Eugene O'Neill, también expresionista y confeso deudor del dramaturgo sueco, pero con un apego especial al realismo que el autor cubano enfatiza en sus apuntes de la obra referida, sobre la que afirma:

> ...es la perfecta tragedia moderna: la clara noción para el espectador, de como un simple paso, una resolución sin importancia, que no los dioses de antaño, puede determinar en un instante nuestra felicidad o nuestra desdicha. El ambiente y detalles del drama, además, tienen un inconfundible sabor de veracidad. Y de veracidad importante, creadora.[45]

La valoración de Ramos esclarece los propósitos que se trazara con *En las manos de Dios*, lo que al mismo tiempo nos permite ubicar con mayor precisión las imperfecciones del texto, las cuales no provienen del intento de encontrar en la unificación de expresionismo y realismo la correspondencia forma-contenido, sino de la tendencia a crear situaciones de lenguaje generadas por un discurso ensayístico que, al imponerse, debilitan la coherencia del sistema dramático, rasgo que caracteriza su producción hasta *Tembladera*, pero que logra superar en *La recurva*, su obra más conseguida de esta etapa y, en general, la de mayor proyección dramática. La década del treinta, específicamente octubre de 1936, es el contexto histórico seleccionado para el desarrollo de la acción. Ramos encuentra en la recurva del ciclón la metáfora más elocuente para apresar la realidad social. Como en *Tembladera*, la acción transcurre en la familia, y también como en aquel texto estarán reflejadas las diversas actitudes asumidas por los personajes ante las circunstancias. Pero si en *Tembladera* el debate se planteaba en torno a la defensa de la nacionalidad en contradicción con las posturas de entreguismo y sumisión a la invasión del capital norteamericano, en *La recurva* se trata de una definición en que la lucha por la nacionalidad impone solamente dos caminos: la vida o la muerte. *Tembladera* manifiesta el principio de la lucha; *La recurva*, el momento crítico, el clímax que ha tenido como antecedente dos revoluciones frustradas que se reúnen y representan en esta obra a través de los personajes Juan de la Maza, de sesenta y cinco años y padre de familia, y Eulogio Pradillo de la Maza, el más joven de los hijos. Entre ellos dos, Juan, el otro hijo, de treinta y nueve años, cuyos ideales fluctúan como la economía cubana: de sargento de la guardia rural a colono en época de la danza de los millones; de colono arruinado en 1931 con la depreciación del azúcar, a conspirador y revolucionario, hasta que la caída de Machado y el «renacer» económico de los años siguientes lo convierten nuevamente en miembro del ejército. El resto de los personajes, la madre, y Andrea, esposa de Juan, temiendo por los niños, rezando para no morir, forman con sus oraciones un coro al que se suman el aullido del perro y el viento.

Pero la recurva no es sólo la del ciclón, sino también la de Eulogio, quien nuevamente perseguido, regresa a su casa para instalar el debate político en medio de la amenaza que el ciclón cierne sobre ellos. En el debate opera como símbolo la casa de los ricos, poderosa, deshabitada, desentendida del temporal que nada podrá contra ella, mientras el terraplén construido para su servicio y sin un desagüe apropiado, se convierte en amenaza al detener las aguas y provocar la inundación en la casa de los campesinos. La situación, tanto en el debate político como en la naturaleza, se va agudizando; la casa se convierte en vórtice del ciclón, y ante la perspectiva de morir encerrados, Eulogio decide buscar la dinamita para volar la alcantarilla y dar paso al agua acumulada. Juan se le opone defendiendo la casa de los burgueses; en la lucha se abren las puertas y el viento entra en la casa, al tiempo que Eulogio y Juan se hunden en la vorágine del torbellino. El significado de la tragedia se abre entonces a su comprensión: las fuerzas opuestas, atrapadas en un mismo contexto, desunidas y, sin embargo, explotadas por igual, sostienen con sus actitudes la crisis de la seudorrepública y explica, en alguna medida, el fracaso de la revolución del treinta.

En *FU-3001*, Ramos critica el autenticismo. La obra es una exposición de tipos y conductas que aportan una visión sobre la ausencia de ideales en sectores dedicados a la política en la república mediatizada. La carencia de convicciones que impide a los personajes asumir una postura definida es el elemento seleccionado por el autor para introducir el choteo en la peculiar interpretación que tiene del mismo «como una fuerza represiva contra los excesos, extralimitaciones de todo género...»[46] Sin embargo, los aportes que pudo añadir este concepto a la riqueza del texto encontraron una poderosa resistencia en la extensión de la obra concebida en tres actos, estructura inapropiada para los propósitos dramáticos que pierden eficacia cuando la burla y la ironía quedan diluidas en el esquema realista de afán moralizador.

Los mayores aportes de Ramos en esta etapa los consigue con *En las manos de Dios* y *La*

recurva, obras que, desde sus modos diversos de concebir el discurso dramático, señalan la necesidad de encontrar nuevas formas expresivas para el desarrollo de la dramaturgia cubana. Ramos aprendió del drama norteamericano la vitalidad del acto único y sus enormes posibilidades expresivas que requieren, como él supo hacerlo en *La recurva*, concentrar la acción, para lo que resulta imprescindible la rigurosa selección del discurso y su interrelación con las acciones de cada personaje, una correspondencia entre el contexto exterior y los caracteres enfrentados, así como una fuerza dramática sólo alcanzable cuando el creador, más que un observador, es un activo participante de la historia. Esta última cualidad habla de una postura de vanguardia que hace de Ramos el autor más representativo de su generación, a la que trasciende por una visión de futuridad que, en última instancia, le permitió proponer nuevos caminos para la renovación de la dramaturgia nacional.

La propuesta expresionista realizada por Ramos con *En las manos de Dios* no alcanza continuidad hasta *La luna en el pantano* (1936) de Luis A. Baralt, quien, como su antecesor, inserta recursos de esta estética a una estructura realista del discurso dramático, la cual continúa predominando en la configuración del texto. De manera que no puede hablarse en términos de una definida concepción expresionista en la dramática nacional hasta los inicios de la década del cuarenta con la dramaturgia de Flora Díaz Parrado.

No sería exagerado afirmar que después de Gertrudis Gómez de Avellaneda y hasta Flora Díaz Parrado, no encontramos en nuestra dramática una voz femenina original, hermosa en la captación de lo teatral contemporáneo por las mágicas invenciones para expresar un modo cubano de ser y de sentir desde una finísima percepción de la realidad que se hace teatro para dialogar sin fronteras. Así entendemos la dramaturgia de Díaz Parrado, de sólo siete obras y dada a conocer entre 1941 y 1944.

El velorio de Pura (1941)[47] fue clasificada por la autora como «una comedia de costumbre cubana [...] sin ínfulas —dice— que aspira a expresar por medio del ritmo y de la plástica un modo de sentir cubano, riendo cuando llora y bailando sus tristezas al compás de su llanto».[48] Y en efecto, la expresión de nuestra identidad se realiza a través del ritmo creado por las diversas cadencias de las palabras y sus múltiples combinaciones con la gestualidad, a las que se añaden las paradójicas situaciones provenientes de la escenificación de un típico velorio cubano en el que la muerte consigue una extraña amalgama de cotidianidad y trascendentalismo. Así pueden resumirse los rasgos más sobresalientes del texto, cuya fábula sencilla se sostiene por un suceso inusitado que pertenece a la prehistoria de la obra: Pura, la cuarta hermana de una familia de solteronas, decidió ahorcarse, y en una carta expuso la causa del hecho: «...Yo muero... decepcionada de amor».[49] Los cuestionamientos en torno a la situación y las apariciones del Bobo en los momentos en que se habla de la honestidad y pureza de la difunta crean el enigma, rodeado de fina ironía y humor, pero enigma siempre, sobre la indescifrable verdad que encierra la decisión de morir.

Por la elección de un tema cuyo tratamiento permite unir lo doméstico a lo trascendental, y por la peculiar manera de decir, esta obra se relaciona con la concepción dramática lorquiana, sobre todo en la búsqueda de una poesía del teatro que fue el mayor aporte del poeta español al drama contemporáneo. Pero en este sentido, *El velorio de Pura* presenta, como rasgo distintivo, la creación de una poesía del teatro a través de las sonoridades del son, de pausas, reiteraciones, deletreo de palabras, que denotan como fuente de inspiración la poesía de Nicolás Guillén.

Resulta imposible determinar las fechas de creación de las restantes obras de la autora, incluidas en el volumen *Teatro. Dramas y farsas* (1944). Los títulos son los siguientes: *El remordimiento, Noche de esperanzas, El odre, Drama en un acto, El alcalde de Nueva de Leones y Juana Revolico.*

Cuatro dramas y dos farsas integran el libro, estas últimas: *Noche de esperanzas* y *El alcalde de Nueva de Leones*. Aunque ambas obras responden a la clasificación de farsa, en ellas encontramos recursos expresivos de la comedia de magia. Se trata de una simbiosis de los géneros en que lo grotesco reduce sus efectos por el predominio de los procedimientos mágicos, por la presencia de lo maravilloso y lo espectacular, a través de la intervención de personajes fantásticos con poderes sobrenaturales que tienen la función de contrapartes. Estas figuras ejercen el poder sobre personajes que, como la Vieja en *Noche de esperanzas* y el Alcalde de Nueva de Leones, presentan debilidades que los conducen al ridículo: el fanatismo religioso en la Vieja, y el amor desmedido por el dinero en el Alcalde. Lo relevante, y en ello consiste el valor de la simbiosis de los géneros, es que la presencia de lo maravilloso no tiene como objeto generar estados de ánimos que alejen al preceptor de la realidad cotidiana; por el contrario, se crea un proceso dramático en el que lo fantástico conduce al enfrentamiento con la realidad, a su conocimiento y a la crítica. En este sentido, Díaz Parrado se acerca a la estética del esperpento de Valle Inclán.

El remordimiento, obra que inicia el volumen, es, como la clasifica su autora, un «drama de la conciencia»,[50] razón por la que el conflicto se realiza en términos de un juego abstracto cuyo punto de partida reside en la conceptualización del crimen «como una comedia desorbitada que juega el papel en la conciencia del ser, un personaje que no sabe ciertamente a dónde va»,[51] o como lo define el Monstruo: «...el crimen es lo que es, una representación teatral...».[52] Respondiendo a esta definición, la obra en su totalidad se realiza como teatro en el teatro, raro ejemplar en el que no encontramos de manera explícita las usuales fronteras entre obra «externa» y obra «interna», pues la conciencia es el único escenario de los acontecimientos, y lo que allí se juzga es la existencia de las fronteras entre culpabilidad e inocencia en el asesinato de los padres cometido por la Muchacha, cuya causa se relaciona con un conflicto generacional y la pérdida de la individualidad que éste ocasiona.

Con la liberación de las fuerzas opresoras del subconsciente, responsable del asesinato, la Muchacha —protagonista y único personaje real, salvada por el Ángel, guardián de la conciencia inocente— queda libre de culpas. La Casa del Crimen es cerrada por la Alcahueta, y los espectros regresan al cementerio, lugar de donde habían salido para representar el drama. El mensaje es elocuente: el crimen se condena porque contradice una noción ética, pero la liberación (que supone la reconciliación con la norma alterada) es posible cuando se trata de la defensa de la individualidad, aquí relacionada con la ley humana que prescribe la natural sucesión de las generaciones a las que les corresponden momentos limitados del poder. Contradecirle es una acción unilateral irreconciliable con la ley moral, de aquí que se le considere un «crimen» que exige por retribución la muerte, siendo ésta el único medio propiciatorio del restablecimiento del orden psicosocial.

En *El remordimiento*, como en *Electra·Garrigó* de Piñera, el tratamiento del conflicto generacional a través de situaciones límites nos remite a la condición de Cuba como país dependiente, pero, además, lleva implícita una problemática ontológica que complejiza en grado extremo el universo dramático y sus connotaciones.

La lucha por el poder, en sus diversas variantes, es un tema recurrente en la dramaturgia de Díaz Parrado. Para desarrollarlo acude en *El odre* —drama simbólico en dos actos— a un conflicto en el que intervienen hombres, muñecos y duendes enfrentados por la apropiación del odre. La fantasía delirante se convierte en un recurso de bellísima teatralidad que recrea para el espectador la fiesta de la ambición humana. La lucha por la posesión se efectúa a través de un combate cruento en el que los últimos sobrevivientes son destruidos por la tempestad, respuesta de la naturaleza traicionada.

Más cercana al realismo que las anteriores, *Drama en un acto*, a través de sucesos enmarcados en la cotidianidad, desarrolla el conflicto entre la crudeza de la realidad y el ideal que constituye el sueño de amor de una muchacha campesina. El amor concebido como entrega espiritual por la joven, y como deseo carnal por el ex presidiario, determina la hondura del enfrentamiento. Esta obra puede considerarse un estudio de los instintos humanos y la diversidad de respuestas en dependencia de los sexos.

Juana Revolico es la más ambiciosa de todas las piezas incluidas en este volumen; en ella, Díaz Parrado se propone contar una historia de amor

capaz de expresar las costumbres, la moral y la religión de los negros del barrio de Los Hoyos en Santiago de Cuba. Para ello selecciona como contexto de la acción los festejos del Día de Santiago. Entre la música de las tres congas —*Arrollando, Lo yanqui y Lo mambí*— se desarrolla la fábula, cuya protagonista, la negra Juana Revolico, desata la tragedia a causa de un amor no correspondido.

A través del triángulo amoroso y la reacción de los personajes que en él intervienen, la autora se propone y logra elevar a rango dramático la vida de este sector marginado. La música del carnaval, la presencia escénica de las comparsas, la teatralidad que emana de las ceremonias religiosas, como la intervención de las divinidades y la transgresión de los códigos éticos que conduce a la muerte, pero cuyo castigo sólo pueden determinar los dioses, son los elementos utilizados para crear una obra que, sin traicionar la estética expresionista, refleja la vida de este sector social. Díaz Parrado fabula una realidad en la que los hombres y mujeres que a ella pertenecen tienen la libertad de expresarse con su propio lenguaje, un lenguaje particular y también universal como lo son el amor, los celos, la muerte y sus efectos en los seres humanos.

Cuando para referirnos a *Juana Revolico*, y en general a la totalidad de la obra de Díaz Parrado, destacamos la presencia de un lenguaje particular y también universal, la enunciación de los términos no indica el orden estricto que ellos ocupan en un proceso de creación donde varía la estrategia del procedimiento. De lo que se trata, en última instancia, es de expresar una finalidad, una aspiración esencial de la dramaturgia cubana que tuvo en Ramos y en Baralt sus antecedentes y alcanzó con las obras de Paco Alfonso, Virgilio Piñera, Carlos Felipe, Rolando Ferrer y Flora Díaz Parrado, el rango de vanguardia en la expresión dramática nacional.   [*B. R.*]

2.6.3 Teatro Popular y la obra de Paco Alfonso

La presencia de Teatro Popular en la escena seudorrepublicana constituye el más fehaciente ejemplo de agrupación progresista, vinculada a los intereses del proletariado y con una proyección artística que evidencia líneas de afinidad con el llamado realismo socialista. Con su creación en noviembre de 1942 —apoyada conjuntamente por el Partido Socialista Popular y la Confederación de Trabajadores de Cuba— se aúna la experiencia de las Brigadas Teatrales de la Calle (que desde 1939 hacían teatro de agitación y propaganda proletaria), con un marcado interés por sentar las bases en la búsqueda de una expresión nacional a través de un teatro de arte[53] que recogiese tanto lo mejor de nuestras tradiciones como las inquietes del acontecer inmediato nacional y universal. Bajo el lema «El arte al servicio del pueblo», su junta de gobierno y dirección, presidida por Francisco (Paco) Alfonso Hernández (1906-1979),[54] afirmó el lugar que le corresponde al teatro como vehículo ideológico para transmitir las ideas revolucionarias del pueblo, y propició la divulgación de obras de autores cubanos; para ello no sólo se valió de los ya conocidos, sino que intentó, fundamentalmente, el surgimiento de nuevos dramaturgos, cuyas obras eran representadas para un público específico e inusual: la clase obrera.

La primera función, realizada en el salón de actos del Sindicato de Tabaqueros, marcó la pauta de la línea de trabajo a seguir: en esa oportunidad, tras las palabras de presentación a cargo de Lázaro Peña, entonces Secretario General de la CTC, se estrenaron dos piezas en un acto: la primera abordaba la vida de los campesinos cubanos (*Con los pies en el suelo*, de José Luis de la Torre), en tanto la otra constituía un episodio de la lucha contra el fascismo (*Guerrillas del pueblo*, de Oscar Valdés). Las obras, de endeble factura, son portadoras de ese contenido revolucionario y partidista que caracterizó a Teatro Popular. De aquí en adelante, el grupo continuó presentándose al público en el Teatro Principal de la Comedia —su sede permanente— y en ocasiones, como un medio de extensión cultural, en el Anfiteatro de La Habana (en actos conmemorativos del 1ro de Mayo) o en el Teatro Nacional —hoy García Lorca— y en sindicatos, locales obreros, plazas; esta actividad, encaminada a ofrecer funciones diarias y gratuitas, trajo consigo la creación de un escenario portátil que permitiera lograr ese propósito de amplia y abierta comunicación.[55] Tal empresa, inspirada en una iniciativa llevada a cabo por Mario Sorondo en los años 30 y cercana también al quehacer de Theatrical Ten Company,[56] posibilitan una mayor y más fructífera relación entre los actores y el público, ya sin las convenciones impuestas por un local cerrado. Asimismo, contaba con un equipo de luces y sonido que permitía el empleo de recursos técnicos a partir de la música y la escenografía. La propia cualidad de ser un tablado en medio de una plaza pública, ya fuera del centro de la capital o en cualquier otro lugar del país, supuso una utilización más dinámica del espacio escénico y un nuevo esfuerzo expresivo y comunicativo por parte de los actores.

La inauguración del escenario portátil se llevó a cabo en la Plaza de la Catedral de La Habana el 15 de septiembre de 1944, con la puesta en escena de *El ricachón en la corte* (*El burgués gentilhombre*) de Molière, después de escuchar la conferencia «El teatro y el pueblo», dictada por Juan Marinello a manera de palabras introductorias.[57]

La mayor parte de las obras que conformaron el repertorio de Teatro Popular se extraviaron o fueron destruidas por orden gubernamental. Sin embargo, el testimonio de sus integrantes y la dedicación de los investigadores han permitido comprobar la presencia de un teatro de contenido antifascista, dramas sociales y políticos y obras capitales de la dramaturgia universal. En cuanto a piezas cubanas, el grupo llegó a estrenar veinte obras de dieciocho autores, desde la Avellaneda, Martí y Luaces, hasta José Antonio Ramos, Luis Felipe Rodríguez, Nicolás Guillén, Félix Pita Rodríguez y el propio Paco Alfonso. Los desalojos campesinos, el problema de la discriminación racial, el desbalance cualitativo en la organización de los sindicatos y la desigual relación entre obreros y patronos fueron tratados como temas y llevados a las tablas, en ocasiones con la inclusión de un debate al final del espectáculo; esta confrontación, en la que participaba el público asistente, servía para reafirmar el contenido político y de denuncia de las piezas, y en la misma medida analizar los logros y deficiencias de la representación en tanto hecho artístico. Del ámbito universal, tuvieron el indiscutible mérito y la valentía de ser los primeros en llevar a las tablas obras soviéticas: *Los bajos fondos*, de Máximo Gorki; *Los hombres rusos*, de Constantín Simonov; además, incluyeron en su repertorio piezas de Lorca, Caldwell, O'Neill, Calderón, *et al*.

Teatro Popular contó con la actuación de profesionales y aficionados que trabajan gratis para llevar a cabo los propósitos del colectivo; entre ellos pueden relacionarse algunos que contribuyeron de forma decisiva al desarrollo de nuestras artes escénicas, como Raquel Revuelta, Agustín Campos, Ignacio Valdés Sigler, Carlos Paulín y Alfredo Perojo.

En mayo de 1944 sale a la luz *Artes*, órgano oficial de Teatro Popular.[58] Con una frecuencia mensual, la publicación sólo alcanzó tres números, pues serias dificultades económicas imposibilitaron continuar editándola; esos ejemplares poseen, sin embargo, muy buena calidad tipográfica. Sus páginas ofrecían información y valoraciones sobre el acontecer artístico del país, mediante trabajos avalados por la firma de importantes intelectuales como José Antonio Ramos, Juan Marinello, Luis A. Baralt, Renée Potts, *et al*; además, se ocupaban de divulgar el quehacer específico del grupo al que pertenecía, y de intentar el fomento de la dramaturgia cubana mediante la convocatoria a un concurso nacional de literatura dramática que por causas políticas y económicas no llegó a efectuarse.

Ese propio interés divulgativo hizo que en julio de 1945 la emisora radial Mil Diez inaugurara un espacio, dentro de su programación, para Teatro Popular; desgraciadamente, el proyecto tuvo sólo una emisión.

Teatro Popular fue, sin lugar a dudas, una de las instituciones culturales más combativas de la etapa. Sus actividades son una muestra evidente de valentía escénica: desempeñó una labor abiertamente política, de agitación y propaganda, con una proyección verdaderamente revolucionaria y popular, sin olvidar el interés por obtener un resultado de valor artístico, tanto textual como escénico. Su afán por lograr un

público crítico, por considerar al proletariado también como un consumidor de arte, avala el lugar del grupo en el ansia de formación de una cultura democrática, profundamente cubana y a la vez marcadamente universal. Su esfuerzo ha servido de pauta para las nuevas generaciones de teatristas, y resulta innegable constatar cómo sus objetivos y aspectos organizativos se perpetúan en el teatro de hoy, y su legado permanece explícito en los lineamientos generales de grupos teatrales nacidos en la Revolución, como el Grupo Teatro Escambray y Cubana de Acero, por ejemplo.

La fuerza reaccionaria del mujalismo, la imposición de cuadros sindicales por decreto y la intensa propaganda anticomunista cerraron el camino a un desarrollo más fructífero de Teatro Popular. La agrupación, que se encontraba también en quiebra económica, cesó sus actividades el 1° de julio de 1945. Su última presentación fue *Yerma*, de Lorca.

Paco Alfonso, además de por ser el principal promotor de toda la actividad llevada a cabo por Teatro Popular, ocupa un destacado lugar dentro del movimiento teatral cubano debido a su extensa e intensa labor como actor, director, animador cultural, investigador y dramaturgo.[59] Comenzó su quehacer teatral a través de la actuación y el canto; de muy joven interpretó zarzuelas, y en 1930 tuvo su inicio profesional con *Pasión criolla*, estrenada en el Teatro Payret. Continuó trabajando en esa línea de teatro comercial —con predominio de la música, la danza y elementos del llamado teatro bufo— hasta que su vinculación con el trabajo, las huelgas y la lucha sindical alrededor de 1935 consolidó una conciencia política que, reforzada por su compromiso como militante del partido de los comunistas a partir de 1936, incidió en un viraje total de su dramaturgia, empeñada ahora en dotar a la expresión artística de un contenido utilitario, de agitación y propaganda socialista.

Fueron muchas sus obras de estos años, representadas en locales sindicales, calles y plazas, como colofón de los mítines políticos de orientación comunista. El objetivo era muy definido: aleccionar a las masas trabajadoras sobre la lucha de clases, y denunciar la explotación del gobierno hacia las capas más humildes de la sociedad: los obreros y los campesinos.

Casi todas estas obras, escritas y estrenadas entre 1935 y 1943, eran piezas muy cortas en las que se presentaban dos bandos antagónicos —opresores y oprimidos— para desatar conflictos similares a los que el espectador encontraba en la vida cotidiana: problemas laborales, desalojo, discriminación. En otras oportunidades participaba un personaje del pueblo al que es preciso convencer de que la unidad es un factor ineludible para luchar y vencer frente a la injusticia. Es la cualidad de convertirse en arte de agitación, expresión de una realidad en la que el espectador se identifica y toma partido con el convencimiento optimista de cada mensaje, en donde puede encontrarse el verdadero valor de esta producción dramática escrita para una representación inmediata, a la que pertenecen obras como *Demandas del pueblo*, *Y vinieron las tiñosas* (ambas de 1939) y *El caso del día* (1941). Sin embargo, dramatúrgicamente, son obras de muy escasa calidad; la palabra predomina sobre la acción, y los personajes no ofrecen hondura psicológica, sino que están conformados de una sola pieza, llegando a veces al extremo maniqueo.

El teatro de agitación y propaganda anterior a Teatro Popular fue también la vía propicia para que Alfonso abordara —por primera vez en el teatro cubano— la realidad soviética, e hiciera un llamado a la solidaridad. Piezas como *Todo el poder para los soviets* (1939) y *Ayuda guajira* (1941) así lo demuestran.

Como director de escena, además, dio a conocer puestas de carácter experimental, como es el caso de la representación de *Tururí Ñan Ñan* (1939), de Carlos Montenegro, en el Palisades Park de La Habana; el estreno, presenciado por más de dos mil personas, se consideró «la primera obra del verdadero teatro popular cubano»[60] debido a su cualidad de espectáculo masivo y demostrador de una perspectiva muy vinculada al público para el cual fue concebida.

A partir de este momento, y durante toda su trayectoria como dramaturgo, Alfonso desarrolló también una línea temática en torno a la revitalización de los elementos culturales africanos, a través de dramas como *Yari-yari, Mamá*

Olúa (mención especial en el concurso internacional Joshua Logan, 1940) y *Agallú-Solá, Ondocó* (1941). Es notoria la diferente concepción del teatro que se aprecia en estas obras, si se las compara con las piezas didácticas; en estos ejemplos se hace patente la propuesta de una representación espectacular, rica en elementos expresionistas, con una utilización más abarcadora y compleja del espacio escénico, un delineamiento más cuidadoso de los caracteres y la inclusión de la música, danza, canciones y efectos lumínicos y de vestuario para lograr el hecho artístico, que implica complejidad escénica de espectáculo múltiple. La recreación de una leyenda o de algún personaje de la vida del africano en nuestras tierras sirve de marco para el intento de revalorización de una raza y una cultura marginadas por la sociedad burguesa. Los textos conjugan armoniosamente el verso y la prosa, y los personajes cobran fuerza dramática, imbuidos en un mundo a la vez mítico y real.

Obras de mayor envergadura marcan el momento de madurez de Alfonso, iniciado con la fundación de Teatro Popular: sin abandonar el sentido eminentemente social y político que presidía su producción anterior, el dramaturgo se encamina hacia una renovada forma de expresión artística que se caracterizará por profundizar e integrar los métodos artísticos a la expresión de lo genuinamente cubano. La pieza que inicia el desarrollo fructífero de este proceso es *Sabanimar* (1943), comedia dramática en tres actos, estrenada en el Teatro Principal de la Comedia por el Colectivo de Teatro Popular; la obra se basa en un hecho real: el intento de desalojo en un caserío de pescadores y carboneros en los alrededores de La Habana, divulgado por la prensa. Paco Alfonso y la agrupación que dirigía se empeñaron en un acercamiento a los protagonistas del hecho, y de esta experiencia surgió la obra, en la cual los personajes positivos, con rasgos individuales muy bien trazados, se unen para conformar un héroe colectivo que se yergue, una vez que logra llevar a primer plano los intereses de la comunidad y triunfar frente a los representantes del gobierno. Estos últimos, por su parte, obedecen a un esquema casi caricaturesco, que contrasta desfavorablemente con la profundidad psicológica expuesta en cada personaje perteneciente al pueblo oprimido.

Si en algo se resiente *Sabanimar* es fundamentalmente en el lenguaje. Aunque su autor logra captar el habla propia del grupo social que representa en escena, los diálogos están cargados de un verbalismo que entorpece las líneas de acción. Esto se debe, en gran medida, al interés de Alfonso por expresar sus ideas políticas y sociales en un afán que se hace excesivamente reiterativo. En otros momentos, la utilización del lenguaje coloquial denota cierto descuido, y abre paso a lo vulgar; no obstante, el autor evita el pintoresquismo en el lenguaje, hecho que constituye un indiscutible acierto. Los personajes campesinos de Alfonso hablan de una forma característica, pero no incitan al choteo y la burla, como ha sido usual en otras piezas dramáticas cubanas.

Desde el punto de vista escenográfico, Alfonso recoge eficazmente el ambiente que encontró en la realidad; la depauperación del lugar que se propone montar en la escena se corresponde con el estatus social y el ánimo de los personajes. La utilización del escenario dividido para presentar simultáneamente las vidas de dos familias es un elemento que posibilita un mayor dinamismo en la acción. Sobre esta línea, que ya estaba presente en algunas obras anteriores, el autor trabajará más profundamente en *Cañaveral*. La propuesta de iluminación puesta en función del tiempo transcurrido es cuidadosa: el acto I (planteamiento del conflicto y definición de las fuerzas en pugna) avanza de la madrugada al pleno día, en tanto el siguiente, donde las fuerzas terminan a favor del grupo antagonista, cierra la noche con una luna llena, que quizás sea símbolo del optimismo popular a pesar de la derrota momentánea; el tercer acto, en el cual el conflicto presentado cobra sentido de universalidad y la unidad y decisión colectivas logran triunfar, se desarrolla «pasado el mediodía», es decir, con el mayor despliegue de luces de toda la obra.

La pieza, influida por la versión dramática de Kirkland sobre la novela *El camino del tabaco* de Erskine Caldwell, combina naturalismo y poe-

sía. Es la obra de un autor que intenta sobrepasar sus propias limitaciones, y logra una pieza de aliento épico, donde el carácter renovador se manifiesta a través de la incorporación directa y objetiva de hechos reales a la escena, con el basamento de un trabajo de investigación. Este valor testimonial hizo afirmar a José Antonio Portuondo en el momento del estreno: «su autor nos está señalando el mejor camino a seguir para el hallazgo definitivo del teatro cubano: la escenificación de nuestros problemas colectivos».[61]

Una vez disuelto Teatro Popular, Paco Alfonso continúa su producción dramática con piezas demostrativas de una solidez alcanzada con el trabajo en el grupo. En estos años, *Cañaveral* (1950) y *Hierba hedionda* resultan peculiarmente significativas; junto a *Sabanimar*, constituyen la línea de trabajo que Nicolás Dorr define como «dramas de personajes».[62]

Cañaveral es el drama de los campesinos cubanos y su enfrentamiento con los latifundistas por la posesión de la tierra. Fue merecedor del Premio Nacional de Teatro en 1950, pero la represión gubernamental prohibió su puesta en escena, evidentemente por el contenido revolucionario y comunista.[63]

La composición dramática obedece, como en *Sabanimar*, a una estructura dual. A la vista del público, separado por un campo de caña, se ofrece simultáneamente un paralelo entre dos mundos antagónicos: de un lado los campesinos lacayos y los representantes del poder, y del otro los trabajadores que luchan unidos por sus intereses. Malos y buenos, fuerzas opuestas y en conflicto, expositoras de las contradicciones neocoloniales en el seno de la principal fuente económica cubana: la industria azucarera.

El autor no dota a sus personajes de una caracterización psicológica profunda, quizás debido a que el conflicto, esencialmente, se encuentra en las relaciones sociales del conjunto. Sin embargo, a la hora de construir el protagonista colectivo, lo hace cuidando la presencia de diversas individualidades, no del todo convergentes entre sí, pero que se unen —dejando a un lado intereses personales— gracias a un fuerte sentimiento de solidaridad; entre ellos sobresale

Juan Cuabas, con lucidez de guía, y Soledad, ejemplo de mujer decidida y valiente.

En cuanto a los personajes negativos, se aprecia la deliberada intención de convertir a los poderosos —Don Lucas y los suyos— en esquemas representativos de los de su clase. Pero al conformar a los campesinos traidores, Alfonso se detiene un poco más y crea, por ejemplo, una figura como la de Felipe, que conjuga la depauperación física y moral para demostrar, simbólicamente, las consecuencias que entrañan la maldad y la traición.

Entre los dos grupos de personajes, cruzando constantemente el cañaveral separador, aparece Florita, un personaje simbólico, denunciador de la realidad del campo cubano; es una demente que, como tantos locos de la literatura universal, se dedica con su discurso aparentemente inconexo a decir las verdades; el lenguaje, inadecuadamente poetizado, encara la realidad con la misma desgarradora perspectiva que el poema «Caña» de Nicolás Guillén.[64] No es éste, sin embargo, el único elemento que une el drama de Alfonso y la obra de nuestro Poeta Nacional: con la evolución de Benito Salgado, un guardia rural que termina solidarizándose con la lucha de sus hermanos de clase, está presente el ejemplo vivo de la idea expresada en «No sé por qué piensas tú».[65]

La obra, eminentemente realista, remite al momento histórico en que fue concebida no sólo por el tema, sino también por el lenguaje en general. El recuerdo de Jesús Menéndez —como ha afirmado el autor— estuvo presente en el momento de escribir la pieza, y se percibe nítidamente en algunos elementos caracterizadores del personaje de Juan Cuabas, héroe sindical negro. En cuanto a la utilización de recursos escenográficos, es particularmente significativa la propuesta del autor, quien incluye un elemento que precisa un inteligente trabajo en la puesta en escena: a lo largo de toda la pieza, el cañaveral que rodea los bohíos y divide el escenario debe estar crecido, arder en llamas e ir retoñando hasta volver a su tamaño inicial, todo a la vista del público.

El valor de testimonio de *Cañaveral* cobra nuevos bríos con el estreno de la obra en 1959.

El llamado a un cambio imprescindible en el orden establecido que piden los personajes, comienza a vislumbrarse en la realidad; la amplia difusión de la obra en medio del júbilo por el triunfo de la Revolución cubana inicia un nuevo período para nuestra escena.

El mejor ejemplo de experimentación formal de Paco Alfonso en aquellos años es *Hierba hedionda* (Premio Prometeo 1951), una pieza que el propio autor cataloga como «ensayo dramático». El tema de la discriminación social y racial está tratado a través de una estructura argumental cerrada y reiterativa, símbolo de que tales sucesos perdurarán mientras el sistema que los engendra no sea cambiado. Dos mujeres negras (madre e hija) sufren la misma vejación por parte de hombres blancos. La venganza de la madre en la obra de Alfonso motiva un juicio, el cual realmente enmarca la acción; el uso de retrospectiva construye los hechos en la escena, y el espectador queda convencido de la injusticia de la clase gobernante y participa anímicamente del reclamo que, con palabras visionarias, hace la protagonista al confiar en un cambio inminente.

Aunque resulta especialmente significativo el temperamento fuerte de Caridad, la protagonista, en la pieza prevalece la intención de convertir a cada personaje en un tipo social; el tratamiento psicológico es en general muy débil, pues lo que al autor le interesa destacar es la lucha de clases y, en este caso específico, la discriminación.

En *Hierba hedionda*, la importancia y la calidad del texto literario se subordinan a la propuesta de complejidad escénica. La pieza, en su conjunto, constituye un gran espectáculo. La tradición negra, sus necesidades, sentimientos y penas, se expresan a través de la música, la danza, los cantos y los coros hablados. Por otra parte, el uso de proyecciones cinematográficas y de máscaras en un muy sugerente juego de luces y sombras acentúa el dramatismo de las escenas y los momentos claves del conflicto. A pesar de la endeblez de los parlamentos —en los que predomina el tono novelado—, el sentido plástico que emana de este despliegue escenográfico y gestual permite el logro artístico de la obra.

Sabanimar, Cañaveral y *Hierba hedionda*, en su conjunto, aportan una visión totalizadora de las mayores preocupaciones temáticas del autor, esta vez plasmadas mediante una mayor y más adecuada elaboración de los textos, pero siempre respondiendo al concepto del teatro como medio de agitación y propaganda que caracteriza la mayor parte de su producción dramática. Ejemplifican, asimismo, la asimilación técnica de modelos de vanguardia y la aspiración de crear una dramaturgia y una expresión escénica de contenido nacional, empresa que lo relaciona con dramaturgos como Virgilio Piñera, Rolando Ferrer y Carlos Felipe; en su caso específico, resulta definidora la intención de vincular el carácter renovador y experimental a la línea de teatro esencialmente político.[66] Ellas constituyen puntos culminantes en el desarrollo de una dramaturgia muy amplia y artísticamente desigual, en la que el propio autor reconoce las influencias de José Antonio Ramos y Máximo Gorki. Une eficazmente a sus más de cuarenta obras escritas en estos años la intención de concientizar desde el punto de vista político y hacer llegar arte a las masas proletarias, su público esencial. Al trazarse esos objetivos, Paco Alfonso se convierte en el primero de nuestros dramaturgos que, con una conciencia comunista, asumió la tarea de crear un teatro político en Cuba; fue un esfuerzo que vio sus frutos sólo con el triunfo revolucionario de enero de 1959.   [*A. Bo.*]

2.6.4 La obra de Piñera

Virgilio Piñera Llera (1912-1979) es el creador de las obras más polémicas de la dramaturgia cubana contemporánea; el debate de la crítica lo demuestra en la diversidad de clasificaciones que históricamente le ha adjudicado, las cuales conforman una relación que incluye absurdo, existencialismo, abstracciones y surrealismo, entre otras. Sin negar la presencia de caracteres de estas corrientes artísticas en la dramaturgia de Piñera, lo cierto es que no existe una definición de su obra que supere la realizada por el propio autor: «porque más que todo mi teatro es cubano, y ya eso se verá algún día».[67]

Es la razón *per se* de la dramática de Piñera, pero para entender sus claves se hace necesario desprenderse de una interpretación estereotipada de lo nacional, porque, para el creador, lo propio rebasa los límites de lo externo: sabe de los gestos y las palabras, los conoce, los domina, y por ello les reconoce el derecho de pertenecer al mundo, de discutir y dialogar sus problemas de contemporáneos. En esta interpretación de lo cubano reside la trascendencia de una obra que sentó un precedente y legó un sentido de continuidad.

Esta virtud de la dramática de Virgilio Piñera se percibe ya en el primero de sus títulos: *Clamor en el penal* (1937-1938),[68] de la que sólo se ha editado el primer cuadro.[69] En la pieza llama la atención el objeto de denuncia de determinadas problemáticas sociales a través de procedimientos enmarcados en el estilo realista, lo cual permite afirmar que, en este sentido, representa una continuidad de la vertiente dramática en que se inscribe José Antonio Ramos (1885-1946). La elección de esta estética es un elemento de notable interés por cuanto expresa el rechazo de Piñera a una manera de concebir la creación dramática donde, como en el Teatro Alhambra —cuyas representaciones dominaron la escena cubana desde 1900 hasta 1935—, se escamotearon los problemas esenciales de la realidad tras la búsqueda de una fácil comunicación con el público, garantía de su finalidad comercial. Pero aunque la alianza con el realismo no tiene un carácter definitivo —sino circunstancial y transitorio— en la conformación de la poética piñeriana, posee el valor de explicitar una interpretación de la realidad que, independientemente de las formas seleccionadas para su representación, jerarquiza el interés por la expresión de las esencialidades, no sólo de los problemas nacionales, sino, en general, de las problemáticas del hombre contemporáneo, fundamento que alimenta y sostiene la totalidad de la obra de Piñera en los diferentes géneros literarios que cultivó.

Clamor en el penal y su segundo texto, del que se desconoce el título, fueron clasificados por Piñera como «infortunados intentos»,[70] pero la primera, aunque rechazada por el autor, es la constatación de un camino de búsquedas que posibilitó la creación en 1941 de *Electra Garrigó*, la obra que marca el inicio de la vanguardia en la expresión dramática nacional, hasta el momento en desfasaje con la gestión y desarrollo de la vanguardia en el resto de las manifestaciones artísticas.

Electra Garrigó hizo su entrada triunfal en la escena cubana el 23 de octubre de 1948. Esa noche, en la sala del Teatro Valdés Rodríguez, el público y la crítica asistieron a una representación que sería historia en la escena y la dramaturgia cubanas. Las respuestas de la crítica fueron variadas: entusiasmo, sorpresa en algunos, rechazo e incomprensión en otros. Las actitudes eran totalmente explicables pues se estaba en presencia de un hecho extraño, sin precedentes en la escena cubana.

La herencia del teatro clásico griego había sido retomada y sometida a una curiosa «cubanización»: Electra, Orestes, Clitemnestra, Agamenón y el Pedagogo se paseaban por el escenario precedidos por *La Guantanamera*, trajes y atributos propios de lo cubano y prescindiendo del destino y la acción de los dioses. Detrás de esta sorpresiva y poco usual yuxtaposición de elementos, el autor se proponía objetivos concretos; según su propio testimonio: el reflejo del «carácter del cubano» a través de «la educación sentimental que nuestros padres nos han dado».[71] Años más tarde, él mismo lo definía de la siguiente forma:

> ...Bueno, me dije, Electra, Agamenón, Clitemnestra, tendrán que seguir siendo los mismos. Vamos para dos mil años que fueron creados por unos autores que conocían muy bien a su pueblo. Pero también me dije: a propósito del pueblo, es decir, de mi pueblo, ¿no sería posible cubanizarlos? Pero ¿cubanizarlos en lo externo, esto es, en el traje, en los símbolos, en el lenguaje? Tal aporte no sería negativo; sin embargo, no resolvería la legitimidad y la justificación de mi tragedia. Para que Electra no cayera en la repetición absoluta [...] tenía que encontrar el elemento, el imponderable. Aquí tocamos con aquello de cómo es el cubano. A mi entender el cubano se define por

la sistemática ruptura con la seriedad entre comillas.[72]

La elección de este rasgo del carácter del cubano se inserta en la construcción paródica del texto que apunta al sentido del chiste, el juego, el choteo; que introduce la paradoja de lo cómico como recurso expresivo fundamental, lo que en términos de la acción adquiere la connotación de un distanciamiento con funciones para las que fue concebido por Bertolt Brecht. Si a estos elementos que integran el arsenal de los recursos expresivos se suma un aspecto esencial del contenido de la obra: el concepto existencialista que expresa la insatisfacción, el resentimiento y el absurdo del individuo en relación con la sociedad —génesis del juego de las opciones (puerta de partir y puerta de no partir), aunque ninguna representa una solución al conflicto planteado—, tenemos que reconocer que la complejidad de *Electra Garrigó*, la cual justifica además el asombro o rechazo con que fue recibida en su estreno, no es un hecho circunstancial en relación con el escaso desarrollo de la dramaturgia del período, sino el sentido de su trascendencia, su valor universal.

Si el análisis de *Electra Garrigó* queda reducido a la búsqueda de la expresión de lo cubano y de las problemáticas de la realidad nacional en los términos de una estética realista, nos veríamos obligados a concluir que la obra no logra una relación dinámica con su contexto; pero ésta sería una conclusión apresurada, que nos aboca a una contradicción insoluble, si intentamos hallar una respuesta a la seducción que continúa ejerciendo el texto.[73] El problema radica, entonces, en encontrar aquellos elementos que por su sustancialidad, al tiempo que registran las especificidades de las circunstancias históricas que influyen en su creación, trascienden esas particularidades.

En tal sentido, lo primero a destacar es el conflicto generacional que vertebra la fábula, de indudable veracidad histórica. Electra Garrigó, la protagonista, es la que lleva a términos de acción el proceso de desintegración de la familia, permite la muerte de Agamenón y trama la de Clitemnestra preparando a Orestes para ello. El objetivo de Electra es materializar, convertir en hechos lo que es una innegable realidad: la familia Garrigó no es otra cosa que el recuerdo de una tradición quebrantada, los ideales éticos y morales que la sustentan están en crisis, su existencia es sólo aparencial. Pero Electra, que se propone la ruptura, no encuentra ella misma una solución al conflicto:

AGAMENÓN: (*Persuasivo.*) Tengo fe en tu cariño.

ELECTRA: (*Agitada.*) Pero puedo rebelarme.

AGAMENÓN: No lo harás (*Pausa.*) ¡Mira: te digo: cásate con el pretendiente, abandona el hogar! No lo harás, me quieres demasiado.

ELECTRA: (*Volviéndose al público.*) ¡Oh, Crueldad!

AGAMENÓN: (*Volviéndose hacia las columnas.*) ¡Oh, Necesidad![74]

Nótese el valor connotativo de las acotaciones. Electra pronuncia el texto volviéndose al público, espacio abierto habitado al que se dirige para comunicar, más bien demostrar, la evidencia de su condición, justificación a sus futuros actos. En cambio, Agamenón dice su texto «volviéndose hacia las columnas»; allí está el símbolo de la tradición, de lo constituido, de la memoria cultural. El resultado de la lucha no será sorprendente: Electra no puede transgredir sus circunstancias, ella misma es una consecuencia de la moral burguesa cristiana con la que rivaliza. El valor de su gesto está en el rechazo a lo establecido, su incapacidad en la propia formación burguesa que le impide encontrar vías de transformación. La forma en que se plantea el conflicto introduce la reflexión en torno a la complejidad de los cambios sociales.

Lo anterior explica que, aunque en los términos estrictos de la acción, Electra logra sus propósitos: la muerte de los padres y la partida de Orestes, ella, sin embargo, va a quedar ante la «puerta de no partir», «la que no abre ningún camino, pero tampoco lo cierra». Entonces Electra no consigue un triunfo, la soledad nunca lo ha sido, y es aquí donde se manifiesta con toda su fuerza la concepción metafísica que ha regido la construcción del texto, donde al final los contrarios resultan anulados. No hay vencidos ni vencedores, y el universo —espacio y mundo de relaciones— queda reducido al estatismo o el vacío.

Piñera interpreta el mundo desde la perspectiva del individuo que no puede encontrar una afirmación en la realidad contextual, pero que tampoco está interesado en proyectar una praxis transformadora que supere el universo de contradicciones. La realidad es entonces sucesivamente creada y aniquilada. Es este un elemento esencial de lo que puede conceptuarse como estética de la negación, sobre la que Cintio Vitier alcanza a definir caracteres esenciales a través del estudio de la creación poética de Piñera. Dice el crítico:

despúes del tono aciago de *Las Furias* (1941) y sibilino de *Las destrucciones* [...], se lanza Piñera a un intento menos retórico, más despojado y crudo, de apresar una realidad sin sustancia estética, religiosa ni moral, que acaba por revelársenos como la inmediata realidad del vacío (reverso de nuestra descomposición histórica y resonancia de la crisis del mundo moderno) que ningún esfuerzo literario puede conjurar. Pero es precisamente en esa impracticabilidad última, en ese imposible típico y distante de la obra de Piñera, donde residen su sentido y su fuerza.[75]

De esa «inmediata realidad del vacío» surge *Electra Garrigó* como parodia, y en ello «reside su sentido y su fuerza». La condición mediatizada de la seudorrepública, «la constatación de una realidad desustanciada» impiden que los personajes puedan erigirse en héroes trágicos; sobre ellos pesa la inevitable condición de hombres sin nación independiente. La conciencia de una vida intrascendente los conduce al «puro absurdo del existir como suma de hechos que se deshacen en su equivalente sucesión, al cabo sorbida por la nada».[76] Significado de la Teoría de

los Hechos, doctrina —evidentemente de subsistencia— en la que son instruidos Electra y
Orestes por el Pedagogo. «En el reino animal
sólo hay hechos», afirma el Pedagogo, a lo que
Electra agrega: «hechos [...], nada más que hechos en el reino humano».[77] Y los hechos tienen
su correspondiente en la Ley de la Necesidad, a
ella obedecen las muertes de Agamenón y
Clitemnestra que, consecuentemente con la doctrina, no revisten rasgo alguno de tragicidad, interpretadas según palabras de Electra como «una
mera cuestión sanitaria». La muerte valorada sólo
como un hecho por la Ley de la Necesidad escapa al sentido paródico del texto y se convierte
en amarga metáfora que designa «la facticidad
en que cae la República», «el vacío de lo cubano»; y a su vez, el vacío en que cae el mundo
abocado a una Segunda Guerra Mundial a la que
se lanzaron los hombres cuando las palabras perdieron su valor de comunicación, de entendimiento, y los hechos adquirieron el sentido del
todo, o mejor y para expresarlo con palabras de
Piñera, el sentido de la nada.

El sentido o sentimiento de la nada que, en lo
concerniente a nuestra realidad seudorrepublicana, Piñera denomina como «el "pasivo" de
la Nada, [y] al cual no corresponde "activo" alguno»,[78] explicita una cosmovisión del mundo
en la que prevalece el absurdo de la existencia,
que alcanza su correspondiente expresión dramática en la parodia, cuyas connotaciones merecen especial detenimiento analítico.

La presencia simultánea en la pieza de un «texto parodiante» y el «texto parodiado»[79] conduce
a que los personajes se reconozcan ellos mismos
como personajes a quienes se obliga a representar[80] de acuerdo con un modelo que les es totalmente ajeno. Es decir, son actores de una historia cuyas dimensiones trágicas, según la tradición
griega, no les corresponden. Pero obligados a
permanecer en la escena para representar una
historia con tales condiciones, y ante la imposibilidad de escapar al sentido de intrascendencia
a ellos inherente, no tiene otra opción que recurrir a la ironía a través de la cual el «discurso
parodiante» mantiene la presencia del «texto
parodiado», pero, al mismo tiempo, la ironía
deviene sustancia de lo trágico, realizable a tra-

vés de la estética de la negación, transposición
de la tradición —su ruptura— constatable en los
No-Dioses, el No-Destino, y la paradoja, profundamente trágica, de la No-Tragedia.

La coexistencia del «discurso parodiante» con
el «discurso parodiado» es también el procedimiento mediante el cual se introducen rasgos del
carácter del cubano, como el choteo, la burla, el
humor; pero esto no indicaría, y suponerlo sería
un error, que Piñera pretenda a través de estos
aspectos entregar generalidades del carácter del
cubano, cuando resulta evidente que la selección
también entraña un objeto funcional en correspondencia con los requerimientos de la parodia,
por cuanto son parte fundamental de sus recursos expresivos. La confirmación de que no existe en Piñera el intento de reducir lo cubano, la
esencia de sus problemáticas, al juego o el choteo, se advierte en la tragicidad contenida en la
estética de la negación, sustrato del universo
dramático creado.

La notable imbricación que se alcanza entre
aspectos de raigambres aparentemente contradictorias —de un lado el humor, el juego, el choteo; de otro el sentimiento de lo trágico— para
conformar la urdimbre del texto, confiere a la
obra el valor de ser uno de los primeros textos
de la dramaturgia cubana en que se materializa
el rechazo a la dicotomía «teatro culto»/«teatro
popular» —conceptos heredados desde las primeras formas teatrales y que caracterizan nuestra tradición dramática. Opuesto a tal polaridad,
Piñera propicia un camino para lograr que se integren formas que, como explica Raquel Carrió,
sólo tienen una presencia real como fenómeno
histórico, clasista.[81] De aquí que resulte imposible plantear una jerarquización de formas procedentes de una u otra vertiente teatral. La
presencia de conceptos y procedimientos caracterizadores de un «teatro culto», generada por
las «relaciones intertextuales con el antetexto»,
no logra someter o supeditar las formas y conceptos inherentes al teatro popular, que intervienen en la conformación del «texto parodiante». Ambas interrelacionan de una manera
activa, dinámica, que, en última instancia, es la
que permite la coherencia de las partes constituyentes del sistema. En este sentido no sería

arriesgado plantear que se va creando un «género autónomo» que los propios recursos expresivos de la parodia tienden a originar.[82]

En relación con el concepto *teatro popular* es imprescindible esclarecer su significado respecto a *Electra Garrigó*. El humor, el choteo y lo paródico presentes en el texto, aunque provenientes de la tradición vernácula, alcanzan, como se ha visto, funciones y finalidades perfectamente diferenciadas de las que desempeñaron en el teatro bufo y el Alhambra, considerados exponentes del *teatro popular*. En este sentido, es evidente que *Electra Garrigó* aporta una interpretación inédita del concepto *teatro popular*, en la que se manifiesta el replanteo de una problemática no sólo artística, sino también social. El intento de borrar los límites entre lo «culto» y lo «popular» en la creación artística alcanza el significado de un sentimiento de rechazo a una estratificación clasista opuesta a la integración nacional. El propósito, aunque inalcanzable en las condiciones de país dependiente, aporta una nueva cualidad al señalar como meta la ruptura. La imposibilidad de realización social de la ruptura que en 1941 condena a Electra a «la puerta de no partir», abre, sin paradojas, un nuevo camino para el desarrollo de la dramaturgia cubana cuando Virgilio Piñera, a diferencia de su protagonista, logra trascender los imperativos histórico-sociales y, sin prescindir de ellos, con la lucidez que caracteriza a los más dotados creadores, consigue con *Electra Garrigó* sentar los requerimientos de una nueva etapa dramática que se caracterizará por el esfuerzo de conciliar lo cubano, lo moderno y lo universal.

A *Electra Garrigó* le sucede *En esa helada zona*, escrita en 1943 y aún inédita. Según el autor, se trata de una farsa nacida de su rechazo a los teatros de experimentación cuya labor, afirma: «no se asienta ni fundamenta en un Teatro Nacional». El tema de la obra es la locura aparente «cuyo objetivo es aparecer insanos a fin de escapar a la locura de la existencia —que es una suerte de locura invertida». De acuerdo con sus palabras, la forma de desarrollar el tema se caracteriza por las «complicaciones intelectualistas, con un lenguaje hermético concebido desde esa dudosa forma que es todo esquema».[83] Parecen ser

éstas las razones del rechazo de Piñera al texto que no incluyó en su *Teatro completo*, donde publicó las obras escritas hasta 1960.

La trayectoria dramática de Piñera continúa con *Jesús*, escrita en 1948 y estrenada en 1950. Con la obra, el autor gana el segundo premio en el concurso auspiciado por la ADAD en noviembre de 1948. Si en *Electra Garrigó* el mundo de contradicciones se mantiene en los marcos de la familia, con *Jesús* asistimos al intento de ampliar el área de conflictos a través del enfrentamiento individuo-medio social.

La fábula cuenta la historia del barbero Jesús García, víctima del misticismo del pueblo, quien lo postula como el Nuevo Mesías. Ante esta situación el personaje, tratando de defender su identidad, se erige como el No-Jesús. Pero la realidad que lo rodea es tan absurda que todo intento por hacer prevalecer la razón es inútil, y la negativa de Jesús se convierte en un problema social que requiere la intervención de las autoridades, quienes para resolver el dilema determinan la muerte del personaje. En la obra están presentes dos sectores que en *Electra Garrigó* sólo aparecían como insinuaciones del mundo exterior: el pueblo y las autoridades. Con respecto a ellos, el espacio que ocupa Jesús es justamente el medio, cuestión interesante porque plantea una problemática que se complejiza a la hora de ubicar el lugar del individuo al margen de una u otra zona. Resulta, entonces, que Jesús no forma parte del pueblo y se opone a sus intenciones, pero tampoco está de acuerdo con las autoridades, lo cual se explica porque ellas y el pueblo son concebidas como una sola fuerza opuesta a la individualidad: forman un mismo bloque en oposición al personaje protagónico y sus discípulos.

Los caracteres que asume el enfrentamiento despejan el objeto dramático, y si en un inicio la obra prometía un estudio de la relación individuo-medio social donde ambas entidades fueran analizadas en sus particularidades, con el desarrollo de la acción se va cerrando esta posibilidad para dar paso a un plano más abstracto que jerarquiza el conflicto existencial. Es decir, se desdibujan los caracteres concretos del enfrentamiento inicial y se da paso a un debate teórico que no logra vertebrarse orgánicamente en el desarrollo de la acción. La obra se realiza en dos planos, la fábula se debilita y el debate de ideas se separa de los hechos concretos, a tal punto, que éstos llegan a funcionar sólo como un pretexto para las ideas en juego. El centro, el objeto dramático, consiste en la negación del personaje:

> ...Toda mi fuerza y diría que hasta mi posible santidad —al revés, se entiende— se encierra en la negación rotunda, sistemática de que no soy, ni seré nunca el nuevo Mesías.[84]

La negación —ya presente en *Electra Garrigó*— adquiere en *Jesús* categoría de tesis al constituir el único medio de defensa de la identidad, es la negación absoluta frente al absurdo de la realidad. Por su perspectiva, la obra es heredera de la línea que va de Kafka a Camus, y Jesús como protagonista tiene evidentes puntos de contacto con el Joseph K de *El proceso*. La muerte de Jesús recuerda, de inmediato, la de Joseph K, ambos personajes son víctimas de una sociedad a la que los autores no le encuentran salida o solución posible, y el énfasis en ambos casos está en el grado de lucidez que alcanzan los personajes con respecto a sus destinos. Es el círculo de la fatalidad determinada, no por fuerzas sobrenaturales, sino por fuerzas sociales caóticas que dirigen el destino de los hombres; en tales condiciones no existe la causalidad en el acontecer social, su lugar lo ocupa el azar. Jesús tiene plena conciencia de ello: «...Jesús dependía del Padre Eterno, yo dependo del *azar*»[85] dice el protagonista a uno de sus No-discípulos.

Desde el momento en que el personaje decide postularse como el No-Jesús, comprende que su final será irremediablemente trágico, y así lo anuncia a sus No-discípulos, que proponen la huida; pero Jesús no acepta forma alguna de eludir la muerte: en la aceptación de su destino reside su libertad. En Jesús —como en Sísifo, según la interpretación del mito por Camus— «la clarividencia que debía constituir su tormento consuma al mismo tiempo su victoria. No hay destino que no se venza con el desprecio.»[86] La

actitud de Jesús en el momento de su muerte manifiesta la dignidad con que el personaje asume lo inevitable. Al aceptar la muerte sin oposición, Jesús le confiere un sentido de causalidad a una circunstancia que había sido generada por el azar. Pero cuando en el desenlace el pueblo, que iba a atacarlo, cae de rodillas ante su cadáver, se demuestra que la rebeldía del protagonista estaba incapacitada para proyectar una connotación social. Con este final la acción vuelve al punto de partida: los contrarios, como en *Electra Garrigó* han sido anulados, y estamos otra vez en presencia del universo cerrado.

Los rasgos comunes entre *Electra Garrigó* y *Jesús* son notables: en ambos textos se trabaja la concepción del absurdo existencial; la interpretación del mundo está dada desde una óptica individualista, y tanto en uno como en otro se parte de la negación del orden lógico —causal— de los hechos. Pero si la negación tiene en *Electra Garrigó* una importancia fundamental como estructura y significado, en *Jesús* pretende adoptar la función de elemento estructurador del texto, y es en este sentido donde se observa la fricción entre la forma y el contenido específico. Nótese, al respecto, el escamoteo de los caracteres del conflicto a favor del planteamiento existencial, lo que ocurre por la ausencia de una técnica dramática capaz de adoptar la negación como principio estructurador del texto. Es lo que explica que Jesús no logre superar la excelencia de *Electra Garrigó*, donde a través de la parodia, Piñera consiguió dar un sentido de totalidad a las partes constituyentes del sistema.

Si atendemos a los criterios de Martín Esslin sobre el Teatro del Absurdo,[87] podemos considerar que *Jesús* representa un momento de transición en la expresión dramática de su autor. La contradicción insoluble, en la obra, entre «forma» y «fondo» lleva a un máximo la fricción entre el mundo de significados y las formas expresivas adoptadas, provocando, desde dentro, el estallido de estructuras que no logran corresponder a los requerimientos exigidos para la representación dramática de las temáticas propuestas. Este estallido, verificable en la insuficiencia de los procedimientos dramatúrgicos de *Jesús*, conduce a la creación, en el propio año 1948, de

Falsa alarma,[88] donde Piñera, como todos los dramaturgos del Teatro del Absurdo, «renuncia a argüir sobre lo absurdo de la condición, [y] se limita a presentarlo en imágenes escénicas concretas».[89]

Cuando la obra comienza, la escena presenta dos fuerzas opuestas: la justicia y el crimen. De inmediato se está ante un Juez que condena a un Asesino y una Viuda que exige todo el rigor de la ley. Pero de súbito el Juez y la Viuda abandonan la sala y la estatua de la Justicia es sustituida por una victrola que tocará *Danubio azul.* Tras esta transformación, el Asesino queda desconcertado, la realidad va perdiendo sus matices y se disuelve en un juego de palabras e ideas banales sostenidas por la Viuda y el Juez.

La escena del teatro en el teatro convierte al Asesino en un espectador que interrumpe constantemente porque no logra comprender la nueva situación en la que ya no le pertenece el rol protagónico. Tras este juego insólito en la escena se ha producido la metamorfosis más importante: los personajes se han convertido en sus contrarios, ahora son la No-Viuda, el No-Juez y, finalmente, el No-Asesino.

Como en *Jesús,* el tema de la obra es la pérdida de identidad, consecuencia de un mundo en perpetua crisis de valores donde resulta imposible descubrir un sentido en la concatenación de los hechos, en tanto éstos se presentan con absoluta independencia. Ante la total anarquía, no hay razones para la existencia de una norma jurídica que juzgue a los hombres encontrándolos culpables o inocentes. Como queda expresado en el texto, el solo intento de pensar en un código jurídico genera la farsa: de aquí que Piñera la seleccione como recurso estructurador del sistema dramático, pues ningún otro género podía proporcionarle el contexto adecuado para la teatralización de un tema que se sustenta en la anarquía y la irracionalidad. Con esta obra en un acto, Piñera se convierte en exponente de una estética en la que no tiene el rol de discípulo, sino la cualidad de precursor, de legítimo representante de la vanguardia dramática a escala universal. Para el análisis de la obra piñeriana es éste un elemento de valor, demostrativo de la vocación experimental del autor que lo conduce, por

un camino propio, al encuentro de formas dramáticas inéditas. Con Piñera estamos en presencia de un dramaturgo en el que se reduce sensiblemente el área de influencias en el proceso creativo, rasgo infrecuente atendiendo a las problemáticas que, en este sentido, aporta la incoherencia de la tradición teatral, expresión artística del período en cuyo estado de desarrollo se aprecia con mayor nitidez la influencia de la herencia cultural de la colonia y la condición mediatizada de la república.[90]

En el estudio de la obra de Piñera uno de los aspectos más complejos consiste, precisamente, en la confluencia de dos elementos que difícilmente pueden congeniar: de un lado, el interés de renovación, de continuas búsquedas de forma dramática y procedimientos novedosos; de otro, la ausencia de una tradición que los propicie y la carencia de un sólido movimiento teatral que los aliente, lo que, sin dudas, condiciona el carácter disímil y complejo que describe la trayectoria dramática del autor.

La cronología de sus obras dramáticas escritas entre 1948 y 1958 arroja datos de interés en relación con la alternancia en la calidad de los resultados artísticos. El orden es el siguiente: 1948, primera versión de *Falsa alarma*; 1955, *Los siervos;* 1957, versión definitiva de *Falsa alarma* y *La boda.* El cotejo de las versiones de *Falsa alarma* indica que no se producen cambios en cuanto a la concepción del universo dramático y los recursos expresivos. Con excepción de la escena del teatro en el teatro que se hace más extensa, y el cambio introducido a final del texto,[91] el resto de las modificaciones se ubican en el orden y extensión de algunos parlamentos. En general, los caracteres de la reelaboración de la obra, evidentemente en función de la puesta en escena, o su resultado, afirman que *Falsa alarma* es, desde su gestación, un texto tipificador del Teatro del Absurdo. La ilogicidad del diálogo, expresión de la desintegración del lenguaje como metáfora de la incomunicación, la estructura ahistórica y el sentido circular de la fábula, unidos a la imposibilidad de una ubicación contextual de los sucesos y personajes en tanto el hombre resulta una abstracción, son principios de la configuración dramática de *Falsa alarma,* que serán retomados de una u otra forma en obras inmediatamente posteriores, como *Los siervos* y *La boda*, aunque por diversas razones ninguna de ellas logra la perfección dramática de su antecedente.

Los siervos —publicada en 1955 en la revista *Ciclón*—[92] sustenta sus acciones en el hipotético triunfo del comunismo a escala universal, pero los nombres de los personajes junto a otras referencias (periódico *Pravda* y la reiterada mención de Rusia) explicitan que la acción acontece en la URSS. En esta farsa en un acto, los bandos en pugna están conformados por los partidarios del «comunismo» —caracterizados como modalidad decadente de la burguesía— y el niketismo —partidarios del servilismo, del retorno a la condición de siervo—, y tanto unos como otros son sometidos a la ironía y la burla del autor, signo del desinterés de Piñera por profundizar en la temática, cuyo punto de partida existencialista y metafísico no desarrolla en la misma medida en que lo hace en sus obras anteriores. El final del texto lo confirma, cuando la fricción de los contrarios supone la alternancia en el poder de unos y otros, situación que los personajes aceptan sin réplicas ni desgarramientos. En su «Diálogo imaginario» (1960) con Jean Paul Sartre, Virgilio Piñera desacredita la obra.[93]

No obstante, es preciso tener en cuenta que la concepción metafísica de *Los siervos*, inaugurada en *Electra Garrigó*, así como los recursos expresivos, se reiteran en lo fundamental en obras posteriores como *El flaco y el gordo* (1959)[94] y antes en *La boda*, última obra creada en la etapa analizada.

El estreno de *La boda*, el 15 de febrero de 1958 en la sala Atelier, no fue bien recibido por el público y la crítica; el propio autor señala que la obra se calificó de «sensacionalista» y «altamente pornográfica».[95] Fue Rine Leal, uno de los críticos más lúcidos del teatro en ese período, quien realizó una justa valoración del texto:

> ...*La boda* es una obra en tres actos, la más ávida en el orden de las palabras de este autor, la más elusiva en cuanto a la acción, la más absurda en su planteamiento final. Partiendo de un hecho físico, el autor ha construido una débil armazón dramática en torno a los pechos caídos de una novia que pierde su matrimonio por su defecto corporal [y fundamentalmente por la indiscreción del novio, a lo que Piñera le confiere el valor de acción motriz del texto, criterio que compartimos]. Eso es todo; el resto de los otros dos actos corresponden en realidad al juego mental e intelectual de que tanto gusta Piñera...[96]

Luego de esta caracterización general del texto, lo primero que llama la atención en el estudio de *La boda* es el cambio que experimenta la estrategia del autor para propiciar la interrelación de lo banal y lo trascendental, finalidad que ha orientado la elección de los procedimientos dramáticos hasta constituirse en un principio de la creación de Piñera. En *Electra Garrigó*, *Jesús* y *Falsa alarma*, la solidez de las situaciones de partida —su carácter trascendental— genera situaciones dramáticas donde la intervención de lo banal se manifiesta a través de la postura, que contiene rasgos esenciales del contexto, asumida por los personajes. En el acontecer de la acción, el recurso adquiere la dimensión de un proceso en el que las contradicciones inherentes a lo banal y lo trascendental, el juego rechazo/aceptación que entre ambas se establece, permiten la interacción de esta pareja de contrarios, confiriéndole al juego connotaciones filosóficas.

En *La boda*, Piñera ensaya una nueva combinatoria de elementos invirtiendo el orden en las partes del procedimiento dramático. En este caso selecciona una situación de partida banal, a la que los personajes pretenden conferir un valor trascendental; pero para el alcance del objetivo conspiran diversos aspectos, entre ellos la vacuidad que caracteriza a los personajes, representantes de la esterilidad de la burguesía cubana, seres miméticos que actúan según códigos éticos y morales trasplantados de otras culturas, que no se corresponden con las necesidades del contexto al que pertenecen. Aunque en este sentido se advierte el interés crítico, éste no logra imbricarse a la finalidad generativa de la acción por cuanto la propia caracterización de los personajes los incapacita para transformar lo trivial en trascendental, e impide así la realización del proceso de contradicciones con las connotaciones que alcanza en los textos anteriores. En general, la obra se caracteriza por la profusión de objetivos que no logran insertarse a un sistema que les aporte coherencia; sin embargo, las funciones dramáticas a que aspiran algunos de estos objetivos le conceden al texto un valor que no radica en el hecho en sí, sino en la proyección de su futuridad en la praxis dramática del autor.

El carácter agresivo y provocativo de la obra —surgido del juego teatral en el que personajes y receptores son tratados como piezas de experimentación, cuya capacidad de resistencia se mide obligándolas a formar parte de una historia banal con el objeto de conducirlas a la situación límite— tiene como propósito demostrar la vulnerabilidad del hombre, materializada a través de la teoría de la situación límite en la que los recursos del Teatro del Absurdo proporcionan la intervención de procedimientos del Teatro de la Crueldad. Cuando Piñera selecciona el elemento lúdicro no lo hace *ad libitum*; su objeto es llevar la acción hasta sus últimas consecuencias, hasta el límite en que todo acto produce un desgarramiento, y la liberación de las pasiones conduce a un estado estricto de la racionalidad que resulta tan severo y destructivo como lo irracional, por la lucidez con que se adquiere conciencia propia de sí mismo y de las imperfecciones. El resultado artístico de este experimento no podía preverlo el propio autor, pero *La boda* constituye el germen de una de las obras más notables y conmovedoras de la dramaturgia cubana contemporánea que Piñera escribe diez años más tarde: *Dos viejos pánicos*. Desde luego, las imperfecciones de una obra no se justifican por lo que en ella exista de proyección futura, pues cada una es un mundo particular e independiente y por él ha de responder, y en el caso de *La boda*, el mundo creado no alcanza a sostenerse por sí mismo.

En este sentido, la pieza demuestra la complejidad de la trayectoria que describe la producción dramática del autor. En la etapa que analizamos, *Electra Garrigó* y *Falsa alarma* son los únicos textos en que forma y fondo integran una unidad dramática legítima, en tanto que *Jesús*, *Los siervos* y *La boda*, al no conseguir la alianza en la relación forma/contenido, quedan limitados a la condición de proyectos en los que, no obstante, se manifiestan cualidades autorales y propósitos de envergadura para el desarrollo de la expresión dramática nacional. Conjugar las capacidades creadoras de Piñera, los intereses que animan su obra, con los resultados de sus realizaciones es ciertamente una tarea difícil por los múltiples aspectos que en ella intervienen, los cuales desbordan la individualidad del autor y tipifican, en gran medida, los problemas que tuvo que enfrentar la dramaturgia en los años 1940-1958.

Ha de tenerse en cuenta que Piñera escribe *Electra Garrigó* en 1941 y la estrena siete años más tarde; entre la escritura y el estreno de *Jesús* median dos años; *Falsa alarma* se publica en 1949 y sube a la escena ocho años después. Éstas y no otras razones harían decir a Piñera en 1960 que se consideraba «un casi autor teatral»,[97] por que apenas había logrado ver su teatro en la escena. Es evidente que la ausencia de un movimiento teatral activo y un público a quien dirigirse, inciden no sólo en la relativa pobreza cuantitativa de su producción, sino, más allá de ella, en la imposibilidad de superar la calidad de sus entregas. Asimismo, el carácter experimental en las obras de Piñera, que se destaca como una constante a lo largo de su producción, es un hecho que atañe no sólo a las formas, sino también a los contenidos a expresar. Pero los fenómenos de empobrecimiento de los contenidos, de repetición de los recursos expresivos y de pérdida de una perspectiva progresiva frente a los hechos de la realidad que se observan en obras como *Los siervos* y *La boda*, tienen su explicación fundamentalmente en la crisis cada vez más profunda de la conciencia nacional. Crisis que va a encontrar su imagen más desgarradora e impresionante en *Aire frío*, la obra que sintetiza y da valor a un largo período de aprendizaje; 1959 es el año de su creación, también el año del triunfo de la Revolución cubana.

[*B. R.*]

2.6.5 La obra de C. Felipe

Carlos Felipe (1914-1975)[98] asume el propósito de llevar su teatro a categoría universal, en una «lucha por la modernidad» que se define a partir de la experimentación y la asimilación de técnicas de las vanguardias europea y norteamericana, en un afán de renovar y superar una tradición precedente y lograr la manifestación de la esencia de lo nacional mediante una actividad dramática de verdadera calidad.

Su teatro es testigo y partícipe de un momento histórico lastrado por las contradicciones de una sociedad clasista, y refleja el rechazo a la República neocolonial de una manera peculiar: Felipe lleva a sus obras la existencia de esa sociedad a partir de la contraposición cultura oficial/cultura marginada.

La profunda base social de su teatro se sustenta justamente en esto. Afronta la época que le tocó vivir —llena de frustraciones, anhelos, incomprensiones y diferencias de actitudes regidas por la estratificación de la sociedad— desde una perspectiva de apoyo y sensibilidad hacia un «bajo mundo» que él conoció; es una parte de la realidad cubana que Felipe recreó mitificándola, con una visión poetizada que intenta elevar la cultura «marginal» al nivel de un teatro nacional y popular. Esta idealización de determinados sectores y actitudes no afecta, sin embargo, la eficacia del contenido de las piezas porque, como afirma Raquel Carrió:

> La idealización y mitificación en la obra de Felipe son, más que posturas ideológicas, una respuesta estética. Elevar esa cultura de oposición, de extraordinaria riqueza potencial pero de escasísimo desarrollo en sus manifestaciones suponía, al par, un reto y una fe: agresión y seducción, visión crítica e identificación, rechazo y amor, contrarios inseparables para entender su obra.[99]

Es acertado, por todo ello, entender su producción artística como una dramaturgia de resistencia, puesta en función del Hombre y de la crisis de su propia existencia en un mundo que lo subvalora y limita sus posibilidades de realización.

Prácticamente autodidacta,[100] el autor comenzó desde muy joven a demostrar su interés por la creación dramática. En sus primeros tiempos no sólo se propuso recrear en el ambiente cubano obras de autores españoles —Lope, Calderón, Cervantes—, sino que escribió algunas piezas: *La gaceta del pueblo* (1926), basada en el personaje de una chismosa; *El faro*, cuyo eje es un triángulo amoroso con la innovación de un escenario simultáneo, así como *El divertido viaje de Adelita Cossí*, enviada en 1933 al concurso de la emisora radial «La Hora Múltiple».[101]

Entre las obras de Felipe que se conservan, la más antigua es *Esta noche en el bosque*, Premio Nacional de Teatro de la Secretaría de Educación en 1939; hasta hace muy poco tiempo era también una pieza prácticamente perdida para nuestra historia teatral.[102] Consta de tres actos: los dos primeros, aparentemente inconexos, presentan al conjunto de personajes que fungirán como protagonistas en medio de limitaciones sociales y frustraciones individuales; este orden impuesto se rompe con la apertura al tercer acto, dividido en cinco cuadros breves en los que cada personaje, por separado, logrará su momento de «realización» gracias a la inmersión en un mundo mágico que le posibilita escapar de la realidad. Este último acto deja atrás el estilo eminentemente realista que presidía los anteriores, y enfatiza en el expresionismo, elevando el valor otorgado a la fantasía y la imaginación, frecuente en las escuelas de vanguardia.

Tanto por el propósito de experimentación técnica como por los aportes del contenido, *Esta noche en el bosque* se ha considerado «un prólogo orientador a toda la obra futura de Carlos Felipe»:[103] temas y personajes, ahora solamente esbozados, constituirán posteriormente el núcleo de obras en las que no sólo se exaltarán los momentos —siempre fugaces— en que el individuo alcanza la plenitud de su realización, sino también la indagación para buscar las raíces de la propia identidad o la influencia de sueños y alucinaciones en el comportamiento de los hombres. La obra no está exenta de referencias directas a la realidad político-social (la sumisión de los empleados a sus caprichosos e incompetentes jefes, la posición del estudiantado de vanguardia, perseguido por los representantes de la dictadura); al valorarla de conjunto, la crítica advierte huellas de Pirandello, Maeterlinck e incluso de Shakespeare, a pesar de ser ésta una obra dispersa, incluso algo monótona, cuyos elementos unidos no permiten conformar un todo artístico.

El propósito de realizar un teatro de hondas raíces cubanas lleva al autor a incursionar en la línea del denominado «teatro popular» o «alhambresco»; de este empeño surge *Tambores* (1943),[104] una pieza cuya extensión (un prólogo y dos actos largos) no se corresponde con la estructura del sainete costumbrista que Felipe intentó adoptar. Valen, sin embargo, la inclusión de tipos populares, música y ambiente de casa de vecindad, junto a una comicidad muy poco frecuente en el resto de su producción. La intención es revitalizar la figura del negro —posición relacionada con todo un precedente movimiento negrista en nuestras artes— y superar su preponderante tratamiento pintoresquista, pero el propio carácter contradictorio de los postulados reduce la trama de su obra a la confusión y la inconsistencia conceptual: Oscar, un novel dramaturgo fracasado en su *intento* de crear una expresión nueva para la escena nacional, se siente motivado y en el deber de indagar en los ancestros culturales cubanos, siguiendo el influjo del Alma del Tambor Africano...; pero su búsqueda, lejos de dirigirse a las raíces negras, lo lleva a viajar al continente americano, tras la huella del pasado cultural indígena.

En *Tambores* no deja de estar presente el elemento imaginativo, representado especialmente mediante la figura de Raquel, quien para escapar de una situación crítica se convierte en paloma, con un sentido de recurrencia a la metamorfosis tal y como lo hará Mackandal en *El reino de este mundo* (1949), de Alejo Carpentier. En 1967, el grupo Jorge Ankermann presentó por primera vez una versión abreviada de esta obra en el Teatro Martí de La Habana.

La etapa de madurez como dramaturgo de Carlos Felipe comienza con *El chino*, premio del concurso ADAD (1947), y a la vez su primer estreno —en función única, bajo la dirección de Modesto Centeno y Julio Martínez Aparicio—, pues en ello consistía el galardón.

El tema de la pieza —el autorreconocimiento a partir de la recuperación del pasado— está tratado con verdadera eficacia, y su argumento es eminentemente teatral.

Palma, la protagonista, intenta recobrar una efímera realización amorosa ocurrida veinte años antes, y recurre al artificio del montaje escénico de su recuerdo para revivir ese instante de reafirmación personal. El propósito de reconquistar ese tiempo perdido y el recurso del teatro en el teatro (en contacto con la obra narrativa de Proust y con el teatro de Pirandello)[105] responden, en este caso, a motivaciones peculiares: para esta mujer, recuperar el ayer no significa perpetuarlo, sino que es un acto de incorporación de la experiencia vivida en su presente; por esta causa, la representación teatral no tiene validez *per se*, sino que sólo persigue una reacción psíquica. En el mundo burgués del presente actuante de Palma irrumpe, poco a poco, la escenificación de otro bien distinto: el ambiente y los personajes de un orbe marginado, pero visto con trazos profundamente humanos y trágicos. Esto puede interpretarse como muestra de cultura de tipos de explotados, que se inserta y se opone, en la escena, al orden y a la cultura típicos de las clases en el poder. Los dos planos que coexisten —el de la realidad y el de la representación— son acertadamente delimitados por el autor: continuas interrupciones y cortes en la dramatización informan sobre una ficción con un objetivo que, por demás, la protagonista no logra. Palma ha tenido una azarosa vida erótica, y ahora se halla en un medio burgués donde se sabe vencida en su intento de hacer posible el autorreconocimiento a través del experimento psicodramático. Pero su posición de rebeldía y reafirmación es obsesiva, y la pieza completa describe un círculo al final, cuando, aún sumida en su fracaso, Palma comienza a recuperar fuerzas para reemprender la búsqueda propuesta.

Especial atención merece en esta pieza la capacidad de Felipe para montar, a la vista del público, una escenificación que no olvida ningún elemento funcional: detalles del decorado, audio, efectos lumínicos, dramaticidad de los personajes para hacer llegar el mensaje al público. El autor no desaprovecha la oportunidad para mostrar, con algo de ironía y mucho de crítica, la posible actitud de envidia, vanidad e hipocresía de algunas personas vinculadas a la profesión teatral. Tanto los personajes —cuidadosamente delineados— como las situaciones, apuntan hacia un tratamiento grotesco que, unido al «choteo», devienen «un estilo de representación», según afirma Raquel Carrió.[106]

Carlos Felipe demuestra en esta pieza seguridad y oficio como dramaturgo, al grado de que la crítica ha llegado a ubicarla entre las diecisiete obras más importantes del teatro cubano de este siglo.[107]

Posteriormente, Felipe escribe *Capricho en rojo* (1948), una pieza sin dudas menor dentro de su dramaturgia, debido a deficiencias tanto dramáticas como literarias. El tema se vincula a la presunta influencia de seres sobrenaturales en la vida humana. La capacidad de los muertos de adoptar su apariencia anterior y regir el comportamiento de hombres vivos hará posible que Pablo, el atormentado protagonista, encuentre en la entrega a los necesitados el camino de su autorrealización, imbuido por Silvia, quien cruza los límites de la muerte para demostrarle al joven lo que ya en vida trataba de inculcarle: que el sacrificio y la dedicación a los desvalidos conforman el verdadero sentido de la felicidad.

Paralelamente, y como contrapartida, se ofrecen en la misma obra dos situaciones polares: de un lado, la fiesta en la casa del conde de Soria, donde hay claras referencias a la corrupción gubernamental política, social y moral; del otro, el comportamiento de los familiares de Silvia, procedentes de un sector humilde, quienes dedican su vida a la ayuda desinteresada y apasionada al prójimo. En medio de todos, se desenvuelven la propia Silvia, Pablo (burgués, pero de un carácter incompatible con los de su clase) y una pareja de jóvenes que, vestidos de Pierrot y Colombina, dan el toque de la belleza del amor límpido.

Esta diversidad de personajes aporta en esta obra diferentes tipos de tratamientos dramatúrgicos: en su conjunto, ellos no armonizan, no conforman una unidad, lo cual demerita el éxito de la obra. Sin embargo, es un acierto la presentación teatral de una comparsa, con excelentes resultados desde los puntos de vista plástico y dramático.

A pesar de sus deficiencias, *Capricho en rojo* obtuvo el premio ADAD 1948, y su representación se llevó a cabo al año siguiente, en una colaboración entre los grupos ADAD y Prometeo.

Con posterioridad aparece *El travieso Jimmy*, que es una de las obras más equilibradas y acertadas de Carlos Felipe, quizás la de mayor importancia en estos años; con ella obtuvo el Premio Nacional de Teatro de la Secretaría de Educación en 1949. El Patronato del Teatro la estrenó en 1951, y se presentó también en funciones populares en el Anfiteatro de La Habana.

La búsqueda de lo nacional a través de la muestra de escenarios, costumbres y factores étnicos se ofrece en esta comedia —dos actos y seis cuadros— bajo el velo de la idealización de la poesía. La idea, casi constante en el teatro de Felipe, de recurrencia al pasado para encontrarle un sentido a la existencia, vuelve a estar presente: Leonelo, viejo y enfermo, se refugia en su memoria y, por medio de una introspección, en la realidad escénica surge el pasado en dos momentos: el de Leonelo niño y el de Leonelo joven. La propuesta de Felipe sobre la utilización de la técnica del *flash back* en esta obra constituye, además de uno de los principales aciertos en tanto creación artística, la más difícil empresa a la hora de lograr una puesta en escena de acuerdo con lo que el texto sugiere.

La interrelación del presente con los pasados que el personaje evoca está cuidadosamente elaborada, a fin de que no se pierda la efectividad dramática: gradualmente —primero las voces, después la presencia corporal de los personajes, hasta llegar a una completa transformación escenográfica y ambiental—, un tiempo va dando paso al otro, y ocasionales regresos a la situación inicial permiten que no se olvide que todo es obra del recuerdo. Esto entraña la intervención de efectos especiales de un cuidadoso control sobre las luces y la división del escenario.

El marco escénico, que se reduce o amplía según el tiempo de que se trate, resulta directamente proporcional a los cambios de índole psicológica que se operan en la caracterización de

Leonelo; los momentos referentes a Isla de Pinos, cuando Leonelo era un niño y buscaba su verdad de una manera inocente, casi ingenua, ocurren en un espacio tan abierto como puede serlo una plaza pública; cuando, ya un joven, sigue obsesionado en la búsqueda, pero con el triste conocimiento de una revelación, el espacio se cierra un poco y los personajes se desenvuelven dentro de un café o lugar de diversión; al final el espacio resulta mínimo, justo el imprescindible para que, sentado y al cuidado de una enfermera, Leonelo demuestre desesperadamente que va a morir sin lograr el objetivo de su vida: encontrar a su madre, que es también para él el alcance de la felicidad.

Resulta especialmente sugerente la ilación de este personaje con uno de los más importantes principios conceptuales del teatro de Felipe: aun sabiendo que su madre es una prostituta, Leonelo sigue buscándola siempre, contra los cánones establecidos, porque lo que necesita de ella es su arista como ser humano, y no la característica que la vincula a una degradación moral y social.

La estructura temporal de la pieza, junto con los cambios ambientales y el logro de una atmósfera siempre enrarecida, pero que se hace más densa según el decurso de la acción, demuestran despliegues de talento, imaginación y creatividad del autor.

Los personajes, por su parte, no están delineados con el mismo cuidado y precisión. La diferencia en sus conformaciones permite el deslinde en dos grupos, y a su vez evidencia el propósito de asimilación de elementos del teatro tradicional y la búsqueda de una superación. Uno de los grupos está formado por verdaderos tipos «vernáculos» (Estefanía, Quesada, Sixto, El Capitán, Dolly), en tanto el otro es demostrador de un mayor interés en el trabajo de caracterización que, aunque no siempre logrado dramatúrgicamente —como sucede con Lila y Raimundo—, sí muestra, a través de personajes de mayor hondura psicológica, como el propio Leonelo o Jimmy, una calidad superior.

En la materialización del recuerdo de Leonelo surge la figura que da título a la obra: Jimmy, un personaje capaz de sugerir las más diversas interpretaciones. Ambiguo y enigmático, mezcla de diablo y de dios, ser fantástico y humano a la vez, es el encargado de modificar, para siempre, el orden de vida de toda la comunidad. Jimmy puede ser, en ese sentido, el destino; pero también por el efecto que su presencia trae para los restantes personajes, puede ser la encarnación del enfrentamiento con una verdad que tiene, en cada caso, connotaciones particulares. Es un personaje complejo, forjado esencialmente sobre la base del contraste continuo, que exige del actor que lo encarne un trabajo muy profundo; dentro de la pieza no tiene una caracterización propia; ésta se forja de acuerdo con su incidencia en la vida de los demás.

Los personajes jóvenes (Leonelo, Lina, Raimundo) ganan experiencia vital tras su contacto con Jimmy; el primero pierde su ingenuidad, en tanto los otros dos llegan a materializar el amor de manera intensa, aunque efímera.

El Jimmy en la Nueva Gerona de principios de siglo está tratado como símbolo, pero ese tratamiento es tan cerrado que dificulta la comprensión de la imagen. El propio Felipe no aclara su verdadera significación, pues «sólo mencionó en algunas ocasiones que la lectura de *El asno de oro* del escritor latino Apuleyo y una corta visita a la Isla de Pinos fueron las causas que le motivaron la composición de esta pieza».[108]

La concepción del teatro como espectáculo que Felipe sustenta se refuerza por la inclusión de la danza y la música en medio de un ambiente pintoresco. El tono de la pieza denota nostalgia y acusa cierto sentimentalismo romántico, o quizás neorromántico; esto permea el acabado artístico de la comedia, que se eleva gracias al excelente dominio escénico que se manifiesta a través de la novedosa técnica de representación.[109]

El *flash back*, tan visible en *El travieso Jimmy*, vuelve a ser utilizado en *La bruja en el obenque*[110] un texto concebido en realidad para la televisión. Fue escrito entre los años 1952 y 1956, y ofrece referencias concretas a la corrupción imperante después del golpe de Estado del 10 de marzo de 1952.

En medio de un ambiente marino, el recuerdo hace posible escenificar la desgracia ocurrida a toda la tripulación de un navío, que ve cercenado el desenlace de sus problemas. Aquí intervienen elementos de superstición que decididamente influyen sobre los personajes: la confluencia de una mariposa «bruja» y del *Vals sobre las olas* parece ser un hecho que arrastra a la embarcación hacia el desastre, sin posibilidad de rebelión ante el destino fatal. El mar aparece como un signo destructor que conduce inexorablemente hacia la muerte; esto se halla mucho más definido que en las obras anteriores del autor, donde el asunto de la fatalidad se sugiere.

La bruja en el obenque no es pieza que resalte por especiales valores; sin embargo, no dejaría de ser interesante su presentación al público, sobre todo por lo novedoso del sentido pictórico-danzario-imaginativo con que Felipe concibe la presencia de la «bruja».

La última obra de estos años, *Ladrillos de plata*, está escrita según los requisitos de las salas teatrales habaneras de entonces: escenario único, pocos personajes, época contemporánea actual, y una extensión del teatro proporcional a las dos horas y media que cubría una representación habitual.

Siguiendo los propios pasos de la comedia de salón de ambiente burgués, Carlos Felipe rompe los esquemas ideológicos y conceptuales: el mundo tradicional y convencionalmente organizado que se presenta desde el comienzo de la pieza se ve perturbado por la presencia de una mujer (Lisia) de esa misma clase social, cuya vida está regida por extraños sueños —una especie de azar repulsivo y seductor a la vez— de los que es incapaz de sustraerse. Para el conjunto de personajes que planifican su vida sin contar con la extraordinaria fuerza del destino, esta presencia femenina es un reto, una provocación, un elemento de desorden. Al marcharse, poseída por un nuevo sueño realizado, Lisia deja en su hija Marta el elemento perturbador: la joven se ha dado cuenta de que el orden y la razón no bastan para conseguir la vida plena; hay que dejar un margen para el experimento, la propia búsqueda y el azar.

El sueño de aventura erótica de Lisia se ve plasmado en la realidad mediante Guille, un albañil cursi, pero atractivo, y junto a él abandona nuevamente a sus hijos y al ambiente familiar.

Ya se había notado en ese propio ambiente el afán de enriquecimiento a través de empresas urbanísticas y la influencia en general del modo de vida norteamericano. Quizás ésta sea la causa verdadera de la suspensión del estreno de *Ladrillos de plata* en 1957, aunque las autoridades la consideraron una pieza inmoral.

En su conjunto, este teatro —que ofrece múltiples niveles de interpretación—, ahonda en la psicología de los personajes y combina la ejemplificación de las reacciones humanas por esa vía con la presentación de elementos que remiten a un carácter inequívocamente cubano y que, a su vez, no permiten que este trabajo artístico sea considerado como *de evasión*: hay en cada obra un reclamo consciente de la necesidad de transformación de la sociedad, sobre todo cuando se niega, explícitamente o no, la realidad agobiante, aunque el autor no llegue, en ningún caso, a proponer soluciones fuera de los márgenes internos de cada individuo.

La idea del autorreconocimiento funge como elemento unificador de toda su obra, ya sea a través de diversos temas como la búsqueda de la identidad mediante la recuperación del pasado, el hombre y la imprevisibilidad de su destino, o la incidencia de lo mágico en la vida cotidiana. A la hora de ofrecer cuerpo escénico a estas cuestiones, Carlos Felipe acoge una perspectiva no científica, enraizada en un presupuesto idealista que, en tanto, muestra también una interpretación pesimista de la vida real, como sinónimo de limitación y frustración. Tal presupuesto se explicita en la premisa de que la realidad del arte no tiene que responder a leyes específicamente científicas, y se ve avalada por la supuesta irrupción de fuerzas inmateriales, provenientes quizás, como afirman los críticos, de la conjunción de las influencias del teatro simbolista europeo con las creencias espiritistas de una parte de la población cubana. Lo cierto es que, para Felipe, la realidad histórico-social es hostil al desenvolvimiento de sus personajes, y por eso ellos, en su afán de reencuentro íntimo, se proyectan casi siempre hacia la idealización, hacia lo irracional. Esta búsqueda de la identidad se ofrece en su teatro, generalmente, a partir del estallido de una crisis moral que convierte a los personajes en seres obsesivos en la lucha por lograr sus aspiraciones. La misma batalla por hallar la verdad motiva, como un efecto concatenado de acción y reacción, el desequilibrio psíquico de los personajes.

Mientras los burgueses están presentados a todas luces con una carga negativa (insensibles, hipócritas, calculadores y reacios al sentimiento de la nacionalidad), los personajes a los que las condiciones socioeconómicas condenan a la marginación adquieren un valor protagónico; no obstante, hay ocasiones en que determinados personajes provenientes de las clases dominantes muestran una sensibilidad especial que les permite un comportamiento menos reprochable, siempre ligado a la adopción de los intereses o la relación con algún individuo de extracción humilde.

La contradicción entre lo que está establecido como norma de conducta y aquellos elementos que entorpecen o varían su consecución, posibilita el desarrollo de conflictos que van desde la disyuntiva entre lo material y lo espiritual (realidad/idealidad) hasta la oposición entre la necesidad y la posibilidad de realización del ser humano.

En medio de la concepción del teatro como espectáculo donde debe desarrollarse con igual interés cada elemento escénico, Felipe presenta personajes y conflictos propios del ambiente cubano. El conjunto escénico demuestra el talento de un dramaturgo que, sin embargo, no pudo elevar el diálogo de sus obras a la altura de su concepción dramática. Esto quizás se debió a que Carlos Felipe apenas vio representadas algunas de sus obras en función única, y por tanto, no pudo constatar ampliamente la eficacia del texto literario en su escenificación.

Todas estas obras son representativas de la llamada dramaturgia de transición; con sus logros y deficiencias, muestran los esfuerzos y aciertos de Carlos Felipe en favor del desarrollo de un teatro nacional, según las exigencias artísticas universales. En su aproximación a lo cubano, él establece una relación entre el llamado «teatro culto» y la tradición popular que lo hace sobresalir como uno de los principales dramaturgos de la Isla.

[A. Bo.]

2.6.6 La obra de R. Ferrer

La obra dramática de Rolando Ferrer (Santiago de Cuba, 1925-La Habana, 1976) expresa, con mayor nitidez, los rasgos de ese carácter de transición que la crítica atribuye también a autores como Virgilio Piñera, Carlos Felipe y Paco Alfonso. Ferrer resulta la figura representativa de una más joven promoción,[111] y su labor creadora puede deslindarse en dos etapas: la primera se ubica dentro de los años de nuestro objeto de estudio, y la segunda puede ser establecida a partir de sus estrenos tras el triunfo revolucionario de 1959. A dicha primera etapa pertenecen sus piezas iniciales: *Soledad* y *Otra vez la noche* (ganadoras de mención en los concursos de teatro ADAD de 1947 y 1948 respectivamente), «penetradas —según juicios de Natividad González Freire— de ese afán psicologista por ahondar en la intimidad personal»,[112] así como *Cita en el espejo* (1948), su primer estreno, un «perfil dramático en un acto» llevado a escena por el grupo Acción Teatral de Autores del teatro ADAD —del cual Ferrer era integrante— y que representa, mediante dos personajes, «todo un mundo íntimo de frustraciones, de derrota».[113] A ellas se añaden las dos obras que lo consagraron como uno de nuestros más importantes dramaturgos de la seudorrepública: *La hija de Nacho* (1951) y *Lila, la mariposa* (1954), estrenadas por la compañía dramática Las Máscaras e incluidas también dentro de la línea del teatro psicológico.

La pieza de 1951 —un acto y tres cuadros— se ubica en Santiago de Cuba, en el año 1904. Un aspecto de la vida de una familia permite descubrir diferentes problemas de índole psicológico-social, enmarcados sobre todo en el comportamiento y posibilidades de realización de la mujer. En este sentido, adquiere especial importancia el tratamiento de ideas no sólo en torno a la lucha entre la pasión y el enclaustramiento, sino también a la concepción machista de la sociedad burguesa donde la mujer se siente necesitada —por tradición, prejuicios y convencionalismos— de un hombre que asuma la responsabilidad de su vida, en este caso desde el punto de vista emocional.

Para la consecución de sus objetivos, Rolando Ferrer ubica en el reducido marco de la sala de una casa a tres hermanas (América, Eloína y Yara), diferentes entre sí, pero también con varios elementos en común: son individualidades delineadas con sumo cuidado y precisión que muestran, a través de experiencias disímiles, la misma frustración. Viuda, casada y soltera se identifican por la no realización de una vida plena, debido al grado de dependencia que conservan con respecto al hombre: mientras la primera halla fuerzas y apoyo para vivir y regir la casa en los recuerdos del padre y el marido, Eloína trata infructuosamente de mantener un matrimonio desde el inicio malogrado como una forma de sentirse respaldada, al menos para su concepción de la vida. En tanto, Yara, joven y llena de vida, intenta ahogar el sufrimiento provocado por el abandono del novio y busca la relación con otro hombre —su cuñado— como una vía de salir del ostracismo en que se encuentra.

En medio de las tres aparece Chucho, un estereotipo que encarna la concepción machista de las relaciones entre el hombre y la mujer, y funge como agente promotor de la tragedia. La influencia de este hombre, delineado en forma tan esquemática que constituye un desacierto en comparación con el cuidadoso tratamiento psicológico dado por el autor a los personajes femeninos, provoca la degradación emocional en Eloína y Yara, hasta el punto que los caracteres de ambas se interrelacionan y confunden para terminar en una mutación final: Yara toma la personalidad amargada de su hermana, y ésta, en un proceso de enloquecimiento, muestra inicialmente algunas características que identifican el ansia de libertad de la propia Yara, para llegar a trastocar definitivamente su carácter por la hija de Nacho, quien pese a no tener la fuerza dramática de estas mujeres resulta ineludible para la comprensión de la obra. Es un personaje siempre referido, y aúna en su caracterización tres hechos claves: en primer lugar, la falta de apoyo de un hombre —en su caso el padre— le produce tal desazón que la lleva al extremo de la locura; en segundo lugar, alcanza una libertad aparente al contravenir los convencionalismos

(posición independiente que está dada también por la pérdida de la razón), y en tercer lugar, ejemplifica una visión machista de la mujer como objeto de placer y burla. Lo que en escena sucede con Yara o Eloína pudo ser perfectamente (y de hecho parece que el autor trabajó en ese sentido) el pasado de la hija de Nacho.

El tratamiento del espacio, el tiempo, el sistema de símbolos y el lenguaje contribuye, junto con la meritoria caracterización de casi todos los personajes, a la creación de un aspecto esencial para el desarrollo de la tragedia: el ambiente.

El tiempo es lineal, salvo algunas retrospectivas en el diálogo o la utilización de ciertas elipsis para acelerar los hechos; sin embargo, su proyección interna obedece, significativamente, a un círculo cerrado que se corresponde con la idea de imposibilidad de ruptura con la asfixiante situación existente. Se advierte además la contraposición entre dos espacios: uno cerrado y presente (la sala de la casa) y otro abierto y evocado (la calle). Ambos establecen un contraste que permite resaltar el ostracismo en que vive esa familia santiaguera. Cuando en escena —en la casa— hay un ambiente de tensión, la música de la calle produce un choque y a la vez un apoyo; la alegría del exterior —internamente relacionada con lo que sucede en la casa porque aporta elementos que resultan motivaciones para el curso de la acción o acrecentamiento de la tensión ambiental— ayuda a intensificar la tristeza y sordidez del espacio cerrado.

Esta pieza de Ferrer y las obras de Federico García Lorca (sobre todo *La casa de Bernarda Alba*, 1936) tienen puntos de contacto evidentes que la crítica especializada coincide en destacar. Hay huellas indelebles en la caracterización de personajes y en el uso de un lenguaje cuidadoso —al mismo tiempo popular, sobrio y altamente poético—, así como en la presencia de un sistema de símbolos que se entrelazan para dar sentido a la obra. Pueden destacarse, entre estos últimos, los pregoneros con sus significativas propuestas de venta, muy relacionadas con la idea de la muerte; la comparsa, cuyo estribillo acusa el desenlace de la tragedia; la catedral que se derrumba como signo de decadencia; la selección de los colores de las sombrillas de acuerdo con los elementos de caracterización de las hermanas, etcétera.

Esta influencia de la dramaturgia lorquiana no atenta, sin embargo, contra la autenticidad de *La hija de Nacho*. El autor supo asumir la esencia del teatro de Lorca, y al conformar su obra imbricó indudables elementos de cubanía dados por la presencia de la música, la mención de lugares de Santiago de Cuba, la descripción de la vida provinciana y, en el sustrato mismo de la pieza, el reflejo de la frustración seudorrepublicana a través del desmoronamiento de esta familia. La obra de Ferrer es una denuncia contra el orden establecido, y ello, unido a la virtud de un loable dominio de la escena (logrado sin dudas por el oficio de actor y asistente de dirección que también desempeñaba) y de los diálogos —«de una altura y una dinámica no alcanzadas en el teatro cubano de aquel entonces»—,[114] hacen de esta una obra de referencia inevitable cuando se habla de teatro cubano.

Mayor profundidad en el estudio de deformaciones de la psiquis femenina debido al entorno social se observa en *Lila, la mariposa*, «una pieza de corte moderno, pero con elementos muy nacionales y casi vernáculos».[115] Está dividida en tres actos; en los dos primeros, Ferrer destaca la caracterización de Lila, el personaje protagónico, patentizando los motivos de su actitud y su influencia nociva en el hijo y en la cuñada; en el tercer acto, formado por dos cuadros, presenta el velorio y la resolución de Marino —el hijo— de romper con su vida anterior y buscar nuevas proyecciones. Este último acto evidencia un paso de avance en las concepciones del autor; ya no es una obra de problemas sin soluciones, reflejo del contexto social, pues hay posibilidades de romper esquemas, de evadir la influencia del medio, de intentar una vida propia, plena.

Como en la pieza precedente, también en esta obra una mujer, Lila, presenta un desequilibrio emocional previo a la locura. Se advierte en ella cierta influencia de Tennessee Williams, y está caracterizada con tal maestría que la crítica la considera, generalmente, el mejor de los personajes creados por Rolando Ferrer.

Las concepciones machistas en la sociedad capitalista se manifiestan en esta pieza a través de la evocación del pasado de Lila: el elemento desestabilizador de su vida es la muerte del marido, quien pese a llevar una vida disipada constituía el eje central de su existencia. A partir de ahí ella permanece marcada por un signo trágico; la deformación de su carácter se desvía hacia una obsesión: tratar de que Marino no crezca para no quedarse nuevamente sola y para impedirle a él participar de la mala conducta social de los hombres. Éste será el único objetivo de su vida, pero en realidad la lucha es desigual porque el paso del tiempo es inevitable, y Marino, como ser humano, tiene derecho a su realización. Es por ello que Lila debe morir, y en la consecución de este objetivo se deslindan, muy acertadamente, dos planos de acción que por vías diferentes coadyuvan al mismo fin.

Las posiciones de Marino y Hortensia identifican el primer plano de acción: hijo y cuñada pondrán de manifiesto lo injusto de las ideas de Lila. El primero, a través de un sentimiento de cansancio por la vida que lleva —lo cual se convierte en evasión ficticia ante su realidad— y en el deseo reprimido de ser como los demás muchachos de su edad. La segunda establece con Lila una contraposición muy marcada: Hortensia no ha tenido nada de lo que pudo Lila disfrutar (admisión, amor, esposo, hijo), y por eso internamente la envidia; sin embargo, ha sabido buscar remedio a su frustración y, en vez de autodestruirse como lo hace la otra, se refugia en el trabajo para estabilizar su vida. Asimismo, alienta a Marino para que la existencia no le sea tan hostil como su madre se la propicia. Lila pretende que ambos se ajusten a sus ideas enfermizas, pero Hortensia, a favor de Marino, se opone cada vez más fuertemente. Con esta relación de enfrentamiento el conflicto de la pieza —producido por la individualidad de Lila y su concepto de la vida— se fortalece en términos dramáticos.

El segundo plano de la acción está dado por la presencia de tres personajes cuya existencia fluctúa entre lo real y lo divino; son, como afirma Rine Leal, «elementos que prefiguran los estudios de folklore» y ejemplifican nuestras razas (negra, mulata, blanca) mezclando «lo cotidiano, lo sobrenatural y lo ancestral» para conformar el mito.[116] Clara, Meche y Lola son para Lila y Hortensia sólo trabajadoras del pequeño taller de costura, pero, en realidad, representan además orishas del panteón yoruba para la religiosa criada de la casa, y también para el espectador o lector que conoce sus atributos:

MECHE: [...] Yo vengo de tan lejos que no me acostumbro a la gente, ni a eso de tener una obligación. Siempre viví en el mar.

CLARA: Y yo junto al río.

LOLA: Yo, en la primera raíz que se hundió en la tierra. Eso dice mi madre; por arisca, dice mi madre [...][117]

Yemayá, Ochún y Obatalá —mujeres/diosas cuya presencia recuerda a las brujas de Macbeth o al coro griego— participan de la actividad de la casa porque su objetivo es conocer lo que allí ocurre y solucionar el conflicto. La muerte, que predicen en más de una ocasión, vendrá a través de ellas. En ese momento crucial, los dos planos de la acción se enlazan, y el final de Lila es provocado por una fuerza conjunta: en el acontecer de la acción, el desequilibrio de la protagonista y su elección del suicidio son motivadas por el hecho de perder el objetivo de su vida (ocultarle la edad a Marino), porque Hortensia devela la verdad al muchacho; y por otra parte estos orishas, que saben la necesidad de ese suicidio, lo facilitan poniendo las tijeras al alcance de Lila, en su almohada.

Con la muerte de Lila cambia el orden de la vida en la casa, y entonces Marino puede, por propia voluntad, buscar su verdadera identidad como hombre. El paso de la fuerza dramática de la protagonista a este personaje masculino constituye un momento de esencial importancia en la pieza. Tanto dramatúrgica como conceptualmente, el autor ha sabido ir reforzando el personaje de Marino, de forma que en este momento resulta convincente su proyección, al retomar la fuerza protagónica y posibilitar un viraje de la concepción de la obra hacia una

perspectiva optimista. Además, es particularmente significativo que, a través de Marino, Ferrer ofrezca propuestas en relación con las tareas generacionales, novedosas si se tienen en cuenta las obras de Piñera o de Felipe. El joven Marino, con su decisión de trabajar, brinda también una nueva opción al universo dramático presentado en *La hija de Nacho*: la evasión y la muerte dejan de ser las únicas formas de percibir y enfrentar la realidad.

Interrelacionados a lo largo de la obra, aparecen en *Lila, la mariposa* otros aspectos de indudable importancia político-social. Desentonando con la caracterización general profunda y seria que se les da a los restantes personajes, la figura de la Cotorrona y su hija, el Energúmeno, llaman la atención. Sin embargo, no es casual el tratamiento caricaturesco de ambas: la Cotorrona es la señora de Estévez, el administrador de la All Sea Company. Ella representa al nuevo rico, nacido en el caldo de cultivo de una república de «próceres» corruptos y de la admiración y dependencia con respecto a los Estados Unidos; Ferrer quiso criticar, en ella, la conducta de ostentación y vanidad de la burguesía, y a la vez la deformación de los hijos, elemento que introduce con la abominable y risible presencia del Energúmeno.

Por otra parte, el velorio de Lila ofrece un fresco de costumbres provincianas que apoya el ambiente netamente cubano de la pieza, y el autor aprovecha este medio propicio para insertar una cruda crítica política: a través del personaje de la Vieja —que cuenta como al azar algunos rasgos de la historia de su familia— se pone de relieve la degradación de los valores políticos y morales en la seudorrepública.

La utilización de elementos simbólicos (esta vez más imbricados en la acción), de un ambiente general muy cubano y de un lenguaje que conjuga poesía y precisión, contribuyen a dotar a esta pieza —«una de las más intensas metáforas dramáticas de nuestra historia teatral»—[118] de valores que le confieren un lugar destacado en la dramaturgia nacional, por la propuesta que entraña también para nuevos niveles de interpretación. En este sentido puede señalarse el trabajo realizado a partir de 1985 por la actriz y directora Flora Lauten y un grupo de estudiantes del Instituto Superior de Arte, quienes han utilizado a *Lila, la mariposa* como fuente de conocimiento y estudio para desarrollar un espectáculo en el que, tomando la esencia de la pieza de Ferrer, se alerta sobre la mejor formación del hombre en la sociedad actual.

La dramaturgia de Rolando Ferrer «tipifica una trayectoria»[119] en tanto es muestra fehaciente de un serio trabajo de asimilación y expresión de lo cubano a través de las técnicas más avanzadas del teatro contemporáneo, europeo y norteamericano.

[*A. Bo.*]

Notas
(Capítulo 2.6)

[1] Es a partir de 1935, con la representación de la comedia *La muerte alegre* de Nicolai Evreinoff, y fundamentalmente con la puesta en escena de *Fuenteovejuna*, ambas dirigidas por Luis Alejandro Baralt con un criterio moderno de la puesta en escena, cuando encontramos los primeros elementos que anuncian una vanguardia teatral. De manera que la periodización del desarrollo del teatro en la república debería distinguir dos etapas fundamentales: la primera integraría los años de 1923 a 1935, y la segunda, de 1935 a 1958. Debido a la necesidad de conformar un esquema de periodización que, en sus rasgos generales, permita una organización para el análisis del desarrollo en las diferentes manifestaciones literarias, este panorama ha tenido que adecuarse a parámetros que no responden a particularidades del desarrollo teatral.

[2] Eugenio Florit: «Margen a *El Clarín*», en Agustín Rodríguez y José Sánchez Arcilla. Editorial Montiel, La Habana, diciembre 1932, s/p.

[3] En la periodización del «teatro popular» ofrecida por Eduardo Robreño, la tercera etapa, que incluye los años de 1930 a 1960, aparece señalada por la decadencia del género alhambresco y la inauguración de la temporada de la empresa Suárez-Rodríguez. Puede consultarse: Eduardo Robreño: *Teatro popular cubano*. Cuadernos de Historia Habanera. Oficina del Historiador de la Ciudad de La Habana, 1961, p. 7.

[4] Agustín Rodríguez y José Sánchez Arcilla: *Cecilia Valdés*. Editorial Hermes, La Habana, 1932, p. 7.

[5] Eugenio Florit: «Margen a *El Clarín*», en ob. cit.

[6] Rine Leal: *Breve historia del teatro cubano*. Editorial Letras Cubanas, Ciudad de La Habana, 1980, p. 118.

[7] *Revista de Avance* No. 6, mayo 30, 1927. Sección «Directrices», p. 125.

[8] J. M. Valdés-Rodríguez: «El Teatro», en *Facetas de Cuba republicana 1902-1952*. Colección Histórica Cubana y Americana. Oficina del Historiador de la Ciudad, La Habana, 1954, p. 364.

[9] A continuación reproducimos los repertorios de los teatros Nacional, Payret, Principal de la Comedia, Teatro Martí y Teatro Cubano, recogidos de la cartelera de la revista *Social* desde 1923 a 1926.

«Teatro Nacional»

febrero, 1923: Comedias españolas de Jacinto Benavente.

marzo, 1923: Debut de la Compañía de Comedia Francesa del Teatro de la Porte Saint Martin de París, con un repertorio de dramas y vodevil.

abril, 1923: Presentación de la San Carlo Grand Opera Company. Orquesta de 50 músicos, coro de 60 voces y cuerpo de baile.

mayo, 1923: La San Carlo Grand Opera Company ofrece su primera temporada lírica en combinación con los artistas del Ballet Pauley-Oukrainsky.

enero, 1925: Compañía de revistas francesas Ba-Ta-Clán.

marzo, 1925: Compañía de revistas americanas de Don Larring.

junio, 1925: Breve temporada de la Compañía dramática española de Enrique Borrás.

nov. y dic., 1925: Compañía de revistas Velasco.

«Payret»

febrero a junio, 1923: Compañía de revistas mexicanas dirigida por Lupe Rivascacho.

enero, 1925: Compañía de operetas de Esperanza Iris.

marzo, 1925: Compañía dramática-española de Enrique Borrás.

nov.-dic., 1926: Compañía de Comedias Luis Estrada.

«Capitolio»

febrero, 1923: Amalia Molina, la tonadillera y bailarina española.

marzo, 1923: Debut de la cantatriz Margarita Silva.

abril, 1923: Se anuncian películas.

mayo, 1923: La coupletista Amalia de Isaura.

junio, 1923: Se anuncian películas.

Nota: A partir de este año no aparece más en la revista la referencia al programa del Capitolio.

«Teatro Martí»

mayo y junio, 1923: Compañía de zarzuela española del empresario Julián Santa Cruz.

enero, 1925: Compañía cómico-lírica española del maestro Amadeo Vives.

abril a junio, 1925: Compañía de operetas y zarzuelas de Julián Santa Cruz.

«Cubano»

abril-junio, 1925: Revista norteamericana «Follies» de New York.

«Principal de la Comedia»

febrero a junio, 1923: Compañía de la actriz italiana Mimí Aguglia con obras en lengua castellana: *La hija de jonio, Una americana en París, María Rosa, Un cuarto de hora.*

enero a junio, 1925: «Obras dramáticas castellanas y extranjeras. Constantes estrenos, buenos actores, público bien.»

Nota: Como puede notarse, no se hacen especificaciones en lo presentado debido a que este teatro fue uno de los pocos que estuvo a disposición de los estrenos nacionales, aunque también se exhiben en él espectáculos de compañías extranjeras.

[10] Emilio Gaspar Rodríguez: «Sobre el teatro cubano» en: *Plática novísima.* Montalvo y Cárdenas (impresores), 1929, p. 198.

[11] Ibíd., p. 200.

[12] *Revista de Avance*, La Habana, tomo III, enero 12 de 1928, núm. 18.

[13] Revista *Social.* La Habana, vol. XI, núm. 7, jul. de 1926, pp. 32-33, 82.

[14] Revista *Social*, La Habana, vol. XV, núm. 1, enero, 1930.

[15] Luis A. Baralt: «Los pequeños teatros de arte», en *Social.* La Habana. Vol. 17, sep. 1932, núm. IX, p. 65.

[16] Al respecto puede consultarse: *Diario de la Marina.* La Habana 96(63):8, mar. 3, 1928 y 96(66):10, mar. 6, 1928.

[17] Eduardo Agüero Vives: *Sublime rebeldía.* s/e, La Habana, 1935, p. 5.

[18] Ibíd., p. 15.

[19] Luis A. Baralt: «Cincuenta años del teatro en Cuba» en: *Libro de Cuba. Cincuentenario de la independencia: 1902-1952.* Talleres Tipográficos de Artes Gráficas, La Habana, 1954, p. 613.

[20] *Pueblo.* Lunes 14 de agosto, 1939, pp. 1, 12.

[21] *Pueblo.* Enero 29, 1940, p. 12.

[22] Palabras de Fernández Concheso en la inauguración del Instituto Nacional del Teatro y del Cine. En: Erwin T. Tolón y Jorge A. González: *Óperas cubanas y sus autores.* Úcar García S.A., La Habana, 1943, p. 243.

[23] Magaly Muguercia: *El teatro cubano en vísperas de la Revolución.* Editorial Letras Cubanas, La Habana, 1988, p. 62.

[24] Ibíd., p. 69.

[25] Al respecto puede consultarse: Rine Leal: «Teatro 1955», en revista *Ciclón.* La Habana, vol. 1, núm. 5, sept. 1955, pp. 61-64, y «Encuesta sobre resurgimiento teatral en Cuba», en revista *Nuestro Tiempo*, año II, núm. 5, mayo 1955, y año II, núm. 6, jul. 1955.

[26] Aceptamos la fecha de escritura que ofrece Virgilio Piñera en el prólogo «Piñera teatral» a su *Teatro completo.* Ediciones R., La Habana, 1960, p. 11.

[27] José A. Ramos: *En las manos de Dios.* Ediciones Botas. México, 1933, s/p.

28 Raquel Carrió: «Una pelea cubana por la modernidad» en: *Dramaturgia cubana contemporánea. Estudios críticos.* Editorial Pueblo y Educación, La Habana, 1988, p. 13.

29 Rolando Ferrer: «Lila, la mariposa», en *Teatro.* Ediciones Unión, La Habana, 1963, p. 82.

30 Natividad González Freire: *Teatro cubano (1927-1961).* Ministerio de Relaciones Exteriores, La Habana, 1961, p. 110.

31 Ibíd., p. 111.

32 Ibíd., p. 143.

33 Ibíd., p. 143.

34 Ibíd., p. 143.

35 Raquel Carrió: ob. cit., p. 10.

36 Paco Alfonso: «Embocadura» en *Teatro.* Prólogo de Luis A. Baralt. Editorial La Milagrosa, La Habana, 1956, p. 16.

37 Virgilio Piñera: «No estábamos arando en el mar», en: revista *Tablas,* La Habana, núm. 2, año 1983, p. 38.

38 Rine Leal: *Breve historia del teatro cubano.* Ob. cit., p. 139. Rine Leal clasifica a Carlos Felipe, Virgilio Piñera y Rolando Ferrer como «dramaturgos de transición», por no incluir a Paco Alfonso en esta relación, y por considerar que ellos son en su conjunto la expresión de una vanguardia dramática, en lo que coincidimos con lo aportado al respecto por Raquel Carrió en su libro varias veces citado; no utilizamos en este panorama del teatro la referida clasificación de Rine Leal.

39 Revista *Nuestro Tiempo.* Año V. núm. 22, marzo-abril, 1958.

40 Ibíd. El grupo Teatro Estudio hizo su apertura en noviembre de 1958 con el estreno en Cuba de la obra de O'Neill *Viaje de un largo día hacia la noche,* considerada una de las más destacadas puestas en escena de nuestra historia teatral.

41 Aunque las fechas acotadas en las obras corresponden a sus publicaciones, hacemos una excepción con *La leyenda de las estrellas* en razón a que su título aparece en la contraportada de *En las manos de Dios* (Ediciones Botas, México, 1933), donde se le ubica detrás de *Tembladera* sin fecha de creación y clasificada como «paso de comedia».

42 Revista *Social.* La Habana. Vol. III, núm. 2, feb. de 1923, pp. 20-21, 46, 51, 53.

43 José Antonio Ramos: *En las manos de Dios.* Ediciones Botas, México, 1933, s/p.

44 August Strindberg: «El sueño en *Strindberg*», en *Teatro.* Selección y prólogo de Antón Arrufat. Editora del Consejo Nacional de Cultura, La Habana, 1964.

45 José Antonio Ramos: *Panorama de la literatura norteamericana 1600-1935.* Ediciones Botas, México, 1935, pp. 183-184.

46 José Antonio Ramos: *Manual del perfecto fulanista. Apuntes para el estudio de nuestra dinámica político-social.* Biblioteca Studium, J. Montero, Editor. La Habana, 1916, pp. 254-255.

47 *El velorio de Pura* fue representada en 1962. En carta de Nicolás Guillén a Flora Díaz Parrado (que en ese año se encontraba en París cumpliendo sus funciones de Encargada de Negocios de la Embajada de Cuba en Francia) encontramos la siguiente referencia al respecto: «Te envío un programa en el que aparece *El velorio de Pura*, obra tuya. Yo no la vi, pero me dicen los que la vieron que gustó mucho y estaba bien montada.»

48 Flora Díaz Parrado: «Preámbulo» a *5 cuentos y El velorio de Pura.* Editorial Alfa, La Habana, 1941. s/p.

49 Flora Díaz Parrado: *El velorio de Pura.* Ob. cit., p. 88.

50 Flora Díaz Parrado: «El remordimiento», en *Teatro. Dramas y farsas.* Editorial Lex, La Habana, 1944, s/p.

51 Ibíd., pp. 66-67.

52 Ibíd.

53 Sobre el concepto «teatro de arte» y su vinculación al quehacer de Teatro Popular debe consultarse: Magaly Muguercia: *El teatro cubano en vísperas de la Revolución.* Editorial Letras Cubanas, La Habana, 1988, pp. 25-84.

54 La junta de gobierno y dirección de Teatro Popular está compuesta por:

Director: Francisco (Paco) Alfonso
Director Auxiliar: Álvaro Custodio
Asesor literario: José Antonio Portuondo
Organización y enlace: Digna Ferreiro
Financiero: José Ma. Fleites
Secretaria: Renée Potts
Propaganda: Juan Más
Asesor Musical: Obdulio Morales
Escenografía: Gerardo Tejedor, Romero Arceaga

Vocales: Benicio Rodríguez Vélez, José Luis Pérez, Amador Domínguez

55   Los planos de este teatro portátil fueron confeccionados por el pintor Gerardo Tejedor, escenógrafo del grupo. Tenía 10 *m* de frente y 8 de fondo, y contaba además con dos camerinos.

56   Ver: Natividad González Freire: *Teatro cubano (1927-1961)*. Ministerio de Relaciones Exteriores, La Habana, 1961, p. 86.

57   Los agentes «sindicalistas» al servicio de Mujal determinaron el fin de este escenario portátil, que fue utilizado, trágicamente, para actos politiqueros contrarios a los fines para los que fue creado.

58   Integraban el consejo de redacción de *Artes*:

   Director: Paco Alfonso
   Subdirector: Juan Más
   Administración: José Ma. Fleites, Eloísa Álvarez, Carlos Soret
   Redacción: Benicio Rodríguez Vélez
   Información: Máximo Pérez
   Circulación: Antonio García Braojos
   Director artístico: Roberto Diago

59   Dentro de sus actividades como promotor del arte teatral cubano, Alfonso fue también fundador del Teatro Cubano de Selección, del Teatro de la Juventud, la Compañía Dramática Cubana, y participó en otras organizaciones culturales. Asimismo, inauguró la sala teatral El Sótano, desde donde abogó por la creación del Mes del Teatro Cubano.

60   Anuncio de la puesta en escena de *Tururí Ñan Ñan*. *Pueblo*, año III, núm. 868, La Habana, martes 22 de agosto de 1939, p. 5.

61   *Hoy*, La Habana, 6 de mayo de 1943.

62   Ver Nicolás Dorr: «Paco Alfonso, el dramaturgo de los marginados», en Paco Alfonso: *Teatro*. Prólogo de Luis A. Baralt. Editorial La Milagrosa, La Habana, 1956, pp. 5-25.

63   La Sociedad Cultural Nuestro Tiempo posibilitó una lectura dramatizada del texto, y el propio Paco Alfonso, por gestiones personales, logró editar algunos ejemplares, buena parte de los cuales fueron destruidos por el SIM (Servicio de Inteligencia Militar).

64   El poema de Guillén, perteneciente a su libro *Sóngoro Cosongo* (1931), es el siguiente:

   El negro
   junto al cañaveral
   El yanqui

   sobre el cañaveral.
   La tierra
   bajo el cañaveral
   ¡Sangre
   que se nos va!

65   El poema pertenece al libro *Cantos para soldados y sones para turistas* (1937).

66   Sobre este aspecto puede consultarse Raquel Carrió: *Dramaturgia cubana contemporánea. Estudios críticos*. Editorial Pueblo y Educación, La Habana, 1988.

67   Virgilio Piñera: «Piñera teatral», en: *Teatro completo*. Ediciones R, La Habana, 1960, p. 15.

68   Véase su «Piñera teatral», prólogo a *Teatro completo*. Ob. cit. pp. 15-16. El autor afirma que escribió *Clamor en el penal* en 1938, pero, evidentemente, se trata del año en que culminó la creación del texto.

69   Virgilio Piñera: «Clamor en el penal», en: *Baraguá*, año I, La Habana, sept. 16 de 1937, núm. 3, pp. 6-10.

70   En «Piñera teatral». Ob. cit. p. 14, el autor expresa:

   …¿Qué pienso de *Electra Garrigó*? Tenía 29 años cuando la escribí, es la tercera de mis piezas de teatro (las dos anteriores las considero infortunados intentos).

   Al no referir el título de su segunda obra en este prólogo que puede considerarse un balance de su producción dramática, permite cuestionarnos si al hablar de su segunda pieza se refiere a la obra *En esa helada zona*, que omite de este balance, y sobre la que ofrece datos en su artículo «¿Teatro?» (revista *Prometeo*, año II, núm. 11, noviembre 1948, p. 27), donde afirma que se trata de una farsa escrita en 1943. Pero aceptar *En esa helada zona* como la segunda de sus piezas, pone en dudas la fecha de escritura de *Electra Garrigó*, que el autor ubica en 1941.
   Respecto al año de creación de *Electra Garrigó*, Carlos Espinosa, en su trabajo «El poder mágico de los bifes. (La estancia en Buenos Aires de Virgilio Piñera)», *Cuadernos Hispanoamericanos*, núm. 471, septiembre, 1989, ofrece un elemento de interés encontrado en la correspondencia de Piñera con su hermana Luisa durante la primera estancia del autor en Buenos Aires (febrero 1946-diciembre 1947), donde en una carta el autor refiere «la próxima publicación de una pieza teatral suya, *Electra*». A propósito de este dato, Espinosa argumenta que (como la novela *El banalizador*) la obra «tampoco se realizó o, al menos, no entonces ni en Argentina. El texto que presumiblemente escribió o tal vez concluyó allí, se estrenó en La Habana el 23 de octubre de 1948, con el título de *Electra Garrigó* [...]», p. 80.

Existe otro dato importante ofrecido por Virgilio Piñera en su artículo «Notas sobre teatro cubano», de 1966 (revista *Tablas,* núm. 2, año 1983, p. 39), donde en la narración de sus intentos por llevar a la escena *Electra Garrigó* indica las gestiones que realizó con Schajowicz, director del Teatro Universitario, en 1942, y al año siguiente sus conversaciones al respecto con Martínez Allende, director artístico de la Sociedad Cultural de los españoles refugiados. Aunque a ambos directores les interesó la pieza, ninguno se responsabilizó con su montaje.

La cronología de las obras entraña, por lo general, un margen de probabilidades, pero en el caso que nos ocupa, lo más importante reside (dado el desinterés del autor por su obra *En esa helada zona*) en la fecha de creación de *Electra Garrigó*; en este sentido, el dato ofrecido por Carlos Espinosa puede estar relacionado con una reelaboración del texto más que con su gestación. Por otra parte, no existen motivos para poner en duda la fecha en que la ubica Piñera, sobre todo si se tiene en cuenta su coincidencia con el año de creación del poema *Las furias*, por la enorme cercanía temática y conceptual entre las obras.

[71] «Piñera teatral». En *Teatro completo.* Ob. cit., p. 11.

[72] Ibíd., pp. 9-10.

[73] *Electra Garrigó* ha sido una de las obras más representadas de Virgilio Piñera, y en general de la dramaturgia cubana de todos los tiempos. Posterior a su estreno en 1948, la pieza alcanza un total de diez reposiciones, incluyendo una adaptación para la televisión y otra para el Ballet Nacional de Cuba. Se suman a lo anterior sus estrenos en Costa Rica en 1968 y en Londres por el Fitz William College Theatre Group en el año 1971.

[74] Virgilio Piñera: «Electra Garrigó», en *Teatro completo.* Ob. cit., p. 40.

[75] Cintio Vitier: *Lo cubano en la poesía.* Universidad Central de Las Villas, La Habana, 1958, pp. 407-408.

[76] Cintio Vitier: «Virgilio Piñera», en: *Cincuenta años de poesía cubana. 1902-1952.* Ediciones del Cincuentenario, La Habana, 1952, p. 334.

[77] Virgilio Piñera: *Electra Garrigó.* Ob. cit., p. 58.

[78] Virgilio Piñera: «Empezó a vivir», en *Lunes de Revolución*, La Habana, núm. 100, 1961, p. 44.

[79] Utilizamos en el análisis la definición de parodia y la terminología que a los efectos analíticos introduce Patrice Pavis en el *Diccionario del teatro. Dramaturgia, estética, semiología.* Ed. Revolucionaria, 1988. Tomo II, p. 349.

[80] Existen en *Electra Garrigó* situaciones y parlamentos que permiten hacer esta afirmación; los más explícitos son:

En el Acto I (pp. 46-49), la farsa en la que se representa la muerte de Agamenón y Clitemnestra. Aquí el teatro en el teatro no se justifica a través del sueño o la imaginación de los personajes, como ocurre en la *Electra* de Jean Giraudoux, donde las Euménides representan «en parodia» a Clitemnestra, Orestes y Electra, mientras estos dos últimos duermen. De manera que la representación tiene una razón de ser para el público, no así para los personajes, que no participan de una manera activa —consciente— de ella. Para ellos tiene el significado de un sueño, alusión a sus dudas. (Giraudoux: *Teatro.* Ed. Consejo Nacional de Cultura. La Habana. 1965, p. 251.) En *Electra Garrigó* los personajes actúan en la farsa con una conciencia total de sus actos y las consecuencias de los mismos.

En Acto II, p. 57, Agamenón expresa:

> Eres de un ridículo humorismo, Clitemnestra Plá. ¿Es que nunca podrás contemplarme en el *papel* de Agamenón, rey de Micenas y Argos, de la familia de los Atridas [...] He querido oscuramente una vida heroica, y soy un burgués bien alimentado...

La salida de Agamenón a escena estuvo presidida por la siguiente acotación: «(Entra Agamenón, *remedando* con sábanas y una palangana el traje y el casco de un jefe griego. Está borracho, pero se comporta dignamente)» (p. 56).

Queda claro que Agamenón es consciente, trágicamente consciente, de que sólo está capacitado para representar al Agamenón legendario. En el parlamento del personaje alcanza una importancia determinante lo inevitable de la condición que se expresa en el juego representacional.

Los monólogos de Electra están concebidos en un tono de declamación. Virgilio Piñera lo advierte en el prólogo, donde explica que Electra «declama al modo de nuestros políticos que se pasaban la vida diciendo discursos de vacía retórica, método infalible para adormecer al pueblo» (p. 14). Al respecto, en el Acto II, p. 55, después del largo monólogo de Electra, Egisto y Clitemnestra se manifiestan en relación al carácter representacional del discurso de la protagonista:

> EGISTO: [...] Será una gran actriz.

> CLITEMNESTRA: [...] Es ya una gran actriz. Vive en el mundo para representar[...]

La escena del reconocimiento de Electra y Orestes (Acto III, p. 76) está construida, de manera implícita, como teatro en el teatro; sólo así alcanza lógica y significación de acuerdo con la ubicación que tiene en el texto. El propósito de esta escena es dar la posibilidad a Electra de comprobar si Orestes ya se encuentra dispuesto para llevar a términos de acción la muerte de Clitemnestra.

81 Raquel Carrió: «Una pelea cubana por la modernidad», en: ob. cit. Ed. Pueblo y Educación, La Habana, 1988, p. 5.

82 Raquel Carrió ha señalado como una constante en el teatro de Piñera «la propuesta de un género —una modalidad genérica— capaz de integrar las fuentes y las formas de una cultura nacional», que es apreciable desde *Electra Garrigó* en «lo negador, lo parodial, lo acléctico» («Una pelea cubana por la modernidad», en revista *Primer Acto*, núm. 225, sep-oct, 1988, p. 66). Para la sustentación de este aspecto en nuestro análisis fue particularmente importante la valoración que respecto a la parodia realizaron los formalistas rusos, en la que se basa Patrice Pavis para concluir que «la parodia tiende a transformarse en un género autónomo y en una técnica para revelar el procedimiento artístico» (Patrice Pavis: ob. cit., tomo II, p. 349).

83 Virgilio Piñera: «¿Teatro?», en: *Prometeo*, año I, núm. 5., abr-may. 1948, p. 1.

84 Virgilio Piñera: «Jesús», en: *Teatro completo*. Ob. cit., p. 106.

85 Ibíd., p. 123.

86 Albert Camus: «El mito de Sísifo», en *El mito de Sísifo. El hombre rebelde*. Tr. Luis Echevarri. Editorial Losada S.A., Buenos Aires, 1953, p. 96.

87 Puede consultarse: Martín Esslin: *El Teatro del Absurdo*. Editorial Seix Barral, Barcelona, 1966, p. 16.

88 La primera versión de *Falsa alarma* fue publicada en la revista *Orígenes*, año VI, La Habana, 1949, núm. 21 y 22.

89 Martín Esslin: *El Teatro del absurdo*. Ob. cit., p. 16.

90 Es interesante resaltar cómo el proceso de difusión de la obra sólo comienza propiamente en 1960, cuando la misma es incluida por el autor en *Teatro completo*. La ausencia de un movimiento teatral activo y lo reducido del auditorio que presenció su estreno en el Teatro de la Sociedad Lyceum el 28 de junio de 1957, dieron lugar a que Virgilio Piñera fuera considerado un dramaturgo del Teatro del Absurdo cuando el movimiento había alcanzado fama mundial a través de las obras de Ionesco, Beckett, Adamov y Genet. Acostumbrados a la supremacía cultural de Europa y al subdesarrollo de un país dependiente, la creación de *Falsa alarma* en 1948 y su publicación al año siguiente en *Orígenes* (antes del estreno en París de *La soprano calva* de Ionesco) fueron hechos sin trascendencia.

91 En la primera versión de *Falsa alarma*, el Juez y la Viuda dejan la escena, el Asesino pone el disco del *Danubio azul* y comienza a bailar; posteriormente, el Juez y la Viuda vuelven a salir a escena y bailan situados a ambos lados del Asesino. En la versión definitiva, el Asesino queda solo bailando el *Danubio azul*.

92 Virgilio Piñera: «Los siervos», en *Ciclón* (revista literaria), vol. I., La Habana, nov. 1955, núm. 6, pp. 9-20.

93 Virgilio Piñera: «Diálogo imaginario», en *Lunes de Revolución*, nov. 21, núm. 51, 1960, p. 38.

94 Virgilio Piñera: «El flaco y el gordo», en *Teatro completo*. Ob. cit., pp. 245-273.

95 Virgilio Piñera: «Piñera teatral». Ob. cit., p. 23.

96 Rine Leal: *En primera persona*. Colección Teatro y Danza. ICL, La Habana, 1967, p. 52.

97 Virgilio Piñera: «Piñera teatral». Ob. cit., p. 16.

98 Sobre el verdadero nombre de Carlos Felipe existen divergencias: algunos críticos y estudiosos afirman que es Carlos Fernández Santana, en tanto el *Diccionario de literatura cubana* consigna que es Carlos Felipe Fernández. En la edición norteamericana de sus obras completas, Rosa Felipe, la hermana, aclara que tanto el dramaturgo como ella fueron inscritos con el apellido Fernández, pero que posteriormente adoptan el de su verdadero padre: Felipe. Algo similar ocurre con la fecha de nacimiento: Rosa Felipe aclara en el mismo volumen que Carlos nació el 4 de noviembre de 1911, en tanto la bibliografía editada en Cuba —incluso una entrevista realizada por Rine Leal— establece 1914 como el año de nacimiento del autor.

99 Raquel Carrió: *Dramaturgia cubana contemporánea*. Editorial Pueblo y Educación, La Habana, 1988, p. 22.

100 Toda la bibliografía publicada en Cuba coincide en afirmar que Carlos Felipe forjó su cultura solamente a través del autodidactismo; sin embargo, Rosa Felipe manifiesta que asistió a escuelas de nivel primario, y que el carácter autodidacta sólo podría reconocerse teniendo en cuenta que no realizó estudios superiores ni especializados.

[101] Nos acogemos a las referencias ofrecidas por la bibliografía consultada, porque estas obras hasta el momento se hallan desaparecidas.

[102] En el momento en que se escribió y premió, no fue estrenada ni publicada. Después del triunfo de la Revolución, en 1961, se dieron a conocer tres escenas en la *Revista Nacional de Teatro*, pero su edición completa se realiza en 1988, en los Estados Unidos, pues las hermanas de Carlos Felipe, tras la muerte de éste, abandonaron la patria y se llevaron no sólo *Esta noche en el bosque*, sino también otras piezas que se consideraban perdidas: el manuscrito abreviado de *Tambores* y *La bruja en el obenque*, todas ellas publicadas ahora en el volumen que recoge la producción dramática del autor bajo la revisión de Rosa Felipe.

[103] José A. Escarpenter y José A. Madrigal: «Introducción», en Carlos Felipe: *Teatro*, Society of Spanish-American Studies. Colorado, 1988, p. 34.

[104] Ver nota 5. Según Armando Correa, se realizó una segunda versión de esta obra en 1957. Véase su artículo «Carlos Felipe: el encuentro con la imagen», en *Tablas*, La Habana (1): 13-23, enero-marzo, 1984.

[105] Sobre este aspecto resulta interesante consultar el trabajo de Julio Matas: «Pirandello, Proust and *El chino* por Carlos Felipe», en *Hispanic Journal*, 5 (1):43-48, 1983.

[106] Raquel Carrió: *Dramaturgia cubana contemporánea.* Editorial Pueblo y Educación, La Habana, 1988, p. 42.

[107] Rine Leal: «Este nuevo, este tercer libro de Carlos Felipe», en *Casa de las Américas*, La Habana, 8 (47): 142-143, mar-abr. 1968.

[108] José A. Escarpenter y José A. Madrigal: ob. cit., p. 42.

[109] Después del triunfo de la Revolución, el grupo Teatro Estudio repuso *El travieso Jimmy* en 1980; re-

sultó luego seleccionada para ser llevada a las tablas en Sofía, Bulgaria, dentro de un plan de colaboración artística. Contó entonces con la dirección de Vicente Revuelta.

[110] Ver nota 5.

[111] Sobre el deslinde generacional y los autores de transición, debe consultarse: Raquel Carrió: *Dramaturgia cubana contemporánea.* Editorial Pueblo y Educación, Ciudad de La Habana, 1988, pp. 7-23.

[112] Nos adscribimos al criterio emitido por la investigadora en su *Teatro cubano (1927-1961)*, Ministerio de Relaciones Exteriores, La Habana, 1961, p. 123, porque estas primeras obras de Ferrer no han podido ser localizadas hasta hoy. Tampoco se han encontrado otras señaladas por la bibliografía, como son: *Y ya, y ya, y ya, Cualquier tiempo pasado, Tres semanas, Las del número cinco, La biografía del nene* y los dos últimos actos de *A las siete la estrella.*

[113] Los criterios han sido tomados de las notas al Programa del estreno, pues esta obra hasta el momento tampoco ha podido ser localizada.

[114] Nancy Morejón: «Prólogo», en *Teatro de Rolando Ferrer*. Editorial Letras Cubanas, Ciudad de La Habana, 1983, p. 9.

[115] Rine Leal: *Breve historia del teatro cubano.* Editorial Letras Cubanas, Ciudad de La Habana, 1980, p. 141.

[116] Rine Leal: «El tren y el verano», en *En primera persona*. Instituto del Libro, La Habana, 1967, p. 213.

[117] Rolando Ferrer: «Lila, la mariposa», en *Teatro*. Editorial Letras Cubanas, Ciudad de la Habana, 1983, p. 65.

[118] Raquel Carrió: ob. cit., p. 19.

[119] Ibíd.

2.7 El ensayo y la crítica

2.7.1 Desarrollo evolutivo

Dos tendencias se manifiestan en la prosa ensayística y crítica[1] cubanas del lapso 1923-1958: la marxista, de conocida orientación filosófica materialista; y la no marxista, cuyo factor común es el pensamiento idealista. Esta última fue mayoritaria —en cuanto a la cantidad de personalidades que la integran—; pero puede hallarse entre ellas una posición intermedia, en especial entre historiadores y críticos literarios o de arte que, sin rechazar el marxismo, adoptan una actitud progresista con notables manifestaciones dualistas en lo filosófico, y relativo eclecticismo propio de tal actitud.

Esta orientación general de tendencias se observa con mucha mayor precisión cuando el asunto investigativo o crítico es propiamente filosófico, histórico, económico o político epocal. Asimismo es discernible en el ensayismo y la crítica sobre literatura y arte; resulta un tanto menos preciso en el periodismo crítico literario y en ciertos estudios inmanentistas sobre arte, literaturas clásicas, obras bibliográficas o aspectos referidos a la educación. La última instancia de las ideas expuestas y la propia obra global de cada autor nos permite conocer mejor el punto de partida de tales orientaciones.

Estas tendencias son explícitas e inmanentes del desarrollo histórico cubano del siglo XX; poseen gradual acrecentamiento entre 1923 y 1958, y pueden explicar en primera instancia procesos de concientización de la nación cubana, sobre todo en el período que va desde la Revolución del treinta hasta (y después de) el advenimiento de la Revolución socialista. Por ello, son muy visibles asimismo cuando se trata un problema esencial del ensayismo cubano: el de la *nacionalidad*. Este es un asunto de *identidad* que se acentúa en la etapa estudiada, pero que la desborda, puesto que se halla planteado en la anterior, con mucha menor intensidad en los planos teóricos, y se presentará en la próxima, con perfilamiento más universal y a la vez más específico. El enfoque de la nacionalidad desde posiciones pretendidamente no clasistas, entra en franca contradicción con el punto de vista de los marxistas y de los pensadores «de izquierda» o revolucionarios en sentido general. Es imposible tratarlo desideologizadamente, y en ello se advierten las contraposiciones referidas. De dónde venimos, quiénes (cómo) somos y hacia dónde vamos, importan de manera relevante en el ensayismo epocal, al grado de que muchos textos de crítica literaria y artística —sin ser asunto central en ellos— se ven matizados por la búsqueda de la identidad nacional. Es un rasgo que la ensayística y la crítica cubanas comparten con el pensamiento latinoamericano coetáneo, sin que quede limitado a esta área geográfica.

El pensamiento marxista-leninista cubano comienza a organizarse con real especificidad precisamente en el período que Juan Marinello llamó «década crítica»,[2] con firmas fundadoras como las de Julio Antonio Mella y Rubén Martínez Villena. La fundación del Partido Comunista en

1925, el gradual radicalismo de la lucha social a partir de la Protesta de los Trece, de 1923, y el antimachadismo posterior, cooperan en el reforzamiento de la concepción del mundo de la filosofía en cuestión.

Entre los integrantes del Grupo Minorista pronto se destaca Juan Marinello, y en la década de 1930 aparece un núcleo de intelectuales ya con decidida vocación dentro del análisis integral que ofrece el marxismo: Raúl Roa, Pablo de la Torriente Brau, Blas Roca, Carlos Rafael Rodríguez, José Antonio Portuondo, Mirta Aguirre y Sergio Aguirre, Ángel I. Augier, *et al.* La extensión del pensamiento marxista-leninista fue, durante la etapa, una cuestión programática partidista.

Los marxistas no se limitarán al estudio del condicionamiento socioeconómico epocal, sino que participan en todos los aspectos del debate de ideas, ya sean éstos filosóficos, especulativos, históricos, literarios o artísticos. Nuevas firmas se incorporan a este panorama, como Nicolás Guillén, Julio Le Riverend, Salvador García Agüero, Gaspar Jorge García Galló, y otras de manera ocasional, o por sus funciones como dirigentes comunistas o «de izquierda» en sentido general. Por esta última posición podrá comprenderse el pensamiento crítico de personalidades como Emilio Roig de Leuchsenring, José Luciano Franco, Loló de la Torriente, Marcelo Pogolotti, y de otros varios inclinados hacia el materialismo, sin que sus respectivas obras de este lapso puedan ser tenidas con exactitud por marxistas-leninistas.

El multidireccional campo no marxista es realmente complejo, y en su primer momento puede apreciarse el predominio de dos corrientes de pensamiento orientadas por las ideas de los españoles José Ortega Gasset y Miguel de Unamuno, sin que se obvien las influencias que a la sazón ejercían los latinoamericanos José Enrique Rodó y José Ingenieros (semejantes a la de José Carlos Mariátegui entre los ensayistas «de izquierda»).

En lo sucesivo, luego del derrocamiento de la dictadura machadista, se apreciará un auge, e incluso surgimiento, de líneas de pensamiento filosófico tan variadas como el hegelianismo, el existencialismo, la filosofía cristiana en diversas manifestaciones, el pragmatismo, la fenomenología husserliana y diferentes posiciones de irracionalismo europeo. El pensamiento martiano ocupará un importante sitio, que compartirán también los pensadores marxistas.

Tan amplia gama de idearios cobija actitudes que van desde el conservadurismo y las posiciones reaccionarias hasta definiciones progresistas o francamente revolucionarias, la mayor parte de las veces signadas por la participación social, o cívica, de los escritores, ya sea en actos (incorporación a la vida política) o en letras (desde cátedras académicas, en el trabajo periodístico o en la especificidad artístico-creativa). Se puede ejemplificar el diapasón de actitudes con una larga lista de personalidades, cuya representatividad se limitará por ahora, por orden cronológico, a las firmas de Manuel Márquez Sterling, Ramiro Guerra, Rafael Suárez Solís, Fernando Ortiz, Fernando Lles, Medardo Vitier, José María Chacón y Calvo, Félix Lizaso, Juan J. Remos, Jorge Mañach, Rafael Esténger, Elías Entralgo, Lydia Cabrera, José Lezama Lima, Humberto Piñera, Cintio Vitier…, y muchas más. La sola inclusión de este brevísimo listado indica la diversidad de orientaciones y posiciones del pensamiento no marxista cubano.

Es obvio que en esta dicotomía marxistas-no marxistas influyen poderosamente las condiciones socioeconómicas, las tendencias históricas del pensamiento y las específicas condiciones políticas cubanas, así como el movimiento histórico e ideológico que domina al mundo coetáneo, en particular en Europa y América. No debe olvidarse que en el centro mismo del lapso de estudio se desencadenó la Segunda Guerra Mundial, con una fuerte ola de transformaciones políticas y diversidad de corrientes de pensamiento. Tal desarrollo no puede verse, pues, como un esquema rígido que totaliza en forma bipolar y sin matices el trabajo ensayístico-crítico cubano, como se ha intentado discernir. Para su mayor especificidad, es preciso que se detalle a partir de las líneas temáticas principales, o de bloques de temas, que predominan en el lapso, de manera que pueda hallarse el fiel del desarrollo del pensamiento cubano en sus múltiples intereses. Asimismo, como este análisis se inclina hacia la valía estético-literaria de las obras de los autores más representativos, no se ofrece un panorama del ensayo y de la crítica cubanos del lapso en cuestión con independencia de su *literariedad*, sino precisamente a partir de ella. La prosa ensayístico-crítica que floreció entre 1923 y 1958 se halla en las posiciones pinaculares de la literatura cubana del siglo XX; así lo garantizan el elevado sentido estilístico, la precisión de ideas y la profundidad analítica de los autores más representativos de las diversas tendencias y líneas. El ensayo y la crítica literaria cubanos alcanzaron en esta etapa rango cualitativo considerables dentro del ámbito de la lengua española: aparecieron obras cimeras de la literatura nacional e investigaciones de mucho calado, relativas a problemáticas nacionales y universales en muy variadas disciplinas.

Algunos historiadores y críticos han querido ver, en el lapso de estudio, con no escasa razón, al menos dos etapas discernibles entre 1923 y 1940 (a su vez, con relativas subdivisiones), y de 1940 hasta 1958. En la primera, al decir de José Antonio Portuondo, predominará el contenido social, dado por el «esfuerzo de severa revisión histórica que se ha impuesto en el país como un aspecto de la acentuada actitud crítica frente a las circunstancias política y social»;[3] la segunda se caracterizaría, según Raimundo Lazo, por «el lirismo verbal» y «la formulación de teorías interpretativas sobre *lo cubano* en el campo específico de la literatura». También Lazo nota en ella «predominio de tendencias a varias formas de impresionismos y de análisis basado en las doctrinas revolucionarias».[4] Es aún más categórico en su clasificación el historiador Francisco López Segrera, quien ve en la primera etapa un reforzamiento de lo «nacional popular», y de lo «nacional» en la segunda, según sus teoría y terminología al respecto, desarrolladas en *Cuba: cultura y sociedad*. Él mismo asegura que en la primera etapa existen tres momentos fundamentales: 1923-1930, de ascenso crítico; 1930-1934, de lucha antimachadista, y 1934-1940, posmachadista, dirigido a la gestión democratizadora y por la Constitución. Como se verá, es una división que parte de la integración de los

ensayistas y críticos (y de los creadores literarios en general) a la lucha político-social de las circunstancias.

Otros historiadores literarios prefieren la individualización del proceso, estudiando la secuencia cronológica de autores con caracterizaciones, a veces adjetivales, de sus respectivas obras. Es el caso de Andrés de Piedra-Bueno, Rafael Esténger, Félix Lizaso, Juan J. Remos y Antonio Iraizoz. Max Henríquez Ureña es más explícito en su panorama de la ensayística,[5] y Salvador Bueno no se aparta de la posición generacional predominante en casi todos los autores anteriormente mencionados, pero logra una mejor caracterización de conjunto cuando reseña la labor de las segunda y tercera generaciones republicanas en el campo de las ideas.[6]

En un análisis global meritorio, Ricardo Hernández Otero y Nélida Galano Guilarte logran una síntesis de «la literatura cubana en la segunda etapa de la neocolonia (1923-1958)»,[7] incluyendo el ensayo y la crítica, mediante la siguiente valoración:

> De modo general, esta cristalización puede caracterizarse a través de dos líneas fundamentales de desarrollo: de un lado, comienza y se desarrolla el estudio e interpretación desde puntos de vista marxista-leninistas de nuestra historia y de nuestro proceso cultural, como ha señalado Portuondo. De otro lado, aparecen y cobran fuerza igualmente corrientes filosóficas burguesas posmarxistas en el ensayo y el pensamiento literario cubano contemporáneos. [...] Lo martiano es aglutinador, y el estudio de Martí marca una línea temática esencial del ensayismo.

Quizás el enunciado requiera algunas precisiones terminológicas, pues los autores llaman «líneas fundamentales» a lo que al principio del presente texto se denominó como «tendencias»; luego, utilizan el término «línea temática» con propiedad conceptual cuando se refieren a los estudios acerca de la obra de José Martí, y emplean el vocablo menos comprometedor de «vertientes» para clasificar y describir la producción temática del lapso, que subdividen en: crítica e investigación de cuestiones literario-culturales y sociales, crítica e historia literaria, temas económicos, teoría e historia literaria, estudios históricos, de política y oratoria.

Aún se podría perfilar mejor este útil planteamiento caracterizador si, a partir de la objetividad del desarrollo de los asuntos de la ensayística y la crítica cubanas del propio lapso, se propone el siguiente esquema de líneas temáticas: 1) Estudio de la vida y la obra de José Martí. 2) Ensayismo crítico sobre literatura. 3) Historia de la literatura. 4) Historia del arte y crítica de arte. 5) Estudios de filología, lingüística, lexicografía, y sobre preceptiva y gramática. 6) Estudios sobre pedagogía, educación y enseñanza en general. 7) Ensayismo económico, temas de economía industrial, agrícola o política económica. 8) Historia de Cuba o de otras regiones del mundo. 9) Ensayismo político. 10) Ensayismo científico, especialmente sobre medicina. 11) Filosofía y estética. 12) Asuntos varios, que incluirán una gama temática de particularizaciones como: religión, etnología, feminismo, bibliotecología y otras investigaciones que pudieran catalogarse dentro de las ciencias sociales.

Es natural que la secuencia generacional de autores impulse o margine estas líneas y aun añada o elimine temas particulares, incluso tratados por un solo autor. En el presente análisis se aprecian más particularmente algunas líneas temáticas, favorecidas por el propio interés filológico y la calidad expositiva dada por el manejo creativo del idioma, que se advertirán menos en los temas científicos —de las ciencias naturales—, jurídicos, históricos, económicos y otros. Pero en sentido general, la prosa cubana de pensamiento del lapso 1923-1958 mantiene ese esquema de líneas temáticas, con mayor o menor profusión o asiduidad de estudio en cada momento y por unos u otros autores, según sus tendencias expresivas. No se incluye expresamente a la oratoria como grupo aparte, pues ella reviste caracteres ensayísticos en la etapa y se integra perfectamente a las líneas expuestas. Es muy probable que se requiera eliminar de entre los grupos a la biografía y considerarla como línea temática diferenciada, aunque ella entonces,

como género *per se*, no se dejará incluir con comodidad en el ensayismo y la crítica, salvo varias dedicadas a José Martí, que por momentos resultan portadores de ideas y tesis típicas del ensayo. No se tratarán aquí los valiosos textos bibliográficos que se editan en la etapa.

El estudio de la obra martiana adquiere relieve a partir de la década de 1930, tras uno de los primeros intentos de edición de sus obras completas (1918-1920), ordenadas por Néstor Carbonell. Casi la totalidad de los integrantes del Grupo Minorista se dedica a la indagación, con nuevas perspectivas, del legado martiano, mientras Gonzalo de Quesada y Miranda trabaja en la gradual edición de la papelería de Martí. En la propia década habían aparecido otras intenciones de compilación total, una dirigida por Alberto Ghiraldo, alrededor de 1925, en la Editorial Atlántica de Madrid, y otra en París, en 1926, signada por Armando Godoy y Ventura García Calderón. La labor de Quesada alcanzó punto culminante con la edición de las *Obras completas* (1936-1953), mediante la Editorial Trópico, en setenta y cuatro volúmenes, y que es la mejor y más integral de cuantas aparecieron en el período, entre las que deben contarse la menos feliz de la Editorial Lex, prologada por Manuel Isidro Méndez, y que tuvo sucesivas ediciones en 1946, 1948 y 1953.

Por supuesto que no sólo estas publicaciones alentaron los estudios martianos, cuyo fundamento consiste en el alto relieve de Martí en la historia de Cuba, en su evolución literaria y en la vigencia de su pensamiento.

Un grupo de autores, de la generación anterior a los minoristas, avanza en la década de 1920, y en los años posteriores, en estos estudios, entre los que cabe recordar a José Conangla Fontanills, Gerardo Castellanos García, Luis Rodríguez Embil y Arturo R. de Carricarte, autor de una *Iconografía* (1925) de mucha utilidad epocal. Aunque Medardo Vitier completa posteriormente sus indagaciones martianas, es propio citarlo aquí, antes de pasar al estudioso territorio de los minoristas; Vitier publicó en 1954 su *Martí, estudio integral*, cuando ya Emilio Roig de Leuchsenring, Félix Lizaso, Jorge Mañach, Juan Marinello, Rafael Esténger y Francisco

Ichaso, entre otros, habían dado a conocer obras fundamentales en la comprensión del legado de José Martí. Como historiador, Roig ofreció una certera visión del antimperialismo de Martí, además de aproximarse a aspectos biográficos, de la obra y del orbe social de la acción martiana. Lizaso casi consagró su labor como prosista a desentrañar cuestiones de mucha importancia en la obra literaria y en el significado político y hasta filosófico de la obra del prócer cubano; su *Martí, místico del deber* (1940) fue obra muy comentada y rebatida por su enfoque idealista e idealizador. Mañach cuenta en su bibliografía con un grupo de textos martianos, entre los que sobresale la también discutible, pero no por ello menos excelente biografía *José Martí, el Apóstol* (1933) —editada además como *Martí, el Apóstol*, o simplemente como *José Martí*. Parte esencial de la obra de Juan Marinello es su constante dedicación a los estudios acerca del Héroe Nacional Cubano, que van desde 1926 hasta 1976, poco antes de su muerte, con un momento pinacular en la edición de *José Martí, escritor americano* (1958). Tanto Esténger (*Vida de Martí*, 1934) como Ichaso (*Martí y el teatro*, 1935), consagraron estudios a diversos aspectos biográficos o literarios de la gran figura en cuestión, a la sazón también indagada por Emeterio Santovenia, Leonardo Griñán Peralta, Leopoldo Horrego Estuch, Andrés de Piedra-Bueno, Raimundo Lazo y César Rodríguez Expósito.

El pensamiento marxista se había fijado notablemente en José Martí, desde los escritos de Julio Antonio Mella, en sus «glosas» ideológicas,[8] seguido por Raúl Roa, Blas Roca, José Antonio Portuondo, Carlos Rafael Rodríguez,[9] entre otros, quienes se ocuparon de aspectos vitales para la correcta interpretación del ideario martiano, y especialmente de su vigencia en diversos terrenos: políticos, sociales, literarios. Entre ellos, es Marinello el de más asidua investigación en el orbe martiano.

Otros escritores se referirán a particularidades muchas veces de especialización sobre la vida y la obra de Martí y sus significados en el panorama cubano, tales Manuel Isidro Méndez, quien publicó muchos documentos, inéditos hasta entonces, que se sumaron a las *Obras completas*;

Fernando G. Campoamor dio a conocer *Martí, hombre total*, en 1937; Cintio Vitier estudió la poesía y otros aspectos de la obra literaria martiana, mientras que José Lezama Lima, Fina García Marruz, Gustavo Navarro Lauten y un conglomerado de autores más, con textos ocasionales o de especificidad erudita, se asoman en la etapa a diversidad de aspectos martianos.[10]

Sin dudas, la profusión de estudios, su calidad y la variedad de puntos de vista, convierten a esta línea temática en una de las principales del período, generalizada a todas las promociones autorales, pues coincide con el interés de «severa revisión histórica»,[11] que es típica de la etapa. La propia inspiración en la prosa martiana trajo consigo, por natural influjo, una evidente calidad expositiva, tanto formal como estilística, en las obras que se publicaban, ya fueran artículos de prensa o monografías de diversas proposiciones temáticas.

El ensayismo crítico sobre literatura es amplísimo y muy variado en sus objetivos; más que una *línea temática* es un conglomerado de ellas que, aun pudiéndose resumir en tal enunciado, hace gala de una variedad de estudios literarios que abarca asuntos nacionales y universales, incluida la crítica y reseña de libros y las monografías especializadas. No obstante, el panorama presenta preferencias o prioridades que podrían enunciarse en: 1) Literatura cubana. 2) Literatura española e hispanoamericana. 3) Literaturas europeas y de lengua inglesa. 4) Literatura rusa y de otras naciones, más excepcionalmente de otras áreas geográficas no europeas o americanas.

Una promoción generacional nacida en las décadas de 1860 a 1880, se mantiene activa parcial o totalmente en el lapso analizado. Se identifican en ella firmas como las de Regino E. Boti, interesado en la teoría y crítica de la poesía, fundamentalmente, y en aspectos de historia y literatura cubanas; esta última es la variante de interés de José Manuel Carbonell, Francisco González del Valle, Rafael Suárez Solís, Mario Guiral Moreno, Medardo Vitier, Rafael Marquina, Emilio Gaspar Rodríguez, o el más joven entre ellos, José de la Luz León, quien también se inclinó a los análisis martianos. Dos mujeres

sobresalen: Laura Mestre, en los estudios clásicos y de literatura griega, y Carolina Poncet, en
análisis de literatura cubana en su relación con
la herencia hispánica.

Se identifican las indagaciones en torno a la
obra de José María Heredia. Las figuras cimeras
de esta inclinación son José María Chacón y
Calvo, erudito de apreciable trayectoria en los
estudios literarios sobre Cuba y sobre la hispa-
nidad, así como Francisco González del Valle y
Rafael Esténger, ya de promoción posterior.

Esta nueva promoción coincide con el movimiento minorista, a partir del cual los análisis
de la literatura cubana, el ensayismo y la crítica
literaria ascienden al grado de que Max Henríquez Ureña[12] subraye que ésta es una generación de ensayistas. Así, a los ya mencionados
Mañach, Marinello, Ichaso y Lizaso, que participan en la fundación y desarrollo de la *Revista
de Avance*, se suman Nicolás Guillén, Raimundo
Lazo (con profuso ahondamiento en la literatura hispanoamericana), Loló de la Torriente, José
Juan Arrom y otros muchos, entre los que cabría distinguir, más que en una simple nomina-
ción, las obras antitéticas de dos ensayistas: Jorge Mañach, quien se interesa en aspectos teóricos
sobre la cultura cubana que tienen su raíz en
obras como «La crisis de la alta cultura en Cuba»
(1925) e *Indagación del choteo* (1928), y alcanzan un punto más alto en *Historia y estilo* (1944),
intento por aprehender las raíces de la formación y el desarrollo de la nación cubana desde
perspectivas idealistas. Las tesis de Mañach tuvieron notable influencia en el pensamiento cubano de la época. Su obra es generalmente periodística, salvo, como afirma Raimundo Lazo,[13]
algunos trabajos orgánicos; el propio Lazo subraya cómo Mañach fue inclinándose hacia «tendencias conservadoras», dada su participación
desde la derecha en la vida política nacional y
que lo definió como vocero de ese conservadurismo de derecha. El otro polo de la antítesis
tanto literaria como política es Juan Marinello
quien, como Mañach, escribe con una prosa elegante, plena de riquezas idiomáticas, pero, a diferencia del autor de *Imagen de Ortega y Gasset*
(1956), Marinello tiene su punto de partida en
la cientificidad marxista, aun cuando trabaje el

periodismo literario y la crítica, cuyas funciones él definía como de orientación, valoración y
creación. Publicó el volumen *Poética. Ensayos
en estusiasmo* (1933), y luego, paralelamente a
su ancha labor como dirigente del partido de los
comunistas cubanos, estudió a numerosos autores contemporáneos de la lírica y la narrativa
de Cuba y de Hispanoamérica, y extendió su interés hacia España y varias literaturas europeas.[14]

El bregar crítico-ensayístico de la generación
de los minoristas halla un buen resumen de conjunto en la clasificación de «tendencias» que
Raimundo Lazo propone en su *Historia de la literatura cubana*: «ensayismo crítico fuertemente impulsado por lo imaginativo», «ensayismo
crítico inclinado al análisis lógico, psicológico e
histórico (erudición y objetividad)», y «ensayismo monográfico, historia literaria o de la cultura». Si en el primer grupo Lazo incluye a
Mañach y a Marinello (y a Ichaso y Suárez Solís),
en el segundo nomina autores de varias generaciones, como Lizaso, Chacón y Calvo, Miguel
Ángel Carbonell, J. A. Fernández de Castro,
Elías Entralgo, Roberto Agramonte, Raúl Roa,
Antonio Bustamante y Montoro, J. A. Portuondo, Mirta Aguirre, Anita Arroyo, entre otros
(como Alberto Lamar Schweyer y Manuel Pedro González). En este conjunto se aprecia interés general por la literatura cubana del siglo
XIX, por asuntos filosóficos, estudios cervantinos, hispanoamericanos y de otras materias que
se verán más adelante. También en páginas sucesivas, por las circunstancias temáticas, se men-
cionarán y hasta se analizarán otros nombres y
obras de singular relieve en la prosa de la etapa
de 1923 a 1958. Es propio, sin embargo, destacar ahora el ancho margen de la crítica de rango
divulgativo y del ensayismo que hallamos en la
obra de Alejo Carpentier, con textos publicados dispersamente, desde la década de 1920, y
sobre los más variados temas literarios y artísticos de Europa y de América.

Por su secuencia cronológica, dentro del
ensayismo propiamente literario adviene una
nueva generación que podríamos señalar signada
por los nacidos a partir de 1910, y de los cuales
ya se han mencionado algunos nombres, como
Portuondo o Mirta Aguirre. Ellos continúan lo

que Salvador Bueno (también representante de esta nueva promoción) señala como derivación de «disquisiciones sobre cuestiones históricas y literarias hacia los más palpitantes problemas económicos, políticos y sociales»:[15] pero una nueva hornada, coincidente con la proyección del Grupo de Orígenes, se centra mucho más exclusivamente en los temas y asuntos literarios, según lo testimonia la labor en prosa crítica de José Lezama Lima (*Analecta del reloj*, 1953; *La expresión americana*, 1957; *Tratados en La Habana*, 1958) y de Cintio Vitier (*Experiencia de la poesía*, 1944; *Lo cubano en la poesía*, 1958); en menor medida, otros «origenistas» como Gastón Baquero (*Ensayos*, 1949), Fina García Marruz, Virgilio Piñera y José Rodríguez Feo, publican ensayos y trabajos críticos en revistas afines, antes de 1959. Fuera del ámbito origenista, Anita Arroyo desarrolla una obra de peculiares perfiles sobre literatura cubana e iberoamericana.

Samuel Feijóo también se destacará por su trabajo ensayístico, pero en el lapso de estudio su prosa principal es de carácter literario (memorias, diarios, pensamientos varios), al menos en lo que entonces deja publicado. A la par, sobresale un ensayista aún más joven: Roberto Fernández Retamar, quien en 1954 publica su tesis académica *La poesía contemporánea en Cuba* (1927-1953) y su *Idea de la estilística* en 1958.

En su caracterización de este núcleo generacional, Lazo advierte el periodismo acentuado, en algunos casos como profesión, y una crítica que fluctúa «entre la polémica, a veces agresiva, con representantes de la generación anterior, y el impresionismo que adopta caracteres ensayísticos».[16] Si bien escriben con una prosa comedida (pero barroca al menos en el caso de Lezama), y como Mañach o Marinello aprecian mucho el instrumento de comunicación, los nuevos ensayistas están más próximos a lo especulativo, se alejan de las contingencias políticas, y a pesar de que muchos se inclinan hacia el impresionismo, se halla un mayor énfasis de integración de la cultura libresca en la materia reflexiva, una erudición que no desea esconderse demasiado y hasta un afán «creativo» (como querría Marinello) en la crítica, que le confiere

un mayor matiz literario, una enfatización de la *literariedad*.

Como se han venido subrayando los grandes rasgos evolutivos del panorama de la crítica y del ensayo literario de la etapa 1923-1958, es oportuno que se destaquen algunas obras y direcciones temáticas fundamentales, que no es dable obviar siquiera sea por la mención de sus firmas representativas. Si bien más adelante aparecerá la referencia imprescindible a la obra de Fernando Ortiz, no puede pasarse por alto el valor artístico de su prosa coetánea. Tampoco el de firmas que ocasionalmente se refieran al orbe literario, como Juan Miguel Dihigo y Mestre, Manuel Márquez Sterling, Ramiro Guerra, Felipe Pichardo Moya (el poeta y espeleólogo), Rubén Martínez Villena, Enrique Serpa, y otros de significado esencial en las letras cubanas.

Llegados a este punto, conviene que se observe el desarrollo de la historicidad literaria en la etapa; sería la línea temática de la historización en la que es necesario hacer referencia sólo a los antecedentes dentro del propio lapso en los volúmenes de Salvador Salazar: *Curso de historia de la literatura española* (1925) e *Histoira de la literatura cubana* (1929), así como en otras obras de historización del propio autor y en la misma década, a las que se suma el *Resumen de historia de la literatura cubana* (1930), de Juan José Remos, todos con fines docentes, cuestión que por lo general se mantendrá cuando hallemos numerosos estudios de idéntica naturaleza historizadora en las décadas siguientes, sostenidos por las firmas de Medardo Vitier, Enrique Gay Calbó, Félix Lizaso, José María Chacón y Calvo.[17] Juan José Remos y Rubio, Rafael Esténger, Aurelio Boza Masvidal, Marcelo Pogolotti, Andrés de Piedra-Bueno, Raimundo Lazo, José Juan Arrom, José Antonio Portuondo, Salvador Bueno, *et al*. No todos escriben exactamente *historias* de la literatura, pero conciben sus estudios en franca proximidad historicista.

Sería oportuno separarse de la cronología autoral para observar la secuencia de edición de las obras, que curiosamente halla un punto de referencia, aun parcial, entre los más jóvenes del anterior conjunto, pues el *Proceso de la cultura cubana* de J. A. Portuondo data de 1938, anticipando la obra historizadora de la década de 1940. De 1939 son los *Orígenes de la literatura cubana*, de Enrique Gay Calbó, más limitada que la obra de Portuondo. Seguidamente aparece un volumen también parcial,[18] el *Panorama literario de Cuba en nuestro siglo* (1942), de J. J. Remos y Rubio, quien edita su más completa *Historia de la literatura cubana* en 1945, con la que supera el buen momento decimonónico de Aurelio Mitjans, el aporte cualitativo de Manuel de la Cruz[19] y aun las anteriores obras historizadoras del mismo Remos; en el propio 1945 aparece *Literatura cubana. Síntesis histórica*, de Piedra-Bueno, muy limitada en sus enfoques, adjetival y nominativa, pero que representa un esfuerzo organizativo meritorio. Mejor, más documentado, pero también adjetival, el *Panorama de la cultura cubana* de Lizaso aparece en 1949, coincidiendo con el valioso *Esquema histórico de las letras en Cuba* (1548-1902), de J. A. Fernández de Castro, que ofrece una buena organización del conjunto de análisis con notable nivel evaluativo.

El más completo de los estudios parciales, en este caso genérico, pues se trata sólo del teatro, es la *Historia de la literatura dramática cubana* (1944), de J. J. Arrom, plena de excelencias, y que aún hoy sigue siendo un texto referativo de mucho interés en relación con el género que estudia.

Entre las obras que historizan literaturas extranjeras (no muy numerosas, por lo general referidas a la literatura española o hispanoamericana), se recordará la antes mencionada de Salazar, y la erudita *Historia de la literatura italiana* (1946), de Aurelio Boza Masvidal. Los hispanoamericanistas más connotados por la época son ya Raimundo Lazo y José Juan Arrom.

En la década de 1950 se editan obras de calidad superior en sus exposiciones y análisis, pues no se limitan al mayoritario descriptivismo, a la nómina autoral y al adjetivo impreciso que presidió muchas de las obras antes mencionadas, como característica de la *etapa*.

Es propio recordar el análisis historicista de la teoría generacional en los estudios literarios, como ejemplifica *La teoría generacional y su aplicación al estudio histórico de la literatura cubana* (1954), de Raimundo Lazo, por su carácter de historicidad literaria que anticipa su propia producción afín de la década siguiente. Tal teoría ya había sido utilizada con propiedad en obras anteriores (incluso de manera programática o metodológica),[20] y también subyace en la periodización de algunas de las obras histórico-literarias citadas. Serán Portuondo, Lazo y Arrom (orden de preferencia cualitativa) quienes logren los mejores aportes en este sentido.

Salvador Bueno publica, en 1953, *Medio siglo de literatura cubana* (1902-1952), y luego la primera versión de su *Historia de la literatura cubana* (1954) con fines docentes, según planes de estudio de la enseñanza media y superior en Cuba, pero su interés rebasó lo académico y constituye hoy aún una valiosa obra de referencia. En 1954 aparece *Caracteres constantes en las letras cubanas*, de Rafael Esténger, que sin ser obra exactamente historizadora (es un ensayo interpretativo), no deja de tener este matiz caracterizador.

Como Lazo, José Antonio Portuondo está ofreciendo su visión del panorama literario cubano a través de sendas obras de 1948 y 1958, referidas a la teoría generacional desde la óptica marxista. También pueden tenerse como fundamento de su posterior labor historizadora, pero su temprano interés por la generalización historicista y sus constantes trabajos que evidencian tal inclinación, lo sitúan entre los iniciadores y principales exponentes de la historización literaria de la etapa y aun del siglo.

Por último, en la serie aparece un libro singular, que pretende una mirada más allá del solo hecho literario, comprendiéndolo: *La República de Cuba al través de sus escritores* (1958), de Marcelo Pogolotti.

Ello cierra una secuencia que, si se abriera a los artículos de fondo y los ensayos dispersos o a otras obras inespecíficas, comprendería nombres como los de José Manuel Carbonell y su *Evolución de la cultura cubana* (1928), José María Chacón y Calvo, Carolina Poncet, Jorge Mañach, Laura Mestre, Rafael Esténger, Max Henríquez Ureña, Medardo Vitier, así como Cintio Vitier y Roberto Fernández Retamar, con los ya mencionados volúmenes *Lo cubano en la poesía* y el anterior *La poesía contemporánea en Cuba,* respectivamente, labores de historización genérica.

Surge en el lapso la necesidad de las historizaciones parciales, por géneros, como ya se ha visto, pero también epocales, referidas a un período o etapa o a una corriente literaria determinados, como suele ser el caso de los estudios sobre el modernismo. Son ya textos especializados dentro de la historización, y su aparición se acentuará en las décadas siguientes, como necesidad propia del desarrollo de la literatura nacional y del pensamiento periodizador.

Apartada de la crítica y el ensayismo literarios, la crítica y la historia del arte revisten carácter distintivo en la etapa, debido a la valía de las obras que surgen como resultado de esta línea temática, en cuanto a sus propios méritos intrínsecos como *obras literarias,* pues poseen características ensayístico-literarias, como bien lo testimonian textos sobre artes plásticas de Mañach (*La pintura en Cuba,* 1926), la profusión de artículos de Marinello, las referencias y trabajos directos de Fernando Ortiz (*Wifredo Lam y su obra vista a través de significados críticos,* 1950), de Pogolotti (*De lo social en el arte,* 1944; *Puntos en el espacio,* 1955), Loló de la Torriente (*Estudio de las artes plásticas en Cuba,* 1954, o su completo análisis sobre Diego Rivera, de 1959), Leonel López Nussa en variedad de trabajos de prensa, y, sobre todo, Guy Pérez Cisneros (con su excelente *Características de la evolución de la pintura en Cuba,* 1959). Muchos otros críticos cubanos cubren espacios de prensa con la crítica de las artes plásticas coetáneas, o con reflexiones sobre arte, pero Pogolotti, Loló de la Torriente y Pérez Cisneros alcanzan los momentos de mejor especialización, sin descuidar la calidad expositiva en sus ensayos. Se sumaron a la crítica de arte epocal Lizaso, Ichaso, E. Santovenia y Antonio Martínez Bello, entre muchos.

Pérez Cisneros escribió asimismo sobre escultura (*Presencia de seis escultores,* 1944) pero la mejor obra referida a esta expresión artística es *La escultura en Cuba* (1927), de Luis de Soto y Sagarra, quien en 1931 publica el importante tratado *Ars,* dedicado a la historia del arte.

La música estuvo favorecida por la crítica cubana en la etapa 1923-1958, sin que se pueda afirmar que existiera una suficientemente amplia crítica musical; sin embargo, habrá de recordarse la labor de María Muñoz y Antonio Quevedo en la revista *Musicalia,* en las décadas de 1920 y 1940, y en la que colaboran Joaquín Nin, Ortiz, Salazar, Luis de Soto, Luis Gómez Wangüemert, Ichaso, Carpentier, Alejandro García Caturla, José Ardévol, entre otros. A este grupo de interesados por la reflexión acerca de la música se suman Mario Guiral Moreno y Juan Marinello, con obras dispersas, y sobre todo Eduardo Sánchez de Fuentes, quien publicó un libro interpretativo y de historización denominado *La música aborigen de América* (1938), con el que polemiza Alejo Carpentier en su esencial volumen *La música en Cuba* (1948), que es la obra más importante de esta vertiente del ensayismo en la etapa. Puede mencionarse también en los estudios y la crítica musicales a un grupo de entendidos, en su mayor parte compositores, como Alberto Falcón, Luis Casas Romero, Gonzalo Roig, Ismael Clark, José Luis Vidaurreta, *et al.*

Aunque se hallaron ensayos y críticas sobre danza, las otras manifestaciones artísticas más favorecidas son el teatro (como espectáculo) y el cine. La revista *Nuestro Tiempo,* órgano de la Sociedad de igual nombre, y que se desempeñó en la década de 1950, fue el mejor medio para la difusión de la crítica teatral y cinematográfica del momento, sin omitir que en sus páginas aparecieron nuevos críticos musicales, como su director, el compositor Harold Gramatges. Por encima de que la actividad de crítica de teatro y cine escapa un poco al análisis de estas páginas, cabe subrayar la labor propiamente ensayística de Antonio González Curquejo, J. J. Arrom, Luis Amado Blanco, José Cid Pérez, Rine Leal, Natividad González Freire, Eduardo Robreño, Yolanda Aguirre… Algunas de estas firmas van a tener su mejor proyección después de 1959. En cine, dos nombres sobresalen en la década de 1950: José Manuel Valdés Rodríguez y Mario Rodríguez Alemán, cuyas obras críticas tendrán trascendencia cabal tras 1959. Es amplia, en los propios años cincuenta, la labor de Mirta Aguirre, mediante una crítica cinematográfica muy inclinada hacia las cuestiones sociales y políticas, según intereses partidistas.

Los estudios sobre filología, lingüística y lexicografía pueden asociarse con los de gramática y preceptiva, pues en su mayor parte los realizan los mismos autores, casi siempre vinculados a labores docentes. Pero ello no es una regla general, pues los aportes lexicográficos de Fernando Ortiz o de Lydia Cabrera están muy estrechamente relacionados con sus respectivas obras como ensayistas; recuérdense los textos de Ortiz en la década de 1920, que venía preparando desde años antes, y que perfeccionara en sucesivas ediciones que culminan con su célebre *Nuevo catauro de cubanismos* (véase la edición de 1974), donde resume sus *Un catauro de cubanismos* (1923) y *Glosario de afronegrismos* (1924), sin que esas respectivas obras pierdan valor *per se*. Se recordará asimismo el *Vocabulario lucumí* (1957), de Lydia Cabrera, y en este rango de estudios que mucho tienen que ver con la ensayística, los singulares aportes de Juan Miguel Dihigo en sus ediciones de *Léxico cubano* (1928 y 1946). La lexicografía halló en Elías Entralgo un curioso analista con sus *Apuntes caractereológicos sobre el léxico cubano* (1941). Ofrecieron aportes de interés Esteban Rodríguez Herrera, Ciro Espinosa, R. Lazo y J. J. Arrom. José Antonio Rodríguez García, a quien Juan J. Remos concede subidos elogios,[21] cierra su obra con la publicación de algunos estudios sobre gramática que aparecen en la década de 1920.

El más conocido texto cubano de preceptiva es la importante *Teoría literaria* (1939), de Manuel Gayol Fernández, ampliada en ediciones de 1945 y 1952. Antes, Camila Henríquez Ureña publicó un *Curso de apreciación literaria* (1935), y Raimundo Lazo ofrece sus *Elementos de teoría y composición literaria* (1938). Estos estudios cuentan con tradición en la bibliografía cubana desde el siglo XIX. Se recordará asimismo *La obra literaria. Estética y técnica* (1941), de J. J. Remos. Todos se inclinan ante la finalidad docente, de la que no se exceptúan los temáticamente diferentes libros de Pedro Mantilla, y ni siquiera la *Idea de la estilística*, que la rebasa, obra de Fernández Retamar. Son asimismo docentes todos los textos que se publican en el lapso sobre

gramática (incluidos los de lengua no castellana, como el inglés), y sobre el idioma español en general. Es imposible resumir aquí la amplísima producción de estas materias, muy vinculadas a la pedagogía, e incluso mezcladas con los estudios pedagógicos que solían aparecer en revistas sobre educación; son representativas de ello obras de Alfredo M. Aguayo, Juan José Maza y Artola, José Antonio Rodríguez García, Arturo Montori, Tomás Jústiz del Valle, Luis A. Baralt, Miguel Garmendía, y otros viejos maestros nacidos en el siglo XIX, con extensa influencia dentro del sistema educacional cubano de la etapa.

Sin embargo, la verdadera *calidad* prosística, en tanto obras que pueden relacionarse con la ensayística literaria, está de parte de latinistas como Adolfo Aragón, J. M. Dihigo, J. J. Maza y Artola, Manuel Bisbé, Vicentina Antuña, o entre los especializados en la enseñanza literaria, como Carolina Poncet, Salvador Salazar, Camila Henríquez Ureña, Juan Marinello, Raimundo Lazo, Ernesto García Alzola, *et al.*

Entre los tratados sobre asuntos pedagógicos, o educacionales en sentido general, merecen atención por sus cualidades ensayísticas la *Historia de la educación* (1939), de José Francisco Castellanos; *Verdades y mitos de la enseñanza en Cuba* (1955), de Ciro Espinosa, y los estudios sobre la vinculación de los museos con la educación y sobre la alfabetización (*La alfabetización en México*, 1951) que desarrolló Rafaela Chacón Nardi. Dentro de la enseñanza de la Historia de Cuba se deben obras importantes a Ramiro Guerra, entre otros muchos autores. Casi todas las materias docentes (denominadas *asignaturas*) poseen textos escritos en la etapa, con el natural objetivo de facilitar los cursos académicos.

Es más difícil hallar calidades literarias en el ensayismo económico, cuyo centro de interés es la agricultura y en ella la producción azucarera. Deben destacarse, sin embargo, como prosistas de sólida exposición y amplio desempeño idiomático, a Ramiro Guerra, Luis Pérez Rodríguez, Raúl Cepero Bonilla y Jacinto Torras, todos sobre cuestiones de economía azucarera; también a Rodolfo Arango (*Relaciones económicas de los Estados Unidos con América Latina*,

1947), así como los estudios sobre *Los orígenes de la economía cubana*, de Julio Le Riverend, y *Las bases del desarrollo económico de Cuba*, de Carlos Rafael Rodríguez, ambas obras publicadas en 1956. También aparecen algunos textos sobre economía industrial y organización del trabajo o tratados económicos que rozan o se inscriben dentro de los estudios históricos (sobre Historia de Cuba o de América); pueden recordarse en esta línea a Enrique Gay Calbó y Emilio Roig de Leuchsenring, con obras relativas a los vínculos económicos imperialistas con la América Latina. Dos obras descollantes se relacionan con este campo: *Azúcar y población en las Antillas* (1927), de Ramiro Guerra, y la muy singular, bellamente escrita e incluso vinculable con la culturología, *Contrapunteo cubano del tabaco y el azúcar* (1940), de Fernando Ortiz, uno de los volúmenes *clásicos* del ensayismo cubano de todos los tiempos.

Es vastísimo el ensayismo sobre historia. Juan J. Remos [22] ofrece desde 1942 un buen resumen temático que se mantiene vigente sobre toda la etapa en cuestión; el interés de tales estudios se centra en la fijación de documentos de las guerras de independencia decimonónicas y su interpretación factual, las instituciones de la Isla, las sedes urbanas —en particular, La Habana—; las relaciones de Cuba con otros países. Sobre todo con España y los Estados Unidos; la historicidad de hechos particulares, personalidades y sucesos de la historia americana y europea. El propio Remos dedica un ensayo especial al asunto: «Historiadores de Cuba», editado como separata de la *Revista de la Biblioteca Nacional*, en 1955, y donde pasa lista a autores y obras de verdadero relieve en la bibliografía cubana. No será de interés resumir aquí ese estudio, pero sería injusto dejar de mencionar, por sus valías de prosa e ideas, a un grupo de autores de diversas generaciones que mucho se destacan en la ensayística cubana; tales, Rafael Martínez Ortiz, Néstor Carbonell, el ya muy mencionado Ramiro Guerra —maestro de historiadores—, Juan J. Casasús, Francisco Ponte Domínguez, Carlos M. Trelles, Enrique Gay Calbó —que se especializó en los símbolos patrios—, Emilio Roig de Leuchsenring —principal historiador de La Ha-

bana—, Herminio Portell Vilá, José M. Pérez Cabrera y el propio Juan J. Remos.[23]

En este lapso influye la obra final de algunos historiadores ya reconocidos a principios de siglo, como Manuel Piedra Martell, Francisco de Paula Coronado, Manuel Márquez Sterling (que se destacó en la lucha contra la Enmienda Platt y además se ocupó de cierto periodismo histórico de matices testimoniales), Benigno Sousa, José Conangla Fontanills, Joaquín Llaverías (especializado en los archivos nacionales, publicó su papelería para una historia de la prensa periódica en 1959), Gerardo Castellanos García, Manuel García Garófalo Mesa, René Lufríu, Leonardo Griñán Peralta, *et al.* Casi todos se dedicaron a asuntos parciales de la historia patria, ya sea del ámbito nacional o regional, sobre momentos o personalidades cimeras, y también a grupos sociales en la Isla, como ejemplifica Conangla con la emigración catalana.

A la par de que algunos historiadores concluyen sus indagaciones porque les sobreviene la muerte, otros más jóvenes se inician en los estudios históricos en el propio lapso, algunos de los cuales ofrecen ya contribuciones de solidez conceptual, como Fernando Portuondo con su *Curso de Historia de Cuba* (1941); Elías Entralgo culmina una *Historia de Cuba* (1956), Luis A. de Arce trabaja profusamente sobre el movimiento obrero y sobre personalidades históricas; Hortensia Pichardo y Salvador García Agüero se dedican a estudios parciales sobre el desarrollo histórico cubano, mientras que otro grupo de ensayistas se da a conocer: Carlos Rafael Rodríguez (*El marxismo en la historia de Cuba*, 1942), Julio Le Riverend, Sergio Aguirre, Pedro Deschamps Chapeaux y Manuel Moreno Fraginals.

Merecen recuerdo especial por la inclinación filosófica o la peculiaridad interpretativa próxima al ensayismo literario los trabajos de Renée Méndez Capote sobre *Oratoria cubana* (1926), las indagaciones de Raúl Roa en torno a la Guerra de Independencia, y la sólida obra historiográfica de José Luciano Franco en cuestiones multiaspectuales de la nación cubana, la vida de Maceo y la Revolución haitiana.

Quizás sea oportuno inscribir entre los estudios históricos el grueso número de biografías que se publican en la etapa, pues la casi absoluta mayoría reviste características propias de la historización o se inclinan a ello, aun siendo sobre figuras literarias del siglo XIX —*Plácido* o *Zenea*. La figura más favorecida por el interés biográfico fue José Martí, seguido en proporción menor por Antonio Maceo y Máximo Gómez. Leopoldo Horrego Estuch escribe sobre ambos y sobre otras personalidades; Benigno Souza, Félix Infiesta y Orestes Ferrara se especializan en Máximo Gómez (Ferrara escribirá acerca de aspectos de historia y personalidades europeas, con énfasis en las de Italia). Por su parte, Rafael Marquina, Octavio R. Costa, Miguel A. Carbonell y José Antonio Portuondo dedican sus esfuerzos a Maceo, así como a otros cubanos eminentes. Se hallan biografías de Carlos Manuel de Céspedes, bajo las firmas de Portell Vilá y Esténger; de Agramonte, obras de Márquez Sterling; sobre el poeta Heredia concurren Chacón y Calvo, González del Valle, Garófalo, Esténger... Una documentada obra referida a Enrique Piñeyro es labor de Antonio Iraizoz, dado también a otros menesteres de ensayismo histórico y literario; sobre José Antonio Saco escriben Ponte Domínguez, Raúl Lorenzo y Fernando Ortiz (con un brillante volumen histórico-crítico). Manuel Sanguily ofrece interés a Federico de Córdova, J. M. Carbonell, Octavio R. Costa, Rodríguez de Armas... Otros biógrafos dedicados a diferentes figuras son Lufríu, Lavié, Franco, Garófalo, Griñán Peralta, Arce, *et al.* Téngase en cuenta que aquí sólo se hace rápida mención, y a manera de ejemplos, del amplio panorama de las biografías escritas en Cuba, que darían pie para análisis aparte.

Los estudios arqueológicos y espeleológicos casi se limitaron a dos nombres centrales: el poeta y también historiador Felipe Pichardo Moya, quien publicó varios tomos, entre los que sobresalen *Cuba precolombina* (1949), y el valioso *Los aborígenes de las Antillas* (1956). El otro interesado en estos asuntos es Antonio Núñez Jiménez, quien en 1946 publicó un texto sobre espeleología y un *Curso de espeleología general*, en 1955, luego de la edición de su *Geografía de Cuba* (1954), secuestrada por la dictadura batistiana debido a su enfoque progresista.

Muy relacionado con las líneas temáticas históricas se halla el ensayismo político, por cuanto en buena medida es historia de las circunstancias. Como en ningún otro perfil, se observa aquí la diferencia radical entre marxistas y no marxistas, aun cuando entre estos últimos los matices van desde el pensamiento progresista hasta las posiciones más reaccionarias. Esas diferencias pueden identificarse con Julio Antonio Mella en su prédica y lucha antimperialistas y en su fundación partidaria, y Blas Roca, líder comunista de indudable sagacidad como ensayista, entre cuyas obras sobresale *Los fundamentos del socialismo en Cuba* (1943); son diferentes en sus enfoques Manuel Márquez Sterling o Fernando Ortiz cuando se ocupan de los asuntos políticos, o, dejémoslo solo, Alberto Lamar Schweyer en su apoyo a la dictadura de Machado. Todavía en la década de 1950 se polarizan más las «izquierdas» y «derechas», con reacciones contrarias o próximas a la dictadura de Fulgencio Batista; aparecerá un nuevo núcleo de revolucionarios, cuya acción política inicial surge en el marco de uno de los partidos «tradicionales»: el Ortodoxo, que encabezaba el notable orador Eduardo Chibás, y que encuentra figura central definida en Fidel Castro Ruz, autor del célebre alegato *La Historia me absolverá* (1953), que es un hito de la oratoria ensayística cubana de la etapa que se estudia.

Como el presente panorama centra su interés en la valía literaria de los textos mencionados, no es oportuno ahondar en el complejo ensayismo político que comprende varias etapas de la historia cubana entre 1923 y 1958. Sin embargo, para fines expositivos es útil volver a dos personalidades que ya antes se señalaron como antitéticas, y que ahora pueden mostrar las raíces político-filosóficas de tal polarización; se trata del dirigente comunista Juan Marinello, y de Jorge Mañach, abanderado de las derechas desde el ultraconservador partido ABC. Ambos sostienen debates plenos de interés en las pugnas por la Constitución de 1940, de lo cual es resultado un abundante periodismo político.

Es indudable que en el ensayismo político se evidencia mejor la lucha de clases en Cuba en la etapa 1923-1958. Finalmente, atendiendo a los recursos formales de su prosa, cabría recordar a otros ensayistas, como las controvertidas tendencias políticas de Ramón Vasconcelos, la culta expresión de Emilio Gaspar Rodríguez y el sabio epíteto y la frase lacerante de Raúl Roa.

También alejado de las preocupaciones filológicas y del expreso interés estético en el empleo idiomático, se halla el ensayismo científico, entendido por tal el que se ocupa de las llamadas ciencias naturales, y sobre todo, en Cuba, de la Medicina. No deben obviarse, sin embargo, las obras de Juan Antiga Escalona o las biografías de médicos célebres de Mario Guiral Moreno y de César Rodríguez Expósito (*Finlay*, 1951), así como las indagaciones psicológicas de José Varela Zequeira y de Roberto Agramonte (*Tratado de psicología general*, 1938).

La labor científica de Fernando Ortiz reviste otros matices. Él solo podría figurar como una corriente del pensamiento cubano, y el flujo de sus obras va marcando hitos de fundamento en los estudios jurídicos en cuestiones de sociología y culturología, enfoques encabalgados entre el puro instrumento indagatorio cientificista y el lenguaje metafórico poético de, por ejemplo, *La clave xilofónica de la música cubana* (1936) o en buena medida el ya citado *Contrapunteo cubano del tabaco y el azúcar*. Su obra erudita *El huracán, su mitología y sus símbolos* (1947) coloca al autor, y a Cuba, entre las firmas más distinguidas del ensayismo universal. Sus estudios acerca del aporte negro a la cultura trascienden los marcos insulares.

En este último interés se destacan otros dos autores que es oportuno mencionar aquí: Rómulo Lachatañeré, autor de un *Manual de santería* (1942), y Lydia Cabrera, con su apasionante *El Monte* (1954). Ambos derivaron hacia la narrativa como complemento natural de sus indagaciones; pero especialmente los estudios de Ortiz calzaron líneas y hasta corrientes dentro del llamado «vanguardismo» cubano, en varias artes literarias, plásticas o musicales. Si bien no puede (o no debe) hablarse de un «negrismo» ensayístico, no se ha de negar que junto a la «poesía negra», a la narrativa (Carpentier...) u otras artes (música: Caturla, Roldán..., pintura: Lam...), se desarrolla un importante conjunto

ensayístico referido a los asuntos negros en sus perfiles étnicos, culturales...

En las ciencias jurídicas se hallarán obras de mucha importancia como los textos del erudito Antonio Sánchez de Bustamante y Sirvén o de Antonio Barreras, para circunscribir el enunciado sólo a dos nombres. Fuera del pensamiento jurídico burgués, Juan Marinello y Blas Roca, entre otros, hacen aportes notables desde el punto de vista marxista. El más joven, Antonio Sánchez de Bustamante y Montoro, nieto del famoso jurista antes mencionado, ofrece su *Teoría general del Derecho* (1939), junto a una interesante obra sobre otros asuntos, digna de mejor atención. Sobre Diplomacia escribió profundamente, entre varios autores, José de la Luz León, dado asimismo a la multiplicidad temática en sus escritos.

Se ha dejado casi para el final la línea temática relativa al pensamiento filosófico, porque su propia complejidad incluye muchos de los perfiles antes expuestos, amén de que se acerca o posee la calidad de prosa que centra el punto de vista de este panorama. Los principales filósofos vivos al principio de la etapa son Sanguily, que fallece en 1925, y Varona, muerto en 1933, pero sus respectivas obras influyen, en algunos casos tan sólo por el ejemplo, en las nuevas promociones de ensayistas, especialmente entre los que se reúnen en torno al Grupo Minorista.

El pensamiento filosófico burgués halla muchos representantes en Cuba, como Jorge Mañach (*Hacia una filosofía de la vida*, 1951), y Roberto Agramonte, quien publicó además un *Tratado de sociología* (1937). En la amalgamada red de influencias filosóficas que operan sobre los pensadores no marxistas, cabe al menos destacar dos momentos definidores, caracterizados por minoristas o promocionalmente cercanos, como el ya mencionado Lamar Schweyer o Rafael Soto Paz, y algunos autores como Fernando Lles, de amplia obra y Medardo Vitier, quien es entonces el principal estudioso de la evolución del pensamiento cubano con sus *Las ideas en Cuba* (1938) y *La filosofía en Cuba* (1948), y de quien José Antonio Portuondo afirma que siempre tiene «a flor una clara y definida intención pedagógica».[24] El segundo momento será el de la Sociedad Cubana de Filosofía, fundada en 1948, y que en pocos años agrupó más de sesenta miembros. Su más visible trabajo aparece en la *Revista Cubana de Filosofía*, dirigida primero por Rafael García Bárcena, y luego por Humberto Piñera. En ella quedaron evidentes tendencias existenciales como las del propio Piñera, o del neotomismo de la filosofía católica que practican Rosaura y Mercedes García Tudurí, así como del eclecticismo ideológico de Máximo Castro, Pedro V. Aja o Gustavo Torroella. En sus páginas, Agramonte realizó algunos estudios sobre filosofía cubana, mientras que García Bárcena se inclinaba a buscar una filosofía latinoamericana, o Luis A. Baralt exponía indagaciones pragmáticas; el pragmatismo estuvo muy atendido a la sazón por José María Velázquez.

También en Santiago de Cuba surgió una Sociedad de Estudios Superiores de Oriente, influida por los españoles Joaquín Xirau y María Zambrano; esta última tuvo notable influjo sobre las ideas que se movían en el orbe del Grupo de Orígenes, menos dados estos creadores a la especulación filosófica pura, pero que sin dudas se halla en páginas ensayísticas de José Lezama Lima o de Cintio Vitier.

La antítesis de estas posiciones se encuentra en el grupo de escritores marxistas que desde 1936 a 1939 publicaron *Mediodía*, revista en la que divulgan el pensamiento comunista, sus clásicos e interpretaciones de la teoría marxista-leninista. Su mejor continuidad fue *Dialéctica*, dirigida en la década siguiente por Carlos Rafael Rodríguez y mucho más centrada en la publicación de textos trascendentes de los clásicos. En el número 18, Sergio Aguirre saluda la primera edición de la *Revista Cubana de Filosofía*, a la par que establece con claridad la discrepancia esencial entre los grupos idealistas y materialistas del pensamiento filosófico cubano. Aunque ya se ha mencionado a la mayoría de los marxistas por sus obras multitemáticas en el panorama del ensayismo cubano, es necesario fijar algunos nombres que se refieren más propiamente a cuestiones filosóficas, como Blas Roca, José Antonio Portuondo, Carlos Rafael Rodríguez, Salvador García Agüero, Gaspar Jorge García Galló, *et al.*

Las cuestiones de estética de la etapa se hallan muy bien reseñadas en el ensayo *Itinerario estético de la Revolución Cubana*, pues en sus primeras páginas, J. A. Portuondo se refiere a las tendencias fundamentales de los estudios estéticos en Cuba, y que, como podrá apreciarse,[25] se corresponde en el plano de las influencias con las principales firmas europeas que pesan sobre el ensayismo cubano de este lapso, añadiéndose los nombres de Eugenio D'Ors, Lukács, Nietzsche, Bosanquet, Wölfflin, Worringer, Dewey, Santayana y otros. El pensamiento estético marxista es más amplio porque ha estudiado los planteamientos y los postulados estéticos europeos y norteamericanos a la luz de los clásicos del marxismo-leninismo, y aprehendieron asimismo las obras de Fréville, Lifschitz, Mehring, Lafargue, Brecht, sin olvido de las concepciones del gran peruano José Carlos Mariátegui, así como de varios teóricos soviéticos, entre ellos Plejanov, Gorki y representantes variados del «realismo socialista», ausentes en la mayoría absoluta de los estetas no marxistas.

Es muy importante esta rápida disección de influencias sobre los ensayistas que se aproximan o se dedican a tales asuntos, porque ello es básico aun en aquellos autores en los que pudiera hallarse originalidad de pensamiento estético: no puede hablarse con propiedad de una *estética cubana*, y sobre todo entre los no marxistas se encontrará un singular eclecticismo, semejante al que se halla entre los ensayistas de igual tendencia, pero más inclinados a los asuntos filosóficos generales.

Los aspectos de la estética que solían verse en Cuba tuvieron un carácter «aplicado», o sea, propio de la crítica y de la investigación sobre literatura y artes (sobre todo plásticas y musicales). La estética «pura» aparece por lo general en las cátedras docentes universitarias, y es en este sentido que se hallarán reflexiones y escritos referidos a ella. Es lo que puede apreciarse en la obra de Luis A. Baralt y sobre todo en Luis de Soto, quien publicó su *Filosofía de la historia del arte* (1943-1947) en dos volúmenes, visiblemente «fundado sobre el formalismo de Wölfflin y de Worringer»,[26] pero con miras hacia su cátedra universitaria de estética.

No hay que olvidar que a las cuestiones estéticas también se refirieron, aunque parcialmente, ensayistas de variadas tendencias, como Juan Marinello, Jorge Mañach, Roberto Agramonte, Medardo Vitier, José Antonio Portuondo, Mirta Aguirre, entre los más destacados. En la *Revista Cubana de Filosofía* publicaban insistentemente sobre el asunto las profesoras Mercedes y Rosaura García Tudurí; la segunda dio a la luz una *Introducción a la estética* (1957), también con fines docentes, y cuyas inclinaciones oscilaron «entre el neotomismo y la axiología fenomenológica».[27] Con orientaciones diferentes dentro del pensamiento católico, algunos integrantes de *Orígenes*, como Cintio Vitier, se inclinan hacia líneas de «platonismo agustiniano, análoga a la posición de Charles du Bos y un poco a la del abate Henri Brémond...», según subraya Portuondo.[28] Vitier publicará en 1961, su *Poética*, donde reúne algunos de sus ensayos capitales de la década anterior, y que no es exactamente un tratado del arte de la poesía (que implique la exposición de un sistema y un método), sino un texto de estética en el que el concepto de la poesía desempeña un papel aglutinador sin estrechas limitaciones genéricas.

No se excluyen del panorama del ensayismo y la crítica cubanos otros temas más circunstancialmente tratados, incluso por figuras aisladas, pero que son de interés en la bibliografía al respecto. En rápida mención, se recordará la inclinación hacia temas religiosos: cristianos en Francisco González del Valle, teosóficos en Juan José Buttari (especialmente sobre la Orden Caballeros de la Luz), o de santería, en los ya mencionados Ortiz, Cabrera y Lachatañeré, pero también en Juan Luis Martín. Ortiz se refirió asimismo a asuntos propios del ocultismo, mitos, creencias populares y otras cuestiones asociadas a los temas de fe. Los textos de proselitismo religioso católicos o de las congregaciones protestantes, que fueron muchos, u otros más comercializados sobre ocultismo, no llegan a ser exactamente ensayos ni se destacan por la valía de la prosa. Los autores antes mencionados sí sentaron las bases de los estudios científicos al respecto, que luego han de ser continuados —en especial sobre religiones y sectas cubanas de orígenes africanos, trasculturadas—, en ocasiones con marcado interés sociológico.

Acerca del *feminismo* escribieron con profusión Julia Martínez Martínez, Ofelia Rodríguez Acosta, Dulce María Borrero, Mariblanca Sabas Alomá (*Feminismo*, 1930), Hortensia Lamar, Raquel Catalá, Loló de la Torriente, entre muchas otras mujeres que, más circunstanciales, o como resultado de su acción social, publicaron textos sobre la cuestión. Existe una amplia bibliografía sobre el feminismo en Cuba, que aunque data del siglo XIX, y sobre todo de la primera etapa del siglo XX, es en el lapso que aquí se estudia cuando tiene su más amplia resonancia, como natural resultado del crecimiento de la lucha social y de la conciencia ciudadana; no se limita a los derechos jurídicos de la mujer, sino a su verdadera y amplia participación en la sociedad. Por ello será materia que no sólo compete a firmas femeninas, ya que muchos ensayistas se ocupan de variadas cuestiones dentro de este campo de interés, con postulados políticos, sociológicos, económicos, éticos, educacionales y otros.

Acerca de múltiples cuestiones sobre periodismo y su enseñanza, se hallan textos de Fernando G. Campoamor, Octavio de la Suarée (con su *Manual de sicología aplicada al periodismo*, 1954), Rafaela Chacón Nardi, *et al.*

Como se advierte, el ensayismo cubano fue realmente muy amplio en esta etapa, al grado de requerir la atención de los que afirman que es la poesía el género literario de mayor proyección. Ciertamente, la ancilaridad que pudiera advertirse en la crítica en relación con las fuentes de su interés (literario, artístico, etcétera), implican una relatividad en su alcance temporal, pues suele producir obras mucho más circunscritas a su presente, a la coetaneidad. Los ensayistas y críticos no siempre logran alcanzar la misma resonancia y perdurabilidad transepocal que los autores de ficción literaria o de creación artística. Las propias fluctuaciones de las corrientes de pensamiento y la natural variación de los métodos de análisis dificultan la fijación en la memoria de las obras estrictamente críticas no excepcionales, amén de los también naturales «olvidos» epocales y de altas y bajas que sufren los autores de cualquier género, según los «espíritus de época» predominantes en cada ocasión. Pero no puede quedar en duda el hecho evidente de la fuerza cualitativa y cuantitativa de la ensayística cubana del lapso 1923-1958.

El ensayismo y la crítica no se refugiaron sólo en los libros, no fueron mayoritarios los tratados de erudición (que los hubo) ni los textos puramente docentes (que no faltaron). Las páginas de las principales revistas no literarias del lapso, y numerosos diarios, fueron sus campos de batalla cotidianos; el «territorio» propio estuvo marcado por las revistas especializadas, sobre todo las que se mencionaron a lo largo de este panorama, así como otras de real valor, como *Archipiélago*, *Revista Cubana*, *América*, *Orto*, y toda una serie formada por las revistas universitarias, bibliotecarias, educacionales, de temáticas definidas (como arqueología, música, economía, etcétera) o de sociedades o grupos sociales e instituciones (como el Lyceum). También aparecieron ensayos y críticas en diversos órganos provinciales y hasta municipales. Se destacaron mucho en los asuntos literarios las revistas *Orígenes* y luego *Ciclón*, así como *Gaceta del Caribe* y *Galería*.

No siempre se ha tenido en cuenta al estudiar el desarrollo de la llamada «prosa de pensamiento» en Cuba, la relativa importancia del órgano difusor. A diferencia de otros géneros literarios (poesía, cuento, novela, teatro), el ensayo suele ajustarse muchas veces al número de páginas que conceden las revistas o periódicos donde se ha de publicar, e incluso las monografías concebidas como libros suelen estar atentas a su extensión; el receptor de la publicación periódica desempeña su papel definido cuando el ensayista o crítico escribe, pues el tono, la intensidad y especialización de los contenidos no serán los mismos si el texto se publica en *Social*, *Carteles* o en la *Revista de Avance*, o cuando el texto sea para *Hoy* o el *Diario de la Marina*. Esto, que ocurre universalmente, se acentúa en Cuba debido a que entre los cubanos suele predominar el artículo —no siempre «de fondo»— y la labor crítico-periodística. Por este motivo, un panorama que entre más en detalles rozará e integrará el amplio periodismo nacional. Los límites, las «fronteras»,

no son fáciles de distinguir; muchas veces los artículos de costumbres, las reseñas de libros, las crónicas y otras manifestaciones periodísticas muestran indudables matices críticos y hasta ensayísticos; pesa, además, sobre la ensayística y la crítica publicadas en los órganos de prensa, la propia orientación de sus directivas, de los editores. Y aquí la problemática es otra, pues implica cuestiones propias del «libre pensamiento» o de las tendencias partidarias. Cabe establecer la salvedad de que no es siempre prescindible y mucho menos obvio aludir a la interrelación entre el ensayismo y su medio de publicación. Aunque en el presente panorama el análisis y la exposición nominativa se han centrado —no exclusivamente— en los libros publicados en la etapa, se observará que buena parte de ellos son resultados de la compilación de los ensayos antes dispersos en órganos de prensa periódica. Ésta es, asimismo, una característica del ensayo en Cuba, inalienable por cierto, pues así fue ya en el siglo XIX y así sigue siendo: un *libro de ensayos* por lo común lleva bien colocado el plural genérico. Y ello no es un asunto privativo de Cuba. Todas estas cuestiones alcanzan clímax entre 1923 y 1958, como lógica derivación de la profusión ensayística y crítica de la etapa.

A pesar de su carga adjetival y de otros descensos cualitativos de *Literatura cubana. Síntesis histórica*, Andrés de Piedra-Bueno escribe allí un párrafo que caracteriza muy bien la etapa de estudio:

> El ensayo es un género consustancial a la época: participa de su vértigo de velocidad. Ya el tratado medular, monumento de sabiduría, ha cedido el campo a la síntesis. A pinceladas se esboza y resuelve un problema. A puro esquema se plantea y soluciona una tesis. Eso no disminuye el valor del ensayo: simplemente lo pone a tono con la movilidad de la vida. Ya no hay tiempo para el buceo interminable. Hay suficiente visión en la radiografía. El ensayo es la radiografía de la actualidad.[29]

Sin dudas, hay excepciones varias (como la de Fernando Ortiz), pero esta proposición de

Piedra-Bueno se cumple en líneas generales y puede completarse con el criterio de Salvador Bueno en *Medio siglo de literatura cubana* (1902-1952), quien encuentra acentuada la «honda preocupación patriótica, de afirmación nacionalista»,[30] entre los ensayistas que se han considerado como integrantes de la segunda generación republicana; en verdad, tal preocupación sobre identidad, sobre el problema nacional, va más allá de una sola generación, si se observa el marcado interés por «lo cubano» de la siguiente, menos inclinada al aspecto político del asunto.[31] En común, López Segrera subraya un «matiz sociológico del pensamiento cubano» posmachadista aun en aquellos escritores «de tendencia conservadora».[32] También José Antonio Portuondo se inclina, en su *Bosquejo histórico de las letras cubanas*, a subrayar cercanías y diferencias promocionales en un género que unas veces acentúa su «contenido social» y otras el «aspecto literario».[33] En relación con la crítica, es rotunda la afirmación de Portuondo de que ella se inclinó «preferentemente hacia el pasado»,[34] aunque el propio autor muestra que su afirmación no es un fórceps impuesto sobre la evidentemente no mayoritaria crítica de las obras de la coetaneidad, puesto que de hecho ella existió, como lo prueban Juan Marinello, Mirta Aguirre y el propio Portuondo, entre otros, que ejercieron el criterio acerca de la creación inmediata.

En suma, 1923-1958 es una etapa muy rica para la prosa cubana, de pensamiento, al grado de que algunos de los mejores poetas y narradores se distinguieron asimismo, muy agudamente, en el ensayo y la crítica. La profusión de temas y de puntos de vista conceden al lapso especial interés en la historia de la literatura nacional.

[V. L. L.]

2.7.2 El ensayo y la crítica marxistas en su primer momento: Mella, Martínez Villena, Foncueva. El ensayo y la crítica marxistas en su desarrollo posterior: Roa, Augier, Portuondo, M. Aguirre y C. R. Rodríguez

Entre los más connotados ensayistas y críticos literarios cubanos del siglo XX, figura un grupo que se define por su militancia política comunista y, en consecuencia, por el empleo del método marxista-leninista en sus análisis. Podrá advertirse que el uso de tal método se extiende a escritores sin filiación partidaria, especialmente en las décadas posteriores a 1930; pero su aplicación más cabal se distingue entre aquellos de militancia definida por la izquierda revolucionaria. A la sazón de ser fundado el primer Partido Comunista de Cuba, dos de sus líderes descuellan como iniciadores del ensayismo marxista cubano: Julio Antonio Mella y Rubén Martínez Villena. En el propio rango debe mencionarse a Juan Marinello, quien tendrá un desarrollo y continuidad temporal mucho más extensos, y a José Antonio Foncueva, que podría figurar por su cronología natal entre los miembros del grupo fundamental posterior, integrado por Raúl Roa,[35] Ángel Augier, José Antonio Portuondo, Mirta Aguirre y Carlos Rafael Rodríguez.

Entre todos ellos, Julio Antonio Mella es el de menor producción ensayística referida al arte y a la literatura, pues su breve trayectoria, detenida por la temprana muerte en 1929, está centrada en la labor política, en un lapso que se inicia en 1921 con los primeros textos suyos que aparecen publicados. Entre esos textos figuran algunos documentos de la historia cubana del presente siglo, como las declaraciones del Directorio de la Federación de Estudiantes, los relativos a la Universidad Popular, a la Liga Antimperialista y al Partido Comunista que él funda en 1925.

No puede considerarse a Mella como un crítico literario, y los trabajos suyos que se inscribirían en tal rango suelen estar inclinados a la vocación ensayística del autor, que se centra en el señalamiento ideológico. Ese es el *tono* de «Intelectuales y tartufos» y de «¿Blasco Ibáñez regenerador y Cajal claudicante?», ambos de 1924, pero sobre todo de «Luis L. Franco: un poeta de la vida» (1925), donde la presentación de un nuevo autor trasciende la reseña de su poesía, para hablarnos de su significación política; de cualquier modo, este artículo es el texto suyo más próximo a la franca disquisición literaria y el que mejor deja demostrada la aptitud de Mella para tales estudios. Las propias «Glosas al pensamiento de José Martí» (1926) y las «profecías» de «Un comentario a *La zafra* de Agustín Acosta» (1928), poseen el marcado interés del debate de ideas, cuyo trasfondo es político, e incluso político epocal, al calor de la lucha antimachadista. Con las «Glosas...», Mella es uno de los iniciadores, entre los integrantes de su generación, de la amplia revalorización de la obra y de la vida del Héroe Nacional cubano; con el comentario al libro de Acosta, se ha dicho que muestra su capacidad para la profetización política cuando adelanta: «Algún día sentirá el dolor de haber sido un inconsciente desertor cuando pudo haber sido un gran capitán.» Aunque Mella declara que su texto «no tiene nada de crítica literaria»,[36] no obvia su empleo para arribar a un razonamiento contextual marxista del libro analizado, según las *ideas* que en él aparecen, contenidas en poemas, fragmentos de poemas o versos que el mismo Mella cita para su finalidad exegética ideológica.

El pensamiento de Julio Antonio Mella se extiende al movimiento revolucionario cubano de la década de 1920, tanto en las filas estudiantiles y en el ámbito del derecho, como en el propio campo obrero y de militancia partidista y antimperialista. Sus textos son, por lo común, artículos de mediana extensión, en los que utiliza un lenguaje próximo al coloquio, unido a frases insólitas, y hasta de jergas, que en cierta medida anticipan el estilo peculiar de Raúl Roa. El interés de la frase es la comunicación directa, rápida, en función de sus propios contenidos ideológicos. El fondo de cada uno de sus trabajos revela la vinculación entre la realidad política y económica inmediata y la intensidad y correspondencia del asunto tratado. Son propiamente obras de un dirigente afanado en labores de orientación y de debate, sólo que el peso de su palabra y la buena cualidad literaria de su prosa lo sitúan más allá del articulista de propaganda o del periodismo analítico. Ese más allá determina la consideración de Mella entre los primeros ensayistas marxistas cubanos.

Si bien Rubén Martínez Villena no se aparta de esta línea de pensamiento que sostiene Mella, él alcanza una mayor diversidad en sus escritos y también una dedicación más extensa al trabajo referido a la literatura. Villena sobrevive unos años a Mella, pero sus artículos y ensayos acerca de autores y obras literarios no sobrepasan al 1928. En general, la ensayística de Villena denota más claramente tres de los influjos que pesan sobre los prosistas cubanos de la década de 1920: Rodó, Ingenieros y Mariátegui, con preferencia hacia el segundo, a quien dedica dos artículos necrológicos en los que lo llama «Maestro»; en el segundo de esos artículos, Villena inicia una larga polémica con Jorge Mañach, ligada a cuestiones ideológicas, y que si no marca un hito en las obras de ambos autores, pone en evidencia sus cualidades como polemistas y sus respectivos idearios en plena juventud.

La aplicación del análisis marxista es más explícita en «Cuba, factoría yanqui» (1927), admirable en la precisión de datos y en la calidad de una prosa que sabe guardar las distancias que median entre el ensayismo político y el panfleto o el informe partidista. En su crítica literaria no es sencillo percibir ese método, porque Villena suele escribirla en breves artículos periodísticos esencialmente impresionistas; pero la propia selección de los textos y autores que comenta y el punto de vista con que los define, revelan la posición clasista. Su elección, además, comprende a sus coetáneos: Pedroso, Tallet, Acosta, Limia, Serpa, Rubiera, Boti..., o algunos autores extranjeros con influencia sobre el panorama literario epocal; entre los entonces mayores de edad, distingue a Sanguily y a Fernando Ortiz. La nota común entre todos estos textos suele ser la simpatía hacia las obras y sus autores, aunque no deje pasar la ocasión para subrayar algunos juicios y opiniones sobre contenidos que no comparte.

Villena alcanza a escribir un interesante texto de preceptiva poética: «Apuntes sobre el ritmo poético» (1928), que tiene como base comentar el folleto *Tres temas sobre la nueva poesía*, de Regino Boti. Rubén evidencia su interés hacia la métrica, sobre todo por el ritmo versal, y, aunque no se opone al versolibrismo, señala que la ausencia de ritmo en ese tipo de poesía «es una conquista muy vieja: es la prosa misma, a la cual es inútil presentar disfrazada tipográfica y temáticamente como verso».[37] Interesa mucho la afirmación puesto que, como poeta, el propio Villena expresó su concepto de la poesía, anteponiendo a ella la lucha revolucionaria. La enfermedad que padece, el alejamiento de Cuba y, a su regreso de la URSS, su intensa entrega a la lucha antimachadista como dirigente comunista, dejan poco tiempo para la labor ensayística, que, no obstante, puede ser observada en numerosas cartas suyas y en documentos que redacta.

Puede extenderse la labor crítico-ensayística de Rubén Martínez Villena a su correspondencia, dado que ella es fundamental para dirimir su ideario; pero en los textos que dejó, relacionados con las artes y con la literatura, se advierte su posición política, su inteligente balance entre lo artístico y lo ideológico, y la función de servicio social que concede a sus escritos.

Como Mella y Villena, José Antonio Foncueva no edita en vida ningún volumen de sus ensayos y artículos críticos; es, de los tres, el que vivió un lapso más breve y el que muestra una relación más acentuada con la figura de José Carlos Mariátegui; sobre todo, sorprende la madurez de sus escritos, si se tiene en cuenta que son obras anteriores a los veintiún años de edad. Foncueva publicó sus textos en revistas como *Atuei*, para muchos uno de los órganos centrales del llamado vanguardismo cubano. Una compilación de sus *Escritos* halló tardía edición en 1985.

Si bien se advierten elementos de las vanguardias artísticas en sus poemas y cuentos publicados en un breve lapso de la década de 1920, sus ensayos son sobrios, por lo común fuera de los modos estilísticos de los vanguardistas. En cinco años, Foncueva escribe sus textos principales, como «Onzas de plomo para el imperialismo yanqui», que muestran el dominio temático del autor sobre cuestiones de la política y la economía regionales americanas; a los dieciocho años de edad, es capaz de pasar revista a la Revolución China y sobre todo a la lucha antimperialista en Cuba, para enunciar la «misión histórica» de los «hombres nuevos», que son los integrantes de su generación, y anunciar «la segunda revolución independentista de Cuba».[38]

Comparte con otros escritores marxistas las temáticas propias del interés epocal: la posición antimperialista («Cuba y el imperialismo. Estu-dio sobre el proceso de absorción económica y política», 1928), las luchas estudiantiles («Hacia la reforma universitaria», 1927), y la reinterpretación del pensamiento político martiano («Novísimo retrato de José Martí», 1928). Estos tres asuntos básicos de sus ensayos son problemáticas de la lucha social y de los escritos de su generación, que sus coetáneos desarrollarán largamente; Foncueva logra una consecuente claridad expositiva de sus ideas, organizadas con la coherencia ideológica del marxismo, del que revela dominio de su método.

En él se evidencia mucho más el influjo de los tres grandes ensayistas latinoamericanos antes mencionados: Rodó, Ingenieros y Mariátegui, que despiertan desiguales reflejos en las «falanges» juveniles del pensamiento cubano. Los marxistas se inclinaron, como era natural, hacia Ingenieros y Mariátegui, pero en pocos documentos epocales queda mejor definida esa inclinación que en «Ingenieros, Rodó y el pensamiento de la América nueva» (1928), en el que Foncueva expone las limitaciones que encuentra en las ideas del uruguayo, y tercia decididamente la balanza a favor de Ingenieros, en virtud de las cercanías de este ensayista con el marxismo. Mientras: «Rodó ha pasado. [...] Lo mejor de su lección es lo que le faltó decir», Ingenieros es: «el maestro, el animador, el partero de la nueva América».[39]

Los artículos relacionados con el arte y la literatura en los escritos de Foncueva no son frecuentes, como también ocurre en las obras de Mella y Villena; pero Foncueva es, de los tres, el más dado a la crítica literaria, lo cual se evidencia en sus variadas reseñas de libros, por lo común de autores extranjeros. Si Villena se ha preocupado más por sus coetáneos nacionales, Foncueva escribe sobre hombres de Hispanoamérica (Marechal, Azuela, Arzubide, Diego Rivera...), y distingue a escritores europeos de izquierda, como Panait Istrati o Ilia Ehrenburg. Es, asimismo, uno de los primeros críticos cubanos en ofrecer un panorama breve de la narrativa de la Revolución de Octubre, en «5 radiogramas de Rusia» (1929).

No son muchos los críticos que pueden exhibir, antes de cumplir los veinte años, la variedad textual, contextual, referencial y de análisis que muestra José Antonio Foncueva, sobre todo en sus estudios de 1928-1929. Su campo de referencia es amplio por la bibliografía que domina, y, sobre todo, «no por el vano orgullo de medir fuerzas y demostrar sus dotes, sino con el sano y adecuado criterio de aportar, modestamente, soluciones acordes con su nivel de interpretación».[40]

Con Mella, Foncueva y Villena, la interpretación marxista del panorama social y literario cubanos se ha convertido en una presencia irreversible. Los tres tienen en común la vinculación de sus escritos con la lucha social inmediata, como organizadores y fundadores de movimientos de izquierda política. El papel de la crítica social o literaria no es pasivo: de lo que se trata es de transformar el mundo. Son autores conscientes de ensayos que no se contentan con logros estilísticos, con transformaciones retóricas o amalgama de idearios; rechazan el eclecticismo, porque se han adherido a una ideología que labora en la praxis social. Si bien sus obras centrales se refieren a cuestiones sociales, económicas y políticas de Cuba, América y el mundo coetáneo, amplían sus puntos de mira hacia el arte y la literatura. Más allá de la «literatura de compromiso», promueven y practican un arte militante; es lo que pide Mella a la poesía de Agustín Acosta; es el enfoque hallado en los textos de Villena y de Foncueva, referidos a autores y obras nacionales y extranjeras.

El núcleo de ensayistas y críticos que le sigue, tendrán ocasión de desarrollar en forma más sistemática, prolongada en el tiempo, el pensamiento marxista, que en lo sucesivo desempeñará un papel decisivo en la historia de Cuba. Mella, Villena y Foncueva fueron más allá de la cimentación del edificio del nuevo pensamiento que se abre paso en la cultura cubana; el carácter de iniciadores comprende el asentamiento de las bases teóricas, la lección aprehensiva de la filosofía marxista-leninista, y la realización de obras de ensayo y crítica que incluye la valía literaria junto al acentuado pensamiento político: era una lección de trabajo sociocultural, una aplicación de la teoría del arte de servicio y una aportación multitemática a la viva discusión intelectual cubana de la década de 1920.

En los años subsiguientes, tal ejemplo fecunda en la obra de Raúl Roa García, cuya trayectoria hasta 1958 estuvo marcada por dos inclinaciones básicas que desempeñó a la par: la vida política activa y la función docente. En ambas se expresó mediante el artículo periodístico o el ensayo de profundo calado en los contenidos. Su voluntad de estilo se define por un léxico que bien se atempera entre cubanismos, arcaísmos y neologismos, para ofrecer nota peculiar al tono suelto por directo en la expresión. Debido precisamente a que su ensayística posee un marcado acento político según las circunstancias en que escribe, Roa muestra con tanta o mayor explicitez que otros autores el empleo del método de análisis del marxismo. Así se advierte en sus textos sociológicos, en sus disertaciones sobre figuras históricas, y, sobre todo, en sus libros o en su vasta labor periodística.

El periodismo es otra de sus inclinaciones esenciales; lo ejerció hasta el final de su vida, y algunos de sus libros fundamentales se deben a esta labor que desempeñó, referida tanto a las «bellas letras», a la crítica literaria, como al profuso batallar político y el trabajo docente.

Muy joven, y siendo ya dirigente estudiantil, se inicia en los ámbitos de la publicación de textos con artículos de prensa sobre escritores como Rubén Darío, Julián del Casal, Manuel de la Cruz, Mariano José de Larra, José Martí, y la literatura rusa posrevolucionaria, en especial dedicándole un estudio a Alexander Blok. Cuando surge la *Revista de Avance*, el veinteañero autor era ya conocido en los medios literarios cubanos, y enseguida comienza a colaborar con ella, vinculado a los miembros más progresistas del minorismo, no sin exteriorizar polémicas con algunos de ellos. De esta época de formación como escritor, viene el influjo que sobre él ejerció la prosa (y el ejemplo político) de José Martí, además de que, relacionándose con figuras de las llamadas «vanguardias» cubanas, se advierte en su estilo un lenguaje próximo al vanguardismo, en lo que cabe a la prosa del pensamiento.[41]

Esta primera faceta juvenil de la obra de Roa trae la impronta de su labor prosística de toda la vida: la lucha política en la que concibe «el arte como vehículo. Nunca como un fin en sí mismo.»[42] A ello se suma su antimperialismo militante. Éstos son los centros de su expresión, aun cuando los textos que salgan de su pluma sean de crítica literaria (como sus ensayos sobre Martí o Barba Jacob), de finalidad claramente docente (*Mis oposiciones*, 1941), de exaltación de figuras históricas (en especial, la de su abuelo mambí Ramón Roa), o los escritos sobre sucesos de la historia nacional (*La jornada revolucionaria del 30 de septiembre*, 1934).

En la primera mitad de la década de 1930, el infatigable dirigente, fundador del Ala Izquierda Estudiantil, ha experimentado el profesorado en sociología y derecho, así como la cárcel política; se ha recibido con el grado de Doctor en Derecho Civil y Público, y conoce el exilio en 1935, a la par que aparece su primer libro de alta valía: *Bufa subversiva*. En el ínterin, Roa ha estrechado indisolublemente sus lazos con los comunistas, en franca amistad con Rubén Martínez Villena y con Pablo de la Torriente Brau. Su verbo combativo supo de las polémicas de su tiempo, entre las que descuella la que él mismo sostuvo con Jorge Mañach en las páginas de la revista *Mediodía*, en 1936, acerca de la poesía y la orientación política de Villena; es casi una continuación de la que desarrolló el fallecido dirigente comunista con el autor de *Indagación del choteo*. La polémica es una de las características no sólo del contenido de su prosa; incide, además, en la configuración de su estilo literario: agresivo, enérgico, perspicaz, con independencia de pensamiento dentro de sus principios políticos y fuerte impulsividad que añade notas emotivas a numerosas reflexiones de los planos al parecer más alejados de tales impulsos.

Todo ello es visible en *Bufa subversiva*, cuyo prólogo, «Trago inicial», es de Pablo de la Torriente Brau, y cuya estructura organiza textos políticos, ensayos de crítica y polémica, con un sentido «juvenil» o al menos «informal», dividiendo el volumen en diez secciones con títulos evocadores de bebidas alcohólicas, para ofrecer un sentido más de «juerga» que de «bufa».

La mayor parte de sus textos (periodísticos, ensayísticos, epistolares) versan sobre la vida política de su circunstancia, tales «Las directrices de nuestras aspiraciones», «Cartas a Jorge Mañach», «La reforma universitaria en marcha», «Tiene la palabra el camarada Máuser», cuyas continuidades temáticas con los escritos de Mella, Villena y Foncueva se evidencian desde los títulos mismos. En ellos, la posición marxista de Roa queda explicitada, no sólo por las citas de los clásicos, sino además por el propio método de análisis que aplica. Otros textos, los menos, se refieren a asuntos históricos, biográficos o literarios, siempre refiriéndolos a la coetaneidad, como ejemplifican la «irreverente» evocación del *Diario íntimo* de Amiel en «Federico y yo» (concluye definiendo a Amiel como «un intersexual de la inteligencia»), o «El amor en Martí y el revolucionario marxista», donde llega a la conclusión de que «para el revolucionario marxista, el amor no es más que un fugaz episodio sexual»); a la par, realiza estudios realmente ahondadores sobre poetas como Blok y Poveda.

En cuanto a los aspectos historicistas de sus ensayos, ellos constituyen precisamente la voluntad de trasfondo que anima a *Bufa subversiva*. Son la «crónica» de la revolución antimachadista, de la organización del movimiento estudiantil de izquierda, e incluso de la reinterpretación de figuras y momentos históricos en función del presente de luchas.

Toda la obra de Roa se fue forjando en medio de su incesante actividad política y social; él no se agrupa entre los investigadores centrados en el exclusivo interés de la erudición indagativa, ni puede definirse como un periodista atareado en el acarreo de noticias con la finalidad casi única de informar. Sus fuertes son la reflexión, el juicio, el análisis de causas y consecuencias, pero en los que pesa sobremanera la rapidez discursiva del periodismo, aliada al laboreo de conocer profundo sobre lo que escribe. Con esta conjunción parecería poco probable hallar en su obra monografías, que, sin embargo, existen, y en las que dilata los temas hasta consecuencias que van más allá del ensayismo, para convertirse en tratados de base académica, como *Mis oposiciones*, y sobre todo el primer tomo de una *Historia de las doctrinas sociales* (1949), que en primero se quedó.

Aunque suele disparatar el que pretenda separar tangiblemente el ensayo (en su concepto literario incluso) y el tratado monográfico de erudición más o menos acentuada por algún academicismo conformador, debe decirse que estos dos libros de Raúl Roa son más bien requerimientos de su ejercicio profesional referido a la jurisprudencia y, como tales, son tratados no ensayísticos. En ellos está presente el profesor titular de Historia de las Doctrinas Sociales y de Filosofía Social; sin dudas, en ambos volúmenes se halla el batallador político, el fundamental hombre de credo marxista, capaz de ofrecer aportes de relieve a los estudios sociojurídicos cubanos, pero, como bien señala Enrique de la Osa, éstas son «sus lecciones de profesor. La explicación de su modo de actuar en la cátedra.»[43]

El Raúl Roa de viva prosa se encuentra mejor en *Martí y el fascismo* (1937) y en *José Martí y el destino americano* (1938),[44] ensayos en los que muestra su madurez conceptual en torno a la figura martiana, a la obra del Héroe Nacional cubano, refiriéndose a su vertiente militante antimperialista y americanista; el autor lleva enseguida su centro de interés al Martí vidente político, al hombre que supo escribir las páginas fundamentales de «Nuestra América», y como tal lo valora para el *hoy*, para el propio momento en que Roa escribe, con lo que muestra una de sus virtudes: un claro sentido *presentáneo* en su labor como ensayista, acentuado por la ya referida vocación periodística que a la sazón desenvuelve ampliamente.

Otros textos de relieve de esta etapa suya son *Pablo de la Torriente Brau y la Revolución española* (1937), *Vocación, palabra y ejemplo de José Gaos* (1939), y *Don Fernando y don Francisco* (1949), todos folletos imbuidos en el carácter exaltador de figuras de relieve en medio de sus circunstancias políticas. Repite Roa su interés por personalidades cuyas trayectorias poseen el esencialismo activo que admira en los creadores; esta vertiente de su ensayismo inauguró su carrera como escritor y se verá reiterada en un nuevo e importante volumen: *Viento sur* (1953). El ser actuante y pensante motiva sus mejores reflexiones; la idea marxista de que según el hombre actúa, así es, ilumina estos estudios en los que la tal actuación no se limita a las tareas cívicas, sino también a la propia escritura. Implícitamente, los estudios de Roa apuntan hacia el «hombre integral», si bien la balanza suele inclinarse al *homo politikon* más que al *homo cogitans*.[45]

Pero antes de la compilación ensayístico-periodística que es *Viento sur*, Roa publica un libro dedicado al combate: *Quince años después* (1950). A la sazón, labora como Decano de la Facultad universitaria de Ciencias Sociales, y asume en 1948 funciones de Director de Cultura del Ministerio de Educación, de modo que el volumen ve la luz en un momento de intenso trabajo cultural. Quince años después de *Bufa subversiva*, este nuevo libro de Roa es de combate, aun cuando se detenga en análisis del campo filosófico, como en su interpretación de «Los extraños amores de Edgar Allan Poe»; al modo de *Bufa subversiva*, la mayor parte de los textos se refieren a circunstancias políticas cubanas o mundiales.

Sin embargo, cabe subrayar en sus páginas la presencia de un Roa crítico literario (inclinado sobre todo a los poetas y a la poesía), que no sólo denota aptitudes analíticas capaces de la síntesis, sino que va más allá del descriptivismo y del impresionismo para lograr juicios rápidos a los que casi no deja apelación, como puede leerse en el estudio de 1948, «Notículas a tres recitales», especialmente el aparte que dedica a Agustín Acosta, que sirve de ejemplo:

> ...es el jefe indiscutido de la «presente derecha modernista». Su facilidad verbal no tiene precedentes en nuestra lírica. Su libro *Alas* es inferior, en forma, contenido y mensaje, a los *Arabescos mentales de Regino Boti* y a los *Versos precursores* de José Manuel Poveda. Nada nuevo y nada singular aporta: la sonora risa de la marquesa Eulalia se funde con las galanterías del abate joven de los madrigales y los románticos desplantes del vizconde rubio de los desafíos.

Quince años después supera en madurez conceptual —no en balde ha pasado el tiempo— y en la propia estructura del discurso, a *Bufa subversiva*, pero puede decirse que *Viento sur* es el más importante de los libros ensayísticos de Roa en la época que precede al triunfo de la Revolución. Allí están su ideario, su profuso marco de intereses y de referencias y la madurez de su estilo, que asciende a jerarquías de singularidad en una época en que Fernando Ortiz, Juan Marinello, Jorge Mañach o José Lezama Lima van marcando con sus obras la más alta prosa reflexiva cubana del siglo XX. Se notará que al hablar de la prosa de Roa, los más importantes comentadores o estudiosos de su obra hacen hincapié en ese estilo que lo singulariza y que ya es ejemplar precisamente en la página de presentación de *Viento sur*:

> Sopla hoy en el mundo el viento sur. Es un viento estéril, hirsuto, caliginoso, exasperante y sucio. Enajena el mar, monda el bosque, libera el lodo, empuerca el alma, agosta la risa, embate la mente, enerva el sensorio, degüella el canto, pega en la cara y embarra la boca de tierra parda, espesa y viscosa. [...] Es viento sur pero sopla del norte, del este y del oeste. Surge delirante y rabioso dondequiera que la libertad es subyugada, la justicia escarnecida, la conciencia deformada, el decoro mancillado y la cultura envilecida [...]. El viento sur empolla los ciclones del mugre, sirocos de baba y simunes de sangre. Sus roncos bramidos cimbran de espanto a los árboles pusilánimes y a los hombres castrados.

Como evidencia en este claro y preciso ejemplo de su prosa, Roa utiliza la descripción para resaltar sus opiniones, conduce la idea hacia la actitud vital humana, y define, por último, a los hombres que él prefiere, enfrentados a ese «viento sur» alegórico:

> ...Han puesto proa audazmente contra el viento sur y bogan, sin balsas ni áncoras, hacia el puerto entrevisto, enarbolando en el mástil más alto, como gonfalón de esperanza, la consigna de los viejos pescadores: A sur duro, norte seguro.

En *Viento sur*, Roa agrupa variadas formas ensayísticas, desde el tratado político (en los textos sobre España) hasta la «ventisca» de cariz literario, o mañas de *diarero* en un periodismo capaz de utilizar hasta el diálogo con un supuesto extraterrestre para, locura simulada, expresarse sobre asuntos políticos esenciales, como se advierte en «Ida y vuelta en platillo»; no rehúye la «viñeta» en «Cultura ambulante», ni el bloque cerrado reflexivo (de historia, anecdotario y razonamiento) en «Perfil vuelto hacia los astros». Pero por lo común los textos son breves, con la fuente de publicación primera consignada al pie, como para dar fe de que son obras propias del laboreo de prensa. Sus once secciones agrupan las temáticas en las que el espacio de análisis se desplaza desde España, Cuba y toda América, hasta la situación global mundial coetánea. Es asombroso cómo Raúl Roa logra incluso la trascendencia extraepocal de sus textos, refiriéndose a un aquí y ahora que, por anotar esencialidades humanas, dejan escapar lo efímero momentáneo, o ello subraya la actitud de lucha social en la circunstancia, que es la condición básica de sus escritos.

De carácter ensayístico más acentuado son los cinco textos que incluye en *Variaciones sobre el espíritu de nuestro tiempo* (México 1954), materias de conferencias impartidas en la universidad de Nuevo León, y en las que versa sobre el humanismo, la utopía y los mitos de la política contemporánea; la filosofía de Benedetto Croce; democracia y dictadura en América, y un nuevo aporte al estudio de la obra martiana con «José Martí en su centenario». En todos estos trabajos, el tono autoral concuerda con el recinto universitario donde se imparten, y no incluyen el lenguaje florido de cubanismos de sus habituales artículos de prensa que componen sus otros libros;[46] la reflexión es más ahondadora, y si bien no se separa de la subjetividad que puede encerrar el texto ensayístico, ésta es mesurada y de tono profesional, pero nunca con el empaque académico, magisterial, de *Mis oposiciones* o de la *Historia de las doctrinas sociales*.

Variaciones sobre el espíritu de nuestro tiempo muestra el equilibrio que en la propia vida de Roa alcanzan aquellas dos inclinaciones básicas de sus escritos, referidas a lo político y lo docente, y muestra bien a las claras que su informalismo estilístico de origen vanguardista es más cuestión de forma, de estilo, que de fondo. El *fondo* es, sin dudas, el contenido de estos textos, que son obras de pensador sosegado, de analista profundizador en las reales causas y consecuencias de lo que asevera o niega, y de ensayista que, aun expresándose por medio del rápido artículo periodístico, se aleja de la ligera aproximación factual o ideológica típica de los diletantes. Diferente es la trayectoria ensayística de Ángel Augier, quien también abraza el método del marxismo-leninismo más allá de la declaración de militancia política, para iluminar sus estudios y su labor periodística, cuya vertiente esencial es la literatura. Si bien Augier no declinó el ensayismo sobre cuestiones político-sociales e históricas, el centro de sus funciones como escritor es la crítica literaria. En el grupo de los marxistas, él es el único que no ocupa cargos en la directiva nacional partidista, ni se vinculará a funciones administrativas o dirigencias (a la manera de Marinello, Roa o Carlos Rafael), que marquen decisivamente su obra.[47] Tampoco figurará en otras jerarquías direccionales (como Mirta Aguirre o José Antonio Portuondo), sino que se concentra en su labor como poeta y ensayista, sin que esta última vertiente lo incline hacia la historización de la literatura ni hacia la teoría o las ciencias literarias.

Con él se está en presencia de un crítico literario que por lo común se dedica a escribir sobre un género: la poesía. Dentro de ese género, se especializa gradualmente en la obra de Nicolás Guillén, en tanto ofrece contribuciones de peso en la mejor comprensión de figuras poco estudiadas de la lírica nacional, así como sobre otros poetas relevantes de Hispanoamérica y Europa.

Sus primeros artículos son de la década de 1930, pero la mayor cantidad de sus textos anteriores a 1959 se publican en las décadas de 1940 y 1950. En este lapso aparecen asimismo sus únicas ediciones independientes de la etapa, la primera de las cuales es de 1938: «Juana Borrero, la adolescente atormentada». De 1940, «Reencuentro y afirmación del poeta Heredia», que incluye a su autor entre los heredianos que, en la época, tuvieron una figura cimera: José María

Chacón y Calvo. En 1950, Augier edita unos «Apuntes biográficos» sobre el conocido periodista y político de izquierda Vicente Martínez, titulado con el seudónimo autoral de *Esmeril*. Como estudio biográfico, el texto no alcanza vuelo ensayístico, pero queda como positivo documento de época.

Naturalmente que a ello no se limita la actividad intelectual de Augier, quien, como Mirta Aguirre, se distingue por su obra poética entre los escritores marxistas. Asimismo, funda y dirige revistas literarias, se desenvuelve dentro de las indagaciones en torno a José Martí y conforma antologías, como la *Ofrenda lírica de Cuba a la Unión Soviética* (1942). Desde estos años se advierte su interés por algunos temas de las literaturas rusa y soviética, cuyo texto más importante a la sazón es la conferencia «Literatura rusa en letras cubanas» (1945).

En la trayectoria de Augier se observa una inclinación cada vez mayor hacia el estudio de la obra martiana que, como se sabe, fue iniciada en forma decisiva por la generación que creció en torno al Grupo Minorista. En 1942 obtiene un galardón de concurso con su ensayo «Martí, poeta, y su influencia innovadora en la poesía de América», que es su principal texto martiano de la etapa y que, aunque no se publicó en forma de libro, en verdad lo es por su extensión y organización analítico-informativa. El aporte central de este ensayo rebasa la génesis y la exégesis de la lírica martiana (que en él se dilatan hasta detalles de erudición), porque su valía radica en la precisa ubicación de Martí como poeta en los contextos cubano y americano en general, tanto por lo que el poeta recibe de su medio, como por lo que influye en él. El ensayo de Augier resulta el más completo análisis de la poesía de Martí en el lapso de su aparición, y continúa siendo uno de los más singulares acercamientos al Martí-poeta, que alcanza una «obra vencedora de épocas y escuelas [que] desafía a cuantos, por malevolencia inexplicable o por incomprensión, quieren limitar a simple aspecto secundario del forjador y protagonista de una etapa trascendente de la historia de su país».[48] De esta manera, desde la observación del centro vital martiano, Augier subraya el carácter esencial de hombrepoeta, con audacia interpretativa que se sostiene en una documentación, en un estudio de fuentes y de bibliografía referencial de gran rigor y de notable calidad ensayística. Cerca de una decena de estudios martianos en la etapa, demuestran asiduidad y conceden importancia relevante a esta faceta ensayística de Augier.

Las colaboraciones de este autor en revistas literarias cubanas de estos años son numerosísimas, y en primer orden se destacan sus textos en *Mediodía* (1936-1939): una veintena de artículos sobre arte, literatura y temas políticos (la guerra española, la Enmienda Platt...), que pueden considerarse propios del momento en que Augier alcanzó madurez crítica. En las sucesivas colaboraciones en *Hoy, Gaceta del Caribe, Dialéctica, Cuba y la URSS*, Augier denota, subraya, su inclinación a los estudios poéticos, sin limitarse a figuras nacionales, sino abriéndose a orbes como los de Vallejo, Whitman o Juan Ramón. Pero sus estudios más *decidores*, de contribuciones acendradas, son los que dedica a poetas cubanos como Heredia, Martí, *Plácido*, Casal, Juana Borrero y Rubén Martínez Villena.

Si bien Augier no dejará fuera de sus análisis a pensadores y narradores (entre estos últimos sobresalen sus estudios sobre Hernández Catá y José A. Ramos), es en la poesía, en la indagación crítica en torno a los líricos cubanos de relevancia, donde se encuentran sus mejores y más ahondadoras páginas de la etapa. Con «Martínez Villena y los poetas de su generación» (1936) ofrece un casi testimonial bosquejo de los poetas afines al entonces recién fallecido líder revolucionario; con «Notas sobre Julián del Casal» (1943), no sólo versa sobre el respeto que merece el artista finisecular, sino que el propio Augier cuida su prosa, al extremo de obtener un hermoso texto crítico sobre la belleza versal casaliana.

No habría dudas en subrayar, en el centro de sus ensayos, los ya antes mencionados sobre Juana Borrero y Heredia. Si la atormentada Juana es como un ejemplo de «la teoría idealista de la predestinación» para la poesía («poeta fatal» llamaba Juan Ramón a ese «estado de gracia poética»), Heredia representa «un evangelio lírico de la cubanidad insurgente».[49] Augier documenta

dos tendencias esenciales de la poesía cubana, inclinadas hacia la intimidad, hacia el mundo del individuo sensible y sufriente creador de belleza, y el resonar heroico o colectivizado de las apetencias nacionales. No realiza una separación dogmatizadora de ambas maneras con que puede definirse el decursar de la poesía en Cuba, ni siquiera explicita tal apreciación, pues Augier no desea subrayar divergencias entre lo íntimo y lo social, sino estudiar cómo es de dispar la vibración lírica en poetas diversamente dotados.

Puede decirse que, entre los años 1933 y 1958, Ángel Augier se presenta y consolida su prestigio como crítico literario en el medio insular; pero su relevancia verdadera, el grueso de su obra, pertenecen a una nueva etapa que adviene tras 1959. Hasta esa fecha, Augier es un crítico atendible que aún atesora la promesa de obra mayor. Es el de menos desarrollo autoral entre los críticos marxistas de la nueva generación en la etapa que aquí se analiza, pero no por ello desmerece su ubicación entre nombres que habían alcanzado obras más extensas.

Siendo un año más joven que Augier, la bibliografía de José Antonio Portuondo tiene sus primeros asientos en 1932, cuando el escritor se presenta como versificador en la prensa de Santiago de Cuba, tras el cauce de la «poesía negrista», entonces con preferencia denominada «afrocubana» o «negra». También en ese año publica su primera nota de crítica literaria, precisamente acerca de la obra inicial de Ángel Augier, y luego seguiría en los años sucesivos colaborando en la prensa provincial con reseñas de libros. Poco a poco, esa bibliografía denota cómo la publicación de textos en verso cede terreno al cada vez más consciente trabajo del prosista: del periodismo literario de función crítica pasa al ensayo, que va ocupado sus mejores intenciones como escritor, hasta alcanzar en 1937 un estudio esencial: «Angustia y evasión de Julián del Casal», que es su primera publicación independiente de los órganos de prensa.

Pueden señalarse los años 1936 y 1937 como los de la emergencia definitiva del ensayista y crítico literario de amplia obra futura. A la sazón era coeditor de la revista *Mediodía*, cuyo Comité Editor estaba integrado por un grupo

de intelectuales de la izquierda de los años treinta, al que se afilia Portuondo en plena formación como marxista. El mismo ámbito de su ejecutoria se extiende desde su Santiago natal hacia
la repercusión nacional.

Enseguida muestra las dotes del que será uno
de los más importantes historiadores de la literatura insular, con la amplitud de *Proceso de la
cultura cubana. Esquema para un ensayo de interpretación* (1938), volumen que nace como resultado de las intervenciones profesorales del
autor en el llamado Instituto Popular del Aire,
cuya programación radial estaba dirigida a lograr una «introducción a la historia de Cuba»,
que hiciese activo en ella, y no pasivo, al *ser* cubano. Ese ser se retrata en el libro de Portuondo
desde aspectos de la evolución literaria y artística en la que «con mayor fuerza y objetividad se
iba mostrando, pujante o decaída, el alma de
nuestra tierra».[50]

El libro se divide en cuatro capítulos, referidos a períodos respectivos de estudio: 1555-
1762: «La integración»; 1762-1868: «Apogeo»;
1868-1898: «Las guerras de Independencia», que
conforman la trinidad de «La colonia», para dar
paso al cuarto capítulo: «La República», que se
adentra en la coetaneidad de la propia década de
1930. Un «Apéndice» se dedica a «La inmigra-
ción francesa», que es un brillante análisis
sociocultural del asentamiento de hacendados
francohaitianos en las regiones orientales de la
Isla.

En los años sucesivos, Portuondo concluye
su doctorado en Filosofía y Letras, mientras
publica intensamente textos de análisis filológicos y filosóficos (como sus «Notas sobre el
problema epistemológico en la filosofía de
Maimónides», de 1939), pero, sobre todo, da a
conocer abundantes artículos de crítica literaria
acerca de la narrativa y la poesía coetáneas, así
como sobre la interpretación del legado de José
Martí.

El año 1944 fue clave en su evolución personal: mientras formaba parte del equipo de editores de la revista *Gaceta del Caribe*, recibe una
beca del Colegio de México, donde realiza estudios de teoría literaria. Es su principal profesor
Alfonso Reyes, quien guía hasta 1946 al joven

Portuondo en los inicios de su especialización
en las nacientes «ciencias de la literatura». En el
propio 1944 publica los cuadernos *El contenido
social de la literatura cubana* y *La expresión poética*, ambos en México.

Los principales trabajos de crítica literaria y
artística de ese año aparecen en *Gaceta del Caribe*, pero ya en 1945 la mayor parte de sus textos
críticos se publican en México; entre ellos, los
más abundantes son las reseñas de libros. Precisamente en 1945 y en México, publica Portuondo
uno de sus libros más importantes: *Concepto de
la poesía*, cuyo núcleo esencial fue su tesis de
doctorado de 1941.[51] Bajo el propio título, el libro se reedita varias veces, ya en edición aumentada en 1972, en 1974 en México, en 1982 en
Rumanía, y el propio autor lo incluye en la compilación personal de *Ensayos de estética y de teoría literaria* (1986). La trascendencia de este libro
rebasa la aspiración de sus palabras introductorias: «iniciar en Cuba, de una manera sistemática, los estudios de Teoría de la literatura», puesto que, cumpliéndola, incluye la perspectiva del
materialismo histórico en la bibliografía especializada afín en lengua española. Su repercusión
en la Isla fue inmediata, saludado con júbilo por
el núcleo marxista (en voz de Mirta Aguirre, con
un artículo aparecido en el diario *Hoy*), y criticado acremente por el pensamiento idealista coetáneo (José Rodríguez Feo, con una reseña en
Orígenes).

Concepto de la poesía supera el estudio de un
«género» literario (la poesía), aunque puede inscribirse como uno de los antecedentes de la
genología finisecular. Siendo un tratado de *poética*, lo es más de su sentido histórico y filosófico que de los modos y estilos aprehensivos con
que el poeta se expresa, fundando o no un sistema de ideas en torno al hecho poético. Portuondo divide su exposición en cuatro partes, la
primera de las cuales es una introducción acerca
de «La teoría de la literatura y las ciencias de la
cultura», sobre la cual asienta las tres partes sucesivas de su tesis: «Nacimiento de la Poesía»,
«Desarrollo de la poesía moderna» y «Esencia
de la Poesía». Son exploraciones referidas a su
tema, en la evolución de la estética dentro de la
historia de la filosofía, y entre las poéticas per-

sonales de algunos poetas con *sistemas* definidos por un *corpus eidético*, por una teoría acerca
del acto creativo. Por ello, el autor se mueve desde los preplatónicos y el propio Platón, hasta
los conceptos aristotélicos y su zaga ideológica;
identifica los núcleos de las ideas estéticas y los
puntos de vista de Pascal, Kant, Marx y Engels,
o desde Ovidio a Rimbaud, con énfasis en las
poéticas de autores tan dados a la reflexión sobre el hecho creativo como Paul Valéry.

La prosa elegante y la erudición de *Concepto
de la poesía* situaban a José Antonio Portuondo
entre los más agudos ensayistas cubanos de la
hora, en una etapa de la literatura nacional en que
la ensayística brillaba por la fecundidad de no
pocas firmas capitales, por la diversidad de estudios y por una presencia de estilos definidos que
enriquecieron indeleblemente el panorama literario cubano. Dentro de la amplia variedad conceptual y de orientación filosófica, que a la sazón reinaba, *Concepto de la poesía* escapaba del
eclecticismo y de los puros intereses docentistas
de la «estética cubana» de los años posteriores a
su primera edición, mediante una orientación filosófica coherente en todo el volumen, capaz de
rebasar la inmediatez; ese verdadero sentido trascendente de esta obra la ha mantenido viva y plena de interés. Luego de este libro, se advierten
en las publicaciones periódicas de Portuondo dos
vertientes esenciales: la que continúa la crítica
literaria en forma de reseñas de libros, y la que
se ocupa de aspectos teóricos de las propias ciencias literarias y de la teoría generacional. Si se
compara con su producción de la década de 1930
y de los primeros años de la de 1940, los trabajos periodísticos disminuyen en cantidad, pero
Portuondo gana en profundidad analítica y se inclina cada vez más hacia la teoría y la historización literaria. Ejemplifican tales vertientes tres
publicaciones sucesivas, cuyos títulos mismos
muestran el perfil de interés: «En torno a la novela detectivesca» (1947), «*Períodos y generaciones* en la historiografía literaria hispanoamericana» (1948) y «Situación actual de la crítica
literaria hispanoamericana» (1949). Es obvio advertir que Portuondo especializa su dirección
investigativa, pero no abandona su labor como
crítico.

Puede subrayarse asimismo que la proyección
espacial de los estudios alcanza toda la zona hispanoamericana del continente americano, y que,
además, Portuondo, con Reyes y Borges, estrena en nuestra lengua una dimensión de estudios
«subgenéricos» acerca de la novela policial, de
manera que incluye a la crítica literaria cubana
en una problemática nueva y universal.

Una tercera vertiente investigativa aflora gradualmente en su obra: José Martí, vida y creación. Este sistemático empeño autoral alcanza
momentos cumbres en 1953, cuando publica dos
volúmenes independientes sobre la vasta obra del
Héroe Nacional cubano: *José Martí, crítico literario* y *La voluntad de estilo en José Martí*, este
último menos extenso, consagrado a la conciencia martiana del ejercicio estilístico tanto en la
prosa como en el verso. Portuondo acude a la
cita precisa en que la «voluntad de estilo» se patentiza, y documenta sus afirmaciones con fragmentos de cartas, poemas, discursos o críticas
del Maestro. Es curioso que, entre las cuestiones que se discuten en este ensayo, ocupe un
interesante lugar la renuncia de las «letras» en
favor de las «armas», vieja controversia hispánica que el autor resume en «la quejumbrosa suposición de que un poeta no puede realizar labor revolucionaria a menos que sacrifique a ella
sus aspiraciones estéticas». Portuondo subraya
que ello en Martí es una «falacia» que cae por el
peso de una obra literaria elevada, «contemporánea a las más intensas realizaciones de su labor revolucionaria».[52] No hay que olvidar que
tal cuestión fue asunto candente dentro del pensamiento marxista cubano, luego de la actitud
de Villena —secundada por Marinello— de sacrificar el verso en favor de la entrega a la actividad revolucionaria, política, partidista. Estas
afirmaciones no vienen a violentar polémicas
con sus camaradas de filiación ideológica, pues
en verdad se está ofreciendo una visión nueva
del hecho intelectual, de la función de la literatura en la lucha social, que ya practicaba el propio partido de los comunistas cubanos. Como
se verá, Portuondo rebasa el puro análisis
estilístico de la obra martiana —sin renunciar a
hacerlo—, para ahondar en materias de la poética de Martí.

José Martí, crítico literario desentraña el método de análisis martiano, organiza la secuencia de su pensamiento estético en función de la crítica, y muestra los presupuestos básicos con que el Apóstol trabaja su prosa, que está más allá de la intrascendencia de cierto impresionismo modernista, del que Martí se sustrae por una cultura literaria y filosófica que universaliza sus afirmaciones. Demuestra Portuondo que ese método martiano es coherente y, a más de inmanentista, es asimismo dado a la exposición de lo universal o trascendente del texto criticado. Tal conclusión se explicita en el párrafo final del estudio de Portuondo, ratificador de la doble condición estilística y de practicidad revolucionaria de la prosa martiana:

> Fue una actitud de revolucionario, hecho a abordar de frente la realidad y luchar por trasformarla en beneficio de todos, la que salvó a los juicios literarios de Martí de la caduca y bella intrascendencia crítica del impresionismo modernista y los puso, por encima de su tiempo, que él sabía de transición, muy cerca de lo actual y, en sus momentos más felices, de lo perenne. Y fue, de este modo, su inquebrantable voluntad de servir quien ha dado eternidad a su hablar.[53]

La década de 1950 ocupó a Portuondo en labores profesorales en universidades estadounidenses, en la Universidad de Oriente —donde ejerció por el lapso mayor: 1953-1958—, y en la de Los Andes, Venezuela. A la sazón, sus libros más importantes fueron: *El heroísmo intelectual* (1955) y *La historia y las generaciones* (1958). Aunque no es profuso su trabajo periodístico, no abandona esta labor, practicándola mediante reseñas de libros y breves ensayos de crítica literaria de amplia variedad temática, que incluye la crítica de arte.

El heroísmo intelectual es un libro que se conforma —según prólogo del autor— a partir del asunto que le da título, y que se desarrolla en once ensayos esenciales dedicados a la narrativa, a narradores tan significativos como el italiano Leo Ferrero o los norteamericanos Faulker y Hemingway, y a las literaturas caribeñas e hispanoamericanas. Entre los análisis sobre esta última se encuentran textos tan significativos como «La realidad americana y la literatura» y otros sobre Lino Novás Calvo, Sanín Cano, la novela y la crítica en Hispanoamérica y asuntos sobre el tropicalismo caribeño. Con este volumen, Portuondo se afirma como voz esencial del ensayo latinoamericano, puesto que más allá del análisis de la insularidad literaria cubana, se nos presenta como un consumado conocedor de la creación artística continental, observada con perfil latinoamericanista, incluso cuando esas perspectivas se agrandan hacia las artes y las literaturas anglófonas o europeas en sentido general. El rigor de cada uno de los textos incluidos en *El heroísmo intelectual* denota la presencia de un ensayista en plenitud de facultades críticas, capaz de ir más allá de la documentación, de lo referencial, y ofrecer textos terminados en sí mismos, tanto en las ideas que expone como en la calidad literaria de su prosa.

En *La historia y las generaciones* se encontrará algo mucho más importante que la evidencia de un historiador literario con plenas facultades, pues el logro central del volumen radica en haber hallado concordancia entre el método generacional y el marxismo, luego de un análisis referido precisamente a «La Historia, forma poética», mediante el cual desarrolla sus puntos de vista en torno a la historia y su apreciación clasista. Con «Realidad y falacia de las generaciones» discute la validez del método en cuanto tal, y se decide a favor de las facilidades que ofrece para la historización literaria; enseguida, el propio Portuondo aplica el método generacional en su «Esquema de las generaciones literarias cubanas», donde el discutido asunto y sus límites temporales son un esquema flexible en manos del ensayista, quien lo utiliza sin rigidez y sin dogmatización de presupuestos. A medida que la división generacional va acercándose a la coetaneidad, el autor reduce el lapso de treinta años con que venía trabajando, y en una ocasión lo ajusta a veintiuno. Fuera de la cuestión conceptual del término *generación*, se hallará en este volumen una síntesis de su sentido histórico, de los principios en que el método se sustenta y de su aplicabilidad. Debe notarse que Portuondo resalta el valor del método para la historización más que para la crítica literaria, de manera que el énfasis metodológico se sitúa en los análisis de conjunto, más que en los casuísticos de autores y obras aislados. Parece ratificar este principio la amplia tabla cronológica que incluye en el libro, y que es la aplicación exacta del método generacional, tal y como Portuondo lo concibe, a las letras cubanas en su sentido diacrónico.

En las postrimerías de la década de 1950, José Antonio Portuondo había alcanzado no sólo el punto de su madurez creativa, sino de su plenitud como ensayista, en el que se advierte un trasfondo historizador que acompaña a sus trabajos aun de más acentuada crítica literaria. Su esencia de historiador de la literatura se advierte en el reiterado interés por la diacronía, por el encadenamiento de los hechos literarios que nunca ve aislados en su momento social ni del propio ámbito de las letras coetáneas. El movimiento sincrónico de las artes y las letras trasciende para él en un *corpus* evolutivo con herencia definida y claro sentido potenciador.

Distinta, pero paralela, es la trayectoria intelectual de Mirta Aguirre Carreras, quien figura como la más importante ensayista y crítica literaria y artística marxista de la literatura cubana. Pero no es el hecho de ser mujer y ocuparse del campo de las letras lo que mejor la distingue, sino su labor multitemática, que comprende la reseña de libros, el comentario teatral de puestas en escena, las críticas cinematográficas y musical, el ensayismo de erudición sobre temas cervantinos y sobre la poesía de habla hispana, así como la discusión en campos de la estética, la tropología, la teoría literaria y la política.

Tan amplios terrenos los desarrolló en dos labores esenciales: el periodismo, sobre todo antes de 1959, y la función docente, profesoral, en particular tras ese año, junto con una actividad partidaria muy amplia que la sitúa entre los principales miembros del Partido Socialista Popular, en el que militó desde la década de 1930. Como José Antonio Portuondo, Mirta Aguirre comenzó a darse a conocer como poeta, pues sus primeras colaboraciones en la prensa nacional fueron en versos, a partir de 1933; pero a diferencia de Portuondo, cinco años después entrega un libro de poemas (*Presencia interior*, 1938), y no abandona tal ejercicio creativo.

Su primer texto en prosa registrado es de 1934, publicado en la revista *Masas*, relacionado con un congreso contra la guerra y el fascismo que se celebró en México. Acerca de este país, donde reside entre 1933 y 1936, edita varios artículos de contenido político, aunque sus colaboraciones en revistas y periódicos cubanos hasta 1940 son por lo común poemas de fondo social. Su primera publicación independiente, como folleto, es un texto encabalgado entre el testimonio y el ensayo: *Recuerdos de Mella* (1937).

Ya dentro de la década de 1940, Mirta Aguirre desarrolla una amplísima labor periodística, un notable ejercicio de la crítica literaria, teatral y cinematográfica, y un impulso del ensayismo que la lleva a publicar *Palabras en Juan Cristóbal* (1940), el laureado *Influencia de la mujer en Iberoamérica* (1947), y *Un hombre a través de su obra: Miguel de Cervantes Saavedra* (1948). El primero de los tres estudios tiene el tono ensayístico que suele caracterizar su crítica literaria aparecida en la prensa durante estos años, y, sobre todo, presenta su interés por desentrañar la orientación política de las obras que son objeto de su análisis. Mirta Aguirre contextualiza el *Juan Cristóbal*, de Romain Rolland, en el momento en que Europa sangra por la Guerra Mundial; a partir de la obra, extrae conclusiones humanísticas en relación con el papel social del hombre y de su desempeño vital. *Palabras en Juan Cristóbal* es un ensayo de iniciación en el que la autora alcanza solidez de prosista en el comienzo mismo de su carrera crítico-ensayística.

Estabiliza su trabajo como redactora del periódico *Hoy*, y colabora en otras publicaciones culturales y políticas de su Partido (*Gaceta del Caribe* y *Fundamentos*), aunque es en *Hoy* donde despliega una amplia labor entre notas y comentarios variadísimos sobre espectáculos culturales (música, teatro, danza, cine…) y sobre noticias del ámbito de la cultura cubana y euroamericana; en especial, son constantes sus referencias a la vida cultural soviética. La crítica de cine ocupa entonces un margen creciente y llega a ser mayoritaria en su trabajo periodístico. Ocasionalmente escribe alguna crítica sobre artes plásticas, y no abandona el comentario de libros publicados en su inmediatez espacial y temporal.

Dos sucesos sobresalientes ocurren en el interín de la edición de sus libros: la publicación del ensayo «Síntesis de unas notas sobre la cultura y el Partido Socialista Popular» (1944), y la compleja polémica desatada en torno del artículo «Fristz en el banquillo» (1945), por habérsele concedido el muy codiciado premio periodístico Justo de Lara del año en que se publica. El primero de estos textos es un documento básico acerca de la política cultural partidista en la postguerra; trata asuntos tan variados como el ingreso de creyentes y hasta de religiosos practicantes en la organización comunista, los conceptos de arte popular y arte revolucionario y los asuntos de forma y contenido en la obra artística. No sólo es reflejo de una política cultural partidaria, sino documento ideológico de época, que tipifica la lucha en el terreno de las ideas.

«Fristz en el banquillo» es un supuesto diálogo, de fondo reflexivo, con un hitleriano apresado y juzgado; su sentido va más allá del acto de ajusticiamiento o venganza, para tratar cuestiones de viva actualidad en el mundo postbélico. Las fuerzas cubanas de derecha, capitaneadas por el *Diario de la Marina*, cuestionaron la entrega del premio a la militante comunista, y todo el año estuvo cubierto por la polémica, que incluyó artículos de agravio y desagravio, ofensas al jurado calificador y, sobre todo, enfrentamiento ideológico motivado por el tratamiento discriminatorio que el fondo de la polémica traía contra los comunistas. Sin dudas, el prestigio intelectual de Mirta Aguirre salió fortalecido de estos debates.

Al año siguiente, ese prestigio se vio consolidado cuando la autora alcanzó un premio literario continental, otorgado por la Unión Femenina Iberoamericana con sede en México, por su libro *Influencia de la mujer en Iberoamérica*, que fue reeditado en 1948. Es obra de una ensayista ya experimentada, capaz de sintetizar la indagación bibliográfica profusa del tema elegido, de organizar la información referencial y de someter el asunto a análisis de doble naturaleza: el enfoque ensayístico de corte literario, cuidadoso de la prosa y del contenido informativo; el estudio de la base marxista, que apela al contexto en que las mujeres, con sus obras y sus actos, se desempeñan; el texto mantiene una rigurosa fidelidad a las fuentes, pero con decidido carácter enjuiciador, pleno de opiniones, puntos de vista y conclusiones novedosos. La mujer en la cultura, la historia y el desenvolvimiento social iberoamericano no es, para Mirta Aguirre, una presencia estática y pasiva, un ente sin finalidad sociohistórica y cultural; es un ser capaz de aportes decisivos y, sobre todo, posee un futuro pleno de contribuciones, no a una cultura diferenciada bajo el rótulo de «femenina», sino a la plena actividad vital del continente, en que ese «aporte femenino constituirá no una adición sino una metamorfosis».[54]

A tal conclusión se llega luego de valoraciones de raíces historicistas acerca de la presencia femenina en la literatura (Sor Juana Inés de la Cruz, Avellaneda, Mistral), cuya trascendencia implica una superación del concepto de «Iberoamérica-mujer» como sinónimo de «tierra de conquista». Mujeres guerreras y mujeres políticas, damas de teatro y de organizaciones sociales, voces aisladas y colectivas; en todas, Mirta Aguirre explora el carácter creativo, la voluntad de participación social directa y aun el potencial constructivo que en ella se presenta. Realiza un cuidadoso análisis del *feminismo* frente al *machismo*, escapando de generalizaciones empobrecedoras, para arribar a un planteamiento de base marxista acerca de la liberación de la mujer.

Aún en el disfrute de los dos lauros anteriores, Mirta Aguirre recibe uno nuevo, esta vez otorgado por el Lyceum Lawn Tennis Club por su ensayo *Un hombre a través de su obra: Miguel de Cervantes Saavedra*, en cuya acta de premiación se hacía constar su «riqueza de investigación, la profundidad de conceptos y la sagacidad crítica y elegancia literaria».[55] En verdad es el más importante volumen publicado por la autora en fecha anterior a 1959, y es, asimismo, un riguroso análisis —casi novelado— acerca del Cervantes-hombre-escritor, redactado con base erudita encubierta por la amenidad expositiva de párrafos rápidos, que mucho resumen:

Él vive de 1547 a 1616. Nace bajo el signo del concilio de Trento, del que salieron los índices censuradores de libros y la reorganización intensiva de los procedimientos inquisitoriales. Muere en los días en que la Iglesia condena la Teoría de la Gravedad de Galileo. Tiene, pues, doce años cuando en Valladolid el muy católico Felipe II celebra su primer auto de fe. Un poco más viejos y un poco más jóvenes, vivos o ya desaparecidos, Erasmo y Rabelais, Bacon y Descartes, son los hermanos de su pensamiento en un mundo en el que sobre los ecos de los lances medievales apunta una nueva sociedad de comercio y maquinarias.[56]

Todo lo que el párrafo enuncia es trascendente, y a lo largo del libro se comentará según sea menester. Importa la obra total cervantina, pero el centro de atención es *El Quijote*; y no sólo se detendrá en su tiempo, en su esfera, en la crítica de la España muerta, sino que Mirta Aguirre trae la discusión quijotesca, la quijotización de Sancho, el ideal de la lucha contra la pobreza, a los universales días en que ella escribe, porque capta la esencia, lo central, lo que trasciende a la época de la doble escritura —la de Cervantes, y la de ella como exégeta—, para anotar, subrayar lo que está más allá del significante textual literario: el significado humanístico, que hace de *El Quijote* y de Cervantes obra y autor de todas las épocas.

Éste es el primer libro de consagración de Mirta Aguirre como una ensayista de envergadura, como crítica atendible, no sólo en las esferas del espectáculo más o menos trascendente en tablas y pantallas, sino también en la hondura develadora, en la interpretación perspicaz, en la aplicación rigurosa del método marxista, sin costuras esquemáticas o dobladillos de dogma.

Ya no publicará nuevo volumen en el lapso que resta hasta 1959, pero mantendrá hasta 1952 sus comentarios sobre filmes de estreno y, en general, cubre para el periódico *Hoy* los espectáculos teatrales, de ballet, música de cámara y sinfónica, recitales operísticos y de concertistas, así como otras presentaciones artísticas del escenario nacional. Sus «Notas y comentarios» continúan la labor informativa de las esferas del arte y la literatura universales, y en no pocas ocasiones consagra artículos a cuestiones, por lo general artísticas, de la URSS y del campo socialista de la Europa del Este. Son menos frecuentes las reseñas de libros o los artículos y ensayos de libre pensamiento sobre temas literarios.

Tras la clausura de *Hoy* en el contexto del batistato, Mirta Aguirre continúa publicando textos de crítica literaria y artística en *La Última Hora* y en la revista *Nuestro Tiempo*. A partir de 1953, el trabajo de crítica cinematográfica se interrumpe casi drásticamente, pues sólo publicará en 1956 un ensayo consagrado al neorrealismo italiano, en *Mensajes. Cuadernos Marxistas*. Si la labor periodística se reduce, en la propia década Mirta publica un grupo de ensayos relevantes, como «Estampa de Gabriela Mistral» y «*La Edad de Oro* y las ideas martianas sobre educación infantil», ambos de 1953; así como «Balzac y el realismo» en 1958, bajo el seudónimo de Luisa Iznaga.[57] En 1957 firmó una «Carta a los intelectuales y artistas (sobre el problema de Hungría)», junto con Juan Marinello y Carlos Rafael Rodríguez, con quienes integraba la Comisión de Cultura del entonces ilegalizado Partido Socialista Popular; bajo la encomienda de esta Comisión trabaja discretamente en la orientación política de la sociedad Nuestro Tiempo. El recrudecimiento del batistato se reflejó en su obra, pues si en 1956 pudo publicar seis textos en diversas revistas, ya en 1957 no publica ninguno, y en 1958 se conocen de ella sólo tres artículos sin firma o bajo seudónimo. Mirta Aguirre disminuyó cuantitativamente su creación crítico-ensayística, pero ya dejaba tras de sí dos décadas de experiencia, de logros, de mucho trabajo diario, que la sitúan entre lo más significativo de la prosa de pensamiento, que es la coetánea.

La filosofía marxista leninista y su praxis social en Cuba, han tenido en Carlos Rafael Rodríguez uno de sus nombres cimeros. Como teórico, posee una amplia obra ensayística que inició en la década de 1930 y que puede agruparse en cuatro asuntos centrales: política de partido y estatal; economía política y de Estado; periodismo

político e histórico; temas de cultura e ideología. Dentro de este último se contemplan textos
dedicados a la literatura, el arte, el pensamiento
filosófico en Cuba, la política cultural, así como
un grupo especial dedicado a la significación de
la personalidad y de la obra político-cultural de
José Martí.

Estas cuatro vertientes de sus ensayos se
intervinculan de modo tal, que no siempre resulta posible delimitarlas en sus principales textos. De ello es ejemplo precisamente el primer
libro de Carlos Rafael: *El marxismo y la historia
de Cuba* (1944), o el primer artículo que publica
en 1931: «Fuerzas encontradas», donde aplica sus
conocimientos del marxismo a cuestiones de
economía estatal.

Los presupuestos económicos y filosóficos
acompañan a los principios de eticidad que dominan sus escritos. Esta línea de trabajo ha sido
una constante de su obra, desde sus primeros
textos publicados antes de alcanzar los veinte
años de edad hasta la plena madurez a la que luego arriba. En la época en que el joven estudiante
en varias especialidades de Derecho se gradúa
con la categoría de alumno eminente, se vincula
al Ala Izquierda Estudiantil, y, en 1935, al Partido Comunista, del que pronto es figura dirigente, sobre todo cuando éste se convierte en Partido Socialista Popular.

Como ocurre con otros ensayistas coetáneos,
Carlos Rafael escribe a partir de la propia lucha
social.[58] Toda su obra crece desde la circunstancia, desde su experiencia e intereses políticos,
que son los de su partido. Como Roa y Marinello, algunos de sus escritos emanan de su labor como estadista, por lo que al interés teorizador se agrega el orientador. Él ha mostrado
ser uno de los más notables estadistas cubanos,
y ello se refleja en su prosa precisamente como
cualidad orientadora.

En el lapso 1931-1934, cuando centra sus publicaciones en órganos de prensa de su Cienfuegos natal, la referencia literaria era mucho más
frecuente, y buen número de sus artículos ver-
saban sobre literatura, incluida la reseña de libros. Aunque no se advierte en esos textos el
lenguaje titubeante u otros rasgos de autor recién iniciado en labores crítico-teóricas, no hay

dudas de que son materiales propios de la formación personal. Entonces, tuvo inclinación
hacia la crítica o el comentario de poesía y, sobre todo, hacia textos de contenido ideológico,
filosófico. Cuando en 1936 es cofundador de la
revista *Mediodía* y de la Editorial Páginas, ya se
habían definido en él las líneas generales de su
trabajo como escritor, aunque no podía decirse
aún que había arribado a la madurez que luego
alcanzará. Por entonces, como señala Ángel
Augier sobre la prosa y sobre los aspectos más
bien formales de los textos de Carlos Rafael, se
advierten los influjos más característicos de la
nueva época, ejercidos por Miguel de Unamuno
y José Ortega y Gasset, quienes «de alguna manera comenzaban a suplantar el magisterio que
sobre los jóvenes de Latinoamérica lograron mantener José Enrique Rodó y José Ingenieros».[59]

Ya en 1939, siendo miembro del Comité Nacional del Partido de los comunistas, defiende
sus doctorados en Derecho Civil y Público, así
como en Ciencias Sociales, Políticas y Económicas. Podría haber parecido que la profe-
sionalización como dirigente del Partido y su
cabal dominio del marxismo para su aplicación
en la lucha social, iban a frenar la realización plena de una obra teórica para la que mostraba capacidad indudable. Sin embargo, Carlos Rafael
demostró en *El marxismo en la historia de Cuba*
que la labor política no estaba reñida con la
teorización, pues en buena medida complementa el hacer con el pensar; asimismo hace gala de
claridad y calidad de prosa, unida a la exposición sintética de los contenidos que se refieren
al método de análisis marxista y a la historia cubana. Una vez que ha atendido lo puramente teórico, relativo a la definición instrumental de la
investigación sociológica marxista, se introduce
en la especificidad de «El enfoque marxista de la
historia de Cuba», sin que el objetivo mismo sea
historiador, sino el de sentar base para el planteo y replanteo historizador desde la armazón
clasista de la sociedad cubana, visible en historiadores que apelan a esta filosofía para sus indagaciones.

Los años cuarenta son para él activísimos en
un periodismo que es el resultado de su profesionalidad partidaria, de su carácter de dirigente

comunista que apela a la prensa escrita (como Blas Roca y otros líderes) para difundir, no sólo ideas personales, sino puntos de vista, reflexiones y directivas del propio partido. Su obra periodística cobra intensidad y extensión continentales, cuando ocupa cargo ejecutivo, desde 1942 hasta 1950, en la Asociación Interamericana de Prensa. Tras el último año indicado, Carlos Rafael asume funciones en la secretaría de propaganda del Partido Socialista Popular, lo cual le facilita la continuidad del trabajo periodístico, a la par que integra, con Juan Marinello y Mirta Aguirre, la Comisión Intelectual del propio Partido.

En el lapso, escribe y publica una serie de ensayos que definen sus intereses temáticos, centrados en la política, la economía y la cultura. Entre ellos, textos sobre Lenin, José de la Luz y Caballero y José Martí, que, junto con «Los comunistas ante el proceso y las perspectivas de la cultura cubana» (1956), muestran la intervinculación de los tres aspectos referidos, mucho más especializados y especificados en «A propósito de *El empleo en Cuba*» (1955), «Las bases de desarrollo económico de Cuba» (1956), o francamente políticos como «Independencia nacional o sumisión al imperialismo» (1955). En todos estos y otros ensayos se muestra, con absoluta claridad conceptual, el pensamiento social de Carlos Rafael, unido a una indeclinable disciplina partidaria: es el hombre y su Partido, y no un ensayista a la manera de Mañach, Ortiz o Guerra, en los que la individualidad crítica parece situarse como matriz de la opinión particular. Carlos Rafael es un ensayista de indudable personalidad como escritor, pero en él no se manifiesta una *tendencia* política, sino una disciplina colectivista, cuya opinión posee la impronta partidaria; como también puede decirse de los otros escritores marxistas, más allá del «compromiso político» se expresa en él la militancia.

De este tenor son los múltiples artículos divulgativos acerca del socialismo, la Unión Soviética y el panorama de la lucha universal revolucionaria. Sin separarse de tal posición, se refiere a la «Resolución sobre el trabajo intelectual» (1955), adoptada por el ejecutivo de su partido,

y escribe una serie de textos relacionados con las discusiones sobre la situación del arte y la literatura en el Estado soviético tras la muerte de Stalin, al calor del Segundo Congreso de los Escritores Soviéticos, de conocida repercusión mundial; todos estos materiales aparecen en los informativos y polémicos *Cuadernos de Arte y Ciencia*, que él mismo dirige indirectamente.

Por supuesto, es comprensible la amplia difusión que Carlos Rafael ofrece sobre cuestiones del ámbito intelectual en la URSS de la década del cincuenta, porque ellas tienen honda ascendencia sobre el movimiento comunista en cualquier lugar del mundo, y son de mucho interés para el proceso histórico cubano. Estos análisis, que tendrán también como fondo el célebre XX Congreso del PCUS, alcanzan cimas en textos como «Los comunistas ante el proceso y las perspectivas de la cultura cubana» (1956), donde se expone la raigal necesidad de la superación de las improntas coloniales (españolas) o neocoloniales (estadounidenses), que secuestran en períodos diversos el normal desarrollo de la nación cubana, sin descuidar los factores internos que actúan como obstáculos o como alianzas con las fuerzas foráneas. El ensayo muestra el típico método de Carlos Rafael, que parte de lo objetivo, de la circunstancia real, para englobar el proceso de la cultura a la situación económica y política. El asunto no consiste en exponer una particular crisis creativa, en el marco de las artes o de las bellas letras cubanas, sino subrayar una cuestión coyuntural: «la tarea histórica que nuestro país tiene ante sí es la de realizar su emancipación nacional».[60] La tesis queda ampliamente explicitada:

La destrucción de la cultura nacional, el trabajo por borrar sus artistas, por darle a nuestro arte un tinte de cosmopolitismo y permear nuestro pensamiento de una falsa «universalidad» que sustraiga a los intelectuales cubanos de su circunstancia inmediata, es una labor de zapa a que los imperialistas y sus funcionarios locales se entregan con tanto cuidado como a la de sembrar entre nosotros la idea de que no había para Cuba desarrollo económico

posible si no se le sitúa al cuidado del capital extranjero y con renuncia a toda aspiración de independencia.[61]

Como marxista, Carlos Rafael no se atiene al
planteamiento de la tesis, sino que presenta un
programa de acción: primero, agrupar fuerzas
democráticas y patrióticas; segundo, considerar
a la cultura como un patrimonio de obligada
defensa («acentuar en la economía, en el arte, en
la vida total del país, los rasgos específicos, *cubanos*, que nos harán participar, con voz propia,
en esa congregación libre de los pueblos».[62] La
unidad no empece las disidencias, los puntos de
vista encontrados ni la renuncia a concepciones
estéticas o credos políticos diferentes. El principio colectivista y el programa de los comunistas quedan expuestos de tal manera, y también
en los párrafos finales del ensayo. Se trata, dice
Carlos Rafael, de un problema capital de la cultura cubana, y ante él, sin arrogancias de grupos, es precisa la unidad de las fuerzas constructivas.

Este ensayo, de exposición brillante, es de
Carlos Rafael, y es asimismo de su Partido. Ése
es el signo de toda su obra, ya sea cuando analiza asuntos de economía; cuando discute cuestiones partidarias, clasistas, contradicciones entre sistemas (capitalistas y socialistas); cuando
estudia con visión de presente figuras del pasado o personalidades históricas vigentes; cuando
se detiene en presupuestos ideológicos, en situaciones políticas o acontecimientos históricos,
o, aun, cuando son el arte y la literatura los centros de reflexión. Así, su obra ensayística se entiende mejor cuando la comprendemos como resultado del trabajo de un hombre dentro de su
Partido. Si extensa, si intensa, la militancia apasionada la define.

Ni siquiera las contingencias políticas de los
años finales de la década de 1950 logran mermar
el flujo de la prosa de Carlos Rafael; antes bien,
sus vínculos revolucionarios, el periplo de la Sierra Maestra y los acontecimientos tumultuosos
de la hora, fueron acicates para su reflexión, cuya
vocación esencial es el servicio a la vida política,
a la cultura y a todo lo que entraña la nación
cubana.   [*V. L. L.*]

2.7.3 Los ensayistas del Grupo Orígenes: Lezama Lima, Vitier y García Marruz

José Lezama Lima, figura central del Grupo
Orígenes y uno de los mayores creadores cubanos, al menos dentro del ámbito del idioma en
lo que va de siglo, así como iniciador de toda
una revolución en la poesía cubana, contribuyó
decisivamente a transformar la crítica y el ensayo nacionales. El movimiento que en este sentido alcanza a conformar Lezama, junto a los otros
integrantes del Grupo Orígenes, sólo puede
compararse con los movimientos coetáneos que
se desenvolvieron, sobre todo, en torno a la revista *Sur*, en Argentina; a la *Revista de Occidente*, en España, y a las revistas *Contemporáneos* y
El Hijo Pródigo, en México.

Su obra crítica y ensayística —publicada en
lo fundamental antes de 1959, en las revistas llamadas origenistas— se encuentra reunida en
Analecta del reloj (1953), *La expresión americana* (1957), *Tratados en La Habana* (1958), y, con
posterioridad a 1959, aunque integrando textos
anteriores a esta fecha, en *La cantidad hechizada*
(1970) e *Imagen y posibilidad* (1981).

Una frase suya serviría para caracterizar muy
generalmente a todo su pensamiento: «La poesía es como el sueño de una doctrina»,[63] porque
fue desde aquélla, desde su naturaleza específica, desde su intrínseca forma de conocer, que
Lezama se propuso construir lo que él dio en
llamar un sistema poético del mundo, es decir,
una interpretación poética del universo que in-
cluyera una filosofía, una religión, una ética, incluso una suerte de política, una forma de aprehender la historia y en general la cultura
humanas; una poética que tuviera su propia lógica, su propia causalidad, con toda una serie de
categorías e imágenes-conceptos que le permitieran conocer poéticamente la realidad para, a
través de esta forma de conocimiento, acceder a
una comprensión unitaria, totalizadora, del universo, que aunara lo mismo lo conocido y lo desconocido, lo inmanente y lo trascendente, el
fenómeno y la esencia, y, utilizando su terminología, lo temporal y lo eterno, lo telúrico y lo
estelar, lo más cercano y lo más lejano, todo ello
a través de las posibilidades religadoras de la

imagen poética. Como expresa en su ensayo «Las imágenes posibles», se propuso revelar «una concepción del mundo como imagen. La imagen como un absoluto, la imagen que se sabe imagen, la imagen como la última de las historias posibles».[64]

Este proceso se inicia alrededor del año 1937, cuando Lezama publica en la revista *Verbum* su ensayo «El secreto de Garcilaso» —versión definitiva de un artículo suyo aparecido el año anterior en la revista *Polémica*. Ya, en la que puede considerarse su primera muestra ensayística importante, aparece lo que será una constante de todo su pensamiento: su posición contraria a todo dualismo y la apetencia de una «solución unitiva». Asimismo, Lezama desenvuelve lo que encarnará su verdadera novedad: una nueva perspectiva crítica, y por ello mismo creadora, de la tradición, a partir de su interpretación del poeta español y, en general, de una zona importante de la poesía del Siglo de Oro. Se pronuncia también, a tenor con el ejemplo unitivo de Garcilaso, por la integración de lo culto y lo popular, así como critica el gesto *exterior* de la Vanguardia y su controvertida lucha generacional, concepción esta última que también era una constante en su pensamiento a la hora de participar y de pronunciarse dentro de la vida cultural cubana.

Ese mismo año aparece un «Coloquio con Juan Ramón Jiménez», donde se encuentra explícita su intención de conformar un conocimiento eminentemente poético, además de mostrar su noción trascendente de la poesía. Vuelve a enfrentar el problema de la tradición, ante el cual propone una suerte de insularismo poético —llamado «Teleología insular» en una carta a Cintio Vitier— para crear, donde no la haya, nuestra tradición, o «el mito que nos falta»,[65] expresar, y, a la vez, superar el dualismo entre lo nacional y lo universal, el cual padecía aún la cultura cubana. Expone allí sus reparos a tres de las más importantes líneas de la poesía cubana del momento: la poesía pura, la social y la llamada negrista, así como torna a insistir en su alejamiento de la Vanguardia, en este caso, del surrealismo. En otros ensayos —«El acto poético y Paul Valéry», «Conocimiento de salvación», «Sobre Paul Valéry», «Prosa de circunstancia para Mallarmé»— esgrimirá sus reparos a la variante intelectual de la poesía pura, representada por Valéry, y también por Pound y Jorge Guillén, y abundará en su crítica al surrealismo o a cualquier variante de irracionalismo en el arte.

Su posición, que puede ser llamada, por extensión de la denominación hecha por Fernández Retamar de la poesía origenista, como trascendentalista, supone la asunción de una estética de ascendencia religiosa, que preconiza una «católica tomista solución unitiva»,[66] es decir, su perspectiva será la de la encarnación, por donde rehuye cualquier manifestación de dualismo, como puede apreciarse, por ejemplo, en otro de sus ensayos importantes, «Sierpe de don Luis de Góngora», donde también realiza, como en su estudio sobre Garcilaso, una nueva lectura crítica. Pero donde se hace más explícita su posición ante la crítica tradicional será en su ensayo «Julián del Casal», donde ya se pronuncia claramente por la validez de una crítica creadora que supere a la crítica positivista, a la constatación cuantitativa de fuentes e influencias, y que sea capaz de apreciar, por sobre éstas, lo genuinamente creador. Expone su concepción de una crítica de participación, que supone la validación de un conocimiento doloroso y amoroso, es decir, una concepción *carnal* del conocimiento poético; por ello busca en Casal el «secreto donde vida y poesía se confunden»,[67] lo cual no le impide realizar una crítica comprensiva de su esteticismo. También desarrolla en este ensayo su importante noción de una memoria creadora o, como expresa, «una potencia de razonamiento reminiscente»,[68] una memoria que sea a la vez conocimiento y creación. En general, Lezama valorará el conocimiento poético por sobre el conocimiento filosófico o científico. En última instancia, dada su concepción religiosa, amistará a la poesía con la religión. Como expresa en «Exámenes»: «Un sistema poético del mundo puede reemplazar a la religión, se constituye en religión.»[69]

Precisamente será en este ensayo, así como en «X y XX» y «Las imágenes posibles», de *Analecta del reloj*; en «Introducción a un sistema poético» y «La dignidad de la poesía», de *Tratados en La Habana* (sin poder obviar tampoco, dentro de este libro, otros como «Torpezas contra la letra», «Alabanza de Claudel», «Plenitud relacionable», «Playas del árbol» y «Pascal y la poesía»), y en «Preludio a las eras imaginarias» y «La imagen histórica», de *La cantidad hechizada*, donde Lezama irá configurando, a través de un peculiar discurso metapoético, su sistema poético del mundo. Ahora bien, ese sistema no se limitará a encarnar un anhelo discursivo, un modelo teórico, una generalización filosófica o teológica, porque constituirá por sí mismo una *creación*, es decir, se identificará entrañablemente con su propia obra. Y ese sistema, portador de una *metodología* poética, con sus *instrumentos* o *categorías* de igual índole, será la expresión de una lógica o razón poética que le conferirá a su pensamiento una intensa potencia de conocimiento sobre la realidad, que tendrá como rasgo distintivo fundamental su carácter unitariamente poético.

Lezama fundará su poética como una visión del mundo de acendrado carácter antiaristotélico, al considerar el pensamiento del filósofo griego como una fuente original y representativa del materialismo. Lezama, que desenvuelve una poética trascendentalista como vertiente estética de un idealismo objetivo de linaje católico, es decir, una poética anagógica y simbólica de fuente religiosa, pero que reconoce, por el concepto cristiano de la encarnación, la validez de la realidad material, afirmará en última instancia la unidad poética del mundo como expresión, no sólo de su materialidad, sino de su espiritualidad. De ahí que considere limitado, unilateral, al pensamiento aristotélico, y derive de esa línea de pensamiento las limitaciones inherentes a un materialismo metafísico y a todo causalismo, historicismo, e incluso racionalismo. Pero repárese en que recurre al ejemplo aristotélico como *fuente*, como modelo representativo, pero su crítica se proyecta contra las manifestaciones de esa tendencia general de pensamiento en la contemporaneidad. Es por ello que, aparte de las particularidades intrínsecas a su sistema, éste se adueña de un lugar característico dentro del pensamiento estético cubano al proyectarse, para afirmarse a sí mismo, contra diferentes corrientes estéticas, filosóficas y literarias.

Lezama se opone al concepto de la metamorfosis griega, como ejemplo de una tropología sustitutiva, contraponiéndole el concepto de la transfiguración cristiana como ejemplo de una tropología denotativa de esencias trascendentes, pero que no se independiza, por su vínculo encarnado, de la realidad material. Esta superación del mundo griego por el cristianismo, aunque integrado, por supuesto, a su antecedente platónico, es uno de los presupuestos teóricos del pensamiento poético de Lezama. En efecto, Lezama asume una ontología religiosa que fundamenta, entre otras cosas, su concepto trascendente de la imagen poética. Al análogo, a la metáfora de estirpe aristotélica, a la cual Lezama le reconoce la capacidad cognoscitiva de operar en el mundo de la causalidad, en el mundo fenoménico y temporal, es decir, el mundo de lo condicionado, pretende completarlo con el dinamismo trascendente de la imagen, que pertenecerá al ámbito de lo incondicionado. Así, al lograrse la encarnación, la unión de lo condicionado con lo incondicionado, se accederá a la *solución unitiva,* que será, para Lezama, la solución propia de la poesía. La imagen, pues, será la que asegure la unidad entre lo telúrico y lo estelar, lo conocido y lo desconocido, lo visible y lo invisible, lo condicionado y lo incondicionado, y, para expresarlo con dos pares de categorías de su sistema poético, entre la *vivencia oblicua* y el *súbito,* entre la *caridad* y la *gracia.* Hay que precisar que Lezama relaciona la actividad de la imagen con la del Espíritu Santo. Incluso la fundamenta a partir de la fe, a propósito de la paulina «sustancia de lo inexistente», la cual funciona como un soporte esencial de su sistema poético. De ahí que lo oponga a la idea del existencialismo de Heidegger, el hombre como un ser para la muerte, su fe en el hombre, y particularmente el poeta, como el ser para la resurrección; y cree asimismo que, al agotarse la naturaleza, subsiste la sobrenaturaleza.

Se debe destacar también que Lezama le otorga a la poesía —y por extensión a la cultura— la capacidad de crear o revelar una segunda naturaleza. Sólo que esta importante generalización estética estará transida por una explicación religiosa: en más de una ocasión citará la frase de

Pascal que afirma que, como la verdadera naturaleza se ha perdido, todo puede ser naturaleza, por donde Lezama coligió que le corresponde a la poesía ocupar ese vacío con la imagen, que será entonces naturaleza sustituida, realidad de un mundo invisible.[70] Repárese en que, según su ontología religiosa, Lezama recurre a la doctrina de la participación y al concepto de la analogía del ser, de ascendencias platónicas y tomistas, para fundamentar la relación entre la imagen y la semejanza, es decir, entre la imagen y la verdadera naturaleza, a partir del mito del pecado original y de la pérdida de la semejanza con Dios, el cual será el ejemplo arquetípico de la unidad primordial.

Por otro lado, la cualidad simbólica de la imagen establecerá una analogía entre la realidad material y la espiritual, entre lo condicionado y lo incondicionado, entre lo inmanente y lo trascendente, entre lo temporal y lo intemporal. El carácter encarnado de la trascendencia supondrá la separación de Lezama de las absolutizaciones literarias de la estética simbolista; de ahí sus reparos, por ejemplo, a la absolutización de la imaginación en los poetas simbolistas, a la excesiva autonomía de lo *mágico*, del *sueño*, de lo *inconsciente*, lo que supone de hecho su rechazo de cualquier poética fundada sobre la base de analogías *mágicas* o *afectivas*, por donde se comprenden sus críticas al surrealismo, a la poesía pura y, en general, a toda su estética fundada sobre presupuestos irracionalistas. A la imagen simbolista, que suele liberarse de su referente, Lezama le opone una concepción católica de la imagen simbólica, la cual, a través del concepto de la encarnación, no pierde su vínculo con su punto de partida sensible, aunque en última instancia suponga una *hipertelia*, una trascendencia. Es decir, Lezama contrapone a la «imagen idolátrica»[71] de ascendencia simbolista, la imagen encarnada propia de un simbolismo católico, con su consiguiente apertura anagógica. Este idealismo trascendente tendrá que independizarse de toda manifestación de idealismo subjetivo, y de ahí los relativos vínculos del pensamiento poético de Lezama con la estética neotomista; vínculos genéricos, dada la autonomía empírica del sistema poético lezamiano.

De ahí también —como ya se ha tenido ocasión de comprobar— que Lezama, fiel a su solución unitiva de raíz poética, a su rechazo de todo dualismo, critique toda excesiva racionalización del fenómeno poético, crítica que tiene que ver más con sus teorizaciones sobre la poesía que con las obras poéticas concretas. Lezama, que afirmó el carácter lógico de la poesía, desconfía sin embargo de la absolutización de la técnica, del procedimiento, y en general de todo énfasis racionalista, porque para Lezama, en última instancia, las razones y las sin razones tienen que ser siempre de raíz poética.

Es importante destacar otros contenidos que ocuparon un lugar relevante dentro del pensamiento poético de Lezama: su concepción de *lo cubano* y de *lo americano*. A propósito de su poética de lo cubano, que comenzó a manifestarse desde su *Coloquio con Juan Ramón Jiménez*, su ensayo «Julián del Casal», así como a través de numerosas críticas sobre poetas y pintores cubanos, aparecidas en las revistas origenistas fundamentalmente, y, sobre todo, alrededor del sentido de la vida y la obra de José Martí, se hace muy necesario reparar en un conjunto de comentarios periodísticos muy reveladores para la valoración de nuestra realidad nacional: los agrupados en su libro *Tratados en La Habana*, con el título «Sucesiva o Coordenadas habaneras» —los cuales fueron publicados inicialmente en una columna fija del *Diario de la Marina*—, donde, como ha demostrado el crítico Abel E. Prieto,[72] Lezama, con un peculiar «impulso político», a través de la reafirmación de una tradición de valores nacionales que el crítico desarrolla a partir de los tópicos de la ciudad, la tradición, la religión y la poesía, trata, dice, de «dotar de un programa a la conciencia nacional cubana», oponiéndose a todas las fuerzas «desintegradoras» de nuestra nacionalidad: a una burguesía antinacional y dependiente, al neocolonialismo norteamericano y a la seudocultura que se derivaba de estas instancias. Asimismo, hay que precisar que también su poética de lo cubano se explayó en su poesía y en su obra narrativa, concretamente en los primeros siete capítulos de *Paradiso*, que Lezama publicó en la revista *Orígenes*, así como en el que constituyó

a la postre parte del último capítulo de su novela, que apareció entonces en la misma revista con
el título de «Oppiano Licario», y el cual motivó
el siguiente juicio en una carta que escribiera
Vitier:

> Hace tiempo que estoy sintiendo en usted,
> en el impulso que posee a su persona y su
> obra, la más grande manifestación de en-
> trega al destino que ha habido entre noso-
> tros, después de Martí. Su cuento me
> confirma en ello, entregándome además su-
> gestiones que rompen sus límites consti-
> tuyendo nuevos actos, otras noches y ciu-
> dades, con sobreabundancia de genuina y
> pasmosa «energía» poética. Pero vuelvo
> siempre a la idea de destino, que aparece
> cuando Historia y Poesía quieren confluir
> en un solo punto inapresable, integrar un
> solo cuerpo doloroso [...]: confluencia y
> cuerpo que nos están mirando desde el cen-
> tro de su palabra.[73]

En las revistas origenistas, Lezama desarrolló una importantísima labor de promoción cultural, ayudando a configurar uno de los movimientos más significativos de la literatura
cubana. Esta labor, que se desenvolvió sin ningún apoyo oficial, constituyó una contrapartida
de la seudocultura republicana, un sólido valladar contra la penetración cultural norteamericana, así como contribuyó a la defensa y a la afirmación de algunos de nuestros valores culturales
más genuinos. Pero para circunscribir su participación efectiva en dichas revistas se debe atender a sus posibilidades más significativas, por
encima de sus poemas, prosas narrativas, críticas y ensayos, es decir, a aquellos comentarios
que apuntan hacia la clarificación del sentido del
movimiento origenista en el contexto histórico
de la República.

Dichos comentarios deben valorarse dentro
de una dialéctica de afirmación y negación. El
Grupo Orígenes, impulsado por Lezama, se proyecta en su ideario, por un lado, como un movimiento de defensa y afirmación de nuestros valores culturales: *proceso integrativo*; por otro,
como un movimiento de resistencia y oposición

a la pérdida, mediatización o enajenación de esos
valores: *proceso desintegrativo*. De ahí que Lezama, en 1967, al valorar el sentido de las revistas
y del movimiento origenista, señala que:

> Aquellas páginas, aquellos pequeños cua-
> dernos son buscados al paso del tiempo
> como símbolo de salvación, como una de
> las pocas cosas que perduran en una época
> donde la ruina y la desintegración avanza-
> ban con un furor indetenible.[74]

Así, esa actitud cultural —en el fondo también política— es la que puede definirse como
expresión de un proceso integrativo de lo nacional —y ya se sabe que incorporando también
creadoramente lo universal— frente al proceso
desintegrativo característico de las últimas tres
décadas de la República. De ahí que la proverbial «búsqueda de lo cubano», de las «esencias
de lo cubano», deba ser comprendida dentro de
esta proyección ideológica, y no simplemente
—error en que ha caído frecuentemente la crítica— como una manifestación meramente poética o literaria.

Una cosa es que el Grupo Orígenes, y en este
caso Lezama, asuma la poesía como un medio
de conocimiento de la realidad, y otra que su
sentido o significación sea solamente poético.
Lezama asumió la poesía como un medio de conjurar lo histórico. Si como se ha dicho, en el
Grupo Orígenes hay una proyección compensatoria de la realidad histórica: el arte como una
realización de lo nacional que no puede ser alcanzado en la historia,[75] el gesto de Lezama, el
sentido de toda su gestión poética y cultural,
adquiere una dinámica significación histórica,
incluso política.

Ya Lezama, en su artículo «Señales. La otra
desintegración», afirmaba que «Lo que fue para
nosotros integración y espiral ascensional en el
siglo XIX, se trueca en desintegración en el XX»,
y advierte que se deben buscar «las formas
superadoras de esa desintegración.»[76] Y precisamente propone como una de esas formas superadoras una *actitud ética*, cuando sentencia que
«un país frustrado en lo esencial político, puede
alcanzar virtudes y expresiones por otros cotos

de mayor realeza»;[77] es decir, luego de reconocer a lo político como esencial y advertir su frustración histórica concreta, propone Lezama
como posibilidad, frente a ese inmediato imposible histórico, «alcanzar virtudes y expresiones
por otros cotos de mayor realeza»; pero éstos,
que son para Lezama los de la creación poética,
no significan o no encarnan una actitud evasio-
nista, ni un purismo, esteticismo o formalismo,
sino todo lo contrario, porque Lezama quiere
conocer la realidad a través de la poesía, quiere
instalarse entrañablemente en ella; más: pretende llenar con el conocimiento poético el *vacío*
que significaba la frustración y la pérdida de finalidad histórica republicanos. De ahí que Lezama preconice «la actitud ética que se deriva de
lo bello alcanzado».[78] Ese eticismo poético
—que había desarrollado en su ensayo «La dignidad de la poesía»— será el obstáculo más importante que esgrimirá *Orígenes* y que Lezama
exigirá al creador contra el proceso desintegrativo. Por ejemplo, en «Señales», luego de aludir a las «preocupaciones por el arte o por la
dignificación de la nación» de nuestros mejores
artistas, y de lamentarse ante la «emigración artística» forzada por las circunstancias hostiles,
donde ve precisamente un sistema de la desintegración, expresa:

En esa marcha hacia la desintegración que
ha sido el vivir nacional cubano, existían
quienes han dejado constancia o testimonio, aunque por *indirectos modos*, de esa
anarquía fría de donde brota todo reblan-
decimiento, ya que no el caos, de donde tiene que surgir todo pleno vivir. Pero ha exis-
tido siempre entre nosotros una médula
muy por encima de la otra desintegración.
Existe entre nosotros *otra suerte de política*, otra suerte de regir la ciudad de una
manera profunda y secreta. Han sido nuestros artistas los que procuran definir, comunicar sangre, diseñar movimientos.[79]

Esta actitud ante su circunstancia histórica se
configura en el pensamiento lezamiano en torno a las imágenes del *imposible histórico*, de la
profecía y de la *futuridad* —es decir, de la encar-

nación futura de la poesía en la historia. Y haber
tenido esa lúcida conciencia de cuáles eran los
límites y cuál la única proyección real para la
poesía, demuestra una consecuencia ideológica
e incluso política muy importante.

Es muy significativa al respecto la original
concepción de las generaciones que tiene Lezama. Sin negar el papel que efectivamente tiene
la lucha generacional en la historia de la cultura
—y un ejemplo de ello es la polémica que sostiene Lezama con la generación de la *Revista de
Avance*, concretamente con Jorge Mañach—,
Lezama va a propugnar reiteradamente una concepción eminentemente dialéctica de las generaciones, donde hace énfasis, más que en la dialéctica de la oposición, en la de la integración.

De ahí que insista en configurar a Orígenes
como un movimiento de «concurrencia poética», donde lo importante sea el saldo cualitativo, creador, obtenido, y no las oposiciones
derivadas de diferentes credos estéticos e ideológicos. Esta posición concurrente, integradora,
era la solución unitiva más efectiva —políticamente incluso— ante una circunstancia cultural
donde se imponían las fuerzas desintegradoras
ya aludidas. Ahora bien, el aspecto que interesa
destacar en la concepción de Lezama de las generaciones es su proyecto porvenirista. Para
Lezama, «el hecho de necesitar también el
constituirnos en una exigencia histórica y generacional»,[80] dice, no eludía el encarnar una
perspectiva histórica y cultural de más vasto alcance, la cual condiciona incluso hasta la propia
significación de la obra del Grupo Orígenes en
su contexto histórico y cultural concreto. Dice
Lezama en «Después de lo raro, la Extrañeza»:
«Quizás la profecía aparezca entre nosotros
como el más candoroso empeño por romper la
mecánica de la historia, el curso de su fatalidad.»[81] Ante el vacío de una circunstancia histórica y cultural mediatizada, Lezama insiste en
crear una «tradición por futuridad»,[82] es decir,
una tradición poética que, no pudiendo afincar
una plenitud histórica inexistente, se proyecta
hacia el futuro, donde deberá sustentarse finalmente, o sea, donde la imagen encarnará en la
historia, concepción central de su sistema poético del mundo.

En el mismo artículo expresa: «Sabemos que la generación de *Espuela de Plata* fue esencialmente poética, es decir, que su destino dependerá de una realidad posterior.» Y más adelante afirma: «la suerte posterior del poema dependerá de otros órdenes quizás ajenos a la poesía».[83] En un artículo posterior, «Señales. Alrededor de una antología», a propósito de la antología *Diez poetas cubanos*, realizada por Cintio Vitier, expresa: «libro que en su misteriosa oportunidad, fijaba un impulso y una realización, una histórica ensoñación y una actuante forma poética». Y seguidamente señala cómo esa «ovillada fuerza histórica» quiere «participar en el proceso creador de la nación», porque en esos «diez poetas cubanos», dice, «se vislumbra de inmediato que forman parte de la mejor corriente de poesía que estructura la marcha de la imaginación como historia, la imaginación encarnando en otra clase de actos y de hechos».[84] Como le expresa Lezama a Mañach, tiene la conciencia de que la labor de Orígenes encarna en «esas gestas casi hercúleas en nuestra circunstancia cultural», las cuales se han constituido, frente a una república neocolonial, en «una pequeña república de las letras»;[85] república donde se ejercerá esa ya mencionada «otra suerte de política, otra suerte de regir la ciudad de una manera profunda y secreta». Pronto a la historia visible, degradada, neocolonial, alza Lezama otra «historia secreta», que busca no otra cosa que «crear la tradición por futuridad, una imagen que busca su encarnación, su realización en el tiempo histórico, en la metáfora que participa».[86]

Pero esta confianza en una actitud ética, en la plenitud de un tiempo histórico futuro donde encarnará la poesía, tiene su centro ideológico fundacional, y ese centro es José Martí. Lezama, con un impresionante tono profético, en su texto publicado en *Orígenes*, en 1953, «Secularidad de José Martí», al referirse al ideario contenido en el *Diario* de campaña martiano, señala que sus «símbolos» («inmensos memoriales dirigidos a un rey secuestrado»: el pueblo cubano) «aún no hemos sabido descifrar como operantes fuerzas históricas». Y añade proféticamente: «Tomará nueva carne cuando llegue el día de la desesperación y de la justa pobreza.» Más

adelante precisa: «Testigo de su pueblo y de sus palabras, será siempre un cerrado impedimento a la intrascendencia y la banalidad», antes de finalizar así: «Sorprende en su primera secularidad la viviente fertilidad de su fuerza como impulsión histórica, capaz de saltar las insuficiencias toscas de lo inmediato, para avizorarnos las cúpulas de los nuevos actos nacientes.»[87]

Esta importante proyección cultural de su pensamiento se revela también en el ámbito de lo americano, como puede apreciarse en su libro *La expresión americana* y en un ensayo posterior, pero fruto directo de éste, «Imagen de América Latina». En su ensayo «Mitos y cansancio clásico», Lezama esgrime, contra las valoraciones historicistas, la «visión histórica», como resultado de una lectura poética de la historia y la cultura, en este caso, americanas, donde asume «la imagen participando en la historia».[88] Es decir, Lezama opone al causalismo historicista una causalidad diferente: poética. Al estatismo historicista añade Lezama el dinamismo poético de la visión histórica. Si aquélla pretende un conocimiento, diríase, horizontal, ésta encarna uno vertical. Si aquélla aprehende su sentido del desciframiento y descripción de un objeto, ésta lo acoge además por la penetración del sujeto cognoscente. Aquélla se atiene a los datos de la realidad, ésta trata de captar la realidad de los datos, aunque no con un empeño científico, sino con una voluntad poética, es decir: no se contenta sólo con la captación de la esencialidad de un proceso histórico, pues quiere aprehenderlo también con la recreación de la imaginación poética; quiere exactamente re-crearlo, insuflarle una vitalidad creadora. De ahí la actividad cognoscitiva de su «sujeto metafórico», verdadera categoría de conocimiento poético, establecedora de relaciones, si subjetivas, reveladoras de lo real. De ahí la visión de totalidad, de unidad poética significativa, que portan sus «Eras imaginarias». Y de ahí su reclamo de un tipo de crítica que él llama como de «ficción», «técnica de ficción», la cual supone una mirada crítica diferente, que opere allí donde el conocimiento historicista encuentre un límite objetivo.

Esta lectura poética de la historia conduce a Lezama, en sus ensayos de *La cantidad hechiza-*

da, a la creación de las «Eras imaginarias», es decir, aquellas «Donde la imagen se impuso como historia»[89] —materia sobre la cual se abundará en el estudio de la crítica y la ensayística lezamianas posteriores a 1959.

Asimismo acude a su noción de la memoria creadora, también de raíz poética. Finalmente, opuesto a los límites de la visión causalista y limitadamente temporal de la historia, donde sólo se avance, inexorablemente, en un sentido horizontal, trata de desplegar una visión histórica que ofrezca una visión totalizadora, simultánea, vertical, propia del mito, de donde se derive también un conocimiento intemporal, trascendente, y donde la poesía y la historia no amisten por la encarnación de la «imagen histórica».

A partir de la asunción de esta perspectiva, Lezama se opone, en «Mitos y cansancio clásico», «La curiosidad barroca» e «Imagen de América Latina», a todo eurocentrismo cultural y a toda herencia neocolonial. De ahí su crítica a Spengler y Toynbee. En «La curiosidad barroca» establece además un contrapunto entre el barroco europeo y el americano, donde ofrece un ejemplo de americanismo central, denotando un estilo de pensamiento profundamente afirmativo, semejante al de un José Martí y al de un Alejo Carpentier. Concurrentemente critica al positivismo en los estudios literarios. Y es significativo que enarque a José Martí como ejemplo negador de cualquier pesimismo histórico; lo ve como garantía, en el caso de Cuba, de «que la nación había adquirido una forma».[90] En «El romanticismo y el hecho americano» establece las relaciones entre lo popular y lo evangélico, y accede a una valoración de la tradición religiosa revolucionaria hispanoamericana, donde vuelve a apreciar a Martí como significativa integración. En «Nacimiento de la expresión criolla» distingue a Martí, Darío y Vallejo como ejemplos de actitud creadora para la expresión americana, viendo a Martí como «culminación de la expresión criolla».[91] Asimismo se detiene en la valoración de la poesía popular americana, y es muy significativo que aprecie en ella, incluso, un estilo de la independencia. En «Sumas críticas del americano» vuelve a manifestarse en

contra del historicismo, de la falsa originalidad vanguardista y de la crítica positivista de fuentes e influencias, preconizando la cualidad creadora de la crítica. Al causalismo generacional contrapone una concepción dialéctica, creadora, no causalista, de las generaciones. Y finalmente desarrolla, como también hace en «Lectura» y en «Imagen de América Latina», su noción del *espacio gnóstico* americano, como una segunda naturaleza —la cultura—, tan creada como creadora, ámbito cultural del hombre americano. Es decir, para Lezama, el espacio gnóstico —abierto, conocedor— como categoría poética, imaginal, nunca un concepto lógico, funcionará como imagen de lo creador americano. Al final de estos ensayos vuelve Lezama a recurrir a la figura de Martí como un ejemplo donde «la imagen termina por encarnar en la historia, la poesía se hace cántico coral».[92]

Cintio Vitier

En 1968, Cintio Vitier, en una conferencia autobiográfica que tituló «El violín», expresaba: «Toda mi poesía, cualquiera que fuese su validez literaria, había sido una búsqueda del conocimiento».[93] Lezama Lima, en un poema que le dedicara al autor, le preguntaba: «¿Pesa el conocimiento como cae el brazo?»[94] Porque, en efecto, para historiar la labor crítica y ensayística, e incluso la poesía, de Vitier, hay que partir de la convicción de que el signo supremo de toda su obra y de su vida ha sido su pasión amorosa por el conocimiento, el cual ha adquirido para él la calidad de un destino. Si ese impulso atraviesa toda su poesía, con qué intensidad no se revelará entonces en su ensayística. Es por eso que ante su obra se está siempre frente a la presencia deslumbrante de un intenso pensamiento poético. Ya Eliseo Diego[95] se refería a los ojos fijos de su lucidez, pero se debe acotar enseguida: conocimiento, pensamiento, lucidez poéticas.

Hijo del importante pensador cubano Medardo Vitier, su obra comenzará signada de una manera entrañable por esta inmediata ascendencia. Fue precisamente su padre quien le propició su primer contacto profundo con la poesía, al relacionarlo con la obra poética de Juan Ramón Jiménez. Se inició entonces lo que se convertiría posteriormente en una inextricable e incesante contaminación entre su obra discursiva y su poesía. Esa experiencia derivó enseguida en la publicación de su primer cuaderno poético, *Poemas* (1938), acompañado por unas palabras introductorias del poeta español.

Unos años después —pasada ya su experiencia en las revistas *Espuela de Plata* y *Clavileño*—, en el mismo año en que se inicia la publicación de *Orígenes*, aparece su primer libro de vocación ensayística, *Experiencia de la poesía* (1944), donde Vitier ahonda, como su propio título indica, en sus relaciones con la creación poética, pero revelando a la vez la necesidad profunda de objetivar esa experiencia en lo que puede reconocerse ya como un auténtico pensamiento poético. Su prosa, sin renunciar a un consciente impresionismo —pues este, su primer libro ensayístico, no esconde su carácter eminentemente confesional—, nutrida también por la intensa presencia de lo imaginal en su discurso, se desenvuelve en un poético y reflexivo testimonio sobre la profunda e indiscernible consustanciación de su vida con la literatura, la cual se muestra a través de tres descubrimientos poéticos fundamentales para su formación: Juan Ramón Jiménez, José Lezama Lima y César Vallejo. De esta manera, su experiencia y vivencia de la poesía se objetivan en el primer libro que con estas características se publica en nuestro país.

Otros tres contenidos devienen esenciales en *Experiencia de la poesía*: su hondo conocimiento del pensamiento poético francés, su tácita religiosidad y su devoción por la cultura española, esta última muy transida por las lecciones de María Zambrano, cuyos libros *Pensamiento y poesía en la vida española* (1939) y *Filosofía y poesía* (1939), así como las conferencias que dictara en la Universidad de La Habana, además del contacto personal, debieron constituir hitos importantes en su formación.

Toda esta experiencia, nutrida por la lección estético-cognoscitiva de la poesía francesa, desde el simbolismo hasta Paul Valéry; el pensamiento poético de Rilke —muy significativamente invocado— y la ascendencia de la

religiosidad poética de un César Vallejo —amén de la de Juan Ramón Jiménez y Lezama Lima, de sus lecturas de Pascal y San Agustín, entre otros signos concurrentes—, sumada a la feliz conjunción de filosofía y poesía en una misma corriente de pensamiento de la tradición, de antiguo linaje estoico y ecléctico, del pensamiento español —y en este sentido la obra de Miguel de Unamuno tuvo que serle muy entrañable también—, deciden el rumbo futuro, la tendencia primordial, del pensamiento poético de Vitier.

Es significativo que en la última reflexión de *Experiencia de la poesía*, Vitier repare en «que el más vivo pensar de Bergson a Heidegger, se hace como nunca poético, e incluso lírico».[96] En lo adelante, toda su poesía y ensayística se desenvolverán transidas por una apetencia ontológica, por un hambre de ser, por un incesante preguntar, por una avidez cognoscitiva, de raíces tanto filosóficas como poéticas, en fin, por un lúcido y vital, y entonces también desgarrado y auténtico, pensamiento poético, volcado a la vez hacia la más inmediata y trascendente realidad.

No es casual que una parte considerable de su crítica y ensayística posteriores —recogidas en lo fundamental en su *Crítica* sucesiva (1971)— verse sobre diferentes problemáticas de la cultura francesa: la herencia simbolista, la poesía pura, los vínculos de la poesía con la religión, la contaminación entre la crítica y la creación, la naturaleza misma de la poesía, entre otras; no es casual tampoco que sean frecuentes las referencias a Baudelaire, Mallarmé, Rimbaud, Brémond, Maritain, Claudel, Charles du Bos, Valéry... Muy especialmente debe aislarse su ensayo «La crítica y la creación en nuestro tiempo» (1949) para, a través de él, comprender mejor la incidencia de todo ese conocimiento en su concepción de la crítica. Allí, Vitier se refiere a una de sus tendencias, la que él llama «de interpretación, e incluso francamente poética y creadora»,[97] tendencia por la que tácitamente se decide su sensibilidad, muy cercana a la encarnada por un Charles du Bos o, en nuestro ámbito literario, por un Lezama Lima. Hay que precisar que si Vitier desconfía, en última instancia —y diríase, con respecto a su poesía, *a pesar suyo*—, de la incidencia creciente de la crítica dentro del proceso creador, sí confía en la validez de una crítica poética o creadora, posición muy en consonancia con su convicción de la existencia de una razón o saber poéticos.

Una muestra concreta de esta tendencia de su pensamiento se manifiesta en su polémica con Jorge Mañach, donde —asumiendo acaso las lecciones de Vossler, de la crítica interna de un Spitzer, y hasta de Alfonso Reyes— expone claramente su concepción teórica de la función de la crítica, la misma que en el futuro lo hará coincidir con el ejercicio del criterio martiano. Expresa Vitier en su artículo «Jorge Mañach y nuestra poesía»:

> Sólo una crítica que parte intuitivamente del *centro* de la obra criticada, puede ser justa y clara. No quiere decir que sea siempre apologética; puede, incluso, ser muy dura y negativa para ciertas especificaciones viciosas de aquel centro, precisamente porque lo conoce [...] Porque si la explicación tiene que preceder al juicio, el conocimiento amoroso (y yo creo que no hay otro) tiene que preceder a toda explicación en el reino de la poesía. [...] yo creo que es el centro del poeta en cuestión lo que debe interesar primero al crítico. A partir de la captación amorosa y desinteresada de ese centro, a partir de la aceptación, intelectualmente absoluta, de ese centro que es, a la vez, la *forma* esencial del poeta y lo único infalible que hay en él, la crítica puede no sólo explicar, sino también enjuiciar y censurar. Máxime cuando los defectos de un poeta son siempre las deformaciones de las virtudes de su centro [...] Es el creador, en última instancia, quien le da la pauta al crítico para enjuiciarlo según lo que constituye su propia esencia.[98]

Se debe agregar que ya en su *Experiencia de la poesía* aparece eludido todo atisbo de formalismo o esteticismo, toda vez que la experiencia creadora es asumida como una profunda vivencia personal de poderosa raíz ética y religiosa. Además, este libro inicia un proceso autocrítico que, simultáneamente con su poesía, no abandonará nunca a Vitier, y el cual continúa en su libro *La luz del imposible* (1957), donde se retoma el fecundo diálogo del crítico y del creador iniciado por *Experiencia de la poesía*. En cierto sentido, el cuaderno de 1957 es la expresión ensayística de su poética: el tema del imposible, el estado de extrañeza, la esencial preocupación ontológica, las categorías de lo cubano y lo criollo —desarrolladas después en *Lo cubano en la poesía*—, el acercamiento —encarnado y trascendente, acaso a lo Claudel— a las realidades inmediatas, el misterio de la poesía, la religiosidad, un nuevo testimonio —que completa el de *Experiencia de la poesía*— sobre la significación de Juan Ramón Jiménez para su poética, y lo que constituye la parte más sugerente del libro, «Raíz diaria», donde vuelven a aparecer, sintéticamente, todos los contenidos anteriores, muchos de los cuales ya han sido expuestos en la valoración del sentido de su poesía.

Todo este proceso autocrítico y creador desplegado en *Experiencia de la poesía* y en *La luz del imposible*, que se desenvuelve paralelo a la evolución de su poesía y a su labor propiamente crítica —la mayor parte de ella publicada en la revista *Orígenes*, y luego reunida parcialmente en su *Crítica sucesiva*—, es complementado por su vocación ensayística de sesgo teórico, ya entrevista a propósito de su ensayo «La crítica y la creación en nuestro tiempo», pero que halla en su libro *Poética* (1961) —que reúne cuatro ensayos escritos entre 1945 y 1958— su expresión más ambiciosa y coherente, expuesta en «Mnemosyne» (1945-47), «La palabra poética» (1953), «Sobre el lenguaje figurado» (1954) y «La zarza ardiendo», el cual se divide en «Poesía como fidelidad» (1956) y «Símbolo y realidad» (1958).

En «Mnemosyne» desarrolla su tesis de la memoria creadora o, más bien, su poética de la memoria, tema consustancial al Grupo Orígenes que alumbra la índole ontológica y religiosa de su pensamiento poético, y donde —además de su tesis central sobre la función mediadora de la memoria— resalta su crítica al purismo intelectual y ateo de Paul Valéry. En su última parte aborda directamente lo característico del «saber poético», donde se hace explícita su concepción trascendente de la poesía, concepción que bastaría para refrendar la validez metodológica de la denominación de poesía trascendentalista que le confirió Roberto Fernández Retamar[99] al sentido más general de la poesía origenista. Al margen incluso de las fuentes filosóficas y teológicas de las que se nutre este pensamiento, la validez de este ensayo, radica —amén de la validez empírica que porta para el desentrañamiento de su poética— en su calidad de testimonio acerca del proceso o acto poético, el cual sólo encuentra parigual en nuestra teoría literaria en la obra ensayística de Lezama Lima.

En «La palabra poética», Vitier se aventura en el sentido de la literatura como escritura, en la esencia de la comunicación poética, que, a través del concepto tomista de la participación y de la encarnación, rehúye tanto su vertiente irracionalista (surrealismo) como su vertiente racionalista atea (poesía pura), para afirmar por contraste su convicción trascendente y encarnada en la poesía. Finalmente expone su juicio sobre «el tiempo de la reminiscencia» —tan importante, por ejemplo, para comprender la poética de Fina García Marruz—; tiempo poético o tiempo de eternidad donde se unifican el pasado, el presente y el futuro: «Memoria, detención y deseo», dice Vitier, acaso porque, como expone allí, «la poesía es el reino de las cosas fugaces salvadas de su caducidad».[100]

Tal vez el ensayo más polémico —por vigente— lo constituye «Sobre el lenguaje figurado», vigente porque, además de su carácter teórico intrínseco, desciende continuamente a la significación práctica del hecho poético; porque desarrolla, desde su propia experiencia de la *praxis* poética —y ello no se había realizado nunca en nuestra teoría literaria—, una explicación del menester poético desde el propio pensamiento de la poesía, la cual de cierta manera se opone a la explicación positivista o meramente tropológica. Como expresa Vitier, se propone «la búsqueda del pensamiento de la poesía dentro de ella misma».[101] Aparece aquí, además, la proyección ética y, por supuesto, religiosa, de la poesía. La consecuencia lógica de sus razonamientos lo lleva a oponer el concepto cristiano de *transfiguración* al concepto griego de *metamorfosis*, por donde opone la trascendencia de la

transfiguración y de la encarnación a la inmanencia tropológica. Su ideal cardinal es en esencia el siguiente:

> Comprender, en suma, que la poesía no es *figura*, sino sustancia; no es ilusión, sino realidad; no es lenguaje indirecto, sino directo; no es eludir, sino afirmar; no es amaneramiento, sino conocimiento; y que, en fin, no consiste en estilizar o sustituir la realidad mediante operaciones tales como desplazar los atributos de unas u otras apariencias, atribuir a las cosas cualidades irreales, superponer los tiempos y los espacios, etcétera, sino en penetrar esa realidad única, sin dualismo posible, mediante un acto develador y creador también único. Acto por el cual siempre vislumbramos el más que hay en las cosas y en nosotros, el exceso gracioso y tremendo, la desconocida sobreabundancia que nos sustenta.[102]

En su último ensayo, «La zarza ardiendo», se dedica, en su primera parte, «1. Poesía como fidelidad», y en su segunda, «2. Símbolo y realidad», a desarrollar sus juicios sobre la condición trascendente de la poesía, sobre la índole de la imaginación poética, sobre el carácter simbólico de la poesía y sobre la poesía como encarnación. Este ensayo, de una coherencia lógica y de una tensión espiritual extraordinarias, constituye, además, un testimonio metodológico inapreciable para acceder a la comprensión, desde adentro, de un pensamiento poético de linaje religioso, concretamente católico, es decir, expresión singularísima —recuérdese que es además el testimonio de un poeta— de una poética de raíz tomista. Asimismo, la vastedad de referencias y contenidos ideológicos que incorpora e integra, todos ellos pertenecientes a una tradición cultural que comprende todo el saber teórico-literario desde la cultura grecolatina, pasando por la cultura cristiana y católica, hasta nuestros días, le confieren una reciedumbre teórica y una validez como expresión de un pensamiento poético siempre consecuente entre su teoría y su praxis, imposible de ignorar dentro de nuestra mejor ensayística.

La otra gran zona de su obra crítica —sus indagaciones cubanas— está conformada por los siguientes títulos: sus antologías *Diez poetas cubanos (1937-1948)* (1948) y *Cincuenta años de poesía cubana (1902-1952)* (1952), su ensayo «Recuento de la poesía lírica en Cuba de Heredia a nuestros días» (1953), y algunas críticas sobre escritores cubanos —Diego, Feijóo, Lezama—, así como su ensayo «La poesía de Emilio Ballagas» (1954), en cierta medida preparatorios de su libro mayor: *Lo cubano en la poesía*.

Su antología *Diez poetas cubanos* resultó decisiva para la fijación de los principales valores de los poetas del Grupo Orígenes; sirvió, además, como principio metodológico reconstructor de la poética llamada con posterioridad trascendentalista. Su otra antología, *Cincuenta años de poesía cubana*, constituyó la primera objetivización importante del proceso poético cubano, visto ya desde una lectura crítica diferente a la establecida tradicionalmente por la historiografía y la crítica cubanas. Este primer acercamiento a la poesía cubana derivará, en su intelección ensayística, en el estudio «Recuento de la poesía lírica en Cuba de Heredia a nuestros días», que, junto a algunos contenidos de *La luz del imposible* y otros acercamientos críticos particulares a poetas cubanos, desembocarán finalmente en la mayor contribución crítica realizada sobre el proceso poético nacional: *Lo cubano en la poesía*.

Este libro, cuyo contenido más general —la búsqueda de la cubanidad a través de su sucesiva expresión en el género literario más importante de las letras nacionales— se empariente, dentro del contexto hispano y latinoamericano, con otras búsquedas similares: la que se inicia en España con la llamada generación del 98; la búsqueda de la argentinidad presente en la *Radiografía de la pampa* (1933) de Ezequiel Martínez Estrada; o de la mexicanidad, realizada por un Octavio Paz. Debe repararse, además, en que la proyección cultural de la revista argentina *Sur*, la española *Revista de Occidente*, las mexicanas *Contemporáneos* y *El hijo Pródigo*, entre otros ejemplos, constituyeron también antecedentes importantes al respecto.

No obstante, su objetivo fundamental —a pesar de su aparente reducción al conocimiento estrictamente poético— no es propio o meramente *literario*, sino histórico y poético, porque si bien expresa una función compensatoria de la poesía, es decir, la poesía es asumida como compensación histórica, se debe tener en cuenta que la relación entre la historia y la poesía ya había sido señalada por un pensamiento muy afín al de Vitier, quien, al asumir la poesía como la forma casi absoluta de conocimiento de la realidad —en este caso, de la historia nacional—, no podía olvidar la afirmación de María Zambrano sobre que «la poesía unida a la realidad es la historia»; que «la realidad es poesía al mismo tiempo y al mismo tiempo historia».[103] Reparamos en que Lezama Lima había insistido también en esta problemática; que García Marruz, en su ensayo sobre Martí, había tocado esas fronteras entre la historia y la poesía tratando de asumirlas unitivamente, ya que no podía ser en la práctica, al menos en el plano de la perspectiva de su pensamiento; también Gastón Baquero, en un artículo publicado en el periódico *Sábado*, en 1944, «La historia respira por la poesía», expresa que: «Al final, la historia desaparece, convirtiéndose en nueva historia, y sólo queda como constancia imperecedera, intemporal, lo que la poesía acarreará y salvará»; o que: «Lo que combate en realidad, lo que mantiene viva a la historia, lo que rescata perpetuamente de la resaca del ser, las formas cuya reflexión constituyen la esencia de lo humano, es la Poesía»,[104] por donde puede apreciarse la comunidad ideológica en torno a las relaciones de la poesía y la historia dentro del ámbito del Grupo Orígenes.

En el prólogo de 1958, Vitier es concluyente al respecto cuando expresa que, a través de su estudio, pretende «hacernos cobrar conciencia de nosotros mismos en una dimensión profunda»; que quiere ofrecer «El testimonio mayor de que soy capaz [...] sobre la poesía de mi país, en cuanto ella significa un conocimiento espiritual de la patria»; y que «el propósito que secretamente lo anima» es que este esfuerzo «contribuya al rescate de nuestra dignidad».[105] Tal parece que Vitier objetiva con este libro la respuesta ideológica que desde su perspectiva poética podía ofrecer al sin sentido histórico inmediato de la república, como reflexivo y emotivo discurso crítico cuyas raíces más lejanas pudieran tener su embrión en «aquella vez —expresó en su conferencia "El violín"— que mi padre habló contra el gobierno, pálido de patria, en el teatro Sauto, electrizándome de miedo, emoción y orgullo». No por gusto lo recuerda en su «lectura de Luz, de Varona, de Martí: maestro de la eticidad laica cubana, maestro mío». En su conferencia aludida también expresa:

> En todo caso, la agonía de la patria llegaba a las raíces, y a esas raíces, que estaban para mí en el testimonio poético, había que ir como a un rescate, siquiera simbólico, de las esencias y la dignidad cubanas. Desorientado en el terreno político, pisaba en cambio tierra firme y nutricia cuando hablaba en el Lyceum, de octubre a diciembre de 1957, sobre *Lo cubano en la poesía*.[106]

Pero al hacer «un estudio lírico acerca de las relaciones de la poesía y la patria»,[107] Vitier también revelaba, a través del proyecto ideológico implícito en su pensamiento poético, la entonces controvertida problemática de la frustrada nación cubana, y precisamente su búsqueda de las esencias de lo cubano mediante el conocimiento poético era también una manera de descubrir en la poesía cubana un proceso coherente de expresión de la integración de la nacionalidad, o como expresa allí: «Iremos viendo, inclusive, cómo la poesía es el espejo fiel de la integración de la patria en el siglo XIX, y del drama de la República, después».[108] Que la poesía pudiera dar ese testimonio, que ése fuera el superobjetivo consciente de su libro, ilumina las indisolubles relaciones que establece Vitier entre la historia y la poesía.

Años después, en el nuevo prólogo de 1970, el propio autor realizará, autocríticamente, la siguiente valoración: «Hoy comprendo que las amargas disquisiciones de esas últimas páginas —se refiere aquí a las "Consideraciones finales" de la decimoséptima lectura del libro— [...] ocultaban la nostalgia de otras perspectivas: exactamente, las encarnadas por José Martí, en quien

historia y poesía no fueron potestades enemigas».[109] E inmediatamente expresaba:

> El elemento fundamental que falta en dichas «consideraciones finales» es sencillamente la acción. Eliminada la acción (por desconfianza y desconocimiento de sus verdaderas posibilidades), quedaban desconectadas la historia y la poesía: la primera representaba el sinsentido, y la segunda, desde luego, el sentido, pero un sentido sólo platónica o proféticamente verificable. Sin renunciar a estas dimensiones, la acción revolucionaria nos ha enseñado, entre otras cosas, que la poesía puede encarnar en la historia y debe hacerlo, con todos los riesgos que ello implica, y que en la agonía de esa encarnación se desvanecen las frustraciones que nos paralizaban, quedando sólo en pie aquel imposible *heroico* —la protesta de Baraguá, la obra de Martí, los doce de la Sierra, las muertes solitarias de Camilo Torres y el Che—, que es la sustancia y el motor de nuestra mejor historia y, en el reino de las transposiciones líricas o proféticas, de nuestra mejor poesía.[110]

Es cierto que ya en algunas reflexiones de la sección «Raíz diaria» de *La luz del imposible*, Vitier se había acercado a una valoración afirmativa, aunque desde una perspectiva ontológica, de la *acción*, cuando afirmaba que: «La bondad no se revela en el juicio, sino en el acto. Juzgar no es nada; la acción nos precipita en la seriedad, en el destino»; o que «Sólo en la acción podemos vivir la belleza; podemos, en cierto modo, *ser* la belleza.»[111] Asimismo, el proyecto y la realización ideológicas de *Lo cubano en la poesía* significaron, de hecho, con todos sus problematismos, el intento más coherente y ambicioso —a través de la actividad ideológica del conocimiento poético— por participar en una toma de conciencia nacional de nuestra historia. Es éste el último sentido de la llamada poética de lo cubano, nutrida, no sólo por un *imposible* ontológico, sino también, en aquellas circunstancias, por un *imposible* histórico.

En otro plano, el propio Vitier se encargó de advertir el carácter histórico de su libro en sus propósitos iniciales, cuando luego de revelar su intención de «indicar la presencia, la evolución y las vicisitudes de lo específicamente cubano en nuestra poesía», en su «intento de ceñir y valorar lo que más genuinamente nos expresa en cada instante del devenir histórico», alude que:

> No hay una esencia inmóvil y preestablecida, nombrada *lo cubano,* que podamos definir con independencia de sus manifestaciones sucesivas y generalmente problemáticas, para después decir: aquí está, aquí no está. Nuestra aventura consiste en ir al descubrimiento de algo que sospechamos, pero cuya identidad desconocemos. Algo, además, que no tiene una entidad fija, sino que ha sufrido un desarrollo y que es inseparable de sus diversas manifestaciones históricas.[112]

Dicho carácter histórico de la cubanidad había sido señalado lúcidamente por Fernando Ortiz,[113] y no hay que olvidar tampoco que la problemática de la cubanidad, es decir, de la nacionalidad, fue una preocupación esencial no sólo del Grupo Orígenes, sino de toda nuestra cultura, sobre todo en las condiciones adversas de la República. Incluso desde el plano literario fue también una preocupación de nuestra intelectualidad, como por ejemplo, de Juan Marinello, cuando ya desde 1932 se planteaba que «habría [...] que definir qué cosa es la cubanidad esencial tras la que andamos, habría que indagar de una vez dónde reside "el universal criollo"».[114]

Por otro lado, este libro aportó el conocimiento empírico propio de su discurso crítico, realizando verdaderos aportes, desde una de las prosas ensayísticas más deslumbrantes de nuestra literatura, para el conocimiento de la poesía cubana. Se puede afirmar que la intelección de los valores de esta poesía fue otro y mayor a partir de este libro, y que, tanto como visión de un proceso general como de sus aspectos particulares, constituyó un enorme salto cualitativo para el conocimiento de la poesía cubana y, a través de ésta, del proceso histórico de afirmación de una conciencia nacional. Todavía está por valorar, en toda su integridad, el aporte que, precisamente desde la perspectiva de un pensamiento poético —y éste es sin dudas el mérito intrínseco e insoslayable del libro—, realizó el Grupo Orígenes, y muy especialmente Vitier, para la cultura cubana en el género ensayístico.

Fina García Marruz

Si la impresión preponderante en la obra de Vitier es la de una lúcida mirada sobre la realidad, en la de Fina García Marruz tal parece que es la propia poesía la que está siempre mirando, pero confundida con la realidad.

En su breve pero significativa obra crítica y ensayística anterior a 1959 pueden reconocerse, con una notable concentración, muchos de los contenidos y maneras expresivas que caracterizan a la crítica y ensayística origenistas. No sólo la calidad de su prosa revela enseguida a uno de nuestros mayores escritores, sino que, concurrentemente, su intensidad expresiva, su fulgurante penetración crítica —donde lo analítico y lo imaginal se entreveran inextricablemente—, su funcional erudición y la *marca* filosófica que le es inherente a su pensamiento, permiten reconocer a una escritora que, aunando en su discurso, sin dualismo posible, lo abstracto y lo singular, detenta un coherente pensamiento poético, sólo semejante, acaso, dentro del ámbito de nuestra lengua, a la prosa eminentemente filosófica, pero también poética, de la coetánea pensadora española María Zambrano.

Podrían señalarse otras fuentes —José Martí, Miguel de Unamuno—; otros contactos —Charles du Bos, Leo Spitzer, Lezama Lima—, así como una fuente más general que compromete a todo su pensamiento, esto es, el pensamiento cristiano y católico —los textos bíblicos, Plotino, San Agustín, Pascal, la mística poética y teológica. A partir de su ensayo «José Martí», publicado en la revista *Lyceum,* en 1952, será difícil encontrar una presencia más entrañable y creadoramente incorporada a su pensamiento que la de Martí, la cual se irá haciendo cada vez más evidente en su obra posterior a 1959.

Su discurso crítico y ensayístico —amén del peculiarísimo sesgo estilístico que le es consustancial— permitirán la conjunción de dos características muy generales, sólo en apariencia contradictorias: por un lado, encarnará al pensamiento más ortodoxamente católico del Grupo Orígenes y, por otro, ello no será óbice para que pueda realizar algunas de sus más penetrantes lecturas críticas.

El cuerpo de esta obra se configura en lo fundamental alrededor de los siguientes trabajos: tres reseñas críticas —de predominante tono ensayístico—: «Notas sobre "Espacios métricos" de Silvina Ocampo» —Orígenes, 1946—; «Del furtivo destierro», sobre el poemario de Octavio Smith —Orígenes, 1947—, y «Notas para un libro sobre Cervantes» —Orígenes, 1949—, este último sobre el libro de Mirta Aguirre, Un hombre a través de su obra: Miguel de Cervantes Saavedra (1948). Asimismo, escribió tres importantes ensayos: una indagación teórica sobre la poesía, «Lo exterior en la poesía» —Orígenes, 1947—, y sendos ensayos sobre José Martí y Ramón Gómez de la Serna.

La primera constante de su pensamiento que aparece en su reseña sobre el poemario Espacio métrico de Silvina Ocampo, es aquella que constituirá una recurrente indagación sobre la esencia del menester poético. Dice allí:

> Sólo metafóricamente podemos decir que la poesía es lo inefable. Poesía es siempre lo que se habla, lo que se ha podido decir de lo indecible. Pero la poesía pone ser allí donde la crítica puede sólo señalar cualidades, de aquí que podamos hablar de lo poético que es un libro, de la medida en que lo es, pero no sustituir su lectura hablando de la poesía misma.[115]

Vislumbres como éste conformarán, en «Lo exterior en la poesía», el centro de sus consideraciones. Aquí, la crítica aborda directamente su objeto de estudio: una nueva concepción de la poesía que tratará de superar tanto la objetividad de los clásicos como la subjetividad de los románticos, pues ambas instancias constituirán, para García Marruz, el envés y el revés de una

misma limitación, es decir, se trataba en ambas de «lo exterior-conocido», y lo que ella buscará será «lo exterior-desconocido», esto es, una solución unitiva, opuesta a todo dualismo; un conocimiento de lo desconocido a partir de lo conocido, lo que ella llama «una nueva objetividad» o «una exterioridad mucho más profunda». Pero esa nueva exterioridad, fundamentada en una concepción religiosa, trascendente, de la realidad, implicará entonces un conocimiento poético de lo particular, sí, pero desde el reconocimiento de que sus esencias serán siempre trascendentes, por donde terminará preconizando una dialéctica de conocimiento entre el sujeto y el objeto, en la que tanto Dios —trascendencia suma— como el hombre —ser trascendente— constituirán a la vez el objeto y el sujeto del conocimiento poético, ya que ellos encarnarán entonces «dos realidades absolutamente exteriores a la imagen que de ellas tenemos o nos hacemos» —expresa—, y enfatizará: «He aquí dos imprevisibles poéticos, dos desconocidos.» Así, concluirá que «el centro mismo de toda búsqueda poética [es]: descubrir la liturgia de lo real, la realidad, pero en su extremo de mayor visibilidad, que es también el de su escape eterno»,[116] es decir, ese punto coincidente entre lo conocido y lo desconocido, entre lo cercano y lo lejano, entre lo inmanente y lo trascendente.

Ahora bien, es acaso en sus «Notas para un libro sobre Cervantes» donde se explicitan mejor algunos de los contenidos de su pensamiento. Aquí vuelve García Marruz a insistir en la diferenciación entre el conocimiento filosófico y el poético, o entre el conocimiento científico, conceptual, analítico, y el conocimiento imaginal. Ello le sirve para abordar un importantísimo problema estético de su tiempo, el de la poesía pura —a través del cual se intentó, por un lado, deslindar la poesía de todo aquello que fuera ajeno a su naturaleza, pero a la vez se intentaba entonces definirla de una u otra manera, lo que ya suponía en cierto modo una contradicción. Es decir, al pretender definirse la esencia de la poesía se caía en el error de tratar de separar esa esencia de «aquello en que encarna», esto es, de la realidad, por donde veía García Marruz el «defecto principal» de la estética purista de un Henri Brémond, representante de la llamada variante religiosa de la poesía pura. Tampoco —como sucede también con Lezama y Vitier— estaría de acuerdo con la absolutización de la variante atea o racional de un Paul Valéry, por ejemplo. Y es aquella parte de una concepción *católica* de la poesía, que asume que «el misterio de la encarnación, misterio cristiano por excelencia, el del verbo que se hace carne».[117] Situada en esta perspectiva esencial, se opondrá a toda interpretación, según ella, excesivamente irracionalista o racionalista del fenómeno poético. Ella buscará un centro dialéctico, no sus extremos, si bien para ella, en última instancia, el centro de toda realidad será trascendente. Mas lo importante es constatar que, según esta estética trascendentalista —que ayuda a comprender la estética origenista—, el conocimiento poético es fundamentalmente el conocimiento de lo particular; perspectiva que, aunque con una ascendencia religiosa, concretamente católica y detentadora de una filiación teológica, dentro del ámbito del neotomismo, idealista objetiva, o sencillamente tomista, significaba una superación de la estética surrealista y de la estética purista —y de todo formalismo—, por un lado, y, por otro, frente a las manifestaciones estrechas del sociologismo o del materialismo vulgar, representaba asimismo, aun desde una perspectiva religiosa, una postura cognoscitiva mucho más dialéctica, flexible y activa. Incluso la estética simbolista, retomada en lo esencial por el origenismo, deberá soportar también una adecuación a la ontología religiosa predominante en su pensamiento. En última instancia —y ello a la postre es lo más importante—, encarnaba una posición mucho más fiel a la especificidad de la poesía, al asumir su carácter unitario entre lo singular y lo universal. Es en este sentido como debe comprenderse su demoledora crítica a la absolutización de «lo social» en el arte —del llamado «mensaje»—, propia de aquel tiempo, donde predominó una determinada «poesía social» que unilateralizó y empobreció a la postre la propia función social del arte, al desconocer sus otras funciones o al olvidar la especificidad de la naturaleza de la poesía.

Otra constante de su pensamiento desarrollada aquí será el carácter simbólico del arte —en este caso a propósito del realismo cervantino—, que luego desenvolverá en su ensayo sobre José Martí. Dicho carácter, por ejemplo, se pone de manifiesto, en su forma más transparente, en la siguiente comparación que realiza entre el Cid y el Quijote, donde dice:

> Pero hay otras razones que determinan la universalidad del símbolo heroico en el Quijote y que nos lo hacen mil veces más conmovedor que el Cid. Las cosas que le suceden al Cid pueden ser favorables o adversas, pero están siempre a su medida. El Cid se propone cosas posibles —no importa que sean difíciles— y conocidas. Don Quijote se propone lo imposible y lo desconocido, y cuando él vence no agota por eso su sed de desconocido, y cuando es vencido no lo derrota por eso lo imposible.[118]

Otro aspecto importante de la ensayística de García Marruz, imposible de desarrollar en estas páginas, pero tampoco de soslayar —aspecto también presente en la ensayística de Lezama y Vitier— es el vasto mundo de referencias culturales que porta, es decir, todo un orbe cultural esencial y creadoramente incorporado y que funciona dentro de su discurso con una notable naturalidad, a la vez que lo dota de una riqueza de matices, de una variedad de perspectivas de asedio, casi imposibles de encontrar en la crítica y en la ensayística cubanas posteriores a José Martí. Si a esto se suma la capacidad para situarse casi siempre en el centro cordial del objeto de la crítica, es decir, en la comprensión —por participación cognoscitiva— de lo esencial de este objeto, independientemente del carácter negativo o afirmativo del juicio, aunque sin excluir a éste, por supuesto, ello distinguirá también su proceder crítico de las manifestaciones meramente impresionistas, positivistas —ya formalistas o sociologistas—, tan extendidas dentro de la crítica cubana de entonces.

Acaso el ejemplo arquetípico de la ensayística de García Marruz —junto a su «Elogio de Ramón»— sea el ensayo ya aludido, «José Martí», el cual, al no haberse publicado de nuevo, resulta poco conocido, no obstante encarnar uno de los mejores ejemplos de exégesis de la obra martiana.

En dicho ensayo se concentran todas las virtudes de la prosa y todas las cualidades del pensamiento de García Marruz. Su vastísima serie de ensayos posteriores sobre Martí tienen aquí su origen y su centro fecundadores. Incluso, en el resto de su obra crítica y ensayística puede comprobarse muy a menudo la incorporación a su pensamiento de contenidos que tienen en ese estudio su manifestación inaugural. Pero, más allá de ellas, conviene detenerse en aquellas que la escritura ha asimilado como parte de su propio pensamiento: su dialéctica e integradora concepción del realismo en el arte; su concepción simbólica de la realidad; la valoración de los sentidos como «eterna fuente de poesía»; lo que ella llama «la independencia del tema frente al misterio de la mirada», como ejemplo de una de las «anticipaciones» martianas —que la poetisa hará también suya— a la estética contemporánea. Asimismo aparece aquí el tema de lo cubano —de tanta resonancia en su obra posterior a 1959—, así como otros contenidos, como el sentido de la *acción*, del *sacrificio*, del *sufrimiento*, del *límite*, de la *libertad* o de la *obediencia a una forma*, todos ellos relacionados con el estilo martiano.

Pero lo que más interesa destacar en este ensayo es el sentido profundo de *rescate* y *profecía* que éste contiene en aquel contexto histórico concreto —recuérdese que fue escrito en 1951 y publicado en 1952. Atendiendo a este hecho, precede al importantísimo texto profético de Lezama, «Secularidad de José Martí». Repárese en su primer párrafo:

> Desde niños nos envuelve, nos rodea, no en la tristeza del homenaje oficial, en la cita del político frío, o en el tributo inevitable del articulista de turno, sino en cada momento en que hemos podido entrever, en su oscura y fragmentaria ráfaga, el misterioso cuerpo de nuestra patria o de nuestra propia alma. Él solo es nuestra sustancia nacional y universal. Y allí donde en la medida de nuestras fuerzas participemos de ella, tendremos que encontrarnos con aquel que la realizó plenamente, y que en la abundancia de su corazón y el sacrificio de su vida dio con la naturalidad virginal del hombre.[119]

Pero, además, expresa que «cada cubano ve en él, un poco, su propio secreto»; que «contiene nuestra imagen intacta a la luz de una fe perdida»; que «si estuviera entre nosotros todo sería distinto»; que en él «la libertad no fue cosa distinta del sacrificio»; que «es el conjurador popular de todos nuestros males, el último reducto de nuestra confianza»; que ésa sea «voz vehemente [...], en que las palabras "Cuba", "cubano", tenían todo el orgullo y la confianza en nuestra naturaleza que ahora nos falta».[120] Estos juicios, emitidos en plena república neocolonial, rebasan el alcance ontológico de lo cubano al que a veces se ha querido constreñir la significación de la poética de lo cubano en el Grupo Orígenes, otorgándole, además, una aparente dimensión histórica. No por casualidad su ensayo culmina con esta sugerente conminación:

> Sí, ante el espectáculo posterior de la República, volvámonos a estos pobres héroes, estos fundadores silenciosos. Volvámonos a aquel que le escribió un día a su pequeña María Mantilla, con aquel acento casi escolar de ternura que nunca nadie ha tenido después: «Tú, cada vez que veas la noche oscura, o el sol nublado, piensa en mí.»[121]

En sentido general, no hay dudas sobre la calidad del aporte que realizaron varios integrantes del Grupo Orígenes al ensayo y a la crítica cubanos —señaladamente José Lezama Lima, Cintio Vitier y Fina García Marruz, sin obviar la aguda penetración crítica de un Gastón Baquero o un Virgilio Piñera. Aquéllos conformaron una comunidad, por encima de sus características singulares, que permite estudiarlos dentro de un ámbito de objetivos, ideas, realizaciones y características generales comunes. En efecto, ellos integraron lo que puede considerarse un movimiento dentro de la crítica y ensayística nacionales, el cual esperaba todo conocimiento de un saber o razón poéticos. De este modo configuraron una suerte de crítica poética o creadora, también llamada de interpretación o de participación, que no puede confundirse con las críticas impresionista finisecular. Dicha crítica, descendiente en más de un sentido de la escuela alemana de Vossler y de la llamada crítica interna de Spitzer, encontró también notables correspondencias con el pensamiento poético francés —Valéry, Claudel, entre otros—, aunque acaso halla en el proceder crítico y creador de un Charles du Bos a su espíritu más afín, entre otras razones por una comunidad ideológica importante: su tácito catolicismo, que los hace asumir una concepción de la literatura como encarnación; razones de peso son, además, las afinidades propias de una misma concepción del mundo, nutrida por semejantes fuentes de pensamiento, donde acogen una explicable primacía las fuentes religiosas, particularmente tomistas. Asimismo, será muy importante la incorporación creadora de toda una tradición del pensamiento español —de antiguo linaje estoico y ecléctico—, tradición donde, por cierto, se acentúan los vínculos entre la filosofía y la poesía, como puede apreciarse, por ejemplo, en las obras de Miguel de Unamuno y María Zambrano, de notables comunidades con las de los poetas origenistas. Concurrentemente, el pensamiento poético de Lezama, Vitier y García Marruz incorpora también el pensamiento de igual índole, sobre todo de la poesía francesa de ascendencia simbolista, así como de un independiente heredero de dicha estética: el poeta español Juan Ramón Jiménez. Por otro lado, no se pude obviar tampoco la presencia de la tradición del pensamiento ecléctico cubano: José Agustín Caballero, Félix Varela, Luz y Caballero y José Martí, sobre todo por la semejante incorporación creadora, abierta, de la cultura universal, así como por la religiosidad o espiritualidad que le son inherentes, y por una suerte de continuidad de poderosa raíz ética. Pero no hay dudas de que aquello que distingue primordialmente de otras tendencias del pensamiento cubano es la aprehensión de la realidad a través de un acendrado pensamiento poético.   [*J. L. A.*]

2.7.4 Tendencias diversas: J. Mañach, M. Vitier, R. Guerra, E. Roig de Leuchsenring, J. M. Chacón y Calvo, J. J. Arrom, R. Lazo, S. Bueno, A. Carpentier, J. M. Valdés-Rodríguez, L. de Soto

Jorge Mañach (1898-1961) nace justamente al finalizar la segunda guerra de independencia, cuando ocurre la guerra hispano-cubano-norteamericana, la cual trajo como resultado la mediatización de la independencia y la nación cubanas, la instauración de un régimen neocolonial, la República —también llamada seudorrepública o república mediatizada—, y muere apenas unos años después del triunfo de la Revolución cubana. Su vida y obra públicas van a manifestarse exactamente a lo largo de casi toda la época aludida, y de su estudio dimanarán un valioso testimonio y una pauta para indagar en las complejidades y contradicciones de aquel momento histórico.

En Mañach, más que en otros intelectuales cubanos, será importante considerar las particularidades de su formación intelectual. Fue, más definidamente que otros profesores universitarios, un típico *scholar* o *savant*, entonces *rara avis* en nuestro medio cultural. Proveniente en parte de una familia de comerciantes catalanes, luego de sus primeros estudios en España (1908-1913), los proseguirá en los Estados Unidos (1914-1917), donde, desde 1920 y hasta 1921, ejerce como instructor del Departamento de Lenguas Romances de la Universidad de Harvard. Allí, en 1920, había obtenido el título de Bachelor of Sciences, *cum laude*. En 1921 matricula Derecho en la Universidad de París, y en 1924 y 1928, respectivamente, recibe el doctorado en Derecho Civil y el de Filosofía y Letras de la Universidad de La Habana. Más tarde, exiliado en los Estados Unidos, donde prolonga su estancia desde 1935 hasta 1939, ejerce la docencia en la Facultad de Lengua y Literatura Hispánicas de la Universidad de Columbia, New York. A partir de 1940 será profesor titular de la cátedra de Historia de la Filosofía en la Universidad de La Habana, actividad de la que deriva su *Historia de la filosofía*, publicada en La Habana en 1947. En 1961 muere en Puerto Rico, mientras impartía un curso en la Universidad de Río Piedra, al haber abandonado el país por estar en desacuerdo con el carácter socialista de la Revolución.[122] Mañach desarrolló además una intensísima actividad académica, y perteneció a numerosas sociedades e instituciones culturales. Esta faceta de su vida pública incidirá sin dudas en su vocación de *magister*, en su afán por «sentar cátedra» en los más disímiles asuntos, y en cierta vanidad intelectual, en cierta sobrevaloración de la inteligencia, de las minorías cultas, que lo alejaron, acaso a su pesar y como a contrapelo de su intensa actividad política, en un principio revolucionaria y después cada vez más conservadora, de las posiciones más radicales y revolucionarias de la intelectualidad cubana, especialmente de todo contacto con el marxismo, ideología que no sólo no compartió, sino contra la cual argumentó en reiteradas ocasiones. Sin embargo, resulta un enjuiciamiento simplista aquel algo extendido que lo considera, sin ningún matiz, un pensador reaccionario y proimperialista. No podía ser así en quien el desvelo por la cubanidad y la nación significó el centro mismo de su obra. Precisamente lo que se puede denominar como *lo trágico* de su destino consistió en la inadecuación entre lo ideal y lo real, entre su ideología y los cauces de la realidad. Mañach quiso ser el ideólogo de una burguesía nacional inexistente. Articuló su pensamiento para proceder hacia lo que constituía a todas luces una utopía irrealizable en la práctica. De ahí que los contenidos progresivos de su pensamiento: nacionalismo, antineocolonialismo, desarrollo de una industria nacional, y todo su ideario de democracia, permanecieran siempre como ideales, como signos de una falsa conciencia de las relaciones reales de la sociedad cubana. Mucho más si la obtención de esos ideales los preveía Mañach a través de una suerte de evolucionismo social, a partir de una política reformista, confiada sobre todo en la acción de la cultura y la educación, posición esta última a la que arribó luego de su juventud revolucionaria antimachadista y minorista, de su participación activa en el ABC —organización en un principio terrorista y que derivó luego hacia un reformismo de corte conservador—, y, finalmente, como máxima evolu-

ción de su ideario político, de su integración al Partido del Pueblo Cubano (Ortodoxo). No obstante, hay que reconocer que fue un antibatistiano convencido y, desde sus controvertidas posiciones políticas, un intelectual honesto que no supo interpretar el proceso histórico desde su lado políticamente más fecundo. Por ejemplo, inmediatamente antes y después del triunfo de la Revolución cubana, Mañach se mostró como su simpatizante, pero la inmediata radicalización del ideario de la Revolución tuvo, necesariamente, que dejar muy atrás los ideales burgueses y, en este sentido solamente, nacionalistas de Mañach.[123]

Mañach, uno de los exponentes más altos de nuestra ensayística republicana, fue, además de un pensador con una formación académica muy sólida y una proyección, en muchas materias, realmente profunda y original, un escritor, es decir, un prosista con una definida voluntad de estilo. Es conveniente tener en cuenta que en su juventud escribió una novela, *Belén el Aschanti* (1924); que una comedia teatral suya, *Tiempo muerto*, fue premiada y publicada en 1928, y que su relato «O. P. No. 4» fue premiado en un concurso del *Diario de la Marina*, junto a otro de Hernández Catá, en 1926. Ello revelaba cierta sensibilidad literaria que también se manifestó en su ensayismo y crítica literaria. En ese sentido puede citarse su lección «XI. El poeta», de su curso de 1951, «El espíritu de Martí», así como su ensayo *El sentido trágico de la «Numancia»* (1959), a propósito de la obra teatral de Cervantes, autor a quien también dedicó dos ensayos —aunque de aliento más bien filosófico—: *Filosofía del quijotismo* (1949?) y *Examen del quijotismo* (1950), para imbricarse dentro del corpus de los estudios cervantinos, tan fructíferos durante la República, y que tuvo dos mentores ideológicos muy importantes: José Ortega y Gasset y Miguel de Unamuno.

También ejerció Mañach la crítica o comentario literario. Su juicio sobre el vanguardismo cubano continúa siendo uno de los más lúcidos y objetivos, y es notable que su valoración del modernismo hispanoamericano se anticipe con creces a la revaloración más moderna de este movimiento. Dice Mañach en su ensayo «El estilo en Cuba y su sentido histórico» (1943-1944):

> Pero aquí, como en otros países de América, el Modernismo fue un producto histórico mucho menos postizo de lo que suele pensarse. Tenía, eso sí, una fidelidad negativa respecto de su lugar y su momento, mas no por eso menos real. Los que le reprochan su insensibilidad social, su falta de emoción americana, simplifican demasiado las cosas: olvidan que un pueblo no es solamente lo que es, sino también lo que quiere ser. El Modernismo traducía el ansia de eso, de modernidad, en pueblos que por largo tiempo se habían sentido como detenidos en la historia, como secuestrados a la corriente de su época. Expresaba también, y por eso mismo, una impaciencia de refinamiento frente a la burda textura de nuestras realidades sociales. Quería universalidad donde sólo había provincialismo, o pura aldea. Aspiraba, en fin, a la salvación integral del individuo, con todos sus matices de gusto, de inquietud y de ensueño, en pueblos que se habían fundado para la plenitud de la vida espiritual.[124]

Con más frecuencia que la crítica literaria —que esperaba aún ser recopilada— ensayó Mañach la pictórica. Siendo pintor aficionado —lo cual también revela una sensibilidad artística particular—, escribió, por ejemplo, sus dos conferencias: *La pintura en Cuba* (1925), luego *La pintura en Cuba. Desde sus orígenes hasta nuestros días* (1926), su excelente ensayo *Goya* (1928) y, amén de otros artículos o comentarios, su *Paisaje y pintura en Cuba* (1957).

La cualidad literaria, artística, de su prosa, se manifestó también en su crítica y literatura costumbrista, de hondo contenido cultural y psicosocial, como puede apreciarse en su *Glosario* (1924), conjunto de artículos y ensayos aparecidos en la sección «Glosas», del *Diario de la Marina*, acaso a la manera de Eugenio D'Ors, muy elogiadas por Raúl Roa y Juan Marinello. Estos artículos, en cierto sentido dentro del ámbito del modernismo más que del vanguardismo, constituyen un antecedente de su obra más orgánica y lograda dentro de esta dirección, *Estampas de San Cristóbal* (1926) y, ambas, de las reflexiones ensayísticas de su *Indagación del choteo* (1928), ya un clásico de nuestras letras. En *Estampas de San Cristóbal* retoma Mañach un personaje de su *Glosario* —«Luján, el moralista»—, y a través de esta figura va develando todo un fresco costumbrista de La Habana anterior a 1926.

La crítica ha incurrido en una inexplicable contradicción en su valoración de la obra de Mañach: elogia los valores estilísticos de su prosa, hace depender su perdurabilidad de los valores literarios de su *Estampas de San Cristóbal* y de su biografía de Martí, *Martí el Apóstol* (1933), suma a esto alguna referencia a su controvertido ideario político, y elude la valoración de su pensamiento, e incluso de la calidad estilística de su prosa propiamente ensayística. Es cierto que los valores expresivos, literarios, se explayan más en las obras referidas, pero no es menos cierto que en el resto de su obra, su prosa, aunque más funcional, accede a una precisión conceptual, a una contención expresiva que —sin eludir un léxico variado, cierta elegancia en sus períodos, un tono elevado, una adjetivación original y eficaz— logra conformar un discurso con un ritmo interno coherente, armónico y, sobre todo, siempre ajustado a sus objetivos y contenidos ideológicos, faceta esta que hace de su prosa reflexiva —incluso de su frecuente oratoria ensayística— una de las más pulcras y de mayores calidades formales. Un ejemplo de ello son las cuatro conferencias que conforman su *Historia y estilo* (1944), acaso el libro más importante de la obra de Mañach y uno de los más polémicos, pero por ello mismo más significativo —y perdurable— de su ensayística.

La profundidad de su pensamiento y, en muchos aspectos, su relativa vigencia teórica, se expresan, sobre todo, en su conferencia *La crisis de la alta cultura en Cuba* (1925) —publicada con un apéndice compuesto por dos artículos aparecidos en el *Diario de la Marina*, titulado «Glosas. Algunos remedios a la crisis de la cultura, I, II»—; en su *Indagación del choteo* (1928) —reeditada, corregida y ampliada varias veces

hasta 1955—, y en *Historia y estilo* (1944) —libro
compuesto por su discurso de ingreso en la Academia de la Historia de Cuba, «La nación y la
formación histórica»; el ensayo publicado en el
Diario de la Marina, en 1932, «Esquema histórico del pensamiento cubano»; un artículo que recibió, en 1935, el Premio Justo de Lara, «El estilo de la Revolución», y su discurso de ingreso
en la Academia Nacional de Artes y Letras, «El
estilo en Cuba y su sentido histórico», 1943-
1944, que de algún modo contiene, diversifica y
profundiza los tres anteriores.

En su conferencia *La crisis de la alta cultura
en Cuba*, Mañach realiza un pormenorizado análisis y una valoración general de todos aquellos
aspectos negativos que se manifiestan en el panorama cultural de las dos primeras décadas de
la seudorrepública, y ya es altamente significativo que el autor incluya dentro del ámbito cultural a la política e incluso a la economía. En cierto sentido, esta conferencia expresa el ideario
del Grupo Minorista, con sus virtudes y con sus
limitaciones características. De ahí que Mañach
preconice —como fue común en aquella época— la reforma de la enseñanza como principal
remedio a la crisis de la cultura, y vea sobre todo
en esta última, y no en otros órdenes más esenciales de la sociedad, el origen de la crisis republicana.

Comienza Mañach definiendo lo que entien-
de por *cultura nacional*, y a propósito de la crisis
en la conciencia nacional cubana afirma: «la formación de la alta cultura suele estar condicionada por la aparición de un ideal de independencia
y de peculiaridad —es decir, de independencia
política, como Estado, y de independencia social, como nación».[125] Sin embargo, a veces es
evidente cierto causalismo idealista en sus juicios, como cuando hace depender en cierto modo
la falta de *contemplación* —como actividad necesaria para la cultura— de las consecuencias de
la *acción* —las guerras de independencia. Y en
este sentido idealiza la época anterior a éstas,
«aquella época que engendró el espíritu de nacionalidad», expresa, y no señala —luego sí lo
hará— uno de los factores asenciales de la crisis
republicana: la intervención norteamericana y
todas sus consecuencias. Por otro lado introdu-

ce el tópico del *choteo* —que luego desarrollará
extensa e intensamente en su libro ya referido—,
y aunque hace el elogio del *scholar*, critica al
pragmatismo y al utilitarismo norteamericanos
por ir en detrimento de ciertos valores culturales y espirituales. Asimismo, aparece aquí su
ideario burgués nacionalista cuando señala:

> [que] permanezcan sin resolver, con los
> problemas actualísimos de la Nación: el
> analfabetismo, la subordinación económi-
> ca, la corrupción administrativa, el atraso y
> desorden jurídicos, aquellos otros proble-
> mas mediatos tan vitales como el de nues-
> tra monoproducción azucarera, que nos
> obliga a ser un pueblo con una sola oferta
> y múltiple demanda...

Y en este mismo sentido se preguntará:

> ¿No será hora ya de que disipemos esta
> «conmovedora resignación agrícola» que
> tenemos como pueblo, y que paremos
> mientes en otras manifestaciones posibles
> de la energía colectiva: en la industria y en
> la cultura, por ejemplo? ¿Cuándo conven-
> dremos en que el prestigio personal depen-
> de más, a la larga, de los ingenios intelec-
> tuales que de los azucareros?[126]

Hasta aquí llega la máxima radicalidad de su
ideario, junto a su concepto de la minoría intelectual, la alta cultura, a la que Rubén Martínez
Villena opuso algunos reparos, según testimonio de Raúl Roa.[127]

En *Indagación del choteo*, Mañach realiza una
importante aproximación a este fenómeno desde una perspectiva psicosocial, y a través de un
riguroso —metodológicamente— discurso analítico, abordará numerosas características de
nuestra psicología y conciencia sociales. Las
fuentes de pensamiento idealistas —Simmel,
Scheler, Bergson, entonces muy difundidas por
la *Revista de Occidente*— no constituyen siempre un cerrado impedimento para que el autor
cale con agudeza en ciertos rasgos de nuestra
idiosincrasia a tenor del análisis de circunstancias sociales concretas. A veces su discurso se

resiente de cierta tendencia positivista, cierto fatalismo, como cuando alude a la influencia del medio natural: el trópico, el clima, con una importancia algo excesiva. Sin embargo, alcanza claridades indudables cuando habla de, por ejemplo, ese «deseo de familiaridad con las cosas», a esa «familiaridad criolla» como «el rasgo más ostensible y acusado de nuestro carácter», o cuando se refiere a «aquel nativo espíritu de independencia...» En sentido general, el libro se salva de un peligroso estatismo metafísico por su visión historicista: «La historia nos va modificando poco a poco el carácter», expresa, y alude, en una nota agregada en 1955, a los cambios a que *el choteo* se ha visto sujeto según los avatares de nuestro proceso histórico.

Se había adelantado que acaso su *Historia y estilo* constituía el exponente más importante del pensamiento de Mañach. Esto es así a pesar de las innumerables limitaciones de su enfoque idealista de nuestra historia, y no sólo por la calidad de su prosa, por la seriedad de sus argumentaciones, por la funcional erudición, sino, sobre todo, porque, aun desde aquella perspectiva, Mañach abordó con profundidad teórica muchos problemas esenciales de nuestro proceso histórico, incluso sin desconocer, sino precisamente tomando en cuenta y tratando de refutar las tesis del materialismo histórico en más de una ocasión. Asimismo, si bien son evidentes las limitaciones de sus enfoques idealistas, también son evidentes sus juicios positivos, como el que compromete el propio objetivo de su primer ensayo, «la nación y la formación histórica», cuando alude al «deber en que todos los cubanos estamos de crearnos la nación que nos falta»;[128] además, su propio criterio metodológico es válido —obviando las derivaciones idealistas de sus análisis concretos—: la valoración de nuestro proceso histórico según la historia de la lucha primero y formación después de nuestra nacionalidad, la frustración de la Nación, así como sus aproximaciones a los conceptos de patria, nacionalidad, nación, conciencia nacional o colectiva, la importancia de la valoración de «nuestras denotaciones históricas» —a lo que se le ha llamado más recientemente «denominaciones étnico-nacionales»—, así como el

mismo planteamiento de estas problemáticas dentro del ámbito del pensamiento cubano.

Algunas de sus limitaciones idealistas son: sus falsas interpretaciones de la teoría marxista de la sociedad; el preconizar la «integración social» a través de una suerte de evolucionismo social que contrapone al papel de la lucha de clases como dinámica de la historia social; su sobrevaloración del papel «decisivo» de la cultura; su apego a la concepción idealista de la historia de, por ejemplo, un Benedetto Croce; la sobrevaloración idealista del héroe y, en sentido general, del *grupo* social —específicamente dentro del grupo de lo que él denomina como «minorías históricas»— por sobre los conceptos de masa, clase y pueblo.

Un ejemplo concreto de la objetividad de sus criterios a la hora de enjuiciar el proceso histórico cubano, a la vez que un ejemplo de la calidad funcional, sintética, de su prosa ensayística, amén de expresar su propio pensamiento, es el siguiente:

Quedó entonces Cuba lista efectivamente para lograr la Nación [se refiere al inicio de la segunda guerra por nuestra independencia], que es cosa muy distinta de la mera nacionalidad jurídica. Pero la insustanciación económica y social de la Independencia por un lado, y por otro el plattismo, que dejó como intervenida por voluntad ajena la aspiración de la conciencia cubana, se combinaron para que lo meramente formal y jurídico prevaleciera. Durante los primeros treinta años de soberanía, sólo por excepción significativa (Sanguily y Juan Gualberto Gómez, Márquez Sterling) se invoca en Cuba a la Nación. Sólo se habla de «la República»: de la forma, no de la sustancia; de la ley, no de la vida; de lo convencional, no de lo real. Se repitió en nuestra tierra lo que con tanta insistencia había advertido Martí al enjuiciar la independencia en las otras zonas de la América nuestra: «La colonia continuó viviendo en la República.» Y no se le ocultó al juicio contemporáneo más sincero que todo había venido a parar aquí en una mera figuración

de himno y bandera, sin independencia vital efectiva. Economía precaria y de mando ajeno; tierra en fuga; moneda y banca
extranjeras; españolidad enquistada y
cubanidad en derrota; cultura perezosa y
mimética; política vacía de sensibilidad social; conato de Estado en una patria sin nación.[129]

En su segundo ensayo, «Esquema histórico
del pensamiento cubano», Mañach realiza una
interesante síntesis histórica de nuestro pensamiento. Con respecto al anterior, en éste sobresalen su crítica del autonomismo y su expresión
explícita del antimperialismo martiano, así como,
de nuevo, su valoración negativa del «plattismo»,
es decir, del neocolonialismo. El tercer ensayo,
«El estilo de la Revolución», sobresale por su
profunda valoración del vanguardismo cubano,
por la perdurabilidad de la propuesta estética de
un estilo revolucionario y por la calidad estilística.

Como ya se había advertido, el cuarto y último ensayo de *Historia y estilo* sintetiza de cierta
manera todo su pensamiento anterior, por lo que
no se insistirá sobre lo mismo. Su novedad radica en aprehender todo ese pensamiento desde
una nueva perspectiva; el estilo como categoría
histórica, el estilo como forma de expresión de
la historia, o como imagen de la historia. Expone allí cómo el proceso histórico, sus específicas circunstancias sociales —en el caso del
proceso cubano, sobre todo su afán de independencia, es decir, la lucha por la consolidación de
la nacionalidad y el logro de la Nación— producen «una voluntad de estilo», ofrecen determinadas imágenes, concreciones culturales. Es
significativo que Mañach aprecie en Martí la culminación integradora de todo ese proceso. Expresa así al respecto:

No quisiera extremar la tesis que estas páginas sustentan —la de un sentido histórico del estilo—; pero señalo el hecho, que
no me parece fortuito, de que esa máxima
libertad expresiva no se produzca en Cuba
hasta el momento y el hombre que representan la voluntad decisiva de emancipación

de la conciencia cubana. Se diría que hay
una profunda afinidad entre la voluntad de
forma frente a la norma y la voluntad de
carácter histórico frente al régimen que la
limita.[130]

Por otro lado, en este ensayo se realizan agudas valoraciones de los momentos culminantes
de nuestro proceso histórico y cultural, de imprescindible consulta para el estudioso de nuestras letras, cuya historia literaria puede ser hecha presidida por el siguiente juicio conclusivo
de Jorge Mañach: «Nuestro estilo no ha sido, en
último análisis, sino el gesto artístico de nuestra
conciencia en busca de su plena realización histórica.»[131]

Con respecto a sus valoraciones martianas,
cabe agregar a lo expuesto hasta aquí la conocida crítica de José Antonio Portuondo[132] a su excelente biografía *Martí, el apóstol*, donde Mañach
—como él mismo reconoció en una carta a
Portuondo—, por su activa participación en la
lucha antimachadista y por premura del editor,
desarrolló más las distintas facetas de la personalidad de Martí y apenas las de su actividad revolucionaria y su pensamiento político y social.
No obstante, es justo señalar que, con posterioridad, en un discurso que leyó Mañach ante el
Senado, y en presencia del entonces presidente
de la República, conmemorando el natalicio de
Martí, el 28 de enero de 1941, y titulado *El pensamiento político y social de Martí* (1941), el orador supo exponer, explicar y profundizar en el
antimperialismo martiano y en el sentido de la
república martiana con la misma objetividad histórica con que lo hubiera podido hacer Emilio
Roig o algún pensador marxista.[133] Asimismo,
Cintio Vitier, en *Ese sol del mundo moral. Para
una historia de la eticidad cubana* (1975), cita
cómo Mañach, en su artículo recogido en el libro *Pensamiento y acción de José Martí* (1953),
«recordando que, "como dijo el apóstol, la perfección de la grandeza es siempre el *acto*", añadía: "pero mientras no podamos servir a Cuba
con los actos, deberemos servirla al menos con
las actitudes"».[134]

Además de a José Martí, el autor dedicó sendos trabajos, en 1949, a José de la Luz y Caba-

llero —*Luz y «El Salvador»*— y a Enrique José Varona —*Semblante histórico de Varona*—, figura esta última sobre la que abundó en otros ensayos, muy especialmente, por ejemplo, en el contenido en su libro *Para una filosofía de la vida y otros ensayos* (1951), «El filosofar de Varona», donde les hace serios reparos a los límites de su positivismo. Asimismo, publicó dos ensayos sobre uno de los pensadores que influyó más en el pensamiento hispanoamericano, José Ortega y Gasset: *Imagen de Ortega y Gasset* (1956) y *Dualidad y síntesis de Ortega* (1957), pensamiento y, sobre todo, *actitud* ante la filosofía, la cultura y la historia, que influyeron poderosamente en Mañach, incluso en su estilo. Por otra parte, se acercó también a la filosofía pragmática de John Dewey, en sus ensayos *El pensamiento de Dewey y su sentido americano* (1953), y en el similar *Dewey y el pensamiento americano* (1959), en los que realiza una exposición del pensamiento del filósofo norteamericano, con el que se sintió identificado en sus último años, no obstante señalarle reparos semejantes a los que le realizara Medardo Vitier, por su exceso pragmático y su consiguiente ausencia de valores. En este sentido concluye: «Como ha escrito alguien con motivo de la muerte del filósofo, al tratar de iluminar el camino, Dewey sólo logró apagar las estrellas.»[135]

Otros ejemplos de sus preocupaciones filosóficas son sus ensayos «Para una filosofía de la vida» y «Proceso de la curiosidad filosófica», recogidos ambos en el libro ya citado de igual título que el primer ensayo mencionado. Empero, estos trabajos no aportan un pensamiento filosófico significativo. El propio Mañach expresa que el primero de ellos popició una crítica de Medardo Vitier donde éste le señalaba su falta de «trasfondo filosófico». En este sentido Vitier, siendo aparentemente más caótico y menos ambicioso en sus juicios, tuvo mucha más hondura filosófica, sobre todo en el plano ético, como ya se tendrá ocasión de comprobar.

Entre sus escritos de carácter político pueden mencionarse *Pasado vigente* (1939), recopilación de artículos publicados en *Acción*, periódico del ABC, así como los concurrentes *El ABC ante el régimen semiparlamentario* (1942) —un discurso— y *La posición del ABC* (1943). Ya en 1933, Rubén Martínez Villena había publicado en el periódico *Mundo Obrero*, de Nueva York, un artículo: «¿Qué significa la transformación del ABC y cuál es el propósito de esta maniobra?»[136] Por otra parte, y como es conocido, Villena y Mañach habían sostenido más de una polémica. Por ejemplo, con motivo del artículo de Mañach, «Elogio de nuestro Rubén», Villena le escribe su famosa «Carta a Jorge Mañach», publicada en *El País*, octubre de 1927, que motivó la contrarréplica en el propio diario y en el mismo mes.[137] Antes, en 1925, Villena polemiza con Mañach en su artículo «Con motivo de la muerte de José Ingenieros». También es conocida la polémica entre José Lezama Lima, Cintio Vitier y Jorge Mañach.[138] Y hubo otras,[139] por lo que su vida, tan controvertida política y culturalmente, estuvo plagada de ellas. Esta personalidad tan contradictoria y compleja, llena tanto de rasgos positivos como negativos, mereció unos años después de su muerte un poema de Cintio Vitier que, por su sutil captación de tantos elementos contrapuestos entre sí, y porque los logra aprehender desde la mirada unitaria de la poesía, se hace conveniente transcribir. Se titula «Jorge Mañach»:

> No sé por qué hoy aparece
> antes mis ojos su figura
> esbelta, escéptica, fallida
> y siempre airosa sin embargo,
> flexible palma de una patria
> que no podía ser: tan fina,
> sí, tan irónica, tan débil
> en su elegante gesto, lúcido
> para el dibujo y el fervor,
> los relativismos y las
> conciliaciones, con un fondo
> de gusto amargo en la raíz.
> Ciegos sus ojos para el rapto,
> usted no vio lo que veíamos.
> Bien, pero en sombras yo sabía,
> mirándolo con hurañez,
> lo que ahora llega iluminado:
> Tener defectos es fatal
> y nadie escapa a sus virtudes.
> Tener estilo, en vida y obra,

no es fácil ni difícil, es
un don extraño que usted tuvo,
Jorge Mañach, para nosotros.
Esta mañana es imposible
que usted haya muerto. Viene ágil,
sin vanguardismos ni Academias,
de dril inmaculado, laico,
maduro, juvenil, iluso,
entre sajón y catalán,
a dar su clase de Aristóteles,
y en el destello de sus lentes
hay un perfil de Cuba, único,
que al sucumbir quedó en el aire,
grabado allí, temblando, solo...

A pesar de compartir muchas de las mismas preocupaciones intelectuales, la obra y el pensamiento de Medardo Vitier (1886-1960) se diferencian notablemente de los de Jorge Mañach. Lo primero que los distingue es la dominante vocación pedagógica de Vitier, más con el sentido de *servir* que con el de *disertar*. Desde 1904, cuando se gradúa de maestro de enseñanza primaria, hasta su muerte, aquélla será su actividad primordial, sentida como una *misión*, y no circunscrita sólo propiamente a su labor docente, sino enraizada entrañablemente —hasta el punto de modelarlo— en su pensamiento. Fundó en Matanzas, en 1916, el colegio Froebel, y se gradúa, en 1918, de Doctor en Pedagogía en la Universidad de La Habana. Desde 1919 imparte literatura española en la Escuela Normal para Maestros de Matanzas, la cual dirige en varias oportunidades. Luego cursó estudios de literatura española en la Universidad de Columbia, de Nueva York (1928). Durante la dictadura de Machado es separado de su cátedra por manifestarse, junto con los estudiantes, contra la prórroga de poderes. Después, en 1934, es secretario de Educación y superintendente general de Segunda Enseñanza (1935). Fue inspector general de Escuelas Normales (1942) y director de Cultura (1944). También impartió clases en los cursos de verano de la Universidad de La Habana y de otras universidades hispanoamericanas. Finalmente, desde 1952, ejerce como profesor de historia de la filosofía en la Universidad Central de Las Villas, institución que le confie-

re, en 1956, el título de doctor Honoris Causa en Filosofía.

Es precisamente por esta última actividad que es conocido generalmente Medardo Vitier. Sin embargo, su caso es el de un pensador que más bien llega a la filosofía a través de sus estudios literarios y su labor educadora. Él mismo había recomendado a los estudiantes la conveniencia de acudir a la Literatura, el Derecho y la Historia para esclarecer puntos filosóficos. No por casualidad le entusiasma la identificación entre filosofía y educación que encuentra en el pensamiento del norteamericano John Dewey. Como filósofo o estudioso de la filosofía —aunque ya se verá que se le puede llamar «filósofo» con propiedad, caso casi excepcional por entonces en Cuba— escribió dos obras fundamentales: *Las ideas en Cuba* (1938) y *La filosofía en Cuba* (1948) —luego reunidas, en 1970, con el título, *Las ideas y la filosofía en Cuba*—, libros concebidos para los estudiantes —o para la «juventud», como él mismo gustaba precisar—, y que amplían con mucho los ensayos de Mañach sobre estas materias. Asimismo escribió *Kant, iniciación en su filosofía* (1958), como parte de su programa sobre historia de la filosofía, y animado por el mismo propósito de los libros antes mencionados. Ya es un mérito haber podido ofrecer una síntesis de la filosofía kantiana —con la que indudablemente simpatizó en sus últimos días, pues en Vitier nada en este terreno, es decir, en el pedagógico, podía ser fortuito— para su más útil aprovechamiento por el estudiantado universitario. Pero escribió también numerosos ensayos o artículos sobre cuestiones filosóficas, la mayoría de ellos recogidos en el segundo tomo de sus *Valoraciones* (1961), aunque su más auténtico *filosofar* no debe buscarse en esos textos solamente sino, mejor, a través de las distintas facetas en que se manifestó su pensamiento, fundamentalmente alrededor del mundo moral, del universo axiológico, centro ideológico de su vocación educadora. De ahí entonces que su pensamiento —porque lo tuvo *propio*— haya que seguirlo a través de toda su obra.

Como filósofo fue un *monista*: «la realidad en sí es unitaria», confesaba en sus «Juicios»

—Apéndice B de su libro sobre Kant—, y reiteraba siempre su confianza en la unidad del espíritu humano. No se adscribió a ningún sistema de pensamiento específico; fue en esencia un librepensador que continuó la tradición *creadora* del eclecticismo cubano. Fue enemigo de todo dogmatismo, tanto filosófico como religioso. Por su vocación ética y educadora, se inclinó, en filosofía, hacia una incidencia directa en su circunstancia. No concebía a la filosofía como un discurso ideal, sino entrañablemente vinculada con la realidad y la vida. A propósito de Enrique José Varona afirmó que sin «el oculto sentido del ser y de la vida, no hay filosofía posible»; por eso se refirió tantas veces a la necesidad de estudiar lo que él llamaba —acaso siguiendo a Ortega y Gasset— *sentido de la vida* —preocupación antropológica— y el mundo de los valores —preocupación axiológica. No obstante, con respecto a la primera instancia, no se le puede adscribir a ningún «vitalismo» —entonces tan en boga—, pues se pronunció tanto en contra de los excesos del irracionalismo —como en «Un juicio del doctor Pittaluga» en el tomo primero de sus *Valoraciones*—, del «voluntarismo» nietzscheano, del relativismo vitalista de Ortega, como de los del racionalismo. En una ocasión criticó la «falta de verdadero trasfondo filosófico» de las disertaciones «filosóficas» de Mañach. Es que Vitier, precisamente por la contextualización y la incidencia social que les exigía a la filosofía, no se contentaba con ninguna construcción filosófica que no se aviniera con los requerimientos de la vida. Así, critica el «amoralismo» que se desprende del pragmatismo de Dewey —con mucha mayor pasión que Mañach—, y hace, sobre todo, de la refutación de un pensamiento de Ortega el centro recurrente de su ideario filosófico. Repárese en la influencia que ejercía entonces el pensador español en el ámbito hispanoamericano y específicamente en el cubano. Sin embargo, acaso precisamente por ello y por las consecuencias nefastas que podían emanar del pensamiento orteguiano para Cuba en el controvertido contexto republicano, Vitier refuta ardientemente la afirmación de Ortega de que el hombre no tiene naturaleza, por donde se negaría toda constancia en los va-

lores morales. Afirmaba también Vitier: «No existe filosofía válida si no ha contado con los hechos», y se pronunciaba contra la separación metafísica de la teoría y la práctica. En consecuencia, concluye contra la tesis de Ortega:

> Pero lo cierto es que se ha negado que el hombre tenga naturaleza, con lo cual se niega, claro está, toda regularidad, toda continuidad de lo esencial, todo soporte o estrato duradero en el espíritu humano. Decía yo que es falsa esa doctrina, y a la vez nociva. Por falsa ya daña. Pero si nos fijamos sólo en el daño, se nota al punto que si se admite la tesis se admite también la esterilidad de todo esfuerzo meliorista. Dejaríamos el campo a lo irracional, a lo azaroso, al accidente. Renunciaríamos a toda finalidad. En cuanto a la conducta, todo sería amoral.[140]

Y no es que negara de plano la filosofía de Ortega, sobre la que escribió un importante ensayo en 1936, amén de hacer referencias en toda su obra, sino que, como le sucedió con otros pensadores, no aceptaba nada acríticamente, saludable actitud filosófica que lo acompañó toda su vida.

En cuanto a la problemática religiosa, Vitier fue hasta cierto punto un agnóstico, de ahí que citara la frase de Esquilo: «Quienquiera que seas», como alegorización de un Dios o «Energía primera». Sus convicciones en este ámbito se refugiaban, una vez más, en última instancia, en lo concreto:

> Yo pertenezco, cada hombre pertenece, de algún modo, a la sustancia divina. Quiero decir que nos hemos originado fuera de la Energía primera... Esto lleva, sin más, a percibir el fundamento de la fraternidad de los hombres. Eso se siente, se ve una vez y ya se ve siempre.[141]

Es con este sentido como deben interpretarse sus referencias a «Dios» y al «espíritu». Mas allá del problema fundamental de la filosofía —aunque su concepción esencial, como ya se adelantó, es monista, variante de un idealismo objetivo—, de la inmortalidad o no del alma, cree, como Martí, en los *hechos* del espíritu, se atiene a sus *valores*, es decir, a sus «creaciones». El espíritu como símbolo de la conciencia, de la cultura humana. Él lo aclara a través de la exposición de lo que constituyó su credo fundamental —como espíritu optimista y meliorista que fue—: «Vivir es creer» o, como expresa en una bellísima reflexión sobre don Quijote: «Vivimos mientras creemos.»[142] Su espiritualismo, cercano al de Martí, como se comprueba en su ensayo «Varona y Martí», está más ligado a una suerte de «espiritualidad», la que define como «una actitud mental, una aspiración», para diferenciarla de la semántica del espiritualismo. Así, su idealismo, su espiritualidad, fueron un ejemplo de idealismo necesario, práctico, real. Él mismo lo describió así:

> Vivir es creer. He reiterado en escritos y disertaciones ese juicio, al que atribuyo validez universal. La alusión no se dirige a creencias religiosas. Éstas pertenecen a la intimidad de la conciencia individual. La alusión mira a credos laicos, de filiación ética, civil, política [...] El hombre no se salva sino por el espíritu.[143]

En su artículo «La realidad» reitera su perspectiva monista, unitaria del universo: «En lo práctico se incluye lo material y lo espiritual», y «El espíritu tiene sus realidades».[144] Sí fue un cristiano convencido, pero atendiendo a su ideario humano, no trascendente. Si bien afirmó que «No me sitúo en la ortodoxia de ninguna religión positiva. Pero la idea de Dios es para mí la más firme»,[145] también confesó: «creo en realidades suprasensibles. Si las describimos y concretamos, ya eso pertenece al dogma, y es otra cosa.»[146] En última instancia, defiende al cristianismo como filosofía moral: «hay que verlo —dice— como una realidad del espíritu, dinámica y perenne».[147] Pero esas realidades suprasensibles, ¿cuáles son? Sin duda, el mundo de los valores o creaciones éticas, espirituales. Dice en su especie de testamento filosófico y confesional, «Juicios»: «Creo, sobre todo, en la supremacía del Bien, en la eficacia del Amor que vincula y purifica.»[148]

Si hubiera que sintetizar en qué consistió lo más sobresaliente de la obra y el pensamiento de Medardo Vitier, habría que referirse a su magisterio ético y, muy ligado a ello, a su condición de educador, de *maestro*, en el sentido más práctico, pero también en el más antiguo y profundamente filosófico de la palabra. No por casualidad veneraba, por encima de otros filósofos más conocidos y de mayor influencia en el *corpus* filosófico occidental, a Sócrates, sobre todo, afirma, por el «acento personal de su enseñanza». Y explica:

> Platón pudo ser más profundo; Aristóteles, más enciclopédico, Sócrates tiene una gracia cautivadora cuya luz llega a nosotros [...] No se trata de una enseñanza docta, sin más. Se trata, sí, de doctrina, en Lógica como fundamento de la Ciencia, y en Ética, como raíz de la conducta [...] Toda la Filosofía va en busca de seguridades para la inteligencia y para el amor.

Y a continuación añade, con frases que tuvo que sentir como suyas:

> Imagino que en sus soledades, no muchas porque continuamente buscaba interlocutores, Sócrates pensaba: Estamos en el mundo para el conocimiento y para la virtud. La mayoría sólo entrevé estas verdades. A mí se me revelan enteras. Yo tengo la misión de despertarlas en las conciencias.[149]

Significativamente, también se acercó en una ocasión a Confucio para destacar precisamente cómo en aquél prevalecía la actitud ética. Como creía en el ideario ético y espiritual del cristianismo, pensaba que «Cristo está por realizarse en la sociedad»,[150] es decir, aquellos valores que esa figura representaba. Asimismo afirmó que: «La filosofía debe a mentes serenas, frías, muy considerables aportes; pero quizás no deba menos a los pensadores dotados de gran sensibilidad, como Heráclito, San Agustín, Pascal, Bergson... La vía lógica, discursiva, no es la única»[151] —y ya se volverá sobre este juicio a propósito de sus ideas estéticas.

Fue indudablemente en esta dirección por la que se acercó predominantemente a Luz y Caballero, a Martí e, incluso, a Varona, los tres pensadores cubanos con los que se sintió más identificado. De Luz expresaba, en su importante ensayo «Actitud»: «Tuvo una actitud ética frente a la vida. Tal es la clave.»[152] Sobre él escribió varias veces; por ejemplo, su artículo «¿Volver a José de la Luz?», su ensayo *José de la Luz y Caballero como educador* (1956), en sus libros sobre las ideas y la filosofía en Cuba y en otras importantes semblanzas. El primer ensayo que se publicó durante la República sobre Martí, y uno de los primeros que escribió Vitier, fue *Martí, su obra política y literaria* (1911), el cual revela un conocimiento minucioso de su obra e inicia la revalorización que de Martí se hizo con posterioridad, y a la que él mismo contribuyó con su *Martí, estudio integral* (1954), amén de otros ensayos, artículos o referencias que dedicó al Apóstol. De Varona[153] —de quien fue su estudioso más constante e importante— preferiría, más allá de su filosofía, a la que señaló ciertos reparos por su positivismo, su entereza moral: «lo que más admiro es la consistencia de su carácter, la ansiedad con que vigiló la suerte de Cuba», escribió en 1941,[154] y repárese en cómo vincula el valor moral con el desvelo patrio, eliminando cualquier duda sobre el carácter unilateralmente trascendental de su prédica axiológica. Por otra parte, no puede extrañar esto, es decir, estas preferencias o lecciones por encima de todo un pensamiento al que el propio Vitier dedicó una gran parte de su producción escrita, en quien afirmó: «Fuera de la filosofía creo que las más altas lecciones han sido la ecuanimidad de mi madre y la bondad de mi padre.»[155]

Ya se había anticipado que su ideario se concentró fundamentalmente en lo axiológico y en lo antropológico. En este sentido, en su ensayo «Simientes», de *La ruta del sembrador. Motivos de literatura y de filosofía* (1921), aborda una problemática que se hará una constante de su pensamiento, cuando contrapone los valores éticos —el bien— y los sentimientos, a los valores in-

telectuales. Acaso siguiendo aquel pensamiento martiano de que «la inteligencia no es lo mejor del hombre», Vitier preconiza, por ejemplo, en «Fines de la Educación» (1952), la necesidad de una «cultura moral», porque para él la ética, cuando la contrapone a la inteligencia, es también una forma de sabiduría, en todo caso superior a aquélla, porque la contiene. En su discurso sobre Varona, de 1941, cita la frase de Martí de que «El genio va pasando de individual a colectivo», y afirma que «las formas superiores de la bondad humana merecen más veneración que las de la inteligencia». Es a partir de estos credos donde vemos la enorme distancia que hubo entre el ideario de Vitier y el de Mañach. Pero como ya se advertía, no es esta prédica de una actitud moral algo desvinculado de la realidad, de su contexto histórico y social incluso. En su ensayo «Actitud» (1935), contrapone la supremacía de los valores éticos y espirituales por encima de los valores pragmáticamente materiales o del finalismo de la «riqueza» —y esta prédica, como es obvio, no estaba para nada alejada de la problemática política y económica del país. Como hizo Martí a propósito de la necesidad de la poesía para los pueblos, exhorta allí Vitier: «Jóvenes: el problema de Cuba es de caña de azúcar, es de tierra, sin duda. Pero la técnica fracasa allí donde no hay virtudes solidarias. La actitud de la conciencia es al cabo la brújula humana»;[156] y finaliza así su ensayo: «Unamuno y Varona son pobres, aunque, claro está, significan mucho más para sus países que cuantos millonarios viven en ellos.»[157]

La *realidad* de los valores éticos y espirituales encuentra en su pensamiento dos ejemplos notables; en su ensayo «Fines de la educación», señala la necesidad de: «Fijar la creencia de que la honradez es una cosa tan firme como las Matemáticas»,[158] y en su ensayo «¿Hay seguridad en el mundo?» (1956) señala que «El hambre normal de una parte de la población del planeta impide el despliegue de la belleza moral en el resto, señaladamente en los que pudieron intervenir con medios materiales. En esto, lo material es moral.»[159] De estas convicciones se desprende su pensamiento fundamental sobre la necesidad de una ética en *vivo*, en *acto* —no otra cosa intentó historiar su hijo, Cintio Vitier, en su libro *Ese sol del mundo moral. Para una historia de la eticidad cubana* (1975)—; así, se refiere a la presencia, en José de la Luz y Caballero, de «como vivencias actuales, sus criterios éticos»,[160] en su ensayo «Actitud». Pero posteriormente argumentará más y mejor este pensamiento en su ensayo «Un mínimo de consenso» —escrito entre 1956 y 1958—, cuando al referirse a su ideal educativo expresa:

> Hay que sacar los asuntos de su forma abstracta. Hechos, hechos, y que la doctrina se vaya organizando de suyo. Si empezamos por adoctrinar, en prédica, ya tomamos mal camino. Para que esta dimensión educacional se convierta en «vivencia», el recurso está en la realidad misma del individuo y de la Sociedad. Como se coleccionan ejemplares en Zoología, por caso, hay que coleccionar actos, formas de conducta, virtudes, no en su concepto teórico sino encarnadas en acciones. Y así, trabajando en lo vivo.[161]

Como una prolongación de su preocupación axiológica, lo que Vitier denominaba como *el sentido de la vida* estará de algún modo presente en casi toda su obra, por ejemplo, en sus «Notas sobre una formación humana» —donde discrepa sutilmente de Mañach—, con el subtítulo de «La enseñanza de la filosofía», discurso leído al recibir el título de Doctor Honoris Causa, en 1956; o en «Doctrinas contemporáneas sobre el hombre»; o, en general, como sucede con otros tópicos también, en toda su obra; así, por ejemplo, en su discurso sobre Enrique José Varona, de 1941, afirmará que «La raíz de una reforma está en el hombre mismo», o que «El hombre ha progresado asombrosamente en su dominio de la Naturaleza pero no en el de su naturaleza»,[162] ideas de lejana ascendencia socrática, por donde también se opone a la ya referida argumentación de Ortega sobre la carencia de naturaleza en el hombre.

Toda su prédica pedagógica se desprenderá de su ideario ético. Ya en 1926 publica su ensayo *Lo fundamental, ideas sobre educación*. Pero sus ideas al respecto conforman prácticamente toda su obra, tanto por su intención como por sus contenidos. Vitier escribió siempre, explícita o implícitamente, para la juventud. Fue un educador, un vivificador de conciencias, como Luz y Caballero, su ideal en este sentido. Creyó fervientemente en la función social, incluso política, de la educación, como medio para remediar el problema insoluble de la República. En este sentido, en su ensayo «Un mínimo de consenso» escribió que «un cambio de mentalidad para asegurar el mejor régimen ético real (no teórico) es cosa lenta. Pero fuera de una reorientación humana no veo camino seguro. De modo que un sistema educacional meditado, con fines concretos, sería el medio.»[163]

Vitier no fue nunca un político, ni tampoco partidario de la violencia social, si bien, como va se ha visto, no desdeñaba la *acción*, y simpatizaba con la famosa frase de Varona de que «la acción salva», pero individualmente era partidario, decía, de «la sentencia estoica según la cual recibir un mal es preferible a hacerlo».[164] Aunque no despreciaba la política —ya se ha visto que forma parte incluso de sus credos laicos, espirituales—, no sentía que en ella estaba su misión, acaso inspirado en una actitud similar a la que él refiere de Confucio: «No se abstuvo de participar en la política, pero cuando lo llamaban para un puesto de gran responsabilidad se detenía a ver si era compatible con sus principios éticos. De modo que conservó su independencia.»[165] No obstante, lo que puede considerarse como su pensamiento social también alcanzó cualidades muy singulares.

Su ideal de República provenía del ideal martiano, como expresa, por ejemplo, en su ensayo «Doctrina Social». Su credo en este sentido se derivaba de la sentencia martiana: «Con todos y para el bien de todos.» No estaba comprometido, como Mañach, o como intelectuales marxistas, con un tipo determinado de ideología política. Creía, como puede comprobarse en su ensayo «¿Quién salva?», en una suerte de cristianismo social, ya se sabe que muy vinculado a la acción formadora de la ética y la educación. Pero mientras Mañach defendía los intereses de una utópica burguesía nacionalista, Vitier, con un ideal más democrático y acaso más cerca de las realidades inmediatas, defendía al campesinado. Así, en su ensayo «Actitud» dice: «En punto a cuestiones de conciencia, tengo por válidos y formadores los siguientes asertos», y entre los veinte tópicos que allí expone dedica una parte considerable a pronunciarse en contra de la acumulación de riqueza por unos pocos en detrimento de muchos. Dice que la república «No ha de ser triunfo de unos pocos», y a continuación se explaya en la defensa del campesinado cubano, en el problema de la distribución equitativa de la tierra; apunta cómo el olvido de uno de nuestros esenciales componentes sociales atenta contra la «nacionalidad real». Expresa: «Se peleó por la libertad. Hacer eso con los trabajadores, es negar la libertad. No ya la libertad política, sino la que tenemos a vivir.» Por último dice: «Varona nos ha recordado que la colonia se nos viene encima, con nuestra organización republicana y todo. Martí, su gran amigo, lo había previsto cuando dijo: "La Independencia no consiste en el cambio de forma, sino en el cambio de espíritu".»[166]

Siendo consecuente con su actitud crítica y abierta a la vez frente a cualquier problema, no fue un obcecado, como Mañach, en contra del marxismo y el socialismo. Por ejemplo, en su ensayo «Valoraciones», de *Estudios, notas. Efigies cubanas* (1944), dice: «el Socialismo, no obstante fijarse más en lo colectivo, va, en realidad, a garantizar lo individual, al propugnar formas justas de convivencia».[167] Más adelante dice del marxismo: «No lo creo erróneo totalmente», y afirma que ilumina «Las propensiones fundamentales de nuestro ser», pero no confía en sus «medios» y afirma: «Pero sin un cambio en lo que San Pablo llamó "el hombre interior", son baldíos los reajustes de la sociedad.»[168] En su ya mencionado ensayo «¿Hay seguridad en el mundo?» se refiere al «Socialismo extremo», que no comparte, pero tampoco la campaña también extrema en su contra, porque: «Tal actitud desemboca, es lo probable, en la violencia» —dice en implícita referencia a la «guerra fría», propia de aquellos años. Sin embargo, a continuación expresa: «Lo que hay de natural y justo en el Socialismo, ya lo preconiza el Cristianismo, y

ha debido realizarlo la Democracia», y advierte que su régimen, basado en el pueblo, «ha de ser "para el bien de todos"», aludiendo a Martí.[169] Lo cierto es que Vitier parece dudar también del modelo imperante de democracia capitalista, cuando alude a que:

Es inconsciente (o tranquilamente amoral) la actitud de algunos estadistas, y junto a ellos la de grandes industrias que van en lucha fiera en pos de mercados [...] Prevalecen los intereses de cierta clase. La clave de todo está en la clase de intereses preeminentes en la Sociedad y en los gobiernos. La tarea consistirá en formar juventudes a la luz de intereses diferentes.[170]

Descartando la opción de la revolución, por su violencia necesaria, no le queda otro camino al pensamiento de Vitier que el de, una vez reconocida la esencial injusticia social, preconizar una suerte de meliorismo social que, como se ha visto, descansa fundamentalmente en la acción de la cultura, la ética y la educación.

La otra gran zona de su obra ensayística la acapara la literatura. Aunque a la luz de los contenidos antes expuestos no fue esta faceta de su obra la más significativa, no por ello dejó de plasmar orientaciones y juicios de gran valor. En 1921, en su ensayo «La enseñanza de la literatura», recogido en *La ruta del sembrador. Motivos de literatura y filosofía*, se refiere nada menos que al proyecto de una ciencia de la literatura, que considera válida mientras no atente contra las particularidades de las literaturas nacionales. Esta dialéctica entre lo general y lo particular estará siempre presente en sus estudios literarios. En otro ensayo contenido en el libro mencionado, «Fases del fenómeno literario» —fases que describe como la histórica, estética, científica, ética y crítica—, desarrolla uno de los estudios teóricos más enjundiosos escritos en Cuba sobre la teoría de la literatura en aquellos años. Asimismo, en otro ensayo, «La ilusión de la patria», expresa: «La literatura, instrumento de expresión del genio nacional, encarna y glorifica con más eficacia que los demás factores, el sentimiento de la patria»,[171] y hace hincapié en la importancia que debe tener dentro de una historia de la lite- ratura cubana, con respecto a Hispanoamérica incluso, la problemática de lo nacional, atendien- do a las particularidades históricas de la nación cubana. En otro de sus libros, *Apuntaciones lite- rarias* (1935), reúne sus ensayos «El romanticis- mo», «El romancero», «Observaciones sobre la literatura uruguaya», y un importante conjunto de semblanzas sobre ensayistas cubanos de la República. Pero el trabajo más importante allí presente es el titulado «El ensayo», donde reali- za una aproximación teórica a este género lite- rario, a la vez que una descripción histórica de su evolución. Resalta allí, una vez más, su preocupación por lo nacional, cuando, por ejem- plo, al referirse a la importancia del pensamien- to de Unamuno y de Ortega y Gasset, ésta se debe, afirma, a que expresan «los motivos y va- lores del alma nacional».[172]

El conjunto de semblanzas sobre ensayistas cubanos antes mencionado es completado por Vitier en su libro *Estudios, notas. Efigies cubanas* (1944), cuando realiza lo mismo con los princi- pales pensadores cubanos del XIX. Allí incluye también su ensayo «La producción literaria y el espíritu de las épocas», como un proyecto no concluido de un libro sobre teoría literaria. En otro, «Notas sobre la literatura hispanoameri- cana», afirma: «Los temas pueden y deben ser americanos, sin mengua de lo humano universal que late siempre en lo particular.»[173] En «cómo debe escribirse la literatura hispanoamericana» reitera la importancia que deben tener las litera- turas nacionales en una historia de las letras his- panoamericanas. También incluye aquí el ensa- yo «Notas sobre la literatura contemporánea», en esencia el mismo que había publicado antes en forma independiente, *Caracteres de la litera- tura contemporánea* (1941), un panorama expositivo y valorativo de sus principales ten- dencias, donde se destaca su afirmación de que: «La literatura no puede estudiarse desligada de la sociedad que la genera.»[174]

Por último, publica *Del ensayo americano* (1945), en cuya introducción retoma su estudio ya señalado sobre el ensayo. Allí expresa: «Casi todo lo refleja el ensayo. Acude solícita esta for- ma de la prosa a esclarecer buen número de cues-

tiones. No nos da tanto las soluciones, como la conciencia de la realidad.»[175] Luego reitera su importante dilucidación teórica e histórica so- bre el ensayo, en «El ensayo como género», uno de los mejores estudios que se han escrito en Cuba sobre el particular, y después aborda a una serie de ensayistas hispanoamericanos: Sarmien- to, Montalvo, Hostos, Rodó, Pedro Henríquez Ureña, Alfonso Reyes y otros. Se destaca el de- dicado a José Carlos Mariátegui por la seriedad y objetividad de su enfoque.

Dos juicios estéticos sobresalen en su pensa- miento, donde gustaba reiterar sus credos fun- damentales: los referidos al dolor y a la vía no discursiva del conocimiento. Con respecto al primero, al que consideraba como un *valor*, es- cribió un ensayo sobre Martí que tituló «El es- tilo, el dolor y la ilusión de Martí», el cual re- cogió en *La ruta del sembrador* (1921). En este mismo libro se refiere, en «La enseñanza de la literatura», al valor estético del dolor. En su «Apéndice B. Juicios», de su libro sobre Kant, aprecia que «Hay que contar con el sufrimien- to. No sobreviene. Es inherente a la vida, aun- que no su único factor. Algunos espíritus de fi- nura han percibido la virtud aclaradora del dolor»,[176] donde, entre otras muchas probables fuentes, continúa las ideas martianas sobre el dolor como conocimiento y la estética de la her- mosura dolorosa. Otra vía del conocimiento que Vitier asume parece provenir, o al menos apo- yarse en ella, de la estética intuicionista de Bergson, y así afirma en el Apéndice aludido: «Sentir es un modo de conocer.»[177] También abunda sobre ello en «Respuesta al profesor Fonseca». Pero su reflexión definitiva sobre el particular la expresa al final de su ensayo «Mis maestros». Dice allí:

> Lectura y reflexiones en cosas de Estética me han llevado a creer que la Poesía es una forma de conocimiento. Dicho de otro modo: no conocemos exclusivamente me- diante el llamado «discurso racional» (que nada tiene que ver con la oratoria), sino a virtud de la intuición poética, que abrevia el camino. Claro que el conocimiento que nos da la Poesía pertenece a determinadas

zonas de la Realidad Suma, por eso así, con mayúscula.[178]

Dentro de su crítica literaria, muy cerca del ensayo, pueden citarse tres modelos: «De José Lezama Lima», «Seboruco» y «Samuel Feijóo: estética». Ningún pensador de su generación pudo comprender a Lezama como lo hizo Vitier, quien vuelve aquí a constituirse en el reverso de Mañach. Su prosa «Seboruco» es una de las más bellas que escribió; la dedicada a Feijóo es un modelo de crítica de participación, de verdadera sagacidad y sensibilidad poética. Como ejemplo de su ensayismo más libre, de mayores valores literarios, pueden citarse también «La oración de las piedras», «El sentido de la navidad», «Martí y la tradición», «Amigos y enemigos», «Ya lo sabía Platón»... Pero como confesiones y revelaciones de su pensamiento: «Mis maestros», «Valoraciones», y los apéndices A y B, «El sentido de la filosofía» y «Juicios», de su libro sobre Kant, estos últimos como muestras de un estilo confesional muy singular dentro de nuestra ensayística. Pocas veces se tiene tanto la impresión de estar a solas con un pensamiento, acaso porque lo que entrega allí Vitier es, por encima de todo conocimiento, *su persona*.

Mariano Rodríguez Solveira dice que el estilo de Vitier está «encendido siempre por la fuerza de una emoción, que jamás llegó a dominarle y que él parecía complacerse en reprimir».[179] Aguda observación que se explica por esa natural y como indirecta veta pedagógica que posee su prosa, por esa manera que tiene como de «conversar» con sus lectores, pero que, a pesar de su contención o pudor, alcanza a veces el rango de una solitaria confesión que conmueve por su avasalladora sinceridad. En su prólogo a *La ruta del sembrador* (1921) expresa, como entregando un valor supremo: «He creído escribir un libro sincero.»[180] Allí, en su ensayo «Simientes», confiesa: «No soy original», y cita a Martí: «Las cosas, cada vez que se dicen con sinceridad, son nuevas»,[181] revelando acaso el secreto de su estilo. Tuvo, no obstante, como pocos pensadores cubanos, un pensamiento propio, sólo que lo trasmitió henchido por aquellos valores que tanto intentó despertar en la conciencia cubana: hu-

mildad, sencillez, bondad, honradez, valor, amor y fe.

Ramiro Guerra (1880-1970), junto a Emilio Roig, Herminio Portell Vilá y Emeterio Santovenia, se inscribe dentro de una tendencia de renovación de los estudios históricos en Cuba. De ascendencia campesina y de formación en cierto sentido autodidacta, aunque en 1912 se gradúa de Doctor en Pedagogía en la Universidad de La Habana, muy joven tiene que interrumpir sus estudios y participar, entre 1896 y 1898, a favor de la insurrección independentista. A partir de entonces desarrollará una intensa y extensa labor pedagógica. Asimismo, fungirá un tiempo como director, junto a Arturo Montori, de la revista *Cuba Pedagógica* y, posteriormente, dirigirá *Heraldo de Cuba* (1930-1932), *Diario de la Marina* (1943-1946) y *Trimestre* (1947-1950). También será uno de los directores y colaboradores de *Historia de la nación cubana* (1952). Junto a numerosas publicaciones sobre la problemática educacional, y siguiendo la línea temática general de estudio de las grandes figuras cubanas del siglo XIX, Guerra se acercará a Antonio Maceo, Carlos Manuel de Céspedes, Félix Varela, José Antonio Saco y José de la Luz y Caballero, y no, curiosamente, a Martí.

La importancia de Guerra radica, sobre todo, en la nueva perspectiva histórica que aporta para el estudio de nuestra historia, al lograr articularla como un proceso mucho más profundo y coherente, debido a que «parte del estudio del fundamento económico de los fenómenos políticos y sociales»[182] y a que supera, al decir de José Antonio Portuondo, «el estrecho y erudito positivismo de los mejores historiadores del período».[183]

Su obra puede apreciarse a través de dos direcciones fundamentales: la educacional —en una gran parte puesta al servicio de la renovación de los estudios históricos— y la propiamente histórica, en la que sobresalen su *Historia de Cuba* (1922), en dos tomos, aunque inconclusa; *Nociones de historia de Cuba para uso de las escuelas primarias elementales* (1927) —con varias reediciones—, y su *Manual de historia de Cuba (económica, social y política)* (1938) —que fue reeditada con posterioridad a 1959: en 1962, 1964 y 1971, por considerarse como la visión histórica más objetiva, a pesar de sus explicables limitaciones, producida en nuestro país. Asimismo, su *Guerra de los Diez Años, 1868-1878*, publicada en dos tomos entre 1950 y 1952, y reeditada en 1960 y 1971, constituye un clásico de nuestra historiografía. Precisamente como ejemplo de su perspectiva económica de la historia, el autor publicó *La industria azucarera de Cuba; su importancia nacional, su organización, sus mercados, su situación actual* (1940) y *Filosofía de la producción cubana (agrícola e industrial)* (1944).

No obstante, su significación dentro de la ensayística nacional proviene de su obra *Azúcar y población en las Antillas* (1927), para Manuel Moreno Fraginals «el más importante ensayo de su tipo publicado en Cuba».[184] Este trabajo fue configurándose a través de veintiún artículos aparecidos en la primera página del *Diario de la Marina*, de mayo a agosto de 1927, vitalidad periodística sobre un tema, por entonces, de dramática actualidad que determinó, en buena parte, su cualidad ensayística. La significación y los contenidos de este libro son sintetizados, en lo esencial, por Moreno Fraginals de la siguiente manera:

> el ensayo es el grito angustiado de un hombre que ha visto la entraña del sistema de plantación, y con una prodigiosa visión de conjunto, muestra todas las facetas del problema: latifundio, subordinación al extranjero, degradación política, mínimo nivel de vida en la población campesina, importación estacional de mano de obra no calificada, monocultivo, explotación extensiva de la tierra, economía deforme [...] Los puntos esenciales analizados son diez, y están resumidos en el primer largo párrafo del capítulo XIV. El latifundio azucarero aparece como centro o *leitmotiv* de la obra y, a veces, en la vehemencia de la prosa se achacan al latifundismo hechos que son simples complementos de la economía de plantación. Pero independientemente de la forma en que se establecen los nexos causales, los diez puntos del libro resumen, como no se había hecho antes, ni se hizo

después en Cuba, los aspectos básicos del neocolonialismo por entonces imperante. Se comprende así el tremendo impacto de la obra en los jóvenes revolucionarios del 1930.[185]

Con este último sentido, por ejemplo, Cintio Vitier cita, en *Ese sol del mundo moral. Para una historia de la eticidad cubana*, el concurrente juicio de Raúl Roa al respecto, cuando señala que esta obra de Guerra contribuyó decisivamente «a la forja de la conciencia antimperialista de la juventud cubana de aquellos años».[186] Se comprende entonces también la repercusión de este libro para nuestra cultura —y dentro de ésta para nuestra literatura—, en tanto constituyó un sólido fundamento para el desarrollo de una conciencia y un pensamiento nacional y antineocolonial, pensamiento que el propio Guerra ayuda a profundizar con sus obras posteriores, *En el camino de la independencia* (1930) —estudio histórico sobre la rivalidad de Estados Unidos y Gran Bretaña en sus relaciones con la independencia de Cuba, con un apéndice titulado «De Monroe a Platt»— y, sobre todo, con *La expansión territorial de los Estados Unidos, a expensas de España y de los países hispanoamericanos* (1935).

Independientemente de la controvertida trayectoria política del autor —que no se radicalizó más allá de la posición ideológica de una utópica burguesía nacional, y que incluso aceptó con cierto fatalismo la ingerencia norteamericana—, su obra histórica, por el rigor científico de sus dilucidaciones, por la objetiva y dialéctica articulación de los datos históricos y por la profundización cognoscitiva que posibilitó su quehacer intelectual, encarnó un antecedente insoslayable para cualquier aproximación marxista a nuestro proceso histórico. En este sentido es aprehendida su importancia por Carlos Rafael Rodríguez en un artículo aparecido en la revista *Dialéctica*, «El marxismo y la historia de Cuba»,[187] en el número seis de marzo-abril de 1943. Es por todo ello que a pesar de su «escasa o ninguna preocupación estética», como aprecia Portuondo,[188] su obra signifique un salto cualitativo dentro del pensamiento ensayístico cubano.

Con posterioridad, el autor publica dos libros de difícil ubicación genérica: *Mudos testigos; crónicas del excafetal Jesús Nazareno* (1948) y *Por las veredas del pasado, 1880-1902* (1957), donde pueden apreciarse, si no intenciones, sí ciertos valores literarios. Son libros de memorias familiares, ambos de acusado carácter testimonial; pero Moreno Fraginals advierte cómo, en el primero, el autor logra mostrar «algo mucho más trascendente que el recuerdo familiar: un aspecto completo de la historia agraria cubana», y lo considera «una de las poquísimas obras maestras de la historiografía cubana».[189]

Otra figura importante dentro de la ensayística histórica es Emilio Roig de Leuchsenring (1889-1964). Aunque con muchos puntos comunes con Ramiro Guerra, las características de sus obras difieren notablemente. Si Guerra se consagró, como profesor y publicista, a la educación, Roig orientó una zona considerable de su obra, que fue vastísima, hacia una incidencia política mucho más directa. Si Guerra sentó las bases de la renovación de los estudios históricos, acentuando lo económico, y describió incontrastablemente al neocolonialismo, y estudió las fuentes históricas de la penetración imperialista en Cuba, Roig acentuó la faceta política en sus indagaciones y desarrolló en este sentido una labor sin igual para profundizar en la consolidación de una conciencia antimperialista. Fue muy consciente del papel de la prensa como medio de incidencia social, política y cultural, y fue, en este sentido, un dinámico intelectual revolucionario. Y a diferencia de Guerra, dedicó una gran parte de su obra a la divulgación y estudio del pensamiento de José Martí.[190]

Graduado en la Universidad de La Habana de Doctor en Derecho Civil y Notarial en 1917, fue redactor y jefe de redacción de *Gráfico*. A partir de entonces, amén de su colaboración en numerosas revistas, será director de la *Revista de Derecho* (1913-1917), director literario de *Social* a partir de 1925, subdirector de *Carteles* (1925-1930), director de la *Revista de Estudios Afrocubanos*, fundador de la *Revista de Derecho Internacional* desde 1922, y de la importantísima *Cuba Contemporánea*, de cuya redacción formó parte desde 1923 —año en que participa en la Protesta de los Trece y en el Grupo Minorista.

Son destacables también las numerosas recopilaciones que realizó con prólogos suyos, entre las cuales sobresalen las dedicadas a José Martí. Asimismo se ocupó de las ediciones de la Oficina del Historiador de la Ciudad, que creó en 1936 a raíz de su designación como Historiador de la Ciudad de La Habana en 1935 —cargo que ostentó hasta su muerte—, y como tal realizó una vasta y encomiable labor como difusor y promotor cultural, además de sus numerosas publicaciones en este sentido.[191]

En rasgos generales, su obra tuvo cuatro direcciones fundamentales: las publicaciones aludidas en torno a la Ciudad de La Habana; sus trabajos netamente históricos —estudió, entre otras, a figuras como Tomás Romay, Félix Varela, Antonio Bachiller y Morales, Manuel Sanguily, Enrique José Varona, Calixto García, Juan Gualberto Gómez—; su prolífica obra sobre Martí —en la que sobresale su *Martí antimperialista* (1953), donde realiza un verdadero aporte al conocimiento de esta faceta del pensamiento martiano—, y, por último, lo que puede considerarse como su centro ideológico, su antimperialismo, reflejado sobre todo, entre muchas publicaciones, en su *Historia de la Enmienda Platt. Una interpretación de la realidad cubana* (1935), en dos tomos —reeditada en 1961 y 1963—, en *Cuba no debe su independencia a los Estados Unidos* (1950) —también reeditada varias veces luego de 1959— y en *Los Estados Unidos contra Cuba libre* (1959). En un ensayo publicado por la Oficina del Historiador de la Ciudad de La Habana, *Hostilidad permanente de los Estados Unidos contra la independencia de Cuba* (1960), exclama como colofón de su trabajo: «¡Con qué regocijo y orgullo he visto fructificar ahora mis prédicas de cuarenta años contra la absorción y explotación imperialista yanqui de Cuba!»[192]

Dos facetas menos conocidas de su obra son su pensamiento anticlerical y sus artículos costumbristas. El primero se expresa, sobre todo, en *La Iglesia Católica y la independencia de Cuba* (1958), publicado después, en 1960, con el título *La Iglesia Católica contra la independencia de*

Cuba. Con anterioridad, el autor había estudiado también el papel revolucionario de la masonería cubana en el siglo XIX y las ideas religiosas de José Martí. Como Mañach, tuvo Roig inclinación hacia la literatura costumbrista, y así publicó —aunque sin la calidad literaria de aquél —un conjunto de artículos costumbristas, en 1923, con el título *El caballero que ha perdido su señora*, y, en 1928, *Costumbres habaneras de antaño*.

No tuvo la obra de Emilio Roig apreciables calidades literarias, y aunque en algunas obras su prosa acoge un efectivo lenguaje funcional, como fue característico en Ramiro Guerra, a veces es francamente descuidada, acaso, por su prolífica producción y por una mayor pasión y vocación de servicio, virtudes, estas últimas, que tuvo como pocos escritores cubanos.

Dentro de la ensayística y crítica literarias destacan, a partir de 1923, entre otros, José María Chacón y Calvo, José Juan Arrom, Raimundo Lazo y Salvador Bueno. Sin embargo, Chacón y Calvo (1892-1969), en aquella fecha, ya había logrado publicar una obra que lo situaba como uno de los más importantes ensayistas, críticos e investigadores cubanos. Baste recordar *Los orígenes de la poesía en Cuba* (1913), *Gertrudis Gómez de Avellaneda, las influencias castellanas: examen negativo* (1914), *Romances tradicionales en Cuba (Contribución al estudio del folklore cubano)* (1924) y su antología *Las cien mejores poesías cubanas* (1922). Asimismo, había dado muestras de sus dotes como hispanista con su conferencia *Cervantes y el romancero* (1917), y de su vocación poética con sus textos de prosa lírica, *Hermanito menor* (1919) y *Ensayos sentimentales* (1922). Con posterioridad seguiría desarrollando su labor como hispanista con *Ensayos de literatura española* (1928) y *El padre Sarmiento y el Poema del Cid* (1924), también retornaría a su prosa poética en su *Diario en la muerte de mi madre* (1953). Sobre esta última vocación refiere Félix Lizaso[193] que Chacón había escrito versos en su juventud, los cuales reunió —aunque nunca publicó— bajo el significativo título *De mi fracaso poético*. Pero esta disposición debió influir sin lugar a dudas en que sumara, a sus dotes como crítico e investigador, una prosa de valores literarios y una genuina sensibilidad poética. Así lo reconocieron tanto Lizaso como Medardo Vitier.[194]

A partir de 1923 —año en que dirige la Sociedad de Conferencias y es cofundador de la Sociedad de Folklore Cubano—, Chacón continúa desarrollando su producción como crítico, investigador y ensayista literario —una gran parte de su labor como crítico la realizó durante muchos años en una sección fija del *Diario de la Marina*— y publica importantes títulos como *Los comienzos literarios de Zenea* (1927) y *Juan Clemente Zenea, poeta elegíaco* (1951), así como estudia a otros escritores cubanos: Justo de Lara, Manuel de la Cruz y Raimundo Cabrera, entre otros. Pero sin dudas su contribución mayor en este sentido es su numerosa producción sobre José María Heredia.

Desde su primer estudio sobre Heredia —«Las etapas formativas de la poesía de Heredia», publicado en *Cuba Contemporánea* y *El Fígaro*, leído en la Sociedad de Conferencias y aparecido como libro en 1915— hasta el último —«Un aspecto de la poesía religiosa de Heredia: su tonalidad religiosa», de 1957—, publicó más de veinte trabajos sobre el poeta, lo cual lo convirtió, al decir de Salvador Arias, en «su más importante estudioso».[195] Esta significativa faceta de su obra ha sido estudiada por el crítico antes mencionado en su prólogo «Heredia y Chacón y Calvo» a la segunda —y en cierto sentido nueva— edición de *Estudios heredianos* (1980), pues la primera data de 1939; en la edición de 1980, junto a «Las etapas formativas de la poesía de Heredia», «La vida y la poesía de Heredia», y «Nueva vida de Heredia», presentes en la edición original, Arias suple otros trabajos de menor importancia con la inclusión de «El horacismo en la poesía de Heredia», «Heredia considerado como crítico» y «Heredia y su influjo en nuestros orígenes nacionales»; no incluye, sin embargo, «Un aspecto de la poesía religiosa de Heredia: su tonalidad religiosa», tan importante para las consideraciones críticas y valorativas que hace el crítico en su excelente prólogo.

Chacón estudió prácticamente todas las facetas de la obra y la vida heredianas: su biografía, tanto en Cuba como en México, su epistolario, sus ideas políticas, su crítica literaria y, por supuesto, su poesía, a la que aportó perdurables claridades en torno a sus fuentes, sus etapas formativas, su sentido religioso, sus valores estéticos y literarios, entre éstos el que se define como su «poesía civil interna», entre otros contenidos. En esta sostenida y vasta labor demostró Chacón sus condiciones de acucioso investigador, biógrafo, crítico y ensayista. Es significativo el hecho mencionado por Arias de que Chacón, en 1952, leyera por radio su ensayo «Heredia y su influjo en nuestros orígenes nacionales», donde se manifiestan algunas ideas políticas de Heredia que en esencia tenían que negar el sentido del golpe de estado de Batista, sucedido meses antes. La crítica ha insistido en el apoliticismo de Chacón, quien fue partidario de la «neutralidad de la cultura», actitud con la que fue empero consecuente toda su vida.

Formado bajo el influjo de Marcelino Menéndez y Pelayo, Chacón y Calvo continúa una tradición humanista que tuvo también sus seguidores en España en, por ejemplo, un Menéndez Pidal. Ofreció siempre la imagen del erudito, consagrado con absoluta dedicación a su quehacer intelectual. Como director de la Dirección de Cultura del Ministerio de Educación, cargo que ocupó con una breve interrupción, desde 1934 hasta 1944, dirigió la importante serie Cuadernos de Cultura, que publicó a las principales figuras de la cultura cubana del XIX con muchas de las cuales llegó a familiarizarse íntimamente, como refiere Medardo Vitier.[196] También dirigió la rediviva *Revista Cubana*. Dentro de este ámbito cultural, tan imporante durante la República, Chacón hizo un elogio de Carlos Manuel de Céspedes, *El primero que supo ejecutar* (1939); también se acercó a Félix Varela en sus ensayos *El padre Varela y la autonomía colonial* (1935) y *El padre Varela y su apostolado* (1953). Católico fervoroso, fue profesor de la cátedra de literatura cubana en la Universidad Católica de Villanueva desde 1946 hasta 1961.

La otra gran zona de su obra la consagró a la investigación histórica sobre la conquista y la colonización españolas, labor en la que realizó importantes aportes, sobre todo a partir de sus pesquisas en los archivos españoles, durante su prolongada estancia en España, la cual llegó a ser para él como una segunda patria. Algunos de estos trabajos son *El documento y la reconstrucción histórica* (1929), *Ideario de la colonización de Cuba (ensayo de historia sinóptica)* (1933), *Criticismo y colonización* (1935), entre otros. Max Henríquez Ureña[197] refiere que, como producto de sus impresiones españolas, Chacón escribió su *Libro de pastores y Viajes por España*. Una gran parte de su obra, publicada en revistas y periódicos, permanece aún sin recopilar.

Contrariamente a Chacón, la obra de José Juan Arrom (1910) anterior a 1959 es más bien breve comparada con la que ha seguido escribiendo con posterioridad a esa fecha, si bien detenta una singular importancia. Arrom, aunque ha vivido prácticamente toda su vida en los Estados Unidos, país donde se graduó de Bachelor of Arts (1937) en Yale University, de Master of Arts (1940) y Doctor in Philosophy (1941), ha mantenido viva una vinculación entrañable con Cuba y, en general, con la historia y la cultura hispanoamericanas. Tipo de *scholar* erudito, su obra, más orientada hacia la investigación —filológica y folklórica—, se desenvuelve, muy vinculada a su labor docente, dentro de las cauces de la exégesis bibliográfica, la investigación minuciosa de las fuentes de nuestra cultura, el rigor y pormenor de sus dilucidaciones, orientándose por lo general hacia la valoración de aspectos muy particulares de la literatura, al menos hasta 1959 aproximadamente, tiempo en que Arrom va consolidando su severa formación intelectual y reuniendo datos que le permitirán, con posterioridad, abordar temas de más vasto alcance. Es por ello que Arrom ha podido hacer importantes aportes, hallazgos y asentamientos de datos imprescindibles para el conocimiento y comprensión fidedignas de la cultura hispanoamericana. Es una obra funcional, de servicio, que suele sacrificar la soltura ensayística a la búsqueda del dato ignorado o exacto, el establecimiento de relaciones esclarecedoras, por lo que ha contribuido notablemente también al desarrollo de una investigación de carácter científico de nuestras letras.

En este sentido, por ejemplo, es autor de la edición crítica de *El príncipe jardinero y fingido Cloridano* (1951), como consecuencia de sus importantes investigaciones y dilucidaciones críticas en torno a su discutido autor, Santiago Pita, y su obra, expuestas, en 1948, en su discurso de ingreso en la Academia Nacional de Artes y Letras de Cuba, «Consideraciones sobre *El príncipe jardinero y fingido Cloridano*», ensayo donde demuestra la autenticidad de su autor y fija la enorme importancia de esa pieza teatral dentro de todo el siglo XVIII.

Acaso su obra más importante, por entonces, sea *Historia de la literatura dramática cubana* (1944), así como más tarde la *Historia del teatro hispanoamericano; época colonial* (1967), algunos de cuyos antecedentes se encuentran en sus ensayos, *Voltaire y la literatura dramática cubana* (1943), *Documentos relativos al teatro colonial en Venezuela* (1946), «Perfil del teatro contemporáneo en Hispanoamérica» (1952), *Una desconocida comedia mexicana del siglo XVIII* (1953) y «Entremeses coloniales», incluidos todos en sus libros de ensayos *Estudios de literatura hispanoamericana* (1950) y *Certidumbre de América* (1959), los cuales reúnen lo fundamental de su obra anterior a 1959.

En el libro de 1950 se encuentra, por ejemplo, su ensayo «Las letras en Cuba antes de 1608», conferencia leída y publicada en 1944, donde el autor hace importantes contribuciones para fijar mejor los orígenes de nuestra poesía. Asimismo, en otro, «Dos poemas atribuidos a José Antonio Miralla», despeja las oscuridades en torno a la verdadera paternidad del soneto «La ilusión», atribuido a Miralla y en realidad escrito por Manuel de Zequeira.

Otros ensayos incluidos en los libros antes mencionados son: *La poesía afrocubana*, leído en 1940 y publicado en 1942; *Criollo: definición y matices de un concepto* (1951), ampliado considerablemente después; *El negro en la poesía folklórica americana* (1955), «Imagen de América en el Cancionero español» (1958) e «Hispanoamérica: carta geográfica de su cultura». También se acercó a contenidos más particulares de nuestra literatura dramática y lírica en *El teatro de José Antonio Ramos* (1947) y

«Raíz popular en los *Versos sencillos* de José Martí» (1953).

Uno de los valores más perdurables de la obra de Arrom es haber contribuido a conformar la imagen de una verdadera identidad cultural de nuestra América, a borrar las fronteras entre lo culto y lo popular, a revalorizar el folklore, la tradición popular y oral, a establecer comunidades de base entre lo español y lo americano y, en fin, a brindar una imagen más fiel de nuestra cultura hispanoamericana.

Como Chacón y Calvo y Arrom, Raimundo Lazo (1904-1976) se imbrica también dentro del tipo de ensayista erudito, investigador, pero en su caso, sobre todo, profesor de diferentes disciplinas literarias, labor esta última por la que es recordado mejor.[198] Después de recibir el doctorado en Derecho Civil (1925) y en Filosofía y Letras (1926), se desenvuelve como profesor en el Instituto de Segunda Enseñanza de Camagüey, luego en el de La Habana. Desde 1930 lo es de la Facultad de Filosofía y Letras de la Universidad de La Habana. Sólo en dos ocasiones interrumpió su labor docente, cuando fue destituido por su oposición al gobierno de Machado y cuando tuvo que abandonar el país por sus artículos periodísticos contra la dictadura de Batista. Impartió numerosos cursos en universidades norteamericanas sobre literaturas cubana e hispanoamericana, centros temáticos de su quehacer como educador, aunque también incursionó en la literatura española, en estudios sobre la lengua castellana y en la teoría e historia literarias.

Muy vinculada a esta labor se desenvuelve su obra ensayística, la cual comienza a partir de 1929 cuando publica sus semblanzas *Heredia, Zenea y Martí; poetas patrióticos*. Precisamente su tesis de grado versará sobre *Martí y su obra literaria* (1929), contenido que continuó abordando en *Martí y la política* (1946), *Martí en la historia literaria de Cuba* (1950) y en su conferencia pronunciada en la Academia Cubana de la Lengua, «Martí, ensayista», en 1954.

También estudió a otras figuras de la cultura e historia cubanas en sus ensayos *Arango y Parreño* (1945), donde realiza una exposición valorativa de su vida y de su obra, indagando la índole de su «cubanidad», a la vez que valora el estilo de su prosa; *El 7 de diciembre* (1951), sobre Antonio Maceo; «El P. Varela y las *Cartas a Elpidio*», epílogo del libro *Cartas a Elpidio* (1945), donde califica a Varela como «El primer moralista del país» y hace hincapié en sus valores literarios; «*El Lugareño* y la literatura cubana» (1950) y «Juan Marinello, ensayista hispanoamericano» (1938). Además, realizó compilaciones de las obras de Martí y José de la Luz y Caballero.

El primer libro publicado por Lazo, *Ensayo de un programa elemental de Gramática Española, Literatura preceptiva e Historia de la Literatura Española* (1929), ilustra sobre su interés por otras tres importantes zonas de la lengua y la literatura. En 1937 publica *Elementos de lengua española*, el cual conoce ocho reediciones hasta 1957, y en 1944 aparece *Criterios idiomáticos*. Con respecto a la literatura española se destaca su ensayo *Leyendo y comentando La Dorotea* (1936). Y, sobre todo, sobre teoría e historia literarias —acaso una de las facetas más importantes de su producción intelectual—, Lazo publica, en 1938, *Elementos de teoría y composición literarias (Literatura preceptiva)* —con reediciones en 1944 y 1957— y, en 1954, *La teoría de las generaciones y su aplicación al estudio histórico de la literatura cubana* —el cual conoció de una segunda edición ampliada en México, en 1973. Con este último trabajo, Lazo hace un considerable aporte al estudio histórico de nuestra literatura, a la vez que participa de un interés teórico por entonces en boga —el fenómeno generacional—, el cual tuvo otros estudiosos, entre ellos, el más destacado, José Antonio Portuondo.[199]

La otra zona de su producción ensayística es la referida a la literatura hispanoamericana. En 1935 publica su estudio *La personalidad de la literatura hispanoamericana*; en 1940, *Literatura e Hispanoamericanismo*; en 1943, *Vigil, Palma, González Prada*; en 1954 imparte su conferencia «La personalidad, la creación y el mensaje de Alfonso Reyes» (1955) —quien influyó mucho en su formación intelectual—, y, en 1956, *La poesía de Zorrilla de San Martín*. Asimismo publicó, en diferentes revistas, «Caracterización y balance del modernismo en la literatura hispa-

noamericana» (1952), «Sor Juana Inés de la Cruz» (1951), «Rómulo Gallegos, América y la novela hispanoamericana» (1954) y «Rufino Blanco Fombona» (1944). Lazo ha sido acaso nuestro mejor hispanoamericanista, dirección en que continuó profundizando luego de 1959.

En general, su producción intelectual está directamente relacionada con su vocación docente, a través de la cual fue un verdadero maestro de diferentes generaciones. No fue un ensayista brillante ni ejerció con profusión la crítica literaria; sin embargo, sobresalió por la extensión de sus conocimientos, su eficacia didáctica y, en general, por su funcional servicio a la enseñanza de la literatura.

De características muy semejantes a las de Lazo es la obra de Salvador Bueno (1917). Doctor en Filosofía y Letras en la Universidad de La Habana en 1942, desarrolló hasta 1959, y con posterioridad, una amplia labor docente como profesor de literaturas cubana e hispanoamericana. Ejerció con profusión el periodismo y la crítica literarias y ha sido uno de los más constantes y eficaces divulgadores de nuestra literatura. Se ha destacado también por su trabajo como antologador. En este sentido publicó, durante la década del cincuenta, *Antología del cuento en Cuba (1902-1952)*, *Los mejores ensayistas cubanos* (1959) y *Los mejores cuentos cubanos* (1959-1960), en dos tomos.

Acaso su obra más importante es su *Historia de la literatura cubana* (1954), reeditada en 1959 y 1963, la cual ha tenido sobre todo una importante repercusión en la enseñaza de la literatura. En sentido general, su obra ensayística se orientó hacia estudios de carácter panorámico, como es el caso de *Contorno del modernismo en Cuba* (1950), *Medio siglo de literatura cubana (1902-1952)* (1953) —donde estudia la poesía, la narrativa, el ensayo, la crítica y el teatro cubanos de la República— y *Policromía y sabor de costumbristas cubanos* (1953).

Entre sus ensayos de contenidos más particulares cabe destacar *Trayectoria de Labrador Ruiz* (1958) y «Semblanza biográfica y crítica de un narrador», este último sobre Lino Novás Calvo. Estos dos estudios, junto a *Las ideas literarias de Domingo Delmonte* (1954), constituyen tres de los más valiosos ensayos de Bueno. Otros fueron reunidos en *La letra como testigo* (1957), libro conformado fundamentalmente por estudios sobre escritores hispanoamericanos: Enrique González Martínez, Mariano Azuela, José Rubén Romero, Pedro Henríquez Ureña, Rómulo Gallegos, a los que se añade el panorama «El cuento actual en la América hispana»; «Presencia cubana en Valle Inclán», «Alejo Carpentier, novelista antillano y universal» y «Huella y mensaje de José Martí», representan la temática cubana dentro del libro.

No obstante la reconocida calidad literaria de la prosa de Alejo Carpentier (1904-1980), su producción netamente ensayística hasta 1959 fue en realidad bastante escasa. Salvo unos pocos ensayos de contenido musicológico, su importante libro *La música en Cuba* (1946), el prólogo a su propia novela *El reino de este mundo* (1949) y su ensayo sobre *Tristán e Isolda* y el romanticismo americano, la prosa reflexiva —aunque siempre «artística» o de altos valores estéticos— que escribe el autor hasta aquella fecha discurre a través de su enorme producción artística. En su caso, el periodista y el narrador precedieron en lo fundamental al gran ensayista y al teorizador de la literatura. Incluso puede afirmarse que dentro de su *corpus* periodístico no es la literatura la manifestación artística más favorecida cuantitativamente.

Su actividad como publicista se inicia en La Habana en 1921, cuando escribe la sección «Obras famosas» en el periódico *La Discusión*. Allí dedica alrededor de diez comentarios, entre la crítica o reseña literarias y el artículo periodístico, a obras como *Al revés*, de Huysmans, *Herodías*, de Flaubert, *Las ranas*, de Aristófanes, y otras. Escritos de juventud, si bien revelan ya las calidades de la prosa de quien sería posteriormente uno de los mayores escritores en lengua castellana del presente siglo, no alcanzan la hondura, por ejemplo, de su prólogo-ensayo a *La montaña mágica* (1973), de Thomas Mann, publicada en La Habana en 1973.

Por estos años, Carpentier colabora en *Chic* y en *El Heraldo de Cuba*, y es jefe de redacción de *Hispania*, pero su producción periodística más significativa la desarrolla en *Carteles* a partir de 1923 y hasta 1948 —es su jefe de redacción desde 1925— y en *Social*, órgano del Grupo Minorista al que Carpentier se vincula luego de su participación en la Protesta de los Trece (1923).

De ahí que fuera, también, fundador de *Revista de Avance*, en 1927. Con posterioridad colabora en las más prestigiosas revistas cubanas, así como en numerosas publicaciones francesas e hispanoamericanas.

En 1976 se publica en La Habana su libro *Crónicas*, en dos tomos, donde se recogen sus colaboraciones en *Social* y *Carteles*, desde 1922 hasta 1948. El primer tomo contiene un prólogo de José Antonio Portuondo donde se precisan las características y los contenidos fundamentales del periodismo carpenteriano. Portuondo lo divide en cinco etapas: la llamada por Carpentier como de «aprendizaje», la cual se extiende de 1922 a 1928, año este último en que se radica en París que inicia su segunda etapa, sus crónicas parisienses, hasta su regreso a Cuba en 1939. Hasta entonces sus crónicas abordan sobre todo el universo vanguardista de la plástica y la música europeas, sin obviar a figuras cubanas, como Carlos Enríquez y Amadeo Roldán, y a americanas, como José Clemente Orozco y Héctor Villalobos. A partir de 1939 y hasta 1945 se desenvuelve su tercera etapa, la cual, aunque continúa la tónica de las anteriores, se ve transida por los acontecimientos de la Segunda Guerra Mundial.

Acaso sea el conjunto de cinco crónicas publicadas en *Carteles*, entre los meses de octubre y diciembre de 1939, tituladas «La Habana vista por un turista cubano», y recogidas en el libro *Conferencias* (La Habana, 1987), las que tengan un carácter ensayístico más marcado, aunque su importancia radica sobre todo en que comienza a esbozarse allí su teoría estética sobre *lo real maravilloso*. El editor del libro, Virgilio López Lemus, llama la atención sobre la vinculación de esos textos con su ensayo posterior, «La ciudad de las columnas» (1970), así como con su conferencia «Sobre La Habana» (1973). Asimismo, señala su relación con los artículos publicados en la revista *Universidad de La Habana*, en su número 222, de 1984: «Regla, la ciudad mágica» y «Una jubilosa Habana», y con los publicados entre 1939 y 1944 en el diario *Información*: «Pregones habaneros», «Estampas habaneras», «La ciudad del turista», «Las casas de antaño» y «Una mujer tras la reja». En este mismo sentido pudieran señalarse las relaciones contextuales, sociológicas, ambientales, físicas, entre todos estos textos y sus novelas *Écue-Yamba-Ó* (Madrid, 1933), *El acoso* (Buenos Aires, 1957) y su relato «Viaje a la semilla» (La Habana, 1944).

De la cuarta etapa, la transcurrida en Venezuela entre los años de 1945 a 1959, uno de sus contenidos más importantes es el desenvuelto en sus cinco crónicas sobre sus experiencias ante la naturaleza venezolana, «Visión de América…», escritas en el diario *El Nacional* (Caracas, 1948), de las que el propio escritor reconoce que constituyen un antecedente importante de su novela *Los pasos perdidos* (México, 1953). La quinta etapa recogería su producción periodística después de 1959 y hasta 1980.

José Antonio Portuondo señala cómo estas crónicas carpenterianas se imbrican con la tradición periodística iniciada en nuestra América con el Modernismo, y que tuvo en Cuba a dos grandes exponentes, José Martí y Justo de Lara. Asimismo, el crítico repara en las relaciones de su periodismo con su narrativa, relaciones evidentes de fecundación incluso mutua, si bien el propio escritor se pronunció contra los peligros de dicha confusión genérica e incluso insistió en que «del artículo que considera ágilmente un problema al ensayo que lo estudia en profundidad, hay un largo trecho».[200]

A los artículos recogidos en *Crónicas* deben sumarse los recopilados en los tres tomos de *Ese músico que llevo dentro* (La Habana, 1980), donde, entre otros importantes textos, se reúnen aquellos aparecidos en la sección fija del diario *El Nacional*, de Caracas, titulada «Letra y Solfa», en los que se reitera su preferencia por la problemática musicológica. Precisamente allí publicó Carpentier dos artículos bajo el título «Los problemas del compositor latinoamericano (A propósito de una obra de Juan Vicente Lecuna», en 1946, y, en la *Revista Musical Chilena*, «Panorama de la música en Cuba. La música contemporánea» en 1947, los cuales pueden considerarse con el rango de ensayos. Sin embargo,

Carpentier sólo publicó antes de 1959 un ensayo en forma de libro, *Tristán e Isolda en Tierra Firme (reflexiones al margen de una representación wagneriana)* (Caracas, 1949[201]), sobre el que se abundará posteriormente.

Pero el ensayo —exactamente una investigación musicológica— más importante escrito por Carpentier antes de 1959 lo constituye sin dudas *La música en Cuba* (México, 1946) —reeditado en La Habana en 1961. Carpentier ofrece aquí «una visión de conjunto del desarrollo de la música en la isla, desde los primeros días de su colonización»,[202] y como resultado de sus investigaciones, por ejemplo, se desprendieron las importantes revalorizaciones de Esteban Salas y Manuel Saumell. Hasta el presente, es uno de los estudios más completos existentes sobre la historia de la música en Cuba hasta principios de la década del cuarenta. Toda esta vocación musicológica carpenteriana tuvo, como es conocido, una repercusión muy fecunda para su obra narrativa. Sin tratar de introducir algún análisis al respecto, baste el siguiente juicio del musicólogo cubano Harold Gramatges: «La estructura de algunas de sus obras *(El reino de este mundo, El acoso, El Siglo de las Luces)* se vincula a «formas» musicales en su interno devenir espacial. También títulos como *Concierto Barroco* y *La consagración de la primavera*, perfilan alusiones directas».[203]

Aunque la aprehensión discursiva de *lo real maravilloso*, salvo los antecedentes ya señalados en algunas crónicas, tuvo su cristalización en el prólogo de Carpentier a su novela *El reino de este mundo*, dicho concepto fue conociendo una evolución, reflejada en la propia práctica creadora de su primer ciclo novelístico, para luego proseguir su desarrollo junto a otras vertientes creadoras en su segundo ciclo; sin embargo, fuera de su universo narrativo, la teorización acerca de lo real maravilloso por parte de Carpentier alcanza su plenitud y su mayor expresión en su libro de ensayos *Tientos y diferencias* (México, 1964), editado en La Habana en 1966. A partir de entonces se ha desarrollado una enorme bibliografía teórica al respecto. Aquí nos ceñiremos a su enunciación clásica, en el referido prólogo de 1949. Luego de realizar un repaso general de las vicisitudes de *lo maravilloso* en la cultura europea, y luego de invocar el ejemplo de la pintura de Wifredo Lam —al que el autor dedica un ensayo en *La Gaceta del Caribe*, en 1944, «Reflexiones acerca de la pintura de Wifredo Lam»—, expresa:

> lo maravilloso comienza a serlo de manera inequívoca cuando surge de una inesperada alteración de la realidad (el milagro), de una revelación privilegiada de la realidad, de una iluminación inhabitual o singularmente favorecedora de las inadvertidas riquezas de la realidad, de una ampliación de las escalas y categorías de la realidad, percibidas con particular intensidad en virtud de una exaltación del espíritu que lo conduce a un modo de «estado límite». Para empezar, la sensación de lo maravilloso presupone una fe.[204]

Más adelante, luego de precisar la importancia y persistencia en América de «su caudal de mitología», Carpentier indica, a propósito de su novela, otra fijación significativa, al aludir a que «lo maravilloso fluya libremente de una realidad estrictamente seguida en todos sus detalles».[205] Hasta aquí la exposición sintética de su concepto de lo real maravilloso, el cual, evidentemente supone una determinada perspectiva sobre la realidad, es decir, una modelación consciente por parte del creador de la realidad literaria para que ésta pueda corresponderse con la conceptualización previa. Esta propuesta estética diferirá, por su compleja intelectualización, de otra que hizo fortuna a partir de los años sesenta, el realismo mágico, la cual está más ligada al propio proceso creador. No hay dudas de que lo real maravilloso carpenteriano constituye una de las propuestas estéticas más revolucionarias dentro del pensamiento ensayístico contemporáneo referido a la literatura.

Con motivo del estreno en Venezuela, en octubre de 1948, de la obra *Tristán e Isolda*, de Wagner, Carpentier publica su ensayo *Tristán e Isolda en Tierra Firme (reflexiones al margen de una representación wagneriana)* (Caracas, 1949), el cual debió de ser escrito a finales de 1948

—porque fue entonces cuando se representó dicha obra en Caracas— o a principios de 1949, es decir, un poco más tarde que su prólogo a *El reino de este mundo* (1949), el cual apareció en el periódico *El Nacional*, de la capital venezolana, el 8 de abril de 1948, con el título de «Lo real maravilloso de América». Roberto Fernández Retamar llama la atención sobre la concurrencia, aunque no coincidencia, de los contenidos de ambos textos, donde Carpentier despliega, según el crítico, dos *poéticas* diferentes.[206] Sin embargo, si bien puede reconocerse como una *poética* su propuesta de *Lo real maravilloso*, desarrollada con posterioridad e integrada a su concepción del *barroco* americano, la defensa y afirmación de un *romanticismo* americano, en su ensayo sobre la obra de Wagner, acaso no encarne exactamente una poética, sino más bien la enunciación de una realidad estética mayor, dentro de la cual pudiera integrarse incluso al desarrollo de una perspectiva barroca; esto es, según este criterio no podrían enfrentarse lo romántico y lo barroco, dentro del contexto hispanoamericano, como dos instancias antagónicas. De hecho, las ideas de Carpentier a propósito del romanticismo americano no excluyen a lo barroco: «ya que es en el Nuevo Mundo donde hay que buscar la apoteosis del barroco», afirma en su ensayo aludido, al considerar allí a lo barroco como una influencia legítima y fecunda que se convierte en nuestra América en «un modo de sentir».[207]

Además, ambos textos se emparientan mucho más; por ejemplo: en la semejante valoración del *mito*; en la necesidad de una *fe*; en la primordialidad de la *naturaleza*; en el señalamiento de especificidades americanas; en la anticipación de la teoría de los contextos, de Sartre, asumida por él —telúricos, temporales, por ejemplo—; en la urgencia por resolver la dialéctica entre lo nacional y lo universal —para lo cual insiste en la necesidad de *nombrar* nuestras cosas para fijarlas y universalizarlas— y, sobre todo, afirma:

> nosotros también debemos propender a la síntesis. Si el localismo fue, hasta ahora, un necesario tránsito hacia una búsqueda de

lo universal en las entrañas de lo local, debemos rebasar muy pronto la etapa del «nacionalismo entre fronteras» —entre fronteras determinadas, en la mayoría de los casos, por el curso de un río cuyas orillas son habitadas por hombres idénticos, nacidos del mismo tronco, de los mismos injertos. América habrá hallado su verdadera voz, cuando haya establecido verdaderas síntesis de sus herencias culturales y raciales y tenga una conciencia de la universalidad de sus mitos.[208]

¿Acaso no fue lo real maravilloso y su teoría y práctica del barroco americano el intento por ofrecer una de esas «verdaderas síntesis»? Asimismo afirma:

plantea América a sus artistas y escritores, por ahora, más un problema de fe que un problema de forma; más un problema de enfoque que un problema de estilo. Ante todo hay que conocer el *qué,* aunque el *cómo* sea todavía incierto. Como hiciera el Adán de William Blake, comencemos por nombrar nuestras cosas para que nuestras cosas sean.[209]

Mas cabe entonces la siguiente interrogación: ¿constituyó el llamado estilo barroco carpenteriano su particular práctica creadora del problema del estilo, es decir, su *cómo,* ya resuelto en su pensamiento, a partir de su teoría de lo real maravilloso, el problema de fe y el problema de enfoque, su *qué*? En todo caso, parece indicar que su concepción general sobre el romanticismo hispanoamericano no contradice el desarrollo posterior de su poética de lo real maravilloso y de su concepción y estilo barrocos. Esta problemática, que no puede agotarse aquí, es complementada por otros importantes juicios, como son sus referencias a su viaje a la selva venezolana —ya se conoce la importancia que esto tuvo para la creación de *Los pasos perdidos*—; la relación Europa-América; sus extensas consideraciones sobre el romanticismo hispanoamericano; la valoración de la tradición hispánica, entre otros importantes contenidos. *Tristán e Isolda*

en *Tierra Firme* constituye, pues, el ensayo más importante publicado por Carpentier antes de 1959 para la comprensión de su pensamiento estético, ya que resulta un antecedente esencial de toda su ensayística posterior.

Si bien, como ya se indicó, la producción ensayística de Alejo Carpentier alcanza su esplendor luego de 1959, no por eso son menos importantes sus aportes al género hasta esa fecha. La calidad de su prosa, la altura estética que alcanzan sus crónicas periodísticas, la solución en sus contenidos del dualismo entre lo culto y lo popular y entre lo universal y lo nacional, así como su concepto de lo real maravilloso, como ejemplo de una propuesta creadora donde se aúnan —como sucedió también con José Lezama Lima— la teoría y la práctica discursivas y literarias, permiten distinguir a la ensayística carpenteriana como una de las más originales de la literatura cubana en cualquier tiempo.

Otros dos ensayistas, José Manuel Valdés-Rodríguez (1896-1971) y Luis de Soto (1893-1955), deben ser dos figuras centrales en una historia del cine y en una historia de las artes plásticas cubanas, respectivamente, por su vasta y fecunda labor de enseñanza, difusión y animación de esas dos manifestaciones artísticas en nuestro país.

Valdés-Rodríguez desarrolla su labor fundamentalmente como profesor e incansable periodista. Fue en rigor nuestro primer crítico de cine —ejerció también la crítica teatral en la *Revista de La Habana.* Publicó en las principales revistas y periódicos de entonces, y fue fundador de la revista *Masas,* clausurada en 1935 por su carácter antimperialista, y condenado por ello a seis meses de cárcel. Esta situación particular ilustra sobre una faceta más general de la vida y obra de Valdés-Rodríguez: su condición revolucionaria, tanto en su vida pública como en su pensamiento, dos instancias en realidad indiscernibles. De hecho no sólo fue quien primero desarrolló una crítica y una cultura cinematográficas en Cuba, sino quien primero lo hizo desde la perspectiva de una estética marxista. En este sentido fue en cierto modo un autodidacta por la falta absoluta de tradición al respecto en nuestro medio cultural. Ligado desde sus mismos comienzos a la existencia y difusión del cine en Cuba, comienza a desarrollar su periodismo en torno a este arte desde la década del veinte. Divulga el cine soviético en nuestro país. Viaja a la URSS como secretario de la Liga Antimperialista, a la que pertenecía desde 1929, y es miembro del Comité Internacional para la defensa del filme de Serguei Eisenstein *¡Que viva México!* En sus cursos universitarios dedicará un tiempo considerable a la valoración de las mejores muestras del cine socialista y, como fruto de sus apreciaciones sobre dicha vertiente de la cinematografía mundial, publicará entre 1962 y 1963 su cursillo de cinematografía titulado *Unión Soviética.*

Además de su importante labor como periodista, acaso su quehacer fundamental lo desarrolla como profesor universitario de la Academia de Artes Dramáticas de la Escuela Libre de La Habana desde 1939 hasta 1943, y de la Escuela de Verano de la Universidad de La Habana desde 1942 hasta 1961. También impartió clases en la Escuela de Periodismo «Manuel Márquez Sterling». Dirigió desde 1949 el Departamento de Cinematografía de la Universidad de La Habana; colaboró en la creación de la Sección de Cine de Arte de la Universidad de Oriente, en 1952, y presidió la Agrupación de Redactores Teatrales y Cinematográficos. Además, fue editor asociado y corresponsal de *Experimental Cinema* de Hollywood.

Como docente se destaca su curso «El cine: arte e industria de nuestro tiempo» —subtitulado «Valoración social y estética del cine»—, en el cual se ofreció por primera vez en Cuba y acaso en Hispanoamérica un curso de análisis estético y social del cine. En su importante libro, *El cine en la Universidad de La Habana* (1966) —donde recoge sus análisis y comentarios sobre una numerosa cantidad de filmes de la cinematografía mundial—, incluye su artículo «El cine: industria y arte de nuestro tiempo. Valoración social, estética y específica del film 1942-1962», en donde destaca la función social y estética de este arte. Allí expresa:

Se trata de un estudio de la necesidad de apreciación crítica de la historia y los antecedentes económicos y sociales, técnicos y estéticos del Cine y su desarrollo y madurez como industria y como arte, más una introducción a la crítica cinematográfica que permita discernir en cada filme los valores dramáticos, específicos y estéticos que lo caractericen.[210]

Es decir, que su pensamiento cinematográfico no consistió simplemente en una crítica sociológica, sino que lo nutrió del conocimiento y el análisis del cine como un arte, a través de lo cual libró una sostenida campaña para superar la visión del cine como mero espectáculo. En dicho curso atendía también a las relaciones del cine con la novela, el teatro, la pintura y la fotografía. En este sentido pueden leerse sus ensayos, recogidos también en *El cine en la Universidad de La Habana*, «La novela y el cine» y «El teatro y el cine». También otros, como «El problema social del cine» y «El sonido, la palabra y el doblaje en el film».

No publicó Valdés-Rodríguez, antes de 1959, ningún texto en forma de libro sobre cine. Sólo después de esa fecha pudo publicar *Unión Soviética* y *El cine en la Universidad de La Habana (1942-1965)*, ya mencionados, y dos artículos, «Ojeada al cine cubano» (1963) y «La Reforma Universitaria y los medios audiovisuales» (1963). Aparte de su extensa producción periodística en torno al cine y al teatro, sólo publicó un ensayo de tema literario: *Bojeo y penetración de «Contrabando»* (1938), donde analiza los valores sociales de la novela de Enrique Serpa y, sobre todo, la utilización del «monólogo interior», a la vez que repara al final en las cualidades de esta novela para ser llevada al cine.

Comparada con la de Valdés-Rodríguez, la repercusión de la obra de Luis de Soto fue menor, más ceñida a un ámbito académico y, en última instancia, menos renovadora. Nacido en Puerto Rico, 1893, y luego de una estancia en España (1897-1902), se radica definitivamente en Cuba. En 1916 se gradúa de Doctor en Derecho Civil y en 1917 de Filosofía y Letras, en la Universidad de La Habana. Luego estudiará en la Universidad de Columbia, Nueva York, donde se gradúa de Master of Arts en 1928. A partir de 1934 impartirá las asignaturas de Historia del

Arte y de Filosofía de Historia del Arte en la Escuela de Filosofía y Letras de la Universidad de La Habana, y desde entonces ésa será su actividad primordial. Allá creará el Museo y el Departamento de Arte y, muy estrechamente vinculada a su actividad docente, publicará una obra marcada por su didactismo, fundamentalmente sobre pintura y escultura, si bien inicialmente se acercó a otras manifestaciones artísticas a través de sus conferencias *La guitarra* (1932) y *La danza como expresión artística* (1934). También asistió, junto a Raimundo Lazo, a los cursos sobre cine que impartiera Valdés-Rodríguez.

Su obra no fue muy extensa, aunque también colaboró en numerosas revistas cubanas con estudios sobre sus especialidades docentes, a la vez que se destacaba como conferencista y animador de la plástica cubana. Luego de estudios propiamente académicos: *Fidias. Estudio arqueológico*, presentado como tesis para el doctorado de filosofía y letras (1918), y *La cerámica como medio para conocer la mitología, las costumbres y la vida privada de la antigua Grecia: una lección de filología clásica* (1924), publica su conferencia *La escultura en Cuba* (1927), donde expone panorámicamente la historia de esa manifestación artística en nuestro país. Ese mismo año ve la luz en París su estudio *Juan José Sicre, escultor*. Luego aparece *Ars. Resumen de un curso de historia del arte*, el cual, por su valor pedagógico, conoce varias reediciones, que va corrigiendo y aumentando hasta 1954. Una de sus obras más importantes la constituye *Filosofía de la historia del arte (Apuntes)* (1943-1947), en dos volúmenes. Destinada esta obra a un ámbito universitario, como libro de texto de la disciplina que da título al libro, su propósito será el de ofrecer, no una obra original, sino un texto base para la estética de las artes plásticas, si bien en su capítulo quince, «El estilo como resultado de factores diversos: los factores nacionales», se acerca, aunque muy generalmente, a ciertas características de un *estilo nacional*. Como muy certeramente ha apreciado José Antonio Portuondo, este libro «estaba fundado sobre el formalismo de Wölfflin y de Worringer»,[211] aunque también da noticias sobre la estética marxista, especialmente Plejanov. Asimismo, Portuondo señala las influencias del argentino Angel Guide, a través de su libro *Concepto moderno de la Historia del Arte* (1936), y del norteamericano Emerson H. Swift, con su obra *Arte, civilización y ambiente*, que Luis de Soto tradujo y publicó en Cuba en 1937.[212] Este libro puede complementarse con *Los estilos artísticos. Introducción a la historia y apreciación del arte* (1944). En sentido general, esta obra contribuyó a la formación de varias promociones de estudiantes, los cuales, a través de las clases y estas obras didácticas de Luis de Soto, pudieron familiarizarse con algunas de las corrientes estéticas más modernas sobre el arte.

En 1945 retoma Luis de Soto sus indagaciones sobre la escultura en Cuba y ofrece su conferencia *La escultura contemporánea a través de cinco de sus cultivadores más representativos*. Ese mismo año publica uno de sus ensayos o estudios más importantes, *Esquema para una indagación estilística de la pintura moderna cubana*, ejemplo de concreción de las ideas estéticas expuestas en su *Filosofía de la historia del arte* en torno al estilo. Finalmente, su pensamiento se abre a otras facetas de la apreciación de la obra de arte cuando publica, en 1949, su conferencia *Los factores políticos y sociales en la pintura actual*.

[J. L. A.]

2.7.5 La obra de madurez de Ortiz

En lo que escribió e indagó hasta 1923, don Fernando Ortiz ya había «descubierto» de nuevo a Cuba. Ahora se trataba de su «bojeo». La afortunada frase de Juan Marinello acerca de que Ortiz fue nuestro «tercer descubridor»,[213] se sustenta en toda una obra, en toda una vida plena de registros de la «cubanidad» y de la «cubanía» en sus profundos procesos de *transculturación*. Este término subrayado resume uno de los descubrimientos fundamentales de Ortiz en relación con la cultura insular; alcanzó a definir la palabra mucho más tarde, cuando su «bojeo» estudioso, de indagador infatigable, se tradujo en obras básicas de la propia cultura que él ayudó a definir, a interpretar como proceso y a enriquecer.

Pero 1923 no es un año de corte decisivo en la bibliografía del polígrafo cubano, como no sea que alrededor de esa fecha consuma, en sendos libros, la primera fase de su labor lexicológica y lexicográfica.[214] Quizás, si una fecha de *corte* hubiera de elegirse, ésta comenzaría en 1936, cuando, a su retorno a Cuba tras la caída del machadato, funda *Ultra*, crea la Sociedad de Estudios Afrocubanos (1937) y comienza a desarrollar obras capitales, que alcanzan en 1940 un hito: el *Contrapunteo cubano del tabaco y el azúcar.*

Entre 1924 y 1936 transcurren doce años de trabajo copioso, de fundación de instituciones y revistas, y de una enorme cantidad de artículos que consuman obras que responden, centralmente, a las siguientes temáticas: a) lexicografía y lexicología, b) asuntos jurídicos, c) folklore, d) política, e) musicología, y f) lo que podría llamarse en sentido general «estudios cubanos» o sobre *cubanía* (según término que prefería Ortiz), que, en definitiva, es el «ingrediente» esencial de toda su obra. A ello se suman algunos temas de economía, educación, o perfiles biográficos de cubanos célebres, en especial José Antonio Saco, y con menos profundización, Juan Clemente Zenea y Pedro J. Guiteras.

Mientras funda las revistas *Archivo del Folklore* (1924), *Boletín de Legislación* (1929), *Surco* (1930) y *Ultra* (1936), en las que da camino a sus propios trabajos, a la par que contribuye a divulgar aspectos de mucho interés para la cultura cubana, Ortiz participa en el Grupo Minorista, labora en la Sociedad Económica de Amigos del País, funda la Institución Hispanocubana de Cultura, y trabaja en la creación de la Sociedad de Estudios Afrocubanos. Tuvo tiempo para ofrecer disertaciones en la Sexta Conferencia Internacional Panamericana (La Habana, 1928) y para viajar a Europa, como conferencista, en el propio año, en tanto entre 1931 y 1933 se destierra voluntariamente en Washington, hasta la caída del régimen dictatorial de Machado. Todo el lapso, dentro y fuera de Cuba, es para Ortiz tiempo de indagación y enriquecimiento informativo.

Aunque en años sucesivos hará nuevos aportes lexicológicos, su labor con el *Glosario de afronegrismos* (1924) se ve reforzada por indagaciones inmediatas, más breves, sobre «El lenguaje vernáculo de Cuba» (1926) y otros artículos en que subraya o se detiene en expresiones del léxico popular o especializado, como: «Cafú o cafunga» (1928), «El *Ajá* de las habaneras» (1928) o «El vocablo folklore» (1929), en el que va más allá de la lexicología o la lexicografía, para desentrañar cuestiones conceptuales básicas para sus propias indagaciones. Varios comentarios de libros sobre la materia muestran con claridad que en este proceso Ortiz está compilando, estudiando, aprendiendo, analizando, antes que llegando a conclusiones definitivas. Ello no quiere decir que no alcance utilísimas conclusiones parciales de trabajo que le serán imprescindibles en indagaciones futuras y que dejan resultados asimilables para cualquier investigador.

Los años veinte son para él una escuela conceptual, que enriquecerá el orbe lexical e irá delimitando un cuerpo eidético que años después encontrará expresión cabal y completa. Compilar términos, aclarar sus significados y realizar pequeñas monografías sobre lo que creyó más importante constituye sin dudas, más que un fin en sí, un medio eficiente para avanzar sobre el terreno firme de los conceptos definidos. El hombre que también podrá definirse como *cultorólogo*, se está preparando para futuras obras mayores, y por ello el terreno conceptual debió ser atendido con preferencia.

Dedicó entonces, también, tanto tiempo a los asuntos jurídicos, a las labores teóricas sobre derecho y criminología, como lo venía haciendo en años precedentes. Algunos de sus textos fundamentales de este lapso versan sobre tales cuestiones; el principal de ellos es el volumen *Proyecto de código criminal cubano* (1926), que había sido precedido o sucedido por un grupo de artículos del mismo año, cuyos títulos revelan el interés del tratado: «Las tres constituciones mambisas», «El derecho internacional en el nuevo proyecto del código criminal cubano», «El crimen debe ser tratado como una enfermedad», y otros materiales que delatan la preparación (y final publicación) del texto fundamental. Ortiz se mueve en tales asuntos con rango de maestro, de autoridad, y a diferencia de sus estudios lexicográficos valiosos en sí, los jurídicos son puntos de llegada, conclusivos y más dados a la esfera del interés *laboral* o profesional del autor-abogado, que al cada vez más amplio círculo de sus investigaciones folklóricas.

Su *Proyecto de código...* está inmerso también en su labor de humanista, de experto en jurisprudencia, en la búsqueda del trato justo y rehabilitación del carcelario por medio del mejoramiento de las condiciones vitales de la prisión, que incluye la eliminación de todo tipo de corrupción interna y externa al cerrado ámbito penal. Todavía la huella de Lombroso aparece en sus escritos, pero sin dudas Ortiz ha enrumbado su palabra hacia el terreno original, y sobre todo hacia la realidad *in situ*.

Si bien un hombre como Ortiz no dejará de intervincular sus propias y variadas esferas de indagación, a la sazón la lexicografía se relacionaba mucho más con su interés investigativo, como se advierte en el ensayo «El cocorícamo y otros conceptos teoplasmáticos del folklore cubano» (1929).

Así pues, el folklore (sobre todo «afrocubano»), constituye el meollo indagador del autor en el lapso, con parciales interrupciones dadas por la política cubana, de la cual Ortiz no se separa y en la que se compromete con numerosos escritos. De las futuras obras mayores para las que parece estarse preparando, sólo ofrece, entre 1926 y 1928, la serie sobre «Los negros curros», que aparece en *Archivos del Folklore Cubano*. Esta «etapa de preparación» podría describirse como sigue: todos sus escritos epocales poseen un matiz de parcialidad, de fragmentos, incluso cuando alcanza textos tan definidos como «Los matiabos; folklore religioso del cubano» (1927) o «Los africanos dientimellados» (1929), que más bien completan o completarán indagaciones anteriores o posteriores, o están de paso (conclusiones parciales) hacia textos de mayor envergadura. El propio Ortiz retornará en 1956 al primero, bajo el título de «La secta conga de los Matiabos de Cuba», mientras que el segundo es un texto que pudiera entenderse como híbrido de la criminología, el estudio folklorista y el afán lexicológico (ahora no lexicográfico) epocal; basado en la costumbre masculina negra del corte ritual de los dientes,

como signo tribal africano para semejarse al animal totémico en sus sentidos zoolátrico y zoomórfico, Ortiz extiende la explicación a las tres esferas antes mencionadas. Ambos estudios presentan breves caracteres conclusivos un tanto a la manera positivista, pero el énfasis divulgativo recorta la extensión erudita que el autor desarrollará años más tarde en otras obras.

La afirmación anterior de que Ortiz está indagando más que llegando a conclusiones definitivas, lo muestra su serie compilatoria sobre «Juegos infantiles cubanos» entre 1925 y 1928, o la «Collectánea» sobre pregones populares en los propios años.

Lo mismo puede decirse con los aún no abundantes textos de musicología, o sobre música y danza en sentido general, que desarrolla a la sazón, en camino a lo que serán sus aportes definitivos en la materia; «El baile negro» (1928), «De la música afrocubana» (1934) y «De la rumba y el bongó» (1936), son artículos con los que claramente continúa sus indagaciones musicológicas. En esta dirección publica *La «clave» xilofónica de la música cubana; ensayo etnográfico* (1935), que es su primer gran aporte en la materia, y es asimismo lo que podría considerarse su mejor ensayo de gran prosa, de excelente prosa literaria antes de 1940. En este texto, el erudito sobrepasa su lapso de definiciones conceptuales y de conclusiones parciales para ofrecer un breve tratado que prácticamente agota la materia, a la par que eleva la prosa del autor a perfiles artísticos, poéticos incluso:

El sonido de la clave dará a las grandes orquestaciones futuras acentos de magia primeval. Como la *clave*, así debe sonar la varita maravillosa de las hadas cuando hiere una y otra vez la realidad dura y hace brotar de ella la poesía para los espíritus limpios de los niños y de las vírgenes. De esa sugestiva sacralidad musical de la *clave*, se ha dado cuenta un poeta de los más penetrantes del alma popular. «Besar la cruz de las claves», dice un verso patético y evocador de Emilio Ballagas. La nota sale de la *clave* cuando con sus brazos se hace la cruz. Es una nota en cruz, que nace como en un impulso de religión natural, como un suspiro que se escapa de uno de esos paroxismos de amor y sacrificio que son la quintaesencia biológica de la religiosidad, cuando en un instante indivisible de arrobamiento a la vez se pierde y se recobra la vida. En este instante sonoro de la *clave* está la más profunda y emotiva expresión del alma de Cuba.[215]

No hay dudas de que también la prosa de Ortiz entra en esta mitad de la década de 1930 en fase cualitativa superior, en la que el científico no sólo no renuncia a la esteticidad de su comunicación, sino que trabaja con plena conciencia el ritmo, la construcción y la elegancia de la concatenación de las frases, ahora ya plenas de figuras de pensamiento y hasta de recursos tropológicos o elegancia de lenguaje. Del hombre de ciencias brotó el artista de la palabra.

La situación cubana bajo el régimen machadista induce a Ortiz a ocuparse de asuntos económicos («Las relaciones económicas entre los Estados Unidos y Cuba», 1927) y sociales, que lo conducen alrededor de 1936 a su serie «Contraste económico del azúcar y el tabaco». La agudización de la lucha antimachadista le había llevado a los Estados Unidos, donde inicia la publicación de estudios, polémicas y observaciones en artículos sobre política cubana e internacional, que se extenderán desde 1931 en territorio norteamericano, hasta 1934, ya en Cuba. Los temas son variados, entre ellos el bosquejo general («La situación de Cuba», 1931), la declaración personal militante («Cuba necesita ser libre de nuevo y lo será realmente», 1931)[216] y el ensayo político de más vuelo, sobre la Enmienda Platt a punto de desaparecer, y, en general, sobre «Las responsabilidades de los EE.UU. en los males de Cuba» (1931) o «Un programa de la revolución» (1934). Su discurso «Una nueva forma de gobierno para Cuba. Manera de terminar con la serie de dictaduras» (1934) es casi un resumen de la situación cubana, sus relaciones con los Estados Unidos y las perspectivas nacionales. En conjunto, los años de destierro dejan ver a un Ortiz civilista, francamente preocupado por la evolución de la historia nacional en

sus vertientes económicas y políticas, que lo conducen hacia una visión nacionalista de tales asuntos, que aunque no rebasa demasiado el pensamiento liberal burgués del lapso, adquiere un claro sentido progresista opuesto al papel de sumisión nacional ante los intereses norteamericanos.

Pero en Ortiz el asunto no se queda en las brasas circunstanciales de la política sincrónica, sino que cobra énfasis de diacronía, sumado a su interés por lo nacional cubano en su evolución histórica. Estas preocupaciones políticas suyas se inscriben entre dos tratados definidores: «La decadencia cubana» (1924), discurso de «propaganda renovadora» dictado en la Sociedad Económica de Amigos del País, bajo su propia presidencia, y «Los factores de la cubanidad» (1940), ambos enfilados hacia cuestiones claves de la identidad nacional. En el primero, brilla el opositor de la Enmienda Platt y de la intervención norteamericana, aboga por el «viejo programa revolucionario», necesario para combatir las lacras sociales internas con un programa de «cárceles para el pasado, carreteras para el presente y escuelas para el porvenir». Pasada la era machadista y los años convulsos posteriores, Ortiz se hallaba en condiciones de generalización, también porque había pasado a su etapa personal de síntesis y conclusiones presididas por la erudición, de lo cual es resultado el estudio de 1940, que más adelante se comentará.

Junto al realce de la prosa en su perfil ensayístico, Ortiz realiza algunos estudios propiamente filológicos casi en función de sus indagaciones folklóricas, pero que son notables incursiones suyas en materias literarias, como su saludo de 1930 a los *Motivos de son* de Nicolás Guillén y su continuado interés por la entonces llamada «poesía afrocubana» o «poesía negra», especialmente entre 1934 y 1937, a lo cual suma otras reflexiones del ámbito artístico de la «negritud».

En 1935 inicia la publicación seriada acerca de los primitivos habitantes de Cuba (cuyo texto más importante hasta ese momento fue la colaboración en la *Historia de la arqueología indocubana*, en los volúmenes de Mark Raymond Harrington), y que hallarán consumación personal en *Las cuatro culturas indias de Cuba* (1943).

Pero la monografía más extensa que Fernando Ortiz concluye en el lapso de 1923 a 1936, es *José Antonio Saco y sus ideas cubanas* (1929), que también puede sumarse a las indagaciones sobre la cubanidad, en este caso referido a las raíces del pensamiento, la política y la propia personalidad analizada como individuo *cubano*, sobre un hombre que alcanzó los ochenta y dos años de vida, de los cuales sólo vivió veintinueve en la Isla, pero con una existencia consagrada a ella. Para el etnólogo Ortiz, Saco tuvo también interés debido a la evolución de su pensamiento «racial», pues aún siendo un partidario de «la más amplia igualdad civil de los blancos y negros»,[217] propuso «blanquear» a la sociedad cubana. En cuanto a la política local, mediante esta figura Ortiz podía observar las raíces del anexionismo, pues, como el propio autor afirma, la biografía de Saco es una extensa «historia de Cuba», y sobre todo de las ideas de la anexión, sus luchas y fracasos. El antianexionismo de Saco resultó trascendente para la lucha anti Enmienda Platt y contra el neocolonialismo, al cual el propio Ortiz se refirió en los años veinte y luego con más fuerza en la década de 1930. De este modo, el volumen sobre Saco rebasa los intereses biográficos para ser una exploración en las raíces históricas de Cuba, con una mirada ideológica al presente que el autor no disimula. De cierta manera, *José Antonio Saco y sus ideas cubanas* refleja también la labor de preparación en que Ortiz estaba penetrando en la profundización general de las cuestiones de la cubanía.

No puede decirse que en el lapso más breve de 1936 a 1940 alcanza Ortiz su madurez, porque ello había ocurrido mucho antes; más bien habrá que decir que en esos años se produce un clímax cualitativo superior en la labor de síntesis, en el arribo a conclusiones o, más bien, en el inicio de la gradual etapa personal de altos resultados investigativos. Cada uno de ellos constituyó un volumen o una serie de tomos o libros afines en los que el gran polígrafo expuso su saber de varias maneras diversas: volcó su erudita documentación, sus compilaciones de fuentes, sus estudios bibliográficos, sus conceptos personales ya afincados en la exactitud terminológica, sus conclusiones parciales y el complejo campo de sus estudios jurídicos, lexicográficos, etnológicos y sociológicos en sentido general, en una compleja red de conclusiones diversas, pero interrelacionables, que fueron armándose como obras de alta valía, científicas y a la par con calidad *literaria*, en tanto ensayos.

El ensayismo de Ortiz había alcanzado un estilo inconfundible, que le permitía aunar la información erudita, la documentación fidedigna y el lenguaje relativamente «florido», todo lo cual alcanza plenitud en una de sus obras capitales: *Contrapunteo cubano del tabaco y el azúcar*. A partir de este libro básico de la bibliografía cubana, la serie de obras de Ortiz va de hito en hito: seguidamente de la ya mencionada *Las cuatro culturas indias de Cuba*, aparecen *El engaño de las razas* (1946), *El huracán: su mitología y sus símbolos* (1947), *La africanía de la música folklórica de Cuba* (1950), *Los bailes y el teatro de los negros en el folklore de Cuba* (1951), *Los instrumentos de la música afrocubana* (1952-1955, cinco tomos), *Historia de una pelea cubana contra los demonios* (1959), y la extraordinaria serie de ensayos y artículos científicos que no conforman monografías tan extensas como las mencionadas, pero que gozan de la plenitud autoral; de ellos son ejemplos los reunidos bajo el título de *Ensayos etnográficos* (1984), y que agrupan unas cinco décadas de trabajos ininterrumpidos, en edición póstuma bajo el cuidado de Miguel Barnet y Ángel Luis Fernández.

En la etapa personal de plenitud, y hasta su muerte, los estudios lexicográficos disminuyen, y los que versan sobre música aumentan. Rara vez retornará a asuntos jurídicos, mientras que los textos sobre educación y economía que escribe poseen carácter político más remarcado. Entre los lexicográficos, recuérdense al menos «Algunos afronegrismos en la toponimia de Cuba» (1946) o «Etimología de la palabra mambí» (1968); entre los que tratan sobre educación, no se olvidarán sus discursos como presidente del Seminario Cubano por la Enseñanza, entre 1949 y 1950, o las «Estadísticas escolares de Cuba» (1945). La literatura continuó siendo tema un tanto marginal en sus ensayos o artículos, pero se acercó críticamente a materias como «El negro en el teatro español» (1938); sumó otros estudios sobre la poesía negra, se refirió dos o tres veces al Concurso Hernández Catá, ofreció un «Homenaje a los grandes poetas Federico García Lorca y Antonio Machado» (1939), y no se abstuvo de la reseña de libros como los *Cuentos negros de Cuba*, de Lydia Cabrera. Y puede que la antes mencionada palabra «marginal» sea incorrecta, pues Ortiz se ocupó de la ficción literaria más afín con sus indagaciones a todo lo largo de su vida, aunque sin sistematicidad, como anotación ocasional que su saber le permitía. En todo caso, el abanico de temas cubanos que Ortiz aborda no deja fuera a la literatura, e incluso, al arte en sentido general.

Salvador Bueno llamó a Ortiz «maestro de cubanía»,[218] y como bien aclaró Argeliers León: «Ortiz no fue propiamente un africanista. Sus investigaciones en esta línea y sus alusiones al mundo africano fueron movidas por el interés de aclarar aspectos cubanos de origen africano.»[219] Su labor fue fijar de manera imborrable el mestizaje consciente de la cubanía, de manera que a partir de él se pueden precisar aportes nacionales cubanos al desarrollo de la cultura universal, con la nitidez que le ofreció un hombre de ciencia, un humanista.

A Ortiz puede considerársele un culturólogo, pero también un ideólogo de la identidad cultural cubana,[220] que en «Los factores humanos de la cubanidad» ya había alcanzado un momento definidor de qué es la *cubanidad* y cómo ella se manifiesta plenamente en la cubanía «consciente deseada». En este ensayo, Ortiz identifica el concepto de mestizaje con la imagen del *ajiaco* que «en la olla de Cuba»: «es un renovado entrar de raíces, frutos y carnes exógenas, un incesante borbor de heterogéneas sustancias». Él define el «amestizamiento creador que es indispensable para caracterizar un nuevo pueblo con distinta cultura». Ortiz está a punto de llegar a su concepto de la *transculturación*, pero nótese que versa sobre un «nuevo pueblo», cuarenta años antes de que el antropólogo brasileño Darcy Ribeiro llegase a sus concepciones de «pueblo nuevo», en contraposición con las culturas añejas o con los pueblos «transplantados». El propio término «mestizaje», para otros contentivo de desvalorización discriminatoria, adquiere en Ortiz valor científico que se depurará aún más en *El engaño de las razas*, aunque en «Por la integración cubana de blancos y negros» (1942) había alcanzado ya esa depuración conceptual antirracista.

Antes aún, había editado el *Contrapunteo cubano del tabaco y el azúcar*, casi una «narración» entre histórica, económica, etnológica, sociológica y política de las llamadas dos riquezas fundamentales de la Isla. Es un libro que se anticipa a ciertas formas de los estudios estructuralistas en su metódica esencial, y en el que plantea una premisa que es la raíz «cubanológica» del interés indagativo: «El tabaco y el azúcar son los personajes más importantes de la historia de Cuba.» Sus derivaciones económicas delatan elementos sociológicos y hasta psicológicos de la nacionalidad: «El ideal del tabaquero, así del cosechero como del fabricante, está en la distinción, que su producto sea único, *el mejor*; el ideal del azucarero, así del cultivador como del hacendado, está en que lo suyo sea lo más...» Esas distinción e igualación, aprovechadas por José Lezama Lima en algunas de sus mejores páginas de *Paradiso*, consisten, según Ortiz, en que: «Todos los azúcares serán iguales; todos los tabacos son diversos. Para el goloso no hay azúcares distintos; para el fumador no hay dos tabacos iguales.» Ortiz está exponiendo el complejo entramado que constituye la diversidad del cubano, de lo cubano, en la contraposición de la autoctonía tabacalera (centrada en la pequeña propiedad campesina) y la extranjería azucarera (propia de latifundios y del poderío económico transnacional); para Ortiz: «El tabaco ha influido más a favor de la independencia nacional. El azúcar ha significado siempre intervención extranjera.» Un anti-capitalismo-desnacionalizador brilla en sus páginas, al grado de subrayar el carácter totalizador en la esfera económica que el sistema implica, «proletarizando» al tabaco por medio del cigarrillo (industrial y citadino) o aburguesándolo en el tabaco puro: «signo de sacerdocio, cacicazgo, señorío y burguesía», al grado sumo de que: «el capitalismo montó sus fábricas en el extranjero y se llevó de Cuba el tabaco, los tabaqueros y los salarios. Así se ha ido descubanizando económicamente el tabaco en su fase industrial.»

Si la piedra angular del ensayo es el estudio de la *cubanía*, uno de sus aportes esenciales, que rebasa el carácter nacional de la obra, es el concepto de *transculturación*, que expone con toda claridad en el segundo de los capítulos adicionales: «Del fenómeno social de la *transculturación* y de su importancia en Cuba», donde el autor define con propiedad lexical términos como desculturación, exculturación, aculturación, inculturación, para distinguir su concepto-síntesis de transculturación, que, según Diana Iznaga:

> ...es un fenómeno dialéctico que se produce cuando entran en contacto prolongado dos grupos humanos con culturas diferentes. En ambos se opera un proceso de abandono, pérdida o desarraigo de la cultura propia, pero no de la totalidad de dicha cultura, sino que se niegan algunos de sus elementos, en tanto se conservan o afirman otros; en ambos se realiza un proceso de mutua adaptación, de sincretismo, de aquellos elementos conservados, afirmados dialécticamente, con lo cual se logra una nueva realidad cultural, que tiene algo de ambos progenitores, aunque también es distinta de cada uno de los dos.[221]

La definición de Iznaga, una de las más apretadas y exactas que se encontrará entre los numerosos resúmenes que varios autores ofrecen, parte de la base positivista de Ortiz, con claro influjo de la escuela de Malinowski, para explicar el término con instrumental marxista; como nuevo concepto, absolutamente trascendente para la mejor comprensión del proceso del *ajiaco* cultural cubano, Iznaga tiene en cuenta que Ortiz perfeccionó su significado en el ensayo «Preludios étnicos de la música cubana» (1949), entendiéndolo como una primera «fase de aculturación» entendida como adaptación a determinadas exigencias o patrones culturales para, a través de un proceso de sincretismo, dar por resultado la transculturación o creación de una

nueva cultura...», que no es, por supuesto, una suma mecánica de las etnias blancas o negras, como también aclara Ortiz, sino un proceso en el que intervienen rasgos culturales intercontinentales. En el primer tomo de *Los instrumentos de la música afrocubana* (1952), Ortiz completa y aclara su definición del término: «Se transcultura un negro africano en tierra de América, tal como un blanco europeo en las entrañas del Congo; pero también se transcultura una mitología, así como se transcultura un arma, una melodía, un ritmo, y un tambor.»

La importancia medular del concepto de Ortiz merecería aún mayor detenimiento, pero fuera de las presentes páginas ha sido explorado por numerosos especialistas; dígase ahora, al menos, que el concepto tiene más relación con la culturología que con la propia etnología, sobre todo porque Ortiz no subraya en su completa definición los factores raciales de la integración, sino los culturales. No es raro que el *Contrapunteo...* sea seguido por una serie de obras sobre las *razas*, en oposición al término subrayado y a su énfasis discriminatorio, que primero fue «Martí y las razas» (1941) y luego alcanzó todo un volumen: *El engaño de las razas*, aparecido casi al fin de la Segunda Guerra Mundial, tras la derrota de la filosofía de la «raza pura» y del hondo (y también superficial) racismo que entró a debate universal en la ola de repudio al fascismo.

Antes, Fernando Ortiz tuvo que concluir una obra que había iniciado años atrás, y sin la cual no estaría completa su explicación del proceso transculturador cubano: *Las cuatro culturas indias de Cuba*. Era preciso conocer el esquema vivencial de los aborígenes, para precisar qué cultura autóctona fue exterminada para imponer el proceso histórico de la colonización, y qué elementos de aquella(s) cultura(s) sobrevivieron. En primer lugar, Ortiz llega a la conclusión de que no se trata de una, sino de cuatro culturas, las que componían el complejo insular: la que llama *aborigen*, de imprecisa extensión, base paleolítica, asentada con precedencia a la *guanajatabey*, que pudo provenir del Sur de América, también paleolítica; la *ciboney*, mesolítica, de la familia araucana suramericana, y la *taína*, neolítica, esencialmente caribeña, que se asentó sólo en el extremo oriental de la Isla. El autor logró superar la clasificación trimembre de Felipe Pichardo Moya, aprovechó las conclusiones del Congreso Histórico de Cuba de 1942, y realizó un estudio detenido de esferolitas y gladiolitas que utilizaron los distintos grupos «aborígenes», para conformar un volumen sobre la prehistoria insular, que le es, a la par, imprescindible en sus estudios de la cubana y del *ajiaco* intercultural y *racial* que la compone.

Si se sigue la secuencia de los artículos multitemáticos que Ortiz publica inmediatamente antes y durante los años cuarenta, se notará su marcado interés etnológico por las razas, definición conceptual y oposición sistemática a las nociones racistas que subyacen en el término. Su cima es el ya aludido volumen *El engaño de las razas*, en el que especifica el concepto de *mestizo*, despojándolo de su carga peyorativa, porque «todo ser humano es mestizo». En este libro estudia los caracteres somáticos y los mitos en torno a los «cruzamientos raciales», para concluir que la naturaleza sólo hace individuos, mientras que la diferenciación racial deviene mitologización racista; Ortiz penetra en el psiquismo racial y en las clasificaciones de «tipos» humanos (Hipócrates, Kritschmer y Krupelin, Pavlov...), para concluir que «no existe una personalidad racial», porque los hombres no se diferencian en lo esencial. «Para que hubiera una raza pura habría que suprimir los sexos»: es su idea conclusiva sobre el entrecruzamiento humano y sus convivencias.

El engaño de las razas es, quizás, el libro más «universalista» de Ortiz, porque su asunto concierne a toda la humanidad; para el acopio de información, el autor acude a fuentes filosóficas, antropológicas, psicológicas, etnoculturales y de otras naturalezas. El propio estudio de *El huracán...*, con su poderoso instrumental analítico, no alcanza por su(s) tema(s) la extensión del primero, que ataca un mal universal y desdichadamente vivo: el racismo.

Pero *El huracán, su mitología y sus símbolos* es una de las obras más ambiciosas de Ortiz. Tal vez es el volumen más rico en información sobre las más diversas culturas, y uno de los menos atendidos por la crítica o por los propios estudiosos de la obra de Ortiz, demasiado interesados por lo común en la amplísima vertiente etnológica, en la trama negra de la síntesis etnocultural cubana. Puede afirmarse sin mucho temor que *El huracán...* es la obra clave del humanista, del hombre informado sobre diversos polos y latitudes, capaz de sintetizar elementos *semióticos* «puros» en una semiología peculiar, que anticipa en dos décadas el auge de los estudios de semiótica en Europa.

El huracán... comienza como un estudio etnológico sobre pinturas rupestres, para adentrarse en cuestiones referidas a símbolos y mitos universales de igual o semejante estirpe, en que la fuerza y dirección de los vientos se expresa como una de las manifestaciones vitales de la naturaleza. El culto al aire tiene raíces universales, y Ortiz las estudia sin desprenderse del ámbito caribeño; se interesa por las relaciones entre el Viejo y el Nuevo Mundo, sobre la base de la intercomunicación y las coincidencias al respecto. No se atiene a un «Viejo Mundo» eurocéntrico, de modo que la simbología que explora extiende su espiral al Asia y al África, y más allá en todas direcciones de la llamada «cuenca mediterránea». Su estudio acude a la etnología comparada y, con palabras de Salvador Bueno: «se observa una mayor influencia de los criterios de Malinowski» y su «escuela Funcionalista».[222]

En este libro, más que en otros, se perfila entre sus líneas y en el aparato científico que emplea, el entramado del autor, armado con una vasta información sobre el asunto, sobre el cual arriba a conclusiones propias. El empleo de la información deja entrever asimismo el intenso sistema de fichas bibliográficas que luego va desplegando a lo largo del libro. El ameno estilo expositivo que Ortiz ha alcanzado, salva al conjunto de un excesivo empleo de citas, referencias y alusiones a la base documental. La adición de elegancias poéticas y hasta de citas de poemas de Heredia o textos de Lino Novás Calvo, entre otros autores de obras de ficción literaria, hacen olvidar el riguroso empleo de su sistema de fichas (que él llama *tarjetas*), cuyos contenidos llenan a veces la totalidad de algunos epígrafes. La erudición de las direcciones expositivas del asunto no permiten la breve reseña de su contenido: *El huracán...* va mucho más allá del estudio del torbellino desde sus símbolos y mitos, para convertirse en un tratado de las fuerzas del aire y sus implicaciones sociales. De este modo, Ortiz logra un libro de ciencia y poesía, para científicos y para poetas, en el más amplio sentido de ambos términos.

Puede decirse que luego de *El huracán...*, las indagaciones centrales de Ortiz se desplazan más hacia la música, hacia la etnomusicología, y más concretamente hacia la «música afrocubana»; el trabajo en esta dirección se concentra en tres obras que él mismo consideró como continuaciones unas de otras, de las que el primer volumen fue *La africanía de la música folklórica cubana*, el segundo *Los bailes y el teatro de los negros en el folklore de Cuba*, y el tercero, en cinco tomos, *Los instrumentos de la música afrocubana*. Éste es el conjunto más monumental de sus investigaciones.

En su estudio «Don Fernando Ortiz musicógrafo», Zoila Lapique[223] define la gradual especialización de Ortiz en el asunto, y fija el año 1905 como inicio de tal labor; recuerda su vinculación con la revista *Musicalia* en los años veinte, cuando, según afirma Lapique, tenía ya maduro su texto *La música afrocubana*, que vino a completar luego de su regreso a Cuba en la década siguiente. La génesis musicográfica de Ortiz lo condujo hacia un gradual acrecentamiento de la obra y de la especialización en ella; sobre todo tras publicar *La «clave» xilofónica...*, se ha señalado que ésta es la etapa personal en que el indagador logra vencer la resistencia ante el secreto religioso de sus informantes, de modo que añade a su caudal informativo un importante —y definitivo— conjunto de datos que ayudaron a conformar la antecitada trilogía édita entre 1947 y 1955, y que lo sitúa «sin lugar a dudas [como] uno de los más importantes musicógrafos que ha tenido Cuba republicana prerrevolucionaria».[224]

Inicialmente publicado entre 1947 y 1949 en la *Revista Bimestre Cubana*, *La africanía de la música folklórica* penetra en los orígenes de la música en Cuba y analiza los términos de «música indocubana» y «afrocubana». El primero dio pie a Alejo Carpentier para su refutación en *La música en Cuba* (1948), quien cita a Ortiz como una de sus fuentes decisivas para contestar al compositor Eduardo Sánchez de Fuentes, cuya tesis del sentido autóctono de la música cubana se basaba en un supuesto «Areíto de Anacaona». Ortiz va más lejos en la investigación, pues buscando los orígenes de la música insular se remite a la que cultiva el negro en África y luego a su transculturación caribeña. No se detiene en el (o los) esquema(s) compositivo(s) o interpretativo(s), sino que indaga en los instrumentos principales, en los coros y ya de lleno en el canto, hasta llegar a la *letra* de ese canto, de modo que explica desde el punto de vista musical la llamada «poesía negra», a la sazón rebautizada como «mulata» por Nicolás Guillén. Para ello se detiene Ortiz en oraciones y conjuros de los cultos «afrocubanos». Pero aun el sabio cubano extiende su estudio hacia cuestiones que rebasan la musicografía y la inevitable apelación filológica al análisis de los textos cantados, para llegar a conclusiones de raíces sociológicas: él subraya la repercusión de la música negra en el mundo y los prejuicios raciales que en torno a ella se agolpan. Casi en forma simbólica, Ortiz hace ver que el triunfo del *tambor* como instrumento en casi todo el planeta, especialmente en el área de la llamada «cultura occidental», es el mejor ejemplo de tal repercusión y, a la vez, de la victoria sobre los prejuicios raciales.

Los bailes y el teatro de los negros en el folklore de Cuba se publicó inicialmente también entre 1947 y 1950 en la *Revista Bimestre Cubana*; luego aparece ya perfeccionado y como libro prologado por Alfonso Reyes, donde el sabio mexicano rinde pleitesía a la labor del cubano. En este volumen, Ortiz se opone definitivamente a la «pretendida influencia de la música de los aborígenes indios en la folklórica de Cuba»; explica las diferencias entre «músicas negras» y «músicas blancas», y toma como núcleo central expositivo el análisis de «los factores genéticos de esas músicas negras y sus entrelaces en África y Cuba con la poesía, la magia, la religión y también las características generales de sus diversos instrumentos».[225]

Esta última cuestión, la de los instrumentos, trajo consigo la cúspide de la obra monumental, que Ortiz completa con los cinco tomos de *Los instrumentos de la música afrocubana*, los tres primeros publicados en 1952 y los restantes en 1955. El objetivo de los tomos va más allá de las clasificaciones, descripciones y definiciones de los instrumentos (anatómicos, percusivos, sacuditivos, frotativos, xilofónicos, membranófonos...), para explicar sus usos en los cultos sincréticos y las deidades con las que se relacionan muchos de ellos; no deja Ortiz de referirse al propio ámbito sociocultural de la difusión, regionalismos y peculiaridades del empleo de cada instrumento. En cada tomo realiza correcciones sobre datos o afirmaciones de los volúmenes anteriores, en tanto en el último, junto con los índices generales, concluye con otros cuatro tipos (grupos) instrumentales: pulsativos, fricativos, insuflativos y aeritivos.

Tan intensa labor de erudición no encerró a don Fernando Ortiz en su gabinete: en la Institución Hispanocubana de Cultura desarrolla numerosas conferencias y actividades antifascistas, ofrece seminarios universitarios, funda y preside en México el Instituto Internacional de Estudios Afroamericanos (1943), preside el Instituto Cultural Cubano-Soviético (1945), participa en los congresos Internacional de Arqueólogos del Caribe (Honduras, 1945), Indigenista Interamericano (Bolivia, 1949), Internacional de Americanistas e Internacional de Folklore (Brasil, 1954), entre otros eventos, en los que es ponente activo. La Universidad de Columbia (USA) le otorga el título de Doctor Honoris Causa en 1954. De Oxford a Viena, de México a La Paz o a Sao Paulo, Ortiz desarrolla un periplo de actividades públicas cuyo eje de irradiación creativa es La Habana.

En el plano de las publicaciones, no se detuvo sólo armando sus obras capitales, sino que continuó editando numerosos artículos, también de variadísimas temáticas, que implicaban investigaciones adicionales, sobre educación, política (local e internacional), cultura (artes y literatura), acercamientos a la obra de José Martí que alcanzan méritos indudables entre los numerosos estudios sobre el Apóstol realizados en la

época, y muchos otros comentarios sobre el término «raza», el racismo, sobre personalidades como Humboldt o Sanguily, sobre economía, sobre el espiritismo y los «cordoneros de orilé», cuyas diversidades asombran. Se recordarán, al menos a manera de ejemplo, en los años que ya conforman sus textos básicos sobre música, «La lección de Copán» (1946), «Paz y luz» (1950), «Wifredo Lam y su obra vista a través de significados críticos» (1950), «Biografía cubana del café» (1951), «Oración a Martí» (1953), «Superamérica y Subamérica» (1955), entre muchos otros. En la década de 1960, Ortiz publicó relativamene pocos textos nuevos; sin embargo, el ya octogenario ensayista alcanzó a redactar algunos materiales que se suman a sus contribuciones en torno a la vida cubana: «Las visiones de Lam» (1963), «Cubanidad y cubanía» (1964) o «La cocina afrocubana» (1966), que son en verdad ampliaciones de resultados de sus investigaciones de años anteriores. Puede decirse que lo esencial de su obra ya estaba escrito y editado al final de la década de 1950, momento en que presenta otro volumen central de su bibliografía: *Historia de una pelea cubana contra los demonios* (1959).

Éste es el último de los libros voluminosos que escribe Ortiz; de él ha dicho Salvador Bueno: «La obra tiene todo el encanto y la amenidad de una novela donde lo maravilloso y lo real se mezclan en una narración hecha con socarronería y gracejo extraordinarios.»[226] El propio Bueno subraya que este libro de Ortiz no es un tratado de demonología, aunque el autor poseía evidentes y profundos conocimientos sobre ese asunto. Se trata de una exploración, desde problemática regional, sobre la sociedad colonial cubana, de la que no puede hacerse resumen más preciso que el propio e irónico subtítulo: «Relato documentado y glosa folklorista y casi teológica de la terrible contienda que, a fines del siglo XVII, fue librada en la villa de San Juan de los Remedios por un inquisidor codicioso, una negra esclava, un rey embrujado, y gran copia de piratas, contrabandistas, mercaderes, hateros, alcaldes, capitanes, clérigos, energúmenos y miles de diablos al mando de Lucifer». Claro que el humorismo y el sentido de la ironía de Ortiz se despliegan en ese largo remedo titular de los tratados latinescos medievales y de los fárragos eclesiásticos de otras épocas; pero ello no es humorada gratuita —*choteo* de cubano—, sino parte del propio enfoque que realiza el autor, sobre asuntos que conciernen a intereses públicos de religiosos y civiles en relación con terrenos y otros objetivos muy materiales, incluido el contrabando, a los que se pretendió dar crédito de inquisitorial pelea antisatánica, y que Ortiz aprovecha muy bien para tratar sobre la Inquisición en Cuba, sobre mitos y creencias locales que reflejan una época de la Colonia, sobre la composición social del siglo XVII y los papeles «providenciales» de cada clase, y también sobre la evolución del cristianismo en la Isla. A la materia propiamente histórica (que el autor diafaniza con apéndices documentales) se suma la interpretación multiaspectual de los hechos, con añadidos bibliográficos acerca de la demonología en el siglo XVII y las raíces de numerosas mitologizaciones. El conjunto es un libro muy difícil de reseñar, porque cada capítulo podría parecer a veces obra cerrada en sí, aunque sea evidente la armonía del conjunto.

Historia de una pelea cubana contra los demonios es también un libro «provocador», capaz de ofrecer motivaciones a las artes y a las letras. Su aparente ligereza de lectura encubre el rigor documental que, por otra parte, es característica esencial de las obras de Ortiz. El fondo documental, la erudición y la finalidad de estudio de lo cubano, se imponen sobre la supuesta ligereza, para que el lector enfrente en verdad todo un tratado.

Como dice José A. Portuondo: «...Ortiz se hizo él mismo criminólogo, antropólogo, sociólogo, etnólogo, lingüista, musicólogo, folklorista, economista, historiador, geógrafo, político, para poder contestar los incesantes problemas que una rigurosa investigación científica plantea a cada paso».[227] Todo ello con una caracterización filosófica que parte del positivismo y su método, para corregir en la propia praxis científica algunas de sus limitaciones metodológicas; sobre todo, su trabajo científico estuvo socialmente delimitado por el medio en que escribía, y el cual era, a la vez, fuente de sus indagaciones

y de sus preocupaciones ciudadanas. Sin dudas, Ortiz adoptó una actitud progresista en el sentido de hallar respuestas a las interrogantes esenciales del desarrollo cultural, e incluso político-económico, cubano; sus respuestas eran del orden superador y crítico para el mejoramiento nacional. El «racionalismo científico» de Ortiz puede entenderse como una forma de humanismo, que se expresó en su labor enciclopédica, en su tesón erudito de investigador, y, sobre todo, en la *aplicación* que todo ello tenía en la sociedad cubana: introducir resultados era para él plantear ideas que motivasen esos resultados apetecibles; uno de tales resultados fue precisamente llegar a comprender como pocos al cubano y lo cubano, que también como pocos pudo representar en su genuina orientación popular, democrática, antineocolonial y de auténtico sentido nacional en el mejor contexto de universalización que alcanzaron sus obras principales.

Ortiz logró desarrollar una suerte de «filosofía de lo cubano», respondiendo a preguntas claves: de dónde venimos, qué somos, hacia dónde debemos ir, cuál es nuestro contexto natural, qué significado tiene la cultura nacional en sus intervinculaciones caribeñas, latinoamericanas, americanas e intercontinentales. Pocos hombres de ciencias o de letras de Cuba se adentraron tanto en los problemas básicos de la identidad cultural de la nación, para desentrañarlos, discutirlos, explicarlos, mejorarlos y fijar pautas que son imprescindibles y hay que tener en cuenta ante cualquier planteamiento del «problema cubano» como problema nacional.

A todo ello se agrega un Ortiz de alta prosa, un «comunicador» de sus ideas con verdadero sentido del *estilo*, con cabal valor ensayístico, en que el ensayo, cualquiera que sea su orientación temática, es una pieza completa en sí y a la par sugerente, claramente expuesta, pero sin ínfulas de *magister dixit*, siendo él, realmente, un maestro. En «El Ortiz que yo conocí»,[228] Miguel Barnet afirma: «Probablemente no hay en todo el continente una obra de más rica factura literaria en el campo de las ciencias sociales que la del autor de *La africanía de la música folklórica de Cuba* y *Los negros esclavos*.» Todos estos quilates creativos (era un legítimo *creador*, no exento de imaginación y gracia en el desenfado expresivo y en la erudición científica) hacen de don Fernando Ortiz una figura capital del ensayismo cubano de todos los tiempos. Indagador de fuentes, se ha convertido él mismo, y su obra extraordinaria, en fuente y raíz de cubanía.

[V. L. L.]

2.7.6 Juan Marinello: crítico y ensayista

El cambio producido en la actitud de los intelectuales frente al proceso histórico durante los dos lustros que corren entre 1923 y 1933, propiciará, en un lapso más o menos breve, la bifurcación en los modos de interpretar el hecho artístico, la cultura y aun los acontecimientos sociopolíticos; las figuras inclinadas hacia el discurso reflexivo asumirán de forma paulatina perspectivas en esencia opuestas, determinados por tomas de partido divergentes frente a los problemas de la República. La crítica y el ensayo nacionales contarán a partir de la década del treinta con el método de análisis marxista, defendido con la pluma y la acción cívica por autores de indiscutible prestigio.

Juan Marinello Vidaurreta (1898-1977) descuella en este grupo por diversas razones, dentro de las cuales podrían citarse, como decisivas, su extensa y sólida cultura, su capacidad de penetración en el entorno, lo cual le permite distinguir los aspectos de aquél que reclaman análisis con mayor urgencia; la virtud de encontrar, una vez determinado su objeto, el hilo conductor hacia la esencia del problema y plantearla sin regodeos ociosos; sus dotes de orientador, en plena intimidad con una firme vocación pedagógica; el orden y lucidez de su pensamiento, materializados en su modo expositivo; el ancho espectro de inquietudes y de aspectos del quehacer intelectual que suele tomar como motivos de su trabajo; la elegancia y singularidad de su estilo; su limpia ejecutoria política y la persistente entrega, por más de cincuenta años, a una labor creadora de profunda trascendencia social.

Su formación[229] cultural le pertrechó de amplios conocimientos, empleados luego con provecho en su larga vida de ensayista, crítico, pedagogo y dirigente político; su humanismo raigal y una eticidad de raíz martiana, erigidos ambos en actitud ante la vida, determinaron el rumbo de su pensamiento y el uso dado a los bienes espirituales adquiridos mediante el estudio.

La obra en prosa[230] de Juan Marinello, hasta 1958, comprende un número apreciable de ensayos de extensión moderada —salvo excepciones—, algunos de los cuales sirvieron, en su momento, de prólogo o comentario preliminar a libros de sus contemporáneos; varias conferencias cuyo tono y configuración permiten incluirlas en el grupo anterior; numerosos discursos o intervenciones en eventos, bien de carácter cultural, bien político, que por lo común asumen la forma ensayística; innumerables notas y comentarios de ocasión sobre arte —de preferencia la plástica— y literatura, a los que pueden sumarse consideraciones sobre hechos del acontecer cultural en la isla y sucesos relevantes —artísticos, políticos— de interés local o universal. Este último bloque forma parte, en no poca medida, de una copiosa papelería integrada por artículos, reseñas, notas y trabajos de prensa, escritos muchos de ellos al calor de las urgencias partidistas que marcaron su vida pública, o ante estímulos nacidos del intenso intercambio con el entorno. Este material, concebido al paso de los acontecimientos, conforma el cuerpo de sus incursiones en la labor periodística, complemento de su tarea política y de su obra mayor.[231]

Atendiendo a las materias tratadas, el círculo de sus meditaciones abarca temas literarios, artísticos y de cultura en general, cuestiones de interés político y jurídico —en este apartado debe considerarse la preocupación por asuntos que atañen a la vida política nacional e internacional, o a problemas de actualidad latinoamericana—, y consideraciones en torno a problemas teóricos y prácticos de la educación en Cuba.

Por la importancia y lugar cimero que ocupan en este amplio conjunto los trabajos dedicados a la obra —literaria y política— de José Martí, no debe vacilarse en considerar al héroe de Dos Ríos como el gran tema de Marinello.[232] Aquel en quien halla «confirmación y resumen» de todas sus inquietudes, y a través de cuyo ejemplo dirime sus dudas y contradicciones, es objeto de un amoroso y exhaustivo asedio. El estudio de las facetas de su caso literario y humano dará siempre en las claves adecuadas para resolver graves problemas históricos, enrumbar la acción política y la vida social por caminos certeros y hallar las cifras de una cultura sólida y fidedigna.

Estos deslindes y clasificaciones no deben entenderse, sin embargo, más que como auxiliares útiles para penetrar en el universo marinelliano, dada la abundancia y diversidad de sus trabajos, pues con mucha frecuencia los motivos de examen y los asuntos en una materia dada se entrecruzan con los de otra y se complementan entre sí, creando un fructífero trasiego de enfoques y perspectivas analíticas. Ocurre que, por sobre lo múltiple de los contenidos y las variadas formas escogidas, existe un elemento cohesivo: la presencia, a lo largo de los años, de inquietudes muy definidas y persistentes, que llegarán a constituir tópicos centrales de su pensamiento, y a las cuales volverá una y otra vez. Son eco, tales preocupaciones, de importantes problemas de fondo vinculados a la vida espiritual y material del hombre en Cuba e Hispanoamérica, traducen conflictos de raíz histórica, muestran luchas —secretas o evidentes— y ajustes dolorosos en el camino del creador honesto, y sacan a la liza intelectual asuntos polémicos de actualidad.

La dialéctica de lo nacional y lo universal en los procesos culturales, los vínculos contradictorios entre la tradición y el impulso de cambio o novedad; el problema de la lengua —por muchas razones complemento del tópico anterior— entendida como cárcel y camino, como lazo que ata a una herencia literaria de tintes ajenos y que, a la vez, abre vías a la propia voz; la problemática de la relación creador-sociedad, en cuyo centro sitúa el dilema de la vocación artística y el servicio social y su mirada constante sobre el presente y el porvenir de Latinoamérica, conforman la médula de sus meditaciones. La aplicación del método materialista histórico en el análisis de los procesos culturales y artísticos, redondea finalmente y da unidad a la obra creada en medio de una variada actividad, y sujeta, por tanto, a

los vaivenes de la contingencia, con riesgo de parecer dispersa.

La puesta en escena de este mundo de inquietudes no transita por terreno llano; muy por el contrario, su reflexionar no está exento de contradicciones y trasunta a menudo agudas batallas íntimas. La explicación más válida a estas aparentes inconsecuencias de su pensamiento se halla en la condición que ostenta de juez y parte en su proceso histórico; las ideas de Marinello discurren, como ya se ha señalado, en coloquio sostenido con el devenir, y su alimento es la práctica, de ahí que puedan ser reorientadas a tono con los cambios factuales. Meditar sobre tan hondas cuestiones es, por tanto, ejercicio dialéctico guiado por el afán de anotar los problemas en cada caso y en cada momento, según lo que cada caso y cada momento requieren.

Desde esta perspectiva, el estudio de su obra debe estar dirigido a descubrir los matices dentro de un pensar coherente, pero tomado por un espíritu de autosuperación; Marinello es, en esencia, un orientador consciente de su misión, y para hacerla efectiva procurará orientar sus propias ideas viviendo en sintonía con el tiempo.

Las muestras más importantes de su labor durante el lapso transcurrido entre 1923 y 1936 —que, tentativamente, podría considerarse como período formativo—, revelan la pugna por acomodar el discurso crítico y ensayístico a la actividad cívica desplegada, acción abiertamente política en ciertos casos. Así, como hombre de pensamiento debe resolver, en la escritura, lo que como hombre de acción tiene ya por hecho consumado. Los más significativos trabajos entre 1927 y 1930 ilustran este forcejeo de ideas; «El insoluble problema del intelectual», y luego «Arte y política», publicados ambos en la *Revista de Avance* en 1927 y 1928 respectivamente, traen a plaza, con diferentes matices, el problema de la relación intelectual-sociedad. En el primero aparece la imagen del creador como ser escindido entre su vocación y su deber ciudadano: arte y contingencia, dos polos que tiran en sentidos opuestos, contradicción que no puede resolverse sino a riesgo de graves pecados. Quien toma el camino exclusivo del arte compromete su condición humana al aislarse de los conflictos que impone al hombre su tiempo histórico; quien se entrega a una causa social y participa en su época arriesga la excelencia artística. Luego, optar es aquí sinónimo de mutilación, y el intelectual es, en cierta manera, víctima de su propio destino, por lo cual no es condenado. De todos modos, el conocimiento de las propias capacidades y el interés por defenderlas a toda costa, pueden conducir a pactos de reputación sospechosa con los del poder, y Marinello no olvida señalarlos a su manera alegórica:

> ...el que en un campo de batalla se sabe ineficaz, aunque de superiores posibilidades que el soldado que avanza por imperativo troglodítico, busca por primario impulso la indemnidad ansiada, junto al Jefe que, con mando momentáneo, le pone a cubierto de menesteres bélicos inadecuados.[233]

La toma de partido —se observa en el pensamiento de Marinello— a favor de una causa se convierte, como se ha visto, en sacrificio de las calidades artísticas y aun una violencia sobre la propia naturaleza del creador. Esta idea ya había asomado en un artículo aparecido en *Social* en 1925;[234] sin embargo, Marinello no duda entonces sobre lo que, en justicia, corresponde hacer:

> ...La obra puramente intelectual no será, si la actividad deriva al logro de un beneficio colectivo, de tan altos quilates. Pero ha de ser irrenunciable ese lote de sacrificio que impone una realidad que urge modificar.[235]

Tres años más tarde, en «Arte y política», la cuestión se plantea ya en otros términos: acudir al llamado de la época, responder a las solicitaciones de la política, no sólo es admisible, sino necesario —en el sentido filosófico de necesidad— pues:

> ...Quien niegue que toda labor de cultura —seria en su propósito y en su anhelo, al menos— no trae como fatal secuela, a la postre, hondas mutaciones sociales, está cegado o quiere estarlo.[236]

Estas afirmaciones, aunque recuerdan las ideas de Ortega y Gasset —lectura común a todos los intelectuales en la época—, no son incompatibles con el marxismo; de hecho, aun cuando todavía su manera de enfocar el asunto no es marxista, el sentido de sus palabras abre la posibilidad de un planteamiento futuro hacia esa dirección.

Apenas unos días antes, en conferencia leída en la Sociedad Económica de Amigos del País a propósito de su entrada en la centenaria institución —publicada después bajo el título de «Juventud y vejez»—, había señalado cómo el envejecimiento prematuro de la actitud ante la vida proviene del acomodamiento, por conveniencia, a circunstancias caducas. La libertad de pensamiento, que es la esencia de la juventud espiritual, impulsa a las conquistas más ambiciosas sin hacer un cerco de lo ganado; antes bien, mueve siempre en sentido de futuro la labor de los pueblos, haciendo de cada logro un inicio, una libertad que implica ausencia de intereses. A esta luz, el discurso resulta un análisis de las fuerzas retardatarias que se movían en el seno de la realidad cubana y de las limitaciones que determinaban la «vejez» de la organización social en la República. Aquí se alude a «El insoluble problema...» para plantear que el papel de orientador corresponde al intelectual por la imposibilidad de resolver sus contradicciones; esta misión debe ser cumplida so pena de ocasionar, con el ostracismo, daños mayores a la sociedad:

> ... Si ver claro es grave delito, debe purgarse totalmente. Siempre el concepto de libertad va unido al de responsabilidad, y como en estos tiempos que corremos va siendo cosa riesgosa tener libertad, cada día más el intelectual rehuye su responsabilidad [...].

> Cuando los hombres de superior capacidad olvidan su papel de primeras partes, hay primeras partes incapacitadas que les imponen el papel de comparsas.[237]

En «Arte y política» parece llegar a un esclarecimiento mayor cuando reclama para el arte la libertad de usar sus mecanismos específicos para ejercer su cometido social. Pedir contenido político en la obra del creador sin aptitudes para darle rango estético, y sin temperamento para incorporarlo a ella orgánicamente, constituye un error de imprescindibles consecuencias:

> ...¿No se obtendría, con ello, el arquetipo del mal poeta y el ejemplo del agitador comprometedor del triunfo de su credo?[238]

Aquí están, sin dudas, las bases de su posterior estilo interpretativo del fenómeno artístico, basado en la teoría estética marxista.

En términos concretos, la cuestión se plantea del siguiente modo: el intelectual no debe rehuir su misión orientadora cuando no pueda hacer política con su arte, pero:

> ...Quien con todo esto sienta de modo artístico la preocupación social, debe darse por entero a ella. Quien no la sienta, no debe abandonar su deber de hombre que puede ver e indicar fuera de su arte, oportunas soluciones públicas.[239]

Parecerá que la cuestión queda zanjada a partir de estos criterios y, sin embargo, en el ensayo «El poeta José Martí» —prólogo a *Poesías de José Martí*—, también de 1928, insiste de nuevo en la agónica dicotomía, esta vez a propósito de la personalidad martiana. La oposición apostolado-genio poético no es, empero, en Martí, un problema real, pues el ensayista acierta a ver su capacidad para adecuar una obra inimitable de orador, prosista y poeta, «a la obtención, a la realización práctica de un ideal».[240] Lo objetivo es que Marinello traslada hacia el caso martiano su propio dilema y en él intenta hallar un camino para resolverlo. Años más tarde, aun en trabajos de las décadas del cuarenta y cincuenta, volverá a referirse, a propósito de Martí, al arte y a la política como pasiones excluyentes, y de nuevo lo pondrá como ejemplo excepcional en que ambas facetas se complementan.

En 1930, a tenor de una encuesta realizada por la revista francesa *Les Cahiers de l'Etoile*, aparecen como ensayo,[241] bajo el título «Sobre la inquietud cubana», las respuestas dadas por Marinello a solicitud de esta publicación. Hispanoamérica y su estado de neocolonia en el orden económico y cultural, las causas históricas de la dificultad para hallar una voz propia, el dominio imperialista sobre todos los órdenes de la vida como origen del desajuste social en Cuba y el peso aplastante de la frustración al desmoronarse la imagen ideal de la República —con su secuela de claudicaciones y crisis de los valores éticos—, constituyen el núcleo de las respuestas. El tono es de amargo escepticismo, al igual que el empleado en «Juventud y vejez», donde sustenta parecidos criterios.

Lo antes expuesto se relaciona con circunstancias concretas: en primer término la procedencia social del autor y, en segundo lugar, su formación académica, donde, sin dudas, tuvieron un gran peso las concepciones de corte burgués acerca de la cultura y la influencia de determinadas corrientes filosóficas europeas. Se trata de la postura típica del intelectual de clase media, consciente de los problemas, pero sin respuestas válidas para combatirlos. Al igual que otros miembros del Grupo Minorista, el tono crítico, pero escéptico, se asocia a ciertos criterios de élite, abandonados muy pronto por Marinello, quien, en busca de un camino honrado para encauzar su labor, habrá de cuestionarse a menudo lecciones aprendidas y aun apetencias e inclinaciones propias de su temperamento. Repárese, además, en que el debate se instala sólo en el terreno teórico, pues por entonces ya Marinello había definido su acción a favor de la lucha abierta por modificar el *status* reinante;[242] dentro del minorismo, cuyo programa adopta un estilo reformista, el autor de «Juventud y vejez» integra el sector de avanzada, dispuesto a denunciar las dificultades y listo para seguir una ruta más riesgosa. Sus relaciones con las figuras más revolucionarias del mundo intelectual habanero —la amistad de Rubén Martínez Villena será decisiva— radicalizarán en breve tiempo su pensamiento y su actividad cívica.

Si la procedencia clasista y la formación cultural ligada al pensamiento burgués le crean en lo interno las tensiones ya observadas —de ello era consciente y lo declaró en repetidas ocasiones—, esto no impidió, en cambio, que su lucidez pusiera en evidencia los puntos candentes de las cuestiones tocadas. Por lo pronto, ya sabía que no era posible un cambio en la política y en la cultura sin transformación económica, que el dominio imperialista, por mecanismos económicos, era, en última instancia, la causa principal de los problemas, y que la América Hispana, deformada en su nacimiento por los inicios del capitalismo mercantil y atada aún en muchos aspectos a su pasado colonial, debía, para dar el gran salto histórico, sacudirse todas las servidumbres en la época del imperialismo. La búsqueda de las raíces en estas circunstancias era no sólo un gesto de afirmación, sino también un acto de justicia; poner en primer plano el debate sobre lo nacional y lo universal constituía, en no poca medida, *un hecho político*.[243] La visión de Marinello sobre este problema en 1930 está marcada todavía por el escepticismo, cuando afirma en «Sobre la inquietud cubana»:

> ...América no ha logrado ser Europa ni cosa en esencia distinta de Europa. De ahí su larga tragedia. De ahí la pugna dramática entre los medios y los fines americanos.[244]

Y luego de resumir las condiciones en que nació la cultura en Hispanoamérica, «superpuesta y lejana a su medio», dice:

> ...Y como el modo de la inquietud no lo da la cultura sino la tradición de cultura, España y Europa nos han mantenido lejos de América.
>
> De esa condición provincial que quizás toca a su fin, nace el hecho de que hasta hoy las inquietudes americanas no sean otras que las europeas. No quiere esto decir que falte a los americanos conciencia de sus problemas ni que sus mejores hijos hayan dejado de penetrar sus factores. Quiere decir, sí, que hasta ahora las soluciones han ido a buscarse al viejo laboratorio.[245]

Como se ve, Marinello está señalando un hecho real, pero sin perspectivas inmediatas de arreglo. No obstante, anota ya el camino por donde ve llegar la solución cuando suscribe la opinión de José Carlos Mariátegui —ideólogo marxista— y concluye:

> ...si de lo europeo se aprovecha la información cernida por siglos de riguroso laboreo de ella se aísla lo de humana medida para confrontarlo con nuestras realidades. Por este camino se irá —con la solución americana— a los comienzos de una cultura —actitud que logre dar en su día normas al viejo maestro.[246]

En realidad, este tópico ya había sido tocado por él en el discurso de apertura del Salón Anual de Bellas Artes, en 1925. Al dilucidar allí los medios más certeros para hallar un perfil propio a nuestras manifestaciones pictóricas, convenía en que la aceptación de las propuestas artísticas europeas de última hora y su empleo «en las modalidades típicas» eran paso indispensable para propiciar una interpretación de sentido universalista respecto al quehacer artístico en Cuba. Lo nacional, razona, no habrá de fijarse únicamente con la búsqueda de un cubanismo temático, sino:

> ...mediante un doble proceso de integración: ir a lo vernáculo con ojos extranjeros y a lo extraño con ojos cubanos.[247]

pero el proceso no será completo si, a la larga, no se cumple una fase, sin dudas la más larga y difícil: «hacer ojos cubanos para con ellos interpretar lo propio y lo extraño».[248]

En la búsqueda de este «modo de ver» capaz de integrar en un todo coherente las esencias intransferibles sin renunciar al conocimiento y asimilación creadora de lo exótico, va implícito todo un mundo de problemas accesorios: ¿qué postura asumir ante la tradición en épocas de ruptura con los conceptos acatados hasta el momento?, ¿por qué vías captar los rasgos definidores?, ¿cómo enfrentar el problema del lenguaje, en el caso de las manifestaciones literarias?, ¿en qué medida el deseo de novedad implica un cambio de formas y en qué medida no?, ¿cómo se entienden lo auténtico y lo falso en el arte? Marinello trata de dar respuesta a estas interrogantes en varios de sus ensayos a partir de 1932, «Americanismo y cubanismo literarios» —prólogo a *Marcos Antilla. Relatos de cañaveral*, de Luis Felipe Rodríguez— y los trabajos recogidos en *Poética. Ensayos en entusiasmo*, los que con mayor amplitud se aproximan a tales preocupaciones.

Los cuentos de *Marcos Antilla...* traen a colación el tópico del cubanismo literario y dan pie a un análisis histórico, que se abre al contorno más amplio de Hispanoamérica. Las dificultades para el surgimiento de una expresión netamente americana derivan, en primer término, del extrañamiento del escritor latinoamericano frente a su entorno: acostumbrado éste, por el pecado original de la colonia, a mirar su paisaje a través del prisma de las literaturas europeas, perdió durante mucho tiempo una de las más ricas vetas para llegar a lo auténtico americano; ni siquiera el Romanticismo, con su ansiosa reivindicación de la nacionalidad, logró acertar el camino, extraviándose por las veredas del indigenismo y de un criollismo «premeditado» y, por tanto, sin autenticidad. El tipicismo, lo costumbrista, que sólo rozan la superficie de lo real bajo el pretexto de captar lo característico, son causa de irremediables distorsiones en la imagen creada.

La segunda gran limitante se refiere al problema de la lengua, a la vez propia y ajena, herencia que arrastra consigo modos seculares:

...El espectáculo de América, de un mundo en marcha, ha de ser dicho con vieja palabra, con palabra hecha de recuerdos, nacida de un mundo que contempla la carrera transitada.[249]

Pese a ello, se impone un esfuerzo para superar la contradicción aparentemente insoluble: «labrar con mano firme los hierros de la prisión», transformar «la entraña ideotemática con golpe americano, haciendo cosa propia lo que hasta aquí fue préstamo». El camino está trazado en la propia historia del castellano:

...El castellano peninsular —el de ayer, el de hoy— es reflejo leal de la circunstancia española y de sus esencias vitalizadoras, hijo legítimo de la realidad en que nace. Por esa genuinidad, por esa lealtad, tuvo virtud para desbordarse de su cauce y calar muy hasta lo hondo la tierra de las Indias. El escritor criollo de ahora, el escritor creador de arte debe escuchar con serena y amorosa humildad la voz de su campo y de su ciudad: ella trae su tono, su quejumbre, su gozo.[250]

Una voz aislada de lo folklórico y lo pintoresco, reflejo fiel del lenguaje popular, captado en su médula como transcripción de una psicología, de una manera de sentir distintiva.

En el camino hacia lo esencial, el escritor debe aprender a distinguir los rasgos permanentes del comportamiento latinoamericano; llama la atención que Marinello, en 1932, cuando ya sin dudas se ha detenido sobre la filosofía marxista, dé como «hecho permanente y universal en lo criollo», «la postura irresponsable ante la circunstancia» y considere el «ademán elegantemente desilusionado del hispanoamericano»,[251] teñido de intencionada ironía, como rasgo inseparable de nuestro ser, consideración más cercana a los criterios de corte determinista propios de las corrientes filosóficas burguesas.

Tales rasgos, encarnados en el desdeñoso repliegue de Don Segundo Sombra, podrían ser el hilo conductor hacia el hallazgo de una conducta genérica capaz de definir la idiosincrasia del hombre autóctono. La novela telúrica, representada en sus realizaciones más logradas por *Doña Bárbara*, *La Vorágine* y *Don Segundo Sombra*, pero sobre todo por esta última, debido a su acierto descriptivo y su captación del alma popular por el lenguaje, constituía la mejor representación posible de lo americano, dentro de un propósito general de autorreconocimiento determinado por circunstancias históricas concretas; se comprende entonces por qué Marinello no observa lo limitado de la visión de Güiraldes al convertir en arquetipo de lo argentino esencial a un personaje que vuelve las espaldas en el instante cumbre y se niega a integrarse de modo creador a la corriente histórica.[252] Y no podría ser de otro modo, pues en ese momento los logros —parciales desde una perspectiva actual— de Gallegos, Rivera y

Güiraldes, eran los únicos puntos de referencia apropiados al tipo de análisis propuesto por el cubano, y lo más cercano a su aspiración.

Como marxista razona, en cambio, cuando anota, a propósito de las guerras de independencia como fermento de una hispanoamericanidad, la correspondencia, dialéctica y por tanto contradictoria, entre el papel de la masa como sujeto-objeto de la literatura en momentos de crisis social y las resonancias individuales de los grandes conflictos colectivos. La política, por imperativos inherentes a los propios acontecimientos, ocultó, en un momento de la historia americana, importantes aristas de la realidad, las que atañen a lo íntimo, a lo personal, y sin las cuales no se puede comprender a fondo la humanidad a reflejar en la obra artística. Llevar a términos absolutos ciertos rasgos del comportamiento humano proporciona una imagen unilateral del acontecer y de los propios actores. Sin embargo, el ejemplo escogido para ilustrar la cuestión no resulta el más indicado: si *Facundo* encierra un equilibrio entre el sentir político de la muchedumbre y la vibración íntima del individuo, defiende, en cambio, una tesis antiamericana cuando establece el par antitético civilización-barbarie, y ya se sabe a qué modelo de civilización se inclinaba Sarmiento. Si bien la estimativa sobre el pensamiento del prócer argentino no era por los años treinta lo que fue tiempo después, a Marinello, profundo conocedor del ideario martiano, no debió escapársele el sentido de la famosa frase en «Nuestra América».

Acierta, en cambio, el ensayista, cuando se plantea la relación entre lo cubano y lo universal: ni «localismo infecundo», ni «costumbrismo cominero», buceo, sí, en las raíces, pegado el entendimiento a la tierra para captar los latidos de la agonía social y los del sufrir íntimo, pues:

> ...Ninguna obra de grandeza permanente se ha producido sin el buceo limpio y cálido en la intimidad intransferible del hombre. Pero del hombre en un recodo de la tierra y en un día de la historia.[253]

Esta idea se reproduce, enfocada desde un ángulo diferente, en «Margen apasionado», comentario preliminar a *Pulso y onda* (1932) de Manuel Navarro Luna. La tensión entre el querer individual y el reclamo de la época; dicho de otro modo: la oposición temperamento lírico-voluntad de servicio, viene a ser reforzada por las circunstancias formativas del autor; el modelo de cultura asimilado —la retórica, la filosofía— se vuelve contra el mensaje al configurar el texto. Marinello celebra la condición «política» de los versos, pero indica una discordancia funcional, en el estilo, con el propósito de los mismos. En ello ve también la novedad y la excelencia de esta poesía.

La tradición no se presenta, en el caso de Navarro Luna, como el sustrato fecundante, por decantación de la trascendental, de una manera expresiva novedosa, sino como lastre:

> ...Todo hombre lírico, para serlo plenamente, ha de estar enterrado en la limitación epocal que le han construido sus vías formativas. Preso, así, ha de lanzar su vista al seno del mañana.[254]

Y no se trata tampoco ahora de destilar, en medio del fragor histórico, la nota íntima para hallar la clave de la época, sino del proceso inverso: diluir el ser individual —en una suerte de purga simbólica— en el torrente de la ansiedad colectiva. Y es que Marinello distingue las diferencias entre el quehacer político de una época y de otra; si en la Independencia —anota en «Americanismo y cubanismo...»— la lucha se planteaba en términos de «llegar a ser» naciones, la época actual plantea el problema del ser, es decir, sobrevivir, no ya como chilenos o venezolanos o cubanos, sino como hombres en un proceso social insertado en el curso del acontecer universal; de ahí que la palabra lírica sea más efectiva por la búsqueda de un humanismo de esencias, en equilibrio dinámico entre la autonomía y la universalidad.

Al aparecer en 1934 *La tierra herida*, Marinello logra un ajuste de criterios cuando dice:

> ...Lo político es lo condicionado, lo oportuno, lo hábil. Lo lírico —se ha dicho mal—, es lo abstracto, lo intemporal, lo

eterno. Pónganse las cosas en su punto de verdad. La lírica política no puede ser más que la oportunidad, la utilidad exaltada por el impulso sin tiempo del arte. Cuando hay —como en Guillén y en Navarro Luna— pupila buena para descubrir el gesto del dolor cercano y sustancia eternizadora para empujarlo por los mejores caminos, nace la poesía revolucionaria que merece serlo, que lo es realmente.[255]

El concepto de poesía novedosa se funde entonces con el de poesía revolucionaria —prueba suprema—, pues en ese tipo de expresión poética observa un cambio de esencias y no sólo de formas. En «Tierra y canto» se define el criterio que en lo sucesivo ha de prevalecer en su crítica acerca del deber y la validez de la obra literaria, en razón de su funcionalidad social.

Poética. Ensayos en entusiasmo, aparecido en 1933, reúne cuatro ensayos escritos en diferentes momentos y con propósitos distintos; dos de ellos habían sido concebidos como prólogos[256] y publicados sucesivamente en 1931 y 1932; otro, el primero en el orden del volumen, ya había visto la luz en la revista *Contemporánea*, de México, y el último permanecía hasta entonces inédito.

Esta reunión de trabajos es, según consigna el autor en la nota introductoria, un conjunto de «meditaciones sobre el hecho lírico» sin pretensiones críticas. Cabría decir que se trata de un caso de crítica participante, pues en ellos se percibe el fervor, la complacencia del ensayista al constatar la variedad de líneas y tonos alcanzados por la lírica cubana en esos años, debido a lo que tal riqueza revelaba acerca de los logros presentes y permitía aventurar respecto al futuro,

Cada asunto le estimula de diferente modo y abre la reflexión hacia un aspecto específico de la problemática tratada. Ante *Trópico*, de Eugenio Florit, medita en «Verbo y alusión» sobre el añejo tópico de la esencia y la existencia en lo lírico: pugna entre la emoción, el *élan* poético y la palabra incapaz de apresarlo con fidelidad, pero, contradictoriamente, el único vehículo posible —al menos en literatura— para transmitir tal experiencia. Se pronuncia aquí por una supera-

ción del narcisismo gongorista de ciertas corrientes contemporáneas y a favor de una intensidad alusiva capaz de captar el aliento, el sentido profundo de la vivencia trocada en poesía aun a riesgo de sacrificar el lógico, perfecto engarce de las palabras:

...En esta etapa puede tener la palabra todos los oficios que en las anteriores, pero siempre en función de un estado lírico. Lo central en el nuevo estadío reside en hacer de los vocablos reflejos leales del élan poético sin preocupación de su significado usual, ni de su acoplamiento sorprendente, ni de su música externa. La palabra como valor subalterno pero genuino. La esencia, la existencia lírica, tomando su vehículo con señorío cabal.[257]

Es una nueva perspectiva para observar el problema de la autenticidad literaria, perspectiva que tiene una suerte de complemento en «Inicial angélica» —segundo ensayo del cuaderno— cuando, al referirse a la poesía de Ballagas, encuentra en la ingenuidad infantil de *Júbilo y fuga*, en su espontaneidad desaprensiva, la nota salvadora.

La brega del poeta con las palabras, el anhelo de pureza siempre asociado al modo expresivo, el deseo de aislar lo lírico de la contingencia, son aspectos de la inquietud contemporánea respecto al fenómeno poético, pero no es todo el problema; está también la lucha entre lo lírico y lo político —en «Margen apasionado»—, y está el tema de la poesía negra.

En «Poesía negra. Apuntes desde Guillén y Ballagas», sale de nuevo a primer plano el problema de lo nacional poético a propósito del prólogo a *Sóngoro Cosongo*. El color cubano anunciado por Guillén en aquellas palabras resulta para Marinello alta aspiración y tendencia obligatoria de nuestra lírica, pero para ello habrá de olvidarse lo racial y tenerse en cuenta sólo el hecho humano, asumir una visión sintética integradora, capaz de superar el colorismo descriptivo y superficial, la visión folklórica del negro como instinto y gesto hiperbólico, desalojar la imagen típica que lo confina en un universo limitado de atributos y reacciones psicológicas. El negro como hombre en sus circunstancias, como parte de un drama social común, es la vía justa para llevarlo a motivo artístico; cualquier otro camino denuncia, en el fondo, el prejuicio racista.

El tema de lo negro en el arte será una y otra vez objeto de atención por parte de Marinello desde 1930, pues para él no constituye sólo un problema estético, sino también, y con mucha más fuerza, ético. La moda europea, de un lado, y la costumbre arraigada de ver al negro como espectáculo, de otro, podrían hacer de las manifestaciones artísticas llamadas «negras» un reducto donde se fortaleciera la imagen deformada y deformante, «un obstáculo para la solución definitiva del conflicto racial».[258] En su prólogo al libro *Acento negro*, de Vicente Gómez Kemp, manifiesta su temor de que, tenido lo negro como cosa ínfima y de baja categoría, tales «cualidades» fueran atribuidas también al arte que adoptara el tema negro, dando lugar a un producto limitado e infiel, para agravar así aún más la humillante situación social del negro. El «arte negro», por otra parte, no adquiere su dignidad al convertirse en un «producto de laboratorio», sino cuando interpreta y expresa lo verdaderamente popular, y para ello es preciso:

> ... distinguir entre lo que descubre el espíritu de la masa para exaltarlo y lo que la adula para robarle el nivel.[259]

El prejuicio racial, herencia del esclavismo, que atiza el fuego de un problema histórico agravado por la estructura económica seudorrepublicana, representa un freno más a la integración que traería como consecuencia inseparable el logro de una cultura orgánica, reflejo espiritual del auténtico ser cubano; por ello, ante cada ejemplo de arte negro se apresura a mostrar el enfoque justo para comprender la trascendencia de la muestra, sea la escultura de Ramos Blanco —«Luz y sombra en la escultura negra» (1934)—, sea la *Antología de poesía negra* de Ballagas —«Una antología negra» (1936). En cualquier forma, considera que lo negro en las Antillas es parte de un hecho mucho más profundo: el mestizaje, no tanto físico como espiritual, de este conglomerado humano, realidad determinante en la existencia de una cultura con rasgos definidos.

Poética. Ensayos en entusiasmo resume una etapa del pensamiento en Marinello. En él están presentes sus preocupaciones fundamentales hasta ese momento y otras derivadas de aquéllas: arte popular y arte populista, tipicismo y autenticidad, novedad verdadera y falsa novedad, lo racial y lo humano. Su desarrollo revela a un sujeto crítico avisado y abierto; las distintas líneas y modos de asumir lo lírico en la poesía cubana le señalaban la condición múltiple y contradictoria de su objeto y, consecuentemente, ante cada ejemplo seleccionó el enfoque a propósito para anotar el acierto y el error. *Poética...* es un libro polémico, contradictorio sólo en apariencia, omnicomprensivo y en unidad íntima con su tema.

Hacia 1934 comienzan a surgir nuevas facetas en el pensamiento marinelliano en medio de una fuerte pugna ideológica. Urgía, ante todo, desalojar el escepticismo provocado por el fracaso de la Revolución del treinta; se imponía la toma de partido inmediata junto a la causa del pueblo. Si, como había expresado en 1930 aludiendo a la obra de José Carlos Mariátegui:

> ...Cuando lo político es la corriente vital, ¿puede algo quedar a sus márgenes? Y no olvidemos que para el ensayista peruano la política es «la trama misma de la Historia».[260]

El replanteo de los vínculos entre el arte y la política adquiere ahora una actualidad decisiva. El momento no es de separarlos, sino de hallar el punto de enlace; de ahí su bienvenida entusiasta a *La tierra herida* de Navarro Luna. En cuanto a la actitud cívica, su llamado a los intelectuales en el IV Congreso Obrero de Unidad Sindical no deja dudas:

> ...No creo en el intelectual que advirtiendo —y sus talentos lo obligan a la advertencia— que ya no caben en Cuba más que dos posturas netas y definidas, deja de tomar la única que está enriquecida de ver-

dad y de sentir humano. Quien no quiere oír es siempre el sordo peor. Ya los despertará el clamor del triunfo proletario.[261]

También a partir de 1934 dedica una atención especial a las artes plásticas, tema sobre el cual solía discurrir desde los años veinte. Sus meditaciones en esta etapa se vuelcan sobre el tema del encargo social de las artes visuales, en especial la pintura, y tocan de paso el tópico nacionalismo-universalidad. Las manifestaciones pictóricas surgidas al calor de la Revolución Mexicana, dan pie a varios artículos donde exalta su representatividad respecto a los acontecimientos históricos en el país azteca; los grandes muralistas, pero muy especialmente Siqueiros, son ejemplos representativos del creador comprometido con una misión política sin desmedro de sus calidades estéticas. Para los jóvenes plásticos del patio, la pintura del México insurgente debía ser el paradigma de una expresión a la vez local y universal, por lo que tenía de clamor humano y de deseo genérico de justicia; artículos como «Alfaro Siqueiros y el arte puro» (1934), «Una exposición de plástica mejicana» (1938), y otros escritos durante la década del cuarenta a propósito del muralismo y sus tres grandes realizadores, coinciden en exaltar el poder movilizador de conciencias en una pintura de comunicación con las masas.

El arte de Siqueiros ofrece perspectivas al análisis, no sólo del viejo tópico de la creación y el servicio político, sino también al de la dinámica contenido-objetivos-forma en la pintura revolucionaria. El afán innovador, la fiebre experimental del mexicano, a fin de hallar técnicas ajustadas a las necesidades de una pintura concebida para grandes espacios públicos, le permite introducirse, una vez más, en el problema de la novedad y la tradición, ahora para decir que un arte reflejo de grandes convulsiones históricas puede y debe dinamitar los cimientos de la tradición —conceptos, modos expresivos, medios técnicos—, cuando ella estorba el apresamiento cabal del hecho que la anima y en aras de una eficacia entendida, no sólo como logro formal, sino también como impulso didáctico de consecuencias ideológicas inmediatas.

Para Marinello, un arte acorde con los tiempos es siempre un arte comunicativo, que explicita o sugiere su mensaje, mas nunca lo oculta, atento a lo humano en sus múltiples modos de existencia. La grandeza de un momento en la pintura de cualquier país está en directa proporción con la magnitud del contenido, con la hondura de lo que desea trasmitir; por ello su convencida defensa de una pintura figurativa con tema discernible y su rechazo a ciertas corrientes nacidas de la vanguardia europea, el abstraccionismo en primer término, por considerarlas juego evasivo al servicio de la ideología burguesa. Ve Marinello en la pintura abstracta una tendencia deshumanizada, vacía de propósitos edificantes, intelectualistas, decorativa y negadora de la alta misión que le asigna al arte en la sociedad. Estas opiniones asumen forma organizada en «Conversación con nuestros pintores abstractos», el más polémico de sus trabajos sobre el tema. Publicado originalmente en *Mensajes. Cuadernos Marxistas*, en 1958, este ensayo intenta demostrar, a partir del análisis de ciertas cuestiones teóricas, el carácter reaccionario del abstraccionismo y alertar contra lo que considera una tendencia deformadora con alarmante popularidad entre los pintores cubanos de todas las edades. Sin negar propiedad a algunas de sus observaciones, especialmente las que se refieren a la manipulación de las novedades artísticas por parte de las clases en el poder para neutralizar su posible contenido revolucionario, los argumentos del crítico presentan errores conceptuales que derivan de interpretar la validez del arte como actividad social sólo desde la perspectiva sustentada por los teóricos del realismo socialista: postura explicable por el hecho coyuntural encerrado en todo vínculo activo con un credo político y en el seguimiento consecuente de una directriz partidista. Las limitaciones interpretativas de Marinello respecto a esta cuestión son por tanto las de una línea de pensamiento y un concepto del arte en una fase de la teoría estética revolucionaria.

El vínculo del ensayista con la Vanguardia adquiere aristas polémicas cuando éste intenta hallar un ajuste entre las fuentes de su iniciación literaria y su posterior entendimiento de la cultura artística, soporte conceptual en su labor crítica. Marinello había participado activamente en la introducción de los nuevos postulados estéticos en la Isla, fue fundador y parte del equipo directivo de la *Revista de Avance* y amigo personal de los más altos representativos del vanguardismo pictórico cubano. Iniciado él mismo como creador dentro de una poesía cercana al purismo lírico, se hallaba, pues, lo suficientemente cercano a la Vanguardia como para comprender el servicio que ésta le había rendido a la cultura nacional y las connotaciones sociopolíticas del cambio operado en la intelectualidad, como consecuencia de las nuevas ideas aplicadas a las necesidades concretas de la sociedad cubana. Sin embargo, la búsqueda de un compromiso creciente con la realidad como principio central de su propuesta crítica lo conduce a cuestionarse la validez de ciertas experiencias formales, sobre todo aquellas que se plantean el fenómeno plástico como aventura autónoma, suficiente en sí misma y capaz de comunicar por sus valores intrínsecos. El contenido revolucionario de las Vanguardias europeas se agota, para el crítico cubano, en el momento en que lo humano deja de ser el centro en la imagen plástica; en un artículo de 1957 —inédito, al parecer, hasta 1989— comenta, a propósito de la llamada «Exposición Antibienal de La Habana»:

> …Nuestro testimonio, perdónesenos la aparente petulancia, tiene valía por el hecho de que, por otras vías similares y frente a objetivos parecidos, anduvimos, hace un cuarto de siglo, por los desfiladeros deshumanizados. Fueron los días del Vanguardismo, que tuvo su expresión cubana en la *Revista de Avance*. Alguna vez hemos discurrido extensamente sobre aquel instante interesantísimo de la cultura isleña. Al hacerlo hemos precisado cómo los que por algún tiempo tuvimos en lo literario por modelos cabales a los rectores de la *Revista de Occidente* fuimos víctima de la más lamentable de las confusiones. El justo anhelo de salir de una estrechez academicista aldeana (indudable) nos hizo caer en brazos de lo que, por aquel tiempo, lucía como lo más nuevo y distinguido, lo más alquitarado y difícil. Al periodista Heriberto Palenque decíamos no hace muchos días, aludiendo a aquella coyuntura: los que a distancia (en París, en Madrid) encendían los fuegos, conocían su entraña; nosotros no veíamos, desde La Habana, sino la gracia de la llama […] El tiempo, maestro de definiciones, lo aclaró todo. Los responsables de la *Revista de Occidente* y de la *Gaceta Literaria* —Ortega y Gasset, Jiménez Caballero a la cabeza—, enseñaron la oreja totalitaria y falangista cuando se les deparó buena oportunidad. Fue entonces que acabamos de entender que aquel interés por una producción literaria hecha de gracias menores, ingenio intrascendente y originalidad formal, miraba en lo esencial a distraer de las realidades sangrantes que estaban ya pidiendo expresión, lenguaje, traducción.[262]

Marinello observa, en esta violenta separación entre las formas y los contenidos, lo esencial-contradictorio de una pintura en la cual las formas novedosas, elaboradas, no son vehículo para plasmar la inquietud humana; por eso sus preferencias gravitan hacia el Muralismo Mexicano, obra de búsquedas técnicas y raíz política, y por ello también encuentra en Picasso el ideal de artista capaz de superarse a sí mismo en el camino hacia la universalidad. La grandeza del pintor español está, justamente, en su perspectiva de futuro, en haber agotado todos los caminos sin permanecer en ninguno y en haber participado de todas las tendencias para dejarlas detrás en el momento oportuno. Esta idea se halla expuesta en «Picasso sin tiempo», comentario escrito en 1942; allí pueden leerse, como razones para considerarlo «testigo de excepción» en su época, las palabras que siguen:

> …Basta pasar la vista con un poco de fervor de entendimiento por su obra gigantesca para descubrir cuánto hay de dolor esperanzado, de ansia deslumbrada y de espanto erguido en nuestra época. Su obra humana y abstracta, es el cruce dramático

de las evasiones y las lealtades a las que condena un tiempo de liquidación a los que vienen de ayer y tienen ojos de futuro.[263]

Alude, desde luego, al Picasso de *Guernica*, obra donde el sentido halla medida exacta en el modo de expresión. En resumen, no parece acertado considerar a Marinello como enemigo a ultranza de las innovaciones y el cuidado formal; sus comentarios sobre la fiebre experimental de Siqueiros y sobre las búsquedas del propio Picasso niegan tal suposición. Lo que sí queda claro es su gran estima por la pintura figurativa, cuyas características permiten trasmitir un mensaje de fácil decodificación por las masas, destinatario clave en una época de cambios trascendentales para la humanidad.

Criterios parecidos lo llevan a objetar las búsquedas de Alejo Carpentier en «Una novela cubana», comentario crítico sobre *Écue-Yamba-Ó*. Las dificultades para llegar al encuentro de una cubanidad efectiva radican, según su opinión, en:

...La pugna entre el impulso humano y la ambición literaria, la pelea entre el deseo de tocar la entraña negra y el de ofrecer a los ojos europeos, y a los del propio autor, un caso lejano atrapado por las últimas sabidurías literarias. Esta lucha, manifiesta en todas las páginas, infiere al relato la dualidad responsable de su grieta central.[264]

Si bien admite lo útil del acercamiento a las modalidades creativas provenientes de la renovación vanguardista, pide un deslinde de «maneras que son convenientes, asimilables, coadyuvantes, exaltadoras de nuestra realidad, de nuestros elementos novelables».[265] Estas maneras están, en mayor o menor medida, vinculadas a una captación realista tradicional del entorno, método que ya había sido superado por las nuevas corrientes narrativas. Lo que no puede ver Marinello, por su manera de interpretar tales corrientes, es que el cambio de procedimiento en la novela contemporánea responde no sólo a necesidades formales, sino también a una transformación en el modo de conocer, en los mecanismos intelectuales asociados al arte como re-

flejo de la realidad, y que esas «maneras convenientes» a la representación de la vida cubana no podían asimilarse coherentemente a la línea renovadora si prolongaban los mecanismos gnoseológicos asumidos por la literatura en el siglo XIX. En el caso de *Écue-Yamba-Ó*, el crítico achaca a la concepción estética una ineficacia sólo imputable, en rigor, al modo concreto de poner en práctica los nuevos procedimientos. Parecidos criterios acerca del método configurativo carpenteriano sostendrá al enjuiciar *El acoso* en «Sobre el asunto en la novela», de 1937.

Frente a intentos como el de Carpentier se encuentra la «Novela de la tierra», cuya idoneidad para captar lo autóctono, según su perspectiva, se explica en «Tres novelas ejemplares», publicado en *Literatura Hispanoamericana. Hombres, meditaciones*, junto a otros ensayos en 1937.[266] Pasados cinco años de su prólogo al libro de Luis Felipe Rodríguez, existen razones para esperar una luz diferente sobre la famosa tríada novelesca; sin embargo, y aunque está lejos de considerarlas obras impecables desde el punto de vista estético, el apego a un criterio específico sobre el tipo de arte adecuado a los tiempos y a las necesidades de la lucha por una sociedad mejor en Latinoamérica limita el alcance de sus juicios y le impide descubrir los errores conceptuales en esta narrativa, la insuficiencia de sus propuestas ideológicas. No obstante, el ensayista se haya bien situado cuando destaca la importancia de la cultura artística como hecho de connotaciones políticas, aunque los instrumentos de análisis que podía ofrecerle la estética revolucionaria de su tiempo limitara y de cierto modo desvirtuara su empeño orientador.

Para Juan Marinello la América Hispana es, como para Martí, un mundo en busca de su realización histórica, destino que no habrá de cumplirse en tanto no se resuelvan las contradicciones causadas por su status económico neocolonial. El problema de la cultura es un reflejo de ese gran conflicto; si todo análisis confluye hacia la necesidad de un reajuste, al logro de repúblicas donde el hombre halle espacio para su plena existencia material y espiritual, las manifestaciones del arte y la literatura en estos países, para entrar en resonancia con la necesidad histórica, han de asumir una misión que tiene, en última instancia, ribetes políticos. Por esta causa, se detiene ante cada obra para pesar la consistencia, el ajuste a ese encargo. Por los años finales de la década del treinta y en lo sucesivo, el tópico medular de sus reflexiones será el vínculo intelectual-sociedad, y a él se subordina el resto de las problemáticas que suelen inquietarlo.

Lo antes expuesto se hace visible en su prólogo a *Cantos para soldados y sones para turistas* (1937), de Nicolás Guillén, a quien atribuye la suma de virtudes indispensables para pasar la prueba suprema de la poesía revolucionaria, y en cuya obra ve resolverse una buena parte de los problemas que se planteaban a la creación cubana y latinoamericana por esos años. Poeta formado en el conocimiento de los clásicos castellanos, el autor de *Motivos de son* consigue, sin otros recursos que los de la tradición, la cubanía largamente ansiada; este logro sólo es posible por su capacidad de síntesis y porque supo poner la mirada en un factor capaz de garantizar trascendencia a cualquier expresión artística: la raíz popular. Supera Guillén, por ello, la dolorosa contradicción entre los fines y los medios observada por Marinello en un poeta como Navarro Luna.

El viejo problema de la lengua halla también aquí cumplida respuesta. La herencia lingüística común, reflejo cabal de la vida de un pueblo, enriquecida en el trato con un entorno y con hombres diferentes, pasa a la poesía de Guillén con su esplendor intacto y con la riqueza que le gana en su uso la nueva humanidad a quien da voz.

Marinello ve conjurarse otro peligro en esta poesía: el entendimiento deformado de lo negro. Al integrar los aportes de la cultura africana a la expresión poética culta, síntesis que ya espontáneamente había ocurrido en las manifestaciones populares, Guillén rompe con el extrañamiento de lo negro y le otorga un lugar en la cultura nacional: el negro deja de ser espectáculo, lo racial y sus atributos discriminatorios ceden lugar a lo humano. Una vez llegado a este punto, la cuestión asume carácter político:

...Al llegar a los bordes del más hondo abismo del alma afrocriolla se hace en Guillén la luz política. Para que el negro deje de ser oprimido es necesaria una convivencia humana en que sea imposible la opresión.[267]

Guillén culmina de este modo un proceso que, por diferentes vías, va buscando la realización de una lírica con perfiles propios. El análisis de este proceso lleva a Marinello a plantearse de nuevo una mirada crítica sobre la multiplicidad de líneas poéticas en «Veinticinco años de poesía cubana». Una nota distintiva en este ensayo es su propósito totalizador; la antología de Lizaso y Fernández de Castro *La poesía moderna en Cuba* (1882-1925) da lugar a una serie de consideraciones en torno a la efectividad de los esfuerzos hechos hasta entonces por evaluar en su conjunto la obra lírica escrita a lo largo de los cinco lustros transcurridos desde el inicio del siglo. La limitación fundamental de todos los trabajos de historiografía literaria en Cuba consistía en su carácter de «inventario y balance» cuando, a su juicio, lo urgente era entrar a considerar el contrapunto entre la evolución de la literatura y el proceso histórico cubano. Sin ánimo de sustituir lo que sería empeño de más largos alcances, y consciente de lo polémico y provisional de ciertos juicios, el ensayista sugiere pautas a la elaboración de un estudio integral sobre el hecho lírico en la Isla.

Por su contenido, «Veinticinco años de poesía cubana» es a la vez una ampliación y un ajuste de criterios respecto a *Poética. Ensayos en entusiasmo*. Sus opiniones sobre la poesía social y la poesía negra se mantienen, aunque moduladas por el tiempo y la perspectiva filosófica. Resulta notable, en cambio, el tacto y la justeza valorativa cuando alude al fenómeno purista, sobre todo si se tienen en cuenta sus recientes comentarios sobre el arte deshumanizado y la evasión. En el caso de los poetas puros, Marinello sí interpreta su gesto retraído como acto reflejo ante los problemas epocales:

...El poeta no está en pie sobre su reino, no se palpa realizador, transformador de un querer universal. Aquí la materia sustentadora es el poeta mismo. De ahí que nunca, como ahora, haya de enriquecer el artista sus propios jugos para dar densidad a su sangre ambiciosa. Jamás el poeta ha sido tan señor y tan esclavo de sí.

[...]

Turbados por la pugna fiera de hoy, refugiados en el romance niño o suspendidos en un tiempo sin vecindad, se realiza en estos poetas una profunda paradoja: su máximo desarraigo los fuerza a una comunicación indisoluble con los estados espirituales de su tiempo.[268]

Aparecen también aquí, por primera vez con alguna extensión, las alusiones al modernismo, un tema sobre el cual insistirá al evocar la obra martiana. Que el importante fenómeno cultural constituyó «sólo el momento de universalización de la cultura hispanoamericana», alentado por las nuevas condiciones socioeconómicas y políticas de las repúblicas, su carácter de «gran poesía americana sin americanidad», sostenida por un número limitado de excelentes poetas sin vínculo raigal con su circunstancia, son criterios sostenidos durante años y comienzan a cobrar forma precisamente aquí.[269]

No es el estudio concreto de la obra artística su única actividad por estos años, a fines de la década del treinta y durante los primeros años de la siguiente; un hecho de universal relevancia apresa su atención: la guerra; a denunciar sus causas ocultas y a prevenir sus consecuencias para Cuba e Hispanoamérica, dedicará buena parte de su tiempo y un número apreciable de trabajos. En 1934, con motivo de la convocatoria lanzada por la Liga Antiimperialista de Cuba para la celebración del Primer Congreso contra la Guerra, la Intervención y el Fascismo, había emplazado desde las páginas de *Bohemia* a los intelectuales que con su silencio mostraban un apoyo culpable a las fuerzas reaccionarias del planeta. En ese momento el conflicto es una posibilidad en vías de realizarse, y Marinello se adelanta a los acontecimientos cuando denuncia el papel de «factoría miserable» que había de corresponder a Cuba en caso de producirse su

entrada en una contienda extraña a sus intereses y necesidades.

Paralelo a las consideraciones económicas, y como complemento inseparable de ellas, está el hecho de que la guerra imperialista constituye en sí misma un atentado contra la cultura. No habrían de esperarse muchos años para comprobarlo; el caso español reveló en la forma más descarnada la enemistad radical del fascismo respecto a las manifestaciones del espíritu y la libertad del pensamiento: el asesinato de Federico García Lorca definió para siempre la esencia fascista.

Al importante pasaje histórico que fue la guerra española, dedica Marinello algunas de sus más hermosas y aleccionadoras páginas de ese lapso, reunidas con el título de *Momento español*[270] y publicadas en España en medio de la batalla. Es un conjunto de ensayos breves, casi siempre en torno a una figura —Lorca, León Felipe, Miguel de Unamuno, Antonio Machado, Dolores Ibárruri, Pablo de la Torriente, Caridad Mercader— o a temas generales vinculados a los sucesos, pero los seres humanos y los hechos son la referencia, el motivo inicial para discutir sobre cuestiones mucho más abarcadoras: lo popular como cifra de la eternidad literaria; la tragedia del hombre de letras que, identificado con los atributos de una identidad ideal, no halla el camino hacia las esencias reales de su ser histórico; la relación entre la sensibilidad y el talento para dirigir a las masas, las limitaciones seculares del español para enderezar sus anhelos de justicia por vías certeras —viejo quijotismo hispano—; la lucha entre la pasión lírica, esencialmente contemplativa, y el llamado del deber civil; las relaciones profundas entre lo español y lo americano a través de la figura resumen de José Martí. *Momento español* es una suma singular de emotividad y propósito reflexivo, en el cual andan de la mano la impresión, hija del sentimiento, y el afán de discernir propio de las naturalezas analíticas, tendencias del espíritu aparentemente contradictorias que en él acuerdan una tregua.

La lección española primero, y el estallido generalizado del conflicto en 1936, por otra parte, plantean al mundo intelectual cuestiones éticas de gran calado: el apoyo moral y material a los escritores y artistas europeos desalojados de sus tierras por la barbarie nazi y la postura concreta a mantener frente al momento histórico. Si para Marinello el problema está lo suficientemente claro, se siente obligado a dilucidar el tema ante sus compañeros de faena; su artículo de 1940 «Los escritores y la guerra» desarrolla el primer tópico en términos de deber y retribución por la herencia cultural recibida de las viejas naciones europeas. La llegada de los intelectuales desterrados significaba, además, una oportunidad de confrontación ideológica de la cual el pensamiento latinoamericano saldría enriquecido por el debate esclarecedor.

La Plática de La Habana,[271] en 1942, verifica sus previsiones. Concebida originalmente como una república antillana de las cultas *entretiens* parisinas, la reunión, forzada por el tema y los propios acontecimientos, abandonó pronto todo carácter de regodeo ingenioso en asuntos inconcretos para transformarse en escenario de confrontaciones ideológicas. Las palabras del ensayista cubano en el evento corroboran, frente a la inminencia de la crisis, las ideas que durante años habían sido el centro de sus más enconadas polémicas: lo político, entendido como anhelo de una convivencia más justa entre los hombres, no puede ser evadido por el intelectual; la renuncia a cumplir con este mandato que le imponen su amplitud de miras y sus capacidades puede transformarse en una traición, no ya a las letras, sino a la humanidad.

La década del cuarenta halla a Marinello inmerso, como dirigente partidista, en la tarea de crear un frente de rechazo nacional contra el fascismo; sin embargo, ello no interfiere el curso de su labor ensayística y crítica; de este lapso son sus comentarios sobre la obra de Picasso, y dos importantes ensayos en los cuales reanuda su diálogo con la obra martiana.

Las resonancias clásicas en la escritura del maestro le abren en «Españolidad literaria de José Martí» el camino para discurrir nuevamente en torno a la dialéctica de lo nacional y lo universal. Sólo el conocimiento profundo y el amor sin límites hacia la lengua formativa, virtudes irrebatibles en la obra estudiada, pueden ser el origen de la libertad y el señorío con que éste transforma la herencia lingüística recibida en cosa tan personal que, paradójicamente, siendo inimitable, puede ampliar para el futuro el horizonte de la expresión literaria hispanoamericana. Lo español en Martí no viene reñido con su cubanidad; muy por el contrario, la difícil mezcla de realismo e imaginación, el deseo de eficacia verbal para apoyar una prédica, la actitud moralista-didáctica y la veta místico-sentimental que en él denuncian su paso por los clásicos españoles, vienen a ser herramientas con las cuales ha de ayudarse para decir la palabra liberadora, en lo literario y lo político, de la servidumbre colonial. Más aún, el servicio rendido por Martí a la lengua española lleva en sí mucho de la tarea humana que se impusiera como razón de la existencia; cuanto hay en él de libertador se vuelca sobre la tradición literaria y sobre la vida misma de España, pues:

> ...nadie como él supo distinguir que la España «seca de condición» y «gravemente melancólica» no era sino una parte de España, la que levantaba lo caduco y torvo frente a lo popular y justiciero.[272]

Marinello sitúa la altura literaria y moral de Martí en su capacidad para elevar «lo personal y característico a categoría humana», en su poder de comprensión totalizadora que lo hace ser ciudadano del mundo y hombre de todos los tiempos; ello lo convierte, a su vez, en el representante más puro de lo cubano.

José Martí es un caso singular de escritor con alta conciencia estilística, pero incapaz, por su entrega incondicional al servicio del hombre, de separar el valor intrínseco de la palabra de su funcionalidad comunicativa: forma y concepto van unidos en su obra de tal modo que no es posible estudiar su caso literario sin aludir a su batalla ideológica. Consciente de ello, Marinello orienta los ensayos sobre el tema de manera que ambas facetas de la personalidad martiana se muestren en equilibrio; no importa el ángulo del asunto por donde encamine el análisis; a poco ya se encuentra el ensayista rondando los tópicos invariables: el poeta frente al político, vocación contra deber.

La antigua polémica interna, al parecer superada desde el prólogo a *La tierra herida*, vuelve por sus fueros en «Actualidad americana de José Martí», discurso leído en sesión solemne del 28 de enero de 1945 frente al Senado de la República; todavía entonces afirma:

> ...La gran tarea lírica y la gran obra política exigen vidas colmadas de vocación y facultades: Dante y Bolívar; Shakespeare o Lenin. El modo político y el modo poético son sin duda —elevados a categoría de destino— modos excluyentes.[273]

La síntesis, admite, es posible en este hombre de estatura excepcional, pero no sin desgarrarse en «inacabable combate interior».

No es este punto, sin embargo, el centro de su interés, sino el significado de la prédica martiana como ideología de la liberación económica y cultural de Hispanoamérica. Ve en la vocación latinoamericanista de José Martí y en su estudio inteligente y alerta de la gran potencia norteña una vía idónea para traer a debate cuestiones de sumo interés actual, que, oportunamente, intenta dilucidar en el discurso.

A partir de 1946, los trabajos del ensayista tomarán cuatro direcciones temáticas fundamentales: problemas teóricos y prácticos de la pedagogía en Cuba —desde su perspectiva filosófica, con sentido martiano y antimperialista—, cuestiones relacionadas con la política y la cultura, asuntos netamente políticos, y la obra de Martí. En estos rumbos se mueven sus inquietudes, ordenadas por un pensamiento maduro en sus determinaciones rectoras; ninguno de sus temas está exento, en su desarrollo, de tonalidades políticas; el fondo teórico de base es la filosofía marxista, aun cuando sólo excepcionalmente llegue a evidenciarse.

Por razones diversas resultan significativos en este lapso: «El caso literario de José Martí. Motivos de centenario» (1953), «Caminos en la lengua de Martí» (1956), *José Martí, escritor americano* (1958), «Conversación con nuestros pintores abstractos» (1958) y *Meditación americana*, conjunto de ensayos publicados en 1959.

En los ensayos de 1953 y 1956, Marinello reflexiona extensamente sobre las peculiaridades de Martí como escritor. En líneas generales, el primero de ellos repite, con variantes de forma, las ideas desplegadas en «Españolidad literaria...» y «Actualidad americana...»; «Caminos en la lengua de Martí», en cambio, es más específico porque entra a considerar, bajo la luz de siempre, nuevas aristas en el tema, a saber: la existencia de una teoría, si no sistematizada, al menos sugerida en varios de sus ensayos, acerca de lo que debe ser el español de Hispanoamérica, y la polémica de si es o no Martí precursor del Modernismo.

Respecto al primer punto, Marinello destaca cómo Martí, al describir la lengua que emplearía un hipotético gran escritor latinoamericano, pone como cualidades indispensables: la fidelidad al molde original, la actitud desprejuiciada ante las influencias externas, un criterio selectivo para descubrir lo que puede ser fijado luego de una época genésica, conocimiento lo suficientemente profundo como para asumir las modalidades compatibles con el español clásico, y sensibilidad para captar las señales de su época. De igual modo, indica el carácter político que asume la cuestión del idioma al ser considerado como factor de unidad continental.

En cuanto al segundo punto, el criterio del ensayista se desprende de su enjuiciamiento del Modernismo por esos años. Para él, el movimiento encabezado por el poeta de *Azul* es esencialmente narcisista y decorativo, sus logros lingüísticos y formales se agotan en sí mismos en una carrera ciega por afirmar la individualidad. Sin vocación de entrega a una colectividad y a una época urgidas de desciframiento y ayuda por parte del creador, el Modernismo sigue derecho por el sendero contrario a José Martí; pese al singularísimo empleo de la lengua —que apela a lo arcaico y al neologismo con pareja desenvoltura cuando el asunto pide precisiones—, por encima del impulso innovador latente en su palabra, Martí supera al Modernismo en el alcance y hondura de sus propósitos, por su raigal entraña política.

Este juicio, largamente sustentado en *Martí, escritor americano*, su único libro concebido como un todo orgánico, da lugar en la década del sesenta a una intensa polémica con el profesor Manuel Pedro González. Marinello acierta al situar el significado continental de la figura martiana, pero resulta esquemático en su opinión sobre el Modernismo, lo cual responde en última instancia a los mismos criterios valorativos que le inducen a rechazar la pintura abstracta y las experiencias narrativas de Carpentier. Al fijar su mirada sólo en el problema del vínculo oficio literario-misión social, el ensayista identifica al Modernismo, que es una gran época de cambio en el espíritu y la actitud ante la vida del hombre americano, con el credo estético postulado por Darío en una etapa temprana de su creación, normas que el propio nicaragüense se encargaría de contradecir en la práctica; esta confusión lo lleva a tomar por absoluto lo que sólo es imagen, proyección en un espacio limitado, de un proceso mayor y más complejo y del cual es Martí punto culminante. Años después, rectifica sus puntos de vista en «Centenario de Rubén Darío», y si bien mantiene la distinción entre el poeta cubano y el fenómeno literario, llega al entendimiento global del Modernismo que las circunstancias históricas le obstaculizaron en los años cincuenta.

El núcleo de sus ideas sobre los problemas culturales y políticos, maduradas en medio de la actividad política, se halla en esta semblanza del Modernismo y en sus objeciones al quehacer abstraccionista; en ambos ve elitismo y evasión dañinos a la tarea continental que estimula con su prédica, pues, como Martí, Marinello nunca separa la revolución cubana de su entorno.

En 1959 reúne bajo el título de *Meditación americana*, varios ensayos y discursos, anteriores algunos de ellos a esa fecha, como sus «Discurso a los escritores venezolanos» y «Sobre el asunto en la novela», de 1956 y 1957 respectivamente, o como la «Conversación con nuestros pintores abstractos» de 1958. La unidad del conjunto, disímil en sí mismo, viene dada por un objetivo que se ha trazado el escritor desde mucho antes: situar al creador ante los resortes subterráneos de su trabajo, mostrar el hilo, no siempre visible, que une a la actividad artística con la vida material, histórica, en la cual se desenvuelve.

Las palabras introductorias al volumen trazan, en apretada síntesis, la línea evolutiva de la cultura hispanoamericana desde la colonización hasta el siglo XX, y destacan, al paso, problemas y factores formativos que ya había señalado en «Americanismo y cubanismo literario». El ensayista considera no sólo natural sino necesario el intercambio con la cultura europea para superar al aldeanismo, tan criticado por Martí, pero no ve cómo puede adecuarse el espíritu de la literatura y el arte contemporáneos a las necesidades socioeconómicas y políticas concretas en Latinoamérica, ni cómo pueden asimilarse las nuevas teorías artísticas a un modo de cultura útil, utilidad entendida como intercambio efectivo con el entorno. El sentido esteticista, decorativo, del Modernismo y la pintura abstracta, representa un desvío de la tradición artística y literaria hispanoamericana, marcada desde siempre por su carácter ancilar. Esquemas al margen, Marinello no puede ver el asunto de otra manera, pues su labor orientadora, política en el mejor sentido, lo obliga a seguir una línea que, sobre sus fines, va conformando un cuerpo de ideas y un modo de acción:

...No es fácil convencer a los escritores y a los plásticos de nuestras tierras que la supeditación política hiere y deforma gravemente la sustancia de sus obras. Por un fenómeno repetido a través del tiempo, las fuerzas opresoras van construyendo alrededor del creador una atmósfera limitadora de su oficio, en la que quedan soslayadas cuestiones de más enjundia y significado.[274]

El problema tiene, no obstante, un aspecto todavía más difícil de captar a simple vista:

...El imperialismo moldea en su provecho las manifestaciones concretas de la creación, pero al estorbar el desenvolvimiento ascendente de un país, empobrece por tiempo dilatado toda expresión de cultura.[275]

Y para apoyar estas afirmaciones, incluye el texto «Guatemala nuestra», su más exhaustivo estudio de los factores históricos que determinan las deformaciones económicas, políticas y culturales de un país latinoamericano.

Con «Meditación...» se cierra el ciclo de su obra prerrevolucionaria; la nueva realidad social cambiará las perspectivas de su trabajo, pero no habrá de transformar su concepto del arte y la tarea creadora, ni su método ni su afán guiador. Sin embargo, la capacidad de orientar el pensamiento al paso de la práctica y en medio de las circunstancias concretas, propicia la entusiasta rectificación de enfoques, hecho que habla a favor de su honestidad intelectual.

Juan Marinello no es un pensador en el sentido ortodoxo del término, pues sus ideas, aunque definidas y persistentes, no se encuentran organizadas en un sistema; tampoco puede afirmarse que sea propiamente un crítico, pues casi nunca apela a un aparato categorial específico ni a tecnicismos propios de la exégesis pura. En la crítica procede a partir de impresiones que revelan la captación poética, desde dentro, del objeto, para luego ir en busca del punto donde la obra concreta se proyecta en un espacio más amplio, de problemas generales siempre asociados a la inserción del fruto singular en su contexto genésico, orbe que incluye las condiciones de vida material y las corrientes espirituales más importantes en cada época histórica.

Sus trabajos reflexivos son, por otra parte, disquisiciones de propósito orientador, lo cual exige objetividad y raciocinio, atravesadas por un impulso lírico, vía hacia lo temperamental y emotivo; esta síntesis difícil —meditación apasionada, según aserto de José Antonio Portuondo— produce un grupo de estudios originales, de gran riqueza en los conceptos y realizados en una prosa de alta conciencia estilística, heredera legítima del énfasis y el desborde martianos, donde la imagen, la alegoría, la metáfora, sostienen el andamiaje conceptual.

En Marinello, ha indicado Portuondo:

...resalta siempre el artista, el creador, el poeta, por encima del indagador y el erudito, sin que esto implique ignorancia ni desdén por la más rigurosa investigación científica ni por la información más actualizada.[276]

Lo cual explica que si bien, como ya se ha señalado, no intenta sistematizar sus ideas, posea, en cambio, un método ensayístico, consistente en llevar el ánimo del lector hacia las ideas claves a través de un movimiento rítmico de afirmaciones y negaciones, contrapunto de hechos y conceptos del cual va surgiendo la luz hacia el problema de fondo. Como cualquier obra de creación, los ensayos y críticas de Marinello responden a un mecanismo interno de oposiciones en el cual la existencia de cada elemento supone su contrario para adquirir sentido; la reiteración de esta clave contrapuntística y el apego a los recursos tropológicos son causa de la consistencia y tonalidad poética en sus ensayos.

Como cada hecho sobre el que medita sufre en él encarnadura de problema vital, es decir, crecido y alimentado en su sentimiento y no en el intelecto, el discurso marinelliano, a pesar de sus intenciones orientadoras, no ofrece nunca una apariencia normativa ni hace pensar en algo que se indica, sino en una opción ofrecida como sugerencia; de ello es un ejemplo impecable «Verbo y alusión» de *Poética. Ensayos en entusiasmo*. Nunca dirá nada que antes no haya pasado por su sangre; por eso su lectura deja la impresión de que el autor, meditando, se busca a sí mismo con el propósito de resolver los problemas para sí y para su interlocutor.

Desde de 1959 tendrá la oportunidad de apoyar con su labor la obra colectiva que había anunciado como necesidad ineludible de la Historia cubana y, como antes, sus preocupaciones y sus ideas marcharán al ritmo de los nuevos acontecimientos, impulsadas por la vocación de servicio y el deseo de belleza que, como en su admirado modelo, fueron el estímulo mayor de su existencia.

[N. Q.]

2.7.7 El tema de Martí en la etapa

La presencia de José Martí en el período que para las letras y la vida del país se inició en 1923 y se extendió hasta 1958, inclusive, no fue una irrupción casual, como tampoco lo fue en los años precedentes y no lo ha sido ni será en los posteriores. La «simple» remisión conceptual o afectiva al legado martiano, su tratamiento directo como tema, crecieron ininterrumpidamente.[277] Pronto aparecieron publicaciones periódicas o eventuales dedicadas por entero a la valoración de ese tesoro.[278] Todo ello en una cantidad cuyas referencias bibliográficas bastan para advertir la imposibilidad de un abordaje que aspirara siquiera a rozar lo exhaustivo, aunque sólo se comente el período mencionado.[279] Se intentará, pues, un mero panorama sobre algunos de los textos que reflejan tendencias o perspectivas características de la etapa.

No es fortuito que un momento pionero y descollante en la valoración de Martí en el período haya tenido como protagonista a Julio Antonio Mella. En sus «Glosas al pensamiento de José Martí», de 1926, señaló como brújula para un juicio acertado el reconocimiento de la perspectiva popular en que se basó el crecimiento ideológico del Apóstol: «Martí —su obra— necesita un crítico serio, desvinculado de los intereses de la burguesía cubana, ya retardataria, que diga el valor de su obra revolucionaria considerándolo en el momento histórico en que actuó.»[280]

Imposibilitados de extendernos en el comentario que el conocido texto de Mella merece, hay que señalar en esa cita el núcleo de una orientación en la cual se inscribiría también, esencialmente, el «Novísimo retrato de José Martí» que otro joven revolucionario prematuramente desaparecido publicó dos años después en *Amauta*: José Antonio Foncueva, quien presentó a su «retratado» como un dirigente político que «amaba intensamente a los obreros, porque él era un obrero también» y «prefería por leal y sana la mano callosa del trabajador a la mano ensortijada del holgazán opulento».[281]

Las «Glosas» y el «Novísimo retrato» cimentaron su lucidez en la comprensión, por ambos autores, de la capacidad de vigencia del pensamiento de Martí para guiar las transformaciones que urgían a la patria, así en su composición interna como en sus relaciones con el exterior, caracterizadas por la dominación a que desde 1898 la sometió el imperialismo estadounidense. De ahí la importancia y el carácter de declaración de principios que definirían a los textos destinados a sustentar al antimperialismo martiano.

En los mismos años en que Mella y Foncueva escribieron y publicaron sus trabajos citados, Emilio Roig de Leuchsenring dio a conocer sus primeros textos relacionados con el tema. Éste llegaría a ser fundamental en una extensa obra caracterizada por la honradez, la veneración a la historia de la patria y especialmente a Martí, la vocación de servicio y una utilidad divulgativa que se distingue dignamente por encima de los hallazgos formales que puedan señalársele.[282] Los aportes de Roig «en ese y otros aspectos del tesoro martiano» se han de ver como valiosos para la formación de la conciencia antimperialista cubana y, por ese camino, para la transformación revolucionaria del país: «Trunca en 1895», dijo Raúl Roa en un discurso de 1937 y característico de su relevante contribución a la oratoria cubana, «la obra emancipadora de José Martí está aún por hacer».[283]

Al año siguiente otro discurso, esta vez de Alejandro Vergara y menos conocido —en realidad, no sabemos que el autor creara una obra como la que los vislumbres de aquel texto permitían esperar—, se situó, por encima de ocasionismos estrechantes, como pionero en el reconocimiento explícito de lo aportado por el dirigente de la liberación nacional a la lucha de una República imperializada.[284]

La clave para la explicación de esa continuidad no se encontraría en la senda interpretativa escogida por Antonio Martínez Bello al cargar la mano en la presentación de Martí como socialista.[285] El camino para el hallazgo de esa clave —al cual tempranamente contribuyó desde el resentimiento clasista y la enemistad política, José Ignacio Rodríguez»—[286] fue abonado por los esclarecimientos en que Mella sobresalió al subrayar la perspectiva social de Martí: su eticidad, inseparable de la solidaridad con los humildes, marcaba y marca al mundo una aspiración de justicia irrealizable en los opresivos límites del capitalismo.

Por esa comprensión se encaminó Leonardo Griñán Peralta, quien en *Martí, líder político* acometió la tarea de interpretar al Maestro de acuerdo con los cambios de estructura que la sociedad cubana experimentó de 1868 a 1895. Ante ello —y así lo supo apreciar Griñán Peralta—,

Martí fue capaz no sólo de asumir como «la contradicción fundamental [...] la lucha entre el Gobierno Español y los cubanos que se sentían por él mal tratados», sino también de apreciar esa otra contradicción —todavía entonces sin posibilidades histórico-sociales de pasar a ser la fundamental en el país— que se hallaba en «la eterna lucha entre explotadores y oprimidos». De esa forma, señala Griñán, Martí actuó «como pudo haber hecho un dialéctico materialista», y, podríamos añadir, genial.[287]

El afincamiento de la comprensión de tal realidad le permitió en 1948 a Blas Roca «exponer el esquema de una interpretación revolucionaria de Martí y su obra», valorando al Apóstol como «revolucionario radical de su tiempo». Según Blas Roca, el dirigente independentista llegó a tal radicalidad por «haber interpretado correctamente la necesidad de su época» y «haberse entregado a la tarea de satisfacerla» a la vanguardia del «partido revolucionario extremo», o sea, el más avanzado, en «el propósito nacional-libertador».[288]

Entre los varios textos significativos aparecidos en 1953 cabe recordar ahora como ejemplos —otros se comentarán más adelante— el libro *José Martí, crítico literario*, de José Antonio Portuondo, y el artículo «José Martí, guía de su tiempo y anticipador del nuestro», de Carlos Rafael Rodríguez.[289] El primero constituyó un aporte fundamental a la valoración de la crítica literaria martiana vista a la luz de sus propias virtudes esenciales y del conjunto del pensamiento y los actos del Maestro.

El artículo de Rodríguez ofreció un importante acercamiento en el empeño de explicar el significado de Martí, no sólo como dirigente de la patria en su momento histórico, sino también por lo que seguiría representando hacia el futuro. El autor acometió ese empeño con una fundamentación socioclasista válida para lograr aciertos inmediatos y para ser enriquecida con lecciones como las que la Revolución cubana encarnaría para el propio entendimiento de la historia. Esas lecciones facilitarían ver en Martí, además de un anticipador, un «contemporáneo y compañero».[290]

De hecho, las dimensiones de su permanencia serían subrayadas por el mayor homenaje que recibió en su centenario, y que, si bien anunciado con luz de antorchas la víspera del 28 de enero, se consumó el 26 de Julio. Con los hechos desatados ese día se vinculan páginas como el poema-manifiesto —al cual volveremos a referirnos— escrito por Raúl Gómez García y, sobre todo, las derivadas del alegato de autodefensa presentado contra sus captores por el jefe del Movimiento que protagonizó la gesta: *La historia me absolverá*. Fidel Castro sustentó la vigencia del legado de Martí contra los males que él había querido impedir y se entronizaron en la seudorrepública: cuajó la dominación imperialista estadounidense, se perpetuaron en la neocolonia los vicios de la etapa colonial, y los ricos se sentaron sobre los humildes, cuyo sacrificio era desde tiempos del Maestro —quien supo reconocerlo ejemplarmente— el sostén principal de la patria.

A partir del 26 de Julio se intensificó la presencia martiana en los debates y combates políticos.[291] Una de las obras cubanas de mayor envergadura dedicadas a estudiar su legado fue escrita en el año final del período que nos ocupa, y le cabe, entre otros, el mérito de haber probado cómo incluso en las trágicas circunstancias vividas por la patria se mantenía en pie, dentro de la integralidad de la herencia del héroe, su aporte estético-literario. Marinello no creó su *Martí, escritor americano* en la quietud de una oficina rodeada de paz, sino en medio de la persecución de que era objeto por la tiranía en turno.[292] El más sobresaliente estudioso del excepcional creador político y literario dio también, con ello, un fértil ejemplo de lealtad a quien afirmó la certidumbre de que «los que desdeñan el arte son hombres de Estado a medias».[293]

A lo largo del período aparecieron también varios acercamientos a Martí de índole biográfica o caracterizados por el afán de abarcar en conjunto su figura. La etapa se inició con la publicación de un volumen en el que Néstor Carbonell recogió cinco discursos que había pronunciado entre 1911 y el propio año de 1923.[294] El primero y más extenso lo dedicó al propósito de recrear la vida de Martí, y los otros, básicamente, a distintos aspectos de su quehacer político y literario. Se percibe carencia de mayores rastreo informativo y detenimiento en la esencia guiadora del tesoro estudiado, pero no precisamente ignorancia de su útil actualidad. Al hablar de «El orador y el político», Carbonell señala: «No; la república soñada por Martí aún no ha sido instaurada en Cuba. Pero en ninguna parte está escrito, que no se podrá instaurar»; y hasta convoca: «Juremos los fieles, con cuanta pureza cabe en el alma humana, servirle de escudo contra víboras interiores y contra águilas vigilantes de afuera.» En realidad, había sobre todo *un* águila, y mucho más que vigilante; pero la alusión a los males que determinaban la frustración republicana es bien clara.

En 1924 fue premiado, y publicado al año siguiente, el texto de Manuel Isidro Méndez que ha merecido de José Antonio Portuondo la consideración de «primera biografía cuidada de José Martí».[295] Su autor, honrado español a quien las complicaciones políticas de su tierra traerían a la nuestra, fue aquí definitivamente ganado por la devoción martiana, y mereció ser tenido como hijo eminente del país que lo acogió y él supo honrar. Su inicial aporte a la biografía de Martí se ha de valorar en sí mismo y, sobre todo, como el paso que fue hacia el *estudio integral* que le dedicó años más tarde y en su momento recordaremos.

Desde el comienzo, Méndez abonó un camino que seguiría demandando nuevas búsquedas e interpretaciones. Por ello se siente como prematura, cuando menos, la intención de Alfonso Hernández Catá al publicar, en 1929, una *Mitología de Martí*,[296] a cuyo frente declaró que —dentro del «homenaje incipiente aún que Cuba le rinde» a su héroe— no participaría en «la obra de investigar y clasificar» los «hechos domésticos e históricos» de su vida, aunque se percataba de que todavía quedaban «documentos vírgenes dispersos por los Archivos de América y España».

Hernández Catá podía ignorar que estos últimos era más que los ya para entonces localizados, publicados y estudiados; y no carecía por completo de fundamento en su criterio de que, pasados los siglos, la grandeza del pensamiento y de la espiritualidad de Martí rebasaría el límite de sus hechos aislados. Pero los acontecimientos, en una vida de tan medular coherencia como la del Apóstol, no fueron cosa fortuita o desgajados en sí mismos y al margen de aquella grandeza, sino todo lo contrario. Si se tiene en cuenta el estado en que se hallaba el conocimiento de la vida de Martí, e incluso el hecho de que ésta contiene la novela y hasta puede superarla, resulta legítimo, sin desechar su vocación de homenaje, considerar que se apresuraba excesivamente Catá al dar ya por innecesaria la biografía del Maestro.

Noción de la carencia de esa biografía tuvieron una editorial española (Espasa-Calpe, S.A.) y un autor cubano (Jorge Mañach), al encargar y escribir, respectivamente la que apareció en 1933 con un título tomado de la devoción del pueblo a su guía: *Martí, el Apóstol*.[297] Su oficio de escritor permitió a Mañach lograr un texto que se mantuvo durante años como una atractiva fuente para los interesados en conocer la vida de Martí, cuya grandeza emerge por entre las palabras, aunque apenas se esté ante el roce con el acierto en el reflejo de sus actos y su pensamiento.

El paso del tiempo y, sobre todo, el conocimiento generalizado de la perspectiva ideológica de Mañach, sin excluir su salida de Cuba tras el triunfo de la Revolución, fueron haciendo más apreciables las insuficiencias por las que José Antonio Portuondo opuso a Mañach significativos reparos que este último, en carta fechada 15 de febrero de 1954, confesó aceptar.[298] En lo esencial, concernían a dos elementos: por un lado, el camino que, de alguna manera, el libro de 1933 y un artículo posterior abrían, aunque inconscientemente acaso, a groseras interpretaciones dirigidas a buscar en la vida amorosa del héroe comportamientos propios de personas vulgares, no de un ser a quien no podrá entenderse verdaderamente si no se consideran como es debido su condicionamiento histórico y su personalidad excepcional; y, por otro lado, concernían aquellos reparos, sobre todo, a la abismal desproporción entre el espacio dedicado en el volumen a los primeros años de Martí y el reservado a la etapa decisiva en su quehacer organizativo de la *guerra necesaria* y en la intensificación de su guiador antimperialismo.

Si Mañach se declaró contrario a aquellas y otras interpretaciones erróneas de la personalidad de Martí, en lo relativo a la desproporción señalada argumentó que, ante la falta de tiempo en que escribió la obra —lo hizo durante la lucha antimachadista en que tomó parte desde su posición— y las exigencias de la Editorial para que le entregara el manuscrito, prefirió «cortar por lo ya más consabido». La importancia de lo cercenado motivó que en esa preferencia se vea también el influjo de la orientación ideológica del biógrafo, cuya derechización lo llevaría a un creciente acercamiento a los Estados Unidos, fuente incluso de dolo en su quehacer divulgativo acerca de Martí.[299] En el libro de 1933 no ocultó por completo la actitud del Apóstol con respecto al voraz vecino del Norte, pero la atención que le dedica es representativa de aquella insuficiencia.

Portuondo tuvo el cuidado de no responsabilizar a Mañach —a cuya fineza no escatima reconocimiento— con el camino que otros siguieron en la «humanización» de Martí, «basada» a menudo en la atribución de rasgos donjuanescos ajenos a su personalidad. Tal empeño se ha caracterizado por una indeseable persistencia, y se ha manifestado de diferentes modos. Así, a pesar de su brevedad, se siente inflado el capítulo que Rafael Esténger dedicó a Martí en *Los amores de cubanos famosos*.[300] Al decir de Portuondo, en la discutible «humanización» incurrió «hasta hombre tan preocupado de la fidelidad biográfica de Martí y a quien debemos la más completa edición de sus obras, Gonzalo de Quesada y Miranda».[301]

La Comisión Central Pro-Monumento a Martí, oficial y constituida en 1937, acordó ese mismo año patrocinar un concurso literario para premiar «los tres mejores estudios crítico-biográficos sobre la personalidad, la vida y la obra de Martí». El fallo, emitido en 1939, otorgó los tres premios, en este orden decreciente, a las obras presentadas por Luis Rodríguez-Embil, Manuel Isidro Méndez y Félix Lizaso.[302] Hoy, sin embargo, parece coincidirse en que la serenidad, la mesura y el afán de estructurar una coherente interpretación que vinculara debidamente entre sí los hechos de la vida y las ideas de la figura estudiada, hacen del Martí de Méndez, fruto de un camino iniciado alrededor de quince años antes, la más acertada y perdurable de esas obras.

De las tres, quizás la de Rodríguez-Embil muestre un mayor afán de vuelo literario, aunque su prosa pueda no satisfacer los gustos actuales. En realidad, no faltan en el volumen los componentes básicos de la personalidad de Martí y su pensamiento político, si bien en proporciones discutibles, como en el caso del antimperialismo, tema cuyo tratamiento puede ser un decisivo punto de referencia para apreciar el grado de acierto en los estudios acerca del héroe. En el texto predomina la tendencia a subrayar la espiritualidad de Martí, indudablemente —a pesar de lo que alguna vez pudiera haberse creído en contra—, uno de los pilares de su efectividad revolucionaria y de su trascendencia hacia el futuro, en la medida en que se trata de una dimensión inseparable de su eticidad. Para comprenderlo cabalmente, es preciso apreciar la conjunción de espiritualidad y actos que él encarnó. Prejuicios nacidos tal vez de abordajes parciales del tema han dado lugar a que, en no pocas ocasiones, se desconfíe del reconocimiento de la importancia de su espiritualidad y se le tome como señal de verdaderas o sospechadas maniobras destinadas a reducir el peso de su terrenalidad política.

Ya acordada la celebración del concurso en que recibió premio, Félix Lizaso publicó *Pasión de Martí*,[303] que de alguna manera anticipaba lo que sería su «estudio integral» premiado. Este último, *Martí, místico del deber* —escrito con oficio—, muestra virtudes e insuficiencias comparables con las de Rodríguez-Embil. Ambos libros dan por momentos la impresión de una especie de contrapunteo reiterativo, debido, entre otras causas, a la simultaneidad de la escritura y a la carencia informativa, que entonces era explicablemente más sensible que hoy, si de hacer la biografía de Martí se trata. Los dos volúmenes comparten, además, una orientación ideológica semejante.

En gran parte, la contribución de Manuel Isidro Méndez debe su merecido reconocimiento general a una mayor tersura biográfica, al rigor —inusual entonces entre nosotros— con que señala sus fuentes, y a la voluntad de correspondencia entre la exposición de hechos de la vida de Martí y la presentación de sus ideas. Es ineludible, no obstante, en lo que toca a las biografías escritas por Rodríguez-Embil y Lizaso, y también por Mañach, recordar que sus respectivos títulos han solido citarse como expresión de que esas obras constituyen muestras de diversionismo ideológico en torno a Martí. Dichos libros, como todos, reflejan la ideología de sus autores, quienes no se destacaron precisamente como ejemplos en el rescate del legado martiano al servicio directo de la transformación de la patria, de la manera radical en que lo habían asumido y seguirían asumiéndolo sus más destacados y legítimos herederos. Pero otra cosa es suponer que esos tres libros se escribieron al servicio de un plan previamente concertado y dirigido a engañar a los lectores, y que tan macabras maniobras podrían resumirse en las expresiones *el Apóstol, santo de América* y *místico del deber* aplicadas a Martí.[304] Cualesquiera que sean las insuficiencias de los tres autores nombrados, constituye un error olvidar que fue justamente la entrañable significación positiva del término la que motivó que a Martí lo llamaran Apóstol sus seguidores en la emigración patriótica y continuaran llamándolo así el pueblo en general y sus más relevantes exponentes hasta nuestros días: entre ellos Mella, Che Guevara y Fidel Castro.

De igual forma, condenar de antemano calificativos como *Santo de América* y *Místico del deber* implica el riesgo de la desorientación ante el hecho de que una voz especialmente autorizada puede hablar, con fundamento, de la santidad de un epónimo guerrillero comunista o de la mística revolucionaria. Aquella condena puede ser la confesión involuntaria de cierta actitud insuficiente para asumir la herencia de la cultura en general, y para reconocer la extraordinaria espiritualidad de Martí y su condición de hombre excepcional. Frente a esas virtudes del Apóstol, el marxista fundador y aguerrido que fue Julio Antonio Mella, en sus ya citadas «Glosas», declaró: «cuando hablo de José Martí, siento la misma emoción, el mismo temor, que se siente ante las cosas sobrenaturales».[305]

Si algo ha de reconocerse a las biografías escritas por Mañach, Rodríguez-Embil y Lizaso —así como a otros textos— fue que en distintos grados contribuyeron, y lo hicieron gustosamente, a cultivar y difundir la certidumbre de la grandeza de Martí, certidumbre ineludible para el pleno aprovechamiento de las lecciones de quien fue un Apóstol de la libertad, la dignidad y el antimperialismo, un ejemplar místico del deber revolucionario y un santo laico de la humanidad toda, aun más que solamente de América.

La insatisfacción que se siente frente a esos estudios, y, en verdad, frente a otros, en gran parte proviene de la misma grandeza de Martí, inapresable en páginas. Para su reflejo adecuado, cada vez más se necesitaban nuevos aportes investigativos y la mayor fidelidad posible a la esencia y al alcance de su pensamiento revolucionario. Ambas carencias han de contarse entre las razones por las cuales se percibe como intrascendente —o no bastante para rebasar lo alcanzado por los esfuerzos de autores que le precedieron— la voluminosa biografía *Martí, Maestro y Apóstol*, de Carlos Márquez Sterling, publicada en 1942.[306] Si, como hay motivo para hacerlo, tomamos de punto de referencia el tratamiento del antimperialismo martiano, comprobaremos que no es tema ausente en ese libro, pero se siente la aplicación de podaderas, e incluso más. Para definir a Martí, el autor dice que «el éxito de su política separatista» [*sic*] no podía estar en el panamericanismo al cual el Congreso Internacional de Washington (1889-1890) procuró servir de acuerdo con el plan estadounidense, pero la valoración que hace revela su propio punto de vista mucho más que el de su biografiado:

Los temores de Martí respecto de los [norte]americanos no se han confirmado todos en el andar de los años. Pero el análisis de este resultado en la República no cabe sino en su pensamiento político, que en los últimos años de su vida sufrió no pocas alternativas [?], como sucede siempre con los ajustes de las ideas al logro de sus realidades.[307]

En el camino de la conciencia de lo necesaria que seguía resultando la información biográfica en torno a Martí, se mantuvo Néstor Carbonell, quien en 1952 publicó en dos volúmenes, titulados *Martí. Carne y espíritu*,[308] los resultados de un afán en que había venido ensayando parcialmente desde años atrás: estructurar, en primera persona, una especie de «autobiografía» de Martí, fictiva en la medida en que se debe al compilador, fotográfica en tanto ofrece una sucesión de escritos del propio Martí, quien así aparece como una especie de personaje heterónimo y real a la vez. El intento de Carbonell, y él lo declara «Al lector», es explícitamente inseparable de mucha «angustia patriótica», por lo que el autor-compilador rinde tributo al dirigente político a quien, siendo él niño, tuvo ocasión de conocer personalmente en Tampa.

El laborioso procedimiento de Carbonell, que ha tenido seguidores, no es en sí mismo errado, y aún puede reservar terreno para nuevos acarreos. Tiene, sí, naturales peligros: basarse en textos de Martí confiere particular posibilidad desorientadora a las desproporciones de la selección y a los pasajes de enlace introducidos en el montaje. Previendo «murmuradores venenosos», Carbonell advierte cómo debían recibir su obra: «Sepan éstos que, cuanto de pobre, de inútil encuentren en estas páginas, es cosa mía. Que cuanto de bueno, de grande, de divino encuentren en ellas, es cosa de Martí...»[309] No tenía que considerar dirigida tal especificación únicamente a dichos murmuradores: en realidad, queda a los lectores en general discernir hasta dónde la presencia directa de Martí —basada en la predominante intertextualidad— resulta suficiente para evitar las consecuencias de la subjetividad del autor del montaje, a quien debe atribuirse también, naturalmente, la reordenación de textos que nacieron en otra sucesión cronológica y a veces en respuesta a estímulos diferentes. Es necesario —tarea no siempre fácil, dada la ausencia de indicios bibliográficos: habrían tenido que ser copiosos— precisar hasta dónde llega la palabra de Martí y dónde comienza la mano de Carbonell, a cuyo paciente y no estéril acarreo debe reconocérsele, de entrada, el signo del fervor y la permanencia dentro de

aciertos que ya había mostrado en los discursos que reunió casi treinta años antes.

Por su fecha de edición —que muestra credencial de homenaje a la República instaurada medio siglo atrás—, *Martí. Carne y espíritu* se aproxima a la celebración del centenario de Martí, año en que Márquez Sterling publicó una titulada *Nueva y humana visión de Martí*,[310] en rigor, una versión de su texto aparecido en 1942 y muy apegada a éste. Para hacerla, el autor subrayó los elementos amatorios que ya había utilizado antes. De ahí que en «el extremo» de la «preocupación por la vida sexual de Martí» haya podido Portuondo, refiriéndose a la *Nueva y humana visión...*, situar «un libro sobre el mismo tema del doctor Carlos Márquez Sterling».

Dos libros fueron premiados en 1953 por la Comisión Nacional Organizadora de los Actos y Ediciones del Centenario y del Monumento de Martí, y se deben a Medardo Vitier y Alberto Baeza Flores.[311] Hemos dudado si incluir el libro del segundo en el presente comentario. No porque su autor fuera chileno y no cubano, que tampoco lo fue Manuel Isidro Méndez, sino porque no se le puede atribuir, como es de justicia hacer con Méndez, una plena y entrañable identificación con el pueblo cubano. Pero tanto el tiempo vivido por aquel escritor en Cuba, donde continuó su quehacer en las letras, como el significado reconocible en la extensísima biografía premiada —casi ochocientas páginas—, sugieren que en estas cuartillas se le debe reservar su espacio a ese empeño biográfico dedicado al cubano insigne.

A pesar de su muy notable extensión, a esta *Vida de José Martí*, de la que acaso suela hablarse mucho menos que de las otras escritas en el período estudiado, no se le siente la fibra de la monumentalidad. El hecho podría explicarse, en parte al menos, por razones de estructura: la sucesión de algo más de ciento cuarenta episodios o núcleos narrativos en los cuatro capítulos del libro, dificulta vertebrar una exposición coherente de las líneas vitales que distinguen al héroe biografiado, por más que ellas se impongan de suyo a las insuficiencias del texto. Por ejemplo, dos apartadillos que no suman seis páginas intentan reflejar el significado del Congreso

Internacional de Washington y la subsiguiente Comisión Monetaria Internacional, así como el alcance de la labor de Martí con respecto a tan fatídicos foros —además de ser impreciso decir, aunque la afirmación surja del respeto a Martí, que él pudo realmente vencer «al fin» contra las maquinaciones imperialistas—; y hasta cierto punto cabría decir otro tanto sobre el espacio que el libro dedica al Partido Revolucionario Cubano.

Auxiliado por las ganancias que hasta entonces se habían conseguido en la divulgación de los textos de Martí y los documentos relacionados con su vida, Baeza Flores logró una minuciosa narración episódica, aderezada aquí y allá con recursos novelescos de moda en aquellos años y que habitualmente se hacen remitir a los esquemas de autores como Emil Ludwig, aunque debe por lo menos tenerse en cuenta que, según indicios, este escritor supo apreciar que no debía acometer con ellos la biografía de un hombre-universo de la realidad y trascendencia del Apóstol.

Por su parte, Medardo Vitier se planteó, «sobre todo, situar a Martí en su mundo, o sea, mostrar su mentalidad y su eticismo, y a la vez las corrientes de cultura que alcanzó y reflejó».[312] Ubicado, quizás, más en la línea de Manuel Isidro Méndez que en la de los otros biógrafos de Martí aquí mencionados, la búsqueda de *estudio integral* que Vitier acometió le permitió conseguir un abordaje abarcador y coherente del pensamiento de Martí, muchas de cuyas líneas ideológicas fundamentales presenta con su prosa elegante y eficaz, con su reconocida lucidez ensayística y, también, con sus limitaciones de perspectiva. Así, no se corresponde con los aciertos del autor el comentario que le dedica a la actitud de Martí con respecto al imperialismo estadounidense.

Refiriéndose a una de las más conocidas expresiones de la carta póstuma de Martí a Manuel Mercado —«Viví en el monstruo, y le conozco las entrañas»—, Vitier se plantea vencer las razones de «apuro» en que, según declara, se han visto «cubanos ilustres» cuando les han preguntado por el sentido de aquellas palabras algunos «norteamericanos [...] dispuestos a leer a Martí». Convencido de que «a la frase hay que

hacerle frente», no evadirla, el ensayista cree que «pronto se desvanece la presunta animosidad», pues «"monstruo" no significa exclusivamente perversidad», sino también, «"en muchos casos", enormidad cuantitativa»; y si «"entrañas", buenas y malas, las tiene todo país, sin excepción», el del Norte «es positivamente monstruoso» y sus «entrañas dejan percibir más su dualidad de virtud y de pecado».[313]

Lógicamente, Vitier, quien desde temprano cosechó aciertos en la valoración de Martí,[314] no da sin embargo con la esencia de tan decisiva línea del pensamiento martiano, irreflejable en el mero reconocimiento de «enormidad cuantitativa» y coexistencia de «virtud y pecado» en la sociedad estadounidense. Sin embargo, a la luz de la honradez de Vitier y del sentido de su obra, estimamos compartible el juicio de quienes consideran inidentificable al autor de *Las ideas en Cuba* con maniobras como las del Mañach de entonces, por ejemplo.

El centenario de Martí estimuló la publicación de textos, temáticamente diversos,[315] en torno a su legado. Es verdad que no siempre los distinguió el acierto, y que pudo darse el caso de que se aprobara y editara en número de diez mil ejemplares —para «divulgarla entre las escuelas públicas y privadas de la República»— una obra de teatro con *Estampas martianas* donde resulta fácil hallar mixtificaciones oficiosas.[316] Pero está lejos de la conveniencia y la justicia condenar en bloque todo cuanto se promovió y publicó entonces con sello oficial. Es el caso del Congreso de Escritores Martianos, en el cual participaron, así de Cuba como de otros países, personas inconfundibles con las aspiraciones del Gobierno que lo auspició.[317]

Ya hemos recordado que, por supuesto, al margen —y contra— del orden establecido en la República neocolonial fue como se rindió al Apóstol el mejor homenaje a su memoria. Pero ni siquiera debe estimarse que sólo entre las fuerzas revolucionarias más combativas floreció la voluntad de limpio tributo. Diferentes caminos halló para expresarse el sentimiento patriótico digno de sumarse al homenaje.

Un ejemplo explícito de lo antes dicho se halla en algunos de los mejores integrantes del grupo que se nucleó en torno a la revista *Orígenes*. Ya en su ensayo que data de 1951 —pero publicado al año siguiente, después del Golpe del 10 de marzo— Fina García Marruz declaró:

Desde niño nos envuelve, nos rodea, no en la tristeza del homenaje oficial, en la cita del político frío, o en el tributo inevitable del articulista de turno, sino en cada momento en que hemos podido entrever, en su oscura y fragmentaria ráfaga, el misterioso cuerpo de nuestra patria o de nuestra propia alma.

Así comienza el texto, y finaliza con un exigente y amoroso llamamiento patriótico:

ante el espectáculo posterior de la República, volvámonos a estos pobres héroes, estos fundadores silenciosos. Volvamos a aquel que le escribió un día a su pequeña María Mantilla, con aquel acento casi escolar de ternura que nunca nadie ha tenido después: «Tú, cada vez que veas la noche oscura, o el sol nublado, piensa en mí.»[318]

Una muestra —no la primera ni la única— del modo como José Lezama Lima participó en el homenaje, lo ofrece el número de *Orígenes* que preparó para saludar la «Secularidad de José Martí».[319] En la presentación de la entrega habló, en términos de reclamo, sobre la vigencia del Maestro: «Su permanencia indescifrada continúa en sus inmensos memoriales dirigidos a un rey secuestrado.» La posibilidad esencial de esa imagen se revela en las palabras que le siguen: «la hipóstasis o sustantivización de los alegres misterios de su pueblo». En esos memoriales, o «cartas de relación», Lezama percibe «una tierra intocada, símbolos que aún ni hemos sabido descifrar como operantes fuerzas históricas».[320] Lejos de conducir a un camino ciego —y el barroco buscador de orígenes evidencia saberlo—, tal permanencia brinda la guía hacia el futuro: «Sorprende en su primera secularidad la viviente fertilidad de su fuerza como impulsión histórica, capaz de saltar las insuficiencias toscas de lo inmediato, para avizorarnos las cú-

pulas de los nuevos actos nacientes».[321] Lectores del subsuelo y de las estrellas descifrarían símbolos y enigmas, y meses después erigieron la primera cúpula inocultable que a partir de entonces sería insignia de «los nuevos actos nacientes». La honradez patriótica y la intuición o sabiduría poética afincada en la historia pusieron a Lezama en el camino de los desentrañamientos.[322]

El tratamiento de Martí en las letras cubanas ha sido intenso, aunque no siempre haya tenido el nivel de acierto deseable y quizás nunca logre situarse a la altura del magno tema. Cualesquiera que hayan sido las maniobras a las que los enemigos de su legado hayan podido acudir para evitar el pleno conocimiento de su sentido de la libertad, de su antimperialismo, de su ética revolucionaria y revolucionadora, su inocultable grandeza ha propiciado que —salvo casos de absoluta indignidad— su presencia en sucesivos textos haya contribuido al mantenimiento de un culto indispensable para su completo rescate. Ya por la voluntad de los diversos autores, ya por la propia grandeza del Apóstol, por su capacidad para darse entero en cada una de sus manifestaciones, su aparición en los textos que han comentado su vida, su obra, su pensamiento, ha sido no sólo expresión del desarrollo de la conciencia nacional, sino también alimento para dicho desarrollo, y eso también en el período ahora valorado. La misma riqueza del legado martiano suscita que se vea como insuficiente cuanto se haya hecho por contribuir a que se le conozca mejor, y ello tampoco sólo en ese período.

El Triunfo de 1959 abrió el camino para una mayor y mejor difusión del legado martiano, en la medida en que esa victoria dio paso a la realización, de acuerdo con nuevas realidades y exigencias, de los ideales redentores del Apóstol. Pero ello, ni en el plano cognoscitivo ni en la divulgación correspondiente, habría sido posible sin los acarreos precedentes, aunque hoy no cueste demasiado trabajo descubrirles insuficiencias. Después de todo, aún estamos enfrascados en la tarea —hermosa, pero presumiblemente larga— de coadyuvar desde Cuba a que el tesoro legado por Martí a la humanidad empiece a situarse, en todo el mundo, a la altura que él mérece y los pueblos necesitan. Como su verso, como la significación toda de su herencia, su conocimiento mundial —y universal, cuando llegue esa etapa— también crecerá. [*L. T. S.*]

Notas
(Capítulo 2.7)

Las páginas que siguen no tienen como propósito las definiciones de géneros ni el establecimiento de líneas divisorias entre *ensayo* y *crítica literaria*, aunque sin pronunciar la «promiscuidad» de que hablaba Raimundo Lazo en «Crisis y transferencias del ensayo en la literatura cubana del siglo XX» (1969). Incluso se hará más extensa la consideración conceptual que aquella que podría delimitar (y no mucho delimita) la propia definición de Lazo en «Juan Marinello, ensayista hispanoamericano» (1938): «El ensayo es una crítica poética de acentuado subjetivismo. Es una crítica poética, individual e intuitiva, a la que no podemos pedir el dato cierto, la dialéctica rigurosa, la expresión precisa ni las conclusiones categóricas, sino la agudeza y originalidad del juicio personal y la belleza de la formación creadora» (p. 497). Como se verá, es un intento de definición del ensayismo estrictamente literario. Por otra parte, lleva razón Lazo al advertir, en tan temprana fecha de 1938, que hay elementos ensayísticos en la poesía, la prosa narrativa y el teatro cubanos del siglo XX, pero no son esos campos terrenos de exploración de este panorama. Entre otros, Medardo Vitier ofrece una teoría o conceptualización acerca del ensayo en las primeras páginas de *El ensayo americano* (Fondo de Cultura Económica, México, 1945).

2 Cf. Juan Marinello: *Obras. Cuba: cultura*, Compilación, selección y notas de Ana Suárez, Prólogo de José A. Portuondo. Editorial Letras Cubanas, La Habana, 1989, pp. 139, donde explica su concepción terminológica.

3 Cf. José A. Portuondo: *Bosquejo histórico de las letras cubanas*. Ministerio de Educación, La Habana, 1962, pp. 68-69.

4 Cf. Raimundo Lazo: *Historia de la literatura cubana. Esquema histórico desde sus orígenes hasta 1966*. Editora Universitaria, La Habana, 1967, pp. 228, 229, *passim*.

5 Cf. Max Henríquez Ureña: *Panorama histórico de la literatura cubana*. Tomo II. Editorial Arte y Literatura, La Habana, 1979, pp. 490-507.

6 Cf. Salvador Bueno: *Medio siglo de literatura cubana (1902-1952)*. Publicaciones de la Comisión Cubana de la UNESCO, La Habana, 1953, «Proceso de la crítica y el ensayo», pp. 93-138; especialmente p. 113.

7 Texto mecanografiado en 1983, en el Instituto de Literatura y Lingüística de la Academia de Ciencias de Cuba. Cf. en su Biblioteca.

8 Cf. Julio A. Mella: *Glosando los pensamientos de José Martí*. Prólogo de Juan Marinello. s/e, La Habana, 1941.

9 De Roa, recuérdese *Martí y el fascismo* (1937) y *José Martí y el destino americano* (1938), entre otros estudios; Blas Roca publicó *José Martí, revolucionario radical de su tiempo* (1948); son muchos los trabajos de Portuondo sobre Martí, entre los que sobresalen *José Martí, crítico literario* (1953) y *La voluntad de estilo en José Martí* (1953); de Carlos Rafael Rodríguez, Sergio Aguirre, Mirta Aguirre, Ángel I. Augier, Nicolás Guillén y otros autores, pueden hallarse valiosos enfoques marxistas de la figura y la obra del Héroe Nacional cubano.

10 Este panorama no expone cifras ni detalla listados de la obra plurigeneracional acerca de José Martí en el lapso de estudio. Para una mayor profundización, consúltense las biografías martianas editadas por la Biblioteca Nacional, o el estudio pormenorizado del asunto en este mismo volumen.

11 Cf. José Antonio Portuondo: *Bosquejo histórico de las letras cubanas*. Ob. cit., p. 68.

12 Cf. *Panorama histórico de la literatura cubana*. Tomo II, ob. cit., p. 490.

13 Cf. *Historia de la literatura cubana*, Ob. cit., p. 208 y ss.

14 Para más información, véase José Antonio Portuondo: «Juan Marinello, cubano universal». (Prólogo a Juan Marinello: *Obras. Cuba: cultura*. Ob. cit., pp. VII-XX.) También Raimundo Lazo, en 1969, señala a Mañach y a Marinello como figuras «antitéticas», de «dos direcciones contrapuestas, la

derecha y la izquierda, según la simplificadora nomenclatura política de la época» (p. 304). Se comprenderá que tal antítesis es más profunda y generalizadora, más allá de una sola generación, pues atañe a cuestiones filosóficas y de praxis social; por ello se ha mantenido aquí el ejemplo paradigmático de Lazo, que corresponde a una verdad de toda la etapa de estudio, y que es imprescindible significar en su panorama. En Raimundo Lazo: *Páginas críticas*. Editorial Letras Cubanas, La Habana, 1983.

[15] Cf. Prólogo a *Los mejores ensayistas cubanos*. Antología. Imp. Torres Aguirre, La Habana, 1960, p. 10. Sería útil recordar en el conjunto, la obra crítica de poetas como Agustín Acosta, Mariano Brull, Dulce María Loynaz o Emilio Ballagas, pues aun sin ser la prosa la que los distingue en el panorama literario cubano, escribieron durante la etapa ensayos de interés.

[16] Cf. *Historia de la literatura cubana*. Ob. cit., p. 228.

[17] Chacón y Calvo escribió un breve bosquejo de «La literatura cubana» (esencialmente del siglo XIX y parte del XX), para incluirlo en la *Historia universal de la literatura* (1942), de Giacomo Prampolini. J.J. Remos, por su parte, desarrolló labor historizadora genérica para el propio ensayismo, la narrativa y la biografía.

[18] La «parcialidad» referida se identifica por el lapso epocal que comprende el estudio, ya sea del pasado remoto o reciente o de la coetaneidad de la edición de la obra. Adviértase, además, que las referencias del presente estudio se limitan a las obras en tanto *libros*, y no a la profusión de artículos que pudieran clasificarse como propios de la historización literaria.

[19] Véase: A. Mitjans: *Estudio sobre el movimiento científico y literario de Cuba*. Prólogo de Rafael Montoro. Imp. de A. Álvarez, La Habana, 1980. Manuel de la Cruz: «Reseña histórica del movimiento literario de la Isla de Cuba» (1891), en *Obras*. Tomo III. Editorial Saturnino Calleja, Madrid, 1924 y 1926. Sergio Chaple realiza un análisis sobre estas y otras obras historiográficas en: «La historiografía literaria en Cuba: bases para su estudio evolutivo» (1984, inédito).

[20] Vid. José Antonio Portuondo: «La ciencia literaria en Cuba», en *Concepto de la poesía*. Editorial Pueblo y Educación, La Habana, 1972. La secuencia del planteamiento y empleo de la teoría generacional en los estudios literarios cubanos queda fijada por: Antonio Sánchez de Bustamante y Montoro (*Las generaciones literarias*, 1937), José Antonio Portuondo («*Períodos*» y «*generaciones*» en la historiografía literaria hispanoamericana, 1945), Raimundo

Lazo (*La teoría de las generaciones y su aplicación al estudio histórico de la literatura cubana*, 1954), Roberto Fernández Retamar (*La poesía contemporánea en Cuba*, 1954) y José Juan Arrom (*Esquema generacional de las letras hispanoamericanas*, publicado en 1963). En la década de 1950, Portuondo perfecciona su esquema generacional desde las perspectivas del análisis marxista.

[21] Cf. Juan J. Remos: *Panorama literario de Cuba en nuestro siglo*. Cárdenas, La Habana, 1942, p. 68. Aquí Remos afirma que esta obra «es... una labor ciclópea. Nada hay en nuestra lengua que la iguale...»

[22] Cf. la propia obra antes citada.

[23] Es imposible dejar de destacar el esfuerzo mancomunado de Remos, Ramiro Guerra, Emeterio S. Santovenia y Pérez Cabrera en la conformación de los diez volúmenes de la *Historia de la nación cubana*, que alcanzó cima en 1952.

[24] Cf. José A. Portuondo: «La ciencia literaria en Cuba». Ob. cit., p. 265.

[25] José A. Portuondo: *Itinerario estético de la Revolución cubana*, p. 5.

[26] Ob. cit., p. 6.

[27] Ob. cit., p. 8.

[28] Ob. cit., p. 14.

[29] Cf. Andrés de Piedra-Bueno: *Literatura cubana. Síntesis histórica*. Editorial América, La Habana, 1945, p. 110.

[30] Cf. *Medio siglo de literatura cubana* (1902-1952). Ob. cit., p. 113.

[31] El propio Bueno se quejaba entonces del exceso de divisionismo de los autores en la profusión de partidos políticos de la época, y que, según Bueno, lastraban a la obra literaria.

[32] Cf. Francisco López Segrera: *Cuba: cultura y sociedad*. Editorial Letras Cubanas, La Habana, 1989, p. 172.

[33] Cf. José A. Portuondo: *Bosquejo histórico de las letras cubanas*. Ob. cit., pp. 68-69.

[34] Ob. cit., p. 69.

[35] Se ha discutido acerca del lugar generacional que debe ocupar Roa. Carlos Rafael Rodríguez subraya en su Introducción a *Canciller de la dignidad*, que los vínculos de Roa con la promoción que comienza a darse a conocer en la década de 1930 son muy claros en cuanto a cuestiones de contenido y, sobre todo,

en relación con la personal participación en la vida social cubana.

36 Julio A. Mella: *Documentos y artículos*. Editorial de Ciencias Sociales, La Habana, 1975, p. 493.

37 Rubén Martínez Villena: *Poesía y prosa*. Tomo 1. Editorial Letras Cubanas, La Habana, 1978, p. 315.

38 *Escritos de José Antonio Foncueva*. Compilación, introducción, notas y bibliografía de R. Hernández Otero. Editorial Letras Cubanas, La Habana, 1985, pp. 99-100.

39 Ibíd., p. 205.

40 Cf. Ricardo Hernández Otero: «Introducción», en Ibíd., p. 42.

41 José Antonio Portuondo es más rotundo: «La suya constituye lo más representativo de la prosa vanguardista cubana.» Vid. «Roa, vanguardista de la Revolución». *Trabajos presentados al seminario sobre Raúl Roa García en el primer aniversario de su muerte*, p. 59.

42 Cf. Enrique de la Osa: *Visión y pasión de Raúl Roa*. Editorial de Ciencias Sociales, La Habana, 1982, p. 78.

43 Ob. cit., p. 75.

44 Salvador Bueno ha distinguido el prominente lugar que ocupa la obra martiana en los escritos de Raúl Roa. Cf. «Raúl Roa: por el rescate de José Martí». *Trabajos presentados al seminario sobre Raúl Roa García...*, pp. 19-27.

45 El propio Roa se autocalifica como un *zoon politikon* en *La revolución del treinta se fue a bolina*. Instituto del Libro, La Habana, 1969, p. 388.

46 Tampoco el *nerviosismo* que la mayor parte de los críticos advierte en su prosa.

47 Lo cual no implica que no desarrolle una labor social reconocida en comités de redacción de revistas, en la dirección de sociedades de amistad cubano-soviéticas y otras en que por lo común Augier se ha desempeñado en su vida cotidiana.

48 Ángel I. Augier: *Acción y poesía en José Martí*. Editorial Letras Cubanas, La Habana, 1982, pp. 255-256.

49 Las citas se localizan en las páginas 7 y 28 de los folletos originales, y en las páginas 131 y 37, respectivamente del volumen *La sangre en la letra*. Ediciones Unión, La Habana, 1977, donde se denomina «Heredia, redivivo».

50 Cf. José A. Portuondo: *Proceso de la cultura cubana. (Esquema para un ensayo de interpretación)*. Imp. Molina, La Habana, 1938, p. 6.

51 Vid. José A. Portuondo: «Advertencia», en *Concepto de la poesía*. Ob. cit., p. 125.

52 José A. Portuondo: *Martí, escritor revolucionario*. Editora Política, La Habana, 1982, p. 125.

53 Ibíd., p. 104.

54 Mirta Aguirre: *Influencia de la mujer en Iberoamérica*. Servicio Femenino para la Defensa Civil, La Habana, 1948, p. 135.

55 Firmada por los tres miembros del Jurado: Isolina de Velasco de Millás, Juan Fonseca y Jorge Mañach.

56 Mirta Aguirre: *Un hombre a través de su obra: Miguel de Cervantes Saavedra*. Edición Sociedad Lyceum, La Habana, 1948, p. 9.

57 En el período de ilegalidad del Partido Socialista Popular publicó en *Nuestro Tiempo* textos bajo la firma de M. A., y en ésta y otras publicaciones, con el referido seudónimo o con el de Rosa Iznaga.

58 Cf. Ángel Augier: «Prólogo», en Carlos Rafael Rodríguez: *Letra con filo*. Tomo 3. Ob. cit., p. 6.

59 Ob. cit., pp. 6-7.

60 Carlos Rafael Rodríguez: *Letra con filo*. Tomo 3. Ob. cit., p. 438.

61 Ibíd., p. 483.

62 Ibíd., p. 486.

63 José Lezama Lima: «La dignidad de la poesía», en *Tratados en La Habana*. Universidad Central de Las Villas, La Habana, 1958, p. 406.

64 José Lezama Lima: «Las imágenes posibles», en *Analecta del reloj*. Ediciones Orígenes, La Habana, 1953, p. 151.

65 Cf. Cintio Vitier: «De las cartas que me escribió Lezama», en *Coloquio internacional sobre la obra de José Lezama Lima. Poesía*. Centro de Investigaciones Latinoamericanas, Universidad de Poitiers, París, 1984, p. 278.

66 José Lezama Lima: «Sobre Paul Valéry», en *Analecta del reloj*. Ob. cit., p. 109.

67 José Lezama Lima: «Julián del Casal», en *Analecta del reloj*. Ob. cit., p. 75.

68 Ibíd., pp. 65-66.

[69] José Lezama Lima: «Exámenes», en *Analecta del reloj*. Ob. cit., p. 229.

[70] Cf. *Recopilación de textos sobre José Lezama Lima*, Selección y notas de Pedro Simón. Casa de las Américas, La Habana, 1970.

[71] Fina García Marruz: «La poesía es un caracol nocturno», en *Coloquio internacional sobre la obra de José Lezama Lima. Poesía*. Ob. cit., pp. 243-276.

[72] Abel E. Prieto: «"Sucesiva o Coordenadas habaneras": apuntes para el proyecto utópico de Lezama», en *Casa de las Américas*, La Habana, a XXVI (152): 14-19, sep.-oct., 1985.

[73] Cintio Vitier: «Carta a José Lezama Lima», en José Lezama Lima: *Paradiso*. Edición crítica. Coordinador Cintio Vitier. UNESCO, Colección Archivos, Madrid, 1988, p. 715.

[74] José Lezama Lima: «Un día del ceremonial», en *Imagen y posibilidad*. Selección, prólogo y notas de Ciro Bianchi Ross. Editorial Letras Cubanas, La Habana, 1981, p. 45.

[75] Guillermo Rodríguez Rivera: Comunicación personal.

[76] José Lezama Lima: «Señales. La otra desintegración», en *Imagen y posibilidad*. Ob. cit., p. 195.

[77] Ibíd., p. 196.

[78] Ibíd.

[79] José Lezama Lima: «Señales», en *Imagen y posibilidad*. Ob. cit., 193.

[80] José Lezama Lima: «Un día del ceremonial», en *Imagen y posibilidad*. Ob. cit., p. 43.

[81] José Lezama Lima: «Después de lo raro, la extrañeza», en *Imagen y posibilidad*. Ob. cit., p. 166.

[82] José Lezama Lima: «Señales. La otra desintegración», en *Imagen y posibilidad*. Ob. cit., p. 196.

[83] «Después de lo raro, la extrañeza», en *Imagen y posibilidad*. Ob. cit., p. 170.

[84] José Lezama Lima: «Señales. Alrededor de una antología», en *Imagen y posibilidad*. Ob. cit., p. 172.

[85] José Lezama Lima: «Respuestas y nuevas interrogantes. Carta abierta a Jorge Mañach», en *Imagen y posibilidad*. Ob. cit., p. 188.

[86] José Lezama Lima: «Señales. La otra desintegración», en *Imagen y posibilidad*. Ob. cit., pp. 196-197.

[87] José Lezama Lima: «Secularidad de José Martí», en *Imagen y posibilidad*. Ob. cit., p. 198.

[88] José Lezama Lima: «Mitos y cansancio clásico», en *La expresión americana*. Ministerio de Educación, La Habana, 1957, p. 8.

[89] *José Lezama Lima*: ibíd., p. 14.

[90] José Lezama Lima: «La curiosidad barroca», en *La expresión americana*. Ob. cit., p. 52.

[91] José Lezama Lima: «Nacimiento de la expresión criolla», en *La expresión americana*. Ob. cit., p. 97.

[92] José Lezama Lima: «Imagen de la América Latina», en *América Latina en su literatura*. Siglo XXI, México, 1972, p. 467.

[93] Cintio Vitier: «El violín», en *Unión*, La Habana, Año VI, núm. 4, diciembre, 1968, p. 62.

[94] José Lezama Lima: *Poesía completa*. Editorial Letras Cubanas, La Habana, 1985, p. 331.

[95] Eliseo Diego: «Homenaje a Cintio Vitier», en *Unión*, La Habana, año VI, núm. 4, diciembre 1968, pp. 51-53.

[96] Cintio Vitier: *Experiencia de la poesía. Notas*. Úcar García, La Habana, 1944, p. 50.

[97] Cintio Vitier: «La crítica y la creación en nuestro tiempo», en *Crítica sucesiva*. UNEAC, La Habana, 1971, p. 14.

[98] Cintio Vitier: «Jorge Mañach y nuestra poesía», en *Diario de la Marina*, La Habana, 26 y 30 octubre, 1949.

[99] Roberto Fernández Retamar: *La poesía contemporánea en Cuba. (1927-1953)*. Ediciones Orígenes, La Habana, 1954. p. 87.

[100] Cintio Vitier: «La palabra poética», en *Poética*. J. Jiménez Arnau, Madrid, 1973, p. 53.

[101] Cintio Vitier: «Sobre el lenguaje figurado», en *Poética*. Ob. cit., p. 56.

[102] Ibíd., p. 70.

[103] María Zambrano: *Pensamiento y poesía en la vida española*. Universidad de Morelia, México, 1939, pp. 38 y 71.

[104] Gastón Baquero: «La historia respira por la poesía», en *Sábado*, La Habana, núm. 39, 1944, p. 8.

[105] Cintio Vitier: *Lo cubano en la poesía*. Editorial Letras Cubanas, La Habana, 1970, p. 13.

[106] Cintio Vitier: «El violín», en *Unión*, La Habana, año VI, núm. 4, diciembre 1968, p. 69.

[107] Cintio Vitier: *Lo cubano en la poesía*. Ob. cit., p. 9.

[108] Ibíd., pp. 18-19.

[109] Ibíd., p. 10.

[110] Ibíd., pp. 10-11.

[111] Cintio Vitier: *La luz del imposible*. Úcar García, La Habana, 1957, p. 66.

[112] Cintio Vitier: *Lo cubano en la poesía*. Ob. cit., p. 18.

[113] Fernando Ortiz: «Los factores humanos de la cubanidad», en *Órbita de Fernando Ortiz*. Selección y prólogo de Julio Le Riverend. UNEAC, La Habana, 1973.

[114] Juan Marinello: «Americanismo y cubanismo literarios», en *Obras. Cuba: Cultura*. Editorial Letras Cubanas, La Habana, 1989, p. 290.

[115] Fina García Marruz: «Notas sobre "Espacios métricos" de Silvina Ocampo», en *Orígenes*. La Habana, año III (11): 42-46, otoño 1946.

[116] Fina García Marruz: «Lo exterior en la poesía», en *Orígenes*, La Habana, a. IV (16): 16-22, invierno, 1947.

[117] Fina García Marruz: «Notas para un libro sobre Cervantes», en *Orígenes*. La Habana, a. VI (24): 41-52, invierno, 1949.

[118] Ibíd.

[119] Fina García Marruz: «José Martí», en *Lyceum*. La Habana, vol. VIII (30): 5 mayo de 1952.

[120] Ibíd., pp. 5-6

[121] Ibíd., p. 41.

[122] José Antonio Portuondo reproduce el fragmento de una carta de Mañach en la que éste expone los motivos de su salida del país. En: *Crítica de la época y otros ensayos*. Universidad Central de Las Villas, La Habana, 1965, p. 103.

[123] Consúltese al respecto «Mañach en *El Mundo*», *El Mundo*, La Habana. 60 (73): 1, 6, jun. 27, 1961, Adrián García-Hernández: «Respuesta a Jorge Mañach», en *Hoy Domingo*. Suplem. del periódico *Hoy*. La Habana, 2 (29): 6-7, 1960, y José María Souvirón: «Conversaciones con Jorge Mañach», en *Cuadernos Hispanoamericanos*. Madrid, 47 (139): 79-81, jul. 1961.

[124] Jorge Mañach: «El estilo en Cuba y su sentido histórico», en *Historia y estilo*. Editorial Minerva, La Habana, 1944, pp.186-187.

[125] Jorge Mañach: *La crisis de la alta cultura en Cuba*. Imprenta y Papelería La Universal, La Habana, 1925, p. 13.

[126] Ibíd., p. 41.

[127] Raúl Roa: *El fuego de la semilla en el surco*. Editorial Letras Cubanas, La Habana, 1982.

[128] Jorge Mañach: «La nación y la formación histórica», en *Historia y estilo*. Ob. cit., p. 19.

[129] Ibíd., pp. 63-64.

[130] Jorge Mañach: «El estilo en Cuba y su sentido histórico». Ob. cit., p. 181.

[131] Ibíd., p. 206.

[132] José A. Portuondo: «Retratos infieles de José Martí» y «El diversionismo ideológico en torno a José Martí», en *Martí, escritor revolucionario*. Editorial Política, La Habana, 1982, pp. 292-303, pp. 304-328.

[133] Jorge Mañach: *El pensamiento político y social de Martí*. Editorial Oficial del Senado, La Habana, 1941, pp. 10, 28, 30, 32, 33 y 34.

[134] Cintio Vitier: *Ese sol del mundo moral. Para una historia de la eticidad cubana*. Siglo XXI, Editores, 1975, p. 160.

[135] Jorge Mañach: *Dewey y el pensamiento americano*. Taurus Ediciones, S.A., Madrid, 1959, p. 44.

[136] En *Órbita de Rubén Martínez Villena*. Esbozo biográfico de Raúl Roa y Selección y nota final de Roberto Fernández Retamar. Ediciones Unión, La Habana, 1964, p. 174.

[137] Ibíd., pp. 209-214.

[138] Véase al respecto, de José Lezama Lima, «Respuestas y nuevas interrogaciones. Carta abierta a Jorge Mañach», en *Imagen y posibilidad*. Selección, prólogo y notas de Ciro Bianchi Ross. Editorial Letras Cubanas, La Habana, 1981.

[139] Consúltese a Raúl Roa: *El fuego de la semilla en el surco*. Editorial Letras Cubanas, La Habana, 1982.

[140] Medardo Vitier: «¿Hay seguridad en el mundo?», en *Valoraciones*. Volumen I, ob. cit., p. 383. Consúltese, de Medardo Vitier: *José Ortega y Gasset*. Úcar, García y Cía, La Habana, 1936; «Apéndices», en *Kant, iniciación en su filosofía*. Universidad Central de Las Villas, La Habana, 1958, y *Valoraciones*, 2 volúmenes. Universidad Central de Las Villas, La Habana, 1960.

[141] Medardo Vitier: «El sentido de la Navidad», en *Valoraciones*. Vol. I. Ob. cit., p. 76.

[142] Medardo Vitier: «¿Hay seguridad en el mundo?», en *Valoraciones*. Vol. I. Ob. cit., p. 357.

[143] Ibíd., p. 355.

[144] Medardo Vitier: «La realidad», en *Valoraciones*. Vol. I. Ob. cit. pp. 414 y 415.

[145] Medardo Vitier: «Apéndice B. Juicios», en *Kant, iniciación de una filosofía*, Ob. cit., p. 177.

[146] Ibíd., p. 188.

[147] Medardo Vitier: «Cristo fecundo», en *Valoraciones*. Vol. I. Ob. cit., p. 346.

[148] Medardo Vitier: «Apéndice B. Juicios». Ob. cit., p. 188.

[149] Medardo Vitier: «Apéndice A. Sentido de la filosofía», en *Kant, iniciación en su filosofía*. Ob. cit., pp. 169-170.

[150] Ibíd., p. 171.

[151] Ibíd.

[152] Medardo Vitier: «Actitud», en *Valoraciones*. Volumen I. Ob. cit. p. 13.

[153] Consúltese, por ejemplo, de Medardo Vitier: *Enrique José Varona* (1924), *Enrique José Varona* (1935), *Varona, maestro de juventudes* (1937), *La lección de Varona* (1945) y *Enrique José Varona, su pensamiento representativo* (1949), aunque en numerosas ocasiones, a lo largo de toda su obra, escribió referencias, comentarios y ensayos sobre este pensador cubano.

[154] Medardo Vitier: «Enrique José Varona» (1941), en *Valoraciones*, Vol. I. Ob. cit., p. 33.

[155] Medardo Vitier: «Apéndice B. Juicios». Ob. cit., p. 189.

[156] Medardo Vitier: «Actitud». Ob. cit., p. 17.

[157] Ibíd., p.18.

[158] Medardo Vitier: «Fines de la educación», en *Valoraciones*, Vol. I. Ob. cit., p. 48.

[159] Medardo Vitier: «¿Hay seguridad en el mundo?». Ob. cit., p. 351.

[160] Medardo Vitier: «Actitud». Ob. cit., p. 13.

[161] Medardo Vitier:: «Un mínimo de consenso», en *Valoraciones*, Vol. I. Ob. cit., p. 394.

[162] Medardo Vitier: «Enrique José Varona» (1941), en *Valoraciones*. Vol. I. Ob. cit., p. 33.

[163] Medardo Vitier: «Un mínimo de consenso». Ob. cit., p. 390.

[164] Medardo Vitier: «Apéndice B. Juicios». Ob. cit., p. 189.

[165] Medardo Vitier: «En torno a Confucio», en *Valoraciones*. Vol. I. Ob. cit., p. 479.

[166] Medardo Vitier: «Actitud». Ob. cit., pp. 10-12.

[167] Medardo Vitier: «Valoraciones», en *Estudios, notas. Efigies cubanas*. Minerva, La Habana, 1944, p. 62.

[168] Ibíd., p. 67

[169] Medardo Vitier: «¿Hay seguridad en el mundo?». Ob. cit. p. 350.

[170] Ibíd., p. 388.

[171] Medardo Vitier: «La ilusión de la patria», en *La ruta del sembrador. Motivos de literatura y filosofía*. Imprenta Casas y Mercado, Matanzas, 1921, p. 170.

[172] Medardo Vitier: «El ensayo», en *Apuntaciones literarias*. Editorial Minerva, La Habana, 1935, p. 11.

[173] Medardo Vitier: «Notas sobre la literatura hispanoamericana» en *Estudios, notas. Efigies cubanas*. Ob. cit., p. 136.

[174] Medardo Vitier: «Notas sobre la literatura contemporánea». Ob. cit., p. 162.

[175] Medardo Vitier: *Del ensayo americano*. Fondo de Cultura Económica, México D.F. 1945, p. 13.

[176] Medardo Vitier: «Apéndice B. Juicios». Ob. cit., p. 183.

[177] Ibíd.

[178] Medardo Vitier: «Mis maestros», en *Valoraciones*. Vol. I. Ob. cit., pp. 489-490.

[179] Mariano Rodríguez Solveira: «Nota preliminar», en Medardo Vitier: *Valoraciones*. Volumen I. Ob. cit., p. VIII.

[180] Medardo Vitier: *La ruta del sembrador. Motivos de literatura y filosofía*. Ob. cit., p. III.

[181] Medardo Vitier: «Simientes», en *La ruta del sembrador*. Ob. cit., pp. 156-158.

[182] José A. Portuondo: «Hacia una nueva historia de Cuba», en *Crítica de la época y otros ensayos*. Universidad Central de Las Villas, La Habana, 1965, p. 35.

[183] Ibíd., p. 36.

[184] Manuel Moreno Fraginals: «Prólogo», en Ramiro Guerra: *Azúcar y población en las Antillas*. Editorial de Ciencias Sociales, La Habana, 1970, p. IX.

[185] Ibíd., pp. XI-XIII.

[186] Cintio Vitier en: *Ese sol del mundo moral. Para una historia de la eticidad cubana.* Siglo XXI, Editores, México, D.F., 1975, p. 141.

[187] Dicho artículo de Carlos Rafael Rodríguez aparecerá con posterioridad en *Letra con filo.* Tomo 3. Ediciones Unión, 1987, pp. 25-50.

[188] José A. Portuondo: *Bosquejo histórico de las letras cubanas.* Editora del Ministerio de Educación, La Habana, 1962, p. 69.

[189] Manuel Moreno Fraginals: «En torno a este libro», en Ramiro Guerra: *Mudos testigos; crónicas del excafetal Jesús Nazareno.* Editorial de Ciencias Sociales, La Habana, 1974, pp. 8-11.

[190] Consúltese el tomo II del *Diccionario de la literatura cubana,* elaborado por el Instituto de Literatura y Lingüística de la Academia de Ciencias de Cuba (Editorial de Ciencias Sociales, La Habana, 1984, pp. 917-921).

[191] Ibíd.

[192] Emilio Roig de Leuchsenring: *Hostilidad permanente de los Estados Unidos contra la independencia de Cuba.* Oficina del Historiador de la Ciudad, La Habana, 1960, p. 47.

[193] Félix Lizaso: *Ensayistas contemporáneos 1900-1920.* Selección, prólogo y notas biográficas del autor. Editorial Trópico, La Habana, 1937, pp. 183-270.

[194] Medardo Vitier: «Chacón y Calvo: como en familia», en *Valoraciones.* Vol. I. Ob. cit., pp. 225-228.

[195] Salvador Arias: «Heredia y Chacón y Calvo», en José M. Chacón y Calvo: *Estudios heredianos.* Editorial Letras Cubanas, La Habana, 1980, p. 16.

[196] Medardo Vitier: ob. cit.

[197] Max Henríquez Ureña: *Panorama histórico de la literatura cubana.* Ed. Arte y Literatura, La Habana, 1979, pp. 419-422.

[198] Raimundo Lazo: «Testimonios», en *Páginas críticas.* Editorial Letras Cubanas, La Habana, 1983, pp. 511-530.

[199] Portuondo es autor de los estudios «Las generaciones literarias cubanas. El problema de las generaciones», incluido en *Capítulos de la literatura cubana.* Editorial Letras Cubanas, La Habana, 1981 y *La historia y las generaciones* (1958). Editorial Letras Cubanas, La Habana, 1981.

[200] José A. Portuondo: «Prólogo», en Alejo Carpentier: *Crónicas.* Tomo I. Editorial Letras Cubanas, 1985, p. 14.

[201] Este texto puede encontrarse también en *Casa de las Américas.* La Habana, año XXX (177): 4-26, nov.-dic. de 1989.

[202] Alejo Carpentier: *La música en Cuba.* Editorial Letras Cubanas, La Habana, 1988, p. 10.

[203] Harold Gramatges: «Prólogo», en Alejo Carpentier: *La música en Cuba.* Editorial Letras Cubanas, La Habana, 1979, p. 5.

[204] Alejo Carpentier: *El reino de este mundo* (1949). Editorial Letras Cubanas, La Habana, 1987, p. 4.

[205] Ibíd., p. 9.

[206] Roberto Fernández Retamar: «Páginas salvadas», en *Casa de las Américas.* La Habana, año XXX (177): 2-3. nov-dic. 1989.

[207] Alejo Carpentier: «Tristán e Isolda en Tierra Firme (reflexiones al margen de una representación wagneriana»), en *Casa de las Américas,* La Habana, año XXX (197): 4-26, nov.-dic. 1989, p. 21.

[208] Alejo Carpentier: «Tristán e Isolda en Tierra Firme (reflexiones al margen de una representación wagneriana)», en el número citado de *Casa de las Américas,* p. 25.

[209] Ibíd., p. 14.

[210] José Manuel Valdés-Rodríguez: *El cine en la Universidad de La Habana (1942-1962).* MINED, La Habana, 1966, p. 369.

[211] José A. Portuondo: *Orden del día.* Ediciones Unión, La Habana, p. 134.

[212] Ibíd., p. 165, notas 3 y 4.

[213] Cf. *Casa de las Américas,* La Habana, X (55): 5-6, julio-agosto, 1969.

[214] Véase del autor: *Un catauro de cubanismos; apuntes lexicográficos.* Habana, 1923, y: *Glosario de afronegrismos* (prologado por Juan M. Dihigo), Habana, 1924. Esta labor de Ortiz se completó con la edición póstuma de *Nuevo catauro de cubanismos,* Editorial de Ciencias Sociales, 1974, que es el resultado de cuarenta años de experiencia encima del *Catauro* de 1923, al que, según los editores, Ortiz «adicionó, quitó, amplió, enmendó, resumió», para ofrecer obra que ameritara el apelativo de «Nuevo catauro...».

[215] Fernando Ortiz: *La clave xilofónica de la música cubana, ensayo etnográfico.* Editorial de Ciencias Sociales, La Habana, 1984, pp. 100-101.

216 Es una declaración contra la tiranía, firmada también por Domingo Méndez Capote, Cosme de la Torriente, Miguel Mariano Gómez y Aurelio A. Álvarez, que se ratifica en «Declaración de los delegados» del propio año.

217 Fernando Ortiz: *José Antonio Saco y sus ideas cubanas.* Imprenta y Librería El Universo, S.A., La Habana, 1929, p. 75.

218 *El Mundo.* La Habana, 3 de abril de 1955, p. 11.

219 Cf. Ciro Bianchi Ross: «Todos hablan de Ortiz», en *Cuba Internacional.* La Habana, año XIII, núm. 144, noviembre de 1981, p. 22.

220 El término «ideólogo», problemático en sí, al grado de no aparecer muchas veces en los diccionarios manuales, no siempre incluye necesariamente connotación política partidaria.

221 Cf. Diana Iznaga: «Fernando Ortiz: la transculturación, concepto definitorio», en *Bohemia*, La Habana, 74 (26): 16-19, junio 25, 1982.

222 Cf. Salvador Bueno: «Aproximaciones a la vida y a la obra de Fernando Ortiz», en *Casa de las Américas*, La Habana, XIX (113): 119-128, marzo-abril, 1979.

223 Zoila Lapique: «Don Fernando Ortiz musicógrafo», en *Bibliotecas 1991.* Revista del Sistema de Bibliotecas Públicas, Año 29, núm. 1-2, enero-diciembre, 1991, pp. 29-47.

224 Ibíd., p. 42.

225 Las citas proceden de la edición de 1951, y se localizan en, o alrededor de, la página 29.

226 Cf. Salvador Bueno: «Cuando los cubanos pelean contra los demonios», en *Carteles*, La Habana, núm. 8, 21 de febrero de 1960, pp. 18 y 72.

227 Cf. José Antonio Portuondo: «Fernando Ortiz: humanismo y racionalismo científico», en *Casa de las Américas*, X (55): 8-10, julio-agosto, 1969.

228 Véase en *Revolución y Cultura*, La Habana, núm. 108, agosto de 1981, p. 13.

229 Marinello obtuvo en la Facultad de Derecho de la Universidad de La Habana los títulos de Doctor en Derecho Civil y Público, en 1920 y 1921, respectivamente. Por su condición de alumno eminente recibió una beca en la Universidad Central de Madrid, en la cual estudió entre 1921 y 1922.

230 Había publicado un libro de poemas: *Liberación.* Mundo Latino, Madrid, 1927.

231 Su colaboración con la prensa periódica fue extensa y sostenida; muchos de sus trabajos importantes aparecieron en publicaciones como *Social, Revista de Avance, Cuba Contemporánea, La Gaceta del Caribe, Hoy, Bohemia, La Palabra* y otras.

232 No parece acertado considerar el conjunto de los ensayos martianos como parcela independiente de su quehacer ensayístico, pues la obra martiana suele ser una suerte de espejo donde Marinello refleja sus preocupaciones más acuciantes. Martí lo ayuda a orientarse en muchas cuestiones puestas a debate en sus trabajos.

233 Juan Marinello: «El insoluble problema del intelectual», en *Revista de Avance*, La Habana, 1 (7): 168, jun. 15, 1927.

234 Véase Juan Marinello: «Sobre el proyecto Congreso Libre de Intelectuales Iberoamericanos», en *Social*, La Habana, núm. 79, ago. 1925.

235 Ibíd.

236 Juan Marinello: «Arte y política», en *Comentarios al arte.* Compilación, introd. y notas de Virgilio López Lemus. Editorial Arte y Literatura, La Habana, 1983, pp. 223-224.

237 Juan Marinello: *Juventud y vejez.* Imp. y Papelería El Universal, La Habana, 1928, p. 13.

238 Juan Marinello: «Arte y política». Ob. cit., p. 224.

239 Ibíd., p. 225.

240 Juan Marinello: «El poeta José Martí», en *José Martí: Poesías.* Cultural S.A., La Habana, 1928, p. XXXVI.

241 Se publicó en los números 41 y 43 de la *Revista de Avance*, y de modo independiente en los *Cuadernos* que editaba dicha publicación.

242 Marinello había participado en la «Protesta de los Trece», fue miembro del Grupo Minorista y del Movimiento de Veteranos y Patriotas. Guardó prisión política por dos veces consecutivas en la década del treinta.

243 Una de las preocupaciones fijas de la intelectualidad cubana en la época es precisamente la búsqueda de lo nacional en el arte como forma de oponerse a la creciente penetración imperialista en todos los órdenes de la vida.

244 Juan Marinello: «Sobre la inquietud cubana», en *Obras. Cuba: Cultura.* Compilación, selección y notas de Ana Suárez. Prólogo de José A. Portuondo. Editorial Letras Cubanas, La Habana, 1989, p. 206.

245 Ibíd.

[246] Ibíd., pp. 206-207.

[247] Juan Marinello: «Nuestro arte y la circunstancia nacional», en *Comentarios al arte*. Ob. cit., p. 51.

[248] Ibíd.

[249] Juan Marinello: «Americanismo y cubanismo literarios», en *Obras. Cuba: Cultura*. Ob. cit., p. 291.

[250] Ibíd., pp. 291-292.

[251] Ibíd., p. 295.

[252] Años más tarde rectificaría estos juicios en «Treinta años después. Notas sobre la novela latinoamericana» (1971). Puede consultarse este trabajo en *Ensayos*. Selección y prólogo de Imeldo Álvarez. Editorial Arte y Literatura, La Habana, 1977, pp. 373-398.

[253] Juan Marinello: «Cubanismo y americanismo literarios». Ob. cit., p. 299.

[254] Juan Marinello: «Margen apasionado», en *Ensayos*. Ob. cit., pp. 66-67.

[255] Juan Marinello: «Tierra y canto», en *Obras. Cuba: Cultura*. Ob. cit., pp. 331-332.

[256] Los libros prologados eran *Júbilo y fuga* de Ballagas y *Pulso y onda* de Navarro Luna.

[257] Juan Marinello: «Verbo y alusión», en *Obras. Cuba: Cultura*. Ob. cit., p. 314.

[258] Juan Marinello: «Unas palabras frente a unas páginas negras», en *Diario de la Marina*. La Habana, 13 de julio de 1930.

[259] Juan Marinello: «Carta a un poeta que comienza por lo negro», en *Obras. Cuba: Cultura*, ob. cit., p. 329.

[260] Juan Marinello: «El amauta José Carlos Mariátegui», en *Revista de Avance*, 4 (47): 68-72, junio 15, 1930, p. 70.

[261] Juan Marinello: «El intelectual cubano frente a la Revolución», en *Bohemia*, La Habana, 26 (3): s.p. enero 21, 1934.

[262] Juan Marinello: «La Exposición Antibienal de La Habana», en *Obras. Cuba: Cultura*. Ob. cit., p. 22.

[263] Juan Marinello: «Picasso sin tiempo», en *Comentarios al arte*. Ob. cit., p. 206.

[264] Juan Marinello: «Una novela cubana», en *Obras. Cuba: Cultura*. Ob. cit., p. 340.

[265] Ibíd., p. 342.

[266] En el libro *Literatura hispanoamericana. Hombres, meditaciones* (México, 1937), Marinello reúne los trabajos «Comentario chaplinesco de Luis Felipe Rodríguez», «Una novela cubana», «Veinticinco años de poesía cubana», «Hazaña y triunfo americano de Nicolás Guillén».

[267] Juan Marinello: «Hazaña y triunfo americanos de Nicolás Guillén», en *Obras. Cuba: Cultura*. Ob. cit., p. 376.

[268] Juan Marinello: «Veinticinco años de poesía cubana», en *Obras. Cuba: Cultura*. Ob. cit., p. 362.

[269] Ibíd., p. 354.

[270] La primera edición fue en Valencia en 1937; luego tuvo dos ediciones más, la tercera de ellas aumentada, en La Habana, en 1938 y 1939.

[271] Se conoce con el nombre de Plática de La Habana una reunión que fue convocada por la Comisión Cubana de Cooperación Intelectual, y cuyo tema de discusión fue «América ante la crisis mundial». A ella asistieron importantes personalidades de las letras europeas y latinoamericanas.

[272] Juan Marinello: «Españolidad literaria de José Martí», en *Ensayos*. Ob. cit., p. 121.

[273] Juan Marinello: *Actualidad americana de José Martí*. s/e, La Habana, 1945, p. 7.

[274] Juan Marinello: *Meditación americana*. Cinco ensayos. Universidad Central de Las Villas, La Habana, 1963, p. 28.

[275] Ibíd., p. 29.

[276] José Antonio Portuondo: «Juan Marinello, cubano universal», en Juan Marinello: *Obras. Cuba: Cultura*. Ob. cit., p. XIX.

[277] Una somera relación —sin las precisiones bibliográficas que harían demasiado extensa esta nota— basta para advertir que antes de 1923 no faltaron textos acerca de Martí y su obra. Algunos aparecieron mientras él vivía, aunque lejos de la cantidad y no siempre a la altura adecuada para su jerarquía histórica y literaria. De particular relevancia son los comentarios que ya entonces le dedicaron autores de otros países como Domingo Faustino Sarmiento y Manuel Gutiérrez Nájera, y los cubanos Juan Gualberto Gómez y Francisco Sellén. Desde que se supo la noticia de su muerte comenzaron a publicarse páginas memorables como las de Sotero Figueroa y Rubén Darío, precursor de las dedicadas al Apóstol —antes o después de 1923— por Miguel de Unamuno, Gabriela Mistral, Juan Ramón Jiménez y Fernando de los Ríos. Entre los cubanos, a partir de la muerte de Martí empezaron a consagrarle más detenida atención Enrique José Varona, quien en su momento había publicado una nota de *La Edad de*

Oro, Manuel Sanguily y Julio César Gandarilla, pionero en la valoración de lo que la herencia del Apóstol significa para la lucha antimperialista. Y no olvidemos la presencia martiana en las nobles campañas de reivindicación social llevadas a cabo por contemporáneos suyos como Carlos Baliño y Diego Vicente Tejera. Sólo hemos mencionado aquí, en el caso de los cubanos, autores que no aparecerán entre los que dieron su aporte después de 1923.

[278] Entre 1921 y 1927 se publicó la *Revista Martiana*, y de 1940 a 1952, *Archivo José Martí*. En 1947 comenzó a editarse, con los auspicios del Antiguo Seminario Martiano, un pequeño tabloide que tomó el título del periódico *Patria*, fundado por Martí, y se prolongó hasta dar paso a la publicación que bajo igual denominación comenzó a imprimirse a partir de 1988 como *Cuadernos de la Cátedra Martiana de la Universidad de La Habana*. En 1953, con motivo de su centenario, varias publicaciones periódicas le dedicaron números especiales total o parcialmente integrados por textos donde él aparece como tema. Dos libros especializados en su estudio sobresalen en el período: *Homenaje a Martí en el cincuentenario de la fundación del Partido Revolucionario Cubano* (*Cuadernos de Historia Habanera*, La Habana, Oficina del Historiador de la Ciudad, 1942) y, sobre todo, *Vida y pensamiento de Martí* (2 t., La Habana, Colección Histórica Cubana y Americana, 1942), ambos preparados por Emilio Roig de Leuchsenring. En la generalidad de las publicaciones relacionadas en esta nota se recogieron trabajos de autores cubanos y de otros países. No por el carácter de fuente informativa o de valoraciones a que —excluido el prólogo— no aspiró, pero sí por el significado multinacional de los textos reunidos, merece recordarse un libro que preparara Marco Pitchon: *José Martí y la comprensión humana*. «La fama póstuma de José Martí», por Fernando Ortiz, La Habana, Talleres de P. Fernández, 1957.

[279] Una gran parte de los 10 201 asientos bibliográficos acopiados por Fermín Peraza Sarausa en su monumental y pionera *Bibliografía martiana 1853-1955* (La Habana, Ediciones Anuario Bibliográfico Cubano, 1956) conciernen a publicaciones posteriores a 1923.

[280] Julio Antonio Mella: «Glosas al pensamiento de José Martí», en el volumen colectivo *Siete enfoques marxistas sobre José Martí*. Centro de Estudios Martianos / Editora Política, La Habana, 1978. (Hay una segunda edición de 1985.)

[281] José Antonio Foncueva: «Novísimo retrato de José Martí», «Nota» de Ricardo Hernández Otero, en *Anuario del Centro de Estudios Martianos*, La Habana, núm.1, 1978.

[282] En 1935 aparecieron dos volúmenes de Roig de Leuchsenring especialmente significativos: el extenso folleto *El internacionalismo en la obra político-revolucionaria de José Martí* y el libro *Historia de la Enmienda Platt. Una interpretación de la realidad cubana*, inseparable de las lecciones del Apóstol. Pero de antes y después abundan sus aportes al conocimiento de Martí en éste y otros aspectos fundamentales de su quehacer y sus ideas. Ver, de Ángel Augier: «La pasión martiana de Emilio Roig de Leuchsenring», ambos textos en el *Anuario del Centro de Estudios Martianos*, La Habana, núm. 2, 1979; y en el libro de E.R. de L. *Tres estudios martianos*. Centro de Estudios Martianos / Editora Política, La Habana, 1984.

[283] Raúl Roa: «Rescate y proyección de Martí», en *Siete enfoques marxistas sobre José Martí*. Ob. cit., en núm. 5.

[284] Alejandro Vergara: «Análisis dialéctico-materialista de la obra político-revolucionaria de José Martí», en *Anuario del Centro de Estudios Martianos*, La Habana, núm. 2, 1979.

[285] Antonio Martínez Bello: *Ideas sociales y económicas de José Martí*, prólogo de Andrés de Piedra-Bueno y carta-crítica de Juan Marinello. La Verónica, La Habana, 1940.

[286] José Ignacio Rodríguez: *Estudio histórico sobre el origen, desenvolvimiento y manifestaciones prácticas de la idea de la anexión de la isla de Cuba a los Estados Unidos de América*. Imprenta La Propaganda Literaria, La Habana, 1900, pp. 278-286. La parte referida puede leerse en *Casa de las Américas*, La Habana, núm. 76, enero-febrero de 1973, con el título «Martí y el Partido Revolucionario Cubano».

[287] Leonardo Griñán Peralta: *Martí, líder político*. Jesús Montero Editor, La Habana, 1943.

[288] Blas Roca: «José Martí: revolucionario radical de su tiempo», en *Siete enfoques marxistas sobre José Martí*. Ob. cit., en núm. 5.

[289] El libro de José Antonio Portuondo sobre *José Martí, crítico literario* (Unión Panamericana, Washington, D.C., 1953), se reproduce en otro volumen del autor: *Martí, escritor revolucionario*. Centro de Estudios Martianos / Editora Política, 1979.

[290] El discurso «José Martí, contemporáneo y compañero», que Carlos Rafael pronunció el 27 de enero de 1972 en la Universidad de La Habana, cuya revista lo publicó originalmente, se lee también en su *José*

Martí, guía y compañero, ob. cit., y en *Siete enfoques marxistas sobre José Martí*, ob. cit.

[291] Una muestra de particular relevancia la ofrecen los textos de Fidel Castro posteriores a *La historia me absolverá* que aparecen, como éste, en su *José Martí, el autor intelectual*, selección y prólogo del Centro de Estudios Martianos. CEM y Editora Política, La Habana, 1983.

[292] Juan Marinello: *José Martí, escritor americano. Martí y el modernismo*. Editorial Grijalbo, S.A., México, D.F., 1958. Este libro resume una larga tarea investigativa y de meditación del autor en torno al Apóstol.

[293] José Martí: «Desde el Hudson», en sus *Obras completas*. Editorial Nacional de Cuba, La Habana, 1963-1973, t.13, pp. 394-395.

[294] Néstor Carbonell: *Martí, su vida y su obra*. La Habana, Imprenta El Siglo XX, 1923.

[295] Manuel Isidro Méndez: *José Martí. Estudio biográfico*. Madrid, Imprenta Helénica, para la Agencia Mundial de Librería, París, 1925. («Obra premiada por el Real Consistorio Hispanoamericano del Gay Saber, de Madrid, en el certamen de 1924, conmemorativo de la Fiesta de la Raza».) El juicio de Portuondo aparece en su artículo «Retratos infieles de José Martí», que se lee en *Martí, escritor revolucionario*, cit. en núm. 14. A este texto pertenecen los criterios del autor que se citen o refieran en este trabajo.

[296] Alfonso Hernández Catá: *Mitología de Martí*. Renacimiento, Madrid, 1929.

[297] Jorge Mañach: *Martí, el Apóstol*. Espasa-Calpe, S.A., Madrid, 1933. Se trata de la biografía de Martí que más ediciones ha conocido.

[298] La carta de Mañach a Portuondo la reprodujo este último en su artículo «Retratos infieles de José Martí», ob. cit. El artículo es antecedente directo de una conferencia que el autor pronunció en 1974 y aparece, con el título «El diversionismo ideológico en torno a José Martí», en su libro *Martí, escritor revolucionario*, ob. cit.

[299] En el número de la revista habanera *La Última Hora*, correspondiente al 8 de enero de 1953, Mirta Aguirre denunció la participación de Jorge Mañach en la proyanqui falsificación de Martí divulgada en la primera entrega de *Life* en español. El artículo de Mirta Aguirre —«Una desvirtuación del Apóstol. *Life*, Martí y los Estados Unidos»— se lee también en el *Anuario del Centro de Estudios Martianos*, La Habana, núm. 5, 1982.

[300] Rafael Esténger: «Martí en su hora romántica», en *Los amores de cubanos famosos* (miniaturas biográficas). Editorial Alfa, La Habana, 1939.

[301] Portuondo se refiere seguramente al libro de Quesada titulado *Martí, hombre*. Seoane, Fernández y Cía, Impresores, La Habana, 1940, y vuelto a editar por los mismos impresores en 1944, con prólogo de Ludwig. En alguna parte de estos comentarios aludiremos a la frecuencia con que se reconoce el influjo de Ludwig en ciertas maneras de tratar la figura de Martí. Según un testimonio que nos ha sido transmitido por Fina García Marruz, a quien lo agradecemos, el conocido autor alemán evadió la invitación que, con el fin de congraciarse, le hiciera el dictador Batista para que escribiera una biografía de Martí. De acuerdo con el testimonio —que se corresponde con los juicios conocidos de Ludwig acerca de Martí—, el famoso autor consideró la dificultad de escribir la biografía de quien, más que una persona sobresaliente, era (es) un universo. Ludwig escribió, sin embargo, *Biografía de una isla*, acerca de Cuba.

[302] Luis Rodríguez-Embil: *José Martí, el santo de América*. Comisión Pro-Monumento a Martí, La Habana, 1941; Manuel Isidro Méndez: *Martí*, Comisión Central Pro-Monumento a Martí, La Habana, 1941; y Félix Lizaso: *Martí, místico del deber*. Editorial Losada, Buenos Aires, 1940. Los datos acerca del concurso aparecen en la certificación oficial reproducida al frente de los dos primeros volúmenes. El de Félix Lizaso se publicó fuera de la serie, y con palabras preliminares donde el autor evidencia disgusto con la Comisión y da a entender que tuvo que procurarse por su cuenta la edición; pero la realidad es que los dos libros impresos por la vía esperada de la comisión demoraron más en aparecer que el de Lizaso, quien habla en términos que sugieren más bien inconformidad por no haber recibido más que el tercer premio.

[303] Félix Lizaso: *Pasión de Martí*, carta de Fernando de los Ríos. Imprenta Úcar García y Cía, La Habana, 1938.

[304] El autor de estas cuartillas escribió el artículo «*Apóstol*: fortuna y vicisitudes de una palabra», que se publicó sin su firma, como texto editorial, en la «Sección constante» del *Anuario del Centro de Estudios Martianos*, La Habana, núm. 5, 1982. Cuando ya había preparado una segunda versión que aparecerá en su libro *José Martí, con el remo de proa*, circuló una nueva impugnación al uso del calificativo «el Apóstol» para nombrar a Martí. Inmediatamente se pronunciaron contra la impugnación el compañero Juan Mier Febles («¿Por qué no Apóstol?») y quien suscribe («Algo más sobre José Martí: Héroe y

Apóstol») en las entregas del periódico habanero *Juventud Rebelde* de los días 5 y 9 de febrero de 1989, respectivamente. En nuestra respuesta nos referimos también al uso de *santo de América* y *místico del deber*.

[305] Julio Antonio Mella: «Glosas al pensamiento de José Martí», en *Documentos, artículos*. Ed. de Ciencias Sociales, La Habana, 1975, p. 267.

[306] Carlos Márquez Sterling: *Martí, Maestro y Apóstol*, La Habana, Seoane, Fdez. y Cía, Impresores, 1942. Quizás el autor lo escribió estimulado por el Concurso que premió los libros mencionados en la núm. 27, para él.

[307] Ibíd., p. 509.

[308] Néstor Carbonell: *Martí. Carne y espíritu*, e.t., Imp. Seoane, Fdez. y Cía., 1952 («Edición-homenaje a la República de Cuba en el cincuentenario de su independencia»).

[309] Ibíd., p. 12.

[310] Carlos Márquez Sterling: *Nueva y humana visión de Martí*. Editorial Lex, La Habana 1953. Se presenta como segunda edición, pero en realidad es una tirada «popular que complementa otra especial y expresamente numerada» hecha también para el centenario del Apóstol.

[311] Medardo Vitier: *Martí, estudio integral* (Premio del Centenario); y Alberto Baeza Flores: *Vida de José Martí. El hombre íntimo y el hombre público* (Premio Nacional del Centenario de Martí), Comisión Nacional Organizadora de los Actos y Ediciones del Centenario y del Monumento de Martí, La Habana, 1954.

[312] Medardo Vitier: *Martí, estudio integral*. Ob. cit., «Nota Preliminar», p. 9.

[313] Ibíd., pp. 57-58.

[314] Ver, por ejemplo, las atinadas especificaciones que sugiere para el entendimiento de Martí en su todavía insuperado estudio *Las ideas en Cuba. Proceso del pensamiento político, filosófico y crítico en Cuba, principalmente durante el siglo XIX*. Editorial Trópico, La Habana, 1938; y quizás, sobre todo, la valoración que dedicó al novedoso carácter popular que distinguió al proyecto revolucionario martiano, en un volumen precursor y acaso mucho menos recordado que lo que merece: *Martí, su obra política y literaria*. Imprenta La Pluma de Oro, Matanzas, 1911.

[315] Sin el menor ánimo valorativo ni pretensión de completar lo que ya aquí se ha dicho o dirá, agreguemos algunas referencias bibliográficas más que apuntan hacia la ya aludida diversidad de los textos acerca de Martí que se publicaron en 1953. Eladio Álvarez Ruiz: *El pensamiento jurídico de José Martí*. Impresora Vega y Cía, La Habana; Pánfilo D. Camacho: *Martí y el Partido Revolucionario Cubano*. Academia de la Historia de Cuba, La Habana; Fernando Campoamor: *Que su llama nos queme* [siete textos acerca de Martí que habían sido publicados antes]. Impresora Vega y Cía, La Habana; Francisco Ichaso: *Martí y el teatro*. Comisión Nacional Cubana de la UNESCO, La Habana; Ángel Lázaro: *Canción de Martí* [comentarios sobre diversos aspectos de su vida y su obra]. Comisión Nacional Organizadora de los Actos y Ediciones del Centenario y del Monumento de Martí, La Habana; Félix Lizaso: *Martí, crítico de arte*. Comisión Nacional Cubana de la UNESCO, La Habana; Andrés de Piedra-Bueno: *Siempre Martí* [acerca de su americanismo, sin la indispensable presentación de su pensamiento antimperialista]. «Razón», por Lidia Castro de Morales, Biblioteca Nacional, La Habana. Fermín Peraza Sarausa publicó por separado una —notablemente incompleta a pesar de sus casi treinta páginas de dos columnas y un pequeño puntaje— *Bibliografía martiana* 1953. Departamento de Educación del Municipio de La Habana, La Habana, 1955.

[316] Arturo Clavijo Tisseur: *Estampas martianas*. Impresora Oriente, S.A., Santiago de Cuba, 1953. Un ejemplar de esta obra, publicada en cumplimiento de «un acuerdo del Ayuntamiento de Santiago de Cuba», lo dedicó desbordadamente el autor «Para el General Fulgencio Batista y Zaldívar, Honorable Sr. Presidente de la República, leal y amoroso intérprete del ideal martiano, visionario avanzado de los destinos nacionales y predestinado esforzado, sobre cuyos hombros pesa hoy todo el proceso de rectificaciones históricas que el porvenir de la República está demandando.» Sin comentarios. Las *Estampas*… están dedicadas, en gran parte, a probar la supuesta militancia masónica de Martí, en nuestro libro *Ideología y práctica en José Martí*. Centro de Estudios Martianos y Editorial de Ciencias Sociales, La Habana, 1982.

[317] Ver: *Memoria del Congreso de Escritores Martianos*. Comisión Nacional Organizadora de los Actos y Ediciones del Centenario y del Monumento de Martí, La Habana, 1953.

[318] Fina García Marruz: «José Martí», en revista *Lyceum*, La Habana, núm. 20, mayo de 1952.

[319] José Lezama Lima: «Secularidad de José Martí», reproducido en su *Imagen y posibilidad*. Selección, pró-

logo y notas de Ciro Bianchi Ross. Editorial Letras Cubanas, La Habana, 1981, pp. 197-198.

320 Ibíd., p. 197.

321 Ibíd., p. 198.

322 El autor de las presentes cuartillas no será el primero en llamar la atención sobre algunas coincidencias del modo en que la grandeza y la originalidad de Martí pueden impresionar a un católico como Lezama Lima y a un marxista-leninista de la relevancia de Mella, quien en sus ya citadas «Glosas» llama a desentrañar «el misterio del programa ultrademocrático del Partido Revolucionario, el milagro —así parece hoy— de la cooperación estrecha entre el elemento proletario de los talleres de la Florida y la burguesía nacional».

2.8 Caracterización general de la etapa

La inquietud renovadora que a partir de 1923 comienza a transformar las diferentes expresiones de la vida político-social y cultural del país, da inicio a una fecunda etapa de múltiples alcances. Con relación a las décadas inmediatas anteriores, los años subsiguientes poseen una extraordinaria fecundidad en sus disímiles búsquedas de innovación. Comienza entonces un proceso de maduración ideológica de la clase obrera al calor de la praxis histórica y concreta, y como resultado de la experiencia económica de la nación desde los días de la primera intervención norteamericana (1899), un proceso de toma de conciencia ante las crisis estructurales de un país dependiente. La Protesta de los Trece, el acontecimiento que divide las dos etapas de la época republicana, es de hecho la muestra de rebeldía de los nuevos tiempos, un signo revelador en más de un sentido. A partir de entonces se recrudecen las contradicciones esenciales de una economía neocolonial, dominada por el capital extranjero, con sus ya conocidas consecuencias en la vida de la superestructura. Los antagonismos de clases tuvieron dos grandes períodos culminantes: 1925-1933 y 1952-1958, correspondientes a los gobiernos de Machado y Batista respectivamente, años de dictadura que aceleraron la evolución hacia formas superiores en las relaciones sociales. Las ideas más avanzadas en el terreno social y en el campo artístico-literario fructifican en la llamada década crítica como propuestas de una imprescindible renovación radical cuyos centros se encuentran en la Revolución de Octubre y en el movimiento vanguardista. Así se manifiestan las inquietudes transformadoras, durante ese decenio, de manera indistinta, fusionadas en un solo propósito de desestructurar la concepción del mundo imperante. Los principales participantes en la Protesta de los Trece, Martínez Villena y Tallet, son asimismo los más altos exponentes de la lírica prevanguardista, en el lapso 1923-1927, el primero convertido poco después en uno de los líderes de la lucha contra Machado.

El auge de la vanguardia en Cuba (1927-1930) tiene como contexto una sociedad cuyos elementos antagónicos se van nutriendo mutuamente y ahondando sus discrepancias y contradicciones. La disolución del vanguardismo, por su parte, se realiza a lo largo de un lustro (1930-1935) que en lo político-social se caracteriza por la lucha de masas y el recrudecimiento de la represión de la clase dominante. Desde 1923 y hasta 1935 se desarrolla un complejo proceso ideoestético en busca de un arte nuevo y de más ricas posibilidades de la realidad, una actitud que traía implícitas las necesarias desestructuraciones de los esquemas de una sociedad en crisis. Consecuencia del devenir histórico, esa toma de conciencia de los intelectuales y artistas frente a sus circunstancias constituye un salto cualitativo que define a esta etapa y será determinante en los diversos acontecimientos de la vida cultural y política de la nación en los años sucesivos. En esta década se integra un pensamiento antimperialista de honda raíz americana, otra manifestación, de

mayor alcance, de las contradicciones inherentes a la República mediatizada. El sentido hispanoamericano en las obras de Boti y Poveda se
enriquece notablemente a partir de 1923 hasta
convertirse en un elemento integrador de la etapa. Se logra entonces, durante el período vanguardista, un despertar de la conciencia de la
modernidad de gran trascendencia artístico-cul-
tural y político-ideológica, un factor de primer
orden en la definición de los años 1923-1958. El
conocimiento y la influencia de la obra de Martí,
la más alta figura política y literaria del siglo XIX
cubano, el hombre en el que se conjugan, en un
quehacer único, la praxis histórica y la escritura,
es también un signo de la etapa, de gran fuerza
fecundante en un período final (1952-1958).

Los aires renovadores trajeron, pues, otra dinámica a la creación artística y una más honda
conciencia de las contradicciones sociales, factores decisivos que a partir de 1927 determinaron los caminos de la cultura y de la lucha político-ideológica. Las distintas manifestaciones del
arte y de la literatura se adentran en la indagación de la realidad nacional desde una perspectiva más o menos lúcida, más o menos coherente,
en busca de los valores propios, pero al mismo
tiempo, y como otro rasgo definidor de esos
años, se integra una línea que se nutre esencialmente de la tradición universal. Tiene lugar, de
hecho, una singular simbiosis entre lo particular y lo general que sustenta a las más acabadas y
perdurables obras de la etapa. La apertura hacia
la problemática inmediata, ya fuese histórico-
social, cultural u ontológica, una propuesta fundamental en los postulados de la estética prevanguardista, se trasciende a sí misma como una
necesidad de primer orden, pues su pretensión
es sólo desestructuradora de los cánones
imperantes; más tarde, ya sustanciadas las búsquedas en una más rica dimensión filosófica, el
tratamiento de los temas y asuntos desde las
posibilidades del arte y la literatura contemporáneos, alcanza una universalidad que siempre
estuvo latente en los fundamentos ideoestéticos
de los creadores. El americanismo de algunas
obras capitales de la etapa (los cuadros de
Portocarrero, las novelas de Carpentier, los ensayos de Lezama) pone de manifiesto la radical

necesidad de trascendencia de la cultura y su
conciencia de la integralidad, es decir, su conciencia de sí, de la significación de sus aportes a
la identidad espiritual del hombre. En esa dialéctica de lo universal y lo particular en la creación artístico-literaria y el pensamiento de esos
años se percibe una diferencia notable con respecto a la etapa 1899-1923, preocupada en lo
fundamental por el rescate de una identidad perdida.

El camino asumido después de 1923 para rescatar esa identidad estaba caracterizado por la
aprobación de sus múltiples elementos conformadores y no sólo por algunas de sus manifestaciones supraestructurales. Vanguardia, arte
negro, poesía social, ritmos africanos, lucha política, literatura testimonial, con otros factores
como la gestión cultural para afianzar los valores espirituales frente a los conflictos económicos y sociales generados por las clases dominantes, dan la tónica de la nueva sensibilidad y
marcan las diferencias fundamentales con los
decenios precedentes. Esa asimilación creadora
de la sustancia nacional en su expresión más auténtica, hace distinta la gestión artística e intelectual de la época. La voluntad de ruptura posee de ese modo una jerarquía superior y logra
frutos más perdurables, sustentada como estaba
por el acuciante problema de la modernidad. La
indagación erudita no se vuelve hacia el pasado
sólo en busca de un recuento de hechos, sino en
primer lugar para definir el ser histórico en una
realidad muy concreta. En esa dirección hay libros capitales, como *Azúcar y población en las
Antillas* (1927) y *La expansión territorial de los
Estados Unidos, a expensas de España y de los
países hispanoamericanos* (1935), de Ramiro
Guerra, y los más importantes de la obra de Fernando Ortiz. En la diversidad de propuestas e
inquietudes, una de cuyas manifestaciones es la
proliferación de instituciones culturales, publicaciones periódicas dedicadas a la difusión del
pensamiento y de la literatura, la múltiple labor
desplegada en la lucha contra la dictadura de
Machado, la gestión por el arte en el quehacer
de promotores y animadores de escasos recursos, en esa riqueza de posibilidades de creación
que se aprecia en la vida del período vanguardis-

ta, hay una actitud beligerante de enorme trascendencia e importancia para una justa definición de la etapa, pues surge como antítesis con la realidad histórica circundante.

Concluido el período vanguardista, cuyo más apreciable aporte fue precisamente la apertura hacia un arte nuevo por las consecuencias que trajo a la cultura en general, asumida desde entonces con una perspectiva creadora de mayor alcance, se observa un ahondamiento de dimensión universal que supera el exteriorismo y la insuficiencia de los temas criollistas de muchas de las obras de los años de experimentación renovadora. Al mismo tiempo se enriquece la creación en direcciones diversas, en instituciones, publicaciones culturales, gestiones de difusión a través de la radio y más tarde la televisión, grupos de teatro y de música, en un cine incipiente y en cuerpos de danza clásica y folklórica, toda una extraordinaria labor en diálogo constante con las más modernas corrientes estéticas y de pensamiento, simbiosis de la experiencia concreta y de los valores de la contemporaneidad. De la propia historia espiritual y política pasada y presente emerge un arte de pretensiones y búsquedas universales. La efervescencia iconoclasta de la vanguardia, que en la pintura y la música logró obras perdurables, en especial con las de Víctor Manuel, Fidelio Ponce, Abela, Caturla y Roldán, es superada en la literatura mediante la reelaboración de las formas nuevas y el replanteo del hecho literario desde un más rico concepto de la modernidad. El ensayo, que en el período vanguardista se plantea, en muchos de sus más notables ejemplos, la interpretación de sus circunstancias inmediatas, gana en gravedad y mesura en los años subsiguientes y se encamina hacia problemáticas disímiles, entre ellas las nacionales, pero analizadas como una herencia asimilable. El periodismo, en cambio, ejercido a través de numerosas publicaciones noticiosas en una cuantía nunca vista antes, dejó páginas de actualidad en diferentes ámbitos y dentro de la línea de los más altos exponentes de la modalidad.

Ciertamente, la historia de los géneros literarios deja ver ese proceso de síntesis gracias al cual se asciende de lo particular a lo general. El cuento alcanza en Jorge Cardoso una cristalización de valores éticos y estéticos que rebasa los límites del criollismo y del costumbrismo precedentes, partiendo asimismo de una acertada interpretación de la realidad nacional. La novela tiene en Carpentier a un maestro que se inicia dentro de la tendencia negrista (*Écue-Yamba-Ó*, 1933) y llega a la aprehensión de una ontología en sus textos capitales (*Los pasos perdidos*, 1953; *El acoso*, 1956; *El siglo de las luces*, 1962). El teatro, en el que se hace más evidente el referido salto hacia la universalidad por las ostensibles diferencias que se aprecian en la vida teatral después de 1935, asimila los hallazgos y logros de diversas corrientes extranjeras coetáneas y aporta un cuerpo de obra, sobre todo con Piñera, a la altura de su momento en Hispanoamérica y Europa. Otros narradores (Serpa, Labrador Ruiz, Pita Rodríguez, Arístides Fernández, el propio Piñera), permeados de historia cotidiana, crean ambientes y personajes bajo la impronta de distintas corrientes estéticas, entidades que se mueven en ámbitos indefinidos, evidente pretensión de universalidad que no siempre alcanza notable estatura artística. Las líneas de expresión del ensayo y de la investigación erudita representan también, en sus más altos exponentes (Roa, Marinello, Portuondo, Mirta Aguirre, Ortiz, Mañach, Medardo Vitier, Cintio Vitier, Lezama), esa apertura en busca de una conceptualización generalizadora, base fundamental de la dialéctica de la integración a la que ya se aludió con anterioridad: el proceso de asimilación-creación que fusiona la cultura contemporánea con la cultura cubana en un acto de mutua alimentación, rasgo que caracteriza esta fase de 1923 a 1958 y que imprime a esos años el sello de la modernidad.

La poesía expresa con entera nitidez ese enriquecimiento que la sitúa más allá de los límites de la experimentación y las propuestas transformadoras. Durante los años de auge de la vanguardia se escriben textos de las tendencias que la crítica considera como derivaciones de las propuestas renovadoras del movimiento: «Salutación fraterna al taller mecánico» (1927), de Pedroso; «La rumba» (1927), de Tallet; «Motivos de son» (1930), de Guillén; *Poemas en menguante* (1928), de Brull, y *Trópico* (1930), de Florit, el primero representante de la línea social, los de Tallet y Guillén, de la línea negrista, y los libros de Brull y de Florit, de la poesía pura, consecuencias de las búsquedas de un nuevo concepto de la palabra poética, al mismo tiempo, inicios de un modo de ver la realidad desde una perspectiva más honda y abarcadora, aun en el caso del exteriorismo negrista, precisamente por ese su intento de penetrar el acontecer con una objetividad que despoja al creador de toda participación afectiva. En esos textos hay un replanteo del diálogo del poeta con la realidad, y, por ende, con la definición de la poesía, inquietudes que subyacen bajo la superficialidad de algunos de los hallazgos y tras algunas imágenes intrascendentes en su cotidianidad. El poema de Pedroso y las páginas de la tendencia purista traen ganancias más perdurables, pero en esos momentos no poseen aún el carácter trascendentalista de signo universal que tendrían más tarde, deudores como son en aquellos años de la efervescencia de la innovación. La obra de Guillén fusiona de modo magistral los elementos populares de la cultura nacional y se adentra, en lo sucesivo, en el develamiento de una ontología que tiene como centro de sus conflictos las relaciones sociales del hombre contemporáneo, cuyo más acabado ejemplo es la *Elegía a Jesús Menéndez* (1951); deviene así, la poesía negra, poesía social, y con ella expresión del drama del hombre, una trayectoria lírica que integra las posibilidades conceptuales y estilísticas de cada uno de los estadios de su evolución desde lo histórico inmediato hasta lo histórico universal.

El purismo se manifiesta con una estructura evolutiva similar en la obra de Brull, para quien esos postulados estéticos no fueron sólo una experiencia transitoria, sino un gradual adentramiento en conflictos medulares que cuestionaban y comprometían la identidad misma del hombre. Sus primeros textos, escritos al calor de las ideas renovadoras y fundados en el pensamiento de Brémond y en la poesía de Valéry, se proponen un apoderamiento de la realidad desde una relación sensorial, fruitiva, ajena a todo cuestionamiento, en ese sentido una inquietud calificable de exteriorista, pues pretende sólo un diálogo con las cualidades aparentes de la realidad.

En sus dos últimos libros (*Tiempo en pena*, 1950, y *Nada más que...*, 1954), el poeta ha cobrado conciencia de que el conocimiento es imposible desde esa cosmovisión, un problema gnoseológico de una dimensión desconocida en la primera etapa purista, la de los cuadernos de 1928 y 1934. Del diálogo hedonista ha pasado a la crisis gnoseológica, experiencia que lo identifica con la evolución de las ideas contemporáneas de la segunda posguerra y lo hace un representante de ese ya señalado proceso de universalización de la literatura cubana desde 1923. Las obras que con posterioridad a 1935 escribieron Ballagas, Florit, Dulce María Loynaz, Navarro Luna, Pedroso, ejemplifican, con sus especificidades y en las líneas en que se desarrollaron, el ensanchamiento del ámbito expresivo que da el verdadero sentido de modernidad a la cultura nacional en las décadas del 40 y el 50. El Grupo Orígenes, cuyos más antiguos textos publicados datan de 1937 (*Muerte de Narciso*, de Lezama) y 1938 (*Poemas*, de Vitier), se propone un replanteo a fondo de la poesía, cada uno de sus integrantes con una sensibilidad bien definida, un retorno a las raíces para edificar una poética trascendente, una ontología de lo universal desde lo que permanece, desde la inmanencia.

En lo económico, social y político, se observa asimismo, después de 1935, un proceso de remodelación del país a partir de las experiencias de la crisis precedente, de suma importancia en los años sucesivos. El fracaso de la revolución contra Machado en lo que se refiere a su trascendencia inmediata, se constituyó de hecho en una lección histórica que entre otros méritos tuvo el de enriquecer la conciencia de las posibilidades y de la necesidad. Las fuerzas sociales antagónicas entran entonces en una fase de replanteo y diversificación, en consonancia con el desarrollo coetáneo de las relaciones de dependencia económica, aunque dentro de las estructuras neocoloniales se observa en el país un lento progreso de distintas esferas que permite hablar de una creciente modernización. La presencia del capital extranjero fue determinante al menos por dos razones: ahondó las contradicciones esenciales y, por ende, fue haciendo cada vez más necesaria una solución radical, con lo que se acrecentó la lucha de clases hasta desembocar, en el período 1952-1958, en una nueva y superior crisis en la dinámica de los antagonismos y, finalmente, a una decisiva acción armada que abriría una nueva época de la historia de Cuba; por otro lado, en el plano cultural, esa presencia dominante de la economía norteamericana en Cuba, preludio de una política de penetración en todas las esferas de la vida nacional, determinó, en última instancia, las posiciones asumidas por los más importantes escritores, artistas e intelectuales de la etapa. Lo trascendente desde lo inmediato (ya sea lo inmediato como historia concreta, ya como historia espiritual, las posiciones de la tendencia social y de los origenistas respectivamente, y de pintores como Pogolotti y Wifredo Lam, de ensayistas como Marinello y Medardo Vitier), la búsqueda de lo universal a partir de las circunstancias propias, una actitud en defensa de la identidad nacional, más allá de los estrechos límites del nacionalismo cultural y que define a la etapa 1923-1958.

Rasgo caracterizador de la etapa es, pues, la antítesis que se produce entre el poder económico, político y social establecido y las diferentes manifestaciones de la vida espiritual, el primero expresión de intereses que tienden a la desintegración de la nacionalidad y que sustentan la dependencia, en tanto las otras ejercen una función integradora y de liberación. Los partidos políticos de la oposición (Ortodoxo, Socialista Popular), las instituciones cívicas y culturales, las actividades de grupos artísticos y de animadores de distintas gestiones para la difusión del saber, el quehacer de los más significativos creadores, van edificando una sustancial tradición integradora en un doble sentido: en un orden estético-ideológico y en el rango nacional-universal. La burguesía cubana y los representantes del capital extranjero, fuerzas antagónicas que nunca llegaron a enfrentarse por la incapacidad de la primera para asumir por sí misma el desarrollo de sus potencialidades como clase, engendran su propia antítesis en un rico movimiento espiritual liberador que será capaz de enfrentar la aguda crisis del batistato y pro-

piciar el salto cualitativo hacia la Revolución triunfante.

El período constitucional (1935-1952), de replanteo dentro de una endeble democracia, busca infructuosamente soluciones en los esquemas de la economía dependiente de esos años en América Latina, propuestas que expresaban un elemento tipificador de la problemática política y social del mundo contemporáneo. Paralelamente se edificaba un cuerpo de ideas de carácter estético-ideológico que trasciende y al mismo tiempo conforma las tradiciones que le dan origen, enriquecidas durante esos casi dos decenios por la dinámica del contexto que en última instancia determina el surgimiento de sus propuestas creadoras. Siguiendo la línea de la cultura cubana desde *Espejo de paciencia* (1604-1608), y en especial desde la obra de Heredia, una trayectoria que en el siglo XIX culmina con Martí, de gran importancia en el período final de esta etapa 1923-1958, el quehacer de los intelectuales y artistas de mayor envergadura asume la ingente tarea, de manera más o menos consciente, de salvaguardar la identidad nacional y finalmente redimirla a través de la fusión de la lucha armada y la tradición espiritual.

Como nunca antes, las artes plásticas, la música, la danza, las revistas y páginas literarias, las exposiciones, las representaciones teatrales y otras formas de la vida cultural, alcanzan una considerable cuantía, crecimiento al que contribuyó la radio y que ganó en posibilidades con la aparición de la televisión en 1950. Aunque las instituciones oficiales no cumplieron su cometido en la medida esperada, la gestión personal de algunos de sus funcionarios, como Roa al frente de la Secretaría de Cultura, entregó apreciables aportes al cuadro general de desarrollo de la etapa. La indiferencia de la burguesía era suficiente como para desentenderse de problemáticas tan ajenas a sus verdaderos y fundamentales intereses; sin embargo, tenía representantes entre algunos de los más destacados intelectuales, de sólida formación y actitud conservadora, en cuyas obras hay que apreciar elementos valiosos para la integración de un pensamiento cubano. Esa riqueza en el campo artístico-literario tiene su correlato en el plano social, concretamente en el auge del papel protagónico de la clase obrera como clase para sí, forjada al calor de la lucha contra Machado, y más tarde, en el período constitucional, en la batalla por sus reivindicaciones, en las que se aunaban la praxis histórica concreta y diferentes posiciones ideológicas, entre ellas el marxismo-leninismo, representado por algunos de los más notables intelectuales de la etapa. Esa dialéctica de las relaciones entre la cultura y su contexto económico, político y social, es uno de los rasgos que, como ya fue dicho, definen la etapa.

Los años del gobierno de Batista (1952-1958) se inician y concluyen con la violencia, un signo de crisis que tenía su fundamento en los problemas estructurales propios de una neocolonia. Durante ese breve período final de la etapa se producen acontecimientos de índole diversa y que dan la tónica del momento. Después del golpe de estado que echa por tierra la validez de la Constitución y hace ostensible la fragilidad de la praxis democrática, comienzan a aparecer las esperadas respuestas: actos de protesta, artículos condenatorios, planes de acción armada, todo un clima de efervescencia e inquietud política que habría de tener un hito en el asalto al Cuartel Moncada el 26 de julio de 1953, hecho a partir del cual el país se sumerge en una verdadera situación de guerra con lapsos de censura y de libertad de expresión, de crímenes represivos y atentados a los representantes de la violencia, de mítines de protesta de obreros y estudiantes y de encarcelamiento y tortura. Durante los dos años finales se lleva a cabo la lucha armada en las montañas y en las ciudades, meses de acelerado deterioro del poder establecido. En el campo de la cultura se continúa creando una riquísima obra artística y literaria de múltiples significados y calidades y prosigue la labor comunicativa a través de instituciones y órganos de difusión. La dinámica creadora sigue su curso y surgen nuevas posiciones estéticas entre los músicos, los pintores, los poetas. Han llegado a su plenitud los más relevantes escritores y artistas de la etapa, muchos de los cuales continuarán su obra después de 1959. Empiezan a publicar sus primeros textos, a exponer sus primeras pinturas y esculturas, a llevar a concierto sus partituras ini-

ciales, a dar sus representaciones primeras escritores, artistas plásticos, músicos, actores, dramaturgos, bailarines, coreógrafos y directores escénicos noveles, algunos dentro de los hallazgos precedentes para continuarlos y otros para tomar rumbos distintos.

A diferencia del período antimachadista, el de la lucha contra Batista se caracteriza por la envergadura que alcanzó el enfrentamiento armado, de significativas proporciones a través de una sólida estructura militar que operaba en las montañas y en las ciudades y pueblos, basada en la unidad de los diferentes factores actuantes. Ese poderoso movimiento era directamente proporcional a la aguda crisis del régimen y a la problemática general de la nación. La obra de Martí es asimilada al proceso revolucionario y cobra, en *La Historia me absolverá* (1953), su real dimensión liberadora, función que subyace en la cultura cubana desde la década de 1920 y que se pone de manifiesto además en el creciente interés por su legado a lo largo de los años sucesivos hasta 1958. Las contradicciones o discrepancias que puedan encontrarse entre las posiciones estéticas más importantes posteriores a 1935, son en realidad más de apariencia que de esencia. Esa búsqueda de universalidad que se señaló como rasgo caracterizador del período se nutre, en lo que tiene de inquietud medular, de lo que podría denominarse necesidad de rebasamiento, la imperiosa demanda que tiene ante sí todo creador, de una u otra manifestación de la cultura, de sustentar su propia identidad nacional y trascender los estrechos límites de sus circunstancias, entonces signadas por la indiferencia oficial y el desinterés de los representantes del poder económico. La ruptura con la estética origenista que se encuentra en un poeta como Escardó, en cierto sentido representante de la línea más significativa de la etapa siguiente, permite afirmar que aquellos momentos demandaban un arte distinto, un nuevo diálogo del creador con la realidad, sustentado tanto por el acontecer social, histórico, cuanto por las exigencias del propio arte, con una evolución intrínseca que tenía reclamos ineludibles.

Puede trazarse, a modo de conclusión y en rápido esquema, un sintético cuadro generalizador que caracterice la etapa 1923-1958, en el que serían discernibles los siguientes rasgos: durante el período vanguardista (con sus tres momentos: de preparación: 1923-1927; de auge: 1927-1930 y de disolución: 1930-1935), años de aguda crisis estructural en lo económico, social y político, y de rompimiento de los postulados estéticos y filosóficos precedentes (modernismo, neorromanticismo, naturalismo, positivismo) se produce una creciente toma de conciencia de los intelectuales y artistas acerca de su papel en la problemática del individuo en sociedad y, consecuentemente, un arte y una literatura que asuman una nueva y revolucionaria perspectiva creadora, una cultura integrada y exponente de la beligerancia que tenía lugar en el terreno de los antagonismos políticos entre la dictadura de Machado y sus opositores. Durante el período constitucional (1935-1952), con diferentes gobiernos que ascienden al poder por la vía de las elecciones), superada sólo de manera transitoria la crisis que dio al traste con la democracia, se viven años de relativa paz en los que se profundizan los vínculos de dependencia a las empresas norteamericanas y se hace más honda la dominación imperialista, de la que surgen conflictos que preparan el estallido revolucionario contra el batistato y por la que se van integrando y consolidando distintas organizaciones, algunas de gran fuerza en la batalla de 1930 a 1933, como el Partido Comunista y el estudiantado; otras más recientes y de enorme arrastre popular, como el Partido Ortodoxo del Pueblo Cubano, asentado en sólidos principios éticos, en tanto la cultura se encaminaba en busca de una sustancial universalidad que superara los hallazgos de la experimentación y permitiera develar dimensiones de la realidad hasta entonces no percibidas y elevar los aportes del quehacer nacional a un rango de modernidad igualmente inédito hasta entonces, un propósito que se nutrió de las más importantes corrientes del arte, la literatura y el pensamiento del período en Hispanoamérica y Europa y que a su vez dio obras de incuestionable perdurabilidad; más allá de la experimentación y del tanteo, en las múltiples líneas que se aprecian en la narrativa, la ensayística, la poesía, el teatro y en otras manifestaciones de la vida espiritual —diversidad que es en sí misma un rasgo caracterizador de esta etapa—, se crean páginas que están a la altura de lo mejor que se hacía en cualquier latitud, como sucedía también con la música, las artes plásticas y escénicas, la danza, en las que había figuras de primer orden comparadas con las del panorama internacional. La cultura va conformando, en sus más ricas entregas, una salvaguarda de los más auténticos valores de la nación ante el sistemático desvirtuamiento por parte de la política de penetración económica y cultural y la indiferencia de los gobernantes y los distintos representantes de la oligarquía; al mismo tiempo se integra, mediante el quehacer de artistas e intelectuales, un sustantivo cuerpo de ideas que coadyuvan a una acción liberadora total, ganancia que está implícita en la búsqueda de la universalidad ya señalada. El período final de esta fase, los años dictatoriales de Batista, se define por la profundización de los antagonismos de clase, la acción armada como medio represivo y como única solución liberadora radical, un fuerte movimiento de masas a través de las distintas organizaciones políticas enfrentadas al régimen, la fusión de las más valiosas tradiciones artístico-literarias con los presupuestos de la lucha revolucionaria y, en ocasiones, con los hechos mismos de los actos de combate. La crisis final de la República constituye un salto cualitativo en relación con el período constitucional, de acumulación cuantitativa de los elementos antitéticos, así como en relación con la crisis con que se inicia la etapa. Los años subsiguientes emergen como expresión de una sensibilidad nueva, moderna, de incalculables perspectivas, indisoluble línea de continuidad del espíritu renovador del período 1923-1958.   [E. S.]

B. Conclusiones generales en torno a la literatura cubana entre 1899 y 1958

Con el cese de la dominación española y el inicio del poder hegemónico neocolonial se abre una nueva época para la literatura cubana. En su evolución durante esos años pueden apreciarse tres grandes núcleos: el primero, caracterizado por el predominio del modernismo, de las ideas positivistas y de un realismo cercano a las posiciones naturalistas, se extiende hasta 1923; el segundo, o de la vanguardia, en el que cobran auge las ideas marxistas y las búsquedas de la propia identidad en obras de gran beligerancia política, con las que comienza la contemporaneidad, se prolonga hasta 1935, cuando se han disuelto las pretensiones innovadoras; el tercero, de asimilación de los aportes vanguardistas y de propuestas de universalidad desde la cubanía, prolongado hasta el final de la época, el momento culminante de la crisis de todo el sistema social. El quehacer literario, enriquecido por sus negaciones y sus necesidades intrínsecas y en diálogo explícito o implícito con el contexto político, social y económico, con el acontecer histórico del que se nutre, se transforma en un juego dialéctico en el que se integran los elementos nacionales, latinoamericanos y universales. Los poetas más importantes de la etapa anterior a 1923, Regino Boti y José Manuel Poveda, edifican su obra como un rescate de la tradición perdida, en su necesaria continuidad estilística, contra los rezagos de un romanticismo decadente y pobre. Retomar el modernismo significaba, entre otras cosas, reivindicar el sentido histórico de la literatura cubana, una posición estética en la que subyace un estado de espíritu. El estilo es entonces algo más que una preocupación formal: es, de hecho, un modo de ser irrenunciable, una conciencia de sí de la que el poeta no puede desentenderse sin el riesgo de perder su identidad, su historicidad. Los narradores más conspicuos (Jesús Castellanos, José Antonio Ramos, Miguel de Carrión, Carlos Loveira) se sumergen en el acontecer, en ciertas zonas de la realidad, para poner de manifiesto los que ellos consideran sus rasgos esenciales, definidores, un realismo que si bien no siempre logra plenitud y riqueza estética, revela al menos una clara posición, un elocuente interés crítico, de denuncia de la sociedad. Los relatos, muchos de los cuales se mueven en una atmósfera sórdida, sombría, que se nutre de los hechos mismos y de las posibilidades que sus autores aprendieron en los textos naturalistas, son inequívocos testimonios de una eticidad raigal, honda, transformadora. Cuando el autor se vuelve hacia el pasado de la lucha independentista también está formulando una clara axiología contra su presente histórico, contra los males de una República dependiente, mediatizada, deformada desde sus mismos orígenes. En la ensayística, donde menos evidente se hace la oposición a las circunstancias inmediatas, se hallan sin embargo serios intentos esclarecedores en diferentes direcciones y estilos, en las páginas de los más notables representantes del género: Enrique José Varona, Manuel Sanguily, José María Chacón y Calvo, Carolina Poncet, Francisco José Castellanos, el joven Fernando Ortiz, exponentes todos de una sensibilidad indagadora que de un modo u otro pretende comprender su entorno y sustentarlo sobre las bases de un *éthos* de raíz histórica; el positivismo encontró en esa voluntad definidora un terreno propicio para dejar su huella, en esos momentos de gran significación por lo que tiene de postura científica frente a la factualidad. Las piezas teatrales de José Antonio Ramos, el más notable dramaturgo de entonces, adolecen precisamente de la subordinación de los factores del género a la conceptualización que colma los discursos de los personajes, defecto del que el autor no pudo sustraerse en su afán moralizante, igualmente activo en sus novelas y en su libro de ensayo, *Manual del perfecto fulanista* (1913). La confianza en los valores de la cultura y en su capacidad para modificar la conducta de los hombres alimentó el pensamiento de no pocos intelectuales de esta primera etapa, formados en una concepción del mundo que no había llegado aún a una cientificidad rigurosa. La frustración y la inconformidad fueron los signos distintivos de estos escritores que padecieron los males de una República neocolonial y de economía dependiente. Con fuerza y un auténtico sentir que quizás no alcanzó ningún otro autor de los muchos que en esas décadas dejaron el testimonio de sus inquietudes y preocupaciones, José Manuel Poveda se levanta como un ejemplo representativo de la etapa. Preciosista y defensor a ultranza de una literatura que rescatara la continuidad con su propia tradición, al margen y contra una circunstancia hostil, realizó una honda y valiosa renovación de la sensibilidad, de alcances limitados, pero no por ello menos auténtica y necesaria. Sus poemas, ensayos, artículos periodísticos y cartas, un cuerpo de obra de calidades altamente estimables, se integran en la cerrada unidad de un estilo que es, a su vez, una defensa del arte y del artista contra una sociedad mercantilizada y regida por la ignorancia y la deshonestidad. El modernismo, el más importante movimiento de la etapa y el de frutos más estimables, propone la vuelta a una modernidad cuyas potencialidades creadoras no estaban aún agotadas; no se trataba sólo de retomar la tradición de la literatura cubana, sino además de la cultura latinoamericana, voluntad de integración que más tarde, en las búsquedas innovadoras de la vanguardia, tendría más dilatados alcances. Puede hablarse ciertamente de retraso estilístico en los reclamos de Boti y de Poveda, en el naturalismo de Carrión y de Ramos, en el positivismo de Ortiz, sobre todo si se tiene en cuenta que en los finales del primer decenio, en 1909, la vanguardia muestra en Europa los signos de una nueva estética, y que narradores, ensayistas y dramaturgos están haciendo una literatura de avanzada en diferentes países. No obstante, en relación con la problemática nacional, esas posiciones modernistas entrañaban una necesidad insoslayable, una exigencia del momento. Pero, además, esas escuelas implicaban, de un modo u otro, con mayor o menor beligerancia, un rechazo de la realidad imperante, elemento común a todos los escritores de relevancia antes de 1923.

La Protesta de los Trece, un sintomático acto de rebeldía contra el fraude en las esferas de poder —una de las expresiones de la corrupción gubernamental—, puede considerarse, de manera un tanto convencional, el comienzo de un nuevo período en la historia de la literatura cubana, el del predominio de la vanguardia. En este segundo núcleo de la vida literaria en la República asumieron los escritores una conducta radicalmente distinta, subversiva y desestabilizadora de los valores establecidos, fuesen éstos de carácter político o estético. Algunos de los participantes de la célebre Protesta de marzo de 1923 (Tallet y Martínez Villena) fueron también los representantes de una poesía innovadora que se erigió frente a los cánones modernistas de los que ellos mismos habían surgido, en los que ellos habían dado sus primeros pasos como poetas. La lírica, la narrativa y el ensayo rompen con su cercana herencia anterior y proponen otra escritura, otra manera de mirar y otros temas para la reflexión. En sus obras adquiere la realidad una extraordinaria hondura desde su propia inmediatez. El conversacionalismo y la ironía de los más significativos poemas, el realismo testimonial de algunos de los más valiosos exponentes de la narrativa y las problemáticas de la prosa ensayística, en las que se ponían al descubierto las verdaderas relaciones causa-efecto, ponen de manifiesto zonas de la realidad que habían sido desestimadas por la literatura de los dos decenios anteriores. Las revistas se preocupan asimismo por la renovación y la ruptura para llegar a una nueva apreciación de los hechos del acontecer, en oposición al mesurado academicismo de sus homólogas de la etapa precedente, cuyo más alto ejemplo fue *Cuba Contemporánea*, en activo hasta 1927, el año de aparición de *Revista de Avance*, defensora de los novedosos propósitos de la vanguardia y promotora de un arte y de una concepción del mundo de múltiples posibilidades en sus postulados de libertad creadora. El marxismo se fortalece en ese contexto como una necesidad histórica de la evolución del pensamiento cubano, al mismo tiempo que el estudio de la obra de Martí se enriquece en tanto herencia de una tradición política propia; conjuntamente se abren las indagaciones a los problemas de América Latina y, en general, de la lucha de clases, un reflejo del suceder contemporáneo con el que los intelectuales del país se sienten profundamente identificados. Los escritores cobran conciencia del papel social de la literatura. Ensayistas como Roa, Ortiz, Mañach, Martínez Villena, Mella, Guerra, dan la tónica del momento con libros y artículos en los que se examinan hechos relevantes del presente y del pasado, de Cuba y de otros países sometidos a diferentes conflictos de orden social y económico. Torriente-Brau, Montenegro, Novás Calvo, Serpa, van creando un cuerpo de obra desde la realidad, pero vista, a diferencia de los narradores mayores de la etapa anterior, con un realismo más penetrante y rico en su capacidad intelectiva. Tallet, Martínez Villena, Villar Buceta y otros poetas rompen la rigidez de los cánones modernistas y se adentran en la cotidianidad mediante un lenguaje que sería precursor del que asumirían más tarde creadores de talla. Florit, Ballagas y Brull, representantes de la poesía pura, una de las líneas en que se manifestó la vanguardia, perciben el acontecer en sus líneas abstractas y ajenos a los conflictos de la afectividad. Guillén, Pedroso, Navarro Luna, en cambio, hacen de los condicionamientos históricos del hombre el centro de una lírica de fuerte contenido social. Los temas vernáculos pasan a primer plano en los textos negristas de Guillén, de Lachatañeré, de Carpentier, de Ballagas. Se hacen manifiestos y se protesta con la palabra y con la acción contra los males imperantes, las instituciones literarias se proponen rescatar la identidad nacional a través del trabajo cultural, todo un estado de efervescencia de resonancia múltiple en esos instantes y en el desarrollo ulterior de la sensibilidad. Si bien es cierto que la vanguardia no dejó obras de gran aliento ni de altos valores estéticos, fue en cambio una apreciable experiencia de transición por sus aportes y sus búsquedas formales, de enorme fecundidad en los años subsiguientes. De sus propuestas de libertad salieron páginas memorables en la poesía, la narrativa, la ensayística y el teatro, un género que en esos años no pudo alcanzar relevancia estimable. En su carácter transicional fue una lección de primer orden: la entrada en la contemporaneidad desde lo cubano, una necesidad histórica que llegaba tarde, pero que no podía faltarle a la literatura cubana. Como el modernismo hacia los comienzos de la década de 1920, la vanguardia había agotado sus recursos y potencialidades hacia 1935, entre otras causas porque se trataba de un estilo que lo había dado todo de sí en otras latitudes; no tenía sentido, pues, andar de nuevo por esos senderos, de manera que en Cuba se limitó sólo a romper con el pasado y abrir las nuevas perspectivas para la creación.

En el segundo período de esta etapa (1923-1958), el que conforma el tercer núcleo al que se hizo referencia al principio de estas conclusiones, la literatura tiene como preocupación fundamental la trascendencia hacia la universalidad desde la cubanía. El panorama político-social se muestra más estable, menos turbulento hasta el golpe de estado de Batista en 1952, otra prueba fehaciente de la crisis esencial del régimen de economía dependiente y seudodemocracia. Pero se trataba sólo de una cuestión de intensidades: durante los años constitucionales, desde 1940, la represión antiobrera, el latrocinio y la hegemonía norteamericana en los planos económicos y políticos-sociales caracterizaron la vida nacional tanto como las luchas reivindicadoras del Partido Comunista y de los representantes de posiciones progresistas, como el Partido Ortodoxo, antagonismos que se revestían de ciertas libertades democráticas que no podían ejercerse en los lapsos de crisis y de dictadura. La poesía, la narrativa, el ensayo y el teatro llegan entonces a su plenitud en obras de rango continental y universal. Piñera, Felipe y Ferrer, cada uno desde una perspectiva diferente y muy propia, sacan a la dramaturgia nacional de la inercia y el atraso en que se hallaba. Los ensayistas mayores: Ortiz, Guerra, Portuondo, Mirta Aguirre, Roa, Medardo Vitier, Lezama, Cintio Vitier, exponentes de tendencias disímiles dentro de las diferentes corrientes del pensamiento moderno, entregaron páginas espléndidas, verdaderos paradigmas de reflexión y de estilo, de indagación y de novedad en las interpretaciones. Narradores como Carpentier y Jorge Cardoso, Pita Rodríguez y Labrador Ruiz, trascienden el ámbito nacional en sus temas y soluciones estilísticas, con lo que superan las limitaciones de la tendencia negrista y del criollismo, del naturalismo y de la literatura de costumbres. En el caso del autor de *Los pasos perdidos* (1953) y de *El acoso* (1956), la novela cubana alcanza una estatura verdaderamente universal a partir de una honda experiencia latinoamericana. Las obras de Guillén, de Ballagas, de Florit, de Dulce María Loynaz, de Feijóo, de Lezama, de Vitier, García Marruz, de Diego, altos ejemplos asimismo de la riqueza formal y conceptual a que había llegado la lírica en Cuba, se adentran en el acontecer social, en los caminos de la intimidad y en las búsquedas de una tradición en la vida del espíritu, indagaciones y develamientos con los que ascienden a planos igualmente universales desde las preocupaciones cubanas y a partir, como los restantes autores significativos del período, de los hallazgos y aportes vanguardistas. El movimiento literario creció de manera notable con relación a los años inmediatamente anteriores, tanto en la cantidad como en la calidad y los alcances de las publicaciones especializadas y las instituciones. Revistas como *Orígenes* (1944-1956), *Gaceta del Caribe* (1944), *Ciclón* (1955-1959) y *Nuestro Tiempo* (1954-1959), diferentes en su orientación ideoestética y serias y rigurosas en su trabajo cultural, ejemplifican los altos niveles del quehacer literario durante esos decenios. El Grupo Orígenes es quizás el que mejor permita comprender la dialéctica de lo nacional y lo universal que da la tónica a este período. Sus integrantes (Lezama, Vitier, García Marruz, Diego, Smith, entre otros de relevancia menor) crean una obra poética, ensayística y narrativa de extraordinaria estatura y profundamente enraizada en lo cubano, como demuestran sus estudios y preocupaciones temáticas medulares, los centros vitales de todo lo que realizaron en materia literaria. En sus textos, la tradición se hace consustancial con una ontología por futuridad, planteamiento similar y diferente al mismo tiempo al que imprime trascendencia a la poesía social, que tiene en Guillén a su más acabado maestro en la historia del género en Cuba. La inquietud vanguardista, sus rupturas y desestructuración, revolucionaron las letras, a pesar de que no dejaron ninguna obra fundamental por su calidad intrínseca. En tanto experiencia creadora, aportaron una mirada novedosa, no sólo de las relaciones de los distintos elementos inmediatos de la realidad, sino además de su significado trascendente, entendido desde entonces de otra manera. Algunos autores, como Pedroso y Acosta, que en sus primeras páginas se inscriben en las corrientes del momento y contribuyen a la renovación, en los años 40 y 50 retornan a los viejos esquemas formales, pero esta vez sin el aliento y la modernidad de sus comienzos. Entre los narradores sucede algo similar; predominan preocupaciones y conceptos estéticos del pasado en circunstancias político-sociales y culturales bien diferentes, cuando otros narradores han hecho sustanciales entregas a la modernidad.

Después de 1952 entra en crisis el país bajo el batistato, de una conducta represiva cada vez más dura y desembozada, como sucedió en el caso de Machado, quien pasó de una precaria y cuestionable normalidad a una tiranía sangrienta. Batista, en el ejercicio del poder entre 1935 y 1940, tomó por asalto la presidencia y trajo, de hecho, la violencia a primer plano. A partir de entonces se fue haciendo más tensa la situación porque las fuerzas opositoras crecían con rapidez. La censura y el crimen tornaron irrespirable la atmósfera. La vida cultural se resintió en tales circunstancias, y se agudizó la batalla por los valores propios frente a la penetración espiritual norteamericana —reflejo de otra mayor y determinante: la penetración económica, causa esencial del subdesarrollo y de todos los problemas que de él se derivan— y contra los desmanes y proyectos del poder establecido y sostenido por la fuerza. Hacia 1950 han iniciado su obra un grupo de jóvenes: Roberto Fernández Retamar, Fayad Jamís, Carilda Oliver Labra, Rolando Escardó, de fecundo quehacer antes de 1959 junto a otros coetáneos de talento, como Pablo Armando Fernández, José Álvarez Baragaño, Lisandro Otero, Roberto Branly, representantes de distintas modalidades y búsquedas estilísticas. El ensayo y el periodismo —de riquísima tradición en toda la literatura de la República, medio de difusión de ensayistas y de maestros propios del género— se mantienen a la altura de sus mejores exponentes anteriores, se nutren de los temas que consagraron a aquéllos y además de los que impone la situación política, social y económica de la nación. En fin, el teatro y la narrativa continúan por los senderos trazados desde los años 30, ya estudiados a lo largo de este tomo. A las puertas de una nueva época, la literatura cubana se mueve en el ámbito espiritual de su propia historia y es sustentada por las inquietudes y soluciones que la caracterizan a través de los años, modificadas al calor de los diferentes estadios de la sensibilidad contemporánea. El pensamiento universal y las problemáticas latinoamericanas, elementos fundamentales del quehacer literario en Cuba desde 1899, aunque asimilados y asumidos con cierto desfase por causas múltiples —una de ellas su estrecha interdependencia con el contexto social, notoriamente subdesarrollado, uno de tantos factores que no pueden enumerarse en estas rápidas conclusiones—, adquieren una peculiar connotación en los creadores cubanos de obra más perdurable, los que aportan su cosmovisión a la portentosa literatura iberoamericana y universal. Las décadas de 1940 y 1950 hicieron suyas las experiencias de la vanguardia y todo el acervo cultural que las precedió, por lo que lograron textos de mayor riqueza conceptual y formal, algunos de ellos verdaderos clásicos contemporáneos. Desde posiciones eticistas o de clara conciencia del papel social de la cultura —entendida como una expresión de lucha en beneficio del progreso político-social—, o bien desde una conceptualización que estima la cultura como un modo de ser, como una ontología totalizadora, los escritores cubanos desde el primer decenio de la República hasta 1958 fueron edificando un cuerpo de obra suficiente que fuese a la vez savia propia y voz de todos, un proceso de integración de lo cubano a lo latinoamericano y a lo universal. Desde 1923 comienzan a aparecer los signos de la contemporaneidad —esbozados antes en la búsqueda de la sensibilidad moderna—, resumibles en la interpretación del intelectual como hombre político, definición que alcanza su plenitud después de 1959, el año del triunfo de la Revolución.   [E. S.]

BIBLIOGRAFÍA GENERAL

ACADEMIA DE CIENCIAS DE CUBA. INSTITUTO DE LITERATURA Y LINGÜÍSTICA: *Diccionario de la literatura cubana*. 2 tomos. Prólogo del Dr. José A. Portuondo. Editorial Letras Cubanas, La Habana, 1980-1984.

AGRAMONTE, ARTURO: *Cronología del cine cubano*. Instituto Cubano del Arte e Industria Cinematográficos, La Habana, 1966.

ÁLVAREZ, IMELDO: *La novela cubana en el siglo XX*. Editorial Letras Cubanas, La Habana, 1980.

ÁLVAREZ-TABÍO ALBO, ENMA: *Vida, mansión y muerte de la burguesía cubana*. Prólogo de Roberto Segre. Editorial Letras Cubanas, La Habana, 1988.

ARMAS, RAMÓN DE, EDUARDO TORRES-CUEVA y ANA CAIRO BALLESTER: *Historia de la Universidad de La Habana*. 2 volúmenes. Editorial de Ciencias Sociales, La Habana, 1984.

ARROM, JOSÉ JUAN: *Historia de la literatura dramática cubana*. Yale University Press, New Haven, 1944.

ASOCIACIÓN DE REPORTERS DE LA HABANA: *Álbum del cincuentenario: 1902-1952*. Editorial Lex, La Habana, 1952.

BUENO, SALVADOR: *Contorno del modernismo en Cuba*. Talleres tipográficos de Editorial Lex, La Habana, 1952.

_____ : *Antología del cuento en Cuba (1902-1952)*. Ministerio de Educación. Dirección de Cultura, La Habana, 1953.

_____ : *Los mejores ensayistas cubanos*. Selección del autor. Imprenta Torres Aguirre, Lima, 1959.

_____ : *Los mejores cuentos cubanos*. 2 volúmenes. Selección del autor. Imprenta Torres Aguirre, Lima, 1959-1960.

_____ : *Historia de la literatura cubana*. Ministerio de Educación, La Habana, 1963.

_____ : *Cuentos cubanos del siglo XX; antología*. Selección, prólogo y notas del autor, Editorial Arte y Literatura, La Habana, 1975.

CABRERA, LYDIA: *Cuentos negros de Cuba*. Prólogo de Fernando Ortiz. La Verónica, La Habana, 1940.

CABRERA, MIGUEL: *Órbita del Ballet Nacional de Cuba. 1948-1978*. Editorial Orbe, La Habana, 1978.

CAIRO BALLESTER, ANA: *El movimiento de Veteranos y Patriotas. (Apuntes para un estudio ideológico del año 1923.)* Editorial Arte y Literatura, La Habana, 1976.

_____ : *El grupo minorista y su tiempo*. Editorial de Ciencias Sociales, La Habana, 1978.

_____ : *Los intelectuales y la literatura en el combate antimachadista*. Centro Interamericano de Estudios, París, 1980.

_____ : *La revolución del 30 en el testimonio y la narrativa cubanos*. Universidad de La Habana, Facultad de Artes y Letras, La Habana, 1985.

CARPENTIER, ALEJO: *La música en Cuba*. Editorial Letras Cubanas, La Habana, 1979.

CARRIÓ, RAQUEL: *Dramaturgia cubana contemporánea*. Editorial Pueblo y Educación, La Habana, 1988.

CHACÓN Y CALVO, JOSÉ MARÍA: *Las cien mejores poesías cubanas*. Selección y prólogo del autor. Editorial Reus, Madrid, 1922.

CHACÓN Y CALVO, JOSÉ MARÍA, CAMILA HENRÍQUEZ UREÑA Y JUAN RAMÓN JIMÉNEZ: *La poesía cubana en 1936*. Prólogo y apéndice de Juan R. Jiménez. Comentario final de J. M. Chacón y Calvo. Instituto Hispanocubano de Cultura, La Habana, 1937.

ESPINOSA, CIRO: *Indagación y crítica*. Novelistas cubanos. Cultural S. A., La Habana, 1940.

ESTÉNGER, RAFAEL: *Cien de las mejores poesías cubanas*. Selección del autor. 3ra. ed. con un ensayo preliminar y la inclusión de poetas actuales. Ediciones Mirador, La Habana, 1950.

_____ : *Caracteres constantes en las letras cubanas*. Apuntes para la revisión de los valores literarios. Talleres Tipográficos Alfa, La Habana, 1954.

FEIJÓO, SAMUEL: *La décima popular en Cuba*. Selección del autor. (s/e), La Habana, 1961.

_____ : *Cuentos populares cubanos*. 2 tomos. Compilación del autor. Universidad Central de Las Villas, Santa Clara, 1962.

_____ : *La décima culta en Cuba, muestrario*. Selección del autor. Universidad Central de Las Villas, Santa Clara, 1963.

_____ : *Sonetos de Cuba. Selecciones*. Universidad Central de Las Villas, Santa Clara, 1964.

_____ : «Panorama de la poesía cubana moderna», *Islas*, Revista de la Universidad Central de Las Villas, Santa Clara, 9 (4) oct.-dic. 1967.

FERNÁNDEZ RETAMAR, ROBERTO: *La poesía contemporánea en Cuba (1927-1953)*. Úcar García S. A. / Ediciones Orígenes, La Habana, 1954.

FERNÁNDEZ RETAMAR, ROBERTO Y FAYAD JAMÍS: *Poesía joven de Cuba*. Compilación de los autores. Biblioteca Básica de Cultura Cubana, Lima, s/a.

FORNET, AMBROSIO: *En blanco y negro*. Instituto del Libro, La Habana, 1967.

GARCÍA ALZOLA, ERNESTO: *Panorama de la literatura cubana. Conferencias*. Universidad de La Habana. Centro de Estudios Cubanos, La Habana, 1970.

La generación de los años 50. Antología poética. Selección de Luis Suardíaz y David Chericián.

Prólogo de Eduardo López Morales. Editorial Letras Cubanas, La Habana, 1984.

GONZÁLEZ, REYNALDO: *Llorar es un placer*. Editorial Letras Cubanas, La Habana, 1988.

GONZÁLEZ, JORGE ANTONIO Y EDWIN TEURBE TOLÓN: *Óperas cubanas y sus autores*. Úcar, García, S.A., La Habana 1943.

GONZÁLEZ CURQUEJO, ANTONIO: *Breve ojeada sobre el teatro cubano a través de un siglo (1820-1920)*. Imprenta y papelería La Universal, La Habana, 1923.

GONZÁLEZ FREIRE, NATIVIDAD: *Teatro cubano (1927-1961)*. Ministerio de Relaciones Exteriores, La Habana, 1961.

GONZÁLEZ RODRÍGUEZ, TOMÁS: *La prensa en Cuba*. Obra histórica conmemorativa, con datos biográficos y bibliográficos de periodistas y periódicos de Cuba. Lápido-Iglesias, La Habana, 1932.

GUADARRAMA, PABLO: *Valoraciones sobre el pensamiento filosófico cubano y latinoamericano*. Editora Política, La Habana, 1985.

GUIRAO, RAMÓN: *Órbita de la poesía afrocubana (1928-1937)*. Selección, notas biográficas y vocabulario del autor. Talleres de Úcar, García y Cía., La Habana, 1938.

HENRÍQUEZ UREÑA, MAX: *Panorama histórico de la literatura cubana*. 2 volúmenes. Editorial Arte y Literatura, La Habana, 1978-1979.

HERNÁNDEZ, MARÍA DEL CARMEN: *Historia de la danza en Cuba* [Guía de estudio] 2da. reimpresión. Editorial Pueblo y Educación, La Habana, 1984.

HERNÁNDEZ OTERO, RICARDO: *Revista* Nuestro Tiempo. *Compilación de trabajos publicados*. Editorial Letras Cubanas, La Habana, 1989.

IBARRA, JORGE: *Nación y cultura nacional*. Editorial Letras Cubanas, La Habana, 1981.

_____: *Un análisis psicosocial del cubano. 1898-1925*. Editorial de Ciencias Sociales, La Habana, 1985.

IBARZÁBAL, FEDERICO DE: *Cuentos contemporáneos*. Recopilación y prólogo del autor. Editorial Trópico, La Habana, 1937.

LAZO, RAIMUNDO: *Historia de la literatura cubana. Esquema histórico desde sus orígenes hasta 1966*. Editora Universitaria, La Habana, 1967.

_____: *La teoría de las generaciones y su aplicación al estudio histórico de la literatura cubana*. Universidad Nacional Autónoma de México, México D.F., 1973.

LEAL, RINE: *Teatro cubano en un acto*. Antología del autor. Ediciones R, La Habana, 1963.

_____: *En primera persona (1954-1966)*. Instituto del Libro, La Habana, 1967.

_____: *La selva oscura. De los bufos a la neocolonia*. Editorial Arte y Literatura, La Habana, 1983.

LE RIVEREND, JULIO: *La República; dependencia y revolución*. Editora Universitaria, La Habana, 1966.

LIZASO, FÉLIX: *Ensayistas contemporáneos. 1900-1920*. Selección, prólogo y notas biográficas del autor. Editorial Trópico, La Habana, 1937.

_____: *Panorama de la cultura cubana*. Fondo de Cultura Económica, Colección Tierra Firme, México, D.F., 1949.

LIZASO, FÉLIX Y JOSÉ ANTONIO FERNÁNDEZ DE CASTRO. *La poesía moderna en Cuba (1882-1925)*. Hernando S.A., Madrid, 1926.

LÓPEZ, OSCAR LUIS: *La radio en Cuba. Estudio de su desarrollo en la sociedad neocolonial*. Editorial Letras Cubanas, La Habana, 1981.

LÓPEZ SEGRERA, FRANCISCO: *Capitalismo dependiente y subdesarrollo (1510-1959)*. Casa de las Américas, La Habana, 1972.

_____: *Cuba: cultura y sociedad*. Editorial Letras.Cubanas, La Habana, 1989.

LÓPEZ LEMUS, VIRGILIO: *Palabras del trasfondo. Estudio sobre el coloquialismo cubano*. Editorial Letras Cubanas, La Habana, 1988.

MARTÍN, EDGARDO: *Panorama histórico de la música en Cuba*. Cuaderno CEU, Universidad de La Habana, La Habana, 1971.

MONTERO, SUSANA A.: *La narrativa femenina cubana (1923-1958)*. Editorial Academia, La Habana, 1989.

MUGUERCIA, MAGALY: *El teatro cubano en vísperas de la Revolución*. Editorial Letras Cubanas, La Habana, 1988.

OROVIO, HELIO: *Diccionario de la música cubana; biográfico y técnico*. Editorial Letras Cubanas, La Habana, 1981.

Pintores cubanos. [Introducción]de Edmundo Desnoes. Ediciones R, La Habana, 1962.

POGOLOTTI, MARCELO: *La República de Cuba al través de sus escritores*. Editorial Lex, La Habana, 1958.

PORTUONDO, JOSÉ ANTONIO: *El contenido social de la literatura cubana*. El Colegio de México, Centro de Estudios Sociales, México D.F., 1944.

_____: *Cuentos cubanos contemporáneos*. Selección, prólogo y notas del autor. Editorial Leyenda, México D.F., [1946].

_____: *La historia y las generaciones*. Editorial Letras Cubanas, La Habana, 1981.

_____: *Bosquejo histórico de las letras cubanas*. Ministerio de Educación, La Habana, 1962.

_____: *La ciencia literaria en Cuba. 1868-1968*. Academia de Ciencias de Cuba, La Habana, 1968.

REMOS Y RUBIO, JUAN JOSÉ: *Tendencias de la narración imaginativa en Cuba*. Casa Montalvo-Cárdenas, La Habana, 1935.

_____: *Panorama literario de Cuba en nuestro siglo*. Cárdenas, La Habana, 1942.

_____: *Historia de la literatura cubana*. 3 tomos. Prólogo de José María Chacón y Calvo. Cárdenas, La Habana, 1945.

_____: *Proceso histórico de las letras cubanas*. Ediciones Guadarrama, Madrid, 1958.

RICARDO, JOSÉ G.: *La imprenta en Cuba*. Editorial Letras Cubanas, La Habana, 1989.

ROBREÑO, EDUARDO: *Historia del teatro popular cubano*. Nota preliminar de Emilio Roig de Leuchsenring. Oficina del Historiador de la Ciudad, La Habana, 1961.

_____: *Teatro Alhambra*. Antología, selección, prólogo y notas del autor. Estudio complementario de Álvaro López. Editorial Letras Cubanas, La Habana, 1979.

SALAZAR Y ROIG, SALVADOR: *La novela en Cuba. Sus manifestaciones, ideales y posibilidades*. Molina, La Habana, 1934.

SÁNCHEZ GALARRAGA, GUSTAVO: *El arte teatral en Cuba*. Instituto de Artes Gráficas, La Habana, 1918.

SEGRE, ROBERTO: *Arquitectura y urbanismo de la revolución cubana*. Editorial Pueblo y Educación, La Habana, 1989 (Cap. 1: «Movimiento moderno en Cuba: 1930-1958», pp. 3-22).

SOTO PAZ, RAFAEL: *Antología de periodistas cubanos*. 35 biografías. 35 artículos. Selección y biografías del autor. Empresa Editora de Publicaciones, La Habana, 1943.

TORRIENTE, LOLÓ DE LA: *Estudio de las artes plásticas en Cuba*. Úcar, García, La Habana, 1954.

VARIOS AUTORES: *Cuba en la mano. Enciclopedia Popular Ilustrada*. Compilada por Esteban Roldán Oliarte, Úcar, García, La Habana, 1940.

_____: *Libro de Cuba*. Talleres Tipográficos de Artes Gráficas, La Habana, 1954.

_____: *Memoria. Apuntes para una historia de la extensión universitaria*. Dirección de Extensión Universitaria, Universidad de La Habana [198?].

CINTIO VITIER: *Diez poetas cubanos. 1937-1947*. Selección del autor. Orígenes, La Habana, 1948.

——————: *Cincuenta años de poesía cubana (1902-1952)*. Selección, prólogo y notas del autor. Ministerio de Educación, Dirección de Cultura, La Habana, 1952.

——————: *Lo cubano en la poesía*. Universidad Central de las Villas, La Habana, 1958.

——————: *Las mejores poesías cubanas*. Selección del autor. Organización Continental de los Festivales del Libro, Lima, 1959.

——————: *La crítica literaria y estética en el siglo XIX cubano*. Vol. 3. Biblioteca Nacional José Martí, La Habana, 1968-1974.

——————: *Ese sol del mundo moral. Para una historia de la eticidad cubana*. Siglo XXI, México D.F., 1975.

VITIER, MEDARDO: *Las ideas y la filosofía en Cuba*. Instituto del Libro, Editorial de Ciencias Sociales, 1970.

ÍNDICE ONOMÁSTICO

Nostradamus (Michel de Nostre Dame, llamado): 377.
Novalis (Friedrich von Hardenberg, llamado): 305.
Novás Calvo, Lino: 7, 191, 445, 447, 448, 450, 473, *481-488*, 497, 512, 513, 525, *545-551*, 571, 584, 586, 588, 604, 605, 690, 746, 799.
Novoa, Rosario: 228, 245.
Nuez, René de la: 243.
Núñez, Isidoro: 419, 423.
Núñez, Serafina: 287.
Núñez Jiménez, Antonio: 674.
Núñez Machín, Ana: 420.
Núñez Olano, Andrés: 191, 264, 273, 275, 303.
Núñez Parra, Andrés: 194.
Núñez Pascual, Alfredo: 236.

O

Ocampo, Silvina: 710.
Oddets, Clifford: 609, 613.
Odena, Lina: 373.
Oliva y Viredo, Tomás: 241.
Oliver Labra, Carilda: 290, 418, 419, 420, 424, 425, 436, 801.
Olmedo, José Joaquín: 87.
O'Neill, Eugene: 513, 603, 611, 612, 613, 628, 633, 657.
Onís, Federico de: 292.
Oraá, Francisco de: 388.
Oraá, Pedro de: 242, 419, 423, 424, 436.
Orbón, Julián: 6, 218, 22, 247.
Orlando, Felipe: 190, 201, 241, 244.
Orozco, José Clemente: 6, 734.
Ortega, Antonio: *444*, 450, *478*, 526.
Ortega, Gregorio: 479, 522, 588.
Ortega, Hilario: 258.
Ortega y Gasset, José: 72, 664, 694, 714, 719, 721, 724, 726, 752, 760.
Ortiz, Fernando: 7, 8, 13, 15, 17, 19, 65, 66, 71, 73, 90, 91, *99-104*, 105, 108, 195, 198, 209, 220, 224, 225, 227, 231, 237, 244, 251, 264, 317, 324, 428, 435, 456, 458, 459, 510, 585, 586, 664, 669, 671, 672, 673, 674, 677, 678, 680, 685, 695, 709, *739-750*, 780, 782, 783, 790, 791, 797, 798, 799, 800.

Ortiz, Miguel Ángel: 264.
Orts Ramos, Mario: 208.
Osa, Enrique de la: 191, 193, 333, 788
Otero Masdeu, Lisandro: 237, 444, *445*, 480, 801.
Ovidio (Publio Ovidio Nasón): 869.
Oviedo, Luis: 253.

P

Pacheco Bonet, Benigno: 218.
Paderewsky, Ignacio: 15.
Padilla, Heberto: 418, 425, 437.
Padura Fuentes, Leonardo: 514.
Páez Zamora, Serapio: 521.
País, Frank: 214, 425.
Paisiello, Giovanni: 20.
Palacios Estrada, Francisco: 189.
Palau, Rafael: 160, 600.
Palés Matos, Luis: 317, 318, 319, 428.
Palma, Ricardo: 122.
Papastamatíu, Basilia: 434.
Pardo Bazán, Emilia: 112, 130.
Pardo Llada, José: 264.
Parés, José: 257.
Parrado, Gloria: 622.
Parrington, Verno L.: 91.
Pascal, Blaise: 379, 689, 699, 704, 709, 722.
Pascual, Sarah: 191.
Paula Coronado, Francisco de: 673.
Paulín, Carlos: 633.
Pavis, Patrice: 172, 173, 659, 660.
Pavlova, Ana: 14.
Pedroso, Irma: 520, 523.
Pedroso, Luis Alberto: 74, 98, 99, 105, 108.
Pedroso, Regino: 8, 31, 32, 55, 191, 194, 220, 251, 264, 275, 282, 283, 286, 291, 294, 297, 306, 319, 320, *327-330*, 332, *357-361*, 429, 430, 509, 680, 791, 792, 799, 800.
Pegudo, Rafael: 202.
Peláez, Amelia: 6, 21, 200, 241, 242, 494.
Penichet, Antonio: 147.
Peña, Umberto: 242.
Peña, Lázaro: 266, 632.
Peón, Ramón: 208, 258, 260.
Peraza Sarauza, Fermín: 227, 238, 239, 785.